구원론적 관점으로 해석한 성경 강해

구원론 강요
救援論 綱要

| 김상구 목사 지음 |

쿰란출판사

서문

책 제목 '구원론 강요'는 구원에 관한 모든 진리가 다 들어있다는 말이다. 이 《구원론 강요》는 필자가 미주한인장로회신학대학(현재 캘리포니아 프레스테지 대학교)에서 17년간 조직신학을 가르치며 강의한 강의록을 구원론 관점으로 다시 편집한 것이다. 신학대학교에서 강의하면서 교과서로 《뻘콥 조직신학》(*Systematic Theology*: L. Berkoof, 고영민 역, 기독교문사)을 사용하였고, 이종성 박사의 《교회론》, 《성령론》을 사용하였다. 그래서 책에는 많은 부분이 내가 강의에 교과서로 사용한 책들의 내용이 그대로 옮겨져 있다.

《구원론 강요》는 성경을 성경으로 해석하였다. 그래서 그리스도의 재림을 천국(天國, kingdom of heaven, basileia ton uranon) 재림과 지상 재림으로, 천국 잔치의 상급과 대환난의 부끄러운 구원으로, 구원을 믿음으로 받은 영적 구원, 칭의(justification, 신분의 변화)와 성령과 말씀과 기도, 신앙생활, 교회, 예배를 통해 이루어가는 성화(sanctification) 혼적 구원(인격의 변화), 그리스도의 재림으로 이루어지는 영화(glorification) 육적 구원(육신의 변화)으로 해석하였다.

《구원론 강요》는 구약에서의 제사, 오늘 성도의 예배, 교회, 교회생활, 신앙생활이 얼마나 귀하고 중요한가를 강조한다. 구약에서 이스라엘 백성은 계속하여 범죄하지만 계속하여 드리는 제사를 통해 저들의 죄를 용서받고 거룩하신 하나님과 동행하였다. 오늘 성도는 예배를 통해 죄를 용서받고 신앙생활을 통해 성화의 길을 가야 한다.

《구원론 강요》가 많은 성도와 목사와 신학자들에게 성경이 가르치는 구원이 바로 전달되기를 기도한다.

2025년 5월 7일
미국 캘리포니아 씰비치에서
저자 김상구 목사

목차

레위기 강해

민수기 강해

신명기 강해

여호수아 강해　475

사사기 강해

예레미야서

예레미야애가　881

에스겔서　883

다니엘서 929

구원론적 관점으로 해석한
성경 강해

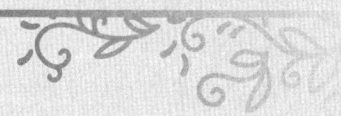

성경 전체가 하나님이 인간을 사랑하셔서 인간을 죄와 사망과 심판에서 구원해 주시는 구원의 사건이요 구원의 이야기다. 성경 전체를 흘러내리는 강이 곧 구원의 강이다. 그런데 창세기 한 책을 떼어놓고, 이것의 참뜻을 찾아보려 하고, 마태복음 한 책을 떼어놓고 마태복음을 이해하려는 것은 한강에서 물 한 통 길어 와서 이 물이 달다 쓰다 말하면서 한강은 다 단물이다, 다 쓴 물이라고 말하는 것과 마찬가지다.

한강을 참으로 잘 이해하려면 이 강이 어디서 시작하여 어디를 지나 어디로 가는 강인가, 이 강은 흘러가며 한국과 대한민국 국민에게 어떤 역할을 하며 무엇을 주는 강인가, 이 강은 한국의 역사 속에 어떤 의미인가 하는 것 등을 다 알아보아야 한다.

성경의 각 책들을 바로 이해하려면 성경 전체를 흘러내리는 구원의 강물에 그 책을 올려놓고 구원이라는 하나님의 시선으로 그 책을 해석해야 그 책이 말하는 뜻을 바로 알게 된다. 구원의 시각으로 성경을 보지 않으면 성경에 나오는 많은 사건과 이야기가 장님이 코끼리를 만지고 아는 지식처럼 맞는 것 같지만 맞지 않는 지식으로 공허하게 된다.

성경책은 약 40여 명의 저자에 의해 약 1,600년간에 걸쳐서 기록된 책이다. 창세기 기록 연대를 대개 주전 1490년으로 본다. 그리고 신약 중 제일 나중에 기록된 요한계시록 기록 연대를 주후 95년경으로 본다. 그래서 성경이 기록된 기간을 약 1,600년간으로 본다. 성경은 1,600여 년에 걸쳐 각기 다른 환경에 있는 약 40여 명의 사람이 기록한 책이다. 그런데 이렇게 기록된 성경은 무서울 정도로 통일성을 가지고 있다. 성경의 저자는 하나님이기 때문이요 이 모든 성경이 다 구원을 가르쳐주고 있기 때문이다(딤후 3:15-17; 요 20:31).

성경의 여러 책들은 결코 분리된 책이 아니다. 성경의 여러 책은 다 구원을 가르쳐주는 구원의 책이다. 예수님의 오심, 예수님의 생애, 예수님의 죽으심, 예수님의 오심에 대한 구약적 예언, 이 모두가 우리를 구원하시는 하나님의 사건들이요 말씀이다. 창조의 사건, 아브라함과 이삭과 야곱, 요셉의 이야기, 출애굽 사건, 광야에서의 40년, 가나안 땅에서의 이스라엘 백성들의 삶과 선지자들의 교훈과 사건, 이스라엘 백성들의 역사, 이 모두가 우리를 구원하시는 하나님의 이야기요, 사건이요, 역사다.

구원의 렌즈를 통해 보지 않으면 성경은 단지 사람의 이야기요 사람의 사건이요 사람 중 이스라엘 사람들의 역사에 불과할 뿐이다. 그러나 구원의 렌즈를 통해 성경을 보면 이 모든 이야기와 사건과 역사가 다 우리를 구원하시는 하나님의 말씀이 된다.

✾ 제1장 성경의 구성

성경을 책별로 구분하면 신약성경과 구약성경, 그리고 도합 66권의 책이 된다. 구약은 모세오경(창, 출, 레, 민, 신), 역사서(수, 삿, 룻, 삼상, 삼하, 왕상, 왕하, 대상, 대하, 스, 느, 에), 시문서(욥, 시, 잠, 전, 아), 선지서(사, 렘, 애, 겔, 단, 호, 욜, 암, 옵, 욘, 미, 나, 합, 습, 학, 슥, 말)로 나누어지고, 신약은 복음서(마, 막, 눅, 요), 역사서(행), 바울서신(롬, 고전, 고후, 갈, 엡, 빌, 골, 살전, 살후, 딤전, 딤후, 딛, 몬), 일반서신(히, 약, 벧전, 벧후, 요1, 요2, 요3, 유), 계시록으로 나뉜다.

그러나 성경을 주제별로 나누면 성경은 계명과 복음과 예표로 되어 있다. 계명은 하나님이 '…하라', '…하지 말라' 명하신 명령으로 순종을 요구한다. 복음은 하나님이 해주신 약속으로 믿음을 요구한다. 창세기 12장에서 하나님이 아브라함을 부르실 때 이렇게 말씀하신다.

"여호와께서 아브람에게 이르시되 너는 너의 고향과 친척과 아버지의 집을 떠나 내가 네게 보여 줄 땅으로 가라 내가 너로 큰 민족을 이루고 네게 복을 주어 네 이름을 창대하게 하리니 너는 복이 될지라 너를 축복하는 자에게는 내가 복을 내리고 너를 저주하는 자에게는 내가 저주하리니 땅의 모든 족속이 너로 말미암아 복을 얻을 것이라 하신지라" (창 12:1-3).

이 말씀에서 하나님이 아브라함에게 "너는 너의 고향과 친척과 아버지의 집을 떠나 내가 네게 보여줄 땅으로 가라" 하신 것은 계명이요, "내가 너로 큰 민족을 이루고 네게 복을 주어 네 이름을 창대하게 하리니 너는 복이 될지라 너를 축복하는 자에게는 내가 복을 내리고 너를 저주하는 자에게는 내가 저주하리니 땅의 모든 족속이 너로 말미암아 복을 얻을 것이니라 하신지라" 한 것은 하나님이 아브라함에게 해주신 약속으로 복음이다.

그런데 성경에 가장 많은 부분은 예표로 성경에 나오는 많은 사람의 이야기, 많은 사건, 이스라엘의 역사 같은 것들이다. 이 예표는 성경 전체의 약 90%에 해당하는 분량으로 우리는 예표를 통해 계명에 순종해야 할 것을 배우게 되고 복음을 믿을 수 있게 된다. 성경의 많은 예표는 이 사건을 통해 하나님이 우리에게 무슨 말씀을 하고 계신가 하는 깨달음을 요구한다. 만일 성경에 "예수님이 그리스도다. 예수님을 믿으면 죄와 사망에서 해방되어 구원을 얻는다" 하는 말만 기록되어 있다면 이 세상 누구도 예수를 믿을 수 없을 것이고 구원에 이를 수 없을 것이다. 우리는 성경에 나오는 많은 예표를 통해 예수 그리스도를 알게 되고 믿게 되는 것이다.

예수님은 요한복음 5장 39절에서 이렇게 말씀하신다.

"너희가 성경에서 영생을 얻는 줄 생각하고 성경을 연구하거니와 이 성경이 곧 내게 대하여 증언하는 것이니라."

신구약 성경 전체에 나오는 많은 예표가 다 예수님을 그리스도로 증거하는 것들이다. 이런 의미에서 구약에 나오는 많은 사건, 많은 인물이 다 예수님의 구원과 예수님의 심판을 가르쳐주는 구원의 예표들이다.

성경의 구성을 정리하면 아래와 같다.

① 계명─하나님이 우리에게 주신 명령: 순종을 요구한다.

② 복음─하나님이 우리에게 주신 약속: 믿음을 요구한다.

③ 예표─하나님이 우리에게 말씀해 주신 많은 사건들, 창조, 아담과 하와의 이야기, 에덴동산에서 아담이 범죄한 사건, 그리고 아브라함 이전

사람들의 이야기, 아브라함과 이삭과 야곱과 이스라엘 백성의 이야기, 이스라엘 백성의 역사… 등이 예표로 깨달아 교훈 받기를 요구한다.

출애굽기는 이스라엘 백성이 애굽에서 400년간 종으로 살다가 유월절 흠 없는 양의 피를 통해 이스라엘 백성이 애굽 왕 바로에게서 해방된 이스라엘의 역사다. 이 출애굽의 역사는 구원을 그림처럼, 잘 그려놓은 도표처럼 우리에게 가르쳐주는 예표가 된다. 이스라엘 백성이 애굽에서 해방된 것은 우리가 믿음으로, 유월절 양이신(고전 5:7) 그리스도의 보혈로, 은혜로 받은 구원을 예표로 가르쳐 주고 이스라엘 백성이 시내산 아래서 하나님이 주신 십계명과 성막을 중심으로 살아간 것은 구원받은 성도가 말씀과 제단을 중심으로 성화의 구원을 이루어가는 예표가 된다. 이스라엘 백성이 요단을 건너 가나안 복지로 들어간 것은 성도가 주님 재림으로 영원 천국에 들어갈 것을 예표한다.

출애굽기는 이스라엘 백성이 시내산 아래서 하나님이 주신 설계대로 성막을 완성하기까지를 기록한다. 성막은 외소와 성소와 지성소로 나뉘어 있다. 외소는 이스라엘 백성의 죄 대신 흠 없는 제물이 피 흘려 죽고 제물로 바쳐지는 곳으로 우리가 믿음으로 받은 구원을 예표한다. 성소에는 향로, 등대, 떡상이 있고 이것은 성도가 말씀과 기도와 성령의 빛으로 성화되는 것을 예표한다.

먼저 말한 대로 예표는 성경의 분량으로 말하면 성경의 약 90%가 된다. 우리는 예표를 통해 계명에 순종하여야 할 것을 깨닫고 배우며 예표를 통해 하나님의 약속을 '아멘' 하고 받는 믿음에 이르게 된다.

계명은 우리에게 순종을 요구하고, 복음은 우리에게 믿음을 요구하며, 예표는 성경 전체를 구원의 시각으로 바라보고 이 사건과 역사를 통해 하나님이 행하시는 구원의 메시지를 듣기(깨달음, 교훈 받기)를 요구한다. 신구약에 나오는 모든 사건과 이야기와 역사, 곧 예표는 다 구원을 가르쳐 주는 말씀이다.

☙ 제2장 구원의 종류, 구원의 시제

성경을 구원론적 관점으로 바로 이해하기 위해 성경 전체에 흘러내리는 구원의 기본 틀을 먼저 알아야 한다. 성경이 가르쳐주는 구원은 아래와 같은 틀로 되어 있다.

성경에서 구원은 과거형으로, 혹은 과거 완료형으로 기록되고, 현재형으로도 기록되며, 혹은 미래형으로도 기록된다. 그래서 어떤 때 구원은 이미 받아진 것으로 표현된다.

1. 과거형 구원

"그러므로 우리가 믿음으로 의롭다 하심을 받았으니"(롬 5:1).
"너희는 그 은혜에 의하여 믿음으로 말미암아 구원을 받았으니"(엡 2:8).
"내가 진실로 진실로 너희에게 이르노니 내 말을 듣고 또 나 보내신 이를 믿는 자는 영생을 얻었고"(요 5:24).

이 성경구절에서 구원은 과거적인 표현으로 나온다.

2. 미래형 구원

"믿고 세례를 받는 사람은 구원을 얻을 것이요 믿지 않는 사람은 정죄를 받으리라"(막 16:16).
"하나님이 그 아들을 세상에 보내신 것은 세상을 심판하려 하심이 아니요 그로 말미암아 세상이 구원을 받게 하려 하심이라"(요 3:17).
"이르되 주 예수를 믿으라 그리하면 너와 네 집이 구원을 받으리라"(행 16:31).
"주께서 나를 모든 악한 일에서 건져내시고 또 그의 천국에 들어가도록 구원하시리니 그에게 영광이 세세 무궁토록 있을지어다 아멘"(딤후

4:18).

"보라 내가 너희에게 비밀을 말하노니 우리가 다 잠잘 것이 아니요 마지막 나팔에 순식간에 홀연히 다 변화되리니 나팔 소리가 나매 죽은 자들이 썩지 아니할 것으로 다시 살아나고 우리도 변화되리라"(고전 15:51-52).

"예수께서 이르시되 나는 부활이요 생명이니 나를 믿는 자는 죽어도 살겠고"(요 11:25).

"네가 장차 받을 고난을 두려워하지 말라 볼지어다 마귀가 장차 너희 가운데에서 몇 사람을 옥에 던져 시험을 받게 하리니 너희가 십 일 동안 환난을 받으리라 네가 죽도록 충성하라 그리하면 내가 생명의 관을 네게 주리라"(계 2:10).

이 구절들에서 구원은 다 미래형으로 기록된다.

3. 현재형 구원
아래 구절들은 구원을 현재 이루어가는 과정으로 표현한다.

"십자가의 도가 멸망하는 자들에게는 미련한 것이요 구원을 받는 우리에게는 하나님의 능력이라"(고전 1:18).

"그러므로 나의 사랑하는 자들아 너희가 나 있을 때뿐 아니라 더욱 지금 나 없을 때에도 항상 복종하여 두렵고 떨림으로 너희 구원을 이루라"(빌 2:12).

이와 같이 구원이란 말은 과거형으로 사용되어 성도가 구원을 얻었다고 말하고 있고, 현재형으로 기록하여 현재 구원을 이루어가는 것으로 말하고 있고, 미래형으로 말하여 구원받을 것이라 말한다. 성경에 나오는 구원의 시제를 정리하면 과거에 받은 구원이 있고, 현재에 받아가는 구원이 있으며, 미래에 받을 구원이 있다.

4. 구원의 시제

구원의 시제를 정리해 보면 아래와 같다.

① 과거-받은 구원-은혜로, 오직 믿음으로-신분의 변화-영적 구원
-일회적 구원

② 현재-받는 구원-성령님께 순종으로-인격의 변화-혼적 구원-점
진적 구원

③ 미래-받을 구원-그리스도의 재림으로-육체의 변화-육적 구원-
단회적 구원

구원에는 우리가 예수님을 내 구주로 영접하여 예수님이 내 구세주가
되신 순간 이미 받은 구원, 이루어진 영적 구원이 있다. 이 구원은 하나님
과 내가 영적으로 분리되어 영적 죽음 아래 있다가 구세주 예수님이 내
영에 영접, 들어오셔서 내 영이 하나님의 영과 화목되어 내가 영적 생명,
곧 영생을 얻게 된 구원으로 내 신분이 죄인의 자리에서 의인의 자리로,
아무개의 아들 자리에서 하나님의 아들이 된 것으로 받은 구원은 성도의
신분이 변화된 구원이다.

☙ 제3장 믿음으로 받은 구원

1. 받은 구원의 종류

받은 구원은 사람이 믿음으로 그리스도가 내 안에 영접됨으로 구원받
게 되고 그리스도의 의(義)를 내 의로 전가받게 된다. 이 구원은 일회적으
로 받은 구원이다. 사람이 믿음으로 받은 구원은 다음과 같다.

① 칭의(稱義), 혹은 의인(義認)이요,

② 중생이요,

③ 후사, 하나님의 자녀가 된 것이다.

이 칭의(justification)와 중생(born again)과 하나님의 후사(heirs of God) 됨
은 예수를 믿을 때 믿음으로 일시적으로 함께 받은 구원이다.

* 전가의 의미

하나님의 말씀 시편 32편 2절을 보면 "마음에 간사가 없고 여호와께 정죄를 당치 않은 자는 복이 있도다"라는 말씀이 있다. 여기서 '정죄를 당치 않는 것'이 곧 '전가'의 뜻이다. 로마서 4장 3, 5, 9, 10절에 '여긴다'는 말의 뜻이 바로 전가의 뜻이다.

"일하는 자에게는 그 삯이 은혜로 여겨지지 아니하고 보수로 여겨지거니와 일을 아니할지라도 경건하지 아니한 자를 의롭다 하시는 이를 믿는 자에게는 그의 믿음을 의로 여기시나니 일한 것이 없이 하나님께 의로 여기심을 받는 사람의 복에 대하여 다윗이 말한바 불법이 사함을 받고 죄가 가리어짐을 받는 사람들은 복이 있고 주께서 그 죄를 인정하지 아니하실 사람은 복이 있도다 함과 같으니라 그런즉 이 복이 할례자에게냐 혹 무할례자에게도냐 무릇 우리가 말하기를 아브라함에게는 그 믿음이 의로 여겨졌다 하노라"(롬 4:4-9).

전가에는 세 가지가 있다. 아담의 죄가 그 후손에게 전가되는 것, 구원얻은 사람들의 죄가 그리스도에게 전가되는 것, 그리스도의 의가 구원받은 사람에게 전가되는 것이 그것이다.[1]

전가는 어떤 사람이 어떤 일을 하지 않았는데도 그 일을 한 것으로 여겨지는 것으로 아담의 죄가 그 후손에게 전가됨으로 모든 인류가 같은 형벌, 곧 죽음을 공유하게 되고 구원받은 사람이 의를 행치 않았어도 그리스도의 의가 그 사람에게 전가되어 그가 의인으로 여김을 받게 되고, 그리스도는 죄가 없으셔도, 사람의 죄를 전가받아 죄인으로 죽게 된 것, 이 모든 것이 전가의 뜻이다. 성도가 그리스도를 믿을 때 의인(義人)이 되는 것이 아니다. 성도가 그리스도를 믿어 구원받아도 죄인인 상태로 그대로 있지만 하나님이 죄인인 성도를 의인(義人)으로 인정해 주시고 의인으

---

1) B. B. Warfield, 구원론, 지상우 옮김. 도서출판 엠마오. p. 7.

로 여겨주시게 된다. 이것이 전가다.

펠라기우스나 아르미니안들은 이 전가의 주장을 전적으로 부정한다.

2. 받은 구원, 의인(義認)

1) 의인(義認)의 필요

하나님 앞에 의인(義認)이 필요한 것은 속죄의 필요와 꼭 같은 것이다. 우리가 속죄를 받음으로 의인(義認)을 받는 것이다. justification은 우리가 just하지 않은데 하나님이 우리를 just하다고 justify해 주시는 것이다. 의인(義認)의 교리, 곧 칭의(稱義)는 사람을 의롭게 만들거나 사람을 정직하게 선하게 만드는 것이 아니다. 하나님은 구원받은 성도, 칭의를 얻은 성도를 성화시키시고 영화롭게 하심으로 마침내 죄인으로 거룩하고 의롭게 만드시는 분이지만 칭의의 뜻은 의롭다고 선언되는 것이다. 이것은 정죄(定罪)가 어떤 사람을 악하게 만드는 것이 아닌 것과 꼭 같다. 정죄(定罪)는 이미 아담 후의 모든 사람에게 하나님이 선포하신 사실이다.

"모든 사람이 죄를 범하였으매 하나님의 영광에 이르지 못하더니 그리스도 예수 안에 있는 속량으로 말미암아 하나님의 은혜로 값없이 의롭다 하심을 얻은 자 되었느니라"(롬 3:23-24).

이 칭의와 정죄는 재판관이 어떤 죄를 재판하고 선고함으로 이루어지는 법적 효능을 갖는 사법적 용어다. 그리고 하나님이 죄인인 우리를 의롭다고 선언하시는 것은 그리스도의 의가 믿음으로 우리에게 전가되었기 때문이다.

의인(義認)은 죄인이 의인(義人)으로 인정받는 신분의 변화를 받는 것이다. 이 신분의 변화는 한 번 받은 후 영원한 것으로 누구도 어떤 것으로도 빼앗을 수 없는 것이다.

"내가 그들에게 영생을 주노니 영원히 멸망하지 아니할 것이요 또 그들을 내 손에서 빼앗을 자가 없느니라 그들을 주신 내 아버지는 만물보다 크시매 아무도 아버지 손에서 빼앗을 수 없느니라"(요 10:28-29).

"하나님이 세상을 이처럼 사랑하사 독생자를 주셨으니 이는 그를 믿는 자마다 멸망하지 않고 영생을 얻게 하려 하심이라"(요 3:16).

"그러므로 이제 그리스도 예수 안에 있는 자에게는 결코 정죄함이 없나니 이는 그리스도 예수 안에 있는 생명의 성령의 법이 죄와 사망의 법에서 너를 해방하였음이라"(롬 8:1-2).

한 번 얻은 의인은 영원한 것으로 어떤 것으로도 이 신분을 바꿀 수 없다.

2) 의인의 범위

사람이 믿음으로 은혜로 의롭다 함을 얻는 것은 그 사람의 과거의 죄악에서뿐 아니라 그 사람이 미래에 지을 모든 죄에서도 다 의롭다 함을 얻는 것이다.

"누가 능히 하나님께서 택하신 자들을 고발하리요 의롭다 하신 이는 하나님이시니 누가 정죄하리요 죽으실 뿐 아니라 다시 살아나신 이는 그리스도 예수시니 그는 하나님 우편에 계신 자요 우리를 위하여 간구하시는 자시니라 누가 우리를 그리스도의 사랑에서 끊으리요 환난이나 곤고나 박해나 기근이나 적신이나 위험이나 칼이랴 기록된바 우리가 종일 주를 위하여 죽임을 당하게 되며 도살당할 양같이 여김을 받았나이다 함과 같으니라 그러나 이 모든 일에 우리를 사랑하시는 이로 말미암아 우리가 넉넉히 이기느니라"(롬 8:33-37).

믿음으로 의롭다 함을 얻은 후 이 의인(justification)은 그 사람이 지을 미래의 죄까지 다 포함한 것으로 누구도 그를 다시 송사할 수 없고 다시 정죄할 수 없다.

"우리가 알거니와 우리 옛사람이 예수와 함께 십자가에 못 박힌 것은 죄의 몸이 죽어 다시는 우리가 죄에게 종노릇하지 아니하려 함이니 이는 죽은 자가 죄에서 벗어나 의롭다 하심을 얻었음이라 만일 우리가 그리스도와 함께 죽었으면 또한 그와 함께 살 줄을 믿노니 이는 그리스도께서 죽은 자 가운데서 살아나셨으매 다시 죽지 아니하시고 사망이 다시 그를 주장하지 못할 줄을 앎이로라"(롬 6:6-9).

"그리스도의 사랑이 우리를 강권하시는도다 우리가 생각건대 한 사람이 모든 사람을 대신하여 죽었은즉 모든 사람이 죽은 것이라 그가 모든 사람을 대신하여 죽으심은 살아있는 자들로 하여금 다시는 그들 자신을 위하여 살지 않고 오직 그들을 대신하여 죽었다가 다시 살아나신 이를 위하여 살게 하려 함이라 그러므로 우리가 이제부터는 어떤 사람도 육신을 따라 알지 아니하노라 비록 우리가 그리스도도 육신을 따라 알았으나 이제부터는 그같이 알지 아니하노라 그런즉 누구든지 그리스도 안에 있으면 새로운 피조물이라 이전 것은 지나갔으니 보라 새것이 되었도다"(고후 5:14-17).

그리스도가 부활하여 다시는 사망이 그리스도를 주장하지 못하게 된 것같이 우리의 옛사람이 그리스도의 십자가에 같이 못 박힘으로 믿음으로 구원받은 후의 성도의 삶은 새로운 피조물의 삶으로 육체대로, 다시 말해 육체가 짓는 죄대로 심판받지 않게 되었다.

의인(義認)의 범위는 과거, 현재, 미래를 다 포함한다. 구원받은 성도의 죄는 이미 의인(義認)된 아래의 범죄로 정죄나 심판의 대상이 아니고 징계의 대상이 된다.

3) 의인, 칭의(義認, 稱義)의 방법

사람이 하나님 앞에 의롭다 함을 얻는 방법으로 하나님이 사람에게 주신 방법은 오직 한 길, 곧 믿음으로만 의롭다 함을 얻을 수 있다.

첫째, 믿음으로만 의롭다 함을 얻을 수 있다.

"아브람이 여호와를 믿으니 여호와께서 이를 그의 의로 여기시고"(창 15:6).

하나님은 아브라함이 하나님을 믿으매 이 믿음을 그의 의로 여기셨다. 칭의의 근거가 믿음이다. 이 구절은 신약성경(롬 4:3, 9, 22; 갈 3:6; 약 2:23)에 인용된다. 우리가 의롭다 함을 얻는 것은 믿음으로(by faith, through faith, upon faith) 되는 것이다.

"모든 사람이 죄를 범하였으매 하나님의 영광에 이르지 못하더니 그리스도 예수 안에 있는 속량으로 말미암아 하나님의 은혜로 값없이 의롭다 하심을 얻은 자 되었느니라 이 예수를 하나님이 그의 피로써 믿음으로 말미암는 화목 제물로 세우셨으니 이는 하나님께서 길이 참으시는 중에 전에 지은 죄를 간과하심으로 자기의 의로우심을 나타내려 하심이니 곧 이때에 자기의 의로우심을 나타내사 자기도 의로우시며 또한 예수 믿는 자를 의롭다 하려 하심이니라 그런즉 자랑할 데가 어디냐 있을 수가 없느니라 무슨 법으로냐 행위로냐 아니라 오직 믿음의 법으로니라 그러므로 사람이 의롭다 하심을 얻는 것은 율법의 행위에 있지 않고 믿음으로 되는 줄 우리가 인정하노라"(롬 3:23-28).
"일을 아니할지라도 경건하지 아니한 자를 의롭다 하시는 이를 믿는 자에게는 그의 믿음을 의로 여기시나니"(롬 4:5).
"그러므로 우리가 믿음으로 의롭다 하심을 받았으니 우리 주 예수 그리스도로 말미암아 하나님과 화평을 누리자"(롬 5:1).
"너희가 그 은혜에 의하여 믿음으로 말미암아 구원을 받았으니 이것은 너희에게서 난 것이 아니요 하나님의 선물이라 행위에서 난 것이 아니니 이는 누구든지 자랑하지 못하게 함이니라"(엡 2:8-9).

칭의는 믿음으로만 된다.
둘째, 칭의는 우리의 의(義)로 얻을 수 없다.

"그런즉 자랑할 데가 어디냐 있을 수가 없느니라 무슨 법으로냐 행위로냐 아니라 오직 믿음의 법으로니라 그러므로 사람이 의롭다 하심을 얻는 것은 율법의 행위에 있지 않고 믿음으로 되는 줄 우리가 인정하노라"(롬 3:27-28).

"너희가 그 은혜에 의하여 믿음으로 말미암아 구원을 받았으니 이것은 너희에게서 난 것이 아니요 하나님의 선물이라 행위에서 난 것이 아니니 이는 누구든지 자랑하지 못하게 함이라"(엡 2:8-9).

"사람이 의롭게 되는 것은 율법의 행위로 말미암음이 아니요 오직 예수 그리스도를 믿음으로 말미암는 줄 알므로 우리도 그리스도 예수를 믿나니 이는 우리가 율법의 행위로써가 아니고 그리스도를 믿음으로써 의롭다 함을 얻으려 함이라 율법의 행위로써는 의롭다 함을 얻을 육체가 없느니라"(갈 2:16).

"또 하나님 앞에서 아무나 율법으로 말미암아 의롭게 되지 못할 것이 분명하니 이는 의인은 믿음으로 살리라 하였음이라"(갈 3:11).

"율법 안에서 의롭다 함을 얻으려 하는 너희는 그리스도에게서 끊어지고 은혜에서 떨어진 자로다"(갈 5:4).

"그 안에서 발견되려 함이니 내가 가진 의는 율법에서 난 것이 아니요 오직 그리스도를 믿음으로 말미암은 것이니 곧 믿음으로 하나님께로부터 난 의라"(빌 3:9).

칭의는 결코 율법을 지키는 사람의 의로움이나 선으로 얻을 수 없다. 오직 믿음으로만 얻을 수 있다.

셋째, 칭의는 은혜로 받는다.

칭의는 우리가 행한 어떤 의의 대가가 결코 아니고 하나님의 자유롭고 비공로적인 은혜로 얻는다.

① 칭의는 그리스도 안에서 이루어진다.

우리가 얻는 칭의는 우리가 그리스도와 연합됨으로 그리스도 안에서 얻는 것이다. 그리스도와 우리가 연합되는 길이 믿음이다.

"그러므로 형제들아 너희가 알 것은 이 사람을 힘입어 죄 사함을 너희에게 전하는 이것이며 또 모세의 율법으로 너희가 의롭다 하심을 얻지 못하던 모든 일에도 이 사람을 힘입어 믿는 자마다 의롭다 하심을 얻는 이것이라"(행 13:38-39).

"그러므로 이제 그리스도 예수 안에 있는 자에게는 결코 정죄함이 없나니"(롬 8:1).

"너희 중에 이와 같은 자들이 있더니 주 예수 그리스도의 이름과 우리 하나님의 성령 안에서 씻음과 거룩함과 의롭다 하심을 받았느니라"(고전 6:11).

"만일 우리가 그의 죽으심과 같은 모양으로 연합한 자가 되었으면 또한 그의 부활과 같은 모양으로 연합한 자도 되리라"(롬 6:5).

"모든 사람이 죄를 범하였으매 하나님의 영광에 이르지 못하더니 그리스도 예수 안에 있는 속량으로 말미암아 하나님의 은혜로 값없이 의롭다 하심을 얻은 자 되었느니라"(롬 3:23-24).

칭의와 구원은 예수 그리스도 안에만 있다. 천하에 예수 외에 어떤 이름으로도 구원은 없다.

"다른 이로써는 구원을 받을 수 없나니 천하 사람 중에 구원을 받을 만한 다른 이름을 우리에게 주신 일이 없음이라 하였더라"(행 4:12).

칭의는 우리가 믿음으로 예수님 안에 들어감으로 예수님 안에서 은혜로 얻는다.

② 칭의는 예수 그리스도의 구속사역, 예수 그리스도의 핏값으로 얻는다. 칭의는 우리에게서 나오는 것이 아니라 예수 그리스도가 단번에 완전

하게 이루신 구속에서 은혜로 우리가 얻는다.

"그리스도 예수 안에 있는 속량으로 말미암아 하나님의 은혜로 값없이 의롭다 하심을 얻은 자 되었느니라"(롬 3:24).
"그러면 이제 우리가 그의 피로 말미암아 의롭다 하심을 받았으니 더욱 그로 말미암아 진노하심에서 구원을 받을 것이니"(롬 5:9).
"그리스도께서는 장래 좋은 일의 대제사장으로 오사 손으로 짓지 아니한 것 곧 이 창조에 속하지 아니한 더 크고 온전한 장막으로 말미암아 염소와 송아지의 피로 하지 아니하고 오직 자기의 피로 영원한 속죄를 이루사 단번에 성소에 들어가셨느니라 염소와 황소의 피와 및 암송아지의 재를 부정한 자에게 뿌려 그 육체를 정결하게 하여 거룩하게 하거든 하물며 영원하신 성령으로 말미암아 흠 없는 자기를 하나님께 드린 그리스도의 피가 어찌 너희 양심을 죽은 행실에서 깨끗하게 하고 살아 계신 하나님을 섬기게 하지 못하겠느냐"(히 9:11-14).

③ 칭의는 예수 그리스도가 이루신 구속으로 우리가 은혜로 얻는다.
우리는 누구라도 내 의로 하나님 앞에 의롭다 함을 얻을 수 없다. 모두가 다 정죄 아래 있기 때문이다. 우리의 의는 그것이 아무리 의로워도 다 헌 옷에 불과하다.

"대저 우리는 다 부정한 자 같아서 우리의 의는 다 더러운 옷 같으며 우리는 다 잎사귀같이 시들므로 우리의 죄악이 바람같이 우리를 몰아가나이다"(사 64:6).

이스라엘 백성이 애굽에서 해방 구원된 것은 순수한 하나님의 은혜였다. 이스라엘 백성과 애굽의 바로 왕 앞에 모세를 보내신 분이 하나님이셨고 이스라엘 백성과 애굽 백성 앞에 열 가지 기적과 재앙을 행하신 분도 하나님이셨다. 이스라엘 백성을 유월절 양의 피를 통해 애굽에서 해방시킨 분이 하나님이셨고, 홍해를 육지로 가르신 분도 하나님이셨다. 우리가 죄와 사망에서 구원된 것, 칭의를 받게 된 것은 순수한 하나님의 은혜이다.

이 칭의는 그리스도의 대속의 죽음으로 이루어진다.

"예수는 우리가 범죄한 것 때문에 내줌이 되고 또한 우리를 의롭다 하시기 위하여 살아나셨느니라"(롬 4:25).

"그리스도의 사랑이 우리를 강권하시는도다 우리가 생각하건대 한 사람이 모든 사람을 대신하여 죽었은즉 모든 사람이 죽은 것이라"(고후 5:14).

"하나님이 죄를 알지도 못하신 이를 우리를 대신하여 죄를 삼으신 것은 우리로 하여금 그 안에서 하나님의 의가 되게 하려 하심이라"(고후 5:21).

그리스도의 죽으심은 우리를 위하심이요, 이 죽음 때문에 우리가 칭의를 받게 되었다.

"사람이 의롭게 되는 것은 율법의 행위로 말미암음이 아니요 오직 예수 그리스도를 믿음으로 말미암는 줄 알므로 우리도 그리스도 예수를 믿나니 이는 우리가 율법의 행위로써가 아니고 그리스도를 믿음으로써 의롭다 함을 얻으려 함이라 율법의 행위로써는 의롭다 함을 얻을 육체가 없느니라"(갈 2:16).

"너희가 그 은혜에 의하여 믿음으로 말미암아 구원을 받았으니 이것은 너희에게서 난 것이 아니요 하나님의 선물이라 행위에서 난 것이 아니니 이는 누구든지 자랑하지 못하게 함이라"(엡 2:8-9).

"모든 사람이 죄를 범하였으매 하나님의 영광에 이르지 못하더니 그리스도 예수 안에 있는 속량으로 말미암아 하나님의 은혜로 값없이 의롭다 하심을 얻은 자 되었느니라"(롬 3:23-24).

칭의는 순수한 은혜로 된 것이다. 칭의를 얻는 길이 이렇게 여러 가지지만 이 말은 오직 믿음으로 우리가 의롭다 함을 받은 것이라는 말에 다 포함된다. 우리가 칭의를 받는 길은 오직 믿음 한 길밖에 없다. 이 믿음이 은혜요 이 믿음이 그리스도 안에 있는 것이요 이 믿음이 그리스도의 핏값으로 얻는 것이다.

3. 받은 구원, 중생(Regeneration)

1) 중생의 의미

헬라어 '아나겐나오'(ἀναγεννάω)에서 온 말로 이 말의 뜻은 '거듭난다', '위로부터 난다'라는 뜻이다. 이 거듭남은 죄로 죽어 있던 영적 생명이 살아나는 전인적인 근본 변화를 뜻한다.

"그는 허물과 죄로 죽었던 너희를 살리셨도다 그때에 너희는 그 가운데서 행하여 이 세상 풍조를 따르고 공중의 권세 잡은 자를 따랐으니 곧 지금 불순종의 아들들 가운데서 역사하는 영이라 전에는 우리도 다 그 가운데서 우리 육체의 욕심을 따라 지내며 육체와 마음의 원하는 것을 하여 다른 이들과 같이 본질상 진노의 자녀이었더니 긍휼이 풍성하신 하나님이 우리를 사랑하신 그 큰 사랑을 인하여 허물로 죽은 우리를 그리스도와 함께 살리셨고 (너희는 은혜로 구원을 받은 것이라)"(엡 2:1-5).
"또 범죄와 육체의 무할례로 죽었던 너희를 하나님이 그와 함께 살리시고 우리의 모든 죄를 사하시고 우리를 거스르고 불리하게 하는 법조문으로 쓴 증서를 지우시고 제하여 버리사 십자가에 못 박으시고 통치자들과 권세들을 무력화하여 드러내어 구경거리로 삼으시고 십자가로 그들을 이기셨느니라"(골 2:13-15).

중생은 병든 자가 살아나는 것이 아니라 영적 죽음에서 살아나 영적 생명을 얻은 것을 뜻한다.

2) 중생의 필요

첫째, 원생명이 죽어 생령의 상태에서 육체가 되었기 때문이다.

"여호와 하나님이 흙으로 사람을 지으시고 생기를 그 코에 불어넣으시니 사람이 생령이 되니라"(창 2:7).

원생명은 생령이었지만 아담의 범죄로 생령은 육체가 되었다.

"여호와께서 이르시되 나의 영이 영원히 사람과 함께 하지 아니하리니 이는 그들이 육신이 됨이라 그러나 그들의 날은 백이십 년이 되리라 하시니라"(창 6:3).

성경이 말하는 죽음은 무엇인가?

① 영적 죽음

이 죽음은 하나님의 영과 우리의 영이 분리됨을 뜻한다.

"제자 중에 또 한 사람이 이르되 주여 내가 먼저 가서 내 아버지를 장사하게 허락하옵소서 예수께서 이르시되 죽은 자들이 그들의 죽은 자들을 장사하게 하고 너는 나를 따르라 하시니라"(마 8:21-22).

여기에는 두 가지 죽음이 나온다. 아버지의 죽음이 육적 죽음이요, 이 죽은 아버지를 장사 지내 줄 죽은 자는, 영적으로 죽은 자로 곧 영적으로 하나님과 분리된 사람들을 가리킨다.

"그는 허물과 죄로 죽었던 너희를 살리셨도다"(엡 2:1).

에베소 교인들이 믿어 구원받기 전의 상태는 영적으로 허물과 죄로,

하나님과 그 영이 분리되어 죽어 있었던 사람들이다.

"또 범죄와 육체의 무할례로 죽었던 너희를 하나님이 그와 함께 살리시고 우리의 모든 죄를 사하시고"(골 2:13).

여기의 죽음도 믿어 구원받기 전에, 그들이 범죄와 무할례로 죽어 있었다고 표현하는데 이 죽음이 영적 죽음이다.

"아버지가 이르되 얘 너는 항상 나와 함께 있으니 내 것이 다 네 것이로되 이 네 동생은 죽었다가 살았으며 내가 잃었다가 얻었기로 우리가 즐거워하고 기뻐하는 것이 마땅하다 하니라"(눅 15:31-32).

탕자의 비유에서 아버지는 하나님을 가리키고 아버지를 떠난 탕자는 하나님을 떠난 인간을 가리킨다. 여기 아버지는 아들이 자기를 떠났을 때 죽었었다고 말하고 돌아왔을 때 살았다고 표현한다. 아버지와 아들의 분리는 하나님과 인간의 영적 분리, 영적 죽음을 뜻한다.

"사데 교회의 사자에게 편지하라 하나님의 일곱 영과 일곱 별을 가지신 이가 이르시되 내가 네 행위를 아노니 네가 살았다 하는 이름은 가졌으나 죽은 자로다"(계 3:1).

사데 교인들 중 얼마의 상태는 교인의 모습만 가졌을 뿐, 실상은 하나님과 영적으로 분리된 상태의 사람들이었다. 그래서 그들은 어떻게 복음을 받았는지를 생각하고 돌이켜 회개해야 했다.

"선악을 알게 하는 나무의 열매는 먹지 말라 네가 먹는 날에는 반드시 죽으리라 하시니라"(창 2:17).

아담과 하와가 선악과를 따 먹었을 때 그들은 정녕 죽었다. 그러나 이때 그들은 영적으로 죽어 하나님의 영과 분리되었을 뿐 그 육신은 살아 있었다. 그래서 그들은 영이 죽었지만 육이 살아 있어서 가인과 아벨과 셋을 낳으며 인류를 번성시켰다. 믿지 않아 구원 밖에 있는 사람들에게도 다 영이 있다. 그러나 그들의 영은 죽은 영으로 하나님과 분리된 영들이다. 아담이 영적으로 죽은 상태에서 인류는 번성하게 되고 그래서 아담의 후손은 누구나 날 때부터 하나님과 그 영이 분리되어 있는 영적으로 죽은 상태에서 태어난다. 이것이 원죄다. 원죄는 아담과 하와의 죄를 우리가 담당하는 것이 아니라 아담이 범한 죄의 결과로 우리가 날 때부터 영적으로 하나님과 분리된 상태, 곧 영적 죽음을 가지고 태어나는 것을 말한다.

* 선악과의 문제

"여호와 하나님이 동방의 에덴에 동산을 창설하시고 그 지으신 사람을 거기 두시니라 여호와 하나님이 그 땅에서 보기에 아름답고 먹기에 좋은 나무가 나게 하시니 동산 가운데에는 생명 나무와 선악을 알게 하는 나무도 있더라"(창 2:8-9).
"여호와 하나님이 그 사람을 이끌어 에덴동산에 두어 그것을 경작하며 지키게 하시고 여호와 하나님이 그 사람에게 명하여 이르시되 동산 각종 나무의 실과는 네가 임의로 먹되 선악을 알게 하는 나무의 열매는 먹지 말라 네가 먹는 날에는 반드시 죽으리라 하시니라"(창 2:15-17).

'왜 하나님은 인간이 타락할 줄 아시면서 에덴동산에 선악과를 두셨을까?' '하나님이 에덴동산에 선악과를 두지 않았다면 인간은 타락하지 않았을 것이 아닌가?' 하는 질문들을 한다. 성경은 하나님이 왜 선악과를 에덴동산에 두셨는지를 설명하지 않는다. 성경은 구원에 관계된 것만을 기술하기 때문에 많은 생략이 있다. 연수, 사람 수 등 구원과 상관없는 것에 큰 생략이 있다.

선악과에 대한 설명의 생략도 이런 것 중의 하나다. 그런데 선악과는 다음과 같은 것으로 추론할 수 있다.

우리 하나님의 속성 가운데 공의와 사랑이 있다. 공의의 속성은 법으로 표현된다. 법에는 허용(자유)과 이 허용에 따른 보장이 있고, 금지와 이 금지사항을 위반할 때 형벌이 따른다. 에덴동산에 아담과 하와에게 허용된 자유가 있었다. 동산의 모든 과일을 다 먹을 수 있고 아담이 마음대로 다스리는 것이다. 그러나 한 가지 금지가 있었다. 선악과의 열매는 따 먹지 말라는 것이고 따 먹으면 죽는다는 형벌이다. 결국 선악과는 하나님이 다스리는 하나님의 동산, 에덴에 있는 하나님의 법이다. 이렇게 보면 왜 에덴동산에 선악과가 있었느냐는 질문은 '왜 우리 하나님은 법을 가지신 공의로운 분인가?' 하는 질문과 같다.

② 흙으로 돌아가는 죽음

"네가 얼굴에 땀이 흘러야 식물을 먹고 필경은 흙으로 돌아가리니 그 속에서 네가 취함을 입었음이라 너는 흙이니 흙으로 돌아갈 것이니라 하시니라"(창 3:19).

이 죽음이 육의 죽음이다.

③ 제일의 사망

이 죽음은 모든 사람이 마지막 날, 흰 보좌에 앉으신 주님 앞에서 생명록에 이름이 없는 자들(구원받지 못한 자들)이 그 행위를 기록한 책대로, 심판받아 영원한 지옥에 들어가는 죽음이다.

"각 사람이 자기의 행위대로 심판을 받고 사망과 음부도 불못에 던져지니 이것은 둘째 사망 곧 불못이라 누구든지 생명책에 기록되지 못한 자는 불못에 던져지더라"(계 20:13-15).

세 가지 죽음의 결과로 온 생명의 도표

가운데 ·은 죽은 영

원생명(생령체)　　　　　　헌생명(육체)　　　　　　새생명(중생체)

둘째, 육으로 난 것은 육이요, 육으로는 하나님의 나라에 들어갈 수 없기 때문이다(중생의 필요 이유).

"육으로 난 것은 육이요 영으로 난 것은 영이니 내가 네게 거듭나야 하겠다 하는 말을 놀랍게 여기지 말라"(요 3:6-7).
"형제들아 내가 이것을 말하노니 혈과 육은 하나님 나라를 이어받을 수 없고 또한 썩은 것은 썩지 아니하는 것을 유업으로 받지 못하느니라"(고전 15:50).

셋째, 하나님의 나라에 들어가기 위해 중생해야 한다.

"예수께서 대답하여 이르시되 진실로 진실로 네게 이르노니 사람이 거듭나지 아니하면 하나님의 나라를 볼 수 없느니라 니고데모가 이르되 사람이 늙으면 어떻게 날 수 있사옵나이까 두 번째 모태에 들어갔다가 날 수 있사옵나이까 예수께서 대답하시되 진실로 진실로 네게 이르노니 사람이 물과 성령으로 나지 아니하면 하나님의 나라에 들어갈 수 없느니라"(요 3:3-5).

사람이 중생하지 않으면 원생명이 죽은 상태, 곧 원죄 아래 있게 되고 하나님의 나라에 들어갈 수 없으며 하나님과 교제가 불가능하다. 영적 구원은 하나님의 영과 사람의 영이 다시 화목되는 것으로 중생해야, 다시 말해 영적으로 구원되어야 한다. 영적 구원이 곧 중생이다.

3) 중생의 방법
① 믿음으로 중생한다.

"그가 세상에 계셨으며 세상은 그로 말미암아 지은 바 되었으되 세상이 그를 알지 못하였고 자기 땅에 오매 자기 백성이 영접하지 아니하였으나 영접하는 자 곧 그 이름을 믿는 자들에게는 하나님의 자녀가 되는 권세를 주셨으니 이는 혈통으로나 육정으로나 사람의 뜻으로 나지 아니하고 오직 하나님께로부터 난 자들이니라"(요 1:10-13).

예수님의 이름의 뜻은 '하나님은 구원이시다'로 그 이름을 믿는다는 말은 '예수님이 하나님으로 우리의 구원이라는 것'을 믿는다는 말이다. 이 말은 '예수님이 하나님으로 나의 구원이라는 하나님의 말씀을 마음으로 받아들여 인정하고 영접하는 것, 곧 예수님을 구세주로 받아들이는 것'이다. 이 사람, 곧 예수를 믿는 사람은 하나님의 자녀 되는 권세를 받는다. 내가 사람의 자녀로 태어나서 다시 하나님의 자녀가 되었으니 거듭나는 것이다. 우리가 사람의 부모를 통하여 이 세상에 태어나는 것은 아래로부터 나는 것이요 믿음으로 다시 나는 것은 위로부터 나는 중생이다.

우리가 믿을 때 하나님의 자녀가 되어 중생하였고, 위로부터 나서 중생한 것이다. 중생은 믿음으로 된다. 곧 중생은 믿는 순간에 칭의와 함께 받은 것이다. 중생은 믿음을 통해서 받은 것이다.

"오직 이것을 기록함은 너희로 예수께서 하나님의 아들 그리스도이심을 믿게 하려 함이요 또 너희로 믿고 그 이름을 힘입어 생명을 얻게 하려 함이니라"(요 20:31).
"내가 진실로 진실로 너희에게 이르노니 내 말을 듣고 또 나 보내신 이를 믿는 자는 영생을 얻었고 심판에 이르지 아니하나니 사망에서 생명으로 옮겼느니라"(요 5:24).

중생은 영생을 얻어 사람의 자녀가 하나님의 자녀로 다시 나는 것이다. 이 영생은 믿음으로만 얻어진다. 믿음으로 생명에 이르고 믿음으로 생명으로 옮겨진다. 믿음으로 중생하는 것이다. 우리는 이미 예수 믿을 때 칭의를 얻고 중생을 얻은 것이다.

"하나님이 세상을 이처럼 사랑하사 독생자를 주셨으니 이는 그를 믿는 자마다 멸망하지 않고 영생을 얻게 하려 하심이라"(요 3:16).

② 물로 중생한다.
니고데모가 예수님께 나아와 영생에 관해 질문을 한다. 이때 예수님이 이렇게 말씀하신다.

"예수께서 대답하여 이르시되 진실로 진실로 네게 이르노니 사람이 거듭나지 아니하면 하나님의 나라를 볼 수 없느니라 니고데모가 이르되 사람이 늙으면 어떻게 날 수 있사옵나이까 두 번째 모태에 들어갔다가 날 수 있사옵나이까 예수께서 대답하시되 진실로 진실로 네게 이르노니 사람이 물과 성령으로 나지 아니하면 하나님의 나라에 들어갈 수 없느니라 육으로 난 것은 육이요 영으로 난 것은 영이니 내가 네게 거듭나야 하겠다 하는 말을 놀랍게 여기지 말라"(요 3:3-7).

예수님은 물과 성령으로 거듭나야 한다고 말씀하신다. 그러면 물로 난다는 말은 어떤 말인가?

칼빈은 여기 물은 성령을 가리킨다고 본다. 그러나 물을 성령으로 본다면 성령과 성령으로 거듭난다는 말이 되어 적당한 해석이 아니다. 여기서 물을 어거스틴, 크리소스톰, 위스트콧 등의 학자는 세례로 해석한다.

물세례는 예수를 그리스도로 공적으로 시인하는 사람에게 베푸는 것이다. 사도행전 2장의 오순절 사건 이후 베드로의 설교를 듣고 예수가 그리스도라는 말을 받은 3천 명의 사람들이 다 세례를 받고 예수님의 제자가 되었다(행 2:36-42). 구스 내시 간다게가 빌립을 통해 물세례를 받은 것도 예수를 그리스도로 받았기 때문이었다(행 8:26-39).

"그들은 전에 노아의 날 방주를 준비할 동안 하나님이 오래 참고 기다리실 때에 복종하지 아니하던 자들이라 방주에서 물로 말미암아 구원을 얻은 자가 몇 명뿐이니 겨우 여덟 명이라 물은 예수 그리스도께서 부활하심으로 말미암아 이제 너희를 구원하는 표니 곧 세례라 이는 육체의 더러운 것을 제하여 버림이 아니요 하나님을 향한 선한 양심의 간구니라"(벧전 3:20-21).

이 말씀에서 물, 곧 물세례를 구원의 표로 말한다. 물세례는 성령을 통해(고전 12:3) 예수를 구주로 받은 사람이 예수를 그리스도로 시인함으로 구원받은 표를 갖는 것이다. 결국 이 여러 말을 종합하면 예수님이 니고데모에게 하신 말씀의 뜻은 예수를 그리스도로 믿는 믿음으로 거듭난다는 뜻이다.

"내가 너희를 여러 나라 가운데에서 인도하여 내고 여러 민족 가운데에서 모아 데리고 고국 땅에 들어가서 맑은 물을 너희에게 뿌려서 너희로 정결하게 하되 곧 너희 모든 더러운 것에서와 모든 우상숭배에서 너희를 정결하게 할 것이며 또 새 영을 너희 속에 두고 새 마음을 너희에게 주되 너희 육신에서 굳은 마음을 제거하고 부드러운 마음을 줄 것이

며 또 내 영을 너희 속에 두어 너희로 내 율례를 행하게 하리니 너희가
내 규례를 지켜 행할지라"(겔 36:24-27).

이 말씀에 맑은 물을 뿌림으로 이스라엘 백성을 정결케 한다고 하나님
이 말씀하신다. 이것은 주님의 이름으로 세례를 받음으로 우리의 죄를 용
서받고 중생함을 상징한다.

"또 이르시되 너희는 온 천하에 다니며 만민에게 복음을 전파하라 믿
고 세례를 받는 사람은 구원을 얻을 것이요 믿지 않는 사람은 정죄를
받으리라"(막 16:15-16).

믿고 세례를 받으면 구원을 얻는다는 말씀은 곧 믿을 때 주를 시인하
게 되고(롬 10:10-13) 세례는 믿음의 증거가 되는 것이다. 이 말씀도 물로 중
생한다는 말이 믿음으로 중생한다는 의미이다.

③ 성령으로 중생한다.

"예수께서 대답하시되 진실로 진실로 네게 이르노니 사람이 물과 성령
으로 나지 아니하면 하나님 나라에 들어갈 수 없느니라"(요 3:5).
"만일 너희 속에 하나님의 영이 거하시면 너희가 육신에 있지 아니하
고 영에 있나니 누구든지 그리스도의 영이 없으면 그리스도의 사람이
아니라 또 그리스도께서 너희 안에 계시면 몸은 죄로 말미암아 죽은 것
이나 영은 의로 말미암아 살아 있는 것이니라"(롬 8:9-10).
"그러므로 내가 너희에게 알리노니 하나님의 영으로 말하는 자는 누구
든지 예수를 저주할 자라 하지 아니하고 또 성령으로 아니하고는 누구
든지 예수를 주시라 할 수 없느니라"(고전 12:3).
"우리를 구원하시되 우리가 행한바 의로운 행위로 말미암지 아니하고
오직 그의 긍휼하심을 따라 중생의 씻음과 성령의 새롭게 하심으로 하

셨나니"(딛 3:5).

성령으로 중생한다는 말은 성령님을 통해 사람이 예수를 그리스도로 받는 믿음에 이르게 되고 이 믿음으로 중생한다는 말이다.

④ 말씀으로 중생한다.

"그가 그 피조물 중에 우리로 한 첫 열매가 되게 하시려고 자기의 뜻을 따라 진리의 말씀으로 우리를 낳으셨느니라"(약 1:18).
"너희가 거듭난 것은 썩어질 씨로 된 것이 아니요 썩지 아니할 씨로 된 것이니 살아 있고 항상 있는 하나님의 말씀으로 되었느니라"(벧전 1:23).

중생은 진리의 말씀으로 우리가 새 생명을 얻어 태어나는 것이요, 중생은 말씀으로 되었다. 이 말씀이 곧 '예수님이 그리스도'라는 복음으로 이 말씀을 받고 믿는 믿음으로 구원받게 되고 중생하게 된다.

중생은 믿음으로 된다. 물로 된다는 말도 믿음으로 된다는 말이요, 성령으로 된다는 말도 믿음으로 된다는 말이요, 말씀으로 된다는 말도 믿음으로 된다는 말이다. 중생의 방법은 믿음으로 되는 것으로 사람이 예수를 그리스도로 받는 믿음을 통해 칭의와 동시에 중생한 것이다.

4) 중생의 결과
① 결코 멸망하지 않는다.

"내가 그들에게 영생을 주노니 영원히 멸망하지 아니할 것이요 또 그들을 내 손에서 빼앗을 자가 없느니라 그들을 주신 내 아버지는 만물보다 크시매 아무도 아버지 손에서 빼앗을 수 없느니라"(요 10:28-29).
"내가 하늘로서 내려온 것은 내 뜻을 행하려 함이 아니요 나를 보내신

이의 뜻을 행하려 함이니라 나를 보내신 이의 뜻은 내게 주신 자 중에 내가 하나도 잃어버리지 아니하고 마지막 날에 다시 살리는 이것이니라 내 아버지의 뜻은 아들을 보고 믿는 자마다 영생을 얻는 이것이니 마지막 날에 내가 이를 다시 살리리라 하시니라"(요 6:38-40).

영생은 하나님이 주신다. 영생은 영원한 생명으로 한 번 얻으면 어떤 경우라도 생명이 없어지지 않아야 한다. 중생은 영생을 얻는 것으로 한 번 얻은 중생, 곧 그 어떤 것도 영생을 빼앗지 못한다. 그래서 중생한 사람은 결코 멸망하지 않는다. 중생한 사람은 죽어도 그 영혼이 주님 계신 낙원으로 가게 되고, 주님 재림 시 신령한 몸으로 변화를 받고 부활하여 영생한다.

"하나님이 세상을 이처럼 사랑하사 독생자를 주셨으니 이는 그를 믿는 자마다 멸망하지 않고 영생을 얻게 하려 하심이니라"(요 3:16).
"예수께서 이르시되 나는 부활이요 생명이니 나를 믿는 자는 죽어도 살겠고 무릇 살아서 나를 믿는 자는 영원히 죽지 아니하리니 이것을 네가 믿느냐"(요 11:25-26).

② 결코 정죄되지 않는다.

"그러므로 이제 그리스도 예수 안에 있는 자에게는 결코 정죄함이 없나니 이는 그리스도 예수 안에 있는 생명의 성령의 법이 죄와 사망의 법에서 너를 해방하였음이라"(롬 8:1-2).
"누가 능히 하나님의 택하신 자들을 고발하리요 의롭다 하신 이는 하나님이시니 누가 정죄하리요 죽으실 뿐 아니라 다시 살아나신 이는 그리스도 예수시니 그는 하나님 우편에 계신 자요 우리를 위하여 간구하시는 자시니라"(롬 8:33-34).

중생은 믿음으로 은혜로 하나님으로부터 받은 것이다. 하나님이 우리의 죄를 그리스도에게 담당시키심으로 우리를 의롭다고 해주시고(벧전 2:24; 히 9:11-15; 고후 5:21), 우리에게 새 생명, 영생, 중생을 주셨다. 그런데 하나님이 의롭다고 해주셨고, 예수님이 이미 담당해 주신 우리의 죄를 누구도 다시 정죄할 수 없다. 중생하고 구원받은 사람의 죄는 주님 안에서 완전하게 도말되었다. 그러므로 누구도 정죄할 수 없다. 중생한 결과는 결코 정죄에 이르지 않게 된 것이다.

③ 결코 심판받지 않는다.
구원받은 성도에게 상급을 위한 공력 심판이 있다.

"내게 주신 하나님의 은혜를 따라 내가 지혜로운 건축자와 같이 터를 닦아 두매 다른 이가 그 위에 세우나 그러나 각각 어떻게 그 위에 세울까를 조심할지니라 이 닦아 둔 것 외에 능히 다른 터를 닦아 둘 자가 없으니 이 터는 곧 예수 그리스도라 만일 누구든지 금이나 은이나 보석이나 나무나 풀이나 짚으로 이 터 위에 세우면 각 사람의 공적이 나타날 터인데 그날이 공적을 밝히리니 이는 불로 나타내고 그 불이 각 사람의 공적이 어떠한 것을 시험할 것임이라 만일 누구든지 그 위에 세운 공적이 그대로 있으면 상을 받고 누구든지 그 공적이 불타면 해를 받으리니 그러나 자신은 구원을 받되 불 가운데서 받은 것 같으리라"(고전 3:10-15).
"네가 어찌하여 네 형제를 판단하느냐 어찌하여 네 형제를 업신여기느냐 우리가 다 하나님의 심판대 앞에 서리라"(롬 14:10).
"이는 우리가 다 반드시 그리스도의 심판대 앞에 나타나게 되어 각각 선악 간에 그 몸으로 행한 것을 따라 받으려 함이라"(고후 5:10).

여기 나오는 심판은 우리가, 곧 구원받은 성도가 받을 심판으로, 상급을 위한 공력 심판이다. 이 심판은 구원받지 못한 자들이 받는 심판, 그래서 영원한 불못에 떨어지는 심판이 아니다. 구원받아 생명록에 기록된 성도는 공력을 심판받아 상급이 주어지지만 믿음 밖의 사람들, 생명록에 기록되지 않은 사람들은 심판받아 영원한 불못(지옥), 곧 제2의 사망에 들어간다.

"또 내가 보니 죽은 자들이 큰 자나 작은 자나 그 보좌 앞에 서 있는데 책들이 펴 있고 또 다른 책이 펴졌으니 곧 생명책이라 죽은 자들이 자기 행위를 따라 책들에 기록된 대로 심판을 받으니 바다가 그 가운데에서 죽은 자들을 내주고 또 사망과 음부도 그 가운데에서 죽은 자들을 내주매 각 사람이 자기의 행위대로 심판을 받고 사망과 음부도 불못에 던져지니 이것은 둘째 사망 곧 불못이라 누구든지 생명책에 기록되지 못한 자는 불못에 던져지더라"(계 20:12-15).

④ 사망에 이르는 죄를 범하지 않는다.

하나님의 말씀 요한일서를 보면 중생한 사람, 하나님에게서 난 사람은 죄를 지을 수 없고 죄를 짓지 않는다고 여러 번 말씀한다.

"그 안에 거하는 자마다 범죄하지 아니하나니 범죄하는 자마다 그를 보지도 못하였고 그를 알지도 못하였느니라"(요일 3:6).

"하나님께로부터 난 자마다 죄를 짓지 아니하나니 이는 하나님의 씨가 그의 속에 거함이요 그도 범죄하지 못하는 것은 하나님께로부터 났음이라"(요일 3:9).

"하나님께로부터 난 자는 다 범죄하지 아니하는 줄을 우리가 아노라 하나님께로부터 나신 자가 그를 지키시매 악한 자가 그를 만지지도 못하느니라"(요일 5:18).

하나님께로서 난 자가 중생한 자다. 그러면 중생하면 우리는 다 자범죄를 짓지 않는가? 그렇지 않다. 구원받고 중생해도 계속 자범죄를 짓게 되는 것이고 그래서 구원 이후 죄와 싸워 이기는 생활로 성화가 필요한 것이다. 그러면 여기 요한일서에서 중생한 사람이 죄를 지을 수 없다는 말은 무슨 의미인가? 요한일서 5장에서 하나님이 이렇게 말씀하신다.

"누구든지 형제가 사망에 이르지 아니하는 죄 범하는 것을 보거든 구하라 그리하면 사망에 이르지 아니하는 범죄자들을 위하여 그에게 생명을 주시리라 사망에 이르는 죄가 있으니 이에 관하여 나는 구하라 하지 않노라"(요일 5:16).
"모든 불의가 죄로되 사망에 이르지 아니하는 죄도 있도다"(요일 5:17).

죄 중에는 영원한 사망에 이르는 죄가 있다. 이 죄는 성령을 거스르는 죄로 예수를 그리스도로 받지 않는 죄, 다시 말해 믿음을, 의지를 가지고 거절하는 죄다. 이 죄는 용서될 수가 없다. 이 죄는 그래서 용서 기도를 할 수 없다. 믿지 않는 자는 이미 심판 아래 있기 때문이다.

"그를 믿는 자는 심판을 받지 아니하는 것이요 믿지 아니하는 자는 하나님의 독생자의 이름을 믿지 아니하므로 벌써 심판을 받은 것이니라"
(요 3:18).

그러나 성도가 구원받고, 중생하고 범하는 죄는 심판에 이르는 죄가 아니다. 용서를 기도해야 하고 회개해야 하는 죄다.

결국 요한일서에서 중생한 사람이 죄를 범할 수 없다고 한 것은 죽을 죄, 곧 믿음 자체를 거절하는 죄를 범할 수 없다는 말이다.[2]

중생한 사람은 다시 믿음생활 밖으로 나가도 중생은 여전히 유효하다. 탕자는 돌아갈 기회가 있는 것이다. 중생한 사람은 결코 죽을죄, 곧 영원한 불못에 떨어지는 죄를 범할 수 없다. 왜냐하면 이미 중생할 때 이 죄가 다 해결되었기 때문이다.

---

2) 요일 5:17

중생한 사람은 결코 멸망하지 않는다. 중생한 사람은 결코 정죄되지 않는다. 중생한 사람은 심판에 이르지 않는다. 중생한 사람은 심판에 이르는 죄를 다시 범하지 않는다. 그러면 중생하고 범하는 성도의 죄는 어떻게 되는가? 하나님이 징계하신다. 징계하기 전, 징계할 때 성도는 빨리 자복하고 회개해야 한다. 하나님이 징계해도 회개하지 않으면 이 사람은 주님 공중 재림 시 공중 혼인잔치(천국, kingdom of heaven)에 들어가지 못하고 대환난을 통해 영원 천국, 새 하늘 새 땅에 들어가는 부끄러운 구원을 얻게 된다. 이런 성도가 바로 한 달란트 받은 성도요, 미련한 처녀요, 나무나 풀이나 짚처럼 신앙생활을 한 사람이요, 예복을 벗어버린 사람이다 (대환난을 통한 부끄러운 구원은 나중에 자세히 설명한다).

5) 중생의 증거

중생의 증거를 어떤 사람이 갖는 확신에서 찾으면 안 된다. 확신은 언젠가 의심으로 변할 수 있기 때문이다. 중생의 증거를 내 지식에서 찾을 수 없다. 인간의 지식은 죽음 다음의 일에 전혀 무지하다. 중생의 증거가 특별한 경험, 즉 방언을 할 수 있다거나, 어떤 환상을 본 것에서 찾아져서도 안 된다. 이런 특별한 경험은 중생한 사람에게 다 꼭 같이 있는 것도 아니고 모두 똑같은 것도 아니다.

중생의 증거는 천지는 없어져도 일점일획도 없어지지 않는 하나님의 말씀 안에 있다. 중생의 증거는 내가 예수를 믿을 때 중생했고 하나님의 자녀가 되었다고 하시는 하나님의 말씀이다. 이 하나님의 말씀보다 더 확실한 증거는 없다. 아래 말씀들이 중생한 증거를 확실하게 해준다.

"그가 세상에 계셨으며 세상은 그로 말미암아 지은 바 되었으되 세상이 그를 알지 못하였고 자기 땅에 오매 자기 백성이 영접하지 아니하였으나 영접하는 자 곧 그 이름을 믿는 자들에게는 하나님의 자녀가 되는 권세를 주셨으니 이는 혈통으로나 육정으로나 사람의 뜻으로 나지 아니하고 오직 하나님께로부터 난 자들이니라"(요 1:10-13).

"내가 진실로 진실로 너희에게 이르노니 내 말을 듣고 또 나 보내신 이를 믿는 자는 영생을 얻었고 심판에 이르지 아니하나니 사망에서 생명으로 옮겼느니라"(요 5:24).

"진실로 진실로 너희에게 이르노니 믿는 자는 영생을 가졌나니 내가 곧 생명의 떡이니라"(요 6:47-48).

"너희가 나를 택한 것이 아니요 내가 너희를 택하여 세웠나니 이는 너희로 가서 열매를 맺게 하고 또 너희 열매가 항상 있게 하여 내 이름으로 아버지께 무엇을 구하든지 다 받게 하려 함이니라"(요 15:16).

"그러므로 내가 너희에게 알리노니 하나님의 영으로 말하는 자는 누구든지 예수를 저주할 자라 하지 아니하고 또 성령으로 아니하고는 누구든지 예수를 주시라 할 수 없느니라"(고전 12:3).

"너희는 그 은혜에 의하여 믿음으로 말미암아 구원을 받았으니 이것은 너희에게서 난 것이 아니요 하나님의 선물이라 행위에서 난 것이 아니니 이는 누구든지 자랑하지 못하게 함이라"(엡 2:8-9).

"사람이 마음으로 믿어 의에 이르고 입으로 시인하여 구원에 이르느니라 성경에 이르되 누구든지 그를 믿는 자는 부끄러움을 당하지 아니하리라 하니 유대인이나 헬라인이나 차별이 없음이라 한 분이신 주께서 모든 사람의 주가 되사 그를 부르는 모든 사람에게 부요하시도다 누구든지 주의 이름을 부르는 자는 구원을 받으리라"(롬 10:10-13).

내 부모가 정말 나의 부모라는 사실을 내 편에서는 증명할 수 없다. 나는 어디서 주워 온 자식일 수도 있다. 내가 내 부모의 자녀라는 것을 가장 확실하게, 바로 아는 사람은 내 부모다. 내 부모가 거짓말하지 않고 내가 내 부모의 자녀라고 말하면 이보다 더 확실한 증거는 없다. 내가 믿음으로 하나님의 자녀 되었다고, 하나님이 나를 택해 구원해 주셨다고 하는 하나님의 말씀이 가장 확실한 중생의 증거다.

4. 받은 구원, 하나님의 후사(Heirs of God)

1) 후사 됨의 의미

후사의 개념은 양자의 개념이다. 구원받은 성도는 다 하나님의 양자 된 사람이다. 우리는 은혜로, 믿음으로 칭의받고, 중생하고, 그리고 하나님의 양자가 된다. 이것은 다 믿음과 동시에 받은 구원이다. 그러나 양자가 됨으로 구원은 비로소 확실해지고 사람의 자녀가 하나님의 자녀가 되는 특권을 받는다.

"그가 세상에 계셨으며 세상은 그로 말미암아 지은 바 되었으되 세상이 그를 알지 못하였고 자기 땅에 오매 자기 백성이 영접하지 아니하였으나 영접하는 자 곧 그 이름을 믿는 자들에게는 하나님의 자녀가 되는 권세를 주셨으니 이는 혈통으로나 육정으로나 사람의 뜻으로 나지 아니하고 오직 하나님께로부터 난 자들이니라"(요 1:10-13).

사람이 믿음으로 하나님의 자녀가 되는 것은 특권이다. 그래서 요한복음에는 이것을 권세를 주시는 것으로 말한다. 양자(養子)라는 말은 법정 용어로 양자는 친자와 법적으로 똑같은 권리가 보장된다.

"사랑하는 자들아 우리가 지금은 하나님의 자녀라 장래에 어떻게 될지는 아직 나타나지 아니하였으나 그가 나타나시면 우리가 그와 같을 줄을 아는 것은 그의 참모습 그대로 볼 것이기 때문이니"(요일 3:2).
"자녀이면 또한 상속자 곧 하나님의 상속자요 그리스도와 함께 한 상속자니 우리가 그와 함께 영광을 받기 위하여 고난도 함께 받아야 할 것이니라"(롬 8:17).

우리는 믿음으로 하나님의 양자가 되고, 우리가 양자가 됨으로 하나님의 친자(親子)인 예수 그리스도와 꼭 같은 것을 얻는 것이요 그리스도와 함께한 후사가 된다. 우리는 하나님의 양자가 됨으로 양자의 영을 받아 하나님을 '아버지'로 부르게 된다.

"너희가 아들인 고로 하나님이 그 아들의 영을 우리 마음 가운데 보내
사 아빠 아버지라 부르게 하셨느니라"(갈 4:6).

그러나 여기서 주의할 것은 우리가 그리스도와 꼭 같은 권세를 얻은
양자가 되었다고 해서 삼위일체 하나님의 성자와 같아졌다는 말은 아니
라는 것이다. 구원받고 양자가 됨은 절대로 성도가 삼위 중 제2위에 참여
한 것이 아니다. 다만 그리스도가 누리시는 권세를 양자 된 성도에게 주
신 것이요 성도가 양자 됨으로 이 권세를 누리게 된 것이다.

2) 후사 되는 방법
우리가 하나님의 후사가 되는 방법은 믿음이다.

"그가 세상에 계셨으며 세상은 그로 말미암아 지은 바 되었으되 세상이
그를 알지 못하였고 자기 땅에 오매 자기 백성이 영접하지 아니하였으
나 영접하는 자 곧 그 이름을 믿는 자들에게는 하나님의 자녀가 되는
권세를 주셨으니 이는 혈통으로나 육정으로나 사람의 뜻으로 나지 아
니하고 오직 하나님께로부터 난 자들이니라"(요 1:10-13).
"너희가 다 믿음으로 말미암아 그리스도 예수 안에서 하나님의 아들이
되었으니"(갈 3:26).
"그러므로 상속자가 되는 그것이 은혜에 속하기 위하여 믿음으로 되나
니 이는 그 약속을 그 모든 후손에게 굳게 하려 하심이라 율법에 속한
자에게뿐만 아니라 아브라함의 믿음에 속한 자에게도 그러하니 아브
라함은 우리 모든 사람의 조상이라"(롬 4:16).
"예수께서 그리스도이심을 믿는 자마다 하나님께로부터 난 자니 또한
낳으신 이를 사랑하는 자마다 그에게서 난 자를 사랑하느니라"(요일 5:1).

하나님의 후사가 되는 방법은 믿음이라고 여러 성경 구절이 증거한다. 믿음으로 칭의 받고, 중생하고, 하나님의 후사가 되는 것이다. 이것은 성도가 예수님을 믿을 때 이미 다 받은 구원이다.

3) 후사 된 결과

① 후사의 의미에서 언급한 대로 그리스도와 함께하는 권세 영광을 얻었다(롬 8:17; 요일 3:2).

② 구원받은 성도는 하나님의 후사가 됨으로 하나님의 것을 다 상속받은 부요한 사람이 되었다.

> **"근심하는 자 같으나 항상 기뻐하고 가난한 자 같으나 많은 사람을 부요하게 하고 아무것도 없는 자 같으나 모든 것을 가진 자로다"(고후 6:10).**
> **"자기 아들을 아끼지 아니하시고 우리 모든 사람을 위하여 내주신 이가 어찌 그 아들과 함께 모든 것을 우리에게 주시지 아니하겠느냐"(롬 8:32).**

이 땅에서 구원받은 사람도 가난할 수 있다. 그러나 저는 이미 하나님의 것을 그리스도와 함께 상속받은 부요한 자요, 하늘나라의 모든 것을 다 가지고 있는 사람이다.

③ 후사 된 성도는 염려를 이기게 되었다. 성도에게 염려가 있다. 바울에게도 염려가 있었다. 그러나 후사 된 성도는 염려를 아버지 하나님께 맡기게 되는 특권을 받았다. 하나님은 성도의 염려를 맡아주시고 가장 온전하게 해결해 주신다. 하나님이 주시는 온전함 속에는 때로 우리가 이해할 수 없는 고난도 포함된다. 그러나 결국은 다 선으로 이루어진다.

> **"너희 염려를 다 주께 맡기라 이는 저가 너희를 돌보심이라"(벧전 5:7).**
> **"아무 것도 염려하지 말고 다만 모든 일에 기도와 간구로, 너희 구할 것을 감사함으로 하나님께 아뢰라 그리하면 모든 지각에 뛰어난 하나님의 평강이 그리스도 예수 안에서 너희 마음과 생각을 지키시리라"(빌 4:6-7).**

"하나님의 뜻대로 하는 근심은 후회할 것이 없는 구원에 이르게 하는 회개를 이루는 것이요 세상 근심은 사망을 이루는 것이니라"(고후 7:10). "이와 같이 성령도 우리의 연약함을 도우시나니 우리는 마땅히 기도할 바를 알지 못하나 오직 성령이 말할 수 없는 탄식으로 우리를 위하여 친히 간구하시느니라 마음을 살피시는 이가 성령의 생각을 아시나니 이는 성령이 하나님의 뜻대로 성도를 위하여 간구하심이니라 우리가 알거니와 하나님을 사랑하는 자 곧 그의 뜻대로 부르심을 입은 자들에게는 모든 것이 합력하여 선을 이루느니라"(롬 8:26-28).

④ 후사 된 성도는 그리스도가 남긴 고난, 곧 교회를 위한 고난을 받아야 할 의무를 받았다. 하나님의 후사가 되어 영광을 받을 권세를 받았기 때문에 우리는 그리스도의 고난에 참여해야 한다. 아들이 아버지에게서 영광만 받는 것이 아니다. 아들은 아버지와 고난도 함께 받는 것이다.

"자녀이면 또한 상속자 곧 하나님의 상속자요 그리스도와 함께 한 상속자니 우리가 그와 함께 영광을 받기 위하여 고난도 함께 받아야 할 것이니라"(롬 8:17).

그리스도는 성도, 곧 하나님의 자녀를 위해 모든 고난을 다 받으셨다. 성도의 죄를 대신하여 재판받았고, 정죄되었고, 성도의 죗값으로 죽으셨고, 장사 지내졌고, 음부에까지 가셨다(롬 10:7; 벧전 3:18-19).

그러나 그리스도는 교회를 위한 고난을 우리에게 남기셨다. 바울 사도는 그리스도가 남긴 고난, 아직도 그리스도 안에 남은 고난을 자기의 육체에 채운다고 말한다.

"나는 이제 너희를 위하여 받는 괴로움을 기뻐하고 그리스도의 남은 고난을 그의 몸 된 교회를 위하여 내 육체에 채우노라"(골 1:24).

교회는 지금 이 세상에 있는 그리스도의 몸이다.

"교회는 그의 몸이니 만물 안에서 만물을 충만케 하시는 이의 충만이니라"(엡 1:23).
"이는 성도를 온전하게 하여 봉사의 일을 하게 하며 그리스도의 몸을 세우려 하심이라"(엡 4:12).

구원받은 성도, 그래서 하나님의 양자 된 성도가 지금 이 땅에 있는 그리스도의 몸인 교회를 위한 고난을 담당해야 한다. 신앙과 교회를 위한 고난은 그리스도의 고난에 참여하는 것으로 하나님의 양자 된 성도가 기쁨으로 받아야 한다.

"사랑하는 자들아 너희를 연단하려고 오는 불 시험을 이상한 일 당하는 것 같이 이상히 여기지 말고 오히려 너희가 그리스도의 고난에 참여하는 것으로 즐거워하라 이는 그의 영광을 나타내실 때에 너희로 즐거워하고 기뻐하게 하려 함이라"(벧전 4:12-13).

믿음으로 구원받았고 믿음으로 중생하였고 믿음으로 하나님의 자녀가 되었다. 믿음은 어떤 것인가? 어떻게 하는 것이 믿음인가? 구원 영생이 믿어져야 믿음인가? 구원 영생이 의심나면 믿음이 없는 것인가? 우리를 구원하는 믿음이 무엇인가?

☙ 제4장 믿음의 정리

믿음으로 구원받았고 중생했고 하나님의 자녀가 되었다. 그러면 믿음이 어떤 것인가. 믿음이 무엇인가. 어떻게 하는 것이 믿는 것인가. 교회에 나가는 것이 믿는 것인가. 성경대로 의롭게 사는 것이 믿는 것인가. 영생과 부활이 의심되지 않고 확실하게 믿어져야 믿는 것인가.

이제 성경이, 하나님이 말씀하시는 믿음을 바로 알아야 한다.

1. 믿음은 하나님의 말씀(복음)을 환영하는 것

"이 사람들은 다 믿음을 따라 죽었으며 약속을 받지 못하였으되 그것들을 멀리서 보고 환영하며 또 땅에서는 외국인과 나그네임을 증언하였으니"(히 11:13).

믿음은 하나님의 약속, 곧 예수가 그리스도요 예수를 믿으면 죽어도 살게 되고 영생을 얻는다는 약속을 환영하는 것이다. 믿는 사람과 믿지 않는 사람의 차이를 살펴보자. 믿는 사람은 영생하는 나라, 부활을 본 사람들이고 믿지 않는 사람은 영생, 하나님의 나라를 못 본 차이가 아니다. 믿는 사람도 안 믿는 사람도 꼭 같이 영생하는 하나님의 나라를 다 못 보았지만 믿는 사람은 이런 영생의 약속을 환영하는 사람들이고, 믿지 않는 사람은 이런 하나님의 약속을 지식으로 이해할 수 없다고 거절하는 사람들이다. 히브리서 11장에 나오는 믿음의 선진들, 아벨, 에녹, 노아, 아브라함 등 믿음의 선진들은 영생의 나라를 약속받았을 뿐 모두 그 영생을 이 땅에서 받은 것은 아니었다. 그러나 그들은 이 땅에서 이 하나님의 약속을 환영하였다. 이렇게 마음으로 하나님의 약속을 받는 것이 환영이요, 이것이 곧 믿음이다.

2. 성경이 말하는 믿음의 사건들
1) 아브라함이 이삭을 낳은 사건
창세기 17장 말씀을 보면 아브라함은 하나님이 그의 나이 99세 때 사라를 통해 복의 근원이 되는 아들을 주리라 약속하지만 믿지 못하고 이스마엘이나 잘 살게 해달라고 속으로 말한다.

"아브람이 구십구 세 때에 여호와께서 아브람에게 나타나서 그에게 이

르시되 나는 전능한 하나님이라 너는 내 앞에서 행하여 완전하라 내가 내 언약을 나와 너 사이에 두어 너를 크게 번성하게 하리라 하시니 아브람이 엎드렸더니 하나님이 또 그에게 말씀하여 이르시되 보라 내 언약이 너와 함께 있으니 너는 여러 민족의 아버지가 될지라 이제 후로는 네 이름을 아브람이라 하지 아니하고 아브라함이라 하리니 이는 내가 너를 여러 민족의 아버지가 되게 함이니라 내가 너로 심히 번성하게 하리니 내가 네게서 민족들이 나게 하며 왕들이 네게로부터 나오리라 내가 내 언약을 나와 너 및 네 대대 후손 사이에 세워서 영원한 언약을 삼고 너와 네 후손의 하나님이 되리라"(창 17:1-7).

"하나님이 또 아브라함에게 이르시되 네 아내 사래는 이름을 사래라 하지 말고 사라라 하라 내가 그에게 복을 주어 그가 네게 아들을 낳아 주게 하며 내가 그에게 복을 주어 그를 여러 민족의 어머니가 되게 하리니 민족의 여러 왕이 그에게서 나리라 아브라함이 엎드려 웃으며 마음속으로 이르되 백 세 된 사람이 어찌 자식을 낳을까 사라는 구십 세니 어찌 출산하리요 하고 아브라함이 이에 하나님께 아뢰되 이스마엘이나 하나님 앞에 살기를 원하나이다 하나님이 이르시되 아니라 네 아내 사라가 네게 아들을 낳으리니 너는 그 이름을 이삭이라 하라 내가 그와 내 언약을 세우리니 그의 후손에게 영원한 언약이 되리라"(창 17:15-19).

창세기 18장을 보면 사라도 하나님이 그에게 아들을 주신다고 하는 약속을 믿지 못하고 속으로 비웃는다.

"그들이 아브라함에게 이르되 네 아내 사라가 어디 있느냐 대답하되 장막에 있나이다 그가 이르시되 내년 이맘때 내가 반드시 네게로 돌아오리니 네 아내 사라에게 아들이 있으리라 하시니 사라가 그 뒤 장막 문에서 들었더라 아브라함과 사라는 나이가 많아 늙었고 사라에게는 여성의 생리가 끊어졌는지라 사라가 속으로 웃고 이르되 내가 노쇠하었고 내 주인도 늙었으니 내게 무슨 즐거움이 있으리요 여호와께서 아브라함에게 이르시되 사라가 왜 웃으며 이르기를 내가 늙었거늘 어떻게 아들을 낳으리요 하느냐 여호와께 능하지 못한 일이 있겠느냐 기한이 이를 때에 내가 네게로 돌아오리니 사라에게 아들이 있으리라 사라가 두려워서 부인하여 이르되 내가 웃지 아니하였나이다 이르시되 아니라 네가 웃었느니라"(창 18:9-15).

사라와 아브라함 모두가, 아브라함 나이 100세에 사라 나이 90세에, 사라는 경수가 끊어지고 아브라함은 생식 능력을 잃은 상태에서 하나님이 자신들을 통해 아들을 낳게 하신다고 할 때 그들은 다 못 믿었고 비웃었고 사라는 비웃지 않았다고 거짓말까지 한다. 그런데 창세기 21장으로 가보면 아브라함은 사라를 통해 아들 이삭을 얻게 됨을 알게 된다.

"여호와께서 말씀하신 대로 사라를 돌보셨고 여호와께서 말씀하신 대로 사라에게 행하셨으므로 사라가 임신하고 하나님이 말씀하신 시기가 되어 노년의 아브라함에게 아들을 낳으니 아브라함이 그에게 태어난 아들 곧 사라가 자기에게 낳은 아들을 이름하여 이삭이라 하였고 그 아들 이삭이 난 지 팔 일 만에 그가 하나님이 명령하신 대로 할례를 행하였더라 아브라함이 그의 아들 이삭이 그에게 태어날 때에 백 세라 사라가 이르되 하나님이 나를 웃게 하시니 듣는 자가 다 나와 함께 웃으리로다 또 이르되 사라가 자식들을 젖먹이겠다고 누가 아브라함에게 말하였으리요마는 아브라함의 노경에 내가 아들을 낳았도다 하니라"
(창 21:1-7).

아브라함이 사라를 통하여 낳은 이삭은 기적으로 하늘에서 떨어진 아들이 아니다. 이삭은 아브라함과 사라의 정상적인 육체관계를 통해 잉태하여 생산한 아들이다. 아브라함도 사라도 자신들의 육체로는 잉태할 능력이 없기 때문에 하나님이 아들을 주신다고 했을 때 불신하고 비웃었지만 아브라함은 하나님의 말씀을 좇아 사라와 육체관계를 시도했고 이럴 때 생식 능력이 아브라함에게도 사라에게도 회복되어 사라가 잉태하게 된다. 아브라함은 이때 생식 능력이 회복되어 후에 후처 그두라를 취하여 6남매를 더 얻게 된다(창 25:1-2). 믿음은 곧 머리로, 지식으로 못 믿을 말씀이라도 하나님의 말씀을 환영하고 좇아가는 순종이다. 믿음은 하나님의 약속을 환영하고 받는 것이요, 그래서 내 지식을 물리치고 하나님의 말씀대로 좇아가는 것이다(창 12:4).

출애굽한 이스라엘 백성 앞에 홍해가 가로막혔을 때 하나님은 모세에게 손에 든 지팡이를 바다를 향해 내밀어 바다를 갈라지게 하라고 말씀하신다. 바다에 지팡이를 내밀어 바다가 갈라진다는 것은 지식으로는 받을 수 없는 것이다. 그러나 모세는 지팡이를 바다를 향해 내밀고 바다는 갈라진다(출 14:16-17). 믿음은 하나님의 말씀대로 좇아가는 것이다. 요단강이 법궤를 멘 제사장들이 물에 들어설 때 갈라진 것(수 3:11-17), 여리고 성이 이스라엘 백성들이 하나님의 말씀대로 매일 한 바퀴 돌고 7일째는 일곱 바퀴를 돌고 소리를 질러 무너진 사건(수 6:1-20) 등 이 모두가 믿음은 하나님의 말씀대로 좇아가는 것임을 가르쳐준다.

2) 아브라함의 믿음
창세기 15장에 기록된 말씀이다.

"이후에 여호와의 말씀이 환상 중에 아브람에게 임하여 이르시되 아브람아 두려워하지 말라 나는 네 방패요 너의 지극히 큰 상급이니라 아브람이 이르되 주 여호와여 무엇을 내게 주시려 하나이까 나는 자식이 없사오니 나의 상속자는 이 다메섹 사람 엘리에셀이니이다 아브람이 또 이르되 주께서 내게 씨를 주지 아니하셨으니 내 집에서 길린 자가 내 상속자가 될 것이니이다 여호와의 말씀이 그에게 임하여 이르시되 그 사람이 네 상속자가 아니라 네 몸에서 날 자가 네 상속자가 되리라 하시고 그를 이끌고 밖으로 나가 이르시되 하늘을 우러러 뭇별을 셀 수 있나 보라 또 그에게 이르시되 네 자손이 이와 같으리라 아브람이 여호와를 믿으니 여호와께서 이를 그의 의로 여기시고"(창 15:1-6).

하나님은 아브라함이 가나안 땅에 이르렀을 때 이 가나안 땅을 아브라함의 자손에게 주신다고 약속하셨고(창 12:7, 13:17) 아브라함의 자손이 티끌같이 많아 사람이 셀 수 없을 것이라고 약속하셨다(창 13:16). 그런데 아브라함이 가나안 땅에 들어온 후 오랫동안 아브라함에게는 아직 자손이 하나도 생기지 않았다. 그래서 아브라함은 자기의 상속자가 자신의 종인 다메섹 사람 엘리에셀이 될 것이라는 생각을 했다. 하나님은 이런 생각을 하는 아브라함을 밤에 밖으로 불러 하늘의 별을 보여주시면서 "네 자손이 이와 같으리라" 말씀하셨고, 이때 아브라함은 이런 약속을 해 주시는 하나님을 믿었다. 그리고 하나님은 아브라함이 하나님을 믿는 이 믿음을 의로 여겨 주셨다.

"아브람이 여호와를 믿으니 여호와께서 이를 그의 의로 여기시고."

여기 나오는 아브라함의 믿음은 하나님이 해 주신 자손에 대한 약속을 믿는 믿음이 아니고, 이 약속을 해주신 '하나님을' 믿는 믿음이었다.

믿음의 근본은 스스로 계신 여호와 하나님, 창조주 하나님, 전능하신 하나님, 영원하신 하나님, 신실하신 '하나님을' 믿는 것이다.

스스로 계신 전능하신 창조주, 신실하신 하나님을 믿으면 하나님의 모든 말씀을 다 믿게 될 수밖에 없다. 하나님은 전능하시니까 하나님에게는 불가능이 없고, 하나님은 신실하시니까 하나님의 약속은 다 이루어질 수밖에 없는 것이다.

아브라함에게 아직 아들이 하나도 없었지만, 아브라함이 하나님을 믿을 때 "네 자손이 하늘의 별같이 많아진다"라고 하시는 하나님의 약속을 믿을 수 있게 된다. 전능하신 하나님이, 사람을 창조하신 하나님이 아브라함의 자손을 하늘의 별같이 많게 하시는 것은 전혀 문제도 안 되는 것이다. 하나님을 믿으면 부활, 영생, 천국, 구원을 받게 된다. 그 어떤 것도 문제가 되지 않는다. 믿음의 근본은 하나님을 믿는 것이다. 신앙고백의 첫째가 '전능하사 천지를 만드신 하나님 아버지를 믿는 것'이다.

하나님은 '하나님을 믿는' 아브라함의 이 믿음을 의로 여겨 주셨다고 말씀하고 있다.

이런 믿음을 하박국서와 로마서에서 이렇게 말씀하고 있다.

"보라 그의 마음은 교만하며 그 속에서 정직하지 못하나 의인은 그의 믿음으로 말미암아 살리라"(합 2:4).
"복음에는 하나님의 의가 나타나서 믿음으로 믿음에 이르게 하나니 기록된바 오직 의인은 믿음으로 말미암아 살리라 함과 같으니라"(롬 1:17).

히브리서 11장 1절을 보면 믿음을 이렇게 말씀하고 있다.

"믿음은 바라는 것들의 실상이요 보이지 않는 것들의 증거니."

아브라함이 하나님을 믿을 때 자신이 간절히 바라는 많은 후손의 약속을, 그 약속이 이루어진 것 같은 실상으로 갖게 되었고(왜냐하면 하나님의 신실하신 약속은 반드시 이루어질 것이니까) 그 수많은 자녀의 약속이 아직 이루어지지 않아 그의 눈에 보이지 않지만, 하나님의 약속을 증거로 갖게 되었다.

하나님의 약속은 약속 자체가 증거일 뿐 신실하신 하나님께는 더 다른 증거가 필요 없는 것이다.

하나님이 이렇게 말씀하시고 있다.

"하나님이 세상을 이처럼 사랑하사 독생자를 주셨으니 이는 그를 믿는 자마다 멸망하지 않고 영생을 얻게 하려 하심이라 하나님이 그 아들을 세상에 보내신 것은 세상을 심판하려 하심이 아니요 그로 말미암아 세상이 구원을 받게 하려 하심이라 그를 믿는 자는 심판을 받지 아니하는 것이요 믿지 아니하는 자는 하나님의 독생자의 이름을 믿지 아니하므로 벌써 심판을 받은 것이니라"(요 3:16-18).

하나님이 예수를 믿으면 영생 얻고 심판받지 않는다고 말씀하시고 있다. 하나님을 믿을 때 바로 이 하나님의 말씀을 '아멘' 하고 받게 된다. 믿음은 하나님을 믿는 것이다.

3) 장대에 매달린 놋뱀을 쳐다보는 믿음

하나님의 말씀 민수기 21장을 보면 이스라엘 백성들이 모세와 하나님을 원망하는 말을 할 때 하나님은 그들에게 불뱀을 보내어 광야에서 백성들을 물게 하셨다. 많은 백성이 불뱀에 물려 죽었다. 백성들이 모세에게 하나님께 기도하여 자기들을 살려 달라고 애원하였고 모세가 하나님께 기도했다. 하나님은 모세에게 불뱀을 놋으로 만들어 높은 장대 위에 매달라고 말씀하시고 "불뱀에 물린 자마다 이 놋뱀을 쳐다보면 살리라" 말씀하셨다(민 21:8).

모세는 놋으로 불뱀의 형상을 만들어 높은 장대 위에 매달고 뱀에 물리면 이 놋뱀을 쳐다보면 죽지 않고 산다고 말했다.

그리고 불뱀에 물린 많은 백성이 이 놋뱀을 쳐다보고 살아났다.

하나님 말씀 요한복음에 예수님이 친히 모세가 광야에 달아놓았던 놋뱀과 예수님이 자신이 지실 십자가 사건을 같은 것으로, 동일시하시는 말씀을 하셨다.

"모세가 광야에서 뱀을 든 것같이 인자도 들려야 하리니 이는 그를 믿는 자마다 영생을 얻게 하려 하심이니라"(요 3:14-15).

이 주님의 말씀은, 불뱀에 물린 사람이 놋뱀을 쳐다보는 것과 십자가에 달린 예수님을 구세주로 믿는 믿음이 같은 것이라고 말씀하시는 것이다.

모세가 불뱀에 물린 사람에게 광야에 있는 어떤 약재를 가르쳐주며 이 약을 바르고 먹으면 해독이 되어 살아난다는 약속을 했다면 이 약속은 사람들이 받아들일 수 있는 약속이었을 것이다. 그런데 모세는 놋으로 뱀을 만들어 장대 위에 달고, 불뱀에 물리면 이 놋뱀을 쳐다보면 살아난다고 말했다.

'어떻게 불뱀의 독이 놋뱀을 쳐다보면 없어진단 말인가?'

머리로 이해가 안 되어도, 놋뱀을 쳐다보면 살아났다. 2천여 년 전 유대 땅에서 십자가에 달려 죽은 예수를 그리스도로, 구세주로 '아멘' 하고 믿기만 하면 누구나 죽어도 살아나고 영생한다는 하나님의 약속은, 불뱀에게 물린 사람에게 장대에 매달린 놋뱀을 쳐다보면 살아난다는 말과 꼭 같이 사람의 머리로 이해가 되지 않는 약속이다. 그런데 예수님은 광야에서 불뱀에게 물린 사람을 살리기 위해 장대에 높이 달린 놋뱀과 골고다에서 주님이 지실 십자가를 같은 것으로 말씀하셨다.

"모세가 광야에서 뱀을 든 것같이 인자도 들려야 하리니 이는 그를 믿는 자마다 영생을 얻게 하려 하심이니라"(요 3:14-15).

불뱀에 물린 사람이 머리로 도저히 믿을 수 없는 모세의 말대로 놋뱀을 쳐다보는 것이, 골고다에서 십자가에 달리신 예수를 지금 우리가 그리스도로, 구세주로 지금 받아들이는(믿는) 것이다. 광야에서 모세의 말, 놋뱀을 쳐다보면 산다고 하는 말이 의심나도 의심하면서도 쳐다보면 불뱀의 독을 이기고 살았지만, 의심난다고 의도적으로 놋뱀을 쳐다보지 않은 사람은 다 죽었다. 장대에 달린 놋뱀을 쳐다보는 일은 아주 쉬운 일로 누구나 할 수 있는 일이었다.

지금 이 세상에서 예수님을 구세주로 받아들이는 일도 누구나 할 수 있는 아주 쉬운 일이다. 예수님을 구세주로 아멘 하고 받아들이는 이 일에 학식이 필요하지도 않고 돈이 드는 것도 아니고 시간이 드는 것도 아니다. 불뱀에 물린 백성이 놋뱀을 쳐다보는 것같이 그냥 '내가 예수를 믿습니다', 하면 믿는 사람이 되는 것이다.

믿음은 불뱀의 독이 놋뱀을 쳐다보면 치료된다는 하나님의 말씀이 머리로 이해되지 않아도 놋뱀을 쳐다보고 살아난 백성들같이 예수가 그리스도라고 하는 하나님의 말씀, 약속을 그냥 받는 것이다.

4) 사도행전에 나타난 구원받은 믿음
⑴ 베드로가 전한 하나님의 말씀을 받아들인 3천 명의 믿음

오순절 이후 예루살렘에서 하루에 3천 명이나 되는 사람이 구원받아 그리스도의 제자가 된 것은 그들이 베드로가 예수가 그리스도라고 전한 하나님의 말씀을 단순하게 내 것으로 아멘 하고 받아들이는 것이었다.

"그런즉 이스라엘 온 집은 확실히 알지니 너희가 십자가에 못 박은 이 예수를 하나님이 주와 그리스도가 되게 하셨느니라 하니라 그들이 이 말을 듣고 마음에 찔려 베드로와 다른 사도들에게 물어 이르되 형제들아 우리가 어찌할꼬 하거늘 베드로가 이르되 너희가 회개하여 각각 예수 그리스도의 이름으로 세례를 받고 죄 사함을 받으라 그리하면 성령의 선물을 받으리니 이 약속은 너희와 너희 자녀와 모든 먼 데 사람 곧 주 우리 하나님이 얼마든지 부르시는 자들에게 하신 것이라 하고 또 여러 말로 확증하며 권하여 이르되 너희가 이 패역한 세대에서 구원을 받으라 하니 그 말을 받은 사람들은 세례를 받으매 이날에 신도의 수가 삼천이나 더하더라"(행 2:36-41).

믿음은 바로 예수가 그리스도라는 하나님의 말씀을 아멘 하고 받아들이는 것이다. 이럴 때 예수님을 입으로 시인하고 주의 이름을 부르게 된다(롬 10:10, 13). 그리고 이런 믿음은 내게서 나온 것이 아니고, 내가 한 것이 아니고 하나님께서, 성령을 통해 선물로 주신 것이다. 믿음도 구원도 하나님이 주시고 이루신 것이다. 그래서 구원은 변할 수 없고 확실하다.

"너희는 그 은혜에 의하여 믿음으로 말미암아 구원을 받았으니 이것은 너희에게서 난 것이 아니요 하나님의 선물이라"(엡 2:8).

"시몬 베드로가 대답하여 이르되 주는 그리스도시요 살아계신 하나님의 아들이시니이다 예수께서 대답하여 이르시되 바요나 시몬아 네가 복이 있도다 이를 네게 알게 한 이는 혈육이 아니요 하늘에 계신 내 아버지시니라"(마 16:16-17).

(2) 구원받은 구스 내시의 믿음

구스 내시가 빌립을 통해 세례를 받고 구원받은 믿음은 예수를 그리스도라고 하는 하나님의 말씀을 빌립을 통해 듣고 그 말씀을 받아들인 것이다. 믿음은 예수를 그리스도로 받는 것이다.

"주의 사자가 빌립에게 말하여 이르되 일어나서 남쪽으로 향하여 예루살렘에서 가사로 내려가는 길까지 가라 하니 그 길은 광야라 일어나 가서 보니 에디오피아 사람 곧 에디오피아 여왕 간다게의 모든 국고를 맡은 관리인 내시가 예배하러 예루살렘에 왔다가 돌아가는데 수레를 타고 선지자 이사야의 글을 읽더라 성령이 빌립더러 이르시되 이 수레로 가까이 나아가라 하시거늘 빌립이 달려가서 선지자 이사야의 글 읽는 것을 듣고 말하되 읽는 것을 깨닫느냐 대답하되 지도해 주는 사람이 없으니 어찌 깨달을 수 있느냐 하고 빌립을 청하여 수레에 올라 같이 앉으라 하니라 읽는 성경 구절은 이것이니 일렀으되 그가 도살자에게로 가는 양과 같이 끌려갔고 털 깎는 자 앞에 있는 어린 양이 조용함과 같이 그의 입을 열지 아니하였도다 그가 굴욕을 당했을 때 공정한 재판도 받지 못하였으니 누가 그의 세대를 말하리요 그의 생명이 땅에서 빼앗김이로다 하였거늘 그 내시가 빌립에게 말하되 청컨대 내가 묻노니 선지자가 이 말한 것이 누구를 가리킴이냐 자기를 가리킴이냐 타인을 가리킴이냐 빌립이 입을 열어 이 글에서 시작하여 예수를 가르쳐 복음을 전하니 길 가다가 물 있는 곳에 이르러 그 내시가 말하되 보라 물이 있으니 내가 세례를 받음에 무슨 거리낌이 있느냐 이에 명하여 수레를 멈추고 빌립과 내시가 둘 다 물에 내려가 빌립이 세례를 베풀고 둘이 물에서 올라올새 주의 영이 빌립을 이끌어간지라 내시는 기쁘게 길을 가므로 그를 다시 보지 못하니라"(행 8:26-39).

(3) 구원받은 고넬료와 식구들의 믿음

백부장 고넬료가 그 식구들과 함께 세례를 받고 구원 얻게 된 것은 베드로를 통해 전해주신 하나님의 말씀, 곧 예수님이 그리스도라고 하는 말씀을 받아들인 것이다. 믿음은 예수를 그리스도로 받아들이는 것이다.

"고넬료가 이르되 내가 나흘 전 이맘때까지 내 집에서 제 구 시 기도를 하는데 갑자기 한 사람이 빛난 옷을 입고 내 앞에 서서 말하되 고넬료야 하나님이 네 기도를 들으시고 네 구제를 기억하셨으니 사람을 욥바에 보내어 베드로라 하는 시몬을 청하라 그가 바닷가 무두장이 시몬의 집에 유숙하느니라 하시기로 내가 곧 당신에게 사람을 보내었는데 오셨으니 잘하였나이다 이제 우리는 주께서 당신에게 명하신 모든 것을 듣고자 하여 다 하나님 앞에 있나이다 베드로가 입을 열어 말하되 내가 참으로 하나님은 사람의 외모를 보지 아니하시고 각 나라 중 하나님을 경외하며 의를 행하는 사람은 다 받으시는 줄 깨달았도다 만유의 주 되신 예수 그리스도로 말미암아 화평의 복음을 전하사 이스라엘 자손들에게 보내신 말씀 곧 요한이 그 세례를 반포한 후에 갈릴리에서 시작하여 온 유대에 두루 전파된 그것을 너희도 알거니와 하나님이 나사렛 예수에게 성령과 능력을 기름 붓듯 하셨으매 그가 두루 다니시며 선한 일을 행하시고 마귀에게 눌린 모든 사람을 고치셨으니 이는 하나님이 함께 하셨음이라 우리는 유대인의 땅과 예루살렘에서 그가 행하신 모든 일에 증인이라 그를 그들이 나무에 달아 죽였으나 하나님이 사흘 만에 다시 살리사 나타내시되 모든 백성에게 하신 것이 아니요 오직 미리 택하신 증인 곧 죽은 자 가운데서 부활하신 후 그를 모시고 음식을 먹은 우리에게 하신 것이라 우리에게 명하사 백성에게 전도하되 하나님이 살아 있는 자와 죽은 자의 재판장으로 정하신 자가 곧 이 사람인 것을 증언하게 하셨고 그에 대하여 모든 선지자도 증언하되 그를 믿는 사람들이 다 그의 이름을 힘입어 죄 사함을 받는다 하였느니라 베드로가 이 말을 할 때에 성령이 말씀 듣는 모든 사람에게 내려오시니 베드로와 함께 온 할례 받은 신자들이 이방인들에게도 성령 부어 주심으로 말미암아 놀라니 이는 방언을 말하며 하나님 높임을 들음이러라 이에 베드로가 이르되 이 사람들이 우리와 같이 성령을 받았으니 누가 능히 물로 세례 베풂을 금하리요 하고 명하여 예수 그리스도의 이름으로 세례를 베풀라 하니라 그들이 베드로에게 며칠 더 머물기를 청하니라"(행 10:30-48).

(4) 빌립보 옥사장의 식구들이 구원받은 믿음

빌립보의 옥사장 가정 식구들이 예수를 믿고 구원된 믿음은 바울을 통해 예수가 그리스도라고 하는 하나님의 말씀을 듣고 그 말씀을 받은 것이다. 우리를 구원하는 믿음은 예수가 그리스도라고 하는 하나님의 말씀을 받아들이는 것이다.

"한밤중에 바울과 실라가 기도하고 하나님을 찬송하매 죄수들이 듣더라 이에 갑자기 큰 지진이 나서 옥터가 움직이고 문이 곧 다 열리며 모든 사람의 매인 것이 다 벗어진지라 간수가 자다가 깨어 옥문들이 열린 것을 보고 죄수들이 도망한 줄 생각하고 칼을 빼어 자결하려 하거늘 바울이 크게 소리 질러 이르되 네 몸을 상하지 말라 우리가 다 여기 있노라 하니 간수가 등불을 달라고 하며 뛰어 들어가 무서워 떨며 바울과 실라 앞에 엎드리고 그들을 데리고 나가 이르되 선생들이여 내가 어떻게 하여야 구원을 받으리이까 하거늘 이르되 주 예수를 믿으라 그리하면 너와 네 집이 구원을 받으리라 하고 주의 말씀을 그 사람과 그 집에 있는 모든 사람에게 전하더라 그 밤 그 시각에 간수가 그들을 데려다가 그 맞은 자리를 씻어 주고 자기와 그 온 가족이 다 세례를 받은 후 그들을 데리고 자기 집에 올라가서 음식을 차려 주고 그와 온 집안이 하나님을 믿으므로 크게 기뻐하니라"(행 16:25-34).

우리에게 구원을 주는 믿음, 우리에게 칭의를 주는 믿음은 예수가 그리스도라고 하는 복음을 내가 '아멘' 하고 받는 것이다. 이 일에 성령님이 함께하신다(고전 12:3; 마 16:16-17).

5) 성경이 말하는 믿음

많은 왕과 많은 선지자, 많은 이스라엘 백성들이 하나님의 말씀, 하나님의 약속을 믿고 순종함으로 구원받은 사건들이 있다. 이런 사건들은 구약성경에 수십 번, 수백 번 기록되어 있다. 이삭의 헌제 사건, 홍해가 갈라지는 사건, 여리고 성 점령 사건, 사르밧 과부의 집으로 피신하여 3년 반 동안 계속된 가뭄과 기근을 이겨낸 사건 등, 많은 사건이 우리에게 믿음을 가르쳐주는 예표가 된다. 믿음장 히브리서 11장에서 이런 믿음을 이렇게 말씀하고 있다.

"아브라함은 시험을 받을 때에 믿음으로 이삭을 드렸으니 그는 약속들을 받은 자로되 그 외아들을 드렸느니라 그에게 이미 말씀하시기를 네 자손이라 칭할 자는 이삭으로 말미암으리라 하셨으니 그가 하나님이 능히 이삭을 죽은 자 가운데서 다시 살리실 줄로 생각한지라 비유컨대 그를 죽은 자 가운데서 도로 받은 것이니라 믿음으로 이삭은 장차 있을 일에 대하여 야곱과 에서에게 축복하였으며 믿음으로 야곱은 죽을 때에 요셉의 각 아들에게 축복하고 그 지팡이 머리에 의지하여 경배하였으며 믿음으로 요셉은 임종 시에 이스라엘 자손들이 떠날 것을 말하고 또 자기 뼈를 위하여 명하였으며 믿음으로 모세가 났을 때에 그 부모가 아름다운 아이임을 보고 석 달 동안 숨겨 왕의 명령을 무서워하지 아니하였으며 믿음으로 모세는 장성하여 바로의 공주의 아들이라 칭함 받기를 거절하고 도리어 하나님의 백성과 함께 고난받기를 잠시 죄악의 낙을 누리는 것보다 더 좋아하고 그리스도를 위하여 받는 수모를 애굽의 모든 보화보다 더 큰 재물로 여겼으니 이는 상 주심을 바라봄이라 믿음으로 애굽을 떠나 왕의 노함을 무서워하지 아니하고 곧 보이지 아니하는 자를 보는 것같이 하여 참았으며 믿음으로 유월절과 피 뿌리는 예식을 정하였으니 이는 장자를 멸하는 자로 그들을 건드리지 않게 하려 한 것이며 믿음으로 그들은 홍해를 육지 같이 건넜으나 애굽사람들은 이것을 시험하다가 빠져 죽었으며 믿음으로 칠 일 동안 여리고를 도니 성이 무너졌으며 믿음으로 기생 라합은 정탐꾼을 평안히 영접하였으므로 순종하지 아니한 자와 함께 멸망하지 아니하였도다 내가 무슨 말을 더 하리요 기드온, 바락, 삼손, 입다, 다윗 및 사무엘과 선지자들의 일을 말하려면 내게 시간이 부족하리로다 그들은 믿음으로 나라들을 이기기도 하며 의를 행하기도 하며 약속을 받기도 하며 사자들의 입을 막기도 하며 불의 세력을 멸하기도 하며 칼날을 피하기도 하며 연약한 가운데서 강하게 되기도 하며 전쟁에 용감하게 되어 이방 사람들의 진을 물리치기도 하며 여자들은 자기의 죽은 자들을 부활로 받아들이기도 하며 또 어떤 이들은 더 좋은 부활을 얻고자 하여 심한 고문을 받되 구차히 풀려나기를 원하지 아니하였으며 또 어떤 이들은 조롱과 채찍질뿐 아니라 결박과 옥에 갇히는 시련도 받았으며 돌로 치는 것과 톱으로 켜는 것과 시험과 칼로 죽임을 당하고 양과 염소의 가죽을 입고 유리하여 궁핍과 환난과 학대를 받았으니 (이런 사람은 세상이 감당하지 못하느니라) 그들이 광야와 산과 동굴과 토굴에 유리하였느니라 이 사람들은 다 믿음으로 말미암아 증거를 받았으나 약속된 것을 받지 못하였으니 이는 하나님이 우리를 위하여 더 좋은 것을 예비하셨은즉 우리가 아니면 그들로 온전함을 이루지 못하게 하려 하심이라"(히 11:17-40).

성경에 기록된 많은 사건에서 하나님의 말씀을 믿고 순종함으로 승리하고 위험에서 구원된 모든 기사들이 믿음은 하나님을 믿는 것, 하나님의 약속을 받는 것이라고 가르쳐주고 있다.

6) 믿음은 바라는 것들의 실상이요 보이지 않는 것들의 증거(히 11:1)
온 인류가 모두 한 가지로 바라는 것은 죽지 않고 사는 생명의 소원이다.

**"피조물이 허무한 데 굴복하는 것은 자기 뜻이 아니요 오직 굴복하게
하시는 이로 말미암음이라 그 바라는 것은 피조물도 썩어짐의 종노릇
한 데서 해방되어 하나님의 자녀들의 영광의 자유에 이르는 것이니라"**
(롬 8:19-21).

모든 피조물의 공통적으로 바라는 것은 죽어 썩지 않고 하나님의 자
녀들의 영광, 곧 영생하는 것이다. 믿음은 영생의 실상과 보지 못한 영생
의 증거를 갖는 것이다. 성도는 천지가 없어져도 없어지지 않는 신실한 하
나님의 말씀, 성경 안에서 영생의 증거와 실상을 갖게 된다.

**"내가 진실로 진실로 너희에게 이르노니 내 말을 듣고 또 나 보내신 이
를 믿는 자는 영생을 얻었고 심판에 이르지 아니하나니 사망에서 생명
으로 옮겼느니라"(요 5:24).**
**"내가 그들에게 영생을 주노니 영원히 멸망하지 아니할 것이요 또 그들
을 내 손에서 빼앗을 자가 없느니라"(요 10:28).**

이 말씀보다 더 확실한 증거는 없다. 믿음은 영생의 실상과 보지 못한
영생의 증거를 말씀으로 갖는 것이다

7) 우리를 구원하는 믿음
첫째, 유월절 사건이 구원을 얻게 하는 믿음이 무엇인가를 잘 설명하
고 있다.
'흠 없는 양의 피를 문 인방에 바르면 그 집 안의 초태생은 다 살게 되

고 너희가 애굽에서 해방된다'라고 하는 약속이 머리로 이해가 안 되어도 백성들이 그대로 받아 순종하여 그들이 애굽에서 해방된 것같이, 믿음은 이해가 되지 않는 하나님의 말씀을 '아멘' 하고 순종하는 것이다.

하나님은 모세의 말을 하나님의 말로 '아멘' 하고 받도록 9가지 기적을 예표로 주셨고, 우리가 예수를 그리스도로(구세주로) '아멘' 하고 받게 하시려고 구약에 수많은 예표를 주셨다.

둘째, 생식 능력 다 잃어버린 아브라함과 사라가 아들을 낳는다는 것, 아브라함과 사라가 그 머리로 이해가 안 되어 하나님의 약속을 비웃었지만 그래도 아브라함은 하나님의 약속을 따라 사라를 여자로 취하여 이삭이 탄생한 것같이 믿음은 하나님의 약속을 머리로 의심하면서도 하나님 말씀대로 따라가는 것이 믿음이라고 하나님께서 가르쳐주신다.

셋째, 믿음은 오순절에 이스라엘 백성들이 베드로가 전하는 '예수가 그리스도라'라고 하는 복음을 '아멘' 하고 받아들인 것같이 성경 말씀에 예수가 그리스도라는 복음을, 말씀을 '예', '아멘' 받아들이는 것이라고 오순절 사건이 가르쳐주고 있다.

넷째, 고넬료와 그 식구들이 구원받은 믿음은 예수가 그리스도라고 하는 베드로의 말을 '아멘' 하고 받아들인 것이다. 고넬료 가정의 구원 사건이 믿음은 예수를 그리스도로 '아멘' 하고 받아들이는 것이라고 가르쳐준다.

다섯째, 구스 내시가 구원받은 믿음은 빌립의 말을 듣고 이사야 선지자의 말대로 예수님이 내 죄를 담당하신 구세주라는 것을 '아멘' 하고 받은 것같이 믿음은 예수를 그리스도로 '아멘' 하고 받는 것이다.

여섯째, 아브라함이 하나님을 믿을 때, 자신이 간절히 바라는 많은 후손의 약속을, 그 약속이 이루어진 것 같은 실상으로 갖게 되고(왜냐하면 하나님의 약속은 반드시 이루어질 것이니까) 하나님을 믿는 아브라함에게는 하나님의 약속이 바로 수많은 후손의 증거가 되는 것이었다. 왜냐하면 전능하시고 신실하신 하나님의 약속은 약속 자체가 증거일 뿐 더 다른 증거가 필요 없는 것이기 때문이다. 믿음은 하나님을 믿는 것이다.

일곱째, 광야에서 불뱀에게 물린 사람들이 장대에 달린 놋뱀을 쳐다보아서 살아난 것같이 예수님이 지신 십자가가 나를 구원하는 십자가로 '아멘' 하고 받아들이면 믿는 자가 되고 영생을 얻는 것이다. 믿음은 예수님을 구세주로 받아들이는 것이다.

여덟째, 구약에 나오는 많은 믿음의 사건들, 하나님 말씀 믿고 순종하여 구원받은 수많은 사건이 우리에게 믿음을 가르쳐주고 있고 여기의 믿음은 하나님 말씀대로 순종하는 것이다.

아홉째, 믿음은 바라는 것들의 실상이요 보이지 않는 것들의 증거라고 성경이 증언한다(히 11:1). 온 인류가 모두 한 가지로 바라는 것은 죽지 않고 사는 생명의 소원이다. 모든 피조물의 공통적으로 바라는 것은 죽어 썩지 않고 하나님의 자녀들의 영광, 곧 영생하는 것이다. 믿음은 영생의 실상과 보지 못한 영생의 증거를 갖는 것이다. 성도는 천지가 없어져도 없어지지 않는 신실한 하나님의 말씀, 성경 안에서 영생의 증거와 실상을 갖게 된다.

열째, 이 모든 믿음의 예표들이 예수가 구세주라는 것을 마음으로 받을 것을 가르쳐 준다. 이 예표들을 통해 예수를 그리스도로 받으면 이것이 마음으로 믿는 것이요 이런 사람이 그 입으로 예수를 주로 시인하여 구원에 이르게 된다(롬 10:10). 이런 사람은 '성령을 받은 사람'이요(성령이 아니면 누구도 예수를 구세주로 받을 수 없다. 고전 12:3), 확실하게 구원받은 성도다.

❧ 제5장 받아가는 구원 성화(Sanctification)

구원에는 내가 영적으로 구원받아 하나님의 자녀가 되고 의인의 신분을 얻은 다음, 내가 하나님의 자녀로 내 인격이 성장해가는 진행되는 구원, 성화의 구원이 있다. 이 구원은, 구원받은 성도가 이 세상을 살며 말씀과 성령을 통해 죽을 때까지 이루어가는 성화로 혼적 구원, 곧 내 인격이 그리스도의 인격으로 변화를 이루어가는 구원이다. 이것이 성화다.

성화는 구원에서 중심이다. 죄인을 의롭다고 해주신 목적이, 다시 말해 구원의 목적이 칭의에 있지 않고 성화와 영화에 있다.

"곧 창세 전에 그리스도 안에서 우리를 택하사 우리로 사랑 안에서 그 앞에 거룩하고 흠이 없게 하시려고 그 기쁘신 뜻대로 우리를 예정하사 예수 그리스도로 말미암아 자기의 아들들이 되게 하셨으니 이는 그가 사랑하시는 자 안에서 우리에게 거저 주시는바 그의 은혜의 영광을 찬송하게 하려는 것이라 우리는 그리스도 안에서 그의 은혜의 풍성함을 따라 그의 피로 말미암아 속량 곧 죄 사함을 받았느니라 이는 그가 모든 지혜와 총명을 우리에게 넘치게 하사 그 뜻의 비밀을 우리에게 알리신 것이요 그의 기뻐하심을 따라 그리스도 안에서 때가 찬 경륜을 위하여 예정하신 것이니 하늘에 있는 것이나 땅에 있는 것이 다 그리스도 안에서 통일되게 하려 하심이라 모든 일을 그의 뜻의 결정대로 일하시는 이의 계획을 따라 우리가 예정을 입어 그 안에서 기업이 되었으니 이는 우리가 그리스도 안에서 전부터 바라던 그의 영광의 찬송이 되게 하려 하심이라"(엡 1:4-12).

"너희는 그 은혜에 의하여 믿음으로 말미암아 구원을 받았으니 이것은 너희에게서 난 것이 아니요 하나님의 선물이라 행위에서 난 것이 아니니 이는 누구든지 자랑하지 못하게 함이라 우리는 그가 만드신 바라 그리스도 예수 안에서 선한 일을 위하여 지으심을 받은 자니 이 일은 하나님이 전에 예비하사 우리로 그 가운데서 행하게 하려 하심이니라 그러므로 생각하라 너희는 그때에 육체로는 이방인이요 손으로 육체에 행한 할례를 받은 무리라 칭하는 자들로부터 할례를 받지 않은 무리라 칭함을 받는 자들이라 그때에 너희는 그리스도 밖에 있었고 이스라엘 나라 밖의 사람이라 약속의 언약들에 대하여는 외인이요 세상에서 소망이 없고 하나님도 없는 자이더니 이제는 전에 멀리 있던 너희가 그리스도 예수 안에서 그리스도의 피로 가까워졌느니라 그는 우리의 화평이신지라 둘로 하나를 만드사 원수 된 것 곧 중간에 막힌 담을 자기 육체로 허시고 법조문으로 된 계명의 율법을 폐하셨으니 이는 이 둘로 자기 안에서 한 새 사람을 지어 화평하게 하시고 또 십자가로 이 둘을 한 몸으로 하나님과 화목하게 하려 하심이라 원수 된 것을 십자가로 소멸하시고 또 오셔서 먼 데 있는 너희에게 평안을 전하시고 가까운 데 있는 자들에게 평안을 전하셨으니 이는 그로 말미암아 우리 둘이 한 성령 안에서 아버지께 나아감을 얻게 하려 하심이라"(엡 2:8-18).

우리가 구원되고 칭의를 받고 중생하고 하나님의 자녀가 되게 한 이유는 우리가 그리스도 앞에 영광의 찬송이 되게 하기 위해서요 성령 안에서 아버지 하나님께 나가게 하기 위한 것이다.

"너희가 나를 택한 것이 아니요 내가 너희를 택하여 세웠나니 이는 너희로 가서 열매를 맺게 하고 또 너희 열매가 항상 있게 하여 내 이름으로 아버지께 무엇을 구하든지 다 받게 하려 함이라"(요 15:16).

우리가 구원된 것은 과실, 곧 성령의 열매를 맺는 성화를 위해서이다. 성화, 곧 구원받은 자의 거룩한 삶은 신구약 성경을 통해 하나님이 계속 요구하시는 것이다.

"너는 이스라엘 자손의 온 회중에게 말하여 이르라 너희는 거룩하라 나 여호와 너희 하나님이 거룩함이니라"(레 19:2).
"너희가 순종하는 자식처럼 전에 알지 못할 때에 따르던 너희 사욕을 본받지 말고 오직 너희를 부르신 거룩한 이처럼 너희도 모든 행실에 거룩한 자가 되라 기록되었으되 내가 거룩하니 너희도 거룩할지어다 하셨느니라"(벧전 1:14-16).

카를 바르트는 성화를 구원의 궁극적 목적이라고 말한다.

1. 성화의 의미

'거룩'에 해당하는 구약의 용어는 '코데쉬'(קֹדֶשׁ)로 동사는 카다쉬(קָדַשׁ), 형용사는 카도쉬다. 이 말은 '비춘다'는 뜻의 말 '카도쉬'(קָדֹושׁ) 또는 '자르다'는 뜻의 말 '카드'에서 나온 말로 본다. '비춘다'는 말에서 온 뜻은 '순결'(purity)을 뜻하는 말이고 '자른다'는 말의 뜻은 분리, 구별을 뜻하는 말로 신약의 '거룩'과 같은 뜻의 말이다.

신약에서는 거룩에 해당하는 말이 '하기오스'(ἅγιος)로, 이 말은 구별, 혹은 성별의 뜻을 가진다.

2. 성화의 본질

첫째, 성화는 하나님의 초자연적 사역이다.

성경은 성화를 하나님의 사역으로, 예수 그리스도와의 연합의 결과로, 성령의 사역으로 가르친다.

① 성부의 사역으로서의 성화

"평강의 하나님이 친히 너희를 온전히 거룩하게 하시고 또 너희의 온 영과 혼과 몸이 우리 주 예수 그리스도께서 강림하실 때에 흠 없게 보전되기를 원하노라"(살전 5:23).

"양들의 큰 목자이신 우리 주 예수를 영원한 언약의 피로 죽은 자 가운데서 이끌어 내신 평강의 하나님이 모든 선한 일에 너희를 온전하게 하사 자기 뜻을 행하게 하시고 그 앞에 즐거운 것을 예수 그리스도로 말미암아 우리 가운데서 이루시기를 원하노라 영광이 그에게 세세무궁토록 있을지어다 아멘"(히 13:20-21).

② 예수 그리스도와의 연합의 결과로서의 성화

"무릇 내게 붙어 있어 열매를 맺지 아니하는 가지는 아버지께서 그것을 제거해 버리시고 무릇 열매를 맺는 가지는 더 열매를 맺게 하려 하여 그것을 깨끗하게 하시느니라 너희는 내가 일러준 말로 이미 깨끗하여졌으니 내 안에 거하라 나도 너희 안에 거하리라 가지가 포도나무에 붙어 있지 아니하면 스스로 열매를 맺을 수 없음 같이 너희도 내 안에 있지 아니하면 그러하리라 나는 포도나무요 너희는 가지라 그가 내 안에, 내가 그 안에 거하면 사람이 열매를 많이 맺나니 나를 떠나서는 너희가 아무것도 할 수 없음이라"(요 15:2-5).

"너희는 유혹의 욕심을 따라 썩어져 가는 구습을 따르는 옛 사람을 벗어 버리고 오직 너희의 심령이 새롭게 되어 하나님을 따라 의와 진리의 거룩함으로 지으심을 받은 새 사람을 입으라 그런즉 거짓을 버리고 각각 그 이웃과 더불어 참된 것을 말하라 이는 우리가 서로 지체가 됨이라"(엡 4:22-25).

③ 성령의 사역으로 성화

"오직 성령의 열매는 사랑과 희락과 화평과 오래 참음과 자비와 양선과 충성과 온유와 절제니 이 같은 것을 금지할 법이 없느니라"(갈 5:22-23).
"너희 중에 이와 같은 자들이 있더니 주 예수 그리스도의 이름과 우리 하나님의 성령 안에서 씻음과 거룩함과 의롭다 하심을 받았느니라"(고전 6:11).
"주께서 사랑하시는 형제들아 우리가 항상 너희에 관하여 마땅히 하나님께 감사할 것은 하나님이 처음부터 너희를 택하사 성령의 거룩하게 하심과 진리를 믿음으로 구원을 받게 하심이니"(살후 2:13).

웨스트민스터 신앙고백은 성화에 대해 이렇게 말한다.

"효력적으로 부르심을 받고, 중생하여 그들 안에서 새 마음과 새 영을 창조함을 받는 자들은 그리스도의 죽음과 부활의 공로를 통하여, 그의 말씀과 그의 안에 내주하시는 성령으로 말미암아 실제로, 그리고 직접 성화되며, 온몸을 주관하는 죄의 권세가 파괴되고, 그리고 그의 죄의 몸에서 나오는 몇 가지 정욕들이 점차 약해서 줄어지고, 그들은 점차 구원하는 모든 은혜 안에서 활기를 되찾아 건강하게 되어 참된 거룩의 생활을 하게 된다. 이러한 거룩한 생활 없이는 아무도 주님을 보지 못할 것이다."

이와 같이 성화는 하나님과 성령님의 사역이요, 그리스도와 성도가 연합된 결과이다. 이 말은 성화의 출발과 기초가 사람에게서 나온 것이 아니라 구원을 예정하신 하나님으로부터 나온 것이라는 말이다.

"너희가 나를 택한 것이 아니요 내가 너희를 택하여 세웠나니 이는 너희로 가서 열매를 맺게 하고 또 너희 열매가 항상 있게 하여 내 이름으로 아버지께 무엇을 구하든지 다 받게 하려 함이라"(요 15:16).
"내게 주신 하나님의 은혜를 따라 내가 지혜로운 건축자와 같이 터를 닦아 두매 다른 이가 그 위에 세우나 그러나 각각 어떻게 그 위에 세울까를 조심할지니라 이 닦아 둔 것 외에 능히 다른 터를 닦아 둘 자가 없으니 이 터는 곧 예수 그리스도라"(고전 3:10-11).
"그러므로 주께서 세상에 임하실 때에 이르시되 하나님이 제사와 예물을 원하지 아니하시고 오직 나를 위하여 한 몸을 예비하셨도다 번제와 속죄제는 기뻐하지 아니하시나니 이에 내가 말하기를 하나님이여 보시옵소서 두루마리 책에 나를 가리켜 기록된 것과 같이 하나님의 뜻을 행하러 왔나이다 하셨느니라 위에 말씀하시기를 주께서는 제사와 예물과 번제와 속죄제는 원하지도 아니하고 기뻐하지도 아니하신다 하셨고 (이는 다 율법을 따라 드리는 것이라) 그 후에 말씀하시기를 보시옵소서 내가 하나님의 뜻을 행하러 왔나이다 하셨으니 그 첫째 것을 폐하심은 둘째 것을 세우려 하심이라 이 뜻을 따라 예수 그리스도의 몸을 단번에 드리심으로 말미암아 우리가 거룩함을 얻었노라"(히 10:5-10).

둘째, 성화는 옛사람의 죽음이요 새사람이 살아나는 것이다.

옛사람의 죽음과 새사람이 살아나는 것은 믿음으로 구원받을 때 동시에 일어나는 일로 옛사람은 죄의 지배를 받는 원죄 아래 있는 인간 본성이다. 이 옛사람은 성화를 통해 점점 죽게 되고 말씀과 성령님께 지배되는 새사람이 점점 더 살아나게 된다.

셋째, 성화는 인격 전체에 영향을 주는 인격의 변화를 뜻한다.

성화는 인격이 변화되어 내 지식이 아닌 하나님의 말씀의 지배를 받게 되고 내 감정이 아닌 하나님의 감정의 지배를 받게 되고 내 의지가 아닌 하나님의 의지에 지배받게 되는 것이다.

넷째, 성도의 성화는 부활로 완성된다.

성화는 점진적인 과정을 통해 일생 동안 이루는 과정으로 생존 시에 완성에 도달하지 못한다.

벌코프는 칭의와 성화를 이렇게 정리한다.[3]

1. 칭의는 유죄를 제거하고 하나님의 자녀의 신분으로 변화시켜 영생을 준다. 성화는 죄의 오염을 제거하고 죄인을 점진적으로 갱신시켜 하나님의 형상을 닮게 한다.

2. 칭의는 하나님의 법정에서 일어나는 것인 데에 반해 성화는 인간 내면에서 일어나 그의 존재를 점차 변화시킨다.

3. 칭의는 반복되지 않는 일회적 사건이지만 성화는 계속되는 과정으로 이 땅에서 완성될 수 없다.

4. 사역으로 볼 때 하나님께서 죄인을 의롭다고 하시고, 하나님께서 이 칭의 받은 인간을 성화시키신다.

※ 완전 성화론 비판

펠라기우스파, 알미니안파 및 몇몇 신비주의파에서 완전 성화론을 주

---

3) L. Berkhof 저. 고영민 역, 벌콥조직신학, 기독교문사, pp. 225-257.

장한다. 그러나 그들은 근본적으로 인간의 전적 타락을 부인하는 입장에 있기 때문에 이런 주장을 한다. 성경에서 이미 여러 번 살펴본 대로 모든 사람이 정죄되어 있어 사람의 힘으로 하나님의 영광에 이를 수 없는 것이다. 그런데 완전론자들은 사람이 전적으로 타락한 것이 아니기 때문에 사람의 힘으로 율법의 요구를 만족시킬 수 있어 완전 성화에 이른다고 주장한다.

1. 이들은 성경이 성도의 완전을 요구하고 있음을 상기시킨다(벧전 1:16; 마 5:48; 약 1:4). 그러나 성경은 다른 곳에서 인간은 죽을 때까지 죄인임을 명백하게 지적한다(왕상 8:46; 잠 20:9; 전 7:20; 롬 3:10; 약 3:2; 요일 1:8). 그리고 성경은 구원받은 성도라도 끝까지 죄와 싸워 이겨야 할 것을 말한다. 사도 바울과 같은 사람도 끝까지 죄와 싸워야 했다(롬 7:7-26). 노년에 이른 바울은 아직도 목표를 향해 달려가고 있다고 말한다(빌 3:10-14). 예수님도 제자들에게 계속된 죄의 용서를 기도하도록 가르치셨다(마 6:12-13).

2. 성경에 완전한 사람으로 표현된 사람들이 있다. 노아, 욥, 아사(창 6:9; 욥 1:1; 왕상 15:14) 같은 사람이다. 그러나 이들은 당시에 다른 사람에 비해 완전한 사람이었을 뿐 하나님 앞에 죄 없이 완전한 사람은 아니었다.

3. 웨슬레니안과 신비주의자들은 완전한 성령충만에서 경험되어지는 것을 완전 성화와 동일시하지만 완전 성령충만의 경험과 그 효력이 결코 그 누구도 죄의 유혹에서 완전하게 해방시키지 못한다. 결국 성도는 부활할 때까지 성화의 싸움을 싸워야 하는 사람일 뿐 부활하기까지 누구도 완전 성화는 이룰 수 없다.

3. 성화의 방법
첫째, 진리를 따라 성화된다.
성화는 성도가 진리를 좇아가야 이루어진다.

"그들을 진리로 거룩하게 하옵소서 아버지의 말씀은 진리니이다"(요 17:17).

"지금 내가 여러분을 주와 및 그 은혜의 말씀에 부탁하노니 그 말씀이 여러분을 능히 든든히 세우사 거룩하게 하심을 입은 모든 자 가운데 기업이 있게 하시리라"(행 20:32).

"예수께서 대답하여 이르시되 기록되었으되 사람이 떡으로만 살 것이 아니요 하나님의 입으로부터 나오는 모든 말씀으로 살 것이라 하였느니라 하시니"(마 4:4).

"갓난아이들같이 순전하고 신령한 젖을 사모하라 이는 그로 말미암아 너희로 구원에 이르도록 자라게 하려 함이라"(벧전 2:2).

"청년이 무엇으로 그의 행실을 깨끗하게 하리이까 주의 말씀만 지킬 따름이니이다 내가 전심으로 주를 찾았사오니 주의 계명에서 떠나지 말게 하소서"(시 119:9-10).

"주께서 사랑하시는 형제들아 우리가 항상 너희에 관하여 마땅히 하나님께 감사할 것은 하나님이 처음부터 너희를 택하사 성령의 거룩하게 하심과 진리를 믿음으로 구원을 받게 하심이니"(살후 2:13).

주의 말씀은 성도를 거룩하게 하고 그 행실을 깨끗하게 하고 이르는 구원, 곧 성화를 이루게 한다. 이스라엘 백성의 광야 성소와 솔로몬의 성전 성소에 떡상이 있었고 이 떡상에는 진설병, 곧 떡 열두 덩이가 있었다. 이 떡은 제사장만이 먹을 수 있는 떡(레 24:8-9)으로 예수님의 말씀을 가리킨다.

"태초에 말씀이 계시니라 이 말씀이 하나님과 함께 계셨으니 이 말씀은 곧 하나님이시니라 그가 태초에 하나님과 함께 계셨고 만물이 그로 말미암아 지은 바 되었으니 지은 것이 하나도 그가 없이는 된 것이 없느니라…말씀이 육신이 되어 우리 가운데 거하시매 우리가 그의 영광을 보니 아버지의 독생자의 영광이요 은혜와 진리가 충만하더라"(요 1:1-3, 14).

말씀이 곧 예수님이요, 예수님의 말씀 곧 성경이 성소 안의 떡이다. 성도는 제사장으로 이 떡, 곧 하나님의 말씀을 통해서 거룩하게 된다.

"살리는 것은 영이니 육은 무익하니라 내가 너희에게 이른 말은 영이요 생명이라"(요 6:63).

"예수께서 이르시되 나는 생명의 떡이니 내게 오는 자는 결코 주리지 아니할 터이요 나를 믿는 자는 영원히 목마르지 아니하리라"(요 6:35).

"태초부터 있는 생명의 말씀에 관하여는 우리가 들은 바요 눈으로 본 바요 자세히 보고 우리의 손으로 만진 바라 이 생명이 나타내신 바 된지라 이 영원한 생명을 우리가 보았고 증언하여 너희에게 전하노니 이는 아버지와 함께 계시다가 우리에게 나타내신 바 된 이시니라"(요일 1:1-2).

성경은 계속하여 예수님의 말씀, 예수님 자신을 '생명의 말씀'이라고 가르친다. 성소 안의 떡은 예수님을 예표하여 가리키는 것으로 이 떡은 7일에 한 번 새 떡으로 갈아 놓아야 한다. 성막과 성전에서 외소가 받은 구원을 예표로 가르쳐 주고 성소가 받는 구원 성화를 가르쳐주는 것이다. 성소의 떡은 예수님의 말씀, 곧 성경으로 성도가 성화되는 방법은 이 떡을 먹는 것이다. 곧 성경 말씀을 7일에 한 번 새 떡으로 갈아 먹고 이 성경 말씀에 순종해야 성화가 이루어진다.

말씀에 순종하지 않고는 성화될 수 없다.

둘째, 성령을 따라 성화된다.

성화의 주역은 말씀과 성령님이시다. 성화되기 위해 성도는 말씀에 순종해야 하고, 성령께 순종해야 한다. 말씀에 순종하는 것이 곧 성령께 순종하는 것이기도 하다. 성령님은 성도를 성화시키시는 분, 성도를 거룩하게 하시는 분이다.

"너희 중에 이와 같은 자들이 있더니 주 예수 그리스도의 이름과 우리 하나님의 성령 안에서 씻음과 거룩함과 의롭다 하심을 얻었느니라"(고전 6:11).

"주께서 사랑하시는 형제들아 우리가 항상 너희에 관하여 마땅히 하나님께 감사할 것은 하나님이 처음부터 너희를 택하사 성령의 거룩하게 하심과 진리를 믿음으로 구원을 받게 하심이니"(살후 2:13).

"곧 하나님 아버지의 미리 아심을 따라 성령이 거룩하게 하심으로 순종함과 예수 그리스도의 피 뿌림을 얻기 위하여 택하심을 받은 자들에게 편지하노니 은혜와 평강이 너희에게 더욱 많을지어다"(벧전 1:2).

하나님의 성전과 성소에는 등대가 있다. 이 등대에는 일곱 등잔이 있고 이 일곱 등잔은 매일 24시간 1년 내내 늘 불을 밝혀야 한다(출 35:31-39, 37:17-24; 레 24:4). 이 등잔의 기름은 감람유로 밝히게 되며 기름은 성령을 상징한다. 성경에서 기름 부음을 성령의 역사로 말한다(삼상 16:13). 성소의 등잔이 기름을 태워서 빛을 밝히는 것같이 성도는 성령님께 순종하는 생활을 매일 24시간, 1년 내내 해야 성화되는 것이다. 성령님께 순종하는 생활이 곧 성령충만의 생활이다.

성도는 성령충만의 생활로 성화되는 것이다.

4. 성령충만의 생활
1) 성령의 구분
성령님은 하나님 자신이시다. 그러나 성령님을 이해하는 데 아래와 같은 구분이 가능하다.

시대적 구분
주님 이전의 성령—구약에서는 주로 성령님을 하나님의 신으로 표현한다(창 1:2; 민 11:16, 17; 삿 3:10, 6:34; 삼상 16:14...) 그리고 성령님을 성신이라(시 51:11; 대상 12:18; 사 32:15, 63:10, 11; 겔 43:5) 표현한다.

주님 이후의 성령—성령, 혹은 '보혜사'(곁에+부르다)라 말한다.

* 사역적 구분
구원의 성령—성도를 구원함에 역사하시다(고전 12:3; 요 3:5; 엡 4:30; 빌 1:19; 딛 3:5)

충만의 성령—믿음으로 내 안에 내주하시는 성령께 순종하는 인격을 성령님이 자유자재로 부리심을 뜻한다.

2) 성령충만의 뜻

첫째, 성령충만의 역사는 성도가 자신에게 내주하시는 성령님께 완전히 순종하여 드릴 때 성취되는 사역이다. 복음서에는 성령충만의 사건을 14회 기록하고 있다. '충만'에 해당하는 영어는 filled로 성령충만은 filled with the Holy Spirit이란 말로 썼다. 이 말은 성경 여러 군데서 여러 가지로 표현된다.

눅 1:15—be filled with The Holy Spirit, πνεύματος ἁγίου πλησθήσεται 프뉴마토스 하기우 플레스데스타이, 눅 1:41—was filled with The Holy Spirit—ἐπλήσθη πνεύματος ἁγίου 에펠레스데 프뉴마토스 하기우, 눅 1:67—ἐπλήσθη πνεύματος ἁγίου 에펠레스데 프뉴마토스 하기우, 눅 4:1—πλήρης πνεύματος ἁγίου 플레레스 프뉴마토스 하기우, 행 2:4—ἐπλήσθησαν πάντες πνεύματος ἁγίου 에펠레스데산 (판테스=all) 프뉴마토스 하기우, 행 7:55—full of the Holy Spirit, πλήρης πνεύματος ἁγίου 플레레스 프뉴마토스 하기우 행 9:17—be filled with The Holy Spirit, 플레스데스 프뉴마토스 하기우, 행 13:9—was filled with The Holy Spirit, πλησθῆς πνεύματος ἁγίου 플레스데이스 프뉴마토스 하기우 등으로 표현하는 말이 곧 성령충만이다.

둘째, 헬라어 플레레스(πλήρης), 혹은 플렐레스데에서 성령으로 채워진 상태로, '무엇이 마음을 사로잡는 상태'를 뜻하며 이 말은 곧 성령님이 어떤 사람을 자유로 지배함을 뜻한다. 그러나 성령충만이란 어떤 사람이 자기가 자기 자신을 제어할 수 없는 무아지경에 빠지는 상태가 아니라 하나님의 뜻에 순종할 때 성령께 지배되는 상태이다.

셋째, 성령충만을 받으라(be filled with The Holy Spirit)에서 에베소서 5장 18절의 '충만'이란 단어는 '플레루스데'(πληροῦσθε)로, 현재수동명령형이다. 헬라어에서 현재수동명령형은 계속되는 명령을 뜻한다. 곧 계속하여 성령충만을 받으라는 말이다.

성령충만의 뜻은 성도가 성령께 인격적으로 지배되는 상태를 의미한다.

넷째, 성령충만은 개인들이 어떤 절차에 의해 얼마나 성령을 더 많이 받느냐에 달려 있는 것이 아니다. 성령충만은 개인이 얼마나 더 성령님께 순종하느냐에 달려 있다. 복음서에 기록된 성령충만은 그리스도의 경우를 제외하고는(눅 4:1) 하나님의 목적을 따라 일시적이었다(눅 1:15, 41, 67). 사도행전에 나오는 성령충만은 예외 없이 성령님께 나를 완전하게 드리고 복종한 상태였다.

다섯째, 성령세례는 단번에 이루어지지만(고전 12:13, 우리가 유대인이나 헬라인이나 종이나 자유자나 다 한 성령으로 세례를 받아 한 몸이 되었고 또 다 한 성령을 마시게 하셨느니라) 성령충만은 반복되고 계속되어야 한다.

- 오순절에 성령충만이 임했다(행 2:4).
- 베드로는 다시 성령충만을 받는다(행 4:8).
- 베드로와 예루살렘에 머물렀던 무리가 다시 성령충만을 받는다(행 4:31).
- 원래 성령이 충만하여 집사로 선출되었던 스데반은 순교하기 전 다시 성령충만을 받는다(행 7:55).
- 바울과 바나바는 각기 다른 기간에 성령충만을 받는다(행 9:17, 11:24, 13:9, 52).

3) 성령충만의 길

첫째, 성도는 늘 성령충만을 받아야 한다.

"술 취하지 말라 이는 방탕한 것이니 오직 성령으로 충만함을 받으라"(엡 5:18)는 말씀은 명령형이다.

성도가 성령충만을 받아야 하는 것은 명령된 일이다. 성령충만을 받는 것은 성도의 선택사항이 아니라 성도의 의무인 것이다. 이 말은 성도 누구나 다 성령충만을 받을 수 있다는 말이다. 이 명령은 성도 모두에게 한 명령이다. 성령충만을 받는 데 성도의 구별이 없다. 이 말은 성령충만을 항상 누구에게나 주님이 주신다는 말이다. 하나님이 성도에게 받으라고 명하신 것은 주신다는 말이 보장된 말이다. 어느 누구에게도 주지 않으면서 받으라고 명령할 수 없는 것이다. 성령충만은 성도 모두가 항상 받아야 하고 또 성도 누구나 다 받을 수 있는 것이다. 성령충만이 결코 특정한 사람에게만 임하는 것이 아니다.

둘째, 성령충만을 방해하는 것들.

성령충만을 감각적인 것으로 착각하는 것, 성령을 거스르는 교만(행 7:51), 성령을 소멸하는 불순종이다(살전 5:19).

셋째, 성령을 받는 길.

구원의 성령은 언제 어떻게 받았는지 대부분의 성도가 모르기 쉽다. 바울 같은 사람은 성령충만을 어떻게 언제 받았는지 알 수 있다.

"예수께서 대답하여 이르시되 진실로 진실로 네게 이르노니 사람이 거듭나지 아니하면 하나님의 나라를 볼 수 없느니라 니고데모가 이르되 사람이 늙으면 어떻게 날 수 있사옵나이까 두 번째 모태에 들어갔다가 날 수 있사옵나이까 예수께서 대답하시되 진실로 진실로 네게 이르노니 사람이 물과 성령으로 나지 아니하면 하나님의 나라에 들어갈 수 없느니라 육으로 난 것은 육이요 영으로 난 것은 영이니 내가 네게 거듭나야 하겠다 하는 말을 놀랍게 여기지 말라 바람이 임의로 불매 네가 그 소리는 들어도 어디서 와서 어디로 가는지 알지 못하나니 성령으로 난 사람도 다 그러하니라"(요 3:3-8).

내가 믿어 구원을 얻게 될 때 성령님이 이미 내 속에 들어오신 것이다. 누구도 성령이 아니고는 예수를 주님이라 할 수 없다(고전 12:3). 그러나 성령은 임의로 부는 바람과 같아서 언제 내게 구원의 성령님이 들어오셨는지 모르기가 쉽다. 때로는 바울 사도같이 성령의 내주와 충만이 함께 주어지는 경우도 있다.

4) 성경이 말하는 성령을 받는 길

첫째, 기도하는 길이다.

사도행전 1장 5절에 예수님은 승천하시기 전 제자들에게 "요한은 물로 세례를 베풀었으나 너희는 몇 날이 못 되어 성령으로 세례를 받으리라" 하는 말씀으로 몇 날이 못 되어 성령이 임하게 될 것이라 약속하셨다. 제자들은 이 약속을 믿고 예루살렘에서 몇 날, 곧 3일의 몇 갑절, 7일을 기다렸다. 예수님이 유월절에 죽고, 무덤에 3일 머물렀고, 부활 후 40일 동안 이 땅에서 사역하셨고, 그래서 예수님은 유월절 후 43일째 승천하셨다 (이때 몇 날이 못 되어 성령님이 오신다고 약속하셨다). 다시 7일 후 오순절에 성령님이 오셨다. 제자들은 이 7일 동안 함께 모여 전혀 기도에 힘썼고(행 1:14) 그 후에 성령님이 임하셨다. 성령 받는 길은 기도하는 길이다.

> "너희 중에 아버지 된 자로서 누가 아들이 생선을 달라 하는데 생선 대신에 뱀을 주며 알을 달라 하는데 전갈을 주겠느냐 너희가 악할지라도 좋은 것을 자식에게 줄 줄 알거든 하물며 너희 하늘 아버지께서 구하는 자에게 성령을 주시지 않겠느냐 하시니라"(눅 11:11-13).
>
> "빌기를 다하매 모인 곳이 진동하더니 무리가 다 성령이 충만하여 담대히 하나님의 말씀을 전하니라"(행 4:31).

성령 받는 길은 기도하는 길이다.

둘째, 회개하는 길이다.

성령님은 우리에게 회개하게 하시고, 성령을 받는 길은 회개하는 길이다.

> "그들이 이 말을 듣고 마음에 찔려 베드로와 다른 사도들에게 물어 이르되 형제들아 우리가 어찌할꼬 하거늘 베드로가 이르되 너희가 회개하여 각각 예수 그리스도의 이름으로 세례를 받고 죄 사함을 받으라 그리하면 성령의 선물을 받으리니"(행 2:37-38).
>
> "요한이 요단강 부근 각처에 와서 죄 사함을 받게 하는 회개의 세례를

전파하니"(눅 3:3).

셋째, 말씀을 가까이하는 길이다.

사도행전 10장의 사건(고넬료의 가정에 임한 성령충만) 전부가 말씀과 더불어 성령이 부어짐을 가르친다.

"베드로가 이 말을 할 때에 성령이 말씀 듣는 모든 사람에게 내려오시니 베드로와 함께 온 할례 받은 신자들이 이방인들에게도 성령 부어 주심으로 말미암아 놀라니 이는 방언을 말하며 하나님 높임을 들음이러라"(행 10:44-46).

넷째, 주의 일에 충성하는 길이다.

사도행전 1장과 2장에 나오는 오순절 사건을 보면, 오순절 성령충만 이전에 제자들이 가룟 유다 대신 주님의 사심과 죽으심과 부활을 본 사람 중 하나를 택하여 주님의 부활을 증거하자고 결단한다. 그리고 오순절 사건이 생긴다. 주의 일을 하는 사람, 주의 일을 하려는 사람에게 성령님이 임하신다.

"오직 성령이 너희에게 임하시면 너희가 권능을 받고 예루살렘과 온 유대와 사마리아와 땅끝까지 이르러 내 증인이 되리라 하시니라"(행 1:8).

증인이 되는 사람에게 성령님은 임하신다.

다섯째, 하나님께서 하나님의 하시려는 목적으로 성령을 부어주시는 길이다.

"엘리사벳이 마리아의 문안함을 들으매 아이가 복중에서 뛰노는지라 엘리사벳이 성령의 충만함을 받아"(눅 1:41).
"그 부친 사가랴가 성령의 충만함을 받아 예언하여 이르되"(눅 1:67).

하나님이 하나님의 일을 위해 임의로 주시는 성령충만이다.

여섯째, 사도들에게 안수받는 길이다(행 8:18).

이 사건은 특수한 것으로 오늘 사도직을 계승한 목사에게 안수받아야 성령을 받는 것은 아니다.

일곱째, 성령충만의 길은 기도하는 길이요, 회개하는 길이요, 말씀을 가까이하는 길이요, 주의 일에 충성하는 길이다. 그리고 이런 생활, 기도하는 생활, 회개하는 생활, 말씀을 가까이하는 생활, 주의 일에 충성하는 생활은 정상적인 성도의 지극히 당연한 신앙생활이다. 성도가 정상적으로 신앙생활을 할 때 이미 성령이 충만한 것이다. 성령충만의 기준은 아래와 같다.

5) 성령충만의 기준

내 인격이 100% 성령님께 순종하여 100% 성령충만하여지는 것이 성도의 목표다. 그러나 이 목표는 부활한 후에 완전하게 이루어진다. 성도는 이 목표를 향해 달려가야 하지만 이 땅에서는 개인에 따라 잠시 이루어질 수 있을 뿐 완전하게 이루어지지 않는다.

성도가 내 감정, 내 의지, 내 지식을 100% 성령님께 순종하는 것이 100% 성령충만이라고 보면 성도가 51% 이상 내 지식, 내 감정, 내 의지를 죽이고 51% 이상 성령님께 순종할 때부터 성령충만은 시작되는 것이다. 성도가 내 감정, 내 지식, 내 의지를 주님 앞에 51% 이상 죽이고 사는 것은 성도에게 필수적이고 정상적인 신앙생활이다.

성도가 성도로 성숙한 신앙으로 살기 위하여 최소한 매 순간 나를 반 이상 죽여야 한다. 바울 사도같이 위대한 분도 이 일 때문에 매일 죽노라고 했고 자신을 쳐서 복종시킨다고 말한다.

"형제들아 내가 그리스도 예수 우리 주 안에서 가진 바 너희에게 대한 나의 자랑을 두고 단언하노니 나는 날마다 죽노라"(고전 15:31).

"내가 내 몸을 쳐 복종하게 함은 내가 남에게 전파한 후에 자기가 도리어 버림이 될까 두려워함이로다"(고전 9:27).

우리는 기도의 생활, 회개의 생활, 말씀을 가까이하는 생활, 주님의 일에 충성하는 생활을 훈련함으로 날마다 더 큰 충만으로 나가야 한다.

성도가 100% 성령충만에는 못 이르렀어도, 나를(내 지식을 하나님 말씀 앞에, 내 감정을 성령님께, 내 의지를 주님 앞에) 반 이상 죽이며 말씀에 복종하는 생활을 하면 이 성도는 충만한 생활을 하는 것이다.

기도, 회개, 충성, 말씀 중심의 생활은 성도로 살아가는 기본이고, 많은 성도가 이렇게 산다. 내가 비록 기적은 베풀지 못해도 이런 정상적인 신앙생활을 할 때 나는 성령충만으로 살고 있는 것이며 이 일에 더욱 힘쓸 때 더 큰 충만으로 나가는 것이다. 성령충만이 방언을 하거나 이적을 베풀거나 하는 등의 어떤 특수 현상을 말하는 것이 결코 아니다.

성령충만은 지극히 정상적인 성도의 성숙한 신앙생활이다.

많은 성도의 문제는 내가 이미 성령충만으로 살아가면서도 늘 나는 성령충만하지 못하다고 착각하는 것이다. 내 지갑에 돈이 있어도 돈이 없다고 착각하면 이 사람은 이 돈을 필요할 때 쓸 수가 없다. 성도는 말씀 앞에 반 이상 죽고, 더 죽으며, 더 큰 성령충만으로, 더 말씀에 지배되는 인격의 성숙으로 날마다 나가야 한다.

6) 성령충만의 결과—성화의 열매

① 성령의 열매를 맺는다. 사랑 희락 화평 인내 자비 양선 충성 온유 절제.

② 전도하게 한다(행 1:8).

③ 각종 은사를 불일 듯하게 한다(딤후 1:6).

은사는 성령님이 각 성도에게 골고루 나눠주시는 것으로 주님의 영광을 위해 써야 한다. 은사는 주시는 대로 받는 것일 뿐 성도의 의무가 아니다. 그러나 성령충만은 성도가 꼭 받아야 하는 의무다. 왜냐하면 성화가 의무이기 때문이다.

7) 성령충만과 은사의 관계

① 성령충만과 방언

사도행전에는 여러 번 성령충만의 사건과 방언을 같은 사건으로 기록한다. 그러나 성령이 충만할 때 반드시 방언을 하는 것은 아니다. 방언은 성경에 기록된 은사 중 하나로 은사는 성령님이 주시면 받는 것이요 이 은사는 모든 성도에게 여러 가지로 나누어 주어지게 되는 것이다. 성령충만은 모든 성도가 다 받아야 하는 것이다. 성령충만은 성화의 과정에 필수적인 것이지만 방언의 은사는 모든 성도가 꼭 받아야 하는 것은 아니다. 성령이 그 뜻대로 은사를 주시고 성도는 성령님이 주시는 은사를 받게 된다.

"어떤 사람에게는 성령으로 말미암아 지혜의 말씀을, 어떤 사람에게는 같은 성령을 따라 지식의 말씀을, 다른 사람에게는 같은 성령으로 믿음을, 어떤 사람에게는 한 성령으로 병 고치는 은사를, 어떤 사람에게는 능력 행함을, 어떤 사람에게는 예언함을, 어떤 사람에게는 영들 분별함을, 다른 사람에게는 각종 방언 말함을, 어떤 사람에게는 방언들 통역함을 주시나니 이 모든 일은 같은 한 성령이 행하사 그의 뜻대로 각 사람에게 나누어 주시는 것이니라"(고전 12:8-11).

방언은 은사 중의 하나일 뿐 방언이 성령충만의 증거는 아니다. 방언의 은사를 정리하면 아래와 같다.

② 방언을 기록한 성경들

행 2:1-13 오순절에 성령충만을 받고 성령이 말하게 하심을 따라 다른 방언으로 말하기 시작했다. 그리고 많은 외국에서 온 유대인들이 자기 방언으로 이들의 말을 알아듣게 되었다.

행 10:46 베드로가 고넬료의 집에서 복음을 전했고 복음을 전할 때 성령님이 임했는데 고넬료의 식구들이 방언을 말했고 이것은 오순절의 것과 같은 것이었다(행 11:15).

행 19:6 세례 요한의 제자들이 믿을 때에 성령이 있음도 듣지 못하고 믿다가 바울이 와서 주 예수의 이름으로 세례를 주고 안수할 때 성령이 임함으로 방언을 하게 되었다.

고전 12:10, 28, 30, 14:1-40 고린도 교회의 방언에 관한 많은 교훈이 있다.

③ 사도행전에 나타난 방언

행 2:1-13, 10:46, 19:6 분명한 성령의 역사였으며, 이것은 오늘날 성도가 향유하는 성령세례, 성령의 인치심, 성령충만을 그때의 성도에게 표적으로 보여준 사건이었다. 이와 같은 방언은 사도행전에 다시 반복되지 않았고 방언이 구원의 증거나 영성의 한 단계라는 증거는 아니었다.

④ 고린도 교회의 방언

고린도전서 12장 10절, 28절에서 은사의 중요성의 순서에 따라 배열된 맨 마지막에 방언의 은사가 기록되어 있고, 13장에는 사랑이 없는 방언은 소리 나는 구리와 울리는 꽹과리요, 온전한 사랑 가운데 방언도 그치게 된다고 하였다(고전 13:8). 고린도전서 14장은 방언장으로 중요한 교훈은 아래와 같다.

- 방언은 예언보다 열등한 것이다(14:1-12, 19).
- 방언은 통역하는 사람이 함께 있지 않은 모임에서는 해서는 안 된다 (14:13-20).
- 자기도 모르는 기도보다는 깨달을 수 있는 말로 기도하는 것이 더 좋다(14:15).
- 방언은 불신자를 위한 표적이요, 신자의 유익이 아니다(14:21-22).
- 예언의 은사와 마찬가지로 교회의 유익을 가져오기 위해서만 사용되어야 한다(14:26-38).
- 통역이 있어도 두 사람이나 세 사람만 말해야 한다(14:27-28).
- 여자는 교회에서 방언 말하는 것이 금지되어 있다(14:34-35).
- 방언을 말하는 것을 금해서는 안 되며 예언하기를 사모해야 한다(14:39).

⑤ 방언은 일시적 은사다.

방언은 성도 누구에게나 주어지는 것이 아니요 또 방언의 은사를 받았다고 평생 하는 것도 아니다. 방언은 일시적 은사이다.

방언은 은사 중 제일 작은 것이다.

방언은 결코 구원의 증거가 아니다(고전 12:13, 30).

방언은 영적 깊이의 표현이 아니다. 고린도 교인들은 초대교회에서 가장 문제가 많은 육적인 교인들인데 방언을 가장 많이 했다.

성령세례가 곧 방언으로 표현되는 것도 아니다(고전 12:13, 30). 성도는 모두 성령세례를 받지만 은사는 각기 다른 것이다.

8) 성경이 말씀하는 은사

⑴ 은사라는 말의 뜻

① 고전 12-14장에 나오는 '신령한 것들', 원문은 '프뉴마티콘'(πνευματικῶν)이라는 말로 되어 있는데, 이것은 '신령의 일들'을 뜻하는 말이요, 단수로 표현된 '신령한 것'은 '카리스마톤'(χαρισματων)으로 이 말은 '은혜의 선물'을 뜻한다.

'은사'는 전적으로 하나님이 성도에게 주시는 '은혜의 선물'이다. 성도 개인이 전혀 받을 자격이 없음에도 하나님이 주권적으로 그 영광을 위해 주시는 것이다.

② 고전 12-14장은 은사에 대해 주로 언급하고 엡 4:11에는 영적 은사를 지닌 사람들에 대해 말하고 있는데 이 두 개념은 구분되어 사용되기보다는 같이 쓰이는 경향이 많다. 영적 은사를 뜻하는 '카리스마'는 롬 1:11, 5:15, 6:23, 11:29, 12:6; 고전 1:7, 7:7, 12:4, 9, 28, 30, 31; 고후 1:11; 딤전 4:14; 딤후 1:6; 벧전 4:10에 사용되며, 이 중에 많은 은사들이 비상한 권능으로 나타나는 영적 은사와 무관하다.

③ 롬 6:23에는 영생을 은사로, 롬 5:15-16에서는 칭의가 은사로 표현되며, 고후 1:11에는 성도의 기도의 축복을 은사로 표현한다.

④ 롬 1:11에는 바울은 로마인에게 신령한 은사를 나누어 주겠다고 말

한다. 딤전 4:14; 딤후 1:6을 보면 바울 사도가 디모데에게 신령한 은사를 제공하겠다고 말하면서 안수를 말하고 있는 것을 보면 바울 사도에게 은사를 나누어 줄 수 있는 비범한 권능이 있었다고 보여진다.

⑤ 그러나 사도 시대를 제외하고 어느 개인도 하나님을 제외하고 영적 은사를 나누어 줄 수 있는 근거는 성경에 전혀 없다.

⑥ 롬 12:6; 고전 1:7, 12:4, 9, 28, 30, 31; 벧전 4:10의 은사는 하나님의 은혜의 표로서 그리스도의 몸의 사역에서 개인의 사명이 성취되기 위한 수단으로서의 권능을 뜻한다.

⑦ 고전 12장은 더욱 큰 은사를 사모하도록 말하고 13장에서는 더욱 큰 은사로 사랑을 말한다.

(2) 영적 은사의 속성들

① 영적 은사는 하나님이 주권적으로 주시는 것으로 성도는 사모할 수 있지만 어떤 은사를 받든 감사할 뿐, 그것으로 교만이나 자랑, 혹은 낙심이 있어선 안 된다. "모든 일은 같은 한 성령이 행하사 그 뜻대로 각 사람에게 나눠주시는 것"이다(고전 12:11).

② 이 영적 은사가 성령세례 시, 다시 말해 구원과 동시에 받아지는 것인가, 구원 후에 받아지는 것인가에 대해 성경이 분명한 대답을 하지는 않지만, 신생아가 태어나면서부터 자연적 능력과 재능(은사)들이 잠재하고 태어나는 것과 같이 성도는 구원받을 때, 중생할 때 영적 은사를 잠재적으로 다 받는 것이다.

③ 모든 성도가 각기 다른 은사를 다 소유하고 있는 것이다.

고전 12:7 각 사람에게 성령의 나타남을 주신다고 말한다.

고전 12:11 각 사람에게 그 뜻대로 은사를 주신다고 말한다.

그리스도인은 그리스도라는 몸에 붙어 있는 지체들로(고전 12:27; 롬 12:5) 각 지체는 각기 다른 역할을 그 나름대로 감당키 위해 은사가 나누어져 주어졌다.

④ 모든 은사는 다 귀하지만(고전 12:22) 다 동등한 것은 아니다.

고전 12:28에 의하면, 첫째가 사도요, 둘째가 선지자요, 셋째가 교사요, 그다음은 능력이요, 그 다음은 병 고치는 은사와 서로 돕는 것과 다스리는 것과 각종 방언을 말하는 것이라고 되어 있고, 고전 14:5에 방언보다 예언의 은사를 앞세우고 있다(고전 14:19). 이 말은 어느 은사가 더 귀하고 천하다는 것보다 은사 중에 더 필수적이고 효과적인 은사가 있음을 말한다. 그러나 모든 지체가 다 귀하듯이 모든 은사가 다 귀하다.

⑤ 어떤 은사는 일시적이다. 초대교회에 있었던 은사가 오늘 다 있는 것도 아니고 어떤 성도가 은사를 받았다고 그것이 저절로 영속하는 것도 아니다.

(3) 영구한 영적 은사들

① 가르침의 은사(롬 12:7; 고전 12:28; 엡 4:11)

사도들에게 가르침의 은사가 함께했으며 하나님이 주신 진리─오늘의 말씀─를 효과적으로 가르치고 적용시키는 데 사용하도록 하나님이 주신 은사이다.

② 섬김의 은사(롬 12:7; 고전 12:28)

모든 성도에게 정도의 차이는 있지만 이 섬김의 은사가 주어져 있으며 교회는 이 은사 없이 그리스도의 몸으로 세워질 수 없다.

③ 다스림의 은사(고전 12:28; 롬 12:8)

하나님의 사람들 가운데 하나님은 어떤 사람들에게 다른 이들보다 다른 권위의 자리를 주심으로 이 은사를 활용하여 그리스도의 몸을 세워 나가게 하신다.

④ 전도의 은사(엡 4:11)

이것은 모든 성도에게 주어진 하나님의 특별한 명령인 동시에 어떤 이들에게는 이 일을 특별히 효과적으로 감당할 수 있도록 은사를 주신다.

⑤ 목사의 은사(엡 4:11)

목사의 은사는 하나님이 어떤 사람에게 특별히 주시는 것으로 가르침의 은사와 구별된다. 교사는 목사의 은사를 다 가질 필요가 없지만 목사는 가르침의 은사를 함께 가져야 하며 이것은 하나님이 주시는 은사이다.

⑥ 권위의 은사(롬 12:8)

설교사역 중에 이 권위의 은사가 포함되지만 권위의 은사는 권고하고 위로하며 격려하고 충고하는 것으로 하나님이 주시는 은사이다.

⑦ 구제의 은사(롬 12:8)

모든 성도들이 교회에 헌금하는 길을 통해 혹은 개인적으로 자기의 것을 다른 이들과 나누어 갖는 것으로, 이것도 성령이 주시는 은사이다.

⑧ 긍휼을 베푸는 은사(롬 12:8)

이 은사는 구제를 포함하지만 고통당하는 형제를 성령의 역사로 특별히 불쌍히 여기고 싸매주는 은사이다.

⑨ 믿음의 은사(고전 12:8-10)

성령의 은사와 사역의 목록에 믿음의 은사가 기록되어 있다. 이 은사는 모든 성도가 구원 얻을 때 가진 믿음 외에 어떤 성도에게 탁월하게 주시는 신뢰의 은사이다.

⑩ 지혜의 말씀과 지식의 말씀의 은사(고전 12:8-10)

성경을 보면 지혜의 말과 지식의 말을 은사로 기록하고 있다. 여기의 지혜와 지식은 보통 지혜나 지식이 아닌 성령에 의해 주어지는 특별한 영적 지식과 영적 지혜를 말한다.

⑷ 일시적 은사

① 사도의 은사

사도들은 예수 그리스도의 부활을 목격한 자들로 그리스도와 성령에 의하여 이 사실을 증거하도록 공식적으로 부름받은 사람들이다(열두 제자, 바울, 바나바, 맛디아, 야고보, 아볼로가 여기에 속한다. 마 10:2; 롬 1:1; 행 14:14, 1:25-26; 고전 15:7, 4:6). 이 사도들에게는 그들의 직분을 표증할 수 있는 기적적 능력의 은사들이 주어져 있었다(마 10:1; 행 5:15, 16, 16:16-18, 28:8, 9). 사도직은 하나님이 주신 성령의 은사이다(고전 12:28; 엡 4:11). 그리고 이 사도직은 부활을 목격한 얼마의 사람들에게 일정 기간, 그들의 일생 동안만 주어졌던 은사이다. 로마 교회가 주장하는 교황의 사도직 승계라는 것은 성경적 타당성이 없다.

② 예언의 은사

선지자의 은사: 성경에는 아가보(행 11:27-28, 21:10-11)와 빌립의 네 딸(행 21:9)이 예언의 은사를 소유했고, 사도들은 바울을 포함하여 선지자의 은사를 함께 소유하고 있었다(행 16:16-, 18:9-10, 22:17-21, 27:23-24). 예언자와 선지자는 (1) 하나님을 대신해서 말하는 사람 (2) 죄에 대한 심판을 말하고 (3) 미래의 사건과 현재의 사건에 대한 하나님의 말씀을 말하던 사람들이다. 사도 시대에는 아직 신약 성경이 기록되지 않은 때였기 때문에 하나님은 예언자와 선지자와 사도를 통해 하나님의 말씀을 전하실 필요가 있었다. 그러나 신약 성경이 완성된 이후에는 이 신약 성경에 완전한 예언과 완전한 하나님의 말씀이 다 기록되었기 때문에 여기에 더 더해도 안 되고 빼어도 안 된다(계 22:18-19). 이런 의미에서 예언자의 은사와 선지자의 은사는 사도 시대에만 있었던 일시적 은사이다.

③ 기적의 은사

우리 하나님은 언제나 기적을 행하실 수 있다. 사람 편에서의 기적이 하나님 편에서는 기적이 아니기 때문이다. 그러나 어떤 개인, 어떤 사건을 통해 하나님이 기적을 행하시지만, 그것은 일시적인 것이고 영속적인 것이 아니다.

④ 신유의 은사

신유의 은사는 고전 12:9, 28, 30에만 기록되어 있다. 하나님은 믿음의 기도의 응답으로서 병 고치며 병 고침 받는 은사가 있지만 어떤 개인에게 영속적으로 주어지는 것이 아니라 하나님이 하나님의 목적에 따라 필요한 때 필요한 사람에게 일시적으로 주시는 것이다. 바울 사도는 신유의 은사를 가졌지만 디모데는 자주 나는 속병을 그대로 가지고 있어서 바울이 그에게 포도주를 쓰라고 권면하고 있고(딤전 5:23), 빌립보 교회에서 바울에게로 보낸 에바브라디도가 로마에서 병들게 되므로 바울과 빌립보 교회가 크게 근심하기도 한다(빌 2:24-27). 이렇게 볼 때 신유의 은사는 어떤 사람에게 영구적으로 고정되는 은사가 아니고 때로 어느 사람을 통해 하나님이 기도의 응답으로 주시는 일시적 은사임을 알 수 있다.

⑤ 방언 통역의 은사

방언 통역의 은사도 방언과 같이 항상 있는 것이 아니고 일시적으로 하나님이 필요한 사람에게 필요한 때 주시는 은사이다.

⑥ 영 분별의 은사

고전 12:10에 기록된 영 분별의 은사는 신약 성경이 완성되기 전 사람들의 말을 통해 구술로 전해지는 하나님의 말씀의 진위를 가려내는 데 필요한 은사이다. 그러나 지금은 하나님의 말씀이 기록되어 있기 때문에 기록된 말씀에 따라 우리는 성령의 역사와 악령의 역사를 분별할 수 있고, 악령의 역사는 그리스도의 몸인 교회를 해치며 성도를 넘어지게 하는 것이지만 성령의 역사는 늘 평안과 위로와 화평을 가져온다(갈 5:22-23, 참고; 요일 4:1, 2, 2:27).

(5) 직분적 은사

① 사도, 선지자, 전도자, 목사, 교사를 은사로 주신 직분이라 말한다.

"그가 혹은 사도로, 혹은 선지자로, 혹은 복음 전하는 자로, 혹은 목사와 교사로 주셨으니"(엡 4:11).

② 안디옥 교회에서 바나바와 사울이 선교사로 보냄받은 것을 성령님이 하신 은사라고 말한다.

"주를 섬겨 금식할 때에 성령이 이르시되 내가 불러 시키는 일을 위하여 바나바와 사울을 따로 세우라 하시니 이에 금식하며 기도하고 두 사람에게 안수하여 보내니라 두 사람이 성령의 보내심을 받아 실루기아에 내려가 거기서 배 타고 구브로에 가서"(행 13:2-4).

③ 선한 청지기로 봉사하는 것이 은사라 말한다.

"각각 은사를 받은 대로 하나님의 여러 가지 은혜를 맡은 선한 청지기 같이 서로 봉사하라 만일 누가 말하려면 하나님의 말씀을 하는 것 같이 하고 누가 봉사하려면 하나님이 공급하시는 힘으로 하는 것 같이 하라 이는 범사에 예수 그리스도로 말미암아 하나님이 영광을 받으시게 하려 함이니 그에게 영광과 권능이 세세에 무궁하도록 있느니라 아멘"(벧전 4:10-11).

④ 성막을 건축하는 모든 재주를 받은 브살렐과 오홀리압, 그 외 기술자들의 능력을 은사라 말한다.

"모세가 이스라엘 자손에게 이르되 볼지어다 여호와께서 유다 지파 훌의 손자요 우리의 아들인 브살렐을 지명하여 부르시고 하나님의 영을 그에게 충만하게 하여 지혜와 총명과 지식으로 여러 가지 일을 하게 하시되 금과 은과 놋으로 제작하는 기술을 고안하게 하시며 보석을 깎아 물리며 나무를 새기는 여러 가지 정교한 일을 하게 하셨고 또 그와 단 지파 아히사막의 아들 오홀리압을 감동시키사 가르치게 하시며 지혜로운 마음을 그들에게 충만하게 하사 여러 가지 일을 하게 하시되 조각하는 일과 세공하는 일과 청색 자색 홍색 실과 가는 베 실로 수 놓는 일과 짜는 일과 그 외에 여러 가지 일을 하게 하시고 정교한 일을 고안하게 하셨느니라 브살렐과 오홀리압과 및 마음이 지혜로운 사람 곧 여호와께서 지혜와 총명을 부으사 성소에 쓸 모든 일을 할 줄 알게 하신 자들은 모두 여호와께서 명령하신 대로 할 것이니라"(출 35:30-36:1).

이상과 같이 성경에서는 여러 가지 은사가 기록된다. 이 은사 중 칭의, 믿음, 봉사, 사랑, 권위(자비), 구제(봉사), 기도, 선교 같은 은사는 성령의 열매와 중복되는 것으로, 그래서 은사와 성령충만을 혼돈하게 된다.

(6) 성령충만과 은사의 정리

1. 은사는 성령충만과 관계없이 어떤 성도에게 특별하게 주어지는 재능(talent)일 수 있지만, 성령충만은 모든 성도가 항상 받아야 하는 성도의 의무요 성숙해져야 하는 그리스도인의 인격이다. 성령충만은 성도가 언제나 힘써서 받아야 하지만 은사는 힘써서 받아지는 것이 아니다.

2. 은사는 여러 가지로 모든 성도에게 다 있는 것이다. 모든 은사는 모두 다 성령님이 주신 것이기 때문에 귀하고 그래서 주님의 영광을 위해 쓰임 받아야 한다.

3. 방언은 체험되는 은사로 성도가 받으면 좋지만, 성령충만의 증거로 방언을 하는 것은 아니다.

☞ 제6장 받을 구원, 영화(榮華)

1. 재림교리의 중요성

재림론은 성경에서 중요한 위치를 차지한다. 성경에서 '그리스도의 재림'에 대한 언급은 횟수로 보아도 장절로 보아도 매우 중요한 위치를 차지하고 있다. 마태복음 24, 25장, 마가복음 13장, 누가복음 21장 등은 재림론이 중심이 되며 데살로니가전·후서와 요한계시록은 그리스도의 재림이 주제로 다루어진 말씀이다.

재림론은 기독교 교리의 완성 지점이 된다. 예수님이 가지신 삼중 직무는 왕이요, 제사장이요, 선지자이다. 구원은 영의 구원과 혼의 구원(인격의 구원), 육의 구원이 다 완성되어야 한다. 그런데 그리스도가 왕이 되시려면 재림하여야 하고 모든 성도가 육으로 부활하여 육의 구원이 완성되려면 또 그리스도가 재림하여야 한다. 선한 일을 시작하신 이가 그리스도의 날까지 이루시게 되는데(빌 1:6) 이 이루심에 그리스도의 재림은 필수적이다.

그리스도의 재림은 교회와 성도의 소망의 완성이다. 그리스도가 재림하지 않는 한 새 하늘과 새 땅의 소망, 마귀와 죄악의 권세의 영원한 소멸은 불가능하다. 그리스도의 재림은 교회와 성도의 소망의 완성이 된다(딛 2:13; 요일 3:2, 3).

재림의 신앙은 우리의 신앙을 견고케 한다.

① 재림의 신앙을 가질 때 정결케 하는 신앙이 있다(요일 3:3; 벧후 3:11-12; 마 25:6, 7).

② 자기를 살피며 믿음을 지키게 된다(마 24:44; 살전 5:6; 막 13:36; 요일 2:28).

③ 낙심한 자를 돌아오게 한다(롬 13:11; 12).

④ 역경과 죽음 앞에서도 위로를 받는다(약 5:7; 히 10:35-37, 11:26; 딤후 2:12; 살전4:16-18)

⑤ 위대한 헌신을 하게 한다(롬 13:11-12; 살후 1:7-10).

2. 그리스도 재림의 시기

첫째, 재림 시기에 관한 예수님의 가르침을 살펴보자.

① 막 13:32-그날과 그 시기는 아무도 모르고 아버지만 아신다.

② 행 1:17-때와 기한은 아버지께서 자기 권한에 두셨으니 너희의 알 바 아니다.

③ 마 16:3-사두개인들이 하늘의 변화는 식별하면서도 시대의 표적은 분별할 줄 모른다고 꾸중하신다.

④ 마 24:32, 33-무화과나무의 비유를 배우라고 말씀하신다. 그리고 예수님은 재림의 징조 여러 가지를 말씀해 주셨다(마 24장).

둘째, 재림의 날짜를 시간과 기간을 언제라고 말하는 것은 하나님이 모르리라 하신 것을 안다고 하는 것으로 하나님 말씀을 부인하는 것이다. 우리는 하나님이 모르리라 하신 것을 알려고 해도 안 된다. 그것은 인간의 교만이다.

셋째, 그럼에도 불구하고 우리는 그리스도의 재림에 관해 몇 가지가 분명해야 한다. 즉 그리스도는 언제나 오실 수 있고 오실 날이 임박했다(마 24:36, 25:13; 막 13:32; 딛 2:13; 살전 4:16, 17). 우리는 늘 재림하시는 그리스도를 맞이하기 위해 충성하고 깨어 있어야 한다.

넷째, 대환난은 어떤 것인가? 주님은 천년왕국 전에 오시는가? 후에 오시는가?

1) 천년왕국의 의미

천년왕국이란 말이 성경에 나오지 않는다. 그러나 예수님이 1,000년 동안 왕으로 통치하실 사실은 계시록 20:2-7에 분명하게 나타나 있고, 주님의 왕국에 대한 사상은 구약 성경 여러 군데에서 찾아진다(단 2:44-45, 2:34, 44; 시 72:6-11; 사 2:2-4; 미 4:1-3; 사 9:6, 7; 렘 23:5-8, 33:14-26; 겔:37:20-25…).

2) 천년왕국설의 역사

① 초대교회의 파피아스(Papias AD 165 사망)는 죽은 자의 부활 후에 천년왕국이 있을 것과 그리스도가 인격자로 통치할 것을 말했다. 피셔(Fisher)의 주장에 의하면, 주후 100-313년에 천년왕국 신앙을 가진 교부들로 저스틴, 이레니우스, 터툴리안을 들고 있다.

② 그러나 오리겐(Origen)과 그 추종자들이 성경의 많은 부분을 우화적으로 해석하게 되어 천년왕국설은 빛을 잃게 되었다.

③ 373년에 개최된 로마 공의회에서 천년왕국설을 폐지한다.

④ 종교개혁과 더불어 그리스도의 재림에 대한 관심과 믿음이 커졌다.

⑤ 18세기 초 아리안주의자인 대니얼 휘트비(Daniel Whithby)는 천년왕국설을 우화로 해석하였다.

⑥ 그 후 다시 찰스 웨슬리(Charles Wesley), 아이작 왓츠, 벵겔, 랑게, 고데(Godet), 알포드(Alford) 같은 신학자들은 천년왕국설을 적극 지지했다.

3) 전천년설(pre-millennialism)

주님이 천년왕국 전에 재림하신다고 하는 설이다. 전천년설은 역사적 전천년설과 세대주의적 전천년설로 나누어진다.

(1) 세대주의적 전천년설

스코필드는 세대주의 신학의 아버지라 할 수 있다. 그는 일류의 역사를 7세대로 구분하였다.

① 무죄시대 ② 양심시대 ③ 허락시대 ④ 족장시대 ⑤ 율법시대 ⑥ 은혜시대 ⑦ 안식시대

그는 이 각 시대에 하나님은 각기 다른 언약과 조건으로 인류를 시험했지만 인류는 실패하게 되었고, 그래서 하나님은 그의 왕국을 재림시기로 연기했다고 보았다. 그러므로 천년왕국 전에 주님은 재림하셔야 하고, 그리고 천년왕국을 건설하시게 된다는 이론이다.

그러나 이 설에 따르면 인간이 에덴동산에서 이미 전적으로 타락하여 자력으로 구원을 얻을 수 없게 되어 하나님이 사랑과 은혜로 그리스도를 통해 우리를 최후로 구원하시게 한 성경의 원리가 무너지게 된다. 왜냐하면 하나님은 그 세대 세대에 사람을 구원하도록 시험하신 분으로 보고 있기 때문이다. 천년왕국은 인간의 불순종으로 뒤로 연기된 것이 아니고 그것은 주님의 섭리적 역사인 것이다. 그러므로 세대주의적 전천년설은 성경적이 아니다.

(2) 역사적 전천년설

성경대로 예수님이 지상 재림 후 옛날 선지자들이 예언했던 하나님의 나라가 지상에 완전하게 실현되는 것을 믿는 것이다. 이 천년왕국은,

① 가견적인 왕국이다. 결코 영적인 왕국이 아니다.

② 진리의 나라(합 2:14; 사 2:3,4),

③ 의의 나라(사 11:3-9), 평화의 나라다.

4) 재림의 성질

① 인격을 가지신 분으로 재림한다(요 14:3, 21:20-23; 행 1:11, 3:19-21).

② 예기치 못할 때 재림하신다(마 24:32-51, 25:1-13; 막 13:33-36; 마 24:25-28; 고전 15:51, 52).

③ 영광 중에 재림하신다(딛 2:13; 살후 1:7-10; 마 16:27, 19:28, 25:31-46).

5) 그리스도 재림의 양상
그리스도의 재림을 잘 이해하려면 요한계시록에 대한 이해가 있어야 한다.

⑴ 계시록의 삼대 계시
계시록을 요약하면 아래와 같이 된다.

① 계시록에는 일곱 인 떼는 계시(5-7장)와 일곱 나팔 부는 계시(8-11장), 그리고 일곱 대접 쏟는 계시(15-16장)가 주된 계시로 나온다. 1장에서 4장까지는 일곱 교회에 보내는 편지가 나오고, 12장에서 14장까지는 중간 계시로 땅에 떨어진 용과 여인의 싸움, 첫째와 둘째 짐승의 사건, 세 천사를 통한 추수 사건이 기록된다. 17장 이하에서는 바벨론의 멸망과 성도들의 승리, 사탄의 결박과 대심판, 새 하늘 새 땅의 사건이 나온다.

② 계시록 5장부터 16장까지(12장에서 14장까지의 중간 계시를 빼면) 그리스도의 재림에 대한 계시가 일곱 인 계시, 일곱 나팔 계시, 일곱 대접 계시의 기록이 된다.

③ 일곱 인 계시는 마지막 때 그리스도가 재림하는 비밀을 담고 있는 계시다.

일곱 나팔 계시는 그리스도가 재림하시기 전 재림의 징조들과 재림하심에 대한 경고의 계시다. 일곱 대접 계시는 일곱 재앙의 계시다.

④ 일곱 인 계시에서 제7인의 계시 속에 일곱 나팔의 계시가 들어가고, 제7나팔 계시에 일곱 대접 계시가 포함된다. 이 말을 다시 정리하면 제7인 속에 나팔 계시와 대접 계시가 다 들어가 있다.

⑤ 제7인이 떼어질 때가 동시에 제1나팔이 불리는 때이고, 제7나팔, 곧 마지막 나팔이 불려질 때가 동시에 첫 대접, 제1대접이 쏟아지기 시작하는 때다.

⑥ 제1인은 오순절에 떼어졌다.

"내가 보매 어린 양이 일곱 인 중의 하나를 떼시는데 그때에 내가 들으니 네 생물 중의 하나가 우렛소리 같이 말하되 오라 하기로 이에 내가 보니 흰 말이 있는데 그 탄 자가 활을 가졌고 면류관을 받고 나아가서 이기고 또 이기려고 하더라"(계 6:1-2).

여기서 흰 말을 타고 면류관을 쓰고 활을 당기는 것은 복음의 승리로 오순절 베드로의 설교로 수천 명이 회개하고 이 땅에 교회가 탄생하는 것으로 이루어졌다.

⑦ 제7나팔(마지막 나팔)이 불릴 때는 제7인이 떨어질 때로 이때 주님은 공중에 재림하셔서 하늘에 잔치, 천국 잔치를 열게 되고 이때 동시에 제1대접으로부터 제7대접의 재앙(대환난)이 이 땅에 시작되고 진행된다. 잔치와 상급으로 말하는 하늘의 천국과 대환난은 동시에 일어나고 진행된다.

⑧ 7인의 계시

제1인(비밀), 제2, 3, 4, 5, 6, 제7인=7나팔계시,(재림의경고)

제1나팔, 제2, 3, 4, 5, 6, 제7나팔=7대접계시,
(하나님의 진노, 대환난)

제1대접, 제2, 3, 4, 5, 6, 제7대접.

제7인 속에 나팔 계시가 다 들어 있고, 제7나팔(마지막 나팔) 속에 7대접 계시가 들어 있다. 그러니까 제7인 속에 모든 계시가 다 들어 있는 것이다. 현재는 제7인 중 마지막 나팔 계시가 시작되기 전이다. 마지막 나팔 계시가 시작되면 주님 공중 재림하시고 하늘에는 천국, 이 땅에는 대접이 쏟아지는 대환난이 시작된다. 하늘의 왕국(천국)과 이 땅의 대환난은 동시에 시작되고 동시에 끝난다.

"보라 내가 너희에게 비밀을 말하노니 우리가 다 잠잘 것이 아니요 마지

막 나팔에 순식간에 홀연히 다 변화되리니 나팔 소리가 나매 죽은 자들이 썩지 아니할 것으로 다시 살아나고 우리도 변화되리라"(고전 15:51-52).

주님이 공중에 재림하실 때 성도는 변화를 입고 부활하여 천국잔치에 들어가거나, 혹은 성도 중 성화되지 못한 일부가 7대접 쏟아지는 재앙, 곧 대환난에 떨어진다(앞으로 더 자세하게 설명한다).

⑨ 7대접의 재앙(대환난)이 끝나고, 천국 잔치가 끝나고, 주님은 천국잔치에 참여했던 성도들과 함께 지상에 재림하셔서 마귀를 무저갱에 천 년 동안 가두시고 천년왕국을 건설하신다. 이 천년왕국에 대환난에 들어갔던 성도들도 구원되어 함께 참여한다.

⑩ 천년 후 주님은 심판주로 흰 보좌에 앉으시고 모든 죽은 자들이 부활하여 주님 앞에 서게 되고 모든 사람이 각각 그 행위대로 심판받아 마귀와 함께 영원한 불못에 떨어지게 된다. 이것이 지옥이다.

"또 내가 보매 천사가 무저갱의 열쇠와 큰 쇠사슬을 그의 손에 가지고 하늘로부터 내려와서 용을 잡으니 곧 옛 뱀이요 마귀요 사탄이라 잡아서 천 년 동안 결박하여 무저갱에 던져 넣어 잠그고 그 위에 인봉하여 천 년이 차도록 다시는 만국을 미혹하지 못하게 하였는데 그 후에는 반드시 잠깐 놓이리라 또 내가 보좌들을 보니 거기에 앉은 자들이 있어 심판하는 권세를 받았더라 또 내가 보니 예수를 증언함과 하나님의 말씀 때문에 목 베임을 당한 자들의 영혼들과 또 짐승과 그의 우상에게 경배하지 아니하고 그들의 이마와 손에 그의 표를 받지 아니한 자들이 살아서 그리스도와 더불어 천 년 동안 왕 노릇 하니 (그 나머지 죽은 자들은 그 천 년이 차기까지 살지 못하더라) 이는 첫째 부활이라 이 첫째 부활에 참여하는 자들은 복이 있고 거룩하도다 둘째 사망이 그들을 다스리는 권세가 없고 도리어 그들이 하나님과 그리스도의 제사장이 되어 천 년 동안 그리스도와 더불어 왕 노릇 하리라 천 년이 차매 사탄이 그 옥에서 놓여 나와서 땅의 사방 백성 곧 곡과 마곡을 미혹하고 모아 싸움을 붙이리니 그 수가 바다의 모래 같으리라 그들이 지면에 널리 퍼져 성도들의 진과 사랑하시는 성을 두르매 하늘에서 불이 내려와 그들을 태워버리고 또 그들을 미혹하는 마귀가 불과 유황 못에 던져지니 거기는 그 짐승과 거짓 선지자도 있어 세세토록 밤낮 괴로움을 받으리라 또 내가 크고 흰 보좌와 그 위에 앉으신 이를 보니 땅과 하늘이 그 앞에서 피하여 간 데 없더라 또 내가 보니 죽은 자들이 큰 자나 작은 자나 그 보좌 앞에 서 있는데 책들이 펴 있고 또 다른 책이 펴졌으니 곧 생명책이라 죽은 자들이 자기 행위를 따라 책들에 기록된 대로 심판을 받으니 바다가 그 가운데에서 죽은 자들을 내주고 또 사망과 음부도 그 가운데에서 죽은 자들을 내주매 각 사람이 자기의 행위대로 심판을 받고 사망과 음부도 불못에 던져지니 이것은 둘째 사망 곧 불못이라 누구든지 생명책에 기록되지 못한 자는 불못에 던져지더라"(계 20:1-15).

⑪ 이 심판에 구원받은 성도는 그 이름이 생명록에 기록되어 있기 때문에 하나도 들어가지 않게 되고 새 하늘과 새 땅, 곧 영원 천국에 들어가 영복을 누리게 된다.

(2) 먼저 공중 재림하신다.
① 살전 4:16, 17—그리스도가 공중에 재림할 것이며 성화된 성도가 공중에서 주님을 만나기 위해 휴거된다.
② 살후 2:1—그리스도의 재림 시 성도가 그리스도 앞에 모인다(공중에서).
③ 요 14:3—그리스도가 우리를 그리스도 있는 곳(하늘)으로 우리를 영접하여 그리스도와 함께 있게 한다.
④ 살전 4:14—예수님이 공중에서 성도를 영접하고 함께 계시다가 지상 재림하실 때 함께 재림하신다.

(3) 공중 재림의 목적
① 주의 백성, 곧 성도를 영접하기 위함이다(요 14:3).

고후 5:6-몸을 가지고 있을 때는 주와 따로 거하지만,

고후 5:8-몸을 떠날 때(잠잘 때)는 주와 함께 거한다.

살전 4:17-우리가 공중에서 주를 영접한 후 항상 주와 함께 거하게 된다.

② 주 안에 있는 백성이 이미 죽었으면 부활하여 주님을 영접하게 된다(살전 4:16; 요 11:25, 26; 고전 15:53).

③ 주 안에 살고 있는 백성은 변화를 받게 된다(살전 4:16, 17; 고전 15:50-52; 빌 3:20, 21).

④ 성도 중 믿고 성화된 성도-달란트를 남긴 성도(충성한 성도), 예복을 준비한 성도(선한 회개를 이룬 성도), 기름을 준비한 성도(회개로 성령충만을 계속 받은 성도)-는 1차 부활에 참여하여 휴거되어 천국(βασιλεία τῶν οὐρανῶν 바실레이아 톤 우라논, kingdom of heaven) 잔치에 참여하지만, 구원 얻었어도 성화되지 못한 성도(믿음으로 구원받고 회개하는 생활, 교회 생활을 떠나서 세상으로 돌아간 성도)는 대환난에 떨어진다. 성도 중 믿고 성화된 성도-달란트를 남긴 성도(충성한 성도), 예복을 준비한 성도(천국잔치에 들어가기 위해 성도가 입을 예복은 성도의 옳은 행실로 성도에게 가장 옳은 행실은 회개하는 것이다. 계 19:8), 기름을 준비한 성도(회개로 성령충만을 계속 받은 성도)-는 1차 부활에 참여하여 휴거되지만, 구원을 얻었어도 성화되지 못한 성도는 대환난(일곱 대접 쏟아지는)에 떨어진다.

* 대환난을 가르치는 말씀

"예수께서 다시 비유로 대답하여 이르시되 천국은 마치 자기 아들을 위하여 혼인 잔치를 베푼 어떤 임금과 같으니 그 종들을 보내어 그 청한 사람들을 혼인 잔치에 오라 하였더니 오기를 싫어하거늘 다시 다른 종들을 보내며 이르되 청한 사람들에게 이르기를 내가 오찬을 준비하되 나의 소와 살진 짐승을 잡고 모든 것을 갖추었으니 혼인 잔치에 오소서 하라 하였더니 그들이 돌아보지도 않고 한 사람은 자기 밭으로, 한 사람은 자기 사업하러 가고 그 남은 자들은 종들을 잡아 모욕하고 죽이니

임금이 노하여 군대를 보내어 그 살인한 자들을 진멸하고 그 동네를 불사르고 이에 종들에게 이르되 혼인 잔치는 준비되었으나 청한 사람들은 합당하지 아니하니 네거리 길에 가서 사람을 만나는 대로 혼인 잔치에 청하여 오라 한대 종들이 길에 나가 악한 자나 선한 자나 만나는 대로 모두 데려오니 혼인 잔치에 손님들이 가득한지라 임금이 손님들을 보러 들어올새 거기서 예복을 입지 않은 한 사람을 보고 이르되 친구여 어찌하여 예복을 입지 않고 여기 들어왔느냐 하니 그가 아무 말도 못하거늘 임금이 사환들에게 말하되 그 손발을 묶어 바깥 어두운 데에 내던지라 거기서 슬피 울며 이를 갈게 되리라 하니라"(마 22:1-13).

- 이 비유는 천국 잔치의 비유로 주님 공중 재림 시 하늘에 이루어질 천국(天國, kingdom of heaven, βασιλεία τῶν οὐρανῶν 바실레이아 톤 우라논)의 비유다.
- 잔치에 청함을 받았으나 여러 가지 핑계로 잔치 자리에 오지 않고, 종들을 잡아 능욕하고 죽인 자들은 이스라엘 백성을 가리킨다. 이스라엘 백성들은 로마군에 의해 무참하게 진멸되었다.
- 길거리에 나가 사람을 만나는 대로 불러 잔치 자리에 들어온 사람들은 구원된 이방인들을 가리킨다.
- 잔치에 참여할 자격은 선한 자냐 악한 자냐 하는 것이 아니라, 예복을 입고 있느냐 안 입었느냐 하는 것으로 예복을 입지 않은 한 사람은 천국잔치에 참여하지 못하고 바깥 어두운 데로 떨어진다. 여기서 예복은 구원받은 후 이루어야 할 성화의 예복으로 성도의 옳은 행실이다.

"또 내가 들으니 허다한 무리의 음성과도 같고 많은 물소리와도 같고 큰 우렛소리와도 같은 소리로 이르되 할렐루야 주 우리 하나님 곧 전능하신 이가 통치하시도다 우리가 즐거워하고 크게 기뻐하며 그에게 영광을 돌리세 어린양의 혼인 기약이 이르렀고 그의 아내가 자신을 준비하였으므로 그에게 빛나고 깨끗한 세마포 옷을 입도록 허락하셨으니 이 세마포 옷은 성도들의 옳은 행실이로다 하더라"(계 19:6-8).

성도의 옳은 행실은 회개하는 생활이다. 성도가 하나님 앞에 100% 옳은 순간은 "나는 부족합니다. 나는 오늘도 또 이러한 죄를 범했습니다. 용서하여 주시고 다시 이길 힘을 주시옵소서" 회개하는 순간이다.

"다만 네 고집과 회개하지 아니한 마음을 따라 진노의 날 곧 하나님의 의로우신 심판이 나타나는 그날에 임할 진노를 네게 쌓는도다"(롬 2:5). "또 내가 그에게 회개할 기회를 주었으되 자기의 음행을 회개하고자 하지 아니하는도다 볼지어다 내가 그를 침상에 던질 터이요 또 그와 더불어 간음하는 자들도 만일 그의 행위를 회개하지 아니하면 큰 환난 가운데에 던지고"(계 2:21-22).

회개하지 않는 자가 큰 환난에 던져진다.
이 말씀이나 달란트 비유에서나 미련한 처녀 비유에서나 바깥 어두운 데로 버림받는 것은 지옥에 가는 것이 아니라, 대환난에 들어가는 것이다. 성경에서는 주님 재림 시 늘 나팔소리와 해와 달이 빛을 잃는 어두움이 나온다(어두운 곳 계 16:10-11; 마 24:29-31: 행 2:20; 습 1:14-16; 욜 2:1).

"나더러 주여 주여 하는 자마다 다 천국에 들어갈 것이 아니요 다만 하늘에 계신 내 아버지의 뜻대로 행하는 자라야 들어가리라 그날에 많은 사람이 나더러 이르되 주여 주여 우리가 주의 이름으로 선지자 노릇 하며 주의 이름으로 귀신을 쫓아내며 주의 이름으로 많은 권능을 행하지 아니하였나이까 하리니 그때에 내가 그들에게 밝히 말하되 내가 너희를 도무지 알지 못하니 불법을 행하는 자들아 내게서 떠나가라 하리라" (마 7:21-23).
"내가 너희에게 이르노니 너희 의가 서기관과 바리새인보다 더 낫지 못하면 결코 천국에 들어가지 못하리라"(마 5:20).

성도가 서기관과 바리새인보다 의로울 수 있는 길은 회개하는 길이다. 서기관과 바리새인은 바르게 살았지만 회개할 줄을 몰랐다. 그래서 주님께 꾸지람을 당한다.

"또 내게 지팡이 같은 갈대를 주며 말하기를 일어나서 하나님의 성전과 제단과 그 안에서 경배하는 자들을 측량하되 성전 바깥마당은 측량하지 말고 그냥 두라 이것은 이방인에게 주었은즉 그들이 거룩한 성을 마흔두 달 동안 짓밟으리라"(계 11:1-2).

이 말씀에서 갈대로 성전을 측량하는 것은 구원받은 자들(성전과 제단에서 경배하는 자들)의 공력 심판을 뜻하는 것이고, 성전 밖 마당은 측량하지 말라 한 것은 구원은 받았어도 아직 외소에 있는 성도들, 곧 성화하지 못한 성도들은 마흔두 달 동안(대환난의 기간: 상징적인 수) 대환난에 던져지는 것을 뜻한다(성전의 지성소는 하나님 임재하신 곳으로 받을 구원, 영화를, 성소는 떡상, 촛대, 향로가 있는 곳으로 받는 구원 성화를, 외소는 물통과 번제단이 있는 곳으로 번제물로 주님이 죽으신 장소로 주님의 피 공로로 받은 구원을 예표한다.).

"예순두 이레 후에 기름 부음을 받은 자가 끊어져 없어질 것이며 장차 한 왕의 백성이 와서 그 성읍과 성소를 무너뜨리려니와 그의 마지막은 홍수에 휩쓸림 같을 것이며 또 끝까지 전쟁이 있으리니 황폐할 것이 작정되었느니라 그가 장차 많은 사람들과 더불어 한 이레 동안의 언약을 굳게 맺고 그가 그 이레의 절반에 제사와 예물을 금지할 것이며 또 포악하여 가증한 것이 날개를 의지하여 설 것이며 또 이미 정한 종말까지 진노가 황폐하게 하는 자에게 쏟아지리라 하였느니라 하니라"(단 9:26-27).

이레의 절반(이 이레의 절반은 한 때 두 때 반 때, 삼 년 반, 마흔두 달과 같은 뜻으로 사용된다), 곧 3년 반 동안 하나님께 드리는 제사와 예물이 금지되고, 잔악 포악한 자(적그리스도)의 진노가 쏟아진다. 이 기간이 대환난의 기간이다.

"장로 중 하나가 응답하여 나에게 이르되 이 흰 옷 입은 자들이 누구며 또 어디서 왔느냐 내가 말하기를 내 주여 당신이 아시나이다 하니 그가 나에게 이르되 이는 큰 환난에서 나오는 자들인데 어린 양의 피에 그 옷을 씻어 희게 하였느니라"(계 7:13-14).

성도 중 일부가 대환난에 참여했다가 이 큰 환난에서 나온다고 말한다.

"그러므로 너희가 선지자 다니엘이 말한 바 멸망의 가증한 것이 거룩한 곳에 선 것을 보거든 (읽는 자는 깨달을진저) 그때에 유대에 있는 자들은 산으로 도망할지어다 지붕 위에 있는 자는 집 안에 있는 물건을 가지러 내려가지 말며 밭에 있는 자는 겉옷을 가지러 뒤로 돌이키지 말지어다 그날에는 아이 밴 자들과 젖 먹이는 자들에게 화가 있으리로다 너희가 도망하는 일이 겨울에나 안식일에 되지 않도록 기도하라 이는 그때에 큰 환난이 있겠음이라 창세로부터 지금까지 이런 환난이 없었고 후에도 없으리라 그날들을 감하지 아니하면 모든 육체가 구원을 얻지 못할 것이나 그러나 택하신 자들을 위하여 그날들을 감하시리라"(마 24:15-22).

대환난에 얼마의 성도가 들어가고 하나님은 이 성도들, 곧 택한 자들을 불쌍하게 여겨 그날들, 곧 대환난의 날들을 얼마간 감해주신다.

"하늘에 큰 이적이 보이니 해를 옷 입은 한 여자가 있는데 그 발 아래에는 달이 있고 그 머리에는 열두 별의 관을 썼더라 이 여자가 아이를 배어 해산하게 되매 아파서 애를 쓰며 부르짖더라 하늘에 또 다른 이적이 보이니 보라 한 큰 붉은 용이 있어 머리가 일곱이요 뿔이 열이라 그 여러 머리에 일곱 왕관이 있는데 그 꼬리가 하늘의 별 3분의 1을 끌어다가 땅에 던지더라 용이 해산하려는 여자 앞에서 그가 해산하면 그 아이를 삼 키고자 하더니 여자가 아들을 낳으니 이는 장차 철장으로 만국을 다스 릴 남자라 그 아이를 하나님 앞과 그 보좌 앞으로 올려가더라 그 여자가 광야로 도망하매 거기서 천이백육십 일 동안 그를 양육하기 위하여 하 나님께서 예비하신 곳이 있더라 하늘에 전쟁이 있으니 미가엘과 그의 사자들이 용과 더불어 싸울새 용과 그의 사자들도 싸우나 이기지 못하 여 다시 하늘에서 그들이 있을 곳을 얻지 못한지라 큰 용이 내쫓기니 옛 뱀 곧 마귀라고도 하고 사탄이라고도 하며 온 천하를 꾀는 자라 그가 땅 으로 내쫓기니 그의 사자들도 그와 함께 내쫓기니라 내가 또 들으니 하 늘에 큰 음성이 있어 이르되 이제 우리 하나님의 구원과 능력과 나라와 또 그의 그리스도의 권세가 나타났으니 우리 형제들을 참소하던 자 곧 우리 하나님 앞에서 밤낮 참소하던 자가 쫓겨났고 또 우리 형제들이 어 린 양의 피와 자기들이 증언하는 말씀으로써 그를 이겼으니 그들은 죽 기까지 자기들의 생명을 아끼지 아니하였도다 그러므로 하늘과 그 가운 데에 거하는 자들은 즐거워하라 그러나 땅과 바다는 화 있을진저 이는 마귀가 자기의 때가 얼마 남지 않은 줄을 알므로 크게 분내어 너희에게 내려갔음이라 하더라 용이 자기가 땅으로 내쫓긴 것을 보고 남자를 낳 은 여자를 박해하는지라 그 여자가 큰 독수리의 두 날개를 받아 광야 자 기 곳으로 날아가 거기서 그 뱀의 낯을 피하여 한 때와 두 때와 반 때를 양육 받으매 여자의 뒤에서 뱀이 그 입으로 물을 강 같이 토하여 여자를 물에 떠내려 가게 하려 하되 땅이 여자를 도와 그 입을 벌려 용의 입에 서 토한 강물을 삼키니 용이 여자에게 분노하여 돌아가서 그 여자의 남 은 자손 곧 하나님의 계명을 지키며 예수의 증거를 가진 자들과 더불어 싸우려고 바다 모래 위에 서 있더라"(계 12:1-17).

주님 공중 재림하셔서 하늘에서는 천국 잔치가 시작되고 이 땅에는 일 곱 대접이 쏟아지는 대환난이 시작된다. 이때 마귀는 그 꼬리로 하늘의 별 3분의 1을 대환난의 땅으로 끌어내려 핍박하지만 하나님이 한 때 두 때 반 때를 지켜주신다.

이때의 광경을 "하늘과 그 가운데 거하는 자들은 즐거워하고, 땅과 바다는 화있을진저" 하는 말로 표현한다. 이 말씀에서 하늘의 별은 성도다. 계시록 1장 12-16절에는 일곱 별을 그 오른손에 붙잡고 일곱 금촛대 사이를 왕래하시는 주님의 모습이 나온다. 여기서 일곱 금촛대는 일곱 교회로 세상의 모든 교회를 가리키고, 일곱 별은 이 일곱 촛대, 곧 세상의 모든 교회의 성도들이다. 그런데 대환난의 때에 마귀가 하늘의 별, 곧 성도 중 3분의 1을 대환난의 장소로 끌어 내린다. 이 말은 구원받은 성도 중 약 3분의 1이 성화의 예복을 벗어버리고, 성도의 옳은 행실인 회개하는 생활을 계속하지 못하여 대환난에 들어갈 것을 가리키는 말이다.

이 말씀에서 하늘에서 떨어진 별과 여인이 낳은 아들은 대환난 때에 이 땅에 남아 있는 교회와 성도를 가리킨다. 구원받은 성도 중 약 3분의 1이 신앙생활의 터요 중심되는 교회를 버리고 세상으로 나간다. 이들이 주님 공중 재림 시 천국에 들어가지 못하고 대환난에 떨어진다. 구원받은 성도 중 약 3분의 1이 대환난에 들어간다.

"그러므로 하늘과 그 가운데에 거하는 자들은 즐거워하라 그러나 땅과 바다는 화 있을진저 이는 마귀가 자기의 때가 얼마 남지 않은 줄을 알므로 크게 분내어 너희에게 내려갔음이라 하더라"(계 12:12).

하늘의 즐거움은 천국잔치를 뜻하고 화 받는 땅과 바다는 대환난의 장소를 가리킨다.

"그러면 이제 우리가 그 피로 말미암아 의롭다 하심을 받았으니 더욱 그로 말미암아 진노하심에서 구원을 받을 것이니"(롬 5:9).

주님의 피로(믿음으로) 구원받은 성도는 다시 성화되지 못한 성도에게 임하게 될 진노(일곱 대접 재앙, 대환난)에서도 구원을 얻어야 한다.

"그 안에서 발견되려 함이니 내가 가진 의는 율법에서 난 것이 아니요 오직 그리스도를 믿음으로 말미암은 것이니 곧 믿음으로 하나님께로부터 난 의라 내가 그리스도와 그 부활의 권능과 그 고난에 참여함을 알고자 하여 그의 죽으심을 본받아 어떻게 해서든지 죽은 자 가운데서 부활에 이르려 하노니 내가 이미 얻었다 함도 아니요 온전히 이루었다 함도 아니라 오직 내가 그리스도 예수께 잡힌 바 된 그것을 잡으려고 달려가노라 형제들아 나는 아직 내가 잡은 줄로 여기지 아니하고 오직 한 일 즉 뒤에 있는 것은 잊어버리고 앞에 있는 것을 잡으려고 푯대를 향하여 그리스도 예수 안에서 하나님이 위에서 부르신 부름의 상을 위하여 달려가노라"(빌 3:9-14).

믿음으로 구원 얻은 후 성도는 바울 사도같이 하늘의 천국, 상을 얻기 위해 성화에 힘써야 한다.

성경은 이렇게 아주 여러 번 분명하게 성도 중 얼마가 대환난에 들어간다고 가르친다.

⑷ 주님의 지상 재림 시 일어날 일들

대환난에 들어갔던 성도도 주님 지상 재림 시 구원되어 천년왕국을 통하여 신천신지-영원한 구원을 다 받는다. 믿음으로 구원받은 성도는 결국 다 구원받는다. 이것이 성도의 견인이다.

"이 닦아 둔 것 외에 능히 다른 터를 닦아 둘 자가 없으니 이 터는 곧 예수 그리스도라 만일 누구든지 금이나 은이나 보석이나 나무나 풀이나 짚으로 이 터 위에 세우면 각 사람의 공적이 나타날 터인데 그날이 공적을 밝히리니 이는 불로 나타내고 그 불이 각 사람의 공적이 어떠한 것을 시험할 것임이라 만일 누구든지 그 위에 세운 공적이 그대로 있으면 상을 받고 누구든지 그 공적이 불타면 해를 받으리니 그러나 자신은 구원을 받되 불 가운데서 받은 것 같으리라"(고전 3:11-15).

구원받은 후 신앙으로 살아가는 것은 그리스도 터 위에 집을 건축하는 것과 같다. 어떤 성도는 구원받고 금, 은, 보석으로 집을 짓고, 또 어떤 성도는 구원받고 나무나 풀이나 짚으로 집을 짓는다. 그리스도가 재림하실 때 이들의 공적(신앙생활, 집)을 불로 시험한다. 이 불에 그 공적이 그대로 있으면 이 성도는 상을 받고, 불타버리면 이 성도는 구원은 받지만 불 가운데서 받게 된다.

여기서 불 가운데 받는 구원이 부끄러운 구원으로 성도 중 일부(3분의 1)가 구원은 받았지만, 그 후 믿음생활을 버리고 교회와 제단을 떠나 회개할 기회를 잃어버리고, 영원한 것을 나무나 풀이나 짚같이 불타버릴 것들로 바꾸어 세상과 물질만 의지하고 살아가게 된다. 이 사람들은 주님 공중 재림 시 휴거되지 못하여 천국에는 들어가지 못하고 대환난(일곱 대접의 재앙)을 통해 부끄럽게 구원된다.

"여호와가 말하노라 이 온 땅에서 3분의 2는 멸망하고 3분의 1은 거기 남으리니 내가 그 3분의 1을 불 가운데에 던져 은같이 연단하며 금 같이 시험할 것이라 그들이 내 이름을 부르리니 내가 들을 것이며 나는 말하기를 이는 내 백성이라 할 것이요 그들은 말하기를 여호와는 내 하나님이시라 하리라 여호와의 날이 이르리라 그날에 네 재물이 약탈되어 네 가운데에서 나누이리라 내가 이방 나라들을 모아 예루살렘과 싸우게 하리니 성읍이 함락되며 가옥이 약탈되며 부녀가 욕을 당하며 성읍 백성이 절반이나 사로잡혀 가려니와 남은 백성은 성읍에서 끊어지지 아니하리라 그때에 여호와께서 나가사 그 이방 나라들을 치시되 이 왕의 전쟁 날에 싸운 것 같이 하시리라 그날에 그의 발이 예루살렘 앞 곧 동쪽 감람산에 서실 것이요 감람산은 그 한 가운데가 동서로 갈라져 매우 큰 골짜기가 되어서 산 절반은 북으로, 절반은 남으로 옮기고 그 산골짜기는 아셀까지 이를지라 너희가 그 산골짜기로 도망하되 유다 왕 웃시야 때에 지진을 피하여 도망하던 것 같이 하리라 나의 하나님 여호와께서 임하실 것이요 모든 거룩한 자들이 주와 함께하리라 그

날에는 빛이 없겠고 광명한 것들이 떠날 것이라 여호와께서 아시는 한 날이 있으리니 낮도 아니요 밤도 아니라 어두워 갈 때에 빛이 있으리로 다 그날에 생수가 예루살렘에서 솟아나서 절반은 동해로, 절반은 서해 로 흐를 것이라 여름에도 겨울에도 그러하리라 여호와께서 천하의 왕 이 되시리니 그날에는 여호와께서 홀로 한 분이실 것이요 그의 이름이 홀로 하나이실 것이라"(슥 13:8-14:9).

스가랴 13, 14장에는 그리스도의 재림에 대한 예언이 많이 나온다. 13장 8절에서 온 땅에서 3분의 2는 멸절하고 3분의 1이 거기 남는다는 말은 세상 사람들 중 3분의 2는 멸망하고 3분의 1이 구원받는다는 말이고, 13장 9절에서 3분의 1을 불 가운데 던져 은같이 단련한다는 말은 세상에서 구원받은 백성 중, 다시 3분의 1이 대환난에 떨어질 것을 말한다. 이 말씀도 계시록 12장의 말씀과 같이 성도 중 3분의 1이 마귀에 의해 이 땅에 떨어진다는 말씀과 같은 말이다.

"이는 그때에 큰 환난이 있겠음이라 창세로부터 지금까지 이런 환난이 없었고 후에도 없으리라 그날들을 감하지 아니하면 모든 육체가 구원 을 얻지 못할 것이나 그러나 택하신 자들을 위하여 그날들을 감하시리 라"(마 24:21-22).

대환난에 들어간 성도를 위해 하나님이 그 환난의 날을 감해주신다. 성경은 이렇게 아주 여러 번 대환난을 가르치고 있지만 많은 목사들과 신학자들이 이 불을 보듯 명확한 대환난의 가르침을 간과하고 있다.

"내가 그들에게 영생을 주노니 영원히 멸망하지 아니할 것이요 또 그들 을 내 손에서 빼앗을 자가 없느니라 그들을 주신 내 아버지는 만물보다 크시매 아무도 아버지 손에서 빼앗을 수 없느니라"(요 10:28-29).

한 번 구원받은 성도는 결코 멸망하지 않는다. 구원받고 성화를 이룬 성도는 천국을 통하여 상급 얻는 구원을 받고, 믿음을 버리고 세상에 돌아갔던 성도들도 대환난을 통해서 천년왕국, 새 하늘 새 땅에는 다 들어간다.

"내가 하늘에서 내려온 것은 내 뜻을 행하려 함이 아니요 나를 보내신 이의 뜻을 행하려 함이니라 나를 보내신 이의 뜻은 내게 주신 자 중에 내가 하나도 잃어버리지 아니하고 마지막 날에 다시 살리는 이것이니라 내 아버지의 뜻은 아들을 보고 믿는 자마다 영생을 얻는 이것이니 마지막 날에 내가 이를 다시 살리리라 하시니라"(요 6:38-40).
"상한 갈대를 꺾지 아니하며 꺼져가는 등불을 끄지 아니하고 진리로 공의를 베풀 것이며"(사 42:3).

사람으로 보기엔 믿음을 다 떠나서 구원이 끊어진 사람 같아도 하나님은 상한 갈대 같은 성도들을 꺾지 아니하시고 꺼져가는 등불 같은 성도들을 끄지(버리지) 아니하신다. 구원받은 사람은 마침내 구원된다.

(5) 주님의 지상 재림의 목적
상급을 심판하시기 위함이다. 구원을 완성하기 위해서다. 주님은 지상 재림하셔서, 천년왕국 건설(이때 사탄을 무저갱에 가둔다), 마지막 심판을 하시고 구원받은 성도들과 영원한 천국을 이루신다.
첫째, 성도는 제2의 사망에 떨어지는 심판은 받지 않는다.

"내가 진실로 진실로 너희에게 이르노니 내 말을 듣고 또 나 보내신 이를 믿는 자는 영생을 얻었고 심판에 이르지 아니하나니 사망에서 생명으로 옮겼느니라"(요 5:24).

우리가 받을 심판을 그리스도가 다 대신 받으셨다(히 9장; 갈 1:4; 벧전

3:18; 고후 5:14-15, 21).

* 믿음 안에 있는 구원의 3대 원리

1. 가리움의 원리

아담과 하와가 하나님 앞에 범죄한 후 그들은 생령의 상태에서(창 2:7) 육체가 되어(창 6:3) 자신들의 수치스러운 부분, 곧 하체를 보게 된다. 그리고 그들은 무화과 잎으로 이 하체를 가린다. 그러나 무화과 잎이 말라 부스러지면 그들은 또다시 무화과 잎으로 하체를 가려야 한다. 이런 아담과 하와에게 하나님이 가죽옷을 지어 입히신다(창 3:21, 여호와 하나님이 아담과 그 아내를 위하여 가죽옷을 지어 입히시니라). 여기서 잊지 말아야 할 비밀의 말은 '가죽옷'이 아니라 '하나님이 지어주신 옷'이라는 말이다. 아담이 만든 옷, 곧 인간이 만든 선으로는 인간의 수치를 영원히 가릴 수 없다. 오직 하나님이 지어주신 옷만이 인간의 수치, 인간의 죄를 영원하게 가려준다. 하나님이 아담과 하와의 수치를 가려주기 위해 가죽옷을 지어 입히신 뜻은 아래와 같다.

아담과 하와의 힘으로는 그 수치를 가릴 수 없다. 인간은 자기의 행위로 하나님 앞에 수치를 가릴 수 없다. 인간의 선행은 아담이 지어 입은 무화과 잎 같다.

아담과 하와의 수치를 가릴 옷은 하나님이 지어주신 옷이라야 한다. 인간의 선행, 인간세계의 여러 성자들, 석가모니, 마호메트, 공자, 맹자 등 이들의 옷은 다 사람이 만든 옷으로 잠시 인간의 수치를 가려주는 아담의 무화과 옷이다. 하나님이 지어주신 옷, 하나님에게서 오신 분은 오직 예수 한 분이시다. 예수님은 하나님이 친히 이 땅에 보내신 유일하신 분이다.

"예수께서 이르시되 하나님이 너희 아버지였으면 너희가 나를 사랑하였으리니 이는 내가 하나님께로부터 나와서 왔음이라 나는 스스로 온 것이 아니요 아버지께서 나를 보내신 것이니라"(요 8:42).

예수님은 우리의 모든 죄를 가려주시는 우리의 옷, 하나님이 지어주신 옷이다.

> "너희가 다 믿음으로 말미암아 그리스도 예수 안에서 하나님의 아들이 되었으니 누구든지 그리스도와 합하여 세례를 받은 자는 그리스도로 옷 입었느니라"(갈 3:26-27).

갈라디아서 3장 26-27절을 보면 우리가 예수를 믿어 하나님의 자녀가 된 것, 곧 구원받은 것을 그리스도로 옷 입었다고 말한다. 여기서 그리스도가 우리의 죄를 가려주시는 옷으로 창세기 3장에서 하나님이 아담과 하와를 위해 지어주신 가죽옷이다.

> "밤이 깊고 낮이 가까웠으니 그러므로 우리가 어두움의 일을 벗고 빛의 갑옷을 입자 낮에와 같이 단정히 행하고 방탕과 술 취하지 말며 음란과 호색하지 말며 다투거나 시기하지 말고 오직 주 예수 그리스도로 옷 입고 정욕을 위하여 육신의 일을 도모하지 말라"(롬 13:12-14).

로마서 13장 14절에도 예수님을 우리가 구원받은 후 입어야 할 옷으로 표현한다. 이것이 아담에게 하나님이 지어 입히신 가죽옷이요, 예수님이 바로 우리의 죄를 하나님 앞에 가려주는 옷임을 가르쳐준다.

성경은 예수님이 우리의 죄를 가려주시는 옷이라고 말씀하고 약속한다. 우리가 예수를 믿는다는 것은 우리가 예수님이라는 하나님이 지어주신 옷, 내 죄를 가려주시는 그리스도라는 옷을 입는 것이다.

2. 보상의 원리

사람이 노예의 자녀로 태어나면 노예가 되고, 빚을 지고 갚지 못하면 노예가 된다. 우리는 다 아담이 죄의 노예가 된 후 아담으로 인해 출생함으로 날 때부터 죄와 사망의 노예이다. 노예를 해방하는 돈을 '속전'이라고 한다.

"하나님은 한 분이시요 또 하나님과 사람 사이에 중보자도 한 분이시니 곧 사람이신 그리스도 예수라 그가 모든 사람을 위하여 자기를 대속물로 주셨으니 기약이 이르러 주신 증거니라"(딤전 2:5-6).

예수님은 우리를 죄와 사망의 노예에서 해방시킨 속전이다. 예수님이 우리의 모든 죗값을 다 지불하셨다. 그리하여 우리는 그리스도의 핏값으로 속죄받았고, 구원받았고, 그리스도의 것이 되었다.

"값으로 산 것이 되었으니 그런즉 너희 몸으로 하나님께 영광을 돌리라"(고전 6:20).
"너희는 값으로 사신 것이니 사람들의 종이 되지 말라"(고전 7:23).
"오직 너희는 택하신 족속이요 왕 같은 제사장들이요 거룩한 나라요 그의 소유가 된 백성이니 이는 너희를 어두운 데서 불러내어 그의 기이한 빛에 들어가게 하신 이의 아름다운 덕을 선포하게 하려 하심이라"(벧전 2:9).
"그리스도께서 우리를 위하여 저주를 받은 바 되사 율법의 저주에서 우리를 속량하셨으니 기록된바 나무에 달린 자마다 저주 아래에 있는 자라 하였음이라"(갈 3:13).
"율법 아래 있는 자들을 속량하시고 우리로 아들의 명분을 얻게 하려 하심이라"(갈 4:5).

성경은 예수님이 우리의 모든 죗값을 다 지불하신 속전이 되었다고 말하고, 우리는 그리스도가 자신의 핏값으로 우리를 사신 하나님의 백성, 그리스도의 소유가 되었다고 말씀한다. 그리스도가 우리의 모든 죗값을 다 보상해 주셨다. 그래서 우리는 이제 더 이상 죄의 노예가 아니다. 믿음은 예수를 그리스도로 받는 것이요, 이 말은 예수님이 내 죄를 다 보상해 주신 사실을 받는 것이다.

3. 대신의 원리

"너희가 성경에서 영생을 얻는 줄 생각하고 성경을 연구하거니와 이 성경이 곧 내게 대하여 증언하는 것이니라"(요 5:39).

신구약 성경의 모든 사건 모든 말씀이 다 예수님에 대한 증거로 예수님이 그리스도임을 가르쳐준다. 구약성경에 나오는 많은 제사의 사건이 다 예수님이 우리의 죄를 대신하심을 증거하는 것이다. 제사는 이스라엘 백성들이 범죄하여 하나님을 만날 수 없을 때, 흠 없는 희생제물이 대신 피를 흘리고 죽는 제사를 통해 하나님은 죄 있는 이스라엘 백성을 용서하시게 된다. 구약의 모든 제사의 제물이 예수님을 상징하는 것으로 우리 예수님이 죄 있는 우리의 죄를 대신 담당하실 것을 가르쳐준다. 아래의 성경은 예수님이 우리의 죄를 담당해주셨고 다 대신 해결해 주신 것을 가르쳐준다.

"예수는 우리 범죄한 것 때문에 내줌이 되고 또한 우리를 의롭다 하시기 위하여 살아나셨느니라"(롬 4:25).
"우리가 아직 연약할 때에 기약대로 그리스도께서 경건하지 않은 자를 위하여 죽으셨도다 의인을 위하여 죽는 자가 쉽지 않고 선인을 위하여 용감히 죽는 자가 혹 있거니와 우리가 아직 죄인 되었을 때에 그리스도께서 우리를 위하여 죽으심으로 하나님께서 우리에 대한 자기의 사랑을 확증하셨느니라"(롬 5:6-8).
"그리스도께서 하나님 곧 우리 아버지의 뜻을 따라 이 악한 세대에서 우리를 건지시려고 우리 죄를 위하여 자기 몸을 주셨으니"(갈 1:4).
"친히 나무에 달려 그 몸으로 우리 죄를 담당하셨으니 이는 우리로 죄에 대하여 죽고 의에 대하여 살게 하려 하심이라 저가 채찍에 맞음으로 너희는 나음을 얻었나니"(벧전 2:24).
"그리스도께서도 단번에 죄를 위하여 죽으사 의인으로서 불의한 자를 대신하셨으니 이는 우리를 하나님 앞으로 인도하려 하심이라 육체로는 죽임을 당하시고 영으로는 살리심을 받으셨으니"(벧전 3:18).

"그리스도의 사랑이 우리를 강권하시는도다 우리가 생각하건대 한 사람이 모든 사람을 대신하여 죽었은즉 모든 사람이 죽은 것이라"(고후 5:14).

"하나님이 죄를 알지도 못하신 이를 우리를 대신하여 죄로 삼으신 것은 우리로 하여금 그 안에서 하나님의 의가 되게 하려 하심이라"(고후 5:21).

"내가 받은 것을 먼저 너희에게 전하였노니 이는 성경대로 그리스도께서 우리 죄를 위하여 죽으시고"(고전 15:3).

그리스도의 죽음은 우리를 대신한 죽음이다. 그리스도는 죄 없는 분(히 4:15)으로 우리의 죄를 대신하여 죽으심으로 우리를 죄와 사망에서 해방하신 것이다. 이사야 선지자는 앞으로 오실 메시아, 그리스도를 향해 이렇게 말한다.

"우리가 전한 것을 누가 믿었느냐 여호와의 팔이 누구에게 나타났느냐 그는 주 앞에서 자라나기를 연한 순 같고 마른 땅에서 나온 뿌리 같아서 고운 모양도 없고 풍채도 없은즉 우리가 보기에 흠모할 만한 아름다운 것이 없도다 그는 멸시를 받아 사람들에게 버림 받았으며 간고를 많이 겪었으며 질고를 아는 자라 마치 사람들이 그에게서 얼굴을 가리는 것 같이 멸시를 당하였고 우리도 그를 귀히 여기지 아니하였도다 그는 실로 우리의 질고를 지고 우리의 슬픔을 당하였거늘 우리는 생각하기를 그는 징벌을 받아 하나님께 맞으며 고난을 당한다 하였노라 그가 찔림은 우리의 허물 때문이요 그가 상함은 우리의 죄악 때문이라 그가 징계를 받으므로 우리는 평화를 누리고 그가 채찍에 맞으므로 우리는 나음을 받았도다 우리는 다 양 같아서 그릇 행하여 각기 제 길로 갔거늘 여호와께서는 우리 모두의 죄악을 그에게 담당시키셨도다 그가 곤욕을 당하여 괴로울 때에도 그의 입을 열지 아니하였음이여 마치 도수장으로 끌려 가는 어린 양과 털 깎는 자 앞에서 잠잠한 양 같이 그의 입을 열지 아니하였도다 그는 곤욕과 심문을 당하고 끌려 갔으나 그 세대 중에 누가 생각하기를 그가 살아 있는 자들의 땅에서 끊어짐은 마땅히 형벌 받을 내 백성의 허물 때문이라 하였으리요 그는 강포를 행하지 아니하였고 그의 입에 거짓이 없었으나 그의 무덤이 악인들과 함께 있었으며 그가 죽은 후에 부자와 함께 있었도다 여호와께서 그에게 상함을 받게 하시기를 원하사 질고를 당하게 하셨은즉 그의 영혼을 속건제물로 드리기에 이르면 그가 씨를 보게 되며 그의 날은 길 것이요 또 그의 손으로 여호와께서 기뻐하시는 뜻을 성취하리로다 그가 자기 영혼의 수고한 것을 보고 만족하게 여길 것이라 나의 의로운 종이 자기 지식으로 많은 사람을 의롭게 하며 또 그들의 죄악을 친히 담당하리로다"(사 53:1-11).

예수님의 고난과 십자가가 모두 죄인인 우리를 대신할 것을 이사야 선지자를 통해 하나님이 말씀하셨다. 하나님의 말씀 히브리서 9장에서 하나님은 이렇게 말씀하신다.

"그리스도께서는 장래 좋은 일의 대제사장으로 오사 손으로 짓지 아니한 것 곧 이 창조에 속하지 아니한 더 크고 온전한 장막으로 말미암아 염소와 송아지의 피로 하지 아니하고 오직 자기의 피로 영원한 속죄를 이루사 단번에 성소에 들어가셨느니라 염소와 황소의 피와 및 암송아지의 재를 부정한 자에게 뿌려 그 육체를 정결하게 하여 거룩하게 하거든 하물며 영원하신 성령으로 말미암아 흠 없는 자기를 하나님께 드린 그리스도의 피가 어찌 너희 양심을 죽은 행실에서 깨끗하게 하고 살아 계신 하나님을 섬기게 하지 못하겠느냐 이로 말미암아 그는 새 언약의 중보자시니 이는 첫 언약 때에 범한 죄에서 속량하려고 죽으사 부르심을 입은 자로 하여금 영원한 기업의 약속을 얻게 하려 하심이라"(히 9:11-15).

예수 그리스도가 죽으심으로 드려진 속죄제는 우리의 죄를 영원하게 단번에 깨끗하게 하신 것이요, 이 예수님의 속죄제로 우리는 영생의 영원한 기업을 얻게 된 것이다. 이스라엘 백성을 애굽의 노예에서 해방시키기 위해 흠 없는 유월절 양이 피를 흘리고 죽었고, 그 피를 이스라엘 백성이 문 인방과 설주에 바름으로 이스라엘 백성은 해방이 된다. 예수님은 우리를 죄와 사망의 노예에서 해방하기 위해 죄 없는 분으로 십자가에 죽으심으로 우리의 유월절 양이 되신다.

"너희는 누룩 없는 자인데 새 덩어리가 되기 위하여 묵은 누룩을 내버리라 우리의 유월절 양 곧 그리스도께서 희생되셨느니라"(고전 5:7).

신구약 성경이 가르쳐주는 명확한 진리 두 가지가 있다.

첫째, 아담 이후 온 인류가 죄 아래 태어나 다 정죄되었고 죽음과 심판 아래 있다.

둘째, 예수님이 그리스도로 우리의 죄를 대신 담당하심으로 예수를 그리스도로 믿는 사람은 죄와 사망과 심판에서 해방되었다고 하는 것이다. 여기서 믿음은 예수님이 내 죄를 다 대신해주셨다는 주님의 말씀, 성경의 약속을 내 마음으로 '아멘' 하고 받아들이는 것이다. 이 일에 성령님이 함께하신다.

예수님은 우리의 모든 죄를 대신하여 심판받고 정죄되었다. 예수님은 종교법으로는 참람죄로, 국법으로는 십자가를 지는 반역죄로, 민속법으로는 조리돌림을 받는 파렴치죄로 정죄되고 심판받으셨다.

성도가 짓는 종교적인 죄, 국법 앞의 죄, 파렴치한 죄까지를 주님이 다 대신 담당하셨다. 주님이 이 모든 죄를 다 대신하셨고 대신 재판받아 그 형벌을 다 받으셨기 때문에 구원받은 성도에게는 더 이상 정죄가 없고 더 이상 심판이 없는 것이다.

① 예수님은 가야바 법정에서 종교법으로 재판받아 참람죄로 정죄된다. 이 참람죄는 백성들에게 돌로 맞아 죽을 죄다.

"여호와의 이름을 모독하면 그를 반드시 죽일지니 온 회중이 돌로 그를 칠 것이니라 거류민이든지 본토인이든지 여호와의 이름을 모독하면 그를 죽일지니라"(레 24:16).

"예수를 잡은 자들이 그를 끌고 대제사장 가야바에게로 가니 거기 서기관과 장로들이 모여 있더라 베드로가 멀찍이 예수를 따라 대제사장의 집 뜰에까지 가서 그 결말을 보려고 안에 들어가 하인들과 함께 앉아 있더라 대제사장들과 온 공회가 예수를 죽이려고 그를 칠 거짓 증거를 찾으매 거짓 증인이 많이 왔으나 얻지 못하더니 후에 두 사람이 와서 이르되 이 사람의 말이 내가 하나님의 성전을 헐고 사흘 동안에 지을 수 있다 하더라 하니 대제사장이 일어서서 예수께 묻되 아무 대답도 없느냐 이 사람들이 너를 치는 증거가 어떠하냐 하되 예수께서 침묵하시거늘 대제사장이 이르되 내가 너로 살아 계신 하나님께 맹세하게 하노니 네가 하나님의 아들 그리스도인지 우리에게 말하라 예수께서 이르시되 네가 말하였느니라 그러나 내가 너희에게 이르노니 이 후에 인자가 권능의 우편에 앉아 있는 것과 하늘 구름을 타고 오는 것을 너희가 보리라 하시니 이에 대제사장이 자기 옷을 찢으며 이르되 그가 신성모독 하는 말을 하였으니 어찌 더 증인을 요구하리요 보라 너희가 지금 이 신성모독 하는 말을 들었도다 너희 생각은 어떠하냐 대답하여 이르되 그는 사형에 해당하니라 하고"(마 26:57-66).

② 빌라도 법정에서 국가 반역죄로 정죄된다.

"예수께서 총독 앞에 섰으매 총독이 물어 이르되 네가 유대인의 왕이냐 예수께서 대답하시되 네 말이 옳도다 하시고 대제사장들과 장로들에게 고발을 당하되 아무 대답도 아니하시는지라 이에 빌라도가 이르되 그들이 너를 쳐서 얼마나 많은 것으로 증언하는지 듣지 못하느냐 하되 한 마디도 대답하지 아니하시니 총독이 크게 놀라워하더라 명절이 되면 총독이 무리의 청원대로 죄수 한 사람을 놓아주는 전례가 있더니 그때에 바라바라 하는 유명한 죄수가 있는데 그들이 모였을 때에 빌라도가 물어 이르되 너희는 내가 누구를 너희에게 놓아주기를 원하느냐 바라바냐 그리스도라 하는 예수냐 하니 이는 그가 그들의 시기로 예수를 넘겨준 줄 앎이더라 총독이 재판석에 앉았을 때에 그의 아내가 사람을 보내어 이르되 저 옳은 사람에게 아무 상관도 하지 마옵소서 오늘 꿈에 내가 그 사람으로 인하여 애를 많이 태웠나이다 하더라 대제사장들과 장로들이 무리를 권하여 바라바를 달라 하게 하고 예수를 죽이자 하게 하였더니 총독이 대답하여 이르되 둘 중의 누구를 너희에게 놓아주기를 원하느냐 이르되 바라바로소이다 빌라도가 이르되 그러면 그리스도라 하는 예수를 내가 어떻게 하랴 그들이 다 이르되 십자가에 못 박혀야 하겠나이다 빌라도가 이르되 어찜이냐 무슨 악한 일을 하였느냐 그들이 더욱 소리 질러 이르되 십자가에 못 박혀야 하겠나이다 하는지라 빌라도가 아무 성과도 없이 도리어 민란이 나려는 것을 보고 물을 가져다가 무리 앞에서 손을 씻으며 이르되 이 사람의 피에 대하여 나는 무죄하니 너희가 당하라 백성이 다 대답하여 이르되 그 피를 우리와 우리 자손에게 돌릴지어다 하거늘 이에 바라바는 그들에게 놓아주고 예수는 채찍질하고 십자가에 못 박히게 넘겨 주니라"(마 27:11-26).

③ 민속법으로 재판받아 로마 병정들 앞에서 온갖 희롱을 다 받으셨다. 민속법의 재판은 죄에 해당하는 언도를 받고 다시 군중 앞에서 공개적으로 능욕을 받게 하는 것으로 조리돌림이다. 이 죄는 일반적으로 파렴치죄를 범한 자들이 받는 형벌이다.

"이에 총독의 군병들이 예수를 데리고 관정 안으로 들어가서 온 군대를 그에게로 모으고 그의 옷을 벗기고 홍포를 입히며 가시 면류관을 엮어 그 머리에 씌우고 갈대를 그 오른손에 들리고 그 앞에서 무릎을 꿇고 희롱하여 이르되 유대인의 왕이여 평안할지어다 하며 그에게 침 뱉고 갈대를 빼앗아 그의 머리를 치더라 희롱을 다한 후 홍포를 벗기고 도로 그의 옷을 입혀 십자가에 못 박으려고 끌고 나가니라"(마 27:27-31).

* 성도가 받을 공력 심판

구원받은 성도는 지옥 형벌에 떨어지는 마지막 심판은 받지 않지만, 주님 공중 재림 시 그 공력이 심판된다(고전 3:10-15).

"우리가 담대하여 원하는 바는 차라리 몸을 떠나 주와 함께 있는 그것이라 그런즉 우리는 몸으로 있든지 떠나든지 주를 기쁘시게 하는 자가 되기를 힘쓰노라 이는 우리가 다 반드시 그리스도의 심판대 앞에 나타나게 되어 각각 선악간에 그 몸으로 행한 것을 따라 받으려 함이라"(고후 5:8-10).

여기서 '우리'는 구원받은 사람이다. 구원받은 사람은 결단코 영원한 불못에 떨어지는 심판에 이르지 않지만(요 5:24, 내가 진실로 진실로 너희에게 이르노니 내 말을 듣고 또 나 보내신 이를 믿는 자는 영생을 얻었고 심판에 이르지 아니하나니 사망에서 생명으로 옮겼느니라) 상급을 위한 공적 심판은 받는다.

"우리가 살아도 주를 위하여 살고 죽어도 주를 위하여 죽나니 그러므로 사나 죽으나 우리가 주의 것이로다 이를 위하여 그리스도께서 죽었다가 다시 살아나셨으니 곧 죽은 자와 산 자의 주가 되려 하심이라 네가 어찌하여 네 형제를 비판하느냐 어찌하여 네 형제를 업신여기느냐 우리가 다 하나님의 심판대 앞에 서리라 기록되었으되 주께서 이르시되 내가 살았노니 모든 무릎이 내게 꿇을 것이요 모든 혀가 하나님께 자백하리라 하였느니라"(롬 14:8-11).

산 자와 죽은 자의 심판주가 되신 주를 믿는 사람도 하나님의 심판대(공적) 앞에 다 서게 된다. 여기서 상급이 천국 잔치에 들어가는 것이요, 여기서 형벌이 대환난을 통해 구원되는 것이다. 마태복음 5장 11-12절을 보면 주님을 위해 핍박을 받는 사람은 하늘의 상이 크다고 말한다.

성도가 받을 상급이 있다.

성경에는 성도가 받을 상에 대한 분명한 약속이 있다.

① 달란트를 남긴 자가 받는 상(마 25:14-30)

② 전도한 자가 받는 상(단 12:3; 살전 2:19-20)

③ 선을 행한 자가 받는 상(갈 6:9-10; 마 10:40-42)

④ 주님 때문에 핍박받는 자의 상(마 5:10-12)

상급은 면류관ㅡ승리자에게 주는 월계관ㅡ으로 상징된다.

① 썩지 아니할 면류관(고전 9:25)

② 기쁨의 면류관(살전 2:19-20)

③ 의의 면류관(딤후 4:8)

④ 생명의 면류관(약 1:12; 계 2:10)

⑤ 영광의 면류관(벧전 5:4)

6) 대환난 및 휴거

(1) 휴거

주님 공중 재림 시 구원 얻고 성화된 성도(달란트를 남긴 성도, 예복을 입은 성도, 기름을 준비한 성도, 인내로 신앙을 지킨 성도)는 첫째 부활에 참여하거나 변화를 받아 주님 공중 재림 시 휴거되지만 구원 얻었어도 성화되지 못한 성도(달란트를 땅에 묻어둔 성도, 구원의 예복 '은혜'를 벗어버린 성도, 구원의 성령은 받았지만 성령충만을 저버리고 세상에 돌아간 성도)들은 대환난에 떨어진다. 성경에 '휴거'라는 단어는 없다. 그러나 데살로니가전서 4장 16-17절을 보면 하나님이 이렇게 말씀하신다.

"주께서 호령과 천사장의 소리와 하나님의 나팔 소리로 친히 하늘로부

터 강림하시리니 그리스도 안에서 죽은 자들이 먼저 일어나고 그 후에 우리 살아남은 자들도 그들과 함께 구름 속으로 끌어 올려 공중에서 주를 영접하게 하시리니 그리하여 우리가 항상 주와 함께 있으리라."

'구름 속으로 끌어올려'가 휴거다.

(2) 대환난설의 여러 주장들

전통적 장로교 입장. 루이스 벌코프(L. Berkhof)는 주님의 재림을 공중 재림과 지상 재림으로 보는 이중 재림설을 인정하지 않는다. 벌코프는 주님의 재림을 가리키는 말로 '강림'이라는 말을 쓰며, 데살로니가후서 2장 1, 2, 8절의 '파루시아'(παρουσία 강림)라는 용어와 '주의 날'이란 말을 교대로 쓰고 있다. 데살로니가후서 1장 7-10절에서, 7절에서 언급된 계시는 10절의 '파루시아'와 동시에 일어나는 것이라 설명한다.

(3) 대환난에 대한 성경의 가르침

그러나 주의 강림을 1회적인 사건으로 생각하면 대환난을 그리스도 재림 전의 사건으로 생각해야 하고 그렇다면 모든 성도가(교회가) 다 대환난의 고통을 통과해야 한다는 결론에 이른다.

그러나 성경은 인내의 말씀을 지킨 빌라델비아 교회에게 시험의 때(환란의 때)를 면하게 하시겠다고 약속하고 있고(계 3:10; 살전 1:10), 예복을 입은 자는 잔치에 들어갔으나 예복을 벗은 자는 바깥 어두운 데(대환난) 떨어지며(마 22:1-14), 기름을 준비한 신부는 잔치 자리에 들어간다고 말하고 있고(마 25:1-13), 달란트를 남긴 성도는 주인의 즐거움에 참여하지만 한 달란트 받은 성도는 바깥 어두운 데 떨어진다(마 25:14-30). 대환난은 하나님의 진노를 받는 날이요, 적그리스도의 통치를 받는 날이다(계 13-16장).

주님의 강림을 1회적으로 생각하면 데살로니가전서 4장 14절(우리가 예수께서 죽으셨다가 다시 살아나심을 믿을진대 이와 같이 예수 안에서 자는 자들도 하나님이 그와 함께 데리고 오시리라)에 주님이 이 땅에 강림하실 때 주님과 함께 재림하는 성도(예수 안에서 자는 자들)에 대한 말씀 해석이 불가능하다. 주님 공중 재림 시 휴거된 성도와 함께 주님이 재림하심을 성경은 가르쳐 준다.

주님의 재림이 1회적이라면 모든 성도가 다 대환난을 통과하게 되고 그렇다면 고린도전서 3장 11-15절에 상급과 불 가운데 구원이 나오는데 불 가운데 구원은 나무나 풀이나 짚처럼 신앙의 집을 지은 자만 받을 것이요, 금이나 은이나 보석처럼(성화된 성도) 신앙생활을 한 사람은 상급을 받는다는 말씀에 모순이 생긴다.

이 모든 증거로 보아 주님은 공중 재림하시고 성화된 성도는 천국잔치의 상급을 얻지만 구원을 얻었어도 믿음과 은혜와 구원을 땅에 묻어둔 성도, 옳은 행실의 회개의 예복을 벗은 성도는 대환난에 들어간다.

대환난의 때는 주님의 재림을 1회적으로 보면 주님이 재림하시기 전에 이 세상에 있을 환난으로 해석되고 주님의 재림을 이중적으로 보면 주님 공중 재림 시 휴거가 일어나고 이 땅에는 동시에 대환난(계시록의 일곱 대접 쏟는 계시)이 시작된다.

그렇다면 대환난의 기간은 얼마인가?

① 세대주의 학자들은 공히 대환난의 때를 7년으로 본다. 그들은 다니엘서 9장 24-27절의 70이레, 마지막 이레(7일)를 대환난의 기간 7년으로 본다.

② 그들은 또 다니엘서에 나오는 이레의 절반, 곧 3일 반(단 9:27), 한 때, 두 때, 반 때(단7:25, 12:7)와 계시록의 1,260일(계 11:3), 42개월(계 11:2, 13:5)의 때들을 합하여 7일, 혹은 7년을 만들어 대환난의 때가 7년이라 말한다.

③ 그러나 성경 어디에도 7년 동안 대환난이 임할 것이라는 말이 없고, 이레(7일)를 7년을 계산하거나 3일 반과 1,260일을 합하여 7년을 만들 아무런 근거도 없다.

이런 의미에서 7년 대환난설은 성경적이 아니다. 그리고 7년 대환난의 교리는 어느 개혁신학에서도 찾아볼 수 없다.

④ 그러나 오히려 성경은 대환난의 기간, 곧 완전히 이 땅을 적그리스도에게 맡기고 하나님이 진노의 대접을 쏟는 기간을 2,300일의 청소 청결 기간(BC 171-BC 165까지 약 6년 반: 이 기간은 헬라 왕 안티오커스가 유다 성전을

더럽힌 후 BC 165년에 유다의 독립운동가 마카비가 헬라 세력을 몰아내고 성전을 청결하게 한 기간, 수전절)을 배경으로 하며(단 8:14) 그 기간을 이레의 절반(3일 반: 단 9:27), 42개월(계 11:2), 3일 반(계 11:11)으로 표현한다.

그러나 이 기간이 1차 부활에 참여하고 변화받아 휴거된 성도 외에 이 대환난에 떨어진 성도들을 위해 하나님이 그날들을 감해주실 것이며(마 24:22) 여기의 날들도 상징적인 날들임에 틀림이 없다.

7) 부활
(1) 신체적 부활에 대한 구약의 가르침
구약은 신체적 부활에 대해 구체적으로 분명하게 언급하고 있지는 않다. 그러나 구약에도 부활과 사후에 인격적 존재로 하나님을 대면할 분명한 소망이 있었음을 보여준다.

아브라함은 이삭을 제물로 드린 후 하나님이 살려주실 것을 기대했다(창 11:19).

욥은 육체 안에서 하나님을 볼 것을 기대했다(욥 19:25-27).

구약에는 죽었다가 산 사람의 이야기를 기록하고 있다(과부의 아들: 왕상 17:21-22, 수넴 여인의 아들: 왕하 4:32-36, 엘리사의 뼈에 접하자 소생된 사람: 왕하 13:21).

에녹과 엘리야의 승천도 부활의 사실을 가르쳐 준다.

의인이 음부에 남아 있지 않다는 표현(시 16:9-11)도 부활의 사상을 담고 있다.

이사야의 소망(사 26:19), 호세아서의 여호와의 약속(호 13:14), 다니엘서의 부활의 증거가 된다.

(2) 신체적 부활에 대한 신약의 가르침
예수님이 친히 부활을 가르치셨다(요 5:28, 29, 6:39-40, 44, 54; 눅 14:13, 14, 20:35, 36).

사도들도 부활을 가르친다(행 24:15; 고전 15장; 살전 4:14-16; 빌 3:11; 계 20:4-6,

12, 13). 이는 부활의 증거가 된다.

(3) 부활의 성질
첫째, 육체가 부활한다.
바울 당시 어떤 사람들은 영적 부활만을 생각했다(딤후 2:18). 그러나 성경은 분명하게 육체의 부활을 가르친다.
① 그리스도가 부활의 첫 열매이다(고전 15:20, 23).
② 그리스도는 육체를 가진 몸으로 부활하셨다(눅 24:39; 요 20:19-22, 26-29: 눅 24:41-43).

그리스도의 구속은 우리의 육체도 구속될 것을 포함한다(롬 8:23-26; 고전 6:13-20).
로마서 8:11에는 하나님이 성령을 통해 우리의 죽을 몸을 일으키신다고 분명하게 말한다.
그리스도가 창 자국, 못 자국을 가지고 부활하신 것같이 성도의 부활은 재창조가 아니고 죽은 그대로 부활한다.
썩지 아니할 몸으로 부활한다(고전 15:42, 53, 54).
영광스러운 몸으로 산다(고전 15:43).
신령한 몸으로 산다(고전 15:44).
둘째, 부활은 삼위일체 하나님의 역사이시다.
하나님이 죽은 자를 살리신다(마 22:29; 고후 1:9).
성자 예수님이 부활시켜 주신다(요 5:21, 25, 28, 29, 6:38-40, 44, 54; 살전 4:16).
성령으로 부활시킨다(롬 8:11).
셋째, 부활은 구원받은 성도만 아니라 의인과 악인의 부활이 다 있다.

성도의 부활은 물론이요, 성경은 악인도 부활하여 심판받게 됨을 분명히 말한다(단 12:2; 요 5:28, 29; 행 24:15; 계 20:13-15). 구원받은 의인은 생명의 부활로 구원받지 못한 악인은 멸망과 심판의 부활을 하게 된다(요 5:28, 29).

구원받은 성도의 부활이 첫째 부활로 생명의 부활이요, 둘째 사망, 곧 심판과 지옥의 멸망에서 구원되는 부활이다.

"이 첫째 부활에 참여하는 자들은 복이 있고 거룩하도다 둘째 사망이 그들을 다스리는 권세가 없고 도리어 그들이 하나님과 그리스도의 제 사장이 되어 천 년 동안 그리스도와 더불어 왕 노릇 하리라"(계 20:6).

구원받지 못한 사람들(악인)은 주님 지상 재림 후 부활하여 심판을 받아 둘째 사망, 곧 지옥에 들어간다.

"또 내가 크고 흰 보좌와 그 위에 앉으신 이를 보니 땅과 하늘이 그 앞에서 피하여 간데없더라 또 내가 보니 죽은 자들이 큰 자나 작은 자나 그 보좌 앞에 서 있는데 책들이 펴있고 또 다른 책이 펴졌으니 곧 생명책이라 죽은 자들이 자기 행위를 따라 책들에 기록된 대로 심판을 받으니 바다가 그 가운데에서 죽은 자들을 내주고 또 사망과 음부도 그 가운데에서 죽은 자들을 내주매 각 사람이 자기의 행위대로 심판을 받고 사망과 음부도 불못에 던져지니 이것은 둘째 사망 곧 불못이라 누구든지 생명책에 기록되지 못한 자는 불못에 던져지더라"(계 20:11-15).
"아버지께서 자기 속에 생명이 있음같이 아들에게도 생명을 주어 그 속에 있게 하셨고 또 인자됨으로 말미암아 심판하는 권한을 주셨느니라 이를 놀랍게 여기지 말라 무덤 속에 있는 자가 다 그의 음성을 들을 때가 오나니 선한 일을 행한 자는 생명의 부활로, 악한 일을 행한 자는 심판의 부활로 나오리라"(요 5:26-29).

⑷ 부활의 시기
주님 재림 시 의인과 악인이 함께 부활하여 의인은 영생으로, 악인은 멸망으로 간다고 보는 견해가 있다(L. Berkhof). 벌코프는 재림을 1회적인 것으로 보기 때문에 부활도 1회적인 것으로 본다.

그러나 부활은 이중적이다. 그리스도 공중 재림 시 성도가 먼저 부활하여 천국잔치에 들어가거나 혹은 대환난에 들어간다(히 11:35; 요 5:29; 눅 14:14; 살전 4:16-17; 고전 3:11-15, 15:22-24).

"주께서 호령과 천사장의 소리와 하나님의 나팔 소리로 친히 하늘로부터 강림하시리니 그리스도 안에서 죽은 자들이 먼저 일어나고 그 후에 우리 살아 남은 자들도 그들과 함께 구름 속으로 끌어 올려 공중에서 주를 영접하게 하시리니 그리하여 우리가 항상 주와 함께 있으리라"(살전 4:16-17).

"그러나 이제 그리스도께서 죽은 자 가운데서 다시 살아 잠자는 자들의 첫 열매가 되셨도다 사망이 한 사람으로 말미암았으니 죽은 자의 부활도 한 사람으로 말미암는도다 아담 안에서 모든 사람이 죽은 것같이 그리스도 안에서 모든 사람이 삶을 얻으리라 그러나 각각 자기 차례대로 되리니 먼저는 첫 열매인 그리스도요 다음에는 그가 강림하실 때에 그리스도에게 속한 자요 그 후에는 마지막이니 그가 모든 통치와 모든 권세와 능력을 멸하시고 나라를 아버지 하나님께 바칠 때라 그가 모든 원수를 그 발아래 둘 때까지 반드시 왕 노릇 하시리니 맨 나중에 멸망 받을 원수는 사망이니라"(고전 15:20-26).

"이 닦아 둔 것 외에 능히 다른 터를 닦아 둘 자가 없으니 이 터는 곧 예수 그리스도라 만일 누구든지 금이나 은이나 보석이나 나무나 풀이나 짚으로 이 터 위에 세우면 각 사람의 공적이 나타날 터인데 그날이 공적을 밝히리니 이는 불로 나타내고 그 불이 각 사람의 공적이 어떠한 것을 시험할 것임이라 만일 누구든지 그 위에 세운 공적이 그대로 있으면 상을 받고 누구든지 그 공적이 불타면 해를 받으리니 그러나 자신은 구원을 받되 불 가운데서 받은 것 같으리라"(고전 3:11-15).

천년왕국 후 구원받지 못한 모든 사람은 그 죽음에서 부활하여 흰 보좌에 앉으신 주님 앞에 심판받아 무저갱에 갇혀 있던 사탄과 함께 영원

지옥에 들어가게 된다(계 20장 전체).

죽음 이후에 있을 도표

죽음	그리스도의 공중재림	지상 재림 천년왕국건설 심판 새하늘 새땅
↓	↓	↓ ↓

성도 육–흙이 됨 영혼–낙원 간다   부활(천국잔치나 대환난에 참여)   함께 구원, 천년왕국 참여   새하늘 새땅

비성도– 육: 흙이 됨 영혼: 음부로 감   →   심판 영원지옥

(구원받은 성도는 결국 영원 천국에, 구원 밖의 사람은 결국 다 지옥에 간다)

8) 마지막 심판

첫째, 마지막 심판의 성질.

하나님은 현세에서 악을 징벌하시고 선을 축복으로 보상하시는 분이시다(신 9:5; 시 9:16, 37:28, 잠 11:5, 14:11; 사 32:16, 17; 애 5:7). 그러나 이것이 심판의 전부가 아니다.

악은 형벌 없이 이 땅에 지속되기도 하고 의는 이 땅에서 상급이 없을 수도 있다(말 2:17, 3:14, 15; 시 73편).

그러나 악은 하나님 앞에 반드시 심판되고 의는 하나님 앞에 반드시 보상된다(마 25:31-46; 요 5:27-29; 롬 2:5-11; 히 9:27, 10:27; 벧후 3:7; 계 20:11-15).

둘째, 심판자와 그 조력자들.

심판은 엄밀한 의미에서 삼위 하나님의 사역이지만 성경은 심판주로서 성자 그리스도에게 심판의 사역을 돌리고 있다. 그리스도는 중보자이시며 심판자이다(마 25:31, 32; 요 5:27; 행 10:42, 17:31; 빌 2:10; 딤후 4:1; 마 28:18).

심판의 조력자들로서 천사들이 일한다(마 13:41, 42, 24:31, 25:31).

성도들도 그리스도와 함께 심판할 권세를 받는다(시 149:5-9; 고전 6:2, 3; 계 20:4).

셋째, 심판의 대상.

타락한 천사들이 심판받게 된다(마 8:29; 고전 6:3; 벧후 2:4; 유 1:6).

사탄과 그의 귀신들이 심판받는다.

(이 말은 타락한 천사가 심판받는다는 말과 같지만) 성경은 이들의 심판을 분명하게 말한다(계 20:10).

인류의 각 개인이 심판받는다(전 12:14; 시 50:4-6; 마 12:36, 37, 25:32; 롬 14:10; 고후 5:10; 계 20:12).

성도(예수를 주로 영접한 자)는 심판(지옥에 가는 심판)받지 않는다(요 5:24).

그러나 성도는 구원받은 후 주님 공중 재림 시 그 공력과 무익한 말(마 12:36)에 대해 심판을 받는다. 이것은 영원한 불못에 들어가는 심판이 아니다. 마태복음 13:30, 40-43, 49, 25:14-24, 34-40, 46에 나오는 심판의 비유도 공력의 심판으로(고전 3:10-15) 보아야 한다.

넷째, 심판의 시기.

심판의 시기는 그리스도 지상 재림 후 천년왕국이 끝나고 예수 밖에 있었던 자들(구원받지 못한 자들)이 부활하여 심판받게 된다(계 20:7-15).

다섯째, 심판의 표준.

심판의 기점(분리점)은 믿음이다(요 5:24, 3:18).

사람들은 자기가 행한 행위에 따라 심판받는다(계 20:12).

예수님 이전의 이방인들은 자기 마음에 새겨진 양심의 법에 의해 심판받는다(롬 2:14-15).

유대인들은 율법에 의해 심판받는다.

여섯째, 심판의 결과.

심판의 결과는 영원한 불못에 들어가는 것이다(계 20:15).

9) 마지막 상태

(1) 악인의 마지막 상태

현대신학에서는 영원한 형벌의 개념을 배제하려 한다. 재림파와 여호와의 증인, 안식교에서는 지옥을 부인한다. 그들은 다만 악인은 죽는 것으로 끝나는 것으로 본다. 그러나 성경은 죽은 후 반드시 심판이 있고, 심판의 결과로서 영원한 지옥이 있음을 분명하게 말한다(히 9:27; 계 20:15).

"한번 죽는 것은 사람에게 정하신 것이요 그 후에는 심판이 있으리니"
(히 9:27).
"또 내가 보니 죽은 자들이 큰 자나 작은 자나 그 보좌 앞에 서 있는데 책들이 펴 있고 또 다른 책이 펴졌으니 곧 생명책이라 죽은 자들이 자기 행위를 따라 책들에 기록된 대로 심판을 받으니 바다가 그 가운데에서 죽은 자들을 내주고 또 사망과 음부도 그 가운데에서 죽은 자들을 내주매 각 사람이 자기의 행위대로 심판을 받고 사망과 음부도 불못에 던져지니 이것은 둘째 사망 곧 불못이라 누구든지 생명책에 기록되지 못한 자는 불못에 던져지더라"(계 20:12-15).

지옥은 주님도 친히 여러 번 언급하셨다(마 5:29, 30, 5:22, 10:28, 23:15, 33).
지옥을 게헨나(γεέννα)로 표현한다. 이 말은 '힌놈의 골짜기'를 뜻하는 말로, 힌놈의 골짜기는 이방인들이 우상에게 자기 자녀를 불살라 바치던 곳이었고, 또 쓰레기가 늘 타고 있던 자리이기도 했다. 그러나 그곳은 언어적으로 빌려온 말이요, 지옥은 멸망자들이 가는 영원한 형벌의 장소이다.
멸망자들이 지옥에서 받을 형벌은 무엇일까? 하나님의 은총의 완전한 결여와 무궁한 혼란과 인격체인 영육(부활한)의 영원한 고통이다(마 18:8; 살후 1:9; 계 14:11, 20:10). 그리고 그 형벌의 기간은 영원이다.

(2) 의인의 마지막 상태

새 하늘, 새 땅에서 주님과 더불어 영원히 거한다(마 19:28; 행 3:21; 히

12:27; 벧후 3:12, 13; 계 21:1, 20:11). 의인의 영원한 거처는 분명히 어떤 공간적 처소이며 아버지의 집이다(계21:1-; 요 14:1-3).

의인이 누리는 상급은 무엇일까? 무궁하고 충만한 생명(마 25:46; 롬 2:7)과 참 영생이신 하나님과의 완전한 교제(계 21:3-7)를 누리는 삶이다.

구원에는 이렇게 영적으로 구원받고, 혼적으로 구원을 이루어가는 성도가 그리스도의 재림으로 완성될 미래에 이루어질 받을 구원이 있는데, 이 받을 구원이 곧 육신이 부활하는 육적 구원으로 영화(榮華)의 구원이다.

구원을 정리하면 아래와 같다.

1. 과거-받은 구원-믿음으로-신분의 변화-영적 구원(칭의, 중생, 하나님의 자녀 됨)-일회적 구원

2. 현재-받아가는 구원-성령, 말씀으로 인격의 변화-혼적 구원(성화)-점진적 구원

3. 미래-받을 구원-그리스도의 재림으로 육신의 변화(영화. 부활, 심판, 영생)-단회적 구원

그러나 이 정리는 논리적인 것일 뿐 인격이 하나인 것같이 구원은 하나다. 아담이 범죄로 영이 죽었을 때 그의 혼도 육도 같이 죽었다. 아담이 죽은 것이다. 그래서 아담은 영이 죽어 하나님과 분리된 상태로 육으로 930세를 살고 죽었다(창 5:5).

사람이 예수를 믿어 구원받을 때 그 영이 생명을 얻는다. 그리고 영이 생명을 얻을 때 그의 혼과 육도 생명을 얻는다. 그래서 성도는 믿음으로 영생을 얻는 것이다.

혼적 생명은 구원받은 후 성화로 풍성해지게 되며 주님의 재림으로 육이 결국 영생하는 육으로 부활하여 영화를 얻게 된다. 믿음으로 내가 구원받았고 구원받고 있으며 주님 재림 시 영화를 얻어 영생한다.

성경은 어떤 경우 한 책 전부가 받은 구원, 받는 구원, 받을 구원을 예표로 가르쳐 주기도 한다. 출애굽기가 그런 책이다. 이스라엘 백성이 애굽에서 노예로 지내다가 유월절 사건으로 해방된 것이 믿음으로 받은 구원을 가르쳐주고, 이스라엘 백성들이 40년간 광야에서 하나님이 주신 계

명을 좇아 가나안으로 진군해 간 사건은 우리가 믿음으로 구원받은 후 말씀과 성령을 좇아 성화되는 받는 구원을 예표로 가르쳐 준다. 이스라엘 백성들이 요단을 건너 하나님이 주시는 젖과 꿀이 흐르는 가나안 땅에 들어간 사건은 우리가 앞으로 그리스도의 재림으로 천국에 들어가 하나님을 아버지로 모시고 영생할, 받을 구원을 예표로 가르쳐준다. 또 어떤 성경은 한 장 안에 받은 구원, 받는 구원, 받을 구원이 예표로 나오기도 하고 이렇게 세 가지 구원이 다 나오지는 않아도 받은 구원에 대한 감사, 받는 구원에 대한 인도하심을 담고 있기도 하다. 그 대표적인 성경이 시편의 말씀들이다. 성경의 아주 많은 사건이 구원을 가르쳐주는 예표들이다. 그런데 이런 사건들을 구원의 관점에서 보지 않고 별개의 사건으로 해석하면 그 해석이 아무리 잘 되어도 이 사건을 통해 하나님이 가르쳐주시는 근본적인 구원의 메시지를 놓치게 마련이다. 그래서 모든 성경은 구원론적 관점으로 해석되어야 한다.

신구약 성경은 모두 우리에게 구원을 가르쳐주기 위해 기록된 하나님의 말씀이다(요 5:39, 20:31, 딤후 3:15). 신구약 성경은 구원의 렌즈를 통해 보아야 비로소 성경에 기록된 모든 사건과 개인의 이야기와 민족의 역사가 다 살아계신 하나님의 구원의 말씀이 된다.

"너희가 성경에서 영생을 얻는 줄 생각하고 성경을 연구하거니와 이 성경이 곧 내게 대하여 증언하는 것이니라"(요 5:39).
"오직 이것을 기록함은 너희로 예수께서 하나님의 아들 그리스도이심을 믿게 하려 함이요 또 너희로 믿고 그 이름을 힘입어 생명을 얻게 하려 함이니라"(요 20:31).
"또 어려서부터 성경을 알았나니 성경은 능히 너로 하여금 그리스도 예수 안에 있는 믿음으로 말미암아 구원에 이르는 지혜가 있게 하느니라"(딤후 3:15).

창세기 강해

창세기를 구원론적 관점에서 보면 크게 세 부분으로 되어 있다.

창세기 1장부터 11장까지가 그 첫 부분이다. 여기에는 창조의 이야기와 죄의 기원에 관한 기록, 죄의 결과로 이어지는 인류의 죽음과 아담 후손들의 생활, 노아와 홍수심판의 사건, 그리고 바벨탑과 인류 분산의 사건이 나온다.

둘째 부분은 창세기 12장부터 36장까지로 여기에 아브라함과 이삭과 야곱의 이야기가 나온다.

세 번째 부분은 37장부터 50장까지로 여기에 요셉이 애굽에 내려가는 사건, 야곱이 온 식구를 이끌고 애굽으로 내려가는 사건, 그리고 야곱의 죽음과 요셉의 죽음이 나온다.

구원론적인 관점으로 보면 창세기 1장부터 11장까지는 하나님이 아브라함을 통해 이루시려는 구원 계획을 시작하기 전의 기록으로 인류에게 구원이 왜 필요한 것인가를 가르쳐준다.

창세기 12장부터 36장에서 하나님은 아브라함과 그 후손, 부족하고 평범한 인간인 이삭과 야곱을 통해 하나님의 구원 섭리가 어떻게 계속되는지를 보여준다.

창세기 37부터 50장에서는 요셉이 애굽에 팔려가는 사건을 시작으로 이스라엘 백성이 애굽에서 종살이를 시작하게 된 이야기가 출애굽기로 이어지며 하나님은 출애굽 사건을 통해 유월절 양 예수 그리스도의 피 공로를 믿음으로 구원되는 구원의 길을 가르쳐준다.

❧ 창세기 1장

창세기 제1장은 천지창조의 사건을 기록하고 있다. 첫째 날에서 여섯째 날까지의 사건을 기록하고 있다. 창세기 1장에서 창조의 사건을 기록한 것은 창조를 설명하려는 것이 아니고 하나님이 창조하신 온전하고 완전한 창조의 사역을 통해 죄와 죽음이 없는 세상을 보여준다.

창세기 1장에서는 하나님이 창조하신 세상이 하나님 보시기에 좋은 세상, 죄가 없는 세상이기 때문에 구원이 필요 없는 세상임을 보여준다. 사람은 하나님의 형상과 하나님의 모양을 따라 지어졌다.

1. 형상과 모양

매튜 헨리(Matthew Henry)는 창세기 1장에서 사람의 창조에 대한 구절을 아래와 같이 해석한다(디럭스 바이블 매튜 헨리 주석).

'형상'과 '모양'이란 말은 가장 닮은 상태를 의미한다. 그럴지라도 여전히 하나님과 사람 사이에는 무한한 거리가 있다. 오직 그리스도만이 하나님과 같은 속성을 지닌 하나님의 아들로서 하나님의 형상을 나타내시는 분이시다. 사람에게 입혀진 것은 하나님의 영광의 일부분에 불과하다. 그래서 사람이 하나님의 형상이라도 거울 속에 비친 그림자나 동전에 새겨진 왕의 초상화 정도에 지나지 않는 형상이다. 사람에게 입혀진 하나님의 형상은 다음 세 가지 점에서 볼 수 있다.

⑴ 사람의 신체가 아닌 영혼의 특성과 구조에서 볼 수 있다(왜냐하면 하나님에게는 몸이 없으시기 때문이다). 하나님께서는 사람의 몸에도 이 같은 명예를 주셨는데 그것은 곧 말씀이 육신이 되셨다는 사실이다. 하나님의 아들이 우리와 같은 몸을 입으셨고 그가 또한 머지않아 자신의 것과 같은 영광을 우리 몸에 입히실 것이다. 그러나 특별히 하나님의 형상을 지닌 것은 사람의 위대한 영혼이다. 사람의 영혼에게 있는 세 가지 귀중한 능력, 곧 이해력, 의지, 활동력을 생각해 볼 때 사람의 영혼은 본질상 그것을 통하여 하나님을 볼 수 있는 가장 밝고도 맑은 거울과 같은 것이다.

⑵ 사람의 위치와 권위에서 볼 수 있다. "우리의 형상을 따라…우리가 사람을 만들고 그로…다스리게 하자." 사람이 자기보다 열등한 피조물들을 다스리는 지배권을 받았기 때문에 그는 이를테면 땅에서 하나님의 대리인이나 총독이 되는 셈이다. 그러나 사람에게서 나타나는 하나님의 형상은 그가 다스린다는 사실에서보다는 자유 의지로써 자신을 지배한다는 사실에서 더욱 두드러지게 나타난다.

⑶ 사람의 순결과 정직에서 볼 수 있다. 사람에게 입혀진 하나님의 형

상은 지식과 의와 참된 거룩함에 있다(엡 4:24; 골 3:10).

⑷ 사람은 남자와 여자로 지어졌고 생육하고 번성하라는 축복을 받았다. 하나님께서는 '우리가 사람을 만들자'고 말씀하셨다. 그리고 곧이어서 '하나님이 사람을 창조하셨다'는 말이 뒤따른다. 하나님께서 결심하신 바를 곧 실천하신 것이다. 우리에게 있어서는 말하는 것과 행하는 것이 서로 다르나 하나님께 있어서는 그렇지 않다. 다른 피조물들의 경우, 하나님께서는 한 종류당 한 쌍씩이 아니라 여러 쌍을 지으셨던 것 같다(20-22절). 그러나 사람에 대해서만큼은 오직 한 쌍만을 만들지 않으셨던가? 그리스도는 여기에서 이혼을 반대하는 논증을 끌어내신다(마 19:4, 5). 우리의 첫 조상 아담은 한 아내로 제한을 받았다. 만일 그가 그녀를 버렸다면 그에게는 달리 결혼할 사람이 없었다. 이 사실은 결혼의 계약이 마음대로 취소되어서는 안 된다는 것을 명백히 나타내고 있다. 하나님은 한 남자와 한 여자를 지으셨다. 이것은 모든 민족이 자기들이 한 혈통이며 한 줄기로부터 나온 자손들이라는 것을 알고 이로써 서로 사랑하게 하기 위함이었다(매튜 헨리 주석. 디럭스바이블).

사람이 하나님의 형상, 모양대로 창조된 것은 사람이 피조물이지만 하나님의 본질, 곧 영원한 생명을 가지고 태어남을 뜻한다.

2. 전능하신 창조주, 삼위일체 하나님

창세기 1장은 전능한 창조주 하나님을 가르쳐준다. 그리고 이 하나님이 삼위일체 하나님임을 가르쳐준다.

"① 하나님이 천지를 창조하시니라 땅이 혼돈하고 공허하며 흑암이 깊음 위에 있고 ② 하나님의 영은 수면 위에 운행하시니라 하나님이 ③ 이르시되 빛이 있으라 하시니 빛이 있었고"(창 1:1-2).

① 하나님, ② 하나님의 영(성령 하나님), ③ 이르시되(말씀이신 그리스도)는 삼위 하나님이 천지를 창조하셨음을 가르쳐준다.

"하나님이 이르시되 우리의 형상을 따라 우리의 모양대로 우리가 사람을 만들고 그들로 바다의 물고기와 하늘의 새와 가축과 온 땅과 땅에

기는 모든 것을 다스리게 하자 하시고"(창 1:26).

하나님 스스로 '우리'라는 말로 삼위 하나님임을 가르쳐준다.

구원은 하나님이 작정하시고 주관하시는 사건으로, 하나님은 전능하신 하나님으로 천지를 창조하신 하나님이다.

구원은 전능하신 하나님이 작정하시고 예정하시며, 그리스도가 완성하시고, 성령님이 예정된 자를 구원에 이르도록 역사하심으로 이루어진다. 창세기 1장은 하나님이 삼위 하나님으로, 전능하신 하나님, 창조주 하나님으로 가르쳐진다. 구원받은 성도는 전능하신 하나님과 영적 화목을 회복한 사람인 데 반해 구원 밖에 있는 사람은 전능하신 하나님과 영적으로 화목이 깨져 있는 사람이다. 하나님의 전능성은 성도가 얻은 구원의 보증이 된다(요 10:28-29, 15:16; 롬 8:31-34).

"내가 그들에게 영생을 주노니 영원히 멸망하지 아니할 것이요 또 그들을 내 손에서 빼앗을 자가 없느니라. 그들을 주신 내 아버지는 만물보다 크시매 아무도 아버지 손에서 빼앗을 수 없느니라"(요 10:28-29).
"너희가 나를 택한 것이 아니요 내가 너희를 택하여 세웠나니 이는 너희로 가서 열매를 맺게 하고 또 너희 열매가 항상 있게 하여 내 이름으로 아버지께 무엇을 구하든지 다 받게 하려 함이라"(요 15:16).
"그런즉 이 일에 대하여 우리가 무슨 말 하리요 만일 하나님이 우리를 위하시면 누가 우리를 대적하리요 자기 아들을 아끼지 아니하시고 우리 모든 사람을 위하여 내주신 이가 어찌 그 아들과 함께 모든 것을 우리에게 주시지 아니하겠느냐 누가 능히 하나님께서 택하신 자들을 고발하리요 의롭다 하신 이는 하나님이시니 누가 정죄하리요 죽으실 뿐아니라 다시 살아나신 이는 그리스도 예수시니 그는 하나님 우편에 계신 자요 우리를 위하여 간구하시는 자시니라"(롬 8:31-34).

창세기 1장에 기록된 전능하신 창조주 하나님은 성도의 구원을 시작하시고 이루시는 하나님이시다. 창세기 1장은 완전하신 하나님이 완전하게 창조하신 세상을 보여준다. 창세기 1장에는 구원이 필요 없는 완전한 창조의 사건이 기록되었다.

☙ 창세기 2장

1. 두 가지 법

창세기 1장은 우리에게 구원이 필요 없는 완전한 세상을 보여주지만 창세기 2장에서는 구원이 필요하다는 전제하에 하나님이 정하신 두 가지 법과 인간 창조의 사건이 나온다.

창세기 2장에서는 하나님이 제정하신 두 가지 법이 나온다. 첫째 법이 '안식일의 법'이고 둘째 법이 '선악과의 법'이다.

안식일에 하나님은 안식하셨고, 이날을 거룩하게 하셨으며 복을 주셨다. 안식일 법은 창조 때 하나님이 만드신 법으로 거룩한 날이요 복된 날이다.

애굽에서 나온 이스라엘 백성들에게 하나님은 아주 여러 번 안식일을 지키도록 명하신다. 율법서에는 물론이고 선지서에도 하나님은 이스라엘 백성에게 안식일을 거룩하게 지킬 것을 여러 번 말씀하신다. 이 안식일의 법은 하나님과 이스라엘 백성 사이에, 이스라엘 백성이 하나님 제일주의로 살아야 할 근간이 되는 계명이요 법으로, 하나님이 천지를 창조하신 때부터 하나님이 만드신 법이다. 안식일은 영원한 시간, 나의 시간이 하나님의 주권임을 승인, 고백하는 것이다. 하나님이 이렇게 말씀하신다.

"또 나의 안식일을 거룩하게 할지어다 이것이 나와 너희 사이에 표징이 되어 내가 여호와 너희 하나님인 줄을 너희가 알게 하였노라"(겔 20:20).

이 안식일의 법은 구원론적으로 성도가 영원한 안식(영원 천국)에 들어갈 예표가 되고, 성도가 구원받은 후 성화를 이루어가는 과정 가운데 늘 하나님 제일, 하나님 중심으로 살아가야 하는 생활의 중심이 되는 법이다. 안식일의 법은 성도가 구원받은 다음 그 성화의 과정에서 하나님과 바른 관계를 지속하기 위해 안식일에 하나님께 제사하는 생활을 규칙적으로, 의무적으로 하도록 하신 것으로 오늘 성도들이 매 주일 드리는 예배를 규칙적으로, 의무적으로 준행해야 함을 가르쳐준다.

2. 생령, 영, 혼

하나님은 사람을 흙으로 지으시고 그 코에 하나님의 생기를 불어넣으심으로 생령이 되게 하신다.

여기서 '생기'는 히브리어로 '네솨마'(הַנְּשָׁמָה)로 호흡, 영을 뜻한다. '생령'은 히브리어로 '네페쉬 하야'(חַיָּה נֶפֶשׁ)로 '살아 있는 자아, 개인, 마음, 영혼'을 뜻한다.

사람은 흙으로 된 육, 하나님이 불어넣으신 영 그리고 영혼, 이렇게 셋이 하나인 존재로 창조되었다.

에덴동산에 처음으로 창조된 인간은 하나님에게서 직접 받은 영(spirit)과 하나님이 흙으로 지어주신 육(flesh), 이러한 영과 육이 하나로 존재하게 된 살아 있는 개인, 아담, 곧 영혼, 혼으로 '생령'(living soul)이 된다.

성경에서는 이렇게 영과 혼, 영혼을 혼돈하여 사용하고 있고, 많은 경우 영혼은 어떤 살아 있는 개인을 가리키는 말로 쓰고 있다.

3. 선악과의 법

하나님은 하나님이 창조하신 에덴동산에 아담이 살아가기에 필요한 모든 조건, 모든 것을 다 만들어주시고 아담으로 다스리게 하시며, 하나님의 동산에서 지켜져야 할 하나님의 법으로 선악과를 만드시고 이렇게 말씀하신다.

"동산 각종 나무의 열매는 네가 임의로 먹되 선악을 알게 하는 나무의 열매는 먹지 말라 네가 먹는 날에는 반드시 죽으리라 하시니라"(창 2:16-17).

선악과의 법은 사람에게 죄와 죽음의 근원을 밝혀주고 왜 사람에게 구원이 필요하게 된 것인지 가르쳐주는 하나님의 말씀이다.

이 법은 3장으로 이어져 아담과 하와가 하나님이 먹으면 정녕 죽으리라 하신 선악을 알게 하는 나무의 과일을 먹음으로 사람에게 죄와 죽음이 있게 된 것을 설명한다.

사람이 선악과를 먹을 줄 아셨던 하나님(하나님은 전지전능하시다)이 왜 에덴동산에 선악과를 두셨는지를 질문한다.

이런 질문은 왜 하나님이 법을 가지신 공의로운 하나님인가 하는 질문과 같은 것으로, 하나님은 본질적으로 공의로우신 하나님이요, 공의로우신 하나님이 지으신 에덴동산에 하나님의 법으로 선악의 법을 세우신 것은 하나님 공의의 필연적 발로이다.

선악과는 하나님의 법이다. 법에는 허용이 있고 금지가 있다. 허용에는 자유가 보장되고 금지에는 그 금지조항을 어길 때 형벌이 따라온다. 하나님이 아담에게 동산의 모든 열매는 임의로 먹으라는 것은 허용(자유)이요, 선악을 알게 하는 나무의 열매는 먹지 말라고 하신 것은 금지조항이다. 이 금지조항을 어길 때 '정녕 죽으리라'는 것이 금지조항을 어긴 벌이다.

창세기 1장과 2장에 기록된 창조의 기사와 안식일의 법과 선악과의 법은 하나님이 창조하신 세계에 왜 구원이 필요한가, 이 법이 아담을 통해 깨어질 때 둘째 아담인 예수 그리스도를 통해 이 법이 완성되어 구원이 이뤄질 것을 보여준다.

창세기 2장에서 하나님이 아담에게 돕는 배필로 하와를 지어 가정을 이루게 하시고, 아담과 하와가 벌거벗었으나 부끄러워하지 않은 기사가 나온다.

이 말씀은 구원받은 성도가 예수 그리스도의 피로 온전한 죄 사함을 받고 신랑 되신 그리스도를 만나 결혼하여 온전히 그리스도와 아무런 격의 없이 영생 복락을 누리게 될 영원 천국에서의 구원을 예표로 가르쳐준다(계 19:6-9, 21:1-7).

❧ 창세기 3장

창세기 3장은 구원론적으로 볼 때 아주 큰 교훈을 담고 있다. 창세기 3장은 구원과 관계된 중요한 근원들이 나온다.

1. 창세기 3장에 나오는 여러 가지 근원들
1) 죄의 근원
2) 수치와 가식의 근원
3) 책임 회피의 근원
4) 죽음의 근원
5) 고통과 고난과 재난의 근원
6) 그리스도를 통한 구원의 근원

창세기 3장에서 하나님이 이렇게 말씀하신다.

"여자가 그 나무를 본즉 먹음직도 하고 보암직도 하고 지혜롭게 할 만큼 탐스럽기도 한 나무인지라 여자가 그 열매를 따먹고 자기와 함께 있는 남편에게도 주매 그도 먹은지라 이에 그들의 눈이 밝아져 자기들이 벗은 줄을 알고 무화과나무 잎을 엮어 치마로 삼았더라 그들이 그날 바람이 불 때 동산에 거니시는 여호와 하나님의 소리를 듣고 아담과 그의 아내가 여호와 하나님의 낯을 피하여 동산 나무 사이에 숨은지라 여호와 하나님이 아담을 부르시며 그에게 이르시되 네가 어디 있느냐 이르되 내가 동산에서 하나님의 소리를 듣고 내가 벗었으므로 두려워하여 숨었나이다 이르시되 누가 너의 벗었음을 네게 알렸느냐 내가 네게 먹지 말라 명한 그 나무 열매를 네가 먹었느냐 아담이 이르되 하나님이 주셔서 나와 함께 있게 하신 여자 그가 그 나무 열매를 내게 주므로 내가 먹었나이다 여호와 하나님이 여자에게 이르시되 네가 어찌하여 이렇게 하였느냐 여자가 이르되 뱀이 나를 꾀므로 내가 먹었나이다 여호와 하나님이 뱀에게 이르시되 네가 이렇게 하였으니 네가 모든 가축과 들의 모든 짐승보다 더욱 저주를 받아 배로 다니고 살아 있는 동안 흙을 먹을지니라 내가 너로 여자와 원수가 되게 하고 네 후손도 여자의 후손과 원수가 되게 하리니 여자의 후손은 네 머리를 상하게 할 것이요 너는 그의 발꿈치를 상하게 할 것이니라 하시고 또 여자에게 이르시되 내가 네게 임신하는 고통을 크게 더하리니 네가 수고하고 자식을 낳을 것이며 너는 남편을 원하고 남편은 너를 다스릴 것이니라 하시고 아담에게 이르시되 네가 네 아내의 말을 듣고 내가 네게 먹지 말라 한 나무의 열매를 먹었은즉 땅은 너로 말미암아 저주를 받고 너는 네 평생에 수고하여야 그 소산을 먹으리라 땅이 네게 가시덤불과 엉겅퀴를 낼 것이라 네가 먹을 것은 밭의 채소인즉 네가 흙으로 돌아갈 때까지 얼굴에 땀을 흘려야 먹을 것을 먹으리니 네가 그것에서 취함을 입었음이라 너는 흙이니 흙으로 돌아갈 것이니라 하시니라"(창 3:6-19).

아담과 하와가 그 하체를 무화과 나뭇잎으로 치마를 엮어 가렸지만, 이 무화과 나뭇잎으로 만든 치마는 곧 부서져서 다시 수치가 드러났다. 이런 아담을 긍휼히 여기시는 하나님은 가죽으로 옷을 지어 아담과 하와에게 입혀 주신다.

2. 죄의 근원 사탄
창세기 3장에는 죄의 근원이 나온다.
죄의 근원은 사탄이다.
창세기 3장에서 아담과 하와가 하나님의 명을 어기고 선악과를 먹게 유혹한 생물이 뱀이다.

이 뱀이 오늘 우리가 보는 실제적인 뱀인가, 그러면 뱀이 어떻게 말하며 사람을 유혹할 수 있는가 하는 질문은 이 사건을 기록한 본래의 뜻과 전혀 상관이 없는 논쟁이다.
성경은 구원을 가르쳐주기 위해서 기록되었기 때문에(요 5:39, 20:30-31) 구원과 관계없는 사건과 이론을 생략하고 지나간다.

"너희가 성경에서 영생을 얻는 줄 생각하고 성경을 연구하거니와 이 성경이 곧 내게 대하여 증언하는 것이니라"(요 5:39).

예수님이 행하신 표적도 구원에 필요한 것만 성경에 기록되었고 다른 많은 표적이 생략된다.

> "예수께서 제자들 앞에서 이 책에 기록되지 아니한 다른 표적도 많이 행하셨으나 오직 이것을 기록함은 너희로 예수께서 하나님의 아들 그리스도이심을 믿게 하려 함이요 또 너희로 믿고 그 이름을 힘입어 생명을 얻게 하려 함이니라"(요 20:30-31).

여기의 뱀은 성경에서 여러 번 언급된 사탄이다.
마태복음 23장 33절에서 예수님은 지옥의 판결을 피하지 못할 자로 뱀을 말씀하신다.
계시록 12장 9절, 20장 2절에서 뱀은 마귀요, 사탄이다.
디럭스 바이블 성경사전은 사탄을 이렇게 말한다.

"사탄의 명칭에는 '사탄'(satana: 마태복음, 마가복음, 누가복음, 요한복음, 사도행전, 바울서신, 요한계시록), '마귀'(diavolo: 마태복음, 누가복음, 요한복음, 사도행전, 바울서신, 히브리서, 야고보서, 베드로전서, 요한1서, 유다서, 요한계시록), '시험하는 자'(마 13:16; 요일 5:18), '참소하던 자'(계 12:10), '원수'(마 13:39; 눅 10:19), '대적'(벧전 5:8), '귀신의 왕'(마 9:34, 12:24; 막 3:22, 눅 11:15), '이 세상 임금'(요 12:31, 16:11), '공중의 권세 잡은 자'(엡 2:2), '벨리알'(고후 6:15), '바알세불'(마 10:25, 12:24, 27; 막 3:22; 눅 11:15, 18-19) 등이 있다."

"사탄은 하나님 앞에서 인간들의 허물을 비방하고 고발하는 것으로 만족하지 않고, 그들을 죄 속에 빠지게 하는 길을 모색한다. 그것은 마귀 자신이 죄의 존재이기 때문이다(요일 3:8). 그를 '유혹자'라고 칭하는 것은 그 때문이다(마 4:3; 살전 3:5). 그는 인간을 유혹할 때 하나님께 순종치 않는 데 대한 보상으로 쾌락이나(고전 7:5) 세상의 권세(마 4:8-11) 혹은 하나님과 같이 되는 지식(창 3:5) 등을 약속한다. 이것을 성취하기 위하여 그는 많은 거짓과 속임수를 쓴다. 이로써 그에게는 '거짓말쟁이'요, '거짓의 아비'(요 8:44)라는 간판이 붙게 된다. 마귀가 공작하는 데 있어서 뚜렷한 경향성을 나타내는 또 다른 수단은 살해이다. 즉 그는 '사망의 주인'이다(히 2:14; 요 8:44; 계 9:11; 마 10:28; 요일 3:11, 12). 그는 사람의 행위의 원동체인 육체를 파괴시킴으로써 엎으려는 모든 계획에 대하여 책임을 지고 있는 자이다. 그러므로 '이 시대의 관원들'(고전 2:6-9)이 사실상으로는 사탄으로 말미암지 않았다고 할지라도, 그들이 예수를 십자가에 못 박고 성도들을 핍박함으로 마귀의 종들이 된 원인이 이러한 마귀의 수단으로 인함이었다."

창세기 3장은 죄의 근원이 사탄이었음을 가르쳐 준다

3. 사탄, 악한 천사들

성경은 악한 천사가 있음을 말한다. 그러나 본래 하나님이 악한 천사를 만드신 것이 아니다. 하나님은 선한 천사를 창조하셨는데 천사 중 얼마가 본래의 자기 위치를 지키지 아니하고, 교만하여 타락하였다(유 1:6; 벧후 2:4).

인간의 타락보다 천사의 타락이 먼저이며, 천사의 타락 원인을 교만으로 본다(딤전 3:6; 사 14:12-17).

"너 아침의 아들 계명성이여 어찌 그리 하늘에서 떨어졌으며 너 열국을 엎은 자여 어찌 그리 땅에 찍혔는고 네가 네 마음에 이르기를 내가 하늘에 올라 하나님의 뭇 별 위에 내 자리를 높이리라 내가 북극 집회의 산 위에 앉으리라 가장 높은 구름에 올라가 지극히 높은 이와 같아지리라 하는도다 그러나 이제 네가 스올 곧 구덩이 맨 밑에 떨어짐을 당하리로다"(사 14:12-15).

"또 자기 지위를 지키지 아니하고 자기 처소를 떠난 천사들을 큰 날의 심판까지 영원한 결박으로 흑암에 가두셨으며"(유 1:6).

"하나님이 범죄한 천사들을 용서하지 아니하시고 지옥에 던져 어두운 구덩이에 두어 심판 때까지 지키게 하셨으며"(벧후 2:4).

"새로 입교한 자도 말지니 교만하여져서 마귀를 정죄하는 그 정죄에 빠질까 함이요"(딤전3:6).

악한 천사의 우두머리, 악한 천사의 수령이 사탄이다. '사탄'이란 말은 '대적한다'는 뜻으로 '아폴리온'(파괴자), '디아볼로스'(참소자: 계 12:10), '바알세불'(집주인), '벨리알'(무가치), '세상 임금', '시험하는 자', '옛뱀', '용', '마귀', 혹은 '귀신'이라는 이름으로 부른다(계 9:11, 12:3, 10; 요 12:31; 고후 4:4; 엡 2:2; 마 4:24, 27, 8:16, 28; 막 1:23…).

4. 악한 천사들의 활동
1) 하나님의 사역과 섭리에 반항한다(창 3:1-).
2) 하나님의 백성들을 미혹하고 사람의 악행을 격려한다.

"예수를 시인하지 아니하는 영마다 하나님께 속한 것이 아니니 이것이 곧 적그리스도의 영이니라 오리라 한 말을 너희가 들었거니와 지금 벌써 세상에 있느니라 자녀들아 너희는 하나님께 속하였고 또 그들을 이기었나니 이는 너희 안에 계신 이가 세상에 있는 자보다 크심이라 그들은 세상에 속한 고로 세상에 속한 말을 하매 세상이 그들의 말을 듣느니라 우리는 하나님께 속하였으니 하나님을 아는 자는 우리의 말을 듣고 하나님께 속하지 아니한 자는 우리의 말을 듣지 아니하나니 진리의 영과 미혹의 영을 이로써 아느니라"(요일 4:3-6).
"사탄이 일어나 이스라엘을 대적하고 다윗을 충동하여 이스라엘을 계수하게 하니라"(대상 21:1).

3) 성도를 믿음에서 넘어지게, 그리스도에게서 떨어지게 한다(마 16:21-23).

"이때로부터 예수 그리스도께서 자기가 예루살렘에 올라가 장로들과 대제사장들과 서기관들에게 많은 고난을 받고 죽임을 당하고 제삼 일에 살아나야 할 것을 제자들에게 비로소 나타내시니 베드로가 예수를 붙들고 항변하여 이르되 주여 그리 마옵소서 이 일이 결코 주께 미치지 아니하리이다 예수께서 돌이키시며 베드로에게 이르시되 사탄아 내 뒤로 물러가라 너는 나를 넘어지게 하는 자로다 네가 하나님의 일을 생각하지 아니하고 도리어 사람의 일을 생각하는도다"(마 16:21-23).

4) 미움을 일으킨다(삼상 16:14, 15, 18:10, 11).
5) 용서하지 못하게 한다(고후 2:10, 11).

"너희가 무슨 일에든지 누구를 용서하면 나도 그리하고 내가 만일 용서한 일이 있으면 용서한 그것은 너희를 위하여 그리스도 앞에서 한 것이니 이는 우리로 사탄에게 속지 않게 하려 함이라 우리는 그 계책을 알지 못하는 바가 아니로라"(고후 2:10, 11).

6) 성(性)적으로 성도를 시험한다.

"서로 분방하지 말라 다만 기도할 틈을 얻기 위하여 합의상 얼마 동안은 하되 다시 합하라 이는 너희가 절제 못함으로 말미암아 사탄이 너희를 시험하지 못하게 하려 함이라"(고전 7:5).

7) 복음을 수건으로 가려 복음의 의미를 변질시킨다.

"그중에 이 세상의 신이 믿지 아니하는 자들의 마음을 혼미하게 하여 그리스도의 영광의 복음의 광채가 비치지 못하게 함이니 그리스도는 하나님의 형상이니라"(고후 4:4).

8) 질병이나 정신적 문란을 가져온다(마 9:33, 12:22; 막 5:4-5; 눅 8:35, 9:37-42).

5. 사탄, 악한 천사들, 마귀의 성질

1) 교활하다(계 12:7-9; 고후 11:14).

2) 악의 근원이다(요일 3:8; 사 14:12-17; 유 1:6).

3) 성도에게서 하나님의 말씀을 빼앗아 간다(눅 8:12; 막 4:15).

4) 성도를 여러 가지로 시험한다(벧전 5:3).

5) 이적으로 성도를 속인다(마 24:24; 살후 2:8-10).

6) 믿음(믿음의 결단)에서 넘어지게 한다(마 16:23, 13:41-42).

"예수께서 돌이키시며 베드로에게 이르시되 사탄아 내 뒤로 물러가라 너는 나를 넘어지게 하는 자로다 네가 하나님의 일을 생각하지 아니하고 도리어 사람의 일을 생각하는도다"(마 16:23).
"인자가 그 천사들을 보내리니 그들이 그 나라에서 모든 넘어지게 하는 것과 또 불법을 행하는 자들을 거두어내어 풀무 불에 던져 넣으리니 거기서 울며 이를 갈게 되리라"(마 13:41-42).

6. 사탄, 마귀와 싸워 이기는 길

1) 말씀으로 이긴다(마 4:1-11).

2) 기도로 이긴다(막 9:29).

3) 찬송으로 이긴다(삼상 16:23; 대하 20:20-23).

4) 하나님의 전신갑주를 입어야 한다(엡 6:10-13).

5) 사탄, 마귀들의 운명: 마침내 불못에 던져지게 된다(마 25:4; 계 20:7-10).

7. 죽음의 근원

창세기 3장에 죽음의 근원이 나온다. 최초의 사람 아담과 하와는 사탄의 유혹에 빠져 범죄함으로 하나님께 심판받아 그 영이 정녕 죽게 되고 혼이 죽고 결국 육체가 죽게 된다. 이것이 원죄다.

1) 영의 죽음

영의 죽음은 하나님의 영과 아담의 영이 영적으로 분리된 것이다. 이 죽음은 아담의 영이 없어진 것이 아니라 아담이 범죄하는 순간부터 "선악을 알게 하는 나무의 열매를 먹는 날에는 네가 반드시 죽으리라" 하신 하나님의 말씀대로 아담의 영과 하나님의 영이 분리된 것이다. 성경은 이 죽음을 '허물과 죄로 죽은 죽음'(엡 2:1)으로 하나님과 사람(아담) 사이에 화목이 깨진 것으로, 그래서 사람이 하나님과 원수가 된 상태로 말한다. 이 상태 즉 인간이 영적으로 죽어, 영적으로 하나님과 분리되어 태어난 상태가 모든 인간이 원죄 아래 있는 상태다.

"그러므로 생각하라 너희는 그때에 육체로는 이방인이요 손으로 육체에 행한 할례를 받은 무리라 칭하는 자들로부터 할례를 받지 않은 무리라 칭함을 받는 자들이라 그때에 너희는 그리스도 밖에 있었고 이스라엘 나라 밖의 사람이라 약속의 언약들에 대하여는 외인이요 세상에서 소망이 없고 하나님도 없는 자이더니 이제는 전에 멀리 있던 너희가 그리스도 예수 안에서 그리스도의 피로 가까워졌느니라 그는 우리의 화평이신지라 둘로 하나를 만드사 원수 된 것 곧 중간에 막힌 담을 자기 육체로 허시고 법조문으로 된 계명의 율법을 폐하셨으니 이는 이 둘로 자기 안에서 한 새 사람을 지어 화평하게 하시고 또 십자가로 이 둘을 한 몸으로 하나님과 화목하게 하려 하심이라 원수 된 것을 십자가로 소멸하시고 또 오셔서 먼 데 있는 너희에게 평안을 전하시고 가까운 데 있는 자들에게 평안을 전하셨으니 이는 그로 말미암아 우리 둘이 한 성령 안에서 아버지께 나아감을 얻게 하려 하심이라"(엡 2:11-18).
"제자 중에 또 한 사람이 이르되 주여 내가 먼저 가서 내 아버지를 장사하게 허락하옵소서 예수께서 이르시되 죽은 자들이 그들의 죽은 자들을 장사하게 하고 너는 나를 따르라 하시니라"(마 8:21-22).

여기에 두 가지 죽음이 나온다. 장사를 지내야 할 아버지의 죽음은 육적 죽음이고, 이 아버지를 장사 지내 주어야 할 '죽은 자'들은 육체적으로는 살아 있지만 영적으로 하나님과 분리된 영이 죽은 자들이다.

에베소서 2장 1절에서 에베소 교인들을 '허물과 죄로 죽었던 사람'으로 말한다. 골로새서 3장 13절을 보면 골로새 교인들을 원래는 '범죄와 육체의 무할례로 죽었던 사람'으로 말한다. 여기서 말하는 죽음도 에베소 교인이나 골로새 교인들이 과거에 육적으로 죽었던 사람들이 아니라 영적으로 하나님과 분리되어 영으로 죽었던 자들이라는 의미이다.

누가복음 15장 11절 이하에 예수님이 해주신 탕자의 비유가 나온다. 여기서 아버지는 하나님을 뜻하고, 아버지를 떠나간 탕자는 하나님 아버지와 관계가 분리된 세상 사람들이다. 아버지를 떠났던 탕자가 아버지께 돌아왔을 때 아버지는 탕자를 위해 큰 잔치를 차려준다. 그리고 이렇게 말한다.

"이 내 아들은 죽었다가 다시 살아났으며 내가 잃었다가 다시 얻었노라."

이 비유는 탕자가 아버지를 떠나 아버지와 분리된 삶을 죽었던 것으로 말하고, 탕자가 아버지께 돌아왔을 때 다시 살아난 것으로 말한다. 하나님과 영적으로 분리된 모든 사람은 영이 죽은 사람들임을 가르치는 말씀이다.

영의 죽음은 영이 있지만 영이 하나님과 분리되어 하나님과 불화하게 되고, 원수가 된 영을 말한다. 아담은 선악과를 먹는 순간 그 영이 하나님과 분리되어 하나님을 두려워하는 존재가 되고 하나님을 피해 숨게 된다.

2) 혼과 육의 죽음

사람은 흙으로 지음을 받고(육) 하나님이 이 육에 영을 불어넣으심으로 영혼(혼)이 된다. 이미 언급한 대로 영과 영혼은 특별한 구분 없이 혼돈하여 사용되고, 영혼은 일개인의 인격, 마음을 뜻한다.

영적으로 죽은 아담과 하와는 자신들의 육체를 보게 되고 자신들이 벗은 것을 깨닫고 무화과 잎으로 하체를 가리게 된다. 그리고 그들은 하나님 앞에 자신들이 지은 죄를 변명하고 책임을 다른 것에 돌린다. 영이 죽는 순간 사람은 영이 그 인격을 지배하던 상태에서 육이 그 인격(혼)을 지배하는 상태로 바뀌게 된다. 창세기 6장에는 이 모습을 "하나님의 신

(하나님의 영, 성령)이 거하지 아니하는 육체가 되었다"(창 6:3)라고 말한다.

아담의 영이 죽는 순간 아담은 영과 육이 하나인 '영혼'이 되었기 때문에 그 혼이 죽게 되고 육도 죽게 된다.

아담이 범죄함으로 가져온 영의 죽음, 혼의 죽음, 육의 죽음, 이러한 세 가지 죽음은 아담의 후손 모두가 갖게 된 죽음으로 이것이 원죄다. 왜냐하면 아담은 이렇게 영이 죽은 상태에서 그 후손 곧 가인과 아벨과 셋을 낳고 이들을 통해 인류가 번식했기 때문이다.

창세기 3장 20절은 이렇게 말한다.

"아담이 그 아내를 하와라 이름하였으니 그는 모든 산 자의 어미가 됨이러라."

모든 인류는 다 범죄하여 그 영이 죽은(그래서 혼과 육도 죽게 된) 아담과 하와를 통해 탄생하고 번성한다. 그래서 아담의 아들들, 즉 가인과 아벨 그리고 셋과 그 모든 후손은 날 때부터 죽은 영(하나님의 영과 분리된 영)을 가지고 태어난다. 이것이 원죄로, 원죄는 아담과 하와가 지은 범죄의 책임이 인간에게 있는 것이 아니라 아담과 하와가 범죄 후 죽은 영을 가지고 인류를 생산했기 때문에 모든 인류가 영이 죽은 상태로 태어나게 되는 것이다. 아담은 하나님의 형상대로 지음을 받아 영생하도록 창조되었지만 범죄로 영이 죽었고 그래서 혼과 육도 죽게 되었다. 아담의 후손(인류)은 이와 같이 모두 그 영이 죽은 상태로 태어나, 혼이 죽게 되고 육이 죽게 되었다. 이것이 원죄다. 하와가 '모든 산 자의 어미'라는 것이 원죄의 증거다. 이 원죄는 둘째 아담이신 그리스도를 통해서만 해결되며 그리스도의 은총을 통해 그리스도 안에 있는 자들이 구원에 이르게 된다(롬 5:14; 고전 15:22, 45).

"그러므로 한 사람으로 말미암아 죄가 세상에 들어오고 죄로 말미암아 사망이 들어왔나니 이와 같이 모든 사람이 죄를 지었으므로 사망이 모든 사람에게 이르렀느니라 죄가 율법 있기 전에도 세상에 있었으나 율법이 없었을 때에는 죄를 죄로 여기지 아니하였느니라 그러나 아담으로부터 모세까지 아담의 범죄와 같은 죄를 짓지 아니한 자들까지도 사망이 왕 노릇 하였나니 아담은 오실 자의 모형이라 그러나 이 은사는 그 범죄와 같지 아니하니 곧 한 사람의 범죄를 인하여 많은 사람이 죽었은즉 더욱 하나님의 은혜와 또한 한 사람 예수 그리스도의 은혜로 말미암은 선물은 많은 사람에게 넘쳤느니라 또 이 선물은 범죄한 한 사람으로 말미암은 것과 같지 아니하니 심판은 한 사람으로 말미암아 정죄에 이르렀으나 은사는 많은 범죄로 말미암아 의롭다 하심에 이름이니라 한 사람의 범죄로 말미암아 사망이 그 한 사람을 통하여 왕 노릇 하였은즉 더욱 은혜와 의의 선물을 넘치게 받는 자들은 한 분 예수 그리스도를 통하여 생명 안에서 왕 노릇 하리로다"(롬 5:12-17).

"그러나 이제 그리스도께서 죽은 자 가운데서 다시 살아나사 잠자는 자들의 첫 열매가 되셨도다 사망이 한 사람으로 말미암았으니 죽은 자의 부활도 한 사람으로 말미암는도다 아담 안에서 모든 사람이 죽은 것같이 그리스도 안에서 모든 사람이 삶을 얻으리라"(고전 15:20-22).

인간이 영, 혼, 육의 죽음을 갖게 되었기 때문에 인간은 영의 구원, 혼의 구원, 육의 구원이 필요하게 된다. 성경 전체는 이 구원을 가르쳐 주고 있고, 창세기의 창조 기사는 바로 이런 구원이 왜 필요한 것인지를 말하고 있다. 인간의 영, 혼, 육의 관계를 원으로 표시하면 아래와 같다.

원생명(생령체)　　　　헌생명(육체)　　　　새생명(신육체)

원생명: 하나님이 창조하신 최초의 인간. 아담은 생령으로 영이 혼과 육을 지배하는 상태였다.

헌생명: 아담이 범죄 후 영이 죽어(.점으로 표시) 육체가 영혼을 지배하는 상태로 구원 이전의 사람의 상태다.

새생명: 성도가 예수를 영접할 때(믿음으로 구원받을 때) 그 죽었던 영이 살아나 영적 생명을 얻게 되고 영적 생명이 점점 커져서 혼과 육의 지배에서 벗어나 영이 혼과 육을 더 크게 지배하는 상태가 성화의 과정이다. 그러나 육신이 영의 지배를 늘 방해한다.

8. 수치심의 근원

창세기 3장에는 아담과 하와가 영이 죽고 혼이 죽은 결과로 그들이 수치를 알게 되어 수치를 감추게 되고 책임을 회피하는 죄 된 모습의 근원이 나온다.

1) 아담과 하와가 죄를 지은 후 그들은 육의 눈이 밝아져 자신들의 벗은 몸을 보게 된다. 그들이 수치를 알게 된다.

창세기 2장 끝 절에는 "아담과 그의 아내 두 사람이 벌거벗었으나 부끄러워하지 아니하니라"(창 2:25)라고 기록되어 있다. 그러나 아담이 범죄 후 벌거벗은 몸을 부끄러워하게 된다. 인간이 갖는 수치심의 근원이 바로 원죄인 것이다.

2) 아담과 하와는 수치를 무화과나무의 잎으로 가린다.

인간이 죄를 숨기고 가리려는 근원은 아담과 하와가 그들의 수치를 무화과나무 잎으로 가린 것이다. 구원받은 성도는 죄를 자복하고 회개하고 하나님께 용서받아야 한다. 모든 것을 다 아시는 하나님 앞에 가려지고 숨겨지는 죄는 없다.

3) 아담은 범죄의 이유를 하와에게 돌리고 하와는 범죄의 이유를 뱀에게 돌린다.

아담과 하와의 이런 모습이 그들의 혼(인격)이 타락한 근원적 모습이다. 우리의 죄는 핑계할 수 없다. 내가 자복하고 회개해야 한다.

"여자가 그 열매를 따 먹고 자기와 함께 있는 남편에게도 주매 그도 먹

은지라 이에 그들의 눈이 밝아져 자기들이 벗은 줄을 알고 무화과나무 잎을 엮어 치마로 삼았더라 그들이 그날 바람이 불 때 동산에 거니시는 여호와 하나님의 소리를 듣고 아담과 그의 아내가 여호와 하나님의 낯을 피하여 동산 나무 사이에 숨은지라 여호와 하나님이 아담을 부르시며 그에게 이르시되 네가 어디 있느냐 이르되 내가 동산에서 하나님의 소리를 듣고 내가 벗었으므로 두려워하여 숨었나이다 이르시되 누가 너의 벗었음을 네게 알렸느냐 내가 네게 먹지 말라 명한 그 나무 열매를 네가 먹었느냐 아담이 이르되 하나님이 주셔서 나와 함께 있게 하신 여자 그가 그 나무 열매를 내게 주므로 내가 먹었나이다 여호와 하나님이 여자에게 이르시되 네가 어찌하여 이렇게 하였느냐 여자가 이르되 뱀이 나를 꾀므로 내가 먹었나이다"(창 3:6-13).

9. 고통과 재난의 근원

창세기 3장에는 인류에게 있는 고통과 재난의 근원이 나온다.

"또 여자에게 이르시되 내가 네게 임신하는 고통을 크게 더하리니 네가 수고하고 자식을 낳을 것이며 너는 남편을 원하고 남편은 너를 다스릴 것이니라 하시고 아담에게 이르시되 네가 네 아내의 말을 듣고 내가 네게 먹지 말라 한 나무의 열매를 먹었은즉 땅은 너로 말미암아 저주를 받고 너는 네 평생에 수고하여야 그 소산을 먹으리라 땅이 네게 가시덤불과 엉겅퀴를 낼 것이라 네가 먹을 것은 밭의 채소인즉 네가 흙으로 돌아갈 때까지 얼굴에 땀을 흘려야 먹을 것을 먹으리니 네가 그것에서 취함을 입었음이라 너는 흙이니 흙으로 돌아갈 것이니라 하시니라"(창 3:16-19).
"여호와 하나님이 에덴 동산에서 그를 내보내어 그의 근원이 된 땅을 갈게 하시니라 이같이 하나님이 그 사람을 쫓아내시고 에덴 동산 동쪽에 그룹들과 두루 도는 불 칼을 두어 생명 나무의 길을 지키게 하시니라"(창 3:23-24).

인류에게 있는 고난과 자연을 통한 모든 재난, 폭풍, 수해, 한해, 쓰나미, 화산 폭발, 기근 등 이 모든 근원은 아담과 하와의 범죄로 시작되었다. 하나님이 창조하신 에덴동산에서 아담과 하와는 쫓겨났고 땅은 하나님의 저주를 받게 되었다.

10. 그리스도를 통한 구원의 첫 예표

창세기 3장을 보면 처음으로 그리스도를 통한 구원의 예표 두 가지가 나온다.

첫째 예표: 하나님이 아담과 하와에게 가죽옷을 지어 입히신 사건

"여호와 하나님이 아담과 그의 아내를 위하여 가죽옷을 지어 입히시니라"(창 3:21).

이 사건은 구원을 가르쳐주는 아주 중요한 예표로, 이 세상의 것으로는 사람의 수치를 가릴 수 없고 오직 '하나님이 지어주신 옷'으로만 가릴 수 있음을 가르쳐준다.

창세기 3장에서 하나님이 인간의 수치를 가려주시기 위해 아담과 하와에게 만들어주신 옷은 신약에서 예수 그리스도만이 우리의 죄를 하나님 앞에 가려주는 옷이라는 사실을 가르쳐준다.

창세기 3장에서 아담의 허물을 가려줄 수 있는 옷은 아담, 곧 사람이 지은 옷이 아닌 하나님이 지으신 옷이라야 한다. 사람의 의, 사람의 선행이 결코 사람의 죄를 가리지 못한다. 이 세상의 어떤 성인도 하나님 앞에 인간의 죄를 가려줄 수 없다. 왜냐하면 이들은 다 아담의 후손으로 사람에게서 난, 원죄를 가진 사람들이기 때문이다.

사람의 죄를 가릴 수 있는 옷은 오직 하나님께로부터 난(온)(요 5:36, 6:38, 46, 57, 8:18, 42, 10:36, 11:42, 12:49, 17:21-23…) 예수 그리스도라는 옷이라야 한다.

갈라디아서 3장 27절에 "누구든지 그리스도와 합하여 세례를 받은 자는 그리스도로 옷 입었느니라" 말씀한다.

로마서 13장 12-14절에는 성도들에게 빛의 갑옷을 입으라고 권면하면서 이 빛의 갑옷을 입는 것이 '예수 그리스도로 옷 입는 것'이라 말씀한다.

예수 그리스도는 사람의 죄를 가려주시는 옷, 사람이 만든 옷이 아닌 하나님이 만드신 옷이 되기 위해 아담의 후손으로 나시지 않고, 성령으로 잉태되어 동정녀에게서 나셨다.

11. 예수님의 성령 잉태, 동정녀 마리아를 통해 나신 성경의 가르침

예수님은 성령의 역사에 의해 초자연적으로 동정녀에 의해 탄생했다(마 1:18-20; 눅 1:34-35; 히 10:5).

성령은 마리아의 복중(腹中)에 잉태된 원인이 되었으며, 그러므로 예수님은 죄와 상관없는 하나님의 아들로 오시게 되었다.

성령의 초자연적 역사를 통해 예수님은 처녀에게서 나셨다(사 7:14; 마 1:18, 20; 눅 1:34-35; 갈 4:4).

동정녀 탄생의 사건을 부인하려는 많은 시도가 있었다. 그러나 모두 성경에 기초한 것이 아니고 이성(理性)에 입각한 것들이다.

동정녀 탄생의 사건이 교리적으로 왜 중요한가 하는 질문은 계속되었다.

브루너(Brunner)는 동정녀 탄생 교리를 부정하고 예수님의 탄생은 자연적이라 주장했다. 그러나 이 주장은 전적으로 이성을 토대로 한 주장으로 하나님의 말씀과 다른 주장이다.

바르트(Barth)는 동정녀 탄생의 이적을 인정하고 성령의 잉태를 통해 무죄한 분으로 오셨으며, 마리아에게 태어나심으로 피조성을 입게 되었다고 보았다.

그리스도는 무죄하게 사람이 되시기 위해 성령으로 잉태되었고(아담의 후손으로 오지 않고) 사람의 죄를 대신할 완전한 사람으로 오시기 위해 동정녀 마리아에게서 와야 했다. 이 세상에서 오직 그리스도만이 하나님에게서 난 사람이다. 오직 그리스도만이 우리의 죄를 가려주시는 옷이 된다.

창세기 3장에서 하나님이 가죽으로 옷을 지어 아담의 수치를 가려주신 사건은 인간의 죄를 하나님 앞에 가려줄 길은 인간의 어떤 의나 선으로 될 수 없고(이것이 아담이 만들어 입은 무화과나무의 잎으로 만든 옷이다), 인간으로 태어난 어떤 성인군자도 될 수 없고(이것도 아담이 해 입은 무화과나무의 잎으로 만든 옷이다), 오직 그리스도만으로(성령 잉태, 마리아에게서 태어난 그리스도가 하나님이 만들어 주신 옷) 가능한 것을 가르쳐준다.

창세기 3장 21절에서 가죽옷을 양의 가죽옷으로 해석하고, 양이 죽임을 당해야 그 가죽으로 옷을 만들 수 있으니 이 가죽옷은 그리스도의 보혈로만 인간의 죄가 가려질 수 있다고 말할 수도 있다. 그런데 이 구절에서 중요한 것은 아담의 수치를 가려준 옷이 아담이 지은 옷이 아닌 하나님이 지으신 옷이라야 한다는 사실이다.

예수님만이 하나님으로부터 오신 사람이다.

"첫 사람은 땅에서 났으니 흙에 속한 자이거니와 둘째 사람은 하늘에서 나셨느니라"(고전 15:47).
"예수께서 이르시되 너희는 아래에서 났고 나는 위에서 났으며 너희는 이 세상에 속하였고 나는 이 세상에 속하지 아니하였느니라"(요 8:23).

둘째 예표: 인류를 향해 하나님이 주신 최초의 구원 약속

창세기 3장 15절을 보면 하나님이 이렇게 말씀하신다.

"내가 너로 여자와 원수가 되게 하고 너의 후손도 여자의 후손과 원수가 되게 하리니 여자의 후손은 네 머리를 상하게 할 것이요 너는 그의 발꿈치를 상하게 할 것이니라."

여자의 후손이 예수 그리스도다.
예수님은 여자, 곧 마리아를 통하여 나신다.('동정녀 마리에게서 나신 예수님'은 위에서 자세하게 설명하였다.)

여자의 후손으로 오실(인성을 입고 사람으로 오실) 예수는 사탄의 머리를 상하게 하여 사탄의 권세를 이길 것이고, 사탄은 예수의 발꿈치를 상하게 할 것(예수님이 십자가에서 두 발에 못이 박힌다)이라는 하나님의 약속은 아담이 하나님의 형상을 잃은 후 곧바로 주어진 예수의 오심과 예수님의 죽으심과 예수님이 사탄의 권세를 이기심으로 인류가 예수 그리스도를 통해 구원될 최초의 구원 언약이다.

"평강의 하나님께서 속히 사탄을 너희 발아래서 상하게 하시리라 우리 주 예수의 은혜가 너희에게 있을지어다"(롬 16:20).
"이제 이 세상에 대한 심판이 이르렀으니 이 세상의 임금이 쫓겨나리라 내가 땅에서 들리면 모든 사람을 내게로 이끌겠노라 하시니 이렇게 말씀하심은 자기가 어떠한 죽음으로 죽을 것을 보이심이러라"(요 12:31-33).
"또 범죄와 육체의 무할례로 죽었던 너희를 하나님이 그와 함께 살리시고 우리의 모든 죄를 사하시고 우리를 거스르고 불리하게 하는 법조문으로 쓴 증서를 지우시고 제하여 버리사 십자가에 못 박으시고 통치자들과 권세들을 무력화하여 드러내어 구경거리로 삼으시고 십자가로 그들을 이기셨느니라"(골 2:13-15).

여인의 후손인 예수는 사탄의 권세를 완전히 이겼다. 여자의 후손은 구약에 감추어진 예수다.

창세기 3장 15절은 예수 그리스도의 십자가를 통한 구원을 가르쳐주는 성경 최초의 구원 예표다.

☘ 창세기 4-5장

창세기 4장과 5장은 타락한 인류의 번성을 기록하고 있다. 창세기 4장에서 아담과 하와를 통해 가인과 아벨과 셋, 세 아들의 탄생 기사가 나온다.

아담과 하와를 통해 얼마나 많은 아들과 딸이 태어났는지 모른다. 그러나 분명한 것은 아담에게는 가인과 아벨과 셋 외에 많은 다른 자녀가 있었다고 하는 것이다.

가인과 아벨과 셋, 이들만으로는 인류가 번성할 수 없는 것이다. 성경은 구원을 가르쳐주기 위해 기록되었기 때문에 구원에 관계되지 않은 것은 다 생략이 된다.

창세기에서 아담이 가인과 아벨, 셋, 세 아들만 낳았는데 가인이 도망갈 때 두려워한 사람은 누구인가 하는 질문도 성경은 구원을 가르쳐주기 위해 기록되었기 때문에 인류 번성의 사건을 생략하였다는 것을 알면 이런 질문은 의미가 없는 것이 된다.

"너희가 성경에서 영생을 얻는 줄 생각하고 성경을 연구하거니와 이 성경이 곧 내게 대하여 증언하는 것이로다"(요 5:39).

"오직 이것을 기록함은 너희로 예수께서 하나님의 아들 그리스도이심을 믿게 하려 함이요 또 너희로 믿고 그 이름을 힘입어 생명을 얻게 하려 함이니라"(요 20:31).

"또 네가 어려서부터 성경을 알았나니 성경은 능히 너로 하여금 그리스도 예수 안에 있는 믿음으로 말미암아 구원에 이르는 지혜가 있게 하느니라"(딤후 3:15).

1. 가인과 아벨의 제사

창세기 4장에서 다시 가인과 아벨의 제사 사건이 기록되고 가인이 그 동생 아벨을 죽이는 살인 사건과 가인의 후손들의 간략한 계보가 나온다. 그리고 이 계보는 구원을 가르쳐 주는 중요한 인물, 노아에게로 연결된다.

왜 하나님이 아벨의 제사는 받으시고 가인의 제사는 받지 않으셨을까?

아벨은 양의 첫 새끼와 그 기름으로 하나님께 제사를 드렸고, 가인은 땅의 소산으로 제사를 드려서 받지 않으셨는가? 어린양 되신 예수 그리스도의 보혈만이 인류를 죄에서 구원할 수 있기 때문에 어린 양과 그 기름으로 제사드린 아벨의 제사만 받으셨다고 해석할 수 있지만 하나님께 드리는 소제는 곡물 제사인 것을 생각하면 가인의 제사가 곡물 제사이기 때문에 하나님이 받지 않으셨다고는 해석하기 힘들다.

> "아벨은 자기도 양의 첫 새끼와 그 기름으로 드렸더니 여호와께서 아벨과 그의 제물은 받으셨으나 가인과 그의 제물은 받지 아니하신지라 가인이 몹시 분하여 안색이 변하니 여호와께서 가인에게 이르시되 네가 분하여 함은 어찌 됨이며 안색이 변함은 어찌 됨이냐 네가 선을 행하면 어찌 낯을 들지 못하겠느냐 선을 행하지 아니하면 죄가 문에 엎드려 있느니라 죄가 너를 원하나 너는 죄를 다스릴지니라"(창 4:4-7).

이 말씀에서 하나님이 아벨의 제사는 받으시고 가인의 제사를 거절하신 이유를 볼 수 있다. 하나님은 가인과 아벨의 제사에서 '아벨과 그 제물', '가인과 그 제물'이라는 말에 그 이유가 들어 있다. 하나님은 제물만 제사로 받지 아니하시고 아벨과 가인도 제물로 받으시기를 원하셨는데 가인은 선을 행하지 않고 죄를 다스리지 못한 사람이었다. 그래서 하나님은 가인을 제물로 받지 아니하셨고 또 그의 제물도 받지 아니하셨다.

구원받은 성도는 하나님 앞에 제사를 드릴 때 우리의 몸을(일상생활을) 하나님이 기뻐하시는 거룩한 산 제물로 드려야 한다.

> "그러므로 형제들아 내가 하나님의 모든 자비하심으로 너희를 권하노니 너희 몸을 하나님이 기뻐하시는 거룩한 산 제물로 드리라 이는 너희가 드릴 영적 예배니라"(롬 12:1).

성도는 구원받은 후 날마다 회개함으로 그 인격이 하나님이 받으실 만한 산 제물로 살아야 한다.

제사 사건에서 중요한 교훈은 가인이 제사에 실패하고 동생 아벨을 죽여 인류 최초의 살인자가 되었다는 것이다. 가인은 제사에 실패하고 심히 분을 내었고, 안색이 변했고, 그 후 동생 아벨을 죽인다.

그리스도의 핏값으로 구원받은(영적 구원) 후 성도가 이 땅에서 성도로 살아가는 성화(혼적 구원)의 과정에서 제사, 곧 예배드리는 생활은 아주 중요한 것이다. 가인이 제사에 실패하고 살인하는 것같이 성도가 예배에 실패하면 큰 죄에 빠지게 되고 성화를 멈추게 된다.

그리스도의 핏값으로 구원받은(영적 구원) 후 성도가 이 땅에서 성도로 살아가는 성화(혼적 구원)의 과정에서 제사, 곧 예배드리는 생활은 매우 중요한 것이다. 가인이 제사에 실패하고 살인하는 것같이, 성도가 예배에 실패하면(예배드리면서 은혜 대신 미움의 감정이 앞서는 예배) 큰 죄에 빠지게 되고 성화를 멈추게 된다. 구원받은 성도는 예배를 생명같이 귀하게 여겨야 한다. 성도가 예배에 실패하면 가인이 된다. 성도는 매 주일예배에 참석하고 끊임없이 회개함으로 하나님의 용서를 받아 그 영이 하나님과 화목해져야 하고, (그러기 위해 성도는 제단과, 곧 설교자와 막힌 담이 없어야 한다) 말씀을 통해 영혼이 힘을 얻어야 한다. 성도는 예배를 드리며 감사와 기도를 통해 하나님과 교제해야 하고 헌금을 통해 하나님 사랑을 훈련해야 한다. 성도가 교회에 나와 매 주일예배를 드리며 설교 말씀을 들어야 하는 것은, 설교 말씀은 우리의 식탁에 놓인 음식 같은 것으로 우리가 그 밥이 맛이 있든 없든 간에 매끼 식사를 함으로 건강과 생명을 유지하는 것같이, 우리의 영혼은 매 주일 말씀을 들어야 그 영이 주리지 않고 건강한 생명을 유지하게 된다. 성도에게 예배는 영적 생명에 직결되는 것이다.

가인은 예배에 실패함으로 인류 최초의 살인자가 된다. 성도가 예배에 실패하는 것은 아주 무서운 일이다. 성도는 가정과 사회에서 말씀을 따라 순종하며 회개하며 살고 매 주일 교회에 나와 신령과 진리로 예배드려야 한다. 명심 또 명심해야 한다. 성도가 예배에 실패하면 가인이 된다.

2. 아담의 계보

창세기 4, 5, 6장에 나오는 아담 후손의 계보는 6장에 나오는 노아의 계보를 알리려는 것이다.

하나님은 사람을 자기 형상을 따라 의롭고 거룩하게 지으셨다. 그러나 아담은 범죄로 하나님의 형상(영원히 의롭고 영원히 거룩함)을 잃어버린다.

아담의 아들 가인과 아벨과 셋의 출생에서, 아담이 '자기 모양 곧 자기 형상을 따라', 곧 '영적으로 죽어 있는 아담의 형상을 따라', '원죄를 가진' 가인과 아벨과 셋을 낳는다. 가인과 아벨은 탄생할 때부터 '하나님의 형상이 아닌, 아담의 형상'을 가지게 된다. 그리고 인류는 이들 후손으로 번성한다. 이것이 인류가 가진 원죄다.

가인은 저주받아 아담 곁을 떠났고, 아벨은 가인에게 죽었고, 이제 하나님의 구원 섭리는 아담의 형상대로(하나님의 형상대로가 아닌) 태어난 셋을 통해 이루어진다.

창세기 4장에 나오는 가인의 계보는 라멕으로 끝이 나는데, 라멕은 다시 그 아비 가인처럼 살인자의 조상이 되고 하나님 앞에 70배의 벌을 받을 자로 기록된다.

"라멕이 아내들에게 이르되 아다와 씰라여 내 목소리를 들으라 라멕의 아내들이여 내 말을 들으라 나의 상처로 말미암아 내가 사람을 죽였고 나의 상함으로 말미암아 소년을 죽였도다 가인을 위하여는 벌이 칠 배일진대 라멕을 위하여는 벌이 칠십칠 배이리로다 하였더라"(창 4:23-24).

창세기 6장을 보면 하나님의 아들들과 사람의 딸들이 결혼하여 죄악이 관영하게 되는 사건이 나온다. 그래서 결국 하나님이 홍수로 인류를 심판하시게 된다.

"사람이 땅 위에 번성하기 시작할 때에 그들에게서 딸들이 나니 하나님의 아들들이 사람의 딸들의 아름다움을 보고 자기들이 좋아하는 모든 여자를 아내로 삼는지라 여호와께서 이르시되 나의 영이 영원히 사람과 함께 하지 아니하리니 이는 그들이 육신이 됨이라 그러나 그들의 날은 백이십 년이 되리라 하시니라 당시에 땅에는 네피림이 있었고 그 후에도 하나님의 아들들이 사람의 딸들에게로 들어와 자식을 낳았으니 그들은 용사라 고대에 명성이 있는 사람들이었더라 여호와께서 사람의 죄악이 세상에 가득함과 그의 마음으로 생각하는 모든 계획이 항상 악할 뿐임을 보시고 땅 위에 사람 지으셨음을 한탄하사 마음에 근심하시고 이르시되 내가 창조한 사람을 내가 지면에서 쓸어버리되 사람으로부터 가축과 기는 것과 공중의 새까지 그리하리니 이는 내가 그것들을 지었음을 한탄함이니라 하시니라"(창 6:1-7).

여기서 '하나님의 아들들'은 셈의 자손을 가리키고 '사람의 딸들'은 가인의 후손일 수 있으나 단언할 수는 없는 것은 성경에 그렇게 말한 구절이 없기 때문이다. 그러나 가인은 하나님 앞에 드리는 제사에 실패하고, 동생 아벨을 죽이고, 하나님을 떠나 유리하는 백성이 되었고 그 후손이 살인을 이어가는 라멕의 후손이기 때문에 이 가인의 후손이 곧 육체 중심으로(창 6:3) 살아간 '사람의 딸들'이라고 말할 수 있다. 그리고 이 사건은 아담의 자손 중 셋의 자손은 구원받도록 예정된 사람이고 가인의 후손은 구원에서 버려진 것으로, 인류 중 얼마는 선택되어 구원에 이르고 나머지는 유기되어 구원에 이르지 못하게 되는 하나님의 예정 교리를 예표하는 것이다.

창세기 5장에 기록한 셋의 계보는 구원의 줄거리에 중요한 기점이 되고, 구원의 예표가 되는 사람 노아로 연결된다. 창세기 5장에서 되풀이되는 말은 '그리고 죽었더라'라는 말이다. 원죄 때문에 아담의 후손은 다 영적 죽음을 가지고 이 세상에 태어난다. 그리고 원죄로 인한 영적 죽음은, 혼적 죽음과 육적 죽음을 내포한다. 그래서 인류의 역사는 죽음의 역사가 된다.

성도가 예수를 믿음으로 얻은 구원, 곧 영적 구원, 받은 구원에는 혼적 구원(성화)과 육적 구원(영화)이 내포된다. 그래서 성도의 역사는 구원의 역사, 영생의 역사가 된다.

3. 에녹의 사적
에녹은 자녀를 낳아 기르며 하나님과 동행하는 삶을 산다.

에녹은 일상생활 속에 늘 하나님을 모시고 생활한다. 하나님을 모시는 삶은 늘 하나님의 교훈대로 사는 삶이다.

"지나쳐 그리스도의 교훈 안에 거하지 아니하는 자는 다 하나님을 모시지 못하되 교훈 안에 거하는 그 사람은 아버지와 아들을 모시느니라"(요이 1:9).

에녹 시대는 율법이 주어지기 전이고 하나님의 말씀이 구체적으로 어떻게 주어졌는지 알 수 없지만, 안식일의 법과 제사의 법은 인간 창조 후 하나님이 제일 먼저 주신 법이다. 창세기 2장에서는 하나님이 제정하신 두 가지 법이 나온다. 첫째 법이 안식일의 법이고, 둘째 법이 선악과의 법이다. 안식일에 하나님은 안식하셨고, 이날을 거룩하게 하셨고 복을 주셨다. 안식일의 법은 창조 때 하나님이 만드신 법으로 거룩한 날이요 복된 날이다. 에녹은 안식일을 지켜 안식일에 하나님께 제사를 드림으로 하나님의 뜻을 깨달아 늘 하나님과 동행했다.

"두 사람이 뜻이 같지 않은데 어찌 동행하겠으며"(암 3:3).

하나님이 에녹을 데려가신다. 에녹은 이 땅에서 하나님과 동행하다가 다른 사람들처럼 육체적으로 죽지 않고 하나님이 그를 데려가시므로 세상에 있지 아니한다. 히브리서는 에녹을 이렇게 말한다.

"믿음으로 에녹은 죽음을 보지 않고 옮겨졌으니 하나님이 그를 옮기심으로 다시 보이지 아니하였느니라 그는 옮겨지기 전에 하나님을 기쁘시게 하는 자라 하는 증거를 받았느니라"(히 11:5).

에녹의 승천은 우리에게 부활(죽은 자는 부활하고 산 자는 변화됨)을 예표한다.

"보라 내가 너희에게 비밀을 말하노니 우리가 다 잠잘 것이 아니요 마지막 나팔에 순식간에 홀연히 다 변화되리니 나팔 소리가 나매 죽은 자들이 썩지 아니할 것으로 다시 살아나고 우리도 변화되리라"(고전 15:51-52).

에녹같이 하나님을 기쁘시게 하는 생활은 진리 안에 행하는 것이다. 곧 성도가 항상 하나님의 말씀을 제일로 따르는 것이다.

"형제들이 와서 네게 있는 진리를 증언하되 네가 진리 안에서 행한다 하니 내가 심히 기뻐하노라 내가 내 자녀들이 진리 안에서 행한다 함을 듣는 것보다 더 기쁜 일이 없도다"(요삼 1:3-4).

에녹의 기사는 구원의 큰 예표자, 노아에게로 연결된다.

🌱 창세기 6-10장

창세기 6장으로부터 10장까지에는 노아와 그 후손 셈과 함과 야벳의 계보와 하나님이 당시에 관영한 죄를 홍수로 심판하시는 사건, 이 심판에서 하나님이 노아에게 명하셔서 만든 방주를 통한 구원의 사건이 나온다. 이 노아와 방주를 통한 구원은 하나님이 우리에게 심판과 구원을 가르쳐주시는 중요한 교훈을 담고 있다.

이 기사에서 노아의 방주에 땅 위에 기식하는 모든 생물이 다 승선해서 생명을 보존하였는가, 노아가 지은 방주가 얼마나 크기에 이럴 수 있는가 하는 질문은 하나님이 구원을 가르쳐주시려는 교훈과 아무런 상관이 없다.

창세기 6-10장에 나오는 노아와 그 후손의 계보는 결국 창세기 11장에 나오는 아브라함에게 연결된다. 하나님이 죄악은 심판하시면서 계속 구원의 은총을 노아와 아브라함을 통해 이어가고 계신다.

범죄한 아담의 후손은 생육하고 번성하라고 하신 하나님의 말씀대로 계속 번성한다. 그리고 그들은 번성할수록 더욱더 죄악에 빠져들어 간다. 그리하여 하나님의 신(구약에서 하나님의 신은 성령을 뜻하는 말이다)이 함께할 수 없는 육체(육이 혼과 영을 지배하는 육 중심의 인간)가 된다. 인간들의 죄는 하나님이 심판하셔야 하는 지경까지 관영(꽉 찬 상태)하게 된다. 그래서 하나님은 물과 홍수로 심판하시게 된다. 더 이상 물의 심판은 없을 것이지만 노아의 홍수 심판은 앞으로 주님 재림 시 이 땅에 있을 대심판을 예표한다(계 20:1-15).

여기서 우리는 사람의 세 가지 생명에 대한 이해를 해야 한다.

큰 원: 영, 중간 원: 혼, 작은 원: 육

원생명(생령체)

큰 원: 육, 중간 원: 혼, 작은 원: 영, 죽은 영

헌생명(육체) (중앙점 영: 죽은 영)

큰 원: 육, 중간 원: 혼, 작은 원: 영, 새생명 얻은 영

새생명(성화체) (영: 살아난 영)

1) 원생명─영이 혼을 지배하고 혼이 육을 지배하는 생령체
2) 헌생명─육이 혼과 영을 지배하는 육체. 이때 영은 존재하지만 하나님과 관계가 끊어진 죽은 영이다.
3) 새생명─구원으로 새생명 얻은 영(그리스도의 영과 하나 된 영)이 혼과 육체의 영향을 줄이며 점점 더 영의 사람, 하나님의 뜻대로 살아가는 사람으로 성장한다. 이것이 성화다. 성화체.

1. 노아의 방주, 구원의 예표
노아의 방주는 홍수로 모든 기식 있는 생물들이 다 죽어갈 때 노아와 그 가족과 각종 동물들을 구원한다. 노아의 방주는 죄와 사망과 심판에서 우리를 구원하신 예수 그리스도를 예표로 가르쳐주고 있고, 오늘 그리스도의 몸으로 이 땅에 있는 교회를 예표한다.

노아의 방주는 깨끗하고 아름답고 사람이 살기에 좋은 곳은 아니다. 노아의 방주는 좁은 공간으로 그 안에 많은 짐승이 함께 있다. 방주 안은 똥 냄새도 나고 짐승 우는 소리도 나고 개 짖는 소리가 나는 곳이다. 그래도 이 방주만이 심판에서 생명을 구원하는 유일한 구원선이다.

세상에 있는 교회는 결코 깨끗하고 아름다운 천국이 아니다. 노아의 방주처럼 냄새도 나고 개 짖는 소리도 들리는 곳이다. 그러나 교회만이 이 세상에서 우리를 구원으로 인도하는 유일한 방주다.

방주 안은 노아, 노아의 아내, 세 아들, 세 며느리가 함께 살아가는 공간이다. 좁은 공간 속에서 시아버지, 시어머니, 삼 형제, 세 명의 며느리가 같이 살아가는 곳이다.

이렇게 세 아들의 가정이 시부모님과 함께 좁은 공간 속에 같이 살아가는 과정에서 아름다운 평화와 사랑을 지키는 것은 힘든 일이다. 교회가 이런 곳이다. 교회 안에는 늘 시어머니도 있고 욕심쟁이 동서도 있는 것 같은 복잡한 구조 속에 교회가 존재한다. 그러나 교회만이 인류를 구원하고 구원을 세상에 전하고 구원으로 사람을 인도하는 유일한 방주다.

방주 밖은 시원할 수 있지만 홍수가 창일하여 방주에서 나가면 누구라도 죽는다. 교회는 초대 교회로부터 지금까지 한 번도 온전하거나 깨끗하지 않았다. 교회에는 늘 문제와 아픔과 분쟁이 있어 왔다. 심지어 베드로 및 사도들이 목회하였던 예루살렘교회마저 구제 문제로 헬라파와 히브리파 성도들 간에 분쟁이 있었다. 그러나 이런 교회를 통해 구원의 복음은 전승되었고 세계교회가 탄생했으며 지금까지 구원의 사역을 감당하고 있다. 교회가 아무리 더러워도 교회만이 구원선이다.

* 노아의 방주 모형 및 홍수 기간
1) 통상적인 의미에서 사용되는 배가 아니라 물 위에 뜰 수 있는 큰 상자나 큰 궤를 말한다.
재료: 잣나무. 역청으로 그 안팎을 칠하라.

크기: 길이가 300규빗 약 135미터, 높이는 30규빗 약 13.5미터, 폭이 50규빗 약 22.5미터로 약 20,000톤의 배

창: 위에서부터 한 규빗에 내고. 그 문은 옆으로 내고 상·중·하 삼층으로, 곧 한 층에 한 창문을 냈다.

2) 홍수 기간: "칠 일 후에 홍수가 땅에 덮이니 노아가 육백 세 되던 해 둘째 달 곧 그 달 열이렛날이라 그날에 큰 깊음의 샘들이 터지며 하늘의 창문들이 열려 사십 주야를 비가 땅에 쏟아졌더라"(창 7:10-12)

3) 성경에서 사십(40)이라는 숫자는 대단히 중요하다. 이스라엘이 광야에서 40년간 방황하였고(민 14:33), 정탐꾼이 가나안에서 40일간 있었으며(민 13:26), 모세가 산에서 40일간 있었고(출 24:18), 엘리야가 브엘세바 광야에서 40주야를 지냈고(왕상 19:8), 니느웨에 40일간의 회개 기간이 주어졌으며(욘 3:4), 그리스도께서도 시험받으시기 전에 40일간 금식하셨고(마 4:2), 부활하신 후에도 세상에서 40일간 체류하셨다(행 1:3).

성경에서 40의 숫자는 연극에서의 1막, 2막으로 나누듯이 한 역사(장면)가 끝나고 새 역사(장면)가 시작되는 수이다.

4) 지면이 물에 잠긴 기간: 150일(창 8:24)로 5개월

5) 물이 감해짐

8월 1일 산봉우리 보임

9월 10일 방주에서 까마귀를 날려 보냄 — 돌아오지 않음

7일 후 제1차 비둘기 날려 보냄 — 돌아옴

7일 후 제2차 비둘기 날려 보냄 — 감람나무 새 잎새를 물고 돌아옴

7일 후 제3차 비둘기 날려 보냄 — 돌아오지 않음

601년 1월(아빕월) 땅 위에서 물이 걷힘(창 8:13)

2. 아빕월에 이루어진 구원

아빕월에 홍수 심판이 끝난다.

"육백일 년 첫째 달(아빕월) 곧 그달 초하룻날에 땅 위에서 물이 걷힌지

라 노아가 방주 뚜껑을 제치고 본즉 지면에서 물이 걷혔더니"(창 8:13).

아빕월에 이스라엘이 애굽의 노예에서 해방되어 구원받아 홍해를 건넜다.

"아빕월 이날에 너희가 나왔으니"(출 13:4).
"너는 무교병의 절기를 지키라 내가 네게 명령한 대로 아빕월의 정한 때에 이레 동안 무교병을 먹을지니 이는 그달에 네가 애굽에서 나왔음 이라 빈손으로 내 앞에 나오지 말지니라"(출 23:15).
"너는 무교절을 지키되 내가 네게 명령한 대로 아빕월 그 절기에 이레 동안 무교병을 먹으라 이는 네가 아빕월에 애굽에서 나왔음이니라"(출 34:18).
"아빕월을 지켜 네 하나님 여호와께 유월절을 행하라 이는 아빕월에 네 하나님 여호와께서 밤에 너를 애굽에서 인도하여 내셨음이라"(신 16:1).

이스라엘 백성은 아빕월에 요단강을 건너 가나안 땅에 들어갔고 여리 고 평지에서 가나안 땅에서의 첫 유월절을 지킨다.

"또 이스라엘 자손들이 길갈에 진 쳤고 그달 십사일 저녁에는 여리고 평지에서 유월절을 지켰으며 유월절 이튿날에 그 땅의 소산물을 먹되 그날에 무교병과 볶은 곡식을 먹었더라"(수 5:10-11).

예수 그리스도, 주님은 유월절(아빕월) 양 잡는 날에 십자가 지고 돌아 가신다.

"무교절의 첫날 곧 유월절 양 잡는 날에 제자들이 예수께 여짜오되 우 리가 어디로 가서 선생님께서 유월절 음식을 잡수시게 준비하기를 원 하시나이까 하매"(막 14:12).

(목요일 저녁—세족, 만찬, 감람산 기도, 체포, 금요일 새벽—세 가지 재판, 사형 언도, 채찍에 맞으심, 십자가에서 운명하심 / 이 날짜는 태양력으로 목, 금 2일간이지만, 유대력으로는 목요일 해 진 다음부터 금요일 해 질 때까지가 모두 하루로, 이날이 유월절 양 잡는 날이다.)

고린도전서 5장 7절을 보면 "너희는 누룩 없는 자인데 새 덩어리가 되기 위하여 묵은 누룩을 내버리라 우리의 유월절 양 곧 그리스도께서 희생되셨느니라" 말씀한다.

노아의 방주 구원과 그리스도의 십자가 구원 사이에 수만 년의 간격이 있지만 '아빕월' 구원으로 놀랍게 통일된다. 아빕월에 아라랏산에 머문 방주, 아빕월에 홍수가 끝나고, 아빕월에 이스라엘 백성이 요단강을 건너 가나안 땅에 진 친 사건들을 생각해 보라. 아빕월에 주님이 십자가 지고 속죄 제물로 죽은 사건, 구원사가 수만 년의 세월 속에 아빕월로 소름 끼치도록 무섭게 통일을 이룬다.

3. 홍수 심판은 종말의 백 보좌 심판의 예표

노아의 방주와 홍수 심판은 그리스도가 지상 재림하시고 흰 보좌에 앉으셔서 모든 사람, 죽은 자와 산 자를 다 심판하실 때 생명책에 기록되지 못한 자, 곧 구원받지 못한 자들이 받을 심판을 예표한다. 노아의 방주는 구원사적으로 우리에게 예수님 안에 있는 자가 구원을 받은 것을 방주 안에 있는 자의 구원으로 가르쳐주고 있고, 미래에 있을 심판, 곧 받을 구원을 예표한다.

"또 내가 크고 흰 보좌와 그 위에 앉으신 이를 보니 땅과 하늘이 그 앞에서 피하여 간 데 없더라. 또 내가 보니 죽은 자들이 큰 자나 작은 자나 그 보좌 앞에 서 있는데 책들이 펴 있고 또 다른 책이 펴졌으니 곧 생명책이라 죽은 자들이 자기 행위를 따라 책들에 기록된 대로 심판을 받으니 바다가 그 가운데에서 죽은 자들을 내주고 또 사망과 음부도 그 가운데에서 죽은 자들을 내주매 각 사람이 자기의 행위대로 심판을 받고 사망과 음부도 불못에 던져지니 이것은 둘째 사망 곧 불못이라 누구든 지 생명책에 기록되지 못한 자는 불못에 던져지더라"(계 20:11-15).

"그러므로 네가 어떻게 받았으며 어떻게 들었는지 생각하고 지켜 회개 하라 만일 일깨지 아니하면 내가 도둑같이 이르리니 어느 때에 네게 이 를는지 네가 알지 못하리라 그러나 사데에 그 옷을 더럽히지 아니한 자 몇 명이 네게 있어 흰옷을 입고 나와 함께 다니리니 그들은 합당한 자 인 연고라 이기는 자는 이와 같이 흰옷을 입을 것이요 내가 그 이름을 생명책에서 결코 지우지 아니하고 그 이름을 내 아버지 앞과 그의 천사 들 앞에서 시인하리라"(계 3:3-5).

"예수께서 이르시되 사탄이 하늘로부터 번개같이 떨어지는 것을 내가 보았노라 내가 너희에게 뱀과 전갈을 밟으며 원수의 모든 능력을 제어 할 권능을 주었으니 너희를 해칠 자가 결코 없으리라 그러나 귀신들이 너희에게 항복하는 것으로 기뻐하지 말고 너희 이름이 하늘에 기록된 것으로 기뻐하라 하시니라"(눅 10:18-20).

"그러나 이제 그들의 죄를 사하시옵소서 그렇지 아니하시오면 원하건 대 주께서 기록하신 책에서 내 이름을 지워 버려 주옵소서"(출 32:32).

4. 되풀이되는 축복, 생육 번성의 복…구원의 약속

홍수가 다 물러가고 땅이 드러난 후 노아가 하나님께 단을 쌓고 제사 를 드렸을 때 하나님은 노아의 제사를 받으시고 다시는 사람을 인하여 땅을 저주하지 않으실 것과 사람 때문에 모든 생물을 멸하지 않으실 것 을 약속하신다. 하나님이 처음 사람 아담에게 주셨던 복을 다시 주신다.

"하나님이 노아와 그 아들들에게 복을 주시며 그들에게 이르시되 생육 하고 번성하여 땅에 충만하라 땅의 모든 짐승과 공중의 모든 새와 땅에 기는 모든 것과 바다의 모든 물고기가 너희를 두려워하며 너희를 무서 워하리니 이것들은 너희의 손에 붙였음이니라 모든 산 동물은 너희의 먹을 것이 될지라 채소 같이 내가 이것을 다 너희에게 주노라"(창 9:1-3).

하나님이 노아에게 주신 이 축복은 하나님이 아담에게 하셨던 축복과 거의 같다.

하나님이 아담에게 해주셨던 축복의 말씀이다.

"하나님이 그들에게 복을 주시며 그들에게 이르시되 생육하고 번성하여 땅에 충만하라, 땅을 정복하라, 바다의 물고기와 하늘의 새와 땅에 움직이는 모든 생물을 다스리라 하시니라 하나님이 이르시되 온 지면의 씨 맺는 모든 채소와 씨 가진 열매 맺는 모든 나무를 너희에게 주노니 너희의 먹을 거리가 되리라"(창 1:28-29).

하나님이 아담과 노아에게 주신 이 축복은 아브라함에게 전해지고(창 12:2-3, 17:2), 이삭에게 전해지고(창 26:2-4), 다시 야곱에게 전해진다(창 28:3, 13-14, 35:11).

노아와 아브라함 그리고 이삭과 야곱, 그 뒤를 이어 다윗으로 이어지는 축복의 근원은 예수 그리스도에게서 완성된다. 이런 의미로 볼 때 노아와 방주의 사건은 예수 그리스도를 통한 구원의 축복을 예표하는 것이다.

5. 노아가 드린 제사

노아가 구원받은 후 제사를 드렸을 때 하나님이 이 제사를 받으시고 노아에게 약속하시며 축복하셨다. 성도는 구원받은 후 하나님께 드리는 예배를 귀하게 여기고 바로 드려야 한다. 성도에게 예배가 없다면 그 영이 메마르고 주리게 되며 계속되는 영적 축복을 받을 수 없다.

히브리서 11장을 보면 노아의 사적을 믿음의 사건으로 말한다.

"믿음으로 노아는 아직 보이지 않는 일에 경고하심을 받아 경외함으로 방주를 준비하여 그 집을 구원하였으니 이로 말미암아 세상을 정죄하고 믿음을 따르는 의의 상속자가 되었느니라"(히 11:7).

믿음은 아직 보지 못한 일에 하나님의 말씀대로 따라가는 순종이다. 지금 이 땅에서 구원 얻은 성도들이 믿음으로 살아가는 것은 성도들이 천국에 가 보았거나 부활 영생하는 사람을 보았기 때문이 아니다. 성도들도 믿지 않는 세상 사람들도 꼭 같이 천국에 가보지 않았고 부활 영생하는 것을 보지 못하였다. 그러나 성도들은 보지 못한 일이지만 하나님이 약속하신 천국과 부활 영생을 향하여 좇아가는 사람이요, 세상 사람은 보지 못한 일, 이성에 맞지 않는 일이라고 여기며 하나님의 말씀을 좇아가지 않는 사람들이다.

하나님이 노아에게 해 주신 말씀, 곧 홍수로 온 세상에 있는 기식하는 사람들과 동물들을 모두 다 멸하리라는 말씀은 노아가 이해할 수도 없는 말씀이었고, 노아가 결코 보지도 못한 일이었다. 그러나 노아는 하나님의 말씀대로 방주를 예비하여 가족과 각종 동물을 홍수에서 구원한다.

믿음은 보지 못한 일, 곧 하나님이 해주신 부활, 영생, 천국의 약속을 보지 못한 채 좇아가는 것이다.

☙ 창세기 11장: 바벨탑

창세기 11장에는 바벨탑 사건이 나온다. 이 바벨탑 사건은 하나님이 교만한 인간에게 내리신 또 다른 심판으로 하나님은 노아와 그 후손들에게 땅에 충만하라고 명하셨는데, 인간은 하늘에 닿는 탑을 쌓아놓고 이 탑을 중심으로 하여 지면으로 흩어지지 않으려고 획책하였다. 그래서 하나님은 인간들이 쓰고 있던 하나의 언어를 많은 언어로 혼잡하게 하셨고 그 결과 인간들은 자신들이 쓰는 '언어 동족'끼리 지면 사방으로 흩어지게 된다.

'바벨'은 '혼잡'을 뜻하는 말이다.

함과 셈과 야벳은 노아의 세 아들이다. 창세기 11장에서 이 아들 중에서 셈 종족의 계보가 나오고 여기에 아브라함의 계보가 나온다. 하나님이 많은 이야기를 다 빼고 바벨 사건 후 바로 아브라함의 이야기로 나가는 것은 하나님이 성경을 통해 하시려는 이야기가 구원이기 때문이다. 창세기 11장의 핵심은 구원의 줄거리인 아브라함과 그 가족의 등장이다.

❧ 창세기 12장

창세기 12장에서 시작하는 아브라함의 사적은 창세기 25장에서 아브라함이 죽어 열조에게로 돌아가는 기사까지 이어진다. 그리고 이 사건 중에 이삭과 이스마엘의 출생, 이삭의 헌제 사건, 이삭이 리브가를 아내로 맞이하는 사건이 나온다.

1. 하나님이 아브라함을 부르심

아브라함이 하나님을 찾아 나간 것이 아니고 하나님이 아브라함을 불러 복의 근원으로 삼으셨다. 우리가 예수 그리스도 안에서 구원받는 일은 우리가 시작한 것이 아니고 하나님이 우리를 택하시고 부르시어 구원에 이르게 하신 것으로 하나님이 아브라함을 부르시는 사건은 하나님의 예정 섭리를 예표로 가르쳐준다. 하나님이 이렇게 말씀하신다.

> "너희가 나를 택한 것이 아니요 내가 너희를 택하여 세웠나니 이는 너희로 가서 열매를 맺게 하고 또 너희 열매가 항상 있게 하여 내 이름으로 아버지께 무엇을 구하든지 다 받게 하려 함이라"(요 15:16).

1) 예정과 구원

칭의를 주는 믿음이 내게서 나온 것이 아니라 하나님의 은혜에서 온 것이다. 칼빈을 비롯한 종교개혁자들은 인간의 전적 타락과 불가항력적 은총, 그리고 오직 믿음으로 인한 구원과 제한적 속죄, 구원의 견인(구원이 성도에게 끝까지 유효하도록 끌고 감)을 주장한다.

그러나 펠라기우스나 알미니안들, 그리고 현대 신학자 중 슐라이어마허

(Schleiermacher, 1768.11.21-1834.2.12)와 그 추종자들은 믿음이 은혜로 주어지는 것을 부인하고 인간이 선택하는 것이라 말한다.

2) 구원자를 예정하신 하나님

(1) 예정의 범위

1. 특별한 특권과 특별한 봉사를 위하여 이스라엘 백성을 선택하셨다 (신 4:37, 7:6-8, 10:15; 호 13:4).

2. 특별한 사명을 위한 개인의 선택-모세(출 3장), 제사장들(신 18:5), 왕들(삼상 10:24; 시78:70)

3. 하나님의 자녀로 개인들을 선택하신다.

"청함을 받은 자는 많되 택함을 입은 자는 적으니라"(마 22:14).

"그런즉 이와 같이 지금도 은혜로 택하심을 따라 남은 자가 있느니라"(롬 11:5).

"믿음으로 노아는 아직 보이지 않는 일에 경고하심을 받아 경외함으로 방주를 준비하여 그 집을 구원하였으니 이로 말미암아 세상을 정죄하고 믿음을 따르는 의의 상속자가 되었느니라"(고전 1:26-29).

"곧 창세 전에 그리스도 안에서 우리를 택하사 우리로 사랑 안에서 그 앞에 거룩하고 흠이 없게 하시려고 그 기쁘신 뜻대로 우리를 예정하사 예수 그리스도로 말미암아 자기의 아들들이 되게 하셨으니 이는 그가 사랑하시는 자 안에서 우리에게 거저 주시는바 그의 은혜의 영광을 찬송하게 하려는 것이라"(엡 1:4-6).

"우리가 너희 모두로 말미암아 항상 하나님께 감사하며 기도할 때에 너희를 기억함은 너희의 믿음의 역사와 사랑의 수고와 우리 주 예수 그리스도에 대한 소망의 인내를 우리 하나님 아버지 앞에서 끊임없이 기억함이니 하나님의 사랑하심을 받은 형제들아 너희를 택하심을 아노라"(살전 1:2-4).

"곧 하나님 아버지의 미리 아심을 따라 성령의 거룩하게 하심으로 순종함과 예수 그리스도의 피 뿌림을 얻기 위하여 택하심을 받은 자들에게 편지하노니 은혜와 평강이 너희에게 더욱 많을지어다"(벧전 1:2).
"그러므로 형제들아 더욱 힘써 너희 부르심과 택하심을 굳게 하라 너희가 이것을 행한즉 언제든지 실족하지 아니하리라"(벧후 1:10).

선택은 인류 중의 얼마를 예수 그리스도 안에서 예수 그리스도를 통하여 구원하시려는 하나님의 주권적 의도이다. 선택받지 않은 사람에게는 결코 믿음이 주어지지 않는다. 믿음의 문, 구원의 문은 모든 사람에게 열려 있지만 결국 선택된 사람만 구원받는다. 이런 의미에서 구원과 믿음은 하나님의 은혜로 주어지는 것이다. 그래서 고린도전서 12장 3절을 보면 성령으로 아니하고는 누구든지 예수를 주시라 시인할 수 없다고 말씀하는 것이다.

(2) 예정의 특성
1. 예정은 하나님의 주권적 의지에 따른 것이다.
2. 예정은 불변적이며 그래서 구원을 확실하게 한다.
3. 예정은 영원 전부터이다.
4. 예정은 무조건적이다.
5. 예정은 불가항력적이다.
6. 예정은 불공평하다고 비난할 수 없다.

(3) 소명
구원은 하나님의 예정에 따라 하나님이 구원하시려고 부르시는 소명을 통해 은혜로 주어진다.

"또 미리 정하신 그들을 또한 부르시고 부르신 그들을 또한 의롭다 하시고 의롭다 하신 그들을 또한 영화롭게 하셨느니라"(롬 8:30).

하나님이 예정하신 자를 부르실 때 그 부름을 따라 결국은 예정된 사람이 예수를 영접하게 되는 것이다. 예수를 영접하는 주체가 나이지만 내가 예수를 그리스도로 영접하기 전 하나님은 창세 전에 나를 하나님의 자녀로 예정하셨고 때가 이를 때 나를 불러 주신다. 하나님의 부름은 불가항력적이다.

"너희가 그 은혜를 인하여 믿음으로 말미암아 구원을 받았으니 이것은 너희에게서 난 것이 아니요 하나님의 선물이라 행위에서 난 것이 아니니 이는 누구든지 자랑하지 못하게 함이라"(엡 2:8-9).

"곧 창세 전에 그리스도 안에서 우리를 택하사 우리로 사랑 안에서 그 앞에 거룩하고 흠이 없게 하시려고 그 기쁘신 뜻대로 우리를 예정하사 예수 그리스도로 말미암아 자기의 아들들이 되게 하셨으니 이는 그가 사랑하시는 자 안에서 우리에게 거저 주시는바 그의 은혜의 영광을 찬송하게 하려는 것이라"(엡 1:4-6).

"이제는 전에 멀리 있던 너희가 그리스도 예수 안에서 그리스도의 피로 가까워졌느니라 그는 우리의 화평이신지라 둘로 하나를 만드사 원수 된 것 곧 중간에 막힌 담을 자기 육체로 허시고 법조문으로 된 계명의 율법을 폐하셨으니 이는 이 둘로 자기 안에서 한 새 사람을 지어 화평하게 하시고 또 십자가로 이 둘을 한 몸으로 하나님과 화목하게 하려 하심이라 원수 된 것을 십자가로 소멸하시고 또 오셔서 먼 데 있는 너희에게 평안을 전하시고 가까운 데 있는 자들에게 평안을 전하셨으니 이는 그로 말미암아 우리 둘이 한 성령 안에서 아버지께 나아감을 얻게 하려 하심이라 그러므로 이제부터 너희는 외인도 아니요 나그네도 아니요 오직 성도들과 동일한 시민이요 하나님의 권속이라 너희는 사도들과 선지자들의 터 위에 세우심을 입은 자라 그리스도 예수께서 친히 모퉁잇돌이 되셨느니라"(엡 2:13-20).

"아버지께서 내게 주시는 자는 다 내게로 올 것이요 내게 오는 자는 내가 결코 내쫓지 아니하리라 내가 하늘에서 내려온 것은 내 뜻을 행하려 함이 아니요 나를 보내신 이의 뜻을 행하려 함이니라 나를 보내신 이의 뜻은 내게 주신 자 중에 내가 하나도 잃어버리지 아니하고 마지막 날에 다시 살리는 이것이니라 내 아버지의 뜻은 아들을 보고 믿는 자마다 영생을 얻는 이것이니 마지막 날에 내가 이를 다시 살리리라 하시니라"(요 6:37-40).

하나님은 예정한 자를 부르시고 또 그에게 성령을 주셔서 믿음 안에 들어가게 하신다. 믿음과 칭의는 순수한 은혜이다.

(4) 소명자: 하나님
소명자, 곧 우리를 구원과 믿음으로 부르시는 분은 하나님이시다.

"너희를 불러 그의 아들 예수 그리스도 우리 주로 더불어 교제하게 하시는 하나님은 미쁘시도다"(고전 1:9).
"하나님이 우리를 구원하사 거룩하신 소명으로 부르심은 우리의 행위대로 하심이 아니요 오직 자기의 뜻과 영원 전부터 그리스도 예수 안에서 우리에게 주신 은혜대로 하심이라"(딤후 1:9).

우리를 구원으로 불러주신 분이 하나님이란 사실은 우리 구원이 확실하다는 것을 보증하는 것이다. 하나님이 결코 내가 얼마나 큰 죄인이며 앞으로도 얼마나 큰 죄를 범할 것인지 몰라서 부르신 것이 아니다. 하나님은 나의 전부를 아시고, 내가 죄와 선을 행하기 전, 영원 전에 나를 택하셨고 이 예정에 의해 나를 부르신 것이다. 소명자는 하나님이시다.

(5) 소명은 불변한다
우리를 구원으로 불러주신 분이 하나님이기 때문에 소명은 확실하고 불변한다.

"하나님의 은사와 부르심에는 후회하심이 없느니라"(롬 11:29).

"하나님이 우리를 구원하사 거룩하신 부르심으로 부르심은 우리의 행위대로 하심이 아니요 오직 자기 뜻과 영원 전부터 그리스도 예수 안에서 우리에게 주신 은혜대로 하심이라"(딤후 1:9).

우리가 하나님의 자녀로 부름받고 칭의, 중생에 이르는 것은 영원한 때 전부터 그리스도 예수 안에서 하나님이 하시는 일이다. 소명은 성부의 사역으로 하나님이 하시는 일이기 때문에 불변한다.

"하나님이 미리 아신 자들을 또한 그 아들의 형상을 본받게 하기 위하여 미리 정하셨으니 이는 그로 많은 형제 중에서 맏아들이 되게 하려 하심이니라 또 미리 정하신 그들을 또한 부르시고 부르신 그들을 또한 의롭다 하시고 의롭다 하신 그들을 또한 영화롭게 하셨느니라"(롬 8:29-30).

예정이 성부의 사역인 것과 같이 예정 속에 소명이 포함된다. 로마서 8장 29-30절에서 '그 아들을 본받기 위하여 미리 예정하시고 부르셨다'라는 말씀이 소명이 성부의 사역임을 잘 가르쳐준다.

(6) 소명의 기준
사람 중 얼마를 구원하시려는 결정적 목적의 기준이다.
하나님이 구원받을 사람을 부르심은 영원 전부터의 예정에 의한 것으로 예정이 하나님의 확실하고 결정적인 목적, 곧 그리스도 안에서 얼마를 구원하시려는 것과 같이 소명 또한 결정적이요 확실한 목적에 기초한다. 그러므로 이 소명은 사람이 거절할 수 없는 확실한 것이다. 이것이 소명의 유효성이다.
소명은 영원 전에 예정된 것이다. 예정이 영원 전의 것이기 때문이다.
소명은 그리스도 안에서다. 구원은 예수 그리스도 안에만 있다.

"모든 사람이 죄를 범하였으매 하나님의 영광에 이르지 못하더니 그리스도 예수 안에 있는 속량으로 말미암아 하나님의 은혜로 값없이 의롭다 하심을 얻은 자 되었느니라"(롬 3:23-24).

구원이 그리스도 안에만 있음은 소명이 그리스도 안에만 있음을 뜻한다.

요한복음 15장 16절에서 하나님은 이렇게 말씀하신다. "너희가 나를 택한 것이 아니요 내가 너희를 택하여 세웠나니 이는 너희로 가서 열매를 맺게 하고 또 너희 열매가 항상 있게 하여 내 이름으로 아버지께 무엇을 구하든지 다 받게 하려 함이라."

창세기 12장에서 하나님이 아브라함을 부르신 사건이 우리를 부르시는 구원과 예정의 사건을 가르쳐준다.

2. 하나님의 부르심과 아브라함의 순종

하나님은 아브라함에게 이렇게 말씀하신다.

"여호와께서 아브람에게 이르시되 너는 너의 고향과 친척과 아버지의 집을 떠나 내가 네게 보여줄 땅으로 가라 내가 너로 큰 민족을 이루고 네게 복을 주어 네 이름을 창대하게 하리니 너는 복이 될지라 너를 축복하는 자에게는 내가 복을 내리고 너를 저주하는 자에게는 내가 저주하리니 땅의 모든 족속이 너로 말미암아 복을 얻을 것이라 하신지라"
(창 12:1-3).

여기서 "너는 너의 고향과 친척과 아버지의 집을 떠나 내가 네게 보여줄 땅으로 가라"라는 말씀은 하나님이 아브라함에게 하신 명령으로 성경의 '계명'을 예표한다.

"내가 너로 큰 민족을 이루고 네게 복을 주어 네 이름을 창대하게 하리니 너는 복이 될지라 너를 축복하는 자에게는 내가 복을 내리고 너를 저주하는 자에게는 내가 저주하리니 땅의 모든 족속이 너로 말미암아 복을 얻을 것이라 하신지라" 한 말씀은 하나님이 아브라함에게 해주신 약속으로 성경의 '복음'을 예표한다.

3. 갈 곳을 정하지 않고 가라고 명하신 하나님, 아브라함의 순종

하나님은 아브라함을 부르시고 본토와 친척 아비 집을 떠나가라고 명하시면서 가야 할 목적지를 가르쳐주시지 않은 채 "내가 네게 지시할 땅으로 가라"고 하셨다. 그러면서 하나님은 아브라함에게 큰 민족을 이룰 것과 그 이름이 창대하게 될 것, 복의 근원이 될 것을 약속하셨다. 그리고 아브라함은 이 하나님의 명령대로 순종하여 갈 바를 모른 채 온 가족과 롯의 가족을 함께 이끌고 대대로 살던 곳, 하란을 떠나간다.

히브리서 11장에서 이 사건을 믿음의 사건으로 이렇게 말씀한다.

"믿음으로 아브라함은 부르심을 받았을 때에 순종하여 장래의 유업으로 받을 땅에 나아갈새 갈 바를 알지 못하고 나아갔으며"(히 11:8).

1. 믿음은 경험되어지고 이해되고 알려진 곳으로 가는 여행이 아니다. 믿음은 미지의 세계로 하나님의 약속만을 바라보고 따라가는 여행이다.

2. 아브라함은 갈 바를 알지 못하고 떠났기 때문에 가는 곳마다 제단을 쌓고(예배를 드리고) 하나님의 인도를 받는다(창 12:7-8). 우리 모두 한 시간 앞의 일도 모른 채 살아가고 있다. 우리가 믿음으로 살기 위해 시간 시간 기도하며, 하루하루 예배드리며 말씀의 인도를 받으며 살아야 한다.

4. 애굽으로 내려간 아브라함

하나님은 아브라함을 가나안 땅으로 인도하셨고, 아브라함이 가나안 땅에 도착했을 때 "내가 이 땅을 네 자손에게 주리라"(창 12:7) 약속하신다. 가나안 땅은 하나님이 아브라함과 그 후손에게 주신 약속의 땅이다.

하나님이 인도하신 가나안 땅에 흉년이 든다. 하나님의 인도를 따라가는 믿음의 길에 늘 승리와 형통만이 있는 것은 아니다. 하나님의 인도를 따라 믿음으로 사는 길에도 아브라함이 가나안 땅에서 만난 흉년과 같은 어려움과 고난이 있을 수 있다. 이러한 고난 중 믿음으로 사는 길은 이 고난을 통해 하나님이 하시려는 섭리를 찾으며 인내하는 길이다. 반드시 피할 길과 복된 길이 열리게 된다.

아브라함은 하나님에게 물어보지 않고 하나님이 주신 축복의 땅에 찾아온 가뭄과 흉년을 피하여 가나안 땅을 떠나 애굽으로 내려갔고, 아브라함은 애굽에서 그의 아내 사래를 바로 왕에게 빼앗겼다가 하나님의 은혜로 다시 찾는 수모를 겪는다.

성도가 믿음으로 사는 과정에 하나님의 약속보다 더 좋아 보이는 것에 끌리면 아브라함과 같은 문제를 만나게 된다. 어려워도 하나님이 약속한 땅에 머물러야 한다.

☙ 창세기 13장

창세기 13장에는 아브라함과 롯의 가정이 분리하여 각각 다른 곳에 거주하게 된 사건이 나온다.

1. 롯의 가정과 분리한 아브라함

아브라함이 애굽에서 돌아온 후 가나안 땅에 머물면서 우양의 수가 많아지게 되고, 아브라함과 함께 우거하는 롯의 우양도 많아진다. 우양에게 필요한 풀밭은 한계가 있어서 아브라함의 목동들과 롯의 목동들 사이에 풀밭 때문에 다투는 일이 생기게 된다. 이때 아브라함은 롯을 불러 이렇게 말한다.

"아브람이 롯에게 이르되 우리는 한 친족이라 나나 너나 내 목자나 네 목자나 서로 다투게 하지 말자 네 앞에 온 땅이 있지 아니하냐 나를 떠나가라 네가 좌하면 나는 우하고 네가 우하면 나는 좌하리라"(창 13:8-9).

성도가 구원받은 후 이루어 가는 성화에서 성도 간에 화평을 이루는 것은 참으로 중요하다. 성도 간에 다투어서는 안 된다.

아브라함이 롯과 다투어서는 안 되는 이유는 그들은 한 골육이기 때문이요, 또 그 땅에 가나안 사람과 브리스 사람이 함께 살고 있기 때문이다.

성도가 성화를 이루기 위해 그리스도의 피로 한 몸 된(한 골육인) 다른 성도와 다투어서는 안 된다. 그리고 더욱 명심할 일은 성도 주위에 안 믿는 세상 사람들(가나안 사람과 브리스 사람)이 함께 살고 있다는 것을 기억해야 한다. 성도 간의 분쟁과 다툼은 성도의 성화에 큰 방해가 되고 세상 사람들 앞에 교회의 큰 치욕이 되며 복음 전도에 장애가 된다.

아브라함은 롯과의 화평을 위해 롯에게 먼저 좋은 땅을 선택할 권리를 준다. 그래서 롯은 비옥한 땅, 소돔과 고모라로 떠나가고 아브라함은 가나안 땅에 머물러 산다. 화평을 만드는 일에는 항상 양보와 희생이 필요하다. 주님은 우리와 하나님과의 화평을 위해 십자가에서 생명을 바치셨다.

가나안 땅에 머물러 산 아브라함에게 하나님은 눈으로 보는 사방의 넓은 땅을 주실 것과 땅의 티끌같이 많은 자손의 번성을 약속하신다. 아브라함은 헤브론에 머물며 하나님께 제단을 쌓는다.

2. 제단을 쌓는 아브라함

아브라함이 장막을 옮겨 헤브론에 있는 마므레 상수리 수풀에 이르러 거하며 거기서 여호와를 위하여 단을 쌓는다(창 13:18). 아브라함의 이 사건은 성도의 구원(성화)에 화평과 제단(예배)이 아주 중요한 것을 가르쳐 준다. 성도는 화평을 좇아 살아야 하고 제단 중심으로 살아야 한다.

☙ 창세기 14장: 롯의 가정을 구원한 아브라함

창세기 14장에서 소돔에 살고 있던 롯의 가정 식구들이 시날 왕과 그 연합군에 사로잡힌 사건과 이를 구원해 준 아브라함의 이야기가 나오고 아브라함이 시날 왕과 그 연합군을 파하고 승전해 돌아오는 길에 살렘 왕 멜기세덱을 만나는 장면이 나온다. 아브라함의 땅보다 더 비옥한 땅을 찾아간 롯의 가정은 소돔 왕과 함께 침략군에 포로가 되고 아브라함의 구원을 받는다. 반면 아브라함은 롯의 땅보다 더 척박한 땅에서 하나님께 제단을 쌓으며 하나님 중심으로 살아갈 때 번성하였다. 성도는 어떤 자리에서도 하나님을 가까이하며 살아야 한다.

1. 아브라함이 승전해 돌아오는 길에 만난 멜기세덱

창세기 14장 18, 20절을 보면 멜기세덱은 살렘 왕으로, 아브라함에게 십일조를 받은 지극히 높으신 하나님의 제사장으로 아브라함에게 축복하였다.

시편 110편 4절에서 예수 그리스도를 "멜기세덱의 서열을 따라 영원한 제사장"이라 말한다.

히브리서 5장 6절, 10-11절, 6장 20절, 7장 1절, 3절, 6절, 10-11절, 15절, 17절을 보면 멜기세덱이 그리스도라고 말한다.

"또한 이와 같이 그리스도께서 대제사장 되심도 스스로 영광을 취하심이 아니요 오직 말씀하신 이가 그에게 이르시되 너는 내 아들이니 내가 오늘 너를 낳았다 하셨고 또한 이와 같이 다른 데서 말씀하시되 네가 영원히 멜기세덱의 반차를 따르는 제사장이라 하셨으니 그는 육체에 계실 때에 자기를 죽음에서 능히 구원하실 이에게 심한 통곡과 눈물로 간구와 소원을 올렸고 그의 경건하심으로 말미암아 들으심을 얻었느니라 그가 아들이시면서도 받으신 고난으로 순종함을 배워서 온전하게 되셨은즉 자기에게 순종하는 모든 자에게 영원한 구원의 근원이 되시고 하나님께 멜기세덱의 반차를 따른 대제사장이라 칭하심을 받으셨느니라 멜기세덱에 관하여는 우리가 할 말이 많으나 너희가 듣는 것이 둔하므로 설명하기 어려우니라"(히 5:5-11).

"우리가 이 소망을 가지고 있는 것은 영혼의 닻 같아서 튼튼하고 견고하여 휘장 안에 들어가나니 그리로 앞서 가신 예수께서 멜기세덱의 반차를 좇아 영원히 대제사장이 되어 우리를 위하여 들어가셨느니라"(히 6:19-20).

"제사 직분이 바꾸어졌은즉 율법도 반드시 바꾸어지리니 이것은 한 사람도 제단 일을 받들지 않는 다른 지파에 속한 자를 가리켜 말한 것이라 우리 주께서는 유다로부터 나신 것이 분명하도다 이 지파에는 모세가 제사장들에 관하여 말한 것이 하나도 없고 멜기세덱과 같은 별다른 한 제사장이 일어난 것을 보니 더욱 분명하도다 그는 육신에 속한 한 계명의 법을 따르지 아니하고 오직 불멸의 생명의 능력을 따라 되었으니 증언하기를 네가 영원히 멜기세덱의 반차를 따르는 제사장이라 하였도다"(히 7:12-17).

2. 아브라함에게 축복한 멜기세덱

아브라함에게 축복한 멜기세덱은 누구인가?
매튜 헨리는 이렇게 주석한다(디럭스 바이블).

1. 그의 신분
그는 "'살렘 왕이며 지극히 높으신 하나님의 제사장'이었다. 그 밖의 그에 관한 영광스러운 사실들이 히브리서 7장 1절 이하에 나온다.
2. 랍비 저술가들은 멜기세덱이 노아의 후손 셈이었다고 단정한다. 그렇다면 무엇 때문에 그의 이름이 바뀌어야 하는가? 그리고 그가 어떻게 가나안에 와서 정착하게 되었는가?
3. 많은 기독교 학자들은 그에 대해 하나님의 아들 자신이 나타난 것이라고 생각해 왔다. 즉 그가 아브람의 행동의 의로운 동기를 인정하고 평화를 주시려고 의로운 왕으로서 아브람에게 나타나신 것이다. 아무리 순전한 사람이라도 그가 "아버지도 없고 어머니도 없고 족보도 없고 시작한 날도 없고 생명의 끝도 없어"(히 7:3)라고 일컬어질 수 있으리라고는 상상조차 하기 어려운 일이다.
4. 가장 일반적으로 받아들여지는 견해는 멜기세덱이 가나안 사람의 왕으

로서 살렘을 통치하며 거기에서 참신앙을 지키고 있는 사람이었다는 것이다. 그러나 만일 그렇다면 어째서 그의 이름이 아브람에 관한 모든 기사를 통틀어 오직 여기에서만 한 번 나오는가? 아라비드 카테나(Arabid Catena)에서는 멜기세덱에 대해 이렇게 설명한다. 즉 그는 헤라클림(Heraclim)의 아들로서 벨렉의 손자요 에벨의 증손이었고, 그의 모친의 이름은 살라시엘(Salathiel)로서 노아의 손자이며 야벳의 아들인 고멜의 딸이었다는 것이다.

5. 창세기 14장에 나오는 멜기세덱이 누구인가가 중요한 것이 아니다. 창세기 14장의 멜기세덱은 구속사적으로 보면 후에 나타나실 그리스도를 예표하는 사람으로, 그리스도는 영원한 제사장이요, 영원히 우리를 축복하시는 분이라는 것을 가르쳐주는 것이다.

3. 멜기세덱에게 십일조를 바친 아브라함: 첫 십일조

아브라함은 영원한 제사장 멜기세덱에게, 전쟁으로 얻은 재물에서 십일조를 바쳤다. 성도가 주님 앞에 십일조를 바쳐야 할 예표의 사건이다. 성도는 구원 얻은 뒤 성화의 과정에 있고 이 성화의 생활에 십일조를 주님께 바쳐야 한다.

여기서 아브라함이 멜기세덱에게 바친 십일조가 성경에 나오는 최초의 십일조다. 아브라함이 멜기세덱에게 바친 십일조는 하나님 주권에 대한 인정으로 십일조의 의미가 있다. 하나님의 주권을 시간적으로 인정하는 것이 안식일에 하나님께 예배드리는 것이요 하나님의 주권을 공간적으로 인정하는 것이 십일조다. 하나님이 주신 공간은 물질세계로, 물질세계의 주권이 하나님께 있음을 인정하는 것이 모든 물질의 첫 것을 하나님께 드리고 모든 소유의 십일조를 드리는 것이다.

아브라함은 멜기세덱에게 십일조를 드림으로 자신의 승전이 하나님께로부터 온 것을 공간적으로, 물질세계에서 하나님의 주권을 인정한다.

☘ 창세기 15장

1. 최초의 칭의법

창세기 15장은 구원론적으로 보면 믿음으로 의롭다 하심을 얻는 칭의(稱義)의 법을 최초로 가르쳐준 아주 중요한 장이다.

창세기 15장 6절에서 "아브라함이 여호와를 믿으니 여호와께서 이를 그의 의로 여기시고"라고 한 말씀은 '믿음으로 의롭다 여김 받는' 것(롬 4:3; 갈 3:6; 약 2:23)을 증거하는 근거가 된다.

아브라함은 하나님께 부름받았을 때 "큰 민족을 이룰 것과 아브라함의 이름이 창대케 되리라"는 하나님의 언약을 받았다(창 12장). 그러나 이 하나님의 약속은 이루어지지 않아 아브라함이 근심했다. 이럴 때 하나님은 아브라함의 방패요 아브라함의 지극히 큰 상급이 되신 하나님으로 나타나셔서 하늘의 뭇별과 같이 많은 자손을 약속하신다. 그리고 아브라함은 이러한 '하나님을' 믿었고 하나님은 아브라함의 이 '믿음'을 그의 의로 여기셨다.

아브라함이 의로운 일을 했거나 의로운 말을 했기 때문에 하나님이 아브라함을 의롭게 여기신 것이 아니다. 하나님은 아브라함이, 아직 이루어지지 아니한 많은 자손을 약속하신 '하나님을 믿는, 그 믿음'을 '아브라함의 의'로 여기셨다. 하나님의 영생의 약속을 믿는 것보다 '하나님을 믿는 믿음'이 먼저다. 부활, 구원, 영생이 의심나면 전능하시고 우리의 생명 호흡을 주장하시고 천지를 창조하시고 섭리하시는 하나님을 먼저 믿으면 모든 의심이 사라진다. 칭의의 근본, 믿음의 근본은 하나님을 믿는 것이다.

창세기 15장에서 '아브라함이 여호와를 믿으니'라는 말에서 믿는다는 말은 히브리어로 '아만'(אמן)으로 이 말은 '진실하다', '확고하게 하다', '믿는다'를 뜻하는 말로 여기에서 '아멘'(אמן)이란 말이 나왔다.

믿는다는 말은 약속하신 하나님을 믿고 그래서 그 약속의 말씀을 진실한 것으로 '아멘' 하고 받아들이는 것이다.

아브라함의 칭의 사건은 우리가 예수 그리스도를 믿음으로 의롭다 함 얻어 구원에 이르는 진리를 예표로 가르치는 것이다.

2. 믿음으로 의롭다 함을 얻는다

사람이 하나님 앞에 의롭다 함을 얻는 방법으로 하나님이 사람에게 주신 방법은 오직 한 길, 곧 믿음으로만 의롭다 함을 얻을 수 있다.

1) 믿음으로만 의롭다 함을 얻을 수 있다

"아브람이 여호와를 믿으니 여호와께서 이를 그의 의로 여기시고"(창 15:6).

하나님은 아브라함이 하나님을 믿으매 이 믿음을 그의 의로 여기셨다. 칭의의 근거가 믿음이다. 이 구절은 신약성경(롬 4:3, 9, 22; 갈 3:6; 약 2:23)에 인용된다. 우리가 의롭다 함을 얻는 것은 믿음으로(by faith, through faith, upon faith) 되는 것이다.

"모든 사람이 죄를 범하였으매 하나님의 영광에 이르지 못하더니 그리스도 예수 안에 있는 속량으로 말미암아 하나님의 은혜로 값없이 의롭다 하심을 얻은 자 되었느니라 이 예수를 하나님이 그의 피로써 믿음으로 말미암는 화목제물로 세우셨으니 이는 하나님께서 길이 참으시는 중에 전에 지은 죄를 간과하심으로 자기의 의로우심을 나타내려 하심이니 곧 이때에 자기의 의로우심을 나타내사 자기도 의로우시며 또한 예수 믿는 자를 의롭다 하려 하심이라 그런즉 자랑할 데가 어디냐 있을 수가 없느니라 무슨 법으로냐 행위로냐 아니라 오직 믿음의 법으로니라 그러므로 사람이 의롭다 하심을 얻는 것은 율법의 행위에 있지 않고 믿음으로 되는 줄 우리가 인정하노라"(롬 3:23-28).
"일을 아니할지라도 경건하지 아니한 자를 의롭다 하시는 이를 믿는 자에게는 그의 믿음을 의로 여기시나니"(롬 4:5).
"그러므로 우리가 믿음으로 의롭다 하심을 받았으니 우리 주 예수 그리스도로 말미암아 하나님과 화평을 누리자"(롬 5:1).

"너희는 그 은혜에 의하여 믿음으로 말미암아 구원을 받았으니 이것은 너희에게서 난 것이 아니요 하나님의 선물이라 행위에서 난 것이 아니니 이는 누구든지 자랑하지 못하게 함이라"(엡 2:8-9).

칭의는 믿음으로만 얻는다.

2) 칭의는 우리의 의(義)로 얻을 수 없다

"그런즉 자랑할 데가 어디냐 있을 수가 없느니라 무슨 법으로냐 행위로냐 아니라 오직 믿음의 법으로니라 그러므로 사람이 의롭다 하심을 얻는 것은 율법의 행위에 있지 않고 믿음으로 되는 줄 우리가 인정하노라"(롬 3:27-28).

"너희는 그 은혜에 의하여 믿음으로 말미암아 구원을 받았으니 이것은 너희에게서 난 것이 아니요 하나님의 선물이라 행위에서 난 것이 아니니 이는 누구든지 자랑하지 못하게 함이라"(엡 2:8-9).

"사람이 의롭게 되는 것은 율법의 행위로 말미암음이 아니요 오직 예수 그리스도를 믿음으로 말미암는 줄 알므로 우리도 그리스도 예수를 믿나니 이는 우리가 율법의 행위로써가 아니고 그리스도를 믿음으로써 의롭다 함을 얻으려 함이라 율법의 행위로써는 의롭다 함을 얻을 육체가 없느니라"(갈 2:16).

"또 하나님 앞에서 아무도 율법으로 말미암아 의롭게 되지 못할 것이 분명하니 이는 의인은 믿음으로 살리라 하였음이라"(갈 3:11).

"율법 안에서 의롭다 함을 얻으려 하는 너희는 그리스도에게서 끊어지고 은혜에서 떨어진 자로다"(갈 5:4).

"그 안에서 발견되려 함이니 내가 가진 의는 율법에서 난 것이 아니요 오직 그리스도를 믿음으로 말미암은 것이니 곧 믿음으로 하나님께로부터 난 의라"(빌 3:9).

칭의는 결코 율법을 지키는, 사람의 의로움으로나 선으로 얻을 수 없다.

3) 칭의는 은혜로 받는다

칭의는 우리가 행한 어떤 의의 대가가 결코 아니고 하나님의 자유롭고 비공로적인 은혜로 얻는다.

4) 칭의는 그리스도 안에서 이루어진다

우리가 얻는 칭의는 우리가 그리스도와 연합됨으로 그리스도 안에서 얻는 것이다. 그리스도와 우리가 연합되는 길이 믿음이다.

> "그러므로 형제들아 너희가 알 것은 이 사람을 힘입어 죄 사함을 너희에게 전하는 이것이며 또 모세의 율법으로 너희가 의롭다 하심을 얻지 못하던 모든 일에도 이 사람을 힘입어 믿는 자마다 의롭다 하심을 얻는 이것이라"(행 13:38-39).
>
> "그러므로 이제 그리스도 예수 안에 있는 자에게는 결코 정죄함이 없나니"(롬 8:1).
>
> "너희 중에 이와 같은 자들이 있더니 주 예수 그리스도의 이름과 우리 하나님의 성령 안에서 씻음과 거룩함과 의롭다 하심을 얻었느니라"(고전 6:11).
>
> "만일 우리가 그의 죽으심을 본받아 연합한 자가 되었으면 또한 그의 부활과 같은 모양으로 연합한 자도 되리라"(롬 6:5).
>
> "모든 사람이 죄를 범하였으매 하나님의 영광에 이르지 못하더니 그리스도 예수 안에 있는 속량으로 말미암아 하나님의 은혜로 값없이 의롭다 하심을 얻은 자 되었느니라"(롬 3:23-24).

칭의와 구원은 예수 그리스도 안에만 있다. 천하에 그 어떤 이름으로도 예수 외에 구원은 없다.

"다른 이로써는 구원을 받을 수 없나니 천하 사람 중에 구원을 받을 만한 다른 이름을 우리에게 주신 일이 없음이라 하였더라"(행 4:12).

칭의는 우리가 믿음으로 예수님 안에 들어감으로 예수님 안에서 은혜로 얻는다.

5) 칭의는 예수 그리스도의 구속사역, 예수 그리스도의 핏값으로 얻는다

칭의는 우리에게서 나오는 것이 아니라 예수 그리스도가 단번에 완전하게 이루신 구속에서 은혜로 우리가 얻는다.

"그리스도 예수 안에 있는 속량으로 말미암아 하나님의 은혜로 값 없이 의롭다 하심을 얻은 자 되었느니라"(롬 3:24).

"그러면 이제 우리가 그의 피로 말미암아 의롭다 하심을 받았으니 더욱 그로 말미암아 진노하심에서 구원을 받을 것이니"(롬 5:9).

"그리스도께서는 장래 좋은 일의 대제사장으로 오사 손으로 짓지 아니한 것 곧 이 창조에 속하지 아니한 더 크고 온전한 장막으로 말미암아 염소와 송아지의 피로 하지 아니하고 오직 자기의 피로 영원한 속죄를 이루사 단번에 성소에 들어가셨느니라 염소와 황소의 피와 및 암송아지의 재를 부정한 자에게 뿌려 그 육체를 정결하게 하여 거룩하게 하거든 하물며 영원하신 성령으로 말미암아 흠 없는 자기를 하나님께 드린 그리스도의 피가 어찌 너희 양심을 죽은 행실에서 깨끗하게 하고 살아 계신 하나님을 섬기게 하지 못하겠느냐"(히 9:11-14).

6) 칭의는 예수 그리스도가 이루신 구속으로 얻는다

우리는 누구라도 내 의로 하나님 앞에 의롭다 함을 얻을 수 없다. 모두가 다 정죄 아래 있기 때문이다. 우리의 의는 그것이 아무리 의로워도 다 헌 옷에 불과하다.

"무릇 우리는 다 부정한 자 같아서 우리의 의는 다 더러운 옷 같으며 우리는 다 잎사귀 같이 시들므로 우리의 죄악이 바람 같이 우리를 몰아가나이다"(사 64:6).

이스라엘 백성이 애굽에서 해방되고 구원받은 것은 순수한 하나님의 은혜였다. 이스라엘 백성과 애굽의 바로 왕 앞에 모세를 보내신 분이 하나님이셨고 이스라엘 백성과 애굽 백성 앞에 열 가지 기적과 재앙을 행하신 분도 하나님이셨다. 이스라엘 백성을 유월절 양의 피를 통해 애굽에서 해방시키신 분이 하나님이셨고, 홍해를 육지로 갈라주신 분도 하나님이셨다. 우리가 죄와 사망에서 구원된 것, 칭의를 받게 된 것은 순수한 하나님의 은혜로 된 것이다. 칭의는 그리스도의 대속의 죽음으로 이루어진다.

"예수는 우리가 범죄한 것 때문에 내줌이 되고 또한 우리를 의롭다 하시기 위하여 살아나셨느니라"(롬 4:25).
"그리스도의 사랑이 우리를 강권하시는도다 우리가 생각하건대 한 사람이 모든 사람을 대신하여 죽었은즉 모든 사람이 죽은 것이라"(고후 5:14).
"하나님이 죄를 알지도 못하신 이를 우리를 대신하여 죄로 삼으신 것은 우리로 하여금 그 안에서 하나님의 의가 되게 하려 하심이라"(고후 5:21).

그리스도의 죽으심은 우리를 위하심이요 이 죽음 때문에 우리가 칭의를 받게 되었다.

"사람이 의롭게 되는 것은 율법의 행위로 말미암음이 아니요 오직 예수 그리스도를 믿음으로 말미암는 줄 알므로 우리도 그리스도 예수를 믿나니 이는 우리가 율법의 행위로써가 아니고 그리스도를 믿음으로써 의롭다 함을 얻으려 함이라 율법의 행위로써는 의롭다 함을 얻을 육체가 없느니라"(갈 2:16).

"너희는 그 은혜에 의하여 믿음으로 말미암아 구원을 받았으니 이것은 너희에게서 난 것이 아니요 하나님의 선물이라 행위에서 난 것이 아니니 이는 누구든지 자랑하지 못하게 함이라"(엡 2:8-9).

"모든 사람이 죄를 범하였으매 하나님의 영광에 이르지 못하더니 그리스도 예수 안에 있는 속량으로 말미암아 하나님의 은혜로 값없이 의롭다 하심을 얻은 자 되었느니라"(롬 3:23-24).

칭의는 순수한 은혜로 된 것이다. 칭의를 얻는 길로 하나님이 여러 가지로 말씀하시지만, 이 말은 오직 믿음으로 우리가 의롭다 함을 받은 것이라는 말씀에 모두 포함된다. 우리가 칭의를 받는 길은 오직 믿음, 한 길밖에 없다. 이 믿음이 은혜요 이 믿음이 그리스도 안에 있는 것이요 이 믿음은 그리스도의 핏값으로 얻는 것이다.

3. 아브라함에게 주신 하나님의 언약

아브라함이 하나님을 믿을 때 하나님은 아브라함에게 가나안 땅을 기업으로 주신다고 다시 언약하신다. 이 언약은 아브라함이 하나님께 드린 제사로 확증된다.

우리가 하나님을 믿는 믿음으로 영원한 가나안 땅, 천국을 기업으로 받게 되는데 이 천국의 기업은 성도가 드리는 예배를 통해 늘 확인된다.

"그가 이르되 주 여호와여 내가 이 땅을 소유로 받을 것을 무엇으로 알리이까 여호와께서 그에게 이르시되 나를 위하여 삼 년 된 암소와 삼 년 된 암염소와 삼 년 된 숫양과 산비둘기와 집비둘기 새끼를 가져올지니라 아브람이 그 모든 것을 가져다가 그 중간을 쪼개고 그 쪼갠 것을 마주 대하여 놓고 그 새는 쪼개지 아니하였으며 솔개가 그 사체 위에 내릴 때에는 아브람이 쫓았더라 해 질 때에 아브람에게 깊은 잠이 임하고 큰 흑암과 두려움이 그에게 임하였더니 여호와께서 아브람에게 이르시되 너는 반드시 알라 네 자손이 이방에서 객이 되어 그들을 섬기겠고 그들은 사백 년 동안 네 자손을 괴롭히리니 그들이 섬기는 나라를 내가 징벌할 지며 그 후에 네 자손이 큰 재물을 이끌고 나오리라 너는 장수하다가 평안히 조상에게로 돌아가 장사될 것이요 네 자손은 사대 만에 이 땅으로 돌아오리니 이는 아모리 족속의 죄악이 아직 가득 차지 아니함이라 하시더니 해가 져서 어두울 때에 연기 나는 화로가 보이며 타는 횃불이 쪼갠 고기 사이로 지나더라 그날에 여호와께서 아브람과 더불어 언약을 세워 이르시되 내가 이 땅을 애굽 강에서부터 그 큰 강 유브라데까지 네 자손에게 주노니 곧 겐 족속과 그니스 족속과 갓몬 족속과 헷 족속과 브리스 족속과 르바 족속과 아모리 족속과 가나안 족속과 기르가스 족속과 여부스 족속의 땅이니라 하셨더라"(창 15:8-21).

제사를 드리는 것, 곧 성도는 예배를 통해서 하나님이 주신 약속(구원, 보호, 사랑, 인도…)을 다시 확증하게 된다. 성도는 예배드리는 생활을 해야 내가 구원받은 하나님의 자녀요 하나님이 나를 사랑하고 계신다는 사실을 확인하며 살게 된다. 예배는 성도의 성화에 기초가 되고 성화의 길이 된다.

4. 애굽에서 400년간 살게 될 아브라함의 후손

하나님은 아브라함의 후손이 애굽 땅에서 400년간 살게 될 것을 아브라함에게 가르쳐 주신다.

아브라함의 후손, 야곱의 아들들이 요셉을 따라 애굽에 내려가게 되고 야곱의 후손은 애굽에서 민족을 이루어 400년 만에 유월절 사건을 통해 애굽에서 나온다. 이 사건을 출애굽기가 담고 있고, 이스라엘 백성의 출애굽 사건은 구속 역사에서 구원을 그림처럼 보여주고 가르쳐주는 구원사가 된다.

하나님은 아브라함과 그 후손의 앞날을 계획하고 계셨다. 그리고 하나님의 계획은 인간의 역사(아브라함과 그 후손의 생활, 애굽 왕 바로의 역사)를 통해 이루어진다.

우리의 생애도 하나님이 계획하고 계시고, 또 하나님의 계획대로 우리의 생은 움직여진다.

아브라함에게 약속하신 땅, 가나안 땅을 즉시 아브라함에게 주시지 않고 그 후손을 애굽에서 400년 살게 하신 다음 주신 이유를 아모리 족속, 곧 가나안 땅에 사는 사람들의 죄가 아직 관영하지(가득 차지) 않았기 때문이라고 말씀한다(창 15:16).

아브라함의 후손 이스라엘 백성이 후에 출애굽하여 가나안 땅에 들어올 때 하나님은 가나안 족속들을 하나도 남기지 말고 다 죽이라고 명하신다(출 32:10; 신 7:2, 16…).

이스라엘 백성의 가나안 땅 진군은 가나안 백성들에게 내린 하나님의 무서운 심판이었다. 하나님은 죄악이 가득 차지 아니하면 심판을 미루시지만 죄가 관영할 때 반드시 심판하시는 공의의 하나님이시다.

성경은 가나안 족속의 죄 때문에 그 땅이 그들을 토해 냈다고 말한다(레 18:25). 가나안 족속들이 이스라엘 백성들 앞에 패하고 가나안 땅을 이스라엘 백성들에게 내어준 것은 하나님의 섭리적인 사건이지만 다른 면으로 보면 그들의 죄악이 관영하였기 때문에 하나님 앞에 심판받은 것이다.

"너는 이스라엘 자손에게 말하여 이르라 나는 여호와 너희의 하나님이니라 너희는 너희가 거주하던 애굽 땅의 풍속을 따르지 말며 내가 너희를 인도할 가나안 땅의 풍속과 규례도 행하지 말고 너희는 내 법도를 따르며 내 규례를 지켜 그대로 행하라 나는 너희의 하나님 여호와이니라 너희는 내 규례와 법도를 지키라 사람이 이를 행하면 그로 말미암아 살리라 나는 여호와이니라 각 사람은 자기의 살붙이를 가까이 하여 그의 하체를 범하지 말라 나는 여호와이니라 네 어머니의 하체는 곧 네 아버지의 하체이니 너는 범하지 말라 그는 네 어머니인즉 너는 그의 하체를 범하지 말지니라 너는 네 아버지의 아내의 하체를 범하지 말라 이는 네 아버지의 하체니라 너는 네 자매 곧 네 아버지의 딸이나 네 어머니의 딸이나 집에서나 다른 곳에서 출생하였음을 막론하고 그들의 하체를 범하지 말지니라 네 손녀나 네 외손녀의 하체를 범하지 말라 이는 네 하체니라 네 아버지의 아내가 네 아버지에게 낳은 딸은 네 누이니 너는 그의 하체를 범하지 말지니라 너는 네 고모의 하체를 범하지 말라 그는 네 아버지의 살붙이니라 너는 네 이모의 하체를 범하지 말라 그는 네 어머니의 살붙이니라 너는 네 아버지 형제의 아내를 가까이하여 그의 하체를 범하지 말라 그는 네 숙모니라 너는 네 며느리의 하체를 범하지 말라 그는 네 아들의 아내이니 그의 하체를 범하지 말지니라 너는 네 형제의 아내의 하체를 범하지 말라 이는 네 형제의 하체니라 너는 여인과 그 여인의 딸의 하체를 아울러 범하지 말며 또 그 여인의 손녀나 외손녀를 아울러 데려다가 그의 하체를 범하지 말라 그들은 그의 살붙이이니 이는 악행이니라 너는 아내가 생존할 동안에 그의 자매를 데려다가 그의 하체를 범하여 그로 질투하게 하지 말지니라 너는 여인이 월경으로 불결한 동안에 그에게 가까이하여 그의 하체를 범하지 말지니라 너는 네 이웃의 아내와 동침하여 설정하므로 그 여자와 함께 자기를 더럽히지 말지니라 너는 결단코 자녀를 몰렉에게 주어 불로 통과하게 함으로 네 하나님의 이름을 욕되게 하지 말라 나는 여호와이니라 너는 여자와 동침함 같이 남자와 동침하지 말라 이는 가증한 일이니라 너는 짐승과 교합하여 자기를 더럽히지 말며 여자는 짐승 앞에 서서 그것과 교접하지 말라 이는 문란한 일이니라 너희는 이 모든 일로 스스로 더럽히지 말라 내가 너희 앞에서 쫓아내는 족속들이 이 모든 일로 말미암아 더러워졌고 그 땅도 더러워졌으므로 내가 그 악으로 말미암아 벌하고 그 땅도 스스로 그 주민을 토하여 내느니라 그러므로 너희 곧 너희의 동족이나 혹은 너희 중에 거류하는 거류민이나 내 규례와 내 법도를 지키고 이런 가증한 일의 하나라도 행하지 말라 너희가 전에 있던 그 땅 주민이 이 모든 가증한 일을 행하였고 그 땅도 더러워졌느니라 너희도 더럽히면 그 땅이 너희가 있기 전 주민을 토함 같이 너희를 토할까 하노라 이 가증한 모든 일을 행하는 자는 그 백성 중에서 끊어지리라 그러므로 너희는 내 명령을 지키고 너희가 들어가기 전에 행하던 가증한 풍속을 하나라도 따름으로 스스로 더럽히지 말라 나는 너희의 하나님 여호와이니라"(레 18:2-30).

☙ 창세기 16장: 아브라함이 하갈을 취하여 이스마엘을 얻는다

창세기 16장에는 아브라함이 그 아내 사래의 여종 애굽 여인 하갈을 아내로 취하여 이스마엘을 낳는 사건을 기록한다. 이때가 아브라함이 가나안 땅에 살게 된 지 10년이 된 해로 아브라함의 나이 85세 때다.

아브라함이 하갈을 취하여 이스마엘을 얻는다

하나님이 아브라함에게 큰 민족을 이루리라 약속하신 것은 아브라함이 하갈을 통해 이스마엘을 낳기 10년 전의 일이다. 아브라함과 사래는 10년을 기다려도 아들을 낳지 못하게 되자 아브라함은 사래의 권고대로 사래의 여종을 아내로 취하여 아들 이스마엘을 얻는다. 그리고 이 일 후 5년을 더 기다려 아브라함은 사래를 통해 하나님의 약속의 아들, 이삭을 얻는다(창 17장).

창세기 15장 4절에서 하나님이 "아브라함에게서 날 자가 아브라함의 후사가 되리라" 하신 말씀을 문자적으로 이해하면 아브라함이 꼭 사래를 통하여 낳는 아들만이 큰 민족을 이룰 후사라는 말은 아니다. 그러나 하나님이 아브라함을 선택하시고 큰 민족을 이룰 것을 약속하신 것은 아브라함과 사래를 두고 하신 것으로, 아브라함은 사래가 10년을 기다려도 아들을 생산할 수 없었지만 그래도 하나님의 약속을 믿고 더 기다려야 했다.

그러나 아브라함은 10년을 기다린 후 사라가 아닌, 사라의 여종 하갈을 통해 아들 이스마엘을 얻는다.

이스마엘은 하나님의 뜻을 인간적으로 이루려고 하는 사래와 아브라함의 불신앙으로 얻은 아들이었고, 이스마엘은 하갈에게 잉태된 순간부터 문제가 된다. 아브라함의 씨를 잉태한 하갈은 주인 사래를 멸시하였고 사래와 하갈 사이의 불화로 아브라함 가정의 화평이 깨지고, 하갈은 아브라함의 집에서 쫓겨나 광야로 간다. 하갈은 광야, 술길 샘물 곁에서 감찰하시는 하나님을 만나 다시 사래 밑으로 들어가 이스마엘을 출산한다.

이후에 이스마엘은 이삭이 젖을 뗄 때 아브라함이 배설한 큰 잔치에서 이삭을 희롱하였고 하갈과 함께 다시 광야로 쫓겨난다. 이스마엘의 후예는 열두 방백을 이루고 하윌라에서부터 앗수르로 통하는 애굽 앞 술까지 이르는 곳에서 번성한다(창 25장). 결국 이 이스마엘의 후손이 중동 지방에 퍼지게 되고 이들이 이슬람권의 중심이 된다. 이스마엘 후손이 이삭의 후손에서 탄생한 이스라엘 백성과 대적하여 수천 년 동안 분쟁하는 역사를 이어가게 된다.

결국 수천 년간 계속되는 이스라엘과 아랍 족속의 중동 분쟁은 이삭과 이스마엘의 싸움으로 이 긴 싸움은 아브라함이 하나님의 약속을 더 기다리지 못하고 하갈을 취하여 이스마엘을 출산한 불신앙에서 시작되었다.

하나님의 약속은 때로 아주 늦게, 더디게 이루어지기도 한다. 우리는 끝까지 하나님의 약속을 믿고 기다려야 한다. 아브라함이 하나님의 약속을 기다리지 못하고 얻은 이스마엘은 아들이긴 했지만 아브라함 살아생전에도 죽은 후에도 큰 문제를 가져왔다. 성도는 성화의 과정에서 하나님의 약속이 이루어지지 않아도 신실하신 하나님을 믿고 기다려야 한다. 인위적으로 하나님의 뜻을 이루려고 하면 이스마엘 같은 문제가 발생한다.

☙ 창세기 17장: 아브라함에게 주신 번성의 약속, 할례를 행하라

1. 하나님이 다시 해주신 많은 후손의 약속, 할례를 행하라

창세기 17장에서 하나님이 99세 된 아브라함에게 나타나셔서 전능하신 하나님이 아브라함과 그 후손의 하나님이 되실 것을 약속하신다.

아브라함과 그 후손이 심히 번성하게 되어 열국의 아비가 되고 열왕이 그 후손 가운데 나게 될 것을 약속하신다.

가나안 땅을 그와 그 후손에게 영원히 주실 것을 약속하신다.

이 언약의 표증으로 아브라함과 아브라함에게 속한 모든 종들과 그 후손이 영원히 할례를 받아야 할 것을 명하신다.

아브라함은 하나님의 명령대로 자신과 이스마엘과 모든 종에게 할례를 행한다. 하나님은 '아브람'을 이때부터 '아브라함'이라 부르시고 '사래'는 그 이름을 '사라'라 부르신다. 아브라함은 '열국의 아비', 사라는 '열국의 어미'를 뜻한다.

"아브람—큰 아비. 아브라함—많은 사람의 아비, 사래—나의 여주인, 사라—많은 무리의 여주인"

아브라함의 하나님은 그 후손의 하나님이 되신다.

예수 그리스도로 완성될 구원은 하나님이 택한 아브라함과 그 후손의 역사를 통해 이루어진다. 그래서 하나님은 아브라함과 그 후손에게 꼭 같은 약속을 하신다. 아브라함과 그 후손의 역사와 사건이 모두 우리에게 구원을 가르쳐주는 예표가 된다. 하나님은 요한복음 5장 39절에서 이렇게 말씀하신다.

"너희가 성경에서 영생을 얻는 줄 생각하고 성경을 연구하거니와 이 성경이 곧 내게 대하여 증언하는 것이니라"(요 5:39).

아브라함과 그 후손이 번성할 약속과 가나안 땅이 그 후손의 영원한 기업이 될 약속대로 후에 아브라함의 후손이 애굽을 떠나와 가나안 땅에 정착하게 되는 것은 하나님의 약속이 이루어진 것으로, 이 가나안 땅의 약속과 성취는 구원 얻은 성도가 예수 그리스도의 재림으로 이르게 될 영원한 천국의 예표가 된다.

아브라함과 그 가족과 아브라함에게 속한 종들이 모두 할례를 받는다.

할례는 오늘 성도에게는 세례로, 하나님이 영원히 내 하나님이요 나는 영원히 하나님의 백성, 하나님의 자녀임을 표로 갖는 것이다.

매튜 헨리는 이 구절을 이렇게 해석한다(디럭스 바이블).

1) 할례는 피 흘리는 의식이었다. 율법에 따르면 모든 물건이 피로써 정결케 되기 때문이었다(히 9:22). 출애굽기 24장 8절을 보라. 그러나 이제는 그리스도의 피가 흘렀기 때문에 피 흘리는 모든 의식은 폐지되었다. 그러므로 할례는 세례로 이어진다.

2) 비록 여자도 이 언약에 포함되어 있을지라도 할례는 남자에게만 행해졌다. 그 이유는 남자가 여자의 머리이기 때문이다.

3) 할례 시에 잘라 내는 것은 양피의 살이었다. 왜냐하면 죄가 전하여지는 것은 일반적으로 생식에 의해서 되기 때문이다. 당시는 그리스도께서 아직 우리를 위해 자신을 드리기 전이었으므로 하나님은 사람이 자신의 몸의 일부를 드림으로써 언약에 참여하도록 하셨다. 그것은 몸의 은밀한 부분이다. 왜냐하면 진정한 할례는 마음의 할례이기 때문이다(고전 12:23, 24).

언약의 징표는 할례였다. 이것으로 인해 이 언약은 '할례의 언약'(행 7:8)이라고 불렸다. 할례는 표(sign)와 인(seal)으로 일컬어졌다(롬 4:11). 왜냐하면 그것이 계약에 있어서 하나님 편에서 하신 그 약속들을 아브라함과 그의 후손에게 보증하는 것이기 때문이다.

하나님이 아브라함에게 주신 약속의 표로 아브라함과 그 가족들과 종들이 함께 할례를 받음으로 하나님이 아브라함에게 주신 언약이 그 종들에게도 유효하였음을 가르쳐준다. 이 말씀은 구원이 아브라함의 육체적 후손뿐 아니라 믿음으로 구원 얻는 이방인에게도 이루어짐을 예표하는 것이다.

로마서 4장 16절에 하나님은 이렇게 말씀한다. "그러므로 상속자가 되는 그것이 은혜에 속하기 위하여 믿음으로 되나니 이는 그 약속을 그 모든 후손에게 굳게 하려 하심이라 율법에 속한 자에게뿐만 아니라 아브라함의 믿음에 속한 자에게도 그러하니 아브라함은 우리 모든 사람의 조상이라."

에베소서 3장 6절은 이렇게 말씀한다. "이는 이방인들이 복음으로 말미암아 그리스도 예수 안에서 함께 상속자가 되고 함께 지체가 되고 함께 약속에 참여하는 자가 됨이라."

2. 하나님의 약속을 의심한 아브라함

하나님이 아브라함에게 사라를 통해 민족의 열왕이 나리라고 말씀하였지만 아브라함은 엎드려 웃으며 "백세 된 사람이 어찌 자식을 낳을까, 사라는 구십 세니 어찌 생산하리요"(창 17:17) 하면서 하나님의 약속을 의심한다.

창세기 18장을 보면 하나님이 아브라함에게 "기한이 이를 때에…네 아내 사라에게 아들이 있으리라" 말씀하실 때, 사라가 하나님의 이 말씀을 듣고 사라도 속으로 이 하나님의 말씀을 비웃으며 "내가 노쇠하였고, 내 주인도 늙었으니 어찌 낙이 있으리요"라고 말한다.

3. 아브라함이 100세에 사라를 통해 이삭을 낳다

그러나 창세기 21장에 가면 하나님의 말씀대로 아브라함이 나이 100세에 사라를 통해 아들 이삭을 낳는다.

히브리서 11장에서 이 사건을 "믿음으로 사라 자신도 나이가 많아 단산하였으나 잉태할 수 있는 힘을 얻었으니 이는 약속하신 이를 미쁘신 줄 알았음이라"고 한다. 그러면 아브라함과 사라가 아들을 낳을 것이라는 하나님의 말씀을 의심하였는데 히브리서 11장에서 믿었다는 말은 무슨 말인가.

아브라함이 사라를 통하여 낳은 이삭은 기적으로 하늘에서 떨어진 아들이 아니다. 이삭은 아브라함과 사라의 정상적인 육체관계를 통해 잉태하여 생산한 아들이다. 아브라함도 사라도 자신들의 육체로는 잉태할 능력이 없기 때문에 하나님이 아들을 주신다고 말씀했을 때 그 약속을 불신하고 비웃었지만, 아브라함과 사라는 이 '약속을 해주신 하나님"을' 믿었다. 그래서 아브라함과 사라는 하나님의 말씀을 좇아 육체관계를 시도했고 이럴 때 생식능력이 아브라함에게도 사라에게도 회복되어 사라는 잉태하게 된다. 아브라함은 이때 생식능력이 회복되어 후에 후처 그두라를 취하여 6남매를 더 얻게 된다(창 25:1-2).

믿음은 머리로, 지식으로 믿을 수 없는 말씀이라도 이 '약속해 주신 하나님'을 믿고 하나님의 말씀을 환영하고 좇아가는 순종이다. 믿음은 약속의 내용을 믿기 이전에 이 약속을 주신 하나님을 믿는 믿음, 곧 하나님의 전능하심과 하나님의 신실하심을 믿는 믿음이 먼저 있어야 한다. 아브라함이 하나님의 명령대로 할례를 받은 것은 아브라함이 전능하신 하나님을 믿고 순종한 것이다.

아브라함에게도 우리에게도 '하나님은 전능하시고 신실하신 하나님'이시다. 하나님이 아브라함과 사라를 통해 아들을 준다고 하실 때 아브라함도 사라도 이 약속을 의심했지만, 이 약속을 주신 하나님의 전능하심과 신실하심을 먼저 믿었고 그래서 그들은 하나님의 말씀대로 좇아가게 된다. 그래서 아브라함은 아내 사라를 취하여 동침하였고, 이때 아브라함과 사라에게 생식능력이 회복되었다.

이 말씀이 히브리서 11장 11절 "믿음으로 사라 자신도 나이가 많아 단산하였으나 잉태할 수 있는 힘을 얻었으니 이는 약속하신 이를(하나님을) 미쁘신 줄 알았음이라" 한 말씀의 뜻이다.

믿음은 하나님을 믿고, 하나님의 약속을 환영하고 받는 것이요, 그래서 내 지식을 물리치고 하나님의 말씀대로 좇아가는 것이다(창 12:4).

히브리서 11장 13절에서는 믿음을 '약속을 받지 못하였어도 그 약속을 환영하며 좇아가는 것'이라 말씀한다.

우리를 구원하는 믿음의 핵심은 구원을 약속하신 하나님의 신실성(미쁘심)을 믿는 것, 곧 하나님의 신실하심과 전능하심을 믿는 믿음, "하나님을 믿는 믿음"이라는 것을 이 사건이 가르쳐준다.

❦ 창세기 18장: 하나님의 약속과 사라의 불신

하나님이 아브라함에게 사람의 모습으로 두 천사와 함께 나타난다. 사람의 모습으로 나타난 하나님이 아브라함에게 사라를 통해 아들을 낳으리라 하지만 사라가 불신한다.

창세기 18장에서 사람의 모습으로 나타난 두 천사와 하나님이 아브라함의 대접을 받고 사라가 아들을 낳을 것과 소돔과 고모라의 죄악을 심판하실 것을 아브라함에게 알려 주신다.

소돔과 고모라의 심판 소식을 듣고 아브라함은 하나님께 롯의 가정 식구가 소돔과 고모라 백성과 함께 멸망하지 않도록 간절하게 기도한다.

아브라함에게 나타난 세 사람 중 한 사람은 여호와였다. 18장 1절, 13절, 17절, 22절에서 분명하게 여호와라고 말한다. 하나님이 어떻게 인간의 모습으로 아브라함에게 나타나셨는가? 여기서 '어떻게'라는 질문은 합당치 않다. 18장 14절에서 말씀한 대로 여호와께서는 능치 못한 일이 없으신 분이다. 여기에서 '하나님이 왜 아브라함에게 사람의 모습으로 나타나셨는가?' 하는 질문을 해야 한다.

아브라함과 사라를 통한 이삭의 출생은 구원사적으로 보면 대단히 중요한 것이다. 하나님은 아브라함과 이삭을 통해서 구원에 이르는 믿음이 무엇인가를 가르쳐주고(17장 설명 참조) 먼 훗날 이삭을 통해 탄생할 다윗왕과 예수 그리스를 통한 인류 구원의 역사를 이어가신다. 이렇게 소중한 아브라함과 이삭을 통한 인류 구원의 사건을 하나님이 직접 계시하시기 위해 하나님은 사람의 모습으로, 천사로, 아브라함과 사라에게 나타나신 것이다.

하나님이 아브라함에게 "내년 이맘때 내가 반드시 네게로 돌아오리니 네 아내 사라에게 아들이 있으리라" 말씀하실 때 사라는 이 하나님의 말씀을 불신하고 속으로 비웃었다.

그리고 사라는 하나님께 웃지 않았다고 거짓말까지 한다. 그러나 사라는 아브라함을 통해 잉태하였고 하나님의 말씀대로 이삭을 낳는다. 아브라함과 사라는 "자신의 지식과 생각으로는 하나님의 약속을 의심하였지만" "하나님의 말씀을 따라서" "하나님의 말씀을 좇아서" 아브라함이 사라를 취하여 육체관계를 시도했을 때 아브라함과 사라에게 생식능력이 회복되어 이삭을 잉태하고 출산한 것이다.

하나님이 우리에게 해 주신 구원의 약속(복음)은 "우리가 예수 그리스도를 믿음으로 우리는 죽어도 죽지 않고 부활 영생한다"는 것으로, 이 약속은 우리의 지식이나 생각으로 믿어지지 않는 하나님의 약속이요 말씀이다. 여기서 내게 필요한 믿음은 우리가 우리의 지식과 생각을 버리고 "전능하시고 신실하신 하나님을" 믿고 아브라함같이 하나님의 말씀대로 좇아가는 것이다.

소돔과 고모라의 심판 선고와 아브라함의 간구

두 천사는 소돔과 고모라의 죄악을 심판하려고 아브라함을 떠나고 아브라함은 아직도 자기 앞에 계신 하나님께 소돔에 머물고 있는 조카 롯의 가정을 위해 "소돔 땅에 의인 50명이 있으면, 45명이 있으면, 40인이 있으면, 30명이 있으면, 20명이 있으면, 10명이 있으면 그들도 악인과 함께 멸하시겠느냐고 간절하게, 6번이나 간구한다. 이런 아브라함에게 하나님은 소돔 고모라에 의인 10명만 있어도 그들을 멸하지 않겠다고 대답하신다. 이 말은 소돔 땅에 거하는 롯의 식구도 의인이 아니라는 말이다. 결국 아브라함의 간구는 여기서 끝이 난다.

그러나 아브람의 이 간구는 결국 소돔과 고모라가 불로 심판을 받는 중 롯의 식구들이 구원되는 구원의 간구가 된다.

"하나님이 그 지역의 성을 멸하실 때 곧 롯이 거주하는 성을 엎으실 때에 하나님이 아브라함을 생각하사 롯을 그 엎으시는 중에서 내보내셨더라"(창 19:29).

이 땅에서 이루어지는 구원의 역사에 성도의 기도는 아브라함의 기도가 되어 멸망과 사망에서 사람을 구원하는 구원의 기도가 된다. 그래서 중보의 기도가 귀한 것이다. 그리스도는 지금도 우리를 위해 간구하고 계신다(롬 8:26, 34).

☙ 창세기 19장

1. 소돔과 고모라의 심판

창세기 19장에는 죄악이 관영한 소돔과 고모라가 불과 유황으로 심판받아 그 가운데 거하는 모든 생명이 멸망하는 사건을 기록하고 있다. 구원론적으로 보면 심판은 구원을 완성하기 위한 한 계단으로 소돔과 고모라에 대한 심판은 종말에 주님이 재림하시고 흰 보좌에 앉으셔서 산 자와 죽은 자를 심판하시고 새 하늘 새 땅을 건설하시고 구원을 완성하시는(계 20, 21, 22장) 사건을 예표로 보여준다.

소돔과 고모라 사람들이 롯의 집에 들어온 '사람의 모습으로 롯을 찾아온 천사'를 상관(성관계를 맺는 행위)하려고 한다. 롯은 이들에게 자신의 딸 둘을 내어주겠다고 말한다. 이렇게 보면 롯도 그들과 같은 수준으로 죄악에 물들어 있었다.

아브라함이 하나님께 선택되어 부름받았을 때 롯도 함께하였다. 그런데 롯은 하나님이 아브라함에게 준 가나안 땅을 떠나 비옥한 땅 소돔과 고모라로 갔고, 결국 여기서 소돔 백성과 함께 죄악에 물들어 심판받게 된다.

2. 롯의 식구들의 구원, 대환난을 통한 구원의 예표

롯은 두 딸과 함께 심판의 자리에서 아브라함의 기도를 통한 천사의 도움으로 구원받지만, 롯의 가정 구원은 고린도전서 3장 15절에서 말한 '불 가운데서의 구원'을 예표로 보여준다.

"내게 주신 하나님의 은혜를 따라 내가 지혜로운 건축자와 같이 터를 닦아 두매 다른 이가 그 위에 세우나 그러나 각각 어떻게 그 위에 세울까를 조심할지니라 이 닦아 둔 것 외에 능히 다른 터를 닦아 둘 자가 없으니 이 터는 곧 예수 그리스도라 만일 누구든지 금이나 은이나 보석이나 나무나 풀이나 짚으로 이 터 위에 세우면 각 사람의 공적이 나타날 터인데 그날이 공적을 밝히리니 이는 불로 나타내고 그 불이 각 사람의 공적이 어떠한 것을 시험할 것임이라 만일 누구든지 그 위에 세운 공적이 그 대로 있으면 상을 받고 누구든지 그 공적이 불타면 해를 받으리니 그러 나 자신은 구원을 받되 불 가운데서 받은 것 같으리라"(고전 3:10-15).

1) 성화, 교회를 떠난 성도의 부끄러운 구원

성도가 믿음으로 구원받은 후 성화의 과정에서, 롯이 하나님이 축복으로 주신 가나안 땅을 떠나 소돔으로 간 것같이, 신앙생활의 기본인 교회를 떠나가면 성화(받는 구원)에 실패하게 되고, 그래서 주님이 하늘에 재림하실 때 하늘에 이루어질 천국(天國, kingdom of heaven)에는 못 들어가고 예수님 지상 재림 시 천년왕국을 통해 새 하늘 새 땅에 들어가는 부끄러운 구원에 이르게 된다. 이 구원이 바로 불 가운데서 얻는 구원이다.

믿음으로 얻은 구원은 누구도 빼앗을 수 없는 것이다(요 10:28; 롬 8:32-39). 그러나 구원 얻은 다음 은혜를 저버리고 믿음의 법도를 버리면 이 사람은 하나님의 약속대로 구원은 얻지만 대환난을 통하여 부끄럽게 구원된다. 롯이 받은 구원이 대환난을 통해 받는 불 가운데서의 구원을 예표한다.

2) 성경에 나오는 대환난, 부끄러운 구원의 정리

(부끄러운 구원, 대환난에 대한 성경의 가르침은 앞으로 여러 번 거듭된다. 중요한 것이기 때문이다. 그리고 많은 목사들이 이 중요한 성경의 가르침을 모르고 지나가기 때문이다.)

성도 중 믿고 성화된 성도-달란트를 남긴 성도(충성한 성도), 예복을 준비한 성도(회개를 통해 성화를 이룬 성도), 기름을 준비한 성도(회개로 성령충만을 계속 받은 성도)는 1차 부활에 참여하여 휴거되지만, 구원을 얻었어도 성화되지 못한 성도는 대환난에 떨어진다.

"예수께서 다시 비유로 대답하여 이르시되 천국은 마치 자기 아들을 위하여 혼인 잔치를 베푼 어떤 임금과 같으니 그 종들을 보내어 그 청한 사람들을 혼인 잔치에 오라 하였더니 오기를 싫어하거늘 다시 다른 종들을 보내며 이르되 청한 사람들에게 이르기를 내가 오찬을 준비하되 나의 소와 살진 짐승을 잡고 모든 것을 갖추었으니 혼인 잔치에 오소서 하라 하였더니 그들이 돌아 보지도 않고 한 사람은 자기 밭으로, 한 사람은 자기 사업하러 가고 그 남은 자들은 종들을 잡아 모욕하고 죽이니 임금이 노하여 군대를 보내어 그 살인한 자들을 진멸하고 그 동네를 불사르고 이에 종들에게 이르되 혼인 잔치는 준비되었으나 청한 사람들은 합당하지 아니하니 네거리 길에 가서 사람을 만나는 대로 혼인 잔치에 청하여 오라 한대 종들이 길에 나가 악한 자나 선한 자나 만나는 대로 모두 데려오니 혼인 잔치에 손님들이 가득한지라 임금이 손님들을 보러 들어올새 거기서 예복을 입지 않은 한 사람을 보고 이르되 친구여 어찌하여 예복을 입지 않고 여기 들어왔느냐 하니 그가 아무 말도 못하거늘 임금이 사환들에게 말하되 그 손발을 묶어 바깥 어두운 데에 내던지라 거기서 슬피 울며 이를 갈게 되리라 하니라"(마 22:1-13).

이 비유는 천국잔치의 비유로 주님 공중 재림 시 하늘에 이루어질 천국(天國, kingdom of heaven, 바실레이아 톤 우라논, βασιλεία τῶν οὐρανῶν)의 비유다.

잔치에 청함을 받았으나 여러 가지 핑계로 잔치 자리에 오지 않고, 종들을 잡아 능욕하고 죽인 자들은 이스라엘 백성을 가리킨다. 이스라엘 백성들은 로마군에 의해 무참하게 진멸되었다.

길거리에 나가 사람을 만나는 대로 불러 잔치 자리에 들어온 사람들은 구원된 이방인들을 가리킨다.

잔치에 참여할 자격은 선한 자인가 악한 자인가 하는 것이 아니라, 예복을 입고 있느냐 안 입었느냐 하는 것으로, 예복을 입지 않은 한 사람은 천국 잔치에 참여하지 못하고 바깥 어두운 데로 떨어진다. 여기서 예복은 구원받은 후 이루어야 할 성화의 예복으로 성도의 옳은 행실이다.

"또 내가 들으니 허다한 무리의 음성과도 같고 많은 물 소리와도 같고 큰 우렛소리와도 같은 소리로 이르되 할렐루야 주 우리 하나님 곧 전능하신 이가 통치하시도다 우리가 즐거워하고 크게 기뻐하며 그에게 영

광을 돌리세 어린 양의 혼인 기약이 이르렀고 그의 아내가 자신을 준비
하였으므로 그에게 빛나고 깨끗한 세마포 옷을 입도록 허락하셨으니
이 세마포 옷은 성도들의 옳은 행실이로다 하더라"(계 19:6-8).

성도의 옳은 행실은 회개하는 생활이다. 성도가 하나님 앞에 100% 옳
은 순간은 "나는 부족합니다. 나는 오늘도 또 이런 죄를 범했습니다. 용
서하여 주시고 다시 이런 죄와 싸워 이길 힘을 주시옵소서" 회개하는 순
간이다.

"다만 네 고집과 회개치 아니한 마음을 따라 진노의 날 곧 하나님의 의
로우신 판단이 나타나는 그날에 임할 진노를 네게 쌓는도다"(롬 2:5).
"또 내가 그에게 회개할 기회를 주었으되 자기의 음행을 회개하고자 하
지 아니하는도다 볼지어다 내가 그를 침상에 던질 터이요 또 그와 더불
어 간음하는 자들도 만일 그의 행위를 회개하지 아니하면 큰 환난 가
운데에 던지고"(계 2:21-22).

회개하지 않는 자가 큰 환난(대환난)에 던져진다.

3) 바깥 어두운 데
마태복음 22장 1-13절에 나오는 왕의 아들 잔치의 말씀이나 달란트 비
유에서나 미련한 처녀 비유에서 바깥 어두운 데로 던져진 것은 그들이
지옥에 간 것이 아니고, 대환난에 들어간 것을 말한다. 성경에는 주님 재
림 시에 늘 나팔 소리가 등장하고 해와 달이 빛을 잃는 기사가 나온다.
주님이 재림하셔서 하늘에 천국(바실레이아 톤 우라논, βασιλεία τῶν οὐρανῶν,
kingdom of heaven) 이 차려질 때 이 땅에는 대환난이 시작되고 이 기간은
사탄이 이 땅을 지배하는 어두운 기간이 된다. 이 어두운 곳이 대환난의
장소다. 성경을 보면 주님 재림 시 늘 나팔 소리와 해와 달이 빛을 잃는
어두움이 나온다(어두운 곳-계 16:10-11; 마 24:29-31; 행 2:20; 습 1:14-16; 욜 2:1).

"나더러 주여 주여 하는 자마다 천국에 다 들어갈 것이 아니요 다만 하늘에 계신 내 아버지의 뜻대로 행하는 자라야 들어가리라 그날에 많은 사람이 나더러 이르되 주여 주여 우리가 주의 이름으로 선지자 노릇하며 주의 이름으로 귀신을 쫓아내며 주의 이름으로 많은 권능을 행하지 아니하였나이까 하리니 그때에 내가 그들에게 밝히 말하되 내가 너희를 도무지 알지 못하니 불법을 행하는 자들아 내게서 떠나가라 하리라"(마 7:21-23).

"내가 너희에게 이르노니 너희 의가 서기관과 바리새인보다 더 낫지 못하면 결코 천국에 들어가지 못하리라"(마 5:20).

성도가 서기관과 바리새인보다 의로울 수 있는 길은 회개하는 길이다. 서기관과 바리새인은 의롭게 살았지만 회개할 줄을 몰랐다. 그래서 주님께 꾸지람을 당한다.

"또 내게 지팡이 같은 갈대를 주며 말하기를 일어나서 하나님의 성전과 제단과 그 안에서 경배하는 자들을 측량하되 성전 바깥마당은 측량하지 말고 그냥 두라 이것은 이방인에게 주었은즉 그들이 거룩한 성을 마흔두 달 동안 짓밟으리라"(계 11:1-2).

이 말씀에서 갈대로 성전을 측량하는 것은 구원받은 자들(성전과 제단에서 경배하는 자들)의 공적 심판을 뜻하는 것이고, 성전 밖 마당은 측량하지 말라 한 것은 구원은 받았어도 아직 외소에 있는 성도들, 곧 성화하지 못한 성도들은 마흔두 달 동안(대환난의 기간) 대환난에 던져지는 것을 뜻한다.

"예순두 이레 후에 기름 부음을 받은 자가 끊어져 없어질 것이며 장차 한 왕의 백성이 와서 그 성읍과 성소를 무너뜨리려니와 그의 마지막은 홍수에 휩쓸림 같을 것이며 또 끝까지 전쟁이 있으리니 황폐할 것이 작정되었느니라 그가 장차 많은 사람들과 더불어 한 이레 동안의 언약을 굳게 맺고 그가 그 이레의 절반에 제사와 예물을 금지할 것이며 또 포악하여 가증한 것이 날개를 의지하여 설 것이며 또 이미 정한 종말까지 진노가 황폐하게 하는 자에게 쏟아지리라 하였느니라 하니라"(단 9:26-27).

이레의 절반(이 이레의 절반은 한 때 두 때 반 때, 삼 년 반, 마흔두 달과 같은 뜻으로 사용된다), 곧 3년 반 동안 하나님께 드리는 제사와 예물이 금지되고, 계시록에서 일곱 대접이 쏟아지는 이 기간이 대환난의 기간이다.

"장로 중 하나가 응답하여 나에게 이르되 이 흰 옷 입은 자들이 누구며 또 어디서 왔느냐 내가 말하기를 내 주여 당신이 아시나이다 하니 그가 나에게 이르되 이는 큰 환난에서 나오는 자들인데 어린양의 피에 그 옷을 씻어 희게 하였느니라"(계 7:13-14).

성도 중 일부가 대환난에 참여했다가 이 큰 환난에서 나온다고 말한다.

"그러므로 너희가 선지자 다니엘이 말한 바 멸망의 가증한 것이 거룩한 곳에 선 것을 보거든 (읽는 자는 깨달을진저) 그때에 유대에 있는 자들은 산으로 도망할지어다 지붕 위에 있는 자는 집 안에 있는 물건을 가지러 내려가지 말며 밭에 있는 자는 겉옷을 가지러 뒤로 돌이키지 말지어다 그날에는 아이 밴 자들과 젖 먹이는 자들에게 화가 있으리로다 너희가 도망하는 일이 겨울에나 안식일에 되지 않도록 기도하라 이는 그때에 큰 환난이 있겠음이라 창세로부터 지금까지 이런 환난이 없었고 후에도 없으리라 그날들을 감하지 아니하면 모든 육체가 구원을 얻지 못할 것이나 그러나 택하신 자들을 위하여 그날들을 감하시리라"(마 24:15-22).

대환난에 얼마의 성도가 들어가고 하나님은 대환난 중에 있는 택한 자들을 불쌍하게 여기셔서 그날들, 곧 대환난의 날들을 얼마간 감해주신다.

"하늘에 큰 이적이 보이니 해를 옷 입은 한 여자가 있는데 그 발아래에는 달이 있고 그 머리에는 열두 별의 관을 썼더라 이 여자가 아이를 배어 해산하게 되매 아파서 애를 쓰며 부르짖더라 하늘에 또 다른 이적이 보이니 보라 한 큰 붉은 용이 있어 머리가 일곱이요 뿔이 열이라 그 여러 머리에 일곱 왕관이 있는데 그 꼬리가 하늘의 별 3분의 1을 끌어다가 땅에 던지더라 용이 해산하려는 여자 앞에서 그가 해산하면 그 아이를 삼키고자 하더니 여자가 아들을 낳으니 이는 장차 철장으로 만국을 다스릴 남자라 그 아이를 하나님 앞과 그 보좌 앞으로 올려가더라 그 여자가 광야로 도망하매 거기서 천이백육십 일 동안 그를 양육하기 위하여 하나님께서 예비하신 곳이 있더라 하늘에 전쟁이 있으니 미가엘과 그의 사자들이 용과 더불어 싸울새 용과 그의 사자들도 싸우나 이기지 못하여 다시 하늘에서 그들이 있을 곳을 얻지 못한지라 큰 용이 내쫓기니 옛 뱀 곧 마귀라고도 하고 사탄이라고도 하며 온 천하를 꾀는 자라 그가 땅으로 내쫓기니 그의 사자들도 그와 함께 내쫓기니라 내가 또 들으니 하늘에 큰 음성이 있어 이르되 이제 우리 하나님의 구원과 능력과 나라와 또 그의 그리스도의 권세가 나타났으니 우리 형제들을 참소하던 자 곧 우리 하나님 앞에서 밤낮 참소하던 자가 쫓겨났고 또 우리 형제들이 어린 양의 피와 자기들이 증언하는 말씀으로써 그를 이겼으니 그들은 죽기까지 자기들의 생명을 아끼지 아니하였도다 그러므로 하늘과 그 가운데에 거하는 자들은 즐거워하라 그러나 땅과 바다는 화 있을진저 이는 마귀가 자기의 때가 얼마 남지 않은 줄을 알므로 크게 분내어 너희에게 내려갔음이라 하더라 용이 자기가 땅으로 내쫓긴 것을 보고 남자를 낳은 여자를 박해하는지라 그 여자가 큰 독수리의 두 날개를 받아 광야 자기 곳으로 날아가 거기서 그 뱀의 낯을 피하여 한 때와 두 때와 반 때를 양육 받으매 여자의 뒤에서 뱀이 그 입으로 물을 강 같이 토하여 여자를 물에 떠내려 가게 하려 하되 땅이 여자를 도와 그 입을 벌려 용의 입에서 토한 강물을 삼키니 용이 여자에게 분노하여 돌아가서 그 여자의 남은 자손 곧 하나님의 계명을 지키며 예수의 증거를 가진 자들과 더불어 싸우려고 바다 모래 위에 서 있더라"(계 12:1-17).

주님 공중 재림하셔서 하늘에서는 천국 잔치가 시작되고 이 땅에는 일곱 대접 쏟아지는 대환난이 시작된다. 이때 마귀는 그 꼬리로 하늘의 별 3분의 1을 대환난의 땅으로 끌어내려(계 12:4) 핍박하지만 하나님이 한 때 두 때 반 때를 지켜주신다.

이때의 광경을 "하늘과 그 가운데 거하는 자들은 즐거워하고, 땅과 바다는 화 있을진저" 하는 말로 표현한다.

이 말씀에서 하늘의 별은 성도다. 계시록 1장 12-16절을 보면 일곱 별을 그 오른손에 붙잡고 일곱 금 촛대 사이를 왕래하시는 주님의 모습이 나온다. 여기서 일곱 금 촛대는 일곱 교회로 세상의 모든 교회를 가리키고, 일곱 별은 모든 교회의 성도들이다. 그런데 대환난의 때에 마귀가 하늘의 별, 곧 성도 중 3분의 1을 대환난의 장소로 끌어내린다(계 12:3-4).

"하늘에 또 다른 이적이 보이니 보라 한 큰 붉은 용이 있어 머리가 일곱이요 뿔이 열이라 그 여러 머리에 일곱 왕관이 있는데 그 꼬리가 하늘의 별 3분의 1을 끌어다가 땅에 던지더라"(계 12:3-4).

이 말은 구원받은 성도 중 약 3분의 1이 사탄의 유혹에 넘어가 성화의 예복을 벗어버리고, 성도의 옳은 행실인 회개하는 생활을 계속하지 못하여 대환난에 들어갈 것을 가리키는 말이다.

이 말씀에서 하늘에서 떨어진 별과 여인이 낳은 아들은 대환난 때에 이 땅에 남아 있는 교회와 성도를 가리킨다.

구원받은 성도 중 약 3분의 1이 대환난에 들어간다.

계시록 12장 12절의 '하늘의 즐거움'은 천국 잔치를 뜻하고 '화 받는 땅과 바다'는 대환난의 장소를 가리킨다.

"그러면 이제 우리가 그의 피로 말미암아 의롭다 하심을 받았으니 더

욱 그로 말미암아 진노하심에서 구원을 받을 것이니"(롬 5:9).

주님의 피로 구원받은 성도는, 다시 성화되지 못한 성도에게 임하게 될 진노하심(일곱 대접 재앙, 대환난)에서도 구원을 얻어야 한다.

"그 안에서 발견되려 함이니 내가 가진 의는 율법에서 난 것이 아니요 오직 그리스도를 믿음으로 말미암은 것이니 곧 믿음으로 하나님께로부터 난 의라 내가 그리스도와 그 부활의 권능과 그 고난에 참여함을 알고자 하여 그의 죽으심을 본받아 어떻게 해서든지 죽은 자 가운데서 부활에 이르려 하노니 내가 이미 얻었다 함도 아니요 온전히 이루었다 함도 아니라 오직 내가 그리스도 예수께 잡힌 바 된 그것을 잡으려고 달려가노라 형제들아 나는 아직 내가 잡은 줄로 여기지 아니하고 오직 한 일 즉 뒤에 있는 것은 잊어버리고 앞에 있는 것을 잡으려고 푯대를 향하여 그리스도 예수 안에서 하나님이 위에서 부르신 부름의 상을 위하여 달려가노라"(빌 3:9-14).

믿음으로 구원 얻은 후 성도는 바울 사도와 같이 하늘의 천국, 상을 얻기 위해 성화에 힘써야 한다.
성경은 이렇게 여러 구절에서 성도 중 얼마가 대환난에 들어간다고 분명하게 가르친다.

4) 대환난을 통한 불 가운데서 얻는 구원
대환난에 들어갔던 성도도 주님 지상 재림 시 구원되어 천년왕국 신천 신지(영원한 구원)는 다 받는다.

"이 닦아 둔 것 외에 능히 다른 터를 닦아 둘 자가 없으니 이 터는 곧 예수 그리스도라 만일 누구든지 금이나 은이나 보석이나 나무나 풀이나 짚으로 이 터 위에 세우면 각 사람의 공적이 나타날 터인데 그날이 공적을 밝히리니 이는 불로 나타내고 그 불이 각 사람의 공적이 어떠한 것을 시험할 것임이라 만일 누구든지 그 위에 세운 공적이 그대로 있으면 상을 받고 누구든지 그 공적이 불타면 해를 받으리니 그러나 자신은 구원을 받되 불 가운데서 받은 것 같으리라"(고전 3:11-15).

구원받은 후 신앙으로 살아가는 것은 그리스도 터 위에 집을 건축하는 것과 같다. 어떤 성도는 구원받고 금은보석으로 집을 짓고, 또 어떤 성도는 구원받고 나무나 풀이나 짚으로 집을 짓는다. 그리스도가 재림하실 때 이들의 공적(신앙생활, 집)을 불로 시험한다. 이 불에 그 공적이 그대로 있으면 이 성도는 상을 받고, 불타버리면 이 성도는 구원은 받지만 불 가운데서 받게 된다.

여기서 불 가운데 받는 구원이 부끄러운 구원으로 성도 중 일부가 구원은 받았지만 그 후 생활에서 금이나 은이나 보석같이 영원한 것을 잃어버리고 나무나 풀이나 짚같이 불타버릴 것들만 의지하고 살아가다가 주님 공중 재림 시 천국에는 못 들어가고 대환난을 통해 부끄럽게 구원된다.

"여호와가 말하노라 이 온 땅에서 3분의 2는 멸망하고 3분의 1은 거기 남으리니 내가 그 3분의 1을 불 가운데에 던져 은같이 연단하며 금같이 시험할 것이라 그들이 내 이름을 부르리니 내가 들을 것이며 나는 말하기를 이는 내 백성이라 할 것이요 그들은 말하기를 여호와는 내 하나님이시라 하리라 여호와의 날이 이르리라 그날에 네 재물이 약탈되어 네 가운데에서 나누이리라 내가 이방 나라들을 모아 예루살렘과 싸우게 하리니 성읍이 함락되며 가옥이 약탈되며 부녀가 욕을 당하며 성읍 백성이 절반이나 사로잡혀 가려니와 남은 백성은 성읍에서 끊어지지 아니하리라 그때에 여호와께서 나가사 그 이방 나라들을 치시되 이왕의 전쟁 날에 싸운 것 같이 하시리라 그날에 그의 발이 예루살렘 앞 곧 동쪽 감람산에 서실 것이요 감람 산은 그 한 가운데가 동서로 갈라져 매우 큰 골짜기가 되어서 산 절반은 북으로, 절반은 남으로 옮기고 그 산 골짜기는 아셀까지 이를지라 너희가 그 산골짜기로 도망하되 유다 왕 웃시야 때에 지진을 피하여 도망하던 것 같이 하리라 나의 하나님 여호와께서 임하실 것이요 모든 거룩한 자들이 주와 함께하리라 그날에는 빛이 없겠고 광명한 것들이 떠날 것이라 여호와께서 아시는 한 날이 있으리니 낮도 아니요 밤도 아니라 어두워 갈 때에 빛이 있으리로다 그날에 생수가 예루살렘에서 솟아나서 절반은 동해로, 절반은 서해로 흐를 것이라 여름에도 겨울에도 그러하리라 여호와께서 천하의 왕이 되시리니 그날에는 여호와께서 홀로 한 분이실 것이요 그의 이름이 홀로 하나이실 것이라"(슥 13:8-14:9).

스가랴서 13, 14장에서는 그리스도의 재림에 대한 예언이 많이 나온다. 13장 8절에서 온 땅에서 3분의 2는 멸망하고 3분의 1이 거기 남는다는 말은 세상 사람들 중 3분의 2는 멸망하고 3분의 1이 구원받는다는 말이고, 13장 9절에서 3분의 1을 불 가운데 던져 은같이 단련한다는 말은 세상에서 구원받은 3분의 1의 백성 중, 다시 3분의 1이 대환난에 떨어질 것을 말한다. 이 말씀도 계시록 12장의 말씀과 같이 성도 중 3분의 1이 마귀에 의해 이 땅에 떨어진다는 말씀과 같은 말이다.

"이는 그때에 큰 환난이 있겠음이라 창세로부터 지금까지 이런 환난이 없었고 후에도 없으리라 그날들을 감하지 아니하면 모든 육체가 구원을 얻지 못할 것이나 그러나 택하신 자들을 위하여 그날들을 감하시리라"(마 24:21-22).

대환난에 들어간 성도를 위해 하나님이 그 환난의 날을 감해주신다.

"내가 그들에게 영생을 주노니 영원히 멸망하지 아니할 것이요 또 그들을 내 손에서 빼앗을 자가 없느니라 그들을 주신 내 아버지는 만물보다 크시매 아무도 아버지 손에서 빼앗을 수 없느니라"(요 10:28-29).

한 번 구원받은 성도는 결코 멸망하지 않는다. 구원받은 성도는 모두 천년왕국, 새 하늘 새 땅에 다 들어간다.

"내가 하늘로서 내려온 것은 내 뜻을 행하려 함이 아니요 나를 보내신 이의 뜻을 행하려 함이니라 나를 보내신 이의 뜻은 내게 주신 자 중에 내가 하나도 잃어버리지 아니하고 마지막 날에 다시 살리는 이것이니 라 내 아버지의 뜻은 아들을 보고 믿는 자마다 영생을 얻는 이것이니 마지막 날에 내가 이를 다시 살리리라 하시니라"(요 6:38-40).
"상한 갈대를 꺾지 아니하며 꺼져가는 등불을 끄지 아니하고 진실로 정의를 시행할 것이며"(사 42:3).

사람이 보기엔 믿음을 다 떠난, 구원이 끊어진 사람 같아도 하나님은 상한 갈대를 꺾지 아니하시고 꺼져가는 등불을 끄지 아니하신다. 구원받은 사람은 마침내 구원된다.

3. 롯의 구원, 부끄러운 구원
창세기 19장에서 롯의 사건은 부끄러운 구원, 불 가운데서의 구원, 종말론적 구원을 잘 예표한다.
소돔과 고모라가 유황불로 심판받기 전, 롯은 사위들에게 심판과 멸망을 말해주고 심판에서 구원될 길을 말했지만 그들은 이 말을 농담으로 여겼다. 오늘도 주님의 재림과 심판과 영생의 복음이 멸망할 사람들에게는 농담처럼 여겨진다.
주님의 말씀을 부끄러워하는 사람은 하나님 앞에 부끄러운 사람이 된다.

"누구든지 나와 내 말을 부끄러워하면 인자도 자기와 아버지와 거룩한 천사들의 영광으로 올 때에 그 사람을 부끄러워하리라"(눅 9:26).

결국 그들은 유황불 심판을 받는다. 소돔과 고모라의 심판은 마지막 심판을 예표한다.

"소돔과 고모라와 그 이웃 도시들도 그들과 같은 행동으로 음란하며 다른 육체를 따라가다가 영원한 불의 형벌을 받음으로 거울이 되었느니라"(유 1:7).

구원에는 반드시 심판이 전제된다. 심판이 없으면 구원도 필요 없게 된다. 구원은 심판에서 심판받지 않는 것이다. 하나님의 말씀 요한복음 5장 24-29절에서 구원을 이렇게 말한다.

"내가 진실로 진실로 너희에게 이르노니 내 말을 듣고 또 나 보내신 이를 믿는 자는 영생을 얻었고 심판에 이르지 아니하나니 사망에서 생명으로 옮겼느니라 진실로 진실로 너희에게 이르노니 죽은 자들이 하나님의 아들의 음성을 들을 때가 오나니 곧 이때라 듣는 자는 살아나리라 아버지께서 자기 속에 생명이 있음 같이 아들에게도 생명을 주어 그속에 있게 하셨고 또 인자됨으로 말미암아 심판하는 권한을 주셨느니라 이를 놀랍게 여기지 말라 무덤 속에 있는 자가 다 그의 음성을 들을 때가 오나니 선한 일을 행한 자는 생명의 부활로, 악한 일을 행한 자는 심판의 부활로 나오리라"(요 5:24-29).

소돔과 고모라가 유황불로 심판받기 전 롯과 롯의 아내와 두 딸은 하나님의 자비를 힘입어 천사들의 손길에 이끌려 소돔과 고모라 성에서 나오게 된다. 이때 롯의 아내는 "돌아보거나 들에 머물지 말라"(19:17)고 경고한 천사의 말을 따르지 않고 뒤를 돌아보다가 소금 기둥이 된다. 현재 이스라엘 땅에 존재하는 사해가 소돔과 고모라가 멸망한 자리로(매튜 헨리 주석 창19:24-25) 이 자리에는 아직도 소돔과 고모라의 멸망을 보여주는 것 같은 소금 기둥들이 있다.

소돔과 고모라가 멸망할 때 롯이 구원된 것은 하나님의 자비하심 때문이었고, 하나님이 롯의 구원을 위해 간구한 아브라함의 기도를 들어주신 것이었다(19:29). 다른 사람을 위한 중보의 기도는 이렇게 죽을 사람을 살리기도 한다.

모압, 암몬 족속이 탄생한다. 롯과 두 딸이 유황불의 심판을 피하여 소알성에 머물러 사는 중 큰딸과 작은딸이 아버지 롯에게 술을 먹이고 아버지 롯과 육체관계(근친상간)를 맺어, 큰딸이 낳은 아들은 모압 족속을 이루게 되고, 작은딸이 낳은 아들은 암몬 족속을 이루게 된다. 그리고 모압 족속과 암몬 족속은 훗날 이스라엘 백성을 여러 번 침공하는 이스라엘 백성의 대적이 된다.

죄의 씨를 뿌리면 악을 거두게 된다. 구원받은 후 성화의 과정에서 항상 의를 심고 선한 열매를 거두어야 한다.

✌ 창세기 20장: 아브라함이 그랄 땅에서 받은 치욕

창세기 20장은 아브라함이 그랄 땅에 거하는 동안 그 아내 사라를 그랄 왕에게 빼앗겼을 때 하나님이 사라를 아브라함에게 무사히 돌려준 사건을 기록하고 있다.

하나님은 아브라함을 지켜주신다고 약속하셨고 이렇게 범사에 지켜주신다. 구원받은 성도는 주 안에 있다. 어떤 경우에도, 육체의 생명이 끝날 때도 주님이 지켜주신다. 생명이 끝날 때 성도는 영생으로 들어간다. 이것이 하나님이 범사에 성도를 지켜주시는 방법이다.

아브라함은 흉년을 만나도 가나안 땅에 거해야 한다. 아브라함이 하나님이 축복으로 주신 땅, 가나안 땅을 떠나는 것은 위험한 일이다. 성도가 제단을 떠나는 것은 롯이 소돔으로 가는 일이요, 아브라함이 애굽과 그랄 땅으로 가는 일이다. 위험한 일이다.

아브라함은 아내를 누이라고 말해 자신의 생명을 보장받고자 하는 불신앙에 빠져 아내를 빼앗기는 수모를 겪는다. 성도가 세상으로 돌아가면 더 큰 어려움이 기다린다. 아브라함의 잔꾀는 하나님의 사람으로 세상 사람에게 수모를 받는 부끄러움을 가져왔다. 믿음으로 사는 길에 내 꾀를 부리지 말아야 한다.

아브라함은 애굽에 내려가서도 이와 꼭 같은 행동을 하였다(창 12:13). 아브라함도, 우리도 인간은 늘 약하다. 이렇게 넘어질 수 있다. 늘 하나님이 지켜주신다는 믿음으로 더 무장하고 겸손해야 한다.

아브라함은 이방인 그랄 왕에게 "네가 마땅히 하지 말아야 할 일들을 내게 행하였도다" 하는 꾸지람을 듣는다. 성도가 안 믿는 사람 앞에 꾸지람을 듣게 살아서는 안 된다.

아브라함은 "분명히 이곳에는 하나님을 두려워함이 없으므로 내 아내로 인해 그들이 나를 죽일 줄로 내가 생각하였기 때문"이라고 대답하지만 그랄 땅의 왕은 하나님을 경외하는 사람이었다. 성도가 자신만 믿음으로 산다는 생각은 실수를 불러올 수 있다. 우리 주위에 이런 믿음의 교만을 가지고 살아가는 많은 사람이 있다. 늘 내 믿음 앞에 겸손해야 한다.

하나님은 그랄 왕에게 꿈으로 계시하셨다. 오늘도 꿈의 계시는 있을 수 있다. 그러나 지금 우리에게는 말씀의 계시가 있다. 말씀 제일주의로 살아야 한다.

아브라함이 그랄 왕을 위해 기도할 때 그랄 왕과 백성에게 내린 불임의 재앙을 돌이켜 주신다. 아브라함은 부족해도 제사장이다. 우리 모두 부족해도 제사장이다.

"그러나 너희는 택하신 족속이요 왕 같은 제사장들이요 거룩한 나라요 그의 소유가 된 백성이니 이는 너희를 어두운 데서 불러내어 그의 기이한 빛에 들어가게 하신 이의 아름다운 덕을 선포하게 하려 하심이라" (벧전 2:9).

제사장은 다른 사람을 위해 기도하여야 한다.

❦ 창세기 21-22장

창세기 21장은 이삭의 출생과 성장, 이스마엘이 어머니 하갈과 함께 아브라함의 집에서 떠나간 사건을 기록하고 있다. 그리고 창세기 22장에서는 이삭의 헌제 사건이 기록된다.

창세기에서 하나님이 우리에게 구원을 가르쳐주는 맥은 노아, 아브라함, 이삭, 야곱으로 이어진다. 이렇게 볼 때 창세기 21장에서 이삭의 출생과 창세기 22장에서 이삭의 헌제 사건은 구원론에서 아주 중요한 의미를 갖는다.

1. 이삭의 출생

(이 기사는 앞에서 설명하였다. 그러나 다시 설명하는 것은 믿음이 어떤 것인지를 이 사건이 잘 말씀하고 있기 때문이다.)

창세기 17장 말씀을 보면, 하나님이 아브라함의 나이 99세 때 사라를 통해 복의 근원이 되는 아들을 주리라 약속하셨지만, 아브라함은 하나님의 이 말씀을 믿지 못하고 이스마엘이나 잘 살게 해달라고 속으로 말한다.

창세기 18장을 보면 사라도 하나님이 그에게 아들을 주신다고 하는 약속을 믿지 못하고 속으로 비웃는다.

사라와 아브라함 모두가 아브라함의 나이 100세에, 사라 나이 90세에, 사라는 경수가 끊어지고 아브라함은 생식능력을 잃은 상태에서 하나님이 자신들을 통해 아들을 낳게 하신다고 할 때 그들은 다 믿지 못했고 비웃었고 사라는 비웃지 않았다고 거짓말까지 한다. 그런데 창세기 21장을 보면 아브라함은 사라를 통해 아들, 이삭을 얻게 된다.

"여호와께서 말씀하신 대로 사라를 돌보셨고 여호와께서 말씀하신 대로 사라에게 행하셨으므로 사라가 임신하고 하나님이 말씀하신 시기가 되어 노년의 아브라함에게 아들을 낳으니 아브라함이 그에게 태어난 아들 곧 사라가 자기에게 낳은 아들을 이름하여 이삭이라 하였고 그

아들 이삭이 난 지 팔 일 만에 그가 하나님이 명령하신 대로 할례를 행
하였더라 아브라함이 그의 아들 이삭이 그에게 태어날 때에 백 세라
사라가 이르되 하나님이 나를 웃게 하시니 듣는 자가 다 나와 함께 웃
으리로다 또 이르되 사라가 자식들을 젖먹이겠다고 누가 아브라함에게
말하였으리요마는 아브라함의 노경에 내가 아들을 낳았도다 하니라"
(창 21:1-7).

아브라함이 사라를 통하여 낳은 이삭은 기적으로 하늘에서 떨어진 아
들이 아니다. 이삭은 아브라함과 사라의 정상적인 육체관계를 통해 잉태
하여 생산한 아들이다. 아브라함도 사라도 자신들의 육체로는 잉태할 능
력이 없었기 때문에, 하나님이 아들을 주신다고 하셨을 때 불신하고 비웃
었지만 아브라함은 ① 하나님을 믿고(창 15:6) ② 하나님의 말씀을 좇아 ③
사라와 육체관계를 시도했고 이럴 때 생식능력이 아브라함에게도 사라에
게도 회복되어 사라가 잉태하게 된다.

아브라함은 이때 생식능력이 회복되어 후에, 그두라를 후처로 취하여
6남매를 더 얻게 된다(창 25:1-2).

믿음은 곧 머리로, 지식으로 못 믿을 말씀이라도 하나님을 믿고(신뢰하
고) 하나님의 말씀을 환영하고(히 11:13) 좇아가는 순종이다. 믿음은 하나님
의 약속을 환영하고 받는 것이요, 그래서 내 지식을 물리치고(롬 4:18, 아브
라함이 바랄 수 없는 중에 바라고 믿었으니) 하나님의 말씀대로 좇아가는 것이다
(창 12:4).

창세기 21장에서 이삭의 출생사건은 '구원의 중심 단어인 믿음'이 어떤
것인가를 가르쳐준다. 믿음은 전능하신 하나님을 믿고, 내 지식을 물리치
고 전능하신 하나님의 말씀을 좇아가는 것이다.

2. 이스마엘이 아브라함의 집에서 쫓겨나다

이삭이 3세에 젖을 뗄 때 아브라함이 큰 잔치를 베풀었다. 이때 이삭보
다 15살이 많은 이스마엘이 이삭을 희롱하였고 이 사건으로 이스마엘과

그의 어머니 하갈은 아브라함의 집에서 쫓겨나 바란 광야에서 살게 된다. 이스마엘은 아브라함이 이삭을 낳기 전 그 아내 사라의 권고로 사라의 여종 하갈을 통해 낳은 아들로 이삭과 달리 하나님이 주시는 약속의 유업을 받지 못할 아들이다(갈 4:30).

하나님은 이삭이 출생하기 전에 이미 하나님의 약속이 이스마엘이 아닌 이삭을 통해서만 이루어질 것을 말씀하신다(창 17:19, 21).

이스마엘이 아브라함의 집에서 쫓겨난 사건은 구원의 섭리는 하나님의 절대적 주권에 의해 하나님만이 주관하시는 것임을 가르쳐준다(창 25장 참조).

3. 번제물로 바쳐지는 이삭

성경은 구원을 가르쳐주기 위해 기록되었다(요 20:31; 딤후 3:15). 성경에서 구원을 가르쳐주는 핵심적인 단어는 믿음, 예수 그리스도, 죄, 제사(제물), 영생이다. 창세기에서 아브라함이 사라를 통해 이삭을 출생하는 사건은 우리에게 믿음이 어떤 것인가를 가르쳐주고, 이삭의 번제 사건은 예수님이 십자가에서 우리의 죄를 대신하여 자신이 속죄제물로 드려짐으로 우리의 구원이 완성된 사건을 예표로 가르쳐준다.

하나님은 아브라함에게 이삭을 제물로 바치라고 명하신다. 이 이삭은 그 후손이 하늘의 별같이, 땅의 모래같이 많은 자손으로 번성할 하나님의 약속을 가진 아들이고, 만민의 복의 근원이 이삭의 후손에게서 나리라는 하나님의 약속을 가진 아들이다. 그런데 하나님은 이런 아들, 이삭이 아직 한 명의 아들도 얻기 전에, 이 이삭을 번제물로 바치라고 명하신다. 그리고 아브라함은 이러한 하나님의 명령에 순종한다.

이삭이 모리아산에서 제물로 바쳐진 사건은 예수님이 골고다 십자가에서 우리의 죄를 담당하시고 제물로 바쳐질 사건을 예표로 보여준다. 예수님은 우리의 죄를 담당하신 화목제물이다(롬 3:25; 요일 2:21, 4:10).

"모든 사람이 죄를 범하였으매 하나님의 영광에 이르지 못하더니 그리스도 예수 안에 있는 속량으로 말미암아 하나님의 은혜로 값없이 의롭

다 하심을 얻은 자 되었느니라 이 예수를 하나님이 그의 피로써 믿음으로 말미암는 화목제물로 세우셨으니 이는 하나님께서 길이 참으시는 중에 전에 지은 죄를 간과하심으로 자기의 의로우심을 나타내려 하심이니 곧 이때에 자기의 의로우심을 나타내사 자기도 의로우시며 또한 예수 믿는 자를 의롭다 하려 하심이라"(롬 3:23-26).

이삭이 모리아산에서 제물로 바쳐질 때 그의 나이가 25세였다(우치무라 간조, 창세기 주석, 이삭의 헌공, 디럭스 바이블). 이삭은 125세 된 아버지 아브라함을 힘으로 제어하고 도망갈 수 있었다. 그러나 이삭은 아버지 아브라함이 시키는 대로 제물이 되어 제단에 누웠다. 이 사건은 예수님이 십자가에서 내려오실 수 있었지만 십자가에서 제물이 된 것을 예표한다.

하나님이 아브라함에게 이삭을 제물로 바치라고 하신 명령은 하나님이 아브라함에게 주신 약속, 이삭을 통해 아브라함의 후손이 하늘의 별같이 많아지리라는 언약에 위배되는 것이다.

"내가 내 언약을 나와 너 사이에 두어 너를 크게 번성하게 하리라 하시니 아브람이 엎드렸더니 하나님이 또 그에게 말씀하여 이르시되 보라 내 언약이 너와 함께 있으니 너는 여러 민족의 아버지가 될지라 이제 후로는 네 이름을 아브람이라 하지 아니하고 아브라함이라 하리니 이는 내가 너를 여러 민족의 아버지가 되게 함이니라 내가 너로 심히 번성하게 하리니 내가 네게서 민족들이 나게 하며 왕들이 네게로부터 나오리라 내가 내 언약을 나와 너 및 네 대대 후손 사이에 세워서 영원한 언약을 삼고 너와 네 후손의 하나님이 되리라 내가 너와 네 후손에게 네가 거류하는 이 땅 곧 가나안 온 땅을 주어 영원한 기업이 되게 하고 나는 그들의 하나님이 되리라"(창 17:2-8).

하나님이 이삭을 번제물로 바치라는 명령은 아브라함이 그 지식으로 이해할 수 없는 명령이었다. 그러나 아브라함은 이해할 수 없는 하나님의 명령에 순종한다. 히브리서 11장에는 이 사건을 이렇게 말한다.

"아브라함은 시험을 받을 때에 믿음으로 이삭을 드렸으니 그는 약속들을 받은 자로되 그 외아들을 드렸느니라 그에게 이미 말씀하시기를 네 자손이라 칭할 자는 이삭으로 말미암으리라 하셨으니 그가 하나님이 능히 이삭을 죽은 자 가운데서 다시 살리실 줄로 생각한지라 비유컨대 그를 죽은 자 가운데서 도로 받은 것이니라"(히 11:17-19).

아브라함은 이삭을 바치라고 하신 하나님의 명령을 이해할 수 없었고 받아들일 수 없었지만 이런 명령을 하신 하나님의 신실하심과 전능하심을 믿어서 이삭을 제물로 드릴 수 있었다.

이삭의 헌제 사건은 다시 믿음의 비밀, 곧 믿음은 하나님의 신실하심을 믿는 신뢰요, 전능하신 하나님을 믿는 것임을 가르쳐준다. 히브리서 11장 11절에서 사라의 믿음이 이 사실을 더 분명하게 말씀해준다.

"믿음으로 사라 자신도 나이가 많아 단산하였으나 잉태할 수 있는 힘을 얻었으니 이는 약속하신 이를 미쁘신 줄 알았음이라."

4. 여호와 이레와 아브라함의 믿음 확인

아브라함이 이삭 대신 숫양을 대신하여 하나님께 제사를 드리고 그곳을 '여호와 이레', 곧 '하나님이 준비하신다'라는 말로 불렀다.

하나님은 창세 전부터 우리를 죄와 사망에서 구원할 예수 그리스도를 준비하셨다. 여호와 이레의 은총은 하나님의 명령에 온전히 순종해야 깨달아진다. 아브라함이 이삭을 제단에 눕히고 칼을 빼어 들었다는 것은 아브라함이 이삭을 제물로 바치라는 하나님의 명령에 온전히 순종한 것이다.

하나님은 아브라함이 이삭을 제물로 바친 다음 이렇게 말씀하신다.

"사자가 이르시되 그 아이에게 네 손을 대지 말라 그에게 아무 일도 하지 말라 네가 네 아들 네 독자까지도 내게 아끼지 아니하였으니 내가 이제야 네가 하나님을 경외하는 줄을 아노라"(창 22:12).

"여호와께서 이르시기를 내가 나를 가리켜 맹세하노니 네가 이같이 행하여 네 아들 네 독자도 아끼지 아니하였은즉 내가 네게 큰 복을 주고 네 씨가 크게 번성하여 하늘의 별과 같고 바닷가의 모래와 같게 하리니 네 씨가 그 대적의 성문을 차지하리라 또 네 씨로 말미암아 천하 만민이 복을 받으리니 이는 네가 나의 말을 준행하였음이니라 하셨다 하니라"(창 22:16-18).

하나님은 아브라함이 이삭을 헌제로 드리기 전, 이미 아브라함이 하나님을 경외하는 줄 아셨다. 그래야 전능하신 하나님이시다. 그러나 하나님이 아브라함에게 "내가 이제야 네가 하나님을 경외하는 줄 알았다" 말씀하신 것은 아브라함이 이렇게 이삭을 헌제로 드린 후 아브라함 자신이 참말로 하나님을 경외하는 줄 깨달았다는 다른 표현이다.

성도가 구원받은 후(아브라함이 하나님의 부름으로 갈대아 우르를 떠난 후) 그 성화의 과정에서 때로는 아브라함 앞에 이삭같이, '이것 아니면 못 살 것' 같은 우상들이 있을 수 있고 범사를 믿음으로 살지만 '이것만은 믿음으로 사는 것이 아닌', 그런 지점들이 있을 수 있다.

이것이 재산일 수도 있고, 자식일 수도 있고, 명예일 수도 있고, 혹은 술, 여자, 도박 같은 것일 수도 있고 아무개를 미워하는 미움일 수도 있다.

이럴 때 성도는 이삭을 하나님께 바친 아브라함같이 이런 것을 하나님께 드릴 수 있어야 한다. 성도가 내게 있는 이삭, 곧 이것 아니면 못 살 것 같이 귀한 것을 믿음 때문에 포기하고 내려놓는, 이 지점에 이르러야 내가 참으로 하나님을 경외하는 줄을 깨닫게 된다. 성화의 구원(인격의 구원)에서 우리는 나의 이삭, 곧 '이것 아니면 못 살 것' 같은 우상을 하나님께 드려야 하고, '이것만은 믿음으로 사는 것이 아닌' 이것을 하나님 앞에 포기하고 '이것도' 하나님 앞에 드려야 한다. 이때야 내가 참으로 하나님을 경외하고 있음을 깨닫게 된다. 믿음으로 살아가는 것은 이삭을 하나님께 바치는 것이다.

이삭을 바친 모리아산이 솔로몬이 지은 성전이 세워진 장소였고, 주님이 십자가를 지신 골고다 언덕도 이 모리아산의 한 자락이다. 예수님은 자신을 성전이라 말씀하신다(요 2:19, 21). 구원론적으로 이삭은 예수님을 예표한다.

☙ 창세기 23장: 에브론의 막벨라 굴을 구입하는 아브라함

창세기 23장에는 사라의 죽음과 아브라함이 사라의 장지로 에브론의 막벨라 굴을 구입한 사건이 기록된다.

아브라함은 그의 이웃인 헷 족속에게 매장지를 요청했다(창 23:3, 4).

헷 족속은 아브라함을 우리 중 하나님의 방백이라고 말하며 헷 족속의 에브론이 아브라함에게 자기 밭을 주겠다고 말한다. 그러나 아브라함은 그 밭에 대해 충분한 값을 지불하겠다고 말한다.

에브론이 땅값은 은 사백 세겔이나 나와 당신 사이에 어찌 교계하겠는가 하며 다시 거절하지만 아브라함은 모든 이웃들이 보는 앞에서 공개적으로 은 사백 세겔을 에브론에게 주고 에브론의 막벨라 굴과 주위의 모든 산림을 매입하여 이곳에 사라를 매장한다. 에브론의 막벨라 굴이 있는 이 땅이 헤브론으로, 후에 다윗이 헤브론에서 왕이 된다.

아브라함이 가나안에서 소유한 최초의 땅은 이 에브론에 있는 사라의 매장지였다. 앞으로 이 나라 땅 전체가 아브라함과 자손에게 주어질 땅이었지만 지금 아브라함이 얻은 땅은 이 매장지뿐이었다. 이 장지는 거처가 일정하지 않은 유목민인 아브라함과 그 후손들에게 마음의 고향이 된다. 에브론은 사라, 아브라함은 물론 이삭과 야곱의 장지가 된다. 믿음의 사람들은 영원한 하나님의 나라 본향을 사모하고 살아가야 한다.

"그들이 이제는 더 나은 본향을 사모하니 곧 하늘에 있는 것이라 이러므로 하나님이 그들의 하나님이라 일컬음 받으심을 부끄러워하지 아니하시고 그들을 위하여 한 성을 예비하셨느니라"(히 11:16).

구원받은 성도는 다 순례자들이다. 성도의 순례길에 교회가 마음의 고향이다. 성도는 교회를 귀하게 여겨야 한다.

🌱 창세기 24장: 이삭이 리브가를 아내로 맞다

창세기 24장에서 이삭이 리브가를 아내로 맞이하는 사건이 기록된다.

아브라함은 이삭이 가나안 족속의 딸과 결혼해서는 안 되고 그의 친족 중의 한 사람과 결혼해야 한다고 생각했다.

아브라함은 이삭이 아내를 택하기 위해서라도 가나안을 떠나 그의 친족에게 가지 않게 하였다. 가나안 땅만이 하나님의 축복 약속이 있는 땅이다. 성도에게 제단 곧 교회는 하나님의 축복 있는 약속의 땅이다. 성도는 어떤 경우에라도 제단을 떠나서는 안 된다.

아브라함이 선한 종, 자기 집 모든 소유를 맡은 청지기(엘리에셀이었을 것이다)에게 이삭의 아내를 친족 중에 가서 구하게 한다.

종은 아브라함의 환도뼈(넓적다리) 아래, 곧 아브라함의 생식기 위에 손을 대고 맹세한다. 이 맹세는 생명을 건 맹세를 뜻한다.

아브라함의 친족 가운데서 이삭의 아내를 택하는 일에 최선을 다할 것과 최선을 다했어도 친족 중에서 이삭의 아내를 데려오지 못할 경우에는 이 맹세에서 해방이 되는 맹세였다.

아브라함은 이 일에 하나님이 선하게 인도하실 것을 믿었다. 이 땅을 아브라함의 씨에게 주시리라 하신 하늘의 하나님(전능하신 하나님)의 약속을 기억하고 신뢰했기 때문이다.

"하늘의 하나님 여호와께서 나를 내 아버지의 집과 내 고향 땅에서 떠나게 하시고 내게 말씀하시며 내게 맹세하여 이르시기를 이 땅을 네 씨에게 주리라 하셨으니 그가 그 사자를 너보다 앞서 보내실지라 네가 거기서 내 아들을 위하여 아내를 택할지니라"(창 24:7).

아브라함의 종이 하란 땅에서 리브가를 만나게 된다.

아브라함의 종은 여러 날을 여행한 후 이른 저녁에 그의 목적지에 도착하여 우물가에서 구체적인 기도를 드린다.

"그가 이르되 우리 주인 아브라함의 하나님 여호와여 원하건대 오늘 나에게 순조롭게 만나게 하사 내 주인 아브라함에게 은혜를 베푸시옵소서 성 중 사람의 딸들이 물 길으러 나오겠사오니 내가 우물 곁에 서 있다가 한 소녀에게 이르기를 청하건대 너는 물동이를 기울여 나로 마시게 하라 하리니 그의 대답이 마시라 내가 당신의 낙타에게도 마시게 하리라 하면 그는 주께서 주의 종 이삭을 위하여 정하신 자라 이로 말미암아 주께서 내 주인에게 은혜 베푸심을 내가 알겠나이다"(창 24:12-14).

하나님은 곧 그의 기도에 응답해 주셨다. 바로 응답했다. 말을 마치지 못하여서(창 24:15).

기도한 대로 응답하셨다. 물을 길으러 온 첫 번째 여자 리브가는 아브라함의 종이 기도한 대로 그에게 물을 마시게 하였을 뿐만 아니라 그의 약대들에게도 물을 마시게 하였다. 리브가는 아브라함과 가까운 친척이었고 아브라함의 종을 자기 집으로 인도하였다. 아브라함의 종은 선히 인도하시는 하나님께 경배한다.

"이에 그 사람이 머리를 숙여 여호와께 경배하고 이르되 나의 주인 아브라함의 하나님 여호와를 찬송하나이다. 나의 주인에게 주의 인자와 성실을 끊이지 아니하셨사오며 여호와께서 길에서 나를 인도하사 내 주인의 동생 집에 이르게 하셨나이다 하니라"(창 24:26-27).

1) 아브라함의 종을 통해 이루어진 이삭의 결혼(24:19-53)

우리는 여기서 이삭과 리브가 사이의 결혼이 성사되는 것을 보게 된다.

아브라함의 종은 그들에게 자신의 용건을 자세히 설명한 후 리브가에게 청혼을 하고 이 혼사에 관하여 그들의 동의를 구했다.

그는 아브라함이 하나님의 축복으로 말미암아 매우 많은 재산을 소유한 것과 이삭에게 그 모든 것을 물려주었고 주인 아브라함이 아들을 위하여 아내를 택하되 그 친족 중에서 택하고자 자기를 보낸 사실을 말한다(37, 38절).

"그가 이르되 나는 아브라함의 종이니이다 여호와께서 나의 주인에게 크게 복을 주시어 창성하게 하시되 소와 양과 은금과 종들과 낙타와 나귀를 그에게 주셨고 나의 주인의 아내 사라가 노년에 나의 주인에게 아들을 낳으매 주인이 그의 모든 소유를 그 아들에게 주었나이다 나의 주인이 나에게 맹세하게 하여 이르되 너는 내 아들을 위하여 내가 사는 땅 가나안 족속의 딸들 중에서 아내를 택하지 말고 내 아버지의 집, 내 족속에게로 가서 내 아들을 위하여 아내를 택하라 하시기로 내가 내 주인에게 여쭈되 혹 여자가 나를 따르지 아니하면 어찌하리이까 한즉 주인이 내게 이르되 내가 섬기는 여호와께서 그의 사자를 너와 함께 보내어 네게 평탄한 길을 주시리니 너는 내 족속 중 내 아버지 집에서 내 아들을 위하여 아내를 택할 것이니라 네가 내 족속에게 이를 때에는 네가 내 맹세와 상관이 없으리라 만일 그들이 네게 주지 아니할지라도 네가 내 맹세와 상관이 없으리라 하시기로 내가 오늘 우물에 이르러 말하기를 내 주인 아브라함의 하나님 여호와여 만일 내가 행하는 길에 형통함을 주실진대 내가 이 우물 곁에 서 있다가 젊은 여자가 물을 길으러 오거든 내가 그에게 청하기를 너는 물동이의 물을 내게 조금 마시게 하라 하여 그의 대답이 당신은 마시라 내가 또 당신의 낙타를 위하여도 길으리라 하면 그 여자는 여호와께서 내 주인의 아들을 위하여 정하여 주신 자가 되리이다 하며 내가 마음속으로 말하기를 마치기도 전에 리브가가 물동이를 어깨에 메고 나와서 우물로 내려와 긷기로 내가 그에게 이르기를 청하건대 내게 마시게 하라 한즉 그가 급히 물동이를 어깨에서 내리며 이르되 마시라 내가 당신의 낙타에게도 마시게 하리라 하기로 내가 마시매 그가 또 낙타에게도 마시게 한지라 내가 그에게 묻기를 네가 뉘 딸이냐 한즉 이르되 밀가가 나홀에게서 낳은 브두엘의 딸이라 하기로 내가 코걸이를 그 코에 꿰고 손목 고리를 그 손에 끼우고 내 주인 아브라함의 하나님 여호와께서 나를 바른길로 인도하사 나의 주인의 동생의 딸을 그의 아들을 위하여 택하게 하셨으므로 내가 머리를 숙여 그에게 경배하고 찬송하였나이다 이제 당신들이 인자함과 진실함으로 내 주인을 대접하려거든 내게 알게 해 주시고 그렇지 아니할지라도 내게 알게 해 주셔서 내가 우로든지 좌로든지 행하게 하소서"(창 24:34-49).

리브가의 아버지 브두엘과 오라비 라반이 '이 일이 여호와께로 말미암았으니 가부간 말할 수 없다'고 결혼을 허락한다.

아브라함의 종은 하나님께 감사하며 여호와께 절을 하였다(52절). 하나님의 응답에 대해 감사의 경배를 드리는 것이 믿음이다. 리브가는 고향을 떠나 가나안 땅으로 와 이삭의 부인이 된다.

"그들이 이르되 우리가 소녀를 불러 그에게 물으리라 하고 리브가를 불러 그에게 이르되 네가 이 사람과 함께 가려느냐 그가 대답하되 가겠나이다 그들이 그 누이 리브가와 그의 유모와 아브라함의 종과 그 동행자들을 보내며 리브가에게 축복하여 이르되 우리 누이여 너는 천만인의 어미가 될지어다 네 씨로 그 원수의 성문을 얻게 할지어다 리브가가 일어나 여자 종들과 함께 함께 낙타를 타고 그 사람을 따라가니 그 종이 리브가를 데리고 가니라"(창 24:57-61).
"종이 그 행한 일을 다 이삭에게 고하매 이삭이 리브가를 인도하여 어머니 사라의 장막으로 들이고 그를 맞이하여 아내를 삼고 사랑하였으니 이삭이 그의 어머니를 장례한 후에 위로를 얻었더라"(창 24:66-67).

2) 창세기 24장의 교훈

첫째, 하나님의 약속을 믿고 따라가는 사람에게 하나님의 약속은 이루어진다.

둘째, 아브라함의 종의 귀한 믿음을 본받아야 한다. 충성스러운 종이다. 하나님을 온전히 경외하는 믿음의 종이다. 하나님께 감사하는 종이다.

☙ 창세기 25-27:5

창세기 25장부터 이삭과 리브가를 통해 에서와 야곱이 출생하게 되고 여기서부터 야곱의 이야기가 중심적인 줄거리로 이어진다. 이삭은 헌제 사건으로 십자가에서 대속의 제물로 바쳐질 예수 그리스도를 예표로 보여주고, 이삭을 이어 계속되는 야곱과 그의 열두 자녀의 이야기는 하나님이 우리에게 구원을 가르쳐주는 중요한 내용이 된다.

창세기 25장부터 창세기 27장 5절까지에 야곱이 가나안 땅에서 부모 밑에서 살았던 야곱의 전반 생이 기록된다.

1. 에서와 야곱의 출생

에서와 야곱은 어머니 리브가에게서 태어나기 전에 이미 야곱은 선택받은 축복의 아들이 되고 에서는 축복에서 제외된다(창 25:21-26). 이 사건은 구원론에서 하나님의 예정 섭리, 곧 선택의 섭리를 처음 보여주는 예표가 된다.

"그러나 하나님의 말씀이 폐하여진 것 같지 않도다 이스라엘에게서 난 그들이 다 이스라엘이 아니요 또한 아브라함의 씨가 다 그의 자녀가 아니라 오직 이삭으로부터 난 자라야 네 씨라 불리리라 하셨으니 곧 육신의 자녀가 하나님의 자녀가 아니요 오직 약속의 자녀가 씨로 여기심을 받느니라 약속의 말씀은 이것이니 명년 이때에 내가 이르리니 사라에게 아들이 있으리라 하심이라 그뿐 아니라 또한 리브가가 우리 조상 이삭 한 사람으로 말미암아 임신하였는데 그 자식들이 아직 나지도 아니하고 무슨 선이나 악을 행하지 아니한 때에 택하심을 따라 되는 하나님의 뜻이 행위로 말미암지 않고 오직 부르시는 이로 말미암아 서게 하려 하사 리브가에게 이르시되 큰 자가 어린 자를 섬기리라 하셨나니 기록된바 내가 야곱은 사랑하고 에서는 미워하였다 하심과 같으니라"(롬 9:6-13).

선택은 인류 중의 얼마를 예수 그리스도 안에서 예수 그리스도를 통하여 구원하기 위한 영원하신 하나님의 주권적 의도이다. 선택의 섭리를 정리하면 아래와 같다.

2. 성경이 가르쳐주는 선택의 교훈

선택의 작정은 하나님의 주권적 의지, 그의 신적 기쁘심의 표현이다. 선택의 작정은 사람 안에 있는 어떤 예견된 신앙이나 그 행위에 의해 결정된 것이 아니다(롬 9:11; 딤후 1:9).

선택의 작정은 불변적이며, 따라서 선택은 구원을 확실하게 한다. 선택된 자들의 구원은 그들의 불확실한 순종에 의거되지 않으며, 선택된 자들은 그리스도의 객관적 사역과 성령의 주관적 사역에 의해 마침내 구원된다(롬 8:29-10, 11:29; 딤후 2:19; 요 10:28).

선택의 작정은 영원부터이다(롬 8:29-10; 엡 1:4-5).

선택의 작정은 무조건적이다.

선택은 알미니안들(Arminians)이 가르치는 것같이 선택된 자들의 예견된 신앙이나 선행에 의거하지 아니하고 하나님의 주권에 의해 된 것이다(롬 9:11; 행 13:48; 딤후 1:9; 벧전 1:2). 모든 사람은 죄인들이며, 하나님의 축복을 상실했으므로 구원받을 만한 기초가 사람에게는 없다. 믿는 자들의 신앙과 선행도 은혜에 의한 것이기 때문에(엡 2:8, 10; 딤후 2:21) 선택은 하나님의 무조건적인 주권적 행위이다.

선택의 작정은 불가항력적이다.

선택된 자는 하나님의 선택을 뿌리칠 수 없다. 선택된 자는 하나님이 그 영혼에 감화를 주어 그로 하여금 이를 의지하게 하며 이 모든 것은 불가항력적이다(시 110:3, 빌 2:13).

선택의 작정은 불공평하다고 비난할 수 없다. 사람은 모두가 죄인이요, 구원받을 수 없다. 하나님이 그중에서 누구를 구원하시는 것은 하나님의 주권적 행사요, 구원받지 못한 사람들 때문에 하나님이 불공평하시지는 않다(마 20:14-15; 롬 9:14-15).

이런 하나님의 선택 섭리는 야곱과 에서의 일생을 통해 잘 예표가 된다.

에서는 이삭의 장자로 태어나서 할아버지 아브라함과 아버지 이삭을 통해 내려오는 이 땅에서의 번성과 모든 만민의 복의 근원이 되는 하나님의 축복을 받을 위치에 있었지만 에서는 이 축복을 귀한 것으로 여기지 않는다. 그래서 팥죽 한 그릇으로 야곱에게 장자권을 판다(창 25:29-34).

반대로 야곱은 이런 하나님의 축복을 귀하게 여겨 배고픈 형 에서에게 팥죽으로 장자권을 사고, 후에 어머니 리브가와 함께 눈 어두운 아버지 이삭을 속이고 형 에서가 받아야 할 이삭의 축복 기도를 대신 받는다.

그리하여 결국은 아브라함에게 내려주신 하나님의 축복은 이삭을 통해 야곱에게 계승된다.

이삭은 에서에게 축복하려고 하였지만 야곱에게 속아서 야곱에게 복을 빌어주었고 이 축복대로 에서는 복에서 제외되고, 하나님의 구원의 역사는 야곱을 통해 유다에게로 그리고 유다를 통해 다윗과 예수 그리스도로 이어지게 된다.

이 모든 일들은 하나님의 예정대로 된 것이다. 그러나 이런 하나님의 예정 섭리, 구원 섭리가 이루어지는 과정에 인간들의 잘못, 곧 야곱이 형과 아버지를 속이고 축복받는 사건, 그리고 에서가 야곱을 미워하는 사건, 그래서 야곱이 하란 땅으로 도망가는 사건들이 개입한다. 그러나 인간들이 어떤 일을 해도 하나님의 예정과 섭리는 바뀌지 않고 하나님의 예정대로 이루어지는 것을 이 사건이 보여준다.

이 사건을 인간 쪽에서 보면 에서는 하나님의 축복을 귀하게 여기지 않고 등한히 여겨 이 축복을 잃어버렸고, 야곱은 이 하나님의 축복을 귀하게 여기고 사모하여 결국 이 축복을 쟁취하게 된다. 성도는 늘 하나님의 축복을 가장 귀한 것으로 여겨야 한다.

✢ 창세기 27:6-31장

창세기 27장 6절 이하 31장에는 야곱이 그의 형 에서의 노여움을 피해, 하란 땅으로 떠나는 사건으로부터 야곱이 하란 땅에서 레아, 라헬, 실바, 빌하와 결혼하고 20년 동안의 삶을 기록하고 있다.

1. 벧엘에서 야곱에게 축복해 주신 하나님

야곱이 집을 떠나 먼 길, 하란을 향해 가는 저녁, 야곱이 돌을 베개하고 들에서 잠이 들었을 때 이상 중에 하나님이 야곱에게 나타나신다.

"야곱이 브엘세바에서 떠나 하란으로 향하여 가더니 한 곳에 이르러는 해가 진지라 거기서 유숙하려고 그곳의 한 돌을 가져다가 베개로 삼고 거기 누워 자더니 꿈에 본즉 사닥다리가 땅 위에 서 있는데 그 꼭대기가 하늘에 닿았고 또 본즉 하나님의 사자들이 그 위에서 오르락내리락하고 또 본즉 여호와께서 그 위에 서서 이르시되 나는 여호와니 너의 조부 아브라함의 하나님이요 이삭의 하나님이라 네가 누워 있는 땅을 내가 너와 네 자손에게 주리니 네 자손이 땅의 티끌같이 되어 네가 서쪽과 동쪽과 북쪽과 남쪽으로 퍼져나갈지며 땅의 모든 족속이 너와 네 자손으로 말미암아 복을 받으리라 내가 너와 함께 있어 네가 어디로 가든지 너를 지키며 너를 이끌어 이 땅으로 돌아오게 할지라 내가 네게 허락한 것을 다 이루기까지 너를 떠나지 아니하리라 하신지라 야곱이 잠이 깨어 이르되 여호와께서 과연 여기 계시거늘 내가 알지 못하였도다 이에 두려워하여 이르되 두렵도다 이곳이여 이것은 다름 아닌 하나님의 집이요 이는 하늘의 문이로다 하고 야곱이 아침에 일찍이 일어나 베개로 삼

있던 돌을 가져다가 기둥으로 세우고 그 위에 기름을 붓고 그곳 이름을 벧엘이라 하였더라 이 성의 옛 이름은 루스더라"(창 28:10-19).

하나님은 벧엘에서 야곱에게 나타나시어 아브라함과 이삭에게 해 주신 축복, 곧 야곱과 후손에게 가나안 땅을 주시며 그 자손이 번성할 약속, 만민이 야곱과 그 후손을 통해 복을 받을 약속, 하나님이 함께하여 주실 약속을 다시 야곱에게 해 주신다. 이 약속 중 '야곱과 그 후손을 통해 땅의 모든 족속이 복을 받을 것'이란 하나님의 약속은 야곱의 후손을 통해 메시아, 예수 그리스도가 나시게 될 구원의 핵심적인 약속이다.

야곱은 그 밤을 지내고 아침에 자신이 베고 잤던 돌을 취하여 기둥으로 세우고 이 기둥에 기름을 붓고 하나님께 제사, 곧 예배를 드린다.

야곱은 하나님이 주신 약속들이 이루어진다면 하나님은 나, 야곱의 하나님이 될 것이며 벧엘이 하나님의 집이 될 것과 야곱은 하나님으로부터 받은 모든 소유의 10의 1을 하나님께 드릴 것을 약속한다. 야곱의 믿음은 아브라함과 이삭을 통해 야곱에게 내려왔지만 벧엘 이후 하나님은 야곱에게 '나의 하나님'이 되신다. 중요한 것은 구원받은 후 하나님이 '나의 하나님'이 되셔야 한다.

2. 하란 땅에서 20년간 살아간 야곱

야곱은 하란 땅에서 20년간 하나님이 벧엘에서 야곱에게 해 주신 축복대로 자식의 복과 재물의 복을 받아 번성한다.

야곱이 복을 받았고 야곱 때문에 야곱의 장인 라반의 집이 복을 받는다(창 30:30).

야곱은 라반의 딸 레아, 라헬과 결혼하고, 다시 레아의 여종 실바, 라헬의 여종 빌하를 아내로 맞아 르우벤, 시므온, 레위, 유다, 잇사갈, 스불론, 단, 납달리, 갓, 아셀, 요셉, 베냐민(베냐민은 가나안에 돌아오는 길에 출생)과 딸 디나를 자녀로 얻는다. 야곱에게 이 외에 몇 십 명의 딸이 더 있었는지 알 수 없지만 딸 디나를 야곱의 딸로 기록한 것은 후에 있을 세겜 땅의 사건을 설명하기 위해서다.

라반은 야곱의 품삯을 열 번이나 변경했지만 그럴 때마다 야곱의 재산은 더욱 늘어나 야곱은 많은 양과 소, 나귀, 염소, 많은 노비를 갖게 된다.

야곱은 하란 땅, 장인의 집에서 20년을 살고 처남들이 야곱의 번성을 시기하게 되자 하란을 떠나 가나안 땅으로 돌아가려고 온 가족과 함께 모든 육축과 노비들을 거느리고 장인의 영역을 벗어난다. 이 일이 3일 만에 라반에게 알려졌고, 라반은 자식들의 형제들을 이끌고 야곱을 추격하여 7일 만에 야곱의 일행을 만나게 된다. 라반이 야곱을 만나게 되기 전날 밤에, 하나님은 라반에게 야곱을 만나게 될 때 선악 간에 야곱을 해하지 못하도록 꿈으로 계시하여 야곱을 위험 중에서 지켜주신다.

야곱이 하란 땅에서 20년 생활하는 중 하나님이 벧엘에서 야곱에게 하여주신 모든 축복이 그대로 이루어진다. 우리의 구원은 하나님이 시작하시고 하나님이 완성하시는 구원의 섭리를 이 사건이 보여준다(빌 1:6; 고전 1:8; 요 10:28, 6:39-40, 5:24).

"너희 속에 착한 일을 시작하신 이가 그리스도 예수의 날까지 이루실 줄을 우리가 확신하노라"(빌 1:6).
"주께서 너희를 우리 주 예수 그리스도의 날에 책망할 것이 없는 자로 끝까지 견고하게 하시리라"(고전 1:8).
"내가 그들에게 영생을 주노니 영원히 멸망하지 아니할 것이요 또 그들을 내 손에서 빼앗을 자가 없느니라"(요 10:28).

❦ 창세기 32-33장: 이스라엘이 되는 야곱

창세기 32장과 33장에는 야곱이 얍복 강변에서 천사를 붙잡고 밤을 새며 기도하여 축복을 받아 그 이름이 야곱에서 이스라엘이 된 사건과 야곱이 얍복강을 건너가서 그의 형 에서를 만난 사건이 기록된다.

야곱이 가는 길에 천사들이 동행하였다. 성도가 세상을 살아갈 때 성령님이 동행하신다(요 14:18, 14:16-17). 성도는 성화의 구원에서 늘 성령님께 순종하여 깨끗한 길을 가야 한다(고후 7:1).

야곱은 그의 종을 보내어 형님 에서의 형편을 알아보게 한다. 종이 돌아와 에서가 400인을 거느리고 야곱을 향해 오고 있다고 보고한다. 야곱은 에서가 자신을 해하려고 오는 것으로 생각하고 두려워한다. 야곱은 식솔들과 종들과 가축들을 분산하여 얍복강을 건너가게 하고 자신은 그곳에 머물러 천사의 모습으로 야곱에게 나타나신 하나님을 붙잡고 밤이 새도록 축복해 주기를 기도한다. 여기서 야곱이 받으려 한 축복은 20년 전에 자신을 해하려 하였던 형님, 에서의 노여움에서 생명을 구하는 기도였다.

천사는 야곱을 축복하고 야곱(발꿈치를 잡은 자, 사취하는 자)이라는 이름 대신 '이스라엘'(하나님과 겨루어 이김, 그가 하나님으로 다스릴 것임: 디럭스 바이블 원어주석)이라는 이름을 준다. 야곱이 붙잡고 씨름한 천사는 천사의 모습으로 나타난 하나님이었다. 그래서 야곱은 그곳 이름을 브니엘, 곧 하나님의 얼굴이라 불렀다.

야곱은 태어날 때, 에서의 발꿈치를 잡고 태어났고, 자라면서 에서의 배고픈 약점을 잡아 팥죽 한 그릇으로 에서에게서 장자권을 산다. 야곱은 아버지 이삭의 눈 어두운 약점을 잡고, 어머니 리브가의 사랑의 약점을 잡고 형 에서 대신 하나님의 축복을 받는다. 야곱은 하란 땅에서 자신을 믿어주는 장인 라반의 약점을 잡고 양 떼와 소 떼를 불린다. 야곱은 누구의 약점이라도 다 발뒤꿈치를 잡아당겨 자신의 유익으로 만드는 사람이다. 야곱은 철저한 이기주의자요 철저한 자기중심적인 사람이다. 그런데 얍복강에서 이런 야곱이 이스라엘이라는 영광스러운 이름을 얻는다. 이 이스라엘 백성, 곧 철저하게 이기적이고 이익 앞에 비굴한 야곱의 후손의 삶과 역사는 하나님이 우리에게 구원을 가르쳐주는 도구가 되고, 이런 이스라엘 백성에게서 구세주 예수 그리스도가 오신다. 하나님이 선하고 의로운 사람과 그 후손을 통해 구원의 역사를 이루는 것이 아니라 야곱과 그 후손을 통해 구원을 이루신다는 사실이 철저하게 이기적인 야곱과 꼭 같은 우리가 순수한 은혜로 구원받은 사실을 가르쳐준다.

🐾 창세기 34-35장: 벧엘로 올라가는 야곱

창세기 34장에는 야곱이 에서와 헤어진 후 세겜 땅에 머무는 동안 그의 딸 디나가 세겜의 왕 하몰의 아들, 세겜에게 강간당한 사건이 기록된다. 세겜은 디나를 아내로 영접하기를 원하였고 야곱의 아들들은 그들의 누이 디나를 세겜에게 주는 조건으로 세겜성의 모든 남자에게 할례를 행하게 한다. 그리고 세겜의 모든 남자가 할례를 받아 고통 중에 있을 때, 시므온과 레위가 세겜성에 들어가 하몰과 세겜, 세겜성의 모든 남자를 다 죽이고 그들의 아내와 재물을 다 빼앗아 오는 큰 사건이 발생한다. 이 일로 세겜 주변의 가나안 족속과 브리스 족속들이 연합하여 야곱의 집을 위협하는 위험이 닥친다.

이때 하나님이 야곱에게 벧엘로 올라가도록 명하신다. 야곱은 가족들과 종들이 가지고 있던 모든 우상들을 거두어 땅에 묻고, 모두 의복을 바꾸어 입고 자신들을 정결케 하고 벧엘로 올라가 벧엘에 제단을 쌓고 하나님께 경배한다. 야곱은 이 벧엘을 '엘벧엘', 곧 '벧엘의 하나님'이라 부른다. 이때 하나님은 야곱에게 이렇게 축복하신다.

"야곱이 밧단아람에서 돌아오매 하나님이 다시 야곱에게 나타나사 그에게 복을 주시고 하나님이 그에게 이르시되 네 이름이 야곱이지마는 네 이름을 다시는 야곱이라 부르지 않겠고 이스라엘이 네 이름이 되리라 하시고 그가 그의 이름을 이스라엘이라 부르시고 하나님이 그에게 이르시되 나는 전능한 하나님이라 생육하며 번성하라 한 백성과 백성들의 총회가 네게서 나오고 왕들이 네 허리에서 나오리라 내가 아브라함과 이삭에게 준 땅을 네게 주고 내가 네 후손에게도 그 땅을 주리라 하시고"(창 35:9-12).

창세기 34-35장에서 하나님이 주시는 구원의 교훈은 하나님은 야곱과 늘 동행하셨고 환난 날에 야곱의 기도를 들어주신 하나님으로(창 35:3) 성도가 가는 길에 하나님이 늘 동행해주신다는 것이다.

야곱은 형 에서의 노여움에서 구원받은 다음 바로 벧엘로 올라가야 했다. 그런데 야곱은 세겜에 가축의 우리를 짓고 머물러 산다. 그리고 이 세겜에서 딸 디나가 하몰의 아들 세겜에게 강간당하는 사건이 생긴다. 구원받은 성도가 성화의 과정에서 하나님께 드린 서약을 저버려서는 안 되고 또 성도가 머물러서 되는 곳이 있고 머물지 말아야 할 곳이 있는데 머물지 말아야 할 곳에 머물게 되면 성화의 삶이 망가지게 된다.

롯은 소돔 땅에 머물렀기 때문에 소돔과 고모라가 심판받을 때 패가망신하였다. 성도는 직장과 사업과 주거지를 다 믿음으로 살기에 최선의 땅으로 잡아야 하고 모든 일을 하나님 중심으로 결정해야 한다.

야곱이 세겜, 곧 밧단아람에서 벧엘로 올라왔을 때 하나님은 이때부터 야곱을 야곱이라 부르시지 않고 이스라엘이라 부르신다. 그리고 벧엘에서 이스라엘이 제단을 쌓고 하나님을 경배했을 때 아브라함과 이삭을 통해 주신 하나님의 축복이 다시 내려진다.

"그가 그의 이름을 이스라엘이라 부르시고 하나님이 그에게 이르시되 나는 전능한 하나님이라 생육하며 번성하라 한 백성과 백성들의 총회가 네게서 나오고 왕들이 네 허리에서 나오리라 내가 아브라함과 이삭에게 준 땅을 네게 주고 내가 네 후손에게도 그 땅을 주리라 하시고"(창 35:10-12).

구원받은 성도는 이스라엘이다(롬 9:8; 엡 2:12-20). 항상 벧엘 중심, 제단 중심으로 살아야 한다.

창세기 35장을 보면 이스라엘의 열두 아들, 곧 이스라엘 열두 지파의 조상의 이름이 나온다. 이스라엘 열두 조상 가운데는 이방 여인 빌하와 실바의 아들도 포함된다. 하나님의 구원은 이스라엘 백성에게만 국한되지 않고 이방인에게도 미칠 것을 예표하는 것이다.

☙ 창세기 36장: 에서가 가나안 땅을 떠나 세일산으로 올라간다

창세기 36장에는 에서와 그 후손들의 족보가 기록된다. 창세기 36장에서 찾아보아야 할 중요한 구원사는 에서가 모든 가족을 이끌고 야곱에게 가나안 땅을 넘겨주고 세일산으로 옮겨 간 사실이다.

"에서가 자기 아내들과 자기 자녀들과 자기 집의 모든 사람과 자기의 가축과 자기의 모든 짐승과 자기가 가나안 땅에서 모은 모든 재물을 이끌고 그의 동생 야곱을 떠나 다른 곳으로 갔으니 두 사람의 소유가 풍부하여 함께 거주할 수 없음이러라 그들이 거주하는 땅이 그들의 가축으로 말미암아 그들을 용납할 수 없었더라 이에 에서 곧 에돔이 세일산에 거주하니라"(창 36:6-8).

가나안 땅은 하나님이 아브라함과 그 후손에게 주신 땅으로 에서가 평생 살았던 땅이다. 그런데 에서는 가나안 땅을 떠나 스스로 세일산으로 간다. 야곱, 곧 이스라엘은 하란 땅에서 20년을 보내고 돌아와서 형님의 땅 가나안에 살게 되었는데 형님인 에서가 이스라엘에게 가나안 땅을 주고 세일산으로 옮겨가 에돔 족속을 이루게 된다. 이 일은 결국 에서가 구원의 반열에서 스스로 제외되는 사건으로, 이 일은 하나님이 이삭을 통해 빌어준 축복(창 27:27-29)대로 된 것이고 '큰 자(에서)가 어린 자(야곱)를 섬기리라'(창 25:23) 하신 하나님의 말씀대로 된 것이다.

이것은 가나안 땅은 약속의 자녀, 아브라함, 이삭, 이스라엘에게만 허락된 땅으로 구원받은 백성, 성도만이 천국에 들어갈 수 있는 것을 예표한다.

☙ 창세기 37-50장: 요셉을 통해 이뤄지는 구원의 섭리

창세기 37장부터 50장에는 요셉의 일생을 통한 하나님의 구원의 섭리를 보여 준다. 다만 창세기 38장에는 유다가 그의 며느리 다말을 통해 다윗 왕의 9대 조부 베레스가 탄생하는 기사가 나온다(마 1:1-6).

하나님이 보여주시는 구원 역사의 맥은 '아브라함—이삭—야곱—유다…다윗 왕'으로 이어지고 다윗의 후손으로 예수 그리스도가 오신다. 창세기 37장부터 요셉의 일생을 통한 구원에 관한 섭리를 이야기하지만, 창세기 38장에서 요셉의 이야기를 접고 유다를 통해 베레스의 탄생 사건을 다루는 것은 구원사의 맥을 정리하기 위함이다.

1. 애굽으로 팔려가는 요셉

요셉의 생애는 야곱과 그의 열두 아들을 중심한 한 가정에서 이스라엘이라는 한 민족을 이루는 역사에 중요한 시발점이 된다. 그리고 이 사건의 중심에 요셉이 형들의 미움과 시기로 애굽의 종으로 팔려 가는 일이 발생한다. 요셉은 형들의 미움과 시기로 애굽의 종으로 팔려 가지만 이 일은 후에 이스라엘이 가나안 땅에서 모든 자녀와 식솔을 이끌고 애굽으로 내려오게 되는 계기가 된다. 이스라엘은 애굽의 총리가 된 요셉의 초청으로 흉년을 피하여 온 가족을 이끌고 애굽으로 내려왔고, 이스라엘 자손은 이스라엘이 죽은 후 400년 동안 애굽에 머물면서 당시 세계에서 제일 강국인 애굽이 두려워해야 할 만한 대이스라엘 민족으로 성장을 한다.

2. 구원의 역사에 함께하는 요셉의 고난

요셉은 아무런 죄도 없이 형들의 미움과 시기로 애굽의 종으로 팔린다. 요셉은 애굽에서 바로 왕궁의 시위대장 보디발의 종이 되어 보디발의 집안일들을 총괄하는 자리에 있게 된다. 보디발의 부인은 요셉에게 자신과 동침하기를 집요하게 유혹했고 요셉이 이를 물리치자 요셉을 자신을 강간하려고 한 강간범으로 몰아간다. 요셉은 사형수들이 갇혀 있는 옥에 갇히게 된다.

요셉이 종으로 애굽에 팔리는 고난, 요셉이 믿음을 지키고 강간범으로 감옥에 갇히는 고난은 하나님이 행하시는 구원의 역사에 사람의 지혜로 해석이 안 되는 하나님의 섭리적 고난이다.

3. 하나님의 섭리적 고난

요셉의 고난의 사건은 하나님이 이스라엘 백성을 애굽에서 400년 동안 살게 하면서 큰 민족으로 성장시키고 이 이스라엘 백성이 애굽에서 해방되어 가나안 복지로 향하는 과정(출애굽기, 레위기, 민수기, 신명기)을 통해 하나님의 구원(예수 그리스도를 통한 은혜로 받는 구원, 흠 없는 어린양의 피, 속죄 제물이신 예수 그리스도의 피를 통한 구원, 계명과 성막을 통한 받아가는 구원 성화)을 가르쳐주시려는 섭리적인 사건이었다.

요셉이 애굽에 종으로 팔려가 보디발 아내의 거짓 고소로 감옥에 갇히지만, 요셉이 이렇게 억울하게 감옥에 들어감으로 요셉은 이 감옥에서, 바로 왕에게 죄를 얻고 감옥에 들어온 술 맡은 관원장과 떡 굽는 관원장을 만난다. 요셉은 그들의 징조 있는 꿈을 해석해 주고, 요셉이 말해 준 꿈 해석대로 술 맡은 관원장은 3일 만에 복직되어 다시 바로 왕에게 술을 받들게 되고 떡 굽는 관원장은 3일 만에 사형을 받는다.

그 후로 얼마가 지나 바로 왕이 하나님이 보여주는 꿈을 꾼다. 살진 일곱 암소가 나일강 강변에서 풀을 뜯어 먹고 있는데 흉악하게 메마른 일곱 암소가 나와 살진 일곱 암소를 다 잡아 먹는다. 바로가 다시 꿈을 꾼다. 한 줄기에 무성하고 충실하게 잘 익은 보리 이삭이 나오고 그 후에 가늘고 동풍에 마른 일곱 이삭이 나와 잘 익고 충실한 일곱 이삭을 삼켜버린다.

바로 왕은 애굽의 술사들과 현인들을 불러 이 꿈을 해석하도록 명령을 내리지만, 이들은 바로 왕의 꿈을 해석하지를 못한다. 이때 술 맡은 관원장이 감옥에 있는 요셉을 천거하였고, 요셉은 바로 왕 앞에 불려가서 이 꿈을 해석해 준다. 요셉은 바로 왕의 꿈이 앞으로 있을 7년 대풍년과, 이 풍년 뒤에 따라 올 7년 대흉년을 하나님이 바로 왕에게 보여준 사건으로 해석하고, 7년 대풍년 기간에 애굽 여러 성읍과 여러 곳에 창고를 짓고 남은 곡식을 저장해 두었다가 7년 대흉년에 이 곡식을 풀어 백성에게 먹이도록 하라고 조언한다.

이로 인해 요셉은 애굽 왕 바로 아래서 애굽 전국을 다스리는 총리가 된다. 그리고 7년 대풍년에 애굽 여러 성읍 곳곳에 창고를 건축하고 그 창고에 많은 곡식을 비축하였고, 7년간 계속된 풍년 후 시작된, 7년 대흉년에 이 양식으로 대흉년을 잘 넘기게 된다.

흉년은 가나안 땅에도 찾아와 요셉의 형들이 애굽으로 곡식을 사기 위해 내려오게 된다. 그리고 계속되는 흉년에 요셉의 초청으로 이스라엘이 자신의 가족 70명을 이끌고 애굽으로 내려온다. 이스라엘과 함께 애굽에 내려온 70명의 후손이 400년간 애굽에 머물면서 이스라엘 민족을 이루게 된다.

요셉이 애굽에 종으로 팔려 가는 고난, 요셉이 죄 없이 감옥에 갇히는 고난은 결국 하나님이 이스라엘 백성을 400년간 애굽에 머물게 하시고 큰 민족으로 성장시키려는 하나님의 섭리를 이루는 섭리적 고난이었다. 그리고 애굽 왕 바로가 급격하게 늘어나는 이스라엘 백성을 두려워하여 핍박하는 사건은 이스라엘 백성이 유월절 양의 피로 애굽에서 해방되는 역사로 이어지고 이스라엘 백성이 애굽의 노예에서 해방된 것은 인류가 죄와 사망의 노예에서 예수 그리스도의 피로 구원되는, 구원의 섭리를 가르쳐주는 고난이었다.

성경에는 많은 고난의 사건이 나온다. 욥이 당한 고난의 사건 외에 신구약 성경에 수많은 고난의 사건이 나온다.

① 고난의 근원은 아담의 범죄에서 시작된다.

"아담에게 이르시되 네가 네 아내의 말을 듣고 내가 네게 먹지 말라 한 나무의 열매를 먹었은즉 땅은 너로 말미암아 저주를 받고 너는 네 평생에 수고하여야 그 소산을 먹으리라 땅이 네게 가시덤불과 엉겅퀴를 낼 것이라 네가 먹을 것은 밭의 채소인즉 네가 흙으로 돌아갈 때까지 얼굴에 땀을 흘려야 먹을 것을 먹으리니 네가 그것에서 취함을 입었음이라 너는 흙이니 흙으로 돌아갈 것이니라 하시니라"(창 3:17-19).

사람이 수고해야 하는 고난, 죽어야 하는 고난의 시작이 원죄다.

② 죄에 대한 형벌로 고난이 온다. 이스라엘 백성이 받은 수많은 고난의 사건 중 많은 경우 그들이 범한 죄에 대한 징계로 온 것이다.

③ 초대교회에 임한 핍박과 고난, 바울이 전도하며 받은 많은 고난(고후 11:23-27), 바울에게 있었던 가시, 욥이 당한 고난, 요셉이 받은 고난에서 하나님은 교회와 성도에게 고난을 허용하시고 고난을 선용하시는 교훈을 받는다. 성도가 당한 고난은 합력하여 선을 이루게 되고 불로 연단한 금 같은 영광을 얻게 된다(롬 8:28; 벧전 1:6-7, 4:12-13).

아브라함의 후손, 곧 이스라엘 백성이 이방 땅에 400년간 머물러 객으로 그들을 섬기며 살게 될 것은 아브라함에게 일찍이 하나님이 계시해주신 것으로 하나님의 섭리대로 된 것이다(창 15:13).

요셉은 말년에 이런 하나님의 섭리를 깨닫고 자신을 애굽의 종으로 판 것을 두려워하는 형들을 이렇게 위로한다.

"요셉이 형들에게 이르되 내게로 가까이 오소서 그들이 가까이 가니 이르되 나는 당신들의 아우 요셉이니 당신들이 애굽에 판 자라 당신들이 나를 이곳에 팔았다고 해서 근심하지 마소서 한탄하지 마소서 하나님이 생명을 구원하시려고 나를 당신들보다 먼저 보내셨나이다. 이 땅에 이 년 동안 흉년이 들었으나 아직 오 년은 밭갈이도 못하고 추수도 못할지라 하나님이 큰 구원으로 당신들의 생명을 보존하고 당신들의 후손을 세상에 두시려고 나를 당신들보다 먼저 보내셨나니 그런즉 나를 이리로 보낸 이는 당신들이 아니요 하나님이시라 하나님이 나를 바로에게 아버지로 삼으시고 그 온 집의 주로 삼으시며 애굽 온 땅의 통치자로 삼으셨나이다"(창 45:4-8).

하나님이 섭리하시는 구원의 역사에 우리의 지혜로 이해하기 어려운 고난이 함께한다. 이런 고난이 섭리적 고난으로, 이 고난은 고난이 끝나야 해석이 되고 이해할 수 있는 고난이다. 성도는 믿음으로 사는 길에 이해 안 되는 고난을 만나도 하나님의 섭리를 이루는 과정으로 믿고, 요셉처럼 모든 일에 인내하며 맡겨진 일에 최선을 다하며 살아야 한다.

4. 이스라엘과 요셉의 죽음

이스라엘이 애굽에 내려와 17년을 살고, 그의 나이 147세에 침상에서 하나님께 경배하고 자식들의 이름을 불러 분량대로 축복하고, 자신을 아브라함과 이삭이 장사 지내진 가나안 땅, 헤브론의 막벨라 굴에 장사 지낼 것을 요셉에게 맹세하게 하고 죽는다(창 47:28-48:33).

요셉은 110세에 애굽에서 죽는다.

"요셉이 그의 형제들에게 이르되 나는 죽을 것이나 하나님이 당신들을 돌보시고 당신들을 이 땅에서 인도하여 내사 아브라함과 이삭과 야곱에게 맹세하신 땅에 이르게 하시리라 하고 요셉이 또 이스라엘 자손에게 맹세시켜 이르기를 하나님이 반드시 당신들을 돌보시리니 당신들은 여기서 내 해골을 메고 올라가겠다 하라 하였더라. 요셉이 백십 세에 죽으매 그들이 그의 몸에 향 재료를 넣고 애굽에서 입관하였더라" (창 50:24-26).

이스라엘도 요셉도 죽기 전 가나안 땅의 소망을 확인한다. 성도는 죽어도 하나님 나라에서 영생할 것을 예표하는 것이다.

* 구원사적으로 본 창세기

창세기는 창조주 하나님, 전능하신 하나님, 우주 만물을 창조하시고 주관 섭리하시는 하나님, 인류를 창조하신 하나님을 가르쳐준다.

창세기는 인간의 근원과 죄의 근원과 인간에게 임한 죽음과 고난의 근원을 가르쳐주고 구원의 필요성을 가르쳐준다.

창세기는 아담과 하와에게 하나님이 지어주신 옷을 입혀주심으로, 그 수치를 가리게 하신 사건을 통해 인간 아담이 지은 옷, 아담(인간)의 선행으로는 죄에서 벗어날 수 없고 하나님이 보내신, 하나님의 옷, 예수 그리스도를 통해서만 죄 사함을 받고 인류가 구원받게 되는 것을 가르쳐준다.

창세기는 가인과 아벨의 제사를 통해 하나님이 받으시는 참 예배에 성도가 믿음으로 살아가는 성화가 함께해야 함을 가르쳐준다.

창세기는 이삭의 탄생 사건을 통해 하나님을 믿는 믿음, 아브라함과 사라가 하나님의 약속을 의심하면서도 하나님의 말씀을 따라 동침함으로 사라 나이 90세에, 아브라함의 나이 100세에 이삭을 얻게 된 사건을 통해 우리에게 믿음의 본질이 무엇인가를 가르쳐준다.

창세기는 노아의 방주를 통해 문제 많고 온전하지 못하고 깨끗하지 못한 세상 교회를 통해 인류가 구원됨을 가르쳐 준다.

노아의 홍수 심판, 바벨탑 사건을 통해 구원의 완성을 위해 마지막 있어야 할 심판을 예표로 가르쳐준다.

창세기는 소돔과 고모라의 심판, 롯의 구원의 사건을 통해 종말에 있을 대심판과 불 가운데서 얻는 부끄러운 구원, 대환난을 예표로 가르쳐준다.

창세기는 아브라함, 이삭, 야곱의 일생을 통해 하나님이 하시는 구원의 예정과 선택, 이스라엘(야곱)을 통한 구원을 가르쳐준다.

창세기는 선택한 자, 야곱과 끝까지 동행하시며 선택한 자를 끝까지 사랑하시는 사실을 통해 성도에게 불변하시는 하나님의 사랑과 구원의 역사를 가르쳐준다.

창세기는 요셉의 일생을 통해 이스라엘 백성이 애굽에서 민족을 형성하게 된 근원을 가르쳐 준다. 또한 요셉과 이스라엘 백성이 애굽에서 당한 고난을 통해 인류 구원의 과정 가운데 있는 섭리적 고난의 의미를 가르쳐준다. 즉 이스라엘의 가족사를 통해 하나님 언약의 진실성을 가르쳐 주고, 하나님이 주관하시는 구원의 섭리와 역사는 이삭도 야곱도 라반도 애굽 왕 바로도 이 세상 그 누구도 어떤 사건도 바꿀 수 없다는 것을 가르쳐준다.

창세기 전부가 구원의 필요, 구원의 길인 믿음, 하나님의 주권적 선택, 인간 역사를 통해 이루시는 하나님의 구원을 가르쳐주는 하나님의 말씀이다.

출애굽기 강해

출애굽기의 세 부분, '받은, 받는, 받을' 3대 구원의 예표

출애굽기는 요셉이 죽은 다음 거의 300년이 지난 때로부터 시작한다. 이스라엘(야곱)이 7년간 계속된 가뭄의 재난 중에 애굽의 총리가 된 요셉의 초청으로 70명의 자녀와 함께 애굽으로 내려온다. 야곱의 후손, 곧 이스라엘 백성은 고센 땅을 중심으로 300여 년을 살아가면서, 이스라엘 한 가문이 아닌, 한 민족으로 번성한다.

애굽의 바로 왕은 이스라엘 백성의 번성을 두려워하여 이스라엘 백성에게 핍박을 가한다. 이 핍박 중에 모세가 태어나고, 모세는 바로 공주의 양자가 되어 바로 궁중에서 40년간, 당시 세계의 최고 학문과 최고 지도자의 훈련을 다 받는다. 그러다가 모세는 자신이 이스라엘 백성임을 깨닫게 되고 바로에게서 쫓겨나고, 미디안 광야에서 40년간 목동으로 가정을 이루고 살다가 모세 나이 80세에 시내산에서 하나님을 만난다. 하나님은 모세를 이스라엘 백성의 해방자로 바로 왕 앞에 서게 하신다.

하나님이 함께하는 모세는 바로 왕과 애굽 백성에게 열 가지 재앙을, 이스라엘 백성 앞에 열 가지 기적을 베풀어 마침내 이스라엘 백성은 애굽에 거한 지 400여 년 만에 애굽 왕 바로의 노예에서 해방이 된다. 모세는 장정만 60만 명이 넘는 이스라엘 백성을 이끌고 홍해를 건너 하나님이 주신다고 약속한 땅, 젖과 꿀이 흐르는 땅 가나안을 향해 진군한다.

이스라엘 백성은 해방되던 첫날부터 다시 이스라엘 백성을 추격해오는 바로의 군대와 앞을 가로막은 홍해 앞에서 모세를 원망하기 시작하였고 이 원망은 광야 40년간 계속된다.

모세는 시내산에 올라가 하나님으로부터 이스라엘 백성이 지켜야 할 법으로 10계명을 받았고, 이스라엘 백성 가운데 하나님이 임재하실 성막의 설계를 받는다. 이스라엘 백성은 시내산 아래에서 모세의 명으로 모든 백성이 함께 힘을 합쳐 하나님이 모세에게 주신 설계대로 성막을 완성한다.

출애굽기는 시내산 아래서 이스라엘 백성이 성막을 완성하기까지를 기록한다.

출애굽기는 세 부분으로 나눠진다.

1) 이스라엘 백성이 애굽에서 바로의 노예로 고난받으며 생활한 애굽에서의 이스라엘 백성의 역사(출 1-13장)

2) 이스라엘 백성이 애굽에서 해방되어 홍해를 건너 시내산까지의 여정과 모세가 시내산에서 하나님이 주시는 10계명을 받고 이스라엘 백성이 지켜야 할 생활의 규례와 법들을 기록한 부분(출 14-24장)

3) 이스라엘 백성들에게 이스라엘 백성들과 동행하시는 하나님을 만날 처소로 성막을 건축한 역사, 이 성막에서 하나님을 섬겨야 할 제사장의 직분에 관한 명령을 담은 부분, 이렇게 세 부분으로 나누어진다(출 25-40장).

출애굽기의 이 세 가지 부분이, 받은 구원(영적 구원)과 받는 구원(성화의 구원, 인격의 구원, 혼적 구원)을 예표하고 있고, 출애굽 후 이스라엘 백성이 들어가야 할 가나안 땅은 받을 구원(영화의 구원, 육적 구원)을 예표한다.

❧ 출애굽기 1-3장

출애굽기 1장과 2장에는 애굽에서 번성하는 이스라엘 백성의 이야기 후 이스라엘 백성에게 임한 바로의 가혹한 핍박의 사건이 나온다. 이스라엘 백성은 바로 왕의 명령으로 아들을 낳으면 부모가 자신이 낳은 아들을 죽여야 했다. 이 얼마나 끔찍하고 무서운 핍박인가. 그리고 이런 핍박 중 모세가 탄생하고 모세는 바로 공주의 양자로 바로 궁중에서 성장하게 된다.

1. 혹독한 핍박 속에 태어나는 모세

이스라엘 백성이 애굽에서 가혹한 핍박을 받은 것을 구원론적으로 보면 '이스라엘 백성으로 이스라엘 백성 되게 하시는 하나님의 섭리'였다. 만일 이때 애굽 왕과 애굽 백성이 이스라엘 백성을 핍박하지 않았다면 이스라엘 백성들은 자신들이 이스라엘 백성임을 잊어버리고 애굽인으로 착각하며 애굽에서 계속 살았을 것이다. 그러나 애굽의 바로 왕과 그 백성이 이스라엘 백성들을 핍박했고, 이 핍박 때문에 이스라엘 백성들은 자신들이 애굽인이 아닌 아브라함과 이삭과 야곱의 후손 이스라엘 백성임을 자각한다. 그래서 그들은 잊어버렸던 하나님께 울부짖는 기도를 하게 된다. 애굽 왕 바로의 무서운 핍박은 이스라엘 백성으로 탈애굽하여 이스라엘 백성이 되게 하는 하나님의 구원 섭리였다.

이스라엘 백성의 출애굽 사건 이후 3,500여 년이 지난 때(모세오경 기록 연대를 주전 1400-1500으로 볼 때) 1948년 5월 이스라엘 백성들은 세계 각 나라에 흩어져 살다가 팔레스타인 땅, 곧 가나안 땅에서 이스라엘 나라를 건국한다. 로마가 이스라엘을 점령하고 유대인을 핍박했을 때 많은 유대인이 유럽 여러 나라로 이주했다. 그들은 이주한 나라에서 이스라엘 백성, 곧 유대인임을 잊어버리고 독일인으로, 프랑스인으로, 혹은 네덜란드인으로, 폴란드인으로 2,000여 년을 살았다. 2,000년은 아주 긴 세월이다. 이 긴 세월 동안 이스라엘 백성은 자신들이 이스라엘 백성임을 다 잊어버리고, 이스라엘 백성이 아닌, 자기가 태어나고 자라나고 생활하는 한 유럽 국가의 백성으로 살아갔다. 이럴 때 제2차 세계 대전이 일어났고, 독일의 히틀러는 유럽을 정복하고, 유럽 각국 각 지역에서 유대인을 색출하여 유대인들에게 아주 가혹한 핍박을 가하였고, 400만이 넘는 많은 유대인을 학살하였다. 이 무서운 학살과 핍박을 통해 세계에 흩어져 살던 이스라엘 백성들은 '내가 유대인이구나' 하는 자각, 이스라엘 백성으로서의 자각을 하게 되었다. 제2차 세계 대전 후 히틀러의 모진 핍박을 피하여 살아남은 이스라엘 백성들은 자신들이 2,000여 년 살아왔던 고향, 나라를 떠나 팔레스타인 땅, 예루살렘을 중심으로 모여들어 이스라엘 나라를 건국한다.

이때 히틀러가 만일 유대인들을 이렇게 핍박하지 않았다면 유대인들은 유럽 각국 각 지역에서 그 나라 사람들로 지금까지 그냥 살고 있었을 것이고 이스라엘 나라는 건국되지 않았을 것이다. 히틀러를 통한 이스라엘 백성에 대한 모진 핍박은 이스라엘 사람으로 이스라엘 사람 되게 하는 하나님의 섭리였다. 히틀러가 전쟁 중에 유럽 각 나라에서 국력을 총동원하여 이스라엘인을 색출하여 학살하고 핍박한 것은 전쟁과 상관없는 일이었다. 그러나 이 일로 유대인이 유대인 되게 하여 유다의 나라 이스라엘을 건국하게 하였다.

구원의 섭리로 볼 때 성도가 구원받은 후 이 땅에서 살아가는 과정에 억울한 핍박, 억울한 고난, 이해할 수 없는 환난을 만날 수 있다. 그러나 이런 고난이 성도로 성도 되게 하는, 성도로 하여금 세상 중심에서 하나님 중심으로 돌이키는 하나님의 섭리이다. 이스라엘 백성들이 애굽에서 아들을 낳으면 죽여야 하는 핍박 중에 이스라엘 백성은 '나는 애굽인이 아닌 유대인이다' 하는 자각을 가지게 되었고, 이때 이스라엘의 구원자 모세가 탄생한다.

2. 이스라엘 백성의 구원을 시작하신 하나님

이스라엘 백성의 구원은 하나님이 시작하셨다. 모세를 탄생케 하신 분이 하나님이다. 모세를 바로 궁중에서 바로 공주의 아들로 최고의 품격자로 키우신 분이 하나님이다. 모세를 광야에서 목동으로 하나님을 묵상하며 살게 하신 분이 하나님이시다. 모세를 모세 나이 80세에 불러 시내산에서 만나 이스라엘 백성의 해방자로 바로 왕 앞에 보내신 분이 하나님이다.

우리의 구원은 언제나 하나님이 시작하신다. 만세 전에 우리를 하나님의 자녀로 예정하신 분이 하나님이다. 때가 이를 때 우리를 불러 주님을 영접, 믿음으로 구원에 이르게 하신 분이 하나님이다.

"하나님 우리 아버지와 주 예수 그리스도로부터 은혜와 평강이 너희에게 있을지어다 찬송하리로다 하나님 곧 우리 주 예수 그리스도의 아버지께서 그리스도 안에서 하늘에 속한 모든 신령한 복을 우리에게 주시되 곧 창세 전에 그리스도 안에서 우리를 택하사 우리로 사랑 안에서 그 앞에 거룩하고 흠이 없게 하시려고 그 기쁘신 뜻대로 우리를 예정하사 예수 그리스도로 말미암아 자기의 아들들이 되게 하셨으니 이는 그가 사랑하시는 자 안에서 우리에게 거저 주시는바, 그의 은혜의 영광을 찬송하게 하려는 것이라 우리는 그리스도 안에서 그의 은혜의 풍성함을 따라 그의 피로 말미암아 속량 곧 죄 사함을 받았느니라 이는 그가

모든 지혜와 총명을 우리에게 넘치게 하사 그 뜻의 비밀을 우리에게 알
리신 것이요 그의 기뻐하심을 따라 그리스도 안에서 때가 찬 경륜을 위
하여 예정하신 것이니 하늘에 있는 것이나 땅에 있는 것이 다 그리스
도 안에서 통일되게 하려 하심이라 모든 일을 그의 뜻의 결정대로 일하
시는 이의 계획을 따라 우리가 예정을 입어 그 안에서 기업이 되었으니
이는 우리가 그리스도 안에서 전부터 바라던 그의 영광의 찬송이 되게
하려 하심이라 그 안에서 너희도 진리의 말씀 곧 너희의 구원의 복음을
듣고 그 안에서 또한 믿어 약속의 성령으로 인치 심을 받았으니 이는
우리 기업의 보증이 되사 그 얻으신 것을 속량하시고 그의 영광을 찬송
하게 하려 하심이라"(엡 1:2-14).
"하나님이 미리 아신 자들을 또한 그 아들의 형상을 본받게 하기 위하여
미리 정하셨으니 이는 그로 많은 형제 중에서 맏아들이 되게 하려 하심
이니라 또 미리 정하신 그들을 또한 부르시고 부르신 그들을 또한 의롭
다 하시고 의롭다 하신 그들을 또한 영화롭게 하셨느니라"(롬 8:29-30).

이스라엘 백성을 애굽 바로 왕의 노예에서 구원하시는 구원 역사의 시
작을 말하는 출애굽기 1, 2, 3장에서 구원은 언제나 하나님 편에서 시작
하시는 섭리를 보게 된다.

3. 이스라엘 백성의 구원을 이루어 가시는 하나님
하나님은 모세에게 사명을 주시면서 이스라엘 백성을 바로 왕의 노예
에서 구원하실 계획을 이렇게 말씀하신다.

"여호와께서 이르시되 내가 애굽에 있는 내 백성의 고통을 분명히 보고
그들이 그들의 감독자로 말미암아 부르짖음을 듣고 그 근심을 알고 내
가 내려가서 그들을 애굽인의 손에서 건져내고 그들을 그 땅에서 인도
하여 아름답고 광대한 땅, 젖과 꿀이 흐르는 땅 곧 가나안 족속, 헷 족
속, 아모리 족속, 브리스 족속, 히위 족속, 여부스 족속의 지방에 데려가

려 하노라 이제 가라 이스라엘 자손의 부르짖음이 내게 달하고 애굽 사람이 그들을 괴롭히는 학대도 내가 보았으니 이제 내가 너를 바로에게 보내어 너에게 내 백성 이스라엘 자손을 애굽에서 인도하여 내게 하리라"(출 3:8-10).

하나님은 이스라엘 백성을 '내 백성'이라고 말씀하신다. 성도는 하나님이 그리스도의 피로 사신 하나님의 백성이다.

하나님이 이스라엘 백성을 애굽에서 구원하시지만 모세를 보내어 모세를 통해 구원하신다. 우리가 이 땅에서 구원받은 후 전도하고 선교해야 하는 것은 구원은 하나님이 하시지만 하나님이 이루시는 구원은 나와 우리를 통해서 이루시기 때문이다.

하나님은 모세를 바로 왕 앞에 보내기 전 앞으로 어떤 과정을 통해 이스라엘 백성을 인도하실 것과 이스라엘 백성을 어디로 인도하여 갈 것인가 하는 계획을 다 가지고 계셨다. 우리의 일생의 길도 하나님 안에 다 계획되어 있다. 우리는 어떤 사건을 만나도, 어떤 경우에도 하나님의 말씀에 순종해가야 한다.

"내가 아노니 강한 손으로 치기 전에는 애굽 왕이 너희가 가도록 허락하지 아니하다가 내가 내 손을 들어 애굽 중에 여러 가지 이적으로 그 나라를 친 후에야 그가 너희를 보내리라 내가 애굽 사람으로 이 백성에게 은혜를 입히게 할지라 너희가 나갈 때에 빈손으로 가지 아니하리니 여인들은 모두 그 이웃 사람과 및 자기 집에 거류하는 여인에게 은 패물과 금패물과 의복을 구하여 너희의 자녀를 꾸미라 너희는 애굽 사람들의 물품을 취하리라"(출 3:19-22).
"내가 내려가서 그들을 애굽인의 손에서 건져내고 그들을 그 땅에서 인도하여 아름답고 광대한 땅, 젖과 꿀이 흐르는 땅 곧 가나안 족속, 헷 족속, 아모리 족속, 브리스 족속, 히위 족속, 여부스 족속의 지방에 데려가려 하노라"(출 3:8).

이스라엘 백성들이 하나님께 드리는 울부짖는 기도를 하나님은 다 듣고 계셨다. 오늘 우리의 기도도 하나님이 듣고 계신다.

4. 스스로 있는 자 하나님, 이스라엘의 하나님

출애굽기 3장에서 하나님은 모세에게 자신을 '스스로 있는 자'라고 말씀하고 아브라함과 이삭과 야곱의 하나님, 이스라엘 조상의 하나님이라고 말씀한다.

"하나님이 모세에게 이르시되 나는 스스로 있는 자이니라 또 이르시되 너는 이스라엘 자손에게 이같이 이르기를 스스로 있는 자가 나를 너희에게 보내셨다 하라 하나님이 또 모세에게 이르시되 너는 이스라엘 자손에게 이같이 이르기를 너희 조상의 하나님 여호와 곧 아브라함의 하나님, 이삭의 하나님, 야곱의 하나님께서 나를 너희에게 보내셨다 하라 이는 나의 영원한 이름이요 대대로 기억할 나의 칭호니라"(출 3:14-15).

스스로 있는 자는 여호와라는 말이다. 하나님은 스스로 존재하는 하나님이기 때문에 처음과 나중이 되고 영원하고 완전하고 전능하신 분이다.

이스라엘 백성이 받은 최고 최상의 복은 그들이 스스로 있는 절대자 하나님을 이스라엘의 하나님으로 만난 것이다. 성도가 받은 최고 최상의 복은 전능하신 하나님의 자녀가 된 것이다(요 1:10-13; 갈 3:26; 롬 4:16, 8:15-17; 요일 5:1).

"그가 세상에 계셨으며 세상은 그로 말미암아 지은 바 되었으되 세상이 그를 알지 못하였고 자기 땅에 오매 자기 백성이 영접하지 아니하였으나 영접하는 자 곧 그 이름을 믿는 자들에게는 하나님의 자녀가 되는 권세를 주셨으니 이는 혈통으로나 육정으로나 사람의 뜻으로 나지 아니하고 오직 하나님께로부터 난 자들이니라"(요 1:10-13).
"하나님의 영으로 인도함을 받는 사람은 곧 하나님의 아들이라 너희는 다시 무서워하는 종의 영을 받지 아니하고 양자의 영을 받았으므로 우리가 아빠 아버지라고 부르짖느니라 성령이 친히 우리의 영과 더불어 우리가 하나님의 자녀인 것을 증언하시나니 자녀이면 또한 상속자 곧 하나님의 상속자요 그리스도와 함께 한 상속자니 우리가 그와 함께 영광을 받기 위하여 고난도 함께 받아야 할 것이니라"(롬 8:14-17).

전능하신 하나님, 스스로 있는 자(출 3:14), 여호와(출 6:1, 2) 하나님이 이스라엘 백성의 해방을 위해 모세와 함께하시고 모세와 함께 바로 왕 앞에 가신다. 전능하신 하나님이 시작한 구원은 하나님이 전능하시기 때문에 반드시 완성된다.

🌱 출애굽기 4-13장

출애굽기 4장으로부터 11장까지에는 이스라엘 백성을 애굽의 노예로부터 해방하기 위해 하나님이 모세를 통해 모세가 이스라엘 백성의 장로들 앞에 행한 두 가지 기적(지팡이가 뱀이 되는, 손에 문둥병이 생겼다가 문둥병이 사라지는)과 모세가 바로 왕 앞에 행한 열 가지 재앙의 기적을 기록하고 있다. 그리고 출애굽기 12-13장은 이스라엘 백성이 흠 없는 유월절 양의 피로 은혜로, 공짜로 애굽의 노예에서 해방된 구원을 기억하는 유월절과 무교절 제정에 대한 말씀과 하나님이 불기둥과 구름기둥으로 이스라엘 백성과 함께하시는 사건을 기록한다.

1. 모세를 바로에게 보내시는 하나님

하나님은 모세를 애굽에서 이스라엘 백성의 해방자로 불러 쓰시려고 모세에게 애굽 왕 바로에게 가라고 명하시지만 모세는 핑계를 대며 다른 사람을 보내라고 말한다. 하나님은 거듭 같은 명을 내리시고 계속 거절하는 모세에게 진노하시며, 모세를 강권하여 아론과 함께 애굽으로 보내신다.

하나님의 명령에 절대 순종하던 아브라함과 달리 모세는 소명받는 순간부터 하나님께 곧이 순종하지 않는다. 후에 모세의 행적을 보면 어려운 일을 만날 때 하나님 앞에 왜 이런 일이 있느냐고 따지기도 하고(출 5:22), 자신이 이스라엘 백성을 낳았느냐고 불평하며 차라리 자신을 죽여 달라고 하나님께 대들기도 한다(민 11:11-15). 모세는 시내산에서 하나님이 돌판에 십계명을 새겨주셨지만 산 아래로 내려올 때 이스라엘 백성들이 송아지 우상을 만들어 섬기는 모습을 보고 십계명이 새겨진 이 거룩한 돌판을 던져 깨뜨리기도 한다(출 32:19).

하나님이 이스라엘 백성의 해방자로 이런 모세를 쓰신 것을 통해 모세가 위대한 사람이 아니라 하나님이 쓰시는 사람이 위대한 사람으로 살게 된다는 사실을 알게 된다. 하나님은 이 땅에 하나님의 섭리를 이루시는 과정에 늘 어떤 사람을 선택하여 쓰신다. 구원받은 성도는 모두 하나님이 쓰시는 사람들이다. 감사함으로 이 영광스러운 일을 감당해야 한다. 하나님이 모세와 함께하시고 모세는 하나님 말씀대로 바로에게 이스라엘 백성으로 광야에 나가 여호와께 제사를 드리게 해달라고 말했지만 이 일로 이스라엘 백성들에게는 더 어려운 고역이 가중되고 이스라엘 백성들은 모세를 원망한다. 모세는 하나님께 어찌하여 이스라엘 백성이 학대당하며 왜 자신을 보내셨느냐고 질문한다. 이런 모세에게 하나님이 이렇게 대답하신다.

"여호와께서 모세에게 이르시되 이제 내가 바로에게 하는 일을 네가 보리라 강한 손으로 말미암아 바로가 그들을 보내리라 강한 손으로 말미암아 바로가 그들을 그의 땅에서 쫓아내리라 하나님이 모세에게 말씀하여 이르시되 나는 여호와이니라 내가 아브라함과 이삭과 야곱에게 전능의 하나님으로 나타났으나 나의 이름을 여호와로는 그들에게 알리지 아니하였고 가나안 땅 곧 그들이 거류하는 땅을 그들에게 주기로 그들과 언약하였더니 이제 애굽 사람이 종으로 삼은 이스라엘 자손의 신음 소리를 내가 듣고 나의 언약을 기억하노라 그러므로 이스라엘 자손에게 말하기를 나는 여호와라 내가 애굽 사람의 무거운 짐 밑에서 너희를 빼내며 그들의 노역에서 너희를 건지며 편 팔과 여러 큰 심판들로써 너희를 속량하여 너희를 내 백성으로 삼고 나는 너희의 하나님이 되리니 나는 애굽 사람의 무거운 짐 밑에서 너희를 빼낸 너희의 하나님 여호와인 줄 너희가 알지라 내가 아브라함과 이삭과 야곱에게 주기로 맹세한 땅으로 너희를 인도하고 그 땅을 너희에게 주어 기업을 삼게 하리라 나는 여호와라 하셨다 하라"(출 6:1-8).

하나님은 바로가 하나님의 강한 손으로 말미암아 이스라엘 백성을 내보낼 것이라고 대답하시며 세 가지를 약속하신다. 하나님이 모세에게 해 주신 이 대답에 세 가지 약속이 나온다. 하나님이 모세에게 해 주신 세 가지 약속은 구원의 예표로 우리에게 구원을 가르쳐 준다.

1) 이스라엘 백성을 애굽의 종에서 구원하신다.

2) 이스라엘 백성을 하나님의 백성으로 삼아 하나님이 이스라엘 백성의 하나님이 되신다.

3) 아브라함과 이삭, 야곱에게 주신다고 약속한 가나안 땅으로 이스라엘 백성을 인도하신다.

구원은 이스라엘 백성을 바로의 노예에서 건져내신 것같이 우리를 죄와 사망에서 건져내는 것이다. 구원은 하나님이 이스라엘 백성을 하나님의 백성으로 삼으시는 것같이 우리를 하나님의 백성으로 삼으시는 것이다. 구원은 이스라엘 백성을 가나안 복지로 인도하시는 것같이 우리를 영원한 안식의 처소, 천국으로 인도하시는 것이다.

2. 완악해지는 바로, 더 심해지는 하나님의 재앙

바로의 마음은 점점 완악해지고 하나님이 모세를 통해 바로와 애굽 백성에게 내리시는 재앙은 점점 심해진다.

하나님이 애굽에 내리신 열 가지 재앙은 다음과 같다.

물이 피가 됨, 개구리 재앙, 티끌이 이가 되어 온 백성을 괴롭힘, 파리떼 재앙, 가축에 퍼진 모진 돌림병, 악성 종기 재앙, 우박 재앙, 메뚜기떼 재앙, 흑암 재앙, 초태생이 죽는 재앙이다.

이 재앙들은 이스라엘 백성에게 미치지 않았고 그래서 이스라엘 백성에게는 기적이었고 애굽 백성에게는 재앙이었다.

하나님이 애굽에 내리신 마지막 재앙은 애굽에서 처음 낳은 아들과 짐승의 첫 새끼가 다 죽는 것이다. 하나님은 모세를 통해 이스라엘 백성들이 이 재앙을 받지 않기 위해 흠 없는 양을 잡아 그 피를 집, 문설주와 인방에 칠하라고 명하신다.

3. 이스라엘 백성의 해방을 위해 피 흘려 죽는 흠 없는 양

애굽에서의 마지막 날, 모세는 백성에게 이렇게 말한다.

"모세가 이스라엘 모든 장로를 불러서 그들에게 이르되 너희는 나가서 너희의 가족대로 어린 양을 택하여 유월절 양으로 잡고 우슬초 묶음을 가져다가 그릇에 담은 피에 적셔서 그 피를 문 인방과 좌우 설주에 뿌리고 아침까지 한 사람도 자기 집 문밖에 나가지 말라 여호와께서 애굽 사람들에게 재앙을 내리려고 지나가실 때에 문 인방과 좌우 문설주의 피를 보시면 여호와께서 그 문을 넘으시고 멸하는 자에게 너희 집에 들어가서 너희를 치지 못하게 하실 것임이니라 너희는 이 일을 규례로 삼아 너희와 너희 자손이 영원히 지킬 것이니 너희는 여호와께서 허락하신 대로 너희에게 주시는 땅에 이를 때에 이 예식을 지킬 것이라 이후에 너희의 자녀가 묻기를 이 예식이 무슨 뜻이냐 하거든 너희는 이르기를 이는 여호와의 유월절 제사라 여호와께서 애굽 사람에게 재앙을 내리실 때에 애굽에 있는 이스라엘 자손의 집을 넘으사 우리의 집을 구원하셨느니라 하라 하매 백성이 머리 숙여 경배하니라 이스라엘 자손이 물러가서 그대로 행하되 여호와께서 모세와 아론에게 명령하신 대로 행하니라"(출 12:21-28).

4. 믿음과 구원을 가르쳐주는 이스라엘 백성의 해방

이스라엘 백성들은 모세의 말을 하나님의 말로 받고 믿어 모세가 말

한 대로 흠 없는 양을 잡아 그 피를 문설주와 인방에 칠한다. 그 밤에 사망의 천사가 애굽을 두루 행하며 애굽의 모든 초태생들, 짐승과 사람의 첫 새끼와 첫아들, 곧 바로 왕의 첫아들로부터 모든 장관의 아들, 모든 백성의 아들과 첫 새끼를 다 죽인다. 그러나 모세의 말대로 흠 없는 유월절 양의 피를 그 문설주에 칠한 이스라엘 백성들의 집은 사망의 천사가 뛰어넘어(pass over, 踰越) 이스라엘 백성의 모든 장자와 초태생은 죽지 않는다. 이 사건으로 바로 왕은 그 강퍅한 마음을 접고 이스라엘 백성을 해방하도록 명을 내린다. 애굽 백성들은 이스라엘 백성들에게 은금 패물을 주며 애굽에서 나가 주기를 요청한다. 이스라엘 백성은 마침내 애굽에서 400년의 노예에서 해방된다. 이날이 첫 유월절로 이스라엘 백성에게 아빕월, 곧 1월 1일이 된다.

사망의 천사가 애굽을 행하며 초태생을 죽이느냐 살리느냐의 기준은 어느 집에 얼마나 더 착하고 선한 사람이 있느냐, 어느 집에 얼마나 더 악한 죄인이 있느냐 하는, 사람의 선, 불선이 아니었고, 그 집에 유월절 양의 피가 칠해졌느냐 안 칠해졌느냐 하는 것이었다. 예수님은 유월절 양이시다. 그래서 고린도전서 5장 7절에 "우리의 유월절 양 곧 그리스도께서 희생되셨느니라" 말씀한다.

이스라엘 백성이 애굽에서 해방된 이 사건은 믿음과 구원의 귀한 비밀을 가르쳐준다. 우리를 구원하는 믿음은, 이스라엘 백성이 애굽에서 하나님이 모세를 통해 행하신 아홉 가지 재앙과 기적의 예표를 보고 모세의 말을 하나님의 말로 받아들여, 흠 없는 양을 잡아 그 피를 문 인방과 설주에 바른 것같이, 우리가 성경의 많은 예표를 보고, 예수가 그리스도라고 하는 하나님의 말씀을 온전히 받아들이는 것이다. 영접하는 자 곧 그 이름을 믿는 자들은 하나님의 자녀 되는 권세를 받게 된다(요 1:10-11).

이 사건은 구원론에서 아주 중요한 부분이기에 여기에서 다시 설명한다. 모세를 통해 애굽에 내린 열 가지 재앙 중 앞의 아홉 가지 재앙은 이스라엘 백성으로 하여금 모세의 말을 하나님의 말로 받고 믿게 하기 위한 예표적인 것이었다.

만일 모세가 애굽에 있는 이스라엘 백성들에게 찾아가 하나님이 하시는 아무런 표적도 보여주지 않고, 이스라엘 백성의 해방을 말했다면 이스라엘 백성들은 한 사람도 모세의 말을 따르지 않았을 것이다.

"하나님이 너희를 애굽에서 해방시키실 것이다. 오늘 밤에 자기 전 너희 모두는 흠 없는 양을 잡아 그 피를 문지방과 인방에 칠하여라. 그리하면 사망의 천사가 애굽을 두루 행하며 모든 초태생을 죽일 때 유월절 양의 피가 칠해진 집은 뛰어넘어가 모든 초태생이 다 죽지 않고 살아 있게 되나 그러나 유월절 양의 피가 문에 칠해지지 않은 애굽 백성의 집에는 모든 초태생이 다 죽게 되고 바로가 너희를 해방시켜 줄 것이다."

모세의 이런 말, 이 말은 누구의 머리로도 이해되지 않는 말이었다. 이 말이 바로 오늘 우리에게 2,000여 년 전 갈보리 십자가에 달리신 그리스도의 보혈을 믿는 자에게 죽어도 사는 영원한 생명, 구원을 주신다는 말과 꼭 같은 것이다.

하나님은 애굽에 있는 이스라엘 백성들이 이 말을 받아들이게 하기 위해, 모세를 통해 열 번째 기적 이전에 아홉 가지 기적을 그들에게 먼저 보여주셨다. 그들은 유월절 사건 이전에 이미 아홉 가지 기적을 보면서, 모세의 말을 곧 하나님의 말로 받아들이게 된다. 그래서 그들은 유월절 밤에 모세의 말대로 유월절 양의 피를 그 문인방과 설주에 발라 이스라엘 백성의 모든 초태생이 구원되고 결국 이스라엘 백성은 400년 동안 노예로 살았던 애굽에서 해방된다. 이것이 이스라엘 백성이 유월절 양의 피로 은혜로 받은 구원이다.

예수님이 그리스도로 이 땅에 오시기 전, 예수님이 십자가에 달려 죽으심으로 그 피로 우리의 죄를 용서하기 전, 구약에서 많은 제사와 절기와 이스라엘 백성들의 역사를 통해 아주 많은 예표를 주셨다. 이는 우리로 예수님의 십자가 죽음이 내 죄를 대신한 속죄 제물이 되신 것을 믿어, 구원 얻게 하시기 위한 구원의 예표들이다. 그래서 구약의 모든 말씀이 그리스도를 가르쳐 주는 복음인 것이다.

"너희가 성경에서 영생을 얻는 줄 생각하고 성경을 연구하거니와 이 성
경이 곧 내게 대하여 증언하는 것이니라"(요 5:39).

유월절 양의 피로 이스라엘 백성이 애굽에서 공짜로, 은혜로 구원된
것같이 우리는 예수 그리스도의 보혈의 은혜로 구원되는 것이다.

이스라엘 백성이 애굽에서 해방되기 위해 모세의 말을 하나님의 말씀
으로 받아 흠 없는 양을 잡아 그 피를 문설주에 바른 것같이 우리가 구
원되기 위해 성경을 하나님의 말씀으로 받고 예수를 그리스도로 받아야
한다. 애굽에서 이스라엘 백성들이 모세의 말을 하나님의 말로 받아 유
월절 양의 피를 문설주에 칠한 것이 이스라엘 백성을 구원한 믿음이라
면, 오늘 우리에게는 예수님을 구세주로 시인하고 받는 것이 우리를 구원
하는 믿음이다.

이스라엘 백성이 애굽에서 유월절 양의 피로 해방된 것은 오늘 우리가
그리스도의 피로, 믿음으로 은혜로 구원되는 것을 예표한다. 이스라엘 백
성의 애굽에서의 구원은 우리에게 '받은 구원'을 가르쳐주는 예표다.

하나님이 이스라엘 백성에게 영원히 지키도록 명령한 유월절, 곧 이 기
간에 누룩 없는 떡과 쓴 나물을 먹는 무교절은 우리에게 예수 그리스도
의 십자가 고난과 흠 없는 유월절 양 되신 그리스도의 은혜를 영원히 기
억하게 하는 예표이다.

하나님은 애굽을 떠난 이스라엘 백성들을 홍해 앞으로 인도하시고 이
날부터 낮에는 구름기둥으로 밤에는 불기둥으로 이스라엘 백성을 지켜주
시고 이스라엘 백성과 함께하신다.

광야에 있는 구름기둥과 불기둥은 하나님이 이스라엘 백성과 함께하
신 사실을 그들의 눈으로 보게 한 하나님의 특별한 구원의 사건으로, 이
구름기둥과 불기둥은 바람이나 어떤 자연적 조건 아래에서도 하나님이
움직이지 않으면 움직이지 않았다.

불기둥과 구름기둥은 성도가 믿음으로 구원받은 후 하나님이 성도에게 성령으로 어느 때나 함께하여 주시고 성도를 성화의 길로 인도하시는 것을 예표로 가르쳐주는 것이다.

✝ 출애굽기 14장: 홍해를 가르신 하나님, 은혜로 받은 구원의 예표

출애굽기 14장에는 하나님이 홍해를 육지로 갈라주신 길을 통해 이스라엘 백성이 홍해를 건너가는 해방과 구원을 기록한다. 하나님은 그의 영광을 받으시기 위해 이스라엘 백성을 바다가 가로막힌 홍해가로 인도하시고 다시 바로의 마음을 강퍅하게 하신다. 그리하여 바로가 특별 병거 600승과 그 외의 많은 병거와 군대를 동원하여 장관들과 함께 이스라엘 백성을 추격하게 한다. 이스라엘 백성들은 추격해오는 애굽 군대와 가로막힌 홍해를 보고 모세를 원망한다. 하나님은 모세를 통해 홍해를 갈라지게 하시고 이스라엘 백성들로 홍해를 육로로 건너게 하신다. 하나님은 이스라엘 백성과 애굽 군대 사이에 구름기둥과 불기둥이 함께 머물게 하여 애굽 군대 앞에는 흑암이 있게 하고 이스라엘 백성 앞에는 광명이 있게 하여 이스라엘 백성은 밝은 빛 가운데 홍해를 다 건너게 한다. 이스라엘 백성을 따라 홍해로 들어온 애굽 군대에게 다시 홍해의 물이 덮이게 되고 애굽 군대는 홍해에 빠져 몰살당한다.

이스라엘 백성이 홍해를 육로로 건너 애굽 왕과 그 군대 앞에서 완전하게 해방된 출애굽기 14장의 사건은 성도가 믿음으로 구원 얻은 것이 완전하게 은혜로, 공짜로 이루어진 것을 가르쳐준다.

홍해는 하나님이 갈라주셨고 이스라엘 백성은 어떤 노력이나 행함이 없이 그냥 하나님이 갈라주신 홍해를 육지로 건너갔다. 성도가 구원을 받은 것은 완전한 은혜로, 성도의 어떤 노력이나 선행이 없이 하나님이 거저 주신 것이다.

믿음을 주신 분이 하나님이다. 성도 그 누구도 내가 믿고 싶어서 믿은 사람이 없다. 내가 스스로 교회에 찾아 나가 예수를 믿기 시작했어도 이런 마음을 주신 분이 하나님이요, 누구도 하나님이 그에게 성령을 주시지 아니하면 예수를 믿을 수 없다.

"그러므로 내가 너희에게 알리노니 하나님의 영으로 말하는 자는 누구든지 예수를 저주할 자라 하지 아니하고 또 성령으로 아니하고는 누구든지 예수를 주시라 할 수 없느니라"(고전 12:3).
"너희가 그 은혜를 인하여 믿음으로 말미암아 구원을 얻었나니 이것이 너희에게서 난 것이 아니요 하나님의 선물이라 행위에서 난 것이 아니니 이는 누구든지 자랑하지 못하게 함이라"(엡 2:8-9).
"이르시되 너희는 나를 누구라 하느냐 시몬 베드로가 대답하여 이르되 주는 그리스도시요 살아 계신 하나님의 아들이시니이다 예수께서 대답하여 이르시되 바요나 시몬아 네가 복이 있도다 이를 네게 알게 한 이는 혈육이 아니요 하늘에 계신 내 아버지시니라"(마 16:15-17).
"그가 세상에 계셨으며 세상은 그로 말미암아 지은바 되었으되 세상이 그를 알지 못하였고 자기 땅에 오매 자기 백성이 영접지 아니하였으나 영접하는 자 곧 그 이름을 믿는 자들에게는 하나님의 자녀가 되는 권세를 주셨으니 이는 혈통으로나 육정으로나 사람의 뜻으로 나지 아니하고 오직 하나님께로부터 난 자들이니라"(요 1:10-13).

이스라엘 백성들이 애굽에서 나와 홍해가 가로막힌 바닷가로 인도되고, 바로 왕이 다시 강퍅해져서 이스라엘 백성을 추격함으로 이스라엘 백성이 큰 곤경에 처한 것은 하나님이 영광을 받으시기 위한 하나님의 섭리적 사건이었다.

애굽에서 해방되어 홍해 앞에 이르게 된 이스라엘 백성은 그 수가 장정만 60만 명이 넘는 큰 무리였다(출 12:37, 38:26; 민 1:46, 2:32, 11:21, 26:51). 이들 외에 많은 여인과 노약자와 어린아이들과 많은 수의 양, 소, 나귀 등 가축들이 함께했다.

하나님이 이들을 홍해가 가로막는 길로 인도하셨고, 바로 왕의 마음을 강퍅하게 하셔서 이스라엘 백성을 추격하게 하셨다. 왜 그리하셨는가? 하나님이 영광을 받으시기 위해서였다.

"내가 애굽 사람들의 마음을 완악하게 할 것인즉 그들이 그 뒤를 따라 들어갈 것이라 내가 바로와 그의 모든 군대와 그의 병거와 마병으로 말미암아 영광을 얻으리니 내가 바로와 그의 병거와 마병으로 말미암아 영광을 얻을 때에야 애굽 사람들이 나를 여호와인 줄 알리라 하시더니"(출 14:17-18).

이스라엘 백성을 추격해 온 애굽의 군대는 홍해의 물에 몰살되었고 이제 이 사건으로 하나님의 영광이 드러났다. 하나님이 받으실 영광은 애굽의 군사들이 홍해에 몰살당하게 하심으로 애굽인들이 '하나님을 여호와 하나님으로 알게 하는 것'이었다. 이스라엘 백성은 이런 하나님의 숨은 뜻을 모르고 가로막힌 홍해, 뒤따라오는 애굽 군사만 보고 두려워했고 모세를 원망하였다. 성도가 구원받고 그 일생을 통해 성화의 길을 가는 과정에 홍해가 가로막히는 사건과 고난과 무서운 역경이 추격해 오는 사건이 있을 수 있다. 그러나 이 길이 하나님이 함께하시는 길이기 때문에, 이 길이 하나님이 영광을 받으시려는 길이기 때문에 홍해는 열리고 역경은 승리로 바뀌게 된다. 우리는 이스라엘 백성들같이 원망하지 말고 인내와 기도로(가만히 서서) 주님이 구원하심을 보아야 한다.

하나님은 직접 홍해를 육지로 가르시지 않고 모세를 통해, 바람으로 홍해를 가르신다. 하나님은 이 땅에 하나님의 섭리를 이루는 과정에 늘 사람을 쓰신다. 성도가 하나님의 선한 섭리에 쓰임받는 것은 큰 영광이다.

☙ 출애굽기 15장: 하나님의 구원을 찬양하는 백성

출애굽기 15장에는 구원받은 이스라엘 백성들이 모세와 함께 하나님을 찬양한 사건이 기록된다.

하나님을 '영화로우신 나와 내 아버지의 하나님'으로 고백한다.

하나님을 '구세주 하나님'으로 고백한다.

하나님을 '여호와 하나님, 전능한 하나님'으로 고백한다.

하나님을 '대적을 멸하시는 하나님'으로 고백한다.

하나님이 '그 구속하신 백성을 주의 성결한 처소로 인도하신다'고 고백한다.

하나님이 '주의 백성을 주의 예비하신 산에 심으신다'고 고백한다. 그리고 이 산이 성소임을 고백한다. 하나님은 '영원무궁한 통치자'라고 고백한다.

출애굽기 15장의 찬송에서 구원의 하나님이 이스라엘 백성을 구원하시고(받은 구원) 성소로 인도하신다고 고백한다. 이스라엘 백성의 광야 생활은 애굽에서 해방된 이스라엘 백성이 성화의 훈련을 받는 성소가 된다(받는 구원).

하나님이 인도하시는 길에 물 없는 수르 광야와 쓴 물만 있는 마라 광야도 있다. 그래도 이스라엘 백성은 이 길을 가야 한다.

☙ 출애굽기 16-17장: 백성을 광야로 인도하신 하나님

출애굽기 16장과 17장에는 이스라엘 백성이 신 광야로, 르비딤으로 인도된 사건이 나오는데 하나님이 이스라엘 백성에게 행하신 아주 중요한 다섯 가지 사건이 나온다.

1) 하나님이 백성들의 양식으로 아침마다 만나를 주신다.

2) 백성들이 먹을 고기로 메추라기를 주신다.

3) 안식일의 계명을 주신다.

4) 물이 없다고 원망하는 백성에게 므리바에서 모세로 반석을 쳐서 물

을 내어 마시게 한다.

5) 광야에서 모세를 원망하는 소리를 들으신 분이 하나님이시다. 하나님은 오늘 내가 하는 모든 말을 다 듣고 계신다. 구원받은 성도는 감사와 사랑과 평화의 말을 하며 살아야 한다. 내가 하는 원망의 말도 감사의 말도 하나님이 다 듣고 계신다.

"여호와께서 모세에게 말씀하여 이르시되 내가 이스라엘 자손의 원망함을 들었노라 그들에게 말하여 이르기를 너희가 해 질 때에는 고기를 먹고 아침에는 떡으로 배부르리니 내가 여호와 너희의 하나님인 줄 알리라 하라 하시니라"(출 16:11-12).

아말렉이 르비딤에서 백성을 공격해왔고 여호수아가 군대를 이끌고 나가 싸워 아말렉을 물리친다. 아말렉과의 전투에서 모세가 산에서 손을 들면 이스라엘이 이겼고 손을 내리면 이스라엘이 졌다. 모세의 든 손이 피곤했고 모세를 돌 위에 앉게 하고 아론과 훌이 양팔을 들어주어 아말렉을 물리친다.

하나님은 성도에게 일용할 양식을 공급하신다. 물질로 염려하지 말아야 한다.

안식일의 계명은 모세가 시내산에 올라가 하나님으로부터 십계명을 받기 이전에 이스라엘 백성에게 주신 제일 처음의 계명이다.

안식일의 계명은 하나님이 광야에서 만나와 함께 주신 계명으로 안식일에 만나를 거두러 나갔다가 아무것도 거두지 못한 백성을 보고 하나님이 계명과 율법을 지키지 않았다고 책망하시며 제6일에 갑절의 만나를 주심은 제7일에 안식하게 하기 위해서라고 말씀하신다.

"엿새 동안은 너희가 그것을 거두되 일곱째 날은 안식일인즉 그날에는 없으리라 하였으나 일곱째 날에 백성 중 어떤 사람들이 거두러 나갔다가 얻지 못하니라 여호와께서 모세에게 이르시되 어느 때까지 너희가

내 계명과 내 율법을 지키지 아니하려느냐 볼지어다 여호와가 너희에
게 안식일을 줌으로 여섯째 날에는 이틀 양식을 너희에게 주는 것이니
너희는 각기 처소에 있고 일곱째 날에는 아무도 그의 처소에서 나오지
말지니라 그러므로 백성이 일곱째 날에 안식하니라"(출 16:26-30).

안식일의 계명은 모든 율법과 계명이 다 포함된 계명이다. 그래서 하나
님은 안식일을 지키지 않은 백성을 향해 '내 율법과 계명을 지키지 않았
다'고 말씀하신다.

안식일은 시간 속에서 하나님의 하나님 됨을, 하나님의 절대주권을 확
증하는 날이다. 성도가 안식일, 곧 주일을 지키지 않으면 하나님을 잊어버
리게 되고 성화를 멈추게 되며, 그래서 결국 칭의의 구원은 받았지만 다
시 더 회개의 예복을 입지 않아서 마지막 날 대환난을 통해 부끄럽게 구
원받는 사람이 된다(pp. 124-133. 대환난, 부끄러운 구원을 참조).

구원받은 성도가 광야길, 곧 세상을 살아가며 성화되는 과정에서 제일
중요하고 제일 먼저 지켜야 할 계명이 안식일, 곧 주일을 거룩하게 지키는
일이다. 안식일은 양식의 걱정에서 놓이는 날이다. 안식일은 물질로부터
자유하는 날이요 하나님이 여호와 하나님으로 확증하는 날이다.

하나님은 목마른 이스라엘 백성을 위해 반석에 물을 감추어 두셨다.
이스라엘 백성들은 원망하지 말고 조금만 더 기다려야 했다. 믿음으로
살아가는 길에 어려움을 만나도 성도는 항상 하나님의 사랑을 믿고 조금
만 더 기다려야 한다. 생수를 내어 이스라엘 백성에게 생명을 준 반석은
그리스도를 예표하고 교회를 예표한다. 구원과 영생은 반석이신 그리스
도를 통해 주어진다(고전 10:1-4; 마 16:16-19; 롬 9:33).

"형제들아 나는 너희가 알지 못하기를 원하지 아니하노니 우리 조상들
이 다 구름 아래에 있고 바다 가운데로 지나며 모세에게 속하여 다 구
름과 바다에서 세례를 받고 다 같은 신령한 음식을 먹으며 다 같은 신
령한 음료를 마셨으니 이는 그들을 따르는 신령한 반석으로부터 마셨

으매 그 반석은 곧 그리스도시라"(고전 10:1-4).

"시몬 베드로가 대답하여 이르되 주는 그리스도시요 살아 계신 하나님의 아들이시니이다 예수께서 대답하여 이르시되 바요나 시몬아 네가 복이 있도다. 이를 네게 알게 한 이는 혈육이 아니요 하늘에 계신 내 아버지시니라 또 내가 네게 이르노니 너는 베드로라 내가 이 반석 위에 내 교회를 세우리니 음부의 권세가 이기지 못하리라 내가 천국 열쇠를 네게 주리니 네가 땅에서 무엇이든지 매면 하늘에서도 매일 것이요 네가 땅에서 무엇이든지 풀면 하늘에서도 풀리리라 하시고"(마 16:16-19).

이스라엘 백성과 아말렉과의 전쟁은 성도가 구원받은 후(이스라엘 백성이 홍해를 건넌 후) 성화의 과정에서 싸워 이겨야 할 사탄과의 싸움을 예표한다. 성도가 성화하는 과정에서 사탄은 항상 우는 사자같이 성도를 공격해 온다. 성도는 늘 모세와 아론과 훌처럼, 서로 힘을 보태며 합심한 기도로 사탄을 대적해야 하고, 말씀과 하나님의 전신갑주를 입고 사탄과 싸워 이겨야 한다.

"마귀의 간계를 능히 대적하기 위하여 하나님의 전신갑주를 입으라 우리의 씨름은 혈과 육을 상대하는 것이 아니요 통치자들과 권세들과 이 어둠의 세상 주관자들과 하늘에 있는 악의 영들을 상대함이라 그러므로 하나님의 전신갑주를 취하라 이는 악한 날에 너희가 능히 대적하고 모든 일을 행한 후에 서기 위함이라 그런즉 서서 진리로 너희 허리띠를 띠고 의의 호심경을 붙이고 평안의 복음이 준비한 것으로 신을 신고 모든 것 위에 믿음의 방패를 가지고 이로써 능히 악한 자의 모든 불화살을 소멸하고 구원의 투구와 성령의 검 곧 하나님의 말씀을 가지라 모든 기도와 간구를 하되 항상 성령 안에서 기도하고 이를 위하여 깨어 구하기를 항상 힘쓰며 여러 성도를 위하여 구하라"(엡 6:11-18).

모세의 팔도 피곤하여 내려왔다. 아론과 훌이 붙잡아 들어주었다. 성도는 늘 기도하는 사역자의 손을 붙잡아 주어야 한다.

❦ 출애굽기 18장: 천부장, 백부장 등을 세우다

출애굽기 18장에는 모세의 장인 이드로가 모세의 자녀를 데리고 모세를 방문하여 모세 혼자서 온종일 매일 백성들을 재판하는 것을 보게 된다.

모세의 장인 이드로는 이 재판을 백성 중 충성된 자에게 나누어 맡기게 하고 그들이 하지 못하는 재판만 모세가 하도록 권한다.

모세는 이드로의 말대로 온 백성 가운데서 재덕이 겸전한 자, 곧 하나님을 두려워하며 진실무망하며 불의한 이를 미워하는 자를 빼서 백성 위에 세워, 천부장과 백부장과 오십부장과 십부장을 삼아 그들에게 율례와 법도를 가르쳐 재판을 나누어 하게 한다.

이 조직은 지금 교회가 갖는 행정조직을 예표한다.

교회에서 하나님의 일을 어느 한 사람이나 소수가 늘 감당하면 그들은 마침내 탈진할 수 있다. 교회는 재덕이 겸전한 자, 곧 하나님을 두려워하며 진실무망하며 불의한 이를 미워하는 자들을 택하여 함께 짐을 나누어 지고 가야 한다(갈 6:2).

하나님의 말씀 디모데전서에는 감독과 집사를 이런 기준으로 세우도록 명하신다.

"그러므로 감독은 책망할 것이 없으며 한 아내의 남편이 되며 절제하며 신중하며 단정하며 나그네를 대접하며 가르치기를 잘하며 술을 즐기지 아니하며 구타하지 아니하며 오직 관용하며 다투지 아니하며 돈을 사랑하지 아니하며 자기 집을 잘 다스려 자녀들로 모든 공손함으로 복종하게 하는 자라야 할지며 (사람이 자기 집을 다스릴 줄 알지 못하면 어찌 하나님의 교회를 돌보리요) 새로 입교한 자도 말지니 교만하여져서 마귀를 정죄하는 그 정죄에 빠질까 함이요 또한 외인에게서도 선한 증거를 얻은 자라야 할지니 비방과 마귀의 올무에 빠질까 염려하라 이와 같이 집사들도 정중하고 일구이언을 하지 아니하고 술에 인박히지 아니하고 더러운 이를 탐하지 아니하고 깨끗한 양심에 믿음의 비밀을 가진 자라야 할지니 이에 이 사람들을 먼저 시험하여 보고 그 후에 책망할 것이 없으면 집사의 직분을 맡게 할 것이요 여자들도 이와 같이 정숙하고 모함하지 아니하며 절제하며 모든 일에 충성된 자라야 할지니라 집사들은 한 아내의 남편이 되어 자녀와 자기 집을 잘 다스리는 자일지니"(딤전 3:2-12).

목사, 장로가 가져야 할 조건들은 무엇인가?

(1) 책망할 것이 없는 종: 사람 앞에 책잡힐 일이 없는 종을 말한다. 도덕적으로 법적으로 책잡힐 일, 곧 '그러고도 네가 장로(권사, 집사)냐?' 하는 소리를 듣지 않을 사람이다.

(2) 한 아내의 남편: 첩을 가진 사람은 안 된다.

(3) 절제하며: 감정대로 행하지 않는 사람, 화내는 것을 참는 사람, 믿음과 교회를 위해 하기 싫어도 말씀대로 살며, 믿음과 교회를 위해, 하고 싶어도, 할 수 있어도 안 하고 삼가는 것이 절제다. 성수주일, 십일조 생활은 하기 싫어도 해야 하고, 술, 담배, 도박은 하고 싶어도, 할 수 있어도 삼가야 한다.

(4) 신중하며: 범사에, 말과 행동을 조심하는 생활이다.

(5) 단정하며: 존경할 만하게 행하며 살아야 한다.

(6) 나그네를 대접하며: 가난한 이웃을 대접하여야 한다.

(7) 가르치기를 잘하며: 내가 먼저 배우고 성도를 가르쳐야 한다.

(8) 술을 즐기지 아니하며: 술을 좋아하지 아니하여야 한다.

(9) 구타하지 아니하며 : 어떤 폭력도 행하지 말아야 한다.

(10) 관용하며: 내가 하나님 앞에 일만 달란트 탕감받은 사람임을 알고 모든 사람의 잘못에 넓은 마음을 가져야 한다.

(11) 다투지 아니하며: 교회 일에 다른 성도와 다투어 이기려 하지 말아야 한다. 다투어 성취하기보다는 다투지 않고 평화를 갖는 것이 훨씬 더

교회에 유익하다.

(12) 돈을 사랑하지 아니하며: 돈(재물)을 우상으로 삼지 말아야 한다.

(13) 자기 집을 잘 다스려야 하며: 가정에 질서와 평화를 가져야 한다.

(14) 교만하지 아니하며: 돈, 권세, 내 특기, 성공으로 교만하지 말아야 한다.

(15) 다른 사람에게도 선하다는 말을 들어야 한다.

🐝 출애굽기 19-24장: 십계명과 여러 가지 율법

출애굽기 19장부터 24장까지에는 하나님이 시내산에 강림하시고 모세를 불러 모세를 통해 이스라엘 백성에게 주신 십계명과 여러 가지 율법을 기록한다.

이스라엘 백성에게 계명과 율법을 주신 분은 이스라엘 백성을 애굽에서 구원하신 하나님, 세계를 다 소유하신 하나님이다. 이스라엘 백성은 이 계명과 율법을 지켜야 거룩한 하나님의 백성이 된다.

"모세가 하나님 앞에 올라가니 여호와께서 산에서 그를 불러 말씀하시되 너는 이같이 야곱의 집에 말하고 이스라엘 자손들에게 말하라 내가 애굽 사람에게 어떻게 행하였음과 내가 어떻게 독수리 날개로 너희를 업어 내게로 인도하였음을 너희가 보았느니라 세계가 다 내게 속하였나니 너희가 내 말을 잘 듣고 내 언약을 지키면 너희는 모든 민족 중에서 내 소유가 되겠고 너희가 내게 대하여 제사장 나라가 되며 거룩한 백성이 되리라 너는 이 말을 이스라엘 자손에게 전할지니라"(출 19:3-6).

이스라엘 백성이 애굽에서 종으로 살 때는 바로 왕의 말과 애굽 왕국의 법에 따라 살아야 했다. 그러나 이제 이스라엘 백성은 바로와 애굽에서 해방되었다. 이스라엘 백성을 다스리는 법은 하나님이 주신 법이라야 한다.

구원받은 성도는 하나님의 말씀을 법으로 순종하고 살아야 거룩한 하나님의 사람으로 성화된다.

출애굽기 19장부터 24장까지에는 십계명과 제단에 관한 율법, 종에 대한 율법, 폭행에 대한 법, 보복법, 가축에 대한 배상법, 신용에 대한 배상법. 여러 가지 도덕법—처녀를 범한 자에 대한 법, 무당에 대한 법, 변태적인 행음에 관한 법, 우상숭배에 관한 법, 나그네에 관한 법, 과부와 고아에 대한 법 등이 기록된다. 하나님은 이스라엘 백성들의 일상생활에 관하여 세심한 관심을 가지고 계신다. 믿음으로 산다는 것은 일상생활이 하나님의 말씀을 좇아가는 생활이다.

모세를 통해 하나님이 주신 보복법은 '눈은 눈으로, 이는 이로, 손은 손으로, 발은 발로'(출 21:24) 갚으라는 것이다. 그러나 주님은 이렇게 말씀하신다.

"또 눈은 눈으로, 이는 이로 갚으라 하였다는 것을 너희가 들었으나 나는 너희에게 이르노니 악한 자를 대적하지 말라 누구든지 네 오른편 뺨을 치거든 왼편도 돌려 대며 또 너를 고발하여 속옷을 가지고자 하는 자에게 겉옷까지도 가지게 하며 또 누구든지 너로 억지로 오 리를 가게 하거든 그 사람과 십 리를 동행하고 네게 구하는 자에게 주며 네게 꾸고자 하는 자에게 거절하지 말라 또 네 이웃을 사랑하고 네 원수를 미워하라 하였다는 것을 너희가 들었으나 나는 너희에게 이르노니 너희 원수를 사랑하며 너희를 박해하는 자를 위하여 기도하라 이같이 한즉 하늘에 계신 너희 아버지의 아들이 되리니 이는 하나님이 그 해를 악인과 선인에게 비추시며 비를 의로운 자와 불의한 자에게 내려주심이라 너희가 너희를 사랑하는 자를 사랑하면 무슨 상이 있으리요 세리도 이같이 아니하느냐 또 너희가 너희 형제에게만 문안하면 남보다 더하는 것이 무엇이냐 이방인들도 이같이 아니하느냐 그러므로 하늘에 계신 너희 아버지의 온전하심과 같이 너희도 온전하라"(마 5:38-48).

구원받은 성도는 이 땅에서 내가 당한 핍박과 고난을 보복하지 말고 전능하신 여호와께 맡기고 그를 위해 기도하며 원수를 사랑해야 한다(롬 12:19; 히 10:30). 이 일은 참으로 어려운 일이나 성도는 주님의 크신 은혜로 일만 달란트의 빚을 탕감받고, 값없이 은혜로 구원받은 사람들이다. 그러므로 마땅히 이렇게 살아야 한다. 이 길이 성화의 길이고 이 길이 성령충만의 길이다.

용서의 법

용서할 수 없는 사람을 우리가 용서할 수 있는 길은 주님이 십자가에서 자신의 손과 발에 못을 박는 로마 병정을 용서하신 것에서 찾아진다.

"이에 예수께서 이르시되 아버지 그들을 사하여 주옵소서 자기들이 하는 것을 알지 못함이니이다 하시더라"(눅 23:34).

로마 병정이 주님을 십자가에 못 박은 것은 그들이 주님이 누구신지, 지금 자신들이 하는 일이 얼마나 무서운 일인지를 알지 못했기 때문에 한 짓이다. 그들이 지금 손과 발에 못을 박는 주님이 구세주라는 사실을 알았다면 그들은 절대로 주님께 못 박는 일을 하지 않았을 것이다.

내게 악한 말을 하고 나를 모함한 사람, 도저히 용서할 수 없는 사람, 혹 내 자녀를 죽인 사람, 절대로 용서가 안 되는 사람도 주님은 용서하라고 하셨다. 어떻게 용서할 수 있는가.

'자기들이 하는 것을 알지 못하고' 하는 지점으로 가야 한다. 그가 자기가 하는 일이 얼마나 나쁘고 무서운 일인가를 모르고 행하였다고 생각하면…. 여기에서 비로소 용서가 가능해진다. 성도에게 용서는 선택사항이 아닌 필수 사항이다. 용서하고 사랑해야 우리의 인격이 그리스도의 분량에 이르기까지 자라나는 성화를 이루게 된다. 우리는 사랑하기 위해 태어났고(I was born for love) 사랑하기 위해 구원받은 사람이다(I was saved for love).

☙ 출애굽기 25-31장: 성막, 성막 안의 기구들 제조 양식

출애굽기 25장 이하 31장까지에는 하나님이 이스라엘 백성 가운데 함께 계시고, 말씀해 주시고, 제사 받으실 성막과 그 안에 있어야 할 여러 기구들을 어떻게 만들 것인가 하는 설계도를 하나님이 모세에게 가르쳐 주신다.

25장에서 법궤(언약궤), 진설병을 차려 놓을 떡상, 등대(촛대) 제조법을 말씀한다.

26장에서 성막을 어떤 규모로, 어떤 재료를 써서, 어떻게 만들지를 가르치신다.

27장에서 번제물을 살라 바칠 놋제단 제조법, 성막 뜰과 성막을 밝히는 등대 등잔의 제조법을 말씀한다.

28장에서 제사장이 입을 복장, 에봇과 흉패, 겉옷과 띠, 관, 고 제조법을 말씀한다.

29장에서 제사장을 세우는 법도와 가축 제사법을 말씀한다.

30장에서 향단, 물두멍, 관유와 향 제조법, 속전에 관한 법을 말씀한다.

31장에서 하나님이 브살렐과 오홀리압에게 특별한 지혜와 성령을 부어 주셔서 이 모든 기구와 성막을 하나님이 모세에게 명하신 대로 제조할 것이라고 약속하시고 안식일을 지키라고 다시 명하신다. 하나님은 돌판 둘에 십계명을 새겨 모세에게 들려주신다(출 31:18).

성막은 지성소, 성소, 외소로 되어 있다.

지성소에는 언약궤가 있고, 금으로 만든 언약궤 덮개인 속죄소에 하나님이 임재하시고, 하나님이 속죄소에서 모세와 백성에게 말씀하신다(속죄소는 언약궤의 덮개다. 출 25:21-22, 26:34).

성소에는 떡상과 향로와 촛대가 있다.

외소에는 번제단과 제사장이 제사를 드릴 때 수족을 씻는 물통이 있다.

하나님이 명하신 성막의 모형은 아래와 같다.

성막의 도표

지 성 소	성 소	외 소
언약궤 하나님의 임재 일 년에 한 번 대제사장이 흠 없는 양의 피를 가지고 들어갈 수 있다.	떡상, 향로, 등대(촛대) 떡상에는 12개의 떡이 항상 있고, 향로에서는 향이 항상 불타야 한다 등대에 얹어 있는 7등잔에 항상 불이 켜져 있어야 한다.	번제단, 물두멍 이스라엘 백성의 죄를 대신하여 제물은 번제물로 불에 살라 바친다.
(받을 구원)	(받는 구원)	(받은 구원)

출애굽기 25장부터 31장까지에 기록된 성막은 믿음으로 받은 구원, 성화로 받아 가는 구원, 영화로 받을 구원을 가르쳐주는 아주 귀한 예표다.

(1) 외소

외소에는 두 가지 중요한 것이 있다. 첫째, 물두멍, 곧 물을 담아 놓는 큰 그릇으로 이것은 놋을 쳐서 만든 것이다. 제사장이 제사를 드리기 전 그 수족을 씻는 물이 담겨 있는 그릇이다(출 30:18-21).

둘째, 번제단으로 이 번제단 북쪽 마당에서 이스라엘 백성의 죄를 대신하여 흠 없는 소나 양이나 염소가 피를 흘리며 죽게 되고, 이 피는 번제단에, 성소 휘장에, 지성소 안의 언약궤와 그 앞에 뿌려짐으로 이스라엘 백성의 죄가 용서함을 받으며, 이 희생제물 전부나 혹은 그 일부가 번제단의 불에 태워지는 곳이다.

외소는 예수 그리스도가 십자가에서 피 흘려 죽음으로 인류의 죄가 대속된 것을 예표로 가르쳐준다. 외소는 그리스도의 피로 성도가 '받은 구원'을 가르쳐주는 예표다.

(2) 성소

성소에는 세 가지 중요한 것이 있다. 곧 떡상과 향로와 등대다(출 30:27,

31:8, 35:13-15, 40:4-5, 40:20-27). 떡상은 열두 덩이의 진설병을 두는 곳이다(출 25:30, 40:20-26). 진설병은 매 안식일에 새 떡을 가져다가 놓아야 하며 떡상에 진설해 두었던 떡은 제사장만이 거룩한 곳에서 먹을 수 있다.

"안식일마다 이 떡을 여호와 앞에 항상 진설할지니 이는 이스라엘 자손을 위한 것이요 영원한 언약이니라 이 떡은 아론과 그의 자손에게 돌리고 그들은 그것을 거룩한 곳에서 먹을지니 이는 여호와의 화제 중 그에게 돌리는 것으로서 지극히 거룩함이니라 이는 영원한 규례니라"(레 24:8-9).

성소의 진설병은 구원받은 성도가 그 생명의 양식으로 먹어야 할 말씀이다(벧전 2:2, 1:23; 마 4:4; 요 6:35, 48). 구원받은 성도(제사장)가 이 땅에서 성화 곧 받는 구원을 이루어 가려면 반드시 매 안식일(주일)에 거룩한 곳, 제단에 나와(교회에 나와) 새 떡(새 말씀)을 먹어야 한다.

향로는 성소 안에서 항상 향을 사르는 기구로 24시간 매일 향이 올라가야 한다(출 30:7-8). 향로는 성도가 드리는 기도를 상징한다(계 5:7-8, 8:4). 구원받은 성도가 성화, 곧 받는 구원을 이루어 가려면 성소의 향로에서 향이 항상 올라가야 하는 것같이 이 땅에서 쉬지 말고 기도해야 한다(살전 5:16-18).

"그 어린 양이 나아와서 보좌에 앉으신 이의 오른손에서 두루마리를 취하시니라 그 두루마리를 취하시매 네 생물과 이십사 장로들이 그 어린 양 앞에 엎드려 각각 거문고와 향이 가득한 금 대접을 가졌으니 이 향은 성도의 기도들이라"(계 5:7-8).
"또 다른 천사가 와서 제단 곁에 서서 금향로를 가지고 많은 향을 받았으니 이는 모든 성도의 기도와 합하여 보좌 앞 금단에 드리고자 함이라 향연이 성도의 기도와 함께 천사의 손으로부터 하나님 앞으로 올라가는지라"(계 8:3-4).

등대(촛대)는 성소 안을 밝혀주는 일곱 등잔이 일곱 가지 위에 놓여 있는 기구로 이 등잔에 늘 불이 켜져 있어서 빛을 발해야 한다(출 25:31-39, 37:17-24; 레 24:1-3). 이 등잔의 불을 밝히는 기름이 감람나무유, 곧 올리브기름으로 이 기름과 빛은 성도가 구원받은 후 늘 성령의 기름을 공급받아 빛의 생활을 해야 할 것을 가르쳐준다. 성경에서 기름 부음의 역사는 성령의 역사로 말해진다(삼상 16:13). 성도가 빛을 비추며 사는 생활이 곧 성령충만한 생활이다(엡 5:9, 빛의 열매가 성령의 열매).

"또 사무엘이 이새에게 이르되 네 아들들이 다 여기 있느냐 이새가 이르되 아직 막내가 남았는데 그는 양을 지키나이다 사무엘이 이새에게 이르되 사람을 보내어 그를 데려오라 그가 여기 오기까지는 우리가 식사 자리에 앉지 아니하겠노라 이에 사람을 보내어 그를 데려오매 그의 빛이 붉고 눈이 빼어나고 얼굴이 아름답더라 여호와께서 이르시되 이가 그니 일어나 기름을 부으라 하시는지라 사무엘이 기름 뿔병을 가져다가 그의 형제 중에서 그에게 부었더니 이날 이후로 다윗이 여호와의 영에게 크게 감동되니라 사무엘이 떠나서 라마로 가니라"(삼상 16:11-13).

성소 안의 등대는 성도가 구원받은 후 성화를 가르쳐준다.
성소 안에 있는 떡상과 향로와 등대는 구원받은 이후 성도가 이 땅에서 이루어 가야 할 성화, 곧 '받아가는 구원'을 예표한다.

(3) 지성소
지성소에는 하나님의 증거궤(언약궤, 법궤)가 들어 있다(출 25:17-22, 26:33-34, 40:3). 이 언약궤의 덮개가 속죄소로, 속죄소는 하나님이 임재하셔서 모세와 이스라엘 백성에게 말씀하시는 곳이다(출 25:17-22, 30:6; 민 7:89).

"순금으로 속죄소를 만들되 길이는 두 규빗 반, 너비는 한 규빗 반이 되게 하고 금으로 그룹 둘을 속죄소 두 끝에 쳐서 만들되 한 그룹은 이 끝에, 또 한 그룹은 저 끝에 곧 속죄소 두 끝에 속죄소와 한 덩이로 연결할 지며 그룹들은 그 날개를 높이 펴서 그 날개로 속죄소를 덮으며 그 얼굴을 서로 대하여 속죄소를 향하게 하고 속죄소를 궤 위에 얹고 내가 네게 줄 증거판을 궤 속에 넣으라 거기서 내가 너와 만나고 속죄소 위 곧 증거궤 위에 있는 두 그룹 사이에서 내가 이스라엘 자손을 위하여 네게 명령할 모든 일을 네게 이르리라"(출 25:17-22).

이 지성소에 대제사장이 일 년에 한 번 몸을 씻고 세마포 속옷과 세마포 띠를 띠고 세마포로 된 관을 쓰고 향로와 속죄제물의 피를 가지고 들어가서 향으로 지성소에 가득하게 하여 속죄소를 가리고, 속죄 제물의 피를 속죄소 앞에 일곱 번 뿌림으로 대제사장 자신의 죄와 이스라엘 백성의 죄를 일 년간 용서받게 된다.

"여호와께서 모세에게 이르시되 네 형 아론에게 이르라 성소의 휘장 안 법궤 위 속죄소 앞에 아무 때나 들어오지 말라 그리하여 죽지 않도록 하라 이는 내가 구름 가운데에서 속죄소 위에 나타남이니라. 아론이 성소에 들어오려면 수송아지를 속죄 제물로 삼고 숫양을 번제물로 삼고 거룩한 세마포 속옷을 입으며 세마포 속바지를 몸에 입고 세마포 띠를 띠며 세마포 관을 쓸지니 이것들은 거룩한 옷이라 물로 그의 몸을 씻고 입을 것이며 이스라엘 자손의 회중에게서 속죄 제물로 삼기 위하여 숫염소 두 마리와 번제물로 삼기 위하여 숫양 한 마리를 가져갈지니라. 아론은 자기를 위한 속죄제의 수송아지를 드리되 자기와 집안을 위하여 속죄하고 자기를 위한 그 속죄제 수송아지를 잡고"(레 16:2-11).
"향로를 가져다가 여호와 앞 제단 위에서 피운 불을 그것에 채우고 또 곱게 간 향기로운 향을 두 손에 채워 가지고 휘장 안에 들어가서 여호와 앞에서 분향하여 향연으로 증거궤 위 속죄소를 가리게 할지니 그리하면 그가 죽지 아니할 것이며 그는 또 수송아지의 피를 가져다가 손가락으로 속죄소 동쪽에 뿌리고 또 손가락으로 그 피를 속죄소 앞에 일곱 번 뿌릴 것이며 또 백성을 위한 속죄제 염소를 잡아 그 피를 가지고 휘장 안에 들어가서 그 수송아지 피로 행함 같이 그 피로 행하여 속죄소 위와 속죄소 앞에 뿌릴지니"(레 16:12-15).

흠 없는 희생제물의 피 없이는 지성소에 들어가지 못한다. 이것은 이 세상 누구도 그리스도의 피 공로를 받아 믿는 믿음 아니고서는 천국에 들어갈 수 없음을 예표한다.

대제사장이 지성소에 들어가기 전 몸을 씻고, 세마포 속바지를 몸에 입고 세마포 띠를 띠며 세마포관을 써야 한다. 성도가 주님 재림하실 때 천국 잔치에 들어가려면 세마포를 입어야 한다. 이것은 천국 잔치에 들어갈 성도는 믿음으로 구원 얻고 회개하는 성화의 예복을 입어야 함을 예표한다.

"우리가 즐거워하고 크게 기뻐하여 그에게 영광을 돌리세 어린 양의 혼인 기약이 이르렀고 그의 아내가 자신을 준비하였으므로 그에게 빛나고 깨끗한 세마포 옷을 입도록 허락하셨으니 이 세마포 옷은 성도들의 옳은 행실이로다 하더라"(계 19:7-8).

성도는 바리새인보다 의로워야 하고 바리새인보다 의로운 성도는 회개하는 성도다. 주님은 이렇게 말씀하신다.

"나더러 주여 주여 하는 자마다 다 천국에 다 들어갈 것이 아니요 다만 하늘에 계신 내 아버지의 뜻대로 행하는 자라야 들어가리라"(마 7:21).

성도는 주의 이름을 불러 구원받고(롬 10:13), 회개하는 거룩한 행실로 성화의 구원을 받아야 한다. 이것이 세마포다. 지성소에 들어가려면 세마포로 옷 입어야 한다. 지성소는 성도가 부활하여 그리스도의 피 공로로 하나님이 다스리시는 영원 천국에 들어가 하나님과 함께 영원히 거하게 될, 받을 구원과 성도가 주님 재림 시 천국잔치에 들어갈 받을 구원을 예표로 보여준다.

4) 구원을 가르쳐 주는 성막의 세 부분, 외소와 성소와 지성소
외소: 받은 구원 (영적 구원, 칭의. 중생. 하나님의 자녀 됨-신분의 변화. 일회적 구원)
성소: 받는 구원 (혼적 구원, 성화-인격의 변화. 점진적 구원)
지성소: 받을 구원 (육적 구원, 영화-부활-육신의 변화. 단회적 구원)을 예표로 가르쳐 준다.

하나님은 모세의 손에 이스라엘 백성이 따라야 할 열 계명을 두 돌판에 새겨 들려주신다. 모세는 이 귀한 십계명 돌판을 들고 시내산에서의 40일 금식기도를 끝내고 산에서 내려와 백성에게로 간다.

❧ 출애굽기 32장: 우상숭배, 깨어지는 돌판

모세가 산 아래로 내려왔을 때 백성들은 금송아지 우상을 만들어 놓고 금송아지에게 번제를 드리며 먹고 뛰놀고 있었다. 모세는 그들을 보고 진노하여 들고 있던 십계명이 새겨진 거룩한 돌판을 땅에 던져 깨뜨린다. 하나님은 이들에게 진노하여 백성들을 진멸하리라 말씀하지만 모세가 하나님께 이렇게 간구한다.

"여호와여 어찌하여 그 큰 권능과 강한 손으로 애굽 땅에서 인도하여 내신 주의 백성에게 진노하시나이까 어찌하여 애굽 사람들이 이르기를 여호와가 자기의 백성을 산에서 죽이고 지면에서 진멸하려는 악한 의도로 인도해 내었다고 말하게 하시려 하나이까 주의 맹렬한 노를 그치시고 뜻을 돌이키사 주의 백성에게 이 화를 내리지 마옵소서 주의 종 아브라함과 이삭과 이스라엘을 기억하소서 주께서 그들을 위하여 주를 가리켜 맹세하여 이르시기를 내가 너희의 자손을 하늘의 별처럼 많게

하고 내가 허락한 이 온 땅을 너희의 자손에게 주어 영원한 기업이 되게 하리라 하셨나이다"(출 32:11-13).

하나님은 모세의 기도를 들으시고 백성들을 진멸하리라 하신 뜻을 돌이키신다. 모세는 레위 백성들과 함께 그날에 이스라엘 백성 3,000명을 칼로 진멸하여 여호와께 헌신의 제물로 삼는다.

모세는 다시 시내산으로 올라가 하나님 앞에 엎드린다. 모세는 이렇게 기도한다.

"슬프도소이다 이 백성이 자기들을 위하여 금신을 만들었사오니 큰 죄를 범하였나이다 그러나 이제 그들의 죄를 사하시옵소서 그렇지 아니하시오면 원하건대 주께서 기록하신 책에서 내 이름을 지워 버려주옵소서"(출 32:31-32).

시내산 아래서 금송아지 우상에게 경배하며 하나님 대신 금송아지를 구원자로 섬긴 이스라엘 백성의 모습은 구원받은 성도가 이 땅에 살아가며 물질(금송아지, 돈)을 하나님처럼 섬기는 타락의 모습을 예표로 보여준다.

금으로 송아지 우상을 만드는 일을 아론이 한다. 이 땅에서 구원받은 백성에게 하나님 대신 금송아지, 물질 만능의 행복을 하나님으로 섬기게 하는 일을 제사장들, 목사들이 할 것을 예표로 가르쳐준다. 교회가 커지고, '더, 더, 더 커져야 한다'라는 욕심이 금송아지를 만드는 제사장이다. 교회도 성도도 세상 사람도 땅에서의 성공과 부요하게 됨은 축복이지만 사람의 성공과 부요함은 곧 교만과 타락을 가져오는 지름길이 된다. 억지로, 억지로 '내가 아니고, 주님이십니다' 하며 겸손해져야 한다. 억지로 가난해져야 한다. 교회도 성도도 남는 물질을 필요한 곳에 나누어야 한다. 탐심이 우상숭배다(골 3:5; 엡 5:5).

우상숭배로 타락한 백성과 하나님 사이에 모세는 아브라함과 이삭과 야곱에게 해 주신 약속, 이스라엘 백성으로 하늘의 별같이 번성케 하시며 가나안 온 땅을 주어 하나님의 기업으로 삼겠다고 하신 약속을 믿고 하나님께 백성들의 죄를 용서해주시기를 간구한다. 모세는 백성들의 죄를 용서받기 위해 "주의 기록하신 책에서 내 이름을 제해버려 주옵소서" 간구한다.

모세의 이 기도는 오늘도 구원받은 성도들을 위해 말할 수 없는 탄식으로 간구하시는 성령님과 주님을 예표한다.

"이와 같이 성령도 우리 연약함을 도우시나니 우리가 마땅히 빌 바를 알지 못하나 오직 성령이 말할 수 없는 탄식으로 우리를 위하여 친히 간구하시느니라. 마음을 감찰하시는 이가 성령의 생각을 아시나니 이는 성령이 하나님의 뜻대로 성도를 위하여 간구하심이니라"(롬 8:26-27).
"누가 정죄하리요 죽으실 뿐 아니라 다시 살아나신 이는 그리스도 예수시니 그는 하나님 우편에 계신 자요 우리를 위하여 간구하시는 자시니라"(롬 8:34).

모세의 기도에 나오는 '주의 기록하신 책'은 계시록 20장 15절에 나오는 생명록을 가리키는 말로, 주님이 지상 재림 후 흰 보좌에 앉으셔서 죽은 자들과 산 자들을 심판하실 때 생명록에 기록되지 않은 자들은 다 심판받아 불못에 던져지게 된다. 모세가 하나님께 주의 기록하신 책에서 자신의 이름을 제해 달라는 말은 자신을 구원에서 제외하더라도 이스라엘 백성들의 죄를 용서해달라는 처절한 간구다.

모세의 이 간구는 "엘리 엘리 라마 사박다니" 간구하시던 주님, 그러면서도 "아버지의 뜻대로 하옵소서" 하신 대속자 주님의 모습을 예표로 가르쳐준다.

이렇게 백성들과 아론이 하나님을 배반해도 하나님은 그들을 버리지 않으시고 그들에게 또 다른 돌판에 십계명을 기록하여 모세와 백성에게 주시고, 모세에게 그들을 이끌고 다시 가나안 땅으로 가라고 명하신다.

☙ 출애굽기 33장: 회막에서 하나님을 만나는 모세

이스라엘 진영 가운데 한 회막이 있다. 회막은 성막이 건축되기 전 모세가 하나님을 특별하게 만나던 장소다. 하나님은 이 회막에서 모세와 이야기하실 때 사람이 친구와 이야기하듯 말씀하신다. 이렇게 하나님이 모세를 특별한 방법으로 만나시는 사건은 모세가 후에 오실 예수 그리스도를 예표하는 것이다.

모세는 이렇게 하나님과 대화하면서도 하나님의 영광을 보여 달라고 요구한다. 하나님은 모세의 요구대로 모세를 반석에 숨기시고 하나님의 손으로 모세를 덮으신다. 모세는 결국 하나님의 영광이 지나갈 때 그 영광의 등을 본다.

하나님은 사람의 육안으로 볼 수 있는 분이 아니다(요일 1:18, 4:12). 모세가 하나님의 영광을 볼 때 하나님이 저를 반석 사이에 숨기시고 손으로 덮으셨다. 결국 모세는 하나님의 얼굴이 아닌 그 영광을 보았을 뿐이다.

우리는 오직 예수님을 통해 하나님을 만나고 보게 된다(골 1:15; 빌 2:6; 요 1:14, 14:9).

"그가 우리를 흑암의 권세에서 건져내사 그의 사랑의 아들의 나라로 옮기셨으니 그 아들 안에서 우리가 구속 곧 죄 사함을 얻었도다 그는 보이지 아니하시는 하나님의 형상이요 모든 창조물보다 먼저 나신 자니 만물이 그에게서 창조되되 하늘과 땅에서 보이는 것들과 보이지 않는 것들과 혹은 왕권들이나 주권들이나 통치자들이나 권세들이나 만물이 다 그로 말미암고 그를 위하여 창조되었고 또한 그가 만물보다 먼저 계시고 만물이 그 안에 함께 섰느니라"(골 1:13-17).

"그는 근본 하나님의 본체시나 하나님과 동등됨을 취할 것으로 여기지 아니하시고 오히려 자기를 비어 종의 형체를 가져 사람들과 같이 되셨고 사람의 모양으로 나타나사 자기를 낮추시고 죽기까지 복종하셨으니 곧 십자가에 죽으심이라"(빌 2:6-8).

"빌립이 이르되 주여 아버지를 우리에게 보여 주옵소서 그리하면 족하겠나이다 예수께서 이르시되 빌립아 내가 이렇게 오래 너희와 함께 있으되 네가 나를 알지 못하느냐 나를 본 자는 아버지를 보았거늘 어찌하여 아버지를 보이라 하느냐"(요 14:8-9).

모세가 회막에서 하나님을 만날 때 회막에는 구름기둥이 내려 하나님의 임재를 백성에게 알렸다. 하나님과 성도의 만남과 교제 속에 성령님이 늘 함께하신다.

❦ 출애굽기 34장: 새 돌판에 새겨진 십계명, 3대 절기는 3대 구원의 예표

모세는 새로운 돌비석을 만들어 하나님의 지시대로 다시 산에 올라가 하나님이 주시는 계시를 받는다. 하나님은 모세 앞에 여호와로 자비롭고 은혜롭고 노하기를 더디하고 인자와 진실이 많은 하나님으로, 인자를 천 대까지 베풀며 악과 과실과 죄를 용서하나 형벌받을 자는 결단코 면죄하지 않고 아비의 악을 자녀손 삼사 대까지 보응하시는 하나님으로 나타나신다.

하나님은 가나안 땅에 거하는 아모리 족속, 가나안 족속, 헷 족속, 브리스 족속, 히위 족속, 여부스 족속을 쫓아내실 것을 약속하시며 그들과 언약을 맺지 말고, 그들과 통혼하지 말고, 그들의 우상을 깨트려 부수라고 명하시며, 무교절, 칠칠절(맥추절), 수장절을 지키라고 명하신다.

하나님은 이스라엘 백성에게 모든 짐승의 초태생과 토지 소산의 처음 익은 열매를 바치도록 요구하신다.

하나님은 자비하신 하나님이시지만 형벌 받을 자를 반드시 징벌하시되 그 자손 대까지 징벌하시는 공의로운 하나님이시다.

하나님이 이스라엘 백성에게 지키도록 명하신 3대 절기, 무교절, 칠칠절, 수장절은 받은 구원, 받는 구원, 받을 구원을 예표한다.

1. 무교절—유월절(출 12:17, 34:18)로 이스라엘 백성이 애굽에서 유월절 양의 피로, 은혜로 구원받은 것을 기념하는 절기다. 성도가 예수 그리스도의 보혈로, 은혜로 받은 구원을 예표한다.

2. 칠칠절(맥추절)—이 절기는 초실절(출 34:22; 민 28:26)로 이스라엘 백성이 처음 추수한 곡식으로 하나님께 감사하는 절기다. 성도가 구원받은 후 범사에 감사하며 살아야 하는 성화, 받는 구원을 예표한다.

3. 수장절—초막절(신 16:13, 16)이다. 이스라엘 백성이 모든 추수를 끝내고 알곡은 곳간에 수장하고 가라지는 밖에서 불살라 버린 후 하나님께 드리는 감사절이다. 수장절은 주님 재림 후 마지막 심판하실 때 생명록에 녹명되지 못한 자들이 제2의 사망, 곧 영원한 형벌에 들어가고, 구원받은 백성이 주님 모시고 새 하늘 새 땅에서 영생할 받을 구원, 영화를 예표로 가르친다(계 20:11-21:7).

구원받은 자의 장자와 짐승의 초태생 그리고 처음 추수하는 열매와 곡식은 다 하나님의 것이다. 구원받은 성도는 언제나 먼저 하나님을 기억하고 높이며 살아야 하고 물질의 십의 일, 물질의 처음 소득을 하나님께 바쳐야 한다.

초태생, 첫 열매, 첫 추수, 십일조의 교훈은 아래와 같다.

① 하나님 제일의 신앙을 가르쳐 준다

② 나의 모든 자녀, 나의 모든 추수와 수확, 나의 모든 재산이 다 하나님이 주신 하나님의 것임을 신앙으로 고백하는 것이다.

③ 십일조는 공간적으로 내 모든 소유가 하나님의 것임을 고백하고 살아가는 신앙의 기초다. 안식일은 시간적으로 내가 누리는 모든 시간, 생명이 하나님의 것임을 시인하고 고백하는 신앙이다. 안식일과 십일조는 성도가 지켜야 하는 기본적이고 기초적인 신앙이다.

모세는 시내산에서 40일 밤낮을 지내며 하나님의 계시를 받고 하나님이 다시 돌비에 새겨주신 십계명을 가지고 하산하여 백성에게로 와서 하나님이 이르신 말씀을 선포한다. 사람이 음식은 물론 물도 마시지 않고

40일간 생존하는 것은 불가능한 일이다. 그러나 하나님은 여호와 하나님, 전능하신 하나님으로 하나님에게 불가능은 없다.

❧ 출애굽기 35-39장: 성막과 성막 안의 기구들 제조

출애굽기 35장부터 39장까지에는 모세가 하나님께 지시받은 대로 성막을 건축하며 성막 안의 모든 기구와 제사장의 옷을 만든 것을 기록한다.

모세는 시내산에서 십계명을 새긴 돌판을 가지고 백성에게로 와 처음 내린 명령은 안식일을 거룩하게 지키라는 것이었다. 안식일의 계명, 성수주일은 성화의 과정에서 가장 중요한 생활이다.

이스라엘 백성들은 성막과 성막 안의 각종 기구를 만들 재료를 자원하는 마음으로 넘치도록 바쳤고, 하나님은 오홀리압과 브살렐에게 성령을 특별히 부어주셔서 모세가 명한 모든 기구와 성막을 하나님의 명하신 대로 만들고 건축하게 하셨다.

성막 전체가 구원을 가르쳐 주는 예표가 된다는 것을 여러 번 설명하였다. 성막은 예수 그리스도를 예표한다. 예수님이 곧 성전이요 성막이다 (요 2:21). 하나님의 영광은 불기둥과 구름기둥으로 항상 성막에 머물러 있었고 이 구름기둥과 불기둥의 인도를 따라 이스라엘 백성은 광야 길을 진행한다. 성도는 구원받은 후 항상 나와 함께하시는 성령님의 인도를 따라 성화의 길, 받는 구원을 이루어 간다.

❧ 출애굽기 40장: 성막의 완성

성막을 완성하고 성막의 모든 기구를 하나님이 명하신 대로 그 자리에 놓고 모든 기구를 하나님의 말씀대로 거룩하게 성별한다.

정월(아빕월) 초하루에 성막을 완성한다. 모세가 하나님의 지시대로 완성한 성막은 아래와 같았다.

지 성 소	성 소	외 소
언약궤 (하나님의 임재)	향로 떡상 등대 (기도) (말씀) (성령충만)	물두멍 번제단 (제물이 피흘려 죽고 불살라 바쳐짐)
(받을 구원)	(받는 구원)	(받은 구원)

정월 초하루, 새해 첫날에 성막이 완성된다. 성도는 언제나 무슨 일에나 하나님을 먼저 기억하고 하나님이 기뻐하실 방향으로 나가야 한다. 히스기야 시대에 그들이 정월(아빕월) 초하루에 성전을 성결케 하기 시작했다(대하 29:17).

성막과 그 모든 기구가 완성된 다음 하나님은 모세에게 준비해 두었던 기름을 성막과 기구들에 부어 거룩하게 하라고 지시하신다. 하나님은 다시 모세에게 아론과 그의 아들들을 거룩하게 하라고 지시하신다. 성도는 항상 성령님께 순종하여 거룩을 회복하며 살아야 한다.

* 구원사적으로 본 출애굽기

출애굽기는 이스라엘 백성들이 400년(요셉이 종으로 팔려온 때부터 계산하면 430년이 된다) 동안 애굽에서 바로 왕의 노예로 살다가 하나님의 종 모세를 통해 애굽에서 해방되어 시내산 아래에 이르러 성막을 완성하기까지를 기록한다.

출애굽기는 이스라엘 백성의 해방 역사이지만 하나님이 우리에게 구원을 가르쳐 주시기 위해 기록한 구원의 진행과 구원의 역사이다.

출애굽기는 우리에게 믿음으로 받은 구원, 성화로 받아 가는 구원, 영화로 받을 구원을 잘 그려 놓은 도표같이 우리에게 가르쳐준다.

이스라엘 백성이 유월절 흠 없는 양의 피로 애굽의 노예에서 해방되어 애굽을 떠난 것은 우리에게 은혜로, 믿음으로 받은 구원을 가르쳐준다.

이스라엘 백성이 홍해를 건너 하나님이 약속하신 가나안 땅을 향해 가는 출애굽기의 역사와 하나님이 시내산에서 이스라엘 백성에게 주신 계명과 말씀과 규례와 법도, 그리고 이스라엘 백성을 인도하는 구름기둥과 불기둥은, 우리가 구원받은 후 성화의 길을 가는, 받는 구원을 가르쳐 준다.

이스라엘 백성이 이르러야 할 목적지, 하나님이 약속하신 젖과 꿀이 흐르는 가나안 땅은 우리가 마지막 날 그리스도의 재림으로 영원 천국에 가서 하나님과 영원히 함께 거하게 될 받을 구원, 영화를 잘 가르쳐준다. 이스라엘 백성의 출애굽 과정은 성도가 구원 얻는 과정(받은 구원, 받는 구원, 받을 구원)을 그림처럼 보여준다.

출애굽 역사의 도표

애 굽		시내 광야		가나안 복지
왕—바로 왕		왕—여호와		왕—여호와
이스라엘—바로 왕의 노예	홍	이스라엘—여호와의 백성	요	이스라엘—여호와의 자녀
해방—흠 없는 양의 피로 구원	해	구원—십계명과 성막	단	구원—하나님과 동행
(백성이 모세의 말을 하나님			강	
의 말로 받았다: 믿음)		계명과 성막의 생활로		가나안 복지는 천국을
믿음으로 해방된다		성화된다		예표한다
받은 구원		받는 구원		받을 구원

출애굽기에서 하나님이 이스라엘 백성에게 지키라고 명하신, 유월절(해방절), 오순절(초실절, 감사절), 장막절(수장절, 심판)은 '받은 구원', '받는 구원', '받을 구원'을 가르쳐준다.

출애굽기에서 여러 번 말씀한 안식일의 명령은 구원받은 성도가 성화의 과정에 제일 중요한 제단 중심의 생활, 성수주일의 생활을 통해 성화를 이룰 수 있다는 사실을 가르쳐 준다.

안식일은 이스라엘 백성과 하나님 사이의 영원한 언약이며 영원한 표징이다. 이날을 더럽히는 자는 죽여야 하고 안식일에 일하는 자는 반드시 죽여야 한다는(출 31:13-17) 엄한 말씀은 주일 성수는 믿음과 성화의 표징이요 생명으로, 성도는 주일 성수로 성화의 생명을 지킬 수 있음을 가르쳐 준다.

레위기 강해

레위기는 이스라엘 백성이 광야 길에서 여러 번 범죄하고 여러 번 하나님을 원망하면서도 여러 가지 제사와 3대 절기, 대속죄일, 안식일을 통해 다시 거룩함을 입어 거룩한 하나님과 동행할 수 있는 길을 가르쳐주는 말씀으로, 성도가 구원 후 계속 범죄하지만 이 땅에서 예배와 회개를 통해 거룩한 하나님과 동행하는 성화의 구원을 가르쳐준다.

레위기는 아래와 같은 내용을 담고 있다.

(1) 다섯 가지 제사와 제물(1-7장): 번제(1장), 소제(2장), 화목제(3장), 속죄제(4장), 속건제와 각종 제사의 제물과 규례(5-7장)

(2) 제사장 제도의 제정(8-10장)

(3) 성결에 관한 가르침(11-15장)

정결한 동물과 부정한 동물, 물고기와 새, 여자의 결례와 그 헌제물, 나병에 대한 교시, 표적, 제물, 몸의 부정과 결례

(4) 대속죄일(16장)

(5) 거룩에 관한 여러 가지 법(17-19장): 생축을 잡는 규례, 피를 먹는 것 금지, 이방인의 습관에 대한 경계, 근친상간 금지, 짐승과의 교합 금지

(6) 너희는 거룩하라(19장): 타인에 대한 정직, 불쌍히 여길 자를 향한 규례

(7) 사형에 해당하는 죄(20장): 자녀를 몰렉에게 주는 자, 부모를 저주한 자, 신접한 자 박수, 남의 아내와 동침한 자, 남색하는 자, 근친상간 금지

(8) 제사장에 관한 규례(21-22장)

(9) 안식일, 유월절, 칠칠절(오순절), 초막절(수장절)을 지키라(23장)

(10) 등불, 진설병에 대한 규례(24장)

(11) 안식년, 희년, 부동산, 종에 대한 규례(25장)

(12) 복종에 대한 축복, 불순종에 대한 재앙(26장)

(13) 서원제물, 십일조에 대한 법

레위기는 거룩하신 하나님 앞에 날마다 범죄하는 이스라엘 백성이 제사를 통해 하나님과 화해하며 광야 길을 동행하는 삶을 통해 구원받은 성도가 이 세상에서 제사 곧 예배를 통해 성화의 구원을 얻어가는 것을 예표로 가르친다.

거룩하신 하나님과 범죄한 이스라엘 백성 사이에 하나님과 백성을 화목시키는 제사가 있고, 이 제사에는 흠 없는 제물이 제물로 바쳐지고, 제사를 주관하는 제사장이 있다. 이 제사에서 피를 흘려 죽는 흠 없는 제물과 이 제사를 주관하는 대제사장은 우리의 영원한 대제사장 되신 예수 그리스도를 예표로 가르친다(히 9:11-14).

"그리스도께서 장래 좋은 일의 대제사장으로 오사 손으로 짓지 아니한 곧 이 창조에 속하지 아니한 더 크고 온전한 장막으로 말미암아 염소와 송아지의 피로 아니하고 오직 자기 피로 영원한 속죄를 이루사 단번에 성소에 들어가셨느니라 염소와 황소의 피와 및 암송아지의 재로 부정한 자에게 뿌려 그 육체를 정결하게 하여 거룩하게 하거든 하물며 영원하신 성령으로 말미암아 흠 없는 자기를 하나님께 드린 그리스도의 피가 어찌 너희 양심을 죽은 행실에서 깨끗하게 하고 살아 계신 하나님을 섬기게 하지 못하겠느냐"(히 9:11-14).

🌱 레위기 1장: 번제, 흠 없는 제물

레위기 1장에는 번제에 대한 교훈이 나온다. 번제는 번제를 드리는 자의 헌신을 나타내는 제사로 누구나 드릴 수 있다. 그래서 번제물로 흠 없는 소, 양, 염소 그리고 비둘기, 집비둘기로도 드릴 수 있다.

하나님이 모세를 회막(성막)에 불러 제사법을 말씀하신다. 성막이 세워진 후 하나님은 이 성막에 늘 임재하신다.

번제는 불에 태워 바치는 제사로 절기와 안식일에 바쳐지는 제사 외에, 매일 아침과 저녁에 늘 드려야 했고 이것이 상번제다. 하나님의 말씀 로마서 12장에는 성도가 그 몸으로(생활로), 거룩한 예배로(주일 제단, 교회에서 드려지는 예배) 거룩한 산 제사를 드리라고 명령하고 있다.

"그러므로 형제들아 내가 하나님의 모든 자비하심으로 너희를 권하노니 너희 몸을 하나님이 기뻐하시는 거룩한 산 제사로 드리라 이는 너희가 드릴 영적 예배니라"(롬 12:1).

제사(번제) 드리는 방법을 기록하고 있다.

흠 없는 제물을 드려야 한다. 제물은 흠 없는 수소, 흠 없는 숫염소, 비둘기를 제물로 드린다. 여기서 소는 희생을, 양은 온유를, 비둘기는 순결을 상징하는 짐승으로 주님의 희생과 온유와 순결을 예표한다. 제물이 흠이 없어야 하는 것은 흠 없는(원죄가 없는) 예수 그리스도만 우리를 죄에서 용서할 수 있는 구세주 되심을 예표한다.

제물을 드리는 자는 그 예물의 머리 위에 손을 얹어 안수한다. 여기서 안수는 죄의 전가를 의미한다. 예수님이 우리의 죄를 다 담당하심으로 우리의 죄가 예수님께 전가되는 것을 예표한다.

희생제물은 제사장 또는 레위인이 회막문 앞에 있는 번제단 북쪽에서 잡는다. 이것이 여호와 앞에서 잡는 것이다.

제사장이 그 피를 제단에 뿌린다.

제물을 잡는 자는 그 짐승의 가죽을 벗기고(이 가죽은 제물을 잡는 제사장, 레위인의 몫이다) 알맞게 각을 떠서 몇 개의 마디와 부분으로 나눈 후 머리와 각 부분에서 기름을 발라낸다. 이 기름과 그 각을 뜬 모든 제물을 제단 위에서 함께 불사른다. 이것이 온전한 번제다.

하나님의 말씀 히브리서에서 이렇게 말씀한다.

"이 뜻을 따라 예수 그리스도의 몸을 단번에 드리심으로 말미암아 우리가 거룩함을 얻었노라 제사장마다 매일 서서 섬기며 자주 같은 제사를 드리되 이 제사는 언제나 죄를 없게 하지 못하거니와 오직 그리스도는 죄를 위하여 한 영원한 제사를 드리시고 하나님 우편에 앉으사 그 후에 자기 원수들을 자기 발등상이 되게 하실 때까지 기다리시나니 그가 거룩하게 된 자들을 한 번의 제사로 영원히 온전하게 하셨느니라"(히 10:10-14).

소를 바칠 수 없는 사람은 양이나 염소, 산비둘기나 집비둘기로도 번제를 드릴 수 있다.

번제의 핵심은 희생제물의 피를 통한 속죄로 이 모든 제사는 예수 그리스도의 보혈을 통한 속죄를 예표한다.

"육체의 생명은 피에 있음이라 내가 이 피를 너희에게 주어 제단에 뿌려 너희의 생명을 위하여 속죄하게 하였나니 생명이 피에 있으므로 피가 죄를 속하느니라"(레 17:11).

"모세에게 말씀하여 이르시되 아론과 그의 아들들과 이스라엘 온 족속에게 말하여 이르라 이스라엘 자손이나 그중에 거류하는 자가 서원제물이나 자원 제물로 번제와 더불어 여호와께 예물로 드리려거든 기쁘게 받으심이 되도록 소나 양이나 염소의 흠 없는 수컷으로 드릴지니 흠 있는 것은 무엇이나 너희가 드리지 말 것은 그것이 기쁘게 받으심이 되지 못할 것임이니라 만일 누구든지 서원한 것을 갚으려 하든지 자의로 예물을 드리려 하여 소나 양으로 화목제물을 여호와께 드리는 자는 기쁘게 받으심이 되도록 아무 흠이 없는 온전한 것으로 할지니 너희는 눈먼 것이나 상한 것이나 지체에 베임을 당한 것이나 종기 있는 것이나 습진 있는 것이나 비루먹은 것을 여호와께 드리지 말며 이런 것들은 제단 위에 화제물로 여호와께 드리지 말라"(레 22:17-22).

1. 흠 없는 제물인 예수 그리스도

예수님만 원죄가 없는 흠 없는 오직 한 사람이다. 예수님이 죄 없으신 흠 없는 사람으로 이 세상에 오신 것이 성육신의 사건이다. 그리스도를 인류의 일원으로 만드신 성육신의 사건은 구원의 핵심이 된다.

2. 초자연적 잉태와 동정녀 탄생으로 초래된 성육신

예수님은 성령의 역사에 의해 초자연적으로 동정녀에 의해 탄생했다 (마 1:18-23; 눅 1:34-35; 히 10:5).

성령은 마리아의 복중(腹中)에 잉태된 원인이 되었으며, 그러므로 예수님은 원죄와 상관없는 하나님의 아들로 오신다.

성령의 초자연적 역사를 통해 예수님은 처녀에게서 나셨다(사 7:14; 마 1:18, 20; 눅 1:34-35; 갈 4:4).

동정녀 탄생의 사건을 부인하려는 많은 시도가 있었다. 그러나 모두 성경에 기초한 것이 아니고 이성(理性)에 입각한 것들이다.

그리스도는 죄가 없는 사람이 되시기 위해 성령으로 잉태되었고(아담의 후손으로 오지 않고) 사람의 죄를 대신할 완전한 사람으로 오기 위해 동정녀 마리아에게서 탄생해야 했다.

번제는 희생제물을 온전하게 다 불살라 바치는 제사로 예수님이 우리를 위해 자신의 전부를 드려 십자가에서 죽으심으로 우리의 죄를 다 해결하신 대속의 죽으심을 예표하는 제사다.

🌱 레위기 2장: 소제의 규례

레위기 2장에는 소제에 관한 규례가 나온다. 소제는 곡물 제사로 가난한 백성이 하나님께 드리는 제사다. 아무리 가난해도 먹고사는 사람은 그 먹는 곡물로 하나님께 제사를 지내야 한다.

1. 소제를 드리는 방법

소제 예물은 언제나 고운 밀가루와 기름이어야 했는데 이것들은 가나안 땅의 두 가지 주요 특산품이다(신 8:8).

제물이 떡을 굽지 않은 밀가루일 때에는 기름과 유향을 그 위에 붓고 함께 불살라 제사를 드린다.

소제는 여러 가지 방법으로 드릴 수 있다. 제물을 굽거나 튀기거나 또는 솥에 넣고 밀가루와 기름을 혼합하여 드릴 수도 있다.

제물을 드리는 자는 제물을 제사장에게 갖다주어야 한다. 이는 곧 여호와께로 가져가는 것으로 인정된다.

제물의 일부분은 제단 위에서 불살라 제사드리고, 소제물의 남은 부분은 제사장에게 드린다. 하나님은 이렇게 제사장들에게 늘 양식을 공급하신다.

희생제물 대신 곡식으로 하나님께 드리는 소제는 지극히 가난한 백성을 위한 제사로 소제에는 반드시 소금이 들어가야 한다. 소제의 소금은 그리스도의 보혈로 구원 얻는 예수 그리스도의 변치 않는 언약을 예표한다(마 26:28).

소제에 누룩과 꿀을 함께 드리지 말아야 한다. 누룩은 부패의 상징물이고 꿀은 쾌락의 상징물이다.

모든 소제물에 소금을 쳐야 한다. 이 소금은 변치 않는 하나님의 언약을 상징한다.

"네 모든 소제물에 소금을 치라 네 하나님의 언약의 소금을 네 소제에 빼지 못할지니 네 모든 예물에 소금을 드릴지니라"(레 2:13).
"이것은 죄 사함을 얻게 하려고 많은 사람을 위하여 흘리는바 나의 피 곧 언약의 피니라"(마 26:28).

2. 첫 소산물로 드리는 제사

이스라엘 백성은 첫 소산물을 제사장에게 가져가야 하고 제사장은 이 소산물에 기름과 유향을 더해 불살라 드림으로 제사드린다. 신명기 26장 2절에도 첫 소산물을 하나님께 바치라고 명하여 있다.

레위기 2장의 교훈은 성도는 누구나 아무리 가난해도 하나님께 반드시 향기로운 제물을 드려야 한다는 것으로 성도는 성화의 과정에 하나님께 예배드리는 생활, 첫 것을 바치는 '하나님 제일, 하나님 먼저의 신앙'으로 살아야 할 것을 가르쳐 준다.

🐦 레위기 3장: 화목제사의 규례

레위기 3장은 화목제사의 규례다.

화목제는 하나님이 그의 피조물에게 은혜를 베푸시는 분이며, 우리에게 모든 선한 것들을 주시는 분이라는 것을 나타낸다. 그러므로 이 제물은 그 기름이 제단에서 불태워 바쳐지고, 제물은 제사장, 그리고 바치는 자가 서로 나누어 가졌다.

여기서 화목은 화해, 일치 그리고 친교의 의미를 지닌다. 그러므로 이 제사를 화목제라고 불렀다. 그 이유는 이 제사를 통하여 하나님과 그의 백성이 일종의 유대의 표시로서 함께 잔치를 즐기는 것이기 때문이다.

화목제는 번영과 모든 행복을 의미한다. 즉 '너희에게 평화가 있으리라'라는 말은 '모든 선한 것이 너희에게 있으리라'라는 말과 마찬가지이다. 따라서 화목제는 다음과 같은 경우에 드려졌다.

어떤 선한 것이 결여되어 갈망하게 될 때 그것에 대한 간구나 요청으로 드려졌다.

어떤 특별한 자비를 입게 되었을 때 이에 대한 감사의 뜻으로 드려졌다. 그것은 '감사의 화목제'라고 불렀다. 왜냐하면 화목제가 어떤 경우에는 서원이 되었듯이(레 7:15, 16) 때로는 감사제의 역할을 했기 때문이다. 찬미의 제사는 수소보다 하나님을 더 기쁘시게 할 것이다.

🐦 레위기 4-7장: 속죄제, 속건제, 화목제, 소제의 규례들

레위기 4장부터 7장에는 속죄제사와 속건제사, 화목제사, 소제의 규례가 기록된다.

속죄제사는 그리스도가 속죄 제물로 우리의 모든 죄를 속죄하여 주심으로 성도가 하나님 앞에 속죄되어 구원받을 것을 예표한다.

속죄제사는 누구든지(네피쉬: 영혼, 영, 바람, 여기서 네피쉬는 한 개인을 가리킨다: 4:2) 드려야 하는 제사로 속죄제사 없이 누구도 속죄받을 수 없다.

속죄제사의 제물은 대제사장의 범죄, 이스라엘 회중의 범죄, 족장의 범죄, 일반인의 범죄에 따라 제물이 다르지만 모든 제물은 흠 없는 제물이어야 한다. 흠 없는(원죄 없는) 그리스도만이 우리의 죄를 속죄할 수 있다(p. 423. 예수 그리스도의 무죄성 참조). 제물을 잡기 전 제사장이 제물에 안수한다. 이것은 죄를 제물에게 전가함을 뜻한다. 콩팥과 내장의 기름을 제단에서 불살라 제물로 드리고 제물의 피를 휘장에 뿌리고 향단 뿔에 바르고 나머지 피는 번제단 아래에 쏟는다.

속죄 제물의 가죽은 제사장의 몫이다. 속죄제사나 속건제사에서 제사장을 위한 제사와 온 회중을 위한 제사는 제물의 피를 성소 안으로 가져가 휘장에 뿌려야 하고, 이렇게 성소 안으로 피를 가져간 제물의 고기는 제사장이 먹을 수 없다.

"그러나 피를 가지고 회막에 들어가 성소에서 속죄하게 한 속죄제 제물의 고기는 먹지 못할지니 불사를지니라"(레 6:30).

이 고기는 정결한 곳에서 불살라야 한다.

"화목제 제물의 소에게서 떼어냄 같이 할 것이요 제사장은 그것을 번제단 위에서 불사를 것이며 그 수송아지의 가죽과 그 모든 고기와 그것의 머리와 정강이와 내장과 똥 곧 그 송아지의 전체를 진영 바깥 재 버리는 곳인 정결한 곳으로 가져다가 불로 나무 위에서 사르되 곧 재 버리는 곳에서 불사를지니라"(레 4:10-12).

일반인을 위한 속죄제물과 족장을 위한 속죄제물은 그 고기가 제사장의 몫이다.

속건제사는 부지중에 성물을 부정케 한 죄, 부지중에 계명을 범한 죄, 남의 재물에 손해를 입힌 죄, 거짓 맹세에 대한 죄를 깨달았을 때 죄를 자복하고 드리는 속죄제사다.

"누구든지 여호와의 성물에 대하여 부지중에 범죄하였으면 여호와께
속건제를 드리되 네가 지정한 가치를 따라 성소의 세겔로 몇 세겔 은에
상당한 흠 없는 숫양을 양 떼 중에서 끌어다가 속건제로 드려서 성물에
대한 잘못을 보상하되 그것에 오분의 일을 더하여 제사장에게 줄 것이
요 제사장은 그 속건제의 숫양으로 그를 위하여 속죄한즉 그가 사함을
받으리라 만일 누구든지 여호와의 계명 중 하나를 부지중에 범하여도
허물이라 벌을 당할 것이니 그는 네가 지정한 가치대로 양 떼 중 흠 없
는 숫양을 속건제물로 제사장에게로 가져갈 것이요 제사장은 그가 부
지중에 범죄한 허물을 위하여 속죄한즉 그가 사함을 받으리라 이는 속
건제니 그가 여호와 앞에 참으로 잘못을 저질렀음이니라 여호와께서
모세에게 말씀하여 이르시되 누구든지 여호와께 신실하지 못하여 범죄
하되 곧 이웃이 맡긴 물건이나 전당물을 속이거나 도둑질하거나 착취
하고도 사실을 부인하거나 남의 잃은 물건을 줍고도 사실을 부인하여
거짓 맹세하는 등 사람이 이 모든 일 중의 하나라도 행하여 범죄하면
이는 죄를 범하였고 죄가 있는 자니 그 훔친 것이나 착취한 것이나 맡은
것이나 잃은 물건을 주운 것이나 그 거짓 맹세한 모든 물건을 돌려보내
되 곧 그 본래 물건에 오분의 일을 더하여 돌려보낼 것이니 그 죄가 드
러나는 날에 그 임자에게 줄 것이요 그는 또 그 속건제물을 여호와께
가져갈지니 곧 네가 지정한 가치대로 양 떼 중 흠 없는 숫양을 속건제물
을 위하여 제사장에게로 끌고 갈 것이요 제사장은 여호와 앞에서 그를
위하여 속죄한즉 그는 무슨 허물이든지 사함을 받으리라"(레 5:15-6:7).
"만일 부지중에 어떤 사람의 부정에 닿았는데 그 사람의 부정이 어떠
한 부정이든지 그것을 깨달았을 때에는 허물이 있을 것이요 만일 누구
든지 입술로 맹세하여 악한 일이든지 선한 일이든지 하리라고 함부로
말하면 그 사람이 함부로 말하여 맹세한 것이 무엇이든지 그가 깨닫지
못하다가 그것을 깨닫게 되었을 때에는 그중 하나에 그에게 허물이 있
을 것이니 이 중 하나에 허물이 있을 때에는 아무 일에 잘못하였노라
자복하고 그 잘못으로 말미암아 여호와께 속죄제를 드리되 양 떼의 암

컷 어린 양이나 염소를 끌어다가 속죄제를 드릴 것이요 제사장은 그의 허물을 위하여 속죄할지니라"(레 5:3-6).

성도의 회개에 자복이 필요하다(요일 1:9).

속건 제물로는 비둘기, 곡물도 드릴 수 있다. 아무리 가난하여도 누구나 속건제사를 드려야 한다.

화목제물은 이웃과 함께 나누어 먹을 수 있지만 정결한 자만 먹을 수 있고, 제사드린 다음 날까지만 먹을 수 있다. 기름은 제물로 불살라 드려지고 제물의 가슴과 뒷다리 부분은 제사장의 몫이다.

요제는 제물을 들어 올려 요제물을 앞뒤로 흔들어 드리는 제사이고 거제는 제사장이 제물을 제단 앞에서 높이 올렸다가 내려서 드리는 제사다. 백성의 모든 죄는 제사를 통해서만 용서받는다. 성도의 죄, 사람의 모든 죄는 예수 그리스도를 통한 믿음으로만 용서받는다.

❧ 레위기 8-9장: 아론과 그 아들들의 제사장 임직

하나님이 아론과 그 아들을 제사장으로 삼으셨다. 성도가 구원받아 제사장이 된 것은 하나님의 은혜로 인함이다. 제사장이 가진 우림과 둠밈은 하나님의 뜻을 물을 때 사용했던 것으로 오늘 성도에게는 성경말씀이 우림이요 둠밈이다.

❧ 레위기 10장: 나답과 아비후의 죽음

나답과 아비후는 향로에 제단의 불이 아닌 다른 불을 담아 제사드렸고 이 일로 그들은 제사드리다가 죽었다. 향로의 불은 제단의 불을 담아야 한다(레 16:12).

오늘 하나님의 교회에서 하나님의 말씀을 설교할 때 말씀에서 나온 제단의 불이 아닌, 설교자의 철학이나 사상이 설교의 주제와 결론이 되어서는 안 된다. 그들은 이 일로 죽지 않지만, 자신의 영혼과 성도들의 영혼을 죽이는 무서운 죄를 범하는 것이다.

❥ 레위기 11-15장: 정과 부정의 규례들

레위기 여러 장에 부정한 동물, 부정한 식물, 출산과 유출의 부정, 나병의 부정, 성적 유출물의 부정에 관한 여러 가지 규례들이 기록된다. 하나님은 거룩하신 분이다. 하나님의 백성인 이스라엘 백성도 거룩해야 한다. 오늘 구원받은 성도는 부정이 가득한 세상에 살면서 날마다 회개하는 생활로 거룩하게, 온전하게 살아야 한다.

❥ 레위기 16장: 대속죄일의 규례

유대력으로 매년 7월 10일이 대속죄일이다. 1년에 한 번 대속죄일에 대제사장이 지성소에 들어간다.

지성소 안에 있는 법궤의 덮개가 속죄소다(출 25:17-25; 레 16:14-15).

"순금으로 속죄소를 만들되 길이는 두 규빗 반, 너비는 한 규빗 반이 되게 하고 금으로 그룹 둘을 속죄소 두 끝에 쳐서 만들되 한 그룹은 이 끝에, 또 한 그룹은 저 끝에 곧 속죄소 두 끝에 속죄소와 한 덩이로 연결할지며 그룹들은 그 날개를 높이 펴서 그 날개로 속죄소를 덮으며 그 얼굴을 서로 대하여 속죄소를 향하게 하고 속죄소를 궤 위에 얹고 내가 네게 줄 증거판을 궤 속에 넣으라 거기서 내가 너와 만나고 속죄소 위 곧 증거궤 위에 있는 두 그룹 사이에서 내가 이스라엘 자손을 위하여 네게 명령할 모든 일을 네게 이르리라"(출 25:17-22).

(지성소와 속죄소는 다르다. 지성소 안에 있는 언약궤 덮개가 속죄소다.)

지성소에는 대속죄 제사를 드릴 때만 대제사장이 제물의 피를 가지고 들어갈 수 있다.

> "또 백성을 위한 속죄제 염소를 잡아 그 피를 가지고 휘장 안에 들어가
> 서 그 수송아지 피로 행함 같이 그 피로 행하여 속죄소 위와 속죄소 앞
> 에 뿌릴지니"(레 16:15).

1. 대제사장은 몸을 씻고 세마포를 입어야 한다.
2. 속죄 제물을 위하여 숫염소 둘과 번제물을 위하여 숫양 하나를 취
한다.
3. 수송아지로 자기와 권속을 위하여 속죄한다.
4. 두 염소를 위하여 제비 뽑되 한 제비는 여호와를 위하고, 한 제비는
아사셀을 위한 것이다. 여호와를 위하여 제비 뽑은 염소를 속죄제로 드
린다.
5. 속죄제 수송아지를 잡고 향로를 취하여 여호와 앞 단 위에서 피운
불을 그것에 채우고 또 두 손에 곱게 간 향기로운 향을 채워 장 안에 들
어가서 여호와 앞에서 분향하여 향연으로 증거궤(언약궤, 법궤) 위 속죄소
를 가리게 한다.
6. 제사장은 수송아지의 피를 취하여 손가락으로 속죄소 동편에 뿌리
고 또 손가락으로 그 피를 속죄소 앞에 일곱 번 뿌린다.
7. 제사장은 백성을 위한 속죄제 염소를 잡아 그 피를 가지고 장 안에
들어가서 그 수송아지 피로 행함같이 그 피로 행하여 속죄소 위와 속죄
소 앞에 뿌려, 이스라엘 자손의 부정과 그 범한 모든 죄를 인하여 지성소
를 위하여 속죄한다.

> "그는 또 수송아지의 피를 가져다가 손가락으로 속죄소 동쪽에 뿌리고
> 또 손가락으로 그 피를 속죄소 앞에 일곱 번 뿌릴 것이며 또 백성을 위
> 한 속죄제 염소를 잡아 그 피를 가지고 휘장 안에 들어가서 그 수송아
> 지 피로 행함같이 그 피로 행하여 속죄소 위와 속죄소 앞에 뿌릴지니

곧 이스라엘 자손의 부정과 그들이 범한 모든 죄로 말미암아 지성소를 위하여 속죄하고 또 그들의 부정한 중에 있는 회막을 위하여 그같이 할 것이요"(레 16:14-16).

"그는 여호와 앞 제단으로 나와서 그것을 위하여 속죄할지니 곧 그 수 송아지의 피와 염소의 피를 가져다가 제단 귀퉁이 뿔들에 바르고 또 손 가락으로 그 피를 그 위에 일곱 번 뿌려 이스라엘 자손의 부정에서 제 단을 성결케 할 것이요"(레 16:18-19).

아사셀을 위하여 제비 뽑은 염소는 산 채로 여호와 앞에 두었다가 아사셀을 위하여 광야로 보낸다. 아사셀은 히브리어 아자젤(עֲזָאזֵל)의 음역으로 '염소'를 뜻하는 '에즈'(עֵז)와 '가버리다'를 뜻하는 '아잘'(אָזַל)의 합성어다. 아사셀은 '내어 보냄의 염소'를 뜻한다.

신학자 케일(Keil)은 아사셀은 악령을 나타내는 '아자젤'에서 온 말로 아사셀을 위한 염소는 '아사셀에게 바쳐지는 염소'를 뜻한다고 해석한다. 이 말은 백성의 모든 죄를 아자젤(악령)에게 보낸다는 뜻이라고 해석한다. 아사셀은 주님이 십자가에 죽으심으로 우리의 모든 죄는 다 해결되고 우리는 죄로부터 자유하게 된 것을 예표한다.

대속죄 제사의 내용을 요약하면 1년에 한 번, 대속죄일(매년 7월 10일), 즉 큰 안식일에 대제사장이 숫염소의 피를 가지고 지성소에 들어가 그 피를 속죄소 좌우편에 뿌리고 다시 번제단 뿔에 발라서 제사장을 포함한 이스라엘 백성들의 모든 죄를 용서받고 성막을 정결케 하는 것이 대속죄 제사이다.

아사셀을 위해 제비 뽑은 숫양을 광야에 놓아주어 자유하게 하는 것은 이 대속죄 제사로 이스라엘 백성들의 죄가 하나님 앞에 자유하게 됨을 뜻한다.

하나님의 말씀 히브리서는 대속죄 제사를 이렇게 말씀한다.

"첫 언약에도 섬기는 예법과 세상에 속한 성소가 있더라 예비한 첫 장 막이 있고 그 안에 등대와 상과 진설병이 있으니 이는 성소라 일컫고 또 둘째 휘장 뒤에 있는 장막을 지성소라 일컫나니 금향로와 사면을 금으로 싼 언약궤가 있고 그 안에 만나를 담은 금항아리와 아론의 싹난 지팡이와 언약의 돌판들이 있고 그 위에 속죄소를 덮는 영광의 그룹들이 있으니 이것들에 관하여는 이제 낱낱이 말할 수 없노라 이 모든 것을 이같이 예비하였으니 제사장들이 항상 첫 장막에 들어가 섬기는 예식을 행하고 오직 둘째 장막은 대제사장이 홀로 일 년에 한 번 들어가되 자기와 백성의 허물을 위하여 드리는 피 없이는 아니하나니 성령이 이로써 보이신 것은 첫 장막이 서 있을 동안에 성소에 들어가는 길이 아직 나타나지 아니한 것이라 이 장막은 현재까지의 비유니 이에 의지하여 드리는 예물과 제사가 섬기는 자로 그 양심상으로 온전하게 할 수 없나니 이런 것은 먹고 마시는 것과 여러 가지 씻는 것과 함께 육체의 예법일 뿐이며 개혁할 때까지 맡겨 둔 것이니라 그리스도께서 장래 좋은 일의 대제사장으로 오사 손으로 짓지 아니한 곧 이 창조에 속하지 아니한 더 크고 온전한 장막으로 말미암아 염소와 송아지의 피로 아니하고 오직 자기 피로 영원한 속죄를 이루사 단번에 성소에 들어가셨느니라 염소와 황소의 피와 및 암송아지의 재로 부정한 자에게 뿌려 그 육체를 정결케 하여 거룩하게 하거든 하물며 영원하신 성령으로 말미암아 흠 없는 자기를 하나님께 드린 그리스도의 피가 어찌 너희 양심으로 죽은 행실에서 깨끗하게 하고 살아 계신 하나님을 섬기게 못하겠느냐 이로 말미암아 그는 새 언약의 중보자시니 이는 첫 언약 때에 범한 죄를 속량하려고 죽으사 부르심을 입은 자로 하여금 영원한 기업의 약속을 얻게 하려 하심이니라"(히 9:1-15).

🐏 레위기 17장: 피를 먹지 말라

"육체의 생명은 피에 있음이라 내가 이 피를 너희에게 주어 제단에 뿌려 너희의 생명을 위하여 속죄하게 하였나니 생명이 피에 있으므로 피가 죄를 속하느니라"(레 17:11).

피를 하나님께 제물로 바쳐야 하는 것은 모든 생명이 하나님께 있기 때문이다. 제물이 피를 흘려 하나님께 바쳐짐으로 죄를 용서받았고 예수님이 그 피를 흘려 영원한 속죄를 이루었다.

"그리스도께서는 장래 좋은 일의 대제사장으로 오사 손으로 짓지 아니한 것 곧 이 창조에 속하지 아니한 더 크고 온전한 장막으로 말미암아 염소와 송아지의 피로 하지 아니하고 오직 자기의 피로 영원한 속죄를 이루사 단번에 성소에 들어가셨느니라 염소와 황소의 피와 및 암송아지의 재를 부정한 자에게 뿌려 그 육체를 정결하게 하여 거룩하게 하거든 하물며 영원하신 성령으로 말미암아 흠 없는 자기를 하나님께 드린 그리스도의 피가 어찌 너희 양심을 죽은 행실에서 깨끗하게 하고 살아 계신 하나님을 섬기게 하지 못하겠느냐"(히 9:11-14).
"율법을 따라 거의 모든 물건이 피로써 정결하게 되나니 피흘림이 없은즉 사함이 없느니라"(히 9:22).

❧ 레위기 18-20장: 땅이 토해내는 가증한 죄들

레위기 18장에서 20장에는 가나안 일곱 족속이 행한 가증한 죄들을 열거하고 이 가증한 죄들 때문에 땅이 그들을 토해내어 멸망에 이르게 했다고 하나님이 말씀하신다. 이 가증한 일들 가운데 근친상간, 수간(짐승과 교합하는 일), 신접한 자에 대한 경계, 자식을 몰렉에게 제물로 바치는 죄악들이 포함된다. 하나님은 거룩한 분이시다. 이스라엘 백성과 성도는 거룩해야 한다.

"너희는 나에게 거룩할지어다 이는 나 여호와가 거룩하고 내가 또 너희를 나의 소유로 삼으려고 너희를 만민 중에서 구별하였음이니라"(레 20:26).

🐏 레위기 21-22장: 제사장이 지켜야 할 성물의 규례들

아론과 그 후손들, 제사장들은 성물을 먹는 일과 제물을 바치는 모든 일에 특별히 거룩해야 한다. 하나님께 드리는 제물은 흠이 없는 것이라야 한다.

> "아론과 그의 아들들과 이스라엘 온 족속에게 말하여 이르라 이스라엘 자손이나 그중에 거류하는 자가 서원제물이나 자원제물로 번제와 더불어 여호와께 예물로 드리려거든 기쁘게 받으심이 되도록 소나 양이나 염소의 흠 없는 수컷으로 드릴지니 흠 있는 것은 무엇이나 너희가 드리지 말 것은 그것이 기쁘게 받으심이 되지 못할 것임이니라"(레 22:18-22).

예수님만이 원죄 없는 유일한 인간이다. 예수님만이 우리의 죄를 대속할 수 있는 흠 없는 제물이다(p. 311. 흠 없는 제물 참조).

🐏 레위기 23장: 3대 절기

레위기 23장은 안식일에 대한 교훈 다음 3대 절기, 즉 유월절, 오순절, 초막절에 대한 말씀을 기록한다.

모든 제물은 일 년 된 흠 없는 숫양으로(레 23:12) 화제, 곧 번제물로 제사를 드린다. 화제는 제물을 다 불살라 드리는 것으로, 온전한 헌신을 보여준다. 절기의 제물은 십자가에서 보혈을 흘리며 돌아가신 그리스도의 속죄의 모형이다(출 12:13; 마 26:28).

유월절. 유월절은 이스라엘 백성들이 애굽에서 유월절 양의 피를 통해 해방된(구원된) 은혜를 기억하고 감사하는 절기로 우리가 믿음으로 '받은 구원'을 예표한다.

"너희는 누룩 없는 자인데 새 덩어리가 되기 위하여 묵은 누룩을 내버리라 우리의 유월절 양 곧 그리스도께서 희생되셨느니라"(고전 5:7).

오순절. 오순절은 칠칠절, 혹은 맥추절이라 부른다(출 34:22).

유월절은 안식일로 시작되고 안식일 이후 첫날에 새 곡식으로 요제를 드린다. 이날에서 50일째의 새 소제를 드리는 날(레 23:15-16)이 오순절이다. 오순절에는 속죄제와 수은제(화목제, 감사제)도 드려야 했다(레 23:19-). 오순절은 신약에서의 성령 강림의 예표이다(행 2:1-21). 오순절은 첫 새해에 거둔 첫 곡식을 하나님께 제물로 드리며 감사하는 절기로 구원받은 성도가 감사하며 살아가는 '성화의 구원, 받는 구원'을 예표한다.

초막절. 이스라엘 백성이 토지 소산 거두기를 다 마치고 7월 15일부터 7일 동안 지키는 절기다. 초막절(장막절: 레 23:34)은 광야의 여행을 기념하여 7일간 초막에 들어가 지키는 것인데(레 23:42), 이 초막절은 수장절로(출 34:22) 백성들이 추수를 마치고 알곡과 가라지를 갈라 알곡은 곳간에, 가라지는 밖에서 불살라 버리는 절기다.

이 절기 전에 7월 1일은 안식일로 지켜야 하고 이날 나팔을 분다. 7월 10일은 대속죄일이다. 그리고 7월 15일부터 초막절(수장절)이다. 초막절은 성도가 앞으로 주님 재림하실 때 받게 될 '받을 구원, 영화'를 예표한다.

고린도전서 15장 51절 이하를 보면 주님이 마지막 나팔이 불릴 때 재림하시게 되고 이때 구원받은 성도는 부활하고 변화함을 알 수 있다. 요한계시록에서 나팔 계시는 주님이 재림하실 것을 경고하는 것으로 마지막 나팔, 곧 일곱 나팔이 불릴 때 주님이 공중에 재림하셔서 하늘에서는 하늘의 왕국, 천국 잔치가 시작되지만, 이 땅에는 계시록의 일곱 대접(하나님의 진노)이 쏟아지는 대환난이 시작된다.

하늘에서 천국잔치가 끝나고 이 땅에 대환난이 끝난 다음 주님이 지상 재림하셔서 천년왕국 후 심판의 보좌에 앉으셔서 영원 천국, 새 하늘 새 땅으로 구원받은 성도들을 인도하시고 무저갱에 갇혔던 마귀가 잠시 놓여 곡과 마곡의 전쟁을 일으키지만, 이때 주님은 흰 보좌에서 산 자와 죽은 자를 마지막으로 심판하셔서 생명록에 그 이름이 없는 구원 밖의 모든 사람과 마귀를 영원한 불못에 던져 넣게 된다(계 20:11-15).

초막절(장막절)은 받을 구원, 심판을 예표한다. 초막절 이전에 나팔절이 있는 것은 요한계시록의 마지막 나팔과 주님 재림을 예표로 가르쳐 준다.

유월절, 오순절, 초막절에 온 이스라엘의 남자는 다 예루살렘으로 올라와 성전에서 이 절기를 지켜야 했다. 유월절은 과거 받은 구원을, 오순절이 현재 받는 구원을, 초막절은 미래에 받을 구원을 가르쳐주는 예표다.

레위기에는 여러 제사법과 이를 주관하는 제사장, 이스라엘 백성이 지켜야 할 법과 여러 가지 규례들이 기록되어 있다. 이 모든 법과 규례들은 성도가 성화의 구원을 이루어가는 과정에 날마다 순종해야 할 하나님의 말씀이다.

☘ 레위기 24장: 거룩한 곳에서 먹어야 할 새 떡, 영원한 규례

성소에는 일곱 가지에 일곱 등잔을 얹어 놓는 촛대(등대)가 있고 이 촛대 위에 얹어 있는 등잔의 불은 항상 켜져 있어야 한다.

이 등불은 성도가 이 땅에서 항상 성령께 순종하여 성령충만으로 빛을 밝히며 살아야 할 것을 예표한다.

"이스라엘 자손에게 명령하여 불을 켜기 위하여 감람을 찧어낸 순결한 기름을 네게로 가져오게 하여 계속해서 등잔불을 켜 둘지며 아론은 회막 안 증거궤 휘장 밖에서 저녁부터 아침까지 여호와 앞에 항상 등잔불을 정리할지니 이는 너희 대대로 지킬 영원한 규례라"(레 24:2-4).

성소에는 떡상이 있고 이 떡상에 항상 열두 덩이의 떡을 차려(진설) 놓아야 한다. 이 떡은 안식일마다 새 떡으로 다시 진설해야 한다. 떡상에 있던 열두 덩이 떡은 제사장이 매 안식일에 가지고 나와야 하고 제사장들과 그 아들들은 이 새 떡을 거룩한 곳, 성전에서 먹어야 한다. 이것은 영원한 규례다.

"너는 고운 가루를 가져다가 떡 열두 개를 굽되 각 덩이를 십분의 이에 바로 하여 여호와 앞 순결한 상 위에 두 줄로 한 줄에 여섯씩 진설하고 너는 또 정결한 유향을 그 각 줄 위에 두어 기념물로 여호와께 화제를 삼을 것이며 안식일마다 이 떡을 여호와 앞에 항상 진설할지니 이는 이스라엘 자손을 위한 것이요 영원한 언약이니라 이 떡은 아론과 그의 자손에게 돌리고 그들은 그것을 거룩한 곳에서 먹을지니 이는 여호와의 화제 중 그에게 돌리는 것으로서 지극히 거룩함이니라 이는 영원한 규례니라"(레 24:5-9).

성소에 있는 떡상의 떡은 말씀이다. 카를 바르트는 말씀에는 말씀 자체이신 그리스도, 기록된 말씀인 성경, 선포되는 말씀 설교가 있다고 했다. 예수님은 자신을 '생명의 떡'이라 말씀하셨다.

"예수께서 이르시되 나는 생명의 떡이니 내게 오는 자는 결코 주리지 아니할 터이요 나를 믿는 자는 영원히 목마르지 아니하리라"(요 6:35).

성도는 구원받은 후 이 땅에서 성화의 구원을 이루어가야 한다.
그러기 위해 ① 매 주일(안식일에)에 ② 교회에 나와(거룩한 곳에서) 제사장이 가지고 나온(목사가 준비한) 새 떡(새 설교)을 먹어야(들어야) 한다. ③ 이것은 바꿀 수 없는 영원한 규례다.

🐑 레위기 25-27장: 여러 규례들, 순종의 복, 불순종의 화

여러 규례들

① 정결한 동물과 부정한 동물, 물고기와 새

② 여자의 결례와 그 헌제물

③ 나병에 대한 교시, 표적, 제물

④ 몸의 부정과 결례

⑤ 거룩에 관한 여러 가지 법(17-19장): 생축을 잡는 규례, 피에 대한 금령, 이방인의 습관에 대한 경계, 근친상간 금지, 짐승과의 교합 금지

⑥ 타인에 대한 정직, 불쌍히 여길 자를 향한 규례

⑦ 사형에 해당하는 죄(20장)-자녀를 몰렉에게 주는 자, 부모를 저주한 자, 신접한 자, 박수, 남의 아내와 동침한 자, 남색하는 자. 근친상간 금지

⑧ 안식년, 희년, 부동산, 종에 대한 규례

⑨ 서원제물, 십일조에 대한 법 등 여러 규례들은 '받는 구원 성화'에서 성도가 따라가야 할 생활의 교훈이다.

백성들이 여호와 하나님의 말씀에 순종하면 복을 받는다. 이스라엘 백성이 하나님의 말씀에 순종하면 땅의 소산의 풍성함과 부요함이 있을 것이고 하나님의 보호 아래 평화를 누릴 것이다. 전쟁에서 승리와 성공을 얻을 것이고 그들 백성의 수효가 증가할 것이며 모든 선의 원천인 하나님의 은총이 있을 것이다. 의식을 거행하는 가운데 그리고 거행함으로써 하나님께서 임재하시는 징표가 나타날 것이다. 하나님은 '너희 중에 행하여 너희 하나님이 되고 너희는 나의 백성'이 될 것이라고 하신다.

백성들이 여호와 하나님의 말씀에 불순종하면 여러 재앙을 받는다. 하나님 자신이 백성들과 대적하여 싸우신다. 모든 피조물이 그들을 대적할 것이다. 현세의 심판이 경고되어 있다.

첫째, 몸의 질병이 유행할 것이다.

둘째, 기근과 식량난을 당할 것이다.

셋째, 그들이 뽑은 장정들이 전쟁에서 죽을 것이며, 그들을 미워하는 자들이 그들을 지배할 것이다.

넷째, 사나운 짐승, 곧 사자, 곰 그리고 이리들이 그들을 덮칠 것이다.

다섯째, 포로 됨과 민족 이산이 생겨날 것이다. 하나님이 저희를 열방 중에 흩을 것이요 그들은 대적의 땅에 거할 것이다.

여섯째, 그들의 땅이 완전히 파괴되고 황폐할 것이다. 그 땅의 황폐가 너무나 현저하여 그들의 대적들도 그 사실을 보고 놀랄 것이다. 그들의 도성이 황폐할 것이며 그들의 성소는 폐허가 될 것이다. 또한 땅 전체가 경작하거나 재배할 수 없을 정도로 황폐하게 될 것이다.

일곱째, 그들의 우상이 파괴될 것이다. 그들은 죄의 용서에 대한 아무런 소망도 갖지 못할 것이다.

하나님이 말씀하신 대로 이스라엘 백성들이 하나님의 말씀에 순종할 때 큰 복을 받았다.

다윗 왕과 솔로몬 왕국 때 이스라엘 백성은 흥왕했다. 그러나 이스라엘 백성들이 하나님의 말씀에 불순종할 때 그들은 나라를 잃었고 앗수르와 바벨론의 포로가 되었다. 이스라엘의 아합 왕 때에 아람 왕 벤하닷이 이스라엘을 공격하며 성을 에워쌀 때 백성들이 큰 기근에 시달려 자기 자식을 죽여 삶아 먹는 일이 일어났다(왕하 6:29). 이 일은 레위기 26장 28절에 "내가 진노로 너희에게 대항하되 너희의 죄로 말미암아 칠 배나 더 징벌하리니 너희가 아들의 살을 먹을 것이요 딸의 살을 먹을 것이며"라는 말씀대로 된 것이다.

이스라엘 백성이 애굽에서 나와 나아가는 목표는 젖과 꿀이 흐르는 가나안 복지였다.

그런데 지금의 가나안 땅, 팔레스타인 땅은 자연대로 놓아두면 농사를 지을 수 없는 황무지요 불모지다. 왜 그런가.

하나님은 레위기에서 이스라엘 백성이 하나님의 말씀을 불순종하면 "너희의 하늘을 철과 같게 하며 너희 땅을 놋과 같게 하리니 너희의 수고가 헛될지라 땅은 그 산물을 내지 아니하고 땅의 나무는 그 열매를 맺지 아니하리라"(레 26:19) 말씀하셨고 이스라엘 백성이 사는 땅, 가나안 복지는 하나님의 말씀대로 놋과 같이 변해버렸다.

* 성화의 중심: 교회

믿음, 소망, 사랑, 이 세 가지가 성도에게 항상 있어야 한다. 그리고 그 중에 제일이 사랑이다(고전 13:13).

믿음은 받은 구원의 중심 단어다. 소망은 받을 구원의 중심 단어다. 그리고 사랑은 받는 구원, 곧 성화의 중심 단어다. 구원받은 성도는 예배와 말씀과 성령을 통해 주님과 끊임없는 신령한 교제를 이루어가며 회개로 성화의 예복을 깨끗하게 입어야 한다. 성도는 성화를 통해 하나님 사랑, 사람 사랑의 생활이 그 성도의 인격으로 성장해 가야 한다.

교회는 예배를 통해 구원받은 성도를 성령 안의 공동체로, 말씀 안의 공동체로, 하나님과의 거룩한 사랑의 공동체로, 증인의 공동체로, 종말론적 공동체로 이 땅을 살아가게 한다. 성도가 교회와의 관계가 끊어지는 것은 아주 무서운 일이다.

이런 사람은:
1. 예배를 통한 하나님과의 거룩하고 신령한 사랑의 관계가 끊어진다.
2. 말씀과 기도를 잃어버린다.
3. 회개할 길을 잃어버린다.
4. 하나님 앞에 그 죄를 용서받을 길을 잃어버린다.
5. 이 사람이 성화가 중단된 사람이다.
6. 이 사람이 예복을 벗어버린 사람이다. 이 사람이 한 달란트 받은 사람이다. 이 사람이 신랑 예수님 오실 때 신랑을 맞을 등불에 기름이 떨어져 잔치 자리에 들어가지 못하는 미련한 신부다. 이 사람이 꺼져가는 등불 같고 상한 갈대 같은 사람이다. 이 사람이 대환난을 통해 불 가운데서 부끄럽게 구원받을 사람이다.

1. 교회와 예배의 중요성
교회와 주일의 예배가 성도의 성화에 아주 중요하다는 것을 성경은 이렇게 말씀한다.

1) 안식일

안식일의 계명은 모세가 시내산에 올라가 하나님으로부터 십계명을 받기 이전에 이스라엘 백성에게 주신 제일 처음의 계명이다. 안식일의 계명은 만나와 함께 주신 계명으로 안식일에 만나를 거두러 나갔다가 아무것도 거두지 못한 백성을 보고 하나님이 계명과 율법을 지키지 않았다고 책망하시며 제6일에 갑절의 만나를 주심은 제7일에 안식하게 하기 위해서라고 말씀하신다.

"엿새 동안은 너희가 그것을 거두되 일곱째 날은 안식일인즉 그날에는 없으리라 하였으나 일곱째 날에 백성 중 어떤 사람들이 거두러 나갔다가 얻지 못하니라 여호와께서 모세에게 이르시되 어느 때까지 너희가 내 계명과 내 율법을 지키지 아니하려느냐 볼지어다 여호와가 너희에게 안식일을 줌으로 여섯째 날에는 이틀 양식을 너희에게 주는 것이니 너희는 각기 처소에 있고 일곱째 날에는 아무도 그의 처소에서 나오지 말지니라 그러므로 백성이 일곱째 날에 안식하니라"(출 16:26-30).

구원받은 성도가 광야길, 곧 세상을 살아가며 성화되는 과정에서 제일 중요하고 제일 먼저 지켜야 할 계명이 안식일, 곧 주일을 거룩하게 지키는 것이다. 안식일은 양식의 걱정에서 놓이는 날이다. 안식일은 물질로부터 자유하는 날이요 하나님이 여호와 하나님으로 확증되는 날이다.

"여호와께서 모세에게 말씀하여 이르시되 내가 이스라엘 자손의 원망함을 들었노라 그들에게 말하여 이르기를 너희가 해 질 때에는 고기를 먹고 아침에는 떡으로 배부르리니 내가 여호와 너희의 하나님인 줄 알리라 하라 하시니라"(출 16:11-12).
"안식일을 기억하여 거룩하게 지키라 엿새 동안은 힘써 네 모든 일을 행할 것이나 일곱째 날은 네 하나님 여호와의 안식일인즉 너나 네 아들이나 네 딸이나 네 남종이나 네 여종이나 네 가축이나 네 문안에 머무는 객이라도 아무 일도 하지 말라 이는 엿새 동안에 나 여호와가 하늘과 땅과 바다와 그 가운데 모든 것을 만들고 일곱째 날에 쉬었음이라 그러므로 나 여호와가 안식일을 복되게 하여 그날을 거룩하게 하였느니라"(출 20:8-11).

"너는 이스라엘 자손에게 말하여 이르기를 너희는 나의 안식일을 지키라 이는 나와 너희 사이에 너희 대대의 표징이니 나는 너희를 거룩하게 하는 여호와인 줄 너희가 알게 함이라 너희는 안식일을 지킬지니 이는 너희에게 거룩한 날이 됨이니라 그날을 더럽히는 자는 모두 죽일지며 그날에 일하는 자는 모두 그 백성 중에서 그 생명이 끊어지리라 엿새 동안은 일할 것이나 일곱째 날은 큰 안식일이니 여호와께 거룩한 것이라 안식일에 일하는 자는 누구든지 반드시 죽일지니라 이같이 이스라엘 자손이 안식일을 지켜서 그것으로 대대로 영원한 언약을 삼을 것이니 이는 나와 이스라엘 자손 사이에 영원한 표징이며 나 여호와가 엿새 동안에 천지를 창조하고 일곱째 날에 일을 마치고 쉬었음이니라 하라"(출 31:13-17).

"내 안식일을 지키고 내 성소를 귀히 여기라 나는 여호와이니라"(레 19:30).

"안식일을 지켜 더럽히지 아니하며 그의 손을 금하여 모든 악을 행하지 아니하여야 하나니 이와 같이 하는 사람, 이와 같이 굳게 잡는 사람은 복이 있느니라"(사 56:2).

"만일 안식일에 네 발을 금하여 내 성일에 오락을 행하지 아니하고 안식일을 일컬어 즐거운 날이라, 여호와의 성일을 존귀한 날이라 하여 이를 존귀하게 여기고 네 길로 행하지 아니하며 네 오락을 구하지 아니하며 사사로운 말을 하지 아니하면 네가 여호와 안에서 즐거움을 얻을 것이라 내가 너를 땅의 높은 곳에 올리고 네 조상 야곱의 기업으로 기르리라 여호와의 입의 말씀이니라"(사 58:13-14).

"무리에게 이르기를 이 문으로 들어오는 유다 왕들과 유다 모든 백성과 예루살렘 모든 주민인 너희는 여호와의 말씀을 들을지어다 여호와께서 이와 같이 말씀하시되 너희는 스스로 삼가서 안식일에 짐을 지고 예루살렘 문으로 들어오지 말며 안식일에 너희 집에서 짐을 내지 말며 어떤 일이라도 하지 말고 내가 너희 조상들에게 명령함 같이 안식일을 거룩히 할지어다"(렘 17:20-22).

"또 내가 그들을 거룩하게 하는 여호와인 줄 알게 하려고 내 안식일을 주어 그들과 나 사이에 표징을 삼았노라 그러나 이스라엘 족속이 광야에서 내게 반역하여 사람이 준행하면 그로 말미암아 삶을 얻을 나의 율례를 준행하지 아니하며 나의 규례를 멸시하였고 나의 안식일을 크게 더럽혔으므로 내가 이르기를 내가 내 분노를 광야에서 그들에게 쏟아 멸하리라 하였으나 내가 내 이름을 위하여 달리 행하였었나니 내가 그들을 인도하여 내는 것을 본 나라들 앞에서 내 이름을 더럽히지 아니하려 하였음이로라"(겔 20:12-14).

"또 나의 안식일을 거룩하게 할지어다 이것이 나와 너희 사이에 표징이 되어 너희로 내가 여호와 너희 하나님인 줄을 너희가 알게 하리라 하였노라"(겔 20:20).

안식일, 곧 주일 성수는 성도와 하나님 사이에 하나님이 하나님 되는 표징이다. 성도가 주일에 교회에 가서 예배드리지 않으면 이 성도는 하나님과 나 사이의 표징, 곧 구원의 표징을 잃어버리게 된다. 그래서 구원은 받았지만 완전한 세상 사람으로 살아가게 되어 그리스도의 인격을 이루는 성화가 멈추게 된다. 안식일은 하나님의 하나님 됨을, 하나님의 절대주권을 확증하는 날이다. 성도가 안식일, 곧 주일을 지키지 않으면 하나님을 잊어버리게 되어 성화를 멈추게 되고, 그래서 결국 칭의의 구원은 받았지만 다시 더 회개의 예복을 입지 않아서 마지막 날 대환난을 통해 부끄럽게 구원받는 사람이 된다. 하나님은 이렇게 말씀하신다.

"너희 소돔의 관원들아 여호와의 말씀을 들을지어다 너희 고모라의 백성아 우리 하나님의 법에 귀를 기울일지어다 여호와께서 말씀하시되 너희의 무수한 제물이 내게 무엇이 유익하뇨 나는 숫양의 번제와 살진 짐승의 기름에 배불렀고 나는 수송아지나 어린 양이나 숫염소의 피를 기뻐하지 아니하노라 너희가 내 앞에 보이러 오니 이것을 누가 너희에게 요구하였느냐 내 마당만 밟을 뿐이니라 헛된 제물을 다시 가져오지 말라 분향은 내가 가증히 여기는 바요 월삭과 안식일과 대회로 모이는 것도 그러하니 성회와 아울러 악을 행하는 것을 내가 견디지 못하겠노라 내 마음이 너희의 월삭과 정한 절기를 싫어하나니 그것이 내게 무거운 짐이라 내가 지기에 곤비하였느니라"(사 1:10-14).

이 말씀은 우리에게 안식일을 지키지 말라는 말씀이 아니다. 이 말씀은 안식일에 하나님께 제사만 드리면 하나님 앞에 선민으로서의 책임을 다한 것같이 생각하고 안식일에 범죄하며 안식일을 지키고도 계속 악을 행하는 이스라엘 백성을 향한 하나님의 진노의 말씀으로, 안식일을 더 잘 지켜야 한다는 말씀이다.

2) 성전: 하나님이 거하시는 장소
성소(교회)는 하나님이 이스라엘 백성 중에 거하는 장소다.

"내가 그들 중에 거할 성소를 그들이 나를 위하여 짓되"(출 25:8).

성전 안에 있는 속죄소는 하나님이 이스라엘 백성을 만나시고 이스라엘 백성을 위해 전하실 하나님의 명령을 말씀하시는 곳이다. 속죄소는 지성소 안에 있는 언약궤(법궤) 덮개다.

"순금으로 속죄소를 만들되 길이는 두 규빗 반, 너비는 한 규빗 반이 되게 하고 금으로 그룹 둘을 속죄소 두 끝에 쳐서 만들되 한 그룹은 이 끝에, 또 한 그룹은 저 끝에 곧 속죄소 두 끝에 속죄소와 한 덩이로 연결할지며 그룹들은 그 날개를 높이 펴서 그 날개로 속죄소를 덮으며 그 얼굴을 서로 대하여 속죄소를 향하게 하고 속죄소를 궤 위에 얹고 내가 네게 줄 증거판을 궤 속에 넣으라 거기서 내가 너와 만나고 속죄소 위 곧 증거궤 위에 있는 두 그룹 사이에서 내가 이스라엘 자손을 위하여 네게 명령할 모든 일을 네게 이르리라"(출 25:17-22).

"그 제단을 증거궤 위 속죄소 맞은편 곧 증거궤 앞에 있는 휘장 밖에 두 라 그 속죄소는 내가 너와 만날 곳이며"(출 30:6).

하나님은 번제단에서 이스라엘 백성을 만나시고 번제단에서 이스라엘 백성에게 말씀하신다.

"이는 너희가 대대로 여호와 앞 회막 문에서 늘 드릴 번제라 내가 거기 서 너희와 만나고 네게 말하리라 내가 거기서 이스라엘 자손을 만나리 니 내 영광으로 말미암아 회막이 거룩하게 될지라"(출 29:42-43).

지성소는 1년에 한 번 대제사장이 속죄제물의 피를 가지고 들어갈 수 있다. 속죄소에서 하나님이 이스라엘 백성을 만나시고 말씀하시는 것은 대속죄일에만 가능하다(레 16:1-34, 16:15). 그러나 이스라엘 백성이 드리는 번제는 매일 드리는 상번제, 안식일에 드리는 번제, 그리고 수시로 드리는 여러 가지 제사(번제단)에서 이스라엘 백성을 만나시고 말씀하신다.

하나님은 제단, 제사(예배)를 통해 이스라엘 백성을 만나시고 하나님의 말씀을 주신다. 하나님 앞에 드리는 번제는 성전, 곧 하나님의 이름이 머물러 있는 곳에서만 드려야 한다.

하나님은 제단, 제사(예배)를 통해 이스라엘 백성을 만나시고 하나님의 말씀을 주신다. 하나님 앞에 드리는 번제는 성전, 곧 하나님의 이름이 머물러 있는 곳에서만 드려야 한다.

성도는 주일에 반드시 성전, 곧 교회에 나와 함께 예배(제사)를 드려야 한다. 성도는 제단에서 하나님을 만나고 하나님의 말씀을 들어야 하고 죄 사함을 받아야 한다. 이것이 성화의 핵심이다.

3) 제사(예배)와 죄 사함

성도의 모든 죄는 하나님께 회개 자복하고 하나님께 제사, 곧 예배를 드려야 하나님으로부터 용서받게 된다.

"만일 이스라엘 온 회중이 여호와의 계명 중 하나라도 부지중에 범하여 허물이 있으나 스스로 깨닫지 못하다가 그 범한 죄를 깨달으면 회중은 수송아지를 속죄제로 드릴지니 그것을 회막 앞으로 끌어다가 회중의 장로들이 여호와 앞에서 그 수송아지 머리에 안수하고 그것을 여호와 앞에서 잡을 것이요 기름 부음을 받은 제사장은 그 수송아지의 피를 가지고 회막에 들어가서 그 제사장이 손가락으로 그 피를 찍어 여호와 앞, 휘장 앞에 일곱 번 뿌릴 것이며 또 그 피로 회막 안 여호와 앞에 있는 제단 뿔들에 바르고 그 피 전부는 회막 문 앞 번제단 밑에 쏟을 것이며 그것의 기름은 다 떼어 제단 위에서 불사르되 그 송아지를 속죄제의 수송아지에게 한 것 같이 할지며 제사장이 그것으로 회중을 위하여 속죄한즉 그들이 사함을 받으리라 그는 그 수송아지를 진영 밖으로 가져다가 첫번 수송아지를 사름같이 불사를지니 이는 회중의 속죄제니라 만일 족장이 그의 하나님 여호와의 계명 중 하나라도 부지중에 범하여 허물이 있었는데 그가 범한 죄를 누가 그에게 깨우쳐 주면 그는 흠 없는 숫염소를 예물로 가져다가 그 숫염소의 머리에 안수하고 여호와 앞 번제물을 잡는 곳에서 잡을지니 이는 속죄제라 제사장은 그 속죄 제물의 피를 손가락에 찍어 번제단 뿔들에 바르고 그 피는 번제단 밑에 쏟고 그 모든 기름은 화목제 제물의 기름 같이 제단 위에서 불사를지니 이같이 제사장이 그 범한 죄에 대하여 그를 위하여 속죄한즉 그가 사함을 얻으리라 만일 평민의 한 사람이 여호와의 계명 중 하나라도 부지중에 범하여 허물이 있었는데 그가 범한 죄를 누가 그에게 깨우쳐 주면 그는 흠 없는 암염소를 끌고 와서 그 범한 죄로 말미암아 그것을 예물로 삼아 그 속죄제물의 머리에 안수하고 그 제물을 번제물을 잡는 곳에서 잡을 것이요 제사장은 손가락으로 그 피를 찍어 번제단 뿔들에 바르고 그 피 전부를 제단 밑에 쏟고 그 모든 기름을 화목제물의 기름을 떼어낸 것 같이 떼어내 제단 위에서 불살라 여호와께 향기롭게 할지니 제사장이 그를 위하여 속죄한즉 그가 사함을 받으리라"(레 4:13-31).

이스라엘 백성 중 제사장이나 백성이나 그들이 범한 모든 죄―하나님에게 범한 죄, 이웃에게 범한 죄, 각종 부정의 죄―는 죄에 따라 물질로 배상하거나, 눈은 눈으로 이는 이로 배상하거나, 여러 종류의 절차와 배상이 따르지만 모든 죄를 용서받기 위해서는 이런 절차와 함께 반드시 속죄제사나 속건제사를 하나님 앞에 드려야 그 죄가 용서된다. 이스라엘 백성이 범한 사람에 대한 과실이라도, 그것은 하나님께 관련되는 일로 모든 과실은 하나님을 아프시게 하는(손상 입히는) 것이다. 예수님은 백성의 죄를 속하기 위해 그 자신을 드려 속건제물로 드리셨다(사 53:10).

"너희는 영원히 이 규례를 지킬지니라 일곱째 달 곧 그달 십일에 너희는 스스로 괴롭게 하고 아무 일도 하지 말되 본토인이든지 너희 중에 거류하는 거류민이든지 그리하라 이날에 너희를 위하여 속죄하여 너희를 정결하게 하리니 너희의 모든 죄에서 너희가 여호와 앞에 정결하리라 이는 너희에게 안식일 중의 안식일인즉 너희는 스스로 괴롭게 할지니 영원히 지킬 규례라 기름 부음을 받고 위임되어 자기의 아버지를 대신하여 제사장의 직분을 행하는 제사장은 속죄하되 세마포 옷 곧 거룩한 옷을 입고 지성소를 속죄하며 회막과 제단을 속죄하고 또 제사장들과 백성의 회중을 위하여 속죄할지니 이는 너희가 영원히 지킬 규례라 이스라엘 자손의 모든 죄를 위하여 일 년에 한 번 속죄할 것이니라 아론이 여호와께서 모세에게 명령하신 대로 행하니라"(레 16:29-34).

제사장들과 백성들의 죄는 대속죄일에 아론(대제사장이)이 속죄제물의 피를 가지고 지성소에 들어가 규례대로 속죄제를 드려야 제사장들과 이스라엘 백성들의 죄를 용서받는다. 이것은 예수 그리스도를 통한 믿음으로만 죄 사함을 받아 우리가 구원에 이르게 되는 것을 가르쳐 준다.

＊ 믿음으로 예수님 안에서 죄 사함을 받는 원리

1. 가리움의 원리

아담과 하와가 하나님 앞에 범죄한 후 그들은 생령의 상태에서(창 2:7) 육체가 되어(창 6:3) 자신들의 수치스러운 부분 곧 하체를 보게 된다. 그리고 그들은 무화과 잎으로 하체를 가린다. 그러나 무화과 잎이 말라 부스러지면 그들은 또다시 무화과 잎으로 하체를 가려야 한다. 이런 아담과 하와에게 하나님이 가죽옷을 지어 입히신다(창 3:21, 여호와 하나님이 아담과 그의 아내를 위하여 가죽옷을 지어 입히시니라). 여기서 하나님이 아담과 하와의 수치를 가려주기 위해 가죽옷을 지어 입히신 뜻은 아래와 같다.

아담과 하와의 힘으로는 그 수치를 가릴 수 없다. 인간은 자기의 어떤 행위로도 하나님 앞에 수치(원죄)를 가릴 수 없다. 인간의 선행은 아담이 지어 입은 무화과 잎이다.

아담과 하와의 수치를 가릴 수 있는 옷은 하나님이 지어주신 옷이라야 한다. 인간의 선행, 인간세계의 여러 성자들, 석가모니, 마호메트, 공자, 맹자 등 이들은 다 사람이 만든 옷으로 잠시 인간의 수치를 가려주는 아담의 무화과 잎 옷이다. 하나님이 지어주신 옷으로, 하나님에게서 오신 분은 오직 예수 한 분이시다. 예수님은 하나님이 친히 이 땅에 보내신 유일하신 분이다.

> "내게는 요한의 증거보다 더 큰 증거가 있으니 아버지께서 내게 주사 이루게 하시는 역사 곧 내가 하는 그 역사가 아버지께서 나를 보내신 것을 나를 위하여 증언하는 것이요"(요 5:36).
> "예수께서 이르시되 하나님이 너희 아버지였으면 너희가 나를 사랑하였으리니 이는 내가 하나님께로부터 나와서 왔음이라 나는 스스로 온 것이 아니요 아버지께서 나를 보내신 것이니라"(요 8:42).

"예수께서 이르시되 너희는 아래에서 났고 나는 위에서 났으며 너희는 이 세상에 속하였고 나는 이 세상에 속하지 아니하였느니라"(요 8:23).

하나님에게서 온 예수(요 6:46, 57, 8:18, 42, 10:36, 11:42, 12:49, 17:21-23), 예수님은 우리의 모든 죄를 가려주시는 우리의 옷, 하나님이 지어주신 옷이다.

"너희가 다 믿음으로 말미암아 그리스도 예수 안에서 하나님의 아들이 되었으니 누구든지 그리스도와 합하기 위하여 세례를 받은 자는 그리스도로 옷 입었느니라"(갈 3:26-27).

갈라디아서 3장 26-27절은 우리가 예수를 믿어 하나님의 자녀가 된 것, 곧 구원받은 것을 '그리스도로 옷 입었다'고 말한다. 여기서 그리스도가 우리의 죄를 가려주시는 옷으로 창세기 3장에서 하나님이 아담과 하와를 위해 지어주신 가죽옷이다.

"밤이 깊고 낮이 가까웠으니 그러므로 우리가 어둠의 일을 벗고 빛의 갑옷을 입자 낮에와 같이 단정히 행하고 방탕하거나 술 취하지 말며 음란과 호색하지 말며 다투거나 시기하지 말고 오직 주 예수 그리스도로 옷 입고 정욕을 위하여 육신의 일을 도모하지 말라"(롬 13:12-14).

로마서 13장 14절에도 예수님을 우리가 구원받은 후 입어야 할 옷으로 표현한다. 이것이 아담에게 하나님이 지어 입히신 가죽옷이요, 예수님이 바로 우리의 죄를 하나님 앞에 가려주는 옷임을 가르쳐준다.

성경은 예수님이 우리의 죄를 가려주시는 옷이라고 말씀하고 약속한다. 우리가 예수를 믿는다는 것은 우리가 예수님이라는 하나님이 지어주신 옷, 내 죄를 가려주시는 그리스도라는 옷을 입는 것이다.

창세기 3장 21절에서 가죽옷은 양의 가죽이며 속죄제물이 되신 예수님을 뜻한다고 해석할 수 있다. 그러나 이 구절에서 중요한 것은 가죽옷이 아니라 '하나님이 지어주신 옷'이라는 말이다. 아담이 지어 입은 옷은 하나님 앞에 그 수치를 가릴 수 없다. 하나님이 지어주신 옷이라야 하나님 앞에 수치를 가릴 수 있다.

오직 예수님만 하나님이 지어주신 옷이다. 세상의 모든 인류 가운데 하나님에게서 오신 분은 오직 예수 한 분뿐이시다. 예수님은 하나님이 친히 이 땅에 보내신 유일하신 분이다(요 8:42, 8:23).

"예수께서 이르시되 하나님이 너희 아버지였으면 너희가 나를 사랑하였으리니 이는 내가 하나님께로부터 나와서 왔음이라 나는 스스로 온 것이 아니요 아버지께서 나를 보내신 것이니라"(요 8:42).

"예수께서 이르시되 너희는 아래에서 났고 나는 위에서 났으며 너희는 이 세상에 속하였고 나는 이 세상에 속하지 아니하였느니라"(요 8:23).

2. 보상의 원리

사람이 노예의 자녀로 태어나면 노예가 되고, 빚을 지고 갚지 못하면 노예가 된다. 우리는 다 아담이 죄로 죄와 사망의 노예가 된 후, 죄와 사망의 노예인 아담의 자손으로 출생함으로, 우리는 모두 우리가 태어날 때부터 죄와 사망의 노예가 되었다. 노예의 자식으로 태어나면 그 자식은 노예가 된다. 돼지가 새끼를 낳으면 돼지가 되고, 개가 새끼를 낳으면 개가 된다. 죄의 노예인 아담의 자식은 죄의 노예가 된다.

노예를 노예의 자리에서 해방시켜 주는 돈을 '속전'이라고 한다.

예수님은 우리를 죄와 사망의 노예에서 해방시킨 속전이다. 예수님이 우리의 모든 죗값을 다 지불하셨다. 그리하여 우리는 그리스도의 핏값으로 속죄받았고, 구원받았고, 그리스도의 것이 되었다.

"하나님은 한 분이시요 또 하나님과 사람 사이에 중보도 한 분이시니 곧 사람이신 그리스도 예수라 그가 모든 사람을 위하여 자기를 대속물로 주셨으니 기약이 이르러 주신 증거니라"(딤전 2:5-6).

"너희는 값으로 산 것이 되었으니 그런즉 너희 몸으로 하나님께 영광을 돌리라"(고전 6:20).

"너희는 값으로 사신 것이니 사람들의 종이 되지 말라"(고전 7:23).

"그러나 너희는 택하신 족속이요 왕 같은 제사장들이요 거룩한 나라요 그의 소유가 된 백성이니 이는 너희를 어두운 데서 불러내어 그의 기이한 빛에 들어가게 하신 이의 아름다운 덕을 선포하게 하려 하심이라" (벧전 2:9).

"그리스도께서 우리를 위하여 저주를 받은바 되사 율법의 저주에서 우리를 속량하셨으니 기록된바 나무에 달린 자마다 저주 아래 있는 자라 하였음이라"(갈 3:13).

"율법 아래에 있는 자들을 속량하시고 우리로 아들의 명분을 얻게 하려 하심이라"(갈 4:5).

성경은 예수님이 우리의 모든 죗값을 다 지불하신 속전이 되었다고 말하고, 예수님이 우리의 모든 죗값을 속량하셨다고 말한다. 우리는 그리스도가 자신의 핏값으로 우리를 사신 하나님의 백성, 그리스도의 소유가 되었다고 말씀한다.

그리스도가 우리의 모든 죗값을 다 보상해 주셨다. 그래서 우리는 이제 더 이상 죄의 노예가 아니다. 믿음은 예수를 그리스도로 받는 것이요, 이 말은 예수님이 내 죄를 다 보상해 주신 사실을 받는 것이다.

3. 대신의 원리

"너희가 성경에서 영생을 얻는 줄 생각하고 성경을 연구하거니와 이 성경이 곧 내게 대하여 증언하는 것이니라"(요 5:39).

신구약성경의 모든 사건, 모든 말씀이 다 예수님에 대한 증거로 예수님이 그리스도임을 가르쳐준다.

구약성경에 나오는 많은 제사의 사건이 다 예수님이 우리의 죄를 대신 하심을 증거하는 것이다. 제사는 이스라엘 백성들이 범죄하여 하나님을 만날 수 없을 때, 흠 없는 희생제물이 죄를 범한 이스라엘 백성 대신 피를 흘리고 죽는 제사를 통해, 하나님은 죄 있는 이스라엘 백성을 용서하시게 된다. 구약의 모든 제사의 제물이 예수님을 상징하는 것으로 우리 예수님이 죄 있는 우리의 죄를 대신 담당하실 것을 가르쳐준다. 아래의 성경 구절은 예수님이 우리의 죄를 담당해 주셨고, 대신 해결해 주신 것을 분명하게 가르쳐준다.

"예수는 우리가 범죄한 것 때문에 내줌이 되고 또한 우리를 의롭다 하시기 위하여 살아나셨느니라"(롬 4:25).

"우리가 아직 연약할 때에 기약대로 그리스도께서 경건하지 않은 자를 위하여 죽으셨도다 의인을 위하여 죽는 자가 쉽지 않고 선인을 위하여 용감히 죽는 자가 혹 있거니와 우리가 아직 죄인 되었을 때에 그리스도께서 우리를 위하여 죽으심으로 하나님께서 우리에 대한 자기의 사랑을 확증하셨느니라"(롬 5:6-8).

"내가 받은 것을 먼저 너희에게 전하였노니 이는 성경대로 그리스도께서 우리 죄를 위하여 죽으시고"(고전 15:3).

"그리스도의 사랑이 우리를 강권하시는도다 우리가 생각하건대 한 사람이 모든 사람을 대신하여 죽었은즉 모든 사람이 죽은 것이라"(고후 5:14).

"하나님이 죄를 알지도 못하신 이를 우리를 대신하여 죄를 삼으신 것은 우리로 하여금 그 안에서 하나님의 의가 되게 하려 하심이라"(고후 5:21).

"그리스도께서 하나님 곧 우리 아버지의 뜻을 따라 이 악한 세대에서 우리를 건지시려고 우리 죄를 대속하기 위하여 자기 몸을 주셨으니"(갈 1:4).

"친히 나무에 달려 그 몸으로 우리 죄를 담당하셨으니 이는 우리로 죄에 대하여 죽고 의에 대하여 살게 하려 하심이라 그가 채찍에 맞음으로 너희는 나음을 얻었나니"(벧전 2:24).

"그리스도께서도 단번에 죄를 위하여 죽으사 의인으로서 불의한 자를 대신하셨으니 이는 우리를 하나님 앞으로 인도하려 하심이라 육체로는 죽임을 당하시고 영으로는 살리심을 받으셨으니"(벧전 3:18).

그리스도의 죽음은 우리를 대신한 죽음이다. 그리스도는 죄 없는 분으로(히 4:15) 우리의 죄를 대신하여 죽으심으로 우리를 죄와 사망에서 해방하신 것이다. 이사야 선지자는 앞으로 오실 메시아, 그리스도를 향해 이렇게 말한다.

"우리가 전한 것을 누가 믿었느냐 여호와의 팔이 누구에게 나타났느냐 그는 주 앞에서 자라나기를 연한 순 같고 마른 땅에서 나온 뿌리 같아서 고운 모양도 없고 풍채도 없은즉 우리가 보기에 흠모할 만한 아름다운 것이 없도다 그는 멸시를 받아 사람들에게 버림 받았으며 간고를 많이 겪었으며 질고를 아는 자라 마치 사람들이 그에게서 얼굴을 가리는 것 같이 멸시를 당하였고 우리도 그를 귀히 여기지 아니하였도다 그는 실로 우리의 질고를 지고 우리의 슬픔을 당하였거늘 우리는 생각하기를 그는 징벌을 받아 하나님께 맞으며 고난을 당한다 하였노라 그가 찔림은 우리의 허물 때문이요 그가 상함은 우리의 죄악 때문이라 그가 징계를 받으므로 우리는 평화를 누리고 그가 채찍에 맞으므로 우리는 나음을 받았도다 우리는 다 양 같아서 그릇 행하여 각기 제 길로 갔거늘 여호와께서는 우리 모두의 죄악을 그에게 담당시키셨도다 그가 곤욕을 당하여 괴로울 때에도 그의 입을 열지 아니하였음이여 마치 도수장으로 끌려 가는 어린 양과 털 깎는 자 앞에서 잠잠한 양 같이 그의 입을 열지 아니하였도다 그는 곤욕과 심문을 당하고 끌려 갔으나 그 세대 중에 누가 생각하기를 그가 살아 있는 자들의 땅에서 끊어짐은 마땅히 형벌 받을 내 백성의 허물 때문이라 하였으리요 그는 강포를 행하지 아니하였고 그의 입에 거짓이 없었으나 그의 무덤이 악인들과 함께 있었으며 그가 죽은 후에 부자와 함께 있었도다 여호와께서 그에게 상함을 받게 하시기를 원하사 질고를 당하게 하셨은즉 그의 영혼을 속건제물로 드리기에 이르면 그가 씨를 보게 되며 그의 날은 길 것이요 또 그의 손으로 여호와께서 기뻐하시는 뜻을 성취하리로다 그가 자기 영혼의 수고한 것을 보고 만족하게 여길 것이라 나의 의로운 종이 자기 지식으로 많은 사람을 의롭게 하며 또 그들의 죄악을 친히 담당하리로다"(사 53:1-11).

예수님의 고난과 십자가가 모두 죄인인 우리를 대신할 것을 이사야 선지자를 통해 하나님이 말씀하였다.

하나님의 말씀 히브리서 9장에서 하나님은 이렇게 말씀하신다.

"그리스도께서는 장래 좋은 일의 대제사장으로 오사 손으로 짓지 아니한 것 곧 이 창조에 속하지 아니한 더 크고 온전한 장막으로 말미암아 염소와 송아지의 피로 하지 아니하고 오직 자기의 피로 영원한 속죄를 이루사 단번에 성소에 들어가셨느니라 염소와 황소의 피와 및 암송아지의 재를 부정한 자에게 뿌려 그 육체를 정결하게 하여 거룩하게 하거든 하물며 영원하신 성령으로 말미암아 흠 없는 자기를 하나님께 드린 그리스도의 피가 어찌 너희 양심을 죽은 행실에서 깨끗하게 하고 살아 계신 하나님을 섬기게 하지 못하겠느냐 이로 말미암아 그는 새 언약의 중보자시니 이는 첫 언약 때에 범한 죄에서 속량하려고 죽으사 부르심을 입은 자로 하여금 영원한 기업의 약속을 얻게 하려 하심이라"(히 9:11-15).

예수 그리스도가 죽으심으로 드려진 속죄제는 우리의 죄를 영원히 단번에 깨끗하게 하신 것이요, 예수님의 속죄제로 우리는 영생의 영원한 기업을 얻게 되었다.

이스라엘 백성을 애굽의 노예에서 해방시키기 위해 흠 없는 유월절 양이 피를 흘리고 죽었고, 그 피를 이스라엘 백성이 문 인방과 설주에 칠함으로 이스라엘 백성은 해방이 된다. 예수님은 우리를 죄와 사망의 노예에서 해방하기 위해 죄 없는 분으로 십자가에 죽으심으로 우리의 유월절 양이 되신다.

> "너희는 누룩 없는 자인데 새 덩어리가 되기 위하여 묵은 누룩을 내버리라 우리의 유월절 양 곧 그리스도께서 희생되셨느니라"(고전 5:7).

성경은 예수님이 내 죄를 대신해 주신 것을 여러 사건을 통해 가르쳐준다. 이스라엘 백성이 있는 곳에 꼭 있어야 하는 제사가 모두 예수님이 우리의 죄를 대신하여 주신 것을 예표로 가르쳐주는 것이다. 우리가 어떻게 구원받는가? 예수님이 우리의 죄를 대신하여 모든 죄를 다 담당해 주셨기 때문이다. 이 원리가 예수님 안에, 믿음 안에 있는 대신의 원리다. 믿음은 바로 이 구속의 은총을 내가 성령의 감화로 '아멘' 하고 받아들이는 것이다.

성소에 열두 덩이의 떡을 진설하는 상이 있다. 이 떡은 고운 가루를 취하여 떡 열둘을 굽되 매 덩이를 에바 10분 2로 하여 여호와 앞 순결한 상위에 두 줄로, 한 줄에 여섯씩 진설한다.

이 떡은 매 안식일에 새 떡으로 다시 진설해야 하고, 새 떡을 상에 진설하며 먼저 있던 떡을 성소 밖으로 가지고 나온다. 이 떡은 아론과 그 자손에게 돌리고 그들에게는 이 떡이 새 떡이다. 제사장들과 그 자손은 이 새 떡을 거룩한 곳에서 먹어야 한다.

> "너는 고운 가루를 가져다가 떡 열두 개를 굽되 각 덩이를 십분의 이 에바로 하여 여호와 앞 순결한 상 위에 두 줄로 한 줄에 여섯씩 진설하고 너는 또 정결한 유향을 그 각 줄 위에 두어 기념물로 여호와께 화제를 삼을 것이며 안식일마다 이 떡을 여호와 앞에 항상 진설할지니 이는 이스라엘 자손을 위한 것이요 영원한 언약이니라 이 떡은 아론과 그의 자손에게 돌리고 그들은 그것을 거룩한 곳에서 먹을지니 이는 여호와의 화제 중 그에게 돌리는 것으로서 지극히 거룩함이니라 이는 영원한 규

레니라"(레 24:5-9).

이 떡은 하나님의 말씀을 예표하는 것으로 구원받은 성도는 이 세상을 살아갈 때 이 떡을(떡 상에서 거둬 낸) 매 안식일에(매 주일에) 거룩한 곳(교회)에 와서 먹어야 한다.

이 떡은 제사장만 먹을 수 있는 거룩한 떡으로 구원받은 성도는 다 거룩한 제사장으로(벧전 2:9) 매 주일 꼭 교회에 나와서 거룩한 떡, 곧 설교의 새 말씀을 들어야 한다.

에스겔 42장 13절에서 성전 북쪽과 남쪽에 있는 방은 '거룩한 방'으로 제사장들이 성물을 먹는 방이다.

받아가는 구원, 성화에서 안식일(주일)과 말씀과 교회는 성화의 생명이다.

* 요약 교회론

1. 구약성서의 교회관

구약성서에는 '교회'라는 말이 없다. 교회는 그리스도 이후에 이 세상에 존재하기 시작했는데 구약에 어떻게 교회가 있을 수 있는가 하는 질문을 하며 구약시대의 교회관을 신학적으로 말할 수 없다고 주장하는 견해가 있다. 그러나 교회라는 말의 히브리어와 헬라어는 동일하며, 사도행전 7장 38절에는 이스라엘 백성의 광야 생활을 '광야 교회'로 말하고 있다.

"시내산에서 말하던 그 천사와 우리 조상들과 함께 광야 교회에 있었고 또 살아 있는 말씀을 받아 우리에게 주던 자가 이 사람이라"(행 7:38).

이렇게 볼 때 구약에서도 교회론을 말할 수 있다.

1) 카할과 에다

구약에서 '교회'에 해당하는 용어 두 가지는 '카할'(קָהָל)과 '에다'(עֵדָה)이다. 카할이란 말의 본뜻은 '부른다'는 말에서 온 것으로 "의논하기 위하여 소집된 공동체"[4])라는 말이다.

시내산에서 모세가 하나님께로부터 받은 율법을 듣기 위해 모인 무리들이 '카할'이다.

카할과 에다는 70인 역에서 처음에는 다 같이 '공회'를 의미하는 말로 번역되었지만 나중에 카할은 '에클레시아'(ἐκκλησία)라는 헬라어로, 에다는 '시나고게'(συναγωγή 회당)라는 말로 번역되어 신약 성경에서 카할과 에다가 각각 교회와 회당이라는 말로 쓰이게 되었다.

그리하여 카할은 택함을 받고 하나님 앞에 모인 무리를 뜻하는 말로, 에다는 하나님을 예배하러 모인 회중, 회당을 가르치게 된다. 한국 교회에서 교회라는 말과 예배당이라는 말은 오래전에 꼭 같은 것으로 사용된 것도 이런 맥락에서 이해되어야 한다.

2) 택함의 사상—선민사상
구약에 하나님이 이스라엘 백성을 택하셨다고 말한다.

"여호와께서 아브람에게 이르시되 너는 너의 고향과 친척과 아버지의 집을 떠나 내가 네게 보여 줄 땅으로 가라 내가 너로 큰 민족을 이루고 네게 복을 주어 네 이름을 창대하게 하리니 너는 복이 될지라 너를 축복하는 자에게는 내가 복을 내리고 너를 저주하는 자에게는 내가 저주하리니 땅의 모든 족속이 너로 말미암아 복을 얻을 것이라 하신지라 이에 아브람이 여호와의 말씀을 따라갔고 롯도 그와 함께 갔으며 아브람이 하란을 떠날 때에 칠십오 세였더라"(창 12:1-4)
"모세가 하나님 앞에 올라가니 여호와께서 산에서 그를 불러 말씀하시되 너는 이같이 야곱의 집에 말하고 이스라엘 자손들에게 말하라 내가 애굽사람에게 어떻게 행하였음과 내가 어떻게 독수리 날개로 너희

---

4) 신 5:1, 왕상 8:14

를 업어 내게로 인도하였음을 너희가 보았느니라 세계가 다 내게 속하였나니 너희가 내 말을 잘 듣고 내 언약을 지키면 너희는 모든 민족 중에서 내 소유가 되겠고 너희가 내게 대하여 제사장 나라가 되며 거룩한 백성이 되리라 너는 이 말을 이스라엘 자손에게 전할지니라 모세가 내려와서 백성의 장로들을 불러 여호와께서 자기에게 명령하신 그 모든 말씀을 그들 앞에 진술하니 백성이 일제히 응답하여 이르되 여호와께서 명령하신 대로 우리가 다 행하리이다 모세가 백성의 말을 여호와께 전하매"(출 19:3-8).

"너는 여호와 네 하나님의 성민이라 네 하나님 여호와께서 지상 만민 중에서 너를 자기 기업의 백성으로 택하셨나니"(신 7:6).

"하늘과 모든 하늘의 하늘과 땅과 그 위의 만물은 본래 네 하나님 여호와께 속한 것이로되 여호와께서 오직 네 조상들을 기뻐하시고 그들을 사랑하사 그들의 후손인 너희를 만민 중에서 택하셨음이 오늘과 같으니라"(신 10:14-15).

이와 같은 여러 구절에서 아주 분명한 몇 가지 사상이 있다.

1) 이스라엘 백성을 선택하신 것은 하나님의 주권적 역사이며 하나님의 주권에 의한 직접적이며 독단적 역사다.

2) 이스라엘 백성은 하나님의 은총으로 선택받은 유일한 민족이다.

3) 이스라엘 민족의 선택은 하나님이 이루시려는 구속사적 사명을 이스라엘 백성에게 주신 것으로, 이스라엘 백성은 하나님의 기업이요(신 7:2, 14:2), 이스라엘 백성을 통하여 만민이 복을 받게 되고(창 12:2-3), 이스라엘 백성은 세계 모든 민족 앞에 제사장의 사명을 갖게 된다(출 19:6).

4) 이스라엘 민족은 하나님의 뜻대로 살아야 할 의무가 있으며 그렇지 못할 때 그 죄에 대한 심판도 받아야 한다. 이런 하나님의 선택과 이를 받아들인 이스라엘 백성은(창 12:1-4; 출19:8) 이 선민의식이 신앙이 되었고, 그들의 세계관이 되었다.

3) 계약 공동체로서의 이스라엘 백성

이스라엘 백성의 선민 신앙은 하나님과의 계약 사상과 함께 이스라엘 백성의 의식을 지배하게 된다.

계약은 동등한 양자가 어떤 목적을 달성하기 위하여 함께 동의하는 약속의 행위다. 그러나 이스라엘 백성과 하나님의 계약은 하나님이 일방적으로 이스라엘 백성을 선택하시고 일방적으로 이스라엘 백성에게 명하시고 약속하신 특수 계약이었다. 하나님은 아브라함을 택하시고 이렇게 명하시고 약속하심으로 계약을 맺으신다.

"여호와께서 아브람에게 이르시되 너는 너의 고향과 친척과 아버지의 집을 떠나 내가 네게 보여 줄 땅으로 가라 내가 너로 큰 민족을 이루고 네게 복을 주어 네 이름을 창대하게 하리니 너는 복이 될지라 너를 축복하는 자에게는 내가 복을 내리고 너를 저주하는 자에게는 내가 저주하리니 땅의 모든 족속이 너로 말미암아 복을 얻을 것이라 하신지라 이에 아브람이 여호와의 말씀을 따라갔고 롯도 그와 함께 갔으며 아브람이 하란을 떠날 때에 칠십오 세였더라"(창 12:1-4).

"이후에 여호와의 말씀이 환상 중에 아브람에게 임하여 이르시되 아브람아 두려워하지 말라 나는 네 방패요 너의 지극히 큰 상급이니라 아브람이 이르되 주 여호와여 무엇을 내게 주시려 하나이까 나는 자식이 없사오니 나의 상속자는 이 다메섹 사람 엘리에셀이니이다 아브람이 또 이르되 주께서 내게 씨를 주지 아니하셨으니 내 집에서 길린 자가 내 상속자가 될 것이니이다 여호와의 말씀이 그에게 임하여 이르시되 그 사람이 네 상속자가 아니라 네 몸에서 날 자가 네 상속자가 되리라 하시고 그를 이끌고 밖으로 나가 이르시되 하늘을 우러러 뭇별을 셀 수 있나 보라 또 그에게 이르시되 네 자손이 이와 같으리라 아브람이 여호와를 믿으니 여호와께서 이를 그의 의로 여기시고 또 그에게 이르시되 나는 이 땅을 네게 주어 소유를 삼게 하려고 너를 갈대아인의 우르에서 이끌어 낸 여호와니라"(창 15:1-7).

이 언약의 주체는 하나님이다. 아브라함에게는 순종과 믿음만이 요구되었다.

하나님의 말씀 출애굽기 20장부터 23장까지에는 하나님이 모세를 통하여 이스라엘 백성에게 주신 명령과 약속, 곧 계약이 담겨 있다. 그리고 24장에서 이런 하나님의 계약을 이스라엘 백성이 기쁨으로 순종할 것을 약속한다.

"모세가 와서 여호와의 모든 말씀과 그의 모든 율례를 백성에게 전하매 그들이 한 소리로 응답하여 이르되 여호와께서 말씀하신 모든 것을 우리가 준행하리이다 모세가 여호와의 모든 말씀을 기록하고 이른 아침에 일어나 산 아래에 제단을 쌓고 이스라엘 열두 지파대로 열두 기둥을 세우고 이스라엘 자손의 청년들을 보내어 여호와께 소로 번제와 화목제를 드리게 하고 모세가 피를 가지고 반은 여러 양푼에 담고 반은 제단에 뿌리고 언약서를 가져다가 백성에게 낭독하여 듣게 하니 그들이 이르되 여호와의 모든 말씀을 우리가 준행하리이다 모세가 그 피를 가지고 백성에게 뿌리며 이르되 이는 여호와께서 이 모든 말씀에 대하여 너희와 세우신 언약의 피니라"(출 24:3-8).

시내산의 계약도 하나님이 일방적으로 이스라엘 백성에게 명하시고 약속하신 것이다. 이 계약대로 이스라엘 백성들이 하나님의 명령에 순종하면 하나님이 그들에게 약속하신 축복을 받는 것이었다. 그래서 이 언약(계약)은 변경 불가능하고, 수정 불가능하며 오직 순종만이 요구되었다.

이스라엘 백성은 이 계약 아래 민족과 국가와 문화와 역사를 이어왔다. 이 계약과 이스라엘 백성의 역사를 살펴보면 아래와 같은 결론에 이른다.

1) 계약의 주역은 하나님이요, 이스라엘 백성은 피동자로 순종해야 했다.

2) 이 계약을 통해 하나님은 이스라엘 백성을 특별하게 사랑하고 계심을 보여주고 있고, 이스라엘 백성은 특별한 은총을 받았음을 알 수 있다.

3) 이 계약 속에는 이스라엘 백성이 지켜야 할 의무와 계약을 수행할 때의 축복과 계약을 어겼을 때의 징벌이 다 함께 있으며, 이스라엘 백성은 이 계약대로 순종할 때 복을 받았고 불순종할 때 징벌받았다. 이스라엘 역사는 이 계약이 어떻게 이뤄졌는가다.

4) 이스라엘 백성과 맺으신 계약은 하나님이 그 택한 이스라엘 백성을 통해 구원하시려는 구속사적인 모형으로 오늘 이 땅의 교회가 가진 사명과 같은 것이다.

결국 이스라엘 백성의 역사가 하나님과의 계약 아래 있었던 것은 오늘의 교회가 그리스도 안에서 맺은 은총의 계약, 곧 믿음의 계약 아래 있는 것과 같은 것이다. 오늘 성도는 믿음으로 구원받는 순간 하나님의 말씀대로 살아야 할 계약 아래 있게 된 것이다.

2. 신약성서의 교회관

사람의 눈으로 볼 수 없는 형태로 존재하신 야웨 하나님이 인류 구원의 섭리를 따라 예수 그리스도를 역사와 시간과 공간 안에 현존하게 하셨다. 이것이 성육신 사건이다. 이 사건은 영원이 시간 안에 들어온 것이며 절대자가 상대자의 자리에까지 내려온 것이다.[5] 그리고 그리스도는 이 땅에서 구속을 다 이루시고 다시 영원의 세계로 승천하셨지만, 그의 몸으로서 교회를 남겨두셨다. 그래서 교회는 그리스도가 계시지 않는 지상에서 그리스도의 몸이요 그리스도의 일을 감당하게 된다.

1) 에클레시아와 시나고게

3세기 70인 역에서 히브리어를 헬라어로 번역할 때 모세오경에서는 '카할'(קָהָל)과 '에다'(עֵדָה)를 다 같이 '시나고게'(συναγωγή)라는 말로 번역했고, 이후부터는 '에다'는 '시나고게'로, '카할'은 '에클레시아'(ἐκκλησία)라는 말

---

5) 요 1:14; 빌 2:28

로 번역하였다.

'에클레시아'는 하나님의 택한 백성을 뜻하는 말로, '에다'는 점점 하나님의 택한 백성이 모이는 장소를 뜻하는 말로 쓰이게 되었다.

'에클레시아'라는 말은 바울서신에 여러 번 나오지만(고전 1:2, 4:17, 6:4-; 롬 16:1, 4…) 복음서에서는 마태복음에만 세 번(마 16:18, 18:17에 두 번) 나온다. 그런데 마태복음 16장에서는 예수님이 베드로의 신앙 고백을 듣고 '이 반석 위에 내 교회'를 세우겠다고 말씀했을 때 이 교회라는 말이 '에클레시아'다. 그러나 예수님은 당시 헬라어를 사용하지 않았고 아람어를 쓰셨다. 그렇다면 예수님이 교회라 쓰신 아람어는 '케뉴스타'라는 말이었을 것이고 이 말의 뜻은 '불러낸 무리, 이스라엘의 무리'로 '(예수님이) 불러낸 공동체'를 뜻하며 이 말이 곧 '에클레시아'인 것이다.[6]

복음서 외에서 에클레시아라는 말은 사도행전 5장 11절에 처음 나타나고 이 말은 오순절 후 베드로의 설교를 듣고 회개하고 주 예수의 이름으로 세례를 받고 제자가 된 무리를 가리키는 말이다.

교회(에클레시아)의 개념은 바울서신에서 신학적인 의미를 갖기 시작한다. 바울은 에베소서와 골로새서에서 교회를 '그리스도의 몸'(골 1:18, 24; 엡 1:22, 5:23)으로 표현한다. 여기서 교회를 그리스도의 몸으로 표현한 것은 아주 중요한 뜻을 가진 것으로, 교회는 지금 이 땅에 살아 있는 그리스도 자신이라는 것이다. 에베소서 5장에서 교회는 그리스도의 사랑의 대상이요, 그리스도는 교회를 위하여 자기 자신을 주셨다고 표현한다(엡 5:25). 그리고 에베소서에는 교회가 세례와 말씀으로 거룩하게 된다고 말한다(엡 5:26-27).

여기서 교회가 거룩한 것은 성도들이 종교적으로나 도덕적으로 거룩해서가 아니라 그들이 말씀과 성령을 통해 그리스도의 몸으로서의 교회를 이루었기 때문이다.

하나님의 말씀 고린도전서에서는 교회를 '하나님의 교회'라 부른다.

---

6) 이종성, 교회론 I, 대한기독교출판사. p. 39.

"하나님의 뜻을 따라 그리스도 예수의 사도로 부르심을 받은 바울과 형제 소스데네는 고린도에 있는 하나님의 교회 곧 그리스도 예수 안에서 거룩하여지고 성도라 부르심을 받은 자들과 또 각처에서 우리의 주 곧 그들과 우리의 주 되신 예수 그리스도의 이름을 부르는 모든 자들에게 하나님 우리 아버지와 주 예수 그리스도로부터 은혜와 평강이 있기를 원하노라"(고전 1:1-3).

교회는 그 교회가 어디 있든지 한 주님, 한 성령, 한 세례를 받은 한 '하나님의 교회'인 것이다. 성도는 그리스도의 이름으로 세례를 받은 때 이미 그리스도의 죽음과 부활에 연합된 그리스도의 소유가 된다.

"무릇 그리스도 예수와 합하여 세례를 받은 우리는 그의 죽으심과 합하여 세례를 받은 줄을 알지 못하느냐 그러므로 우리가 그의 죽으심과 합하여 세례를 받음으로 그와 함께 장사되었나니 이는 아버지의 영광으로 말미암아 그리스도를 죽은 자 가운데서 살리심과 같이 우리로 또한 새 생명 가운데서 행하게 하려 함이라 만일 우리가 그의 죽으심과 같은 모양으로 연합한 자가 되었으면 또한 그의 부활과 같은 모양으로 연합한 자도 되리라 우리가 알거니와 우리의 옛 사람이 예수와 함께 십자가에 못 박힌 것은 죄의 몸이 죽어 다시는 우리가 죄에게 종 노릇 하지 아니하려 함이니 이는 죽은 자가 죄에서 벗어나 의롭다 하심을 얻었음이라 만일 우리가 그리스도와 함께 죽었으면 또한 그와 함께 살 줄을 믿노니 이는 그리스도께서 죽은 자 가운데서 살아나셨으매 다시 죽지 아니하시고 사망이 다시 그를 주장하지 못할 줄을 앎이로라 그가 죽으심은 죄에 대하여 단번에 죽으심이요 그가 살아 계심은 하나님께 대하여 살아 계심이니 이와 같이 너희도 너희 자신을 죄에 대하여는 죽은 자요 그리스도 예수 안에서 하나님께 대하여는 살아 있는 자로 여길지어다"(롬 6:3-11).

교회는 지역과 인종과 교파를 초월하여 모두 한 성령 안에서 하나님의 교회인 것이다.

2) 초대교회

초대교회는 사도들을 중심으로 이루어졌다. 사도들은 예수 그리스도가 살아 있을 때부터 그리스도와 친분 관계를 가지고 있었으며, 예수님의 부활을 목격했고, 예수 그리스도로부터 직접 세상에 나가서 증인이 되도록 보냄을 받은 사람들이었다. 이러한 자격 규정에 바울과 야고보는 미치지 못했지만, 야고보는 예수님의 형제로 누구보다 예수 그리스도에 대해 잘 알고 있었기 때문에 사도와 같이 초대 예루살렘 교회의 지도자가 되었으며(행 15:13, 21:18; 고전 15:17; 갈 1:19) 바울은 다메섹 도상에서 부활하신 그리스도를 직접 만나 사도가 되었다.

3) 초대교회의 특성

첫째, 말씀을 선포하며 전도하는 교회였다.

"사도들은 그 이름을 위하여 능욕 받는 일에 합당한 자로 여기심을 기뻐하면서 공회 앞을 떠나니라 그들이 날마다 성전에 있든지 집에 있든지 예수는 그리스도라 가르치기와 전도하기를 그치지 아니하니라"(행 5:41-42).

이런 전도를 통하여 교회는 날마다 믿는 자의 수가 더해졌다(행 9:31).

둘째, 성례를 귀히 여기고 힘쓰는 교회였다.

"베드로가 이르되 너희가 회개하여 각각 예수 그리스도의 이름으로 세례를 받고 죄 사함을 받으라 그리하면 성령의 선물을 받으리니 이 약속은 너희와 너희 자녀와 모든 먼 데 사람 곧 주 우리 하나님이 얼마든지 부르시는 자들에게 하신 것이라 하고 또 여러 말로 확증하며 권하여 이르되 너희가 이 패역한 세대에서 구원을 받으라 하니 그 말을 받은 사람들은 세례를 받으매 이 날에 신도의 수가 삼천이나 더하더라 그들이 사도의 가르침을 받아 서로 교제하고 떡을 떼며 오로지 기도하기를 힘쓰니라"(행 2:38-42).

이스라엘 백성은 할례로 하나님의 백성 된 표시를 몸에 지니고 다녔다. 이런 백성들이 그리스도를 영접하고 그리스도인이 될 때 세례를 받는 것은 할례 대신에 하나님과의 새 언약을 맺고 그리스도에게 접붙임을 받는 표로 그들에게 대단히 중요한 것이었다.

그들은 모일 때마다 성찬을 나누었으며, 그들의 성찬은 공동식사를 주님의 이름으로, 주님의 이름으로 살과 피를 기념하는 식사였다.

셋째, 유무상통하는 교회였다.

"사람마다 두려워하는데 사도들로 말미암아 기사와 표적이 많이 나타나니 믿는 사람이 다 함께 있어 모든 물건을 서로 통용하고 또 재산과 소유를 팔아 각 사람의 필요를 따라 나눠 주며"(행 2:43-45).
"믿는 무리가 한마음과 한뜻이 되어 모든 물건을 서로 통용하고 자기 재물을 조금이라도 자기 것이라 하는 이가 하나도 없더라 사도들이 큰 권능으로 주 예수의 부활을 증거하니 무리가 큰 은혜를 받아 그중에 가난한 사람이 없으니 이는 밭과 집 있는 자는 팔아 그 판 것의 값을 가져다가 사도들의 발 앞에 두매 그들이 각 사람의 필요를 따라 나누어줌이라"(행 4:32-35).

이 당시 그들은 그리스도가 곧 재림하실 것이라는 믿음을 가지고 있었고, 그래서 그들은 물질을 아낌없이 교회에 바칠 수 있었다.

넷째, 분당의 문제도 있었다.

초대교회는 오순절 이후, 주님의 승천 이후, 예루살렘에서 계속 매일 모이게 될 때 사도들이 그들의 공궤를 일삼게 되었고 이런 중에 사도들이 나눠주는 구제에 대한 헬라파 성도들의 불만으로 히브리파, 헬라파 간의 분당 문제가 발생했다.

"그때에 제자가 더 많아졌는데 헬라파 유대인들이 자기의 과부들이 매일의 구제에 빠지므로 히브리파 사람을 원망하니 열두 사도가 모든 제자를 불러 이르되 우리가 하나님의 말씀을 제쳐 놓고 접대를 일삼는 것이 마땅하지 아니하니 형제들아 너희 가운데서 성령과 지혜가 충만하여 칭찬 받는 사람 일곱을 택하라 우리가 이 일을 그들에게 맡기고 우리는 오로지 기도하는 일과 말씀 사역에 힘쓰리라 하니 온 무리가 이 말을 기뻐하여 믿음과 성령이 충만한 사람 스데반과 또 빌립과 브로고로와 니가노르와 디몬과 바메나와 유대교에 입교했던 안디옥 사람 니골라를 택하여 사도들 앞에 세우니 사도들이 기도하고 그들에게 안수하니라"(행 6:1-6).

사도들이 목회하고 성령이 뜨겁게 역사하는 교회에도 인간이 모인 교회에는 원망과 분쟁이 있었다.

다섯째, 조직을 갖게 된 교회였다.

초대 예루살렘교회의 분당과 원망의 사건을 통해 사도들은 사도들이 감당해야 할 본래적인 사명, 곧 말씀 전하는 것과 기도하는 일에 전념하게 되고 성도를 공궤하는 봉사의 직분으로 일곱 집사를 세우게 된다(행 6:1-6).

그리하여 사도들은 영적 직분을 맡게 되고, 집사들은 봉사의 직분을 갖게 되는 조직을 갖게 된다. 초대 예루살렘교회가 세운 이 7직분이 집사직이었는가 하는 질문을 제기하는 사람도 있지만, 사도행전 21장 8절에 "이튿날 떠나 가이사랴에 이르러 일곱 집사 중 하나인 전도자 빌립의 집에 들어가서 머무르니라" 한 구절이 이 일곱 직분이 집사직이었다는 것을 증명해 준다.

4) 그리스도의 몸

예수님은 성도와 그리스도의 관계를 포도나무와 그 줄기로 표현하신다(요 15장). 그런데 바울서신과 다른 신약성서에서는 교회를 '그리스도의 몸'이라고 표현한다.

"몸은 하나인데 많은 지체가 있고 몸의 지체가 많으나 한 몸임과 같이 그리스도도 그러하니라 우리가 유대인이나 헬라인이나 종이나 자유인이나 다 한 성령으로 세례를 받아 한 몸이 되었고 또 다 한 성령을 마시게 하셨느니라 몸은 한 지체뿐만 아니요 여럿이니 만일 발이 이르되 나는 손이 아니니 몸에 붙지 아니하였다 할지라도 이로써 몸에 붙지 아니한 것이 아니요 또 귀가 이르되 나는 눈이 아니니 몸에 붙지 아니하였다 할지라도 이로써 몸에 붙지 아니한 것이 아니니 만일 온 몸이 눈이면 듣는 곳은 어디며 온 몸이 듣는 곳이면 냄새 맡는 곳은 어디냐 그러나 이제 하나님이 그 원하시는 대로 지체를 각각 몸에 두셨으니 만일 다 한 지체뿐이면 몸은 어디냐 이제 지체는 많으나 몸은 하나라 눈이 손더러 내가 너를 쓸 데가 없다 하거나 또한 머리가 발더러 내가 너를 쓸 데가 없다 하지 못하리라 그뿐 아니라 더 약하게 보이는 몸의 지체가 도리어 요긴하고 우리가 몸의 덜 귀히 여기는 그것들을 더욱 귀한 것들로 입혀 주며 우리의 아름답지 못한 지체는 더욱 아름다운 것을 얻느니라 그런즉 우리의 아름다운 지체는 그럴 필요가 없느니라 오직 하나님이 몸을 고르게 하여 부족한 지체에게 귀중함을 더하사 몸 가운데서 분쟁이 없고 오직 여러 지체가 서로 같이 돌보게 하셨느니라 만일 한 지체가 고통을 받으면 모든 지체가 함께 고통을 받고 한 지체가 영광을 얻으면 모든 지체가 함께 즐거워하느니라 너희는 그리스도의 몸이요 지체의 각 부분이라"(고전 12:12-27).

"우리가 한 몸에 많은 지체를 가졌으나 모든 지체가 같은 기능을 가진 것이 아니니 이와 같이 우리 많은 사람이 그리스도 안에서 한 몸이 되어 서로 지체가 되었느니라"(롬 12:4-5).

"그는 몸인 교회의 머리시라 그가 근본이시요 죽은 자들 가운데서 먼저 나신 이시니 이는 친히 만물의 으뜸이 되려 하심이요 아버지께서는 모든 충만으로 예수 안에 거하게 하시고 그의 십자가의 피로 화평을 이루사 만물 곧 땅에 있는 것들이나 하늘에 있는 것들이 그로 말미암아 자기와 화목하게 되기를 기뻐하심이라 전에 악한 행실로 멀리 떠나 마음으로 원수가 되었던 너희를 이제는 그의 육체의 죽음으로 말미암아 화목하게 하사 너희를 거룩하고 흠 없고 책망할 것이 없는 자로 그 앞에 세우고자 하셨으니 만일 너희가 믿음에 거하고 터 위에 굳게 서서 너희 들은 바 복음의 소망에서 흔들리지 아니하면 그리하리라 이 복음은 천하 만민에게 전파된 바요 나 바울은 이 복음의 일꾼이 되었노라"(골 1:18-23).

이 모든 말씀에서 교회를 '그리스도의 몸'이라고 말한다. 그리스도는 이 몸의 머리요 성도는 이 몸에 붙어 있는 지체이다. 바울서신에 의하면, 이런 몸의 사상은 생물학적인 것으로 표현된다.

"머리를 붙들지 아니하는지라 온 몸이 머리로 말미암아 마디와 힘줄로 공급함을 받고 연합하여 하나님이 자라게 하시므로 자라느니라"(골 2:19).
"또 만물을 그 발아래에 복종하게 하시고 그를 만물 위에 교회의 머리로 삼으셨느니라 교회는 그의 몸이니 만물 안에서 만물을 충만하게 하시는 이의 충만함이라"(엡 1:22-23).
"그에게서 온 몸이 각 마디를 통하여 도움을 받음으로 연결하고 결합되어 각 지체의 분량대로 역사하여 그 몸을 자라게 하며 사랑 안에서 스스로 세우느니라"(엡 4:16).

교회는 그리스도와 한 몸으로 피가 통하는 생명체라는 것이다. 다시 이런 사상은 에베소서 5장에 가서는 그리스도와 교회가 남편과 아내의 관계로, 자신의 전부를 주어 아내를 사랑하는 남편과 남편 앞에 순복하는 아내의 관계로 설명된다.

"아내들이여 자기 남편에게 복종하기를 주께 하듯 하라 이는 남편이 아내의 머리 됨이 그리스도께서 교회의 머리 됨과 같음이니 그가 바로 몸의 구주시니라 그러므로 교회가 그리스도에게 하듯 아내들도 범사에 자기 남편에게 복종할지니라 남편들아 아내 사랑하기를 그리스도께서 교회를 사랑하시고 그 교회를 위하여 자신을 주심같이 하라 이는 곧 물로 씻어 말씀으로 깨끗하게 하사 거룩하게 하시고 자기 앞에 영광스러운 교회로 세우사 티나 주름 잡힌 것이나 이런 것들이 없이 거룩하고 흠이 없게 하려 하심이라 이와 같이 남편들도 자기 아내 사랑하기를 자기 자신과 같이 할지니 자기 아내를 사랑하는 자는 자기를 사랑하는 것이라 누구든지 언제나 자기 육체를 미워하지 않고 오직 양육하여 보호하기를 그리스도께서 교회에게 함과 같이 하나니 우리는 그 몸의 지체임이라"(엡 5:22-30).

5) 교회와 자신을 동일시하시는 주님
하나님의 말씀 사도행전 9장 1절 이하에 아주 중요한 교훈이 담긴 말씀이 있다.

"사울이 주의 제자들에 대하여 여전히 위협과 살기가 등등하여 대제사장에게 가서 다메섹 여러 회당에 가져갈 공문을 청하니 이는 만일 그 도를 따르는 사람을 만나면 남녀를 막론하고 결박하여 예루살렘으로 잡아오려 함이라 사울이 길을 가다가 다메섹에 가까이 이르더니 홀연히 하늘로부터 빛이 그를 둘러 비추는지라 땅에 엎드러져 들으매 소리가 있어 이르시되 사울아 사울아 네가 어찌하여 나를 박해하느냐 하시거늘 대답하되 주여 누구시니이까 이르시되 나는 네가 박해하는 예수라 너는 일어나 시내로 들어가라 네가 행할 것을 네게 이를 자가 있느니라 하시니 같이 가던 사람들은 소리만 듣고 아무도 보지 못하여 말을 못하고 서 있더라 사울이 땅에서 일어나 눈은 떴으나 아무 것도 보지 못하고 사람의 손에 끌려 다메섹으로 들어가서 사흘 동안 보지 못하고 먹지도 마시지도 아니하니라"(행 9:1-9).

이 말씀에서 사울이 핍박한 것은 예루살렘교회요 예루살렘 성도들인데, 주님은 사울에게 주님을 핍박했다고 말씀하신다. 주님은 예루살렘교회와 주님 자신을 동일시하신다. 교회가 곧 주님의 몸이기 때문이다. 그래서 교회를 사랑하는 것이 주님을 사랑하는 것이요, 교인을 사랑하는 것이 주님을 사랑하는 것이다. 교회에 충성하는 것이 곧 주님께 충성하는 것이다. 교회를 어지럽게 하고 교회를 가르는 것은 주님의 몸을 가르는 죄인 것이다. 성도는 교회를 통하여, 예배, 교육, 전도, 봉사를 통하여 주님을 만나고 주님께 봉사하고 주님의 말씀을 배우며 주님의 말씀을 전하며 살아야 한다.

6) 공동체
⑴ 성령 안의 공동체
교회는 처음부터 성령의 역사로 시작된다. 교회는 오순절 성령 강림사건과 성령으로 변화된 사도들의 증거를 통해 교회가 탄생한다.

"그들이 이 말을 듣고 마음에 찔려 베드로와 다른 사도들에게 물어 이르되 형제들아 우리가 어찌할꼬 하거늘 베드로가 이르되 너희가 회개하여 각각 예수 그리스도의 이름으로 세례를 받고 죄 사함을 받으라 그리하면 성령의 선물을 받으리니 이 약속은 너희와 너희 자녀와 모든 먼데 사람 곧 주 우리 하나님이 얼마든지 부르시는 자들에게 하신 것이라 하고 또 여러 말로 확증하며 권하여 이르되 너희가 이 패역한 세대에서 구원을 받으라 하니 그 말을 받은 사람들은 세례를 받으매 이 날에 신도의 수가 삼천이나 더하더라"(행 2:37-41).

이스라엘 백성들이 회개하고, 성령을 받고, 제자가 되었을 때, 이 제자의 무리가 곧 교회였고 이들은 다 한 성령 안에서 교회를 이루었다. 그래서 신학자 풀류는 "성령이 교회 안에 있어서 창조적 원천이다"[7]라고 말한다. 믿음은 성령의 역사로 개인에게 주어지며[8]그래서 성령의 역사 없이 누구도 예수를 주로 시인할 수 없다.[9]

> "그리하여 온 유대와 갈릴리와 사마리아 교회가 평안하여 든든히 서 가고 주를 경외함과 성령의 위로로 진행하여 수가 더 많아지니라"(행 9:31).

교회 성장의 원동력은 성령의 역사이다. 오순절 이후 계속되어지는 교회의 이야기는 성령의 사건이다. 교회는 성령의 공동체이다.

(2) 말씀의 공동체

성령과 말씀은 늘 함께 역사한다(행 10:23-48). 사도행전 10장에서 고넬료의 가정에서 베드로는 말씀을 선포했고, 이 말을 할 때, 이 말을 들을 때 고넬료의 가정에 새 오순절의 사건이 발생한다. 성령님은 이 땅에서 주님이 해주신 말씀을 생각나게 해주시고 가르쳐주신다(요 14:25, 26).

> "빌기를 다하매 모인 곳이 진동하더니 무리가 다 성령이 충만하여 담대히 하나님의 말씀을 전하니라"(행 4:31).
> "그들이 사도의 가르침을 받아 서로 교제하며 떡을 떼며 오로지 기도하기를 힘쓰니라"(행 2:42).

교회는 말씀이 가르쳐지고 말씀으로 내 인생의 길을 함께 걸어가는 말씀의 공동체이다.

---

7) 이종성, 교회론I, 대한기독교출판사, p. 60에서 인용.
8) 마 16:16-17
9) 고전 12:3

⑶ 거룩한 교제, 사랑의 공동체
원시 예루살렘교회는 유무상통하는 사랑의 공동체였다.

"사람마다 두려워하는데 사도들로 인하여 기사와 표적이 많이 나타나니 믿는 사람이 다 함께 있어 모든 물건을 서로 통용하고 또 재산과 소유를 팔아 각 사람의 필요를 따라 나눠 주며"(행 2:43-45).
"믿는 무리가 한마음과 한뜻이 되어 모든 물건을 서로 통용하고 자기 재물을 조금이라도 자기 것이라 하는 이가 하나도 없더라 사도들이 큰 권능으로 주 예수의 부활을 증언하니 무리가 큰 은혜를 받아 그 중에 가난한 사람이 없으니 이는 밭과 집 있는 자는 팔아 그 판 것의 값을 가져다가 사도들의 발 앞에 두매 그들이 각 사람의 필요를 따라 나누어 줌이라"(행 4:32-35).

그런데 이런 사랑은 세상에서 사람을 불러 거룩을 주심으로 사람이 성도가 되게 하신 거룩성이 그 기초가 된다.

"하나님의 뜻을 따라 그리스도 예수의 사도로 부르심을 입은 바울과 형제 소스데네는 고린도에 있는 하나님의 교회 곧 그리스도 예수 안에서 거룩하여지고 성도라 부르심을 입은 자들과 또 각처에서 우리의 주 곧 저희와 우리의 주 되신 예수 그리스도의 이름을 부르는 모든 자들에게"(고전 1:1-2).
"하나님이 우리를 부르심은 부정하게 하심이 아니요 거룩하게 하심이니 그러므로 저버리는 자는 사람을 저버림이 아니요 너희에게 그의 성령을 주신 하나님을 저버림이니라"(살전 4:7).
"남편들아 아내 사랑하기를 그리스도께서 교회를 사랑하시고 위하여 자신을 주심같이 하라 이는 곧 물로 씻어 말씀으로 깨끗하게 하사 거룩하게 하시고 자기 앞에 영광스러운 교회로 세우사 티나 주름잡힌 것이나 이런 것들이 없이 거룩하고 흠이 없게 하려 하심이라"(엡 5:25-27).

성도는 부르심을 받고 구원받을 때부터 거룩을 입는 것이다. 성도의 교제는 거룩한 사랑의 교제이다. 교회는 거룩한 사랑의 공동체이다. 여기의 사랑은 용서와 인내, 남을 나보다 낮게 여기는 마음, 아내와 남편의 사랑과 같은 사랑이다(고전 13장; 엡 5장; 빌 2:3).

신약 성경에서는 교제가 강조된다. 교제에 해당하는 말은 '코이노니아' (κοινωνία)로 이 말에서 '쉰코이노노스'(συγκοινωνός), '코이노네오'(κοινωνέω), '쉰코이노네오'(συγκοινωνέω), '코이노니코스'(κοινωνικός) 등 다수의 파생어가 사용된다.

코이노니아는 신학적 의미로 '은사를 다른 성도들과 나누어 가진다'는 뜻이다.[10]

그리스도인들이 갖는 교제는 수직적으로 하나님과의 교제와 수평적으로 성도 간의 교제가 있다. 이와 같은 성도 간의 교제를 말하는 말이, '같이', '함께'를 뜻하는 접두사 '쉰'(σύν)이라는 말이 '코이노니아'라는 말과 같이 사용된다. 초대교회는 사람들이 넘을 수 없는 인간 간의 장벽, 헬라인과 유대인, 종과 상전, 여자와 남자가 다 그리스도 안에서 하나로 교제하였다.

"너희가 다 믿음으로 말미암아 그리스도 예수 안에서 하나님의 아들이 되었으니 누구든지 그리스도와 합하기 위하여 세례를 받은 자는 그리스도로 옷 입었느니라 너희는 유대인이나 헬라인이나 종이나 자유인이나 남자나 여자나 다 그리스도 예수 안에서 하나이니라 너희가 그리스도의 것이면 곧 아브라함의 자손이요 약속대로 유업을 이을 자니라" (갈 3:26-29).

성도는 거룩한 사랑으로 교제하는 교회요 교회는 거룩한 사랑의 공동체이다.

---

10) 빌 1:7; 고전 9:23, 10:10, 16; 고후 13:14(13절까지 있음; 벧후 1:4; 히 3:14)

(4) 증인으로서의 공동체

교회는 성도들로 성도는 부르심을 받을 때 증인으로서 부름을 받은 것이다. 복음서에서 하나님은 이렇게 말씀한다.

"예수께서 또 이르시되 너희에게 평강이 있을지어다 아버지께서 나를 보내신 것같이 나도 너희를 보내노라"(요 20:21).

"예수께서 나아와 말씀하여 이르시되 하늘과 땅의 모든 권세를 내게 주셨으니 그러므로 너희는 가서 모든 민족을 제자로 삼아 아버지와 아들과 성령의 이름으로 세례를 베풀고 내가 너희에게 분부한 모든 것을 가르쳐 지키게 하라 볼지어다 내가 세상 끝날까지 너희와 항상 함께 있으리라 하시니라"(마 28:18-20).

"또 이르시되 너희는 온 천하에 다니며 만민에게 복음을 전파하라 믿고 세례를 받는 사람은 구원을 얻을 것이요 믿지 않는 사람은 정죄를 받으리라"(막 16:15-16).

사도행전에서 주님은 승천하시면서 이렇게 말씀한다.

"오직 성령이 너희에게 임하시면 너희가 권능을 받고 예루살렘과 온 유대와 사마리아와 땅끝까지 이르러 내 증인이 되리라 하시니라"(행 1:8).

성도는 성도가 되는 순간 나를 구원해주신 예수 그리스도를 만민에게 증거할 사명을 받는 것이다. 교회는 그리스도의 증인들의 모임으로 교회는 증인의 공동체이다.

초대 예루살렘교회는 핍박으로 무너진 것이 아니고 핍박으로 땅끝까지 이르러 증인의 사명을 감당하게 된다.

(5) 종말론적 공동체

종말이라는 말은 '에스카톤'(ἔσχατον)으로 '마지막 때에 관한 이야기'라는 뜻의 말이다. 그런데 기독교에서는 예수님의 부활 사건이 종말에 일어나야 할 것인데 그것이, 곧 오늘 우리에게는 과거에 일어난 것이지만, 종말을 단순하게 미래적인 사건만으로 이해할 수 없게 되었다. 그래서 신학에서 이 사건을 "선취된 미래의 사건", "현재와 미래가 동시에 일어난 사건", "카이로스적(종말론적) 사건"이라 말한다. 그래서 종말론적인 삶이란 절망적인 삶을 뜻하지 않고, 오히려 그 반대로 "종말, 미래에 대한 희망적인 삶"을 뜻한다. 부활을 믿는 기독교인의 삶은 미래에 대한 희망을 갖는 동시에 미래를 현재의 삶에서 경험하는 삶, 곧 미래에 있을 나의 부활, 종말 때문에 오늘 내가 나를 말씀으로 죽이면서, 말씀 안에 오늘도 부활을 체험하면서 살게 된다. 결국 종말론적인 삶이란 종말을 오늘 경험하면서 사는 삶으로 이 삶은 바울처럼 '매일 내가 죽고 다시 사는 성도의 삶'인 것이다. 원시 교회의 성도들, 예루살렘교회의 성도들은 종말에 일어나야 할 부활을 오늘 일어난 그리스도의 부활로, 종말을 현재에 경험하게 된 성도들이었다. 그래서 그들은 하루하루의 삶이 부활을 믿는, 그래서 오늘 내가 죽어도 좋은 종말론적인 삶을 살았다. 우리는 구원받았고 또 받고 있다.

"그가 우리를 흑암의 권세에서 건져내사 그의 사랑의 아들의 나라로 옮기셨으니 그 아들 안에서 우리가 속량 곧 죄 사함을 얻었도다"(골 1:13-14), (받은 구원)

"그뿐 아니라 또한 우리 곧 성령의 처음 익은 열매를 받은 우리까지도 속으로 탄식하여 양자 될 것 곧 우리 몸의 속량을 기다리느니라"(롬 8:23), (받을 구원)

"참으로 이 장막에 있는 우리가 짐진 것 같이 탄식하는 것은 벗고자 함이 아니요 오히려 덧입고자 함이니 죽을 것이 생명에 삼킨 바 되게 하려 함이라 곧 이것을 우리에게 이루게 하시고 보증으로 성령을 우리에게 주신 이는 하나님이시니라 그러므로 우리가 항상 담대하여 몸으로 있을 때에는 주와 따로 있는 줄을 아노니 이는 우리가 믿음으로 행하고 보는 것으로 행하지 아니함이로라 우리가 담대하여 원하는 바는 차라리 몸을 떠나 주와 함께 있는 그것이라 그런즉 우리는 몸으로 있든지 떠나든지 주를 기쁘시게 하는 자가 되기를 힘쓰노라 이는 우리가 다 반드시 그리스도의 심판대 앞에 나타나게 되어 각각 선악간에 그 몸으로 행한 것을 따라 받으려 함이라"(고후 5:4-10). (받는 구원-종말론적인 삶)

교회는 종말론적인 삶의 공동체이다.

교회는 불러냄을 받은 무리, 곧 '에클레시아'(ἐκκλησία)로 공동체인 것이다. 이 공동체는 그리스도를 머리로 한 지체들로 생명의 공동체인 것이다.

내가 그리스도에게 생명으로 붙어 있는 몸, 공동체의 일부분이 된 것은 아주 놀라운 축복이다. 이 몸을 건강하게 세워야 한다. 성도는 각기 이 몸을 건강하게 하는 지체(창조적 소수)가 되어야 한다. 몸을 병들게 하는 암적 지체가 되어서는 안 된다.

3. 교회의 본질-종교개혁자들의 교회관

1) 종교개혁자들의 교회관

종교개혁자들은 가톨릭교회의 외형적 교회관에서 벗어나 교회를 성경이 말한 대로 성도의 거룩한 교제에서 찾고 있다. 그래서 루터는 교회를 "그리스도를 믿어 성화되고 머리 되신 그리스도에게 연합된 무리"[11]로 보며, 칼빈은 교회를 "선택받은 무리"[12]라 본다. 칼빈은 교회의 교회 됨을 말씀 선포와 성례전의 바른 시행에서 찾았다(기독교강요 IV. 1.9).

2) 교회의 표식

교회가 분열되고 이단이 일어남에 따라 교회의 표식을 묻게 되었다. 즉 진정한 교회란 어떤 것인가 하는 질문에 교회는 이런 표식이 있어야 한다고 말한다.

---

11) Ibid., p. 563.
12) Ibid.

학자들에 따라 교회의 표식을 아래와 같이 말한다.

1. 하나님의 말씀이 선포되는 교회가 바른 교회다.

2. 하나님의 말씀이 선포되고 성례전이 바로 집행되는 곳이 교회다(칼빈).

3. 하나님의 말씀이 선포되고 성례전이 집행되며 권징이 신실하게 시행되는 교회가 교회다.

3) 교회의 상징들

(1) 노아의 방주

노아의 방주는 깨끗하고 아름다운 곳이 아니라 많은 동물과 (시)아버지, (시)어머니, 세 아들, 세 동서가 좁은 공간에 함께 거하는 곳이다. 똥 냄새도 나고, 개 짖는 소리도 들리는 곳이다. 그러나 이 방주만이 아라랏 산으로 가는 유일의 구원선이다. 뛰어내리면 바다에 빠져 죽는다. 지상 교회는 노아의 방주같이 문제와 아픔이 있고 똥 냄새도 나지만 교회만이 구원을 선포하고 구원으로 세상을 이끌어가는 유일의 그리스도 몸이다.

(2) 지어져 가는 집

지상 교회는 완성된 집이 아니고 완성을 향해 지어져 가는 집이다.

"너희는 사도들과 선지자들의 터 위에 세우심을 입은 자라 그리스도 예수께서 친히 모퉁잇돌이 되셨느니라 그의 안에서 건물마다 서로 연결하여 주 안에서 성전이 되어가고 너희도 성령 안에서 하나님이 거하실 처소가 되기 위하여 예수 안에서 함께 지어져 가느니라"(엡 2:20-22).

- 교회가 지어져 가고 있는 건물이기 때문에 창문으로 세속주의도 들어오고, 지붕으로 사탄의 권세도 침입한다.
- 교회는 성도들이 함께 성령 안에서 지어져 가는 건물이다. 그래서 건축 중에 한 부분을 잘라 내야 하고 못으로 박아야 하는 아픔이 있을 수 있다.

- 구성원 모두가 다 귀한 부분들이다. 누구도 무시하지 말아야 한다.
- 나 혼자로 교회 건물이 결코 지어지지 않는다. 교인 모두가 다 필요한 존재(부분)들이다.

(3) 가라지가 함께 자라는 밭

"사람들이 잘 때에 그 원수가 와서 곡식 가운데 가라지를 덧뿌리고 갔더니 싹이 나고 결실할 때에 가라지도 보이거늘 집 주인의 종들이 와서 말하되 주여 밭에 좋은 씨를 뿌리지 아니하였나이까 그런데 가라지가 어디서 생겼나이까 주인이 이르되 원수가 이렇게 하였구나 종들이 말하되 그러면 우리가 가서 이것을 뽑기를 원하시나이까 주인이 이르되 가만 두라 가라지를 뽑다가 곡식까지 뽑을까 염려하노라 둘 다 추수 때까지 함께 자라게 두라 추수 때에 내가 추수꾼들에게 말하기를 가라지는 먼저 거두어 불사르게 단으로 묶고 곡식은 모아 내 곳간에 넣으라 하리라"(마 13:25-30).

이 비유는 예수님이 해 주신 천국 비유 중 하나이다. 여기서 가라지가 함께 자라난다는 밭은 현실 교회를 가리킨 비유로 교회에는 원수(사탄)가 뿌린 가라지도 함께 자라난다. 이 가라지는 누구도 마지막 심판 때 천사들이 가려내기까지는 뽑아내지 말아야 한다. 그래서 여기에 지상 교회의 문제가 있다. 성도는 그리스도의 은혜로, 믿음으로 구원받은 알곡이다. 그러나 또 성도는 원수가 그 심령에 할 수 있는 대로 가라지 씨를 뿌리는 대상이기도 하다. 그래서 내가 알곡이면서 내가 가라지일 수 있는 것이다. 그래서 성도는 늘 내 마음속의 가라지를 내가 뽑아야 한다. 다른 성도를 결코 가라지라고 말할 수 없다.

(4) 십자가
예수님이 십자가에서 대속의 제물로 돌아가신 후 교회를 상징하는 대표적인 것이 십자가다. 십자가는 주님이 죽으신 형틀이다. 교회에는 성도 개개인의 뜻과 의지가 죽어지고 주님의 뜻과 주님의 의지가 살아남으로 날마다 십자가의 사건이 재연되어야 한다.

구약에서 제사는 제물이 번제단에서 죽임을 당함으로 시작되었다. 교회에서 성도 개인의 뜻과 의지가 죽어야 성령이 충만하게 되고 교회의 생명이 살아나고 참예배가 이루어진다.

(5) 그리스도의 신부

"일곱 대접을 가지고 마지막 일곱 재앙을 담은 일곱 천사 중 하나가 나아와서 내게 말하여 이르되 이리 오라 내가 신부 곧 어린 양의 아내를 네게 보이리라 하고"(계 21:9).

"또 내가 보매 거룩한 성 새 예루살렘이 하나님께로부터 하늘에서 내려오니 그 준비한 것이 신부가 남편을 위하여 단장한 것 같더라"(계 21:2).

성경에서 성도와 교회를 그리스도의 신부에 비유한다. 신부는 신랑을 맞이하기 위해 빛나고 깨끗한 세마포를 준비해야 한다. 이 빛나고 깨끗한 세마포가 바로 성도들의 옳은 행실이다(계 19:8). 성도의 옳은 행실은 성도가 날마다 회개하며 살아가는 생활이다. 성도가 죄를 자복하고 하나님께 회개하는 일만이 성도의 100% 옳은 행실이다.

깨끗한 세마포는 빨아야 깨끗하게 보존하는 것같이 성도는 날마다 회개해야 빛나고 깨끗한 신부로 단장할 수 있다.

4. 교회의 사명

교회는 그리스도의 몸이다. 교회는 곧 그리스도의 몸이요 그리스도가 이 땅에 몸을 가지고 있었을 때 몸으로 한 일이 곧 오늘 교회의 사명이다. 그리스도는 살아 계실 때,

1. 예배드렸고(말씀 선포, 성례),

2. 제자를 모아 교육했고,

3. 말씀을 전파했고,

4. 사람들과 제자들과 교제하였고 사랑으로 병든 자를 고치며 봉사하였다.

교회의 사명은 예배, 교육, 전도, 봉사인 것이다.

이 사명을 잘 수행하기 위해 교회는 이 네 가지를 늘 훈련해야 한다.

1. 예배훈련—모이고 성경 읽고 찬송하고 기도하는 훈련을 해야 한다.

2. 교육훈련—성도는 가르치거나 배워야 한다. 가르치며 계속 또 배워야 한다.

3. 전도훈련—온 성도가 전도훈련을 받아 전도자가 되어야 한다.

4. 봉사교제 훈련—약하고 병든 자를 위해 기도하며 보살피는 생활, 감사하는 생활, 사랑의 말을 하는 생활, 협력하고 남을 귀하게 여기는 생활을 훈련해야 한다.

훈련은 잘해도 계속해야 하고 싫어도 해야 하며, 늘 해야 한다. 신앙의 훈련은 승리를 가져온다.

"망령되고 허탄한 신화를 버리고 경건에 이르도록 네 자신을 연단하라 육체의 연단은 약간의 유익이 있으나 경건은 범사에 유익하니 금생과 내생에 약속이 있느니라"(딤전 4:7-8).

"그러므로 내가 달음질하기를 향방 없는 것같이 아니하고 싸우기를 허공을 치는 것같이 아니하여 내가 내 몸을 쳐 복종하게 함은 내가 남에게 전파한 후에 자신이 도리어 버림을 당할까 두려워함이로라"(고전 9:26-27).

"또 산에 오르사 자기의 원하는 자들을 부르시니 나아온지라 이에 열 둘을 세우셨으니 이는 자기와 함께 있게 하시고 또 보내사 전도도 하며 귀신을 내쫓는 권능도 가지게 하려 하심이러라"(막 3:13-15).

성도의 훈련은 자기의 훈련이다. 이 훈련을 잘해야 사명을 잘 감당할 수 있다.

1) 성례와 말씀

어거스틴은 성례를 '가시적 말씀'이라고 했다.

루터는 "성찬을 성찬답게 하는 것은 먹고 마시는 데 있는 것이 아니라, 성찬 때 전해지는 말씀이다. 성례에서 중요한 것은 육체적으로 먹고 마시는 것보다, 예수 그리스도의 십자가의 피와 살이 네 죄를 사유했다는 말씀인 것"이라고 말한다.

칼빈은 성례와 말씀에 관하여 기독교 강요에서 이렇게 말한다. "신앙은 하나님의 말씀을 기반으로 세워진다. 그러나 성례가 첨가될 경우 신앙이 기둥 위에 세워진 것처럼 성례 위에 더욱 견고해진다.…성례란 언약들의 증표로서 하나님의 복음의 말씀의 신빙성을 더욱 확실하게 세워주는 역할을 한다. 성례는 어거스틴의 말대로 보이는 말씀이다."[13]

말씀과 성례는 늘 같이 있어야 한다.

2) 성례전과 성령

신앙은 성령에 의해 이루어진다. 성령의 역사 없이 예수를 주로 고백 시인할 수 없다(고전 12:3; 마 16:17). 성례전에 성령님이 역사하셔야 한다. 성령님은 말씀과 함께 그리고 회개하며 성례를 받는 성례를 통해 역사하심으로 성례를 거룩하게 하신다. 예배하는 곳에, 말씀을 증거하는 곳에, 회개하는 곳에 성령님은 늘 함께하신다.

"두세 사람이 내 이름으로 모인 곳에는 나도 그들 중에 있느니라"(마 18:20).
"만유의 주 되신 예수 그리스도로 말미암아 화평의 복음을 전하사 이스라엘 자손들에게 보내신 말씀 곧 요한이 그 세례를 반포한 후에 갈릴리

---

13) Inst., IV, Xiv. 7.

에서 시작하여 온 유대에 두루 전파된 그것을 너희도 알거니와 하나님이 나사렛 예수에게 성령과 능력을 기름 붓듯 하셨으매 그가 두루 다니시며 선한 일을 행하시고 마귀에게 눌린 모든 사람을 고치셨으니 이는 하나님이 함께하셨음이라 우리는 유대인의 땅과 예루살렘에서 그가 행하신 모든 일에 증인이라 그를 그들이 나무에 달아 죽였으나 하나님이 사흘 만에 다시 살리사 나타내시되 모든 백성에게 하신 것이 아니요 오직 미리 택하신 증인 곧 죽은 자 가운데서 부활하신 후 그를 모시고 음식을 먹은 우리에게 하신 것이라 우리에게 명하사 백성에게 전도하되 하나님이 살아 있는 자와 죽은 자의 재판장으로 정하신 자가 곧 이 사람인 것을 증언하게 하셨고 그에 대하여 모든 선지자도 증언하되 그를 믿는 사람들이 다 그의 이름을 힘입어 죄 사함을 받는다 하였느니라 베드로가 이 말을 할 때에 성령이 말씀 듣는 모든 사람에게 내려오시니 베드로와 함께 온 할례 받은 신자들이 이방인들에게도 성령 부어 주심으로 말미암아 놀라니 이는 방언을 말하며 하나님 높임을 들음이러라 이에 베드로가 이르되 이 사람들이 우리와 같이 성령을 받았으니 누가 능히 물로 세례 베풂을 금하리요 하고 명하여 예수 그리스도의 이름으로 세례를 베풀라 하니라 그들이 베드로에게 며칠 더 머물기를 청하니라"(행 10:36-48).

"그런즉 이스라엘 온 집은 확실히 알지니 너희가 십자가에 못 박은 이 예수를 하나님이 주와 그리스도가 되게 하셨느니라 하니라 그들이 이 말을 듣고 마음에 찔려 베드로와 다른 사도들에게 물어 이르되 형제들아 우리가 어찌할꼬 하거늘 베드로가 이르되 너희가 회개하여 각각 예수 그리스도의 이름으로 세례를 받고 죄 사함을 받으라 그리하면 성령의 선물을 받으리니 이 약속은 너희와 너희 자녀와 모든 먼 데 사람 곧 주 우리 하나님이 얼마든지 부르시는 자들에게 하신 것이라 하고 또 여러 말로 확증하며 권하여 이르되 너희가 이 패역한 세대에서 구원을 받으라 하니 그 말을 받은 사람들은 세례를 받으매 이 날에 신도의 수가 삼천이나 더하더라"(행 2:36-41).

성례에 성령님이 함께하심으로 믿음을 굳게 하고 그리스도를 위한 새로운 결단을 하게 한다.

3) 세례

교회 공동체는 세례를 통하여 한 인간의 삶 속에 하나님 통치의 시작을 실증하고 그 통치의 미래를 확인하게 한다. 성부 성자 성령에 의한 세례를 통하여 신자가 되는 확인을 나와 다른 사람과 거룩한 교회 앞에 하게 된다.

"무릇 그리스도 예수와 합하여 세례를 받은 우리는 그의 죽으심과 합하여 세례를 받은 줄을 알지 못하느냐 그러므로 우리가 그의 죽으심과 합하여 세례를 받음으로 그와 함께 장사되었나니 이는 아버지의 영광으로 말미암아 그리스도를 죽은 자 가운데서 살리심과 같이 우리로 또한 새 생명 가운데서 행하게 하려 함이라 만일 우리가 그의 죽으심과 같은 모양으로 연합한 자가 되었으면 또한 그의 부활과 같은 모양으로 연합한 자도 되리라 우리가 알거니와 우리의 옛사람이 예수와 함께 십자가에 못 박힌 것은 죄의 몸이 죽어 다시는 우리가 죄에게 종노릇 하지 아니하려 함이니 이는 죽은 자가 죄에서 벗어나 의롭다 하심을 얻었음이라 만일 우리가 그리스도와 함께 죽었으면 또한 그와 함께 살 줄을 믿노니 이는 그리스도께서 죽은 자 가운데서 살아나셨으매 다시 죽지 아니하시고 사망이 다시 그를 주장하지 못할 줄을 앎이로라 그가 죽으심은 죄에 대하여 단번에 죽으심이요 그가 살아 계심은 하나님께 대하여 살아 계심이니 이와 같이 너희도 너희 자신을 죄에 대하여는 죽은 자요 그리스도 예수 안에서 하나님께 대하여는 살아 있는 자로 여길지어다 그러므로 너희는 죄가 너희 죽을 몸을 지배하지 못하게 하여 몸의 사욕에 순종하지 말고 또한 너희 지체를 불의의 무기로 죄에게 내주지 말고 오직 너희 자신을 죽은 자 가운데서 다시 살아난 자 같이 하나님께 드리며 너희 지체를 의의 무기로 하나님께 드리라"(롬 6:3-13).

"우리가 유대인이나 헬라인이나 종이나 자유인이나 다 한 성령으로 세례를 받아 한 몸이 되었고 또 다 한 성령을 마시게 하셨느니라"(고전 12:13).

"이때에 예수께서 갈릴리로부터 요단 강에 이르러 요한에게 세례를 받으려 하시니 요한이 말려 이르되 내가 당신에게서 세례를 받아야 할 터인데 당신이 내게로 오시나이까 예수께서 대답하여 이르시되 이제 허락하라 우리가 이와 같이 하여 모든 의를 이루는 것이 합당하니라 하시니 이에 요한이 허락하는지라 예수께서 세례를 받으시고 곧 물에서 올라오실새 하늘이 열리고 하나님의 성령이 비둘기같이 내려 자기 위에 임하심을 보시더니 하늘로부터 소리가 있어 말씀하시되 이는 내 사랑하는 아들이요 내 기뻐하는 자라 하시니라"(마 3:13-17).

성경에서 가르쳐 준 세례의 뜻은 이런 것이다.

1. 그리스도 밖의 사람이 그리스도 안의 사람으로 그 삶이 바뀐다.

2. 그리스도와 함께 죽고 살게 되었다. 교회와 하나님의 나라에 가입한다.

3. 세례를 받은 사람에게 하늘나라 시민 된 것과 성령을 받아 성령이 내 속에 내주함과 내가 하나님의 사랑받는 자녀 되었음을 나와 교회와 회중에게 선포하고 확증하는 것이다. 로마 가톨릭에서는 세례를 구원의 절대 필요 요건이라 주장하지만, 물세례는 지금까지 말한 대로 성도가 믿음으로 생활하는 데 아주 필요하고 귀중한 것이지만 구원이 물세례에 의존하지는 않는다. 개신교 신학자들은 세례를 그리스도와의 연합에 큰 비중을 둔다.

"세례를 통해 그리스도 안에서 우리는 예수 그리스도로 옷 입고, 그의 성령을 받는다"는 것이 제네바 요리문답에서의 세례에 대한 대답이다.[14]

---

14) Geneva Catechism, Q.70

칼빈은 세례를 "그리스도의 죽음과 연합하여 그의 모든 축복을 나누어 가짐을 확증하고 표시한다"[15]라고 한다.

* 구원사적으로 본 레위기

레위기는 번제, 소제, 화목제, 속죄제, 속건제 제사(5대 제사)와 오순절, 유월절, 초막절(3대 절기)과 대속죄제, 안식일의 규례를 통해서 우리가 영원한 속죄제물이 되신 예수 그리스도의 보혈로 구원받은 것을 가르쳐주고, 또 이런 제사와 절기와 여러 가지 규례를 통해 우리가 어떻게 구원받아가며 성화되는가를 가르쳐주는 하나님의 말씀이다.

레위기는 구원받은 성도가 이 땅에서 여러 가지 죄악과 허물로 부정해지지만 그래도 이런 부정한 성도가 거룩하신 하나님과 성령님과 동행하는 길이 안식일(주일)을 지키며, 제사와 절기, 곧 신령한 예배를 드리는 것이라고 가르쳐준다.

레위기에 나오는 성막의 건축과 모형은 성도가 성화의 과정에서 외소, 성소, 지성소를 통해 받은 구원, 받는 구원, 받을 구원을 예표로 가르쳐주고, 성소 안의 떡상, 등대, 향로를 통해 말씀을 통해, 기도를 통해, 성령 충만의 생활을 통해 성화되는 것을 예표로 가르쳐준다.

레위기는 안식일을 잘 지키라는 명령을 강조하고 있고 이것은 성화의 생활에 성수주일이 중요한 생활임을 가르쳐준다.

레위기는 3대 절기, 유월절, 오순절, 초막절을 통해 받은 구원, 받는 구원, 받을 구원을 예표로 가르쳐준다. 레위기는 모든 제사, 모든 규례를 통해 구원을 가르쳐주는 구원의 교과서다.

---

15) Inst. IV, Xv. 6

민수기 강해

민수기는 이스라엘 백성이 시내 광야를 출발하여 여리고 성이 바라보이는 요단강 동편, 모압 땅에 이르기까지 38년 동안의 광야 여정을 기록한다. 이 기간에 이스라엘 백성은 여러 가지 죄악에 빠지고 여러 가지 고난을 겪지만 가나안 땅을 향한 하나님의 인도하심은 계속된다. 이스라엘 백성들에게 광야의 길은 여러 번의 전쟁과 계속되는 백성의 불신과 원망, 불평과 반역이 있었고 이에 따른 하나님의 징계도 반복되었지만 이런 절망의 순간마다 다시 그들을 긍휼히 여기시는 하나님의 사랑으로 그들의 행군은 계속된다. 민수기는 인간의 약함과 어리석음, 그것에 대한 하나님의 인내와 사랑을 대조적으로 기록하고 있다.

☞ 민수기 1-4장: 인구조사, 지파별로 진을 치다

민수기 1-4장에서는 하나님의 명을 따라 이스라엘 백성들의 인구를 조사한 사건과 인구조사 후 이스라엘 백성들이 지파별로 진을 어떻게 칠 것과 레위인들이 감당해야 할 임무를 기록한다.

이스라엘 백성이 애굽을 떠난 후 일 년이 지났다. 하나님은 그들에게 계명과 율례를 주시고, 하나님과 동행하는 길로 성막과 제사법과 제사장을 세워주신(출애굽기, 레위기) 후 이제 백성 중에 전쟁에 나갈 수 있는 20세 이상 된 남자들의 인구를 지파별로 조사하게 하신다. 그리고 그들이 광야에서 지파별로 어떻게 진을 칠 것인가를 가르쳐주신다.

이스라엘 백성들이 가나안으로 가는 길은 여행길이 아닌 적군의 진영으로 진군하는 전쟁의 길이다. 성도가 구원받은 후 이 세상에서 하루하루 성화의 생활을 하는 것은 선한 싸움으로 사탄과의 전쟁임을 예표로 가르쳐준다. 인구조사에서 외국인은 제외된다.

이스라엘 백성은 성막을 중앙에 두고 동서남북으로 각각 네 지파씩 진을 친다. 각 지파에는 두령이 세워졌고, 성막 동쪽에는 유다 진으로 잇사갈, 스불론 지파가 이 진에 속하여 합 186,400명의 군대가 속했다. 성막 남쪽에는 르우벤 진으로 시므온과 갓 지파가 이 진에 속하여 합 151,450

명의 군대가 속했다. 성막 서쪽에는 에브라임 진으로 므낫세와 베냐민 지파가 이 진에 속하여 합 180,100명의 군대가 속했다. 성막 북편으로는 단 진이 진을 쳤고 이 진에 아셀과 납달리 지파가 속하여 합 157,600명의 군대가 속했다. 모든 지파의 군대 총합이 603,550명이었다. 이 숫자에 레위 지파 수는 들지 않는다. 각 진에는 그 진을 알리는 특수한 기가 있었다. 백성들을 이렇게 네 진으로 나누어 성막 동서남북에 질서 있게 진을 치게 하신 분이 하나님이셨다.

이스라엘 백성의 이 진영은 온전한 군대의 진으로 진영 가운데 성막이 있고, 이 성막에 하나님은 늘 불기둥과 구름기둥으로 임재하여 백성들을 인도하신다.

성도가 이 세상에서 살아갈 때 나 혼자 사탄의 세력을 대적할 수 없다. 이스라엘 백성같이 진에 속하여 함께 악과 사탄과 싸워야 한다. 이 진은 오늘의 교회다. 성도는 구원받은 후 교회에 속하여야 한다. 성화의 구원에 교회는 이스라엘 진영같이 귀한 것이다.

이스라엘 백성에게 진의 위치를 명하신 분이 하나님이셨고, 진을 이끌 지파와 각 지파의 족장을 임명하신 분도 하나님이시다. 성도가 이 땅에서 교회를 중심으로 성화의 과정을 이어갈 때 내 위치, 내 직분을 잘 지키고 감당해야 한다. 군대의 행군에서 질서는 생명이다. 성도는 교회와 생활에서 질서를 지켜야 한다.

아론의 아들 나답과 아비후는 하나님이 명하시지 않은 다른 불로 하나님 앞에 제사를 드리다가 하나님의 진노로 죽었다. 향로에는 제단에 피어 있는 불로만 채워야 한다(레 16:12).

여호와가 명하지 않은 다른 불로 하나님께 제사드릴 수 없다. 제사장의 뒤를 이은 오늘의 목사들은 강단에서 여호와 하나님이 명한 말씀, 신구약 성경 말씀에서 먼저 하나님의 말씀을 듣고, 내가 들은 하나님의 말씀을 설교해야 한다. 오늘 교회의 위험과 성도들의 많은 잘못은 목사들이 하나님의 말씀을 전하지 않고 다른 불, 곧 자신의 철학과 주장으로 설교하는 것이다.

다른 불로 제사를 드려서는 안 된다. 이런 목사들을 나답과 아비후와 같이 하나님이 바로 죽이시지는 않지만, 그들은 성도를 영적으로 죽이고 교회를 죽이는 무서운 일을 하는 자들이다. 회개할지어다. 아멘.

민수기 3장과 4장에서는 레위 지파가 감당해야 하는 임무를 기록한다.

1. 초태생을 대신하는 레위인

이스라엘 백성이 애굽에서 나오기 직전 하나님이 애굽에 내리신 재앙은 애굽의 모든 초태생이 죽는 것이었고 이스라엘 백성은 유월절 양의 피를 통해 그들의 초태생이 죽지 않고 생명이 보존된다. 그리고 하나님은 이스라엘 백성의 초태생을 하나님의 소유로 선언하신다. 그런데 하나님은 르우벤과 시므온을 제하시고 레위인을 택하여 그들로 정결케 하신 후 이스라엘 백성의 장자를 대신하여 하나님께 봉사할 수 있도록 조처한다.

"그러나 레위인은 그들의 조상의 지파대로 그 계수에 들지 아니하였으니 이는 여호와께서 모세에게 말씀하여 이르시되 너는 레위 지파만은 계수하지 말며 그들을 이스라엘 자손 계수 중에 넣지 말고 그들에게 증거의 성막과 그 모든 기구와 그 모든 부속품을 관리하게 하라 그들은 그 성막과 그 모든 기구를 운반하며 거기서 봉사하며 성막 주위에 진을 칠지며 성막을 운반할 때에는 레위인이 그것을 걷고 성막을 세울 때에는 레위인이 그것을 세울 것이요 외인이 가까이 오면 죽일지며 이스라엘 자손은 막사를 치되 그 진영별로 각각 그 진영과 군기 곁에 칠 것이나 레위인은 증거의 성막 사방에 진을 쳐서 이스라엘 자손의 회중에게 진노가 임하지 않게 할 것이라 레위인은 증거의 성막에 대한 책임을 지킬지니라 하셨음이라"(민 1:47-53).

왜 하나님이 르우벤과 시므온을 대신하여 레위 지파를 택하여 장자를 대신하게 하였을까. 성경은 그 이유를 설명하지 않는다. 르우벤과 시므온

이 레위보다 더 죄가 많은 아들이었기 때문일까? 레위인들이 특별한 성결이나 선함이 있어서 그렇게 구별되었는가? 결코 그렇지 않음을 창세기 49장 5-7절이 증언한다.

> "시므온과 레위는 형제요 그들의 칼은 폭력의 도구로다 내 혼아 그들의 모의에 상관하지 말지어다 내 영광아 그들의 집회에 참여하지 말지어다 그들이 그들의 분노대로 사람을 죽이고 그들의 혈기대로 소의 발목 힘줄을 끊었음이로다 그 노여움이 혹독하니 저주를 받을 것이요 분기가 맹렬하니 저주를 받을 것이라 내가 그들을 야곱 중에서 나누며 이스라엘 중에서 흩으리로다"(창 49:5-7).

레위인들에게는 혈기와 혹독과 맹렬이 있었다. 그런데 이런 레위인이 르우벤과 시므온을 대신하여 그토록 높고 거룩한 특권을 지니는 제사장 지파로 세움을 받았다는 것은 하나님의 특별한 은혜라고 말할 수밖에 없다.

이 은혜는 행위로 말미암지 않고 하나님의 그 크신 은혜로 믿음으로 구원 얻게 하시는 하나님의 특별한 섭리를 예표한다.

"내 혼아 그들의 모의에 상관하지 말지어다. 내 영광아 그들의 집회에 참예하지 말지어다"라고 말씀하신 하나님이, 레위를 거룩한 기구와 거룩으로 가득 차 있는 성막 안으로 이끌어 들이신다. 이것이 은혜다. 값없이 주시는 절대주권적인 은혜다.

> "너희는 그 은혜에 의하여 믿음으로 말미암아 구원을 받았으니 이것은 너희에게서 난 것이 아니요 하나님의 선물이라 행위에서 난 것이 아니니 이는 누구든지 자랑하지 못하게 함이라"(엡 2:8-9).

바울 사도는 자신이 하나님 앞에 부름받은 사실을 이렇게 말한다.

"미쁘다 모든 사람이 받을 만한 이 말이여 그리스도 예수께서 죄인을 구원하시려고 세상에 임하셨다 하였도다 죄인 중에 내가 괴수니라"(딤전 1:15).

"모든 성도 중에 지극히 작은 자보다 더 작은 나에게 이 은혜를 주신 것은 측량할 수 없는 그리스도의 풍성함을 이방인에게 전하게 하시고"(엡 3:8).

하나님이 레위를 이렇게 불러 쓰신 것은 오늘 우리에게 은혜로 얻는 구원, 은혜로 얻는 봉사의 거룩한 직분을 예표한다.

2. 장자를 대신한 레위인

하나님은 장자를 대신할 수 없는 레위를 주권적인 은혜로 불러 세우시고 레위인을 거룩하게 하신다. 민수기 8장을 보면 하나님께서 레위인을 특별하게 정결케 하심을 알게 된다.

"여호와께서 모세에게 말씀하여 이르시되 이스라엘 자손 중에서 레위인을 데려다가 정결하게 하라 너는 이같이 하여 그들을 정결하게 하되 곧 속죄의 물을 그들에게 뿌리고 그들에게 그들의 전신을 삭도로 밀게 하고 그 의복을 빨게 하여 몸을 정결하게 하고 또 그들에게 수송아지 한 마리를 번제물로, 기름 섞은 고운 가루를 그 소제물로 가져오게 하고 그 외에 너는 또 수송아지 한 마리를 속죄제물로 가져오고 레위인을 회막 앞에 나오게 하고 이스라엘 자손의 온 회중을 모으고 레위인을 여호와 앞에 나오게 하고 이스라엘 자손이 그들에게 안수하게 한 후에 아론이 이스라엘 자손을 위하여 레위인을 흔들어 바치는 제물로 여호와 앞에 드릴지니 이는 그들에게 여호와께 봉사하게 하기 위함이라 레위인으로 수송아지들의 머리에 안수하게 하고 네가 그 하나는 속죄제물로, 하나는 번제물로 여호와께 드려 레위인을 속죄하고 레위인을 아론과 그의 아들들 앞에 세워 여호와께 요제로 드릴지니라 너는 이같이 이스라엘 자손 중에서 레위인을 구별하라 그리하면 그들이 내게 속할 것이라 네가 그들을 정결하게 하여 요제로 드린 후에 그들이 회막에 들어가서 봉사할 것이니라 그들은 이스라엘 자손 중에서 내게 온전히 드린 바 된 자라 이스라엘 자손 중 모든 초태생 곧 모든 처음 태어난 자 대신 내가 그들을 취하였나니 이스라엘 자손 중에 처음 태어난 것은 사람이든지 짐승이든지 다 내게 속하였음은 내가 애굽 땅에서 모든 처음 태어난 자를 치던 날에 그들을 내게 구별하였음이라 이러므로 내가 이스라엘 자손 중 모든 처음 태어난 자 대신 레위인을 취하였느니라"(민 8:5-18).

1. 속죄의 물로 레위인에게 뿌리고 삭도로 전신을 밀고 의복을 빨아 입는다.

2. 레위인을 회막 앞에 나오게 하고 이스라엘 자손의 온 회중을 모으고 이스라엘 자손으로 그들에게 안수케 한 후에 아론이 이스라엘 자손을 위하여 레위인을 요제로 여호와 앞에 드린다.

3. 하나는 속죄제물로, 하나는 번제물로 여호와께 드려 레위인을 속죄하고 레위인을 아론과 그 아들들 앞에 세워 여호와께 요제로 드린다.

4. 레위인이 두 수송아지에 안수하고 하나는 속죄제물로, 하나는 번제물로 여호와께 드려 레위인을 속죄케 한다.

5. 레위인을 여호와께 요제(제사장이 제물을 들어 올려 흔들어 바치는 제사)로 바친다.

6. 레위인으로 장자를 대신하게 하신 하나님. 레위인을 이스라엘 자손 중 처음 난 자를 대신하게 하도록 하나님이 특별하게 부르심은 하나님의 주권적 은혜이다. 하나님은 그들을 정결케 하시고, 백성이 레위인에게 안수케 하여 그들을 대신하게 위임하고, 레위인은 하나님께 요제로 바쳐짐으로 하나님을 섬기는 특별한 임무를 위임받는다.

레위인이 하나님 앞에 바쳐진 것같이 오늘의 성직자는 하나님 앞에 주권적 은혜로 부름받아 하나님 앞에 바쳐진 사람이다. 생애 전부가 하나님께 바쳐져야 한다.

성도는 모두 제사장이다(벧전 2:9). 하나님의 주권적 은혜로 부름받은 사람들이다. 직장, 사업 가정, 생활 전부가 하나님께 바쳐져야 한다.

레위인이 이스라엘의 장자인 르우벤을 대신하여 하나님의 장자로 삼으신 것은 하나님의 주권적 은혜이지만 출애굽기 32장이 보여주는 레위 족속의 특별한 봉사도 기억해야 한다.

모세가 시내산에 올라가 40일간 하나님 앞에서 십계명과 율례를 받고 산 아래로 내려왔을 때 이스라엘 백성은 금으로 송아지를 만들고 그 우상이 그들을 애굽에서 구원해 낸 신이라고 경배하며 뛰놀고 있었다. 하나님은 진노하셨고 모세는 이스라엘 백성들 앞에서 이렇게 말한다. "누구든지 여호와의 편에 있는 자는 내게로 나아오라."

이 말을 들은 레위 자손들은 모세 앞에 나왔고 모세는 이 레위 사람들에게 칼을 들어 진중에 들어가 백성들을 도륙하라고 명령한다. 이날 레위인들을 통해 이스라엘 백성 3천 명가량이 죽임을 당한다. 모세는 이때 레위 족속에게 이렇게 말한다.

"각 사람이 그 아들과 그 형제를 쳤으니 오늘날 여호와께 헌신하게 되었느니라 그가 오늘 너희에게 복을 내리시리라"(출 32:29).

이스라엘 온 백성이 우상을 만들어 우상에게 경배하고 있을 때 하나님은 모세를 통해 "누구든지 여호와의 편에 있는 자"를 찾았고 이때 레위 족속이 여호와 편으로 나섰다. 여호와의 편에 서 있다는 말은 내 의지를 죽이고 여호와의 뜻에 순종하겠다고 결단하는 것이다. 레위인의 이 헌신의 결단, 하나님 편에 나서는 결단, 이것은 이스라엘 백성을 대신하여 장자의 자리에 서는 복을 받게 하였다.

이스라엘 백성의 모든 죄는 반드시 제물을 드려 제사를 통해 용서받는다(레 4:1-35).

3. 레위인의 계수

이스라엘 백성의 장자를 대신할 레위인들의 인구가 계수된다. 레위인들은 일반 지파들과 달리 태어난 지 1개월 이상 된 자부터 계수 대상이 된다. 이러한 사실은 레위인들의 계수가 전쟁에 참가하기 위한 군대로서의 계수가 아니라 단순히 이스라엘의 장자를 대신하기 위한 생명의 속전으로서의 사명을 담당하기 때문이다. 그런 까닭에 비록 사리를 온전히 구분하지 못하는 어린아이일망정 레위인 한 사람 한 사람은 매우 귀중한 역할을 하는 자들이다.

레위인들의 인구를 계수한 결과 그들의 숫자는 이스라엘 백성의 장자보다 273명이 모자랐다. 따라서 이들 273명은 레위인들로서는 대신할 수 없는 자로 남게 된다. 하나님은 그들 273명에게 생명의 속전을 요구하신다. 이스라엘 모든 장자들은 어떻게 하든지, 속전을 하나님께 바쳐서라도, 대속의 은총을 받아야만 한다. 만약 대속의 은총을 입지 않는다면 그는 곧 죽을 수밖에 없었다. 이는 우리가 예수 그리스도의 대속의 은총을 받지 않고서는 결단코 영생을 얻을 수 없다는 구속의 진리를 예표한다.

4. 레위 지파의 위치와 그 임무

레위 지파 중 아론의 아들들이 제사장의 직분을 맡는다(민 3:10). 성막에 외인이 가까이하면 죽임을 당한다(민 3:10; 레 16:2). 누구든지 다른 어떤 사람이 제사장의 직분을 침해해서는 안 된다. 오직 아론과 그의 아들들 외에는 아무도 그 직분을 행하러 가까이 와서는 안 되었으며 아론과 그의 아들 외에 다른 모든 사람은 그 직분에 대해서는 외인이었다.

아론의 두 아들 '엘르아살과 이다말이 그 아비 아론 앞에서' 제사장의 직분을 행하였다.

레위인에게 제사장의 일을 도우라는 명령이 내려진다. 하나님은 레위인을 아론과 그 아들들에게 주라고 말씀한다(민 3:9).

레위인들은 여호와를 섬기는 제사장들에게 시종하며(민 3:6) '아론의 직무를 위해서 회막에서 시무해야'(민 3:7) 했다. 레위인들이 희생제물을 잡아야 한다. 제사장은 이 제물로 제사를 드린다. 레위인들이 향을 준비해 놓아야 하고 제사장들은 향을 피우는 일을 한다.

5) 구원받은 성도는 이 세상에서 제사장이요, 레위인이다. 이 세상에서 살아가는 생활 전부를 하나님이 받으시는 제사(예배)로 살아야 한다.

☛ 민수기 5-6장: 부정한 자를 밖에 두라

1. 부정한 자를 진 밖에 두라

하나님께서는 유출병이 있는 자나 문둥병자 및 죽은 시신을 만짐으로써 의식적으로 부정하게 된 자들은 모두 진 밖으로 내쫓아 율법에 지시된 대로 정결케 될 때까지 밖에 있도록 하여 진을 깨끗하게 하라는 명령을 내리신다(민 5:2, 3).

교회는 늘 깨끗하도록 유지되어야 한다. 그러기 위해 교회에서 깨끗지 못한 사람을 그가 회개하고 깨끗해질 때까지(정결케 될 때까지) 교회에서 교회의 거룩한 전진에 방해되지 않는 거리에 있게 해야 한다. 교회는 성도를 거룩하게 하기 위해 범죄한 성도를 징계할 수 있는 권리를 잘 지켜가야 한다.

구원받은 성도를 하나님의 말씀으로 양육하는 교회가 거룩하도록 오늘의 제사장인 사역자들이 최선을 다해야 한다. 부정한 사역자는 교회를 더 이상 섬기지 못하게 해야 한다. 천국을 향해 가는 진영(교회)은 거룩해야 한다.

2. 백성이 지은 죄는 법대로 배상하고 제사를 드려 용서받아야 한다

이스라엘 백성이 지은 이웃에 대한 범죄는 반드시 법에 따라 배상해야 하고, 하나님 앞에 속죄의 숫양을 희생제물로 드려야 한다(민 5:8). 하나님 앞에 용서받기 위해 모든 죄는 하나님께 자복하고 회개하고(요일 1:9) 제물로 제사를 드려야 한다(레 4:1-35).

구원받은 성도가 세상에서 성화의 길을 걸어가는 것은 마귀와 죄와 싸우는 선한 싸움으로 하나님의 전신갑주를 늘 입어야 한다(엡 6:13-18).

민수기 5장 11절 이하에는 아내의 불륜을 의심할 때 제사장 앞에 가서 행하는 규례가 기록되고 민수기 6장에서는 나실인에 대한 규례가 기록된다.

구원받은 성도는 가정을 귀하게 지켜가야 한다. 남자도 여자도 부부의 도리를 굳게 지키고 저버리지 말아야 한다. 성도가 일생을 살아가는 과정에 많은 유혹과 많은 탈선의 기회가 있을지라도 요셉같이 그때마다 하나님을 기억하고 도망가면서라도 가정을 깨끗하게 지켜야 한다. 이 일에 누구라도, '나는 아니다'라는 자만이나 방심은 금물이다. 정신 차려야 한다.

나실인은 삼손, 세례 요한, 사무엘같이 일생, 혹은 얼마간을 하나님께 특별히 서원하고 헌신하는 삶을 사는 것으로 술과 모양 내는 것을 금해야 하고 하나님만 온전하게 섬겨야 한다.

민수기 6장에는 아론과 그 후손들에게 이스라엘 백성을 위한 특별한 축복의 명령과 축복 기도의 내용과 축복의 약속이 나온다.

"여호와께서 모세에게 말씀하여 이르시되 아론과 그의 아들들에게 말하여 이르기를 너희는 이스라엘 자손을 위하여 이렇게 축복하여 이르되 여호와는 네게 복을 주시고 너를 지키시기를 원하며 여호와는 그의 얼굴을 네게 비추사 은혜 베푸시기를 원하며 여호와는 그 얼굴을 네게로 향하여 드사 평강 주시기를 원하노라 할지니라 하라 그들은 이같이 내 이름으로 이스라엘 자손에게 축복할지니 내가 그들에게 복을 주리라"(민 6:22-27).

제사장에게 하나님의 축복 약속이 보장된 백성을 향한 축복권이 있다. 성도는 예배 중 축도를 귀하게 여기고 '아멘'으로 받아야 한다.

축도의 권은 제사장 고유의 것이다. 작은 의미로 이 권은 목사 고유의 권이다. 큰 의미로 성도가 다 제사장이기 때문에 성도는 늘 세상을 향해 축복하며 살아야 한다.

축복의 내용은 '여호와는 네게 복을 주시고, 여호와가 너를 지켜 주시며, 여호와가 네게 얼굴을 비추어 은혜 주시며, 여호와는 네게로 얼굴을 향하여 드사 평강 주시기'를 기도하는 것이다.

복의 근원이 하나님이시다. 성도는 늘 하나님으로부터 복을 받아야 한다. 성도가 하나님으로부터 복을 받는 비결은 여호와 하나님만 바로 섬기며 여호와 하나님의 말씀에 순종하며 사는 길이다(출 23:25; 신 6:3, 24, 10:13, 15:4, 6, 28장, 30:16…).

이 축복에 '여호와'라는 말이 네 번이나 나온다. 여호와가 복의 근원이요, 여호와 안에 참안전이 있고, 여호와가 은혜의 근원이요, 여호와 안에 참평강이 있다.

❧ 민수기 7-8장: 봉헌예물, 등불 관리, 레위인의 성별

민수기 7장에서는 하나님의 언약궤를 모신 장막이 다 완성된 후 이스라엘 열두 지파 조상들이 장막의 유지와 이동과 성결에 필요한 예물들을 봉헌한 기록과 단을 거룩하게 성별한 사건을 기록하고 있다.

민수기 8장에는 장막 안에 등불을 밝히는 제도와 레위인의 성별에 대한 절차가 기록된다.

민수기 7-8장은 구원사에서 구원받은 성도에게 성막 곧 교회가 얼마나 소중한 것인가를 가르쳐주고 있다. 구원받은 성도들이 레위인이다. 성도들은 이 세상에서 하나님 앞에 특별하게 바쳐진 사람들로 제단을 섬기며 성별되게 살아야 할 것을 가르쳐준다.

❧ 민수기 9-10장: 광야에서 지킨 유월절

이스라엘 백성이 애굽을 나온 후 다음 해, 첫 달 14일로부터 시내 광야에서 유월절을 지켰다. 이 유월절은 이스라엘 백성이면 누구나 다 지켜야 한다. 유월절 기간에 부정해진 사람은 그다음 달에 유월절을 지켜야 한다. 이스라엘 백성으로 유월절을 지키지 아니하면 그 백성 중에서 끊어진다(죽는다).

유월절은 유월절 양 되신 그리스도의 보혈로 이스라엘 백성이 애굽의 노예에서 해방된 것을 감사하며 기념하는 절기로, 오늘 우리에게는 우리가 죄와 사망에서 해방된 구원의 은혜를 기억하고 감사하고 기념하는 주일예배와 성례다. 성도는 생명을 걸고 주일을 성수해야 한다. 성도가 주일예배를 드리지 못하며, 드리지 않으며 살면 이 성도는 영적으로는 구원을 얻었어도 천국 잔치에 들어가지 못하고 대환난을 통해 부끄럽게 구원된다. 이런 뜻의 말이 유월절을 지키지 않으면 죽는다는 말이다.

　유월절은 애굽에서 사망의 천사가 애굽 땅에서 모든 초태생을 죽이던 밤에 모세의 명대로 흠 없는 유월절 양의 피를 그 문설주와 문지방에 칠한 이스라엘 백성들은 한 사람도(초태생도) 죽지 않고, 이스라엘 백성들이 애굽에서 400년간 노예로 살다가 마침내 해방된 것을 기념하고 감사하는 절기다. 유월절 양은 예수 그리스도로(고전 7:5), 성도는 예수 그리스도가 십자가에 흘린 피 공로로 은혜로 구원받은 사람들이다. 유월절의 구원사에서 성도가 믿음으로 받은 구원, 은혜로 받은 구원, 영적 구원을 확인하고 감사하는 것으로 이것이 성례요 예배다.

　성도는 누구나 다 성례에 참예해야 하고 주일예배를 반드시 드려야 한다. 성도가 주일을 성수하지 못하고 제단을 떠나면 이것이 이스라엘 백성이 유월절을 지키지 않는 것이고, 이것이 성도로 받는 구원 성화를 이루지 못하게 하는 것이다. 이런 성도는 구원을 얻되 마지막 날에 천국 잔치에서 쫓겨나 대환난을 통해 부끄러운 구원을 얻는다. 이런 성도가 바로 마태복음 7장 21절에 말한 주의 이름을 불러 구원받았어도(롬 10:13) 아버지의 뜻대로 행하지 못하여(성화에 실패해서) 천국에 들어가지 못하는 사람들이다(p. 223. 대환난 교리를 참조).

　민수기나 모세오경, 구약성경에서 안식일과 제사, 절기를 귀하게, 중요하게 강조하는 것은 구원받은 성도는 다시 성수주일과 성례전에 참여하는 교회 생활을 통해 성화의 구원을 이루어 가야 하기 때문이다. 하나님이 이스라엘 백성을 애굽에서 해방한 후 그들에게 율법과 제사와 절기와 안식일의 규례를 주시지 않았다면 이스라엘 백성은 구원받은 여호와의 백성이 아니었을 것이다. 이스라엘 백성이 이스라엘 백성으로 존재하려면 그들은 하나님의 율법을 좇아 하나님이 명한 대로 제사를 드리고 절기를 지키고 안식일을 지켜야 한다.

성도가 성도로 살기 위해 성수주일의 생활을 통해 하나님께 제사를 드리고 성례를 통해 늘 새롭게 되어야 한다.

성막을 덮은 구름기둥, 불기둥

민수기 9장 15절부터 시작된 성막 위에 임재한 구름기둥, 불기둥 기사는 일반적인 자연계에 속한 것이 아닌 하나님의 특별한 계시로, 이것은 이스라엘과 함께하시는 하나님의 임재에 대한 가시적인 표징이었다.

이 구름기둥, 불기둥은 오늘을 살아가는 성도에게 주야로 함께하시는 성령의 임재를 예표한다(마 28:19-20; 고전 3:16).

구름기둥과 불기둥이 광야에 있는 이스라엘 백성의 이동과 그들이 멈추어 진을 치는 일을 인도하였다. 이스라엘 백성이 진에 머물고 떠나는 일은 구름기둥, 불기둥의 인도에 전적으로 따랐다. 우리는 복되신 성령의 인도를 따라 행하며 살아야 한다. 믿음으로 구원받은 성도는 하나님의 영으로 인도함을 받아야 한다(롬 8:14).

성도가 하나님의 영으로 인도받는 길은 육신의 욕심을 죽이고 기도하며 성령의 감동과 말씀을 따라가는 것이다. 이 길이 말씀으로 나를 쳐서 복종시키는 길이다. 이 말은 내가 하기 싫어도 억지로라도 하나님의 명령을 따라가는 훈련을 말한다(고전 9:27).

"그러므로 형제들아 우리가 빚진 자로되 육신에게 져서 육신대로 살 것이 아니니라 너희가 육신대로 살면 반드시 죽을 것이로되 영으로써 몸의 행실을 죽이면 살리니 무릇 하나님의 영으로 인도함을 받는 사람은 곧 하나님의 아들이라"(롬 8:12-14).
"이기기를 다투는 자마다 모든 일에 절제하나니 그들은 썩을 승리자의 관을 얻고자 하되 우리는 썩지 아니할 것을 얻고자 하노라 그러므로 나는 달음질하기를 향방 없는 것같이 아니하고 싸우기를 허공을 치는 것 같이 아니하며 내가 내 몸을 쳐 복종하게 함은 내가 남에게 전파한 후에 자신이 도리어 버림을 당할까 두려워함이로다"(고전 9:25-27).

민수기 10장에서는 이스라엘 백성의 진영이 진군하고 머물며 족장들을 소집하며 큰일을 알리는 데 필요한 나팔 제조와 그 사용법에 대한 말씀이 나온다.

성경에서 나팔은 아래와 같은 의미를 갖는다.

1. 하나님의 임재가 나타날 때 나팔소리가 난다.

"셋째 날 아침에 우레와 번개와 빽빽한 구름이 산 위에 있고 나팔 소리가 매우 크게 들리니 진중에 있는 모든 백성이 다 떨더라"(출 19:16).

"나팔 소리가 점점 커질 때에 모세가 말한즉 하나님이 음성으로 대답하시더라"(출 9:19).

2. 하나님 앞에 절기를 지키고 하나님을 경배할 때 나팔을 불었다.

"이스라엘 자손에게 말하여 이르라 일곱째 달 곧 그달 첫날은 너희에게 쉬는 날이 될지니 이는 나팔을 불어 기념할 날이요 성회라"(레 23:24).

"일곱째 달 열흘날은 속죄일이니 너는 뿔 나팔 소리를 내되 전국에서 뿔 나팔을 크게 불지며"(레 25:9).

"또 너희의 희락의 날과 너희가 정한 절기와 초하루에는 번제물을 드리고 화목제물을 드리며 나팔을 불라 그로 말미암아 너희의 하나님이 너희를 기억하시리라 나는 너희의 하나님 여호와니라"(민 10:10).

"일곱째 달에 이르러는 그 달 초하루에 성회로 모이고 아무 노동도 하지 말라 이는 너희가 나팔을 불 날이니라"(민 29:1).

3. 광야에서 이스라엘 백성의 진이 앞으로 전진할 때 혹은 백성을 소

집하고 두령들을 소집할 때 나팔을 불었다.

"은 나팔 둘을 만들되 두들겨 만들어서 그것으로 회중을 소집하며 진영을 출발하게 할 것이라"(민 10:2).

"나팔 두 개를 불 때에는 온 회중이 회막 문 앞에 모여서 네게로 나아올 것이며"(민 10:3).

"두 번째로 크게 불 때에는 남쪽 진영들이 행진할 것이라 떠나려 할 때에는 나팔 소리를 크게 불 것이며 또 회중을 모을 때에도 나팔을 불 것이나 소리를 크게 내지 말며"(민 10:6-7).

4. 나팔은 제사장만 불 수 있다.

"그 나팔은 아론의 자손인 제사장들이 불지니 이는 너희 대대에 영원한 율례니라"(민 10:8).

5. 이스라엘 백성이 전쟁하러 나갈 때, 적군이 침입할 때 나팔을 불었다.

"또 너희 땅에서 너희가 자기를 압박하는 대적을 치러 나갈 때에는 나팔을 크게 불지니 그리하면 너희 하나님 여호와가 너희를 기억하고 너희를 너희의 대적에게서 구원하시리라"(민 10:9).

"모세가 각 지파에 천 명씩 싸움에 보내되 제사장 엘르아살의 아들 비느하스에게 성소의 기구와 신호나팔을 들려서 그들과 함께 전쟁에 보내매"(민 31:6).

"제사장들이 양각 나팔을 길게 불어 그 나팔 소리가 너희에게 들릴 때에는 백성은 다 큰 소리로 외쳐 부를 것이라 그리하면 그 성벽이 무너져 내리리니 백성은 각기 앞으로 올라갈지니라 하시매"(수 6:5).

"눈의 아들 여호수아가 제사장들을 불러 그들에게 이르되 너희는 언약궤를 메고 제사장 일곱은 양각 나팔 일곱을 잡고 여호와의 궤 앞에서 나아가라 하고"(수 6:6).

"여호수아가 백성에게 이르기를 마치매 제사장 일곱은 양각 나팔 일곱을 잡고 여호와 앞에서 나아가며 나팔을 불고 여호와의 언약궤는 그 뒤를 따르며"(수 6:8).

"그 무장한 자들은 나팔 부는 제사장들 앞에서 행진하며 후군은 궤 뒤를 따르고 제사장들은 나팔을 불며 행진하더라…제사장 일곱은 양각 나팔 일곱을 잡고 여호와의 궤 앞에서 계속 행진하며 나팔을 불고 무장한 자들은 그 앞에 행진하며 후군은 여호와의 궤 뒤를 따르고 제사장들은 나팔을 불며 행진하니라"(수 6:9-13).

"일곱 번째에 제사장들이 나팔을 불 때에 여호수아가 백성에게 이르되 외치라 여호와께서 너희에게 이 성을 주셨느니라"(수 6:16).

"이에 백성은 외치고 제사장들은 나팔을 불매 백성이 나팔 소리를 들을 때에 크게 소리 질러 외치니 성벽이 무너져 내린지라 백성이 각기 앞으로 나아가 그 성에 들어가서 그 성을 점령하고"(수 6:20).

"나와 나를 따르는 자가 다 나팔을 불거든 너희도 모든 진영 주위에서 나팔을 불며 이르기를 여호와를 위하라, 기드온을 위하라 하라 하니라 기드온과 그와 함께한 백 명이 이경 초에 진영 근처에 이른즉 바로 파수꾼들을 교대한 때라 그들이 나팔을 불며 손에 가졌던 항아리를 부수니라"(삿 7:18-19).

"세 대가 나팔을 불며 항아리를 부수고 왼손에 횃불을 들고 오른손에 나팔을 들어 불며 외쳐 이르되 여호와와 기드온의 칼이다 하고"(삿 7:20).

"삼백 명이 나팔을 불 때에 여호와께서 그 온 진영에서 친구끼리 칼로 치게 하시므로 적군이 도망하여 스레라의 벧 싯다에 이르고 또 답밧에 가까운 아벨므홀라의 경계에 이르렀으며"(삿 7:22).

6. 기름을 부어 어떤 사람을 왕으로 세울 때 나팔을 불었다.

"거기서 제사장 사독과 선지자 나단은 그에게 기름을 부어 이스라엘 왕으로 삼고 너희는 뿔나팔을 불며 솔로몬 왕은 만세수를 하옵소서 하고"
(왕상 1:34).

"무리가 각각 자기의 옷을 급히 가져다가 섬돌 위 곧 예후의 밑에 깔고
나팔을 불며 이르되 예후는 왕이라 하니라"(왕하 9:14).

"보매 왕이 규례대로 단 위에 섰고 장관들과 나팔수가 왕의 곁에 모셔
섰으며 온 백성이 즐거워하여 나팔을 부는지라 아달랴가 옷을 찢으며
외치되 반역이로다 반역이로다 하매"(왕하 11:14).

7. 하나님을 찬양할 때 다른 악기들과 함께 나팔을 불었다. 찬양할 때
도 나팔은 제사장만 불었다.

"그때에 제사장들은 직분대로 모셔 서고 레위 사람도 여호와의 악기를
가지고 섰으니 이 악기는 전에 다윗 왕이 레위 사람들에게 여호와께 감
사하게 하려고 만들어서 여호와의 인자하심이 영원함을 찬송하게 하던
것이라 제사장들은 무리 앞에서 나팔을 불고 온 이스라엘은 서 있더라"
(대하 7:6).

"제사장 사독과 그의 형제 제사장들에게 기브온 산당에서 여호와의 성
막 앞에 모시게 하여 항상 아침저녁으로 번제단 위에 여호와께 번제를
드리되 여호와의 율법에 기록하여 이스라엘에게 명령하신 대로 다 준
행하게 하였고 또 여호와의 인자하심이 영원하시므로 그들과 함께 헤
만과 여두둔과 그리고 택함을 받아 지명된 나머지 사람을 세워 감사하
게 하였고 또 그들과 함께 헤만과 여두둔을 세워 나팔과 제금들과 하나
님을 찬송하는 악기로 소리를 크게 내게 하였고 또 여두둔의 아들에게
문을 지키게 하였더라"(대상 16:39-42).

"하나님께서 즐거운 함성 중에 올라가심이여 여호와께서 나팔 소리 중
에 올라가시도다"(시 47:5).

"초하루와 보름과 우리의 명절에 나팔을 불지어다"(시 81:3).

"나팔과 호각 소리로 왕이신 여호와 앞에 즐겁게 소리칠지어다"(시

98:6).

"나팔 소리로 찬양하며 비파와 수금으로 찬양할지어다"(시 150:3).

8. 위험한 일 앞에 경고로 나팔을 불었다.

"슬프고 아프다 내 마음속이 아프고 내 마음이 답답하여 잠잠할 수 없으니 이는 나의 심령이 나팔 소리와 전쟁의 경보를 들음이로다"(렘 4:19).
"내가 저 깃발을 보며 나팔 소리 듣기를 어느 때까지 할꼬"(렘 4:21).
"그 사람이 그 땅에 칼이 임함을 보고 나팔을 불어 백성에게 경고하되"(겔 33:3).
"그들이 나팔 소리를 듣고도 정신 차리지 아니하므로 그 임하는 칼에 제거함을 당하면 그 피가 자기의 머리로 돌아갈 것이라"(겔 33:4).

9. 하나님의 심판, 주님의 재림을 알릴 때 나팔을 불었다.

"시온에서 나팔을 불며 나의 거룩한 산에서 경고의 소리를 질러 이 땅 주민들로 다 떨게 할지니 이는 여호와의 날이 이르게 됨이니라 이제 임박하였으니"(욜 2:1).
"그가 큰 나팔소리와 함께 천사들을 보내리니 그들이 그의 택하신 자들을 하늘 이 끝에서 저 끝까지 사방에서 모으리라"(마 24:31).
"보라 내가 너희에게 비밀을 말하노니 우리가 다 잠 잘 것이 아니요 마지막 나팔에 순식간에 홀연히 다 변화되리니 나팔 소리가 나매 죽은 자들이 썩지 아니할 것으로 다시 살아나고 우리도 변화되리라"(고전 15:51-52).
"주께서 호령과 천사장의 소리와 하나님의 나팔 소리로 친히 하늘로부터 강림하시리니 그리스도 안에서 죽은 자들이 먼저 일어나고"(살전 4:16).

계시록에 나오는 나팔 부는 계시는 다 주님의 재림하심과 관계된 말씀이다(계 8, 9, 10, 11, 12장).

10. 나팔은 선지자들의 말씀을 상징한다.

"만일 나팔이 분명하지 못한 소리를 내면 누가 전투를 준비하리요"(고전 14:8).

선지자는 하나님께 말씀을 받아 백성에게 전하는 사람으로 하나님의 말씀을 바로 전해야 한다. 오늘 목사들은 강단에서 자기의 말, 자신의 주장, 자신의 철학을 말하지 말고 목사 자신이 먼저 하나님의 말씀(성경)을 통해 하나님의 말씀을 듣고 그 말씀만 전해야 한다. 이렇게 하나님의 말씀을 전하는 과정에 세상의 사건과 지식과 이야기를 할 수는 있지만 언제나 설교의 줄거리와 결론이 말씀에 기초하고 말씀에서 나와 설교가 하나님의 말씀이 되어야 한다.

구원받은 성도는 성화의 과정에서 항상 나팔 소리에 귀를 기울여 잘 듣고 나팔 소리(말씀)를 따라 순종하며 나가야 한다.

성경에 나오는 나팔은 하나님의 임재와 그리스도의 재림, 하나님께 제사드릴 때, 찬양할 때 불었고, 이스라엘 백성 전체에게 어떤 공통적인 행동을 요할 때(진이 움직이고, 함께 전쟁에 나갈 때, 적군이 침입할 때) 불었다. 나팔은 정신 차리라는 경고요(겔 33:3-4), 계시록의 일곱 나팔은 주님 재림에 대한 완전한 경고(7은 완전수를 상징한다)로 일곱 나팔이 불릴 때 주님은 공중에 재림하시어 천국 잔치를 열게 되고 이 땅에는 대환난(일곱 대접의 계시)이 시작된다(p. 223. 대환난의 교리 참조).

이스라엘 백성들은 구름기둥을 따라 시내 광야에서 바란 광야까지 이동한다. 성도는 늘 성령의 인도를 따라 살아야 하고 성령의 인도를 받는 길은 쉬지 말고 기도하며 항상 말씀을 듣고 묵상하며 살아가는 길이다. 성도가 기도해도 하나님은 이렇게 하라, 저렇게 하라 직접 대답하지 않으신다. 하나님은 기도하는 중 마음에 새겨진 말씀이나 읽는 말씀이나 듣는 말씀, 혹은 어느 누구의 충고를 생각나게 하심으로 응답하신다. 이런

저런 응답이 없을 때는 내가 하려는 일을 기도로 주님께 고하고 성령님의 인도를 빌며 나가면 된다. 이때 늘 나의 욕심이 하나님의 인도를 가로막을 수 있다. 욕심을 따르지 말고 기도하며 기억되는 하나님 말씀의 뜻을 다시 기도하며 생각하고 하나님이 기뻐하실 쪽으로 나아가야 한다. 강단에서 들은 말씀, 오늘 내가 읽은 말씀도 다시 묵상하며 따라가야 한다.

☙ 민수기 11장: 기브롯 핫다아와

민수기 11장에는 이스라엘 백성들이 악한 말로 하나님을 원망하여 그 원망을 들으신 하나님이 백성들에게 불로 징벌하신 사건과 이스라엘 진영에 함께 있는 다른 백성들을 따라 욕심이 생겨 고기를 먹어야 살겠다고 원망하며 장막에서 통곡한 일을 기록한다. 이때 그들이 먹던 음식은 만나로 하나님이 아침마다 이슬과 함께 내리시는 기적의 양식이었다. 만나는 진주같이 생겼고, 맷돌에 갈거나 절구에 찧어서 가마에 삶기도 하고 구워서 과자를 만들어 먹을 수 있었다. 그들은 이 기적의 양식 만나를 먹으면서도 고기와 부추와 마늘을 그리워하며 하나님과 모세를 원망하였다.

모세는 이런 백성을 어찌할 수 없어 하나님 앞에 죽기를 간하며 기도한다. 하나님은 이런 모세에게 70인의 장로와 지도자를 뽑게 하고 그들에게 모세에게 주신 하나님의 영을 부어주심으로 모세와 함께 그들을 이끌어 가게 하시고 이 백성에게 한 달 동안 그들의 코에서 냄새가 나도록 고기를 주겠다고 말씀하신다.

모세는 이런 일이 불가능하다고 하나님께 말하지만, 하나님은 "여호와의 손이 짧아졌느냐" 대답하시고, 바다에서 바람을 불어 메추라기 떼를 이스라엘 진영에 내리게 하심으로 백성들은 하나님의 말씀대로 고기를 싫증나도록 먹는다.

하나님은 이런 백성에게 진노하셔서 큰 재앙을 내리셨고 그래서 그곳 이름을 기브롯 핫다아와(갈망의 무덤)라 부른다.

하나님은 백성들이 원망할 때 그 소리를 들으신다. 하나님은 오늘도 우리의 대화를 듣고 계신다. 성화의 과정에서 성도는 불평, 원망, 미움의 말, 부정의 말을 버리고 사랑, 감사, 평강의 말을 하며 살아가야 한다. 언어가 곧 인격으로 언어는 행동과 생활에 첫걸음이 된다.

백성들의 원망을 들은 모세는 낙심하여 하나님 앞에 자신을 죽여 달라고 말한다.

"모세가 여호와께 여짜오되 어찌하여 주께서 종을 괴롭게 하시나이까 어찌하여 내게 주의 목전에서 은혜를 입게 아니하시고 이 모든 백성을 내게 맡기사 내가 그 짐을 지게 하시나이까 이 모든 백성을 내가 배었나이까 내가 그들을 낳았나이까 어찌 주께서 내게 양육하는 아버지가 젖 먹는 아이를 품듯 그들을 품에 품고 주께서 그들의 열조에게 맹세하신 땅으로 가라 이 모든 백성에게 줄 고기를 내가 어디서 얻으리이까 그들이 나를 향하여 울며 이르되 우리에게 고기를 주어 먹게 하라 하온즉 책임이 심히 중하여 나 혼자는 이 모든 백성을 감당할 수 없나이다 주께서 내게 이같이 행하실진대 구하옵나니 내게 은혜를 베푸사 즉시 나를 죽여 내가 고난 당함을 내가 보지 않게 하옵소서"(민 11:11-15).

지도자의 자기 소진(burn out)은 모세에게도 있었다.

그러나 하나님께 죽여 달라고 떼를 쓴 것은 모세의 큰 잘못이요 불신앙이다. 하나님은 이런 모세를 이해하셔서 이 일로 모세에게 특별한 벌을 내리시지는 않았다.

교회의 지도자나 성도가 믿음으로 살아가는 성화의 과정에 어려운 일이 겹칠 때 낙심할 수 있지만 이럴 때 성도는 하나님의 전능하심을 다시 붙잡아야 한다.

하나님은 모세와 더불어 지도자의 책임을 나누어 질 70인을 택하여 모세에게 부어주신 하나님의 영을 부어주심으로 모세의 무거운 짐을 덜어주신다. 교회에서 지도자와 성도는 함께 짐을 나누어 지며 아름다운 교회를 만들어 가야 한다.

하나님의 손은 언제나 짧지 않다. 하나님에게는 언제나 숫자(60만 명의 백성)나 어떤 물질(고기)이 문제가 되지 않는다. 하나님은 전능하신 분이다. 전능하신 하나님이 함께하고 전능하신 하나님과 대면하여 이야기하는 모세도 하나님의 전능성을 잊고 인간적인 계산을 한다. 하나님은 이런 모세에게 하나님의 손이 짧지 않다고 대답하신다. 우리는 늘 하나님의 전능하심을 잊지 말아야 한다. 하나님의 손은 오늘도 짧지 않다.

하나님은 바람으로 메추라기 떼를 불어 이스라엘 진영에 매일 내리게 하심으로 이스라엘 백성들은 고기 냄새가 싫을 정도로 메추라기 고기를 먹는다. 그러나 하나님과 모세를 원망한 백성들은 하나님의 진노로 많이 죽었고 이곳이 장지가 된다. 이곳 지명이 '기브롯 핫다아와'로 이 말의 뜻은 '갈망의 무덤'이다. 기브롯 핫다아와는 늘 충족하게 주시는 하나님을 원망하며 욕심에 욕심을 더한 결과로 온 무덤이다. 성도가 희망을 품고 기도하며 살아야 하지만 욕심이 잉태하여선 안 되고 욕심이 자라지 못하게 해야 한다(약 1:14, 15, 4:2). 성도는 오늘을 감사하며 살아야 한다. 오늘은 내 형편이 어떻든지 하나님이 최선으로 사랑하시는 현장이기 때문이다. 욕심을 물리치는 길은 감사하는 것이다.

🌱 민수기 12장: 모세를 비방한 아론과 미리암

민수기 12장을 보면 아론과 미리암이 "그들이 이르되 여호와께서 모세와만 말씀하셨느냐 우리와도 말씀하지 아니하셨느냐"라는 말을 하며, 모세를 비방한 사건이 기록되어 있다.

하나님이 미리암을 징계하셔서 미리암은 문둥병에 걸려 진 밖에 쫓겨나 7일을 지나게 되고 하나님이 모세를 아론과 미리암 앞에 더 높여 주신다.

미리암과 아론이 모세를 원망하고 비방하는 말을 하나님이 들으셨다.

하나님은 우리의 말을 듣고 계신다. 우리는 하나님이 미워하실 말을 하지 말아야 한다. 인격이 성화되는 과정에서 어떤 말을 하고 살아가느냐 하는 것은 아주 중요하다. 감사의 말, 긍정의 말, 사랑의 말을 해야 한다. 미움과 원망의 말, 부정적인 말과 의심의 말은 입에 담지 말아야 한다. 이스라엘 백성이 광야에서(성화의 과정에서) 원망과 불신앙의 말을 한 것이 큰 죄가 되어 하나님 앞에 여러 번 징계를 받는다.

모세는 하나님의 징계로 문둥병에 걸려서 진 밖으로 쫓겨난 미리암을 위해 간절히 기도하여 미리암은 문둥병에서 고침을 받았지만 이 일로 이스라엘 백성의 진군이 7일간 지연된다.

모세, 아론, 미리암은 한 형제요 남매다. 형제를 비방하고 시기하는 일은 오늘 교회 안에서 성도들 간에 미워하고 시기하는 일의 모형으로 우리는 형제(성도)와 우애하고 서로 존경하기를 먼저 해야 한다(롬 12:10).

아론과 미리암에게 하나님은 꿈이나 이상으로 말씀하셨지만 모세에게는 하나님이 은밀히 말씀하시지 않고 대면하여 직접 말씀하셨다. 오늘 목회자들은 기도하며 성경을 통해 하나님의 말씀을 직접 들어야 한다.

☙ 민수기 13-14장: 정탐꾼의 보고, 집단적인 반항

민수기 13장과 14장에는 바란 광야에서, 이스라엘 열두 지파의 대표들이 40일 동안 가나안 땅을 정탐하고 이스라엘 진영으로 돌아와 가나안 땅에 대한 정보를 보고한 사건을 기록하고 있다.

하나님은 각 지파에서 대표를 한 사람씩 택하여 가나안 땅을 정탐하라고 말씀하신다. 그러나 신명기 1장 22절에 "너희가 다 내 앞으로 나아와 말하기를 우리가 사람을 우리보다 먼저 보내어 우리를 위하여 그 땅을 정탐하고 어느 길로 올라가야 할 것과 어느 성읍으로 들어가야 할 것을 우리에게 알리게 하자 하기에"라고 한 말씀을 보면 가나안 땅을 정탐한 일은 하나님이 모세에게 명령한 것이 아니고, 백성들이 모세에게 나아와 요구하여 이루어진 사건임을 알 수 있다.

민수기 22장부터 24장에 기록된 발람의 사건을 보면 발락이 발람에게 이스라엘 백성을 저주하여 달라고 청했을 때 하나님이 발람에게 발락이 보낸 사자들을 따라가라고 명하신 것으로 기록되어 있다.

그러나 발람은 하나님의 선지자로 하나님의 백성인 이스라엘을 저주할 수 없는 사람이었다. 발람은 이스라엘 백성을 저주해 달라는 발락의 요구를 처음부터 거절해야 한다. 그런데 발람은 "하나님이 무엇이라 말씀하는지 물어보겠다"라고 말하며 한 걸음 한 걸음씩 발락을 따라갔고 이스라엘 백성을 저주하라고 마련해 놓은 발락의 제단에 다가간다. 그리고 여기에도 하나님이 발람에게 발락이 보낸 사자를 따라가라고 명하신 것으로 기록된다. 문자대로 보면 발람이 하나님의 명령을 따라간 것 같지만 원칙(하나님의 선지자로 이스라엘을 저주할 수 없는)을 버린 발람에게 하나님이 가라고 하신 말씀은 원칙을 떠난 발람이 자신의 계획대로 가는 길을 하나님이 그대로(발람의 생각대로) 가게 하시는 말씀인 것이다.

이스라엘 백성은 가나안 땅 변경에 이르러 머뭇거리지 말고, 정탐꾼을 보내지 말고, 하나님이 준다고 하신 약속을 믿고, 가나안으로 진군해야 하는 것이 원칙이었다. 그런데 이스라엘 백성들은 모세에게 나아와 가나안 땅을 정탐하기를 요구한다. 그들이 발람처럼 원칙을 벗어난 것이다. 민수기 13장 초두에 하나님이 모세에게 열두 지파 대표로 가나안 땅을 정탐하라고 명하신 것은 원칙을 떠난 이스라엘 백성을 이스라엘 백성들의 생각대로 발람처럼 하도록 말씀하시는 명령이다.

우리는 신앙생활 중 원칙을 떠나 내 길을 가면서 '내가 가는 길을 갈까요, 말까요?' 하고 하나님께 물어보아서는 안 된다. '살인할까요, 말까요? 간음할까요, 말까요?'를 하나님께 물어서는 안 된다. 이스라엘 백성이 가나안으로 진군하는 것은 원칙이다. 정탐할 필요가 없는 것이다. 원칙을 떠난 정탐꾼의 파송은 이스라엘 백성을 광야에 40년간 머물게 하는 큰 불행을 가져온다.

열두 명의 정탐 팀 중 여호수아와 갈렙을 제외한 열 사람은 이스라엘 자손 앞에서 그 정탐한 땅을 악평하며 가나안 정벌의 불가능을 말한다.

"우리가 두루 다니며 정탐한 땅은 그 거주민을 삼키는 땅이요 거기서 본 모든 백성은 신장이 장대한 자들이며 거기서 네피림 후손인 아낙 자손의 거인들을 보았는데 우리는 스스로 보기에도 메뚜기 같으니 그들이 보기에도 그와 같았을 것이니라"(민 13:32-33).

그러나 여호수아와 갈렙은 이렇게 말한다.

"여호와께서 우리를 기뻐하시면 우리를 그 땅으로 인도하여 들이시고 그 땅을 우리에게 주시리라 이는 과연 젖과 꿀이 흐르는 땅이니라 다만 여호와를 거역하지는 말라 또 그 땅 백성을 두려워하지 말라 그들은 우리의 먹이라 그들의 보호자는 그들에게서 떠났고 여호와는 우리와 함께하시느니라 그들을 두려워하지 말라"(민 14:8-9).

그러나 백성들은 밤새도록 울고 모세를 원망하며 애굽으로 돌아가려고 계획을 세운다. 백성들은 애굽으로 돌아가려고 조직적으로 모세에게 반기를 들고 한 지휘관을 세우고 모세를 돌로 치려고 한다.

성도가 믿음으로 구원받은 후 성화의 과정에서 믿음의 생활에 어려움을 만나면 구원받기 전의 세계로 돌아가려고 하는 시험을 만난다. 그래서 아주 작은 문제로 교회를 떠나고 신앙생활을 하지 않게 된다. 이들이 하늘의 별 3분의 1을 땅에 끌어내리는 사탄의 시험에 빠진 자들이요(계 12:3-4), 그리스도의 터 위에(구원받은 후) 나무나 풀이나 짚으로 집을 짓는 사람들이요, 천국 잔치에 들어가지 못하고 대환난을 통해 부끄럽게 구원될 성도들이다.

"내게 주신 하나님의 은혜를 따라 내가 지혜로운 건축자와 같이 터를 닦아 두매 다른 이가 그 위에 세우나 그러나 각각 어떻게 그 위에 세울까를 조심할지니라 이 닦아 둔 것 외에 능히 다른 터를 닦아 둘 자가 없으니 이 터는 곧 예수 그리스도라 만일 누구든지 금이나 은이나 보석이나 나무나 풀이나 짚으로 이 터 위에 세우면 각 사람의 공적이 나타날 터인데 그날이 공적을 밝히리니 이는 불로 나타내고 그 불이 각 사람의 공적이 어떠한 것을 시험할 것임이라 만일 누구든지 그 위에 세운 공적이 그대로 있으면 상을 받고 누구든지 그 공적이 불타면 해를 받으리니 그러나 자신은 구원을 받되 불 가운데서 받은 것 같으리라"(고전 3:10-15).

"나더러 주여 주여 하는 자마다 다 천국에 들어갈 것이 아니요 다만 하늘에 계신 내 아버지의 뜻대로 행하는 자라야 들어가리라 그날에 많은 사람이 나더러 이르되 주여 주여 우리가 주의 이름으로 선지자 노릇 하며 주의 이름으로 귀신을 쫓아내며 주의 이름으로 많은 권능을 행하지 아니하였나이까 하리니 그때에 내가 그들에게 밝히 말하되 내가 너희를 도무지 알지 못하니 불법을 행하는 자들아 내게서 떠나가라 하리라"(마 7:21-23).

"또 다른 이적이 보이니 보라 한 큰 붉은 용이 있어 머리가 일곱이요 뿔이 열이라 그 여러 머리에 일곱 왕관이 있는데 그 꼬리가 하늘의 별 3분의 1을 끌어다가 땅에 던지더라"(계 12:3-4).

천국 잔치에는 구원받고 끝까지 신앙으로 회개하며 성화를 이룬 성도만이 들어간다. 가나안 땅을 앞에 두고 못 들어간다고 말하고 애굽으로 돌아가려고 한 백성은 가나안 땅에 들어가지 못하고 광야에서 다 죽었다.

백성의 원망을 들으신 하나님

가나안 진군의 불가능을 말하며 모세와 아론을 원망하고 '여호와가 어찌하여 우리를 이리로 인도하여 칼에 쓰러지게 하는가?' 하며 하나님을 원망하는 백성들의 소리를 여호와가 들으셨고 그래서 하나님은 그들을 다 진멸하려고 하신다.

"나를 원망하는 이 악한 회중에게 내가 어느 때까지 참으랴 이스라엘 자손이 나를 향하여 원망하는바 그 원망하는 말을 내가 들었노라"(민 14:27).

신앙으로 살아가며 어떤 사건, 어떤 어려움 중 원망하는 것은 아주 큰 죄로 이 원망의 말을 하나님이 들으신다. 신앙은 어떤 자리에서도 현재를 하나님이 내게 주신 최선의 자리로 받고 원망 대신 이 사건 속에 숨겨진 하나님의 섭리를 찾으며 살아가는 것이다. 아브라함이 그랬고 요셉이 그랬고 바울이 그랬고 이삭이 그렇게 살았다.

이스라엘 백성들의 원망을 들으신 하나님은 진노하시어 모세에게 전염병으로 이 백성을 멸하겠다고 말씀하신다. 모세는 이런 하나님 앞에 기도한다.

"모세가 여호와께 여짜오되 애굽인 중에서 주의 능력으로 이 백성을 인도하여 내셨거늘 그리하시면 그들이 듣고 이 땅 거주민에게 전하리이다 주 여호와께서 이 백성 중에 계심을 그들도 들었으니 곧 주 여호와께서 대면하여 보이시며 주의 구름이 그들 위에 섰으며 주께서 낮에는 구름 기둥 가운데에서, 밤에는 불기둥 가운데에서 그들 앞에 행하시는 것이니이다 이제 주께서 이 백성을 하나 같이 죽이시면 주의 명성을 들은 여러 나라가 말하여 이르기를 여호와가 이 백성에게 주기로 맹세한 땅에 인도할 능력이 없었으므로 광야에서 죽였다 하리이다 이제 구하옵나니 이미 말씀하신 대로 주의 큰 권능을 나타내옵소서 이르시기를 여호와는 노하기를 더디 하시고 인자가 많아 죄악과 허물을 사하시나 형벌 받을 자는 결단코 사하지 아니하시고 아버지의 죄악을 자식에게 갚아 삼사 대까지 이르게 하리라 하셨나이다 구하옵나니 주의 인자의 광대하심을 따라 이 백성의 죄악을 사하시되 애굽에서부터 지금까지 이 백성을 사하신 것같이 사하시옵소서"(민 14:13-19).

모세는 하나님이 이스라엘 백성을 다 멸하시면 이방인들이 하나님은 능력 없는 하나님이라고 말할 것을 염려한다. 모세는 하나님의 영광을 염려한다. 믿음으로 사는 길은 범사에 하나님의 이름을 거룩하게 하며 사는 생활로 하나님의 영광을 먼저 생각하며 사는 길이다.

하나님은 모세의 기도를 들으시고 백성들의 죄를 용서해 주시지만, 이 일로 가나안 정복의 불가능을 말한 열 명의 정탐꾼은 다 죽었고 가나안 정복 불가능을 말한 백성들도 광야에서 40년을 살면서 가나안 땅에 들어가지 못하고 광야에서 다 죽는다. 사람의 말이 이렇게 무서운 것이다.

가능한 일도 불가능하다고 말하면 불가능하게 된다. 하나님의 말씀에 불가능은 없다

우리가 하나님 앞에 죄를 용서받아도 죄의 대가는 반드시 따라온다. 에덴동산에서 먹으면 정녕 죽으리라 말씀하신 선악과를 아담이 먹은 죄로 모든 인류는 죽음에 이르게 되었고(롬 5:12) 그래서 주님이 십자가에서 피 흘려 죽으심으로 이 죄의 대가를 치르신 것이다.

죄에는 늘 대가가 따라온다. 그러므로 우리는 죄를 물리치며 살아야 한다. 이것이 성화의 과정에 있는 선한 싸움이다.

❣ 민수기 15장: 소제, 전제, 거제의 규례

민수기 15장에는 소제, 전제, 거제에 대한 규례와 백성들이 모르고 지은 죄와 알고 지은 죄에 대한 규례, 계명을 생각나게 하기 위해 제사장 옷 단가에 다는 술과 청색 끈에 대한 규례가 기록된다.

소제는 소, 양, 염소 같은 희생제물로 드리는 제사에 더하여 곡식으로 드리는 곡물제사다.

전제는 희생 제사와 함께 드리는 포도주 제사다. 거제는 제물을 높이 들어 올려 드리는 제사로 백성들이 새 곡식을 제물로 드릴 때 두 손으로 얼굴보다 더 높게 들어 올려 드리는 제사다.

우리는 성화의 과정에서 내가 모르고 죄를 범할 수 있고 죄인 것을 알지만 짓는 죄도 있다. 그래서 구원받은 성도는 날마다 항상 회개하며 살아야 한다.

제사장은 옷에 술을 만들어 청색 끈으로 달아매어 늘 하나님의 계명

을 생각하며 살아야 한다. 구원받은 성도는 늘 하나님의 말씀을 묵상하며 살아야 한다. 성도는 늘 말씀을 듣고, 읽고, 외우며, 묵상하며 말씀을 따라 살아야 한다.

안식일에 나무를 한 사람을 모세에게 데리고 왔고 하나님은 모세에게 그를 진 밖에서 백성들이 돌로 쳐서 죽이라 명하신다. 구원받은 후 성화의 과정에서 성수주일은 생명같이 귀중한 것이다.

☞ 민수기 16-17장: 고라와 온 250명의 집단적 항거, 아론의 싹 난 지팡이

민수기 16, 17장에는 레위의 증손인 고핫의 손자 이스할의 아들 고라와 르우벤 자손 엘리압의 아들 다단과 아비람과 벨렛의 아들 온이 당을 짓고 이스라엘 백성 중 이름이 널리 알려진 지휘관 250여 명이 함께 조직을 만들어 모세와 아론의 지휘권에 반기를 든 사건을 기록하고 있다. 이 일에 레위 자손 고라가 앞장을 섰다. 모세는 이런 도전을 받고 하나님 앞에 엎드려 기도함으로 하나님의 인도를 받는다. 모세는 레위 자손들이 여호와의 성막에서 봉사하며 회중 앞에 서서 백성을 대신하여 하나님을 섬기게 하심이 작은 일이 아님을 지적하고 분수에 지나친 원망과 요구를 책망한다. 그리고 모세는 이 일이 하나님이 친히 세워주신 제사장 직분에 대한 도전으로 여호와를 거역하는 일이라고 말한다.

하나님은 열두 지파의 두령들 지팡이를 가져다가 언약궤 앞에 놓게 하고 한밤을 지낸다. 이 열두 지팡이 중 아론의 지팡이에는 살구나무 가지가 돋게 하고 잎이 피게 하시며 꽃이 피어 열매 맺게 하시는 기적으로 아론은 하나님이 특별하게 세운 제사장임을 백성들에게 보여 주신다.

하나님이 땅을 갈라 순식간에 모세를 반역한 고라와 그 무리를 땅속으로 삼키어 죽게 하심으로 그들을 심판하신다.

모세와 같은 위대한 지도자도 백성들로부터 그 권위를 도전받는다. 목회자들이 하나님을 섬기는 중 이런저런 일로 반대와 원망과 도전을 받을 수 있다. 이때 목회자가 할 일은 모세와 같이 하나님께 엎드려 기도함으로 문제를 풀어가는 것이다.

고라는 이미 하나님 앞에 큰 은혜를 받아 성막에서 하나님을 섬기는 직분을 받았는데 분수에 넘치게 제사장 직분을 탐하였다. 성화의 과정에서 성도는 교회에서 하나님을 섬기는 일에 내 직분에 충실하고 분수를 지켜야 한다. 교회는 그리스도의 몸으로 교회 안에서 여러 직분을 여러 성도에게 주님의 뜻대로 나눠주셨다. 모두 각자 내 직분이 귀하다. 각각 내 직분에 충성해야 한다.

"너희는 그리스도의 몸이요 지체의 각 부분이라 하나님이 교회 중에 몇을 세우셨으니 첫째는 사도요 둘째는 선지자요 셋째는 교사요 그다음은 능력을 행하는 자요 그다음은 병 고치는 은사와 서로 돕는 것과 다스리는 것과 각종 방언을 하는 것이라 다 사도겠느냐 다 선지자겠느냐 다 교사이겠느냐 다 능력을 행하는 자이겠느냐 다 병 고치는 은사를 가진 자이겠느냐 다 방언을 말하는 자이겠느냐 다 통역하는 자이겠느냐"(고전 12:27-30).

성도는 내가 받은 은사대로, 내게 주신 직분대로 그 자리에서 감사하며 충성해야 한다.

고라와 아비람과 다단과 온은 그 가족과 함께 땅이 갈라져 그들의 장막과 모두를 삼켜버리므로 죽었고, 이들의 반역에 동참하여 그들과 함께 아론과 모세를 대적한 250명의 유명한 자들은 그들이 들고 있는 향로에서 불이 나와 다 불에 타 죽었다. 이 사건 후 다시 백성들이 모세와 아론에게 '너희가 백성을 죽였다'고 원망하여 또 4,700명이 죽는다.

구약에는 이 사건처럼 종종 이스라엘 백성들이 범한 죄에 대해 하나님이 즉각적으로 심판하시는 사건들이 나오지만 신약과 현재는 사도행전에 나오는 아나니아와 삽비라 사건(행 5:1-5) 외에는 이렇게 하나님이 즉각적으로 성도의 죄를 심판하시지 않는다. 그래서 성도가 죄를 가볍게 생각하며 하나님이 못 보시는 것처럼 살아가기 쉽지만, 성도는 죄를 가볍게 보며 살아서는 안 된다. 죄악에는 반드시 형벌과 심판이 따른다. 믿음으로 구원받은 후 성화의 구원은 날마다 회개하며 날마다 죄를 멀리하는 생활이다. 결코 하나님을 업신여겨서는 안 된다. 모든 죄는 반드시 심은 대로 거두게 된다. 하나님이 이렇게 말씀하신다.

"스스로 속이지 말라 하나님은 만홀히 여김을 받지 아니하시나니 사람이 무엇으로 심든지 그대로 거두리라"(갈 6:7).

고라와 함께 죽은 그 자손들과 가족들의 죽음은 억울하지 않은가? 억울한 죽음에 대한 성경의 대답을 들어보자.

성경에는 한 왕의 죄로 온 백성이 큰 고난에 처하게 되고 많은 백성이 죽게 되는 억울해 보이는 죽음과 고난의 사건이 많이 나온다. 아합 왕의 죄로 이스라엘 땅에는 3년 6개월 동안 비가 내리지 않아 온 백성이 큰 고난에 처하게 되고 다윗의 잘못된 인구조사로 염병에 백성 7만 명이 죽는다(삼하 4:15).

한 사람의 잘못으로 많은 사람이 죽고 고난에 떨어지는 일은 세상에 늘 있는 일이다. 북한에서 고난받는 백성들에게 무슨 죄가 있는가? 한 사람의 잘못으로 온 백성 온 나라가 고난을 당하는 것이 역사다. 왜 이렇게 억울한 죽음이 있는가?

고라와 그 가족을 땅이 삼킬 때 자손들이 다 죽지는 않았다. 고라의 후손들은 후에 하나님의 성전의 문지기로 봉사하였고(대상 9:19), 성전에서 하나님을 찬양하는 귀한 임무를 수행한다(대하 20:19).

왜 이 땅에는 화산 폭발과 쓰나미, 지진, 태풍, 전쟁이 발발하여 죄 없는 많은 사람이 죽어야 하는가? 하나님이 이런 것들을 막으실 수 없는가?

에덴동산에서 아담이 범죄한 후 사람에게 흙으로 돌아가는 육체의 죽음이 왔고, 땅이 저주를 받아 가시덤불이 생기고 미움과 살인과 약육강식의 비극이 왔다(창 3:17-19).

사람들이 화산 폭발로 죽든, 지진으로 죽든, 쓰나미로 죽든, 전쟁으로 죽든, 한 왕이 범한 죄로 죽든, 이 죽음의 원천은 원죄에서 온 것이다. 이 땅에서 어떤 모양의 죽음이든 죄 없는 죽음은 없다. 다 죄의 값으로 죽는 것이다.

"죄의 삯은 사망이요 하나님의 은사는 그리스도 예수 우리 주 안에 있는 영생이니라"(롬 6:23).

세상의 모든 사람의 죽음은 그 사람이 어떤 것을 통해 죽든지, 암으로, 혹은 자동차 사고로, 혹은 강도의 총에, 혹은 전쟁에 죽어도, 그 사람이 너무 빨리 죽는 것도, 너무 억울하게 죽는 것도 아니다. 그 사람의 생명은 거기까지로 정해져 있을 뿐이다. 모든 사람은 하나님 안에 생명의 날이 다 정해져 있고 모든 사람은 그 시간까지만 사는 것이다. 하나님이 이렇게 말씀하신다.

"인류의 모든 족속을 한 혈통으로 만드사 온 땅에 살게 하시고 그들의 연대를 정하시며 거주의 경계를 한정하셨으니"(행 17:26).

여기서 연대를 정하셨다는 말은 영어로 appointed times로 appointed라는 단어의 뜻은 결혼 날짜, 약혼 날짜를 정한다고 할 때 쓰는 단어다. 모든 사람은 하나님이 그 생명의 시간을 appointed한 때까지만 사는 것이다.

"그의 날을 정하셨고 그의 달 수도 주께 있으므로 그의 규례를 정하여 넘어가지 못하게 하셨사온즉"(욥 14:5).

하나님의 눈으로 보면 이 땅에서 아주 일찍 죽는 것이나, 아주 오래 장수하다 죽는 것이나 다 같은 것이다. 인간의 생각으로 누가 어떤 사고로 빨리 죽고 누구는 아주 오래 살았다 하지만 영생하는 영원한 하나님의 시간으로는 다 같은 것이다. 하나님 나라의 하루가 이 땅에서의 천년과 같을 수 있다.

"사랑하는 자들아 주께는 하루가 천년 같고 천년이 하루 같은 이 한 가지를 잊지 말라"(벧후 3:8).

그래서 우리에게 구원이 필요하고, 예수님이 이런 모순을 해결하기 위해 구세주로 오셨고 구원을 완성하신 것이다. 구원만이 이런 모든 죽음의 해결인 것이다. 구원받은 사람에게는 언제 어떻게 죽어도 그것은 죽음이 아닌 영생의 새로운 시작이 되는 것이다.

"이 썩을 것이 반드시 썩지 아니할 것을 입겠고 이 죽을 것이 죽지 아니함을 입으리로다 이 썩을 것이 썩지 아니함을 입고 이 죽을 것이 죽지 아니함을 입을 때에는 사망을 삼키고 이기리라고 기록된 말씀이 이루어지리라 사망아 너의 승리가 어디 있느냐 사망아 네가 쏘는 것이 어디 있느냐 사망이 쏘는 것은 죄요 죄의 권능은 율법이라 우리 주 예수 그리스도로 말미암아 우리에게 승리를 주시는 하나님께 감사하노니 그러므로 내 사랑하는 형제들아 견실하며 흔들리지 말고 항상 주의 일에 더욱 힘쓰는 자들이 되라 이는 너희 수고가 주 안에서 헛되지 않은 줄 앎이라"(고전 15:53-58).

예수님 안에 있는 구원은 모든 사망의 권세를 이긴다. 할렐루야.
이스라엘 백성들의 광야에서의 죽음은 모세와 아론의 죽음을 포함하여 고라 자손의 죽음이든 각종 질병으로 죽은 죽음이든 다 구원받은 후(애굽에서 해방된 후)의 죽음으로 그들에게도 영생이 있는 것이다.
하나님은 아론의 제사장직을 백성들에게 공적으로 확인시켜 주시기 위해 언약궤 앞에 갖다 놓은 열두 대표의 지팡이 중 아론의 지팡이에만 하룻밤 사이에 살구나무 싹이 나게 하고 꽃이 피게 하고 살구 열매가 달리게 하는 기적을 행하신다. 그리고 이 지팡이를 언약궤 앞에 가져다 놓게 한다. 후에 아론의 싹 난 지팡이는 언약궤 안에 보관된다. 언약궤 안에는 십계명을 새긴 돌판과 만나와 아론의 싹 난 지팡이가 들어 있다(히 19:4).

아론의 싹 난 지팡이는 제사장권에 대한 하나님의 보장으로 제사장권은 하나님이 친히 주시는 것임을 보여준다. 이 세상에 어떤 힘 있는 왕도 제사장이 행하는 제사를 드릴 수 없다. 여로보암 왕은 자신이 제단 앞에서 제사를 드리다가 그 손이 말라 거두지를 못했고(왕상 13:1-6), 사울 왕은 사무엘 대신 제사를 드리다가 하나님 앞에 버림을 받는다(삼상 13:7-14).

오늘 교회의 목사직은 제사장직을 계승한 직으로 목사는 예배를 생명같이 귀하게 여겨야 하고 성도는 목사의 예배권을 존중하여야 한다.

❧ 민수기 18장: 제사장의 직무와 레위인이 감당해야 할 직무, 제사장의 보수

민수기 18장은 제사장의 직무와 레위인이 감당해야 할 직무, 제사장의 보수와 레위인이 받는 분깃에 대한 하나님의 말씀이다.

아론과 그 후손들은 제사장으로 성소의 죄와 제사장 직분에 대한 죄를 담당해야 한다. 성소는 떡상(말씀)과 향로(기도)와 등대(성령충만의 생활)가 놓여있는 곳으로 구원의 예표로 보면, 성도의 성화를 예표하는 자리다. 성도가 믿음으로 구원받은(영적 구원, 칭의, 중생, 하나님의 자녀 됨=신분의 변화) 후 말씀과 기도와 성령충만의 생활로 이루어 가야 하는 '받는 구원'을 예표하는 곳이 성소다.

제사장은 성소의 죄를 담당하는 직분으로 날마다 상번제를 드리고 매년 대속죄제를 드려야 한다.

제사장은 제사장의 죄를 담당해야 한다. 대제사장 되신 예수 그리스도 외에 어떤 제사장도 죄 없이 온전할 수 없다. 제사장은 백성의 죄는 물론 자신의 죄도 담당해야 했다. 예수 그리스도는 이 모든 죄를 한 번에 십자가에서 온전하게 담당하심으로 구원이 완성되었다.

"첫 언약에도 섬기는 예법과 세상에 속한 성소가 있더라 예비한 첫 장막이 있고 그 안에 등잔대와 상과 진설병이 있으니 이는 성소라 일컫고 또 둘째 휘장 뒤에 있는 장막을 지성소라 일컫나니 금향로와 사면을 금으로 싼 언약궤가 있고 그 안에 만나를 담은 금 항아리와 아론의 싹난 지팡이와 언약의 돌판들이 있고 그 위에 속죄소를 덮는 영광의 그룹들이 있으니 이것들에 관하여는 이제 낱낱이 말할 수 없노라 이 모든 것을 이같이 예비하였으니 제사장들이 항상 첫 장막에 들어가 섬기는 예식을 행하고 오직 둘째 장막은 대제사장이 홀로 일 년에 한 번 들어가되 자기와 백성의 허물을 위하여 드리는 피 없이는 아니하나니 성령이 이로써 보이신 것은 첫 장막이 서 있을 동안에는 성소에 들어가는 길이 아직 나타나지 아니한 것이라 이 장막은 현재까지의 비유니 이에 따라 드리는 예물과 제사는 섬기는 자를 그 양심상 온전하게 할 수 없나니 이런 것은 먹고 마시는 것과 여러 가지 씻는 것과 함께 육체의 예법일 뿐이며 개혁할 때까지 맡겨 둔 것이니라 그리스도께서는 장래 좋은 일의 대제사장으로 오사 손으로 짓지 아니한 것 곧 이 창조에 속하지 아니한 더 크고 온전한 장막으로 말미암아 염소와 송아지의 피로 하지 아니하고 오직 자기의 피로 영원한 속죄를 이루사 단번에 성소에 들어가셨느니라 염소와 황소의 피와 및 암송아지의 재를 부정한 자에게 뿌려 그 육체를 정결하게 하여 거룩하게 하거든 하물며 영원하신 성령으로 말미암아 흠 없는 자기를 하나님께 드린 그리스도의 피가 어찌 너희 양심을 죽은 행실에서 깨끗하게 하고 살아 계신 하나님을 섬기게 하지 못하겠느냐"(히 9:1-14).

레위인은 제사장을 도와 성막의 일을 담당한다.

제사장과 레위 지파는 땅을 분깃으로 받지 않는다. 제사장의 보수는 제물에서 얻어진다. 모든 제사에서 하나님께 불살라 바친 것 외의 모든 제물과 거제물, 요제물이 제사장에게 주어진다. 제사장은 백성들에게서 처음 익은 열매와 처음 얻은 가축, 처음 낳은 아들을 대신한 대속물과 레위인에게 받는 십일조가 보수로 돌려졌다.

오늘 교회를 섬기는 제사장인 목사에게 예배와 말씀과 기도에 전무하도록 생활에 염려가 되지 않게 보수를 주어야 하는 것은 마땅한 일이다.

레위인들은 백성에게서(모든 가축과 과일과 농산물의) 십일조를 받는 것이 소득이다. 레위인은 이 십일조에서 십일조를 하나님께 거제물로 바쳐 제사장에게 드려야 한다.

❧ 민수기 19장: 정결케 하는 재의 제조법

민수기 19장에는 부정한 사람이나 부정한 물건을 정결케 하는 재를 만드는 법과 정결케 하는 방법을 기록한다.

정결케 하는 재는 멍에를 메어보지 않은 흠 없는 붉은 암소(수소가 아닌 것은 암소가 더 귀하고 값비싼 것이기 때문이다)를 진 밖에서 온전히 불에 태워서 모은 재로, 흐르는 물을 그릇에 담아 그 물에 이 재를 넣어 정결케 하는 물을 만들어 우슬초에 적시어 부정한 사람, 부정한 물건에 뿌리거나 발라 정결케 한다. 여기서 흠 없고 멍에를 메어보지 않은 암소는 세상 죄를 다 담당하시고 성 밖, 골고다 언덕에서 온전히 무죄하신 자신의 몸을 다 드리신 예수 그리스도를 예표한다. 예수 그리스도의 피 공로가 아니면 누구도, 언제라도 그 죄를 정결케 할 수 없다.

정결케 하는 의식과 정결케 하는 재는 예수 그리스도만이 우리의 죄를 정결케 하는 구세주임을 예표하는 것이다.

❧ 민수기 20장: 바위를 쳐서 물을 낸 모세의 불신앙

민수기 20장에는 이스라엘 백성이 홍해를 건너온 후 38년 되는 해, 그들이 광야에서 긴 방황을 한 후, 다시 가데스에 돌아왔을 때의 사건을 기록한다. 그들은 가데스에서 물이 없으므로 모세에게 나아와 자신들이 광야에서 죽지 못한 것을 스스로 한탄하였다. 그들은 모세와 아론에게 "너희가 왜 우리를 애굽에서 인도하여 내어서 곡식을 파종할 땅도 없고 무화과도 없고 포도도 없고 석류도 없고 마실 물도 없는 이곳에서 죽게 하느냐" 하고 원망한다.

가데스는 이스라엘 백성이 출애굽 후 처음으로 도착한 가나안 접경으로, 이곳에서 열두 정탐꾼을 가나안 땅으로 보내었던 곳이다(민 13장).

모세는 하나님 앞에 엎드려 기도했고 하나님은 모세에게 반석에게 명하여 물을 내라고 지시하지만 모세와 아론은 백성들 앞에서 진노하여 "반역한 너희여 들으라 우리가 너희를 위하여 이 반석에서 물을 내랴" 하고 지팡이로 반석을 두 번 내려친다. 많은 물이 솟아나서 백성들이 마셨지만 이 일로 모세와 아론은 하나님으로부터 징계받아 가나안 땅에 들어가지 못하고 광야에서 죽게 된다.

모세는 하나님의 말씀대로 바위에게 명하여 물을 내야 했다. 그런데 모세는 바위를 두 번이나 지팡이로 내리쳤다. 물은 반석에서 나왔지만 하나님은 모세와 아론에게 이렇게 말씀하신다.

"너희가 나를 믿지 아니하고 이스라엘 자손의 목전에서 내 거룩함을 나타내지 아니한 고로 너희는 이 회중을 내가 그들에게 준 땅으로 인도하여 들이지 못하리라"(민 20:12).

모세와 아론은 이 일 때문에 그렇게도 사모하는 가나안 땅에 들어가지 못하고 아론은 호르산에서 죽고 모세는 그 후에 비스가산에서 죽는다(신 34:5-8).

모세의 죄는 하나님을 믿지 아니하고 이스라엘 자손 앞에서 하나님의 거룩함을 나타내지 않은 것이다. 모세는 사람과 사람이 대면하여 말하듯이 하나님을 대면하여 말하고 하나님의 말씀을 들으며 하나님과 동행한 유일의 사람이다. 그런데 하나님은 모세가 바위를 명하여 물을 내라고 하셨지만 모세가 바위를 쳐서 물을 낸 것을 '하나님을 믿지 않은 것'이라고 말씀하신다. 모세는 그 온유함이 온 지면에 뛰어났지만(민 12:3) 이런 모세도 반복되는 백성들의 원망과 불신앙에 분노하여 손에 들고 있던 지팡이로 바위를 내려치는 잘못을 범한다.

하나님의 일을 감당하는 사역자가 회중 앞에서 분노하며 일을 감당하는 것은 하나님을 믿지 않는 불신앙이다. 하나님의 종은 어떤 경우에도 분노해서는 안 된다. 아무리 분한 일이라도 하나님이 알고 계시고 하나님이 최선으로 해결해 주실 것을 믿어야 바른 믿음이다.

모세는 백성 앞에서 반석을 치며 "우리가 너희를 위하여 이 반석에서 물을 내랴" 하고 말한다. 물을 반석에서 내시는 분은 하나님이시다. 모세는 하나님이 물을 내시는 일을 거들어드리는 종일 뿐이다. 그런데 모세는 자기가 반석에서 물을 내는 것과 같이 말하고 행동하여 하나님의 거룩함을 나타내지 않았다. 주님의 종들은 언제나, 끝까지, 무슨 일에나 하나님의 거룩하심을 앞세워야 한다. 바울 사도는 이렇게 말한다.

"그러나 내가 나 된 것은 하나님의 은혜로 된 것이니 내게 주신 그의 은혜가 헛되지 아니하여 내가 모든 사도보다 더 많이 수고하였으나 내가 한 것이 아니요 오직 나와 함께하신 하나님의 은혜로라"(고전 15:10).

모세가 이 일로 가나안 땅에 들어가지 못하게 된 하나님의 형벌은 너무 가혹해 보이지만 지도자의 죄는 하나님의 눈으로 볼 때 일반 백성들의 죄와 다른 것이다. 지도자는 항상 하나님 앞에 더 큰 책임을 가져야 한다.

가데스에서 물이 없다고 백성들이 모세를 원망하였다. 그러나 그들은 원망하기 전 조금만 더 기다렸어야 할 일이었다. 하나님은 백성들의 목마름을 위해 반석에 물을 감추어두고 계셨는데 백성들은 조금을 기다리지 못하고 모세를 원망한다. 신명기에서 하나님은 이렇게 말씀하신다.

"네 하나님 여호와께서 이 사십 년 동안에 네게 광야 길을 걷게 하신 것을 기억하라 이는 너를 낮추시며 너를 시험하사 네 마음이 어떠한지 그 명령을 지키는지 지키지 않는지 알려 하심이라 너를 낮추시며 너를 주리게 하시며 또 너도 알지 못하며 네 조상들도 알지 못하던 만나를 네게 먹이신 것은 사람이 떡으로만 사는 것이 아니요 여호와의 입에서 나오는 모든 말씀으로 사는 줄을 네가 알게 하려 하심이니라"(신 8:2-3).

하나님이 때로는 이스라엘 백성들에게 굶주림을 주신 것은 사람이(이스라엘 백성이) 떡으로만 사는 것이 아니요 여호와의 입에서 나오는 모든 말씀으로 살아야 하는 것을 알게 하시기 위해서였다. 그런데 백성들은 이런 하나님의 섭리를 모르고 조금만 어려워도 낙심하고 원망하였다. 구원받은 성도는 이 땅에서 살아갈 때 여호와의 입에서 나오는 말씀(성경말씀)에 따라 살아야 하고 그러기 위해 말씀 중심, 제단 중심의 신앙생활을 해야 하며 범사에 선하신 하나님, 내 목마름을 아시고 반석에 물을 감추고 계신 하나님을 믿고 인내하며 살아야 한다. 성도는 정말 어려울 때, 조금만 더 기다리는 지혜를 얻어야 한다. 하나님은 내 어려움을 아시고 해결하실 길을 준비해 놓고 계신다. 조금만 더 인내하자. 조금만 더….

☙ 민수기 21장: 불뱀의 징계, 장대에 달린 놋뱀

민수기 21장에는 이스라엘 백성이 가나안 땅을 향해 진군하며 호르마를 비롯한 가나안 족속의 여러 성읍을 점령하는 기사가 나온다.

이스라엘 백성이 진군하는 길에 에돔 지역을 통과하지 못하고 에돔 땅을 돌아 홍해 길을 따라 가게 된다. 백성들은 먹을 것이 없다고 또 원망하며 하나님이 주신 만나를 '박한 식물'이라고 말한다. 하나님은 이들에게 불뱀을 보내 물게 하셨고 많은 백성이 불뱀에 물려 죽는다. 모세는 하나님께 기도하였고 하나님은 모세에게 놋으로 불뱀의 형상을 만들어 높은 장대에 매달아 백성 중 누구라도 불뱀에 물린 사람이 이 장대에 달린 놋뱀을 보면 불뱀의 독이 없어지고 살아나게 하신다.

불뱀에게 물린 사람이 장대에 달린 놋뱀을 쳐다보고 불뱀의 독을 이기고 생명을 얻게 된 것은 십자가에 달려 돌아가신 예수 그리스도를 믿음으로 영생을 얻는 구원의 비밀을 가르쳐준다.

백성들이 광야에서 하나님 앞에 가장 많이, 여러 번 지은 죄가 원망의 죄다(고전 10:10). 구원받은 성도가 성화의 과정에서 오늘을 살아갈 때 원망할 일에 원망하는 것은 아주 쉽게 범할 수 있는 죄악이다. 믿음으로 살아가는 것은 원망할 일에 숨어 있는 하나님의 사랑의 섭리를 믿고 인내하며 사는 것이다. 요셉이 그렇게 살았다. 하나님은 우리에게 원망하지 말라고 말씀하신다(빌 2:14; 약 5:9; 벧전 4:9).

불뱀에 물린 사람에게 어떤 약초를 뜯어 그 즙을 상처에 바르라고 하든지, 어떤 나무의 열매를 따 먹으면 독이 중화되어 낫게 된다고 하는 말이 모든 백성에게 이해되는 처방이었다. 그런데 하나님은 놋으로 불뱀 형상을 만들어 높은 장대에 매달고 불뱀에게 물린 사람이 이 놋뱀만 쳐다보면 독이 없어지고 생명을 구한다고 말씀하신다. 하나님의 이 말씀은 사람의 지식이나 이성으로 받아들일 수 없는 비이성적이요 비과학적인 말씀이다. 이 말씀은 오늘 우리에게 2천 년 전 유대 땅에서 십자가에 못 박혀 죽은 예수를 믿기만 하면 누구든지 죽지 않고 영생을 얻는다는 말과 똑같은 말이다. 오늘 우리에게 누구든지 예수를 믿으면 구원받아 죽어도 사는 영생을 얻는다고 하는 말은 비이성적인 말이요 비과학적인 말이다.

놋뱀과 십자가를 동일시하신 예수님

예수님은 친히 광야에서 높은 장대에 달린 놋뱀을 예수님이 십자가에 달려 우리에게 영생을 주는 구원의 사건과 동일한 것으로 말씀하신다.

"모세가 광야에서 뱀을 든 것같이 인자도 들려야 하리니 이는 그를 믿는 자마다 영생을 얻게 하려 하심이니라"(요 3:14-15).

광야에서 불뱀에게 물린 사람이 놋뱀을 쳐다보는 것이 생명을 구하는 길이었고 오늘 우리가 예수가 구세주라고 하는 하나님의 말씀을 받고 믿는 것이 영생을 얻는 구원의 길이다.

놋뱀을 쳐다보면 어떻게 불뱀의 독이 없어질까 의심하면서라도 쳐다보면 불뱀의 독이 없어졌다. 예수를 믿으면 어떻게 영생을 얻을 수 있을까 의심하면서라도 예수를 믿기만 하면(예수를 구세주로 받기만 하면) 구원받고 영생을 얻는다. 믿음은 바로 불뱀에게 물린 사람이 놋뱀을 쳐다보는 것으로 믿음은 비이성적이고 비과학적인 하나님의 말씀, 곧 예수를 믿으면 영생을 얻는다는 하나님의 말씀을 '예' 하고 받는 것이다.

"모세가 광야에서 뱀을 든 것같이 인자도 들려야 하리니 이는 그를 믿는 자마다 영생을 얻게 하려 하심이니라"(요 3:14-15).

"하나님이 세상을 이처럼 사랑하사 독생자를 주셨으니 이는 그를 믿는 자마다 멸망하지 않고 영생을 얻게 하려 하심이라"(요 3:16).

"그를 믿는 자는 심판을 받지 아니하는 것이요 믿지 아니하는 자는 하나님의 독생자의 이름을 믿지 아니하므로 벌써 심판을 받은 것이니라"(요 3:18).

"아들을 믿는 자에게는 영생이 있고 아들에게 순종하지 아니하는 자는 영생을 보지 못하고 도리어 하나님의 진노가 그 위에 머물러 있느니라"(요 3:36).

"내가 진실로 진실로 너희에게 이르노니 내 말을 듣고 또 나 보내신 이를 믿는 자는 영생을 얻었고 심판에 이르지 아니하나니 사망에서 생명으로 옮겼느니라"(요 5:24).

"예수께서 이르시되 나는 부활이요 생명이니 나를 믿는 자는 죽어도 살겠고 무릇 살아서 나를 믿는 자는 영원히 죽지 아니하리니 이것을 네가 믿느냐"(요 11:25-26).

"이르되 주 예수를 믿으라. 그리하면 너와 네 집이 구원을 받으리라 하고"(행 16:31).

광야 불뱀의 독에서 이스라엘 백성을 구하고 생명을 얻게 한 놋뱀은 십자가에서 죽으신 예수님이다. 광야에서 불뱀에게 물린 사람이 놋뱀을 쳐다만 보면 생명을 얻었다. 이 말씀은 오늘 우리에게 영생의 비밀, 곧 믿음의 비밀을 가르쳐주는 말씀으로 믿음은 비이성적인 구원의 약속을 그냥 '예' 하고 받는 것이다. 예수를 믿음으로 얻는 구원과 영생은 이성적인 지식으로 설명이 안 되는 비이성적인 약속에 비이성적인 동의로 이루어진다. 이것이 바로 광야에서 놋뱀을 쳐다보고 구원 얻은 사건이 가르쳐주는 믿음의 비밀이다.

이런 믿음은 나에게서 나오지 않고 성령님이 주시는 것이다.

"그러므로 내가 너희에게 알리노니 하나님의 영으로 말하는 자는 누구든지 예수를 저주할 자라 하지 아니하고 또 성령으로 아니하고는 누구든지 예수를 주시라 할 수 없느니라"(고전 12:3).

성령님이 아니고서는 누구도 예수를 주님으로 받는 믿음에 이를 수 없다.

"이르시되 너희는 나를 누구라 하느냐 시몬 베드로가 대답하여 이르되 주는 그리스도시요 살아 계신 하나님의 아들이시니이다 예수께서 대답하여 이르시되 바요나 시몬아 네가 복이 있도다 이를 네게 알게 한 이는 혈육이 아니요 하늘에 계신 내 아버지시니라"(마 16:15-17).

베드로가 예수님을 그리스도로 고백한 것은 베드로에게서 나온 것이 아니요, 하나님 아버지에게서 나온 것이다.

이스라엘 백성은 가나안 땅의 여러 성을 점령한다.

🌱 민수기 22-24장: 잘못된 길을 간 선지자 발람

민수기 22장부터 24장까지에는 이스라엘 백성이 요단강 부근, 여리고 성이 보이는 모압 평지에서 일어난 사건을 기록한다.

모압 왕 발락은 이스라엘 백성을 두려워하여 이들을 멸할 계책으로 많은 복채와 큰 지위를 약속하며 선지자 발람을 불러 이스라엘 백성을 저주하도록 세 번이나 요구한다. 그러나 발람은 세 번 다 이스라엘 백성을 저주하는 말 대신 이스라엘 백성을 축복하시는 하나님의 말씀을 전한다.

발람이 하나님의 계시를 받아 발락에게 전한 것을 보면 발람은 분명 선지자다. 그러나 발람은 하나님이 원하지 않으시고 하나님이 하지 말라고 하신 이스라엘 백성을 저주하는 일을 위해 발락의 청을 따라가면서 계속 하나님이 허락하시고 하나님이 하라고 하신 일을 하는 것처럼 착각하는 거짓 선지자다.

발락이 많은 복채와 존귀한 자리를 약속하며 모압 장로들과 미디안 장로들을 발람에게 보내어 이스라엘 백성을 저주하여 달라고 발람에게 청한다. 발람은 이들이 찾아와 이스라엘 백성을 저주해달라고 청했을 때 그럴 수 없다고 단호하게 거절하며 발락이 보낸 사자들을 돌려보냈어야 한다. 하나님의 선지자가 하나님이 택하시고 인도하시는 하나님의 백성을 저주해서는 안 된다. 이것은 원칙이다. 그런데 발람은 원칙을 깨고 이스라엘 백성을 저주해달라고 청을 하러 온 그들을 집으로 영접하여, 그 밤을 지내게 하고 하나님에게 물어보아야 한다고 한다.

성도가 원칙적인 것을 하나님께 물어보아서는 안 된다. "하나님, 제가 우상을 섬길까요, 말까요? 하나님 제가 죄를 지을까요, 말까요?" 하는 질문은 하나님께 물어서는 안 되는 질문이다. 성도가 죄를 지어선 안 되고 우상을 섬겨서는 안 되는 것은 원칙에 속하는 것이다.

발람은 원칙을 벗어나서 하나님의 뜻을 물으려고 한다. 그래서 발람은 거짓 선지자의 길을 가게 된다.

하나님은 그 밤에 발람에게, 발락이 보낸 사람들과 가지도 말고 이스라엘 백성을 저주하지 말라고 말씀하신다. 그래서 그들은 그냥 발락에게 돌아간다.

발락은 다시 더 지위가 높은 더 많은 고관들을 발람에게 다시 보내어,

어떤 높은 지위와 어떤 소원이라도 들어줄 것을 약속하며, 이스라엘 백성을 저주하여 달라고 다시 발람에게 청한다.

발람은 하나님이 이미 이스라엘 백성을 저주하지 말라고 말씀하셨는데도, 다시 또 그들을 자기 집에 유숙하게 하며 "하나님이 무엇이라 말씀하시는지 알아보겠다"고 말한다. 발람은 또 원칙을 벗어난 행동으로 거짓 선지자의 길로 간다. 그 밤에 하나님은 발람에게 모압 고관들과 함께 가되 하나님이 하시는 말씀만 하라고 말씀하신다.

발람은 나귀를 타고 모압 고관들과 함께 모압 왕 발락의 청대로 모압 땅으로 향한다. 하나님은 발람이 가는 길에 여호와의 사자를 보내어 그 길을 막아서게 하신다. 칼을 빼든 여호와의 사자를 본 나귀가 여호와의 사자의 칼을 피하여 세 번이나 이리저리로 걸음을 옮기고 그러는 중 발람의 발을 벽에 부비게 되고 또 나귀는 여호와의 사자를 피하여 길에 엎드린다.

발람은 노하여 나귀를 세 번이나 때렸고 나귀가 입을 열어 사람의 말로 발람을 꾸짖는다.

발람은 눈이 열려 칼을 빼들고 길을 막아선 여호와의 사자를 보게 된다. 발람은 여호와의 사자에게 이렇게 말한다.

"내가 범죄하였나이다 당신이 나를 막으려고 길에 서신 줄을 내가 알지 못하였나이다 당신이 이를 기뻐하지 아니하시면 나는 돌아가겠나이다"(민 22:34).

발람은 하나님이 기뻐하시지 않는 길을 가면서도 또 하나님이 기뻐하지 아니하시면 돌아가겠다고 말한다. 여기서 발람은 이스라엘 백성을 저주해 달라는 발락의 청을 따라가던 길을 멈추고, 곧바로 길을 돌이켜 집으로 돌아가야 했다.

여호와의 사자가 칼을 빼들고 길을 막아섰고, 나귀가 입을 열어 발람을 꾸짖었는데도 다시 여기에서 '하나님이 기뻐하시는 뜻을 묻는 것'은 가증한 일이다.

그런데도 발람은 '당신이 이를 기뻐하지 아니하시면' 하는 조건을 달고 다시 여호와의 사자가 가라고 한 대로 모압으로 향하는 길을 계속 간다.

이스라엘 백성을 저주하라는 발락의 청을 따라, 발람이 지금 모압 땅으로 가는 길은 발람 자신의 길인데, 발람은 계속 하나님이 가라고 해서 가는 것으로 자신을 속인다. 원칙을 떠난 선지자는 계속 하나님의 뜻을 핑계로 자신의 잘못된 길을 이렇게 정당화하게 된다.

발람은 모압 왕 발락이 이스라엘 백성을 저주하라고 산 위 마련한 제단에 세 번을 서지만, 그때마다 하나님의 말씀을 따라 이스라엘 백성을 저주하지 못하고 오히려 이스라엘 백성을 축복한다. 발람은 미디안의 자신의 집으로 돌아오지만, 이스라엘 백성이 미디안을 정복할 때 미디안의 다섯 왕들을 죽였고, 이때 브올의 아들 발람도 죽였다고 성경이 기록한다(민 31:8). 민수기 31장에서 발람의 죽음을 특별하게 언급한 것은 거짓 선지자의 길이 멸망임을 보여주는 것이다.

발람의 길은 성도가 구원받은 후 성화의 길을 걸어갈 때 하나님의 말씀을 따라가야 하는 원칙을 벗어나면, 죄를 지으면서도 하나님의 길을 걸어가는 것으로 착각할 수 있음을 보여준다.

교회에 분쟁이 나면 장로도 목사도 교인도 잘못된 길을 가며 자신들이 하나님이 원하시고 하나님이 명한 길을 간다고 착각하게 된다. 그래서 나와 다른 생각을 하는 다른 성도를 사탄으로 보며 자기는 의로운 하나님의 일꾼으로 착각한다. 이것이 거짓 선지자 발람의 착각이다.

오호 통재라. 회개하라. 천국이 가까우니라.

성화의 길은 말씀의 원칙을 따라 생활하는 길이다.

❦ 민수기 25-26장: 미디안의 여인들과 행음, 하나님의 진노

민수기 25장에는 이스라엘 백성들이 미디안의 여인들과 행음하여 하나님의 진노를 사게 되고 그래서 염병으로 2만 4천 명이 죽게 된 사건과 비느하스가 미디안 여인과 함께 이스라엘 진영에 들어온 시므리와 미디안 여인을 창으로 찔러 죽인 사건을 기록한다.

애굽에서 나온 모든 장정의 죽음

민수기 26장에는 이스라엘 백성 중 싸움에 나갈 만한 20세 이상의 인구를 조사한 사건을 기록한다. 이 인구조사에서 애굽에서 나온 장정 중 여호수아와 갈렙을 제외한 모든 장정이 하나님의 말씀대로, 그들이 '우리가 가나안 땅에 들어갈 수 없다'고 말했던 그대로 그들 모두 광야에서 죽은 사실을 기록한다(민 26:65). 사람의 말은 무섭다. 말한 대로 화가 임한다.

민수기 26장에서 인구 계수 후 하나님은 가나안 땅에 들어가 얻게 될 땅을 인구수에 따라 제비를 뽑아 각 지파별로 분배하라고 명하신다.

지금 가나안 땅은 아직 점령되지 않은 땅이다. 그런데 하나님은 이 땅을 그 백성에게 어떻게 분배하실지 계획을 하고 계신다. 구원받은 성도들에게 천국은 아직 도착하지 못한 지점이다. 그러나 하나님은 성도들을 위해 천국을 준비하고 계신다(요 14:2-3).

☛ 민수기 27장: 딸만 있는 가정을 위한 땅 분배의 규례, 모세의 죽음 예고, 여호수아의 임직

민수기 27장에는 세 가지 사건이 기록된다.

슬로브핫의 딸들의 청원을 따라 아들이 없이 딸만 있는 가정을 위한 땅 분배의 규례가 제정된다. 이스라엘 백성의 땅은 하나님이 지파별로 주신 기업으로, 분배받은 후 어떤 경우에도 변경되어선 안 된다. 딸만 있는 가정에서 그 딸들은 같은 지파의 남자와만 결혼할 수 있다. 그래야 딸이 차지한 땅이 다른 지파로 옮겨지지 않게 된다. 모세는 이 문제를 하나님께 물었고 하나님의 말씀을 따라 규례를 만든다.

성도가 성화의 과정에서 성경에 기록되지 않은 일이 문제가 될 때(이사하는 일, 결혼하는 일, 직장을 선택하고 사업을 결정하는 일 등…) 먼저 하나님께 기도로 물어야 한다. 그리고 하나님이 이렇게 하라 저렇게 하라 말씀해 주시지 않아도 내 이익보다 하나님이 더 기뻐하실 쪽으로, 믿음을 지키는 데 더 좋은 쪽으로 선택하여 나가야 한다.

하나님은 모세에게 아바림산에 올라가서 가나안 땅을 바라보게 하시고 모세의 죽음을 예고하신다. 모세가 가나안 땅에 들어가지 못한 이유는 므리바에서 바위를 명하여 물이 나게 하라는 하나님의 말씀을 거역하고 바위를 쳐서 물을 냈기 때문인데, 이 일이 하나님의 거룩함을 드러내지 않은 불신앙의 일이라고 하나님이 말씀하신다(민 20:12). 성도는 항상 하나님의 이름을 거룩하게 드러내야 한다. 주기도문의 첫 기도문도 하나님의 이름이 거룩하게 되는 것이다.

모세는 자신을 대신할 지도자를 하나님께 구하고 하나님은 여호수아를 지명하여 세우신다. 하나님의 일은 어느 한 사람이 다 할 수 없다. 모세 대신 여호수아가 준비된 것같이 내가 아니어도 하나님의 사역은 다른 사람을 통해서 반드시 이루어진다. 교회 일을 할 때 누구도 나 아니면 안 된다는 교만을 부려서는 안 된다.

☙ 민수기 28-30장: 상번제, 월삭에 드리는 제물, 유월절 제물

민수기 28장에는 매일 아침과 저녁으로 드리는 상번 제물에 관한 규례, 매 월삭에 드리는 제물, 유월절에 드리는 제물에 대한 규례가 기록된다. 민수기 29장에는 나팔절과 대속죄일에 드리는 제사에 대한 규례, 초막절에 드리는 제사와 제물에 대한 기사가 기록된다.

민수기 30장에는 서원에 관한 규례가 나온다.

모든 제물은 흠 없는 것이라야 한다. 이것은 흠 없는, 곧 원죄가 없는 예수님만이 우리의 모든 죄를 대속할 수 있음을 예표하는 것이다.

1. 그리스도의 무죄성, 그리스도가 완전한 하나님, 완전한 사람이셔야 한 이유

1) 그리스도의 무죄성을 많은 학자가 부정했다(Martinean, Irving, Menken, Holsten, Pfleiderer).

2) 그러나 성경 자체가 그리스도의 무죄성을 분명하게 말하고 있다(눅 1:35; 요 8:46, 14:30; 고후 5:21; 히 4:15, 9:14; 벧전 2:22; 요일 3:5).

3) 그리스도가 원죄 없이 사람이 되기 위해 성령으로 잉태하셨고(마 1:18, 20, 23; 눅 1:27-37; 히 10:5) 동정녀 마리아에게서 나셨다. 그리스도의 성령 잉태는 그리스도의 무죄성과 그리스도의 신성을 나타낸다. 그리스도의 동정녀 탄생은 그리스도의 인성을 나타낸다(마 1:18, 20, 23; 눅 1:27-37)

4) 성령은 마리아의 복중(腹中)에 잉태된 원인이 되었으며, 그러므로 예수님은 죄와 상관없는 하나님의 아들로 오시게 되었다.

5) 성령의 초자연적 역사를 통해 예수님은 처녀에게서 나셨다(사 7:14; 마 1:18, 20; 눅 1:34-35; 갈 4:4).

6) 동정녀 탄생의 사건을 부인하려는 많은 시도가 있었다. 그러나 모두 성경에 기초한 것이 아니고 이성(理性)에 입각한 것들이다.

7) 동정녀 탄생의 사건이 교리적으로 왜 중요한가에 대한 질문은 계속되었다.

브루너(Brunner)는 동정녀 탄생 교리를 부정하고 예수님의 탄생은 자연적이라 주장했다.

바르트(Barth)는 동정녀 탄생의 기적을 인정하고 예수님은 성령의 잉태를 통해 무죄한 분으로 오셨으며, 마리아에게 태어나심으로 피조성을 입게 되었다고 보았다.

그리스도는 무죄하게 사람이 되시기 위해 성령으로 잉태되었고(아담의 후손으로 오지 않고), 사람의 죄를 대신할 완전한 사람으로 오시기 위해 동정녀 마리아에게서 태어나야 했다.

2. 그리스도의 이성(二性)의 필요성

1) 인성(人性)의 필요성

(1) 사람이 범죄하였으므로 반드시 형벌을 받아야 한다. 그리고 이 형벌의 보상은 신체와 영혼의 수난을 함께 받을 수 있는 사람이라야 한다 (요 12:27; 행 3:18; 히 2:14, 9:22; 롬 4:25, 5:6-8; 갈 1:4; 벧전 2:24, 3:18; 사 53:5; 고후 5:14, 17; 고전 15:3).

(2) 그리스도는 사람이 빠지기 쉬운 모든 연약성을 함께 취하시어 사람이 타락한 하강의 심연까지 내려가셔야만 했다(히 2:17, 18).

(3) 그리스도는 무죄한 사람이라야 했다. 죄인인 사람을 속하기 위해서는 그리스도가 무죄하셔야 한다.

(4) 그리스도는 인간의 연약함을 체휼하시기 위해 인성이 필요했다(히 2:17, 18, 4:15-5:2).

(5) 그리스도는 하나님으로서가 아닌 사람으로서 그를 따르는 사람에게 모본을 보이셔야 했다(마 11:29; 막 10:39; 요 13:13-15; 빌 2:5-8; 히 12:2-4; 벧전 2:21).

2) 신성(神性)의 필요성

(1) 그리스도가 중보자가 되시기 위해서는 사람인 동시에 필연적으로 하나님이라야 한다. 그가 완전한 제사장인 사람으로 사람의 죄를 대신하고 하나님으로서 인간의 죄를 용서하기 위해 신성을 가져야 했다.

(2) 그리스도가 하나님의 진노를 대신 받는 인간이 되셔야 한 것같이 그리스도는 하나님으로 인류를 율법의 저주에서 해방시키시고 이 일을 사람에게 적용시키기 위해 신성을 가지셔야 했다.

(3) 민수기 28, 29, 30장뿐만 아니라 성경은 아주 여러 번 반복하여 제사와 제물에 관해 말씀한다. 제사, 제물, 절기에 관한 말씀은 모두 흠 없는 어린양이신 그리스도 안에만 있는 구원을 가르쳐주는 말씀이다.

ᴥ 민수기 31장: 미디안 정복

민수기 31장에는 미디안 정복의 기사가 나온다. 미디안 족속은 아브라함의 후처 그두라를 통해 낳은 후손으로(창 25:2) 요단 동편에 거하였다. 이스라엘 백성은 요단을 건너 가나안으로 진군하기 전 요단 동편에서 모압을 멸하고 다시 미디안 족속을 쳐서 멸한다. 미디안 족속의 여인들은 이스라엘 백성이 그들의 우상을 섬기게 함으로 이스라엘 백성에게 큰 재앙을 내리게 하였다(민 25장).

구원받은 후 성도의 삶은 여러 가지 죄와 유혹 속에 계속되는 선한 싸움의 연속이다(딤전 1:18, 6:12; 딤후 4:7; 엡 6:12-17). 죄를 물리치고 이겨야 한다.

ᴥ 민수기 32-34장: 르우벤, 갓, 므낫세 반 지파가 요단 동편 땅을 차지한다

민수기 32장에는 르우벤 지파와 갓 지파, 므낫세 반(2분의 1) 지파가 요단 동편 땅을 자신들의 기업으로 분배받기를 원하여 그들이 가나안 정복에 함께 참전할 조건으로 허락받는다.

민수기 33장에는 이스라엘 백성의 광야 노정을 기록하고 있고 앞으로 들어가 거하게 될 가나안 땅에서 가나안 족속을 다 몰아내라고 명하시며 그래야 이스라엘 백성들이 가나안 족속이 섬기는 우상을 섬기는 죄를 멀리하게 된다고 말씀하신다.

이스라엘 백성의 광야 길은 모세가 여호와의 명령대로 그 노정을 따라 그들이 행진한 길이었다. 그런데 하나님이 친히 인도하신 이 광야 길에 때로는 물이 없었고 때로는 불뱀도 나왔고 아말렉 같은 대적도 있었다. 구원받은 후 성도의 인생길은 하나님이 인도하시는 길이다. 그러나 이 길이 곧 광야 길이다. 늘 좋은 일만 있는 것은 아니다. 우리는 우리의 믿음의 길에서 늘 기도하며 인내하며 하나님의 사랑을 믿고 말씀과 성령으로 무장하여 여러 가지 대적을 물리치며 전진해야 한다.

이스라엘 백성이 가나안 땅에 들어간 후 걱정해야 할 일은 무엇을 먹고 무엇을 마시며 살아갈까 하는 것이 아니라 우상을 섬기는 가나안 땅에서 어떻게 하나님만 바로 섬기는 백성이 될 수 있을까 하는 것이다. 성도가 구원받은 후 참으로 정신 차리고 주의해야 할 일은 하나님 이외의 다른 신을 두어서는 안 되는 것이다. 물질이 결코 하나님보다 앞선 우상이 되지 않게 해야 한다.

민수기 34장에서는 가나안 땅의 경계가 동서남북으로 어디까지인지 정해진다. 그리고 이 땅을 지파별로 분배받을 대표들이 선정된다. 가나안 땅은 아직 정복되지 않은 땅으로 가나안 족속들이 차지하고 있는 땅이다. 그런데도 하나님은 이스라엘 백성이 차지해야 할 가나안 땅의 경계를 정해주시고 그 땅을 나누어 차지할 각 족속의 대표를 선정케 하신다. 성도에게 천국과 새 하늘 새 땅은 아직 도착하지 못한 미지의 가나안 땅이다. 그러나 천국과 새 하늘 새 땅은 성도가 차지해야 할 분명한 땅이다.

☙ 민수기 35-36장: 레위 지파가 받은 땅, 요단 동편, 서편에 만들어야 할 도피성

민수기 35장에는 레위 지파에 대한 땅 분배에 대한 기사가 나오고, 레위 지파의 땅 중에 요단 동편에 세 도피성과 요단 서편 곧 가나안 땅 안에 세 도피성을 만들도록 하나님이 명하신다.

도피성은 실수로 살인한 자가 도망하여 피하는 성이요 그 성의 대제사장이 죽으면 이 사람은 그 죄에서 완전하게 용서되는 성으로 죄를 범한 인류가 도피성인 예수님께 피하여 구원될 것과 우리의 대제사장 되신 예수님의 대속의 죽음으로 우리의 죄가 완전하게 용서된 구원의 사건을 예표로 가르쳐준다(히 9:11-15). 민수기 36장에는 슬로브핫의 딸들의 요구를 따라 딸만 둔 가정에는 그 딸들이 같은 지파의 남자와만 결혼하여 부모의 땅을 상속함으로 하나님으로부터 받은 각 지파의 땅이 꼭 같은 경계로 유지케 하라는 하나님의 말씀이 기록된다. 하나님은 성도가 받은 땅의 분복까지도 지켜주시는 분이다. 성도가 이 땅에서 살아가며 경제적인 어려움과 실패와 파산을 당한다 해도 하나님은 여전히 성도의 기업의 보증이 되신다. 어떤 실패에도 낙심하거나 하나님을 원망해서는 안 된다.

* 구원사적으로 본 민수기

민수기는 구원받은 백성이 하나님 앞에 가기까지 이 땅에서 살아가는 성화의 길이 어떠한 것인지를 가르쳐주는 말씀이다. 민수기에 기록된 광야 40년간의 이스라엘 백성의 삶과 사건들이 성도가 이 세상을 살아가는 삶과 사건들인 것이다.

민수기에는 줄기차게 이스라엘 백성들이 하나님 앞에 죄를 범하는 사건과 이런 이스라엘 백성을 징계하시면서도 끝까지 붙잡아 주시는 하나님의 사랑의 섭리를 통해 결국 성도의 성화는 많은 문제와 잘못 속에 끊이지 않는 하나님의 사랑으로 이루어 감을 가르쳐준다.

민수기는 요단강을 건너기 전까지의 백성들의 사건으로 성화는 성도가 이 세상에서 죽기 전까지 이뤄가는 성화(받는 구원)의 모습을 통해 이스라엘 백성의 죄를 거울로 삼을 것을 가르쳐준다.

신명기 강해

신명기는 이스라엘 백성이 광야에서 40년간을 거의 다 살고, 가나안 땅으로의 진군을 앞두게 된 때, 그리고 모세가 그 조상에게로 돌아가는 죽음을 얼마 남기지 않은 시점에, 하나님이 이스라엘 백성이 가나안 땅에 들어가서 어떻게 살아야 할 것인지를 가르쳐 주신 하나님의 말씀이다. 이스라엘 백성이 애굽에서 400년간 종으로 산 때가 성도가 구원받기 이전을 예표하고, 애굽에서 이스라엘 백성이 유월절 양의 피로 해방된 사건은 성도가 예수 그리스도 보혈의 은혜로 구원된 '받은 구원'을 예표하는 것이다. 이스라엘 백성의 광야 40년간은 성도가 구원받은 후 이 세상에서 성화의 구원을 이루어 가는 '받는 구원, 성화'를 예표하는 것이다. 그리고 이스라엘 백성이 이제 진군해 들어가야 할 가나안 땅, 곧 하나님이 아브라함에게 약속해 주신 젖과 꿀이 흐르는 가나안 땅은 성도가 앞으로 '받을 구원, 영화'를 예표하는 것이다. 이런 의미에서 창세기, 출애굽기, 레위기, 민수기는 구원사적으로 볼 때 받은 구원과 받는 구원을 가르쳐 주지만, 신명기는 이스라엘 백성이 가나안 땅에 들어가서 살아야 할 교훈이기 때문에 성도가 받을 구원을 예표한다. 그러나 신명기 이후에 이루어지는 이스라엘 백성들의 가나안 땅에서의 생활은 결코 천국에서 사는 생활이 아니다. 여기에 신명기의 숨은 교훈이 있다. 신명기의 교훈은 가나안 땅이 젖과 꿀이 흐르는 복지가 되기 위한 절대 조건으로 '하나님만 하나님 되게 하는 하나님 제일의 생활', 그러기 위해 이스라엘 백성이 하나님이 주신 계명과 율례와 법도에 온전하게 순종해야 하는 것임을 신명기를 통해 말씀하신다.

이 조건이 무너질 때 가나안 땅은 젖과 꿀이 흐르는 땅이 아니라 하늘이 저주받아 놋이 되고 땅은 철이 된다고 하나님이 신명기를 통해 말씀하신다. 성도가 받을 구원, 영화의 자리 곧 영원한 천국은 하나님이 온전히 통치하시고 하나님만이 하나님이신 자리로, 이곳에서는 하나님이 아버지로 성도가 그 자녀로 영생하는 곳이다. 신명기는 이스라엘 백성이 가나안 땅에서 살게 될 것을 전제로 한다. 구원사적으로 보면 성도는 영원 천국에 들어갈 것을 전제로 구원받는다. 이런 의미에서 가나안 땅은 천국을 예표하지만 하나님 제일의 신앙이 무너진 가나안 땅은 다시 성도가 이 땅에서 받아가는 구원, 곧 성화의 구원을 가르쳐주는 또 다른 예표가 된다. 그래서 신명기는 아주 많은 부분에서 성화의 과정에서 성도가 명심하고 따라야 할 하나님의 말씀을 기록하고 있다.

☞ 신명기 1장: 여정의 회고

이스라엘 백성이 애굽에서 해방되어 지금까지 지나온 광야 길을 뒤돌아보는 말씀이 신명기 1, 2, 3장의 말씀이다. 신명기 1장에서 이스라엘 백성의 통치 기구로 천부장, 백부장, 오십부장, 십부장의 조장을 세워 그들의 문제를 재판하고 다스리게 한 사실과 이스라엘 백성이 가데스바네아에 이르러 가나안 땅에 정탐꾼을 보낸 것과 그들의 불신으로 가나안 땅으로 진군하지 못하고 광야 길로 돌아간, 긴 고난과 죽음의 여정이 시작된 것을 말한다.

이스라엘 백성은 가데스바네아에서 곧바로 하나님의 말씀대로 하나님이 주신다고 약속한 가나안 땅, 아모리 족속의 땅으로 진군해야 했다. 그러나 이때 백성들은 가나안 땅을 정탐한 후 가나안 땅으로 들어가자고 말하고 모세는 이 말을 좋게 여겨(신 1:23), 각 지파에서 한 사람씩 열두 정탐꾼을 보낸다. 이 일은 모세의 큰 잘못으로, 하나님의 말씀을 제쳐두고 사람의 말을 좋게 여겨 사람의 말을 좇아간, 모세의 이 잘못은 이스라엘 백성으로 가나안 땅을 눈앞에 두고 광야에서 40년을 방황하게 한다. 가나안 땅을 정탐하고 돌아온 열두 정탐꾼들은 여호수아와 갈렙을 제외한 열 명의 정탐꾼이 가나안 땅의 정복 불가능을 주장한다. 그들은 가나안 땅은 정복할 수 없는 땅으로 하나님이 이스라엘 백성을 아모리 족속에게 멸망시키려고 애굽에서 인도하여 내었다고 말하였고, 이 보고를 들은 온 백성들은 하나님을 원망하며 애굽으로 돌아가자고 말한다. 이 얼마나 참담한 일인가?

성도가 하나님의 말씀을 제쳐두고 사람의 생각을 좋게 여기고 따라가면 이렇게 큰 파멸과 실패가 온다. 사람의 말이나 생각이 하나님의 말씀보다 더 현명해 보여도 결코 사람의 말을 더 좋게 여기고 따라가서는 안 된다.

이스라엘 백성을 여기까지 인도하신 하나님은, 사람이 자기의 아들을 그 품에 안는 것같이 이스라엘 백성을 가슴에 안고 인도하신 하나님이시요, 이스라엘 백성들보다 먼저 그 길을 가시며 장막 칠 곳을 찾으시고 밤에는 불로, 낮에는 구름으로 갈 길을 지시하신 하나님이시다.

구원받은 성도가 성화의 길을 갈 때 하나님이 성령으로 인도해주시고 교회와 말씀을 통해 갈 길을 지시해 주시고 사랑으로 늘 품어주신다. 그러나 이 길은 이스라엘 백성들이 걸어왔던 광야 길같이 불뱀도 만나고, 마실 물이 없어 주리기도 하고, 아말렉 같은 대적이 그 갈 길을 막기도 하는 어려운 길이다. 성도는 성화의 길이 이렇게 늘 고달픈 길이지만 그래도 하나님의 품에 안겨 있는 길임을 믿고 소망을 가지고 인내하며 말씀을 좇아 살아가야 한다.

❧ 신명기 2-3장: 요단 동편 땅의 정복

신명기 2장과 3장에는 이스라엘 백성이 르우벤 지파와 갓 지파, 므낫세 반 지파가 요단 동편 땅을 쳐서, 헤스본 왕과 바산 왕 옥을 멸하고 그 땅을 이들 두 지파 반에게 분배해준 사건과 요단 동편에서의 전쟁 중 에돔과 모압과 암몬 족속의 땅을 공격하지 말라고 하신 하나님의 말씀이 기록된다.

에돔 족속은 아브라함의 아들 이삭에게서 태어난 에서의 후손이다. 모압과 암몬 족속은 아브라함의 조카 롯의 후손이다. 이들에게 가나안 땅은 주어지지 않았지만 요단 동편 땅은 아브라함 때에 그들이 살도록 그들에게 이미 주어진 땅이다(창 13장, 36장).

르우벤 지파와 갓 지파와 므낫세 지파의 반은 이스라엘 백성의 가나안 정복에 앞장서서 싸우기로 약조하고 요단 동편의 땅을 분배받고 가나안 땅에서의 기업을 포기한다. 하나님은 가나안 땅을 축복의 땅으로 주셨지

결코 요단 동편 땅을 축복의 땅으로 약속하지 않으셨다.

그러나 르우벤 지파와 갓 지파, 므낫세 반 지파는 요단 동편 땅이 목축하기에 충분히 넓고 아름답고 좋게 보여 하나님이 주실 가나안 땅을 포기한다. 이 사건은 구원받은 성도 중 얼마가(약 3분의 1) 구원은 받았지만 성화를 이루지 못해 천국잔치에 들어가지 못하고 대환난을 통해 부끄럽게 구원될 종말의 사건을 예표한다.

신명기 4-11장

신명기 4장에서 11장까지에는 많은 권고의 말씀이 나오지만, 이 말씀 전체의 중심은 하나님만 섬기고 하나님의 말씀만을 순종하라는 것이다.

☙ 신명기 4장: 하나님의 명령을 가감하지 말고 순종하라

하나님이 이렇게 명령하신다. 하나님이 너희에게 명령하는 말을 너희는 가감하지 말고 내가 너희에게 내리는 너희 하나님 여호와의 명령을 지키라고 명한다.

하나님 여호와께서 명령하신 대로 규례와 법도를 너희에게 가르쳤으니 이는 너희가 들어가서 기업으로 차지할 땅에서 그대로 행하게 하려 함인즉 너희는 지켜 행하라 이것이 여러 민족 앞에서 너희의 지혜요 너희의 지식이라 말씀하신다.

오직 너는 스스로 삼가며 네 마음을 힘써 지키라 그리하여 네가 눈으로 본 그 일을 잊어버리지 말라 네가 생존하는 날 동안에 그 일들이 네 마음에서 떠나지 않도록 조심하라 너는 그 일들을 네 아들들과 네 손자들에게 알게 하라고 명하신다.

이스라엘 백성은 가나안 땅에 들어가 하나님의 명령을 가감하지 말고 지켜야 한다. 이스라엘 백성이 하나님의 말씀을 따라 행하는 것이 그들의 지혜요 지식이다. 이스라엘 백성은 스스로 삼가며 하나님의 말씀이 마음에서 떠나지 않도록 마음을 힘써 지키며 이 말씀을 후손에게 가르쳐야 한다.

하나님이 호렙산에서 말씀하실 때 아무 형상도 보이시지 않았다. 보이는 우상을 만들지 말아야 한다. 우상을 섬기지 말아야 한다. 하나님은 질투하시는 하나님으로 하나님의 말씀을 버리고 우상을 섬기면 너희가 멸망하여 여러 민족 가운데로 흩어질 것이고 거기서 사람의 손으로 만든바 보지도 못하며 듣지도 못하며 먹지도 못하며 냄새도 맡지 못하는 목석의 신들을 섬기게 될 것을 경고하신다.

성도가 구원받은 후 정신 차리고 하나님의 말씀을 인생길의 제일로 삼고 따르지 아니하고 우상을 섬기면 다시 구원 전같이 세상의 노예가 된다. 오늘 성도가 비록 손으로 만든 우상에게 절하지 않아도 날마다 생기는 탐심을 좇아 살면 이것이 곧 우상숭배다.

"그러므로 땅에 있는 지체를 죽이라 곧 음란과 부정과 사욕과 악한 정욕과 탐심이니 탐심은 우상숭배니라"(골 3:5).

성도가 성공하여 부해지려는 것은 죄가 아니다. 그러나 분수에 지난 탐심을 좇아 물질과 돈과 성공을 하나님처럼 섬기면 이것이 곧 우상숭배로, 교회도 목사도 성도도 이 우상의 노예가 되기 아주 쉬운 것이다. 돈은 보지도 못하고 듣지도 못하고 냄새도 맡지 못하고 먹지도 못하지만 오늘 성도가 만나고 교회가 품고 있는 가장 무서운 우상이다.

"사탄아 물러가라!"

요단 동편에 거하는 레위, 갓, 므낫세 반 지파를 위해 요단 동편에 세 도피성을 세운다.

☙ 신명기 5장: 십계명

하나님이 이스라엘 백성에게 주신 십계명은 이스라엘 백성에게 주신 헌법이다.

"나는 너를 애굽 땅, 종 되었던 집에서 인도하여 낸 네 하나님 여호와라 나 외에는 다른 신들을 네게 두지 말지니라 너는 자기를 위하여 새긴 우상을 만들지 말고 위로 하늘에 있는 것이나 아래로 땅에 있는 것이나 땅 밑 물 속에 있는 것의 어떤 형상도 만들지 말며 그것들에게 절하지 말며 그것들을 섬기지 말라 나 네 하나님 여호와는 질투하는 하나님인즉 나를 미워하는 자의 죄를 갚되 아버지로부터 아들에게로 삼사 대까지 이르게 하거니와 나를 사랑하고 내 계명을 지키는 자에게는 천 대까지 은혜를 베푸느니라 너는 네 하나님 여호와의 이름을 망령되이 일컫지 말라 나 여호와는 내 이름을 망령되이 일컫는 자를 죄 없는 줄로 인정하지 아니하리라 네 하나님 여호와가 네게 명령한 대로 안식일을 지켜 거룩하게 하라 엿새 동안은 힘써 네 모든 일을 행할 것이나 일곱째 날은 네 하나님 여호와의 안식일인즉 너나 네 아들이나 네 딸이나 네 남종이나 네 여종이나 네 소나 네 나귀나 네 모든 가축이나 네 문 안에 유하는 객이라도 아무 일도 하지 못하게 하고 네 남종이나 네 여종에게 너 같이 안식하게 할지니라 너는 기억하라 네가 애굽 땅에서 종이 되었더니 네 하나님 여호와가 강한 손과 편 팔로 거기서 너를 인도하여 내었나니 그러므로 네 하나님 여호와가 네게 명령하여 안식일을 지키라 하느니라 너는 네 하나님 여호와께서 명령한 대로 네 부모를 공경하라 그리하면 네 하나님 여호와가 네게 준 땅에서 네 생명이 길고 복을 누리리라 살인하지 말지니라 간음하지 말지니라 도둑질하지 말지니라 네 이웃에 대하여 거짓 증거하지 말지니라 네 이웃의 아내를 탐내지 말지니라 네 이웃의 집이나 그의 밭이나 그의 남종이나 그의 여종이나 그의 소나 그의 나귀나 네 이웃의 모든 소유를 탐내지 말지니라"(신 5:6-21).

십계명은 하나님 사랑(1-4계명), 사람 사랑(5-10)의 계명이다. 하나님 사랑의 계명 중 안식일의 계명만이 '~하라'는 적극적 계명이고, 사람 사랑의 계명 중 '부모를 공경하라'는 계명만이 적극적 계명이다.

제5계명, 곧 "너는 너의 하나님 여호와의 명한 대로 네 부모를 공경하라 그리하면 너의 하나님 여호와가 네게 준 땅에서 네가 생명이 길고 복을 누리리라" 하신 부모공경의 계명은 축복의 약속을 가지고 있다. 하나님의 말씀 에베소서를 보면 이렇게 말씀하신다.

"자녀들아 주 안에서 너희 부모에게 순종하라 이것이 옳으니라 네 아버지와 어머니를 공경하라 이것은 약속이 있는 첫 계명이니 이로써 네가 잘되고 땅에서 장수하리라"(엡 6:1-3).

신앙으로 살아가는 과정에서 안식일의 계명과 효도의 계명은 신앙생활의 근간, 곧 뼈대가 되는 계명이다. 잘 지켜야 한다.

십계명은 하나님이 이스라엘 백성에게 주신 헌법이다. 십계명은 하나님이 이스라엘 백성에게 주신 언약이다. 백성은 좌로나 우로나 치우치지 말고 언약을 지켜 행해야 하며 그래야 복을 받는다.

🌱 신명기 6장: 마음, 뜻, 힘을 다하여 여호와를 사랑하라, 말씀을 자녀에게 가르치라

"이스라엘아 듣고 삼가 그것을 행하라 그리하면 네가 복을 받고 네 조상들의 하나님 여호와께서 네게 허락하심같이 젖과 꿀이 흐르는 땅에서 네가 크게 번성하리라 이스라엘아 들으라 우리 하나님 여호와는 오직 유일한 여호와이시니 너는 마음을 다하고 뜻을 다하고 힘을 다하여 네 하나님 여호와를 사랑하라 오늘 내가 네게 명하는 이 말씀을 너는 마음에 새기고 네 자녀에게 부지런히 가르치며 집에 앉았을 때에든지 길을 갈 때에든지 누워 있을 때에든지 일어날 때에든지 이 말씀을 강론할 것이며 너는 또 그것을 네 손목에 매어 기호를 삼으며 네 미간에 붙여 표로 삼고 또 네 집 문설주와 바깥 문에 기록할지니라 네 하나님 여호와께서 네 조상 아브라함과 이삭과 야곱을 향하여 네게 주리라 맹세하신 땅으로 너를 들어가게 하시고 네가 건축하지 아니한 크고 아름다운 성읍을 얻게 하시며 네가 채우지 아니한 아름다운 물건이 가득한 집을 얻게 하시며 네가 파지 아니한 우물을 차지하게 하시며 네가 심지 아니한 포도원과 감람나무를 차지하게 하사 네게 배불리 먹게 하실 때에 너는 조심하여 너를 애굽 땅 종 되었던 집에서 인도하여 내신 여호와를 잊지 말고 네 하나님 여호와를 경외하며 그를 섬기며 그의 이름으로 맹세할 것이니라 너희는 다른 신들 곧 네 사면에 있는 백성의 신들을 따르지 말라 너희 중에 계신 너희의 하나님 여호와는 질투하시는 하나님이신즉 너희의 하나님 여호와께서 네게 진노하사 너를 지면에서 멸절시키실까 두려워하노라"(신 6:3-15).

하나님은 아주 간곡한 말로, 매우 간절한 말로 이스라엘 백성에게 하나님의 말씀에 순종하라고 권고하신다.

"너는 마음을 다하고 뜻을 다하고 힘을 다하여 네 하나님 여호와를 사랑하라 오늘 내가 네게 명하는 이 말씀을 너는 마음에 새기고 네 자녀에게 부지런히 가르치며 집에 앉았을 때에든지 길을 갈 때에든지 누워있을 때에든지 일어날 때에든지 이 말씀을 강론할 것이며 너는 또 그것을 네 손목에 매어 기호를 삼으며 네 미간에 붙여 표로 삼고 또 네 집 문설주와 바깥문에 기록할지니라"(신 6:5-9).

성도는 이 간곡한 하나님의 말씀을 사랑으로 받아들여 마음을 다하고 뜻을 다하고 힘을 다하여 하나님 여호와를 사랑하고 그 말씀에 순종해야 한다. 이 길이 성화의 길이다.

🌱 신명기 7장: 우상을 불사르라

이스라엘 백성은 하나님이 사랑하고 택하신 성민이기 때문에 가나안 족속, 곧 헷 족속과 기르가스 족속과 아모리 족속과 가나안 족속과 브리스 족속과 히위 족속과 여부스 족속과 어떤 언약도 하지 말고 그들을 불쌍히 여기지도 말고 또 그들과 혼인하지도 말아야 한다.

이스라엘 백성들은 그들의 제단을 헐며 주상을 깨뜨리며 아세라 목상을 찍으며 조각한 우상들을 불살라야 한다.

하나님 여호와는 하나님이요, 신실하신 하나님이요, 그를 사랑하고 그의 계명을 지키는 자에게는 천 대까지 그의 언약을 이행하시며 인애를 베푸시되 그를 미워하는 자에게는 당장에 보응하여 멸하시는 하나님이시다. 이스라엘 백성이 하나님의 모든 법도를 듣고 지켜 행하면 하나님이 복을 주시어 토지 소산과 곡식과 포도주와 기름을 풍성하게 하시고 소와 양을 번식하게 하시며 이스라엘 백성의 남녀와 짐승의 암수에 생육하지 못함이 없을 것이며 여호와께서 또 모든 질병에서 그들을 보호해주신다.

이스라엘 백성들은 가나안 족속들이 만든 우상을 불살라 버리고 그 우상에 덧입힌 금이나 은을 탐하지 말아야 한다.

하나님은 신명기 7장에서도 하나님만 최선을 다해 섬길 것을 명하신다. 성도는 성화의 길에 하나님 제일주의의 신앙으로 살아야 한다.

🐏 신명기 8장: 풍부하게 될 때 여호와를 잊어버리지 말라

하나님은 이스라엘 백성이 광야 40년간을 지나는 동안 때로는 그들을 낮추시며 아들을 징계함같이 그들을 징계하셨지만 사십 년 동안에 그들의 의복이 해어지지 않게 하셨고 발이 부르트지 않게 하셨다. 때로는 그들을 주리게 하시며 또 이스라엘 백성도 알지 못하며 그 조상들도 알지 못하던 만나를 먹이신다. 이를 통해 하나님은 사람이 떡으로만 사는 것이 아니요, 여호와의 입에서 나오는 모든 말씀으로 사는 줄을 그들에게 알게 하셨다.

하나님이 이스라엘 백성들에게 주시는 땅은 골짜기든지 산지든지 시내와 분천과 샘이 흐르고 밀과 보리의 소산지요 포도와 무화과와 석류와 감람나무와 꿀의 소산지라 먹을 것에 모자람이 없고 아무 부족함이 없는 땅이며 그 땅의 돌은 철이요 산에서는 동을 캐내는 옥토다.

이런 땅에서 그들이 배부르고 아름다운 집을 짓고 거주하며 또 소와 양이 번성하며 은금이 증식되며 소유가 다 풍부하게 될 때 마음이 교만하여 하나님 여호와를 잊어버리지 않도록 해야 한다.

여호와 하나님은 이스라엘 백성을 애굽 땅 종 되었던 집에서 이끌어 그들을 인도하여 그 광대하고 위험한 광야 곧 불뱀과 전갈이 있고 물이 없는 간조한 땅을 지나게 하셨으며 또 그들을 위하여 단단한 반석에서 물을 내신 하나님이시다.

이스라엘 백성은 결코 '내 능력과 내 손의 힘으로 내가 이 재물을 얻었다'고 말해서는 안 된다. 이스라엘 백성은 항상 하나님 여호와를 기억해야 한다. 그가 그들에게 재물 얻을 능력을 주셨기 때문이다.

신명기 8장에서도 하나님은 이스라엘 백성이 하나님만 바로 섬기며 살아야 할 것을 권고하신다. 특별히 그들이 부해지고 편안할 때 하나님을 잊지 않아야 하고 하나님 제일의 신앙에서 떠나서는 안 된다.

성도는 세상적인 성공의 자리에서 하나님 제일의 신앙을 잃지 말아야 한다. 성도는 시냇가에 심긴 나무다. 시냇가에 심긴 나무는 가뭄에는 그 뿌리가 시내 깊숙이 내려가 있기에 푸르고 청청하지만, 홍수가 나면 이 물에 뿌리가 뽑혀 떠내려가게 된다.

솔로몬도 다윗도 이 지점, 성공과 승리의 자리에서 하나님 제일의 신앙의 뿌리가 뽑히고 무너졌다. 성공의 자리에서 만나는 교만과 방심은 무서운 성도의 적이다.

"네가 먹어서 배부르고 아름다운 집을 짓고 거주하게 되며 또 네 소와 양이 번성하며 네 은금이 증식되며 네 소유가 다 풍부하게 될 때에 네 마음이 교만하여 네 하나님 여호와를 잊어버릴까 염려하노라 여호와 는 너를 애굽 땅 종 되었던 집에서 이끌어 내시고 너를 인도하여 그 광 대하고 위험한 광야 곧 불뱀과 전갈이 있고 물이 없는 간조한 땅을 지나게 하셨으며 또 너를 위하여 단단한 반석에서 물을 내셨으며 네 조상들도 알지 못하던 만나를 광야에서 네게 먹이셨나니 이는 다 너를 낮추시며 너를 시험하사 마침내 네게 복을 주려 하심이었느니라 그러나 네가 마음에 이르기를 내 능력과 내 손의 힘으로 내가 이 재물을 얻었다 말할 것이라 네 하나님 여호와를 기억하라 그가 네게 재물 얻을 능력을 주셨음이라 이같이 하심은 네 조상들에게 맹세하신 언약을 오늘과 같이 이루려 하심이니라"(신 8:12-18).

☙ 신명기 9-11장: 행복을 위한 계명을 지키라

신명기 9장으로부터 11장에는 모세가 이스라엘 백성들이 광야에서 하나님께 불순종하여 하나님의 큰 노여움을 샀던 지난날들을 말한다. 호렙산에서 하나님이 모세에게 십계명을 주실 때 모세는 산에 올라가 40일을 먹지도 마시지도 않고 하나님을 대면하였지만, 이스라엘 백성은 이 40일을 참지 못하고 금으로 금송아지 우상을 만들어 하나님이라고 섬기는 죄를 범한다. 그리하여 모세는 그들 앞에 진노하여 하나님의 돌판을 깨어 부수어 그 가루를 백성들에게 마시게 하고 다시 산에 올라가 또 40일간을 머물며 두 번째로 하나님께 십계명이 새겨진 돌판을 받는다.

이스라엘 백성은 가데스바네아에서 가나안으로 들어가지 않고 가나안 땅을 정탐한 후, 하나님을 원망하며 가나안 땅으로 들어갈 수 없다고 말한다. 이 일로 하나님의 진노를 사서 그들은 40년간 광야에서 방황하다가 그들 자신의 입으로 말한 대로 가나안 땅에 들어가지 못하고 광야에서 다 죽는다. 성도는 내 입으로 말한 대로 이뤄지는 무서움을 알아야 한다.

모세는 다시 이스라엘 백성에게 가나안 땅에 들어간 후 마음을 다하고 뜻을 다하여 하나님 여호와를 섬기라고 권고한다.

이스라엘 백성이 강한 가나안 족속을 물리치고 가나안 땅을 얻게 될 것은 이스라엘 백성의 공의로 말미암음도 아니며 이스라엘 백성의 마음의 정직으로 말미암음도 아니다. 이스라엘 백성이 가나안 족속과의 전쟁에 승리하여 그 땅을 얻게 된 것은 가나안 족속들이 범한 악한 죄 때문에 하나님 여호와께서 그들을 이스라엘 백성 앞에서 쫓아내신 것이요, 하나님이 아브라함과 이삭과 야곱에게 하신 맹세를 이루려 하시기 때문이다. 이스라엘 백성은 가나안 땅에서 온전하게 여호와를 경외하여 그의 모든 도를 행하고 그를 사랑하며 이스라엘 백성의 행복을 위하여 명하시는 여호와의 명령과 규례를 지켜야 한다고 권면한다.

성도가 구원받은 것은 이스라엘 백성이 애굽에서 해방되어 가나안 땅을 얻은 사건같이 전적으로 하나님의 은혜다. 결코 성도에게 구원받을 만한 선함이나 의로움이 있어서가 아니다(엡 2:8-9; 롬 3:23-28). 성도는 구원의 은혜를 감사하며 말씀과 성령님께 순종하여 성화의 길을 가야 한다.

이스라엘 백성을 향해 간곡하게 하나님께 순종하라는 모세의 권면이 바로 성도에게 이 세상의 삶에서 하나님의 말씀에 순종하라는 간곡한 하나님의 권면이다.

하나님은 언약하시고 지키시는 하나님이시다. 이스라엘 백성에게 가나안 땅을 주심은 하나님이 그 조상 아브라함에게 언약하신 것을 이루는 것이다(창 12:7).

하나님이 이스라엘 백성에게 주신 명령과 규례는 이스라엘 백성에게 행복을 주기 위한 것이다. 순종하면 복을 받는다. 성도는 하나님의 말씀에 순종해야 복을 받는다.

모세는 이스라엘 백성이, 처음에 70인이 애굽에 내려왔으나 지금은 하나님의 축복으로 하늘의 별처럼 번성한 사실과 애굽에서 하나님이 이적과 기사로 그들을 구원해 내신 사실을 다시 말한다.

모세는 광야 길에서 행하신 하나님의 은혜의 손길을 말하며 다단과 아비람이 모세를 거역하고 땅이 갈라져 멸망한 사건을 말한다(신 11:6). 하나님은 이렇게 권면하신다.

"이스라엘아 네 하나님 여호와께서 네게 요구하시는 것이 무엇이냐 곧 네 하나님 여호와를 경외하여 그의 모든 도를 행하고 그를 사랑하며 마음을 다하고 뜻을 다하여 네 하나님 여호와를 섬기고 내가 오늘 네 행복을 위하여 네게 명하는 여호와의 명령과 규례를 지킬 것이 아니냐"(신 10:12-13).

"그런즉 네 하나님 여호와를 사랑하여 그가 주신 책무와 법도와 규례와 명령을 항상 지키라 너희의 자녀는 알지도 못하고 보지도 못하였으나 너희가 오늘날 기억할 것은 너희의 하나님 여호와의 교훈과 그의 위엄과 그의 강한 손과 펴신 팔과 애굽에서 그 왕 바로와 그 전국에 행하신 이적과 기사와 또 여호와께서 애굽 군대와 그 말과 그 병거에 행하신 일 곧 그들이 너희를 뒤쫓을 때에 홍해 물로 그들을 덮어 멸하사 오늘까지 이른 것과 또 너희가 이곳에 이르기까지 광야에서 너희에게 행하신 일과 르우벤 자손 엘리압의 아들 다단과 아비람에게 하신 일 곧 땅이 입을 벌려서 그들과 그들의 가족과 그들의 장막과 그들을 따르는 온 이스라엘의 한가운데에서 모든 것을 삼키게 하신 일이라 너희가 여호와께서 행하신 이 모든 큰 일을 너희의 눈으로 보았느니라 그러므로 너희는 내가 오늘 너희에게 명하는 모든 명령을 지키라 그리하면 너희가 강성할 것이요 너희가 건너가 차지할 땅에 들어가서 그것을 차지할 것이며 또 여호와께서 너희의 조상들에게 맹세하여 그들과 그들의 후손에게 주리라고 하신 땅 곧 젖과 꿀이 흐르는 땅에서 너희의 날이 장구하리라"(신 11:1-9).

모세는 가나안 땅이 얼마나 복된 땅인 것을 말하며 이곳에서 하나님을 순종할 때 받을 복과 불순종할 때 받을 저주를 말한다.

"네가 들어가 차지하려 하는 땅은 네가 나온 애굽 땅과 같지 아니하니 거기에서는 너희가 파종한 후에 발로 물 대기를 채소밭에 댐과 같이 하였거니와 너희가 건너가서 차지할 땅은 산과 골짜기가 있어서 하늘에서 내리는 비를 흡수하는 땅이요 네 하나님 여호와께서 돌보아 주시는 땅이라 연초부터 연말까지 네 하나님 여호와의 눈이 항상 그 위에 있느니라 내가 오늘 너희에게 명하는 내 명령을 너희가 만일 청종하고 너희의 하나님 여호와를 사랑하여 마음을 다하고 뜻을 다하여 섬기면 여호와께서 너희의 땅에 이른 비, 늦은 비를 적당한 때에 내리시리니 너희가 곡식과 포도주와 기름을 얻을 것이요 또 가축을 위하여 들에 풀이 나게 하시리니 네가 먹고 배부를 것이라 너희는 스스로 삼가라 두렵건대 마음에 미혹하여 돌이켜 다른 신들을 섬기며 그것에게 절하므로 여호와께서 너희에게 진노하사 하늘을 닫아 비를 내리지 아니하여 땅이 소산을 내지 않게 하시므로 너희가 여호와께서 주신 아름다운 땅에서 속히 멸망할까 하노라"(신 11:10-17).

"내가 오늘 복과 저주를 너희 앞에 두나니 너희가 만일 내가 오늘 너희에게 명하는 너희의 하나님 여호와의 명령을 들으면 복이 될 것이요 너희가 만일 내가 오늘 너희에게 명령하는 도에서 돌이켜 떠나 너희의 하나님 여호와의 명령을 듣지 아니하고 본래 알지 못하던 다른 신들을 따르면 저주를 받으리라"(신 11:26-28).

이스라엘 백성은 모세가 전하는 이 하나님의 말씀을 전 인격을 다해 순종하고 자손들에게 가르쳐야 한다.

"이러므로 너희는 나의 이 말을 너희의 마음과 뜻에 두고 또 그것을 너희의 손목에 매어 기호를 삼고 너희 미간에 붙여 표를 삼으며 또 그것을 너희의 자녀에게 가르치며 집에 앉아 있을 때에든지, 길을 갈 때에든지, 누워 있을 때에든지, 일어날 때에든지 이 말씀을 강론하고 또 네 집 문설주와 바깥문에 기록하라 그리하면 여호와께서 너희 조상들에게 주리라고 맹세하신 땅에서 너희의 날과 너희의 자녀의 날이 많아서 하늘이 땅을 덮는 날과 같으리라 너희가 만일 내가 너희에게 명하는 이 모든 명령을 잘 지켜 행하여 너희의 하나님 여호와를 사랑하고 그의 모든 도를 행하여 그에게 의지하면 여호와께서 그 모든 나라 백성을 너희 앞에서 다 쫓아내실 것이라 너희가 너희보다 강대한 나라들을 차지할 것인즉"(신 11:18-23).

하나님이 모세를 통해 주신 이 권면은 구원받은 성도에게 주시는 하나님의 권면으로 성도는 힘써 이 말씀대로 순종하여 성화의 구원, 곧 인격의 구원을 이루어 가야 한다.

성도는 그 자녀들이 하나님의 말씀에 순종하고 살도록 철저하게 신앙교육을 해야 한다. 신앙과 성화의 구원은 대를 이어가야 한다.

이스라엘 백성들 위에 하나님의 눈이 항상 머물러 있었다. 성도 위에 항상 하나님의 눈이 머물러 있는 것이다. 그러므로 늘 하나님을 경외하며 성화에 힘써야 한다.

"네 하나님 여호와께서 돌보아 주시는 땅이라 연초부터 연말까지 네 하나님 여호와의 눈이 항상 그 위에 있느니라"(신 11:12).

성도는 늘 하나님의 현존 앞에 존재한다. 하나님을 두려워해야 하고 하나님의 사랑을 믿는 믿음으로 담대해야 한다.

신명기 전체가 하나님 제일의 신앙을 가르치는 중 신명기 4장부터 11장까지의 말씀은 이스라엘 백성에게 하나님이 사랑을 가지고 아주 간곡하게 하나님 말씀에 순종하여 복을 받고 살라고 하시는 하나님의 말씀이 중심을 이룬다. 성도는 은혜로 구원받았기 때문에 늘 하나님의 말씀에 순종하며 성화를 이루어 가야 한다.

🌱 신명기 12장: 성전 제사만 드리라, 하나님이 임재하시는 성전

신명기 12장에서도 하나님은 이스라엘 백성이 가나안 땅에 들어가서 가나안 족속들의 우상을 철저하게 파멸하라고 명하신다. 성도는 성화의 구원에서 늘 정신 차리고 탐심의 우상을 파멸해야 한다. 탐심과 성공하려는 희망은 다른 것이다. 탐심은 나 자신을 위한 끝없는 욕심이지만 성공하려는 희망은 모두를 위한 선한 꿈이다. 성도는 성공해야 하지만 탐심에 빠지지 말아야 한다.

신명기 12장 7절에서 하나님은 이스라엘 백성에게 하나님의 이름을 두시기 위해 택하신 성전에서 "너희의 번제와 너희의 제물과 너희의 십일조와 너희 손의 거제와 너희의 서원제와 낙헌 예물과 너희 소와 양의 처음 난 것들을 너희는 그리로 가져다가 드리고"라고 하나님께 제사하라고 명하신다.

이스라엘 백성은 아무데서나 번제를 드려서는 안 된다. 하나님의 이름이 머물러 있는, 하나님이 택하신 성전에서만 번제를 드려야 한다(신 12:13).

성전, 성소는 하나님이 이스라엘 백성 중에 거하는 장소다.

"내가 그들 중에 거할 성소를 그들이 나를 위하여 짓되"(출 25:8).

성전 안에 있는 속죄소는 하나님이 이스라엘 백성을 만나시고 이스라엘 백성을 위해 전하실 하나님의 명령을 말씀하시는 곳이다. 속죄소는 지성소 안에 있는 언약궤(법궤) 덮개다.

"순금으로 속죄소를 만들되 길이는 두 규빗 반, 너비는 한 규빗 반이 되게 하고 금으로 그룹 둘을 속죄소 두 끝에 쳐서 만들되 한 그룹은 이 끝에, 또 한 그룹은 저 끝에 곧 속죄소 두 끝에 속죄소와 한 덩이로 연결할지며 그룹들은 그 날개를 높이 펴서 그 날개로 속죄소를 덮으며 그 얼굴을 서로 대하여 속죄소를 향하게 하고 속죄소를 궤 위에 얹고 내가 네게 줄 증거판을 궤 속에 넣으라 거기서 내가 너와 만나고 속죄소 위 곧 증거궤 위에 있는 두 그룹 사이에서 내가 이스라엘 자손을 위하여 네게 명령할 모든 일을 네게 이르리라"(출 25:17-22).
"그 제단을 증거궤 위 속죄소 맞은편 곧 증거궤 앞에 있는 휘장 밖에 두라 그 속죄소는 내가 너와 만날 곳이며"(출 30:6).

하나님은 번제단에서 이스라엘 백성을 만나시고 번제단에서 이스라엘 백성에게 말씀하신다.

"이는 너희가 대대로 여호와 앞 회막 문에서 늘 드릴 번제라 내가 거기서 너희와 만나고 네게 말하리라 내가 거기서 이스라엘 자손을 만나리니 내 영광으로 말미암아 회막이 거룩하게 될지라"(출 29:42-43).

하나님은 제단, 제사를 통해 이스라엘 백성을 만나시고 하나님의 말씀을 주신다. 하나님 앞에 드리는 번제는 성전, 곧 하나님의 이름이 머물러 있는 곳에서만 드려야 한다.

성도는 주일에 반드시 성전, 곧 교회에 나와 함께 예배(제사)를 드려야 한다. 성도는 제단에서 하나님을 만나고 하나님의 말씀을 들어야 한다. 이것이 성화의 핵심이다.

이스라엘 백성은 가축을 잡아 그 고기를 먹을 수 있지만 오직 그 피는 먹지 말고 물같이 땅에 쏟아야 한다. 피는 생명이기 때문이다(신 12:23). 생명은(피는) 하나님께 돌려드려야 한다. 성도가 구원받은 것은 예수님이 십자가에서 그 피를 흘려 우리에게 구원, 곧 생명을 주셨기 때문이다. 모든 제사의 핵심은 흠 없는(죄 없는) 희생제물이 피를 흘려 죽고 그 피를 하나님께 바치는 것으로, 대속죄제사에서는 제물의 피가 지성소에 있는 언약궤와 속죄소와 그 주변에 뿌려졌고, 일반 제사에서는 제단과 휘장에 뿌려지고 제단 아래 흘려짐으로 피를 하나님께 드렸다. 피 흘림이 없이는 죄 사유함도 없다(히 9:22).

성도는 그리스도의 피로 은혜로 구원받은 것을 감사하며 살아야 한다.

이스라엘 백성은 여러 가지 제물 외에 십일조와 양과 소의 처음 난 것들을 하나님께 바쳐야 한다. 성도는 성화의 길에서 물질의 탐심으로 우상 숭배의 죄에 떨어지기 쉽다. 성도의 물질 관리는 십일조와 첫째 것을 하나님께 드리는 것을 최우선적인 원칙으로 해야 한다. 이것이 무너짐으로 탐심의 우상을 섬기게 된다.

신명기 13장: 다른 신을 섬기자고 하면 누구든 죽이라

꿈꾸는 자나 거짓 선지자가 일어나서 이적을 행하며 다른 신을 섬기자고 하면 꿈꾸는 자나 거짓 선지자를 죽여야 한다.

어머니의 아들인 내 형제나 자녀나 아내나 생명을 함께하는 친구가 다른 신을 섬기자고 하면 이 모두를 죽여야 한다.

이스라엘 백성들이 거주하는 어느 성읍에 불량배들이 나타나 하나님 외의 어떤 우상의 신을 섬기자고 하면 이스라엘 백성은 자세히 묻고 살펴보아서 이런 가증한 일이 확실한 사실로 드러나면, 그 성읍 주민을 칼날로 죽이고 그 성읍과 그 가운데에 거주하는 모든 것과 그 가축을 칼날로 진멸하고, 또 그 속에서 빼앗아 차지한 물건을 다 거리에 모아 놓고 그 성읍과 그 탈취물 전부를 불살라 하나님 여호와께 드려서 그 성읍을 영구하게 폐허로 만들어야 한다.

이스라엘 백성은 그들을 애굽 땅 종의 자리에서 구원하신 하나님 외에 어떤 신도 섬겨서는 안 된다. 이스라엘 백성은 철저하게 하나님만 섬겨야 한다.

성도는 아주 철저하게 우상을 멀리하고 하나님 제일주의로 살아야 한다. 성도는 철저하게 물질 제일주의에서 떠나 하나님 제일주의로 살아야 한다. 성도는 탐심을 철저하게 물리쳐야 한다. 그래서 성화는 어렵다. 성화는 사탄과의 싸움이다.

"오, 주여 도우소서."

신명기 14장: 백성이 바쳐야 할 십일조

이스라엘 백성은 하나님이 그 자녀로 삼으신 백성이다. 이스라엘 백성은 만민 중에서 하나님이 택하신 성민이다.

이스라엘 백성은 부정한 짐승이나 부정한 새의 고기를 먹지 말아야 하고 스스로 죽은 모든 것의 고기를 먹지 말아야 한다. 하나님의 자녀요 성민이기 때문이다.

여기서 정하고 부정한 짐승의 고기는 만민에게 보편타당한 법이 아닌 이스라엘 백성에게만 해당하는 법이다. 스스로 죽은 고기는 이방인들에게 팔 수 있다(신 14:21). 그들에게는 정과 부정의 법이 적용되지 않는다. 오늘 성도에게는 정과 부정의 음식은 없다. 하나님이 지으신 모든 것이 선하매 감사함으로 받으면 버릴 것이 없는 것이다(딤전 4:4).

오늘 성도들은 성화를 위해 그 인격을 훼손시키는 술과 마약을 멀리해야 한다.

이스라엘 백성이 바쳐야 할 십일조가 있다. 이스라엘 백성은 토지 소산의 십일조를 하나님께 드려야 하고 모든 짐승의 첫 태생을 하나님께 바쳐야 한다. 이스라엘 백성은 하나님께 바친 십일조와 처음 난 짐승의 첫 태생을 하나님께 바치고 절기 기간에는 성전에서 이 십일조와 첫 태생의 고기를 먹으며 십일조 생활을 통해 하나님 경외하기를 배워야 한다.

"너는 마땅히 매년 토지 소산의 십일조를 드릴 것이며 네 하나님 여호와 앞 곧 여호와께서 그의 이름을 두시려고 택하신 곳에서 네 곡식과 포도주와 기름의 십일조를 먹으며 또 네 소와 양의 처음 난 것을 먹고 네 하나님 여호와 경외하기를 항상 배울 것이니라 그러나 네 하나님 여호와께서 자기의 이름을 두시려고 택하신 곳이 네게서 너무 멀고 행로가 어려워서 네 하나님 여호와께서 그 풍부히 주신 것을 가지고 갈 수 없거든 그것을 돈으로 바꾸어 그 돈을 싸 가지고 네 하나님 여호와께서 택하신 곳으로 가서 네 마음에 원하는 모든 것을 그 돈으로 사되 소나 양이나 포도주나 독주 등 네 마음에 원하는 모든 것을 구하고 거기 네 하나님 여호와 앞에서 너와 네 권속이 함께 먹고 즐거워할 것이며 네 성읍에 거주하는 레위인은 너희 중에 분깃이나 기업이 없는 자이니 또한 저버리지 말지니라"(신 14:22-27).

이스라엘 백성은 매 삼 년 끝에 그해의 십일조를 드려 그 성에 따로 저축하여 레위인과 과부 고아 여행객을 위하여 써야 한다(신 14:28).

십일조를 바칠 때 하나님은 십일조를 바치는 사람에게 그 손으로 하는 모든 일에 복을 주신다(신 14:29).

성도는 십일조와 구제하는 일을 통해 하나님 경외하기를 배워야 한다. 십일조의 생활은 성도가 복을 받는 생활의 기초요, 탐심의 우상을 물리치는 기초가 된다.

십일조를 하나님께 드리는 것은 공간 안에서 모든 물질이 주님의 것임을 고백하는 것으로 공간적으로 내가 하나님의 절대주권을 인정하는 것이다. 성수주일은 시간적으로 모든 시간이 하나님의 것임을 인정하는 것으로 시간 안에서 하나님의 절대 주권을 확증하는 것이다.

☙ 신명기 15장: 안식년의 규례

제7년, 곧 안식년에 이스라엘 백성의 채무는 다 면제되어야 한다. 이스라엘 백성 중 남에게 꾸어 쓴 채무는 안식년에 다 면제되어 이스라엘 백성 모두가, 다 매 7년마다 다시 평등하게 살아야 한다.

이스라엘 백성은 꾸고자 하는 자에게 인색하게 거절하지 말고 넉넉하게 꾸어주어야 한다. 하나님이 이런 사람에게 복을 주신다.

이스라엘 백성 중 종 된 사람은 6년만 종으로 지내고 7년째는 자유민으로 돌려보내야 한다. 자유민으로 돌아갈 수 있는데도 다시 그 주인의 종으로 있기를 원하면 송곳을 가져다가 그의 귀를 문에 대고 뚫은 후 영구히 종으로 지낼 수 있다.

이스라엘 백성은 항상 애굽에서 종으로 살다가 유월절 양의 피로 구원받은 사실을 기억해야 한다.

첫 생축은 다 하나님께 바쳐야 한다. 이스라엘 백성이 애굽에서 해방되던 날 첫 유월절에 애굽 사람의 초태생은 다 죽었지만, 유월절 양의 피를 문설주에 칠한 이스라엘 백성의 초태생은 다 살아난 하나님의 구속의 은혜를 기억하기 위해서다. 제물로 드리는 짐승이 병들거나 흠이 있으면 하나님께 제물로 바칠 수 없다. 제물은 흠 없는 것이라야 한다. 이것은 흠 없는(원죄와 자범죄가 없는) 예수 그리스도만이 우리의 죄를 대속하실 수 있는 제물이 됨을 예표한다.

성도는 범사에 좋은 것과 귀한 것을 먼저 하나님께 드려야 하며, 구제와 봉사에 인색하지 말아야 한다. 이러한 생활이 나의 생활이 되도록 훈련해야 한다.

예수님만이 죄 없는 단 한 사람으로 예수님만이 우리를 구원하는 완전한 속죄제물이 되신다.

그리스도의 무죄하신 성경적 증거, 그리스도는 신성과 인성을 다 가지셔야 한다(pp. 323-324. 흠 없는 제물인 그리스도 참조).

☙ 신명기 16장: 유월절(무교절)과 오순절(칠칠절)과 초막절(수장절)

이스라엘 백성 중 모든 남자는 일 년에 세 번, 곧 유월절(무교절)과 오순절(칠칠절) 그리고 초막절(수장절)에 하나님 여호와께서 택하신 곳에서 여호와를 뵈옵되 빈손으로 여호와를 뵈옵지 말고 각 사람이 하나님 여호와께서 주신 복을 따라 그 힘대로 드리며 이 3대 절기를 지켜야 한다.

이스라엘 백성이 지키는 3대 절기는 유월절(무교절), 오순절(칠칠절), 초막절(수장절)이다(신 16:16; 대하 8:13).

유월절은 이스라엘 백성이 애굽에서 해방된 날을 기념하는 절기다(출 12:11-18; 민 9:2-14, 33:3; 신 16:1). 이스라엘 백성이 애굽에서 해방된 것은 유월절 양이 피를 흘렸기 때문이요 성도가 구원을 얻게 된 것은 그리스도가 십자가상에서 피를 흘렸기 때문이다(고전 5:7). 첫 유월절에 이스라엘 백성은 모세의 말을 하나님의 말로 받고 믿어, 흠 없는 양을 잡아 그 피를 문인방과 설주에 칠하여 애굽의 초태생이 다 죽는 재앙에서 이스라엘 백성의 초태생은 하나도 죽지 않고 다 살아있는 기적이 일어났다.

이 일로 이스라엘 백성은 400년간 애굽의 종으로 살던 노예에서 해방되었다. 유월절은 이스라엘 백성이 유월절 양의 피로 애굽의 노예에서 구원된 것을 기념하는 절기다. 성도는 성경 말씀을 하나님의 말씀으로 받고 예수를 믿어 구원된 것이다. 이 유월절은 우리에게 받은 구원을 예표로 가르쳐준다.

오순절은 유월절 이후 50일째부터 7일간 지키는 절기로, 이스라엘 백성이 가나안 땅에 들어가 그 땅의 소산으로 양식을 먹으며 첫 번 추수를 감사하는 절기다. 이 오순절이 초실절이요, 칠칠절이다(출 34:22). 오순절에 보혜사 성령이 강림했다(행 2:1-4). 오순절은 성도가 구원 얻은 후 이 땅에서 성령님의 인도를 따라 감사하며 성화되어 가는 받는 구원을 예표로 가르쳐준다.

초막절은 이스라엘 백성들이 마지막으로 모든 추수를 마치고 알곡과 가라지를 갈라 알곡은 창고에 쌓고, 가라지는 불살라버리는 추수감사절기다(출 23:16; 레 23:34-41; 신 16:13). 초막절은 인류가 하나님 앞에 심판받아 천국과 지옥으로 가게 될, 받을 구원을 예표로 가르쳐준다. 이스라엘 백성이 지키는 3대 절기인 유월절(무교절), 오순절(칠칠절, 초실절), 초막절(수장절)은 우리에게 3대 구원, 받은 구원, 받는 구원, 받을 구원을 예표로 가르쳐준다.

이스라엘 백성의 재판은 공정해야 한다. 재판을 굽게 하지 말며 사람을 외모로 보지 말며 또 뇌물을 받지 말아야 한다.

하나님을 위해 쌓은 제단에 어떤 모양으로라도 신상을 만들지 말아야 한다.

➷ 신명기 17장: 흠 없는 제물, 우상 금지, 왕은 하나님만 의지하라

하나님께 드리는 제물은 흠이 없어야 한다. 이 원리도 되풀이해서 강조되는 법칙이다. 원죄 없는 예수님만이 우리의 죄를 대속할 수 있다.

"너희가 알거니와 너희 조상이 물려준 헛된 행실에서 대속함을 받은 것은 은이나 금같이 없어질 것으로 된 것이 아니요 오직 흠 없고 점 없는 어린 양 같은 그리스도의 보배로운 피로 된 것이니라"(벧전 1:18-19).

신명기 17장에서도 이미 신명기에서 여러 번 강조한 우상숭배에 대한 엄격한 금지에 대해 하나님이 또다시 말씀하신다. 우상숭배는 이스라엘 백성으로 망하게 하는 것이요 탐심은 성도로 하여금 성화의 길에서 망하게 하는 것이다.

이스라엘 백성들 사이에 생기는 모든 문제는 올바른 재판을 통해 해결되어야 하고 더 큰 일은 제사장과 레위인에게 재판을 받아야 한다.

앞으로 세워질 왕에 대한 교훈이 나온다. 왕은 이스라엘 백성 중에서 하나님이 택하신 자라야 한다. 왕은 병마를 많이 두어 자신의 힘을 의지하지 말고 하나님만 의지해야 하며 아내를 많이 두어 미혹되지 말아야 한다. 왕은 율법의 말씀을 기록하여 옆에 두고 평생 율법의 말씀을 좇아 살아야 한다.

☛ 신명기 18장: 레위인, 제사장의 기업, 일월성신을 섬기지 말라

레위인과 제사장의 기업은 하나님으로 백성들이 드리는 제물이 그들의 소득이 된다.

하나님은 제사장 외에 선지자를 백성들 앞에 세우실 것이며 이 선지자의 입에 하나님의 말씀을 담아 두신다. 백성들은 선지자의 말에 순종해야 한다.

이스라엘 백성은 가나안 족속들이 행하던 일월성신 경배와 점치는 일, 신접한 일(진언은 주문을 외어 신과 접하는 행위다), 혼을 불러내는 초혼의 일 등을 엄히 금하신다.

구원 얻은 성도들은 하루하루 하나님의 인도하심을 받으며 말씀 따라 기도하며 살아야 한다. 성도가 점쟁이를 찾는 일은 하나님이 미워하시는 가증한 일이다.

🌱 신명기 19장: 도피성, 표지석

민수기 35장에서 언급된 도피성에 대한 교훈이 다시 나온다.

하나님이 정해 주신 땅(제비 뽑아 나눈 땅)의 표지석을 옮기지 말아야 한다.

성도는 항상 주님께 돌아가 회개함으로 하나님의 사랑을 회복해야 하고 정직해야 한다. 정직한 성도의 생활은 아주 당연한 일인데 오늘 성도들은 탐심에 이끌려(우상에 이끌려) 당연하게 부정직하게 살아가는 경우가 많다. "오호 통재라. 정신 차리고 정직하게 살아야 한다."

🌱 신명기 20장: 하나님만 의지하고 전쟁하라, 가나안 7족을 진멸하라

이스라엘 백성은 전쟁을 위해 출전할 때 두려워하는 사람이나 원치 않는 군사는 다 돌려보내고 원하는 군사만으로 전쟁하게 해야 한다. 종 되었던 애굽 땅에서 큰 이적과 기사로 이스라엘 백성을 구원하신 하나님의 능력과 보호하심을 믿고 나가야 한다.

성화의 길은 사탄과 싸우는 전쟁이다(엡 6:12). 말씀과 기도로 승리를 바라보며 싸워야 한다.

하나님은 가나안 족속들이 그 신들에게 행하는 모든 가증한 일을 이스라엘 백성들이 배워 하나님 여호와께 범죄하지 못하게 하시려고 헷 족속과 아모리 족속과 가나안 족속과 브리스 족속과 히위 족속과 여부스 족속을 진멸하되 이들의 성읍에서는 호흡 있는 자를 하나도 살리지 말라고 명하신다.

이스라엘 백성들에게 가나안 땅은 이미 아브라함 때에 허락받은 땅이다(창 15:6-7). 그러나 하나님이 이스라엘 백성에게 가나안 땅을 주신 것은 그 후 근 400년도 훨씬 지난 다음이다. 하나님은 그 이유를 이렇게 말씀하신다.

"여호와께서 아브람에게 이르시되 너는 반드시 알라 네 자손이 이방에서 객이 되어 그들을 섬기겠고 그들은 사백 년 동안 네 자손을 괴롭히리니 그들이 섬기는 나라를 내가 징벌할지며 그 후에 네 자손이 큰 재물을 이끌고 나오리라 너는 장수하다가 평안히 조상에게로 돌아가 장사될 것이요 네 자손은 사대 만에 이 땅으로 돌아오리니 이는 아모리 족속의 죄악이 아직 가득 차지 아니함이니라"(창 15:13-16).

"너희는 이 모든 일로 스스로 더럽히지 말라 내가 너희 앞에서 쫓아내는 족속들이 이 모든 일로 말미암아 더러워졌고 그 땅도 더러워졌으므로 내가 그 악으로 말미암아 벌하고 그 땅도 스스로 그 주민을 토하여 내느니라 그러므로 너희 곧 너희의 동족이나 혹은 너희 중에 거류하는 거류민이나 내 규례와 내 법도를 지키고 이런 가증한 일의 하나라도 행하지 말라 너희가 전에 있던 그 땅 주민이 이 모든 가증한 일을 행하였고 그 땅도 더러워졌느니라 너희도 더럽히면 그 땅이 너희가 있기 전 주민을 토함같이 너희를 토할까 하노라"(레 18:24-28).

하나님이 아브라함에게 가나안 땅을 그 후손에게 주시겠다고 약속하신 후, 수백 년이 지나서 이스라엘 백성이 약속된 땅을 얻게 하신 이유를 하나님이 이렇게 말씀하신다.

하나님이 아브라함에게 가나안 땅을 주신다고 약속하실 때는 가나안 족속의 죄가 아직도 하나님이 심판하실 만큼 가득 차지 않았기 때문이었고(창 15:16), 그 후 세월이 지나가며 그들의 죄가 하나님이 심판하셔야 할 만큼 가득 찰 때, 가나안 땅은 가나안 족속을 토해내게 된다. 그래서 이스라엘 백성이 가나안 땅을 차지하게 된다.

자비하신 하나님은 심판을 보류하시며 기다리시지만 심판하시기 시작하면 그 심판은 무서운 것이다. 그래서 이스라엘 백성으로 하여금 가나안 족속들은 호흡 있는 자들을 하나도 남김 없이 다 죽이라고 명령하시는 것이다.

성도가 죄를 범할 때 하나님이 모른 척하신다고 해서 정말 하나님이 모르시는 것이 아니다. 성도는 빨리 회개하여 하나님의 진노를 사지 말아야 한다.

☙ 신명기 21-25장: 백성들이 생활에서 지켜야 할 규례들

신명기 21장부터 25장에는 이스라엘 백성들이 생활하는 중 따라야 할 여러 가지 법규들이 기록된다. 살인죄에 대한 법, 축첩에 관한 법, 상속에 관한 법, 패역한 자식에 대한 법, 잃어버린 양이나 소에 관한 규례, 결혼 생활에 관한 법, 불구자, 사생자, 모압 사람과 암몬 사람이 여호와의 총회에 들어올 수 없는 규례 등 다양한 규례들이 나온다.

우리 하나님은 이스라엘 백성들의 사소한 생활까지 하나님의 뜻에 부합되기를 바라신다. 성화는 평범한 일상생활, 가정생활, 사회생활에서 하나님의 말씀을 따르는 생활이다.

하나님은 백성들이 생활 중 지켜야 할 여러 가지 규례를 주신다. 신앙으로 산다는 것은 생활 중 하나님의 말씀을 순종하는 것임을 가르쳐주는 것이다.

(1) 피살된 시체 처리법(신 21:1-9)
(2) 포로 된 여인을 아내로 맞는 규례, 내보내는 규례(신 21:10-14)
(3) 두 아내 사이에 태어난 아들 중 장자 상속 규례(신 21:15-17)
(4) 패역한 아들 처리 규례(신 21:18-21)
(5) 나무에 달았던 시체 처리 규례(신 21:22-25)

"나무에 달린 자는 하나님께 저주를 받았음이니라"(신 21:23).

주님이 나무로 만든 십자가에서 매달려 죽으신 것은 우리가 받을 저주를 대신 받으신 것이다.

"십자가의 도가 멸망하는 자들에게는 미련한 것이요 구원을 받는 우리

에게는 하나님의 능력이라"(고전 1:18).

"우리는 십자가에 못 박힌 그리스도를 전하니 유대인에게는 거리끼는 것이요 이방인에게는 미련한 것이로되 오직 부르심을 입은 자들에게는 유대인이나 헬라인이나 그리스도는 하나님의 능력이요 하나님의 지혜니라"(고전 1:23-24).

신명기 22장

여기에는 이스라엘 백성이 생활하는 중 만나는 많은 생활의 규례가 기록된다.

(1) 잃은 양, 나귀, 소, 옷, 물건 처리 규례(1-4절).

(2) 남자가 여자의 옷, 여자가 남자의 옷을 입지 말라(5절).

(3) 새끼 새, 어미 새를 같이 잡지 말라(6-7절).

(4) 집을 지을 때 만들어야 하는 난간(8절).

(5) 포도원에 다른 종자의 식물을 심지 말라(9절).

(6) 소와 나귀를 겨리하여 밭을 갈지 말라(10절).

(7) 양털과 베실을 엮어 짠 옷을 입지 말라(11절).

(8) 입는 겉옷 네 귀에 술을 달지 말라(12절).

(9) 아내의 처녀 표적에 대한 시비의 규례(13-21절).

(10) 유부녀와 통간한 자는 둘 다 죽여라(22절).

(11) 여자를 강간한 경우의 규례(23-29절).

(12) 아비의 후비를 범하지 말라(30절).

신명기 23장

여호와의 총회(여호와께 드리는 공식적인 제사)에 들어올 수 없는 규례(1-6절).

모압 족속은 이스라엘 백성이 광야를 지날 때 발람을 매수하여 이스라엘 백성을 저주하려고 했었고(민 22:1-24), 하나님은 이 일을 다시 지적하며 그들을 여호와의 총회에 들어오지 못하게 하신다.

에돔 족속과 애굽인은 미워해서 안 되고 그들은 총회에 들어올 수 있다(7-8절).

대적을 치려고 출전할 때, 진을 청결케 해야 한다. 이스라엘 진중에 여호와가 적군을 치시려고 행하신다. 몽설한 자는 진 밖에 있다가 해질 때에 목욕하고 진에 들어올 수 있다. 변소는 진 밖에 두고 변은 삽으로 땅에 묻어야 한다(9-14절).

도망온 종에 대한 규례(15-16절).

창기가 있어선 안 된다(17-18절).

꾸어준 돈에 대한 이식의 규례(19-20절).

여호와께 서원한 것은 갚아야 한다(21-23절).

이웃의 포도원이나 이웃의 곡식밭에서 지킬 규례(24-25절).

신명기 24장

이혼과 이혼한 전처와 다시 재혼해서는 안 되는 규례를 말씀하신다(1-4절).

신명기에서 하나님은 모세를 통해 아내에게 수치 되는 일이 있으면 이혼증서를 써주고 이혼하라고 말씀하신다.

"사람이 아내를 맞이하여 데려온 후에 그에게 수치되는 일이 있음을 발견하고 그를 기뻐하지 아니하면 이혼증서를 써서 그의 손에 주고 그를 자기 집에서 내보낼 것이요"(신 24:1).

그러나 주님은 이렇게 말씀하신다.

"또 일렀으되 누구든지 아내를 버리려거든 이혼증서를 줄 것이라 하였으나 나는 너희에게 이르노니 누구든지 음행한 이유 없이 아내를 버리면 이는 그로 간음하게 함이요 또 누구든지 버림받은 여자에게 장가드는 자도 간음함이니라"(마 5:31-32).

"예수께서 대답하여 이르시되 사람을 지으신 이가 본래 그들을 남자와 여자로 지으시고 말씀하시기를 그러므로 사람이 그 부모를 떠나서 아내에게 합하여 그 둘이 한 몸이 될지니라 하신 것을 읽지 못하였느냐 그런즉 이제 둘이 아니요 한 몸이니 그러므로 하나님이 짝지어 주신 것을 사람이 나누지 못할지니라 하시니"(마 19:4-6).

결혼은 남자와 여자가 합하여 한 육체가 되는 것으로(엡 5:31) 성도는 아내와 남편이 다 존귀하게 여김을 받고 서로 귀하게 여겨야 한다.

"너희 단장은 머리를 꾸미고 금을 차고 아름다운 옷을 입는 외모로 하지 말고 오직 마음에 숨은 사람을 온유하고 안정한 심령의 썩지 아니할 것으로 하라 이는 하나님 앞에 값진 것이니라 전에 하나님께 소망을 두었던 거룩한 부녀들도 이와 같이 자기 남편에게 순복함으로 자기를 단장하였나니 사라가 아브라함을 주라 칭하여 순종한 것같이 너희가 선을 행하고 아무 두려운 일에도 놀라지 아니하면 그의 딸이 된 것이니라 남편들아 이와 같이 지식을 따라 너희 아내와 동거하고 그를 더 연약한 그릇이요 또 생명의 은혜를 유업으로 함께 이어받을 자로 알아 귀히 여기라 이는 너희 기도가 막히지 아니하게 하려 함이라"(벧전 3:3-7).
"결혼한 자들에게 내가 명하노니 (명하는 자는 내가 아니요 주시라) 여자는 남편에게서 갈라서지 말고 (만일 갈라섰으면 그대로 지내든지 다시 그 남편과 화합하든지 하라) 남편도 아내를 버리지 말라 그 나머지 사람들에게 내가 말하노니 (이는 주의 명령이 아니라) 만일 어떤 형제에게 믿지 아니하는 아내가 있어 남편과 함께 살기를 좋아하거든 그를 버리지 말며 어떤 여자에게 믿지 아니하는 남편이 있어 아내와 함께 살기를 좋아하거든 그 남편을 버리지 말라 믿지 아니하는 남편이 아내로 말미암아 거룩하게 되고 믿지 아니하는 아내가 남편으로 말미암아 거룩하게 되나니 그렇지 아니하면 너희 자녀도 깨끗하지 못하니라 그러나 이제 거룩하니라"(고전 7:10-14).

신혼 남자의 징집 면제 규례(5절).

맷돌을 전당 잡지 말라(6절).

유괴범인은 죽이라(7절).

문둥병에 대한 규례(8-9절).

가난한 한 사람에 대한 보호 규례, 전당물, 품삯의 규례(10-15절).

아비의 죄를 자식에게, 자식의 죄를 아비에게 물을 수 없다. 객과 고아의 송사 규례(16-18절).

곡식을 벨 때, 과일을 딸 때, 가난한 자를 위해 조금씩 남기라(19-22절).

신명기 25장

(1) 재판을 통한 태형의 규례(1-3절). 태형은 40대까지다.

(2) 곡식을 떠는 소에게 망을 씌우지 말라(4절).

(3) 형제가 아들 없이 죽은 후 그 동생이 계대하여 아들을 얻게 하는 규례(5-10절).

(4) 남자의 음낭을 잡아당긴 여인의 손은 찍어버리라(11-12절).

(5) 온전하고 공정한 저울추와 되의 규례(13-16절).

(6) 아말렉을 멸절하라(11-19절). 광야 길에 지친 이스라엘 백성의 전진을 막고, 이스라엘을 공격하였다(출 17:8-14).

✂ 신명기 26장: 첫 소산물, 제3년에 드리는 십일조

1. 하나님께 바치는 첫 열매에 대한 규례(1–11절)

"네 하나님 여호와께서 네게 주신 땅에서 그 토지 모든 소산의 맏물을 거둔 후에 그것을 가져다가 광주리에 담고 네 하나님 여호와께서 그의 이름을 두시려고 택하신 곳으로 그것을 가지고 가서"(신 26:2).

"여호와께서 강한 손과 편 팔과 큰 위엄과 이적과 기사로 우리를 애굽에서 인도하여 내시고 이곳으로 인도하사 이 땅 곧 젖과 꿀이 흐르는 땅을 주셨나이다 여호와여 이제 내가 주께서 내게 주신 토지 소산의 맏물을 가져왔나이다 하고 너는 그것을 네 하나님 여호와 앞에 두고 네 하나님 여호와 앞에 경배할 것이며 네 하나님 여호와께서 너와 네 집에 주신 모든 복으로 말미암아 너는 레위인과 너희 가운데에 거류하는 객과 함께 즐거워할지니라"(신 26:8-11).

2. 제3년에 드리는 십일조 규례(12-15절)

이스라엘 백성은 매년 드리는 십일조 외에 안식년을 지난 3년째마다 또 다른 십일조를 드려야 한다. 이 십일조는 레위인과 객과 과부와 고아를 위한 십일조다(신 26:13).

신명기 26장에서는 토지에서 얻은 첫 소산물을 하나님께 바치는 규례와 매 3년마다 행하는 또 다른 십일조에 대한 규례가 나온다.

이스라엘 백성은 매년 첫 소산을 하나님께 드려야 하고, 안식년 후 매 3년마다(십일조 드리는 해에) 객과 고아와 가난한 백성을 위한 십일조를 또 드리면서 애굽에서 종 되었던 때의 고난과 그중에서 하나님의 크신 권능으로 구원받은 은혜를 되새김질한다.

성도는 조그만 일에도 감사하며 하나님이 도와주신 지난날을 되돌아보아야 한다. 이 일을 위해 성도는 늘 첫 것을 하나님께 드려야 한다.

모든 명령과 규례를 행하라. 그래야 모든 민족에 뛰어난 성민이 된다(신 26:16-19).

❧ 신명기 27-28장: 순종의 복, 불순종의 화

신명기 27장에서 이스라엘 백성이 요단을 건너 가나안 땅에 들어가면 큰 돌에 회를 바르고 거기에 하나님이 주신 율법의 말씀을 기록해 놓고 전심을 다해 순종해야 할 것을 명하신다. 하나님은 이어서 이스라엘 백성을 에발산과 그리심산에 나누어 서게 하고 축복과 저주를 선포하게 한다. 이스라엘 백성은 선포되는 말씀에 '아멘' 한다.

신명기 28장에는 이스라엘 백성이 하나님의 율법에 순종할 때 받을 여러 가지 축복과 불순종할 때 받을 여러 가지 저주에 대한 말씀이 나온다.

이스라엘 백성이 하나님의 말씀을 불순종하여 받을 저주 중에 이런 것들도 있다.

머리 위의 하늘은 놋이 되고 아래의 땅은 철이 될 것이며 여호와께서 비 대신에 티끌과 모래를 땅에 내리시리니 그것들이 하늘에서 내려 마침내 이스라엘 백성이 멸망한다.

가나안 땅은 젖과 꿀이 흐르는 땅이었지만 지금은 놋과 철 같은 땅으로 변했고 모래가 쏟아지는 사막 같은 땅이 되었다. 이스라엘 백성이 가나안 땅에서 하나님의 법에 불순종하고 하나님을 떠나 우상숭배자들이 되었기 때문이다.

여호와께서 이스라엘의 임금을 그들의 조상들이 알지 못하던 나라로 끌어갈 것이며 이스라엘 백성은 거기서 목석으로 만든 다른 신들을 섬길 것이며 이스라엘 백성은 모든 민족 중에서 놀람과 속담과 비방거리가 될 것이다.

이스라엘 백성은 이 말씀대로 앗수르와 바벨론의 포로가 되어 고난을 받는다.

이스라엘 백성은 적군에게 에워싸이고 맹렬한 공격을 받아 곤란을 당하므로 그들의 자녀 곧 자신들의 소생의 살을 먹을 것이다.

이스라엘 백성이 아람 군대가 사마리아를 포위하고 공격할 때 그들이 너무 오랫동안 주려서 자식을 삶아 먹는 일이 일어난다(왕하 6:25-29).

여호와께서 네가 두려워하던 애굽의 모든 질병을 네게로 가져다가 네 몸에 들러붙게 하실 것이며, 또 이 율법책에 기록하지 아니한 모든 질병과 모든 재앙을 네가 멸망하기까지 여호와께서 네게 내리실 것이다.

현대 세계만방에 창궐하는 암, 에이즈, 각종 바이러스로 인한 질병들이 율법책에 기록되지 아니한 병들이다.

이스라엘 백성이 하나님의 말씀을 순종할 때 받을 복이 기록된다. 이 복은 다윗 왕 때, 솔로몬이 왕이 되어 하나님의 말씀을 순종할 때 이루어졌다.

"네가 네 하나님 여호와의 말씀을 청종하면 이 모든 복이 네게 임하며 네게 이르리니 성읍에서도 복을 받고 들에서도 복을 받을 것이며 네 몸의 자녀와 네 토지의 소산과 네 짐승의 새끼와 소와 양의 새끼가 복을 받을 것이며 네 광주리와 떡 반죽 그릇이 복을 받을 것이며 네가 들어와도 복을 받고 나가도 복을 받을 것이니라 여호와께서 너를 대적하기 위해 일어난 적군들을 네 앞에서 패하게 하시리라 그들이 한 길로 너를 치러 들어왔으나 네 앞에서 일곱 길로 도망하리라 여호와께서 명령하사 네 창고와 네 손으로 하는 모든 일에 복을 내리시고 네 하나님 여호와께서 네게 주시는 땅에서 네게 복을 주실 것이며 여호와께서 네게 맹세하신 대로 너를 세워 자기의 성민이 되게 하시리니 이는 네가 네 하나님 여호와의 명령을 지켜 그 길로 행할 것임이니라 땅의 모든 백성이 여호와의 이름이 너를 위하여 불리는 것을 보고 너를 두려워하리라 여호와께서 네게 주리라고 네 조상들에게 맹세하신 땅에서 네게 복을 주사 네 몸의 소생과 가축의 새끼와 토지의 소산을 많게 하시며 여호와께서 너를 위하여 하늘의 아름다운 보고를 여시사 네 땅에 때를 따라 비를 내리시고 네 손으로 하는 모든 일에 복을 주시리니 네가 많은 민족에게 꾸어줄지라도 너는 꾸지 아니할 것이요 여호와께서 너를 머리가 되고 꼬리가 되지 않게 하시며 위에만 있고 아래에 있지 않게 하시리니 오직 너는 내가 오늘 네게 명령하는 네 하나님 여호와의 명령을 듣고 지켜 행하며 내가 오늘 너희에게 명령하는 그 말씀을 떠나 좌로나 우로나 치우치지 아니하고 다른 신을 따라 섬기지 아니하면 이와 같으리라"(신 28:2-14).

신명기 27장과 28장에 기록된 말씀은 이스라엘 백성이 하나님을 제일로 섬기며 그 말씀을 따를 때 받을 큰 축복과 하나님을 버리고 우상에게로 돌아가 말씀에 불순종할 때 받을 저주를 통해서 이스라엘 백성들에게 하나님 제일의 신앙으로 살 것을 강력하게 권면한다.

성도는 죄와 사망에서 그리스도의 은혜로 구원받은 백성이다. 성도는 정신 차리고, 또 정신 차리고 하나님 제일의 신앙으로 말씀에 순종하며 살아야 한다.

❧ 신명기 29장: 다시 주시는 언약

신명기 29장에서 하나님은 이스라엘 백성에게 호렙산에서 주신 언약과 모압 땅 곧 광야에서 주신 언약을 다시 주신다.

이 언약의 대상은 이스라엘 모든 지파의 대표들과 백성들 전부와 이스라엘 백성들과 함께한 모든 사람, 유아들과 모든 백성의 아내와 및 진중에 있는 객과 이스라엘 백성을 위하여 나무를 패는 자로부터 물 긷는 자까지 다 포함된다.

이스라엘 백성 외에 이방인도 하나님의 이 언약에 참여케 하심은 예수 그리스도의 구원의 은총이 하나님 안에서 세계 모든 백성에게 임하게 되는 사실을 예표한다.

하나님은 이 언약의 말씀을 그들이 잘 순종하도록 하기 위해 그들이 하나님의 크신 은혜로 애굽에서 구원된 사실과 광야 40년 기간에 하나님이 인도해 주심으로 몸에 입는 옷이 낡아지지 아니하였고 저희 발의 신이 해어지지 아니한 사실, 그리고 저희가 헤스본 왕 시혼과 바산 왕 옥을 물리치고 그 땅을 차지하여 르우벤과 갓과 므낫세 반 지파에게 기업으로 주신 사실을 말씀하신다.

성도는 구원받은 후 늘 하나님이 나를 어떻게 구원해 주셨고 나를 지금까지 사랑으로 인도해 주신 사실을 기억하며 더욱 하나님 말씀대로 순종하며 살아야 한다.

하나님은 이어서 이렇게 애굽으로부터 여기까지 선히 인도하신 하나님의 언약을 맺는 이유는 여호와께서 말씀하신 대로 또, 여호와께서 이스라엘 백성의 조상 아브라함과 이삭과 야곱에게 맹세하신 대로 이스라엘 백성을 세워 자기 백성을 삼으시고 친히 이스라엘 백성의 하나님이 되시려 함이라고 말씀하신다. 성도는 하나님이 아버지가 되어주시고 성도가 하나님의 자녀가 된 사람이다.

"영접하는 자 곧 그 이름을 믿는 자들에게는 하나님의 자녀가 되는 권
세를 주셨으니"(요 1:12).
"성령이 친히 우리의 영과 더불어 우리가 하나님의 자녀인 것을 증언하
시나니 자녀이면 또한 상속자 곧 하나님의 상속자요 그리스도와 함께
한 상속자니 우리가 그와 함께 영광을 받기 위하여 고난도 함께 받아야
할 것이니라"(롬 8:16-17).

이스라엘 백성이 하나님의 말씀에 순종해야 하는 이유는 그들이 하나
님의 언약에 참여한 하나님의 백성이기 때문이요, 성도가 성화의 과정에
서 하나님의 말씀대로 살아야 하는 것은 성도는 하나님의 자녀이기 때문
이다.

하나님은 언약을 맺으시고 이 언약의 말씀에 순종할 것을 거듭 요구하
시고 그들이 하나님의 언약 말씀에 순종치 않고 그 마음이 하나님 여호
와를 떠나서 이방의 모든 민족의 신들에게 가서 우상을 섬기면 여호와는

① 이런 자를 사하지 않으실 뿐만 아니라

② 그 위에 여호와의 분노와 질투의 불을 부으시며

③ 또 이 책에 기록된 모든 저주를 그에게 더하실 것이며

④ 여호와께서 그의 이름을 천하에서 지워버리실 것이며

⑤ 율법책에 기록된 모든 언약의 저주대로 그에게 화를 더하신다고 경
고하신다.

⑥ 그리하여 그 온 땅이 유황이 되며 소금이 되며 또 불에 타서 심지
도 못하며 결실함도 없으며 거기에는 아무 풀도 나지 아니함이 옛적에 여
호와께서 진노와 격분으로 멸하신 소돔과 고모라와 아드마(소돔 근처에 있
던 성읍)와 스보임(가나안 다섯 성읍 중 하나)의 무너짐과 같을 것이라고 말씀
하신다.

이스라엘 백성은 애굽에서 해방된 것으로 다 구원된 것이 아니다. 광

야를 지나야 하고 다시 하나님이 주신 가나안 땅에서 하나님의 언약 말씀에 순종하며 살아야 한다.

성도가 믿음으로 구원받은 것은 구원의 시작이다. 성화의 구원을 힘써 이루어 가야 한다. 천국에 들어갈 예복(회개의 생활)을 준비하고 기름(성령충만의 생활)을 준비해야 한다.

🌱 신명기 30장: 재앙 중 회개하면 회복되는 복

신명기 30장을 보면 이스라엘 백성들이 하나님의 말씀에 불순종하여 하나님이 경고하신 대로 큰 재앙을 만났을 때 다시 돌이켜 하나님의 말씀에 마음과 뜻을 다해 순종하면 하나님이 그들을 긍휼히 여겨 축복을 회복시켜 준다고 말씀하신다.

"네가 네 하나님 여호와의 말씀을 청종하여 이 율법책에 기록된 그의 명령과 규례를 지키고 네 마음을 다하며 뜻을 다하여 여호와 네 하나님께 돌아오면 네 하나님 여호와께서 네 손으로 하는 모든 일과 네 몸의 소생과 네 가축의 새끼와 네 토지 소산을 많게 하시고 네게 복을 주시되 곧 여호와께서 네 조상들을 기뻐하신 것과 같이 너를 다시 기뻐하사 네게 복을 주시리라"(신 30:9).

하나님이 성도에게 주시는 고난은 저주가 아닌 축복을 주시기 위한 하나님의 손짓이다. 성도가 회개하고 다시 주님 말씀에 순종하면 하나님은 그에게 다시 복을 내리신다. 성화의 과정에서 성도는 날마다 회개하며 살아야 한다.

하나님이 이스라엘 백성에게 언약하신 말씀들은 이스라엘 백성이 순종하기 어려운 말씀들이 아니다.

"오늘 내게 명령한 이 명령은 네게 어려운 것도 아니요 먼 것도 아니라 하늘에 있는 것이 아니니 네가 이르기를 누가 우리를 위하여 하늘에 올라가 그의 명령을 우리에게로 가지고 와서 우리에게 들려 행하게 하랴 할 것이 아니요 이것이 바다 밖에 있는 것이 아니니 네가 이르기를 누가 우리를 위하여 바다를 건너가서 그의 명령을 우리에게로 가지고 와서 우리에게 들려 행하게 하랴 할 것도 아니라 오직 그 말씀이 네게 매우 가까워서 네 입에 있으며 네 마음에 있은즉 네가 이를 행할 수 있느니라"(신 30:11-14).

성도가 하나님의 말씀에 순종하며 살아가는 일은 결코 어려운 일이 아니다. 마음먹고 하나님의 말씀에 순종하는 생활을 생활화하여야 한다. 이것이 성화다.

이스라엘 백성 앞에 축복과 저주, 순종과 불순종은 그들이 선택해야 할 일이다. 성도가 성화의 과정에서 매일 매 순간 하나님의 말씀에 순종하는 선택을 해야 한다. 하나님의 말씀에 순종할 때 받은 복과 하나님의 말씀에 불순종할 때 받은 지난날의 고난을 늘 되새겨야 한다.

☙ 신명기 31-32장: 대적과 싸워주시는 하나님, 기억해야 할 말씀의 노래

신명기 31장에서 하나님은 모세를 통해 이스라엘 백성들을 격려하신다. 하나님이 친히 그들 앞에 앞서 나가시며 모든 대적을 멸하실 것을 약속하신다. 이스라엘 백성은 강하고 담대해야 한다. 모세는 이제 그 사명이 다하였고 여호수아가 이스라엘 백성을 이끌고 가나안으로 진군해야 한다. 여호수아는 강하고 담대해야 한다. 하나님 여호와가 그들과 함께 가시며 결코 그들을 떠나지 아니하시며 버리지 아니하실 것이기 때문이다.

이스라엘 백성들은 해마다 초막절에 하나님이 주신 율법의 말씀을 낭독하여 백성에게 들려주고 지키도록 해야 하고 그 자녀들에게 율법의 말씀을 가르쳐야 한다.

하나님은 이스라엘 백성이 가나안 땅에 들어간 후 결국 하나님을 버리고 우상에게 돌아가 그들이 하나님이 이미 경고하신 저주를 받게 될 것을 다 아신다.

하나님은 이런 이스라엘 백성들이 늘 하나님의 말씀과 경고하시는 음성을 기억하도록 노래를 지어 가르친다.

이 노래가 신명기 32장이다.

이스라엘 백성들에게 가르친 노래엔 하나님의 크신 사랑과 은혜를 말하고, 이스라엘 백성의 반역과 하나님의 진노를 말하며, 하나님은 정의와 자비를 통해 악에 보응하시지만 자비하신 은총으로 이스라엘의 대적을 징벌하시며 이스라엘 백성을 속죄하시는 하나님의 사랑을 말한다(신 32:1-43).

"하늘이여 귀를 기울이라 내가 말하리라 땅은 내 입의 말을 들을지어다 내 교훈은 비처럼 내리고 내 말은 이슬처럼 맺히나니 연한 풀 위의 가는 비 같고 채소 위의 단비 같도다 내가 여호와의 이름을 전파하리니 너희는 우리 하나님께 위엄을 돌릴지어다 그는 반석이시니 그가 하신 일이 완전하고 그의 모든 길이 정의롭고 진실하고 거짓이 없으신 하나님이시니 공의로우시고 바르시도다 그들이 여호와를 향하여 악을 행하니 하나님의 자녀가 아니요 흠이 있고 삐뚤어진 세대로다 어리석고 지혜 없는 백성아 여호와께 이같이 보답하느냐 그는 네 아버지시요 너를 지으신 이가 아니시냐 그가 너를 만드시고 너를 세우셨도다 옛날을 기억하라 역대의 연대를 생각하라 네 아버지에게 물으라 그가 네게 설명할 것이요 네 어른들에게 물으라 그들이 네게 말하리로다 지극히 높으신 자가 민족들에게 기업을 주실 때에, 인종을 나누실 때에 이스라엘 자손의 수효대로 백성들의 경계를 정하셨도다 여호와의 분깃은 자기 백성이라 야곱은 그가 택하신 기업이로다 여호와께서 그를 황무지에서, 짐승이 부르짖는 광야에서 만나시고 호위하시며 보호하시며 자기의 눈동자같이 지키셨도다 마치 독수리가 자기의 보금자리를 어지럽게 하며 자기의 새끼 위에 너풀거리며 그의 날개를 펴서 새끼를 받으며 그의 날개 위에 그것을 업는 것같이 여호와께서 홀로 그를 인도하셨고 그와 함께한 다른 신이 없었도다 여호와께서 그가 땅의 높은 곳을 타고 다니게 하시며 밭의 소산을 먹게 하시며 반석에서 꿀을, 굳은 반석에서 기름을 빨게 하시며 소의 엉긴 젖과 양의 젖과 어린 양의 기름과 바산에서 난 숫양과 염소와 지극히 아름다운 밀을 먹이시며 또 포도즙의 붉은 술을 마시게 하셨도다"(신 32:1-14).

얼마나 귀하고 얼마나 사랑과 은혜가 크신 하나님이신가. 이스라엘 백성은 얼마나 크신 은혜를 입은 백성인가. 그런데 이스라엘 백성은 이러한 하나님을 떠난다. 오호 통재라. 이 안타까운 일이 오늘도 성도에게 일어난다. 그러므로 우리는 정신 차려야 한다.

구원받은 성도들이 이 땅에서 늘 실패하며 살 것을 다 아신다. 그래서 하나님은 또 그들을 징계하실 수밖에 없지만 다시 회개의 심정을 주셔서 결국은 승리하게 하신다. 성화는 사탄과의 끊이지 않는 싸움이다. 많은 경우 성도가 넘어가지만 그래도 하나님이 그들의 손을 붙잡고 승리하게 해 주신다. 성도여 담대하라. 이미 사탄을 이기신 주님을 의지하라. 넘어진 자리에서 일어나 다시 사탄을 물리쳐라. 기도와 찬송과 말씀으로 승리하라. 할렐루야.

모세는 느보산에 올라가 하나님의 약속과 축복이 있는 땅, 가나안 땅을 바라보지만 므리바에서 바위를 지팡이로 쳐서 물을 낸 일로, 하나님의 거룩을 이스라엘에 나타내지 못한 죄 때문에 가나안 땅에 들어가지 못할 것을 다시 말씀하신다(신 32:48-52).

❣ 신명기 33장: 각 지파를 위한 기도

신명기 33장은 야곱의 자손들, 각 지파를 향한 모세의 축복과 기도다. 이 모세의 축복 기도는 이삭이 야곱과 에서에게 빌어준 축복(창 27:27-29), 야곱이 애굽에서 자손들에게 빈 축복(창 48:15-49:28)과 같이 그들에게 이루어질 예언의 축복이다.

1) 르우벤

그 수가 적지 않기를 원한다. 르우벤은 야곱의 장자이지만 아버지의 첩 빌하를 취한 죄로(창 35:22) 아버지 야곱으로부터도 큰 축복의 기도를 받지 못했고 모세에게도 못 받았다.

2) 유다

"여호와여 유다의 음성을 들으시고 그 백성에게로 인도하시오며 그의 손으로 자기를 위하여 싸우게 하시고 주께서 도우사 그가 대적을 치게 하시기를 원하나이다"(신 33:7).

3) 레위

"주의 둠밈과 우림이 주의 경건한 자에게 있도다 주께서 그를 맛사에 서 시험하시고 므리바 물가에서 그와 다투셨도다 그는 그 부모에게 대하여 이르기를 내가 그들을 보지 못하였다 하며 그 형제들을 인정치 아니하며 그 자녀를 알지 아니한 것은 주의 말씀을 준행하고 주의 언약을 지킴으로 말미암음이로다 주의 법도를 야곱에게, 주의 율법을 이스라엘에게 가르치며 주 앞에 분향하고 온전한 번제를 주의 단 위에 드리리로다 여호와여 그의 재산을 풍족하게 하시고 그 손의 일을 받으소서 그를 대적하여 일어나는 자와 미워하는 자의 허리를 꺾으사 다시 일어나지 못하게 하옵소서"(신 33:8-11).

레위 자손은 우림과 둠밈을 가진 제사장 지파로 성전과 하나님 봉사에 위임된 큰 복을 빈다.

3) 베냐민

"여호와의 사랑을 입은 자는 그 곁에 안전히 살리로다 여호와께서 그를 날이 마치도록 보호하시고 그로 자기 어깨 사이에 있게 하시리로다"(신 33:12).

4) 요셉

"원하건대 그 땅이 여호와께 복을 받아 하늘의 보물인 이슬과 땅 아래 저장한 물과 태양이 결실하게 하는 선물과 태음이 자라게 하는 선물과 옛 산의 좋은 산물과 영원한 작은 산의 선물과 땅의 선물과 거기 충만한 것과 가시떨기나무 가운데 거하시던 이의 은혜로 말미암아 복이 요셉의 머리에, 그의 형제 중 구별한 자의 정수리에 임할지로다 그는 첫 수송아지같이 위엄이 있으니 그 뿔이 들소의 뿔 같도다 이것으로 민족들을 받아 땅끝까지 이르리니 곧 에브라임의 자손은 만만이요 므낫세의 천천이리로다"(신 33:13-17).

5) 스불론, 잇사갈

"스불론이여 너는 나감을 기뻐하라 잇사갈이여 너는 장막에 있음을 즐거워하라 그들이 백성들을 불러 산에 이르게 하고 거기에서 의로운 제사를 드릴 것이며 바다의 풍부한 것과 모래에 감추어진 보배를 흡수하리로다"(신 33:18-19).

6) 갓

"갓을 광대하게 하시는 자에게 찬송을 부를지어다. 갓이 암사자같이 엎드리고 팔과 정수리를 찢는도다 그가 자기를 위하여 먼저 기업을 택하였으니 곧 입법자의 분깃으로 준비된 것이로다 그가 백성의 수령들과 함께 와서 여호와의 공의와 이스라엘과 세우신 법도를 행하도다"(신 33:20-21).

7) 단

"단은 바산에서 뛰어나오는 사자의 새끼로다"(신 33:22).

8) 납달리

"은혜가 족하고 여호와의 복이 가득한 납달리여 너는 서쪽과 남쪽을 차지할지로다"(신 33:23).

9) 아셀

"아셀은 아들들 중에 더 복을 받으며 그의 형제에게 기쁨이 되며 그 발이 기름에 잠길지로다"(신 33:24).

모세는 이스라엘의 열두 지파에 대한 축복에 이어 다시 이스라엘이 받은 축복, 받을 축복을 말한다.

10) 이스라엘(여수룬)

"여수룬이여 하나님 같은 이가 없도다 그가 너를 도우시려고 하늘을 타시고 궁창에서 위엄을 나타내시는도다 영원하신 하나님이 네 처소가 되시니 그의 영원하신 팔이 네 아래에 있도다 그가 네 앞에서 대적을 쫓으시며 멸하라 하시도다 이스라엘이 안전히 거하며 야곱의 샘은 곡식과 새 포도주의 땅에 홀로 있나니 곧 그의 하늘이 이슬을 내리는 곳에로다 이스라엘이여 너는 행복한 사람이로다 여호와의 구원을 너같이 얻은 백성이 누구냐 그는 너를 돕는 방패시요 네 영광의 칼이시로다 네 대적이 네게 복종하리니 네가 그들의 높은 곳을 밟으리로다"(신 33:26-29).

모세는 족장별로 이름을 불러 그와 그 자손에게 분복대로 복을 빈다. 모세는 이스라엘 백성에게 축복을 내린다. 성도는 제사장으로 모세처럼 늘 모두를 축복하며 살아야 한다. 축복의 말, 격려의 말, 사랑의 말, 감사의 말을 하며 사는 것이 성화다.

☙ 신명기 34장: 모세의 죽음

신명기 34장에서 모세의 죽음의 사건이 기록된다. 모세는 하나님과 대면하여(신 34:10) 하나님의 말씀을 듣고 하나님께 말씀을 드렸던 선지자다. 그러나 이런 모세도 가나안 복지를 바라만 보고 비스가산 위에서 죽는다.

모세와 이스라엘 백성, 곧 애굽에서 장년으로 해방된 백성은 여호수아와 갈렙 두 사람을 제외하고 광야에서 모두 다 죽는다. 그러면 광야에서 죽은 백성은 구원받지 못한 백성인가. 아니다. 모세도 광야에서 죽었다. 이스라엘 백성에는 그들이 애굽에서 해방된 것이 받은 구원이다. 이스라엘 백성이 광야에서 죽은 것은 구원받은 성도가 성화의 과정 중 죽은 것을 예표하며 지금 모든 성도들이 다 이에 해당한다.

여호수아의 인도로 가나안 땅에 들어간 백성은 구원사적으로 보면 믿음으로 구원받고 성화의 과정을 거쳐 영원한 천국에 들어가 구원이 완성된 성도들을 예표하지만 가나안 땅은 천국의 예표일 뿐, 결코 천국이 아니기 때문에 가나안 땅에서의 이스라엘 백성의 긴 역사는 다시 받는 구원, 성화의 긴 과정을 예표한다.

* 구원사적으로 본 모세오경
구원사적으로 모세오경을 보면 아래와 같이 정리된다.

⑴ **창세기.** 인류가 구원받아야 할 이유를 아담과 하와의 죄에서 보여준다. 창세기는 노아의 사적과 바벨탑의 사건, 소돔과 고모라의 사건을 통해 마지막에 있을 대심판을 가르쳐 준다.

창세기는 아브라함과 이삭과 야곱과 요셉의 일생을 통해 하나님이 이루어 가시는 구원의 섭리를 보여준다.

⑵ **출애굽기.** 이스라엘 백성이 애굽에서 종으로 살다가 유월절 양의 피로 은혜로 해방된 사건을 통해 성도가 믿음으로, 은혜로 구원받은 것을 가르쳐준다.

출애굽기는 이스라엘 백성들이 광야에서 성막을 만들고 십계명을 받아 광야에서 제단과 말씀을 중심으로 살아가는 생활을 통해 성도가 구원받은 후 말씀과 교회를 통해 이루어가고 받아 가는 성화의 구원을 가르쳐준다.

출애굽기는 가나안 땅의 약속과 소망을 통해 성도가 받을 구원 천국을 예표로 가르쳐준다.

⑶ **레위기.** 이스라엘 백성이 지키는 5대 제사와 3대 절기를 통해 예수 그리스도의 피 공로로 구원받은 사건을 역사 속에서 재현함을 보여주며, 이러한 제사와 절기를 지키는 이스라엘 백성의 생활은 오늘 성도가 교회 생활을 통해 어떻게 성화의 길을 가는가를 예표로 가르쳐 준다.

⑷ **민수기.** 이스라엘 백성이 40년간 살아간 광야의 노정에서 어떻게 살았는가를 통해 성도가 구원받은 후 평생 살아가며 이루어가는 성화의 과정이 어떤 것인가를 가르쳐준다.

⑸ **신명기.** 이스라엘 백성이 하나님만 섬기고 살아야 하며 말씀을 순종하고 살 때 축복과 승리가 따르고 그들이 하나님을 버리고 말씀을 떠나면 하나님 앞에서 무섭고 큰 진노로 멸망한다는 반복된 권고를 통해 구원받은 성도가 하나님 제일, 말씀 제일로 성화의 길을 걸어가야 할 것을 가르쳐준다.

성경 전부가 구원을 가르쳐주는 하나님의 말씀이다. 한 단어 한 구절에도 귀한 뜻이 숨어 있지만 성경은 구원론적인 안목으로 전체를 보아야 비로소 하나님이 성경에서 주시려는 구원의 참교훈을 바로 알게 된다. 모세오경은 각각 다른 말씀이 아니라 전부가 받은 구원, 받아 가는 구원, 받을 구원을 가르쳐주는 하나님의 말씀이다. 할렐루야.

여호수아 강해

모세의 시대가 끝나고 여호수아에 의한 하나님의 구속사적 섭리가 이뤄지기 시작한다. 이제 이스라엘 백성은 요단을 건너가야 하고, 요단강 건너편은 하나님이 그 조상들에게 주신다고 약속한 가나안 땅이다. 구원사적으로 볼 때 이스라엘 백성이 애굽에서 해방된 것은 받은 구원이요, 광야에서의 40년간의 생활은 구원사로 보면 받아가는 성화의 구원이요, 그들이 여호수아의 인도로 들어갈 가나안 땅은, 성도가 앞으로 가게 될 영원 천국을 예표하고 받을 구원을 예표한다. 그러나 성도들이 앞으로 받을 영원 천국은 주님이 다 완성해 놓고 성도가 영접되는 곳이지만 가나안 땅은 이스라엘 백성과 여호수아가 가나안 일곱 족속과 싸워 쟁취해야 할 땅이다. 이렇게 볼 때 이스라엘 백성의 가나안 진군과 가나안 정복과 가나안 땅에서의 이스라엘 백성의 역사는 구원사적으로 볼 때 또 다른 성화의 역사인 것이다.

여호수아기는 이스라엘 백성들이 가나안 땅을 정복해 가는 과정의 역사로, 이 역사는 성도가 성화의 과정에서 이 세상에서 사탄과 싸우는 영적 전쟁을 예표한다. 여호수아기에서 이스라엘 백성은 성도를 예표하고 가나안 땅에서 이스라엘 백성이 만나는 가나안 일곱 족속과 그들의 성읍들은 사탄을 예표한다. 그러면 성도가 성화의 과정에서 매일 싸워 이겨야 하는 사탄은 어떤 존재인가.

1. 악한 천사들(사탄의 존재)

1) 기원: 성경은 악한 천사가 있음을 말한다. 그러나 본래 하나님이 악한 천사를 만드신 것이 아니다. 하나님은 선한 천사를 창조하셨지만 이 천사들 중 얼마가 본래 자기의 위치를 지키지 아니하고, 교만하여 타락하였다(유 1:6; 벧후 2:4).

인간의 타락보다 천사의 타락은 먼저이며, 천사의 타락 원인을 교만으로 본다(딤전 3:6; 사 14:12-17).

"또 자기 지위를 지키지 아니하고 자기 처소를 떠난 천사들을 큰 날의 심판까지 영원한 결박으로 흑암에 가두셨으며"(유 1:6).

"하나님이 범죄한 천사들을 용서하지 아니하시고 지옥에 던져 어두운 구덩이에 두어 심판 때까지 지키게 하셨으며"(벧후 2:4).

"새로 입교한 자도 말지니 교만하여져서 마귀를 정죄하는 그 정죄에 빠질까 함이요"(딤전 3:6).

"너 아침의 아들 계명성이여 어찌 그리 하늘에서 떨어졌으며 너 열국을 엎은 자여 어찌 그리 땅에 찍혔는고 네가 네 마음에 이르기를 내가 하늘에 올라 하나님의 뭇 별 위에 내 자리를 높이리라 내가 북극 집회의 산 위에 앉으리라 가장 높은 구름에 올라가 지극히 높은 이와 같아지리라 하는도다 그러나 이제 네가 스올 곧 구덩이 맨 밑에 떨어짐을 당하리로다 너를 보는 이가 주목하여 너를 자세히 살펴 보며 말하기를 이 사람이 땅을 진동시키며 열국을 놀라게 하며 세계를 황무하게 하며 성읍을 파괴하며 그에게 사로잡힌 자들을 집으로 놓아 보내지 아니하던 자가 아니냐 하리로다"(사 14:12-17).

여기서 계명성은 루시퍼(Lucifer)로 사탄을 지칭한다.

2) 악한 천사의 우두머리: 악한 천사의 수령이 사탄이다. '사탄'이란 말은 '대적한다'는 뜻으로 '아폴리온'(파괴자), '디아볼로스'(참소자: 계 12:10), '바알세불'(집주인), '벨리알'(무가치), '시험하는 자', '옛뱀', '용'이라는 이름으로 불린다(계 9:11, 12:3, 10; 요 12:31; 고후 4:4; 엡 2:2).

3) 악한 천사들의 활동
(1) 하나님의 사역과 섭리에 반항한다(창 3:1-).
(2) 하나님의 백성들을 미혹하고 사람의 악행을 격려한다(벧전 5:8; 요일 4:6).
(3) 성도를 넘어지게, 그리스도에게서 떨어지게 한다(마 16:23).
(4) 선한 천사에게 대항하고 사탄에 협조한다(마 25:33; 엡 6:12; 계 12:7-12; 단 10:12-13).

(5) 질병이나 정신적 문란을 가져온다(마 9:33, 12:22; 막 5:4-5; 눅 8:35, 9:37-42).

(6) 하나님의 말씀을 거역하게 한다(창 3:1-6).

(7) 미워하게 한다(삼상 16:14-15, 18:10, 11).

(8) 용서하지 못하게 한다(고후 2:10-11).

(9) 그리스도의 복음을 수건으로 가린다(고후 4:4).

(10) 말씀을 빼앗아 간다(마 13:19; 눅 8:12; 막 4:15).

(11) 성도를 시험한다(고전 7:5; 벧전 5:8).

(12) 믿음에서 넘어지게 한다(마 16:23, 13:41).

4) 그들의 운명: 그리스도가 죽음의 권세를 이기시고 부활하심으로 주님은 사탄과의 싸움에서 이미 승리하셨고, 사탄은 마지막 날 주님의 심판을 받아 마침내 불못에(지옥에) 던져지게 된다(마 25:4; 계 20:7-10).

2. 성도가 사탄과 싸워 이기는 길

1) 말씀으로 이긴다(마 4:1-11).

2) 기도로 이긴다(막 9:29).

3) 찬송으로 이긴다(삼상 16:23; 대하 20:20-23).

4) 하나님의 전신갑주를 입어야 한다(엡 6:10-13).

☙ 여호수아 1장: 여호수아에게 명령하시고 약속하시고 권고하신다

하나님은 여호수아를 이스라엘 백성의 영도자로 세우시고 여호수아에게 명령하시고 약속하시고 권고하신다.

1. 하나님의 명령

"내 종 모세가 죽었으니 이제 너는 이 모든 백성과 더불어 일어나 이 요단을 건너 내가 그들 곧 이스라엘 자손에게 주는 그 땅으로 가라"(수 1:2).
"강하고 담대하라"(수 1:6).
"나의 종 모세가 네게 명령한 그 율법을 다 지켜 행하고 우로나 좌로나 치우치지 말라… 이 율법 책을 네 입에서 떠나지 말게 하며 주야로 그것을 묵상하여 그 안에 기록된 대로 다 지켜 행하라"(수 1:7-8).

하나님은 여호수아에게 '가라, 담대하라, 지키라' 명하신다.
성도는 구원받고 천국에 바로 들어가는 사람이 아니라 구원받고 세상으로 들어가 사탄과 싸워야 하는 전투의 명령을 받은 사람들이다. 예수님은 열두 제자를 세우시고 이렇게 명하신다.

"오히려 이스라엘 집의 잃어버린 양에게로 가라 가면서 전파하여 말하되 천국이 가까이 왔다 하고 병든 자를 고치며 죽은 자를 살리며 나병환자를 깨끗하게 하며 귀신을 쫓아내되 너희가 거저 받았으니 거저 주라"(마 10:6-8).
"그러므로 너희는 가서 모든 민족을 제자로 삼아 아버지와 아들과 성령의 이름으로 세례를 베풀고 내가 너희에게 분부한 모든 것을 가르쳐 지키게 하라 볼지어다 내가 세상 끝날까지 너희와 항상 함께 있으리라 하시니라"(마 28:19-20).
"보라 내가 너희를 보냄이 양을 이리 가운데로 보냄과 같도다 그러므로 너희는 뱀같이 지혜롭고 비둘기같이 순결하라"(마 10:16).

성도가 있는 곳에 항상 사탄이 옆에 있다.
성도는 이 땅에서 하나님의 약속을 붙잡고 담대하게 나가 사탄과 싸워야 하고 그러기 위해 항상 주의 말씀을 지켜야 한다.

2. 하나님의 약속

"내가 모세에게 말한 바와 같이 너희 발바닥으로 밟는 곳은 모두 내가 너희에게 주었노니 곧 광야와 이 레바논에서부터 큰 강 곧 유브라데 강까지 헷 족속의 온 땅과 또 해 지는 쪽 대해까지 너희의 영토가 되리라" (수 1:3-4).

하나님은 아직 점령되지 않은 가나안 땅을 "내가 너희에게 주었다"고 말씀하신다. 그리고 후에 결국 하나님의 말씀대로 되었다.

하나님은 구원받은 성도에게 그가 예수를 그리스도로 받을 때 천국 열쇠를 그에게 주신다고 말씀하신다. 이스라엘 백성이 아직 가나안 땅을 정복하고 들어가지 않았어도 하나님이 주셨다고 말씀하신 것은 이 땅에 있는 성도가 다 천국 열쇠를 이미 받은, 천국의 소유자들임을 예표한다.

"이르시되 너희는 나를 누구라 하느냐 시몬 베드로가 대답하여 이르되 주는 그리스도시요 살아 계신 하나님의 아들이시니이다 예수께서 대답하여 이르시되 바요나 시몬아 네가 복이 있도다 이를 네게 알게 한 이는 혈육이 아니요 하늘에 계신 내 아버지시니라 또 내가 네게 이르노니 너는 베드로라 내가 이 반석 위에 내 교회를 세우리니 음부의 권세가 이기지 못하리라 내가 천국 열쇠를 네게 주리니 네가 땅에서 무엇이든지 매면 하늘에서도 매일 것이요 네가 땅에서 무엇이든지 풀면 하늘에서도 풀리리라 하시고"(마 16:15-19).
"평생에 너를 능히 대적할 자가 없으리니 내가 모세와 함께 있었던 것 같이 너와 함께 있을 것임이라 내가 너를 떠나지 아니하며 버리지 아니하리니…놀라지 말라 네가 어디로 가든지 네 하나님 여호와가 너와 함께하느니라 하시니라"(수 1:5-9).

하나님은 여호수아와 항상 함께해 주실 것을 약속하신다.

우리가 믿음으로 구원받는 순간 영원한 천국이 약속되고 하나님이 늘 함께해 주시는 보장을 받는다.

"내가 아버지께 구하겠으니 그가 또 다른 보혜사를 너희에게 주사 영원토록 너희와 함께 있게 하시리니 저는 진리의 영이라 세상은 능히 그를 받지 못하나니 이는 저를 보지도 못하고 알지도 못함이라 그러나 너희는 그를 아나니 그는 너희와 함께 거하심이요 또 너희 속에 계시겠음이라 내가 너희를 고아와 같이 버려두지 아니하고 너희에게로 오리라"(요 14:16-18).
"내가 너희에게 분부한 모든 것을 가르쳐 지키게 하라 볼지어다 내가 세상 끝날까지 너희와 항상 함께 있으리라 하시니라"(마 28:20).

3. 하나님의 권고

하나님이 여호수아에게, 모세가 명령한 율법을 다 지켜 행하고 우로나 좌로나 치우치지 말라고 말씀하신 것은 명령인 동시에 하나님의 간절한 권고다. 그래서 하나님은 이 말씀에 이어 그리하면 어디로 가든지 형통하리라고 말씀하신다. 하나님이 주시는 사랑의 명령이 권고다.

우리는 성화의 과정에서 우리의 행복을 위해 주시는 하나님의 사랑의 명령을 하나님의 사랑의 권고로 받아 늘 순종해야 한다.

여호수아는 하나님의 명령대로 요단을 건너 가나안 땅으로 진군할 준비를 한다. 여호수아는 온 백성에게 양식을 준비하게 하고 요단 동편에 머물게 된 르우벤, 갓, 므낫세 반 지파에게 다른 지파들과 함께 가나안 정벌에 동참할 것을 확인한다.

가나안 족속을 쳐서 이기는 길은 이스라엘 백성이 하나님의 명령에 순종하여 담대하게 나가는 것이다. 성도는 성화의 길에 믿음으로 승리하기 위해 하나님의 명령, 곧 하나님의 말씀에 순종하며 살아야 한다.

☙ 여호수아 2장: 여리고 성에 들어간 두 정탐꾼

여호수아 2장에는 여호수아가 여리고 성에 두 정탐꾼을 보내고 이 정탐꾼들이 여리고 성에 들어가 기생 라합의 집에 머물면서 그 임무를 수행한 뒤에 여호수아에게 돌아온 사건을 기록한다.

국경 근처에서 영업을 하는 기생 라합은 이스라엘 정탐꾼을 숨겨주고 그들을 찾아온 여리고 성의 관리들에게 거짓을 말하며 정탐꾼을 안전하게 인도한다. 라합은 이스라엘 백성이 여리고를 점령하게 될 것을 알고 있었다. 라합은 이렇게 말한다.

"말하되 여호와께서 이 땅을 너희에게 주신 줄을 내가 아노라 우리가 너희를 심히 두려워하고 이 땅 주민들이 다 너희 앞에서 간담이 녹나니 이는 너희가 애굽에서 나올 때에 여호와께서 너희 앞에서 홍해 물을 마르게 하신 일과 너희가 요단 저쪽에 있는 아모리 사람의 두 왕 시혼과 옥에게 행한 일 곧 그들을 전멸시킨 일을 우리가 들었음이니라 우리가 듣자 곧 마음이 녹았고 너희로 말미암아 사람이 정신을 잃었나니 너희의 하나님 여호와는 위로는 하늘에서도 아래로는 땅에서도 하나님이 시니라"(수 2:9-11).

라합은 천한 기생이었지만 하늘과 땅의 하나님이신 이스라엘의 하나님의 섭리를 깨닫는 사람이었고 그래서 이스라엘의 정탐꾼을 도와 자신과 가족들을 멸망의 자리에서 구원한다. 이방 여인도 하나님의 뜻과 섭리를 알면 구원의 길로 간다. 성도는 마땅히 말씀과 기도와 묵상을 통해 하나님의 섭리를 늘 깨닫고 순종해야 한다.

이렇게 이스라엘 백성의 여리고 점령의 길을 도운 라합은 이새와 다윗과 예수님의 조상이 된다(마 1:1-16).

여리고 성을 정탐한 보고는 "여호와께서 그 온 땅을 우리 손에 주셨으므로 그 땅의 모든 주민이 우리 앞에서 간담이 녹더이다" 하는 것이었다.

적을 두려워하는 여리고 백성은 이미 이스라엘 백성에게 패한 것이다. 적을 두려워하는 자는 승리하지 못한다.

❧ 여호수아 3장: 백성의 가나안 땅 진입

여호수아 3장에는 이스라엘 백성이 요단강을 건너 마침내 가나안 땅으로 진입한 요단 도강 사건을 기록한다.

백성들의 정결

백성들은 요단강을 건너가기 전 자신들을 정결케 하였다. 지금 이스라엘 백성이 적진을 향해 요단강을 건너는 일은 하나님의 오랜 약속과 하나님의 섭리를 이루는 거룩한 전쟁이다. 그래서 그들은 자신들을 정결케 해야 한다. 구원받은 후 성도의 삶은 사탄과 싸우는 거룩한 전쟁이다. 늘 자신을 정결케 해야 한다. 성도가 자신을 정결케 하는 길이 회개하는 길이다. 그러므로 성도는 날마다 회개하며 살아야 한다.

계시록에서 이렇게 하나님이 말씀하신다.

"또 내가 들으니 허다한 무리의 음성과도 같고 많은 물 소리와도 같고 큰 우렛소리와도 같은 소리로 이르되 할렐루야 주 우리 하나님 곧 전능하신 이가 통치하시도다 우리가 즐거워하고 크게 기뻐하며 그에게 영광을 돌리세 어린양의 혼인 기약이 이르렀고 그의 아내가 자신을 준비하였으므로 그에게 빛나고 깨끗한 세마포 옷을 입도록 허락하셨으니 이 세마포 옷은 성도들의 옳은 행실이로다 하더라"(계 19:6-8).

성도의 옳은 행실은 회개하는 생활이다. 성도가 바리새인보다 더 옳은 행실은 회개하는 길이다.

제사장들이 온 땅의 주의 언약궤를 메고 백성들보다 2천 규빗가량 앞서 진행하고 백성들은 이 언약궤를 따라 전진한다.

보통 전쟁이라면 최정예 군인들이 앞장서서 적군 앞으로 진군해야 한다. 그러나 이스라엘 백성의 가나안 진군은 오늘 우리에게 사탄과 싸워가는 성화의 거룩한 전쟁을 가르쳐주는 성전으로, 그래서 언약궤가 제일 앞장을 섰다.

이 사실은 성도가 항상 말씀을 앞세우고 말씀을 따라가며 사탄과 싸워야 할 것을 예표한다.

제사장들이 멘 언약궤는 '온 땅의 주의 언약궤'로 백성들보다 2천 규빗가량 앞서서 간다. 온 백성들이 다 이 언약궤를 바라보고 따라가야 하기 때문이다.

성도에게 주신 신구약 성경 말씀은 '온 땅의 주의 말씀'이다. 이 말씀보다 더 권능 있는 진리의 말씀은 없다.

성화의 과정에서 성도는 매 주일 제단에서 말씀으로 재무장하고 날마다 말씀을 읽고 묵상하며 말씀을 내 생활에 적용하며 성화의 길을 걸어가야 한다.

제사장들은 물이 넘쳐흐르는 요단강에 언약궤를 메고 제사장들의 발이 다 잠기도록 들어서야 한다. 하나님이 이스라엘 백성들에게 요단강을 갈라주시고 요단강에 들어가라고 하시지 않는다. 제사장들이 언약궤를 메고 먼저 요단강에 들어가라고 명하신다.

그리고 제사장들이 하나님 말씀대로 언약궤를 메고 요단강에 들어갔을 때, 곧 궤를 멘 제사장들의 발이 물에 잠길 때 곧 위에서부터 흘러내리던 물이 그쳐서, 사르단에 가까운 매우 멀리 있는 아담 성읍 변두리에 일어나 한 곳에 쌓이고, 아라바의 바다 염해로 향하여 흘러가는 물은 온전히 끊어지게 된다.

지금 이스라엘 백성이 요단강을 건너는 때는 요단강의 강수량이 제일 많은 시기였다. 이스라엘 백성이 요단강을 건넌 날이 첫째 달 십 일로(수 4:19) 이때는 유대력으로 아빕월 유월절이 막 끝나는 시기요 요단강 발원지인 헐몬산에 눈이 가장 많은 때여서 요단강 강물이 흘러넘칠 시기다. 그러나 홍해를 가르신 하나님 앞에 요단강 물이 흘러넘치는 것은 문제가 되지 않는다.

이스라엘 백성이 홍해를 건널 때는 하나님이 바람으로 홍해를 먼저 갈라서 육지로 길을 내시고 이스라엘 백성으로 홍해 가운데 뚫린 육지로 건너가게 하셨다. 이스라엘 백성이 홍해를 건너 애굽의 지배권에서 완전하게 벗어난 것은 하나님이 다 해주신 은혜로(홍해를 갈라주시고) 구원된, 받은 구원을 예표하지만 지금 이스라엘 백성이 요단을 건너가는 것은 애굽에서 구원받은 후 광야길 40년이 지난 일로, 이때 이스라엘 백성은 "온 땅의 주 여호와의 궤를 멘 제사장들의 발바닥이 요단 물을 밟고 멈추면 요단 물 곧 위에서부터 흘러내리던 물이 끊어지고 한 곳에 쌓여 서리라" 하신 하나님의 말씀을 그들이 믿고, 그들이 물이 흘러넘치는 요단강에 들어서야 한다.

애굽에서의 해방, 곧 받은 구원은 철저하게 다 하나님이 해주신 것을 우리가 받는 것인 데 반해 이스라엘 백성이 요단을 건너는 것은 성화로, 이제는 내 믿음으로 내가 하나님의 말씀을 믿고 따라 요단강에 들어가야 요단강이 갈라진다.

성도는 구원받은 후 성화의 과정 끝에 육체의 죽음이라는 요단강을 다 건너게 된다. 성도는 이 죽음의 요단강을, 믿는 자에게 영생을 주신다는 주님의 말씀을, 내가 믿고, 내 믿음으로, 죽음으로 들어가야 한다. 그러면 죽음의 요단강은 열리고 내가 가나안 복지, 곧 주님 존전에 이르게 되는 것이다.

요단 도강 사건은 하나님이 이스라엘 백성 앞에 새 지도자 여호수아에게 모세와 같은 권위를 높여주는 사건이었고 하나님이 이스라엘 백성들과 함께 계신 증거를 백성들에게 보여주심으로 이스라엘 백성들로 가나안 정복의 확신을 주는 사건이다.

"또 말하되 살아 계신 하나님이 너희 가운데에 계시사 가나안 족속과 헷 족속과 히위 족속과 브리스 족속과 기르가스 족속과 아모리 족속과 여부스 족속을 너희 앞에서 반드시 쫓아내실 줄을 이것으로서 너희가 알리라"(수 3:10).

하나님은 성도들과 항상 어디서나 함께 계신다.

"볼지어다 내가 세상 끝날까지 너희와 항상 함께 있으리라"(마 28:20).

성도는 늘 담대하게 사탄을 대적해야 한다.

☛ 여호수아 4장: 언약궤를 멘 제사장들의 요단강 진입

하나님의 말씀대로 여호수아의 명령을 따라 언약궤를 멘 제사장들이 언약궤를 메고 요단강 물속으로 들어섰고, 요단강 물은 흐르기를 멈추었고, 이스라엘 백성들은 물이 멈추어 서서 땅이 된 요단강을 건넌다. 백성들이 다 건널 때까지 언약궤를 멘 제사장들은 요단강 가운데 땅을 밟고 굳게 서 있었다. 여호수아는 하나님의 명령을 따라 열두 지파에서 대표한 사람씩을 선정하여 언약궤를 메고 서 있는 제사장들 발 앞에서 각기 큰 돌 하나씩을 취하여 어깨에 메고 나오게 하여 이스라엘 백성이 가나안 땅에 도착하고 첫날을 머문 길갈에 세운다.

이것은 훗날에 이스라엘 백성들의 후손들에게 이스라엘 백성들이 하나님이 요단강을 갈라주셔서 이스라엘 백성이 요단강을 땅으로 건넌 사실을 교육하기 위한 비석이 된다.

백성들이 다 건너온 다음 언약궤를 멘 제사장들이 강을 건너 육지를 밟는 순간 멈춰 섰던 요단강 물은 다시 도도하게 흐른다.

하나님은 이스라엘 백성의 구원을 위해 홍해를 육지로 갈라주셨고 이제 다시 언약궤를 앞세워 요단강에 들어선 이스라엘 백성에게 요단강 물을 갈라 땅으로 이스라엘 백성을 가나안으로 인도하신다. 하나님은 우리의 구원을 위해 기적으로 역사하신다. 나 같은 죄인이 구원받아 '온 하늘과 온 땅의 하나님'의 자녀가 된 것은 기적이다.

요단강을 갈라주신 하나님은 말씀과 믿음으로 구원받은 성도들에게 성도 앞에 있는 죽음의 강을 갈라주셔서 영생하게 하신다.

구원의 사건은 돌비석을 통해서 그 후손에게 교육되어야 하는 것같이 우리는 우리 자손에게 믿음과 구원을 간증하고 교육해야 한다.

✛ 여호수아 5장: 도강 후 행한 할례, 유월절, 만나가 끊어짐

이스라엘 백성들은 요단강을 건너 가나안 땅 길갈에 머물면서 모든 남자가 할례를 행하고 유월절을 지킨다. 이스라엘 백성 앞에는 큰 성 여리고가 버티어 서 있고, 이스라엘 백성 뒤로는 요단강 물이 가로막혀 있다. 그런데 여기서 전쟁을 해야 할 남자들에게 할례를 행한다. 이때 적군이 기습해 온다면 어찌할 것인가. 적진이 바로 앞에 있는데 이스라엘의 군사들, 백성들은 싸움의 훈련이 아닌 유월절 잔치를 벌인다.

이스라엘 백성이 지금 하는 일은 상식으로 이해가 되지 않는 일이다. 그러나 이스라엘 백성이 가나안 땅에서 하는 전쟁은 오늘 우리에게 성도가 사탄과 싸워가는 영적 전쟁을 가르쳐주는 예표다. 그래서 이스라엘 군대는 요단을 건너기 전 스스로 정결하게 했고 요단을 건너 하나님이 약속하신 가나안 땅에 들어온 다음 그들은 애굽에서의 수치를 제해 버리는 할례를 행하여야 했다. 성화의 과정에서 성도는 늘 힘써 몸과 마음을 정하게 해야 한다.

할례는 하나님께서 아브라함과 언약을 맺으시면서 명령하신 것으로, 이스라엘이 하나님의 백성임을 증거하는 외적인 상징이다(창 17:10-14). 할례는 신약에서 세례로 그리스도와 내가 하나로 연합된 것을 뜻한다.

> "또 그 안에서 너희가 손으로 하지 아니한 할례를 받았으니 곧 육의 몸을 벗는 것이요 그리스도의 할례니라 너희가 세례로 그리스도와 함께 장사되고 또 죽은 자들 가운데서 그를 일으키신 하나님의 역사를 믿음으로 말미암아 그 안에서 함께 일으키심을 받았느니라"(골 2:11-12).

애굽에서 20세 이상으로 광야에 나온 모든 백성은 광야 40년 길에서 여호수아와 갈렙 이외에 다 죽었고 광야에서 태어나 지금 가나안 땅에 진군한 이스라엘 남자들은 광야 길에서 할례를 받지 않은 사람들이다. 하나님은 이스라엘 백성들이 하나님이 주시는 가나안 땅에 들어와 할례부터 행하게 하심으로 이스라엘 백성이 하나님의 백성임을 확인케 하신다.

이스라엘 백성은 요단을 건너온 후 할례를 행하고 곧 유월절을 지킨다. 유월절은 할례받은 자만이 지킬 수 있기 때문이다(출 12:48). 유월절은 첫째 달 열나흘 저녁에 시작된다(레 23:5). 이스라엘 백성이 가나안 땅에 들어와 첫째 달 열나흘 저녁에 여리고 평지에서 유월절을 지킨다.

여리고 평지는 넓고 많은 농산물이 생산되는 곳이다. 여리고 백성들은 다 성 안으로 들어갔고 들판은 비어 있었다. 이스라엘 백성은 가나안 땅의 소산물을 먹게 되고 이때부터 만나는 끊어진다. 하나님은 40년 동안 이스라엘 백성에게 광야에서 만나를 먹이셨다. 하나님은 우리에게 일용할 양식을 주시는 분이다. 가나안 땅에 들어와선 가나안 땅의 소산으로 백성에게 양식을 주신다. 그러므로 무엇을 먹을까 무엇을 입을까 염려하지 말아야 한다.

여호수아는 여리고 가까이 가서 칼을 빼들고 서 있는 여호와의 군대 대장을 만난다. 그는 여호수아에게 발에서 신을 벗으라고 명한다. 모세가 시내산에서 하나님을 대면할 때 발에서 신발을 벗었다(출 3:5). 신발을 벗어드는 것은 절대 순종을 뜻한다.

여호수아가 서 있는 땅은 이제 하나님이 함께 계시고 하나님이 다스리시는 거룩한 땅이다. 여호수아는 하나님께 절대 순종해야 한다.

여리고 성을 점령하는 일에 하나님이(여호와의 군대 대장이) 여호수아에게 일일이 그 작전을 지도하고 여호수아는 이 명령에 절대 순종한다(수 6장).

☙ 여호수아 6장: 여리고 성 함락을 위한 하나님의 명령

하나님은 이스라엘 백성이 여리고를 점령하는 방법으로 전혀 상식 밖의 일을 하게 하신다.

하나님은 여리고를 점령하기 전 먼저 "여리고와 그 왕과 용사들을 네게(여호수아에게) 넘겨주었다" 하고 말씀하신다. 여리고 성이 난공불락의 성으로 보이지만 이제 이스라엘 백성 앞에 무너질 성이다. 하나님이 이스라엘 백성에게 여리고 성을 주셨기 때문이다. 이스라엘 백성은 하나님의 말씀에 순종만 하면 된다. 성도를 엄습해오는 사탄은 무섭게 보이지만 성도 앞에 반드시 패할 존재다. 성도는 어떤 역경이나 어떤 문제 앞에도 담대해야 한다. 하나님의 말씀에 순종만 하면 된다.

하나님은 여호수아에게 여리고 성을 점령할 방법을 이렇게 말씀하신다.

"너희 모든 군사는 그 성을 둘러 성 주위를 매일 한 번씩 돌되 엿새 동안을 그리하라 제사장 일곱은 일곱 양각 나팔을 잡고 언약궤 앞에서 나아갈 것이요 일곱째 날에는 그 성을 일곱 번 돌며 그 제사장들은 나팔을 불 것이며 제사장들이 양각 나팔을 길게 불어 그 나팔 소리가 너희에게 들릴 때에는 백성은 다 큰 소리로 외쳐 부를 것이라 그리하면 그 성벽이 무너져 내리리니 백성은 각기 앞으로 올라갈지니라"(수 6:3-5).

하나님이 여호수아에게 주신 말씀은 상식으로 이해가 가지 않는 전략이었다. 그러나 이스라엘 백성은 이런 하나님의 명령에 순종해야 여리고를 점령할 수 있다. 이스라엘 백성이 여리고를 점령하는 일은 거룩한 전쟁으로 오늘 우리가 싸우는 사탄과의 싸움의 예표이다.

"우리의 씨름은 혈과 육을 상대하는 것이 아니요 통치자들과 권세들과 이 어둠의 세상 주관자들과 하늘에 있는 악의 영들을 상대함이라"(엡 6:12).

여리고를 점령하기 위해 이스라엘 백성은 인간적인 지식을 버리고 순수하게 하나님의 말씀에 순종해야 하고, 오늘 우리가 성화의 과정에서도 사탄과 싸워 이기려면 단순하게 하나님의 말씀대로 순종해야 한다. 하나님은 에베소서에서 사탄과 싸워 이기기 위해 우리에게 하나님의 전신갑주를 입으라고 말씀하신다.

하나님의 전신갑주

"그러므로 하나님의 전신갑주를 취하라 이는 악한 날에 너희가 능히 대적하고 모든 일을 행한 후에 서기 위함이라 그런즉 서서 진리로 너희 허리띠를 띠고 의의 호심경을 붙이고 평안의 복음이 준비한 것으로 신을 신고 모든 것 위에 믿음의 방패를 가지고 이로써 능히 악한 자의 모든 불화살을 소멸하고 구원의 투구와 성령의 검 곧 하나님의 말씀을 가지라 모든 기도와 간구를 하되 항상 성령 안에서 기도하고 이를 위하여 깨어 구하기를 항상 힘쓰며 여러 성도를 위하여 구하라"(엡 6:13-18).

벵겔은 이 구절을 이렇게 주석한다(디럭스 바이블, 벵겔 신약주석 에베소서 6장).
"그리스도인 군사들에게 보호와 방어와 및 공격의 수단을 제공한다. 보호 수단은 세 가지로, 흉배와 허리띠와 신이다. 방어 수단은 두 가지로, 방패와 투구이다. 무기도 또한 두 가지로, 검과 창이다."

1. 진리의 띠: 여기서 진리는 말씀을 가리키지 않고 사람이 가진 진실을 뜻한다(벵겔 신약주석 에베소서 6장).
"진리는 알려졌거나 믿어진 진리가 아니라, 인간 내부의 가장 깊숙한 곳에 있는 특성, 진실함이다."

우리는 사탄과 싸울 때 두 가지 진실이 필요하다.
첫째 진실은, 나는 내 힘으로 사탄과 싸워 이길 수 없는 나약한 존재라는 것을 깨닫는 마음이다.
둘째 진실은, 나는 약하지만 이미 십자가에서 사탄과 싸워 이기신 주님이 나와 함께하시기 때문에 나는 기필코 사탄을 이길 수 있다는 믿음의 진실이다. 이 믿음의 진실은 아브라함이 하나님의 전능하심과 신실하심을 믿은 그 믿음의 진실이다.

2. 의의 흉배(호심경): 성도가 사탄과 싸울 때 항상 의로운 편에 서야 한다. 사탄은 항상 우리를 부정, 불의의 편에 빠지도록 유혹한다. 그러나 우리는 보디발의 아내가 동침하기를 요구할 때 "내가 어찌 이 큰 악을 행하여 하나님께 죄를 지으리이까" 말하며 하나님을 기억하고 죄를 직시하여 그 유혹을 물리친 요셉같이 순간순간 하나님을 기억하고 의의 편에 서야 한다. 그 위에 그리스도로 말미암은 칭의(稱義)를 앞장세워 사탄이 나에게 죄의식에 빠지게 하는 자리에서 벗어나야 한다.

3. 평안의 복음이 준비한 신발: 사탄과 싸우려면 우리는 항상 복음 곧 예수님만이 구세주임을 말로 생활로 증거해야 한다. 물질이나 돈이 결단코 구세주가 아니다. 복음이 준비한 신발은 예수님 제일의 행보다. 평안의 복음이 준비한 신발은 성도와 성도 사이에, 성도가 살아가는 가정에서 성도는 언제나 화평의 사람이 되어야 할 것을 뜻한다. 성도는 미워할 권리가 없는 사람이다. 성도는 이미 주님의 망극하신 사랑을 받았기 때문이다.

4. 믿음의 방패: 나는 구원 얻어 죄악이 유혹하는 대로 따라가던 옛사람은 죽었고 이제는 주님 안에 새로운 피조물이 되었다는 믿음과 승리자 주님이 나와 함께 계신다는 믿음이다.

5. 구원의 투구: 머리와 생각에 항상 내가 구원받은 하나님의 자녀임을 기억하는 투구다. 우리는 늘 내가 구원받은 확신의 투구를 쓰고 사탄을 대적해야 한다.

6. 성령의 검 곧 말씀: 말씀으로 사탄을 공격해야 한다. 그래서 날마다 주일마다 말씀을 듣고 읽고 외우고 묵상하고 적용하는 훈련을 계속해야 한다. 예수님도 광야에서 사탄의 시험을 받으실 때 말씀으로 사탄을 물리치셨다. 말씀으로 내 신앙이 깨어 있으면 우리도 사탄 앞에 "사탄아 물러가라" 명령할 수 있다.

7. 기도: 성령 안에서 항상 기도해야 한다. 성령 안에서 깨어 있는 기도

는 쉬지 않는 기도다.

쉬지 않는 기도
① 무슨 일이나 기도로 시작하고 기도로 끝내는 생활이며(엡 6:18) ② 무시로 기도하는 생활이다(운전하면서도, 밥을 먹으면서도, 설교하면서도, 설교를 들으면서도, 자면서도 자다가 잠깐 깨어서도 하는 기도).
③ 작정하고 하는 기도이다.
④ 감사하는 기도다(골 4:2).

하나님이 지금 여호수아에게 여리고 성을 점령하기 위해 가르쳐주신 방법은 성도가 사탄과 싸우기 위해 입어야 하는 전신갑주와 같은 것이다.

하나님은 여호수아에게 여리고와 그 왕과 용사들과 성을 다 주셨다고 말씀하신다. 이 말이 사탄과 싸워 이기기 위해 우리가 써야 하는 구원의 투구요, 믿음의 방패요, 주님이 나와 함께하심으로 내가 반드시 승리한다는 진리의 띠다.

하나님은 여리고 성을 점령하기 위해 제사장들이 언약궤를 메고 진영 앞에서 행군하라고 하신다. 이 말씀이 성도가 사탄과 싸우기 위해 성령의 검, 곧 말씀으로 무장하라는 말씀이다.

하나님은 여호수아에게 이스라엘 군사들로 매일 한 바퀴씩 여리고 성을 돌게 하시고 제7일에는 일곱 바퀴를 돌고 여호수아가 명령할 때 온 군사가 소리를 지르라고 하신다. 이 말씀이 곧 성도가 사탄과 싸워 승리하기 위해 무모해 보이지만 계속 기도하고 또 하며 소리 높여 하나님께 찬송하며 나가라는 말씀이다.

여호수아는 이런 상식 밖의 하나님의 말씀에 순종하여 여리고 성을 무너뜨린다. 우리는 늘, 내 이성을 넘어선 복음과 하나님의 말씀에 단순히 순종해야 사탄을 이기게 된다.

하나님은 여호수아를 통해 백성들에게 이렇게 말씀한다.

"성과 그 가운데에 있는 모든 것은 여호와께 온전히 바치되 기생 라합과 그 집에 동거하는 자는 모두 살려 주라 이는 우리가 보낸 사자들을 그가 숨겨주었음이니라 너희는 온전히 바치고 그 바친 것 중에서 어떤 것이든지 취하여 너희가 이스라엘 진영으로 바치는 것이 되게 하여 고통을 당하게 되지 아니하도록 오직 너희는 그 바친 물건에 손대지 말라 은금과 동철 기구들은 다 여호와께 구별될 것이니 그것을 여호와의 곳간에 들일지니라"(수 6:17-19).

이스라엘 백성에게 여리고는 가나안 땅에 들어와 처음 얻는 성이다. 이스라엘 백성은 마땅히 이 첫 것을 온전하게 하나님께 드려야 한다. 이스라엘 백성에게 첫 소산은 하나님의 것이다. 애굽에서 해방될 때 유월절 양의 피로 애굽의 초태생이 다 죽을 때 이스라엘 백성의 초태생이 다 살아났기 때문이다. 이제 이스라엘 백성이 가나안 땅의 첫 성을 얻고 그것을 하나님께 바치는 것은 성도가 은혜로 받은 구원을 기억하는 예표다.

여리고 성은 이스라엘 백성 앞에 점령되었고 진멸받았지만 기생 라합과 그 집안에 우거한 모든 친족은 다 구원을 받는다. 한 사람 라합으로 말미암아 온 식구가 구원된다. 그리고 라합의 후손에서 보아스, 이새, 다윗이 태어난다.

"살몬은 라합에게서 보아스를 낳고 보아스는 룻에게서 오벳을 낳고 오벳은 이새를 낳고 이새는 다윗 왕을 낳으니라 다윗은 우리야의 아내에게서 솔로몬을 낳고"(마 1:5-6).

이스라엘 백성이 광야 40년의 여정을 끝내고 하나님이 약속하신 땅 가나안 땅으로 진군하는 일에 라합이 그 길을 열어주었고 라합은 인류 구원의 역사에 다윗의 조상으로 기록된다.

한 사람 노아로 말미암아 온 식구가 구원된다. 한 사람 아브라함으로 말미암아 그 후손이 다 구원된다. 한 사람 라합으로 말미암아 다윗과 예수님이 이 땅에 오시게 된다. 한 사람 아담으로 인해 온 인류가 원죄를 갖게 되고 한 사람 예수로 말미암아 온 인류가 구원에 이른다. 한 사람, 내가 아주 중요한 존재다.

ᔆ 여호수아 7장: 여리고 성의 함락, 하나님께 바쳐야 할 여리고 성의 재물

여리고 성은 하나님의 권능으로, 이스라엘 백성에게는 하나님이 주신 은혜로 함락된다. 이스라엘 백성은 하나님의 말씀에 순종했을 뿐, 그들이 여리고 성을 무너뜨리는 군사적인 공격을 하지 않았다. 이스라엘 백성은 여리고 성에서 얻은 모든 전리품을 여호와께 드려야 한다. 그러나 유다 지파 세라의 증손이요 삽디의 손자요 갈미의 아들인 아간이 여리고 성을 함락하고 얻은 전리품 중, 하나님께 드려야 할 시날산의 외투 한 벌과 은 이백 세겔과 오십 세겔 무게의 금덩이 하나를 취하여 자기의 장막 안, 땅에 감춘다. 이 일로 이스라엘 백성은 작은 성 아이를 공격하다가 36인의 전사자를 내고 패전한다.

이스라엘 백성에게 가나안 땅에서의 전쟁은 거룩한 영적 전쟁의 예표로 거룩한 전쟁에서 하나님께 범죄하고서는 결코 승리할 수 없다. 범죄한 그들의 패전은 아주 당연한 것이다.

여호수아는 이 일로 하나님 앞에 엎드려 기도한다. 여호수아는 이렇게 기도를 끝낸다.

"주여 이스라엘이 그의 원수들 앞에서 돌아섰으니 내가 무슨 말을 하오리이까 가나안 사람과 이 땅의 모든 사람들이 듣고 우리를 둘러싸고 우리 이름을 세상에서 끊으리니 주의 크신 이름을 위하여 어떻게 하시려 하나이까"(수 7:9-10).

여호수아는 '주의 크신 이름을 위하여' 기도하고 하나님은 여호수아의 기도에 응답하셔서 이스라엘 백성이 하나님 앞에 범한 죄를 정결케 하라고 명하신다. 성도는 항상 자신이 당한 고난과 실패 앞에 하나님의 이름, 곧 하나님의 영광을 먼저 생각해야 한다.

여호수아는 제비를 뽑아 이스라엘 백성 중 하나님 앞에 범죄한 아간을 색출해 내고 그의 자백을 듣고 그 범죄 물품을 아간의 장막에서 찾아낸다.

여호수아는 아간과 그 자녀들과 모든 아간의 가축을 이끌고 이스라엘 백성들과 함께 아골 골짜기로 가서 하나님의 말씀대로 아간과 그 자녀들과 모든 가축을 돌로 쳐 죽인다. 아간과 그에게 속한 모든 것이 돌에 맞아 죽은 곳이 아골 골짜기다. '아골'은 '괴로움'을 뜻하는 말로 아골 골짜기는 후에 소망의 골짜기로 불린다(디럭스 바이블, 매튜 헨리 주석 여호수아 7장). 범죄로 인해 하나님으로부터 받는 징계는 회개할 때 소망이 싹트게 된다.

아간 한 사람의 범죄로 아간의 온 가족과 모든 가축이 다 돌에 맞아 죽는다. 아담 한 사람의 범죄로 온 인류가 다 죄 아래 있게 된 원죄를 가르쳐주는 예표다.

☙ 여호수아 8장: 아이 성의 점령, 제단, 율법 낭독과 화답

하나님은 여호수아에게 아이 성을 주신다고 약속하시고 여호수아는 하나님이 지시하신 대로 아이 성을 공격하여 점령하고 모든 탈취물을 백성에게 돌린다.

여호수아는 에발산에 제단을 쌓고 하나님께 제사를 드린다. 이스라엘 백성은 쇠 연장으로 다듬지 아니한, 새 돌로 만든 제단을 쌓고 여호와께 번제물과 화목제물을 드리고 이 제단을 쌓은 돌에 여호와의 율법을 기록하고, 백성의 절반은 에발산을 향하여 서고 절반은 그리심산을 향하여 선다. 그리고 하나님의 율법의 말씀을 읽어 그들로 하여금 다 듣게 한다. 이스라엘 백성이 아이 성의 전투에서 승리한 후, 이 승리를 주신 하나님께 제단을 쌓는 것은 성도가 이 땅에서 축복 중 항상 감사하며 살아야 할 것을 예표한다.

제단의 돌에 석회를 바르고 그 위에 기록한 율법은 십계명이었다(디럭스 바이블, 매튜 헨리 주석 여호수아 8장).

백성들에게 읽은 율법은 율법 중 축복과 저주에 관한 말씀이었고 백성들은 아멘으로 화답했을 것이다.

이 율법의 낭독은 이스라엘 백성뿐 아니라 이방인들도 함께 듣게 하였다. 구원과 말씀은 이방인에게도 나누어진다.

❧ 여호수아 9장: 가나안 왕들의 연합, 기브온 족장들과 맺은 화친

이스라엘 백성이 아이를 점령한 후 가나안 땅의 여러 왕들은 연합하여 이스라엘 군대를 대적하게 된다. 사탄은 간교하여 성도를 믿음에서 넘어지게 할 때 여러 가지 방법을 쓰는 것을 보여준다. 사탄은 성도를 공격할 때 때로는 보암직하고 먹음직한 유혹을 쓰고 때로는 욥에게 임한 엄청난 고난을 쓰기도 한다. 가나안의 여러 왕들의 연합은 사탄의 간교한 모습을 보여준다. 예수님을 고소하여 십자가를 지게 할 때 평소에는 서로 대적하던 바리새인들과 사두개인들이 연합한다.

기브온과 그비라와 브에롯과 기럇여아림에 거주하는 히위 족장들은 이스라엘의 위협을 피하려고 지혜를 낸다. 그들은 서너 명을 아주 먼 여행을 한 사람들같이 지친 모습으로 위장하고 여호수아의 진영에 들어가 자신들의 종족의 생명을 구하며 조약을 맺기를 청한다. 여호수아와 이스라엘 족장들은 하나님께 묻지 않고 하나님 앞에 그들을 살려둘 것을 맹세한다.

그러나 이 일은 삼 일 후에 그들이 먼 곳에 사는 족속이 아니라 이스라엘 군사가 점령해 가고 있는 바로 이웃 족속들인 것이 밝혀진다. 이스라엘 백성들은 하나님 앞에 한 맹세대로 그들을 죽이지 않고 이스라엘 백성들 가운데 거하면서 물을 긷고 나무를 패는 사람들로 살게 한다.

기브온 족속들은 이스라엘 백성들의 출애굽 역사와 요단 동편에서 아모리 사람의 두 왕들, 곧 헤스본 왕 시혼과 바산 왕 옥의 멸망 소식을 들어서 알고 있었고 그래서 자신들도 멸망하게 될 것을 알고 있었다. 그러므로 그들은 지혜롭게 이스라엘 백성과 화친의 조약을 맺고 멸망에서 구원된다.

기브온 사람들은 여리고 성의 기생 라합같이 가나안 땅의 멸망과 이스라엘 하나님의 위대하심을 아는 사람들이기 때문에 멸망받을 자리에서 구원된다. 그들의 지혜와 명철함이 그들을 구원한 것이다.

"여호와를 경외하는 것이 지혜의 근본이요 거룩하신 자를 아는 것이 명철이니라"(잠 9:10).

❧ 여호수아 10장: 기브온이 받는 공격, 여호수아의 전투, 운행을 멈춘 태양

아이 성이 함락되고 왕도같이 큰 성 기브온이 이스라엘 백성과 화친의 조약을 맺은 소식을 듣고 예루살렘 왕이 주축이 되어 아모리 족속의 다섯 왕들, 곧 예루살렘 왕과 헤브론 왕과 야르뭇 왕과 라기스 왕과 에글론 왕이 연합군을 조직하여 기브온을 공격한다. 이 소식은 여호수아에게 전해지고 여호수아는 이스라엘 군대를 이끌고 나가 아모리 족속의 연합군을 격파한다.

사탄은 성도들이 성화에 실패하도록 성도들을 공격할 때 아모리 족속같이 연합하여 공격한다. 그래서 사탄은 '군대'라고도 불린다(막 5:9, 15; 눅 8:30). 하지만 그들은 마침내 주님 앞에 패하여 도망한다.

여호수아가 군대를 이끌고 아모리 족속의 연합군을 대항하여 나갈 때 하나님이 여호수아에게 그들을 두려워하지 말라고 말씀하시며 그들을 여호수아에게 주셨다고 승리를 보장해 주신다. 이제 이스라엘 군대는 승리하리라는 구원의 투구를 쓴 것이다.

하나님이 그들을 패하게 하셨고 이스라엘 군대가 그들을 추격할 때 하나님은 큰 우박을 그들에게 내리셔서 또 많은 적군이 죽게 된다.

여호수아는 그들을 다 진멸하기 위하여 여호와께 아뢰어 이스라엘의 목전에서 이르되 "태양아 너는 기브온 위에 머무르라 달아 너도 아얄론 골짜기에서 그리할지어다" 하는 기도를 했고, 이 기도대로 태양이 머물고 달이 멈추기를 백성이 그 대적에게 원수를 갚기까지 하였다. 그래서 이스라엘의 역사를 기록한 야살의 책에 태양이 중천에 머물러서 거의 종일토록 속히 내려가지 않았다고 기록되었고 여호와께서 사람의 목소리를 들으신 이 같은 날은 전에도 없었고 후에도 없었던 일로 이는 여호와께서 이스라엘을 위하여 싸우셨기 때문이다.

태양이 그 운행을 멈추고 달이 그 운행을 멈춘 이 사건을 이스라엘 백성들이 그렇게 느꼈던 것뿐이라고 이성적으로 해석해서는 안 된다. 우리 하나님은 해와 달과 우주를 창조하시고 섭리하시는 분이다. 아모리 족속의 다섯 왕과 그 연합군을 파하는 일은 이스라엘 백성에게 가나안 정복을 위해 꼭 필요한 일이었고 가나안 땅을 이스라엘 백성에게 주시는 것은 하나님이 이미 오래전부터 약속하신 하나님의 섭리적 사건이다. 이 사건은 해와 달을 우상으로 섬기는 아모리 족속들에게 하나님이 해와 달도 주관하시는 하나님인 것을 보여주는 사건이다.

아모리 족속의 다섯 왕, 곧 예루살렘 왕과 헤브론 왕과 야르뭇 왕과 라기스 왕과 에글론 왕들은 막게다 굴에 숨었다가 여호수아와 이스라엘 군대 앞에 끌려나와 그 목들이 발에 밟히고 결국 이스라엘의 군대들이 그들을 쳐서 죽인다.

매튜 헨리는 이 사건을 그리스도와 신자들의 승리를 예표하는 것이라고 말한다.

"이 사건은 또한 흑암의 권세에 대한 그리스도의 승리 및 그를 통한 신자들의 승리를 상징하는 예표이기도 하다. 구속자의 모든 원수들은 '그의 발등상'이 될 것이다(시 110:1). 조만간에 우리는 만물이 그의 아래 복종하며(히 2:8), '정사와 권세들'이 웃음거리가 되는 때(골 2:15)를 볼 것이다"(디럭스 바이블, 매튜 헨리 주석 여호수아 10장).

여호수아는 다시 라기스(수 10:31, 32), 에글론(수 10:34, 35), 헤브론(수 10:36, 37)과 막게다(수 10:28), 립나(수 10:29, 30), 드빌을 점령하고 그리고 라기스를 도우려고 나온 게셀 왕 호람을 진멸한다. 여호수아는 하나님의 약속대로 그리고 하나님이 함께 싸워주심으로 가나안 땅에서 전쟁마다 승리를 거둔다.

❥ 여호수아 11장: 하솔 왕의 연합군, 여호수아의 승리, 가나안 땅에 전쟁이 그침, 지파별로 받은 땅 분배

하솔 왕 야빈을 주축으로 마돈 왕 요밥과 시므론 왕과 악삽 왕과 및 북쪽 산지와 긴네롯 남쪽 아라바와 평지와 서쪽 돌의 높은 곳에 있는 왕들과 동쪽과 서쪽의 가나안 족속과 아모리 족속과 헷 족속과 브리스 족속과 산지의 여부스 족속과 미스바 땅 헤르몬 산 아래 히위 족속들이 이스라엘과 싸우기 위해 연합군을 편성하고 메롬 물가에 진 친다. 이들의 수가 많아 해변의 수많은 모래 같고 말과 병거도 심히 많았다. 그러나 하나님은 여호수아에게 "그들로 말미암아 두려워하지 말라"고 권고하시며 그들을 여호수아에게 넘겨주어 몰살케 한다고 말씀하신다.

여호수아는 하나님의 말씀을 믿고 그들을 공격하여 그 왕들의 모든 성읍과 그 모든 왕을 붙잡아 칼날로 쳐서 진멸한다. 여호수아가 행한 이 모든 일은 여호와의 종 모세가 명령한 것과 똑같은 일이었다.

사탄은 늘 하솔 왕같이 다른 사탄과 힘을 규합하여 성도와 교회를 공격하지만 그들의 끝은 멸망인 것을 이 사건이 예표한다.

여호수아가 하나님의 약속을 믿고 순종하여 큰 대적을 물리치고 승리한 것같이 성도는 사탄과의 전쟁에 늘 믿음의 전신갑주를 입고 담대하게 사탄과 싸워야 한다.

여호수아가 여호와께서 모세에게 말씀하신 대로 그 온 땅을, 곧 가나안 땅의 모든 산지와 평지를 점령하여 이스라엘 지파의 구분에 따라 기업으로 주었고 가나안 땅에 전쟁이 그친다.

여호수아가 가나안 땅에서 수행한 전쟁은 이스라엘 백성에게 가나안 땅을 기업으로 주시려는 하나님의 약속과 섭리를 이루어드리는 성전(聖戰)이다. 이 전쟁은 오늘 우리가 세상에서 사탄과 싸우는 성전(聖戰)의 예표로 사탄은 항상 우리 앞에 무서운 모습으로 덤벼들지만 성도가 말씀에 굳게 서서 하나님께 순종만 하면 어떤 사탄의 권세도 반드시 파하고 승리할 것을 예표한다.

☙ 여호수아 12-19장: 각 지파가 받은 성읍들

여호수아 12장부터 19장까지에는 요단 동편에서 땅을 분깃으로 얻은 르우벤과 갓, 므낫세 반 지파가 분배받은 땅의 내역으로부터 요단 서편, 곧 가나안 땅에서 그 기업을 분배받은 아홉 지파 반의 성읍들을 기록하고 있다.

이스라엘 백성이 가나안 땅에서 땅을 기업으로 받은 것은 하나님의 약속의 성취로 하나님은 약속하시고 이루시는 하나님임을 보여준다. 이스라엘 백성을 가나안 땅에 인도하여 가나안 땅을 기업으로 분배한 여호수아는 우리를 영원한 가나안 땅 천국으로 인도하시는 예수님을 예표한다. 예수라는 말은 여호수아와 같은 의미이다.

가나안 땅은 하나님이 이스라엘 백성에게 주시는 땅이지만 이스라엘 백성이 전쟁으로 쟁취한 땅이다. 구원은 은혜로 얻어지지만, 하나님이 주시는 복은 공짜로 얻어지지 않는다. 하나님의 말씀대로 내가 순종하고 노력해야 얻어진다.

레위 지파는 땅을 분배받는 일에서 제외된다.

요셉은 두 지파를 이루었다. 곧 므낫세와 에브라임 지파인데, 그것은 야곱이 요셉의 두 아들을 양자로 삼았기 때문이다(창 48:5). 따라서 이스라엘의 지파의 수는 레위 지파를 제외하고도 열두 지파가 된다.

그들이 땅을 분배하기 위해 택한 방법은 제비뽑기였다(수 14:2).

"사람이 제비는 뽑으나 모든 일을 작정하기는 여호와께 있느니라"(잠 16:33).

제비뽑기는 하나님께 그 결정권을 돌리는 믿음의 결정이다. 제비뽑기로 어떤 일을 하는 것은 지금 하려는 제비뽑기가 하나님 말씀에 특별히 위배되지 않는 것이라면 이것이냐 저것이냐를 결정하는 믿음의 방법이다.

이스라엘 백성에게 지파대로 땅이 분배되었지만 아직도 그들 가운데 가나안 족속들이 많이 남아 있었다. 이들은 후에 이스라엘 백성에게 큰 올무가 된다.

요셉 자손은 자기들이 분배받은 땅이 너무 좁다고 여호수아에게 불평한다. 그러나 여호수아는 그들에게 산지를 개척하여 너희 땅으로 삼으라고 말한다.

성도가 믿음으로 사는 과정은 끝없는 개척자의 삶이다. 무엇이 없다고, 무엇이 너무 좁다고 불평하지 말고 내가 개척해 나가야 한다,

✢ 여호수아 20장: 요단 동·서편의 도피성

여호수아 20장에서는 민수기 35장에서 이미 하나님이 명령하신 대로 이스라엘 백성이 거주하게 된 요단 동편과 가나안 땅에, 레위 지파가 나누어 가진 땅에 도피성이 정해진다. 이 도피성은 멀리서도 볼 수 있도록 언덕 위에 있었고 이스라엘 백성이 거주하는 곳에서 어디서나 반나절이면 도착할 수 있는 곳에 위치하여 무죄한 사람이 도망하여 피신하기 쉽게 마련되었다.

살인 사건이 오랜 원한이나 순간적인 감정에 의한 고의적인 것이 아니고 순전히 우발적으로 저질러진 것이 분명하다면 그 살인자는 이 도피성 읍들 중 어느 하나로 도망하여, 피의 보수자로부터 보호받도록 보장된다. 이 살인자는 회중 앞에 서서 재판받기까지, 또는 그 당시 대제사장이 죽기까지 그 성읍에 거주하다가 그 후에 그 성읍, 곧 자기가 도망하여 나온

자기 성읍 자기 집으로 돌아갈 수 있다(수 20:6; 민 35:25).

요단 서쪽에 게데스, 세겜, 헤브론의 세 성읍과 여리고 요단 동쪽에 베셀, 라못, 골란을 구별하여 도피성이 되게 한다.

도피성은 '게데스(거룩), 세겜(어깨), 헤브론(교제), 베셀(요새지), 라못(높다), 골란(기쁨)'의 여섯 곳으로 이 도피성의 이름들이 예수님을 상징하는 말들이고 이 도피성은 예수님 안에 도피하는 사람은 누구나 그 모든 죄가 용서되고 구원되는, 그리스도 안에 있는 구원을 예표한다. 부지중에 살인한 자가 도피성에 피신하여 살다가 대제사장이 죽으면 해방되어 자기 성으로 가는 것은 대제사장 되신 예수 그리스도의 대속적 죽음으로 우리가 죄에서 해방될 것을 예표한다.

☛ 여호수아 21장: 레위 지파가 받은 성읍들

여호수아 21장에는 이스라엘의 열두 지파가 각각 제비를 뽑아 레위 지파 자손들에게 성읍들과 목초지를 나누어 준 사실을 기록한다. 레위 지파 자손은 각각 하나님 섬기는 여러 임무를 수행하기 때문에 이스라엘 지파 계수에서뿐만 아니라 땅 분배에서도 제외되었지만 그들은 다시 이스라엘 각 지파들로부터 그들이 거주하고 가축을 기를 목초지가 주어진다. 이스라엘 백성이 레위 지파에게 나누어준 성읍은 48성읍이었다. 하나님은 공평하게 그 백성들 모두에게 생활을 보장하신다. 하나님 안에 영육 간에 평안이 있다. 감사하며 살아야 한다.

하나님께서는 아브라함의 자손에게 가나안 땅을 주기로 약속하셨고 이제 그 약속을 실행하셨다. 하나님께서는 그 땅에서 그들에게 안식을 주기로 약속하셨고 이제 그들은 안식을 얻었다. 하나님은 말씀하시고 이루시는 미쁘신 하나님이시다.

하나님은 우리에게 믿음 안에 영원한 천국을 약속하셨다. 반드시 이루어질 것이다. 이스라엘 백성이 가나안에서 땅을 분배받은 이 사건은 우리가 받을 구원, 영화를 예표한다. 할렐루야.

⚓ 여호수아 22장: 르우벤, 갓, 므낫세 반 지파의 회군

여호수아는 요단강 동편에서 먼저 기업을 얻고 모세에게 약속한 대로 가나안 정벌에 선봉으로 참전했던 르우벤 지파, 갓 지파, 므낫세 반 지파를 그들의 장막이 있는 곳, 곧 요단 동편으로 돌아가게 한다. 여호수아는 그들을 칭찬하였고 그들에게 많은 전리품을 나누어주어(너희는 많은 재산과 심히 많은 가축과 은과 금과 구리와 쇠와 심히 많은 의복을 가지고 너희의 장막으로 돌아가서 너희의 원수들에게서 탈취한 것을 너희의 형제와 나눌지니라) 승리자가 갖는 영광과 복을 누리게 한다. 이 일은 후에 주님이 천국을 비유하실 때 충성한 자에게 주시는 칭찬과 같은 것이다.

> "다섯 달란트 받았던 자는 다섯 달란트를 더 가지고 와서 이르되 주인이여 내게 다섯 달란트를 주셨는데 보소서 내가 또 다섯 달란트를 남겼나이다. 그 주인이 이르되 잘하였도다. 착하고 충성된 종아 네가 적은 일에 충성하였으매 내가 많은 것을 네게 맡기리니 네 주인의 즐거움에 참여 할지어다 하고"(마 25:20-21).

요단 동편에 거하는 두 지파 반은 가나안 땅에서 신앙을 지키려고 요단강 강가에 큰 단을 쌓고서 그것으로 자기들이 이스라엘 백성이라는 증거와 여호와의 '제단에 참예하는 자들'이라는(고전 10:18) 증거를 가지려고 한다. 그러나 이 단은 다른 지파들에게 그들이 하나님을 떠나 실로에 있는 하나님의 단과 대결하려는 것과 같게 보이게 되었고, 그래서 요단 서편의 지파들이 전쟁을 해서라도 그 단을 허물려고 군사를 동원한다. 그러나 요단 동편의 대표들이 이 단은 희생이나 제사와는 전혀 무관한 목적으로 세워진 것으로서 실로에 있는 단과 맞서기 위해 세워진 것이 전혀 아니며 추호도 그 단을 버리려는 생각에서 한 것이 아니라는 설명을 듣고 문제는 평화로 해결된다. 이때 이스라엘 백성들은 이렇게 하나님 섬기는 일에 열심이었고 그래서 하나님이 그들을 지켜 주신다. 성도는 하나님 제일주의의 신앙으로 늘 무장해야 한다.

❧ 여호수아 23-24장: 늙은 여호수아가 백성들에게 주는 유훈

여호수아는 나이 많아 늙어서 온 이스라엘, 곧 그 장로들과 두령들과 재판장들과 유사들을 불러 우상을 섬기지 말고 하나님만 섬기고 살 것을 간곡한 말로 권고한다. 우상숭배자들과 사귀어서는 안 되며, 그들을 방문하거나 그들의 축제나 향연 가운데 참석해서도 안 된다. 그 신들의 이름을 부르지도 말아야 하며 우상을 숭배하도록 다른 사람들을 권해도 안 된다고 권면하고 오직 하나님 여호와께 가까이하고 여호와를 사랑하라고 권한다.

여호수아는 다시 그들에게 이렇게 경고한다.

"너희가 만일 돌아서서 너희 중에 남아 있는 이 민족들을 가까이하여 더불어 혼인하며 서로 왕래하면 확실히 알라 너희의 하나님 여호와께서 이 민족들을 너희 목전에서 다시는 쫓아내지 아니하시리니 그들이 너희에게 올무가 되며 덫이 되며 너희의 옆구리에 채찍이 되며 너희의 눈엣가시가 되어서 너희가 마침내 너희의 하나님 여호와께서 너희에게 주신 이 아름다운 땅에서 멸하리라…너희의 하나님 여호와께서 너희에게 말씀하신 모든 선한 말씀이 너희에게 임한 것 같이 여호와께서 모든 불길한 말씀도 너희에게 임하게 하사 너희의 하나님 여호와께서 너희에게 주신 이 아름다운 땅에서 너희를 멸절하기까지 하실 것이라" (수 23:12-15).

하나님은 항상 그 백성에게 어떻게 살아야 할 것을 권고하시고 또 어떻게 살면 안 되는지도 경고하시고 심판하신다. 우리는 하나님이 친히 심판하시기 전, 하나님의 사랑의 권고를 들으며 살아야 한다.

❦ 여호수아 24장: 백성에게 주는 여호수아의 권고

여호수아 24장에서 여호수아는 마지막으로 이스라엘 백성의 제사장들과 모든 지파를 세겜에 모으고 이스라엘 장로들과 그들의 수령들과 재판장들과 관리들을 부르고 다시 우상을 멀리하고 하나님만 섬길 것을 권고한다.

여호수아는 하나님이 그들의 조상 아브라함을 부르신 사건으로부터 출애굽 사건과 광야 40년간에 하나님의 인도하심을 지나 가나안 땅에서의 승리케 하심을 뒤돌아보며 이스라엘 백성들에게 하나님만 바로 섬길 것을 권고한다. 여호수아는 이렇게 말한다.

"그러므로 이제는 여호와를 경외하며 온전함과 진실함으로 그를 섬기라 너희의 조상들이 강 저쪽과 애굽에서 섬기던 신들을 치워 버리고 여호와만 섬기라 만일 여호와를 섬기는 것이 너희에게 좋지 않게 보이거든 너희 조상들이 강 저쪽에서 섬기던 신들이든지 또는 너희가 거주하는 땅에 있는 아모리 족속의 신들이든지 너희가 섬길 자를 오늘 택하라 오직 나와 내 집은 여호와를 섬기겠노라"(수 24:14-15).

오직 나와 내 집은 여호와만 섬겨야 한다.

이에 백성들은 우리가 결단코 여호와를 버리고 다른 신들을 섬기지 않겠다고 대답한다.

그날에 여호수아가 세겜에서 백성과 더불어 언약을 맺고 그들을 위하여 율례와 법도를 제정한다. 여호수아는 이 모든 말씀을 하나님의 율법책에 기록하고 큰 돌을 가져다가 거기 여호와의 성소 곁에 있는 상수리나무 아래에 세우고 이 언약의 증거가 되게 한다.

이 일 후에 여호와의 종 눈의 아들 여호수아가 백십 세에 죽고 딤낫 세라에 장사 지내진다.

* 구원사적으로 본 여호수아서

성경 여호수아서는 이스라엘 백성들의 가나안 점령 기사로 구원받은 성도들이 이 땅에서 어떻게 사탄과 싸워가며 성화를 이룰 수 있을까 하는 성화의 생활을 예표로 가르쳐준다. 성도가 사탄과 싸워 이기는 비결로 언약궤, 곧 말씀을 앞세우고, 우리로 승리케 해주실 주님의 약속을 믿고 사탄을 대적하는 것임을 보여준다.

성경 여호수아서는 이스라엘 백성 앞에 항상 대적, 곧 가나안 일곱 족속이 이스라엘 백성을 대적해 오듯이 성도에게는 항상 사탄이 대적하고 있음을 예표로 보여준다. 성도는 늘 정신 차리고 하나님의 전신갑주를 입고 사탄을 대적해야 한다.

요단강을 건너 가나안 땅으로 이스라엘 백성을 인도하여 가나안 땅을 기업으로 나눠준 사람이 여호수아이다. 여호수아는 우리를 영원한 가나안 땅 천국으로 인도할 분이 예수(여호수아)이심을 예표로 가르쳐 준다.

사사기 강해

사사기는 여호수아가 죽은 다음 이스라엘 백성에게 왕이 세워질 때까지의 이스라엘 백성의 역사다. 이 기간에 이스라엘 백성들은 각 지파별로 자신들이 부여받은 땅 안에 거주하는 가나안 족속들과 싸워야 했다. 이스라엘 백성들은 가나안 족속을 다 쫓아내지 못하고 그들과 함께 살아가는 과정에 가나안 족속들이 섬기는 우상숭배에 심각하게 빠져들어 간다. 하나님은 진노하시고 그들을 가나안 족속에게 넘기심으로 백성들은 큰 고난에 빠진다.

고난을 만나면 이스라엘 백성들은 하나님께 부르짖게 되고 하나님은 그들의 기도를 들으시고 그때마다 사사를 세워 가나안 족속을 몰아낸다. 그러나 백성들은 잠시 평안해지면 또 하나님을 버리고 다시 우상숭배에 빠진다. 하나님은 다시 징계하시고 백성들은 또 하나님께 부르짖고 하나님은 그들을 또 용서하시고 백성들은 다시 범죄하고…. 이렇게 이스라엘 백성의 범죄와 하나님의 징계와 하나님께 부르짖는 백성들의 회개와 다시 구원된 백성들의 범죄…. 꼭 같은 역사가 되풀이되는 과정을 사사기가 기록한다.

(1) 사사기는 이스라엘 백성의 연약함과 되풀이되는 그들의 범죄를 통해 구원받은 성도가 얼마나 나약한 존재이며, 얼마나 범죄하기 쉬운 존재인가 하는 것을 예표로 보여준다.

(2) 사사 시대는 이스라엘 백성들에게 왕이 없으므로 백성들이 자기의 소견대로 행하던 시대로(삿 17:6, 21:25) 성도들에게 성화의 구원에 바른 지도자가 얼마나 귀한 존재인가를 예표로 보여준다.

(3) 이스라엘 백성들의 반복된 범죄에 하나님의 반복된 용서는 구원받은 성도의 연약함과 하나님의 크신 사랑을 보여준다.

❦ 사사기 1장: 가나안 족속과의 지파별 전쟁

이스라엘 백성들이 제비 뽑아 얻은 가나안 땅에는 아직도 많은 가나안 족속들이 살고 있었다. 이제 이스라엘 각 지파들은 지파별로 자기 땅에 남아 있는 가나안 족속들과 싸워야 한다. 구원사적으로 볼 때 애굽 땅에서 이스라엘 백성의 구원이, 성도가 은혜로 받은 구원의 예표가 되고, 이스라엘 백성의 광야 생활 40년이 성도가 받아가는 구원, 성화의 예표가 되고, 이스라엘 백성의 가나안 땅 점령이 성도가 앞으로 받을 구원영화의 예표가 된다.

그러나 이스라엘 백성이 점령한 가나안 땅에는 가나안 족속들이 여전히 많이 남아 있었고, 이스라엘 백성은 그들이 섬기는 바알과 아스다롯 등 가나안 족속들의 우상에 빠져 하나님으로부터 여러 번 징계를 받아야 했다. 이스라엘 백성들은 이 가나안 땅에서 그들과 계속 전쟁을 해야 했고 오랜 기간 이스라엘 백성들이 또 가나안 족속들의 지배 속에 살기도 해야 했던 것은 가나안 땅이 천국이 아니고 이스라엘 백성들의 훈련 장소였음을 알려준다. 결국 이스라엘 백성들이 살아간 가나안 땅의 생활은 오늘 우리에게 성도로 구원받고 이 땅에서 이루어가는 성화를 가르쳐 주는 또 다른 예표가 된다.

가나안 땅에서 이스라엘 백성이 수행하는 가나안 족속과의 전투는 유다 지파로부터 시작한다. 유다 지파는 시므온 지파와 연합하여 가나안 족속과 브리스 족속과 싸운다. 그들은 베섹과 예루살렘과 헤브론과 기랏 세벨을 점령한다. 그리고 그들은 다시 스밧(호르마)과 가사 지역과 아스글론 지역과 산지를 점령한다. 그러나 골짜기의 가나안 족속들에게는 철병거가 있어 쫓아내지 못하였고 베냐민 자손은 예루살렘에 거주하는 여부스 족속을 쫓아내지 못하였기 때문에 여부스 족속이 베냐민 자손과 함께 예루살렘에 거주하게 된다.

갈렙은 헤브론을 점령한다. 요셉 족속은 벧엘을 점령하지만 요셉의 족속인 므낫세, 에브라임 그리고 스불론, 아셀, 납달리, 단 지파들은 주변의 여러 가나안 족속들을 쫓아내지 못하여 그들과 함께 살게 된다.

유다가 전쟁에서 승리할 수 있었던 것은 여호와께서 유다와 함께 계셨기 때문이다. 성도의 모든 성공은 하나님이 해주신 것으로 그래서 성도는 언제나 절대로 겸손해야 한다.

이렇게 이스라엘 백성들은 주변의 가나안 족속들을 몰아내고 주변의 성들을 점령하기도 하지만 주변의 가나안 족속들을 다 몰아내지 못하고 그들과 함께 동거하는 성읍들도 많았다. 그리고 이러한 상황에서 이스라엘 백성은 후에 그들이 섬기는 우상을 망령되게 섬기는 죄를 범하게 된다. 오늘 구원받은 성도가 살아가는 곳이 바로 이스라엘 백성이 가나안 족속과 함께 살아가는 가나안 땅으로 우리는 항상 범죄의 유혹에 직면해 있게 된다. 말씀과 기도와 제단 중심의 생활로 하나님 제일의 신앙을 명심하고 지켜야 한다.

❦ 사사기 2장: 여호와의 사자

하나님은 이런 이스라엘 백성에게 여호와의 사자(the angel of the Lord)를 보내셔서 그들을 애굽에서 구원하신 것과 가나안 땅을 얻은 하나님의 은혜를 지적하고 하나님의 변치 않는 언약을 상기시킨다.

여호와의 사자는 이스라엘 백성들이 가나안 족속과 언약을 맺지 말며 그들의 제단들을 헐라고 하신 하나님의 명령을 어겼다고 지적한다.

하나님은 이스라엘 백성에게 이렇게 경고하신다.

"내가 그들을 너희 앞에서 쫓아내지 아니하리니 그들이 너희 옆구리에 가시가 될 것이며 그들의 신들이 너희에게 올무가 되리라"(삿 2:3).

이스라엘 백성들에게 하나님의 사자를 보내시고 그들을 꾸짖고 경고하시는 것은 하나님이 이스라엘 백성을 사랑하시는 증거다. 하나님은 오늘 우리에게 말씀과 제단에 세우신 여호와의 사자들을 통해, 내 마음과 혼에 우러나는 깨우침을 통해 수시로 우리를 꾸짖고 경고하신다. 우리는 회개하고 하나님께 곧바로 순종해야 한다. 그래야 성화의 길을 걷게 된다.

이스라엘 백성들은 여호와의 사자의 책망을 듣고 울었다. 그래서 이곳이 '보김'(통곡하는 사람들)이다. 그들은 하나님께 제사를 드렸다.

그러나 그들이 하나님 말씀대로 이방 신상을 깨뜨리거나 이방인들과 거래를 단절하였다는 기사가 없고 하나님의 진노가 계속 그들에게 임한 것을 보면 그들의 회개는 울며 제사드리는 일로 끝이었다는 것을 알게 된다.

오늘날도 너무나 많은 성도가 제단에 나와 말씀 앞에 눈물을 흘리지만 제단을 떠나가면 완전히 또 우상숭배(물질만능의 탐심: 골 3:5; 엡 5:5)의 자리로 아주 익숙하게 돌아간다. 사사시대의 이스라엘 백성들이 오늘 성도들의 생활의 예표가 된다. 우리는 이 자리를 벗어나야 성화된다.

성도여, 하나님의 이 엄위하신 경고를 들으라!

"그러므로 땅에 있는 지체를 죽이라 곧 음란과 부정과 사욕과 악한 정욕과 탐심이니 탐심은 우상숭배니라"(골 3:5).

"너희도 정녕 이것을 알거니와 음행하는 자나 더러운 자나 탐하는 자 곧 우상숭배자는 다 그리스도와 하나님의 나라에서 기업을 얻지 못하리니"(엡 5:5).

"이제 내가 너희에게 쓴 것은 만일 어떤 형제라 일컫는 자가 음행하거나 탐욕을 부리거나 우상숭배를 하거나 모욕하거나 술 취하거나 속여 빼앗거든 사귀지도 말고 그런 자와는 함께 먹지도 말라 함이라"(고전 5:11).

"도적이나 탐욕을 부리는 자나 술 취하는 자나 모욕하는 자나 속여 빼앗는 자들은 하나님의 나라를 유업으로 받지 못하리라"(고전 6:10).

"음행과 온갖 더러운 것과 탐욕은 너희 중에서 그 이름조차도 부르지 말라 이는 성도에게 마땅한 바니라"(엡 5:3).

"음심이 가득한 눈을 가지고 범죄하기를 그치지 아니하고 굳세지 못한 영혼들을 유혹하며 탐욕에 연단된 마음을 가진 자들이니 저주의 자식이라"(벧후 2:14).

사사시대의 이스라엘의 형편을 이렇게 말한다.

1) 백성이 여호수아가 사는 날 동안과 여호수아 뒤에 생존한 장로들, 곧 여호와께서 이스라엘을 위하여 행하신 모든 큰일을 본 백성들이 사는

날 동안에 여호와를 섬겼다. 그러나 여호와의 종 눈의 아들 여호수아가 백십 세에 죽고 그 세대의 사람도 다 그 조상들에게로 돌아갔을 때 그 후에 일어난 다른 세대는 여호와를 알지 못하였고 여호와께서 이스라엘을 위하여 행하신 일도 알지 못하였다.

2) 이스라엘 자손은 여호와의 목전에 악을 행하여 바알들을 섬기며 애굽 땅에서 그들을 인도하여 내신 그들의 조상들의 하나님 여호와를 버리고 다른 신들, 곧 그들의 주위에 있는 백성의 신들인 바알과 아스다롯을 섬기며 절하여 여호와를 진노하시게 한다.

3) 여호와께서 이스라엘에게 진노하사 노략하는 자의 손에 이스라엘 백성을 넘겨주셨고 그들이 노략을 당하게 하시며 또 주위에 있는 모든 대적의 손에 팔아넘기신다. 그들은 다시 대적을 당하지 못하였으며 그들이 어디로 가든지 여호와의 손이 그들에게 재앙을 내리신다. 이 모든 일은 여호와께서 그들에게 말씀하신 것과 같고 여호와께서 그들에게 맹세하신 것과 같아서 그들의 괴로움이 심하였다.

4) 여호와 하나님은 이스라엘 백성들이 곤고할 때 사사들을 세우셔서 노략자의 손에서 그들을 구원하게 하셨으나 그들이 그 사사들에게도 순종하지 아니하고 오히려 다른 신들을 따라가 음행하며 그들에게 절하고 여호와의 명령에 불순종했던 그들의 조상들같이 죄의 길에서 떠나지 아니하였다.

5) 여호와께서 그들을 위하여 사사들을 세우실 때는 그 사사와 함께하셨고 그 사사가 사는 날 동안에는 여호와께서 그들을 대적의 손에서 구원하신다. 그러나 사사가 죽은 후에는 그들이 돌이켜 그들의 조상들보다 더욱 타락하여 다른 신들을 따라 섬기며 그들에게 절하고 그들의 행위와 패역한 길을 그치지 아니한다. 여호와께서 이스라엘에게 진노하신다. 그리하여 이스라엘 가운데 이방 민족, 곧 가나안 백성들을 그대로 두신다.

6) 여호와께서 이스라엘 가운데 남겨두신 이방인은 블레셋의 다섯 군주들과 모든 가나안 족속과 시돈 족속과 바알 헤르몬산에서부터 하맛 입구까지 레바논 산에 거주하는 히위 족속이었고, 남겨 두신 이 이방 민

족들로 이스라엘을 시험하사 여호와께서 모세를 통하여 그들의 조상들에게 이르신 명령들을 순종하는지 알고자 하신다. 그리고 가나안의 모든 전쟁을 알지 못한 자들에게 전쟁을 가르쳐 알게 하신다.

7) 우리는 여기에서 세 가지 중요한 교훈을 받는다.

첫째, 성화의 생활에 성도는 여호수아 같은 귀한 지도자를 만나야 한다. 말씀을 바로 전하는 경건한 목사를 만나는 것은 성도의 복이다.

둘째, 성화의 생활이 나에게서 끝나지 않게 후손들에게 철저하게 하나님을 바로 가르쳐야 한다. 여호수아 이후의 이스라엘 백성은 자녀들에게 하나님을 가르치지 않아 사사시대의 비극을 가져온다.

셋째, 이스라엘 백성 가운데 남겨두신 이방인들이 이스라엘 백성들에게는 그들이 하나님을 섬기는가, 섬기지 아니하는가 하는 시험의 잣대였고, 오늘 우리가 죄악이 관영한 세대 속에 사는 것은 우리가 이런 죄악 중에서 믿음을 지키고 사는가, 아닌가 하는 시험이 된다. 성도는 이 세상 속에서 하나님의 전신갑주를 입고 죄악과 싸워 이겨야 한다.

☙ 사사기 3-5장: 메소보다미아 왕의 지배와 사사 옷니엘

"이스라엘 자손이 여호와의 목전에 악을 행하여 자기들의 하나님 여호와를 잊어버리고 바알들과 아세라들을 섬긴지라 여호와께서 이스라엘에게 진노하사 그들을 메소보다미아 왕 구산 리사다임의 손에 파셨으므로 이스라엘 자손이 구산 리사다임을 팔 년 동안 섬겼더니 이스라엘 자손이 여호와께 부르짖으매 이스라엘 자손을 위하여 한 구원자를 세워 그들을 구원하게 하시니 그는 곧 갈렙의 아우 그나스의 아들 옷니엘이라"(삿 3:7-9).

이스라엘 자손이 하나님을 버리고 이방 우상을 섬기고 하나님이 진노하사 이스라엘 백성을 이방의 왕 누구누구에게 파시고…이스라엘 백성이 몇 년 동안 그들을 섬기고—이스라엘 백성이 부르짖으매 여호와께서 한 구원자를 세워 그들을 구원하게 하시니…하는 말씀은 수학의 한 공식같이 사사기의 장마다, 그리고 사사기 한 장에도 몇 번씩 되풀이된다.

사사기 3장에는 이렇게 세움을 받은 사사로 옷니엘과 에훗과 삼갈이 나오고 사사기 4장에는 드보라가 사사로 세움을 받아 사역한 일을 기록한다.

사사기 4장에는 드보라가 하나님을 찬송한 승전가가 나온다.

이스라엘 백성은 평안하면 하나님을 버리고 우상을 섬겨 하나님의 진노를 불러온다. 성도가 세상에서 물질을 많이 소유하게 되고 성공하고 평안하게 사는 것은 분명한 복이다. 그러나 성도의 성공과 평안은 성도가 우상숭배(탐심이 우상숭배다. 부자의 탐심은 늘 더 커진다. 골 3:5)에 빠지는 아주 위험한 지점이다. 성도는 성공의 지점에서 물질과 성공을 교회와 선교(구제, 봉사, 전도, 해외선교)하는 일에 바쳐야 한다. 다윗도 솔로몬도 성공과 승리의 지점에서 넘어졌다.

❦ 사사기 6-8장: 기드온

사사기 6장부터 8장까지는 하나님이 기드온을 통해 미디안의 압제에서 이스라엘 백성을 구원하신 사건을 기록한다.

미디안으로 인한 이스라엘 백성의 고난이 극심할 때 이스라엘 백성은 하나님께 부르짖었고 여호와는 이스라엘 자손에게 한 선지자를 보내신다. 선지자는 이스라엘 백성들을 꾸짖는다.

여호와의 사자는 기드온에게 나타나 이스라엘 백성을 미디안의 손에서 구원하라고 명한다.

기드온은 자신의 연약함을 여호와의 사자에게 고하지만 여호와께서 기드온과 함께하신다고 말씀한다.

기드온은 여호와의 사자가 여호와께서 보내신 사자인 것을 확인하기 위해 그에게 제물을 드렸고 여호와의 사자는 지팡이 끝으로 제물을 불살라 태우고 불길을 따라 기드온 앞에서 사라진다.

기드온은 자신이 하나님을 대면한 사실을 알고 두려워하지만, 여호와는 기드온에게 두려워하지 말라고 말씀하시고 기드온은 그곳에 단을 쌓고 여호와께 제사를 드린다. 기드온은 그곳을 '여호와 살롬'(여호와는 평강)이라 부른다.

그날 밤에 여호와께서 기드온에게 "네 아버지에게 있는 수소 곧 칠 년 된 둘째 수소를 끌어오고 네 아버지에게 있는 바알의 제단을 헐며 그 곁의 아세라 상을 찍고 또 이 산성 꼭대기에 네 하나님 여호와를 위하여 규례대로 한 제단을 쌓고 그 둘째 수소를 잡아 네가 찍은 아세라 나무로 번제를 드리라"라고 명하시고 기드온은 종 열 사람을 데리고 여호와께서 그에게 말씀하신 대로 행한다.

이 일이 발각되고 성읍 사람들이 기드온의 아버지 요아스에게 기드온을 이끌어내라고 요구하며 기드온을 신상 파괴자로 죽이려고 한다. 이때 요아스는 이렇게 대답한다.

"너희가 바알을 위하여 다투느냐 너희가 바알을 구원하겠느냐 그를 위하여 다투는 자는 아침까지 죽임을 당하리라 바알이 과연 신일진대 그의 제단을 파괴하였은즉 그가 자신을 위해 다툴 것이니라"(삿 6:31).

그날에 기드온을 '여룹바알'(바알이 다툴 것)이라 불렀다.

이때 미디안과 아말렉과 동방 사람들이 다 함께 모여 요단강을 건너와서 이스르엘 골짜기에 진을 치고 이스라엘을 압박한다.

여호와의 영이 기드온에게 임하시고 기드온은 나팔을 불어 아비에셀과 므낫세, 아셀과 스불론과 납달리 지파와 함께 연합군을 조직하여 그들을 대적한다.

기드온은 여호와가 참말로 자신의 손으로 이스라엘을 구원하시려고 하시는가 하는 확신을 얻으려고 양털을 이용하여 하나님께 두 번을 시험한다. 기드온은 여호와께 이렇게 말한다.

"보소서 내가 양털 한 뭉치를 타작마당에 두리니 만일 이슬이 양털에만 있고 주변 땅은 마르면 주께서 이미 말씀하심같이 내 손으로 이스라엘을 구원하실 줄을 내가 알겠나이다"(삿 6:37).

이튿날 기드온이 일찍이 일어나서 마른 타작마당에서 양털을 가져다가 그 양털에서 이슬을 짜니 물이 그릇에 가득하게 된다. 기드온이 또 하나님께 말한다.

"주여 내게 노하지 마옵소서 내가 이번만 말하리이다 구하옵나니 내게 이번만 양털로 시험하게 하소서 원하건대 양털만 마르고 그 주변 땅에는 다 이슬이 있게 하옵소서"(삿 6:39).

그 밤에 하나님이 그대로 행하셨고 기드온의 말대로 양털만 마르고 그 주변 땅은 다 이슬이 있었다.

기드온과 그를 따르는 모든 백성이 일찍이 일어나 하롯 샘 곁에 진을 쳤고 미디안의 진영은 그들의 북쪽이요 모레 산 앞 골짜기에 진을 치고 있었다. 하나님은 기드온에게 이렇게 말씀하신다.

"여호와께서 기드온에게 이르시되 너를 따르는 백성이 너무 많은즉 내가 그들의 손에 미디안 사람을 넘겨주지 아니하리니 이는 이스라엘이 나를 거슬러 스스로 자랑하기를 내 손이 나를 구원하였다 할까 함이니라"(삿 7:2).

기드온은 하나님의 지시대로 전쟁을 두려워하는 병사들 이만 이천 명을 다 돌려보내고 1만 명의 군사만 남게 된다. 그러나 하나님은 1만 명의 군사도 너무 많다고 말씀하시고 그들을 이끌고 개울에 가서 병사들에게 물을 마시게 한다. 하나님은 병사 중 개처럼 엎드려 혀로 물을 핥는 자들 구천칠백 명을 다 돌려 집으로 가게 하고 무릎을 꿇고 손으로 물을 퍼서 마시는 군사 삼백 명만 남게 하신다.

그 밤에 여호와께서 기드온에게 미디안의 진영으로 내려가게 하신다. 기드온은 그의 부하 부라와 함께 그 진영으로 내려간다. 미디안과 아말렉과 동방의 모든 사람이 골짜기에 누웠는데 메뚜기의 많은 수와 같고 그들의 낙타의 수가 많아 해변의 모래가 많음 같았다. 기드온이 그곳에 이르렀을 때 미디안의 적군 중 어떤 사람이 그의 친구에게 꿈을 말한다.

"보라 내가 한 꿈을 꾸었는데 꿈에 보리떡 한 덩어리가 미디안 진영으로 굴러 들어와 한 장막에 이르러 그것을 쳐서 무너뜨려 위쪽으로 엎으니 그 장막이 쓰러지더라 그의 친구가 대답하여 이르되 이는 다른 것이 아니라 이스라엘 사람 요아스의 아들 기드온의 칼이라 하나님이 미디안과 그 모든 진영을 그의 손에 넘겨주셨느니라"(삿 7:13-14).

기드온이 그 꿈과 해몽하는 말을 듣고 하나님을 경배하며 이스라엘 진영으로 돌아와 삼백 명의 군사에게, 여호와께서 미디안과 그 모든 진영을 너희 손에 넘겨주셨다고 말하고 삼백 명을 세 대로 나누어 각 손에 나팔과 빈 항아리를 들리고 항아리 안에는 횃불을 감추게 한다. 기드온은 그들에게 너희는 나만 보고 내가 하는 대로 하되 내가 그 진영 근처에 이르러서 내가 하는 대로 너희도 그리하여 나와 나를 따르는 자가 다 나팔을 불거든 너희도 모든 진영 주위에서 나팔을 불며 이르기를 "여호와를 위하라, 기드온을 위하라" 하고 소리 지르게 한다.

기드온과 그와 함께 한 백 명이 이경 초, 곧 미디안의 파수꾼들을 교대한 때에 진영 근처에 이르러 그 진영을 에워싸고 나팔을 불며 항아리를 부수고 왼손에 횃불을 들고 오른손에 나팔을 들어 불며 "여호와와 기드온의 칼이다"라고 외친다.

미디안 진영의 군사들은 뛰고 부르짖으며 도망하였는데 삼백 명이 나팔을 불 때 여호와께서 그 온 진영에서 자기 편끼리 칼로 치게 하시므로 적군이 도망하여 스레라의 벧 싯다에 이르고 또 답밧에 가까운 아벨므홀라의 경계에 이르게 된다.

기드온의 군사와 이스라엘 사람들은 납달리와 아셀과 온 므낫세에서 부터 부름을 받고 미디안을 추격한다. 기드온은 사자들을 보내서 에브라임 온 산지에 있는 이스라엘 백성에게 미디안을 치고 그들을 앞질러 벧바라와 요단강에 이르는 수로를 점령하라고 명한다. 이에 에브라임 사람들이 다 모여 벧 바라와 요단강에 이르는 수로를 점령하고 또 미디안의 두 방백 오렙과 스엡을 사로잡아 오렙은 오렙 바위에서 죽이고 스엡은 스엡 포도주 틀에서 죽이고 미디안을 추격하였고 오렙과 스엡의 머리를 요단강 건너편에서 기드온에게 가져온다.

에브라임 사람들이 기드온에게 왜 네가 미디안과 싸우러 갈 때에 우리를 부르지 아니하였느냐고 시비한다. 기드온은 그들에게 "내가 이제 행한 일이 너희가 한 것에 비교되겠느냐 에브라임의 끝물 포도가 아비에셀의 맏물 포도보다 낫지 아니하냐 하나님이 미디안의 방백 오렙과 스엡을 너희 손에 넘겨주셨으니 내가 한 일이 어찌 능히 너희가 한 것에 비교되겠느냐" 하는 부드러운 말로 시비를 중단케 한다.

기드온과 그와 함께한 자 삼백 명이 요단강을 건너고 숙곳 사람들과 브누엘 사람들에게 병사들에게 줄 떡을 요청하지만 그들은 거절한다.

이때 세바와 살문나가 갈골에 있는데 동방 사람의 모든 군대 중에 칼든 자 십이만 명이 죽었고 그 남은 1만 오천 명 가량은 그들을 따라와서 거기에 있었다. 적군이 안심하고 있는 중에 기드온이 노바와 욕브하 동쪽 장막에 거주하는 자의 길로 올라가서 적진을 쳐서 미디안의 두 왕 세바와 살문나를 사로잡고 그 온 진영을 격파한다.

기드온이 헤레스 비탈 전장에서 돌아오다가 숙곳 성읍의 장로들을 붙잡아 들가시와 찔레로 숙곳 사람들을 징벌하고 브누엘 망대를 헐고 그 성읍 사람들을 죽인다.

전쟁이 끝난 후 이스라엘 사람들은 기드온에게 "당신과 당신의 아들과 당신의 손자가 우리를 다스리라"고 요구하지만, 기드온은 "여호와께서 너희를 다스리시리라"라고 대답한다. 기드온은 그들에게 그들이 전쟁에서 탈취한 귀고리를 요구하고 기드온은 이것으로 에봇 하나를 만들어 자기의 성읍 오브라에 두었고 온 이스라엘이 그것을 음란하게 위하므로 그것이 기드온과 그의 집에 올무가 된다.

기드온은 나이가 많아 죽고 기드온이 죽은 후 이스라엘 백성들은 다시 여호와를 버리고 바알을 섬기게 된다. 백성들은 너무 쉽게 하나님이 베풀어주신 은혜와 구원을 잊고 우상에게 돌아간다. 이 백성이 바로 오늘 우리다.

기드온의 사적을 통해 들을 수 있는 구원사적 교훈은 아래와 같다.

기드온은 바알 신을 섬기는 바알 제사장 요아스의 아들이다. 하나님은 그의 구원의 섭리를 이루시는 과정에 부모와 상관없이 하나님이 원하시는 사람을 쓰시기도 한다. 아브라함도 그 조상들이 다른 신, 곧 우상을 섬기던 사람들이었다(수 24:2). 하나님의 부르심은 하나님만이 그 주권을 가지고 행하시는 일이다. 성도가 하나님의 부르심을 받은 것은 참으로 놀라운 복이다.

기드온은 하나님이 맡기신 사역, 곧 이스라엘 백성을 미디안의 압제에서 해방시키기 전 바알 신상을 제거하는 일을 한다. 성도는 하나님의 일을 감당하기 위해 우상(탐심)을 항상 먼저 제거해야 한다. 이 말은 성도가 가난해지라는 말이 아니다. 이 말은 성도가 어떤 경우에도 물질의 노예가 되어서는 안 된다는 말이다. 성도는 할 수 있으면 많은 물질을 얻어 많은 물질을 하나님의 영광을 위해 다스리며 살아야 한다.

기드온이 미디안과 싸워 이긴 것은 많은 군사 때문이 아니었다. 기드온은 단 삼백 명의 군사로 수만 명의 미디안 연합군을 격파한다. 하나님이 기드온과 함께하여 주셨기 때문이고 기드온이 가진 믿음, 곧 하나님이 자신과 이스라엘 군사와 함께하여 주신다는 믿음을 가졌기 때문이었다. 기드온은 이 믿음을 갖기 위해 여러 번 하나님께 증거를 요구하였다. 우리가 특별한 믿음에 이르기 위해 기드온같이 하나님께 특별한 증거를 요구할 수 있다. 그러나 오늘 우리가 가져야 하는 믿음은 다음과 같다.

1. 내가 하려는 일이 정말 하나님이 원하시고 하나님이 명하신 일인가

하는 확신을 말씀을 찾아 증거로 가져야 한다.

2. 그러기 위하여 내가 하려는 일이 내 욕심이나 나를 위한 자랑이 아닌지를 깊이 기도해야 하고 내가 이 일을 행하면 하나님이 기뻐하실까 하는 것을 깊이 기도해야 한다.

3. 그 위에 세상 끝날까지 우리와 함께해 주신다고 이미 약속하신 하나님의 말씀을 굳게 잡는 것이다. 하나님은 우리에게 말씀하신다.

"볼지어다 내가 세상 끝날까지 너희와 항상 함께 있으리라 하시니라"
(마 28:20).

기드온은 승리하고 돌아오는 길에 에브라임 족속과의 시비에서 겸손하게 자신을 낮춤으로 문제를 쉽게 해결한다. 지도자는 작은 일로 시비에 휘말려서는 안 된다. 자신을 낮추어야 한다.

기드온은 전쟁에서 얻은 탈취물로 에봇을 만들어 백성들과 자신에게 올무가 되게 하는 잘못을 범한다. 전쟁에서 승전한 기드온도 실수를 한다. 인간은 이렇게 다 부족한 존재다. 늘 경성하여 하나님 앞에 바로 서기 위해 노력해야 한다.

☙ 사사기 9장: 아비멜렉

기드온의 한 아들 아비멜렉은 아버지 기드온이 죽은 후 자신의 외가인 세겜으로 가서 이모들에게 "여룹바알의 아들 칠십 명이 다 너희를 다스림과 한 사람이 너희를 다스림이 어느 것이 너희에게 나으냐 아비멜렉은 우리와 한 골육이라"는 말을 세겜의 모든 사람들에게 말하게 한다. 세겜 사람들은 이 말을 좋게 여겨 바알 신전에서 은 칠십 개를 꺼내어 아비멜렉에게 준다.

아비멜렉은 이 돈으로 경박한 자들, 세상 말로 깡패들을 사서 부하로 삼고 오브라에 있는 아버지 기드온의 집으로 가서 기드온의 아들, 곧 아비멜렉의 형제 칠십 명을 다 죽인다. 이때 기드온의 막내아들 요담은 요행히 숨어서 생명을 구한다. 세겜 사람들은 아비멜렉을 세겜의 왕으로 세운다.

아비멜렉이 세겜의 왕이 된 후 요담은 그리심산에 올라가 세겜 백성들에게 가시나무가 모든 나무들의 왕이 된 비유를 말하며 세겜 사람들이 기드온의 후손에게 행한 잘못을 꾸짖는다.

"하루는 나무들이 나가서 기름을 부어 자신들 위에 왕으로 삼으려 하여 감람나무에게 이르되 너는 우리 위에 왕이 되라 하매 감람나무가 그들에게 이르되 내게 있는 나의 기름은 하나님과 사람을 영화롭게 하나니 내가 어찌 그것을 버리고 가서 나무들 위에 우쭐대리요 한지라 나무들이 또 무화과나무에게 이르되 너는 와서 우리 위에 왕이 되라 하매 무화과나무가 그들에게 이르되 나의 단 것과 나의 아름다운 열매를 내가 어찌 버리고 가서 나무들 위에 우쭐대리요 한지라 나무들이 또 포도나무에게 이르되 너는 와서 우리 위에 왕이 되라 하매 포도나무가 그들에게 이르되 하나님과 사람을 기쁘게 하는 내 포도주를 내가 어찌 버리고 가서 나무들 위에 우쭐대리요 한지라 이에 모든 나무가 가시나무에게 이르되 너는 와서 우리 위에 왕이 되라 하매 가시나무가 나무들에게 이르되 만일 너희가 참으로 내게 기름을 부어 너희 위에 왕으로 삼겠거든 와서 내 그늘에 피하라 그리하지 아니하면 불이 가시나무에서 나와서 레바논의 백향목을 사를 것이니라 하였느니라"(삿 9:8-15).

요담은 이 비유를 말하고 이렇게 말한다.

"너희가 아비멜렉을 세워 왕으로 삼았으니 너희가 행한 것이 과연 진실하고 의로우냐 이것이 여룹바알과 그의 집을 선대함이냐 이것이 그의 손이 행한 대로 그에게 보답함이냐 우리 아버지가 전에 죽음을 무릅쓰고 너희를 위하여 싸워 미디안의 손에서 너희를 건져냈거늘 너희가 오늘 일어나 우리 아버지의 집을 쳐서 그의 아들 칠십 명을 한 바위 위에 서 죽이고 그의 여종의 아들 아비멜렉이 너희 형제가 된다고 그를 세워 세겜 사람들 위에 왕으로 삼았도다 만일 너희가 오늘 여룹바알과 그의 집을 대접한 것이 진실하고 의로운 일이면 너희가 아비멜렉으로 말미 암아 기뻐할 것이요 아비멜렉도 너희로 말미암아 기뻐하려니와 그렇 지 아니하면 아비멜렉에게서 불이 나와서 세겜 사람들과 밀로의 집을 사를 것이요 세겜 사람들과 밀로의 집에서도 불이 나와 아비멜렉을 사 를 것이니라"(삿 9:16-20).

아비멜렉이 이스라엘을 다스린 지 3년에 하나님이 아비멜렉과 세겜 사 람들 사이에 악한 영을 보내시매 세겜 사람들이 아비멜렉을 배반한다. 세 겜에는 내전이 일어나고 결국 아비멜렉은 데베스에 있는 망루를 공격하 다가 한 여인이 던진 맷돌짝에 머리를 맞고 죽는다.

아비멜렉은 세겜의 왕이었고 사사였지만 하나님의 뜻을 이룬 종이 아 니었다. 아비멜렉을 통해 주시는 하나님의 구원사적 교훈은 악의 세력은 잠시 흥할 수 있지만 반드시 곧 멸망한다는 것이다.

❧ 사사기 10장: 돌라, 야일

사사기 10장에는 돌라와 야일이 사사로 지낸 세대의 일이 기록된다. 이 기간에 특별한 전쟁이나 사건이 없었다. 이것은 이스라엘 백성이 평온 하게 산 것을 의미한다.

이스라엘이 평온할 때 또 그들은 여호와의 목전에 악을 행하여 바알들 과 아스다롯과 아람의 신들과 시돈의 신들과 모압의 신들과 암몬 자손의 신들과 블레셋 사람들의 신들을 섬기게 되고 하나님은 그들에게 진노하 사 블레셋 사람들의 손과 암몬 자손의 손에 그들을 파신다.

이스라엘 백성들은 다시 고난에 들어가고 다시 회개하며 여호와께 부 르짖고 여호와는 그들의 곤고를 보시고 마음에 근심하신다.

이스라엘 백성의 죄악을 징계하시는 하나님의 근심은 자식을 징계하며 아파하는 부모의 마음이다. 하나님의 이 자비하심을 힙입는 성도는 큰 복을 받은 사람들이다.

⚘ 사사기 11-12장: 입다

사사기 11장과 12장에서는 입다가 사사로 이스라엘을 다스릴 때의 사건을 기록한다.

입다는 길르앗의 아들이었으나 기생 출신의 소생이었고 그래서 형제들에게서 쫓겨나 이방 땅 돕에서 살았다. 이때 암몬 족속이 침략해오고, 입다는 암몬과 싸워 이기면 길르앗의 머리가 될 것을 약속받고 암몬과 싸워 그들을 완전하게 항복시킨다.

입다는 암몬 족속과 전쟁하러 나가면서 "주께서 과연 암몬 자손을 내 손에 넘겨주시면 내가 암몬 자손에게서 평안히 돌아올 때에 누구든지 내 집 문에서 나와서 나를 영접하는 그는 여호와께 돌릴 것이니 내가 그를 번제물로 드리겠나이다" 하는 말로 여호와께 서원한다.

입다가 암몬과 싸워 이기고 집으로 돌아오는데 그의 외동딸이 소고를 치며 나와 입다를 영접한다.

입다는 크게 상심하지만 여호와께 서원한 대로 그 딸을 바친다.

자녀나 사람을 번제물로 바치는 것은 모압 족속들이 그 우상에게 드리는 행위로 하나님이 금하신 일이다(레 18:21, 20:2; 겔 16:20; 왕하 23:10).

입다가 자기가 승전하고 돌아올 때 자기를 먼저 영접하러 나오는 사람을 여호와께 번제물로 드리겠다고 서원한 것 자체가 잘못이다. 입다는 이방 땅 돕에서 살면서 그들의 풍습에 젖어 있었던 것으로 보인다. 그런데 하나님은 이런 입다도 사사로 불러 쓰신다.

입다가 승전한 후 에브라임 족속들은 암몬과의 전쟁에 자신들을 부르지 않았다고 말하며 입다를 핍박한다. 입다는 그들에게 변명하지만 그들이 듣지 않아 에브라임을 쳐서 수만 명을 죽인다. 에브라임 족속은 기드온이 미디안과 싸워 이긴 다음에도 같은 시비를 걸었던 족속이다. 교만하여 다른 사람의 승리에 시비를 걸던 에브라임 족속은 결국 입다를 통해 많은 살육을 당한다.

입다에 이어 베들레헴의 입산이 이스라엘의 사사가 된다. 입산의 이력은 그가 아들 삼십 명과 딸 삼십 명을 두었고 그가 딸들을 밖으로 시집보냈고 아들들을 위하여 밖에서 여자 삼십 명을 데려왔고 이스라엘의 사사가 된 지 칠 년에 죽었고 베들레헴에 장사되었다고 하는 것이다.

그 뒤를 이어 스불론 사람 엘론이 이스라엘의 사사가 되어 십 년 동안 이스라엘을 다스렸고 죽어서 스불론 땅 아얄론에 장사되었다. 그 뒤를 이어 비라돈 사람 힐렐의 아들 압돈이 이스라엘의 사사가 되었다. 그에게 아들 사십 명과 손자 삼십 명이 있어 어린 나귀 칠십 마리를 탔다. 압돈이 이스라엘의 사사가 된 지 팔 년 만에 죽고 에브라임 땅 아말렉 사람의 산지 비라돈에 장사되었다.

입산과 엘론과 압돈이 사사로 있는 동안은 이스라엘 백성들이 평온하게 사는 기간이었고 그래서 그들은 어느 족속과 싸우지도 않았다. 그들은 자녀들을 낳고 그들을 시집보내고 장가들이고 그 자녀들은 각기 나귀를 다 타고 살았다. 여기서 그 자녀들이 나귀를 타고 살았다는 것은 그들이 각각 지방에 출장 가서 재판을 하며 민생을 돌본 것으로 생각할 수 있다. 그러나 이들의 사적은 인간 누구나가 그냥 살아가는 이야기로 너무나 평범하다. 어떤 면으로 부끄러운 사사 같아 보이지만 평범하고 평안한 것이 큰 복인 것이다. 평범 속의 감사가 범사에 감사하는 생활이다.

☙ 사사기 13-16장: 삼손

사사기 13장부터 16장까지 삼손의 사적이 기록된다.

사사기 13장
이스라엘 백성은 하나님 앞에 또 악을 행하였다. 하나님은 다섯 성읍만 다스리는 연약한 블레셋 사람들에게 이스라엘을 넘기셨고 이스라엘 백성은 이 블레셋 백성에게 40년간 고통을 당한다. 단 지파는 블레셋 백성의 성 바로 옆에 있었으므로 블레셋 백성의 압제와 핍박을 더 받게 된다. 이스라엘이 이렇게 어려운 환난 중일 때 삼손이 태어난다.

단 지파 마노아의 아내는 오랫동안 잉태하지 못하였는데 이 여인에게 하나님의 천사가 나타나 잉태하게 될 것을 예언한다. 마노아의 아내를 통해 앞으로 태어날 아들, 삼손은 복중으로부터 하나님께 바쳐진 나실인이기 때문에, 마노아의 아내, 곧 삼손의 어머니는 독주나 포도주를 마시지 말아야 하고 아이가 태어나면 아들 머리에 삭도를 대지 말아야 한다.

나실인이란 '구별된 자'란 뜻으로, 성별되어 하나님께 바쳐진 사람을 의미한다. 나실인은 술을 멀리해야 하며, 머리를 평생 깎지 않아야 하고, 죽은 시체를 만져 자기를 더럽혀서도 안 된다. 나실인은 자발적 서원으로(민 6:2), 부모의 서원으로(삼상 1:11), 혹은 하나님의 명에 따라 나면서부터(5, 7절) 나실인이 되는데, 일정 기간만 헌신하는 나실인과 평생 나실인이 있다.

삼손은 블레셋 사람의 손에서 이스라엘을 구원하는 사람으로 태어난다.

삼손은 태어나기 전 천사의 예언이 있었고 이스라엘 백성의 구원자로 태어났다는 것으로 구원자 예수님의 모습을 보여주지만 그는 나실인의 삶을 살지 않았고 말년에 기생 들릴라의 품에서 타락한다. 삼손의 기사는 구원이 늘 하나님께로부터 오는 것임을 우리에게 가르쳐준다.

사사기 14장

사사기 14장에는 삼손이 블레셋의 한 성, 딤나에 사는 블레셋 족속의 딸과 혼인하는 사건을 기록한다. 삼손은 딤나에 내려가는 길에서 사자를 만나지만 삼손은 이 사자를 양을 찢듯이 맨손으로 잡아 죽였고 얼마 후 이 사자에게서 꿀을 따서 먹는다.

삼손은 잔치 자리에서 블레셋 청년들과 베옷 30벌과 겉옷 30벌을 걸고 "먹는 자에게서 먹는 것이 나오고 강한 자에게서 단것이 나왔다" 하는 수수께끼를 낸다.

청년들은 삼손의 아내를 협박하고 삼손은 아내의 간청에 못 이겨 아내에게 수수께끼의 답을 준다. 삼손은 그곳 청년들에게 옷을 주기 위해 블레셋 성읍 아스글론에 내려가서 블레셋 백성 30명을 죽여서, 그들이 입었던 옷을 벗겨 청년들에게 나누어준다. 삼손은 결혼한 아내에게 화를 내고 집으로 돌아갔고, 삼손의 아내는 그곳 청년에게 주어진다.

이 삼손의 기사에서 삼손이 블레셋 여인과 결혼하게 된 것이 여호와께로서 나온 것이었고, 삼손이 아스글론에 내려가 블레셋 백성 삼십 명을 쳐 죽인 일이 여호와의 영이 삼손에게 임하심으로 이루어진 일이라고 하나님이 말씀하신다.

하나님의 구원의 역사가 이렇게 누가 누구와 결혼하는 평범한 사건 속에 이루어진다. 지금 우리의 삶 속에서도 하나님의 구원의 역사가 이루어지고 있는 것이다.

성도는 평범한 하루하루를 믿음으로 하나님 말씀 따라 살아가야 한다.

사사기 15장

삼손이 아내를 만나려 딤나에 다시 내려갔지만 아내가 이미 다른 사람에게 주어졌음을 알고 삼손은 여우 삼백 마리를 잡아 둘씩 꼬리를 잡아매고, 그 가운데 횃불을 달아 블레셋 백성들의 밭으로 몰아넣어서 추수할 곡식을 모두 태운다. 삼손은 다시 블레셋 사람을 죽이고 유다 지파의 땅 레히의 한 곳 에담 바위틈에 숨는다.

블레셋 병사들이 삼손을 잡으려고 유다 지방 레히에 진을 친다. 유다 백성들은 에담 바위틈에 숨어 있는 삼손을 만나 유다 사람의 손으로 삼손을 해하지 않는다는 약속을 하고, 삼손을 새 밧줄로 꽁꽁 묶어 블레셋 백성에게 넘긴다.

삼손에게 하나님의 영이 임하였고 삼손은 자신을 묶은 새 밧줄을 불탄 삼처럼 끊고, 나귀 뼈 하나를 취하여 블레셋 군사 천 명을 쳐 무더기로 만든다. 그가 목이 갈할 때 하나님은 샘물을 내서 삼손으로 마시게 하신다. 하나님은 삼손을 20년간 이스라엘 백성의 사사로 쓰신다.

삼손이 가진 괴력은 하나님의 영이 삼손에게 임재함으로 나온 힘이다. 하나님은 삼손에게 큰 힘을 주어 블레셋 백성에게서 이스라엘 백성을 보호하는 사사로 쓰신다.

사사기 16장

사사기 16장에는 삼손이 다곤 신전에서 블레셋 백성의 희롱을 받다가 다곤 신전을 지탱하는 중심 기둥을 무너뜨려 블레셋 사람 3천 명과 함께 죽는 사건을 기록한다.

삼손은 가사에 있는 한 기생을 찾아간다. 블레셋 사람들은 새벽에 삼손을 죽이려고 성문을 지킨다. 삼손은 밤중에 일어나 성 문짝들과 두 문설주와 문빗장을 빼어 어깨에 메고 헤브론으로 간다.

삼손은 소렉 골짜기의 한 여인 들릴라를 사랑한다. 블레셋 다섯 방백은 들릴라를 찾아가 한 방백이 은 1,100씩, 다섯 방백이 5,500을 주기로 하고 들릴라에게 삼손의 힘의 근원이 무엇인지를 알아내게 한다. 들릴라는 삼손이 자신을 사랑함을 미끼로 여러 차례, 삼손이 가진 힘의 비밀을 찾아내려고 삼손을 시험한다.

삼손은 마르지 아니한 새 활줄 일곱으로 자신을 묶으면 자신의 힘이 없어진다고 말하고, 들릴라에 의해 그렇게 묶이지만 숨어 있던 블레셋 군사를 물리친다.

삼손은 쓰지 아니한 새 밧줄로 자신을 묶으면 자신의 힘이 없어진다고 말하고 다시 힘을 써 자신을 죽이려고 매복한 블레셋 군사를 물리친다.

삼손은 그의 머리카락 일곱 가닥을 베틀의 날실에 엮어 짜면 자신의 힘이 약해진다고 말하고 다시 블레셋 군사를 물리친다.

들릴라가 삼손에게 힘의 비밀을 말해달라고 날마다 졸라대어 삼손의 마음이 죽을 지경에 이르렀고, 삼손은 마침내 나실인의 표적인 머리털을 밀면 힘이 없어진다고 들릴라에게 가르쳐준다.

삼손은 블레셋 군사들에게 체포당하고 블레셋인에 의해 두 눈이 뽑히고 나귀처럼 연자맷돌을 돌리는 노예가 된다.

블레셋 백성들이 지키는 명절이 되어 다곤 신전에는 블레셋 백성 3천 명이 모였고, 삼손은 그들 앞에 조롱거리로 불려진다. 삼손의 잘렸던 머리카락은 자라났고 삼손은 다곤 신전을 받치는 중심 기둥으로 인도를 받아 그 기둥을 붙잡고 하나님께 마지막으로 힘을 구하여 그 기둥을 밀어냈고, 다곤 신전은 무너뜨려진다. 다곤 신전이 무너질 때 삼손은 블레셋 사람 3천과 함께 죽는다.

삼손의 교훈
삼손의 큰 힘은 하나님께로부터 온 것으로 삼손이 나실인의 언약, 곧 머리카락에 삭도를 대지 않아 그 머리카락을 자르지 않는 언약 속에 있는 것이다. 하나님은 삼손이 나실인으로 독주를 마시는 것과 이방 여인을 사랑하는 것은 용납하셨다. 그러나 머리카락이 잘릴 때 하나님은 삼손을 떠나셨다.

'들릴라'라는 말은 '소멸하는 자'라는 뜻을 가진다. 들릴라는 사탄의 예표로 사탄은 성도에게서 성령충만을 소멸하여 성도로 성화의 과정에서 넘어지게 하고 시험에 들게 한다.

삼손은 들릴라가 그 힘의 비밀을 가르쳐 달라고 조를 때, 그 마음이 죽을 지경에 이른다. 성도가 사탄을 따라가면 마음에 평화를 잃고 죽을 지경에 이른다. 정신 차리고 사탄을 물리쳐야 한다. 곧바로 하나님께 회개하고 돌아가야 한다.

삼손의 힘의 원천은 나실인의 언약, 곧 삼손의 머리털에 있다. 성도는 하나님과의 언약, 곧 믿음 안에, 그리스도 안에 머물러야 성도로 사탄과 싸워 이길 힘을 갖게 된다. 성도가 그리스도를 떠나 우상에게 가면 머리털이 뽑히고, 눈이 뽑히고, 블레셋의 노예가 되었던 삼손같이 처참하게 다시 죄의 노예가 된다.

교회의 화평은 삼손의 머리털이다. 교회에서 화평이 깨지면 머리털 뽑힌 삼손같이 모든 힘을 잃고 눈도 뽑히고, 사탄의 노예가 된다. 성도는 교회의 화평을 생명같이 귀하게 지켜야 한다. 사탄을 이기려고 성도끼리 싸워서는 안 된다. 사탄을 이기려면 성도와 싸우지 말고 내가 져야 한다. 내가 지고 화평을 지키는 것이 사탄과 싸워 이기는 길이다.

🐟 사사기 17-19장: 무정부 상태의 무질서, 우상숭배

사사기 17장과 18장, 19장에는 이스라엘에 왕이 없던 때 사람들이 자기의 소견대로 행하며 살아가는 과정에 발생한 무정부 상태의 무질서와 우상숭배의 사건을 기록하고 있다.

에브라임 산지에 사는 미가가 어머니의 돈, 은 1,100을 훔쳤다가 어머니에게 돌려준다. 미가의 어머니는 이 돈으로 신상을 만들고 에봇을 짓고 드라빔도 만들어 신당을 차린다. 그리고 아들 가운데 한 사람을 제사장으로 세운다. 이런 일은 그때 이스라엘에 왕이 없으므로 백성들이 자기의 소견에 옳은 대로 행하는 잘못된 관행 때문에 생긴 일이었다.

유다 자손 중 베들레헴에 사는 레위인인 한 청년이 미가의 집에 제사장으로 들어간다. 일 년에 은 열과 옷 한 벌과 먹을 것을 얻는 조건으로 레위인인 청년은 미가의 집에서 신상을 섬기는 제사장이 된다.

단 지파 백성 중 얼마가 하나님이 주신 기업을(수 19:40-48) 떠나 다른 땅을 물색하며 찾는다. 정탐꾼 다섯 명이 미가의 집에 머물며 레위인인 제사장에게 자신들의 갈 길의 평안을 묻고 라이스 성에 이르러 그들의 방비가 허전함을 발견한다.

단 자손의 장병 육백 명이 라이스를 점령하러 가는 중 미가의 집에 들러, 신상과 에봇과 드라빔을 취하고 레위인인 제사장도 함께 빼앗아 라이스 성으로 간다. 그들은 라이스 성을 점령하고 성을 개축하여 단이란 이름으로 성을 부르며 그곳에 거하며 레위인 청년 제사장, 곧 모세의 아들 게르솜의 아들인 요나단을 단 지파의 제사장으로 삼게 된다.

에브라임 산지에 사는 한 사람이 자신의 첩이 행음하고 베들레헴에 있는 친정으로 도망간 것을 찾으러 나선다. 그는 베들레헴에서 장인의 극진한 대우를 받고 첩과 함께 집으로 가던 중 날이 저물어 베냐민 족속의 땅 기브아에 이르게 된다. 기브아에서 한 노인의 집에 머무는데 밤에 기브아의 비류들이 이 집에 이르러, 베들레헴에서 자신의 첩을 찾아 에브라임으로 가고 있는, 이 사람을 끌어내어 상관하려고 한다. 노인은 그들을 말리고 이 사람 대신 자신의 딸과 그 사람의 첩을 그들에게 내준다. 그들은 밤이 새도록 그 사람의 첩을 성폭행하고 새벽에 놓았지만 이때 그 첩은 이미 죽은 상태로 문간에 누워 있었다. 이 사람은 에브라임에 있는 자기의 집에 돌아와, 자신의 첩의 시체를 열두 덩이로 잘라, 각각 한 덩이씩 나누어 이 덩이를 이스라엘 열두 지파에게 보낸다.

사사기 17장, 18장, 19장에는 당시 사회에 만연한 우상숭배와 이에 따른 성적 타락이 극에 달했음을 보여준다. 지도자가 없는 사회, 우상이 하나님으로 섬겨지는 사회, 백성들이 제 소견대로 사는 당시 사회는 성도가 구원받은 후 세상에 살아가는 성화가 얼마나 위험한 것인가를 예표한다. 사탄은 언제나 우는 사자같이 삼킬 자를 찾아다닌다. 성도는 하나님의 전신갑주를 입고 기도와 말씀과 성령께 순종하는 생활로 사탄의 궤계를 물리치며 살아야 한다.

☙ 사사기 20-21장: 멸망할 뻔한 베냐민 지파

베냐민 지파 기브아의 불량배들이 저지른 만행을 징벌하기 위해 이스라엘의 온 지파가 함께 미스바에서 총회로 모인다. 이때 모인 무리 중 칼을 빼는 장정이 40만 명이었다. 이들은 먼저 베냐민 지파 사람들에게 만행을 저지른 기브아의 불량배들을 내어놓으라고 말을 전한다. 그러나 베냐민 족속들은 그들을 내어주지 않고 이스라엘 백성과 싸우려고 나온다. 그들의 군대는 이만 육천칠백 명으로 이들 중 칠백 명은 물매로 돌을 던져 목표물을 명중시키는 용맹한 자들이었다.

첫 번 전투에서 그리고 다시 두 번째 전투에서도 이스라엘의 연합군은 베냐민의 군대에게 패전한다. 이스라엘 백성은 온 백성이 하나님 앞에 금식하며 기도하고 하나님의 뜻을 물어 3차로 전쟁을 치른다. 세 번째 전투에서 베냐민 군사 이만 오천 명이 전멸하고, 베냐민 족속의 모든 사람이 다 죽는다. 이때 광야 림몬 바위에 숨었던 베냐민 군사 육백 명만이 겨우 목숨을 구한다.

이스라엘 백성의 족장들은 베냐민 지파가 불량배들을 내어주지 않고 이스라엘과 전쟁을 하려고 하자 자신들의 딸을 베냐민 지파에게 주지 않는다고 하나님 앞에 맹세한다. 이스라엘 연합군과 베냐민 지파와의 3차 전쟁에서, 베냐민 지파 온 족속이 다 죽어, 이스라엘 열두 지파 가운데 한 지파가 없어지게 되는 지경에 이른다. 이스라엘 백성들은 어떻게 해야 이 베냐민 지파를 다시 세울까를 생각한다. 그들은 야베스 길르앗 족속이 이 연합군에 참여하지 않은 것을 알고 군대를 보내어 야베스 길르앗 백성 중 처녀 사백 명만 살려두고 야베스 길르앗 족속을 다 멸한다. 그리고 이 처녀들을 베냐민 족속 중 겨우 살아남은 육백 명의 아내로 준다.

실로에서 매년 여호와의 명절이 열리고 이때, 실로의 많은 처녀들이 명절에 춤을 추러 모였다. 이 명절에 아내를 구하지 못한 베냐민 청년들이 포도밭에 숨어 있다가, 춤을 추러 나온 실로의 처녀들을 한 사람씩 잡아 가지고 집에 와 아내를 삼게 한다.

베냐민 족속은 이렇게 해서 어렵게 한 지파로 남게 된다. 베냐민 지파에서 후에 이스라엘의 초대 왕 사울이 나오고 바울같이 위대한 사도도 나온다.

감정에 따라 잘못 맹세해서는 안 된다. 감정에 따른 베냐민 지파 멸절의 전쟁은 참으로 잘못된 일이다. 왜 부녀와 아이들까지 다 죽였는가? 이해되지 않는 전쟁이었다.

* 구원사적으로 본 사사기

사사기는 이스라엘 백성이 평안할 때 우상으로 돌아가 하나님을 배반하고, 그래서 하나님이 주위의 여러 족속으로 이스라엘 백성에게 압박을 가하여 징벌하시고, 이스라엘 백성은 이 고난 중 하나님께 부르짖고 회개한다. 하나님은 이럴 때 사사를 세워 외적을 물리치게 하고 다시 이스라엘 백성에게 평안을 주신다. 그러면 평안 중에 이스라엘 백성은 또 하나님 앞에 범죄하여 또다시 하나님의 징계로 이방인에게 넘겨져 고난의 세월을 다시 산다. 그러면 또 그들이 회개하고…. 이렇게 평안 중 범죄하고, 하나님의 징계로 이방인에게 고난받고 다시 회개하여 하나님이 주시는 평안을 누리고…. 이런 역사가 되풀이된다.

사사기는 구원받은 성도들이 성화의 과정에서 가장 위험한 때가 성공하고 잘되고 평안한 때라는 것을 가르쳐준다. 평안과 출세와 성공은 성도가 받는 복임에 틀림이 없지만 또한 이때가 성도가 가장 넘어지기 쉬운 때이기도 하다. 스스로 섰다 하는 자는 넘어질까 조심해야 한다. 성도는 내 성공을 사명을 위해 써야 한다. 성도는 평안 중 내가 그리스도의 뜻에 좇아 살도록 나 자신을 날마다 핍박해야 한다. 내가 나를 핍박하는 일은 억지로라도 하나님의 말씀대로 따라가는 훈련을 하는 것이다. 성도는 억지로라도 기도해야 한다. 그러기 위해 교회의 기도회에 억지로라도 참석해야 한다. 성도는 억지로라도 십일조를 바치고 억지로라도 선교하는 헌금을 해야 하고 억지로라도 감사하는 헌금을 드려야 한다. 성도는 억지로라도 구제하고, 억지로라도 정신 차리고 겸손해야 한다.

성도는 시냇가에 심긴 나무다. 시냇가에 심긴 나무는 가뭄 중에는 그 뿌리로 수분을 취할 수 있어서 문제가 없다. 시냇가에 심긴 나무는 비가 많이 와서 홍수가 나면 홍수에 나무 전체가 뽑히고 떠내려가게 된다. 성도가 받는 축복은 귀한 것이지만 또 아주 위험한 것임을 사사기가 가르쳐준다.

하나님은 똑같은 범죄를 되풀이하는 이스라엘 백성들을 그들이 회개하고 용서를 구하면 또 거듭해서 용서해주시는 하나님이심을 사사기가 가르쳐준다. 하나님은 참으로 자비가 크신 하나님이시다. 성도가 구원받은 후 계속하여 범죄 아래 있지만 그래도 구원의 효력이 유용한 것은 잠시 동안의 회개를 통해서도 그들을 용서해주시는 하나님의 크신 사랑 때문인 것을 사사기가 가르쳐준다.

룻기

룻기가 보여주는 구원사

룻기는 구원사적으로 볼 때 대단히 중요하다. 구원의 산맥은 노아와 아브라함과 이삭과 야곱과 유다와 다윗을 통하여 예수 그리스도에게로 이어진다. 그런데 룻기는 베들레헴에 사는 엘리멜렉의 가정이 기근을 피하여 모압 땅으로 피난을 가서 사는 이야기로 시작한다. 모압 땅으로 피난 온 엘리멜렉이 죽고 엘리멜렉의 아들 말론과 기룐이 모압 여인 오르바와 룻을 아내로 맞이한다. 십여 년을 지나며 말론이 죽고 기룐도 죽는다. 베들레헴에 기근이 끝난다. 엘리멜렉의 아내 나오미는 모압 땅에서 남편과 두 아들을 다 잃고 고향 땅 베들레헴으로 돌아간다. 이때 룻은, 시어머니 나오미가 모압 땅에 머물라는 권고를 하지만, 하나님의 이름을 불러 사양하고 나오미를 따라 유다의 땅 베들레헴으로 온다. 룻은 베들레헴에서 아비멜렉의 친족인 보아스의 아내가 되고, 보아스를 통해 다윗의 조상이 되는 오벳을 낳는다. 모압 여인 룻의 이야기가 룻기다. 룻기는 노아와 아브라함과 이삭과 야곱과 유다를 통해 이어지는 구원의 큰 산맥이 다윗으로 연결되는 중요한 한 지점이 된다.

보아스는 룻 외의 다른 부인이 있었지만 그 이야기는 다 생략되고 모압 여인 룻이 보아스의 아내로 기록되고 보아스와 룻을 통해 구원의 줄기는 보아스, 오벳, 이새, 다윗으로 이어진다.

"아브라함과 다윗의 자손 예수 그리스도의 세계라 아브라함이 이삭을 낳고 이삭은 야곱을 낳고 야곱은 유다와 그의 형제를 낳고 유다는 다말에게서 베레스와 세라를 낳고 베레스는 헤스론을 낳고 헤스론은 람을 낳고 람은 아미나답을 낳고 아미나답은 나손을 낳고 나손은 살몬을 낳고 살몬은 라합에게서 보아스를 낳고 보아스는 룻에게서 오벳을 낳고 오벳은 이새를 낳고 이새는 다윗 왕을 낳으니라"(마 1:1-6).

구원은 깨끗한 혈통을 통해서 이루어지지 않는다. 라합은 창녀였고(수 2:1) 여리고 성 주점의 안주인이었다. 보아스는 이런 창녀 라합의 자손이

다(마 1:5). 보아스의 아내는 모압 여인 룻이고 이 룻을 통해 다윗의 조상 오벳이 탄생한다. 이보다 앞서 유다는 그 며느리인 다말과의 사이에서 다윗의 조상 베레스를 낳는다. 예수님의 조상은 이렇게 시아버지를 통해 아들을 낳은 다말, 창녀 라합의 아들 보아스, 모압 여인 룻을 가지고 있다. 이방인 중에 이방인인 우리가 구원의 반열에 들어온 큰 은혜와 예표를 룻기가 가르쳐준다.

룻기는 구원이 인간의 평범한 가정사, 평범한 우연적 사건을 통해 이루어지는 것을 보여준다. 베들레헴에 사는 엘리멜렉이 흉년을 만나 모압 땅으로 이사한 일, 거기서 두 명의 모압 며느리를 얻고 자신도 죽고 두 아들도 죽은 일, 다시 베들레헴 지방에 풍년이 들어 나오미가 베들레헴으로 돌아오는 일, 이때 모압 여인 룻이 나오미를 따라 베들레헴으로 오는 일, 룻이 보리 추수 때 이삭을 주우러 나갔다가 우연히 보아스의 밭으로 가게 된 일(룻 2:3, 룻이 가서 베는 자를 따라 밭에서 이삭을 줍는데 우연히 엘리멜렉의 친족 보아스에게 속한 밭에 이르렀더라) 그리고 이 일로 룻이 보아스의 아내가 되어 다윗의 조상 오벳을 낳는 일, 이 모두가 아주 평범한 인간의 가정사이다. 그런데 이 우연과 평범한 사건 속에 다윗과 그 후손 예수님이 이 땅에 나시는 엄청난 구원의 섭리와 사건이 숨겨져 있었다. 인간에게 우연은 하나님에게 필연일 수 있다. 우리는 평범한 생활 속에 하나님의 구원 섭리를 살피며, 이루며 살아가야 한다.

룻기에서 룻의 효도를 배우는 일, 엘리멜렉이 잠시 흉년을 참지 못하고 이방 땅, 모압으로 피난을 가서 패가하는 일, 이런 사건을 통해서도 귀한 교훈을 받을 수 있지만 룻기를 통해 하나님이 주시는 말씀은 노아와 아브라함과 이삭과 야곱과 유다와 다윗을 통하여 예수 그리스도로 이어지는 구원의 큰 줄거리가 모압 여인 룻을 통해 이어진다는 사실이다. 그래서 룻기는 구원론적으로 아주 귀중한 말씀이다.

사무엘상

사무엘상은 사무엘의 출생으로부터 사무엘이 기름을 부어 세운, 사울 왕의 죽음까지의 역사다. 이 역사 속에 다윗이 등장한다. 사무엘은 사사 요 선지자요 제사장이다. 그래서 사무엘을 별사사라고 말한다. 예수님이 왕 중의 왕이요, 선지자 중의 선지자요, 제사장 중 대제사장이다. 사무엘은 예수님을 보여주는 예표가 되고 사무엘서에 등장하는 다윗은 하나님 제일의 왕국을 건설함으로 하나님 나라의 예표를 보여준다.

☙ 사무엘상 1장: 사무엘의 탄생

위대한 선지자, 위대한 사사, 위대한 제사장 사무엘이 탄생하여 하나님 께 바쳐지는 사건이 사무엘상 1장에 기록되어 있다.

사무엘의 아버지 엘가나는 레위 지파 사람이다. 엘가나는 브닌나와 한 나라는 두 부인을 두었고 두 부인 사이에 늘 다툼이 있었다. 두 부인을 두면 늘 어렵다. 아브라함도 그랬고 야곱의 가정도 그랬다. 하나님이 지어 주신 짝을 잘 지켜야 한다(마 19:2-8; 딤전 3:2). 성화의 과정에서 가정은 아 주 귀하다. 가정이 평안하고 가정에서 하나님의 말씀이 지켜져야 한다.

한나에게 자녀를 주시지 않은 분이 하나님이다. 출산은 하나님이 주시 는 복이다. 한나는 이 일로 슬퍼했고 이 슬픔을 기도로 승화시킨다. 한나 는 실로에 있는 성막에서(성전에서) 통곡하며 기도한다. 슬픔을 하나님께 다 말한다. 한나는 하나님께 자신의 심정을 토로하는 기도를 한다. 한나 는 서원하며 기도한다. 아들을 주시면 하나님께 일생을 바치겠다고 서약 한다.

한나의 간절한 기도는 입술만 움직인 기도였지만 하나님이 다 듣고 계 셨다. 영력을 잃은 제사장 엘리는 한나의 기도를 술 취한 행동으로 알고 꾸짖는다. 한나는 제사장에게 자신의 사정과 기도를 겸손하게 설명하고 제사장 엘리는 한나에게 평안과 하나님이 한나의 기도에 응답해주시기를 축복한다.

한나는 "당신의 여종이 당신께 은혜 입기를 원하나이다"라고 응답하고 이 일로 다시는 근심하지 않는다. 하나님은 한나의 기도에 응답해주셨고 그래서 한나는 임신하게 된다.

한나가 기도하여 얻은 아들이 사무엘이다. '사무엘'은 '하나님께 구하다', '하나님이 들으시다'라는 뜻을 가진 이름이다.

한나는 하나님께 서원하고 기도한 대로 젖을 떼기까지 얼마간(3, 4세 혹은 7, 8세)까지 사무엘을 집에서 돌보고 기한이 이르러 귀한 예물과 함께 제사장 엘리에게 가서 사무엘의 평생을 여호와께 드린다. 이스라엘의 위대한 지도자 사무엘은 이렇게 탄생한다.

> "젖을 뗀 후에 그를 데리고 올라갈새 수소 세 마리와 밀가루 한 에바와 포도주 한 가죽부대를 가지고 실로 여호와의 집에 나아갔는데 아이가 어리더라 그들이 수소를 잡고 아이를 데리고 엘리에게 가서 한나가 이르되 내 주여 당신의 사심으로 맹세하나이다 나는 여기서 내 주 당신 곁에 서서 여호와께 기도하던 여자라 이 아이를 위하여 내가 기도하였더니 내가 구하여 기도한 바를 여호와께서 내게 허락하신지라 그러므로 나도 그를 여호와께 드리되 그의 평생을 여호와께 드리나이다 하고 그가 거기서 여호와께 경배하니라"(삼상 1:24-28).

한나가 하나님께 아들을 달라고 기도하여 하나님이 허락하셔서 아들을 얻고, 이 아들이 하나님이 주신 아들임을 깨닫고, 이 아들을 하나님께 바친 믿음이 아주 귀하다.

많은 성도가 기도하고, 기도로 하나님의 응답을 받은 다음에는 이 사건을 자신이 잘해서 이루어진 것으로, 혹은 우연히 이루어진 것으로 착각한다. 그래서 하나님께 드릴 감사를 잊어버린다.

성화를 얻는 구원의 과정에서, 문제를 기도로 승화시키는 한나의 믿음, 기도한 대로 사무엘을 하나님께 드린 한나의 믿음은 우리에게 기도생활의 귀중한 모본이 된다.

한나가 자신이 낳은 아들 사무엘이 귀하다고 사무엘을 자기 집에서 양육했다면, 사무엘은 결코 이스라엘의 건국공신이요, 이스라엘의 위대한 지도자인 사무엘이 되지 못했을 것이다.

사무엘이 위대한 인물로 자라게 된 것은 한나가 아들 사무엘을 하나님께 바쳐 드렸기 때문이다.

우리가 우리에게 아주 귀한 것을 하나님께 드리면 하나님은 이것으로 몇만 배 더 귀한 것으로 사용하신다.

☙ 사무엘상 2장: 사무엘의 성장과 홉니, 비느하스의 만행

한나는 사무엘을 여호와께 드리며 거룩하신(삼상 2:2) 여호와, 인생의 모든 행위를 달아보시는 지식의 여호와(삼상 2:3), 생사화복(삼상 2:6-8)을 주관하시는 여호와, 전능하시고 심판주 되시는 여호와(삼상 2:9-10)를 찬양한다.

한나는 자신의 기도에 하나님이 응답하심을, 구원을 받은 것으로 말한다(삼상 2:1). 성도가 날마다 드리는 기도, 날마다 응답하시는 사건이 이 땅에서 오늘 이루어지는 구원이다.

우리는 우리의 기도에 응답하시는 하나님께 찬양과 감사를 드려야 한다.

한나는 사무엘을 하나님께 드린 후 다시 세 아들과 두 딸을 더 얻는다.

아이 사무엘은 성전에서 점점 자랐고 여호와와 사람들에게 은총을 더욱 받았다. 성화는 성도가 하나님과 사람에게 더욱 사랑스러워지는 과정이다.

제사장 엘리의 아들들은 하나님께 드리는 제물을 하나님께 기름으로 먼저 번제를 드리기 전에 강제로 빼앗아 먹었고, 하나님의 제사를 멸시하여 하나님을 알지 못한 자같이 살았다. 이들은 후에 죽을 것이 예고되었고(삼상 2:25), 이스라엘 백성과 블레셋과의 전투에서 한날에 죽었다(삼상 4:11). 제사장인(벧전 2:9) 성도는 제사(예배)를 귀하게 여겨야 한다. 예배가 받는 구원, 성화의 중심이다.

하나님의 사람, 익명의 선지자가 엘리 제사장에게 이르러 그의 아들의 악행으로 인하여 앞으로 임할 무서운 하나님의 심판을 예고했다(삼상 2:27-

34). 이때라도 엘리와 그 아들들이 회개하고 새 삶을 살았다면 하나님의 진노는 긍휼로 바뀌었을 것이다. 회개해야 할 때 회개해야 심판을 벗어난다. 우리는 날마다 범죄하기 때문에 날마다 회개해야 한다.

☙ 사무엘상 3장: 사무엘의 소명

사무엘상 3장은 사무엘이 선지자로 소명받는 장이다. 무능한 제사장 엘리는 늙었고, 그의 아들 홉니와 비느하스는 하나님의 제사까지 어지럽히는 때, 하나님의 말씀은 희귀하였고 하나님의 이상은 보이지 않았다. 이런 어두운 때 사무엘은 점점 성장한다.

사무엘이 하나님의 언약궤가 있는 전 안에서 잠을 자고 있을 때 하나님이 사무엘을 부르셨다. 사무엘은 엘리 제사장이 자기를 부른 줄 알고, 엘리 제사장에게 가서 "당신이 나를 부르셨기로 여기 있나이다" 말한다. 엘리는 사무엘을 부르지 않았으니 다시 가서 자라고 한다. 이렇게 하나님이 사무엘을 두 번, 세 번 부르시고 사무엘은 세 번이나 엘리에게 가서 부르셔서 왔다고 말한다. 엘리는 그때야 하나님이 사무엘을 부르신 줄 깨닫고, "다시 여호와가 너를 부르거든, 여호와여 말씀하옵소서 주의 종이 듣겠나이다"라고 말하라고 이른다.

여호와가 다시 사무엘을 부르셨다. 사무엘이 여호와께, "여호와여 말씀하옵소서. 주의 종이 듣겠나이다" 대답한다. 하나님은 사무엘에게 엘리 제사장 집에 행할 심판을 말씀하신다. 엘리가 그 자식들이 하나님 앞에 저주받을 일을 하여도 금하지 않았기 때문에 그들에게 심판이 임할 것이며 이 죄는 제물이나 예물로 하나님 앞에 속함받지 못할 죄악이라고 말씀하신다.

엘리의 두 아들같이 하나님께 드리는 제물이나 제사를 멸시하는 죄는 하나님께 아주 큰 죄악이 된다. 성도는 구원받고 성화되는 이 땅의 생활에서 제사, 곧 예배를 귀하게 여기고 성수주일하며 최선을 다해 예배해야 한다.

엘리 제사장은 사무엘에게 하나님이 하신 말씀을 그대로 고하라고 사무엘에게 명한다. 사무엘은 여호와의 말씀을 그대로 전한다.

사무엘의 말은 다 그대로 이루어졌고 온 이스라엘 백성은 여호와께서 사무엘을 선지자로 세워 주신 것을 알게 된다.

하나님은 필요한 때 필요한 사람을 불러 하나님의 사람으로 쓰신다. 오늘 우리가 구원받은 후 나의 삶이 하나님이 쓰시는 삶이 되어야 한다. 직장이나 사업이나 내가 하는 모든 일이 하나님의 뜻을 이 땅에 이루는 일이 되어야 한다.

❦ 사무엘상 4장: 엘리와 두 아들 홉니와 비느하스의 죽음, 블레셋에 빼앗긴 언약궤

사무엘상 4장에는 이스라엘 백성이 블레셋과 싸워 패전한 기사가 나온다. 이 전쟁에서 엘리의 두 아들 홉니와 비느하스가 죽는다. 이스라엘 백성이 전장으로 가져온 하나님의 법궤를 블레셋에 빼앗긴다. 전쟁에서 블레셋 군사에게 법궤를 빼앗긴 소식을 듣고, 제사장 엘리가 죽는다. 엘리의 아들 비느하스의 아내가 아들을 낳으며 죽고, 이 아들의 이름을 이가봇이라 부른다. 이가봇은 '영광이 어디 있는가?' 또는 '슬프도다. 영광이여' 또는 '영광이 없다'는 뜻의 말이다.

제사장 엘리와 두 아들의 죽음, 비느하스 아내의 죽음은 홉니와 비느하스가 제사를 멸시한 죄악에 대한 하나님의 심판이었고, 이런 아들의 잘못을 막지 못한 엘리의 잘못에 대한 하나님의 심판으로, 이 심판은 이미 사무엘상 2장 31-34절에 하나님이 말씀하신 심판이다.

하나님은 사랑이시지만 공의의 하나님이시다. 하나님을 경외해야 한다.

하나님의 궤는 하나님이 임재해 있는 하나님 현존의 궤다. 그러나 이 궤 자체가 하나님의 능력을 발휘하여 전쟁을 이기게 하고 지게 하지는 않는다. 전쟁의 승패는 하나님께 속한 것으로 이스라엘의 패전과 엘리 가문의 멸망은 하나님이 이미 계획하신 것이다. 이스라엘의 패전은 하나님의 궤가 전장에 없었기 때문이 아니라 엘리 가문의 죄악 때문이었고, 하나님이 이제 사무엘을 들어 쓰시려는 섭리가 있었기 때문이다. 우리는 우리의 삶이 이가봇이 되지 않도록 살아야 한다.

☙ 사무엘상 5-6장: 블레셋에 임한 고난, 언약궤를 옮기고 번제물이 되는 두 암소

사무엘상 5, 6장에서는 블레셋에 옮겨진 법궤로 인한 블레셋 백성들이 받은 고난에 대한 사건이 기록된다.

블레셋 백성은 하나님의 궤를 아스돗에 있는 그들의 신전인 다곤 신당에 둔다. 그리고 하룻밤 지난 다음 날, 다곤 신상이 넘어진 채 발견된다. 그들은 다곤 신상을 바로 세운다.

다음 날 아침, 다곤 신상은 다시 하나님의 궤 앞에 쓰러져 있고, 신상의 머리와 손이 부러져 문지방에 놓였고 몸뚱이만 남아 있게 된다.

아스돗과 그 주변 사람들에게 독종이 발생하여 백성들이 곤욕을 치른다. 아스돗 사람들이 이 일이 하나님의 궤 때문임을 깨닫고 하나님의 궤를 가드로 옮긴다.

가드에 하나님의 궤가 옮겨진 후 가드 사람에게 또 독한 종기가 발생하여 그들은 하나님의 궤를 에그론으로 옮기기지만 에그론 사람들이 이 하나님의 궤로 자기들을 죽게 한다고 소동을 벌인다.

블레셋 방백들은 블레셋의 술사들을 불러 이 하나님의 궤를 어떻게 해야 할 것인지 자문받아 하나님의 궤를 이스라엘로 옮기기로 결정한다.

그들은 하나님의 궤와 금 독종 다섯, 금 쥐 다섯 마리로 속건 제물을 삼고, 새 수레를 만들어 궤를 싣고, 송아지를 낳아, 젖을 먹이는 암소 두 마리로 수레를 끌게 하고, 송아지는 어미 소에게서 떼어 집에 두게 한다. 그리고 이 소들이 곧바로 이스라엘의 땅 벧세메스로 올라가면 이 재앙이 하나님의 궤 때문에 하나님이 내리신 재앙이요, 만일 소들이 돌아서면 이 재앙이 우연인 것으로 판단한다.

송아지를 떼어놓고 하나님의 궤를 실은 수레를 끌고 가는 암소들은, 울면서 곧바로 벧세메스로 올라간다.

벧세메스 사람들은 법궤를 싣고 온 암소를 잡고 그 암소들이 끌고 온 수레로 나무를 삼아 하나님께 번제를 드린다.

벧세메스 사람들이 하나님의 궤를 열어본 잘못으로 70여 명이 죽는다. 그래서 하나님의 궤는 기럇여아림으로 옮겨진다.

이 기사에서 하나님의 궤를 통한 아주 귀한 구원의 교훈이 있다.

법궤를 수레에 싣고 새끼 송아지들의 울음소리를 뒤로한 채, 길에서 좌우로 치우치지 않고 벧세메스로 하나님의 궤를 옮기고, 벧세메스에서 번제물로 희생이 된 이 암소 둘은, 십자가를 지지 말라는 제자들과 사탄의 유혹을 물리치고, 십자가를 지시고 골고다 언덕으로 올라가 영원한 번제물이 되신(히 9:11-14) 메시아 예수 그리스도를 예표로 가르쳐준다.

블레셋 백성이 수레에 실어 보낸 하나님의 궤가 벧세메스 사람들에게 신기하고 초라하게 보여 그들은 하나님의 궤를 경솔하게 감히 열어본다. 그들은 하나님의 거룩을 범한 크고 무서운 죄를 지은 것이다. 여호와 하나님은 절대로 거룩한 분이다. 거룩한 여호와 하나님의 임재가 있는 하나님의 궤를 열어본 것은 참으로 참람한 죄이다. 하나님은 하나님의 언약궤를 지성소에 두게 하고 이렇게 말씀하신다.

"여호와께서 모세에게 이르시되 네 형 아론에게 이르라 성소의 휘장 안 법궤 위 속죄소 앞에 아무 때나 들어오지 말라 그리하여 죽지 않도록 하라 이는 내가 구름 가운데에서 속죄소 위에 나타남이니라"(레 16:2).

하나님의 궤를 덮는 뚜껑이 속죄소로 하나님은 이 속죄소에 나타나셔서 모세에게 말씀하셨다.

"모세가 회막에 들어가서 여호와께 말하려 할 때에 증거궤 위 속죄소 위의 두 그룹 사이에서 자기에게 말씀하시는 목소리를 들었으니 여호와께서 그에게 말씀하심이었더라"(민 7:89).

하나님의 궤는 거룩한 것 중 절대로 거룩한 하나님이 임재해 있는 궤로, 함부로 만져도 안 되고 함부로 쳐다보아도 안 되는 것이다. 대제사장이 지성소 안에 있는 하나님의 언약궤 앞에서 일 년에 한 번 대속죄 제사를 드릴 때 반드시 흠 없는 제물의 피를 가지고 들어가야 했고 이 지성소에 들어갈 때 향을 태워, 그 연기로 언약궤가 잘 보이지 않게 가려야 했다.

"아론은 자기를 위한 속죄제의 수송아지를 드리되 자기와 집안을 위하여 속죄하고 자기를 위한 그 속죄제 수송아지를 잡고 향로를 가져다가 여호와 앞 제단 위에서 피운 불을 그것에 채우고 또 곱게 간 향기로운 향을 두 손에 채워 가지고 휘장 안에 들어가서 여호와 앞에서 분향하여 향연으로 증거궤 위 속죄소를 가리게 할지니 그리하면 그가 죽지 아니할 것이며 그는 또 수송아지의 피를 가져다가 손가락으로 속죄소 동쪽에 뿌리고 또 손가락으로 그 피를 속죄소 앞에 일곱 번 뿌릴 것이며 또 백성을 위한 속죄제 염소를 잡아 그 피를 가지고 휘장 안에 들어가서 그 수송아지 피로 행함같이 그 피로 행하여 속죄소 위와 속죄소 앞에 뿌릴지니"(레 16:11-15).

하나님의 궤는 이렇게 거룩한 것이다. 이 거룩한 궤를 전장으로 가져온 엘리의 두 아들의 죄가 크다. 이 거룩한 궤를 블레셋에 빼앗긴 백성들의 죄가 크다. 이 거룩한 궤를 들여다본 벧세메스 백성의 죄가 크다.
성도는 구원받은 후 언제나 하나님의 거룩함을 더욱 거룩하게 해야 한다. 성도가 하나님의 거룩한 비밀을 다 알려고 해서는 안 된다. 우리는 하나님께 대하여 성경이 가르쳐주는 것 이상 알 수 없고 성경이 가르쳐주는 것도 다 알 수 없다. 하나님께 대하여 모르는 것만큼 하나님은 거룩한 분이다.
벧세메스 사람들이 하나님의 궤를 열어보았는데 왜 궤를 열어보지 않은 70여 명이나 죽어야 하는가? 엘리와 그 아들들이 하나님께 범죄하였는데 왜 이스라엘 백성이 블레셋과의 전쟁에 패하여 이스라엘 군사 4만 명이나 죽어야 하는가(삼상 4:10)를 다 알려고 하는 것은 하나님의 거룩을 범하는 것이다(민수기 17장 p. 406. 억울해 보이는 죽음 참조).

성도는 구원받은 후 하나님 아버지의 이름을 거룩하게 해야 한다(마 6:9). 우리가 하나님의 이름을 거룩하게 하는 것은 우리의 생활을 늘 하나님 제일주의로 살고, 우리의 언행에 하나님의 영광을 나타내는 것이다.

하나님의 궤는 벧세메스에서 기럇여아림으로 옮겨진다.

☙ 사무엘상 7장: 사무엘의 통치, 미스바의 승리

사무엘이 선지자로 제사장으로 사사로 이스라엘을 통치한다. 사무엘은 이스라엘 백성들에게 바알 우상과 아스다롯 우상을 제하여 버린다. 신앙의 개혁은 우상을 제하여 버리는 것으로부터 시작된다. 지금 한국 교회는 교회가 커져야 하고 교인이 많아야 하고 헌금이 많이 나와야 하는 등의 바알 우상으로 교회마다 가득 차 있다. 이 우상을 제하여 버리지 않으면 한국 교회와 한국을 향한 하나님의 진노가 임할 것이다.

사무엘은 이스라엘 백성 중 대표자들을 미스바에 모이게 했다. 그들은 물을 길어 여호와 앞에(임시로 만든 제단에) 쏟아부었다. 그들이 물을 쏟아부은 것은 자신들의 죄를 여호와 앞에 쏟아부은 것을 표하는 일이었다. 그들은 금식하며 회개하고 죄를 여호와께 자복했다.

이스라엘 백성이 미스바에 모인 것을 알고 블레셋 백성이 공격해왔다.

사무엘은 젖 먹는 어린 양 하나를 취하여 온전한 번제를 하나님께 드리고 이스라엘 백성을 위해 간절하게 기도했다. 하나님은 사무엘의 기도에 응답하셔서 블레셋 군사들에게 천둥과 벼락을 내리셔서 이스라엘 군사로 크게 이기게 하신다. 사무엘은 승전 후 미스바와 센 사이에 돌을 취하여 세우고 하나님이 여기까지 도와주셨다고 '에벤에셀'이라 하였다.

성도의 현재는 항상 에벤에셀이다.

사무엘은 벧엘과 길갈과 미스바로 순회하며 이스라엘을 다스렸고 라마에 머물렀다. 블레셋 백성이 다시는 침략하지 않았고 이스라엘에서 빼앗았던 에그론으로부터 가드까지를 이스라엘에게 돌려주었다. 좋은 지도자가 좋은 나라를 만든다. 그러나 사무엘도 늙는다. 그래서 사사시대가 끝나고 왕정시대의 문이 열린다. 사무엘은 왕정시대, 그래서 사울 왕의 뒤를 이어 왕이 되는 다윗 왕조 시대를 열게 한다. 다윗 왕조는 그리스도를 통해 이루어질 영원 천국을 예표한다. 결국 사무엘상의 이야기는 구원사적으로 다윗 왕국의 도래와 영원 천국의 도래를 보여주는 것이다.

➤ 사무엘상 8장: 왕 세우기를 요구하는 백성들, 하나님의 허락

사무엘상 8장에는 이스라엘 백성들이 사무엘에게 나라를 다스릴 왕을 세워달라고 요구하고 사무엘이 하나님께 물어 왕을 세우도록 허락한 사건이 기록된다.

사무엘은 세월 따라 늙었고 그 아들들을 사사로 세웠지만 그들은 아버지 사무엘같이 하나님을 경외하지 않고 뇌물을 따라 재판하여 백성들의 원성을 샀다. 백성들은 사무엘에게 왕을 세워달라고 요구한다.

사무엘은 처음에 거절하였고, 하나님은 그들이 너를 버리는 것이 아니라 나, 하나님을 버리는 것이라고 말씀하시면서도 왕을 세우도록 허락하신다. 애굽에서 해방된 후 그날까지 모세와 여호수아와 사사를 통해 하나님이 왕으로 친히 백성을 보호하시고 인도하셨다. 그런데 이제 그들이 눈에 보이는 왕을 요구하는 것이다. 하나님은 이런 과정을 통해 유다 지파에 허락하신(창 49:8-10) 다윗 왕국을 세우시고 다윗과 그 후손 예수 그리스도를 통해 영원한 천국과 새 하늘과 새 땅을 이루시는 섭리의 길로 나가신다.

⟡ 사무엘상 9-10장: 이스라엘의 왕이 되는 사울

사무엘상 9장과 10장에서는 사울이 이스라엘 백성의 첫째 왕으로 세움을 받는 사건을 기록하고 있다.

사울의 아버지 기스는 암나귀를 잃고 사울에게 암나귀를 찾아오라고 분부한다. 사울은 종과 함께 잃어버린 암나귀를 찾아 나선다. 그리고 이 길에서 사울은 선지자 사무엘을 찾아 만나고 이 길이 사울이 이스라엘의 첫 왕이 되는 길이 된다. 가축을 키우는 집에서 나귀를 잃는 일, 이 나귀를 찾아 나서는 일은 어디서나 언제나 흔히 있는 우연의 일이다. 그런데 이 우연한 일 가운데 사울을 왕으로 세우시려는 하나님의 섭리가 있었고, 하나님은 다윗을 들어 쓰시기 전, 사울을 통해 이스라엘 백성에게 왕정의 길을 여신다.

우리 생활 주변에 일어나는 평범한 일들 가운데 하나님이 하시는 일들이 있다. 성도는 구원받은 후 평범한 생활을 하나님의 일처럼 감당해야 한다. 오늘 내 일상생활이 하나님의 섭리 속에 있다. 성실하게 감사로 바로 살아야 한다.

사울은 사무엘로부터 하나님의 명을 따라 기름 부음을 받고 이스라엘의 왕이 된다(삼상 10:1). 사무엘은 사울에게 임할 하나님의 특별한 징조 세 가지를 말한다.

사울이 라헬의 묘지 앞을 지날 때 사람들을 만나고 그들이 사울의 아버지가 암나귀를 찾은 사실과 사울 때문에 걱정한다는 소식을 전해줄 것,

더 나아가다가 다볼 상수리나무 아래서 세 사람을 만날 것이며 그중에 한 사람이 사울에게 떡 두 덩이를 줄 것이며,

더 나아가다가 블레셋 영문을 지나 성읍으로 들어갈 때 산에서 내려오는 선지자 무리를 만나게 될 것이라 말한다.

사울에게 이 모든 일이 일어났고 사울은 선지자 무리 가운데 합류하여 그들과 함께 있을 때, 하나님의 영이 크게 임하게 되고 사울이 변하여 새 사람이 될 것을 예언한 사무엘의 말이 다 이루어진다. 사울은 왕이 되

기 전 하나님의 영을 받고 새 사람으로 변한다. 사울은 이제 성령(하나님의 영)의 인도를 받아야 한다. 성도는 구원받을 때 이미 성령이 임한 사람이다. 성령이 아니고는 누구도 예수를 주님으로 받을 수 없다(고전 12:3; 마 16:16-17). 성도는 이미 새로운 피조물로(고후 5:17) 이제 성령을 따라 살아야 한다(고후 5:15). 이 길이 성화의 길이다.

사무엘은 미스바에 이스라엘 백성을 모으고 사울을 세워 왕으로 사울을 왕으로 임명한다. 왕을 세우기 위해 사무엘은 각 지파별로, 제비를 뽑아 베냐민 지파가 뽑혔고, 베냐민 지파의 가족 중에서 다시 마드리 가족이 뽑히고, 마드리 가족 중에서 기스의 아들 사울이 제비로 뽑혔다. 왕을 세우시는 분이 하나님이시다. 그래서 사울에게 제비가 뽑혀지게 하신다. 구원받은 백성들이 중요한 일을 결정할 때 온전하게 하나님께 맡기고 제비를 뽑아 결정하고 따라야 한다. 교회에서 행하는 투표도 일종의 제비를 뽑는 것이다. 이 일에 인위적인 사람의 뜻과 부정이 개입되어서는 안된다. 사무엘은 왕의 제도를 가르치고 책에 기록하여 남기고 백성을 해산한다. 사무엘이 제비를 뽑아 사울을 왕으로 세우는 일에 반대하는 무리가 있었다. 하나님의 일에 늘 반대하는 무리가 있는 것이다. 반대를 따르지 말고 하나님의 뜻을 따라가야 한다.

❧ 사무엘상 11장: 암몬 족속을 물리친 사울, 왕정제도 확립

사무엘상 11장에는 사울이 왕으로서 처음 행한 업적을 기록하고 이 일을 통해 사무엘이 길갈에 이스라엘 백성의 장로들을 모아 하나님께 감사 제사를 드리고 사울 왕의 왕권을 다시 공고하게 해주는 사건을 기록하고 있다.

암몬 족속이 이스라엘에 속한 야베스를 공격해왔다. 이 소식을 들은 사울은 온 이스라엘 백성에게 동원령을 내린다.

사울 왕의 동원령에 응하여 베섹에 모인 이스라엘 백성은 유다 족속을 포함하여 33만 명이었다. 사울 왕은 이 군대로 암몬 족속의 군대와 싸워 크게 이기고 승전한다.

사무엘은 이스라엘 백성을 길갈에 모으고 사울을 왕으로 다시 삼고 하나님께 화목 제사를 드린다. 암몬 족속이 야베스를 공격해 올 때 사울은 목축을 하고 있었다. 사울은 왕으로 기름 부음 받고 왕으로 임명되었지만 아직 왕으로 위엄을 갖추지 못했고, 왕으로 사명을 감당하지 않고 있었다. 그러다가 암몬 족속의 야베스 침략으로 사울은 왕으로서 사명을 감당하게 되고 길갈에서 왕으로 제도를 갖추게 된다.

구원의 과정에서 이스라엘 백성이 늘 적군의 공격을 받는 것같이 성도도 늘 사탄의 공격을 받는다. 사탄은 우리에게 욕심, 교만, 의심, 방종, 우상숭배 등 여러 가지 방법으로 성도를 공격한다. 사울 왕이 하나님의 감동을 받아 적군과 싸워 이긴 것같이 성도는 늘 기도와 말씀으로 깨어서 사탄을 이겨야 한다.

✿ 사무엘상 12장: 사무엘의 회고, 오직 하나님만 섬기라

사무엘상 12장에는 사무엘이 사울 왕을 다시 이스라엘 백성 앞에 왕으로 세우면서 자신의 지난날을 회고한다. 사무엘은 이스라엘 백성의 역사를 회고하며 백성과 왕이 하나님의 말씀대로 살아서 복 받기를 권하며, 이스라엘 백성이 하나님의 말씀에 불순종할 때 임할 하나님의 진노를 경고한다.

사무엘은 지금까지 자신이 성실과 정직으로 사명을 감당했음을 백성들에게 확인시켜주고 또 백성으로부터 확인받는다.

사무엘은 백성을 위해 기도하기를 쉬는 죄를 범하지 않았다고 고백한다. 지도자는 공동체를 위해 다른 사람을 위해 기도하기를 쉬는 죄를 범하지 말아야 한다.

사무엘은 이스라엘 백성이 하나님의 은혜로 모세와 아론을 통하여 애굽에서 구원된 역사와 이 땅에서 하나님께 범죄하여 하나님의 진노를 받은 일, 그리고 회개할 때 하나님이 다시 은혜를 회복시켜주신 은혜를 여룹바알(기드온)과 베단과 입다, 사무엘에 이르기까지의 역사를 설명한다.

여기서 베단은 바락을 가리키는 말이다(랑게 주석 삼상 12장). 사무엘이 말한 이 역사는 앞으로 왕과 이스라엘 백성이 거울로 삼아야 할 교훈으로 백성과 왕이 하나님만 섬기고 하나님의 명을 따라 살아야 할 것과 그렇지 않고 하나님의 말씀에 불순종할 때 임할 멸망을 경고한다. 성화의 과정에서 우리는 정신을 차리고 하나님 말씀에 순종하고 살아야 한다.

☙ 사무엘상 13-14장: 왕정의 정비, 사울의 제사와 버림받음의 선고

사무엘상 13장에서 14장까지에 사울이 왕정을 정비한 사건과 블레셋과 아말렉과의 전쟁 기사를 통해 하나님이 사울 왕을 대신하여 하나님이 정하신 구원의 산맥에 다윗 왕(아직 다윗의 이름이 등장하지 않는다)을 세우시려는 섭리가 엿보이기 시작한다. 사울이 40세에 왕이 되고 2년 후 백성 중 3천 명을 선발하여 왕군으로 세우고 믹마스와 벧엘, 그리고 요나단에게 1천 명의 군사를 주어 베냐민 땅 기브아에 주둔시킨다.

요나단이 시작한 블레셋과의 전쟁이 확대되어 블레셋군이 3만의 병거와 6천의 마병과 땅의 모래같이 많은 군사를 이끌고 이스라엘과 싸우게 된다. 이스라엘 군사들은 싸울 용기를 잃고 도망가고 수풀에 숨게 되어 이스라엘군, 사울 왕의 군대가 큰 위험을 맞는다.

사울 왕은 기한 내에 사무엘이 도착하지 아니하여 자신이 하나님 앞에 번제를 드린다. 사무엘은 사울 왕이 번제를 드린 후 곧 도착한다. 사무엘은 기한 내에 도착한 것이며 사울 왕이 조급하여 몇 시간을 기다리지 못한 것이다. 하나님 앞에 드리는 제사는 오직 제사장만이 행하도록 위임된 제사장 고유의 직분이다. 이 제사장 직분은 아론과 그 후손에게 위임된다(출 28:1, 41, 29:1, 9, 44, 40:15; 레위기 전체)

사울 왕이 하나님께 제사를 드린 것은 망령되이 행한 일로(삼상 13:13) 이 일로 사울 왕의 때가 끝나게 될 것이 예고되고 하나님이 하나님의 마음에 맞는 다른 사람을 세우시게 된다. 이 사건은 결국 하나님이 이루시는 구원의 큰길에 다윗을 불러 왕으로 세우시려는 섭리로 이어진다. 우리는 신앙으로 살아갈 때 하나님의 선하신 손길을 기다리며 살아야 한다. 사울처럼 인내하지 못하여 하나님의 은총을 잃어버려서는 안 된다. 아브라함은 하나님이 약속하신 아들, 이삭을 더 기다려야 했는데 기다리지 못하고 사라의 몸종 하갈을 취하여 이스마엘을 낳게 되고 이 일이 자손 만대에 화가 된다.

얼마 후 요나단이 시작한 전쟁에서 여호와 하나님의 도우심으로 이스라엘 군사가 크게 승전한다. 이 전쟁에서 사울 왕은 백성에게 이 전쟁이 끝날 때까지 음식을 먹지 못하도록 필요 없는 맹세를 시킨다. 이 맹세의 자리에 요나단은 없었고 그래서 요나단은 전쟁 중 들판에서 꿀을 먹고 백성에게 양과 소를 잡아먹게 한다. 전쟁은 이스라엘 승리로 끝났지만, 이스라엘의 하나님은 그다음 전쟁에 관한 사울 왕의 질문에(우림과 둠밈으로 물었을 것이다) 대답지 아니하신다. 이 일이 누구의 죄 때문인가를 제비를 뽑아 하나님께 물었고 결국 요나단의 죄로 밝혀진다. 사울은 요나단을 죽이려 하지만 모든 장군과 병사들의 만류로 요나단은 살아난다. 요나단은 다윗의 친구가 되고 후에 다윗은 요나단의 아들을 왕자로 대우하며 보살펴준다. 요나단의 이야기는 결국 구원의 큰길에서 다윗의 이야기와 연결된다.

❦ 사무엘상 15장: 사울의 불순종, 하나님께 버림받은 선고

사무엘상 15장에는 하나님이 사울 왕에게 아말렉을 쳐서 그들의 모든 소유를 아끼지 말고 진멸하되 남녀와 소아와 젖 먹는 아이와 우양과 낙타와 나귀를 다 죽이라고 명하신다. 그러나 사울 왕은 아말렉과의 전쟁에서 크게 승리하고 살진 우양을 진영으로 끌고 오는 죄를 범한 기사가 나온다.

아말렉 사람들은 이스라엘을 광야에서 해쳤고(출 17:8 이하) 또한 그 죄악이 심각했기 때문에(신 25:18) 하나님은 아말렉을 세상에서 진멸하려고 하셨다. 그리고 하나님은 아말렉을 진멸할 사명을 사울 왕에게 맡기셨다. 사무엘은 사울 왕에게 아말렉을 쳐서 그들의 모든 소유를 아끼지 말고 진멸하되 남녀와 소아와 젖 먹는 아이와 우양과 낙타와 나귀를 죽이라고 명령하고 이 일이 하나님이 명하신 일이라고 말한다. 아말렉같이 이스라엘 백성의 전진을 막는 일은 하나님 앞에 무서운 죄다. 오늘날 세상에서 하나님의 일을 가로막는 일은 하나님 앞에 무서운 죄가 된다.

사울 왕은 하나님의 명을 어기고 아말렉에게서 살진 우양을 끌고 왔고 사울 왕은 이 우양은 하나님께 제사를 드리기 위한 것이라고 핑계를 댄다. 사무엘은 사울 왕에게 이렇게 말한다.

"사무엘이 이르되 여호와께서 번제와 다른 제사를 그의 목소리를 청종하는 것을 좋아하심 같이 좋아하시겠나이까 순종이 제사보다 낫고 듣는 것이 숫양의 기름보다 나으니 이는 거역하는 것은 점치는 죄와 같고 완고한 것은 사신 우상에게 절하는 죄와 같음이라 왕이 여호와의 말씀을 버렸으므로 여호와께서도 왕을 버려 왕이 되지 못하게 하셨나이다" (삼상 15:22-23).

하나님의 말씀을 순종하는 것이 제사보다, 제물보다 더 귀하다. 구원받은 성도가 예배를 잘 드리는 것은 성화의 생명이다. 그러나 하나님의 말씀에 순종하는 것이 먼저다. 하나님의 말씀에 순종하는 것 중 하나가 예배다. 하나님의 말씀을 불순종하면서 헌금 많이 하고 예배드렸으니 나는 믿음으로 잘 생활한 것이라는 생각은 사울 왕의 생각과 같은 것이다. 하나님의 말씀을 거역하는 것은 점치는 죄와 같고 완고한 것은 사신 우상에게 절하는 죄와 같다. 성도는 말씀 앞에 순종하며 성화의 구원을 이루어 가야 한다. 이 일로 하나님은 사울을 왕이 되지 못하게 하신다. 사울은 이후에도 오랜 기간 왕으로 재임하지만 영육 간에 병들어 가고 다윗은 위대한 왕으로 성장한다.

☙ 사무엘상 16장: 왕으로 기름부음 받는 다윗

사무엘상 16장에는 다윗이 왕으로 기름부음을 받는 사건이 기록된다. 하나님은 사무엘에게 사울 왕을 버렸노라 말씀하시며, 새 왕에게 기름 부어줄 기름을 뿔에 채워가지고 베들레헴 이새의 집으로 가라고 말씀하신다. 구원은 이새의 줄기에서 나야 한다.

> "이새의 줄기에서 한 싹이 나며 그 뿌리에서 한 가지가 나서 결실할 것이요…그날에 이새의 뿌리에서 한 싹이 나서 만민의 기치로 설 것이요 열방이 그에게로 돌아오리니 그가 거한 곳이 영화로우리라"(사 11:1, 10).

예수님은 다윗의 후손, 곧 이새의 줄기에서 나신다.

사무엘은 하나님의 명을 따라 이새의 막내아들 다윗에게 기름을 부어 왕으로 삼는다.

다윗은 기름 부음을 받고 여호와의 영(성령)에 크게 감동을 받는다.

사울 왕은 여호와께서 부리시는 악령으로 번뇌하게 된다.

하나님은 하나님이 하시려는 섭리를 이루기 위하여 악령도 부리신다. 사울 왕의 번뇌를 치료하기 위해 수금을 잘 타는 다윗이 사울 왕 앞으로 부름을 받는다. 사울 왕은 다윗을 사랑하였고 다윗으로 병기 든 자(호위무사)를 삼는다.

사울이 번뇌할 때 다윗이 수금을 타며 찬송할 때 사울에게서 악령이 떠나갔다.

이제 점점 구원의 큰길에서 다윗이 뚜렷하게 등장하게 된다. 성도가 성화의 과정에서 사탄과 싸워 이기기 위해 찬송을 귀하게 여기고 정성을 다하여 불러야 한다.

☙ 사무엘상 17장: 골리앗과의 전쟁에서 승리한 다윗

사무엘상 17장은 다윗이 블레셋의 장수 골리앗을 쳐서 죽이고 승리하는 사건이 기록된다.

다윗은 사울 왕을 섬기면서도 베들레헴 집에서 아버지 이새의 양 떼를 돌보며 살았다. 이때 블레셋 백성이 천하의 장사 골리앗을 앞세우고 소고와 아가 사이의 아베스담밈에 진을 치고 이스라엘 백성을 욕하며 골리앗과 싸우러 나오라고 40여 일간 매일 소리를 질렀다. 이스라엘 군대는 골리앗의 위세에 눌려 감히 싸울 생각도 하지 못하고 있었다. 다윗은 아버지 이새의 명을 따라 전쟁에 나간 세 형들의 양식을 전달해 주려고 전장에 이르러 골리앗이 큰 소리로 하나님과 이스라엘 백성을 모욕하는 소리를 듣는다.

다윗은 이스라엘의 모든 군사가 골리앗을 두려워하고 있을 때 자신이 나가 골리앗과 싸우리라 결단한다. 다윗의 이 용기 있는 결단 뒤에는 몇 가지 귀한 믿음이 있다.

할례받지 않은 블레셋 사람이 하나님과 하나님의 군대를 욕하는 것은 반드시 벌해야 한다는 것이 다윗의 믿음이다.

다윗은 자신이 양 떼를 칠 때 사자와 곰이 양 떼를 공격해 왔었고 그때 사자와 곰과 싸워 이기게 하신 하나님이 지금도 자신과 함께 계신다는 믿음을 가졌다.

다윗은 전쟁의 승패는 여호와께 속한 것이요 칼과 창에 있지 않다는 믿음을 가졌다.

다윗이 골리앗과 싸울 수 없다고 사울 왕이 말해도, 형 엘리압이 막아도, 다윗은 반대를 무릅쓰고 사울 왕이 입혀준 군복과 놋 투구를 벗어 놓고, 양을 칠 때 쓰던 지팡이와 물매에 쓸 매끄러운 돌 다섯을 취하여 골리앗과 싸우려고 골리앗 앞으로 다가선다.

골리앗은 소년 다윗을 보고 비웃지만 다윗은 골리앗에게 이렇게 말한다.

"너는 칼과 창과 단창으로 내게 나아오거니와 나는 만군의 여호와의 이름 곧 네가 속하는 이스라엘 군대의 하나님의 이름으로 네게 나아가노라 오늘 여호와께서 너를 내 손에 넘기시리니 내가 너를 쳐서 네 목을 베고 블레셋 군대의 시체를 오늘 공중의 새와 땅의 들짐승에게 주어 온 땅으로 이스라엘에 하나님이 계신 줄 알게 하겠고 또 여호와의 구원하심이 칼과 창에 있지 아니함을 이 무리에게 알게 하리라 전쟁은 여호와께 속한 것인즉 그가 너희를 우리 손에 넘기시리라"(삼상 17:45-47).

다윗은 물매를 던졌고 이 돌은 골리앗의 이마에 박혀 골리앗이 넘어진다. 다윗은 골리앗이 차고 있던 칼을 빼어 골리앗의 목을 베고 블레셋 군사들은 도망하고 이스라엘 군사들은 그들을 추격하여 크게 승리한다. 이 전쟁에서 다윗의 등장은 하나님의 구원 역사에 큰 교훈을 주는 사건으로, 다윗은 이렇게 하여 점점 위대한 왕이 되어간다.

➻ 사무엘상 18장: 다윗을 죽이려는 사울

사무엘상 18장에는 모든 일을 지혜로 행함으로 더욱더 위대해지는 다윗과 이런 다윗을 두려워하고 미워하고 죽이려는 사울의 사건을 기록한다. 사울 왕의 아들 요나단과 다윗은 마음을 주는 친구가 된다. 사울 왕을 이어 요나단이 왕이 되어야 하지만 하나님의 구원 섭리는 요나단을 비껴가고 이새의 아들 다윗에게로 향한다.

다윗이 골리앗과의 전쟁에서 승리하고 돌아올 때 이스라엘의 여인들이 소고로 춤추며 "사울이 죽인 자는 천천이요 다윗이 죽인 자는 만만이라"고 노래를 불러 사울 왕보다 다윗에게 더 큰 영광을 돌린다. 이 소리를 들은 사울 왕은 다윗을 시기하게 되고 미워하기 시작한다.

사울 왕은 다윗에게 단창을 던져 죽이려 하고, 다윗을 블레셋 백성에게 보내어 죽이려고, 다윗에게 딸을 주어 사위를 삼는 조건으로, 블레셋 남자의 포피 100개를 가져오라고 한다.

그리고 다윗은 블레셋 남자 100명을 죽이고 포피 100개를 취하여 사울 왕에게 바친다.

다윗은 사울 왕의 딸 미갈을 아내로 얻고 천부장이 된다. 다윗은 점점 위대해지고 사울 왕은 점점 더 다윗을 두려워하게 된다.

사무엘상 19-31장

사무엘상 19장에서 31장까지의 긴 이야기는 사울 왕이 다윗을 죽이려고 추격하고 다윗이 이곳저곳으로 피난을 다니며 어려운 일을 당하는 기사를 기록한다. 미련한 왕 사울은 충성스러운 신하 다윗을 찾아 죽이려는 일에 수천의 군사를 동원하여 국력을 소비하고 그러다가 결국은 블레셋과의 전투에서 부상을 입고 자신의 칼에 스스로 엎드러져 죽게 된다.

하나님의 구원 역사를 이루게 될 다윗은 그 고난 중에 오직 하나님을 경외하는 믿음으로 일관하는 생활을 통해 구원받은 성도가 어떤 자세로 성화될 것인가를 예표로 보여준다.

☙ 사무엘상 19장: 라마 나욧으로 도망간 다윗

요나단은 사울에게 다윗을 죽여선 안 된다고 간하지만 사울은 다윗을 죽이겠다고 요나단 앞에서 맹세한다.

다윗이 다시 수금을 타며 사울을 섬길 때 사울은 단창을 던져 다윗을 죽이려 한다. 사울은 전령을 보내어 딸 미갈의 집에서 다윗을 생포하려고 하지만 미갈이 그 밤에 다윗을 피난시킨다.

다윗은 사무엘이 살고 있던 라마 나욧으로 도망한다. 사울은 라마 나욧으로 군사를 보내 다윗을 잡으려고 한다. 그러나 다윗을 잡으려고 라마 나욧에 온 장병들은 하나님의 영이 임재하여 예언을 한다. 이러기를 세 번 반복하고 사울이 직접 다윗을 잡으려고 라마 나욧에 오지만 사울에게도 하나님의 영이 임하여 예언을 한다. 하나님의 영의 특별한 임재를 신약에서는 성령충만으로 말한다. 그리고 성령충만은 기도할 때, 회개할 때, 찬송할 때, 말씀을 가까이할 때, 주님의 일에 성실할 때 임하는 것인데, 사무엘상 19장의 성령 임재는 아주 특별한 것으로 하나님이 다윗을 보호하기 위한 방편으로 다윗을 잡으려고 나욧에 온 군사들과 사울에게 임하게 하셨다.

다윗은 구세주 예수 그리스도를 예표할 인물로 하나님은 이 구원의 큰 일을 이어가는 길에 특별한 성령의 역사로 다윗을 보호하신다. 그러나 그러함에도 불구하고 계속되는 다윗의 이야기는 다윗이 아주 많은 고난을 받는 이야기로 이어진다.

☙ 사무엘상 20장: 다윗과 요나단

다윗은 요나단에게 피신한다. 다윗과 요나단은 생명을 걸고 지켜주기로 언약한다. 요나단은 아버지 사울이 다윗을 정말 죽이려고 작정한 것을 알고 다윗을 멀리 피난하게 도와준다. 다윗과 요나단의 우정은 다윗을 통한 하나님의 구원 역사에 꽃같이 아름다운 그림이다. 예수님은 우리를 위해 그 목숨을 버리신 우리들의 친구다.

"사람이 친구를 위하여 자기 목숨을 버리면 이보다 더 큰 사랑이 없나니 너희는 내가 명하는 대로 행하면 곧 나의 친구라 이제부터는 너희를 종이라 하지 아니하리니 종은 주인이 하는 것을 알지 못함이라 너희를 친구라 하였노니 내가 내 아버지께 들은 것을 다 너희에게 알게 하였음이라"(요 15:13-15).

성화의 구원은 친구 되신 예수님의 말씀대로 살아가는 것이다.

❥ 사무엘상 21장: 아히멜렉을 찾아간 다윗, 진설병을 먹은 다윗

사무엘상 21장에는 계속되는 어려움 속에서 다윗이 사울 왕의 칼을 피해 도망하는 기사가 나온다. 다윗은 놉에 있는 대제사장 아히멜렉을 찾아간다.

다윗은 이곳에서 아히멜렉을 통해 제사장들만 먹을 수 있는 진설병을 먹는다. 형편이 어렵고, 아히멜렉은 배고픈 다윗에게 줄 떡이 없어 다윗이 진설병을 먹었는데 이 사건은 다윗이 대제사장 그리스도를 예표하는 것이다.

하나님의 말씀 마태복음 12장에는 예수님의 제자들이 안식일에 밀밭에서 이삭을 잘라 먹은 것으로 바리새인들이 시비를 걸 때, 예수님은 다윗이 진설병을 먹은 사실(삼상 21장)을 말씀하며 자신이 '안식일의 주인', 곧 그리스도인 것을 말씀하신다.

다윗은 아히멜렉에게서 골리앗을 죽였던 칼을 얻어가지고 가드 왕 아기스에게 도망하여 이곳에서도 다윗은 위급한 자리에 이르러 자신을 미친 사람으로 위장한다. 선지자 이사야는 예수님을 이런 모습으로 증거한다.

"그는 주 앞에서 자라나기를 연한 순 같고 마른 땅에서 나온 뿌리 같아서 고운 모양도 없고 풍채도 없은즉 우리가 보기에 흠모할 만한 아름다운 것이 없도다. 그는 멸시를 받아 사람들에게 버림받았으며 간고를 많이 겪었으며 질고를 아는 자라 마치 사람들이 그에게서 얼굴을 가리는 것 같이 멸시를 당하였고 우리도 그를 귀히 여기지 아니하였도다"(사 53:2-3).

예수님을 예표하는 다윗의 모습이 가드 왕 아기스 앞에서 꼭 이런 모습이다.

☙ 사무엘상 22장: 아둘람 굴, 모압 땅으로, 헤렛 수풀에 피신한 다윗, 아히멜렉과 모든 제사장들과 놉의 백성을 다 죽인 사울

다윗의 어려운 도망길은 계속된다. 다윗은 아둘람 굴로 도망하였고 이때 다윗의 형제들과 부모가 함께 와서 생활하였고 환난을 당한 많은 자와, 빚진 많은 자와, 마음이 원통한 모든 자가 다 다윗에게 함께하였고 그래서 다윗을 따르는 무리가 400명가량이 되었다. 다윗은 잠시 이 무리와 함께 모압 땅에 머물렀지만 선지자 갓이 다윗에게 유다 땅으로 돌아가도록 일러 다윗은 유다 땅 헤렛 수풀에 머문다.

유다와 이스라엘의 위대한 왕으로 예수님을 예표하는 다윗이 이방 땅 모압에 머물러서는 안 된다. 하나님은 우리를 늘 우리가 있어야 할 곳으로 인도하신다. 성도는 항상 하나님의 인도를 받아 내가 있어야 할 곳에 머물러야 한다. 사울 왕은 다윗이 제사장 아히멜렉의 도움을 받아 도망한 사실을 알게 되고 군대를 보내어 제사장 아히멜렉과 놉에 있는 모든 제사장 85명과 제사장들의 성 놉에 사는 백성들을 모두 죽였다.

이때 아히멜렉의 아들, 아비아달이 살아서 다윗에게 도망온다. 제사장들의 죽음, 놉 땅에 살던 백성의 죽음, 모두 억울한 죽음이다(민수기 17장, pp. 404-423. 억울한 죽음 참조). 미련한 왕 사울은 점점 악해지고 점점 더 멸망의 길로 가까이 간다.

☙ 사무엘상 23장: 그일라로, 십 광야로, 하길라 산으로, 아라바 광야로 피신한 다윗

다윗은 그일라에 블레셋 군사가 침략하였다는 소식을 듣고 하나님께 여러 번 물어 그일라로 올라가 블레셋 군사를 물리치고 그일라에 머문다.

사울은 다윗을 추격하여 그일라로 내려오고 다윗은 그일라 백성이 다윗을 사울에게 내어주리라는 하나님의 답을 듣고 그일라를 떠나 십 광야로 도망하고, 하길라 산속으로, 다시 아라바 광야로 도피한다. 이때 블레셋 군대가 이스라엘을 침공해 와서 사울은 물러간다.

다윗은 엔게디 광야 산속에 머문다. 다윗의 피난길에 하나님의 선하신 인도하심이 함께하여 사울의 위협 앞에 다윗은 피할 길을 얻는다. 성도가 당하는 고난 길에 하나님은 피할 길을 열어 주신다. 성화의 길에 늘 고난이 동반한다. 기도와 믿음으로 이겨야 한다.

"사람이 감당할 시험밖에는 너희가 당한 것이 없나니 오직 하나님은 미쁘사 너희가 감당하지 못할 시험당함을 허락하지 아니하시고 시험당할 즈음에 또한 피할 길을 내사 너희로 능히 감당하게 하시느니라"(고전 10:13).

❥ 사무엘상 24장: 엔게디 광야에서 사울을 살려준 다윗

다윗은 엔게디에서 깊은 굴에 숨어 있었고 다윗을 잡으러 온 사울이 이 굴 입구에서 발을 가리우게 된다. 곧 사울이 낮잠을 자게 된다. 다윗과 함께한 신하들이 '지금이 사울을 죽일 수 있는 아주 좋은 기회'이라고 말하며 사울을 죽이라고 한다.

다윗은 아무런 죄 없이 사울 왕에게 쫓겨다니고 있고, 이때 사울을 죽이면 이스라엘의 왕이 될 수 있음을 안다. 그래도 다윗은 사울을 죽이지 않는다. 다윗은 신하들의 말을 듣지 않고 사울의 겉옷 자락을 베어 잘라낸다. 그리고 이것도 사울 왕의 권위에 대한 모독이었기 때문에, 다윗은 곧 후회한다.

다윗은 사울에게 어떤 해도 입혀서는 안 되는 이유를 "내 주를 치는 것은 여호와의 금하시는 것이요 사울은 기름부음을 받은 자"이기 때문이었다.

다윗은 사울을 뒤따라 굴에서 나온다. 다윗은 자신이 사울을 죽이려는 마음이 조금도 없음을 설명한다.

"다윗이 사울에게 이르되 보소서 다윗이 왕을 해하려 한다고 하는 사람들의 말을 왕은 어찌하여 들으시나이까 오늘 여호와께서 굴에서 왕을 내 손에 넘기신 것을 왕이 아셨을 것이니이다 어떤 사람이 나를 권하여 왕을 죽이라 하였으나 내가 왕을 아껴 말하기를 나는 내 손을 들어 내 주를 해하지 아니하리니 그는 여호와의 기름 부음을 받은 자이기 때문이라 하였나이다 내 아버지여 보소서 내 손에 있는 왕의 옷자락을 보소서 내가 왕을 죽이지 아니하고 겉옷 자락만 베었은즉 내 손에 악이나 죄과가 없는 줄을 오늘 아실지니이다 왕은 내 생명을 찾아 해하려 하시나 나는 왕에게 범죄한 일이 없나이다 여호와께서는 나와 왕 사이를 판단하사 여호와께서 나를 위하여 왕에게 보복하시려니와 내 손으로는 왕을 해하지 않겠나이다 옛 속담에 말하기를 악은 악인에게서 난다 하였으니 내 손이 왕을 해하지 아니하리이다 이스라엘 왕이 누구를 따라 나왔으며 누구의 뒤를 쫓나이까 죽은 개나 벼룩을 쫓음이니이다 그런즉 여호와께서 재판장이 되어 나와 왕 사이에 심판하사 나의 사정을 살펴 억울함을 풀어 주시고 나를 왕의 손에서 건지시기를 원하나이다 하니라"(삼상 24:9-15).

다윗은 이렇게 모든 결정과 판단을 하나님께 맡긴다. 겟세마네 동산에서 '내 뜻대로 마옵시고 아버지의 뜻대로' 되기를 기도하셨던 예수님의 예표가 된다.

다윗은 모든 결정을 하나님 아버지께 맡기고 십자가를 지신 예수 그리스도의 모형이다. 악하고 비열한 사울 왕도 잘못을 뉘우치고 그 입으로 다윗이 왕이 될 것이라고 말한다.

"다윗이 사울에게 이같이 말하기를 마치매 사울이 이르되 내 아들 다윗아 이것이 네 목소리냐 하고 소리를 높여 울며 다윗에게 이르되 나는 너를 학대하되 너는 나를 선대하니 너는 나보다 의롭도다 네가 나 선대한 것을 오늘 나타냈나니 여호와께서 나를 네 손에 넘기셨으나 네가 나를 죽이지 아니하였도다 사람이 그의 원수를 만나면 그를 평안히 가게 하겠느냐 네가 오늘 내게 행한 일로 말미암아 여호와께서 네게 선으로 갚으시기를 원하노라 보라 나는 네가 반드시 왕이 될 것을 알고 이스라엘 나라가 네 손에 견고히 설 것을 아노니 그런즉 너는 내 후손을 끊지 아니하며 내 아버지의 집에서 내 이름을 멸하지 아니할 것을 이제 여호와의 이름으로 내게 맹세하라 하니라"(삼상 24:16-21).

다윗을 통해 이루시려는 하나님의 구원 섭리는 누구도 막지 못한다.

☛ 사무엘상 25장: 사무엘의 죽음, 나발의 죽음과 아비가 일을 아내로 삼는 다윗

사무엘상 25장에는 사무엘의 죽음을 기록하고, 다윗이 바란 광야에 머무는 동안에 벌어진 나발과 아비가일의 사건을 기록한다.

미련한 사람 나발의 죽음과 나발의 지혜로운 아내 아비가일의 이야기는 미래에 성군이 될 다윗이 조그만 일에 분노하여 나발의 식구를 죽이려 한 잘못을 막는 사건으로, 아비가일은 그 남편 나발이 죽은 후 다윗의 부인이 된다.

지혜로운 아비가일의 행동으로 다윗의 분노를 막은 아비가일과, 아비가일의 권고로 나발을 다윗이 죽이지 않은 사건은, 성도가 이 땅을 살아가며 지혜의 권고를 듣는 귀를 가져야 한다는 것을 교훈한다.

☛ 사무엘상 26장: 십 황무지에서 사울을 살려 보낸 다윗

다윗은 십 황무지에 숨는다. 사울 왕은 다시 3천 명의 군사를 이끌고 십 황무지로 내려와 다윗을 수색한다.

사울 왕이 황무지에서 야영을 하게 되고 그 밤에 다윗이 요압의 아우 아비새와 함께 사울 왕이 누워 잠자는 침상까지 잠입한다. 그래도 누구하나 깨어나질 않는다.

아비새가 다윗에게 "하나님이 오늘 당신의 원수를 당신의 손에 넘기셨나이다. 그러므로 청하오니 내가 창으로 그를 찔러서 단번에 땅에 꽂게 하소서 내가 그를 두 번 찌를 것이 없으리이다"라고 사울 왕을 죽이자고 한다. 그러나 다윗은 사울을 죽이지 말라고 말한다.

"누구든지 손을 들어 여호와의 기름 부음 받은 자를 치면 죄가 없겠느냐…여호와께서 살아 계심을 두고 맹세하노니 여호와께서 그를 치시리니 혹은 죽을 날이 이르거나 또는 전장에 나가서 망하리라 내가 손을 들어 여호와의 기름 부음 받은 자를 치는 것을 여호와께서 금하시나니 너는 그의 머리 곁에 있는 창과 물병만 가지고 가자"(삼상 26:9-11).

다윗은 기름 부은 자를 끝까지 귀하게 여긴다. 그는 여호와께서 사울 왕을 치실 것을 믿는다.

다윗은 사울에게 아무런 죄를 범하지 않았다. 그런데 사울은 다윗을 잡아 죽이려고 또다시 군사 3천 명을 이끌고 찾아왔다. 다윗에게 사울을 죽일 수 있는 절호의 기회가 다시 주어졌다. 이때 사울을 죽이면, 다윗은 이스라엘의 왕이 될 수 있음을 잘 안다. 그러나 다윗은 모든 것을 하나님께 맡기고 사울을 살려둔다.

구원 후 성화의 과정에서 성도는 어려운 일을 믿음으로 하나님께 맡기고 인내로 기다려야 한다.

다윗은 사울의 침상에서 사울의 창과 물병을 취하고 진영 밖으로 나와 사울 왕을 깨운다. 다윗은 자기가 사울 왕을 죽일 수 있었지만 그러지 않은 것을 말하며 "오늘 왕의 생명을 내가 중히 여긴 것같이 내 생명을 여호와께서 중히 여기셔서 모든 환난에서 나를 구하여 내시기를 바라나이다"라고 말한다.

사울은 다시 자신의 잘못을 고백하며 돌아간다.

♈ 사무엘상 27장: 가드 왕 아기스에게 피신한 다윗

다윗은 다윗과 함께 있는 사람 육백 명과 더불어 가드 왕 마옥의 아들 아기스에게 피신하여 1년 4개월간 살게 된다.

아기스는 다윗에게 시글락을 주어 그 무리와 살게 한다.

♈ 사무엘상 28장: 블레셋과의 전투에 참패한 사울, 신접한 여인을 찾아간 사울

사무엘은 죽어 장사 지내졌고 블레셋 군사가 이스라엘을 침공하였다. 하나님은 사울에게 아무 대답도 하지 않으셨다. 사울 왕은 신접한 여인을 다 죽이라고 명령을 내렸었지만, 자신이 어렵게 되자 신접한 여인을 찾아가 죽은 사무엘의 영혼을 불러올리게 했다. 매튜 헨리는 이 영혼의 출현을 마귀의 영으로 해석한다(매튜 헨리 성경 주석 삼상 28장).

이 영혼은 사울 왕의 멸망과 죽음, 나라가 다윗에게 넘겨질 것을 말한다.

♈ 사무엘상 29-30장: 다윗이 동족과 싸우지 않게 섭리하신 하나님, 시글락 식구들을 구한 다윗

블레셋군에 다윗도 아기스의 군대와 함께 출정하려 하지만 아기스 수하의 장군들이 다윗이 함께 전쟁에 나갈 수 없다고 말하여 다윗은 이스라엘과 싸우러 나가는 일에서 제외된다. 하나님은 이렇게 다윗을 동족을 공격하는 일에서 제외시키신다. 하나님은 사람들을 통해 거룩한 섭리를 이어갈 다윗을 명예롭게 보존하신다.

다윗이 시글락을 떠난 다음 아말렉이 시글락을 공격하여 다윗의 식구들과 모든 장병의 가족을 다 잡아갔고 모든 재산을 다 약탈하여 갔다. 이 일로 장병들이 다윗을 돌로 치려고까지 하였지만 다윗은 다시 하나님으로부터 힘을 얻고 지친 병사 200명을 놓아두고 400명의 군사로 아말렉을 추격한다. 다윗은 아말렉 군사를 다 멸하고 모든 가족을 구원하고 모든 재물과 아말렉 군사들의 소유까지 다 전리품으로 얻게 된다. 다윗은 이 전리품을 진영에서 기다렸던 200명에게도 전쟁에 참여한 400명의 군사와 똑같이 분배하였고 그 외 여러 이스라엘 성읍에도 골고루 나눠주었다. 다윗은 하나님이 이루시려는 구원의 맥을 이어야 할 사람이다. 그래서 하나님이 환난 중 특별하게 보호하신다. 내가 우리 가정의 구원의 맥을 이어가야 한다.

❦ 사무엘상 31장: 사울과 세 아들의 죽음, 미움과 용서

사울 왕은 길보아산에서 블레셋군과 싸우다가 부상하여 자신의 칼에 엎드러져 죽고 이 전투에서 사울의 세 아들, 요나단과 아비나답, 말기수아가 다 죽는다. 사울이 이렇게 죽은 것은 사울이 여호와께 범죄하였기 때문이고 사울이 여호와의 말씀을 지키지 않고 또 신접한 자에게 가르치기를 청한 때문이다(대상 11:2).

사울은 왕이 되어 처음에는 겸손하게 왕으로 그 직무를 잘 감당했지만 아말렉을 진멸하라는 하나님의 말씀을 불순종하고 살진 숫양을 가져온 때부터 하나님께 버림을 받았다. 그는 골리앗을 쳐 죽인 다윗을 시기하고 미워하면서부터 길보아산에서 세 아들과 같은 날 죽기까지 죄 없는 다윗을 미워하여 국력을 총동원하여 다윗을 잡으러 다니는 일로 그 일생을 망친다. 미움은 이렇게 무서운 것이다. 성도가 구원받은 후 수시로 찾아오는 미움을 빨리 회개하지 않으면 성화에 크게 실패하게 된다. 성도에게는 미워할 권리가 없다. 성도는 하나님 앞에 이미 죽을죄를 용서받은 사람이기 때문이다. 성도에게는 사랑해야 할 의무만 있다. 용서와 사랑은 하나님의 엄한 명령이다. 용서가 어떻게 가능한가?

용서의 모본을 우리는 예수님에게서 찾을 수 있다.

"이에 예수께서 이르시되 아버지 그들을 사하여 주옵소서 자기들이 하는 것을 알지 못함이니이다 하시더라"(눅 23:34).

누구의 행위가 아무리 미워도 그가 이 미운 짓을 알지 못하고 행하였다는 것을(자세히 생각해보라. 이것은 사실이다. 그가 정말 자기가 행한 일이 얼마나 나쁜 일인 것을 다 알았다면 결코 그럴 수 없었을 것이다) 인정할 때 용서가 가능하다. 어린아이는 똥 싸는 것이 잘못인 줄 모르고 똥을 싼다. 똥 싸는 어린아이를 미워할 수 없다. 미움이 솟아날 때 그가 몰라서 한 것이라고 생각하면 용서가 가능하다.

* 구원사적으로 본 사무엘상
사무엘상은 사무엘의 탄생부터 사울 왕의 죽음까지를 기록하고 있다.

사울 왕의 긴 이야기는 사울 왕의 이야기가 아닌 다윗의 이야기로, 하나님은 고난받는 중 끝까지 하나님을 경외하고 신뢰하는 다윗을 통해, 구원은 어떤 경우에도 하나님을 신뢰하고 인내하며 살아가는 과정임을 가르쳐준다.

받은 구원, 믿음으로 우리가 얻은 영적 구원은, 한 번에 믿음으로, 은혜로 얻은 것이지만, 받아 가는 구원, 성화는 다윗이 억울한 고난 중 끝까지 하나님을 신뢰하며 인내하고 산 것같이 우리 생활에 억울한 일을 당해도 끝까지 하나님을 신뢰하며 살아가는 과정임을 사무엘상이 가르쳐준다.

사무엘에게 기름 부음을 받고 왕이 된 사울이 미워할 수 없는 다윗을 미워함으로, 그 일생을, 블레셋과의 전쟁에서 비참하게 마친 사울 왕의 사적은 구원사적으로 볼 때 우리가 구원받은 후 성화의 구원에서 미움이 얼마나 무서운 일인지 가르쳐준다.

미움은 늘 가까운 사람과의 사이에서 생긴다. 미움과의 싸움에서 실패하면 사울이 되고 미움과의 싸움에서 하나님께 모든 것을 맡기고 끝까지 인내하면 다윗이 된다. 성화는 의지를 가지고 용서하며 사랑하여야 이루어진다. 내가 용서해야 할 사람의 죄는 그가 알지 못하고 행한 것이다. 몰라서 한 일이다.

"이에 예수께서 이르시되 아버지 그들을 사하여 주옵소서 자기들이 하
는 것을 알지 못함이니이다 하시더라"(눅 23:34).

사무엘하

☙ 사무엘하 1-5장: 사울 후의 역사, 헤브론에서 통일왕국의 왕이 되는 다윗

사무엘하 1장부터 5장까지에는 사울 왕의 사망 사건과 다윗이 헤브론에서 유다 지파의 왕으로 등극하고 사울 왕의 아들 이스보셋이 사울 왕을 이어 이스라엘의 왕이 되는 사건을 기록한다. 이스보셋은 이스라엘 군대의 군대 장관이었던 아브넬을 통해 이스라엘 왕이 되지만, 아브넬은 요압에 의해 살해되고, 이스보셋은 그의 종인 바아나와 레갑에게 살해한다.

그리하여 다윗이 유다와 이스라엘의 왕이 된다.

사울 왕이 블레셋과의 전쟁에서 부상을 입고 자기 칼에 엎드러져 죽지만(삼상 31:1-6), 한 아말렉 사람이 죽은 사울 왕의 면류관과 사울 왕이 팔에 끼고 있던 팔 고리를 가지고 다윗에게 찾아와서 사울 왕이 큰 부상을 입고 더 이상 살 수 없을 것으로 알고, 자기가 창으로 찔러 죽였다고 보고한다. 이 아말렉 사람은 다윗에게 큰 상급을 받을 줄로 알고 이렇게 말하였지만 다윗에 의해 처형당한다.

다윗은 사울 왕과 요나단의 죽음을 진심으로 애통하며 애가를 지어 부르게 하고 사울 왕의 시신을 블레셋 진영에서 가져다가 장례를 지낸 길르앗 야베스 사람들에게 감사와 축복을 전한다.

이어서 여기에 이스보셋의 군대와 다윗의 군대 사이에 벌어진 전쟁, 아브넬의 죽음과 이스보셋의 죽음, 그리고 다윗이 헤브론에서 7년을 왕으로 지내며 6명의 아내에게서 6명의 아들을 얻은 기사가 나온다. 사람이 흥할 때 다윗과 같이 많은 여인을 얻는 망령을 부린다.

이 여러 아들들 중 단 한 명도 다윗의 가문과 이스라엘 왕국에 유익을 끼친 아들이 없다. 다윗의 아들 중 암논과 압살롬과 아도니야는 후에 다윗의 원수가 되고 살인자가 되고 배신자가 된다. 무릇 섰다 하는 자는 넘어질까 조심해야 한다(고전 10:12).

그래도 다윗을 구원의 통로로 쓰시려는 하나님의 구원역사는 계속되고 그래서 다윗은 마침내 헤브론에서 온 이스라엘의 왕이 되어, 헤브론에서 7년, 예루살렘에서 33년, 합하여 40년간 위대한 이스라엘 왕국을 건설한다. 다윗 왕국은 구원역사에서 천국의 예표가 된다.

다윗은 여부스 족속에게서 예루살렘을 쟁취한다. 다윗은 여기에 왕궁을 짓고 왕으로 재위하는 중 그가 하는 일마다 번영하였다.

다윗의 이름은 높아갔고 왕국은 날마다 강대해졌으며 신하들에게는 존경받았고 적들에게는 두려운 존재가 되었다. 만군의 하나님 여호와께서 다윗과 함께하셨기 때문이었다.

다윗은 예루살렘에서 다시 더 많은 첩을 얻고 더 많은 자녀를 얻는다. 다윗은 그리스도의 예표일 뿐 그리스도는 아니다. 그에게도 많은 약점과 흠이 있다. 성도가 구원받은 후 하나님이 함께 계셔서 축복과 승리를 얻을 수 있지만 성도 누구에게나 타락하고 실패할 가능성이 늘 있는 것이다. 조심조심 경건으로 구원을 이루어가야 한다.

☙ 사무엘하 6장: 언약궤를 옮기려다 실패한 다윗

다윗이 예루살렘으로 하나님의 법궤를 운반하여 오는 기사가 기록된다. 다윗은 예루살렘으로 "그룹들 사이에 좌정하신 만군의 여호와의 이름으로 불리는" 하나님의 언약궤를 메어오려고 한다. 이 궤는 블레셋에게 빼앗겼다가 기럇여아림의 아비나답의 집에 있었다.

다윗은 이스라엘에서 백성들의 대표자 3만 명을 모아 이 일을 행하였다. 다윗은 최선을 다해 영광스럽게 언약궤를 예루살렘으로 옮기려고 하였다.

다윗은 새 수레를 만들어 언약궤를 이 수레에 실었고, 아비나답의 아들 웃사와 아효가 이 수레를 몰았다. 길을 가다가 소가 뛰었고 수레에 실은 언약궤가 흔들렸고 웃사가 언약궤에 손을 댔고 웃사는 즉사하였다. 다윗은 그곳을 '베레스 웃사'(웃사를 치심)라 불렀다.

하나님의 궤는 무거운 것이 아니었다. 하나님의 궤는 고라 자손이 어깨에 메고 운반하도록 하나님이 명하셨다(민 7:9).

다윗은 언약궤의 운반을 포기하고, 언약궤는 오벧에돔의 집으로 옮겨진다. 하나님은 오벧에돔의 집에 복을 내리셨다.

법궤, 언약궤, 하나님의 궤

1. 성경에 나오는 언약궤에 대한 중요한 구절들

"브살렐이 조각목으로 궤를 만들었으니 길이가 두 규빗 반 너비가 한 규빗 반 높이가 한 규빗 반이며"(출 37:1).

"그 채를 궤 양쪽 고리에 꿰어 궤를 메게 하였으며"(출 37:5).

"그는 또 증거판을 궤 속에 넣고 채를 궤에 꿰고 속죄소를 궤 위에 두고 (여기서 속죄소는 증거궤 위를 덮는 덮개다)"(출 40:20).

"또 그 궤를 성막에 들여놓고 가리개 휘장을 늘어뜨려 그 증거궤를 가리니 여호와께서 모세에게 명령하신 대로 되니라"(출 40:21).

"여호와께서 모세에게 이르시되 네 형 아론에게 이르라 성소의 휘장 안 법궤 위 속죄소 앞에 아무 때나 들어오지 말라 그리하여 죽지 않도록 하라 이는 내가 구름 가운데에서 속죄소 위에 나타남이니라"(레 16:2).

"모세가 회막에 들어가서 여호와께 말하려 할 때에 증거궤 위 속죄소 위의 두 그룹 사이에서 자기에게 말씀하시는 목소리를 들었으니 여호와께서 그에게 말씀하심이었더라"(민 7:89).

"그때에 여호와께서 레위 지파를 구별하여 여호와의 언약궤를 메게 하며 여호와 앞에 서서 그를 섬기며 또 여호와의 이름으로 축복하게 하셨으니 그 일은 오늘까지 이르느니라"(신 10:8).

"또 모세가 이 율법을 써서 여호와의 언약궤를 메는 레위 자손 제사장들과 이스라엘 모든 장로에게 주고"(신 31:9).

"거기서 내가 너와 만나고 속죄소 위 곧 증거궤 위에 있는 두 그룹 사이에서 내가 이스라엘 자손을 위하여 네게 명령할 모든 일을 네게 이르리라"(출 25:22).

2. 언약궤에 들어 있는 것들

"금향로와 사면을 금으로 싼 언약궤가 있고 그 안에 만나를 담은 금 항아리와 아론의 싹 난 지팡이와 언약의 돌판들이 있고"(히 9:4).

3. 언약궤에 대한 요약

언약궤는 하나님이 임재하여 있는 궤다. 이 앞에서(위에서) 하나님은 모세와 만나시고 이스라엘 백성들에게 말씀하신다. 하나님 앞에 드려지는 모든 제사는 이 언약궤를 가린 휘장 밖에서 드려졌고, 그리고 1년에 한 번 대속죄제사를 드릴 때만 지성소 안에 모신 이 언약궤 앞에서 드려졌다.

언약궤는 지극히 거룩한 궤다. 함부로 보아서도 만져서도 안 된다. 레위 지파의 제사장, 고라 자손이 어깨에 메고 운반해야 한다.

"진영을 떠날 때에 아론과 그의 아들들이 성소와 성소의 모든 기구 덮는 일을 마치거든 고핫 자손들이 와서 멜 것이니라 그러나 성물은 만지지 말라 그들이 죽으리라 회막 물건 중에서 이것들은 고핫 자손이 멜 것이며"(민 4:15).
"그때에 여호와께서 레위 지파를 구별하여 여호와의 언약궤를 메게 하며 여호와 앞에 서서 그를 섬기며 또 여호와의 이름으로 축복하게 하셨으니 그 일은 오늘까지 이르느니라"(신 10:8).
"모세가 이 율법을 써서 여호와의 언약궤를 메는 레위 자손 제사장들과 이스라엘 모든 장로에게 주고"(신 31:9).

언약궤는 그리스도, 성경말씀을 예표한다.

언약궤가 복을 주는 것은 아니다. 언약궤를 어떻게 모시는가에 복과 화가 달려 있다.

오벧에돔의 집은 언약궤를 모신 다음 크게 복을 받았고, 다윗은 다시 하나님의 말씀대로 궤를 제사장들이 메게 하여 다윗성으로 옮긴다. 다윗과 온 백성이 제사를 드리며 크게 기뻐하였고 다윗은 언약궤 앞에서 어린아이같이 춤을 추었다. 미갈은 이런 다윗을 비난하였다. 하나님을 위한 좋은 일에 어떤 사람은 비방을 한다.

♥ 사무엘하 7장: 다윗의 성전 건축 계획과 하나님의 거절

사무엘하 7장은 다윗이 하나님의 언약궤를 잘 모시기 위해 성전을 건축하려고 계획한 일과 이에 대한 하나님의 대답이 기록된다.

다윗은 많은 역경과 전쟁을 치르고 이제 평안의 세월을 맞이하였다. 다윗은 자신이 백향목 궁에 살면서 아직도 천막 안에 하나님의 궤를 모시게 된 것이 하나님께 송구했다. 다윗은 하나님의 궤를 모실 성전을 건축하려고 생각했고, 선지자 나단에게 성전 건축 계획을 말했다. 나단은 다윗의 말을 듣고 귀한 일이기 때문에 그렇게 하라고 말한다.

하나님은 나단을 통해 다윗이 성전을 건축하는 것을 허락하지 않으시고 다윗에게서 날 자식이 성전을 건축할 것이며 그와 영원한 나라의 언약을 맺으실 것을 말씀하신다. 하나님은 다윗에게 이렇게 말씀하신다.

"그러므로 이제 내 종 다윗에게 이와 같이 말하라 만군의 여호와께서 이와 같이 말씀하시기를 내가 너를 목장 곧 양을 따르는 데에서 데려다가 내 백성 이스라엘의 주권자로 삼고 네가 가는 모든 곳에서 내가 너와 함께 있어 네 모든 원수를 네 앞에서 멸하였은즉 땅에서 위대한 자들의 이름 같이 네 이름을 위대하게 만들어 주리라 내가 또 내 백성 이스라엘을 위하여 한 곳을 정하여 그를 심고 그를 거주하게 하고 다시 옮기지 못하게 하며 악한 종류로 전과 같이 그들을 해하지 못하게 하여 전에 내가 사사에게 명령하여 내 백성 이스라엘을 다스리던 때와 같지 아니하게 하고 너를 모든 원수에게서 벗어나 편히 쉬게 하리라 여호와가 또 네게 이르노니 여호와가 너를 위하여 집을 짓고 네 수한이 차서 네 조상들과 함께 누울 때에 내가 네 몸에서 날 네 씨를 네 뒤에 세워 그의 나라를 견고하게 하리라 그는 내 이름을 위하여 집을 건축할 것이요 나는 그의 나라 왕위를 영원히 견고하게 하리라 나는 그에게 아버지가 되고 그는 내게 아들이 되리니 그가 만일 죄를 범하면 내가 사람의 매와 인생의 채찍으로 징계하려니와 내가 네 앞에서 물러나게 한 사울에게서 내 은총을 빼앗은 것처럼 그에게서 빼앗지는 아니하리라"(삼하 7:8-15).

하나님은 다윗의 아들이 성전을 건축할 것이며 그 나라 위를 영원히 견고케 하신다고 말씀하신다. 이 아들이 솔로몬이요, 솔로몬의 후손에서 그리스도가 탄생하게 되어 영원한 왕이 되신다.

다윗의 몸에서 날 자는 솔로몬으로 솔로몬이 성전을 건축할 것이며 하나님은 솔로몬에 대해 이렇게 말씀하신다.

"나는 그의 나라 왕위를 영원히 견고하게 하리라 나는 그에게 아버지가 되고 그는 내게 아들이 되리니 그가 만일 죄를 범하면 내가 사람의 매와 인생의 채찍으로 징계하려니와 내가 네 앞에서 물러나게 한 사울에게서 내 은총을 빼앗은 것처럼 그에게서 빼앗지는 아니하리라"(삼하 7:13-15).

솔로몬의 나라와 위는 영원히 견고케 하신다. 솔로몬의 나라가 영원히 견고하게 되는 일은 그 후손에서 영원한 왕 그리스도가 나심으로 이루어진다.

솔로몬이 범죄하더라도 사울 왕에게서 은총을 빼앗은 것같이 솔로몬에게서는 빼앗지 않는다. 후에 솔로몬은 하나님께 범죄하여 그의 나라가 북왕국 이스라엘과 남왕국 유다로 나뉘지만 하나님은 이 말씀대로 솔로몬에게서 나라를 다 빼앗지 않고 남왕국 유다를 남기신다.

다윗은 하나님께 제사를 드리고 하나님께 최선을 다한 감사를 드리고 다윗의 집으로 영원히 견고케 하기를 기도한다. 다윗과 그 후손을 통한 구원이 약속되고 확인된다.

☙ 사무엘하 8장: 여러 나라를 굴복시킨 다윗, 통치기구 정비

다윗이 여러 나라를 쳐서 이스라엘에게 복종케 하는 승리가 기록된다. 다윗은 블레셋을 쳐서 복종시키고, 모압 족속을 쳐서 복종시키고, 다시 수리아(아람)를 쳐서 승리한다. 다윗은 에돔을 정벌한다. 다윗이 어디를 가든지 여호와께서 이기게 하셨다. 여호와께서 이기게 하셔야 전쟁에 승리한다. 전쟁은 여호와께 속해 있다(삼상 17:47).

다윗은 통치 조직을 새롭게 한다. 군대 장관들을 세우고 제사장들을 세우고 사관들을 세워 나라를 다스리는 체계를 만든다. 이 땅에서 구원의 사역을 감당하는 교회는 정치조직이 필요하다. 하나님의 뜻대로 잘 조직되고 잘 치리해야 한다.

☙ 사무엘하 9장: 요나단의 아들 므비보셋을 선대한 다윗

사무엘하 9장에는 다윗이 요나단의 아들 므비보셋에게 사울 왕이 가졌던 모든 땅을 돌려줌으로 요나단과의 우정을 지킨 사건이 나온다. 성공하고 성공의 뒤를 돌아보며 은혜를 잊어버리지 않는 것이 신앙인의 올바른 자세다.

☙ 사무엘하 10-12장: 우리아의 전사, 밧세바를 취한 다윗, 밧세바가 낳은 아들의 죽음, 다윗의 회개

사무엘하 10장부터 12장까지에는 다윗이 암몬과 전쟁하여 마침내 그들을 물리치고 승리하는 사건이 기록된다. 그리고 이 전쟁 중 다윗이 충성스러운 신하 우리아의 아내 밧세바와 간음하고 우리아를 전쟁터에서 죽게 한 다윗의 죄를 기록한다.

다윗은 암몬 왕 나하스가 죽었을 때, 그의 아들 하몬 왕에게 조문 사절을 보낸다. 그러나 하몬 왕은 다윗의 조문 사절을 간첩으로 몰아 그들의 턱수염을 자르고 윗도리를 하체가 드러나도록 잘라 다윗에게 돌려보낸다. 그리고 그들은 군사를 일으켜 다윗 왕국을 공격한다.

다윗은 요압을 대장으로 삼아 암몬 군대를 공격하여 요압과 다윗의 군대는 어렵지만 마침내 암몬에게 항복을 받고 승리한다. 그리고 그 이웃의 작은 나라들을 속국으로 얻는다.

하닷에셀에게 속했던 왕들, 다윗 왕국의 주변에 있던 여러 제후들은 다윗의 막강한 세력을 보고 이스라엘과 화친을 청하여 이스라엘을 섬기게 된다.

이제 다윗 왕국, 곧 이스라엘의 지경이 유브라데강 유역까지 미치리라고 약속하셨던 하나님의 약속, 곧 아브라함에게 하셨고(창 15:18) 다시 여호수아에게 하셨던 약속이 마침내 성취된다. 하나님의 약속은 반드시 이 땅에서 성취된다. 우리의 영원한 영생의 약속도 반드시 천국에서 성취될 것이다.

다윗의 군대가 암몬의 군대와 치열하게 전투를 벌이는 때 다윗은 다윗 왕궁에서 큰 죄를 범한다.

암몬과 전쟁 중 다윗의 부하 요압과 온 이스라엘 군대는 암몬 자손을 멸하고 랍바를 포위한다.

또 한 해가 돌아와서 왕들이 출전할 때가 되었는데, 다윗은 예루살렘에서 저녁때에 그 침상에서 일어나(낮잠을 잔 것이다) 왕궁 지붕 위를 산책하다가 멀리서 한 여인(우리아의 아내 밧세바)이 목욕하는 것을 보고 탐심이 난다. 다윗은 사자를 보내어 그를 자기에게로 데려오게 하고 그와 더불어 동침하였고, 밧세바는 잉태하게 된다.

다윗은 밧세바가 잉태한 것을 우리아를 통해 잉태된 것으로 만들기 위해, 전쟁터에 있는 우리아를 불러와 아내 밧세바에 가게 한다. 그러나 우리아는 지금 전쟁터에 있는 장병들을 생각하며 자기 혼자 아내를 취할 수 없다고 아내 곁으로 가지 않고 궁에 머문다. 다윗은 다시 우리아에게 술을 먹게 하고 아내 곁으로 가게 하였지만 그 밤도 우리아는 왕궁에 머문다. 다윗은 암몬과 싸우고 있는 장군 요압에게 우리아를 전쟁에 앞장을 세워 죽게 하라는 편지를 써서 보낸다. 결국 우리아는 전사한다. 다윗은 우리아의 아내 밧세바를 자신의 아내로 취한다.

다윗은 완전 범죄에 성공한 것이다. 우리아는 전사했고 밧세바는 남편에 대한 예의로 장례를 다 마쳤다. 과부인 밧세바를 다윗이 아내로 맞이하는 것은 하나의 하자도 없는 일이었다. 그러나 이런 다윗의 소위가 하나님 앞에 악한 것이었다. 다윗은 사람은 속여도 하나님을 속일 수 없었다. 이 일은 우리 모두에게 해당하는 일이다. 어느 성도도 하나님까지 속일 수 없다. 우리는 늘 불꽃 같은 눈으로 나를 살피고 계신 하나님을 두려워하며 살아야 한다.

하나님이 나단 선지자를 다윗에게 보내실 때 다윗과 밧세바 사이에 태어난 아이가 있었다. 이 일 후 일 년이 지난 다음, 하나님은 나단 선지자를 다윗에게 보내어 그 죄를 꾸짖으신다.

나단 선지자는 다윗의 죄를 직접 꾸짖거나 지적하지 않고 아주 적절한 비유를 들어 말한다.

"여호와께서 나단을 다윗에게 보내시니 그가 다윗에게 가서 그에게 이르되 한 성읍에 두 사람이 있는데 한 사람은 부하고 한 사람은 가난하니 그 부한 사람은 양과 소가 심히 많으나 가난한 사람은 아무것도 없고 자기가 사서 기르는 작은 암양 새끼 한 마리뿐이라 그 암양 새끼는 그와 그의 자식과 함께 자라며 그가 먹는 것을 먹으며 그의 잔으로 마시며 그의 품에 누우므로 그에게는 딸처럼 되었거늘 어떤 행인이 그 부자에게 오매 부자가 자기에게 온 행인을 위하여 자기의 양과 소를 아껴 잡지 아니하고 가난한 사람의 양 새끼를 빼앗아다가 자기에게 온 사람을 위하여 잡았나이다 하니"(삼하 12:1-4).

다윗은 나단 선지자의 말을 듣고 하나님 앞에 맹세하며 이런 자는 마땅히 죽을 자라고 말한다. 나단 선지자는 다윗에게 이렇게 말한다.

"나단이 다윗에게 이르되 당신이 그 사람이라 이스라엘의 하나님 여호와께서 이와 같이 이르시기를 내가 너를 이스라엘 왕으로 기름 붓기 위하여 너를 사울의 손에서 구원하고 네 주인의 집을 네게 주고 네 주인의 아내들을 네 품에 두고 이스라엘과 유다 족속을 네게 맡겼느니라 만일 그것이 부족하였을 것 같으면 내가 네게 이것저것을 더 주었으리라 그러한데 어찌하여 네가 여호와의 말씀을 업신여기고 나 보기에 악을 행하였느냐 네가 칼로 헷 사람 우리아를 치되 암몬 자손의 칼로 죽이고 그의 아내를 빼앗아 네 아내로 삼았도다 이제 네가 나를 업신여기고 헷 사람 우리아의 아내를 빼앗아 네 아내로 삼았은즉 칼이 네 집에서 영원토록 떠나지 아니하리라 하셨고 여호와께서 또 이와 같이 이르시기를 보라 내가 너와 네 집에 재앙을 일으키고 내가 네 눈앞에서 네 아내를 빼앗아 네 이웃들에게 주리니 그 사람들이 네 아내들과 더불어 백주에 동침하리라 너는 은밀히 행하였으나 나는 온 이스라엘 앞에서 백주에 이 일을 행하리라 하셨나이다"(삼하 12:7-12).

하나님까지 속일 범죄는 없다.
나단 선지자는 하나님이 다윗에게 베푸신 큰 은혜를 말하고 다윗의 죄악을 지적하고 그에 대한 하나님의 징계를 말한다.
1. 다윗의 행위는 여호와의 말씀을 업신여긴 일이다.
2. 다윗의 집에 칼이 떠나지 않을 것이다.
3. 다윗의 처를 대낮에 다른 사람이 동침할 것이다.
4. 다윗이 밧세바를 통해 얻은 아이가 죽을 것이다.
다윗은 바로 하나님 앞에 자신의 죄를 자복하고 회개한다.
하나님이 밧세바에게서 난 아이를 치심으로 심히 앓게 되고 다윗은 뜰 안의 땅에 엎드려 식음을 전폐하고 하나님께 기도한다. 아이가 죽는다.

다윗의 수종자들이 이 슬픈 소식이 다윗에게 전해지면 어떻게 할까 걱정한다. 다윗이 알게 된다. 다윗은 일어나 몸을 씻고 의복을 정제하고 하나님 전에 들어가 경배하고 궁에 돌아와 음식을 배설하고 먹는다. 다윗의 수종자들이 다윗의 이런 행동을 이상하게 여긴다. 다윗이 이렇게 말한다.

"이르되 아이가 살았을 때에 내가 금식하고 운 것은 혹시 여호와께서 나를 불쌍히 여기사 아이를 살려 주실는지 누가 알까 생각함이어니와 시방은 죽었으니 어찌 금식하랴 내가 다시 돌아오게 할 수 있느냐 나는 저에게로 가려니와 저는 내게로 돌아오지 아니하리라"(삼하 12:22-23).

다윗은 자신의 기도가 응답되지 않고 아이가 죽었지만 하나님의 결정에 경배를 드린다. 믿음은 하나님이 주신 응답이 내 기도와 반대로 되어도 하나님의 응답에 감사하는 것이다.

다윗은 죽은 후 영원한 세계에서 아이를 만날 것을 믿는다. 믿음은 죽어도 영원한 하나님의 나라를 늘 소망하는 것이다.

다윗이 이 아이의 죽음과 나단 선지자를 통해 들은 하나님의 말씀 앞에 회개하고 철저하게 회개한 기도문이 시편 51편이다.

"(다윗의 시, 인도자를 따라 부르는 노래, 다윗이 밧세바와 동침한 후 선지자 나단이 그에게 왔을 때) 하나님이여 주의 인자를 따라 내게 은혜를 베푸시며 주의 많은 긍휼을 따라 내 죄악을 지워 주소서 나의 죄악을 말갛게 씻으시며 나의 죄를 깨끗이 제하소서 무릇 나는 내 죄과를 아오니 내 죄가 항상 내 앞에 있나이다 내가 주께만 범죄하여 주의 목전에 악을 행하였사오니 주께서 말씀하실 때에 의로우시다 하고 주께서 심판하실 때에 순전하시다 하리이다 내가 죄악 중에서 출생하였음이여 어머니가 죄 중에서 나를 잉태하였나이다 보소서 주께서는 중심이 진실함을 원하시오니 내게 지혜를 은밀히 가르치시리이다 우슬초로 나를 정결하게 하소서 내가 정하리이다 나의 죄를 씻어 주소서 내가 눈보다 희리이다 내게 즐겁고 기쁜 소리를 들려주시사 주께서 꺾으신 뼈들도 즐거워하게 하소서 주의 얼굴을 내 죄에서 돌이키시고 내 모든 죄악을 지워주소서 하나님이여 내 속에 정한 마음을 창조하시고 내 안에 정직한 영을 새롭게 하소서 나를 주 앞에서 쫓아내지 마시며 주의 성령을 내게서 거두지 마소서 주의 구원의 즐거움을 내게 회복시켜 주시고 자원하는 심령을 주사 나를 붙드소서 그리하면 내가 범죄자에게 주의 도를 가르치리니 죄인들이 주께 돌아오리이다 하나님이여 나의 구원의 하나님이여 피 흘린 죄에서 나를 건지소서 내 혀가 주의 의를 높이 노래하리이다 주여 내 입술을 열어 주소서 내 입이 주를 찬송하여 전파하리이다 주께서는 제사를 기뻐하지 아니하시나니 그렇지 아니하면 내가 드렸을 것이라 주는 번제를 기뻐하지 아니하시나이다 하나님께서 구하시는 제사는 상한 심령이라 하나님이여 상하고 통회하는 마음을 주께서 멸시하지 아니하시리이다 주의 은택으로 시온에 선을 행하시고 예루살렘 성을 쌓으소서 그때에 주께서 의로운 제사와 번제와 온전한 번제를 기뻐하시리니 그때에 그들이 수소를 주의 제단에 드리리이다"(시 51:1-19).

참회개는 내 모든 죄를 하나님께 자복하고 하나님의 인자하신 사랑을 의지하는 것이다. 다윗은 하나님 앞에 용서를 받는다. 다윗은 이 일로 죽지 않았고, 하나님은 나단 선지자를 통해 하나님이 용서하셨다고 말한다.

하나님은 다윗을 용서하셔서 왕권을 지켜주셨고 암몬과의 전쟁에 완전히 승리하게 하셨으며 밧세바를 통해 왕위를 이어갈 솔로몬(평화) 여디디아(하나님이 사랑하심)를 얻는다. 그러나 다윗의 집에는 하나님의 아주 무서운 징계가 뒤따른다.

☛ 사무엘하 13-19장: 다윗에게 임한 무서운 징계, 다말을 강간하고 압살롬에게 죽는 암논, 압살롬의 반역, 다윗의 후궁과 강간을 한 압살롬, 압살롬의 죽음, 시므이의 저주

여기에서는 하나님이 다윗에게 내린 무서운 징계로 다윗의 가정과 다윗에게 임한 고난의 사건이 기록된다.

다윗의 아들 암논이 이복누이 동생 다말을 강간한다. 다말의 오라비 압살롬이 암논을 죽인다. 압살롬이 반역을 일으켜 다윗이 울면서 기드론 시내를 건너 도망하게 되고 압살롬은 아버지의 후궁들을 취하여 백주에 강간한다. 다윗은 압살롬의 군대와 싸우게 된다. 이 전쟁에서 압살롬이 죽는다. 이 얼마나 무서운 징계인가.

다윗의 자녀들 간에 오라비가 여동생을 강제로 통간하는 일이 일어나고 이로 인해 한 아들이 다른 아들을 죽이는 일이 일어나고, 아들이 아버지 다윗에게 칼과 군사를 들어 반역하는 일이 일어나며 아들이 아버지 다윗의 후궁들을 취하여 백주에 강간하는 일이 일어난다. 하나님은 다윗의 죄를 용서하셨지만 다윗의 죄를 철저하게 징계하신다. 하나님이 내리는 징계는 하나님의 용서의 다른 길이다. 하나님의 용서는 법적인 것으로 용서하기 위해 징계가 따라온다. 죄는 이렇게 무서운 것이다. 정신 차리고 멀리해야 한다.

다윗이 압살롬의 반역을 피해 도망할 때 사울의 족속인 시므이가 다윗을 저주하며 욕을 한다. 다윗의 부하 아비새가 시므이를 죽이려 하지만 다윗은 이런 아비새를 말린다. 다윗이 이렇게 말한다.

"그가 저주하는 것은 여호와께서 그에게 다윗을 저주하라 하심이니 네가 어찌 그리하였느냐 할 자가 누구겠느냐 하고 또 다윗이 아비새와 모든 신하들에게 이르되 내 몸에서 난 아들도 내 생명을 해하려 하거든 하물며 이 베냐민 사람이랴 여호와께서 그에게 명하신 것이니 그가 저주하게 버려두라"(삼하 16:10-11).

다윗은 자신을 저주하고 욕하는 소리를 통해서도 하나님의 음성을 듣는다. 우리는 귀를 열어 사람의 말을 통해서 하시는 하나님의 말씀을 들으며 살아야 한다.

☙ 사무엘하 20장: 세바의 반란, 아마사를 죽인 요압

사무엘하 20장에는 사울의 족속 중 한 사람인 세바가 일으킨 반란, 다윗이 이 반란을 평정하지만 이런 와중에 요압이 아마사를 죽이는 사건이 기록된다. 요압은 이 사건으로 후에 솔로몬 왕에 의해 사형당한다. 평온할 때 늘 이런저런 어려움이 찾아오는 것이 세상사다. 우리는 평강 중에도 늘 조심하며 겸손하게 살아야 한다.

☙ 사무엘하 21장: 사울의 죄로 이스라엘에 임한 가뭄

사울이 오래전에 기브온 사람들을 살육함으로 무죄한 피를 흘렸을 뿐만 아니라 그들을 살해함으로, 이스라엘이 그들을 보호하겠다고 약속한 이스라엘의 거룩한 맹세를 깨뜨리는 일을 행했다. 이 일이 다윗의 왕국에 와서 온 이스라엘에 극심한 가뭄이라는 재앙으로 임한다. 다윗은 이 일의 이유를 하나님께 물어 사울이 기브온 백성에게 행한 죄 때문임을 알게 된다. 다윗은 기브온 사람들의 요구대로 사울 족속 사람들을 사형한다. 그리고 가뭄의 재앙에서 벗어난다. 선조들의 죄로 후손이 재앙을 받는 일은 억울해 보이지만 하나님이 죄를 해결하는 또 다른 섭리다. 우리는 우리 후손이 복을 받도록 살아야 한다.

☙ 사무엘하 22-23:7: 다윗의 감사 찬송

여기에는 다윗의 여호와를 향한 찬양이 실려 있다.
다윗은 하나님을 "이르되 여호와는 나의 반석이시요 나의 요새시요 나를 위하여 나를 건지시는 자시요 내가 피할 나의 반석의 하나님이시요 나의 방패시요 나의 구원의 뿔이시요 나의 높은 망대시요 그에게 피할 나의 피난처시요 나의 구원자시라 나를 폭력에서 구원하셨도다"(삼하 22:2-3)라고 찬송한다.

다윗은 여호와 하나님이 자신을 흉악에서, 원수들에게서, 사망의 물결에서, 불의의 창수에서, 사망의 올무에서, 강한 원수와 미워하는 자에게서 구원하여 주셨음을 찬양한다.

다윗은 천지를 능력으로 주관하시는 하나님을 찬양한다.

다윗은 자신이 여호와의 법을 지켰음을 찬양한다.

'하나님의 도는 완전하고 여호와의 말씀은 진실하니 그분은 자기에게 피하는 자에게 방패'라고 찬양한다.

"내가 주를 의뢰하고 적진으로 달리며 내 하나님을 의지하고 성벽을 뛰어넘나이다 하나님의 도는 완전하고 여호와의 말씀은 진실하니 그는 자기에게 피하는 모든 자에게 방패시로다 여호와 외에 누가 하나님이며 우리 하나님 외에 누가 반석이냐 하나님은 나의 견고한 요새시며 나를 안전한 곳으로 인도하시며 나의 발로 암사슴 발 같게 하시며 나를 나의 높은 곳에 세우시며 내 손을 가르쳐 싸우게 하시니 내 팔이 놋 활을 당기도다 주께서 또 주의 구원의 방패를 내게 주시며 주의 온유함이 나를 크게 하셨나이다 내 걸음을 넓게 하셨고 내 발이 미끄러지지 아니하게 하셨나이다 내가 내 원수를 뒤쫓아 멸하였사오며 그들을 무찌르기 전에는 돌이키지 아니하였나이다"(삼하 22:30-38).

다윗은 자신이 얻은 모든 승리가 다 여호와로 인한 것임을 고백하고 찬양한다.

"이스라엘의 하나님이 말씀하시며 이스라엘의 반석이 내게 이르시기를 사람을 공의로 다스리는 자, 하나님을 경외함으로 다스리는 자여 그는 돋는 해의 아침 빛 같고 구름 없는 아침 같고 비 내린 후의 광선으로 땅에서 움이 돋는 새 풀 같으니라 하시도다 내 집이 하나님 앞에 이같지 아니하냐 하나님이 나와 더불어 영원한 언약을 세우사 만사에 구비하고 견고하게 하셨으니 나의 모든 구원과 나의 모든 소원을 어찌 이루지 아니하시랴 그러나 사악한 자는 다 내버려질 가시나무 같으니 이는 손으로 잡을 수 없음이로다 그것들을 만지는 자는 철과 창자루를 가져야 하리니 그것들이 당장에 불살리리로다 하니라"(삼하 23:3-7).

감사와 찬송은 성도가 마땅히 행할 일이다(시 66:3, 8, 71:22, 104:33, 105:2, 106:48, 111:10, 113:1, 117:1, 135:3, 146:1, 12, 147:7, 148편).

하나님의 말씀은 우리에게 이렇게 권면한다.

"그리스도의 말씀이 너희 속에 풍성히 거하여 모든 지혜로 피차 가르치며 권면하고 시와 찬송과 신령한 노래를 부르며 감사하는 마음으로 하나님을 찬양하고"(골 3:16).

❧ 사무엘하 23:8-38: 다윗의 용사들의 업적

다윗의 위대한 용사들의 이름과 그들이 행한 업적들이 기록된다. 믿음으로 은혜로 구원받고 성화의 과정에서 우리가 주님께 어떤 일에 얼마나 성취했는가 하는 업적이 기록된다. 우리는 죽도록 충성해야 한다.

이 용사들 중 아비새와 브나야와 이름을 알 수 없는 용사, 이들 세 사람은 다윗이 베들레헴의 우물물을 몹시 먹고 싶어 했을 때 용감하게 위험을 무릅쓰고 블레셋의 진영을 뚫고 들어가 베들레헴에 있는 우물에서 물을 길어 온다(삼하 23:16). 다윗은 자기 부하 장수들이 비싼 희생을 치르고 베들레헴에서 길어온 물을 받았을 때, 그 물을 마시지 않고 '여호와께 부어드렸다'(삼하 23:16).

다윗은 이렇게 말한다.

"여호와여 내가 나를 위하여 결단코 이런 일을 하지 아니하리이다 이는 목숨을 걸고 갔던 사람들의 피가 아니니이까"(삼하 23:17).

세 용사의 사랑과 충성이 귀하고, 이 물을 마시지 않고 하나님께 돌려드린 다윗의 마음이 귀하다. 우리도 주님과 이런 사귐을 가져야 한다.

☙ 사무엘하 24장: 다윗의 교만으로 행한 인구조사

사무엘하 24장에는 다윗이 요압을 시켜 인구를 조사한 사건이 기록된다.

다윗의 인구조사는 교만과 자랑을 위한 것이므로 하나님 앞에 죄가 되었다. 다른 하나님의 말씀 역대상 21장 1절에서 다윗의 인구조사를 "사탄이 일어나 이스라엘을 대적하고 다윗을 동하여 이스라엘을 계수하게 한 것"이라고 기록하고 있다. 다윗은 인구조사가 끝난 후 자신이 한 일이 심히 미련한 잘못임을 깨닫고 회개한다. 성공 중에 교만은 아주 필연적으로 사람에게 따라온다. 늘, 늘 정신 차리고 겸손해야 한다.

다윗과 이스라엘 백성은 하나님 앞에 징계를 받는다. 하나님은 다윗에게 전쟁과 기근과 온역 중에서 한 가지를 선택하도록 하셨고 다윗은 '사람의 손에 빠지지 않기를 구하였고 자신을 하나님께' 맡겼다.

"여호와께서는 긍휼이 크시니 우리가 여호와의 손에 빠지고 내가 사람의 손에 빠지지 아니하기를 원하노라"(삼하 24:14).

이스라엘 백성에게 전염병이 퍼졌고 하나님의 징계가 내렸고 백성 가운데 죽은 자가 7만 명이었다.

다윗은 백성을 치는 천사를 보았고 "나는 범죄하였고, 악을 행하였거니와 이 양 무리는 무엇을 행하였나이까 청하건대 주의 손으로 나와 내 아버지의 집을 치소서" 회개한다.

다윗은 천사가 서 있었던 여부스 사람 아라우나의 타작마당을 은 50세겔로 샀고 거기에 제단을 쌓는다. 그리고 이 터는 후에 예루살렘 성전 터가 된다.

다윗의 범죄로 이스라엘 백성이 징계를 받는다. 지도자의 죄는 자신뿐 아니라 백성에게 재앙을 가져온다. 지도자들은 늘 경성해야 한다.

다윗의 범죄로 죽은 7만 명의 억울함을 어찌해야 하는가?(민수기 17장, p. 404. 억울한 죽음 참조)

* 구원사적으로 본 사무엘하

사무엘하서는 사울 왕이 죽고 다윗이 40년간 통치한 역사를 기록하고 있다.

다윗 왕은 그리스도를 예표하고 다윗 왕국은 천국을 예표한다. 그러나 다윗은 그리스도를 어떤 면에서 예표할 뿐 그리스도는 아니다. 그에게는 많은 잘못과 약점이 있다. 다윗이 우리아를 죽이고 그의 아내 밧세바를 자신의 아내로 취한 것은 하나님의 말씀을 업신여긴 죄로 다윗은 하나님께 용서받았음에도 아주 끔찍한 징계를 받았다. 구원받은 성도의 죄는 그리스도 안에 용서받아 심판의 대상은 아니지만, 징계의 대상이 된다. 무서운 징계를 받지 말고 죄를 멀리해야 한다.

다윗의 위대함은 회개하는 것이다. 성도가 세상 사람과 다른 점은 회개할 수 있고 회개하는 것이다. 받아가는 구원인 성화의 과정에서 성도는 늘 회개하며 살아가야 한다.

다윗은 자신의 성공과 승리가 하나님이 주신 은혜임을 알고 감사하는 사람이다. 우리는 늘 성공과 승리가 하나님이 주신 것임을 잊지 말아야 한다.

열왕기상

☙ 열왕기상 1-2장: 다윗의 죽음, 다윗의 유언을 잘 수행한 솔로몬

열왕기상 1, 2장에는 다윗의 죽음 그리고 다윗을 이어 솔로몬이 왕이 되어 아버지 다윗의 유언을 잘 수행한 사건을 기록하고 있다.

다윗 왕이 늙고 연약해졌다. 이때 다윗의 처, 학깃에게서 난 아들 아도니야가 군대장관 요압과 제사장 아비아달과 공모하여 에느로겔 근방 소헬렛, 바위 곁에서 양과 소와 살찐 송아지를 잡고, 많은 사람을 초청하여 왕이 되려고 획책한다. 이 아도니야는 압살롬 다음에 태어난 다윗의 아들로, 압살롬이 죽었기 때문에 다윗의 장자였다.

나단 선지자를 통해 이 소식을 전해들은 다윗은 제사장 사독과 선지자 나단과 여호야다의 아들 브나야에게 명하여 솔로몬을 왕으로 기름 부어 세우게 한다.

아도니야를 따르던 무리들이 해산되고 아도니야는 솔로몬 왕에게 생명을 구하고 솔로몬은 아도니야에게 악하지 않으면 살 것이라고 말하며 집으로 보낸다.

다윗은 왕이 되어 40년 동안 위대한 다윗 왕국 이스라엘을 세우고 죽는다. 다윗은 솔로몬에게 유언을 남긴다.

1) 하나님 여호와의 명령을 지켜 그 길로 행하여 그 법률과 계명과 율례와 증거를 모세의 율법에 기록된 대로 지키라.

2) 태평한 때 아브넬과 아마사를 죽인 군대장관 요압의 죄를 벌하라.

3) 바실래의 후손들에게 은총을 베풀라.

4) 시므이로 그 백발이 피 가운데 음부에 가게 하라.

다윗은 죽으면서도 압살롬에게 쫓겨 가는 어려운 때, 스스로 나와서 도와준 바실래의 은혜를 기억했고, 요압과 시므이의 잘못을 기억하였다.

우리가 인생을 살아가는 중 이렇게 요압이나 시므이같이, 다른 사람의 마음에 아픔이 맺히게 해서는 안 된다. 바실래같이 은혜로 기억되도록 선하게 살아야 한다.

솔로몬은 왕이 되어 아도니야를 왕으로 세우려 했던 제사장 아비아달은 아버지 다윗과 평생을 함께한 공로를 인정하여 고향으로 가게 하고, 요압과 시므이를 처형한다.

아도니야는 분수에 넘게, 아버지 다윗을 마지막으로 돌보아주던 아버지의 후궁, 수넴 여인 아비삭을 구하여 이 일로 사형당한다.

☛ 열왕기상 3장: 솔로몬의 일천번제, 솔로몬의 기도와 하나님의 축복, 솔로몬의 재판

열왕기상 3장에는 솔로몬이 왕이 된 후, 하나님의 성막이 있는 기브온에 올라가 일천번제를 드리고, 자신의 꿈 중에 나타나신 하나님께 지혜를 구하여, 솔로몬 왕이 하나님으로부터 지혜와 부귀와 장수의 축복을 받은 사실, 그리고 솔로몬이 어려운 문제를 지혜로 재판한 사건을 기록하고 있다.

솔로몬이 드린 일천번제는 4절에 나오고 15절에는 솔로몬이 하나님께 번제와 감사제를 드리고 신하들을 위하여 잔치를 차렸다고 기록하고 있다. 여기서 일천번제는 일천 번 드린 번제가 아니라 일천 마리(셀 수 없이 많은)의 번제물을 드린 것이다. 솔로몬은 왕으로 하나님께 올라가 정성을 다해 많은 제물로 번제를 드렸고, 꿈에 하나님이 솔로몬을 만나 솔로몬이 구한 지혜와 구하지 않은 부귀, 장수의 복을 주셨음을 감사해서 다시 더 많은 제물로 제사하고 잔치하였다. 이 말이 일천번제다. 그리고 이 말의 뜻은 솔로몬 왕이 일천 번의 번제를 드린 것이 아니라 아주 많은 제물, 수천 마리의 제물을 드렸다는 뜻이다.

솔로몬이 밤중까지 번제를 드리고 잠이 들었을 때 하나님은 그의 꿈에 나타나 솔로몬을 만나주셨다.

이 꿈은 보통 우리가 꾸는 꿈같이 하나님의 계시와 전혀 상관이 없는 헛된 꿈이 아니라 하나님이 그의 선지자들에게 꿈으로, 혹은 환상으로 종종 말씀하신 것 같은(민 12:6) 특별한 꿈으로 하나님이 인간에게 특별하게 계시를 주시는 꿈이다.

성자 예수님의 탄생과정에도 하나님은 요셉에게 꿈으로 계시하셨다.

그러나 지금은 완전한 하나님의 말씀인 신구약 성경이 우리에게 완전하게 있기에 우리는 꿈으로 하나님이 내게 어떤 것을 계시해주실 것을 기대해서는 안 된다. 혹 하나님이 지금도 꿈으로 계시하실 수 있지만 이 꿈이 성경말씀과 어긋나는 것이라면, 이 꿈은 하나님의 계시가 아니다. 우리는 하나님의 말씀에 무엇을 더해도 안 되고 제하여도 안 된다(계 22:18-19).

꿈에 솔로몬에게 다가오신 하나님은 솔로몬에게 "내가 네게 무엇을 줄꼬, 너는 구하라"라고 말씀하신다. 솔로몬은 하나님께 이렇게 대답한다.

"이르되 주의 종 내 아버지 다윗이 성실과 공의와 정직한 마음으로 주와 함께 주 앞에서 행하므로 주께서 그에게 큰 은혜를 베푸셨고 주께서 또 그를 위하여 이 큰 은혜를 항상 주사 오늘과 같이 그의 자리에 앉을 아들을 그에게 주셨나이다 나의 하나님 여호와여 주께서 종으로 종의 아버지 다윗을 대신하여 왕이 되게 하셨사오나 종은 작은 아이라 출입할 줄을 알지 못하고 주께서 택하신 백성 가운데 있나이다 그들은 큰 백성이라 수효가 많아서 셀 수도 없고 기록할 수도 없사오니 누가 주의 이 많은 백성을 재판할 수 있사오리이까 듣는 마음을 종에게 주사 주의 백성을 재판하여 선악을 분별하게 하옵소서"(왕상 3:6-9).

솔로몬의 이 기도는 하나님의 마음에 든 기도였다(왕상 3:10). 하나님은 솔로몬에게 이렇게 대답하신다.

"네가 이것을 구하도다 자기를 위하여 장수하기를 구하지 아니하며 부도 구하지 아니하며 자기 원수의 생명을 멸하기도 구하지 아니하고 오직 송사를 듣고 분별하는 지혜를 구하였으니 내가 네 말대로 하여 네게 지혜롭고 총명한 마음을 주노니 네 앞에도 너와 같은 자가 없었거니와 네 뒤에도 너와 같은 자가 일어남이 없으리라 내가 또 네가 구하지 아니한 부귀와 영광도 네게 주노니 네 평생에 왕들 중에 너와 같은 자가 없을 것이라 네가 만일 네 아버지 다윗이 행함같이 내 길로 행하며 내 법도와 명령을 지키면 내가 또 네 날을 길게 하리라"(왕상 3:11-14).

1. 솔로몬의 기도가 주는 교훈

첫째, 솔로몬은 하나님께 번제를 드리고 하나님을 만난다. 성도는 예배를 드리며, 예배를 통해 하나님의 음성을 들으며 예배 후에 하나님의 음성을 따르며 살아가야 한다.

둘째, 하나님의 마음에 드는 기도는 절대 겸손의 기도다. 솔로몬은 아버지 다윗이 받은 은총과 자신이 왕이 된 은총을 감사하며 자신을 '작은 아이'로, '출입을 분별할 수 없는 아이'라는 겸손한 태도로 기도한다.

셋째, 솔로몬은 백성을 잘 재판하고 인도할 수 있는 지혜를 구한다. 우리가 하나님 앞에 지혜를 얻으면 모든 것을 더 가지게 된다.

솔로몬은 지혜와 부귀 영광도 얻게 되고 하나님의 길로 행할 때 장수도 약속받는다.

2. 솔로몬의 재판

한집에 함께 살았던 이 두 여자는 사흘 차이로 각기 아들을 낳았다(왕상 3:17-18).

그중 한 여자가 밤중에 자기 아이를 깔아 죽이고 죽은 아이를 다른 아이와 바꾸었다(왕상 3:19-20). 아이를 빼앗긴 여자는 곧 그 사실을 알았고 아이를 찾으려고 재판관에게 호소하게 되었다(왕상 3:21). 그리고 이 재판건이 솔로몬에게까지 왔다. 문제는 누가 이 산 아이의 어미인가 하는 것이었다. 두 여자는 맹렬하게 살아 있는 아이가 자신의 아들이라고 주장했다.

솔로몬은 칼을 가져다가 이 산 아이를 반으로 쪼개어 두 여인에게 나누어 주라고 명하였고 이 아이의 친어머니는 그러면 안 된다고 말하며 이 아이를 산 채로 다른 여인에게 주라고 호소하지만, 거짓 어머니는 그렇게 하라고 말한다.

솔로몬은 아이를 살리려는 어머니가 아이의 친어머니라고 판단하고, 이 여인에게 아이를 주라고 명한다.

백성들은 솔로몬의 지혜로운 판결을 보고 왕을 두려워하게 된다. 우리는 어린아이같이 미련한 존재다. 하나님께 늘 지혜를 구하며 구원의 길을 가야 한다.

❧ 열왕기상 4장: 솔로몬의 치세, 나라의 번성

열왕기상 4장은 솔로몬이 왕이 되어 정부 조직을 새롭게 하고 나라를 태평성대로 이끈 기록이다.

그 나라의 영토는 넓었고 주변 국가에서 들여오는 조공물이 많았다. 주변의 여러 국가에서 자진해서 이스라엘 왕국의 속국이 되었다. 유브라데강 동북쪽에서부터 애굽 지경 서쪽에 이르기까지의 모든 왕들이 솔로몬 왕을 섬기고 그에게 공물을 바쳤다.

솔로몬 왕의 치하에서 나라의 신하들과 백성들은 중다했고 그래서 바닷가의 모래와 같았다.

백성들은 풍족히 쓰는 가운데서 즐거워하였다(왕상 4:20).

솔로몬의 지혜와 덕이 당시 세계 만민에게 전해지고 모든 사람이 솔로몬을 칭송하였다.

❧ 열왕기상 5-9장: 솔로몬의 성전 건축, 왕궁 건축, 성전 봉헌, 하나님의 축복

열왕기상 5장에서 9장까지에 솔로몬이 성전을 건축하고 왕궁을 건축하여 하나님의 성전에 하나님의 궤를 옮기고 온 백성에게 축복하여 온 나라에 감사와 은혜가 넘친 기사가 나온다.

솔로몬은 성전 건축과 궁궐 건축에 필요한 재목과 이 재목을 잘 다룰 수 있는 일을 위해 두로의 히람 왕에게 도움을 요청하고 조약을 맺었고 3만 명의 일꾼, 3백 명의 감독관을 세워, 성전 건축에 필요한 재료를 준비한다.

솔로몬은 이스라엘 백성이 애굽에서 나온 후 480년 만에, 왕이 된 지 4년 되는 해 둘째 달에 성전 건축을 시작하여(왕상 6:1) 7년 6개월 만에 성전 건축을 마친다(왕상 6:38). 솔로몬은 성전이 건축된 후 다시 13년에 걸쳐 자신이 거하는 왕궁을 건축하였다(왕상 7:1).

솔로몬은 성전 안의 모든 성물들을 다 백향목과 금과 놋과 철로 만들어, 놓일 자리에 놓고 하나님의 궤를 운반하여 지성소에 모신다. 이때 구름이 여호와의 성전에 가득하였고 여호와의 영광이 여호와의 성전에 가득하였다. 솔로몬은 지성소에 하나님의 궤를 모신 후 이렇게 말한다.

"여호와께서 캄캄한 데 계시겠다 말씀하셨사오나 내가 참으로 주를 위하여 계실 성전을 건축하였사오니 주께서 영원히 계실 처소로소이다 하고 얼굴을 돌이켜 이스라엘의 온 회중을 위하여 축복하니 그때에 이스라엘의 온 회중이 서 있더라 왕이 이르되 이스라엘의 하나님 여호와를 송축할지로다 여호와께서 그의 입으로 내 아버지 다윗에게 말씀하신 것을 이제 그의 손으로 이루셨도다 이르시기를 내가 내 백성 이스라엘을 애굽에서 인도하여 낸 날부터 내 이름을 둘 만한 집을 건축하기 위하여 이스라엘 모든 지파 가운데에서 아무 성읍도 택하지 아니하고 다만 다윗을 택하여 내 백성 이스라엘을 다스리게 하였노라 하신지라 내 아버지 다윗이 이스라엘의 하나님 여호와의 이름을 위하여 성전을 건축할 마음이 있었더니 여호와께서 내 아버지 다윗에게 이르시되 네가 내 이름을 위하여 성전을 건축할 마음이 있으니 이 마음이 네게 있는 것이 좋도다 그러나 너는 그 성전을 건축하지 못할 것이요 네 몸에서 낳을 네 아들 그가 내 이름을 위하여 성전을 건축하리라 하시더니 이제 여호와께서 말씀하신 대로 이루시도다 내가 여호와께서 말씀하신 대로 내 아버지 다윗을 이어서 일어나 이스라엘의 왕위에 앉고 이스라엘의 하나님 여호와의 이름을 위하여 성전을 건축하고 내가 또 그곳에 우리 조상들을 애굽 땅에서 인도하여 내실 때에 그들과 세우신 바 여호와의 언약을 넣은 궤를 위하여 한 처소를 설치하였노라"(왕상 8:12-21).

솔로몬은 여호와의 이름을 송축한다.

성전은 솔로몬이 지었지만 하나님이(그의 손이) 이루신 것이라 말한다.

이 성전은 하나님이 다윗 왕에게 약속하신 언약대로 이루신 것임을 밝힌다.

솔로몬의 성전 봉헌 기도(왕상 8:23-52)

솔로몬은 그의 기도에서 먼저 그는 하나님이 베푸시는 크신 은총을 찬송한다. 주께서 행하신 일들과 특별히 다윗의 집에 행하신 일들에 대해서 하나님께 감사를 드린다. 솔로몬은 하나님이 전에 약속하신 자비를 그와 그의 집에 계속하여 베푸실 것을 간구한다. 솔로몬은 자신이 지은 성전이 크신 하나님께는 아무것도 아님을 고백한다.

"하나님이 참으로 땅에 거하시리이까 하늘과 하늘들의 하늘이라도 주를 용납하지 못하겠거든 하물며 내가 건축한 이 성전이오리이까"(왕상 8:27).

솔로몬은 그래도 이 성전에서, 성전을 향해 비는 모든 기도에 하나님이 응답해주실 것을 기도한다(왕상 8:30-53).

모든 백성과 솔로몬 왕은 여호와의 성전 앞뜰 가운데를 거룩히 구별하고 거기서 번제와 소제와 감사제물의 기름으로 제사를 드린다.

하나님은 솔로몬의 기도와 백성들의 제사를 받으시고 기브온에서 꿈에 솔로몬에게 나타나셨던 것같이 다시 솔로몬에게 나타나시어 응답하신다.

"여호와께서 전에 기브온에서 나타나심같이 다시 솔로몬에게 나타나사 여호와께서 그에게 이르시되 네 기도와 네가 내 앞에서 간구한 바를 내가 들었은즉 나는 네가 건축한 이 성전을 거룩하게 구별하여 내 이름을 영원히 그곳에 두며 내 눈길과 내 마음이 항상 거기에 있으리니 네가 만일 네 아버지 다윗이 행함같이 마음을 온전히 하고 바르게 하여 내 앞에서 행하며 내가 네게 명령한 대로 온갖 일에 순종하여 내 법도와 율례를 지키면 내가 네 아버지 다윗에게 말하기를 이스라엘의 왕위에 오를 사람이 네게서 끊어지지 아니하리라 한 대로 네 이스라엘의 왕위를 영원히 견고하게 하려니와 만일 너희나 너희의 자손이 아주 돌아서서 나를 따르지 아니하며 내가 너희 앞에 둔 나의 계명과 법도를 지키지 아니하고 가서 다른 신을 섬겨 그것을 경배하면 내가 이스라엘을 내가 그들에게 준 땅에서 끊어 버릴 것이요 내 이름을 위하여 내가 거룩하게 구별한 이 성전이라도 내 앞에서 던져버리리니 이스라엘은 모든 민족 가운데에서 속담 거리와 이야깃거리가 될 것이며 이 성전이 높을지라도 지나가는 자마다 놀라며 비웃어 이르되 여호와께서 무슨 까닭으로 이 땅과 이 성전에 이같이 행하셨는고 하면 대답하기를 그들이 그들의 조상들을 애굽 땅에서 인도하여 내신 그들의 하나님 여호와를 버리고 다른 신을 따라가서 그를 경배하여 섬기므로 여호와께서 이 모든 재앙을 그들에게 내리심이라 하리라"(왕상 9:2-9).

하나님이 솔로몬에게 응답하신 하나님의 말씀에는 "만일 네 아버지 다윗이 행함같이 마음을 온전히 하고 바르게 하여 내 앞에서 행하며 내가 네게 명령한 대로 온갖 일에 순종하여 내 법도와 율례를 지키면" 하는 조건이 따랐고 불순종할 때 임할 저주의 약속이 함께 있다.

성도가 믿음으로 승리하는 축복은 하나님의 말씀에 순종함으로만 가능하다. 성도가 하나님의 말씀에 불순종하면 화를 받게 된다.

☘ 열왕기상 9-10장: 솔로몬이 받은 축복과 번영

이 말씀에는 솔로몬이 하나님 앞에 받은 큰 축복을 기록한다.

솔로몬이 누린 영화는 은을 돌같이, 백향목을 평지의 뽕나무같이 흔하게 하였다(왕상 10:27)는 표현에 요약되어 있다. 솔로몬은 1,000명의 처첩을 두었다.

"왕은 후궁이 칠백 명이요 첩이 삼백 명이라 그의 여인들이 왕의 마음을 돌아서게 하였더라"(왕상 11:3).

솔로몬의 이때의 영화를 전도서에서는 이렇게 말한다.

"내가 내 마음으로 깊이 생각하기를 내가 어떻게 하여야 내 마음을 지혜로 다스리면서 술로 내 육신을 즐겁게 할까 또 내가 어떻게 하여야 천하의 인생들이 그들의 인생을 살아가는 동안 어떤 것이 선한 일인지를 알아볼 때까지 내 어리석음을 꼭 붙잡아 둘까 하여 나의 사업을 크게 하였노라 내가 나를 위하여 집들을 짓고 포도원을 일구며 여러 동산과 과원을 만들고 그 가운데에 각종 과목을 심었으며 나를 위하여 수목을 기르는 삼림에 물을 주기 위하여 못들을 팠으며 노비들을 사기도 하였고 나를 위하여 집에서 종들을 낳기도 하였으며 나보다 먼저 예루살렘에 있던 모든 자들보다도 내가 소와 양 떼의 소유를 더 많이 가졌으며 은금과 왕들이 소유한 보배와 여러 지방의 보배를 나를 위하여 쌓고 또 노래하는 여자들과 인생들이 기뻐하는 처들을 많이 두었노라 내가 이같이 창성하여 나보다 먼저 예루살렘에 있던 모든 자들보다 더 창성하니 내 지혜도 내게 여전하도다 무엇이든지 내 눈이 원하는 것을 내가 금하지 아니하며 무엇이든지 내 마음이 즐거워하는 것을 내가 막지 아니하였으니 이는 나의 모든 수고를 내 마음이 기뻐하였음이라 이것이 나의 모든 수고로 말미암아 얻은 몫이로다"(전 2:3-10).

그러나 이런 부귀영화 속에 솔로몬은 점점 하나님에게서 멀어져 하나님의 성전에서 이방의 우상을 섬기게 되는 큰 죄악을 범하게 된다. 하나님은 이렇게 말씀하신다.

"그는(왕 된 자는) 병마를 많이 두지 말 것이요 병마를 많이 얻으려고 그 백성을 애굽으로 돌아가게 하지 말 것이니 이는 여호와께서 너희에게 이르시기를 너희가 이 후에는 그 길로 다시 돌아가지 말 것이라 하셨음이며 그에게 아내를 많이 두어 그의 마음이 미혹되게 하지 말 것이며 자기를 위하여 은금을 많이 쌓지 말 것이니라"(신 17:16-17).

부귀영화는 복이다. 그러나 성도 누구나 부귀영화는 아주 위험하다. 다윗도 솔로몬도 이 지점에서 넘어진다. 스스로 섰다 하는 자는 넘어질까 조심해야 한다(고전 10:12)..

☙ 열왕기상 11장: 우상을 섬긴 솔로몬, 솔로몬에게서 열 지파를 빼앗아 여로보암에게 줄 것을 예고한 아히야

솔로몬은 아버지 다윗이 여호와를 온전히 따름같이 따르지 아니하고 모압의 가증한 그모스를 위하여 예루살렘 앞산에 산당을 지었고 또 암몬 자손의 가증한 몰록을 위하여 그와 같이 하였으며 그가 또 그의 이방 여인들을 위하여 다 그와 같이 하였다. 솔로몬이 마음을 돌려 이스라엘의 하나님 여호와를 떠나므로 여호와께서 그에게 진노하셨다. 하나님이 솔로몬에게 이렇게 말씀하신다.

"네가 내 언약과 내가 네게 명령한 법도를 지키지 아니하였으니 내가 반드시 이 나라를 네게서 빼앗아 네 신하에게 주리라 그러나 네 아버지 다윗을 위하여 네 세대에는 이 일을 행하지 아니 하고 네 아들의 손에서 빼앗으려니와 오직 내가 이 나라를 다 빼앗지 아니하고 내 종 다윗과 내가 택한 예루살렘을 위하여 한 지파를 네 아들에게 주리라"(왕상 11:11-13).

솔로몬은 말년에 에돔 사람 하닷의 반역을 만나게 되고 엘리아다의 아들 르손이, 그리고 여로보암이 일으킨 반란을 만난다. 그리고 이 모든 일이 여호와로 말미암은 일이었다. 성도가 하나님을 떠나면 이런저런 대적을 만나게 된다. 성도는 구원받은 후 말씀을 바로 지켜가며 성화를 이루어야 한다.

실로 사람 선지자 아히야가 하나님이 솔로몬에게서 열 지파를 빼앗아 다윗의 혈통과 전혀 상관이 없는 솔로몬의 부하인 여로보암에게 줄 것과, 다윗을 위하여 한 지파를 주리라고 예언한다. 솔로몬의 죄가 솔로몬의 아들 르호보암 시대에 위대한 다윗 왕국이 남왕국 유다와 북왕국 이스라엘로 나누어진다. 하나님이 다윗에게서 열 지파를 빼앗지만, 남왕국 유다를 통해 다윗의 왕국을 보존하시는 것은 인간의 죄가 하나님의 구원 섭리를 막을 수 없음을 가르쳐준다. 르호보암에게서 다윗 왕국이 끝나면 다윗의 후손으로 오실 그리스도의 맥이 끊어지게 된다. 하나님의 구원의 섭리는 영원까지 계속되는 것이다.

☙ 열왕기상 12-13장: 르호보암의 치세, 왕국의 분열, 여로보암의 치세

여기에 솔로몬의 아들 르호보암의 치세, 통일왕국의 분열과 북왕국 여로보암의 치세가 기록된다.

솔로몬 왕의 아들 르호보암이 왕이 되고 나라가 분열된다. 르호보암에게는 유다 지파와 베냐민 지파만 남게 되고 다른 열 지파는 북왕국 여로보암에게 속하게 된다. 이 왕국 분열 사건에 르호보암의 미련한 결정이 계기가 되지만 이 일은 여호와로 말미암은 일이다(왕상 12:15, 24). 이 일은 솔로몬 왕이 말년에 하나님의 법도를 버리고 우상을 섬긴 죄의 결과였다 (왕상 11:33-34).

"그 즈음에 여로보암이 예루살렘에서 나갈 때에 실로 사람 선지자 아히야가 길에서 그를 만나니 아히야가 새 의복을 입었고 그 두 사람만 들에 있었더라 아히야가 자기가 입은 새 옷을 잡아 열두 조각으로 찢고 여로보암에게 이르되 너는 열 조각을 가지라 이스라엘의 하나님 여호와의 말씀이 내가 이 나라를 솔로몬의 손에서 찢어 빼앗아 열 지파를 네게 주고 오직 내 종 다윗을 위하고 이스라엘 모든 지파 중에서 택한 성읍 예루살렘을 위하여 한 지파를 솔로몬에게 주리니 이는 그들이 나를 버리고 시돈 사람의 여신 아스다롯과 모압의 신 그모스와 암몬 자손의 신 밀곰을 경배하며 그의 아버지 다윗이 행함 같지 아니하여 내 길로 행하지 아니하며 나 보기에 정직한 일과 내 법도와 내 율례를 행하지 아니함이니라 그러나 내가 택한 내 종 다윗이 내 명령과 내 법도를 지켰으므로 내가 그를 위하여 솔로몬의 생전에는 온 나라를 그의 손에서 빼앗지 아니하고 주관하게 하려니와 내가 그의 아들의 손에서 나라를 빼앗아 그 열 지파를 네게 줄 것이요 그의 아들에게는 내가 한 지파를 주어서 내가 거기에 내 이름을 두고자 하여 택한 성읍 예루살렘에서 내 종 다윗이 항상 내 앞에 등불을 가지고 있게 하리라 내가 너를 취하리니 너는 네 마음에 원하는 대로 다스려 이스라엘 위에 왕이 되되 네가 만일 내가 명령한 모든 일에 순종하고 내 길로 행하며 내 눈에 합당한 일을 하며 내 종 다윗이 행함같이 내 율례와 명령을 지키면 내가 너와 함께 있어 내가 다윗을 위하여 세운 것같이 너를 위하여 견고한 집을 세우고 이스라엘을 네게 주리라 내가 이로 말미암아 다윗의 자손을 괴롭게 할 것이나 영원히 하지는 아니하리라 하셨느니라 한지라"(왕상 11:29-39).

  나라의 분열과 통일, 부흥과 멸망 이 모두가 하나님의 장중에 있다. 하나님이 주신 축복은 하나님의 약속을 따를 때까지 유효하다. 그래서 하나님이 다윗과 솔로몬에게 주신 축복의 약속에 늘 그들이 '나의(하나님의) 법도를 순종하고 하나님을 경외할 때'라는 조건이 따랐다(왕상 9:4, 11:38).
  하나님은 여로보암에게 열 지파를 주어 왕이 되게 하지만 르호보암에게 유다와 베냐민 지파를 주셔서 다윗의 왕위를 계승하게 하신다. 유다 왕국 다윗의 후손을 통해 그리스도가 오실 구속사를 이루고자 하시는 것이다.

다윗의 혈통과 전혀 상관이 없는 여로보암

여로보암은 솔로몬의 부하 장교였다(왕상 11:26). 여로보암은 북왕국 이스라엘의 왕이 된 다음, 두 금송아지 우상을 만들어 벧엘과 단에 두고 하나님과 상관없는 절기를 만들어 백성으로 경배하게 하는 죄를 범한다.

☙ 열왕기상 13장: 두 선지자 사건

하나님은 여로보암의 죄를 책망하려고 유다에서 한 선지자를 여로보암에게 보내신다. 이 선지자는 여로보암이 벧엘에 있는 제단에서 우상에게 경배를 드리는 중 찾아가 여로보암의 죄를 꾸짖고 재앙을 선포하며 징조를 말한다. 그리고 선지자의 말대로 징조가 이루어져 제단이 갈라지고 재가 쏟아진다. 여로보암은 손을 들어 이 제사장을 체포하라고 명령하지만 들었던 손이 말라져 다시 되돌리지 못하게 된다. 여로보암은 제사장에게 구하여 팔이 회복된다. 이 선지자는 여로보암의 대접을 뿌리치고 하나님의 말씀대로 마시지도 먹지도 않고 유다로 내려간다.

벧엘에 사는 늙은 선지자가 이 선지자를 만나 자신도 선지자임을 밝히고 하나님의 명하심이라고 말하며 이 선지자에게 먹을 것을 제공한다. 유다에서 온 선지자가 먹을 때 이 늙은 선지자는 하나님의 이름으로 하나님의 명을 어기고 베델에서 음식을 먹은 선지자를 꾸짖었고, 결국 유다의 선지자는 유다로 돌아가는 길에 사자에게 물려 죽는다.

내가 받은 하나님의 말씀 외에 다른 선지자의 말을 따라 하나님의 명을 어기고 벧엘에서 음식을 먹은 선지자의 죽음은 다른 사람을 통해 들은 하나님의 말씀으로 내가 들은 하나님의 말씀을 거역한 잘못을 깨우쳐 주는 말씀이다. 예수 그리스도를 믿어야만 구원 얻는 것이 아니라 구원받는 길에는 여러 길이 있다고 말하는 종교다원주의는, 성령으로 기록된 하나님의 말씀을 인간의 말로 바꿔놓은 거짓 선지자의 속삭임이다. 성도는 이런 거짓 선지자의 말을 단호하게 배척하고 온전한 하나님의 말씀으로 돌아가야 한다.

벧엘에 사는 늙은 선지자가 왜 거짓말로 유다에서 온 선지자에게 먹을 것을 권유했는가, 하는 것은 질문이 될 수는 있지만 성경은 구원을 가르쳐주는 말씀으로 구원에는 내가 하나님으로부터 받은 복음, 기록된 말씀만을 따라야 할 것을 이 사건이 가르쳐준다.

☙ 열왕기상 14-16장: 북왕국 여로보암, 아비야의 죽음, 남왕국 르호보암의 죽음, 아비야, 아사, 여호사밧의 치세, 북왕국 바아사, 시므리, 오므리의 죽음, 왕이 되는 아합

열왕기상 14장 이하에는 여로보암이 죽기까지의 이야기와 그의 아들 아비야가 병든 사건과 남왕국 르호보암과 아비야, 아사, 여호사밧의 치세를 기록한다. 여로보암의 아내는 아들 아비야가 중병에 걸리자 이 일을 선지자에게 물으려고 변장을 하고 가지만 하나님의 사람 선지자 아히야는 여로보암의 죄를 꾸짖고 아비야의 죽음을 예고한다. 그리고 선지자의 말대로 아비야는 죽는다. 하나님의 꾸지람은 무서웠다.

"이스라엘의 하나님 여호와의 말씀이 내가 너를 백성 중에서 들어 내 백성 이스라엘의 주권자가 되게 하고 나라를 다윗의 집에서 찢어내어 네게 주었거늘 너는 내 종 다윗이 내 명령을 지켜 전심으로 나를 따르며 나 보기에 정직한 일만 행하였음과 같지 아니하고 네 이전 사람들보다도 더 악을 행하고 가서 너를 위하여 다른 신을 만들며 우상을 부어 만들어 나를 노엽게 하고 나를 네 등 뒤에 버렸도다 그러므로 내가 여로보암의 집에 재앙을 내려 여로보암에게 속한 사내는 이스라엘 가운데 매인 자나 놓인 자나 다 끊어 버리되 거름 더미를 쓸어버림같이 여로보암의 집을 말갛게 쓸어버릴지라 여로보암에게 속한 자가 성읍에서 죽은즉 개가 먹고 들에서 죽은즉 공중의 새가 먹으리니 이는 여호와께서 말씀하셨음이니라"(왕상 14:7-11).

남왕국 유다의 르호보암은 하나님을 버리고 우상을 섬김으로 나라에 전쟁과 배반이 생기고 결국 왕이 된 후 22년 만에 죽고 그의 아들 아비얌이 유다의 왕이 된다. 하나님의 장중에 나라와 왕과 모든 사람의 생사화복이 달려 있다. 구원받은 성도는 하나님을 경외하며 살아야 한다. 열왕기상 15장에는 르호보암의 아들 아비얌과 아사, 여호사밧, 나답, 바아사의 기록이 나온다. 아비얌은 그 부친이 행한 모든 죄를 행했다. 그러함에도 불구하고 그가 왕위에 오르고 계속 그 자리에 있을 수 있었던 것은 다윗 때문이었다(왕상 15:3-5). 아비얌을 뒤이은 유다 왕 아사는 선한 왕정을 행했다. 남색하는 자를 그 땅에서 쫓아내고 그의 조상들이 지은 모든 우상을 없애고 또 그의 어머니 마아가가 혐오스러운 아세라상을 만들었으므로 태후의 위를 폐하고 그 우상을 찍어 기드론 시냇가에서 불살랐다. 그러나 다른 산당은 없애지 않았다. 아사가 죽고 여호사밧이 유다 왕이 된다. 유다의 아사 왕 둘째 해에 여로보암의 아들 나답이 이스라엘 왕이 되어 2년 동안 이스라엘을 다스렸다. 유다의 아사 왕 셋째 해에 바아사가 나답을 죽이고 대신하여 왕이 되었고, 바아사가 왕이 될 때 여로보암의 온 집을 쳐서 생명 있는 자를 한 사람도 남기지 않고 다 죽였다. 이는 여로보암이 범한 죄 때문이었고 선지자 아히야가 예언한 대로 이루어진 것이다(왕상 14:10). 하나님의 말씀은 무섭게 이루어진다. 성도는 하나님의 말씀을 듣고 순종해야 한다. 바아사는 여로보암의 길로 행하여 하나님에게 노여움을 산다. '여로보암의 길'은 '악한 길로 행함'을 뜻하는 말이 된다. 열왕기상 16장에는 북왕국 이스라엘의 바아사 왕과 그의 아들 엘라의 사적과 엘라의 죽음과 시므리, 디브니, 오므리의 사건이 기록된다.

바아사는 선지자 하나니의 아들 예후를 통해 온 집안이 멸망할 것을 경고받는다. 바아사의 아들 엘라는 그의 신하 시므리에게 죽임을 당하고, 시므리는 왕이 되어 바아사의 집안, 곧 엘라와 그 아들들과 모든 자들과 그 친구까지 다 죽인다. 시므리는 7일간 왕으로 있는 중(왕상 16:14) 오므리에게 쫓기다가 왕궁에서 불을 질러 죽는다. 오므리가 왕이 되지만 디브니와 오랜 전쟁을 치른다. 디브니도 죽고 오므리는 사마리아 성을 건축하여 이스라엘 왕국의 수도를 사마리아로 옮긴다. 오므리가 죽고 또 여로보암의 길로 행하는 아합이 왕이 된다. 아합은 시돈 왕의 딸 이세벨을 왕후로 맞이하고 바알 신상, 아세라 신상을 만들어 신전에 놓고 백성으로 범죄하게 한다. 열왕기상 16장의 여러 왕들은 다 비참하게 죽고 어려움이 많았다. 이는 이들이 다 하나님의 길을 버리고 악한 왕 여로보암의 길로 행하였기 때문이다. 성도는 구원받은 후 정신 차리고 평생 하나님 제일, 말씀 제일로 살아 하나님의 가호를 받아야 한다.

열왕기상 17-19장: 아합의 치세, 선지자 엘리야

열왕기상 여러 장에서 아합의 치세와 선지자 엘리야를 통한 하나님의 엄위하신 섭리를 기록한다. 엘리야 선지자의 사적은 열왕기하 2장에 엘리야가 승천하기까지 이어진다.

☙ 열왕기상 17장: 엘리야의 사적, 그릿 시내가에 피신한 엘리야, 사르밧 과부의 공궤, 과부 아들의 죽음, 과부의 아들을 살려준 엘리야, 영혼, 육에 대한 성경의 교훈

열왕기상 17장에는 가뭄의 사건과 엘리야를 통한 하나님의 구원 사건을 기록한다.

엘리야는 이스라엘 땅에 수년 동안 비가 내리지 않을 것을 예언한다. 하나님은 엘리야에게 그릿 시냇가에 숨어 있으라고 명하시고 그러면 까마귀가 먹을 것을 날라주리라고 약속하신다. 엘리야는 하나님 말씀대로 그릿 시냇가에 숨고 까마귀들은 아침과 저녁에 떡과 고기를 물어다가 엘리야에게 준다. 가뭄이 심해지고 엘리야가 마시는 그릿 시냇물도 말라버린다.

하나님은 엘리야에게 사르밧으로 가서 그곳에 머물면 한 과부에게 명하여 엘리야에게 음식을 주신다고 약속하신다. 사르밧은 이스라엘 국경을 지난 이방 땅 시돈의 한 마을로 이 땅은 '사렙다'로도 불린다(눅 4:26).

엘리야가 사르밧 성문에 이르렀을 때 '통에 가루 한 움큼과 병에 기름

조금'만 남은 과부를 만난다. 이 과부는 나무를 주워 이 양식으로 마지막 식사를 하려던 참이었다. 엘리야는 이 과부에게 이 마지막 양식으로 떡을 만들어 먼저 자신에게 가져오라고 명하고 그러면 "이스라엘 하나님 여호와가 이 가뭄이 끝날 때까지 통의 가루와 병의 기름이 떨어지지 않을 것이라"라고 말씀하였다고 말한다. 이 과부는 엘리야의 말대로 하였고 가뭄이 끝날 때까지 이 여인의 가루 통과 병의 기름이 떨어지지 않았다.

이 과부의 아들이 병들어 죽었다. 엘리야는 하나님께 이 아들을 위해 기도하였고 하나님이 엘리야의 기도를 들으시고 그 아이의 혼이 몸으로 돌아와 아이가 살아난다.

여인이 엘리야에게 "내가 이제야 당신은 하나님의 사람이시요 당신의 입에 있는 여호와의 말씀이 진실한 줄 아노라" 말한다.

이 말씀에서 엘리야가 하나님께 전적으로 순종하는 것과 순종의 결과를 본다.

가뭄에 그릿 시냇가에 숨으면 까마귀가 먹을 양식을 물어다 주리라는 하나님의 말씀은 믿기 어려운 말씀이다. 엘리야가 마시는 그릿 시냇물도 가뭄에 말랐다. 전능하신 하나님이 그릿 시냇가에 샘물 하나 정도는 놓아두실 수도 있을 것이다. 하나님의 말씀이 이루어지지 않을 것 같을 때 하나님은 또 다른 기적을 준비하셨다.

엘리야에게 우상을 섬기는 이방 땅 사르밧으로 가면 과부가 엘리야에게 먹을 것을 공궤하리라는 말씀도 엘리야가 순종하기 힘든 말씀이었다.

사르밧 과부에게 한 끼의 양식으로 떡을 만들어 '먼저' 엘리야에게 가져오라는 말에 순종한 과부의 순종이 참으로 귀하다. 인간적으로 엘리야가 과부에게 한 이 말은 몰염치한 요구였고 뺨이라도 얻어맞을 요구였다.

하나님의 약속은 이루어졌고 '먼저' 하나님을 섬긴 과부는 가뭄을 이겼고 죽은 아들도 살릴 수 있었다. 엘리야가 이 과부의 죽은 아들을 위해 하나님께 기도할 때 그 혼이 몸 안으로 들어와 이 아들이 살아났다. 사람의 죽음은 혼과 육의 분리이다. 사람의 생명은 혼과 육이 결합된 상태다.

인간의 구조적 요소, 영, 혼, 육에 대한 성경의 교훈

성경에 많은 표현은 인간이 몸과 영혼으로 되어 있는 이분적(二分的) 표현이다. 성경은 몸과 영혼이 통일되어 있는 것으로 가르친다. 즉 각 부분이 평행선을 따라 움직이며, 이중적인 것으로 간주하지 않도록 가르치고 있다. 영과 육의 평행적 관념은 헬라철학에서 보여주는 것으로 성경적인 것은 아니다. 성경은 사람의 복합적인 성질을 인정하지만, 이것이 결코 사람 안의 이중적 주체로 보지 않는다. 사람의 행동은 전인적인 것이다. 죄를 짓는 것은 영혼이나 혹은 육이 아니라 사람이다. 우리가 구원받는 것도 영혼만이 아니라 사람이 구원받는다. 창세기 2장 7절에 "여호와 하나님이 흙으로 사람을 지으시고, 생기를 그 코에 불어넣으시니 생령이 되었다"는 구절에서 우리는 특히 하나님이 '사람'을 지으시고, '사람이 생령이 되었다'고 하는 말에서, '사람'에서 통일성을 찾아보아야 한다. 여기의 사람─'생령'은 영혼과 육신의 두 요소임에도 불구하고 하나로 통일된 사람으로 '생령'이다.

구약의 히브리어에선 육, 영혼을 말할 때 영혼은 사람의 개체를 말하는 경우가 많으며(시 10:1, 2, 104:1, 146:10; 사 42:1…), 구약에서는 영혼과 대조적인 것으로 영과 혼의 대조가 아닌 하등적인 것과 고등적인 것, 지상적인 것과 천상적인 것, 동물적인 것과 신적인 대조를 이루고 있다(전 3:21, 12:7; 욥 31:8, 33:4).

성경은 영과 혼을 구분하는 것보다 영혼이란 말을 많이 쓰며, 영과 혼은 같은 뜻으로 교대적으로 사용되기도 한다. 마태복음 6장 25절과 10장 28절을 보면 사람을 혼(목숨)과 몸으로 말한다(전 12:7; 욥 31:8, 33:4).

성경에서 죽음은 종종 '혼이 떠나는 것'으로 묘사된다(창 35:18; 왕상 17:21). 또한 영이 떠나는 것으로도 표현된다(시 31:5; 눅 23:46; 행 7:59).

영과 혼의 대조는, 영은 사람 안에 있는 영적 요소로 인격을 통제하는 원리이며, 그리고 혼은 인간 안에 있는 감정-마음의 요소로 구분해 볼 수 있다. 그러나 영과 혼의 엄격한 구분을 하는 것은 무모하다. "사람은 영을 가지고 있으나(has) 실상은 혼이다(is)"라는 말을 생각할 필요가 있다.

데살로니가전서 5장 23절과 히브리서 4장 12절을 보면 영, 혼, 육의 분명한 표현이 나오지만, 영과 혼은 늘 혼돈된 것으로 사용된 성경구절도 있음을 우리는 기억해야 한다.

☙ 열왕기상 18장: 갈멜산의 엘리야, 아세라, 바알 선지자 850명의 죽음, 엘리야의 기도와 가뭄에서의 해방

열왕기상 18장에는 엘리야가 바알 선지자 450명, 그리고 아세라 선지자 400명, 합 850명을 상대로 온 국민 앞에서 하나님만이 참하나님인 것을 증거하는 사건을 기록한다. 가뭄이 시작된 후 3년이 지났다. 하나님은 엘리야에게 비를 내리겠다고 약속하시고 아합에게 나타내 보일 것을 명하신다.

엘리야는 사마리아에 가서 아합의 궁궐을 관리하는 오바댜를 만난다. 오바댜는 경건하게 하나님을 섬기는 사람으로 이세벨이 모든 선지자를 죽일 때 100명의 선지자를 굴에 감추어두고 비밀리에 떡과 물을 먹여 살린 사람이다.

오바댜를 통해 엘리야는 아합을 만난다. 엘리야는 아합으로 바알 선지자 450명과 아세라 선지자 400명, 합 850명의 선지자를 갈멜산에 모으고 850대 1로 여호와 하나님이 참 하나님인가, 바알과 아세라가 참 신인가를 제물에 불을 내리는 것으로 시험한다.

송아지 둘을 가져오게 하고 각각 송아지 한 마리를 택하여 각을 떠서 나무 위에 놓고 불은 붙이지 않고 이 제물에 불을 내리는 그가 하나님이라고 선포한다.

바알 선지자들과 아세라 선지자들이 그 우상의 이름을 부르며 아침부터 저녁까지 불 내리기를 기원했지만 불은 내리지 않았다.

저녁 때에 엘리야는 이스라엘의 열두 지파 수효대로 열두 개의 돌로 제단을 쌓고 나무를 펴고 그 위에 제물을 올리고 이 제물 위에 많은 물을 붓고 이렇게 기도한다.

"아브라함과 이삭과 이스라엘의 하나님 여호와여 주께서 이스라엘 중에서 하나님이신 것과 내가 주의 종인 것과 내가 주의 말씀대로 이 모든 일을 행하는 것을 오늘 알게 하옵소서 여호와여 내게 응답하옵소서 내게 응답하옵소서 이 백성에게 주 여호와는 하나님이신 것과 주는 그들의 마음을 돌이키심을 알게 하옵소서"(왕상 18:36-37).

하늘에서 여호와의 불이 내려 제물과 나무와 돌과 흙을 다 태운다. 모든 백성이 보고 엎드려 "여호와 그는 하나님이시로다 여호와 그는 하나님이시로다" 고백한다.

엘리야는 바알 선자들을 다 잡게 하고 기손 시내로 끌고 가서 다 죽인다. 엘리야는 아합에게 비가 올 것을 말하고 갈멜산 꼭대기로 올라간다. 엘리야는 땅에 꿇어 엎드려 그의 얼굴을 무릎 사이에 넣고 하나님께 비가 내리기를 기도한다. 엘리야는 사환에게 일곱 번이나 바다 쪽에 비구름이 생기는가를 물으며 기도한다. 이렇게 기도하기를 일곱 번째, 바다에 사람의 손바닥만 한 구름이 생겼고 마침내 큰비가 내린다. 이 말씀에서 하나님이 엘리야를 통해 역사하시는 구원의 섭리를 본다.

1. 하나님은 엘리야를 통하여 불을 제물에 내리심으로 참하나님인 것을 나타내신다.

2. 하나님은 엘리야를 통하여 우상을 섬기던 선지자들을 다 죽이신다.

3. 하나님은 엘리야의 간절한 기도를 통해 비를 내리신다. 구원받은 성도는 이 땅에 참하나님을 나타내야 한다. 하나님은 그 구원의 섭리를 성도를 통해, 성도의 순종과 기도를 통해 오늘도 이루어 가신다.

🐏 열왕기상 19장: 광야로 도망간 엘리야, 호렙산으로 인도받은 엘리야, 하사엘과 예후를 왕이 되게 하고 엘리사를 선지자로 세운 엘리야

열왕기상 19장에는 그렇게도 당당하던 엘리야가 이세벨이 자신을 찾

아 내일 이맘때 곧 하루 안에 죽이려고 할 때, 자신의 생명을 위해 유다에 속한 브엘세바의 한 광야로 도망하고 마침내 호렙산에 이르러 하나님을 만나고 새 사명을 받는다.

엘리야는 광야에서 한 로뎀 나무 아래 앉아서 "여호와여 넉넉하오니 지금 내 생명을 거두시옵소서. 나는 내 조상들보다 낫지 못하니이다" 하는 말로 하나님께 죽여 달라고 말한다(왕상 19:4). 그렇게 담대하던 엘리야도 결국 우리와 같은 성정의 사람이다(약 5:17). 엘리야는 깊은 잠에 빠진다. 하나님은 천사를 보내어 엘리야를 어루만져 깨우고 떡과 마실 물을 주신다. 엘리야는 다시 잠에 빠지고 다시 천사가 엘리야에게 떡과 물을 먹고 마시게 한다.

엘리야는 여기로부터 40일을 걸려 호렙산으로 가서 한 바위굴에 거한다.

하나님이 엘리야에게 "네가 어찌하여 여기 있느냐" 하고 물으신다. 우상을 숭배하던 바알 선지자들과 아세라 선지자들이 다 죽고 이제 새로워질 수 있는 백성을 버리고 엘리야가 광야로 도망한 것은 잘못된 길이었다. 엘리야는 하나님께 "내가 만군의 하나님 여호와께 열심이 유별하오니 이는 이스라엘 자손이 주의 언약을 버리고 주의 제단을 헐며 칼로 주의 선지자들을 죽였음이오며 오직 나만 남았거늘 그들이 내 생명을 찾아 빼앗으려 하나이다"라고 대답한다.

엘리야는 40일을 걸어 호렙산으로 가서 동굴에 거한다. 하나님은 엘리야로 굴에서 나오게 하고 산에 서게 하신다. 엘리야 앞에 바위가 갈라지는 큰 바람, 지진 그리고 불이 임한다. 그러나 하나님은 거기 계시지 않고 세미한 소리로 임하신다. 하나님이 엘리야에게 "네가 어찌하여 여기 있느냐" 하고 다시 물으신다. 엘리야가 다시 꼭 같은 대답을 한다. "내가 만군의 하나님 여호와께 열심이 유별하오니 이는 이스라엘 자손이 주의 언약을 버리고 주의 제단을 헐며 칼로 주의 선지자들을 죽였음이오며 오직 나만 남았거늘 그들이 내 생명을 찾아 빼앗으려 하나이다."

여호와께서 엘리야에게 이렇게 말씀하신다.

"너는 네 길을 돌이켜 광야를 통하여 다메섹에 가서 이르거든 하사엘에게 기름을 부어 아람의 왕이 되게 하고 너는 또 님시의 아들 예후에게 기름을 부어 이스라엘의 왕이 되게 하고 또 아벨므홀라 사밧의 아들 엘리사에게 기름을 부어 너를 대신하여 선지자가 되게 하라 하사엘의 칼을 피하는 자를 예후가 죽일 것이요 예후의 칼을 피하는 자를 엘리사가 죽이리라 그러나 내가 이스라엘 가운데에 칠천 명을 남기리니 다 바알에게 무릎을 꿇지 아니하고 다 바알에게 입맞추지 아니한 자니라"(왕상 19:15-18).

엘리야는 모든 선지자가 다 죽고 자기 혼자 살았다고 말했지만 하나님은 바알을 섬기지 아니한 종 7천을 두셨다. 나만이 하나님의 종이 아니다. 하나님 앞에 늘 숨어 있는 일꾼들이 있다.

엘리야의 마지막 사명은 예후를 이스라엘 왕으로 세우고, 하사엘에게 기름을 부어 아람 왕이 되게 하고 엘리사에게 기름을 부어 선지자로 삼는 일이다.

하나님은 이스라엘과 유다만을 주관하시지 않고 아람 왕도 세우시고 폐하시는 분이다.

살기 위해 광야로 도망한 엘리야의 모습은 불쌍하다. 엘리야의 이 모습이 하나님의 일을 열심히 하다가 지친(burn out) 이 땅에 있는 종들의 모습이다. 그러나 하나님은 이런 엘리야를 버리시지 않고 천사를 보내 공궤하신 것같이 하나님은 지금도 주님의 일에 지친 종들을 결코 버리시지 않고 다른 모습으로 지켜주신다. 주의 종들이여! 힘을 낼지어다. 성도가 다 엘리야같이 믿음에 굳게 서면 이 땅에서 바알 선지자와 우상의 위험을 이길 수 있다.

❧ 열왕기상 20-22장: 아합과 아람 왕과의 전쟁, 나봇을 죽이고 포도원을 취한 아합, 무서운 심판의 예고, 시드

기야와 미가야 선지자, 길르앗 라못의 전쟁

열왕기상 20장에는 아합 왕과 아람 왕과의 전쟁 기사가 기록된다.

아람 왕 벤하닷이 대군으로 이스라엘을 공격했지만 하나님은 두 번이나 이스라엘이 이기게 하신다. 아합 왕은 벤하닷을 살려 보내고 하나님께 재앙의 선고를 받는다.

열왕기상 21장에는 아합이 나봇을 죽이고 포도원을 취한다. 무서운 심판이 예고된다.

아합 왕은 왕궁 근처에 있는 나봇의 포도원을 탐내어 근심한다. 이세벨은 하나님의 법을 빙자하여 나봇이 하나님과 왕을 저주했다는 불경 죄인으로 증언케 하는 계략으로, 나봇을 하나님의 이름으로 죽이고 그 포도원을 자기 소유로 삼는다. 모든 것을 다 가진 왕도 욕심이 들면 기쁨을 잃어버리고 근심하게 되고 무서운 살인죄를 범하게 된다. 성도는 오늘을 내 형편대로 늘 감사하며 살아야 한다.

나봇의 억울한 죽음도 영생하는 하나님 나라의 보상 외에는 설명이 불가능하다. 이 세상엔 정직한 사람의 억울한 죽음이 얼마든지 있다. 그러나 죽음이 인생의 끝은 아닌 것이다. 모든 사람 누구에게나 천국과 심판이 기다리고 있다.

하나님은 엘리야로 아합이 당할 심판을 말하게 하신다.

"여호와의 말씀이 내가 재앙을 네게 내려 너를 쓸어버리되 네게 속한 자는 이스라엘 가운데 매인 자나 놓인 자를 다 멸할 것이요 또 네 집이 느밧의 아들 여로보암의 집처럼 되게 하고 아히야의 아들 바아사의 집처럼 되게 하리니 이는 네가 나를 노하게 하고 이스라엘이 범죄하게 한 까닭이니라 하셨고 이세벨에게 대하여도 여호와께서 말씀하여 이르시되 개들이 이스르엘 성읍 곁에서 이세벨을 먹을지라 아합에게 속한 자로서 성읍에서 죽은 자는 개들이 먹고 들에서 죽은 자는 공중의 새가 먹으리라"(왕상 21:21-24).

우리는 늘 하나님이 나를 그 불꽃 같은 눈으로 보고 계심을 알아야 한다.

아합은 하나님의 말씀을 듣고 그의 옷을 찢고 굵은 베로 몸을 동이고 금식하고 굵은 베에 누우며 회개한다. 하나님은 이런 아합의 회개를 받으시고 하나님이 내리겠다고 하신 재앙을 아합에게 내리지 않고 그 아들 때에 내리겠다고 약속하신다.

회개는 이렇게 큰 것이다. 날마다 회개하며 살아야 한다. 우리들의 받는 재앙은 부모의 죄 때문일 수도 있다. 그러나 하나님의 공의는 결코 불공평하지 않다. 하나님은 아합의 아들 아하시야도 큰 죄를 범할 것을 아셨다.

열왕기상 22장에는 아합이 길르앗 라못을 찾기 위해 아람과 전쟁하는 기사가 나온다.

유다 왕 여호사밧이 이 전쟁에 함께 참전하게 된다. 여호사밧의 권고로 전쟁에 나가기 전 선지자에게 전쟁의 승패를 묻게 된다.

그나아나의 아들 시드기야와 다른 선지자들이 다 길르앗 라못으로 올라가면 하나님이 적군을 크게 물리치실 것이라고 예언한다.

선지자 미가야는 이렇게 말한다.

"왕은 여호와의 말을 들으소서 내가 보니 여호와께서 그의 보좌에 앉으셨고 하늘의 만군이 그의 좌우편에 모시고 서 있는데 여호와께서 말씀하시기를 누가 아합을 꾀어 그를 길르앗 라못에 올라가서 죽게 할꼬 하시니 하나는 이렇게 하겠다 하고 또 하나는 저렇게 하겠다 하였는데 한 영이 나아와 여호와 앞에 서서 말하되 내가 그를 꾀겠나이다 여호와께서 그에게 이르시되 어떻게 하겠느냐 이르되 내가 나가서 거짓말하는 영이 되어 그의 모든 선지자들의 입에 있겠나이다 여호와께서 이르시되 너는 꾀겠고 또 이루리라 나가서 그리하라 하셨은즉 이제 여호와께서 거짓말하는 영을 왕의 이 모든 선지자의 입에 넣으셨고 또 여호와께서 왕에 대하여 화를 말씀하셨나이다"(왕상 22:19-23).

그나아나의 아들 시드기야가 가까이 와서 미가야의 뺨을 치며 "여호와의 영이 나를 떠나 어디로 가서 네게 말씀하시더냐" 말한다. 하나님은 거짓말하는 사탄의 영을 거짓 선지자들에게 주어서 아합이 승리하리라는 거짓 예언을 하게 하셨다. 거짓의 영은 지금도 주의 종들과 성도를 미혹한다. 말씀에 바로 서서 좌우로 치우치지 말아야 한다.

아합은 길르앗 라못으로 올라가 여호사밧에게 왕복을 입게 하고 자신은 변장을 하지만 결국 적군의 화살에 맞아 죽는다. 아합 왕은 죽고 아합의 피가 고인 병거를 사마리아 못에서 씻었고 하나님이 말씀하신 대로 개들이 그의 피를 핥았다(왕상 21:24).

열왕기하

☙ 열왕기하 1장: 엘리야를 체포하려는 아하시야, 하늘에서 내려온 불로 죽는 군사들, 아하시야의 죽음

이스라엘 왕 아하시야가 병들고 에그론의 신, 바알세붑에게 병에서 나을 수 있을지를 물으려고 신하를 보낸다. 엘리야는 하나님의 지시를 받아 이 신하들에게 여호와의 말씀이 "이스라엘에 하나님이 없어서 네가 에그론의 신 바알세붑에게 물으려고 가느냐 그러므로 네가 올라간 침상에서 내려오지 못할지라 네가 반드시 죽으리라 하셨다"라고 전한다.

아하시야는 엘리야를 체포하려고 군사 50명을 보낸다. 그들은 엘리야의 말대로 하늘에서 불이 내려와 다 죽는다. 아하시야는 다시 50명의 군사를 보내지만 다시 하늘에서 불이 내려 그들이 다 죽는다. 아하시야는 세 번째로 다시 50명의 군사를 보내고 이 군사의 대장은 엘리야에게 자신과 50명의 생명을 귀하게 보아달라고 간구하여 엘리야와 함께 궁으로 가서 아하시야 앞에 선다. 엘리야는 아하시야의 죽음을 말하고 아하시야는 죽고 그의 형제 여호람이 왕이 된다.

아하시야의 죽음은 하나님이 내린 그의 악행에 대한 심판이었다.

아하시야의 명을 받아 엘리야를 체포하러 간 100명의 군사가 하늘의 불로 다 죽었다. 이 얼마나 억울한 죽음인가? 하나님은 불공정하신가? 이런 죽음도 죽음이 인생의 끝이 아니고 인생은 죽은 후 심판과 영생이 있는 하나님 섭리가 아니면 해석이 안 된다. 하나님 안에 영생이 있다. 영생 안에는 몇십 년 빨리 죽고 몇십 년 더 산다는 것은 다 같은 것이다(p. 404. 억울한 죽음 참조).

☙ 열왕기하 2장: 엘리야의 승천, 엘리야를 승계한 엘리사

엘리야는 죽음을 보지 않고 불수레에 이끌려 회오리바람을 타고 승천한다. 엘리사가 엘리야를 뒤이어 선지자로서 사역하게 된다.

죽음을 보지 않고 살아서 바로 승천한 엘리야의 승천은 에녹의 경우와 같이 우리에게 있을 부활과 승천, 영생의 예표가 된다.

엘리사는 엘리야가 승천하기 전 "당신의 성령이 하시는 역사가 갑절이나 내게 있게 하소서" 하고 엘리야에게 구한다. 오늘 사역자들에게 필요한 것이 날마다 성령이 하시는 일의 갑절의 역사다. 사역자는 특별하게 날마다 말씀, 기도, 순종, 자신을 말씀으로 이기는 생활, 찬송을 통해 성령으로 충만해야 한다.

엘리사는 엘리야의 겉옷을 받아 입었다. 엘리사가 엘리야의 모든 것을 승계했음을 뜻한다.

하나님의 복음 사역은 후세에게 승계되어야 한다.

엘리사는 큰 권능으로 요단강을 엘리야의 겉옷으로 쳐서 건넌다. 그리고 자신을 비웃는 아이들을 저주하여 곰으로 물어 죽이게 한다. 선지자를 잘못 대우한 아이들이 40명이나 죽었다. 이 죽음도 잘 설명할 수 없는 죽음이다. 성경에 반복되는 억울한 죽음은 영생 심판의 섭리로만 해석이 가능하다.

여리고 성에 선지자 학교가 있었다. 사울 왕 때에도, 이때도 선지자학교가 이스라엘 백성들 가운데 있었다.

엘리사가 여리고 성읍의 물 근원에 소금을 뿌려 기도함으로 물이 좋게 되어 땅의 과수가 열매를 맺고 곡식이 풍성하게 된다. 이 땅이 복을 받으려면 하나님의 말씀이 근원이 되어 이 땅을 적셔야 한다. 선지자여, 말씀으로 깨어라.

☙ 열왕기하 3장: 모압을 쳐서 승리한 남북 왕국, 엘리사가 수금을 탈 때 임한 성령

열왕기하 3장부터 13장까지에 엘리사 선지자를 중심으로 이스라엘의 왕 여호람의 치세, 아람 왕 하사엘의 이야기, 예후가 기름 부음을 받고 요람과 이세벨을 죽이는 사건, 예후가 바알 선지자들을 죽이지만 하나님을 열심히 섬기지는 않은 사건, 요아스의 치세가 나온다.

열왕기하 3장에는 여호람이 유다 왕 여호사밧과 함께 모압을 쳐서 승리하는 기사가 나온다. 이스라엘과 유다 연합군은 모압과 싸우려고 전장에 나갔지만 물이 없어 곤경을 겪는다. 그들은 엘리사의 도움을 받아 모압군과 싸워 크게 승리한다.

하나님은 엘리사에게 큰 물을 약속하셨고 엘리사의 말대로 광야에 물이 흘러나오게 하여 모압군과 싸워 승리하게 하신다.

엘리사는 거문고 타는 자를 불러 거문고를 탈 때 여호와의 신이 엘리사에게 머물게 하셨다. 성도의 찬송은 성령충만의 길이 된다.

❧ 열왕기하 4장: 엘리사가 행한 기적들, 기름 한 병의 기적, 수넴 여인의 아들의 기적, 국의 독을 제거한 기적

열왕기하 4장에는 엘리사가 베푼 세 가지 기적의 역사가 나온다.

엘리사에게 죽은 생도의 아내가 찾아와 빚 때문에 아이 둘이 종이 되게 되었다는 안타까운 사정을 말한다. 엘리사는 저가 가진 기름 한 병으로 동네 사람들에게 빌린 많은 그릇에 기름이 차게 하여 이 기름을 팔아 빚을 갚게 한다.

수태하지 못했던 수넴 여인에게 아들을 얻게 해주었고 이 아들이 죽었을 때 그를 살려준다.

선지자의 생도들이 끓인 국에서 독을 제거한다.

세 가지 기적이 다 어려운 중 하나님의 특별한 사랑으로 엘리사를 통해 베풀어졌다. 하나님은 지금도 우리의 어려움을 돌보고 계신다. 그러나 특별한 기적이 누구에게나 언제나 일어나지는 않는다. 그래서 성화의 길은 고달프다. 인내와 소망으로 감내해야 한다.

❧ 열왕기하 5장: 나아만의 문둥병을 고쳐준 엘리사

열왕기하 5장에는 엘리사가 아람의 군대장관 나아만의 문둥병을 고친 사건이 기록된다.

나아만의 문둥병을 고친 사건은 이스라엘에서 포로로 잡혀와 나아만의 아내를 시중들던 어린 소녀로부터 시작된다. 우리 주위에서 큰 기적과 은혜는 아주 작은 일로부터 시작되는 경우가 많다. 작은 일도 하나님의 일이다. 작은 일에 충성해야 한다. 내가 예수 믿고 구원받은 일도 아주 작은 일로 시작된 것일 수 있다. 내가 누구에게 말로 전도를 하는 일이 아주 작은 일이지만 천하보다 귀한 생명을 구원하는 일이 될 수 있다.

나아만이 문둥병을 고치려고 말들과 병거들을 거느리고 많은 귀한 예물을 가지고 엘리사를 찾아갔을 때 엘리사는 그 종을 시켜 나아만에게 요단강에 가서 일곱 번 씻으면 문둥병이 고쳐진다고 말한다. 나아만은 자기가 엘리사를 찾아가면 엘리사가 나와 어떤 기적을 베풀 줄로 생각했다가 엘리사로부터 어이없는 대접을 받고 화를 내며 돌아간다.

이때 나아만의 종들이 나아만에게 이렇게 말한다.

"내 아버지여 선지자가 당신에게 큰일을 행하라 말하였더면 행하지 아니하였으리이까 하물며 당신에게 이르기를 씻어 깨끗하게 하라 함이리이까"(왕상 5:13).

나아만은 이 지혜로운 조언을 듣고, 요단강에 가서 일곱 번 몸을 잠글 때 문둥병이 완전히 고쳐진다. 나아만은 다시 엘리사를 찾아 귀한 예물을 주려고 하지만 엘리사는 거절한다. 나아만이 돌아가는 길에 엘리사의 사환 게하시가 급히 가서 거짓말을 하여 은 두 달란트와 옷 두 벌을 얻는다. 이 일로 게하시는 문둥병자가 된다.

어떤 중요한 일의 계기에 지혜의 말을 따르는 것은 인생에서 아주 귀한 일이다. 나아만에게 귀한 말을 한 종들도, 이 말을 듣고 요단강에서 일곱 번 씻어 문둥병을 고친 나아만도 아주 잘한 일이다.

나아만은 "이제 이스라엘 외에는 온 천하에 신이 없는 줄을 아나이다" 고백하고 하나님만을 참 마음으로 경배할 것을 말한다.

나아만의 사건은 하나님만이 참하나님인 것을 가르쳐준다.

물욕이 나서, 나아만에게 선물을 받고 문둥병자가 된 게하시의 어리석은 행동은 우리의 성화의 신앙생활에 항상 욕심을 제어해야 하는 어려운 싸움이 있음을 가르쳐준다.

❧ 열왕기하 6-7장: 물에 빠진 도끼를 건져 올린 엘리사, 아람 왕의 공격을 왕에게 먼저 알려준 엘리사, 벤하닷의 침략과 극심한 굶주림, 굶주림에서의 기적적인 구원

열왕기하 6장과 7장에는 선지자학교 건축 중 한 생도가 도끼를 요단강 물에 빠뜨렸지만 엘리사가 이 도끼를 물에서 떠오르게 한 사건과 아람 왕의 이스라엘 침공 사건이 기록된다.

엘리사가 머무는 곳에 선지자학교가 있었고 학생 수가 늘어나 학교를 늘려야 했다. 학생들이 요단강 주변의 어떤 곳에서 재목을 자르다가 도끼가 요단강 물에 빠졌다. 그런데 이 도끼는 그가 빌려온 것이었다. 엘리사는 나뭇가지를 베어 물에 던져 도끼가 떠오르게 하여 도끼를 찾는다.

도끼를 믿음에 비유하면 다음과 같다.

1) 내 믿음으로 살아야 안전하다(빌려온 도끼, 다른 사람의 말에 의지하는 믿음은 위험하다).

2) 도끼를 항상 잘 점검해야 한다. 믿음을 늘 점검해야 한다. 위험한 환경일수록(요단강 강가) 더 잘 점검해야 한다.

3) 잃어버리면 바로 주님께 기도해야 한다. 그리고 다시 찾아야 한다.

아람 왕이 여러 번 이스라엘을 공격하려고 해도 번번이 뜻대로 되지 않는다. 선지자 엘리사가 이스라엘 왕에게 아람 왕의 계획을 다 알려주었기 때문이다. 아람 왕은 자기의 신복 중 어느 누가 이스라엘 왕과 내통하는 자가 있는가 의심한다. 그리고 이 일이 엘리사 때문인 것을 안다. 아람 왕은 엘리사를 잡으려고 엘리사가 머물고 있는 도단으로 군대를 보내어 도단을 포위한다. 엘리사의 사환은 아람 군사들이 성을 포위하고 있음을 보고 크게 두려워한다. 그러나 엘리사는 "두려워하지 말라 우리와 함께한 자가 그들과 함께한 자보다 많으니라" 하고 그 사환의 눈을 열게 한다. 이 사환은 영적 눈이 밝아졌을 때 엘리사를 둘러서 있는 수많은 불말과 불병거를 보게 된다. 우리는 두려운 순간 하나님이 이렇게 천사로 지켜주심을 볼 수 있어야 한다.

엘리사는 아람 군대로 눈을 어둡게 하여 그들을 사마리아 성 안으로 이끌어 간다. 그리고 기도하여 그들의 눈이 밝아졌을 때 그들은 사마리아 성 가운데 있음을 알게 되고 이스라엘 왕은 이들을 치려 하지만 엘리사는 그들에게 떡과 물을 주어 먹게 하고 아람으로 돌려보낸다. 그들은 다시 이스라엘을 침공하지 않는다.

이 사건이 있은 후 얼마를 지나 아람 왕 벤하닷이 그 군대로 사마리아를 포위한다. 성 안에 있는 모든 양식이 떨어진다. 성중이 크게 주려서 나귀 머리 하나에 은 팔십 세겔이요 비둘기 똥 사분의 일 갑에 은 다섯 세겔이 된다. 성 안 백성들이 주리고 주려서 한 여인이 그 아들을 삶아 먹게까지 된다. 이스라엘 왕은 이 재난을 알려주지 않은 엘리사를 잡아 죽이려고 군사를 보낸다. 엘리사는 이 재앙이 하나님께로부터 온 것임을 말한다.

엘리사는 이렇게 말한다.

"여호와의 말씀을 들을지어다 여호와께서 이르시되 내일 이맘때에 사마리아 성문에서 고운 밀가루 한 스아를 한 세겔로 매매하고 보리 두 스아를 한 세겔로 매매하리라 하셨느니라."

이 말은 들은 한 장관이 "여호와께서 하늘에 창을 내신들 어찌 이런 일이 있으리요" 하고 엘리사의 말을 비웃는다. 엘리사는 이 장관에게 "네가 네 눈으로 보리라 그러나 그것을 먹지는 못하리라" 말한다.

주께서 아람 군대로 병거 소리와 말 소리와 큰 군대의 소리를 듣게 하셨고 그들은 이스라엘이 금을 들여 구원병을 불러 아람을 치러 오는 것으로 생각하여 진을 버리고 황급하게 도망을 갔다. 이스라엘 백성들은 밀물처럼 나가 아람 진영 물자를 노략하게 된다. 엘리사 선지자의 말을 비웃었던 장관은 성문을 지키다가 아람군 진영으로 몰려가는 군중에 깔려 엘리사의 말대로 죽는다. 그리하여 엘리사가 "네 눈으로 보리라 그러나 그것을 먹지는 못하리라" 한 말대로 되었다.

이 일은 이렇게 시작되었다.

사마리아 성문 안에 있던 네 나병환자가 이렇게 굶어 죽기보다는 아람에게 항복하려고 성문을 나와 아람 진영으로 간다. 그들은 아람 군대가 모든 물자를 다 버려두고 도망간 사실을 발견하고 아람 군대 진영 끝에 이르러, 한 장막에 들어가서 먹고 마시고 거기서 은과 금과 의복을 가지고 가서 감춘다. 그리고 그들은 다시 와서 다른 장막에 들어가 거기서도 많은 것을 가지고 다시 감춘다. 그리고 나병환자들은 이 아름다운 소식을 백성들에게 전하지 않으면 벌을 받을 것이라고 생각한다.

그들은 이 소식을 성문을 지키는 사람에게 말하고 이 소식의 사실을 왕이 보낸 군사가 확인한다. 성문이 열리고 백성들이 아람 진영에 들어가 모든 물자를 취하여 그 어려운 기근에서 구원된다.

이 사건이 주는 구원의 교훈

1) 엘리사가 아람 군대의 모든 비밀을 다 알 수 있었지만 하나님이 계획하신 이스라엘 백성에 대한 징계로서의 침략은 하나님이 엘리사에게 가르쳐주지 않으셨다.

2) 엘리사가 내일 임할 구원의 소식을 의심하고 비웃은 사람처럼 지금도 구원의 복음은 비웃음이 되기도 한다.

3) 먼저 기근에서 구원받은 문둥병자들이 이 구원의 소식을 전하지 아니하면 벌을 받으리라 생각하고 이 아름다운 소식을 기근으로 죽어가는 백성에게 전한다. 구원의 소식을 나만 알고 환난에서 나만 구원받는 것은 화를 받을 일이다. 성도는 구원의 소식을 전해야 한다.

"내가 복음을 전할지라도 자랑할 것이 없음은 내가 부득불 할 일임이라 만일 복음을 전하지 아니하면 내게 화가 있을 것이로다"(고전 9:16).

열왕기하 8장부터 13장까지에는 엘리사가 살았을 동안 이스라엘, 아람, 유다 왕들의 치세가 나온다.

☙ 열왕기하 8장: 기근을 면한 수넴 여인, 아람 왕이 된 하사엘, 여호사밧의 죽음, 여호람의 악정과 죽음

이스라엘 백성의 죄악은 다시 7년의 긴 기근으로 징계를 받는다. 이 기근 기간 중 엘리사에게 친절을 베풀었던 수넴 여인은 블레셋 땅으로 가서 기근을 모면한다. 거의 같은 지역인 이스라엘 땅에는 가뭄이 있고 거의 같은 지역인 블레셋 땅에는 풍성한 수확이 있던 것은 출애굽 당시 애굽 땅에는 무서운 재앙이 임하고 같은 지역인 고센 땅, 이스라엘 백성이 머무는 곳에는 재앙이 없었던 것과 같은 하나님의 섭리적 사건이다. 같은 환경 같은 조건 속에서 어떤 성도에게 임하는 특별한 재난은 하나님의 징계일 수 있다. 회개해야 한다.

수넴 여인은 기근 후 고향에 돌아와 왕에게 호소하고 게하시의 증언을 통해 잃었던 땅을 다시 찾는다. 하나님을 기억하고 하나님의 사람 엘리사를 후대한 수넴 여인이 받은 복은 하나님을 섬기는 마음으로 선을 베풀어야 할 용기와 교훈을 준다.

아람 왕 벤하닷이 병들고 그는 하사엘을 하나님의 사람 엘리사에게 보내어 자신의 병이 나을 수 있는지의 여부를 묻게 한다. 엘리사는 하사엘이 아람 왕이 될 것과 그가 행할 이스라엘 백성에 대한 악한 일들을 말한다. 하사엘은 벤하닷을 살해하고 아람 왕이 된다.

유다의 선한 왕 여호사밧이 죽고 그 아들 여호람이 유다의 왕이 되어 아합의 길로 행하게 된다. 이 일로 에돔과 립나가 배반하는 일이 일어난다. 그래도 하나님은 다윗을 위하여 유다를 멸하시지 않는다. 다윗의 충성과 선함이 대대로 흘러가며 은혜를 입는다. 악도 후손에게 흘러가고 선도 후손에게 흘러간다. 나는 내 후손에게 선한 씨앗을 심어야 한다. 여호람은 아끼는 자 없이 세상을 떠난다(대하 21:19, 20). 아끼는 자 없이 세상을 떠나는 것은 무서운 일이다.

아합의 아들 아하시야는 악한 길로 행하다가 일찍 죽었다.

☙ 열왕기하 9-10장: 이스라엘 왕이 된 예후, 아합과 가족 및 그 후손들을 멸절한 예후

열왕기하 9장에는 예후를 하나님이 이스라엘 왕으로 세우시는 사건이 기록된다.

엘리사는 예후에게 왕으로 기름을 붓기 위해 자신이 가지 않고 선지자 생도 중 한 사람을 보낸다. 왜냐하면 이 일을 은밀히 행하기 위해서였다. 그래서 엘리사가 보낸 생도는 여러 장관들 가운데서 오직 예후만 불러내어 '골방으로 들어가서' 기름을 부었다. 생도는 엘리사 선지자가 명한 대로 "이스라엘 하나님 여호와의 말씀이 내가 네게 기름을 부어 여호와의 백성 곧 이스라엘의 왕을 삼는다"라고 말한다. 다시 생도는 예후에게 "너는 네 주 아합의 집을 치라 내가 나의 종 곧 선지자들의 피와 여호와의 종들의 피를 이세벨에게 갚아 주리라 아합의 온 집이 멸망하리니 이스라엘 중에 매인 자나 놓인 자나 아합에게 속한 모든 남자는 내가 다 멸절하되 아합의 집을 느밧의 아들 여로보암의 집과 같게 하며 또 아히야의 아들 바아사의 집과 같게 할지라 이스르엘 지방에서 개들이 이세벨을 먹으리니 그를 장사할 사람이 없으리라 하셨느니라"라고 말하고 곧 문을 열고 도망한다.

아합과 이세벨이 우상을 섬겼고 하나님의 제단을 훼파했고 선지자들을 칼로 살해했다. 이 죄는 예후를 통해 심판된다.

유다 왕 시드기야가 바벨론에 멸망한 죄도 선지자들을 핍박한 것이었다.

"그의 백성이 하나님의 사신들을 비웃고 그의 말씀을 멸시하며 그의 선지자를 욕하여 여호와의 진노를 그의 백성에게 미치게 하여 회복할 수

없게 하였으므로 하나님이 갈대아 왕의 손에 그들을 다 넘기시매 그가 와서 그들의 성전에서 칼로 청년들을 죽이며 청년 남녀와 노인과 병약한 사람을 긍휼히 여기지 아니하였으며"(대하 36:16-17).

이스라엘이 로마에 멸망당한 일도 선지자들을 핍박한 죄 때문이었다.

"예루살렘아 예루살렘아 선지자들을 죽이고 네게 파송된 자들을 돌로 치는 자여 암탉이 그 새끼를 날개 아래에 모음같이 내가 네 자녀를 모으려 한 일이 몇 번이더냐 그러나 너희가 원하지 아니하였도다 보라 너희 집이 황폐하여 버려진 바 되리라"(마 23:37-38).

선지자들을 핍박하는 죄는 하나님의 말씀을 전한 선지자를 핍박한 것으로 하나님을 거역한 죄다. 아주 무서운 것이다. 오늘 교회의 목사는 선지자는 아니다. 그러나 오늘 교회의 목사는 선지자 직분을 감당하는 종들이다. 귀하게 여겨야 한다. 예후는 하나님이 아합과 이세벨을 심판하는 도구로 쓰인다.

열왕기하 10장
열왕기하 10장에는 예후가 아합과 그 후손들 아합과 관계된 모든 사람을 죽이고 바알을 섬기는 바알 제사장들을 죽이는 심판의 사건이 기록된다.
예후는 이스르엘 지도자들에게 명하여 아합의 왕자들 70명을 죽인다. 예후는 아합의 집의 남은 모든 자들, 즉 그의 자손들뿐 아니라 그와 인척 관계에 있는 모든 자들을 죽였다. 이스르엘에서 이 일을 행한 후에 그는 사마리아에서도 같은 일을 행하였다. 사마리아에 이르러 거기 남아 있는 아합에게 속한 자를 다 죽여 진멸한다. 아달랴로부터 난 아합의 집의 자손들인 아하시야의 형제들을 다 죽인다.
하나님을 버리고 바알을 섬기며 악을 행한 아합의 집은 이렇게 철저하게 심판받는다. 하나님을 버리는 것이, 악을 행하는 것이 얼마나 무서운

가? 성화의 과정에서 성도들은 정신 차리고 하나님 제일로 살아가야 한다. 때로 하나님의 심판이 아주 느려 보여도 죄에 대한 하나님의 심판은 시시각각으로 다가오고 있음을 알아야 한다.

예후는 아합보다 더 바알을 섬기려는 듯이 위장하여 그는 모든 바알의 숭배자들과 바알 선지자들을 다 죽인다. 그리고 바알 신당을 헐고 바알을 섬기는 모든 기구를 다 불사른다.

예후는 결코 의로운 사람도 아니었고 믿음의 사람도 아니었지만 하나님은 우상을 섬긴 아합의 집과 그 후손을 심판하는 도구로 예후를 쓰신다. 하나님의 섭리는 이렇게 인간의 고정관념을 때때로 넘어선다. 하나님 앞에 어떻게 이런 일이 일어나는가 하는 질문은 쓸데없는 것이다. 하나님은 창조하시고 하나님의 주권대로 섭리, 통치하시는 분이시다. 하나님은 예후의 치세를 이렇게 말씀하신다.

> "예후가 이와 같이 이스라엘 중에서 바알을 멸하였으나 이스라엘에게 범죄하게 한 느밧의 아들 여로보암의 죄 곧 벧엘과 단에 있는 금송아지를 섬기는 죄에서는 떠나지 아니하였더라 여호와께서 예후에게 이르시되 네가 나 보기에 정직한 일을 행하되 잘 행하여 내 마음에 있는 대로 아합 집에 다 행하였은즉 네 자손이 이스라엘 왕위를 이어 사대를 지내리라 하시니라"(왕하 10:28-30).

하나님은 예후를 아합의 집에 대한 심판의 도구로 쓰시고 또 그에게 합당한 보상도 하셔서 자손 4대에 걸쳐 이스라엘의 왕이 되게 하신다.

☙ 열왕기하 11장: 아하시야의 모든 아들을 다 죽인 아달랴, 요아스의 생존, 일곱 살에 왕이 된 요아스, 제사장 여호야다의 조언으로 선정을 한 요아스

아하시야 왕의 어머니요, 이세벨의 딸 아달랴는 그 아들 아하시야 왕이 예후에게 죽은 후, 아하시야 왕의 모든 후손을 다 진멸한다. 이렇게 모든 왕자들이 진멸당할 때 요람 왕의 딸로, 제사장 여호야다의 아내인 여호세바는 아하시야의 아들 요아스를 여호와의 전에 있는 침실에 숨겨 살게 한다. 이때 아달랴에게 요아스마저 죽임을 당했다면 다윗의 후손에게 허락하신 하나님의 왕통이 끊어질 뻔하였다. 그러나 하나님이 허락하신 다윗의 위는 요아스를 통해 이어가게 된다. 아달랴는 왕위를 찬탈하고 6년간 폭정을 행하였지만 요아스가 왕이 되고 그는 죽게 된다. 요아스는 일곱 살때 제사장 여호야다에게 왕으로 기름부음을 받고 왕이 된다.

요아스는 왕이 되어 제사장 여호야다의 조언을 받아 성전을 보수하고 우상을 멀리하며 바알 신당을 헐고 선정을 베푼다. 그러나 여호야다가 죽은 후 그는 하나님을 배반하고 결국 신복들의 손에 죽게 된다. 믿음으로 살아가는 길에 바른길로 인도해주는 좋은 목자, 좋은 인도자를 만나는 것은 큰 복이다. 요아스는 자신을 바른길로 인도해주는 여호야다가 죽은 후 패망의 길을 갔다.

❧ 열왕기하 12장: 여호야다의 죽음 후 악정을 한 요아스

열왕기하 12장에는 다시 요아스의 통치 기사가 나온다. 요아스는 40년간 유다 왕국을 통치하였다. 그는 여호야다가 살아서 지도하는 동안에는 정직히 행하였다(왕하 12:2). 그러나 그는 산당을 제하지 아니하였다(왕하 12:3). 그는 열심을 내어 성전을 수리하였다.

그러다가 제사장 여호야다가 죽은 후 하나님을 배반하고 우상숭배자가 되고 백성을 박해하는 길로 나가 여호와의 손이 그를 떠났고 결국 그는 신복들에 의해서 죽었다.

요아스의 한 생애를 통해 요아스가 하나님의 뜻을 따른 때와 하나님의 뜻을 저버렸을 때의 복과 형벌은 우리가 내 생애 동안에 하나님의 뜻을 따라가며 살아가야 할 것을 대조적으로 보여준다. 이 세상에는 악을 행하고도 죽을 때까지 세상 복을 누리는 사람도 있지만(이 사람은 그 후, 그 자손 때에 그리고 이 사람이 믿음으로 구원을 얻은 사람이라면 주님 재림 시 대환난을 받게 되고, 구원 밖의 사람이라면 주님 앞에 그 행한 대로 마지막 날 심판받는다.) 많은 경우 요아스같이 한 생애에 악에 대한 징계와 심판을 받게 된다.

☛ 열왕기하 13장: 예후의 아들 여호아하스의 통치, 여호아 하스의 아들 요아스의 악정

예후의 아들 여호아하스의 통치 기사가 나온다. 여호아하스 왕이 고난 가운데서 여호와께 간구하였다(왕하 13:4). 하나님께서 이 기도를 가증한 것으로 여기서서 물리쳐야 했지만 하나님은 왕 자신과 백성을 위한 기도를 들으셔서 구원자를 이스라엘에게 주셨다(왕하 13:5). 하나님께서 여호아하스의 기도에 은혜의 응답을 주신 것은 아브라함과의 언약을 기억하셨기 때문이다(왕하 13:23).

요아스는 여호아하스의 아들로 사마리아에서 북왕국 이스라엘의 왕이 되어 16년간 통치하며 여로보암의 길, 곧 하나님을 버리고 우상 중심으로 악정을 행한다. 열왕기와 역대기에서 두 종류의 왕을 만난다. 여로보암의 길로 행한 악한 왕들과 다윗의 길로 행한 선한 왕들이다. 여로보암은 악의 상징적 인물이고 다윗은 선의 상징적 인물이다. 나는 지금 어느 길로 행하고 있는가를 하나님이 묻고 계신다.

요아스는 엘리사가 병들어 죽게 되었을 때 그를 찾아가고 눈물을 흘리며 슬퍼한다. 엘리사는 저에게 활과 살을 취하여 동편 문을 열고 사격하게 하며 "여호와를 위한 구원의 화살 곧 아람에 대한 구원의 화살이니 왕이 아람 사람을 멸절하도록 아벡에서 치리이다" 말한다. 그리고 다시 요아스에게 화살을 들어 땅을 치게 한다. 요아스가 땅을 세 번 치고 그친다. 엘리사는 "왕이 대여섯 번을 칠 것이니이다 그리하였더면 왕이 아람을 진멸하기까지 쳤으리이다 그런즉 이제는 왕이 아람을 세 번만 치리이다"라고 말한다.

여기에 왕들의 이야기에 다시 엘리사의 이야기가 삽입되는 것은 이스라엘, 유다, 아람, 이 모든 왕국의 흥망성쇠를 하나님이 주관하심을 가르쳐주는 것이다.

세계의 모든 나라는 다 하나님의 섭리 아래 있다.

"나라와 권세와 영광이 아버지께 영원히 있사옵나이다."

열왕기하 14-16장, 여기에는 유다 여러 왕들의 사적이 기록된다.

☙ 열왕기하 14-16장: 유다 왕 아마샤, 아사랴, 북왕국 스가랴, 살룸, 므나헴, 브가히야, 베가, 유다 왕 요담, 아하스의 행적

유다 왕 요아스의 아들 아마샤의 통치 기사가 나온다. 이스라엘 왕국의 여로보암(요아스의 아들) 통치 기사가 나온다. 아마샤는 에돔을 쳐서 이기고 교만해져서 북왕국 요아스에게 전쟁을 일으키고 전쟁에 죽게 된다.

열왕기하 15장

유다 왕 아사랴, 이스라엘 왕 스가랴, 살룸, 므나헴, 브가히야, 베가, 유다 왕 요담의 행적이 짧게 기록된다. 이들 모두가 요담을 제외하고 다 느밧의 아들 여로보암의 길로 행한 악한 왕들이다.

열왕기하 16장

유다 왕 아하스는 온갖 우상을 다 섬기며 악정을 행했다.

☙ 열왕기하 17장: 호세아 왕 때 앗수르에게 멸망하는 북왕국 이스라엘

북왕국 이스라엘은 다윗의 혈통이 아닌 솔로몬의 신하 여로보암이 이스라엘의 열 지파를 가지고(유다 지파와 베냐민 지파 외의) 나라를 세웠지만 여로보암부터 하나님을 버리고 우상을 섬기는 악정을 행하였고, 여러 족속이 번갈아 가며 왕이 되어 여로보암의 길로 행하다가 호세아 왕 때에 결국 앗수르에게 멸망한다(주전 722). 하나님은 북왕국의 멸망 원인을 이렇게 말씀하신다.

"호세아 제구 년에 앗수르 왕이 사마리아를 점령하고 이스라엘 사람을 사로잡아 앗수르로 끌어다가 고산 강가에 있는 할라와 하볼과 메대 사람의 여러 고을에 두었더라 이 일은 이스라엘 자손이 자기를 애굽 땅에서 인도하여 내사 애굽의 왕 바로의 손에서 벗어나게 하신 그 하나님 여호와께 죄를 범하고 또 다른 신들을 경외하며 여호와께서 이스라엘 자손 앞에서 쫓아내신 이방 사람의 규례와 이스라엘 여러 왕이 세운 율례를 행하였음이라 이스라엘의 자손이 점차로 불의를 행하여 그 하나님 여호와를 배역하여 모든 성읍에 망대로부터 견고한 성에 이르도록 산당을 세우고 모든 산 위에와 모든 푸른 나무 아래에 목상과 아세라상을 세우고 또 여호와께서 그들 앞에서 물리치신 이방 사람같이 그곳 모든 산당에서 분향하며 또 악을 행하여 여호와를 격노하게 하였으며 또 우상을 섬겼으니 이는 여호와께서 그들에게 행하지 말라고 말씀하신 일이라 여호와께서 각 선지자와 각 선견자를 통하여 이스라엘과 유다에게 지정하여 이르시기를 너희는 돌이켜 너희 악한 길에서 떠나 나의 명령과 율례를 지키되 내가 너희 조상들에게 명령하고 또 내 종 선지자들을 통하여 너희에게 전한 모든 율법대로 행하라 하셨으나 그들이 듣지 아니하고 그들의 목을 곧게 하기를 그들의 하나님 여호와를 믿지 아니하던 그들 조상들의 목같이 하여 여호와의 율례와 여호와께서 그들의 조상들과 더불어 세우신 언약과 경계하신 말씀을 버리고 허무한 것을 뒤따라 허망하며 또 여호와께서 명령하사 따르지 말라 하신 사방 이방 사람을 따라 그들의 하나님 여호와의 모든 명령을 버리고 자기들을 위하여 두 송아지 형상을 부어 만들고 또 아세라 목상을 만들고 하늘의 일월성신을 경배하며 또 바알을 섬기고 또 자기 자녀를 불 가운데로 지나가게 하며 복술과 사술을 행하고 스스로 팔려 여호와 보시기에 악을 행하여 그를 격노하게 하였으므로 여호와께서 이스라엘에게 심히 노하사 그들을 그의 앞에서 제거하시니 오직 유다 지파 외에는 남은 자가 없으니라"(왕하 17:6-18).

하나님을 떠나면 왕도 나라도 개인도 결국 멸망한다. 이 원리는 이 땅의 모든 역사에 모든 인류 모든 사람에게 다 적용되는 원리다.

☙ 열왕기하 18-20장: 유다 왕 히스기야의 행적, 앗수르 왕 산헤립의 죽음, 죽을병에서 기도로 15년의 생명을 더 얻은 히스기야

열왕기하 18장부터 20장까지는 유다 왕 히스기야 때의 역사다.

히스기야는 다윗의 길로 행하며 선정을 베푼다. 그러나 유대 여러 선조의 죄로 유다 왕 히스기야 때 앗수르가 유다를 2차로 침략한다. 예루살렘은 점령당하고 히스기야 왕은 많은 금과 은으로 앗수르 왕의 군대를 돌려보낸다. 앗수르 왕은 다시 유다를 침공하고 부하장관 랍사게를 통하여 유다 백성과 히스기야 왕은 물론 하나님까지 능욕한다.

"너희는 유다의 왕 히스기야에게 이같이 말하여 이르기를 네가 믿는 네 하나님이 예루살렘을 앗수르 왕의 손에 넘기지 아니하겠다 하는 말에 속지 말라 앗수르의 여러 왕이 여러 나라에 행한 바 진멸한 일을 네가 들었나니 네가 어찌 구원을 얻겠느냐 내 조상들이 멸하신 여러 민족 곧 고산과 하란과 레셉과 들라살에 있는 에덴 족속을 그 나라들의 신들이 건졌느냐 하맛 왕과 아르밧 왕과 스발와임 성의 왕과 헤나와 아와의 왕들이 다 어디 있느냐"(왕하 18:31-34).

히스기야는 여호와의 성전에 올라가서 하나님까지 능욕한 앗수르 왕의 편지를 여호와 앞에 펴 놓고 이렇게 기도한다.

"그룹들 위에 계신 이스라엘의 하나님 여호와여 주는 천하만국에 홀로 하나님이시라 주께서 천지를 만드셨나이다 여호와여 귀를 기울여 들으소서 여호와여 눈을 떠서 보시옵소서 산헤립이 살아 계신 하나님을 비방하러 보낸 말을 들으시옵소서 여호와여 앗수르 여러 왕이 과연 여러 민족과 그들의 땅을 황폐하게 하고 또 그들의 신들을 불에 던졌사오니 이는 그들이 신이 아니요 사람의 손으로 만든 것 곧 나무와 돌뿐이므로 멸하였나이다 우리 하나님 여호와여 원하건대 이제 우리를 그의 손에서 구원하옵소서 그리하시면 천하만국이 주 여호와가 홀로 하나님이신 줄 알리이다"(왕하 19:15-19).

하나님은 히스기야의 이 기도를 들으셨고 결국 앗수르 왕 산헤립의 군대는 하나님이 보내신 사자를 통해 하룻밤에 18만 5천 명이 죽고 산헤립은 고국에 돌아가 신전에서 기도하다가 신하의 손에 죽임을 당한다. 여호와를 향한 기도는 큰 환난에서 이길 길을 열게 한다.

승리하는 중 교만하여 하나님까지 능욕하면 산헤립같이 멸망한다.

히스기야는 병들어 죽게 되었을 때 벽을 향하여 앉아 하나님께 간곡한 기도를 올렸고, 하나님은 히스기야의 기도를 들으시고 그에게 15년의 생명을 더해주신다. 히스기야는 병에서 나았지만 바벨론이 보낸 사자에게 왕궁과 성전의 모든 은금 기명을 다 자랑하였고 이 일은 결국 바벨론이 유다를 침략하는 계기가 된다(왕하 20장).

☛ 열왕기하 21장: 므낫세, 아몬의 악정

열왕기하 21장에는 유다 왕 므낫세와 그의 아들 아몬의 악정의 역사가 기록된다.

선한 왕 히스기야에게서 악한 왕 므낫세가 탄생한다. 므낫세는 왕국 전체를 우상숭배의 나라로 바꾼다. 그리고 므낫세와 그 뒤를 이은 왕들은 유다의 멸망을 재촉한다.

❥ 열왕기하 22-23장: 유다 왕 요시야의 선정

열왕기하 22, 23장에는 유다 왕 요시야의 치세를 기록한다.

요시야는 왕이 되어 성전을 수리하였고 성전을 수리하다가 발견한 율법책의 말씀을 듣고 조상들이 범한 죄를 인하여 통곡하며 옷을 찢고 회개한다. 요시야는 율법책의 교훈대로 유월절을 회복하여 지키고 모든 산당들을 헐고 온 나라에서 우상을 제하고 하나님 중심으로 살도록 백성들과 언약하는 등 하나님 보시기에 귀하게 왕정을 행한다. 요시야는 선지자에게 제사장을 보내어 선조들이 범한 죄에 대하여 하나님의 말씀을 듣게 한다.

이때 여선지자 훌다는 그동안 므낫세와 여러 왕이 범죄한 죄로 인하여 유다 왕국이 멸망할 것을 선포하고, 요시야는 하나님이 내리시는 재앙을 보지 않고 평안하게 열조에게로 갈 것을 말한다. 그리고 선지자의 말대로 요시야는 유다 왕국의 멸망을 보지 않고 애굽과의 전쟁에 죽어서 열조에게 돌아간다. 유다가 멸망하게 되고 바벨론 왕을 통해 각종 능욕을 받는 것보다 전쟁에서 전사하는 것이 요시야에게는 평안히 열조에게 가는 길이었다.

❥ 열왕기하 24-25장: 여호아하스, 여호야김, 여호야긴, 시드기야 때 바벨론에 멸망하는 유다 왕국

열왕기하 24, 25장에는 바벨론의 느부갓네살이 유다를 세 차례나 침략하여, 예루살렘이 점령되고, 유다가 멸망하는 사건이 기록된다. 여호아하스, 여호야김, 여호야긴을 이어 시드기야 왕 때에 예루살렘이 점령되고 수많은 백성이 살육되고 바벨론 군사들은 성전과 왕궁을 다 파괴하고 성벽을 무너뜨리고 유다 백성을 바벨론으로 포로로 잡아간다. 이때가 주전

586년이다.

성전 안의 모든 은금 기명들은 다 바벨론으로 옮겨진다.

이렇게 해서 하나님이 애굽에서 구원해 내어 모세와 여호수아를 통해 가나안 땅에 세워진 이스라엘 나라는 북왕국이 앗수르에게 멸망하고 남왕국 유다가 바벨론에 의해 멸망하여 그 역사가 끝난다.

이스라엘과 유다의 역사와 열왕기는 여기서 끝나지만 하나님의 구원역사는 다시 바벨론에 포로로 잡혀간 이스라엘 백성들과 함께하였고 바벨론은 바사에게 점령당하고 유다 백성은 바사 왕 고레스에 의해 포로생활 70년 후에 해방되어 예루살렘으로 복귀한다. 이때 하나님의 구원역사는 느헤미야서, 에스라서, 에스더서, 다니엘서, 에스겔서를 통해 이어진다.

* 구원사적으로 본 열왕기

열왕기는 신명기적 관점에 의해 열왕들의 역사를 기록했다. 신명기적 관점은 신명기 5장에 기록된 십계명의 말씀을 기초로 하여 6장, 7장, 8장, 9장과 신명기 전체에 언급된 하나님의 말씀들로 신명기 28장은 신명기적 관점을 극명하게 기록하고 있다. 이스라엘 백성은 하나님이 택하시고 구원하시고 사랑하는 백성으로 하나님 말씀에 순종하면 복을 받고 하나님 말씀에 불순종하면 아주 무서운 화를 받는다는 것이 신명기적 관점으로 본 역사관이다.

열왕기는 다윗의 길을 따른 왕들이 받은 복과 승리를 쉬지 않고 기록하고 있고 느밧의 아들 여로보암의 길을 따른 왕들이 받은 화를 쉬지 않고 기록하고 있다.

열왕기는 구원사적으로 구원받은 백성(애굽의 종살이에서 유월절 양의 피로 은혜로 구원된 이스라엘 백성)이 가나안 땅에서 어떻게 살았는가에 대한 기록으로 성도가 그리스도의 피로 구원받은 후 이 땅에서 어떻게 성화되는 것인가 하는, 성화의 구원을 교훈한다.

열왕기에서 가르쳐주는 성화는 다윗의 길로 행하는 것으로 다윗의 길을 요약하면 아래와 같다.

1) 하나님 제일의 생활이다.

다윗은 골리앗과 싸우러 나갈 때 전능하신 여호와를 의지하고 믿고 나가 승리했다. 다윗은 사울 왕에게 억울하게 쫓겨 다니면서도 사울 왕을 죽일 수 있는 두 번의 기회에 사울 왕의 생명을 하나님께 맡기고 살려 보낸다.

2) 제단 중심의 생활이다.

다윗은 여러 번 하나님의 언약궤를 예루살렘으로 옮기려 했고, 결국 옮겼다. 그리고 다윗은 어린아이처럼 너무 좋아서 춤을 추었다.

3) 다윗은 늘 거문고를 타며 찬송했고 많은 찬송시를 썼다. 이것이 시편에 기록된다.

4) 다윗은 기도의 사람이었다. 어떤 중요한 결정을 내릴 때 늘 기도하고 하나님께 묻고(우림과 둠밈을 통해) 결정했고 밧세바에게서 난 아들이 병들었을 때 금식하며 기도했다.

5) 다윗은 회개의 사람이었다.

우리아를 죽이고 밧세바를 범한 죄를 깨달았을 때 다윗은 철저하게 회개했다(시 51편, 많은 회개의 시들).

구원받은 백성, 성도의 성화는 이런 다윗의 길로 걸어가며 사는 길이다.

6) 하나님을 버리고 우상에게로 돌아간 여로보암의 길은 구원받은 후 성도들이 빠지기 쉬운 우상숭배로 오늘의 우상은 물질만능의 신앙생활이다. 지금 얼마나 많은 성도, 얼마나 많은 교회가 이 우상에 빠져 있는가? 열왕기에서 다윗의 길로 행한 왕들보다 여로보암의 길로 간 왕들이 훨씬 많은 것을 살펴보며 경계해야 한다.

7) 열왕기에는 여로보암의 길로 간 왕들이 당대에 받은 멸망과 화를 기록하고 있지만 오늘 성도들이 사는 이 세상에는 성화의 길을 버린 성도에게, 물질 만능의 신앙생활을 한 성도에게 임한 패망의 역사가 뒤로 밀려지고 있는 경우가 많다. 그러나 그들이 당대에 화를 면한다고 대환난에 들어가는 화까지 면할 길은 없는 것이다.

"회개하라. 천국이 가까웠느니라."

역대상 강해

사무엘서는 사무엘의 탄생 사건부터 시작하여 사울 왕과 다윗 왕의 말년의 역사까지를 기록한다. 열왕기는 다윗 왕이 늙어 죽게 되는 사건으로부터 솔로몬의 치세, 그리고 남북 왕국의 분열과 북왕국 이스라엘의 여러 왕과 남왕국 유다의 여러 왕의 치세를 신명기적 관점에서 기록한다.

역대기는 유다 왕국의 여러 왕들에 관한 치세를 제사장적인 관점, 곧 왕들이 얼마나 하나님을 사랑하고 성전을 중심으로 살았는가 하는 관점으로 기록한다. 역대하에 북왕국의 몇몇 왕들이 등장하지만 유다 왕들과 관계된 역사를 설명하기 위함일 뿐 역대기에는 북왕국 왕들의 치세는 다 생략된다.

남북 왕국의 분열은 아버지 다윗의 은혜로 천하 만민이 누릴 부귀영화를 다 누린 솔로몬이 말년에 처첩들을 많이 취하고 이방의 첩들이 가져온 우상들을 하나님처럼 섬긴 죄악 때문에 하나님이 다윗의 후손이 아닌 솔로몬의 부하였던 여로보암에게 이스라엘 백성 열두 지파 중 열 지파를 갈라주어 생긴 일이었다.

하나님의 영원한 축복의 언약은 다윗과 그 후손에게 있는 것으로, 그래서 북왕국 이스라엘은 처음부터 아브라함, 이삭, 야곱을 잇는 축복에서 제외된 왕국이었다. 그러함에도 불구하고 그 백성들도 야곱의 후손이기에 하나님이 보호하셨고 인도하셨지만 그들은 하나님을 버리고 우상에게 돌아가 멸망을 자초하였다.

남왕국 유다가 바벨론에 멸망하여 포로로 잡혀갔을 때 유다 지파와 베냐민 지파 외 이스라엘의 후손 열두 지파의 백성이 다 잡혀간 것을 보면 북왕국 이스라엘에서 우상숭배가 심할 때 북왕국 이스라엘에서 많은 신앙의 사람들이 유다로 옮겨와 살았던 것이 분명하다.

성경은 구원을 위해서 기록되었고 그래서 구원의 줄을 이어가는 역대기에서는 구원과 관계가 끊어진 북왕국의 역사는 제외된 것이다.

역대기상은 두 부분으로 나누어진다.

역대상 1장부터 9장까지는 아담으로부터 시작한 다윗 왕과 이스라엘 열두 지파의 족보와 바벨론에서 예루살렘으로 귀환한 레위인들과 제사장들의 명단과 사울 왕의 족보가 기록된다.

역대상 10장부터 29장까지는 다윗 왕의 치세가 기록된다.

✌ 역대상 1장: 구속사적 족보, 아담-노아

역대상 1장은 하나님이 선택하신 이스라엘 백성의 족보가 나온다. 아담에서 노아까지의 족보, 셈에서 아브라함까지의 족보, 그리고 이스라엘에게 이어지고, 에서와 에돔 땅의 왕들과 족장들의 계보가 나온다.

아담에서 노아까지의 족보

아담, 셋, 에노스, 게난, 마할랄렐, 야렛, 에녹, 므두셀라, 라멕, 노아, 셈, 함, 야벳의 족보가 나온다.

본문에 나오는 족보는 창세기에 나오는 족보들로 구속사에 필요한 인물들에게 초점이 맞추어져 있다. 그래서 본문에 가인의 족보가 빠진다.

본문에는 노아 홍수 이후 노아 후손인 셈과 함과 야벳의 족보가 나온다. 하나님이 해주신 번성의 축복은 아담에게(창 1:28), 노아에게(창 9:7), 아브라함에게(창 22:17), 야곱(창 35:11)에게 이어진다.

역대하 1장에서는 번성한 노아 후손의 축복을 기록한다. 야벳의 후손은 지중해 연안에서, 셈의 자손들은 메소포타미아, 소아시아 지방에서 그리고 함의 후손은 아프리카 지역에서 나라들을 세우고 번성하였다.

야벳의 아들들은 고멜과 마곡과 마대와 야완과 두발과 메섹과 디라스로 이들은 백인 계통의 인종으로 유럽과 인도인의 조상이 된다.

함의 후손은 흑인 계통의 조상으로 구스, 미스라임, 가나안 족속으로 이중 가나안 족속은 후에 이스라엘에 의해 멸망하지만, 오랫동안 이스라엘 백성의 대적이 된다. 함은 아버지 노아에게 저주를 받았고(창 9:25), 이 저주로 자자손손 벌을 받았다. 부모의 축복과 저주가 무서운 것이다. 축복하는 부모, 축복받는 자녀가 되어야 한다.

셈의 자손들은 이러하다.

"셈의 자손은 엘람과 앗수르와 아르박삿과 룻과 아람과 우스와 훌과 게 델과 메섹이라 아르박삿은 셀라를 낳고 셀라는 에벨을 낳고 에벨은 두 아들을 낳아 하나의 이름을 벨렉이라 하였으니 이는 그때에 땅이 나뉘 었음이요 그의 아우의 이름은 욕단이며 욕단이 알모닷과 셀렙과 하살 마웻과 예라와 하도람과 우살과 디글라와 에발과 아비마엘과 스바와 오빌과 하윌라와 요밥을 낳았으니 욕단의 자손은 이상과 같으니라 셈, 아르박삿, 셀라, 에벨, 벨렉, 르우, 스룩, 나홀, 데라, 아브람 곧 아브라함은 조상들이요 아브라함의 자손은 이삭과 이스마엘이라"(대상 1:17-28).

결국 역대상 1장의 족보는 아담에게서 이스라엘, 그리고 노아의 아들 셈에 이르기까지의 계보로 셈의 후손으로 오는 아브라함과 다윗과 그리 스도의 계보를 나타내려는 구속사의 계보다.

☙ 역대상 2-4:19: 유다의 족보

여기에는 유다 족속의 계보가 나온다. 유다는 야곱의 넷째 아들이지 만 이스라엘에서 유다와 그 후손 다윗을 통해 구원사가 이어지기 때문에 르우벤과 시므온과 레위 지파의 계보는 뒤로 물러난다. 구원사에서 르우 벤과 시므온과 레위가 장자의 명분을 잃어버린 것을 창세기에서 하나님 은 이렇게 말씀하신다.

"너희는 모여 들으라 야곱의 아들들아 너희 아버지 이스라엘에게 들을 지어다 르우벤아 너는 내 장자요 내 능력이요 내 기력의 시작이라 위풍 이 월등하고 권능이 탁월하다마는 물의 끓음 같았은즉 너는 탁월하지 못하리니 네가 아버지의 침상에 올라 더럽혔음이로다 그가 내 침상에 올랐었도다 시므온과 레위는 형제요 그들의 칼은 폭력의 도구로다 내 혼아 그들의 모의에 상관하지 말지어다 내 영광아 그들의 집회에 참여 하지 말지어다 그들이 그들의 분노대로 사람을 죽이고 그들의 혈기대로 소의 발목 힘줄을 끊었음이로다 그 노여움이 혹독하니 저주를 받을 것이요 분기가 맹렬하니 저주를 받을 것이라 내가 그들을 야곱 중에서 나누며 이스라엘 중에서 흩으리로다 유다야 너는 네 형제의 찬송이 될지라 네 손이 네 원수의 목을 잡을 것이요 네 아버지의 아들들이 네 앞에 절하리로다 유다는 사자 새끼로다 내 아들아 너는 움킨 것을 찢고 올라갔도다 그가 엎드리고 웅크림이 수사자 같고 암사자 같으니 누가 그를 범할 수 있으랴 규가 유다를 떠나지 아니하며 통치자의 지팡이가 그 발 사이에서 떠나지 아니하기를 실로가 오시기까지 이르리니 그에게 모든 백성이 복종하리로다"(창 49:2-10).

이 말은 야곱이 마지막으로 자녀들에게 해준 말로 하나님의 계시를 받아 한 말이다. 이 말씀에서 유다는 아비의 아들들이 절을 해야 할 사람으로, 유다 앞에 온 백성이 복종할 사람으로 말하고 있다.

역대상 2장에서 야곱의 열두 아들 중 라헬의 여종 빌하에게서 태어난 단은 이름만 나오고 그 계보가 빠진다. 그리고 계시록 7장에 나오는 이스라엘 백성의 계수에도 단 지파는 빠진다. 그 이유는 아무도 모른다. 분명한 것은 단 지파 이야기는 구원사에 있어서 중요하지 않다고 하는 것이다.

본 장에서 이스라엘의 계보는 이스라엘 유다 베레스로 이어진다. 그리고 역대상 2장에서 베레스는 유다의 며느리 다말이 유다로 말미암아 낳은 아들임을 밝힌다(대상 2:4). 아버지와 며느리 사이에서 태어난 베레스가 다윗의 선조가 되고 예수님의 선조가 된다.

유다 자손의 계보에서 다윗이 나온다(대상 2:15).

역대상 3장에서는 다윗 왕의 계보만 나온다. 다윗 왕 후손의 계보는 역대상 4장 19절까지 나온다.

☙ 역대상 4:20-9장: 시므온, 갓, 르우벤, 므낫세 반 지파의 족보

여기에는 시므온 지파, 요단 동편에 거하는 갓, 르우벤, 므낫세 반 지파의 족보가 나온다.

역대상 5장에서 르우벤과 유다, 요셉의 장자 명분을 설명한다.

"이스라엘의 장자 르우벤의 아들들은 이러하니라 (르우벤은 장자라도 그의 아버지의 침상을 더럽혔으므로 장자의 명분이 이스라엘의 아들 요셉의 자손에게로 돌아가서 족보에 장자의 명분대로 기록되지 못하였느니라 유다는 형제보다 뛰어나고 주권자가 유다에게서 났으나 장자의 명분은 요셉에게 있으니라)"(대상 5:1-).

역대상 6장에는 레위의 후손들의 계보와 주거지가 나온다. 레위 지파는 땅을 분배받지 못하고 게데스, 골란, 길르앗 라못, 세겜, 베셀, 헤브론에 흩어져 도피성을 중심으로 살았다. 그들에게는 하나님이 기업이었고 그래서 백성들의 십일조와 제물이 그들의 기업이었다.

7장에는 요단 서편의 지파들의 계보, 8장에는 베냐민 지파의 계보가 나온다.

역대상 9장에는 포로에서 귀환한 후 예루살렘에 거하는 제사장들과 레위 자손들의 계보와 성전에서 그들이 하는 일들, 사울 왕의 계보가 나온다. 역대상 1장부터 9장까지 길게 기록된 계보는 이스라엘 백성은 하나님이 주권적으로 선택하신 백성이라는 것을 가르쳐준다. 그리고 하나님이 행하시는 구원의 줄이 노아, 아브라함, 야곱, 다윗을 통해 이어짐을 보여준다.

☙ 역대상 10장: 사울의 죽음

여기에서 사울 왕의 비극적인 최후 기사가 나온다.

사울과 그 세 아들은 블레셋과 전쟁을 하다가 길보아 산에서 블레셋에 패하여 한날 다 죽는다.

사울은 이스라엘 왕국의 첫 번째 왕이 되어 주변의 여러 이방 족속들과 싸워 승리하며 선정을 베풀었지만 후에 교만해져 위급한 중 직접 하나님께 제사를 드려 사무엘에게서 하나님에게 버려졌다는 선고를 받았고, 아말렉을 쳐서 모든 족속과 모든 짐승을 다 멸하라고 하신 하나님의 명을 어기고 전쟁에서 살진 소들을 끌고 오기도 하여 다시 선지자 사무엘로부터 여호와께서 왕을 버려 이스라엘 왕이 되지 못하게 하셨다는 무서운 말을 듣는다.

역대상 10장에서 사울이 죽은 이유를 이렇게 말하고 있다.

"사울이 죽은 것은 여호와께 범죄하였기 때문이라 그가 여호와의 말씀을 지키지 아니하고 또 신접한 자에게 가르치기를 청하고 여호와께 묻지 아니하였으므로 여호와께서 그를 죽이시고 그 나라를 이새의 아들 다윗에게 넘겨주셨더라"(대상 10:13-14).

사울의 죽음은 하나님의 뜻으로 하나님의 구원의 역사가 다윗으로 이어지는 길이 된다.

사무엘상 18장부터 31장까지 아주 길게, 사울이 다윗을 핍박하고 다윗을 죽이려고 시도하는 여러 가지 사건이 기록된다. 사울은 다윗이 골리앗을 죽이고 예루살렘으로 돌아올 때 예루살렘의 여인들이 "사울이 죽인 자는 천천이요 다윗이 죽인 자는 만만이라"고 노래하는 말을 들은 때부터 다윗을 향한 미움이 생긴다. 사울이 다윗을 미워하게 된 것은 악신이 그에게 들어갔기 때문이다.

"사울이 손에 단창을 가지고 그 집에 앉았을 때에 여호와의 부리신 악신이 사울에게 접하였으므로 다윗이 손으로 수금을 탈 때에 사울이 단창으로 다윗을 벽에 박으려 하였으나 그는 사울의 앞을 피하고 사울의 창은 벽에 박힌지라 다윗이 그 밤에 도피하매"(삼상 19:9-10).

그런데 이 악신은 '여호와의 부리신' 악신이었다. 이 말을 읽으며, 그러면 하나님이 사울에게 미움을 일으키셨는가 하고 질문하게 된다.

사울이 다윗을 미워하게 한 직접 원인은 악신이 사울에게 들어갔기 때문이지만 하나님이 이 악신을 쓰셨다고 하는 것을 주의해야 한다. 욥기를 보면 하나님이 사탄에게 욥의 소유를 다 맡겨 욥을 시험하게 하신다(욥 1:6-11). 그래서 욥은 하루 사이에 그 많은 재산을 다 잃는다.

다시 질문을 한다. 하나님이 사탄을 쓰시기도 하는가? 대답은 '그렇다' 이다.

사울이 미움으로 단창을 던져 다윗을 죽이려고 했을 때, 사울은 이미 하나님이 버렸다고 선고받은 뒤였다(삼상 13:14, 15:11, 15:26). 그리고 하나님은 이스라엘의 왕으로 다윗에게 기름을 부은 후였다(삼상 16:13). 지금 사울 왕에게 하나님이 부리시는 악신이 들어가 다윗을 미워함으로 단창을 던져 다윗을 벽에 못 박으려 한 것은 다윗으로 사울 왕 앞을 떠나도록 하기 위한 하나님의 섭리였고 하나님이 계획하시는 구원의 큰길에 사울을 버리고 다윗을 세우시려는 섭리였다.

하나님은 욥기에서 하나님이 우리에게 환난 중에도 하나님의 크신 사랑이 있음을 가르치시기 위해 욥과 사탄을 다 쓰셨다.

지금은 주님이 사탄의 권세를 완전히 파하시고 부활하시고 승천하시고 성령 하나님이 항상 우리와 함께 계시지만, 지금도 사탄이 우는 사자처럼 성도를 공격하고 있고 사탄은 성도에게 미움과 탐심과 원망과 의심을 일으켜 성도를 믿음에서 넘어지게 하고 있다.

"너희가 무슨 일에든지 누구를 용서하면 나도 그리하고 내가 만일 용서한 일이 있으면 용서한 그것은 너희를 위하여 그리스도 앞에서 한 것이니 이는 우리로 사탄에게 속지 않게 하려 함이라 우리는 그 계책을 알지 못하는 바가 아니로라"(고후 2:10-11).

성도를 서로 미워하게 하고 용서 못하게 하는 놈이 바로 사탄이다.

"사탄아, 물러가라. 너는 나를 넘어지게 하는 자로다."

성도 누구라도 사탄에게 매여 미움에 사로잡히면 사울이 된다.

구원받은 성도는 정신 차리고 사탄을 대적하고, 형제의 죄를 용서하고 사랑해야 한다. 사울 왕의 죽음은 성화의 과정에서 미움이 얼마나 무서운 일인가 하는 것을 가르쳐준다.

☙ 역대상 11-12장: 통일왕국의 왕이 된 다윗

11장 1-3절을 보면 다윗이 왕으로 옹립되는 사건을 기록하고 있다. 다윗이 이스라엘의 왕이 된 것은 여호와께서 사무엘에게 말씀하신 대로 된 것이다. 다윗은 사무엘을 통하여 왕으로 기름 부음을 받았고(삼상 16:13) 다시 유다 지파 장로들을 통하여 기름 부음을 받았다(삼하 2:4).

본문에 다윗이 왕으로 기름 부음을 받은 것은 세 번째다. 다윗은 다른 왕들과 다르게 이렇게 세 번씩이나 왕으로 기름 부음을 받아 왕이 된다. 하나님은 이렇게 다윗에게 세 번씩 기름을 부어 왕이 되게 하심으로 하나님이 다윗을 통하여 특별하게 하시고자 하는 구원의 역사를 다윗과 백성에게, 오늘 구원받은 우리에게 전하고 있다. 이런 다윗을 통해 예수가 그리스도로 탄생하신다.

11장 4절부터 9절까지 다윗이 여부스 족속에게서 예루살렘을 점령하여 다윗성으로 만드는 기사가 나온다. 이 예루살렘은 이후 남왕국 유다가 바벨론에 멸망하기까지 이스라엘의 수도였고 바벨론 포로 이후 이스라엘 백성이 다시 귀환하여 수도가 된다. 예루살렘에 솔로몬의 성전이 세워지고 이 예루살렘에서 예수님이 그리스도로 십자가에서 피 흘려 죽어 인류 구원이 완성된다. 이 놀라운 역사가 다윗으로 인해 시작된다.

11장 10절부터 12장 끝까지 다윗을 도와 위대한 다윗왕국을 만든 용사들의 기사가 나온다.

요압, 야소보암, 엘르아살의 무용담이 나온다. 이들 이야기 중 다윗이 아둘람굴 부근 산성에 있을 때 다윗이 고향 땅 베들레헴 우물물을 그리워할 때 세 용사가 블레셋군이 점령하고 있는 베들레헴으로 가서 우물물을 가져와 다윗에게 주었고, 다윗은 이 물이 세 용사가 생명을 바쳐 떠온 피라고 말하면서 하나님께 제물로 바친 사건을 기록하고 있다. 왕을 사랑하고 생명을 걸고 충성하는 군사들, 이 충성을 알아주고 받아 귀한 것(제물로)으로 승화시키는 다윗왕의 이야기는 다윗 왕국이 어떻게 강성해졌는가를 가르쳐준다. 위대한 역사는 어느 개인 혼자서 이룰 수 없다. 함께 돕는 많은 사람이 있어야 한다.

11장에서는 계속해서 아비새와 브나야와 여러 용사들에 대한 기록이 나온다.

12장에는 다윗이 사울 왕에게 쫓겨 다닐 때 그를 도와준 용사들의 이름과 갓 지파, 베냐민 지파, 므낫세 지파 중에서 다윗 앞으로 귀순한 용사들이 나오고, 23절부터는 다윗을 헤브론에서 왕으로 세울 때 각 지파별로 나온 군사들의 수효가 기록된다.

하나님은 다윗을 왕으로 세우고 다윗 왕국을 이루는 일에 많은 용사를 보내주신다.

☙ 역대상 13장: 언약궤를 옮기려다 실패한 다윗

역대상 13장에서 다윗이 기럇여아림에 있는 하나님의 언약궤를 예루살렘으로 옮기기 위해 온 백성을 불러모으고 하나님의 언약궤를 수레에 실어 옮기게 된다.

이 수레가 기드론의 타작마당에 이를 때 소들이 뛰었고 웃사는 언약궤가 떨어지지 않도록 손을 내밀어 언약궤를 붙잡는다. 이 일로 웃사는 하나님이 치셔서 죽게 된다. 언약궤는 레위의 후손 오벧에돔의 집으로 옮겨지고 오벧에돔의 집에 언약궤가 있는 동안 오벧에돔의 집은 큰 복을 받는다.

다윗이 하나님의 언약궤를 예루살렘으로 옮기고자 하는 일은 분명히 귀한 일이었다. 그러나 귀한 일도 하나님의 말씀에 따라 말씀대로 해야 한다. 언약궤는 하나님이 임재해 계신 거룩하고 신령한 곳이다. 금으로 만들어진 이 언약궤의 덮개가 '속죄소'로(지성소와 혼동하지 말아야 한다. 지성소는 언약궤가 있는 방이고, 속죄소는 언약궤 덮개를 말한다), 이 속죄소는 하나님이 임재하셔서 모세와 백성을 만나시고 하나님이 모세에게 말씀하는 곳이다(출 25:17-22, 30:6). 하나님의 성막과 성막의 모든 기구들은 레위 족속만이 관리할 수 있고 언약궤는 반드시 레위 족속이 어깨에 메고 옮겨야 한다(민 1:50, 4:15, 7:9, 10:11, 17, 21; 신 31:9).

그런데 다윗은 이 언약궤를 소가 끄는 수레에 실었고, 웃사는 그 손으로 이 언약궤를 잡아 죽임을 당했다.

오벧에돔의 집에 복이 임했지만 언약궤 자체가 복을 주고 빼앗는 것이 아니다. 엘리 제사장 때 홉니와 비느하스는 블레셋과의 전쟁에 이 언약궤를 모시고 갔지만 패전하여 죽었고(삼상 4장), 이 언약궤가 블레셋의 진영에 들어갔을 때 블레셋 백성은 큰 환난을 만났다(삼상 5, 6장). 오벧에돔의 집이 복을 받은 것은 하나님이 복을 주시기 원하셨기 때문이다.

☙ 역대상 14장: 부강해지는 다윗 왕국

14장에는 다윗 왕국이 부강해지는 기사가 나온다.

두로 왕 히람이 다윗에게 백향목과 목수, 석수를 보내어 왕궁 건축을 도와준다. 이스라엘 왕국이 부흥하면서 다윗은 하나님이 자신을 이스라엘 왕으로 삼아주신 사실을 깨닫는다. 성도는 축복 중 이 축복이 하나님께로부터 온 것임을 깨닫는 지혜를 가져야 한다.

다윗은 예루살렘에서 아내를 취하였고 여러 자녀를 얻는다. 솔로몬도 그중에 하나다.

다윗은 여러 번 블레셋을 물리친다. 이 전쟁에 다윗은 하나님께 모든 것을 묻는다. 기도하며 전쟁을 한 사람이 다윗이다.

☛ 역대상 15-16장: 법대로 언약궤를 옮긴 다윗, 찬양대 조직, 성막 봉사제도 제정

다윗이 하나님의 법대로(민 4:15, 7:9) 오벧에돔의 집에서 예루살렘으로 언약궤를 옮긴다. 다윗은 온 백성을 모으고 레위 지파 제사장들과 고핫 자손에게 언약궤를 그 어깨에 메고 운반한다. 다윗은 이 거룩한 행사에 왕복을 벗고 베옷을 입고 언약궤를 따라가며 어린아이같이 춤을 추었다. 다윗에겐 왕으로서의 권위보다 하나님 앞에 어린아이같이 겸비함이 우선이었다. 다윗의 이런 모습을 보고 비웃은 미갈은 죽는 날까지 자식을 얻지 못한다(삼하 6:23).

다윗은 예루살렘으로 언약궤를 옮긴 후 하나님께 번제와 화목제사를 드렸고, 찬양대를 조직하여 감사의 찬양시를 지어 찬양대로 찬양하게 하였고, 성막에서 하나님을 섬기는 봉사의 제도를 만들어 하나님을 경배하였다.

다윗의 찬양 내용은 이런 것이다.

1) 여호와께 감사와 찬양의 권면, 2) 여호와의 택함을 입은 이스라엘 백성이 기억하고 찬양해야 할 여호와의 법도와 구원의 은혜에 대한 찬양, 3) 온 땅, 모든 민족, 모든 국가, 하늘과 바다, 숲속의 나무들도 하나님께 합당한 영광을 돌리기를 찬양, 4) 찬양은 이렇게 끝난다.

"여호와께 감사하라 그는 선하시며 그의 인자하심이 영원함이로다 너희는 이르기를 우리 구원의 하나님이여 우리를 구원하여 만국 가운데에서 건져내시고 모으사 우리로 주의 거룩한 이름을 감사하며 주의 영광을 드높이게 하소서 할지어다 여호와 이스라엘의 하나님을 영원부터 영원까지 송축할지로다"(대상 16:34-36).

모든 백성이 아멘 하고 여호와를 찬양하였다. 다윗 왕은 찬양의 사람이다. 구원받은 성도는 성화의 과정에서 늘 하나님께 구원의 은혜를 찬양하며 찬송하는 사람으로 살아야 한다.

☙ 역대상 17장: 다윗의 성전 건축 소원과 하나님의 거절

본문의 기사는 사무엘하 7장에 나오는 기사와 같은 것으로 다윗이 하나님의 성전을 건축하려 하지만 하나님이 나단 선지자를 통해 다윗이 성전을 건축하지 못하게 하시고 다윗의 마음을 받으신 하나님이 다윗과 솔로몬과 그 후손에게까지 축복을 약속하시는 말씀이다.

역대상 22장 8절에서는 다윗은 전쟁에서 많은 피를 땅에 흘렸기 때문에 성전을 건축할 수 없다고 말씀하시고 있다.

하나님이 다윗에게 해주신 축복의 약속은 전쟁에서의 승리와 그 후에 다윗의 자식이 성전을 건축할 것이며 그의 왕위가 영원히 견고하게 될 것이라고 말씀하신다. 여기서 영원히 견고케 하신다는 약속은 다윗의 후손으로 오신 예수 그리스도를 통해서 이루어졌지만, 역사로는 다윗 왕국이 시드기야 왕 때 바벨론에 멸망당한다. 하나님이 다윗에게 해주신 왕국의 영원한 약속은 솔로몬이 성전을 완성했을 때 하나님이 이렇게 말씀하셨다.

"네가 지금 이 성전을 건축하니 네가 만일 내 법도를 따르며 내 율례를 행하며 내 모든 계명을 지켜 그대로 행하면 내가 네 아버지 다윗에게 한 말을 네게 확실히 이룰 것이요"(왕상 6:12).

하나님의 약속과 축복은 늘 영원한 것이지만 또한 늘 '하나님의 법도 대로 살아갈 때'라는 조건이 달린 것이다.

다윗은 하나님이 내려주신 축복의 약속에 깊이 감사한다.

구원 얻은 성도의 구원은 영원한 것이다. 누구도 뺏을 수 없는 것이다 (요 10:28; 롬 8:32-39). 그러나 구원 얻고 은혜를 저버리고 믿음의 법도를 버리면 이 사람은 하나님의 약속대로 구원은 얻지만 대환난을 통하여 부끄럽게 구원된다(pp. 124-133, 137, 140. 대환난의 교리를 참조).

☙ 역대상 18-20장: 주변 여러 족속을 정복한 다윗

역대상 18장부터 20장까지 다윗 왕국의 주변 여러 족속과 싸워 승리하는 역사가 기록된다. 다윗은 다윗 왕국의 주변국들 블레셋, 아람, 에돔, 암몬 족속들과 싸워 승리한다. 다윗의 이 승리는 '여호와께서 다윗이 어디로 가든지 이기게'(대상 18:6, 13) 하셨기 때문이고 충성스럽고 용맹한 여러 장수가 다윗에게 있었기 때문이다. 성도의 축복과 승리는 늘 여호와께로부터 온 것이다. 성공 중 감사하고 교만하지 말아야 한다.

☙ 역대상 21장: 교만으로 실시한 다윗의 인구조사

승승장구 승리한 다윗이 사탄의 시험으로 교만해져서 필요 없는 인구조사를 벌인다. 인구조사 자체가 죄가 아니다. 이스라엘 백성은 여러 번 인구를 계수했다(출 30장, 38:26; 민 1-3장).

여기 역대상 21장과 27장 23-30절에 나오는 인구조사는 사탄이 다윗을 격동하여 시작한 것으로 다윗이 인구조사 후 하나님께 징계받고 회개한 것을 보면 다윗이 승승장구 승리하며 자랑하고 싶은 충동에서 나온 일이었음을 알 수 있다. 스스로 섰다 하는 자는 넘어질까 조심해야 한다(고전 10:12).

인구조사 사건으로 백성 중 죽은 자가 7만이었다. 실로 무서운 형벌이었다.

하나님이 내리신 형벌은 다윗이 여부스 사람 오르난의 타작마당에서 천사를 만나 회개함으로 끝이 나고 이 오르난의 타작마당을 다윗이 사서 거기에서 하나님께 번제와 화목제를 드렸고 하나님이 불을 내리심으로 제사를 받으셨다.

오르난의 타작마당에 하나님의 성막이 세워지고, 후에 이 자리에 하나님의 성전이 건축된다. 이 자리는 아브라함이 그의 아들, 이삭을 제물로 바친 모리아산이고, 이 자리가 예수님이 유월절 양으로 십자가를 지신 골고다 언덕의 한 줄기다.

실로 하나님의 뜻은 무섭게 통일되고 속죄와 구원의 길은 이스라엘의 평범한 역사 속에서도 무섭게 이루어진다.

☙ 역대상 22장: 오르난 타작마당에서 만난 천사, 성전 건축을 위한 재료 준비

다윗은 오르난의 타작마당에서 천사를 만나고 하나님의 무서운 징계가 끝나고 그곳에서 화목제사와 번제를 드렸다. 그리고 다윗은 이렇게 말한다.

"이는 여호와 하나님의 성전이요 이는 이스라엘의 번제단이라"(대상 22:1).

다윗은 자신이 성전을 직접 건축할 수는 없지만 아들 솔로몬이 성전을 웅장하게 잘 건축하도록 모든 준비를 한다. 다윗은 이곳에 하나님의 성전을 건축하기 위해 이스라엘 땅에 거류하는 이방 사람을 모으고 석수를 시켜 하나님의 성전을 건축할 돌을 다듬게 하고 또 문짝 못과 거멀못에 쓸 철을 많이 준비하고 또 무게를 달 수 없을 만큼 심히 많은 놋을 준비하고 또 백향목을 무수히 준비한다.

다윗은 어려운 중에도 여호와의 성전을 위하여 금 십만 달란트와 은 백만 달란트와 놋과 철을 그 무게를 달 수 없을 만큼 심히 많이 준비하였고 또 재목과 돌을 준비하였다.

다윗은 성전 건축을 솔로몬에게 부탁하면서 이 성전 건축이 자신이 하려고 했지만, 하나님이 못하게 하시고 솔로몬에게 하도록 명하신 사실을 가르쳐준다. 다윗은 솔로몬의 성전 건축에 하나님의 축복을 기원하며 "여호와께서 모세를 통하여 이스라엘에게 명령하신 모든 규례와 법도를 삼가 행하면 형통하리니 강하고 담대하여 두려워하지 말고 놀라지 말라"고 당부한다.

다윗은 다시 이스라엘의 방백에게 이 성전 건축을 도우라고 명령하고 건축 후 하나님의 언약궤와 모든 기명들을 옮길 것을 명한다.

다윗은 말년에 더욱 하나님의 사람으로 하나님을 열심히 사랑하는 사람으로 살아간다.

❧ 역대상 23-26장: 반차를 따라 성전 봉사를 하는 레위인

역대상 23장부터 26장까지는 레위인들이 그 반차를 따라 하나님의 성전에서 봉사할 직무를 제도화한다.

레위 가문의 24반차로 레위인 전체가 모두 하나님의 전 봉사의 직무를 맡게 된다. 그들은 하나님의 전 봉사에 반차를 따라 번갈아가며 봉사하게 조직되었다.

제사장들도 24반차로 나뉘어 제비를 뽑아 성전 봉사에 그 순차를 정했다.

찬양대와 각종 악기를 연주하는 자들도 24반차로 나누어 봉사하게 하였다.

문을 지키는 일과 창고를 관리하는 일, 유사(모든 것을 기록하는 서기관), 재판관을 정하였고 직무를 정하여 맡겼다.

성도가 구원받은 후 하나님 백성의 거룩한 공동체 조직에 속해야 하고 각기 조직에서 맡겨진 직무들을 서로 잘 감당해야 한다.

어느 한 성도도 구경꾼이 되어선 안 된다. 그렇게 해야 함께 이루어가는 구원에 동참하여 성숙하게 된다. 교회는 질서 있게 가장 효율적으로 선교(예배, 교육, 전도, 봉사)할 수 있도록 조직되어야 하고 모든 성도가 이 조직의 한 일원으로 자신에게 맡겨진 직분을 충성스럽게 감당해야 한다.

❧ 역대상 27장: 다윗의 군대조직

여기에는 다윗이 군대를 2만 4천 명씩 12반차로 나누어 조직하고 각 반차의 대장들에 대한 소개가 나온다.

조직을 표로 그려보면 아래와 같다.

다윗…친위대 대장 브나야(11:25; 삼하 20:23)
↓
총사령관 요압(12개 반차를 지휘)…12반 반장(24인의 천부장을 지휘)…천부장(10인의 백부
장을 지휘)…백부장(100인의 군사를 지휘)…군사들

여기에 열두 지파 대표자들의 명단이 나온다.

르우벤 지파—엘리에셀, 시므온 지파—스바댜, 레위 지파—하사뱌, 아론 자손의 관장—사독, 유다 지파—엘리후, 잇사갈 지파—오므리, 스불론 지파—이스마야, 납달리 지파—여레못, 에브라임 지파—호세아, 므낫세 반 지파—요엘(요단 서편) 잇도(요단 동편), 베냐민 지파—야하시엘, 단 지파—아사렐.

다윗은 나라의 재산 관리자를 임명한다.

왕의 곳간—이스마웻, 밭과 성읍, 산성의 곳간—요나단, 농부들—에스리, 포도원—시무이,

포도주 곳간—삽디, 평야의 감람나무, 뽕나무—바알하난, 기름 곳간—요아스, 사론의 소 떼—시드래, 골짜기 소 떼—사밧, 낙타—오빌, 나귀—예드야, 양 떼—야시스.

다윗 왕국의 승리와 부흥은 저절로 된 것이 아니다. 충성스러운 관리들과 용맹이 출중한 장군들, 그리고 빈틈없는 조직을 통해 하나님의 축복으로 이루어진 것이다.

구원받은 후 성도는 조직된 교회의 일원으로 어떤 일이든 내가 받은 은사대로 봉사의 직무를 감당해야 한다. 그래야 내가 성숙한 믿음에 이르는 성화를 이루게 되고 하나님의 선교가 이루어진다.

역대하 강해

역대하 1-7장

역대하 1장에서 7장을 보면 솔로몬이 왕이 되어 하나님께 온 백성의 대표들과 함께 기브온 산당으로 가서 1천 마리의 희생제물로 하나님께 번제를 드린 일로부터 성전 건축의 준비와 과정, 언약궤를 성전에 옮김으로 성전을 완성하고 하나님께 이 성전을 봉헌한 일과, 솔로몬의 봉헌 기도, 그리고 솔로몬의 기도에 하나님이 불과 말씀으로 응답하신 사건을 기록하고 있다.

☙ 역대하 1장: 기브온 산당에서 일천 번제를 드린 솔로몬

⑴ 솔로몬이 왕이 되어 그 왕국이 번성하게 된 것은 여호와께서 솔로몬과 함께하셨기 때문이다(대하 1:1).

⑵ 솔로몬은 온 백성의 대표들을 모으고 기브온 산당으로 가서 일천 희생제물을 바치며(7-8일간) 하나님께 경배를 드린다. 기브온에는 훌의 손자 브살렐이 지은 회막과 놋단이 있는 곳으로 백성들이 성전이 완성되기 전까지 여기서 제사를 드렸다.

⑶ 하나님은 솔로몬의 제사를 받으시고 밤에 꿈 속에서 솔로몬을 만나 주셨다(왕상 3:4, 5, 15).

제사, 곧 성도가 드리는 예배는 하나님을 만나는 자리다. 하나님이 이렇게 말씀하신다.

"내게 토단을 쌓고 그 위에 너의 양과 소로 너의 번제와 화목제를 드리라 내가 무릇 내 이름을 기념하게 하는 곳에서 네게 임하여 복을 주리라"(출 20:24).

"네가 제단 위에 드릴 것은 이러하니라 매일 일 년 된 어린 양 두 마리니 한 어린 양은 아침에 드리고 한 어린 양은 저녁 때에 드릴지며 한 어린 양에 고운 밀가루 십분의 일 에바와 찧은 기름 사분의 일 힌을 더하고 또 전제로 포도주 사분의 일 힌을 더할지며 한 어린 양은 저녁 때에 드리되 아침에 한 것처럼 소제와 전제를 그것과 함께 드려 향기로운 냄새가 되게 하여 여호와께 화제로 삼을지니 이는 너희가 대대로 여호와 앞 회막 문에서 늘 드릴 번제라 내가 거기서 너희와 만나고 네게 말하리라 내가 거기서 이스라엘 자손을 만나리니 내 영광으로 말미암아 회막이 거룩하게 될지라"(출 29:38-43).

구원받은 성도가 예배드리지 않는 것은 나를 찾아오시는 하나님을 만나지 않고 외면하는 것이다. 성도는 예배를 생명같이 귀하게 여겨야 한다. 예배는 성도에게 영적 생명의 근본이다.

하나님은 솔로몬에게 "내가 네게 무엇을 줄꼬, 너는 구하라" 말씀하셨고 솔로몬은 많은 백성을 바로 재판할 수 있는 지혜와 지식을 구한다.

하나님은 이러한 솔로몬에게 다음과 같이 말씀하신다.

"하나님이 솔로몬에게 이르시되 이런 마음이 네게 있어서 부나 재물이나 영광이나 원수의 생명 멸하기를 구하지 아니하며 장수도 구하지 아니하고 오직 내가 네게 다스리게 한 내 백성을 재판하기 위하여 지혜와 지식을 구하였으니 그러므로 내가 네게 지혜와 지식을 주고 부와 재물과 영광도 주리니 네 전의 왕들도 이런 일이 없었거니와 네 후에도 이런 일이 없으리라"(대하 1:11-12).

솔로몬은 하나님에게서 지혜와 부와 재물과 존영까지 받는다. 그리고 솔로몬은 하나님이 해주신 축복대로 은과 금을 돌같이 흔하게 썼고 백향목을 뽕나무같이 흔하게 쓰면서 사는 부귀영화를 누린다.

솔로몬은 전도서에서 솔로몬이 누린 부귀영화를 이렇게 말한다.

"내가 내 마음으로 깊이 생각하기를 내가 어떻게 하여야 내 마음을 지혜로 다스리면서 술로 내 육신을 즐겁게 할까 또 내가 어떻게 하여야 천하의 인생들이 그들의 인생을 살아가는 동안 어떤 것이 선한 일인지를 알아볼 때까지 내 어리석음을 꼭 붙잡아 둘까 하여 나의 사업을 크게 하였노라 내가 나를 위하여 집들을 짓고 포도원을 일구며 여러 동산과 과원을 만들고 그 가운데에 각종 과목을 심었으며 나를 위하여 수목을 기르는 삼림에 물을 주기 위하여 못들을 팠으며 남녀 노비들을 사기도 하였고 나를 위하여 집에서 종들을 낳기도 하였으며 나보다 먼저 예루살렘에 있던 모든 자들보다도 내가 소와 양 떼의 소유를 더 많이 가졌으며 은 금과 왕들이 소유한 보배와 여러 지방의 보배를 나를 위하여 쌓고 또 노래하는 남녀들과 인생들이 기뻐하는 처첩들을 많이 두었노라 내가 이같이 창성하여 나보다 먼저 예루살렘에 있던 모든 자들보다 더 창성하니 내 지혜도 내게 여전하도다 무엇이든지 내 눈이 원하는 것을 내가 금하지 아니하며 무엇이든지 내 마음이 즐거워하는 것을 내가 막지 아니하였으니 이는 나의 모든 수고를 내 마음이 기뻐하였음이라"
(전 2:3-10).

☙ 역대하 2-5장: 성전 건축, 성전에 옮겨지는 언약궤, 성전의 외소, 성소, 지성소

여기에는 솔로몬이 성전 건축을 준비하는 일과 건축을 시작하여 완성하는 일, 하나님의 언약궤를 성전에 옮기는 일이 기록된다.

솔로몬은 여호와의 이름을 위하여, 이스라엘의 영원한 규례대로 하나님께 번제를 드리기 위해 성전을 건축한다(대하 2:1, 4).

여호와의 이름을 높이는 것이 성도가 행할 본분이다. 성도는 하나님이 명하신 규례대로 하나님께 제사를 드려야 한다. 성도는 성전(교회당)에서 예배를 드리고 예배를 통해 하나님이 주시는 새 떡(말씀)을 먹어야 한다.

하나님이 이렇게 명하신다.

"너는 고운 가루를 가져다가 떡 열두 개를 굽되 각 덩이를 십분의 이 에바로 하여 여호와 앞 순결한 상 위에 두 줄로 한 줄에 여섯씩 진설하고 너는 또 정결한 유향을 그 각 줄 위에 두어 기념물로 여호와께 화제를 삼을 것이며 안식일마다 이 떡을 여호와 앞에 항상 진설할지니 이는 이스라엘 자손을 위한 것이요 영원한 언약이니라 이 떡은 아론과 그의 자손에게 돌리고 그들은 그것을 거룩한 곳에서 먹을지니 이는 여호와의 화제 중 그에게 돌리는 것으로서 지극히 거룩함이니라 이는 영원한 규례니라"(레 24:5-9).

안식일마다 새 떡을 진설하고 지난 안식일에 진설했던 떡은 가지고 나와 아론과 그 자손, 곧 제사장들에게 돌리고 그들은 이 떡(제사장들에게는 새 떡이다)을 거룩한 곳에서 먹어야 한다. 이것은 하나님이 명하신 영원한 규례다. 에스겔서 42장에서 제사장들이 이 떡을 먹을 거룩한 곳을 이렇게 하나님이 말씀하신다.

"그가 내게 이르되 좌우 골방 뜰 앞 곧 북쪽과 남쪽에 있는 방들은 거룩한 방이라 여호와를 가까이하는 제사장들이 지성물을 거기에서 먹을 것이며 지성물 곧 소제와 속죄제와 속건제의 제물을 거기 둘 것이니 이는 거룩한 곳이라"(겔 42:13).

솔로몬이 성전 건축에 동원한 역군은 이스라엘 사람 3만 명, 외국인 15만 3천 6백 명이다.

솔로몬은 두로 왕 후람에게 건축 기술자를 요청하여 숙련된 건축 기술자를 얻는다.

솔로몬은 왕으로 즉위한 지 제4년 월초에 모리아산, 하나님이 나타나셨던 오르난의 타작마당에 하나님의 전을 건축하기 시작한다.

성전은 지성소, 성소, 외소(바깥뜰)로 건축되었고 이 설계도는 모세가 시내산에 올라가 하나님으로부터 받은 성막의 모형에 기초하였다.

1. 외소

이 외소에는 두 가지 중요한 것이 있다. 첫째가 물두멍, 곧 물을 담아 놓는 큰 그릇으로 이것은 놋을 쳐서 만든 것으로 제사장이 제사를 드리기 전 그 수족을 씻는 물이 담겨 있는 그릇이다(출 30:18-21).

둘째가 번제단으로 이 번제단 북쪽 마당에서 이스라엘 백성의 죄를 대신하여 흠 없는 소나 양이나 염소가 피를 흘리며 죽게 되고(레 1:11) 제물의 피는 제단과 제단 주위에 뿌려지며(출 24:6, 29:12, 16), 희생제물 전부나 혹은 그 일부가 번제단의 불에 살라 태워지는 곳이다(레위기 전체). 외소는 예수 그리스도가 십자가에서 피 흘려 죽음으로 인류의 죄가 대속된 것을 예표로 가르쳐준다. 외소는 우리가 믿음으로 받은 구원을 가르쳐주는 예표다.

2. 성소

성소에는 세 가지 중요한 것이 있다. 곧 떡상과 향로와 등대다(출 30:27, 31:8, 35:13-15, 40:4-5, 40:20-27).

떡상은 진설병을 두는 곳이다(출 25:30, 40:20-26). 진설병은 매 안식일에 새 떡을 가져다가 놓아야 하며 제사장만이 먹을 수 있다(레 24:8-9). 성소의 진설병은 구원받은 성도가 그 생명의 양식으로 먹어야 할 말씀이다(벧전 2:2, 1:23; 마 4:4; 요 6:35, 48). 구원받은 성도(제사장)가 이 땅에서 성화, 곧 받는 구원을 이루어가려면 반드시 매 안식일에 제단에 나와 새 떡을 먹어야 한다.

"너는 고운 가루를 가져다가 떡 열두 개를 굽되 각 덩이를 십분의 이 에 바로 하여 여호와 앞 순결한 상 위에 두 줄로 한 줄에 여섯씩 진설하고 너는 또 정결한 유향을 그 각 줄 위에 두어 기념물로 여호와께 화제를 삼을 것이며 안식일마다 이 떡을 여호와 앞에 항상 진설할지니 이는 이스라엘 자손을 위한 것이요 영원한 언약이니라 이 떡은 아론과 그의 자손에게 돌리고 그들은 그것을 거룩한 곳에서 먹을지니 이는 여호와의 화제 중 그에게 돌리는 것으로서 지극히 거룩함이니라 이는 영원한 규례니라"(레 24:5-9).

향로는 성소 안에서 항상 향을 사르는 기구로 24시간 매일 향이 올라가야 한다(출 30:7-8). 향로는 성도가 하는 기도를 상징한다(계 5:8, 8:3-4). 구원받은 성도가 성화, 곧 받는 구원을 이루어가려면 성소의 향로에서 향이 항상 올라가야 하는 것같이 이 땅에서 쉬지 말고 기도해야 한다(살전 5:16-18).

"그 두루마리를 취하시매 네 생물과 이십사 장로들이 그 어린 양 앞에 엎드려 각각 거문고와 향이 가득한 금 대접을 가졌으니 이 향은 성도의 기도들이라"(계 5:8).
"또 다른 천사가 와서 제단 곁에 서서 금 향로를 가지고 많은 향을 받았으니 이는 모든 성도의 기도와 합하여 보좌 앞 금 제단에 드리고자 함이라 향연이 성도의 기도와 함께 천사의 손으로부터 하나님 앞으로 올라가는지라"(계 8:3-4).
"항상 기뻐하라 쉬지 말고 기도하라 범사에 감사하라 이는 그리스도 예수 안에서 너희를 향하신 하나님의 뜻이니라"(살전 5:16-18).

등대(촛대)는 성소 안을 밝혀주는 일곱 등잔이 일곱 가지 위에 놓여 있는 기구로 이 등잔에 늘 불이 켜져 있어서 빛을 발해야 한다(출 25:31-39, 37:17-24; 레 24:1-3). 이 등잔의 불을 밝히는 기름이 감람나무유, 곧 올리브유로 이 기름과 빛은 성도가 구원받은 후 늘 성령의 기름을 공급받아 빛의 생활을 해야 할 것을 가르쳐 준다. 성경에서 기름 부음의 역사는 성령의 역사로 말해진다.

"사무엘이 기름 뿔병을 가져다가 그의 형제 중에서 그에게 부었더니 이 날 이후로 다윗이 여호와의 영에게 크게 감동되니라 사무엘이 떠나서 라마로 가니라"(삼상 16:13).

성도가 빛을 비추며 사는 생활이 곧 성령충만한 생활이다(엡 5:9, 빛의 열매가 성령의 열매다). 성소 안의 등대는 성도가 믿음으로 구원받은 후 이루어가야 할 성화의 구원, 곧 성도가 이 땅에서 받는 구원을 가르쳐준다. 성소 안에 있는 떡상과 향로와 등대는 다 구원받은 이후 성도가 이 땅에서 이루어가야 할 성화, 곧 받는 구원을 예표로 보여준다.

3. 지성소

지성소에는 하나님의 증거궤(언약궤, 법궤)가 들어 있다(출 25:17-22, 26:33-34, 40:3). 언약궤의 덮개가 속죄소로 하나님이 임재하셔서 모세와 이스라엘 백성에게 말씀하시는 곳이다(출 25:22, 30:6; 민 7:89). 지성소는 성도가 부활하여 하나님의 장막이 있는 곳에 하나님과 함께 거하게 될 것(계 21:1-27)을 가르쳐주는 곳으로 성도가 앞으로 받을 구원, 영화의 구원을 예표로 보여준다.

솔로몬은 성전 안에 있는 모든 기구를 금으로 만들었고 성전 밖의 기구들은 놋으로 만들었다.

솔로몬은 성전 건축이 끝나고 장로들과 족장들을 다 불러 모으고 성막에 있던 언약궤를 규례대로 제사장들과 레위 사람이 어깨에 메어 성전 안 지성소로 모시고 온 백성과 함께 하나님께 많은 제물을 드려 제사를 드린다. 이때 하나님의 영광이 구름으로 성전 안에 가득하게 된다.

성전 완성의 사건은 구원사적으로 볼 때 구원의 완성을 예표한다. 예수님은 자신을 성전이라고 말씀하신다.

"예수께서 대답하여 이르시되 너희가 이 성전을 헐라 내가 사흘 동안에 일으키리라 유대인들이 이르되 이 성전은 사십육 년 동안에 지었거늘 네가 삼 일 동안에 일으키겠느냐 하더라 그러나 예수는 성전 된 자기 육체를 가리켜 말씀하신 것이라"(요 2:19-21).

예수님은 구원을 위해 이 땅에 오셨고 구원을 위해 십자가에서 피 흘려 죽으셨고 구원을 위해 부활하셨고 구원을 위해 승천하셨고 구원을 위해 그리스도의 몸으로 이 땅에 교회를 세우셨고 구원을 위해 앞으로 재림하신다. 이스라엘 백성에게 성전이 존귀한 것은 성전(속죄소: 언약궤 덮개)에 야웨 하나님이 임재해 계시기 때문이다. 그리고 성전은 구원받은 이스라엘 백성이 하나님의 백성으로 살아가는 중심이 된다. 성전은 이스라엘 백성이 하나님을 만나고 하나님의 말씀을 듣고 성전에서 드리는 제사를 통해 이스라엘 백성이 지은 죄를 용서받는 곳이었다.

"내가 그들 중에 거할 성소를 그들이 나를 위하여 짓되"(출 25:8).

"순금으로 속죄소를 만들되 길이는 두 규빗 반, 너비는 한 규빗 반이 되게 하고 금으로 그룹 둘을 속죄소 두 끝에 쳐서 만들되 한 그룹은 이 끝에, 또 한 그룹은 저 끝에 곧 속죄소 두 끝에 속죄소와 한 덩이로 연결할지며 그룹들은 그 날개를 높이 펴서 그 날개로 속죄소를 덮으며 그 얼굴을 서로 대하여 속죄소를 향하게 하고 속죄소를 궤 위에 얹고 내가 네게 줄 증거판을 궤 속에 넣으라 거기서 내가 너와 만나고 속죄소 위 곧 증거궤 위에 있는 두 그룹 사이에서 내가 이스라엘 자손을 위하여 네게 명령할 모든 일을 네게 이르리라"(출 25:17-22).

"네가 제단 위에 드릴 것은 이러하니라 매일 일 년 된 어린 양 두 마리니 한 어린 양은 아침에 드리고 한 어린 양은 저녁 때에 드릴지며 한 어린 양에 고운 밀가루 십분의 일 에바와 찧은 기름 사분의 일 힌을 더하고 또 전제로 포도주 사분의 일 힌을 더할지며 한 어린 양은 저녁 때에 드리되 아침에 한 것처럼 소제와 전제를 그것과 함께 드려 향기로운 냄새가 되게 하여 여호와께 화제로 삼을지니 이는 너희가 대대로 여호와 앞 회막 문에서 늘 드릴 번제라 내가 거기서 너희와 만나고 네게 말하리라 내가 거기서 이스라엘 자손을 만나리니 내 영광으로 말미암아 회막이 거룩하게 될지라 내가 그 회막과 제단을 거룩하게 하며 아론과 그의 아들들도 거룩하게 하여 내게 제사장 직분을 행하게 하며 내가 이스라엘 자손 중에 거하여 그들의 하나님이 되리니 그들은 내가 그들의 하나님 여호와로서 그들 중에 거하려고 그들을 애굽 땅에서 인도하여 낸 줄을 알리라 나는 그들의 하나님 여호와니라"(출 29:42-46).

솔로몬이 성전을 완성한 것은 이런 의미에서 구원의 완성을 예표하는 것이다.

<table>
<tr><td colspan="3" align="center">**성막의 도표**</td></tr>
<tr><td align="center">지 성 소</td><td align="center">성 소</td><td align="center">외 소</td></tr>
<tr><td align="center">언약궤</td><td align="center">떡상, 향로, 등대(촛대)</td><td align="center">번제단, 물두멍</td></tr>
<tr><td align="center">하나님의 임재

일년에 한 번 대제사장이
흠 없는 양의 피를 가지고
들어갈 수 있다</td><td align="center">떡상에는 12개의 떡이 항상 있고,

향로에서는 향이 항상 불타야 한다
등대에 얹어 있는 7등잔에 항상
불이 켜 있어야 한다</td><td align="center">이스라엘 백성의 죄를
대신하여
피를 흘려 죽고 번제물로
살라 바친다</td></tr>
<tr><td align="center">(받을 구원)</td><td align="center">(받는 구원)</td><td align="center">(받은 구원)</td></tr>
</table>

❧ 역대하 6-7장: 솔로몬의 성전 봉헌 기도와 하나님의 응답

역대하 6장은 솔로몬의 봉헌기도문이다.

1) 솔로몬이 성전 건축의 간증을 통해 신실하신 하나님을 찬양한다(대하 6:1-11).

2) 예루살렘 성전은 이스라엘 하나님 여호와의 이름을 위해 건축하였고 주님이 영원하게 거하실 처소다(대하 6:2).

예루살렘 성전은 하나님이 택하신 예루살렘에 하나님이 다윗을 통하여 예정하신 대로 건축하였음을 간증한다. 솔로몬은 성전 건축이 모두 하나님의 은혜임을 간증한다.

"내가 내 백성을 애굽 땅에서 인도하여 낸 날부터 내 이름을 둘 만한 집을 건축하기 위하여 이스라엘 모든 지파 가운데서 아무 성읍도 택하지 아니하였으며 내 백성 이스라엘의 주권자가 될 사람을 아무도 택하지 아니하였더니 예루살렘을 택하여 내 이름을 거기 두고 또 다윗을 택하여 내 백성 이스라엘을 다스리게 하였노라 하신지라 내 아버지 다윗이 이스라엘의 하나님 여호와의 이름을 위하여 성전을 건축할 마음이 있었더니 여호와께서 내 아버지 다윗에게 이르시되 네가 내 이름을 위하여 성전을 건축할 마음이 있으니 이 마음이 네게 있는 것이 좋도다 그러나 너는 그 성전을 건축하지 못할 것이요 네 허리에서 나올 네 아들 그가 내 이름을 위하여 성전을 건축하리라 하시더니 이제 여호와께서 말씀하신 대로 이루셨도다 내가 여호와께서 말씀하신 대로 내 아버지 다윗을 대신하여 일어나 이스라엘 왕위에 앉고 이스라엘의 하나님 여호와의 이름을 위하여 성전을 건축하고 내가 또 그 곳에 여호와께서 이스라엘 자손과 더불어 세우신 언약을 넣은 궤를 두었노라"(대하 6:5-11).

솔로몬은 다윗 왕이 원하면서도 건축하지 못한 성전을 건축하는 복과 영광을 받는다. 오늘 이 땅에서 성도들이 성전의 모형인 교회당을 건축할 수 있는 것은 큰 복이다.

솔로몬은 위대하신 하나님을 찬송하며 다윗에게 언약하신 언약을 확실하게 하시길 기도한다(대하 6:14-17).

솔로몬은 미래에 있을 여러 가지 사건들을 예견하고 이 모든 사건이 이 성전에서 부르짖는 기도로 하나님의 은혜를 입게 되길 기도한다. 이웃 간에 분쟁이나 다툼이 일어날 때, 이스라엘 백성이 환난을 만났을 때, 이방인들이 찾아와 기도할 때, 그 기도를 응답해 주실 것을 기도한다.

예루살렘 성전 안에서 기도하는 사람의 소원과 멀리서 성전을 향해 드리는 기도를 하늘에서 들으시고 응답해 주실 것을 기도한다.

솔로몬의 기도는 제사장의 기도로 자신의 복을 빈 기도가 아니고 백성들과 이방인을 위해, 먼 훗날 있을 사건을 위해 기도한다. 열왕기상 8장에도 같은 기도가 나온다. 성전은 기도하는 하나님의 집이다.

"그들에게 이르시되 기록된바 내 집은 기도하는 집이라 일컬음을 받으리라 하였거늘 너희는 강도의 소굴을 만드는도다 하시니라"(마 21:13).

우리 하나님은 어디나 계시고 어디서나 기도하여도 다 들으신다. 그러나 성전은 특별히 기도하는 아버지 하나님의 집이다. 한나는 성전(성막)에서 기도하여 아들 사무엘을 얻었다(삼상 1장).

히스기야 왕은 성막에서 기도하여 앗수르 왕의 침략에서 구원받았다 (왕하 19장).

구원받은 성도는 늘 기도하며 살아야 하고 늘 성전을 중심으로 살아야 한다.

역대하 7장은 성전에서 드린 솔로몬의 기도에 하나님이 불과 영광(구름)으로 응답하신 사건을 기록한다. 하나님은 솔로몬의 기도에 응답을 약속하신다. 그러나 늘 그렇듯이 하나님의 응답에는 이스라엘 백성이 하나님만 경배하고 순종할 때 축복과 승리를, 그러나 하나님을 떠나 이방신을 섬길 때 무서운 진노가 임할 것이 전제된다. 하나님의 성전에 하나님의 눈과 귀가 머물러 있을 것을 하나님이 약속하신다.

이스라엘 백성에게 성전보다 하나님만 섬기는 신앙이 더 귀한 것같이 성도에게 예배당보다 하나님 제일의 신앙생활이 더 귀한 것이다.

☙ 역대하 8-9장: 솔로몬의 치세, 영화, 솔로몬의 죽음

역대하 8장과 9장은 솔로몬의 치세와 솔로몬의 죽음을 기록한다.

솔로몬은 영토를 넓혔고 제사장과 레위 사람으로 하나님께 온전한 번제를 드리게 하였다.

열왕기상 11장에는 솔로몬이 말년에 많은 이방 여인들을 취하여 그들이 자신들의 신을 섬김으로 하나님 제일의 신앙이 무너지게 된 사건, 그래서 하나님이 진노하신 것을 기록하고 있지만 역대하 8, 9장에는 솔로몬의 이런 잘못을 기록하지 않는다. 역대기는 하나님의 절대 주권 하에 유다와 이스라엘의 역사가 주관됨을 강조하기 때문이다.

역대하 9장에는 솔로몬이 말년에 누린 영화와 스바 여왕의 방문과 그를 통한 솔로몬의 지혜로움을 기록하고 있다. 솔로몬은 말년에 이 모든 것이 헛되어 바람을 잡으려는 것과 같다고 말한다(전 2:9-12). 인간의 지혜로움과 부귀로 영생을 얻을 수 없다. 그리스도만이 길이요 진리요 생명이다.

❧ 역대하 10-12장: 르호보암의 치세, 남북 왕국의 분열

역대하 10장에서 12장에는 르호보암의 치세와 남왕국 유다와 북왕국 이스라엘의 분열을 기록한다.

르호보암은 솔로몬의 처, 암몬 여인 나아마의 소생으로(왕상 11:31) 다윗의 길로 행하지 않고 우상을 섬긴 어리석은 왕이다. 르호보암의 어리석은 선택으로 유다와 베냐민 지파를 제외한 열 지파가 여로보암을 중심하여 북왕국 이스라엘을 건국한다.

이 일은 하나님께로 말미암아 일어난 일로(대하 10:15) 솔로몬이 말년에 우상을 섬긴 죄에 대한 하나님의 심판이었고 하나님 섭리 안에 이미 예정된 일이었다(왕상 11:11, 31-36).

하나님의 섭리와 예정은 반드시 이루어진다. 그러나 이런 하나님의 예정을 이루게 되는 과정에 어떤 인간의 잘못된 선택(르호보암의 선택)이 따른다.

주님이 십자가 지고 속죄 제물이 되신 구원의 사건은 하나님 안에 예정된 사건이지만 이렇게 주님을 십자가에 죽게 한 사건에 유대인들, 당시 제사장들과 서기관들, 산헤드린 공회 회원들의 잘못된 선택이 있었고, 가룻 유다의 잘못된 선택이 있었다.

성도는 내 잘못으로 내 후손에게 화를 입게 하는 죄와 어리석음을 범치 않도록 항상 하나님 제일주의의 신앙으로 깨어 기도하며 살아가야 한다.

르호보암은 군사를 일으켜 북왕국을 치려고 하지만 선지자 스마야가 북왕국의 분열은 하나님께로부터 말미암은 일임을 깨우쳐 전쟁을 막는다.

북왕국 이스라엘에서 직분을 박탈당한 레위인들과 제사장들이 경건한 백성들과 함께 남왕국 유다로 내려왔다(대하 11:13-16).

북왕국 이스라엘에서 하나님을 바로 섬기려는 백성들이 남왕국 유다로 내려온 사건은 히스기야 왕 때도 있었다(대하 30:11-21).

후에 유다가 바벨론에 포로로 잡혀갔을 때 열두 지파가 다 포로가 된 것을 보면 북왕국 이스라엘에서 많은 사람들, 모든 지파 사람들이 남왕국 유다로 이주하였음을 잘 보여준다.

성도는 이사하는 일에 늘 신앙생활을 최선으로 할 수 있는 곳으로 가야 한다. 영국의 청교도들이 신앙을 위해 미 대륙으로 건너와 오늘 같은 복을 누리게 되었다.

르호보암은 나라가 강성해졌을 때 하나님을 버렸고 하나님도 그를 버려 애굽 왕 시삭으로 유다를 침략하게 하셨다(대하 12:5). 이에 백성들은 스스로 겸비하여 회개하였고 하나님은 유다를 멸망할 자리에서 건지셨지만, 시삭은 성전과 왕궁의 모든 보물을 약탈해갔고 유다는 애굽을 섬겨야 했다. 유다 백성은 하나님 제일로 살아야 할 사람들이다. 성도는 하나님 제일주의로 살아야 할 사람들이다. 하나님을 버리면 무서운 징벌을 받는다.

☙ 역대하 13-36장: 유다 여러 왕들의 치세

역대하 13장부터 36장까지에 유다의 여러 왕들의 치세가 기록된다.

13장에 아비야의 치세, 14, 15, 16장에 아사의 치세, 18, 19, 20장에 여호사밧의 통치, 21장에 여호람의 치세, 22장에 아하시야의 죽음과 아달랴가 왕권을 찬탈한 사건, 23, 24장에 요아스의 치세, 25장에서 아마샤의 치세, 26장에서 웃시야의 치세, 27장에서 요담의 치세, 28장에서 아하스의 치세, 29, 30, 31, 32장에 히스기야의 치세, 33장에 므낫세와 아몬의 치세, 34, 35장에 요아스의 치세, 36장에 여호아하스, 여호야김, 여호야긴, 시드기야의 치세와 바벨론의 침략으로 유다 왕국의 멸망 사건이 기록된다.

유다 여러 왕들의 치세에서 기억해야 할 사건들은 아래와 같다.

첫째, 아비야, 아사, 여호사밧, 요아스, 웃시야, 히스기야 왕, 이들은 다윗의 길로 행하여 우상을 타파하고 하나님을 절대 의지하는 신앙으로 전쟁에서 승리하고 나라를 번성케 하였다.

둘째, 그러나 여호람, 아하시야, 아마샤, 요담, 아하스, 므낫세, 아몬, 요아스, 여호아하스, 여호야김, 여호야긴, 시드기야 왕은 하나님을 버리고 우상을 섬겨 나라를 어렵게 만들었다.

이 여러 왕들의 치세와 흥망성쇠에서 공통된 공식은 하나님을 바로 섬기면 승리하였고 하나님을 버리면 패망하였다는 것이다. 이 공식이 다른 나라에는 적용되지 않는다. 이스라엘 백성은 왕도 나라도 백성도 하나님의 특별한 섭리 속에, 하나님과의 특별한 언약 속에 있는 백성이요 나라다.

그래서 이들이 하나님을 버리면 하나님도 그들을 버렸고 이들이 오로지 하나님을 찾으면 하나님이 그들에게 승리와 복을 주셨다(대하 15:2).

1. 오늘 성도는 이스라엘 백성으로 하나님을 바로 섬겨야 승리하는 삶을 살게 된다.

2. 오늘 성도가 하나님을 바로 섬기는 일은 성수주일하고 범사에 하나님께 기도하며 말씀을 따라 순종하며 회개하며 탐심의 우상, 물질의 우상을 믿음으로 버리고 늘 감사하며 살아가는 생활이다.

3. 여러 왕들의 역사에서 우리가 기억해야 할 것은 선한 왕 밑에서 악한 왕이 나기도 하고 악한 왕 밑에서 선한 왕이 나기도 하는 것같이 인생의 미래는 하나님만이 주관하시는 것이다. 그래도 아주 분명한 진리는 어느 왕도 누구도 하나님 앞에 자신이 행한 대로 복과 징계를 다 받는다고 하는 것이다. 그 누구도 자신의 악행에 대하여 그 책임을 하나님께 돌릴 수 없는 것이다.

* 구원사적으로 본 역대상·하

1. 받은 구원은 은혜로 믿음으로 얻는다. 그러나 받는 구원 성화는 구원받은 성도가 끊임없이 기도하며 회개하며 제단 중심으로 성령충만의 생활을 해야 이뤄진다.

성도가 성화의 생활에 하나님보다 세상을, 제단보다 세상 낙을 더 즐기며 하나님 없는 사람같이 살 수 있다. 이럴 때 하나님의 징계가 임하여 환난을 겪게 된다. 성도는 이때라도 돌이켜 회개하고 믿음 제일의 생활로 돌아와야 한다. 그래도 돌아오지 않으면 이스라엘 백성이 바벨론에 포로 잡혀간 것같이 이런 성도는 주님 공중 재림 시 대환난에 들어갔다가 주님 지상 재림 시 부끄럽게 구원을 얻는다. 역대상·하서는 성도가 받아가는 구원, 성화의 생활을 전심으로 잘 해나가야 할 것을 가르쳐준다.

2. 하나님의 구속 언약은 어떤 경우에도 계속된다. 다윗이 원하면서도 건축하지 못한 성전은 하나님의 언약대로 솔로몬을 통해 완성된다.

1) 솔로몬의 성전은 예수 그리스도를 통한 구원의 완성을 예표한다. 이스라엘 백성은 계속 범죄하지만 이스라엘 백성이 성전에서 드리는 제사를 통해 하나님의 용서를 받고 하나님의 백성으로 살아간다. 성도는 이 땅에서 계속 죄를 범하지만 하나님께 드리는 예배를 통해 다시 용서받고 하나님의 백성으로 살게 된다.

2) 하나님을 버린 징계는 아주 무섭게 나타나 이스라엘 백성은 나라를 잃고 바벨론에 포로로 잡혀가지만 하나님은 포로 된 이스라엘 백성과 바벨론에서도 함께하셨고 그래서 하나님의 약속대로 바사 왕 고레스를 통해 해방된다. 이 사건이 바로 성화에 실패한 성도의 부끄러운 구원의 예표가 되고 하나님께서 택한 백성 이스라엘을 끝까지 사랑하신 것같이 성도를 끝까지 사랑해 주시는 것을 가르쳐 준다.

하나님은 이스라엘 백성이 바벨론에 포로 되기 전 이스라엘 백성이 멸망할 것과 포로 될 것을 아주 여러 번 말씀하셨고(렘 22:10, 12, 22…), 또다시 그들이 포로에서 해방되어 예루살렘으로 돌아올 것을 말씀하셨다(렘 29:10, 14, 30:3, 10, 18).

이것은 성도가 성화에 실패하면 대환난을 통하여 부끄럽게 구원될 것을 예표한다.

하나님의 말씀은 성도 중 일부가 대환난에 들어갈 것과 그들이 마침내 구원될 것을 말씀하신다(p. 222. 창 19장 강해. 부끄러운 구원을 참조).

에스라서 · 느헤미야서 강해

에스라서와 느헤미야서는 기록 목적과 내용이 다 같은 것으로 이스라엘 백성이 바벨론에서 해방된 후 예루살렘에 돌아와 성전과 성벽을 다시 건축하고 하나님의 백성으로 살아가는 사건을 기록한다.

구원사적으로 본 에스라·느헤미야서의 교훈

성전과 성벽 건축의 완성은 솔로몬의 성전 건축과 완성에서 교훈받은 것과 같이 구원을 가르쳐준다.

느헤미야서 1장에서 2장 8절까지를 보면 느헤미야가 예루살렘으로 귀환하게 된 사건에서 아주 중요한 교훈을 발견할 수 있다.

"하가랴의 아들 느헤미야의 말이라 아닥사스다 왕 제이십 년 기슬르월에 내가 수산 궁에 있는데 내 형제들 가운데 하나인 하나니가 두어 사람과 함께 유다에서 내게 이르렀기로 내가 그 사로잡힘을 면하고 남아 있는 유다와 예루살렘 사람들의 형편을 물은즉 그들이 내게 이르되 사로잡힘을 면하고 남아 있는 자들이 그 지방 거기에서 큰 환난을 당하고 능욕을 받으며 예루살렘 성은 허물어지고 성문들은 불탔다 하는지라 내가 이 말을 듣고 앉아서 울고 수일 동안 슬퍼하며 하늘의 하나님 앞에 금식하며 기도하여 이르되 하늘의 하나님 여호와 크고 두려우신 하나님이여 주를 사랑하고 주의 계명을 지키는 자에게 언약을 지키시며 긍휼을 베푸시는 주여 간구하나이다 이제 종이 주의 종들인 이스라엘 자손을 위하여 주야로 기도하오며 우리 이스라엘 자손이 주께 범죄한 죄들을 자복하오니 주는 귀를 기울이시며 눈을 여시사 종의 기도를 들으시옵소서 나와 내 아버지의 집이 범죄하여 주를 향하여 크게 악을 행하여 주께서 주의 종 모세에게 명령하신 계명과 율례와 규례를 지키지 아니하였나이다 옛적에 주께서 주의 종 모세에게 명령하여 이르시되 만일 너희가 범죄하면 내가 너희를 여러 나라 가운데에 흩을 것이요 만일 내게로 돌아와 내 계명을 지켜 행하면 너희 쫓긴 자가 하늘 끝에 있을지라도 내가 거기서부터 그들을 모아 내 이름을 두려고 택한 곳에 돌아오게 하리라 하신 말씀을 이제 청하건대 기억하옵소서 이들은 주께서 일찍이 큰 권능과 강한 손으로 구속하신 주의 종들이요 주의 백성이니이다 주여 구하오니 귀를 기울이사 종의 기도와 주의 이름을 경외하기를 기뻐하는 종들의 기도를 들으시고 오늘 종이 형통하여 이 사람 앞에서 은혜를 입게 하옵소서 하였나니 그때에 내가 왕의 술 관원이 되었느니라"(느 1:1-11).

느헤미야는 바사 왕국(페르시아)에서 태어난 이스라엘 백성의 이민 2세로 하나님의 말씀에 박식하였다(느 1:7-9). 느헤미야는 바사 왕국 아닥사스다 왕의 신임받는 고관(술 맡은 관원)으로 있으면서도 고국의 백성을 위해 하나님께 금식하며 주야로 기도했고 열조들의 죄악까지 대신 회개하였다.
느헤미야는 하나님이 해주신 해방의 약속을 붙잡고 이렇게 기도한다.

"너희가 범죄하면 내가 너희를 여러 나라 가운데에 흩을 것이요 만일 내게로 돌아와 내 계명을 지켜 행하면 너희 쫓긴 자가 하늘 끝에 있을지라도 내가 거기서부터 그들을 모아 내 이름을 두려고 택한 곳에 돌아오게 하리라 하신 말씀을 이제 청하건대 기억하옵소서 이들은 주께서 일찍이 큰 권능과 강한 손으로 구속하신 주의 종들이요 주의 백성이니이다"(느 1:8-10).

느헤미야는 무시로 기도하는 사람이었고 이 기도가 왕의 마음을 열게 한다.

"아닥사스다 왕 제이십년 니산월에 왕 앞에 포도주가 있기로 내가 그 포도주를 왕에게 드렸는데 이전에는 내가 왕 앞에서 수심이 없었더니 왕이 내게 이르시되 네가 병이 없거늘 어찌하여 얼굴에 수심이 있느냐 이는 필연 네 마음에 근심이 있음이로다 하더라 그때에 내가 크게 두려워하여 왕께 대답하되 왕은 만세수를 하옵소서 내 조상들의 묘실이 있는 성읍이 이제까지 황폐하고 성문이 불탔사오니 내가 어찌 얼굴에 수심이 없사오리이까 하니 왕이 내게 이르시되 그러면 네가 무엇을 원하느냐 하시기로 내가 곧 하늘의 하나님께 묵도하고 왕에게 아뢰되 왕이 만일 좋게 여기시고 종이 왕의 목전에서 은혜를 얻었사오면 나를 유다 땅 나의 조상들의 묘실이 있는 성읍에 보내어 그 성을 건축하게 하옵소서 하였는데 그때에 왕후도 왕 곁에 앉아 있었더라 왕이 내게 이르시되 네가 몇 날에 다녀올 길이며 어느 때에 돌아오겠느냐 하고 왕이 나를 보내기를 좋게 여기시기로 내가 기한을 정하고"(느 2:1-6).

성도는 구원 후 일상생활에서 무시로(밥 먹으면서, 운전하면서, 잠자다가, 일어나서, 대화 중에도, 어떤 계약을 하면서…) 기도하는 생활을 습관이 되게 해야 한다. 이 기도가 쉬지 않는 기도이다.

성벽과 성전 건축에는 많은 문제와 어려움이 밖(산발랏과 도비야의 반대 공작)과 안(이스라엘 백성들의 원망)에서 생겼다. 그래서 중간에 공사가 중단되기도 했지만, 선지자 학개와 스가랴, 제사장 에스라, 탁월한 지도자 느헤미야를 통해 마침내 완성된다.

"호론 사람 산발랏과 종이 되었던 암몬 사람 도비야와 아라비아 사람 게셈이 이 말을 듣고 우리를 업신여기고 비웃어 이르되 너희의 하는 일이 무엇이냐 너희가 왕을 배반코자 하느냐 하기로"(느 2:19,…4:3, 7, 6:1, 12, 19).
"유다 사람들은 이르기를 흙 무더기가 아직도 많거늘 짐을 나르는 자의 힘이 다 빠졌으니 우리가 성을 건축하지 못하리라 하고 우리의 원수들은 이르기를 그들이 알지 못하고 보지 못하는 사이에 우리가 그들 가운데 달려 들어가서 살육하여 역사를 그치게 하리라 하고"(느 4:10-11).

이런 문제와 어려움은 성도가 성화의 과정에서 만나는 어려움을 예표하고 마침내 완성된 성전은 그리스도의 재림으로 성도들이 부활하여 받을 영화의 구원을 예표한다. 이 땅에 있는 성도는 완성을 향해 지어져 가고 있는 성전이다.

"그러므로 이제부터 너희는 외인도 아니요 나그네도 아니요 오직 성도들과 동일한 시민이요 하나님의 권속이라 너희는 사도들과 선지자들의 터 위에 세우심을 입은 자라 그리스도 예수께서 친히 모퉁잇돌이 되셨느니라 그의 안에서 건물마다 서로 연결하여 주 안에서 성전이 되어가고 너희도 성령 안에서 하나님이 거하실 처소가 되기 위하여 그리스도 예수 안에서 함께 지어져 가느니라"(엡 2:19-22).

이 세상의 성도, 이 세상의 교회는 아직 완성되지 않은 미완성의 상태에 있기에 비도 새고(사탄의 시험), 더러운 바람(세속주의)도 들어오고 망치 소리, 톱 소리(교회의 분란)도 나게 된다. 그러나 성전은 많은 반대와 어려움에도 불구하고 마침내 완성된다.

성도는 많은 죄를 범하고 많은 문제 속에 있지만 마침내 천국에 들어간다(대상 17장, 종말론 참조).

느헤미야도, 에스라도 예루살렘에 귀환한 이스라엘 백성들이 이방 여인들과 결혼하고 이스라엘 백성들 간에 이스라엘 백성을 종으로 삼는 타락을 하나님의 이름으로 꾸짖고 저주하여 율법에 명한 대로 이방 여인들을 백성의 가정에서 쫓아낸다(스 10:11; 느 13:27, 30).

성도는 내 믿음 안에 세상의 죄악이 들어오지 못하게 해야 하고 들어온 죄악은 회개 자복하고 돌이켜야 한다.

에스더서

에스더서는 이스라엘 백성들이 바사국 포로로 생활할 때, 바사 왕 아하수에로 때의 사건을 기록한 것으로 바사국 고관 하만의 미움으로 이스라엘 백성이 멸절될 위기에서 왕후 에스더를 통해 극적으로 구원받은 부림절의 유래를 기록한다.

* 구원사적으로 본 에스더서의 교훈

에스더서는 성도에게 기적을 베푸시는 하나님의 비상 섭리를 보여주는 역사다. 에스더서는 하나님의 섭리 속에 성도에게 행하시는 이적을 예표한다. 하나님의 섭리 중 하나님의 비상 섭리를 설명하면 아래와 같다.

1. 이적의 성질

이적은 제2원인의 매개 없이 자연을 초월해서 나타나는 하나님의 직접적 동작, 즉 하나님의 비상 섭리를 뜻한다.

2. 이적의 가능성

이적은 자연법칙을 위반하는 것이 아니라 자연법칙을 초월하는 것이다. 전능한 하나님이 자연법칙을 초월하여 이적을 행하신다.

3. 이적의 목적

이적의 목적은 구속의 준비와 계시의 증명이다(히 2:3-4; 요 20:30-31). 성경의 이적은 선지자와 사도들의 메시지를 확증하고 증명하는 것이다.

4. 금세의 이적들

이적의 시대는 지나갔다는 것이 개신교회가 갖는 일반적 견해다. 그러나 금세에도 기적은 일어나고 있고 일어날 수 있다. 하나님은 어제나 오늘이나 늘 동일하신 하나님이시다. 그리고 금세의 이적은 예수님 당시나 사도 시대의 표적과는 다른 것으로 금세의 이적은 성도가 행한 기도의 응답으로 오는 하나님의 사랑 표현이다.

이스라엘 백성이 몰살될 위험에서 기적적으로 구원되는 길에 에스더와 이스라엘 백성의 기도가 있었고 '죽으면 죽으리라' 하고 에스더가 왕 앞에 나가는 희생이 있었다.

오늘의 기적도 기도의 응답으로 오는 하나님의 특별 섭리요 사랑이다.

지혜 문서

욥기·시편·잠언·전도서·아가서

욥기: 욥이 고난당하는 의미

욥기는 우스 땅에 사는 의로운 사람 욥이 당하는 고난을 통해 이 땅에서 선하게 생활하는 성도가 왜 고난을 당하는가 하는 질문에 하나님이 대답하시는 교훈이다.

욥기는 세 부분으로 구성된다.

1) 욥에 대한 하나님의 칭찬과 사탄을 통한 욥의 고난(1:1-2:13)

2) 욥이 당한 고난에 대한 세 친구와 욥의 변론(3:1-41:34)

3) 고난을 통한 욥의 회개와 욥이 다시 받은 축복(42:1-47)

욥은 하나님이 칭찬하는 당세의 의인이었다. 욥은 하나님이 사탄에게 시험해보라고 내맡길 만큼 하나님 앞에 신임받는 의인이었다. 그러나 그래도 욥은 회개할 죄가 있는 의인이었다.

"욥이 여호와께 대답하여 이르되 주께서는 못 하실 일이 없사오며 무슨 계획이든지 못 이루실 것이 없는 줄 아오니 무지한 말로 이치를 가리는 자가 누구니이까 나는 깨닫지도 못한 일을 말하였고 스스로 알 수도 없고 헤아리기도 어려운 일을 말하였나이다 내가 말하겠사오니 주는 들으시고 내가 주께 묻겠사오니 주여 내게 알게 하옵소서 내가 주께 대하여 귀로 듣기만 하였사오나 이제는 눈으로 주를 뵈옵나이다 그러므로 내가 스스로 거두어들이고 티끌과 재 가운데에서 회개하나이다"(욥

42:1-6).

이 세상에 주님 외에는 의인은 없다(롬 3:10, 23; 요일 1:8). 그래서 이 세상 누구도 자신의 의로는 구원받을 수 없다. 오직 믿음으로만 구원받을 수 있다(롬 3:20-28, 4:5, 5:1; 갈 2:16; 딛 3:5; 엡 2:8-9; 사 64:6).

"그러므로 율법의 행위로 그의 앞에 의롭다 하심을 얻을 육체가 없나니 율법으로는 죄를 깨달음이니라 이제는 율법 외에 하나님의 한 의가 나타났으니 율법과 선지자들에게 증거를 받은 것이라 곧 예수 그리스도를 믿음으로 말미암아 모든 믿는 자에게 미치는 하나님의 의니 차별이 없느니라 모든 사람이 죄를 범하였으매 하나님의 영광에 이르지 못하더니 그리스도 예수 안에 있는 속량으로 말미암아 하나님의 은혜로 값 없이 의롭다 하심을 얻은 자 되었느니라 이 예수를 하나님이 그의 피로써 믿음으로 말미암는 화목제물로 세우셨으니 이는 하나님께서 길이 참으시는 중에 전에 지은 죄를 간과하심으로 자기의 의로우심을 나타내려 하심이니 곧 이때에 자기의 의로우심을 나타내사 자기도 의로우시며 또한 예수 믿는 자를 의롭다 하려 하심이라 그런즉 자랑할 데가 어디냐 있을 수가 없느니라 무슨 법으로냐 행위로냐 아니라 오직 믿음의 법으로니라 그러므로 사람이 의롭다 하심을 얻는 것은 율법의 행위에 있지 않고 믿음으로 되는 줄 우리가 인정하노라"(롬 3:20-28).

욥기의 많은 부분이 욥이 당하는 고난에 대한 욥과 욥의 세 친구인 엘리바스, 빌닷, 소발의 변론이다.

욥은 왜 하나님이 자신의 죄를 용서해 주시지 않고, 자신을 과녁으로 삼아 형벌을 내리시는지 하나님을 만나 변론하고 싶다고 호소한다.

욥의 세 친구들은 하나님이 죄 없는 사람에게 형벌을 내리실 수 없다는 전제를 가지고 욥이 당하는 고난은 욥이 범죄했기 때문이라고 지적한다.

욥은 하루에 모든 재산을 다 잃고 모든 자녀가 다 죽어도 순전한 믿음을 지켜 하나님을 원망하지 않는다.

"욥이 일어나 겉옷을 찢고 머리털을 밀고 땅에 엎드려 예배하며 이르되 내가 모태에서 알몸으로 나왔사온즉 또한 알몸이 그리로 돌아가올지라 주신 이도 여호와시요 거두신 이도 여호와시오니 여호와의 이름이 찬송을 받으실지니이다 하고 이 모든 일에 욥이 범죄하지 아니하고 하나님을 향하여 원망하지 아니하니라"(욥 1:20-22).

이런 욥이 자신의 생의 의미를 무익한 것으로 여기며 차라리 자신이 죽어서 세상에 나지 않았더라면 좋았을 것이라고 탄식한다.

"그 후에 욥이 입을 열어 자기의 생일을 저주하니라 욥이 입을 열어 이르되 내가 난 날이 멸망하였더라면, 사내아이를 배었다 하던 그 밤도 그러하였더라면, 그날이 캄캄하였더라면, 하나님이 위에서 돌아보지 않으셨더라면, 빛도 그날을 비추지 않았더라면, 어둠과 죽음의 그늘이 그날을 자기의 것이라 주장하였더라면, 구름이 그 위에 덮였더라면, 흑암이 그날을 덮었더라면, 그 밤이 캄캄한 어둠에 잡혔더라면, 해의 날수와 달의 수에 들지 않았더라면, 그 밤에 자식을 배지 못하였더라면, 그 밤에 즐거운 소리가 나지 않았더라면, 날을 저주하는 자들 곧 리워야단을 격동시키기에 익숙한 자들이 그 밤을 저주하였더라면, 그 밤에 새벽 별들이 어두웠더라면, 그 밤이 광명을 바랄지라도 얻지 못하며 동틈을 보지 못하였더라면 좋았을 것을, 이는 내 모태의 문을 닫지 아니하여 내 눈으로 환난을 보게 하였음이로구나 어찌하여 내가 태에서 죽어 나오지 아니하였던가 어찌하여 내 어머니가 해산할 때에 내가 숨지지 아니하였던가 어찌하여 무릎이 나를 받았던가 어찌하여 내가 젖을 빨았던가"(욥 3:1-12).

욥은 자신이 이런 고난을 받을 만큼 죄를 범하지 않았지만 하나님이 말할 수 없는 고난을 주시니 하나님을 만나 변론하고 싶다고 호소한다.

"내가 생명을 싫어하고 영원히 살기를 원하지 아니하오니 나를 놓으소서 내 날은 헛 것이니이다 사람이 무엇이기에 주께서 그를 크게 만드사 그에게 마음을 두시고 아침마다 권징하시며 순간마다 단련하시나이까 주께서 내게서 눈을 돌이키지 아니하시며 내가 침을 삼킬 동안도 나를 놓지 아니하시기를 어느 때까지 하시리이까 사람을 감찰하시는 이여 내가 범죄하였던들 주께 무슨 해가 되오리이까 어찌하여 나를 당신의 과녁으로 삼으셔서 내게 무거운 짐이 되게 하셨나이까"(욥 7:16-20).
"내가 어찌하면 하나님을 발견하고 그의 처소에 나아가랴 어찌하면 그 앞에서 내가 호소하며 변론할 말을 내 입에 채우고 내게 대답하시는 말씀을 내가 알며 내게 이르시는 것을 내가 깨달으랴 그가 큰 권능을 가지시고 나와 더불어 다투시겠느냐 아니로다 도리어 내 말을 들으시리라 거기서는 정직한 자가 그와 변론할 수 있은즉 내가 심판자에게서 영원히 벗어나리라 그런데 내가 앞으로 가도 그가 아니 계시고 뒤로 가도 보이지 아니하며 그가 왼쪽에서 일하시나 내가 만날 수 없고 그가 오른쪽으로 돌이키시나 뵈올 수 없구나"(욥 23:3-9).

하나님은 폭풍 가운데서 이런 욥을 찾아오셔서 욥을 만나시고 '무지한 말로 이치를 어둡게 하는' 욥을 꾸짖으시면서 욥에게 많은 질문을 하신다.

"그때에 여호와께서 폭풍우 가운데에서 욥에게 말씀하여 이르시되 무지한 말로 생각을 어둡게 하는 자가 누구냐 너는 대장부처럼 허리를 묶고 내가 네게 묻는 것을 대답할지니라 내가 땅의 기초를 놓을 때에 네가 어디 있었느냐 네가 깨달아 알았거든 말할지니라 누가 그것의 도량법을 정하였는지, 누가 그 줄을 그것의 위에 띄웠는지 네가 아느냐 그것의 주추는 무엇 위에 세웠으며 그 모퉁잇돌을 누가 놓았느냐 그때에 새벽 별들이 기뻐 노래하며 하나님의 아들들이 다 기뻐 소리를 질렀느니라 바다가 그 모태에서 터져 나올 때에 문으로 그것을 가둔 자가 누구냐 그때에 내가 구름으로 그 옷을 만들고 흑암으로 그 강보를 만들고 한계를 정하여 문빗장을 지르고 이르기를 네가 여기까지 오고 더 넘어가지 못하리니 네 높은 파도가 여기서 그칠지니라 하였노라 네가 너의 날에 아침에게 명령하였느냐 새벽에게 그 자리를 일러 주었느냐 그것으로 땅 끝을 붙잡고 악한 자들을 그 땅에서 떨쳐 버린 일이 있었느냐 땅이 변하여 진흙에 인친 것 같이 되었고 그들은 옷 같이 나타나되 악인에게는 그 빛이 차단되고 그들의 높이 든 팔이 꺾이느니라 네가 바다의 샘에 들어갔었느냐 깊은 물 밑으로 걸어 다녀 보았느냐 사망의 문이 네게 나타났느냐 사망의 그늘진 문을 네가 보았느냐 땅의 너비를 네가 측량할 수 있느냐 네가 그 모든 것들을 다 알거든 말할지니라"(욥 38:1-18).

하나님이 욥을 향해 질문하시는 것은 욥기 41장 34절까지 계속된다. 욥은 하나님 앞에 이렇게 말한다.

"욥이 여호와께 대답하여 이르되 주께서는 못 하실 일이 없사오며 무슨 계획이든지 못 이루실 것이 없는 줄 아오니 무지한 말로 이치를 가리는 자가 누구니이까 나는 깨닫지도 못한 일을 말하였고 스스로 알 수도 없고 헤아리기도 어려운 일을 말하였나이다 내가 말하겠사오니 주는 들으시고 내가 주께 묻겠사오니 주여 내게 알게 하옵소서 내가 주께 대하여 귀로 듣기만 하였사오나 이제는 눈으로 주를 뵈옵나이다 그러므로 내가 스스로 거두어들이고 티끌과 재 가운데에서 회개하나이다"(욥 42:1-6).

욥은 자신의 무지로 하나님의 이치를 가렸음을 고백한다. 욥의 이 회개는 자신이 이런 고난을 받을 만큼 큰 죄를 범하지 않았는데 왜 하나님이 내게 고난에 고난을 더하시는가 하고, 하나님이 고난을 통해 욥에게 주시려고 하는 하나님의 크신 섭리를 몰랐던 죄를 회개하는 것이다. 욥은 자신이 받는 이 고난 후 정금같이 나오리라(나의 가는 길을 오직 그가 아시나니 그가 나를 단련하신 후에는 내가 정금같이 나오리라, 욥 23:10) 고백하면서도 자신이 사는 날 동안 선을 행했는데 왜 내가 이런 고난을 당하는가 하는 질문을 하나님께 계속한 자신의 무지와 교만의 죄를 회개한다. 그래서 욥은 스스로 한하고 티끌과 재 가운데서 회개한다.

욥은 이 고난을 통하여 귀로만 듣던 하나님, 남이 말해주는 하나님이 아닌 내가 직접 만난 하나님, 곧 눈으로 뵙는 하나님을 보게 되는 복을 받는다(욥 23:10). 하나님은 욥의 세 친구에 대하여 이렇게 말씀하신다.

"여호와께서 욥에게 이 말씀을 하신 후에 여호와께서 데만 사람 엘리바스에게 이르시되 내가 너와 네 두 친구에게 노하나니 이는 너희가 나를 가리켜 말한 것이 내 종 욥의 말같이 옳지 못함이니라 그런즉 너희는 수소 일곱과 숫양 일곱을 가지고 내 종 욥에게 가서 너희를 위하여 번제를 드리라 내 종 욥이 너희를 위하여 기도할 것인즉 내가 그를 기쁘게 받으리니 너희가 우매한 만큼 너희에게 갚지 아니하리라 이는 너희가 나를 가리켜 말한 것이 내 종 욥의 말같이 옳지 못함이라"(욥 42:7-8).

하나님의 이 말씀은 성도가 이 세상에서 만나는 모든 고난이 다 하나님께 범죄했기 때문에 생기는 것이 아니라고 하시는 말씀이다.

욥도 친구들도 '고난은 범죄의 결과'라고 생각한 것이 잘못이라고 하나님이 말씀하신다.

욥은 하나님 앞에 다시 놀라운 복을 받는다.

"욥이 그의 친구들을 위하여 기도할 때 여호와께서 욥의 곤경을 돌이키시고 여호와께서 욥에게 이전 모든 소유보다 갑절이나 주신지라 이에 그의 모든 형제와 자매와 이전에 알던 이들이 다 와서 그의 집에서 그와 함께 음식을 먹고 여호와께서 그에게 내리신 모든 재앙에 관하여 그를 위하여 슬퍼하며 위로하고 각각 케쉬타 하나씩과 금 고리 하나씩을 주었더라 여호와께서 욥의 말년에 욥에게 처음보다 더 복을 주시니 그 가 양 만 사천과 낙타 육천과 소 천 겨리와 암나귀 천을 두었고 또 아들 일곱과 딸 셋을 두었으며 그가 첫째 딸은 여미마라 이름하였고 둘째 딸 은 긋시아라 이름하였고 셋째 딸은 게렌합북이라 이름하였으니 모든 땅에서 욥의 딸들처럼 아리따운 여자가 없었더라 그들의 아버지가 그 들에게 그들의 오라비들처럼 기업을 주었더라 그 후에 욥이 백사십 년 을 살며 아들과 손자 사 대를 보았고 욥이 늙어 나이가 차서 죽었더라" (욥 42:10-17).

욥이 자기를 공격하던 친구들을 위해 하나님께 빌 때 욥에게 축복이 회 복되었다. 욥은 제사장으로 다른 사람을 위해 어떤 경우에라도 같이 공격 하지 말고 복을 빌어주어야 할 사람이었다. 예수님은 자신의 손에 못을 박 는 로마 병정의 죄를 용서해 달라고 마지막까지 제사장으로 축복하셨다.

"이에 예수께서 이르시되 아버지 그들을 사하여 주옵소서 자기들이 하 는 것을 알지 못함이니이다 하시더라"(눅 23:34).

욥은 고난 후 배의 축복을 받았다. 성도가 이 세상에서 받는 섭리적 고난은 끝에 이르기 전에는 해석이 되지 않지만, 마침내 축복이 된다.

"그러므로 너희가 이제 여러 가지 시험으로 말미암아 잠깐 근심하게 되 지 않을 수 없으나 오히려 크게 기뻐하는도다 너희 믿음의 확실함은 불 로 연단하여도 없어질 금보다 더 귀하여 예수 그리스도께서 나타나실 때에 칭찬과 영광과 존귀를 얻게 할 것이니라"(벧전 1:6-7).
"사랑하는 자들아 너희를 연단하려고 오는 불 시험을 이상한 일 당하 는 것같이 이상히 여기지 말고 오히려 너희가 그리스도의 고난에 참여 하는 것으로 즐거워하라 이는 그의 영광을 나타내실 때에 너희로 즐거 워하고 기뻐하게 하려 함이라 너희가 그리스도의 이름으로 치욕을 당하면 복 있는 자로다 영광의 영 곧 하나님의 영이 너희 위에 계심이라 너희 중에 누구든지 살인이나 도둑질이나 악행이나 남의 일을 간섭하는 자로 고난을 받지 말려니와 만일 그리스도인으로 고난을 받으면 부끄러워하지 말고 도리어 그 이름으로 하나님께 영광을 돌리라"(벧전 4:12-16).

성도가 성화의 과정에서 억울한 것 같은 고난이 있을 수 있지만 결코 이 고난은 억울한 고난이 아니요, 하나님이 잘못하시는 고난도 아니다. 욥이 당한 고난이 그 예표가 된다.

요셉이 애굽에 종이 되고, 보디발의 집에서 믿음의 정절을 지키고 감옥에 떨어지는 고난, 다윗이 사울 왕의 시기와 미움으로 오랫동안 당한 고난, 선지자들이 하나님의 말씀을 바로 전하고 백성들과 왕에게 받은 고난들은 모두 다 죄의 결과로 온 고난이 아니다. 이런 고난은 섭리적 고난으로 이런 고난의 끝은 축복이요 승리다. 혹 이 세상에서 어떤 선한 사람은 끝까지 고난만 당하다 죽을 수 있지만(예레미야 선지자가 그랬다) 하나님 안에 부활하여 마침내 천국의 상급을 받게 된다.

"의를 위하여 박해를 받은 자는 복이 있나니 천국이 그들의 것임이라"
(마 5:10).

* 구원사적으로 본 욥기의 교훈

욥기는 선하게 사는 성도 중 어떤 성도는 왜 이 땅에서 고난을 받으며 살아야 하고, 이런 고난 후에 하나님이 주시는 축복이 어떤 것임을 보여준다.

하나님 앞에 칭찬받을 만큼 선하게 살아간 욥도 회개해야 할 많은 죄가 있었던 것같이 이 땅의 모든 사람이 다 죄인이라는 것을 예표로 가르친다. 욥기는 욥을 통해 오직 구원은 믿음으로만 얻을 수 있는 것임을 가르쳐준다.

욥기는 욥의 고백을 통하여 천국의 소망을 가르쳐준다.

"이는 내 모태의 문을 닫지 아니하여 내 눈으로 환난을 보게 하였음이
로구나 어찌하여 내가 태에서 죽어 나오지 아니하였던가 어찌하여 내
어머니가 해산할 때에 내가 숨지지 아니하였던가 어찌하여 무릎이 나
를 받았던가 어찌하여 내가 젖을 빨았던가 그렇지 아니하였던들 이제
는 내가 평안히 누워서 자고 쉬었을 것이니 자기를 위하여 폐허를 일으
킨 세상 임금들과 모사들과 함께 있었을 것이요 혹시 금을 가지며 은으
로 집을 채운 고관들과 함께 있었을 것이며 또는 낙태되어 땅에 묻힌
아이처럼 나는 존재하지 않았겠고 빛을 보지 못한 아이들 같았을 것이
라 거기서는 악한 자가 소요를 그치며 거기서는 피곤한 자가 쉼을 얻으
며 거기서는 갇힌 자가 다 함께 평안히 있어 감독자의 호통 소리를 듣
지 아니하며 거기서는 작은 자와 큰 자가 함께 있고 종이 상전에게서
놓이느니라"(욥 3:10-19).
"내가 알기에는 나의 대속자가 살아 계시니 마침내 그가 땅 위에 서실
것이라 내 가죽이 벗김을 당한 뒤에도 내가 육체 밖에서 하나님을 보리
라"(욥 19:25-26).

이사야 선지자는 천국을 이렇게 말한다.

"이새의 줄기에서 한 싹이 나며 그 뿌리에서 한 가지가 나서 결실할 것
이요 그의 위에 여호와의 영 곧 지혜와 총명의 영이요 모략과 재능의
영이요 지식과 여호와를 경외하는 영이 강림하시리니 그가 여호와를
경외함으로 즐거움을 삼을 것이며 그의 눈에 보이는 대로 심판하지 아
니하며 그의 귀에 들리는 대로 판단하지 아니하며 공의로 가난한 자를
심판하며 정직으로 세상의 겸손한 자를 판단할 것이며 그의 입의 막대
기로 세상을 치며 그의 입술의 기운으로 악인을 죽일 것이며 공의로 그
의 허리띠를 삼으며 성실로 그의 몸의 띠를 삼으리라 그때에 이리가 어

린 양과 함께 살며 표범이 어린 염소와 함께 누우며 송아지와 어린 사자와 살진 짐승이 함께 있어 어린아이에게 끌리며 암소와 곰이 함께 먹으며 그것들의 새끼가 함께 엎드리며 사자가 소처럼 풀을 먹을 것이며 젖 먹는 아이가 독사의 구멍에서 장난하며 젖 뗀 어린아이가 독사의 굴에 손을 넣을 것이라 내 거룩한 산 모든 곳에서 해 됨도 없고 상함도 없을 것이니 이는 물이 바다를 덮음같이 여호와를 아는 지식이 세상에 충만할 것임이니라 그날에 이새의 뿌리에서 한 싹이 나서 만민의 기치로 설 것이요 열방이 그에게로 돌아오리니 그가 거한 곳이 영화로우리라"(사 11:1-10).

욥기는 사람들이 이 땅에서 선하게 살면 반드시 복을 받고 악하게 살면 반드시 벌을 받는다는 일반화된 지식이 때로는 욥의 경우같이 그렇지 않을 수도 있음을 통하여 성도가 성화의 과정에서 만나는 섭리적 고난을 잘 가르쳐준다.

시편: 성화의 과정에서 기억해야 할 말씀들

시편은 하나님의 구원 은총과 하나님의 심판, 하나님의 진노, 하나님의 위대하심, 하나님의 섭리에 대한 인간의 응답으로 여러 가지의 사건 속에 이스라엘 백성의 신앙고백과 신앙으로 사는 과정에 하나님께 나가는 이스라엘 백성의 기도가 담겨 있다.

그래서 시편에는 찬양과 감사와 탄원과 탄식과 많은 양의 기도가 담겨 있고 여러 곳에 나오는 메시아 예언을 통해 암담한 이스라엘 백성에게 영원한 소망을 주고 있다.

시편은 장별로 이해하려는 것보다 주제별로 이해하고 연구하는 것이 더 적절하다.

시편을 주제별로 구분하면 아래와 같다. 그러나 시편을 단순하게 주제별로 나누는 것은 어떤 의미에서 정확한 분류가 아니다. 왜냐하면 한 시편 속에, 많은 메시아 예언과 이스라엘 백성들이 만나는 사건, 사건 속에 하나님께 드리는 그들의 고백과 회개, 찬양과 탄원이 함께 나오는 시가 많기 때문이다.

1) 시편에는 국가 행사에 낭독된 시가 있다.

14, 44, 46, 47, 48, 53, 66, 74, 76, 79. 80, 83, 87, 108, 122, 124, 125, 126, 129편이 여기에 속한다.

2) 많은 이스라엘 백성의 역사에 대한 사건과 해석을 담고 있는 역사시가 있다.

78, 81, 105, 114편 등이 여기에 속한다.

3) 영원한 왕 하나님의 권능을 찬양하며 절대자 하나님께 탄원하는 시가 있다.

2, 3, 4, 5, 7, 10, 12, 13, 17, 22, 25, 27, 28, 31, 35, 41, 43, 44, 56, 57, 59, 61, 64, 69, 70, 71, 74, 79, 80, 83, 88, 102, 103, 109, 140, 141, 142, 143편

4) 회개의 시가 있다.

6, 32, 38, 51, 130편

5) 크신 하나님의 귀한 섭리와 사랑을 찬양하는 시가 있다.

8, 9, 11, 15,16, 19, 20, 21, 22, 23, 24, 26, 29, 30, 33, 34, 36, 37, 39, 40, 42, 45, 46, 47, 48, 49, 50, 52, 53, 54, 55, 58, 60, 62, 63, 65, 66, 67, 68, 72, 73, 75, 76, 77, 78, 81, 82, 84, 85, 86, 87, 89, 90, 91, 92, 93, 94, 95, 96, 97, 98, 99, 100, 101, 104, 105, 106, 107, 108, 110, 111, 112, 113, 114, 115, 116, 117, 118, 119, 120, 121, 122, 123, 124, 125, 126, 127, 128, 129, 129, 130, 131, 132, 133, 134, 135, 136, 137, 138, 139, 144, 145, 146, 147, 148, 149, 150편

5) 시편 120편에서 134편은 성전에 올라가는 노래로, 113, 135, 146, 147, 148, 149, 150편은 '할렐루야'로 시작하고 있는 시편으로, 9, 10, 25, 34, 37, 111, 112, 119, 145편은 히브리어 알파벳 순서로 된 시로 구분할 수 있다.

시편에는 작자 미상의 무명의 시(50개), 많은 다윗의 시(73개), 아삽의 시(12개)와 고라 자손의 시(11개)가 있다.

1) 아삽은 개인 이름이 아닌 가문의 명칭으로, 아삽은 레위인 베레갸의 아들로 다윗이 성전에서 노래하는 자로 세웠고 놋 제금을 연주하는

사람이었다(대상 15:16-15). 이스라엘 백성이 바벨론에서 해방되어 예루살렘으로 귀환하였을 때 성전에서 노래하는 아삽 자손이 148명이었다(느 7:44).

2) 고라는 레위의 증손으로 광야에서 모세를 거역하다가 땅이 갈라져 죽은 사람이다(민 16:8-32). 그런데 그 후손이 하나님의 성전에서 구별되어 노래하는 자들이 되었고 하나님께 올리는 귀한 찬송시를 썼다.

(3) 시편에 있는 특수 용어들의 뜻은 아래와 같다.

마스길: 교훈, 셀라: 높임, 음정을 높여.

시편에서 기억해야 할 구절들

시편 1편

"복 있는 사람은 악인들의 꾀를 따르지 아니하며 죄인들의 길에 서지 아니하며 오만한 자들의 자리에 앉지 아니하고 오직 여호와의 율법을 즐거워하여 그의 율법을 주야로 묵상하는도다 그는 시냇가에 심은 나무가 철을 따라 열매를 맺으며 그 잎사귀가 마르지 아니함 같으니 그가 하는 모든 일이 다 형통하리로다"(시 1:1-3).

여기서 복 있는 사람은 구원받은 성도로 성도는 시냇가의 나무다. 시냇가에 심긴 나무는 가뭄(고난)을 이길 수 있지만 홍수(축복 중)가 위험하다. 섰다 하는 자는 넘어질까 조심해야 한다.

시편 4편

"의의 제사를 드리고 여호와를 의뢰할지어다 여러 사람의 말이 우리에게 선을 보일 자 누구뇨 하오니 여호와여 주의 얼굴을 들어 우리에게 비취소서 주께서 내 마음에 두신 기쁨은 그들의 곡식과 새 포도주의 풍성할 때보다 더하니이다"(시 4:5-7).

의의 제사를 드려야 주의 얼굴이 내게 비춰진다. 그래야 물질의 풍성함보다 더 귀한 영혼의 기쁨, 마음의 평강을 얻는다. 의의 제사는 주일 교회에서 드리는 바른 예배다.

시편 5편

"오직 나는 주의 풍성한 인자를 힘입어 주의 집에 들어가 주를 경외함으로 성전을 향하여 경배하리이다 여호와여 나의 원수들로 말미암아 주의 의로 나를 인도하시고 주의 길을 내 목전에 곧게 하소서"(시 5:7-8).

주의 은혜로 성전에서 주께 예배하는 자는 원수로(환난으로) 인하여 의의 길로 인도함을 얻는다(롬 8:28).

시편 7편

"하나님은 의로우신 재판장이심이여 매일 분노하시는 하나님이시로다 사람이 회개치 아니하면 그가 그의 칼을 가심이여 그 활을 이미 당기어 예비하셨도다 죽일 도구를 또한 예비하심이여 그 만든 화살은 불화살들이로다"(시 7:11-13).

비성도가 회개하지 않는 길은 지옥 길이 되고 성도가 회개하지 않으면 무서운 징계가 기다린다. 이스라엘 백성이 회개하지 않을 때 수많은 백성이 적의 칼에 죽었고 나라가 멸망했다. 회개할 줄 모르는 성도는 무서운 존재다.

시편 9편

"여호와는 압제를 당하는 자의 요새이시요 환난 때의 요새이시로다 여호와여 주의 이름을 아는 자는 주를 의지하오리니 이는 주를 찾는 자들을 버리지 아니하심이니이다"(시 9:9-10).

성도는 환난을 만나면 전쟁 중 산성 같은 주님께 나아가 기도로 주님의 뜻을 찾아야 한다. 주님은 주님을 찾는 자들을 버리지 아니하신다. 항상 더 좋은 것으로 주신다.

"내가 또 너희에게 이르노니 구하라 그러면 너희에게 주실 것이요 찾으라 그러면 찾아낼 것이요 문을 두드리라 그러면 너희에게 열릴 것이니 구하는 이마다 받을 것이요 찾는 이는 찾아낼 것이요 두드리는 이에게는 열릴 것이니라 너희 중에 아버지 된 자로서 누가 아들이 생선을 달라 하는데 생선 대신에 뱀을 주며 알을 달라 하는데 전갈을 주겠느냐 너희가 악할지라도 좋은 것을 자식에게 줄 줄 알거든 하물며 너희 하늘 아버지께서 구하는 자에게 성령을 주시지 않겠느냐 하시니라"(눅 11:9-13).

시편 11편

"여호와는 의로우사 의로운 일을 좋아하시나니 정직한 자는 그의 얼굴을 뵈오리로다"(시 11:7).

심령이 가난한 자, 마음이 청결한 자가 천국을 소유하고 하나님을 볼 수 있다(마 5:1-9).
성도는 늘 '나는 아무것도 아닙니다. 모든 것이 하나님의 은혜입니다' 하는 가난한 마음, 겸손을 가져야 하고 날마다 늘 회개하여 청결해야 한다.

"지나쳐 그리스도의 교훈 안에 거하지 아니하는 자는 다 하나님을 모시지 못하되 교훈 안에 거하는 그 사람은 아버지와 아들을 모시느니라"(요이 1:9).

하나님을 모시고 사는 길이 그리스도의 교훈, 말씀에 순종하며 사는 길이다.

시편 13편

"나는 오직 주의 인자하심을 의뢰하였사오니 내 마음은 주의 구원을 기뻐하리이다 내가 여호와를 찬송하리니 이는 주께서 내게 은덕을 베푸심이로다"(시 13:5-6).

다윗은 하나님이 영영 자신을 버린 것같이 억울하고 어려운 때, 주님의 인자한 사랑(변호해주는 사랑)을 의지하였고 하나님이 후대해 주실 것을 믿었다. 다윗은 아주 많은 고난을 당한 사람이다. 사울의 핍박, 왕이 된 후 밧세바를 범한 죄로 아들들이 서로 죽이고 아들이 딸을 강간하고 아들 압살롬이 다윗을 죽이려고 하는 반역을 당하기도 하였다. 그러나 또 다윗같이 하나님이 후대해 주신 사람도 드물다. 하나님은 우리를 후대해 주신다. 어려워도 낙심하지 말아야 한다.

시편 14편

"어리석은 자는 그의 마음에 이르기를 하나님이 없다 하는도다 그들은 부패하고 그 행실이 가증하니 선을 행하는 자가 없도다"(시 14:1).

세상에서 가장 어리석은 사람이 하나님이 없다고 말하는 사람이다.

시편 16편

"땅에 있는 성도는 존귀한 자들이니 나의 모든 즐거움이 그들에게 있도다"(시 16:3).

성도는 주님이 피로 값 주고 사신 존귀한 사람이다. 성도는 주님을 즐겁게 해 드려야 한다. 성도는 항상 말씀에 순종하며 살아야 한다.

"형제들이 와서 네게 있는 진리를 증언하되 네가 진리 안에서 행한다 하니 내가 심히 기뻐하노라 내가 내 자녀들이 진리 안에서 행한다 함을 듣는 것보다 더 기쁜 일이 없도다"(요삼 1:3-4).
"나를 훈계하신 여호와를 송축할지라 밤마다 내 양심이 나를 교훈하도다 내가 여호와를 항상 내 앞에 모심이여 그가 나의 오른쪽에 계시므로 내가 흔들리지 아니하리로다 이러므로 나의 마음이 기쁘고 나의 영도 즐거워하며 내 육체도 안전히 살리니 이는 주께서 내 영혼을 스올에 버리지 아니하시며 주의 거룩한 자를 멸망시키지 않으실 것임이니이다 주께서 생명의 길을 내게 보이시리니 주의 앞에는 충만한 기쁨이 있고 주의 오른쪽에는 영원한 즐거움이 있나이다"(시 16:7-10).

이 말씀은 주님이 무덤에서 썩지 않고 부활하실 것을 가르쳐준다.
이 말씀은 내 심장 소리가 주님이 내 곁에 계신 것을 증거하는 소리라고 가르친다.

시편 17편

"주께서 내 마음을 시험하시고 밤에 내게 오시어서 나를 감찰하셨으나 흠을 찾지 못하셨사오니 내가 결심하고 입으로 범죄하지 아니하리이다 사람의 행사로 논하면 나는 주의 입술의 말씀을 따라 스스로 삼가서 포악한 자의 길을 가지 아니하였사오며 나의 걸음이 주의 길을 굳게 지키고 실족하지 아니하였나이다"(시 17:3-5).

우리는 늘 결심하고 입으로 범죄하지 말아야 한다. 성도가 범하는 가장 많은 죄가 입으로 범하는 죄다. 광야에서 이스라엘 백성이 범한 가장 큰 죄가 그들의 입으로 원망한 죄다. 그리고 하나님은 그들이 원망하는 소리를 다 듣고 계셨다(출 16:8-12; 고전 10:10).

우리는 입으로 다른 사람의 마음을 아프게 한다. 성도는 결심하고 입으로 원망하지 말고 사랑의 말, 격려의 말, 긍정의 말, 용서의 말을 하며 살아야 한다. 우리는 결심하고 주님의 길, 말씀대로 사는 길을 걸어가야 한다. 이런 결심은 백번 천번 해야 한다.

"나는 의로운 중에 주의 얼굴을 뵈오리니 깰 때에 주의 형상으로 만족하리이다"(시 17:15; 마 5:8; 시 11:7).

시편 18편, 19편

"하나님의 도는 완전하고 여호와의 말씀은 순수하니 그는 자기에게 피하는 모든 자의 방패시로다"(시 18:30).
"여호와의 율법은 완전하여 영혼을 소성시키며 여호와의 증거는 확실하여 우둔한 자를 지혜롭게 하며 여호와의 교훈은 정직하여 마음을 기쁘게 하고 여호와의 계명은 순결하여 눈을 밝게 하시도다 여호와를 경외하는 도는 정결하여 영원까지 이르고 여호와의 법도 진실하여 다 의로우니 금 곧 많은 순금보다 더 사모할 것이며 꿀과 송이꿀보다 더 달도다"(시 19:7-10).

성도는 항상 완전하고 정미한 여호와의 말씀으로, 완전하고 확실한 여호와의 말씀 중심으로 살아야 한다. 그래서 말씀을 듣고 또 듣고, 읽고 또 읽고, 묵상하고 또 묵상하고, 외우고 또 외우고, 먹고 또 먹어야 한다.

시편 20편

"네 마음의 소원대로 허락하시고 네 모든 계획을 이루어 주시기를 원하노라 우리가 너의 승리로 말미암아 개가를 부르며 우리 하나님의 이름으로 우리의 깃발을 세우리니 여호와께서 네 모든 기도를 이루어 주시기를 원하노라"(시 20:4-5).

성도의 소원은 도모가 되고 도모는 기도가 되어 하나님께 상달, 응답된다. 할렐루야.

시편 22편

"이스라엘의 찬송 중에 계시는 주여 주는 거룩하시니이다"(시 22:3). "겸손한 자는 먹고 배부를 것이며 여호와를 찾는 자는 그를 찬송할 것이라 너희 마음은 영원히 살지어다"(시 22:26).

하나님은 어디서나 언제나 우리와 함께 거하시지만(마 28:19-20), 특별히 찬송 중에 우리와 함께하시고, 성도가 찬송할 때 그 마음이 새 생명을 얻고 살아난다. 성도는 늘 찬송하며 살고 열심히 찬송해야 한다.

우리가 찬송할 때 사탄이 물러가고 사탄의 세력이 패한다(삼상 16:23; 대하 20:20-23).

시편 23편

"여호와는 나의 목자시니 내게 부족함이 없으리로다 그가 나를 푸른 풀밭에 누이시며 쉴 만한 물 가로 인도하시는도다 내 영혼을 소생시키시고 자기 이름을 위하여 의의 길로 인도하시는도다 내가 사망의 음침한 골짜기로 다닐지라도 해를 두려워하지 않을 것은 주께서 나와 함께 하심이라 주의 지팡이와 막대기가 나를 안위하시나이다 주께서 내 원수의 목전에서 내게 상을 차려 주시고 기름을 내 머리에 부으셨으니 내 잔이 넘치나이다 내 평생에 선하심과 인자하심이 반드시 나를 따르리니 내가 여호와의 집에 영원히 살리로다"(시 23:1-6).

성도는 여호와 하나님이 목자가 되고 성도가 그 양이기 때문에 더 원할 것이 없다. 양식(푸른 초장)과 안식(쉴 만한 물가)을 여호와께서 책임져주시고, 사망, 위험도 문제가 안 된다. 그 생애 중 만나는 원수(환난)도 물리쳐주시고, 넘치는 축복의 기름으로 채워주신다. 평생 주님과 동행하다가 영원히 주님과 동거하게 된다. 할렐루야. 할렐루야.

시편 26편

"내가 나의 완전함에 행하였사오며 흔들리지 아니하고 여호와를 의지하였사오니 여호와여 나를 판단하소서 여호와여 나를 살피시고 시험하사 내 뜻과 내 양심을 단련하소서"(시 26:1-2).

다윗은 의사 앞에 앉아 있는 환자처럼 자신을 하나님 앞에 내맡기고 하나님이 두루 살펴주시고 하나님이 단련해 주시기를 기도한다.
성도는 날마다 불꽃 같은 눈으로 보살펴보시는 하나님 면전에 살고 있다. 티끌만 한 죄도 회개하며 살아야 한다.

시편 27편

"내가 여호와께 바라는 한 가지 일 그것을 구하리니 곧 내가 내 평생에 여호와의 집에 살면서 여호와의 아름다움을 바라보며 그의 성전에서 사모하는 그것이라 여호와께서 환난 날에 나를 그의 초막 속에 비밀히 지키시고 그의 장막 은밀한 곳에 나를 숨기시며 높은 바위 위에 두시리로다 이제 내 머리가 나를 둘러싼 내 원수 위에 들리리니 내가 그의 장막에서 즐거운 제사를 드리겠고 노래하며 여호와를 찬송하리로다"(시 27:4-6).

"여호와여 주의 길로 내게 가르치시고 내 원수를 생각하셔서 평탄한 길로 나를 인도하소서"(시 27:11).

성도가 제단 중심으로 성수주일하며 살아야 원수(고난)로 인해 평탄한 길로 인도함을 받는다.

시편 30편

"주의 성도들아 여호와를 찬송하며 그의 거룩함을 기억하며 감사하라 그의 노염은 잠깐이요 그의 은총은 평생이로다 저녁에는 울음이 깃들일지라도 아침에는 기쁨이 오리로다"(시 30:4-5).
"주께서 나의 슬픔이 변하여 내게 춤이 되게 하시며 나의 베옷을 벗기고 기쁨으로 띠 띠우셨나이다"(시 30:11).

성도는 믿음으로 살아가며 이런 간증을 할 수 있어야 한다.

시편 31편

"여호와여 내가 고통 중에 있사오니 내게 은혜를 베푸소서 내가 근심 때문에 눈과 영혼과 몸이 쇠하였나이다 내 일생을 슬픔으로 보내며 나의 연수를 탄식으로 보냄이여 내 기력이 나의 죄악 때문에 약하여지며 나의 뼈가 쇠하도소이다 내가 모든 대적들 때문에 욕을 당하고 내 이웃에게서는 심히 당하니 내 친구가 놀라고 길에서 보는 자가 나를 피하였나이다 내가 잊어버린 바 됨이 죽은 자를 마음에 두지 아니함 같고 깨진 그릇과 같으니이다 내가 무리의 비방을 들었으므로 사방이 두려움으로 감싸였나이다 그들이 나를 치려고 함께 의논할 때에 내 생명을 빼앗기로 꾀하였나이다 여호와여 그러하여도 나는 주께 의지하고 말하기를 주는 내 하나님이시라 하였나이다"(시 31:9-14).

다윗은 지극한 고난 중에도, "그러하여도 나는 주께 의지하고, 주는 내 하나님입니다" 고백하는 믿음으로 살았다. 우리는 어떤 경우에도 주님을 절대 의지(신뢰)해야 한다.

시편 32편

"내가 이르기를 내 허물을 여호와께 자복하리라 하고 주께 내 죄를 아뢰고 내 죄악을 숨기지 아니하였더니 곧 주께서 내 죄악을 사하셨나이다 (셀라)이로 말미암아 모든 경건한 자는 주를 만날 기회를 얻어서 주께 기도할지라 진실로 홍수가 범람할지라도 그에게 미치지 못하리이다 주는 나의 은신처이오니 환난에서 나를 보호하시고 구원의 노래로 나를 두르시리이다 (셀라)"(시 32:5-7).

성도는 살아가는 과정에 기회를 타서 주께 기도하고 죄를 자복하며 회개해야 한다. 주님만이 환난에서 나를 보호하시는 은신처가 되신다.

시편 34편

"생명을 사모하고 장수하여 복 받기를 원하는 사람이 누구뇨. 네 혀를 악에서 금하며 네 입술을 거짓말에서 금할지어다 악을 버리고 선을 행하며 화평을 찾아 따를지어다"(시 34:12-14).
"여호와는 마음이 상한 자에게 가까이하시고 충심으로 통회하는 자를 구원하시는도다. 의인은 고난이 많으나 여호와께서 그의 모든 고난에서 건지시는도다"(시 34:18-19).

입으로 선한 말, 감사의 말, 격려의 말, 회개의 말을 하고 사는 것이 복이다. 마음이 상했을 때 짜증 부리지 말고 나보다 더 귀한 의인도 고난당한 것을 기억하고 주님께 나아가 기도하여야 한다.

시편 36편

"여호와여 주의 인자하심이 하늘에 있고 주의 진실하심이 공중에 사무쳤으며 주의 의는 하나님의 산들과 같고 주의 심판은 큰 바다와 같으니이다 여호와여 주는 사람과 짐승을 구하여 주시나이다 하나님이여 주의 인자하심이 어찌 그리 보배로우신지요 사람들이 주의 날개 그늘 아래에 피하나이다 그들이 주의 집에 있는 살진 것으로 풍족할 것이라 주께서 주의 복락의 강물을 마시게 하시리이다"(시 36:5-8).

우리 주님의 인자하신 사랑은 하늘보다 넓다. 할렐루야.

시편 37편

"또 여호와를 기뻐하라 그가 네 마음의 소원을 네게 이루어 주시리로다 네 길을 여호와께 맡기라 그를 의지하면 그가 이루시고 네 의를 빛같이 나타내시며 네 공의를 정오의 빛같이 하시리로다 여호와 앞에 잠잠하고 참고 기다리라 자기 길이 형통하며 악한 꾀를 이루는 자 때문에 불평하지 말지어다"(시 37:4-7).

성도는 여호와 하나님이 내 하나님인 것을 기뻐하며 살아야 한다. 성도는 소원(가는 길)을 여호와께 맡기고, 잠잠히 기다려야 한다. 그리하면 그 길을 정오의 빛같이 나타내신다.

"오직 온유한 자들은 땅을 차지하며 풍성한 화평으로 즐거워하리로다"(시 37:11).

온유는 하나님 말씀에 길들여져서 하나님 말씀에 순복하는 상태를 뜻한다. 늑대가 사람에게 길들여져서 사람에게 순종하게 되어 세계 어느 곳에나 대접을 받는 개로 변하여 많은 땅을 차지하고 있다(마 5:5).

성도는 스스로 하나님 말씀에 순종하는 훈련을 계속하여 말씀 앞에 길들여져야 한다.

"여호와께서 사람의 걸음을 정하시고 그의 길을 기뻐하시나니 그는 넘어지나 아주 엎드러지지 아니함은 여호와께서 그의 손으로 붙드심이로다 내가 어려서부터 늙기까지 의인이 버림을 당하거나 그의 자손이 걸식함을 보지 못하였도다 그는 종일토록 은혜를 베풀고 꾸어 주니 그의 자손이 복을 받는도다"(시 37:23-26).

성도는 하나님이 하나님의 손으로 일생을 정하시고 붙잡아 주는 사람이다. 우리는 늘 은혜를 베풀고 꿔주며 살아야 한다.

시편 38편

"여호와여 나의 기도를 들으시며 나의 부르짖음에 귀를 기울이소서 내가 눈물 흘릴 때에 잠잠하지 마옵소서 나는 주와 함께 있는 나그네이며 나의 모든 조상들처럼 떠도나이다 주는 나를 용서하사 내가 떠나 없어지기 전에 나의 건강을 회복시키소서"(시 39:12-13).

다윗은 자신이 만난 큰 고난 중 여호와께 고난을 고백하며 용서를 간절하게 기도한다. 성도는 고난 중 기도해야 한다.

"너희 중에 고난당하는 자가 있느냐 그는 기도할 것이요 즐거워하는 자가 있느냐 그는 찬송할지니라"(약 5:13).

시편 40편
시편 40편은 고난당할 메시아 예언의 말씀이다.

"내가 여호와를 기다리고 기다렸더니 귀를 기울이사 나의 부르짖음을 들으셨도다 나를 기가 막힐 웅덩이와 수렁에서 끌어올리시고 내 발을 반석 위에 두사 내 걸음을 견고하게 하셨도다 새 노래 곧 우리 하나님께 올릴 찬송을 내 입에 두셨으니 많은 사람이 보고 두려워하여 여호와를 의지하리로다"(시 40:1-3).

"주께서 내 귀를 통하여 내게 들려 주시기를 제사와 예물을 기뻐하지 아니하시며 번제와 속죄제를 요구하지 아니하신다 하신지라 그때에 내가 말하기를 내가 왔나이다 나를 가리켜 기록한 것이 두루마리 책에 있나이다 나의 하나님이여 내가 주의 뜻 행하기를 즐기오니 주의 법이 나의 심중에 있나이다 하였나이다 내가 많은 회중 가운데에서 의의 기쁜 소식을 전하였나이다 여호와여 내가 내 입술을 닫지 아니할 줄을 주께서 아시나이다 내가 주의 공의를 내 심중에 숨기지 아니하고 주의 성실과 구원을 선포하였으며 내가 주의 인자와 진리를 많은 회중 가운데에서 감추지 아니하였나이다"(시 40:6-10).

하나님의 말씀 이사야 50장에 고난당할 주님의 사역이 예언된다.

"주 여호와께서 나의 귀를 여셨으므로 내가 거역하지도 아니하며 뒤로 물러가지도 아니하며 나를 때리는 자들에게 내 등을 맡기며 나의 수염을 뽑는 자들에게 나의 뺨을 맡기며 모욕과 침 뱉음을 당하여도 내 얼굴을 가리지 아니하였느니라"(사 50:5-6).

시편 42편

"하나님이여 사슴이 시냇물을 찾기에 갈급함같이 내 영혼이 주를 찾기에 갈급하니이다"(시 42:1).

"내 영혼아 네가 어찌하여 낙심하며 어찌하여 내 속에서 불안해하는가 너는 하나님께 소망을 두라 나는 그가 나타나 도우심으로 말미암아 내 하나님을 여전히 찬송하리로다"(시 42:5, 11).

성도가 세상을 살아가는 중 불안하고 답답할 때 갈급한 심정으로 주께 나아가 내 얼굴을 세워 주시는 주님을 바라보고 낙심하는 내 영혼을 위로해야 한다.

시편 44편

"우리가 종일 주를 위하여 죽임을 당하게 되며 도살할 양같이 여김을 받았나이다 주여 깨소서 어찌하여 주무시나이까 일어나시고 우리를 영원히 버리지 마소서 어찌하여 주의 얼굴을 가리시고 우리의 고난과 압제를 잊으시나이까 우리 영혼은 진토 속에 파묻히고 우리 몸은 땅에 붙었나이다"(시 44:22-25).

시편 44편은 어려운 고난 중에 지난 역사 속에 이스라엘 백성을 사랑하신 주님의 은총을 기억하며 오늘의 고난에서 주님의 인자하심으로 구원하여 주시기를 탄원한다.

성도는 어려울 때 지난날 어려울 때 이기게 하신 주님의 은총을 기억하며 하나님의 인자한 사랑을 붙잡고 기도해야 한다.

시편 45편

시편 45편은 왕의 잔치, 신랑 그리스도와 신부인 성도의 결혼 축하 노래다. 왕이신 신랑 그리스도의 아름다운 영광을 찬양하고 있다. 성경은 여러 곳에서 그리스도와 교회, 성도를 신랑이 신부를 맞이하는 결혼 잔치로 비유하고 있다.

"내가 하나님의 열심으로 너희를 위하여 열심을 내노니 내가 너희를 정결한 처녀로 한 남편인 그리스도께 드리려고 중매함이로다"(고후 11:2).

"그때에 천국은 마치 등을 들고 신랑을 맞으러 나간 열 처녀와 같다 하리니 그 중의 다섯은 미련하고 다섯은 슬기 있는 자라 미련한 자들은 등을 가지되 기름을 가지지 아니하고 슬기 있는 자들은 그릇에 기름을 담아 등과 함께 가져갔더니 신랑이 더디 오므로 다 졸며 잘새 밤중에 소리가 나되 보라 신랑이로다 맞으러 나오라 하매 이에 그 처녀들이 다 일어나 등을 준비할새 미련한 자들이 슬기 있는 자들에게 이르되 우리 등불이 꺼져가니 너희 기름을 좀 나눠 달라 하거늘 슬기 있는 자들이 대답하여 이르되 우리와 너희가 쓰기에 다 부족할까 하노니 차라리 파는 자들에게 가서 너희 쓸 것을 사라 하니 그들이 사러 간 사이에 신랑이 오므로 준비하였던 자들은 함께 혼인 잔치에 들어가고 문은 닫힌지라 그 후에 남은 처녀들이 와서 이르되 주여 주여 우리에게 열어 주소서 대답하여 이르되 진실로 너희에게 이르노니 내가 너희를 알지 못하노라 하였느니라 그런즉 깨어 있으라 너희는 그날과 그때를 알지 못하느니라"(마 25:1-13).

"또 내가 들으니 허다한 무리의 음성과도 같고 많은 물소리와도 같고 큰 우렛소리와도 같은 소리로 이르되 할렐루야 주 우리 하나님 곧 전능하신 이가 통치하시도다 우리가 즐거워하고 크게 기뻐하며 그에게 영광을 돌리세 어린 양의 혼인 기약이 이르렀고 그의 아내가 자신을 준비하였으므로 그에게 빛나고 깨끗한 세마포 옷을 입도록 허락하셨으니 이 세마포 옷은 성도들의 옳은 행실이로다 하더라 천사가 내게 말하기를 기록하라 어린 양의 혼인 잔치에 청함을 받은 자들은 복이 있도다 하고 또 내게 말하되 이것은 하나님의 참되신 말씀이라 하기로 내가 그 발 앞에 엎드려 경배하려 하니 그가 나에게 말하기를 나는 너와 및 예수의 증언을 받은 네 형제들과 같이 된 종이니 삼가 그리하지 말고 오직 하나님께 경배하라 예수의 증언은 예언의 영이라 하더라"(계 19:6-10).

시편 46편, 48편
산이 바다 가운데 빠지는 것과 같은 환난에서도 주님만이 우리의 피난처가 된다.

시편 49편

세상의 부귀영화를 다 가져도 재물이 저를 구원하지 못한다. 그들의 재물은 타인이 가져가고, 존귀에 처하여도 깨닫지 못하는 자는 멸망하는 짐승과 같다.

시편 50편

"환난 날에 나를 부르라 내가 너를 건지리니 네가 나를 영화롭게 하리로다"(시 50:15).

시편 51편

나단 선지자를 통해 자신의 죄를 깨달은 다윗의 철저한 회개의 시다. 다윗은 하나님의 인자한 사랑, 긍휼한 사랑, 자비한 사랑을 붙잡고 자신의 죄, 죄과, 죄악이 용서받기를 기도한다.

"하나님이여 내 속에 정한 마음을 창조하시고 내 안에 정직한 영을 새롭게 하소서 나를 주 앞에서 쫓아내지 마시며 주의 성신을 내게서 거두지 마소서 주의 구원의 즐거움을 내게 회복시켜 주시고 자원하는 심령을 주사 나를 붙드소서"(시 51:10-12).

성도가 구원 얻은 후 범죄할 때, 하나님 앞에 정한 마음을 창조해주시고, 정직한 영을 새롭게 하시고, 성령을 거두시지 마시고, 자원하는 심령으로 주님의 말씀 따라가기를 기도해야 한다.

"주께서는 제사를 기뻐하지 아니하시나니 그렇지 아니하면 내가 드렸을 것이라 주는 번제를 기뻐하지 아니하시나이다 하나님께서 구하시는 제사는 상한 심령이라 하나님이여 상하고 통회하는 마음을 주께서 멸시하지 아니하시리이다 주의 은택으로 시온에 선을 행하시고 예루살렘 성을 쌓으소서 그때에 주께서 의로운 제사와 번제와 온전한 번제를 기뻐하시리니 그때에 그들이 수소를 주의 제단에 드리리이다"(시 51:16-19).

성도가 하나님께 드려야 할 온전한 번제는 먼저 죄를 통회 자복하며 내 상한 심령을 드리고, 그리고 예배드리는 번제다.

시편 52편, 54편, 55편, 56편, 57편, 62편, 63편, 65편

이 모든 시편은 다윗이 사울이 자신을 잡아서 죽이려고 하는 억울한 핍박 속에서 이곳저곳에 피해 다니며 하나님께 호소한 간구들이다.

이 시편들에서 다윗은 아무리 어려운 중에서도 주님의 선하심과 악인의 멸망을 굳게 믿고 낮에도 밤에도 하나님만을 의지한다. 다윗은 두려움을 기도로 바꾸고 반석이신 주님 위에 믿음으로 굳게 선다.

마침내 악은(사울은) 멸망하고 다윗은 승리한다. 아래 구절들이 다윗의 중요한 믿음의 고백이요 기도문들이다.

"하나님이여 주의 이름으로 나를 구원하시고 주의 힘으로 나를 변호하소서 하나님이여 내 기도를 들으시며 내 입의 말에 귀를 기울이소서 낯선 자들이 일어나 나를 치고 포악한 자들이 나의 생명을 수색하며 하나님을 자기 앞에 두지 아니하였음이니이다 (셀라) 하나님은 나를 돕는 이시며 주께서는 내 생명을 붙들어 주시는 이시니이다 주께서는 내 원수에게 악으로 갚으시리니 주의 성실하심으로 그들을 멸하소서 내가 낙헌제로 주께 제사하리이다 여호와여 주의 이름에 감사하오리니 주의 이름이 선하심이니이다 참으로 주께서는 모든 환난에서 나를 건지시고 내 원수가 보응 받는 것을 내 눈이 똑똑히 보게 하셨나이다"(시 54:1-7).

"네 짐을 여호와께 맡기라 그가 너를 붙드시고 의인의 요동함을 영원히 허락하지 아니하시리로다"(시 55:22).

"나의 유리함을 주께서 계수하셨사오니 나의 눈물을 주의 병에 담으소 서 이것이 주의 책에 기록되지 아니하였나이까 내가 아뢰는 날에 내 원 수들이 물러가리니 이것으로 하나님이 내 편이심을 내가 아나이다 내 가 하나님을 의지하여 그의 말씀을 찬송하며 여호와를 의지하여 그의 말씀을 찬송하리이다 내가 하나님을 의지하였은즉 두려워하지 아니하 리니 사람이 내게 어찌하리이까"(시 56:8-11).

"나의 영혼아 잠잠히 하나님만 바라라 무릇 나의 소망이 그로부터 나 오는도다 오직 그만이 나의 반석이시요 나의 구원이시요 나의 요새이 시니 내가 흔들리지 아니하리로다 나의 구원과 영광이 하나님께 있음 이여 내 힘의 반석과 피난처도 하나님께 있도다 백성들아 시시로 그를 의지하고 그의 앞에 마음을 토하라 하나님은 우리의 피난처시로다 (셀 라)"(시 62:5-8).

"내가 나의 침상에서 주를 기억하며 새벽에 주의 말씀을 작은 소리로 읊 조릴 때에 하오리니 주는 나의 도움이 되셨음이라 내가 주의 날개 그늘 에서 즐겁게 부르리이다 나의 영혼이 주를 가까이 따르니 주의 오른손 이 나를 붙드시거니와 나의 영혼을 찾아 멸하려 하는 그들은 땅 깊은 곳 에 들어가며 칼의 세력에 넘겨져 승냥이의 먹이가 되리이다"(시 63:6-10).

시편 66편

"만민들아 우리 하나님을 송축하며 그 송축 소리로 들리게 할지어다. 그는 우리 영혼을 살려 두시고 우리의 실족함을 허락지 아니하시는 주 시로다 하나님이여 주께서 우리를 시험하시되 우리를 단련하시기를 은을 단련함같이 하셨으며 우리를 끌어 그물에 들게 하시며 어려운 짐 을 우리 허리에 매어 두셨으며 사람들이 우리 머리를 타고 가게 하셨나 이다 우리가 불과 물을 통과하였더니 주께서 우리를 끌어내사 풍부한 곳에 들이셨나이다 내가 번제를 가지고 주의 집에 들어가서 나의 서원 을 주께 갚으리니 이는 내 입술이 낸 것이요 내 환난 때에 내 입이 말한 것이니이다"(시 66:8-14).

구원받은 성도들이 이 땅에서 은을 단련함같이 불과 물을 통과해야할 때가 있다. 그러나 성도는 마침내 승리한다. 어려운 때 입으로 서원한 기도를 반드시 하나님께 감사로 갚아야 한다.

시편 68편

"날마다 우리 짐을 지시는 주 곧 우리의 구원이신 하나님을 찬송할지로다"(시 68:19).

성도는 날마다 무거운 짐을 주님께 기도로 맡기어야 한다. 주님은 우리 짐을 날마다 져 주신다.

"너희 염려를 다 주께 맡기라 이는 그가 너희를 돌보심이니라"(벧전 5:7). "수고하고 무거운 짐 진 자들아 다 내게로 오라 내가 너희를 쉬게 하리라 나는 마음이 온유하고 겸손하니 나의 멍에를 메고 내게 배우라 그러면 너희 마음이 쉼을 얻으리니 이는 내 멍에는 쉽고 내 짐은 가벼움이라 하시니라"(마 11:28-30).

시편 69편, 70편, 71편, 74편, 77편, 88편

고난 중에 구원을 호소하며 하나님의 은총을 구하는 기도문들이다. 다윗은 하나님의 사람으로 선한 왕의 표본이었지만 이렇게 위대하고 귀한 다윗에게도 참으로 많은 고난이 있었다. 다윗은 이 모든 고난을 기도로 이긴다. 다윗은 이러한 고난 중에도 인자한 하나님의 사랑을 늘 찬송한다. 성도는 고난과 염려를 기도로 바꾸고 인자한 하나님의 사랑을 의지하고 고난 중 찬양해야 한다.

시편 73편

의인의 고난과 악인의 흥왕함을 보고 하나님의 공의로움과 하나님의 섭리를 의심하다가 마침내 그들에게 임하는 멸망을 깨닫고 하나님의 섭리를 의심한 짐승 같은 자신을 회개하고 있다.

"하나님이 참으로 이스라엘 중 마음이 정결한 자에게 선을 행하시나 나는 거의 넘어질 뻔하였고 나의 걸음이 미끄러질 뻔하였으니 이는 내가 악인의 형통함을 보고 오만한 자를 질투하였음이로다 그들은 죽을 때에도 고통이 없고 그 힘이 강건하며 사람들이 당하는 고난이 그들에게는 없고 사람들이 당하는 재앙도 그들에게는 없나니 그러므로 교만이 그들의 목걸이요 강포가 그들의 옷이며 살찜으로 그들의 눈이 솟아나며 그들의 소득은 마음의 소원보다 많으며 그들은 능욕하며 악하게 말하며 높은 데서 거만하게 말하며 그들의 입은 하늘에 두고 그들의 혀는 땅에 두루 다니도다 그러므로 그의 백성이 이리로 돌아와서 잔에 가득한 물을 다 마시며 말하기를 하나님이 어찌 알랴 지존자에게 지식이 있으랴 하는도다 볼지어다 이들은 악인들이라도 항상 평안하고 재물은 더욱 불어나도다 내가 내 마음을 깨끗하게 하며 내 손을 씻어 무죄하다 한 것이 실로 헛되도다 나는 종일 재난을 당하며 아침마다 징벌을 받았도다 내가 만일 스스로 이르기를 내가 그들처럼 말하리라 하였더라면 나는 주의 아들들의 세대에 대하여 악행을 행하였으리이다 내가 어쩌면 이를 알까 하여 생각한즉 그것이 내게 심한 고통이 되었더니 하나님의 성소에 들어갈 때에야 그들의 종말을 내가 깨달았나이다 주께서 참으로 그들을 미끄러운 곳에 두시며 파멸에 던지시니 그들이 어찌하여 그리 갑자기 황폐되었는가 놀랄 정도로 그들은 전멸하였나이다 주여 사람이 깬 후에는 꿈을 무시함 같이 주께서 깨신 후에는 그들의 형상을 멸시하시리이다 내 마음이 산란하며 내 양심이 찔렸나이다 내가 이같이 우매 무지함으로 주 앞에 짐승이오나 내가 항상 주와 함께 하니 주께서 내 오른손을 붙드셨나이다"(시 73:1-23).

악인이 흥왕하고 의인이 고난받는 세상에서 의인은 그래도 하나님의 절대 공의와 절대 사랑을 믿는 믿음으로 살아가야 한다.

"보라 그의 마음은 교만하며 그 속에서 정직하지 못하나 의인은 그의 믿음으로 말미암아 살리라"(합 2:4).

인류의 역사를 한 토막씩 끊어놓고 보면 악인이 흥왕하고 의인이 고난받는 것 같지만 역사 전체를 보면 악인은 반드시 멸망하고 의인은 반드시 승리하는 것을 보게 된다.

이 시는 '마스길'이라는 제목이 붙어 있으며 그 뜻은 '교훈을 주기 위한 시'이다. 왜냐하면 이 시는 고난을 당하던 시대에 교훈을 주기 위한 의도로 지어졌기 때문이다.

시편 78편

디럭스 바이블, 매튜 헨리 주석을 보라.

하나님의 백성들이 재난을 당하는 이유는 하나님이 그들에게 진노를 발하시기 때문이다. 그러므로 그들은 하나님께 그들이 당한 재난을 탄원하고 있다(1절). 그리스도는 십자가 위에서 "나의 하나님 나의 하나님 어찌하여 나를 버리셨나이까"라고 부르짖으셨다. 다윗도 여기에서 똑같이 부르짖는다. "하나님이여 주께서 어찌하여 우리를 영원히 버리시나이까?" 그들은 현재의 암울한 처지에서 벗어나기를 하나님께 탄원하고 있는 것이다. 하나님의 백성은 좌절당할 때 버림을 받았다고 생각하거나, 사람들에게서 버림을 받을 때 하나님도 그들을 버리셨을 것이라고 생각해서는 안 된다. 1절에 나타나는 간언은 그들이 하나님께로부터 버림받는 것을 무엇보다도 두려워한다는 사실을 나타내고 있다. "어찌하여…진노의 연기를 발하시나이까?" 이 말은 "어찌하여 우리의 주위에 있는 모든 자들이 볼 수 있을 정도로 진노를 발하시나이까"라는 뜻을 함축하고 있다. 그들은 하나님과의 관계를 이유로 내세운다. "우리는 주의 치시는 양이므로 이리들이 양들을 위협하는 것은 이상할 것이 없으나 목자가 어찌 자기의 양에게 진노를 발하겠나이까? 우리가 주를 찬미하는 주의 회중임을 기억하소서. 우리는 주변의 족속들보다 더 많은 찬양과 경배를 드렸나이다. 우리는 주의 기업의 지파이나이다. 또한 주의 거하신 시온산도 우리에게 있지 않사오니까? 그곳은 특별히 주께서 기뻐하시는 거처이며 소유지이며 저택이 아니니이까? 우리는 주께서 처음 한 민족을 이루게 하시고 많은 기적을 베푸사 옛적부터 얻으신 주의 회중이며 노예 상태에서 구속을 받은 주의 기업이나이다. 주여, 그런데 이제 주를 존귀하게 여기고 주께서도 그토록 귀히 여기셨던 한 민족을 버리시겠나이까?" 이 시편 기자는 여기에서 하나님께 다음과 같은 간청을 하고 있다. "주의 발을 드소서." 이 간청은 다음과 같은 뜻이다.

"주께서 속히 오셔서 황폐해진 주의 성소를 고쳐 주시옵소서. 그렇지 않으면 주의 성소를 영원히 고칠 수 없게 될 것이나이다."

이 모든 재난의 피해가 더 악화된 것은 그들이 아무런 구제책도 갖고 있지 않았고 또한 그 재난의 결과를 예측할 수도 없었기 때문이다(9절).

"우리는 원수들의 기가 성소에 세워진 것을 바라보나이다. 그러나 우리의 표적은 보이지 아니하며 선지자도 다시 없어서 우리가 얼마나 오랫동안 환난을 당하며 언제 이 환난이 끝나게 될지 말해주는 자가 없나이다. 대적이 언제까지 훼방하겠으며 원수가 주의 이름을 영원히 능욕하리이까?"

그들은 "우리가 얼마나 환난을 당하겠나이까?"라고 묻지 않았다. 그들은 오히려 다음과 같이 질문했다. "하나님께서 얼마나 더 능욕을 당하시겠나이까?" 주께서 어찌하여 주의 손 곧 오른손을 거두시나이까? 어찌하여 주의 백성을 구원하고 원수들을 진멸하기 위하여 손을 뻗지 않으시나이까?

시편 79편, 80편, 81편, 82편, 83편, 85편, 88편

이 시편들에서는 전형적인 시편의 주제들, 대적의 멸망과 이스라엘의 구원, 큰 어려움 중 하나님 앞에 탄식하는 기도, 하나님의 집을 간절하게 사모하는 고백, 하나님의 도우심을 찬양하는 감사들이 나온다.

시편 79편

지극한 어려움 중 이방 대적들의 멸망과 이스라엘의 구원을 기도한다.

"하나님이여 이방 나라들이 주의 기업의 땅에 들어와서 주의 성전을 더럽히고 예루살렘이 돌무더기가 되게 하였나이다 그들이 주의 종들의 시체를 공중의 새에게 밥으로, 주의 성도들의 육체를 땅의 짐승에게 주며 그들의 피를 예루살렘 사방에 물 같이 흘렸으나 그들을 매장하는 자가 없었나이다 우리는 우리 이웃에게 비방 거리가 되며 우리를 에워싼 자에게 조소와 조롱거리가 되었나이다 여호와여 어느 때까지니이까 영원히 노하시리이까 주의 질투가 불붙듯 하시리이까 주를 알지 아니하는 민족들과 주의 이름을 부르지 아니하는 나라들에게 주의 노를 쏟으소서"(시 79:1-6).

시편 80편

이스라엘의 회복을 기도한다.

"만군의 하나님이여 우리를 회복하여 주시고 주의 얼굴의 광채를 비추사 우리가 구원을 얻게 하소서"(시 80:7).

시편 81편

백성들의 회개를 촉구한다.

시편 82편
불의한 재판관들을 심판하실 하나님을 찬양한다.

시편 83편
원수를 심판하여 주시기를 기도한다.

시편 84편
제단 중심으로 주님의 말씀을 따르는 백성의 복을 찬양한다.

"만군의 여호와여 주의 장막이 어찌 그리 사랑스러운지요 내 영혼이 여호와의 궁정을 사모하여 쇠약함이여 내 마음과 육체가 살아 계시는 하나님께 부르짖나이다 나의 왕, 나의 하나님, 만군의 여호와여 주의 제단에서 참새도 제 집을 얻고 제비도 새끼 둘 보금자리를 얻었나이다 주의 집에 사는 자들은 복이 있나니 그들이 항상 주를 찬송하리이다 (셀라) 주께 힘을 얻고 그 마음에 시온의 대로가 있는 자는 복이 있나이다 그들이 눈물 골짜기로 지나갈 때에 그 곳에 많은 샘이 있을 것이며 이른 비가 복을 채워 주나이다 그들은 힘을 얻고 더 얻어 나아가 시온에서 하나님 앞에 각기 나타나리이다 만군의 하나님 여호와여 내 기도를 들으소서 야곱의 하나님이여 귀를 기울이소서 (셀라) 우리 방패이신 하나님이여 주께서 기름 부으신 자의 얼굴을 살펴 보옵소서 주의 궁정에서의 한 날이 다른 곳에서의 천 날보다 나은즉 악인의 장막에 사는 것보다 내 하나님의 성전 문지기로 있는 것이 좋사오니 여호와 하나님은 해요 방패이시라 여호와께서 은혜와 영화를 주시며 정직하게 행하는 자에게 좋은 것을 아끼지 아니하실 것임이니이다 만군의 여호와여 주께 의지하는 자는 복이 있나이다"(시 84:1-12).

시편 85편
역사를 되돌아보며 바벨론 포로에서 해방을 주신 하나님의 은총을 기억하며 오늘의 고난도 이기게 하실 하나님, 자연 만물을 주장하시는 하나님을 찬양한다. 이스라엘에게 사랑을 베푸시는 하나님을 찬양한다.

시편 87편
시온이 받게 될 하나님의 영광을 찬양한다.

시편 88편
절망 중 탄식하는 기도이다.

시편 86편, 87편, 89편
이 시편들에서 하나님의 신실하심과 위대하심, 하나님이 이스라엘 백성, 다윗에게 주신 언약을 찬양한다.

시편 90편
시편 90편은 모세의 기도다.
천지가 조성되기 전부터 이스라엘의 거처가 되신 하나님, 천년도 지나간 어제 같으신 영원한 하나님 앞에 한정된(시 90:9, 10) 인생을 살아가는 우리에게 이런 복을 구한다.

"우리에게 우리 날 계수함을 가르치사 지혜로운 마음을 얻게 하소서 여호와여 돌아오소서 언제까지니이까 주의 종들을 불쌍히 여기소서 아침에 주의 인자하심이 우리를 만족하게 하사 우리를 일생 동안 즐겁고 기쁘게 하소서 우리를 괴롭게 하신 날수대로와 우리가 화를 당한 연수대로 우리를 기쁘게 하소서 주께서 행하신 일을 주의 종들에게 나타내시며 주의 영광을 그들의 자손에게 나타내소서 주 우리 하나님의 은총을 우리에게 내리게 하사 우리의 손이 행한 일을 우리에게 견고하게 하소서 우리의 손이 행한 일을 견고하게 하소서"(시 90:12-17).

인간은 아무리 지혜로워도 자신이 살 날을 계수할 수 없다. 매일 아침에 주님의 인자한 사랑을 붙잡고 평생을 즐겁고 기쁘게 살아가야 한다.

시편 91편
영원토록 우리의 피난처 되신 하나님이 천사들로 우리의 발걸음을 지켜주심에 대한 감사 찬송이다.

"그가 너를 위하여 그의 천사들을 명령하사 네 모든 길에 너를 지키게 하심이라 그들이 그들의 손으로 너를 붙들어 발이 돌에 부딪히지 아니하게 하리로다"(시 91:11-12).

이 말씀은 사탄이 주님께 성전 꼭대기에서 뛰어내리라고, 그러면 천사가 지켜 주리라고 시험하며 했던 말이다.
성도는 날마다 말씀과 기도와 순종으로 주님과 동행해야 한다.

시편 92편
이 시편은 안식일에 불렀던 찬송으로 하나님의 무궁하신 선하신 섭리를 찬송한다.

"의인은 종려나무같이 번성하며 레바논의 백향목같이 성장하리로다 이는 여호와의 집에 심겼음이여 우리 하나님의 뜰 안에서 번성하리로다 그는 늙어도 여전히 결실하며 진액이 풍족하고 빛이 청청하니 여호와의 정직하심과 나의 바위 되심과 그에게는 불의가 없음이 선포되리로다"(시 92:12-15).

구원받은 성도는 다 의인으로 하나님의 집에 심긴 종려나무다. 그래서 늙어도 결실하고 진액이 풍족하고 그 잎이 청청하여 하나님의 영광을 나타낸다.

성도도 늙으며 점점 곤궁하게 될 수 있다. 그러나 성도는 늙어도 그 영혼이 말씀과 기도와 찬송으로 살아서도, 죽으면서도 하나님의 영광을 나타내야 한다.

시편 94편

마침내 악을 징벌하시는 공의의 하나님을 찬송하고 악인의 멸망을 기도한다. 악인은 이기는 것 같아도 마침내 멸망한다.

"백성 중의 어리석은 자들아 너희는 생각하라 무지한 자들아 너희가 언제나 지혜로울까 귀를 지으신 이가 듣지 아니하시랴 눈을 만드신 이가 보지 아니하시랴"(시 94:8-9).

하나님은 내 모든 말을 다 듣고 계신다. 하나님은 내가 하는 모든 행동을 보고 계신다. 성도는 하나님의 현존 앞에 살아간다. 정신 차리고 불평의 말, 원망의 말, 교만의 말, 다른 사람을 아프게 하는 말을 버리고, 늘 가까이 있는 죄를 멀리해야 한다.

시편 95편, 96편, 97편, 98편, 99편, 100편, 101편, 103편, 104편, 105편

이 시편들에는 천지를 지으시고 다스리시는 존귀한 하나님, 찬양과 예배를 받으시기에 가장 합당하신 하나님의 위엄과 섭리를 찬양하고 있다.

"온 땅이여 여호와께 즐거운 찬송을 부를지어다 기쁨으로 여호와를 섬기며 노래하면서 그의 앞에 나아갈지어다 여호와가 우리 하나님이신 줄 너희는 알지어다 그는 우리를 지으신 이요 우리는 그의 것이니 그의 백성이요 그의 기르시는 양이로다 감사함으로 그의 문에 들어가며 찬송함으로 그의 궁정에 들어가서 그에게 감사하며 그의 이름을 송축할지어다 여호와는 선하시니 그의 인자하심이 영원하고 그의 성실하심이 대대에 이르리로다"(시 100:1-5).

"내 영혼아 여호와를 송축하라 내 속에 있는 것들아 다 그의 거룩한 이름을 송축하라 내 영혼아 여호와를 송축하며 그의 모든 은택을 잊지 말지어다 그가 네 모든 죄악을 사하시며 네 모든 병을 고치시며 네 생명을 파멸에서 속량하시고 인자와 긍휼로 관을 씌우시며 좋은 것으로 네 소원을 만족하게 하사 네 청춘을 독수리같이 새롭게 하시는도다"(시 103:1-5).

시편 106편

이스라엘 백성이 광야에서 하나님께 범죄하여 고난당한 역사를 회고하며 그래도 하나님이 베푸시는 긍휼로 백성을 이끄신 하나님께 감사하고 있다. '할렐루야'로 시작하고 '할렐루야'로 끝낸다.

시편 107편

"여호와께 감사하라 그는 선하시며 그 인자하심이 영원함이로다 여호와의 속량을 받은 자들은 이같이 말할지어다 여호와께서 대적의 손에서 그들을 속량하사 동서남북 각 지방에서부터 모으셨도다 그들이 광야 사막 길에서 방황하며 거주할 성읍을 찾지 못하고 주리고 목이 말라 그들의 영혼이 그들 안에서 피곤하였도다 이에 그들이 근심 중에 여호와께 부르짖으매 그들의 고통에서 건지시고 또 바른 길로 인도하사 거주할 성읍에 이르게 하셨도다 여호와의 인자하심과 인생에게 행하신 기적으로 말미암아 그를 찬송할지로다 그가 사모하는 영혼에게 만족을 주시며 주린 영혼에게 좋은 것으로 채워주심이로다"(시 107:1-9).

이스라엘 조상들이 하나님께 범죄하여 하나님은 그들을 동서 사방으로 흩어지게 하셨지만 그들이 하나님께 근심 중에 부르짖었고 하나님은 그들의 기도를 들어주셔서 그들을 바른길로 인도해주셨고 그들이 거할 성 예루살렘으로 인도하셨다. 이 기이한 은총을 베푸신 여호와를 어찌 찬양하지 않겠는가? 우리는 근심을 기도로 바꿔야 한다. 그리고 마침내 찬양해야 한다.

시편 108편
시편 108편은 시편 57편 7-11절과 60편 5-7절을 합친 시다. 우리도 위의 감사와 기도들을 글로 써서 놓고 때를 따라 이것저것을 합하여 기도하고 찬양할 수 있다. 되풀이하는 기도와 찬양은 중언부언하는 것이 아니다.

시편 109편
죄 없는 자신에게 핍박을 가하며 선함을 악으로 갚는 원수들 앞에 그들의 멸망과 심판을 호소하는 저주의 기도를 한다.
저주의 기도는 다윗의 기도로 족하다. 성도는 원수를 위해 복을 빌어야 한다.

"또 눈은 눈으로, 이는 이로 갚으라 하였다는 것을 너희가 들었으나 나는 너희에게 이르노니 악한 자를 대적하지 말라 누구든지 네 오른편 뺨을 치거든 왼편도 돌려대며 또 너를 고발하여 속옷을 가지고자 하는 자에게 겉옷까지도 가지게 하며 또 누구든지 너로 억지로 오 리를 가게 하거든 그 사람과 십 리를 동행하고 네게 구하는 자에게 주며 네게 꾸고자 하는 자에게 거절하지 말라 또 네 이웃을 사랑하고 네 원수를 미워하라 하였다는 것을 너희가 들었으나 나는 너희에게 이르노니 너희 원수를 사랑하며 너희를 박해하는 자를 위하여 기도하라 이같이 한즉 하늘에 계신 너희 아버지의 아들이 되리니 이는 하나님이 그 해를 악인과 선인에게 비추시며 비를 의로운 자와 불의한 자에게 내려주심이라 너희가 너희를 사랑하는 자를 사랑하면 무슨 상이 있으리요 세리도 이같이 아니하느냐 또 너희가 너희 형제에게만 문안하면 남보다 더하는 것이 무엇이냐 이방인들도 이같이 아니하느냐 그러므로 하늘에 계신 너희 아버지의 온전하심과 같이 너희도 온전하라"(마 5:38-48).

우리가 미움을 이기고 원수를 용서하는 것은 참으로 어려운 일이다. 용서의 근원은 주님이 자신에게 못을 박는 로마 병정을 용서하신 곳으로부터 이루어진다.

"이에 예수께서 이르시되 아버지 그들을 사하여 주옵소서 자기들이 하는 것을 알지 못함이니이다"(눅 23:34).

미워지는 사람이 내게 용서할 수 없는 잘못을 범한 것은 '그가 내게 한 일이 얼마나 무섭고 잘못된 일인지 알지 못하고 행한 일이다'라고 마음먹으면 '저의 죄를 용서해 주옵소서. 저가 알지 못하여 행한 일입니다' 하는 기도에 이르게 된다.

시편 110편
그리스도에 대한 예언의 시다. 주님은 멜기세덱의 반차를 좇아 나신 영원한 제사장이시다(히 7:1-4)..
멜기세덱의 반차를 좇아 영원한 제사장이신 주님께 주님의 권능의 홀을 내밀어 그들을 다스려주시길 기도한다.

시편 111편, 112편, 113편, 114편, 115편, 116편, 118편
이 모든 시들은 여호와 하나님의 구원과 은혜와 사랑을 찬양하며 찬양하도록 우리를 권하는 시들이다.
성도는 마음과 입에 찬양이 가득해야 한다. 할렐루야.

시편 119편
이 시편은 히브리어 알파벳 순서를 따라 22번 8절식 하나님의 말씀의 권능과 은혜와 사랑과 구원을 노래한다.
하나님의 말씀은 율법, 증거, 심판, 규례, 말씀, 교훈, 계명, 약속, 길(도)로 표현된다.

시편 120편, 123편, 124편
어려운 중에 하나님의 구원을 기도하고 있다.

시편 121편
우리를 지켜주시는 하나님을 찬양한다.

"내가 산을 향하여 눈을 들리라 나의 도움이 어디서 올까 나의 도움은 천지를 지으신 여호와에게서로다 여호와께서 너를 실족하지 아니하게 하시며 너를 지키시는 이가 졸지 아니하시리로다 이스라엘을 지키시는 이는 졸지도 아니하시고 주무시지도 아니하시리로다 여호와는 너를 지키시는 이시라 여호와께서 네 오른쪽에서 네 그늘이 되시나니 낮의 해가 너를 상하게 하지 아니하며 밤의 달도 너를 해치지 아니하리로다 여호와께서 너를 지켜 모든 환난을 면하게 하시며 또 네 영혼을 지키시리로다 여호와께서 너의 출입을 지금부터 영원까지 지키시리로다" (시 121:1-8).

천지를 지으신 하나님이, 졸지도 주무시지도 않으며 우리를 지켜주신다. 천지를 지으신 하나님이 낮에도 밤에도 지켜주신다. 천지를 지으신 하나님이 환난 중에 지켜주신다. 천지를 지으신 하나님이 내 영혼을 지켜주신다. 천지를 지으신 하나님이 내 출입을 지켜주신다. 할렐루야! 아멘!

시편 122편
하나님의 백성들이 다윗의 보좌와 하나님의 성전이 있는 예루살렘을 향하여 감사하는 노래다.

"예루살렘을 위하여 평안을 구하라 예루살렘을 사랑하는 자는 형통하리로다 네 성안에는 평안이 있고 네 궁중에는 형통함이 있을지어다 내가 내 형제와 붕우를 위하여 이제 말하리니 네 가운데에 평안이 있을지어다 여호와 우리 하나님의 집을 위하여 내가 너를 위하여 복을 구하리로다"(시 122:6-9).

시편 123편
조롱과 멸시 속에서 하나님의 긍휼을 구한다.

"상전의 손을 바라보는 종들의 눈같이, 여주인의 손을 바라보는 여종의 눈같이 우리의 눈이 여호와 우리 하나님을 바라보며 우리에게 은혜 베풀어 주시기를 기다리나이다"(시 123:2).

시편 124편
구원자 하나님을 찬송한다.

"우리를 내주어 그들의 이에 씹히지 아니하게 하신 여호와를 찬송할지로다 우리의 영혼이 사냥꾼의 올무에서 벗어난 새같이 되었나니 올무가 끊어지므로 우리가 벗어났도다 우리의 도움은 천지를 지으신 여호와의 이름에 있도다"(시 124:6-8).

시편 125편
여호와를 의뢰하는 자가 받는 복을 찬송한다. 시온의 산성 예루살렘은 오늘의 교회를 예표한다. 성도는 교회라는 울타리 속에서 하나님의 특별보호를 받아야 한다.

"여호와를 의지하는 자는 시온산이 흔들리지 아니하고 영원히 있음 같도다 산들이 예루살렘을 두름과 같이 여호와께서 그의 백성을 지금부터 영원까지 두르시리로다 악인의 규가 의인들의 땅에서는 그 권세를 누리지 못하리니 이는 의인들로 하여금 죄악에 손을 대지 아니하게 함이로다 여호와여 선한 자들과 마음이 정직한 자들에게 선대하소서 자기의 굽은 길로 치우치는 자들은 여호와께서 죄를 범하는 자들과 함께 다니게 하시리로다 이스라엘에게는 평강이 있을지어다"(시 125:1-5).

시편 126편
바벨론 포로에서 해방되어 고국에 돌아오는 기쁨을 감사로 노래한다. 성도는 그리스도의 재림으로 영화의 구원을 얻게 되고 이때의 기쁨은 신랑이 신부를 맞는 결혼의 기쁨이 될 것이다.

"또 이십사 장로와 네 생물이 엎드려 보좌에 앉으신 하나님께 경배하여 이르되 아멘 할렐루야 하니 보좌에서 음성이 나서 이르시되 하나님의 종들 곧 그를 경외하는 너희들아 작은 자나 큰 자나 다 우리 하나님께 찬송하라 하더라 또 내가 들으니 허다한 무리의 음성과도 같고 많은 물 소리와도 같고 큰 우렛소리와도 같은 소리로 이르되 할렐루야 주 우리 하나님 곧 전능하신 이가 통치하시도다 우리가 즐거워하고 크게 기뻐하며 그에게 영광을 돌리세 어린양의 혼인 기약이 이르렀고 그의 아내가 자신을 준비하였으므로 그에게 빛나고 깨끗한 세마포 옷을 입도록 허락하셨으니 이 세마포 옷은 성도들의 옳은 행실이로다 하더라 천사가 내게 말하기를 기록하라 어린 양의 혼인 잔치에 청함을 받은 자들은 복이 있도다 하고 또 내게 말하되 이것은 하나님의 참되신 말씀이라 하기로 내가 그 발 앞에 엎드려 경배하려 하니 그가 나에게 말하기를 나는 너와 및 예수의 증언을 받은 네 형제들과 같이 된 종이니 삼가 그리하지 말고 오직 하나님께 경배하라 예수의 증언은 예언의 영이라 하더라"(계 19:4-10).

시편 127편
여호와께서 세우시고 지키는 성에 사는 축복을 노래한다.

"여호와께서 집을 세우지 아니하시면 세우는 자의 수고가 헛되며 여호와께서 성을 지키지 아니하시면 파수꾼의 깨어 있음이 헛되도다 너희가 일찍이 일어나고 늦게 누우며 수고의 떡을 먹음이 헛되도다 그러므로 여호와께서 그의 사랑하시는 자에게는 잠을 주시는도다 보라 자식들은 여호와의 기업이요 태의 열매는 그의 상급이로다 젊은 자의 자식은 장사의 수중의 화살 같으니 이것이 그의 화살통에 가득한 자는 복되도다 그들이 성문에서 그들의 원수와 담판할 때에 수치를 당하지 아니하리로다"(시 127:1-5).

여호와께서 세우시고 지키는 성이 성도가 제단, 말씀 중심으로 사는 믿음의 생활이다. 성도가 믿음을 떠나면 모든 수고가 헛것이 된다.

시편 128편
하나님을 경외하는 가정의 복을 노래한다.

"여호와를 경외하며 그의 길을 걷는 자마다 복이 있도다 네가 네 손이 수고한 대로 먹을 것이라 네가 복되고 형통하리로다 네 집 안방에 있는 네 아내는 결실한 포도나무 같으며 네 식탁에 둘러앉은 자식들은 어린 감람나무 같으리로다 여호와를 경외하는 자는 이같이 복을 얻으리로다 여호와께서 시온에서 네게 복을 주실지어다 너는 평생에 예루살렘의 번영을 보며 네 자식의 자식을 볼지어다 이스라엘에게 평강이 있을지로다"(시 128:1-6).

하나님을 의식하고 하나님 현존 앞에서 믿음의 도를 따르는 성도가 받는 복이다.
1. 손이 수고한 대로 거두는 복, 곧 노력한 대로 결실하는 복을 받는다.
2. 결실한 포도송이 같은 아내의 복을 받는다.
3. 하나님이 주신 여러 자식(상에 둘린 자식)은 어린 감람나무, 열매를 맺어 그 기름으로 성전을 밝히는 감람유가 넘치는 복된 거룩한 자녀의 복

을 받는다.

4. 예루살렘 안에서도 밖에서도, 곧 들어가도 나가도 복을 받는다.

5. 이 모든 것 위에 평강 중 장수의 복(자식의 자식을 보는)을 받는다.

얼마나 송구스럽게 아름다운 큰 복인가. 성도의 가정이 모두 늘 하나님을 경외하고 말씀의 도를 지켜서 모두 이런 복을 받아야 한다. 할렐루야.

시편 129편

하나님의 성도를 박해하는 자가 받는 벌을 노래한다.

시편 130편

죄악 중에 깊은 수렁에서 여호와의 사유하심을 파수꾼이 새벽을 기다림같이 사모하는 회개의 시다.

시편 132편

솔로몬이 성전을 건축하고 성전 건축을 간절하게 소원했던 아버지 다윗을 기억하며 여호와 하나님이 성전에 임하시기를 기도한다.

시편 133편

형제가 연합하여 동거하는 아름다운 축복을 감사한다. 성도들은 구원받은 후 모두 한 형제들이다. 헐몬의 이슬이 시온의 산들에 내림같이, 보배로운 축복의 기름이 머리를 흘러내림같이 서로 사랑하며 살아야 한다.

복음서와 사도행전에서 믿는 사람들을 '형제'로 여러 번 지칭한다(요 20:17; 행 1:15, 2:24).

"그 말을 받은 사람들은 세례를 받으매 이날에 신도의 수가 삼천이나 더하더라 그들이 사도의 가르침을 받아 서로 교제하고 떡을 떼며 오로지 기도하기를 힘쓰니라 사람마다 두려워하는데 사도들로 말미암아 기사와 표적이 많이 나타나니 믿는 사람이 다 함께 있어 모든 물건을 서로 통용하고 또 재산과 소유를 팔아 각 사람의 필요를 따라 나눠 주며 날마다 마음을 같이하여 성전에 모이기를 힘쓰고 집에서 떡을 떼며 기쁨과 순전한 마음으로 음식을 먹고 하나님을 찬미하며 또 온 백성에게 칭송을 받으니 주께서 구원 받는 사람을 날마다 더하게 하시니라"(행 2:41-47).

시편 135편, 136편
여호와 하나님의 인자한 사랑과 구원을 감사하며 찬양한다.

시편 137편
바벨론 포로생활 중 고국 예루살렘을 기억하며 바벨론이 멸망되길 기도하고 있다.

"우리가 이방 땅에서 어찌 여호와의 노래를 부를까 예루살렘아 내가 너를 잊을진대 내 오른손이 그의 재주를 잊을지로다 내가 예루살렘을 기억하지 아니하거나 내가 가장 즐거워하는 것보다 더 즐거워하지 아니할진대 내 혀가 내 입천장에 붙을지로다 여호와여 예루살렘이 멸망하던 날을 기억하시고 에돔 자손을 치소서 그들의 말이 헐어 버리라 헐어 버리라 그 기초까지 헐어 버리라 하였나이다 멸망할 딸 바벨론아 네가 우리에게 행한 대로 네게 갚는 자가 복이 있으리로다 네 어린 것들을 바위에 메어치는 자는 복이 있으리로다"(시 137:4-9).

성도가 제단에 나가고 싶어도 못 나가게 되기 전 성도는 제단 중심으로 살아가는 큰 복을 주심에 감사해야 한다. 바벨론에 포로 되어 고국을 그리워하는 아픔을 당하지 말아야 한다.

시편 138편
주님께 드린 기도의 응답으로 승리한 후 전심으로 감사하는 찬송이다.

"내가 간구하는 날에 주께서 응답하시고 내 영혼에 힘을 주어 나를 강하게 하셨나이다 여호와여 세상의 모든 왕들이 주께 감사할 것은 그들이 주의 입의 말씀을 들음이오며 그들이 여호와의 도를 노래할 것은 여호와의 영광이 크심이니이다 여호와께서는 높이 계셔도 낮은 자를 굽어살피시며 멀리서도 교만한 자를 아심이니이다 내가 환난 중에 다닐지라도 주께서 나를 살아나게 하시고 주의 손을 펴사 내 원수들의 분노를 막으시며 주의 오른손이 나를 구원하시리이다 여호와께서 나를 위하여 보상해 주시리이다 여호와여 주의 인자하심이 영원하오니 주의 손으로 지으신 것을 버리지 마옵소서"(시 138:3-8).

여호와는 높이 계셔도 낮은 우리를 하감하시는 분이다. 여호와의 눈이 늘 내게 향하여 있다. 그러므로 우리는 겸손하게 정직하게 믿음으로 살아가야 한다.

시편 139편
우리의 지식이 감히 못 미치는 신묘막측한 하나님의 섭리를 찬송한다.

"여호와여 주께서 나를 살펴 보셨으므로 나를 아시나이다 주께서 내가 앉고 일어섬을 아시고 멀리서도 나의 생각을 밝히 아시오며 나의 모든 길과 내가 눕는 것을 살펴 보셨으므로 나의 모든 행위를 익히 아시오니 여호와여 내 혀의 말을 알지 못하시는 것이 하나도 없으시니이다 주께서 나의 앞뒤를 둘러싸시고 내게 안수하셨나이다 이 지식이 내게 너무 기이하니 높아서 내가 능히 미치지 못하나이다 내가 주의 영을 떠나 어디로 가며 주의 앞에서 어디로 피하리이까 내가 하늘에 올라갈지라도 거기 계시며 스올에 내 자리를 펼지라도 거기 계시니이다 내가 새벽 날개를 치며 바다 끝에 가서 거주할지라도 거기서도 주의 손이 나를 인도하시며 주의 오른손이 나를 붙드시리이다 내가 혹시 말하기를 흑암이 반드시 나를 덮고 나를 두른 빛은 밤이 되리라 할지라도 주에게서는 흑암이 숨기지 못하며 밤이 낮과 같이 비추이나니 주에게는 흑암과 빛이 같음이니이다 주께서 내 내장을 지으시며 나의 모태에서 나를 만드셨나이다 내가 주께 감사하옴은 나를 지으심이 심히 기묘하심이라 주께서 하시는 일이 기이함을 내 영혼이 잘 아나이다 내가 은밀한 데서 지음을 받고 땅의 깊은 곳에서 기이하게 지음을 받은 때에 나의 형체가 주의 앞에 숨겨지지 못하였나이다 내 형질이 이루어지기 전에 주의 눈이 보셨으며 나를 위하여 정한 날이 하루도 되기 전에 주의 책에 다 기록이 되었나이다"(시 139:1-16).

주님은 내가 앉고 서는 것을 다 아신다. 주님은 내 생각을 다 아신다. 주님은 내가 혀로 말하는 모든 말을 다 아신다. 주님을 피하여 갈 데는 땅에도 하늘에도 음부에도 없다. 주님은 무소부재하신 분이다. 주님 앞에는 흑암과 빛이 하나다. 주님은 내가 모태에서 형질이 형성되기 전에 나를 보셨고 나의 모든 것을 주님의 책에 기록하셨다. 이 얼마나 신묘막측한 하나님의 섭리인가.

성도의 이름은 생명책에 기록되어 있고 하나님 앞에 보관되어 있다. 모든 사람의 행함이 다 기록되어 있다. 생명책에 이름이 없는 사람은 책에 기록된 대로 심판을 받아 영원한 불못, 지옥에 떨어진다.

"그러나 귀신들이 너희에게 항복하는 것으로 기뻐하지 말고 너희 이름이 하늘에 기록된 것으로 기뻐하라 하시니라"(눅 10:20).

"또 내가 보니 죽은 자들이 큰 자나 작은 자나 그 보좌 앞에 서 있는데 책들이 펴 있고 또 다른 책이 펴졌으니 곧 생명책이라 죽은 자들이 자기 행위를 따라 책들에 기록된 대로 심판을 받으니 바다가 그 가운데에서 죽은 자들을 내주고 또 사망과 음부도 그 가운데에서 죽은 자들을 내주매 각 사람이 자기의 행위대로 심판을 받고 사망과 음부도 불못에 던져지니 이것은 둘째 사망 곧 불못이라 누구든지 생명책에 기록되지 못한 자는 불못에 던져지더라"(계 20:12-15).

"무엇이든지 속된 것이나 가증한 일 또는 거짓말하는 자는 결코 그리로 들어오지 못하되 오직 어린 양의 생명책에 기록된 자들뿐이라"(계 21:27).

마지막 때 있을 심판의 교리

1) 마지막 심판의 성질
1. 하나님은 현세에서 악을 징벌하시고 선을 축복으로 보상하시는 분이시다(신 9:5; 시 9:16, 37:28; 잠 11:5, 14:11; 사 32:16, 17; 애 5:7). 그러나 이것이 심판의 전부가 아니다.
2. 악은 형벌 없이 이 땅에 지속되기도 하고 의는 상급이 없을 수도 있다(말 2:17, 3:14, 15; 시 73편). 그러나 악은 하나님 앞에 반드시 심판되고 의는 하나님 앞에 반드시 보상된다(마 25:31-46; 요 5:27-29; 롬 2:5-11; 히 9:27, 10:27; 벧후 3:7; 계 20:11-15).

2) 심판에 관한 잘못된 견해
1. 심판을 순전히 비유적으로 보는 것은 잘못된 견해다.
슐라이어마허(Friedrich Schleiermacher) 같은 현대 신학자들은 사후의 최후 심판을 부인하고 그런 성경 구절은 교회와 하나님과의 마지막 분리라고 말한다. 그리고 심판을 비유적으로 보려 하지만 이들의 주장은 성경에 위배된 주장이다.
2. 오로지 내재적인 심판만을 주장하는 것도 잘못된 견해다. 이 땅의 역사 속에서 일어나는 죄의 결과로서의 고난과 선의 결과로서의 영육의 안위가 바로 심판이요, 역사 자체가 심판이라는 주장은 성경이 말하는 최후의 심판과는 거리가 먼 주장이다.
3. 심판이 단일 사건이 아니라고 말하는 것도 잘못된 견해다.
전천년설자 중 일부 세대주의자들은 심판을 세 가지로 구분한다.
(1) 주님 강림 시 부활한 성도와 변화받은 성도의 심판

(2) 주님 재림 후 남은 자들에 대한 심판

(3) 크고 흰 보좌 앞의 심판이 그들이 말하는 심판이다.

그러나 주님 공중 재림 시 성도들에 대한 공력 심판은 주님의 지상 재림 후 마지막 심판과는 다른 것으로 영원한 지옥으로의 멸망의 심판은 최후의 단일적 심판이다.

4. 마지막 심판이 불필요하다는 것도 잘못된 견해다.

어떤 현대 신학자들은 주님 안에서 죽는 자들은 구원받게 되고 주님 밖에서 죽으면 멸망받게 되는데 무슨 심판이 또 필요하냐고 질문한다. 그러나 성경은 죽은 후 분명히 자기가 행한 대로 심판받는다고 말하고 있다 (계 20:11-15; 살후 1:7-10; 벧후 3:4-7).

3) 심판자와 그 조력자들

1. 심판은 엄밀한 의미에서 삼위 하나님의 사역이지만 성경은 심판주로서 성자 그리스도에게 심판의 사역을 돌리고 있다. 그리스도는 중보자이시며 심판자이다(마 25:31, 32; 요 5:27; 행 10:42, 17:31; 빌 2:10; 딤후 4:1; 마 28:18).

2. 심판의 조력자들로서 천사들이 일한다(마 13:41, 42, 24:31, 25:31).

3. 성도들도 그리스도와 함께 심판할 권세를 받는다(시 149:5-9; 고전 6:2, 3; 계 20:4).

4) 심판의 대상

1. 타락한 천사들이 심판받게 된다(마 8:29; 고전 6:3; 벧후 2:4; 유 1:6).

2. 사탄과 그의 귀신들이 심판받는다(이 말은 타락한 천사가 심판받는다는 말과 같지만). 성경은 이들의 심판을 분명하게 말한다(계 20:10).

3. 인류의 각 개인이 심판받는다(전 12:14; 시 50:4-6; 마 12:36, 37, 25:32; 롬 14:10; 고후 5:10; 계 20:12).

4. 성도(예수를 주로 영접한 자)는 심판받지 않는다(요 5:24).

그러나 성도는 구원받은 후 무익한 말(마 12:36)을 한 것(롬 2:16; 고전 4:5)에 대해 심판을 받을 것이나 이것은 영원한 불못에 들어가는 심판이 아니다. 마 13:30, 40-43, 49, 25:14-24, 34-40, 46에 나오는 심판의 비유도 공력의 심판으로(고전 3:10-15) 보아야 한다.

5) 심판의 시기
심판의 시기는 그리스도 지상 재림 후 천년왕국이 끝나고 예수 밖에 있었던 자가 부활하여 심판받게 된다(계 20:7-15).

6) 심판의 표준
1. 심판의 기점은(분리점) 믿음이다(요 5:24, 3:18).
2. 사람들은 자기가 행한 행위에 따라 심판받는다(계 20:12).
3. 예수님 이전의 이방인들은 자기 마음에 새겨진 양심의 법에 의해 심판받는다(롬 2:14-15).
4. 유대인들은 율법에 의해 심판받는다.

7) 심판의 결과
심판의 결과는 영원한 불못에 들어가는 것이다(계 20:15).

시편 140편, 141편, 142편, 143편
어려움 중 악인과 환난에서 구원해주시기를 간구하는 시편들이다.

"나의 기도가 주의 앞에 분향함과 같이 되며 나의 손 드는 것이 저녁 제사같이 되게 하소서 여호와여 내 입에 파수꾼을 세우시고 내 입술의 문을 지키소서 내 마음이 악한 일에 기울어 죄악을 행하는 자들과 함께 악을 행하지 말게 하시며 그들의 진수성찬을 먹지 말게 하소서"(시 141:2-4).

성도의 기도는 향으로 하나님 앞에 상달해야 하고 성도의 입술에는 파수꾼을 세워 미움의 말, 부정적인 말, 남의 마음을 아프게 하는 말이

나가지 못하게 하고 감사의 말, 사랑의 말, 격려의 말, 찬송과 기도의 말만
나가게 해야 한다.

시편 144편
전쟁에서 싸워 승리하게 하신 하나님, 자녀들과 물질로 축복하여 주신
하나님을 찬송한다.

"여호와는 나의 사랑이시요 나의 요새시요 나의 산성이시요 나를 건지
시는 이시요 나의 방패이시니 내가 그에게 피하였고 내 백성을 내게 복
종하게 하셨나이다"(시 144:2).

여호와를 하나님으로 삼는 백성과 성도는 복을 받은 백성이다. 비록
이런 복이 어떤 사람에게 이 땅에서 임하지 않아도 영원 천국에서 이보
다 더 큰 복을 모두 받게 된다.

"우리 아들들은 어리다가 장성한 나무들과 같으며 우리 딸들은 궁전의
양식대로 아름답게 다듬은 모퉁잇돌들과 같으며 우리의 곳간에는 백
곡이 가득하며 우리의 양은 들에서 천천과 만만으로 번성하며 우리 수
소는 무겁게 실었으며 또 우리를 침노하는 일이나 우리가 나아가 막는
일이 없으며 우리 거리에는 슬피 부르짖음이 없을진대 이러한 백성은
복이 있나니 여호와를 자기 하나님으로 삼는 백성은 복이 있도다"(시
144:12-15).

시편 145편
왕이신 하나님의 은총을 찬양한다.

시편 146편, 147편, 148편, 149편, 150편
이 모든 시는 '할렐루야'로 시작하여 '할렐루야'로 끝나며 하나님의 사

랑과 은혜와 축복을 감사하는 찬양들이다. 우리는 만 개의 입을 가졌어도 늘 이 모든 입으로 하나님을 찬양하며 살아야 한다.

* 구원사적으로 본 시편

1. 시편은 하나님께 올리는 감사와 찬양, 하나님의 섭리에 대한 인간의 응답으로 찬송과 기도와 탄원과 회개와 감사의 노래다.

2. 시편 속에 여기저기서 메시아 언약이 선포된다. 성도가 마지막으로 이르러야 하고 마지막까지 가져야 하고 마지막 해야 할 찬송과 감사는 메시아인 것을 시편이 가르쳐준다.

3. 성도는 하나님의 은혜로 구원받은 사람들이다. 구원받은 성도가 세상을 살아가는 성화의 과정에서 늘 기도하며, 늘 감사하며, 늘 찬송하며, 늘 전능하신 여호와를 의지하며 회개하며, 하나님께 받은 은총을 고백하며 살아가야 할 것을 시편이 가르쳐준다.

4. 시편은 성화의 과정에서 성도가 항상 기도와 탄원과 고백과 찬양으로 하나님과 동행해야 함을 교훈한다.

5. 시편은 받은 구원에 대한 감사, 받고 있는 하나님의 사랑에 대한 감사, 구원해주실 하나님의 은총을 붙잡고 감사와 탄원을 하나님께 드리는 신앙고백이다. 성도는 시편을 통해 잃어버린 감사를 회복하고 소망을 확인하며 지금 나와 동행하시는 주님을 만나게 된다.

잠언·전도서

구원사적 잠언

잠언서는 이스라엘 백성이 살아가면서 이 땅에서 따라가야 할 지혜의 교훈들이다. 잠언서의 대전제는 '여호와를 경외하는 것이 모든 지혜의 근본'으로 악은 반드시 징벌받고 선은 반드시 상을 받는다는 세계관이다.

그러나 전도서는 사람이 이 땅에서 선하게 사는 것도 헛되다는 주장을 한다.

"세상에 행하는 헛된 일이 있나니 곧 악인의 행위대로 받는 의인도 있고 의인의 행위대로 받는 악인도 있는 것이라 내가 이르노니 이것도 헛되도다"(전 8:14).

전도서는 이 땅에서 행하는 모든 일을 헛되다고 말한다.

"전도자가 이르되 헛되고 헛되며 헛되고 헛되니 모든 것이 헛되도다 사람이 해 아래에서 수고하는 모든 수고가 사람에게 무엇이 유익한가"(전 1:2).
"전도자가 이르되 헛되고 헛되도다 모든 것이 헛되도다"(전 12:8).

그런데 전도서는 이렇게 헛된 것들을 말하다가 전도서 제일 끝에 가서 이렇게 결론을 짓는다.

"일의 결국을 다 들었으니 하나님을 경외하고 그 명령을 지킬지어다 이 것이 모든 사람의 본분이니라 하나님은 모든 행위와 모든 은밀한 일을 선악 간에 심판하시리라"(전 12:13-14).

전도서는 이 결론에 이르기 위해 많은 것을 헛된 것으로 부정을 하지만 이렇게 헛된 많은 것들 중 헛되지 않은 단 한 가지의 진리, 여호와를 경외하고 그 진리를 지키라는 한 가지를 긍정한다. 결국 전도서도 인간이 지켜야 할 본분으로 하나님을 경외하는 지혜를 최상 최고의 지혜로 말하고 하나님은 은밀한 선, 은밀한 악도 심판하신다고 경고한다.

잠언서도 전도서도 하나님을 경외하는 것이 인간의 본분이요 지혜의 근본임을 가르쳐준다.

잠언서에서 '지혜'는 그리스도를 예표한다.

1. 잠언서에서 기억해야 할 구절들

"여호와를 경외하는 것이 지식의 근본이거늘 미련한 자는 지혜와 훈계를 멸시하느니라"(잠 1:7).
"내 아들아 나의 법을 잊어버리지 말고 네 마음으로 나의 명령을 지키라 그리하면 그것이 네가 장수하여 많은 해를 누리게 하며 평강을 더하게 하리라 인자와 진리가 네게서 떠나지 말게 하고 그것을 네 목에 매며 네 마음판에 새기라 그리하면 네가 하나님과 사람 앞에서 은총과 귀중히 여김을 받으리라 너는 마음을 다하여 여호와를 신뢰하고 네 명철을 의지하지 말라 너는 범사에 그를 인정하라 그리하면 네 길을 지도하시리라 스스로 지혜롭게 여기지 말지어다 여호와를 경외하며 악을 떠날지어다 이것이 네 몸에 양약이 되어 네 골수를 윤택하게 하리라" (잠 3:1-8).

"지혜를 얻은 자와 명철을 얻은 자는 복이 있나니 이는 지혜를 얻는 것이 은을 얻는 것보다 낫고 그 이익이 정금보다 나음이니라 지혜는 진주보다 귀하니 네가 사모하는 모든 것으로도 이에 비교할 수 없도다 그 오른손에는 장수가 있고 그의 왼손에는 부귀가 있나니 그 길은 즐거운 길이요 그의 지름길은 다 평강이니라 지혜는 그 얻은 자에게 생명나무라 지혜를 가진 자는 복되도다"(잠 3:13-18).

"의인의 길은 돋는 햇볕 같아서 점점 빛나서 원만한 광명에 이르거니와 악인의 길은 어둠 같아서 그가 거쳐 넘어져도 그것이 무엇인지 깨닫지 못하느니라"(잠 4:18-19).

"모든 지킬 만한 것 중에 더욱 네 마음을 지키라 생명의 근원이 이에서 남이니라"(잠 4:23).

"여호와께서 미워하시는 것 곧 그의 마음에 싫어하시는 것이 예닐곱 가지이니 곧 교만한 눈과 거짓된 혀와 무죄한 자의 피를 흘리는 손과 악한 계교를 꾀하는 마음과 빨리 악으로 달려가는 발과 거짓을 말하는 망령된 증인과 및 형제 사이를 이간하는 자이니라"(잠 6:16-19).

"여호와께서 그 조화의 시작 곧 태초에 일하시기 전에 나를 가지셨으며 만세 전부터, 태초부터, 땅이 생기기 전부터 내가 세움을 받았나니 아직 바다가 생기지 아니하였고 큰 샘들이 있기 전에 내가 이미 났으며 산이 세워지기 전에, 언덕이 생기기 전에 내가 이미 났으니 하나님이 아직 땅도, 들도, 세상 진토의 근원도 짓지 아니하셨을 때에라 그가 하늘을 지으시며 궁창을 해면에 두르실 때에 내가 거기 있었고 그가 위로 구름 하늘을 견고하게 하시며 바다의 샘들을 힘 있게 하시며 바다의 한계를 정하여 물이 명령을 거스르지 못하게 하시며 또 땅의 기초를 정하실 때에 내가 그 곁에 있어서 창조자가 되어 날마다 그의 기뻐하신 바가 되었으며 항상 그 앞에서 즐거워하였으며 사람이 거처할 땅에서 즐거워하며 인자들을 기뻐하였느니라"(잠 8:22-31).

여기서 '나'는 지혜로, 로고스(λόγος)이신 주님을 예표한다.

"미움은 다툼을 일으켜도 사랑은 모든 허물을 가리느니라 명철한 자의 입술에는 지혜가 있어도 지혜 없는 자의 등을 위하여는 채찍이 있느니라"(잠 10:12-13).

"여호와께서 주시는 복은 사람을 부하게 하고 근심을 겸하여 주지 아니하시느니라 미련한 자는 행악으로 낙을 삼는 것같이 명철한 자는 지혜로 낙을 삼느니라 악인에게는 그의 두려워하는 것이 임하거니와 의인은 그 원하는 것이 이루어지느니라"(잠 10:22-24).

"흩어 구제하여도 더욱 부하게 되는 일이 있나니 과도히 아껴도 가난하게 될 뿐이니라 구제를 좋아하는 자는 풍족하여질 것이요 남을 윤택하게 하는 자는 자기도 윤택하여지리라"(잠 11:24-25).

"어진 여인은 그 지아비의 면류관이나 욕을 끼치는 여인은 그 지아비로 뼈가 썩음 같게 하느니라"(잠 12:4).

"사람은 입의 열매로 인하여 복록에 족하며 그 손이 행하는 대로 자기가 받느니라"(잠 12:14).

"지혜로운 자와 동행하면 지혜를 얻고 미련한 자와 사귀면 해를 받느니라 재앙은 죄인을 따르고 선한 보응은 의인에게 이르느니라 선인은 그 산업을 자자손손에게 끼쳐도 죄인의 재물은 의인을 위하여 쌓이느니라"(잠 13:20-22).

"모든 수고에는 이익이 있어도 입술의 말은 궁핍을 이룰 뿐이니라"(잠 14:23).

"유순한 대답은 분노를 쉬게 하여도 과격한 말은 노를 격동하느니라 지혜 있는 자의 혀는 지식을 선히 베풀고 미련한 자의 입은 미련한 것을 쏟느니라 여호와의 눈은 어디서든지 악인과 선인을 감찰하시느니라 온순한 혀는 곧 생명나무지만 패역한 혀는 마음을 상하게 하느니라"(잠 15:1-4).

"가산이 적어도 여호와를 경외하는 것이 크게 부하고 번뇌하는 것보다 나으니라 채소를 먹으며 서로 사랑하는 것이 살진 소를 먹으며 서로 미워하는 것보다 나으니라"(잠 15:16-17).

"분을 쉽게 내는 자는 다툼을 일으켜도 노하기를 더디 하는 자는 시비를 그치게 하느니라"(잠 15:18).

"사람은 그 입의 대답으로 말미암아 기쁨을 얻나니 때에 맞은 말이 얼마나 아름다운고 지혜로운 자는 위로 향한 생명 길로 말미암음으로 그 아래 있는 스올을 떠나게 되느니라"(잠 15:23-24).

"적은 소득이 공의를 겸하면 많은 소득이 불의를 겸한 것보다 나으니라 사람이 마음으로 자기의 길을 계획할지라도 그의 걸음을 인도하는 이는 여호와시니라"(잠 16:8-9).

"교만은 패망의 선봉이요 거만한 마음은 넘어짐의 앞잡이니라 겸손한 자와 함께하여 마음을 낮추는 것이 교만한 자와 함께하여 탈취물을 나누는 것보다 나으니라"(잠 16:18-19).

"노하기를 더디 하는 자는 용사보다 낫고 자기의 마음을 다스리는 자는 성을 빼앗는 자보다 나으니라 제비는 사람이 뽑으나 일을 작정하기는 여호와께 있느니라"(잠 16:32-33).

"마른 떡 한 조각만 있고도 화목하는 것이 제육이 집에 가득하고도 다투는 것보다 나으니라"(잠 17:1).

"다투는 시작은 둑에서 물이 새는 것 같은즉 싸움이 일어나기 전에 시비를 그칠 것이니라"(잠 17:14).

"미련한 자라도 잠잠하면 지혜로운 자로 여겨지고 그의 입술을 닫으면 슬기로운 자로 여겨지느니라"(잠 17:28).

"미련한 자의 입술은 다툼을 일으키고 그 입은 매를 자청하느니라 미련한 자의 입은 그의 멸망이 되고 그 입술은 그의 영혼의 그물이 되느니라 남의 말하기를 좋아하는 자의 말은 별식과 같아서 뱃속 깊은 데로 내려가느니라"(잠 18:6-8).

"사람의 마음의 교만은 멸망의 선봉이요 겸손은 존귀의 앞잡이니라 사연을 듣기 전에 대답하는 자는 미련하여 욕을 당하느니라"(잠 18:12-13).

"노하기를 더디 하는 것이 사람의 슬기요 허물을 용서하는 것이 자기의 영광이니라"(잠 19:11).

"집과 재물은 조상에게서 상속하거니와 슬기로운 아내는 여호와께로서 말미암느니라"(잠 19:14).

"가난한 자를 불쌍히 여기는 것은 여호와께 꾸어 드리는 것이니 그의 선행을 갚아 주시리라"(잠 19:17).

"세상에 금도 있고 진주도 많거니와 지혜로운 입술이 더욱 귀한 보배니라"(잠 20:15).

"너는 악을 갚겠다 말하지 말고 여호와를 기다리라 그가 너를 구원하시리라"(잠 20:22).

"공의와 정의를 행하는 것은 제사 드리는 것보다 여호와께서 기쁘게 여기시느니라 눈이 높은 것과 마음이 교만한 것과 악인이 형통한 것은 다 죄니라 부지런한 자의 경영은 풍부함에 이를 것이나 조급한 자는 궁핍함에 이를 따름이니라 속이는 말로 재물을 모으는 것은 죽음을 구하는 것이라 곧 불려다니는 안개니라"(잠 21:3-6).

"입과 혀를 지키는 자는 그 영혼을 환난에서 보전하느니라"(잠 21:23).

"겸손과 여호와를 경외함의 보상은 재물과 영광과 생명이니라 패역한 자의 길에는 가시와 올무가 있거니와 영혼을 지키는 자는 이를 멀리하느니라 마땅히 행할 길을 아이에게 가르치라 그리하면 늙어도 그것을 떠나지 아니하리라"(잠 22:4-6).

"재앙이 뉘게 있느뇨 근심이 뉘게 있느뇨 분쟁이 뉘게 있느뇨 원망이 뉘게 있느뇨 까닭 없는 상처가 뉘게 있느뇨 붉은 눈이 뉘게 있느뇨 술에 잠긴 자에게 있고 혼합한 술을 구하러 다니는 자에게 있느니라 포도주는 붉고 잔에서 번쩍이며 순하게 내려가나니 너는 그것을 보지도 말지어다 그것이 마침내 뱀같이 물 것이요 독사같이 쏠 것이며 또 네 눈에는 괴이한 것이 보일 것이요 네 마음은 구부러진 말을 할 것이며 너는 바다 가운데에 누운 자 같을 것이요 돛대 위에 누운 자 같을 것이며 네가 스스로 말하기를 사람이 나를 때려도 나는 아프지 아니하고 나를 상하게 하여도 내게 감각이 없도다 내가 언제나 깰까 다시 술을 찾겠다 하리라"(잠 23:29-35).

"너는 악인의 형통을 부러워하지 말며 그와 함께 있으려고 하지도 말지어다"(잠 24:1).

"대저 의인은 일곱 번 넘어질지라도 다시 일어나려니와 악인은 재앙으로 말미암아 엎드러지느니라 네 원수가 넘어질 때에 즐거워하지 말며 그가 엎드러질 때에 마음에 기뻐하지 말라 여호와께서 이것을 보시고 기뻐하지 아니하사 그의 진노를 그에게서 옮기실까 두려우니라 너는 행악자로 말미암아 분을 품지 말며 악인의 형통함을 부러워하지 말라 대저 행악자는 장래가 없겠고 악인의 등불은 꺼지리라"(잠 24:16-20).

"네가 좀 더 자자, 좀 더 졸자, 손을 모으고 좀 더 누워 있자 하니 네 빈궁이 강도같이 오며 네 곤핍이 군사같이 이르리라"(잠 24:33-34).

"너는 이웃과 다투거든 변론만 하고 남의 은밀한 일은 누설하지 말라. 듣는 자가 너를 꾸짖을 터이요 또 수욕이 네게서 떠나지 아니할까 두려우니라. 경우에 합당한 말은 아로새긴 은쟁반에 금 사과니라. 슬기로운 자의 책망은 청종하는 귀에 금 고리와 정금 장식이니라. 충성된 사자는 그를 보낸 이에게 마치 추수하는 날에 얼음냉수 같아서 능히 그 주인의 마음을 시원케 하느니라"(잠 25:9-13).

"자기의 이웃을 쳐서 거짓 증거하는 사람은 방망이요 칼이요 뾰족한 화살이니라 환난 날에 진실하지 못한 자를 의뢰하는 것은 부러진 이와 위골된 발 같으니라 마음이 상한 자에게 노래하는 것은 추운 날에 옷을 벗음 같고 소다 위에 식초를 부음 같으니라 네 원수가 배고파하거든 음식을 먹이고 목말라하거든 물을 마시게 하라 그리 하는 것은 핀 숯을 그의 머리에 놓는 것과 일반이요 여호와께서 네게 갚아 주시리라 북풍이 비를 일으킴 같이 참소하는 혀는 사람의 얼굴에 분을 일으키느니라 다투는 여인과 함께 큰 집에서 사는 것보다 움막에서 혼자 사는 것이 나으니라"(잠 25:18-24).

"자기의 마음을 제어하지 아니하는 자는 성읍이 무너지고 성벽이 없는 것과 같으니라"(잠 25:28).

"길로 지나다가 자기에게 상관없는 다툼을 간섭하는 자는 개의 귀를 잡는 자와 같으니라"(잠 26:17).

"나무가 다하면 불이 꺼지고 말쟁이가 없어지면 다툼이 쉬느니라 숯불 위에 숯을 더하는 것과 타는 불에 나무를 더하는 것같이 다툼을 좋아 하는 자는 시비를 일으키느니라 남의 말하기를 좋아하는 자의 말은 별식과 같아서 뱃속 깊은 데로 내려가느니라"(잠 26:20-22).

"너는 내일 일을 자랑하지 말라 하루 동안에 무슨 일이 날는지 네가 알수 없음이니라"(잠 27:22).

"면책은 숨은 사랑보다 나으니라 친구의 아픈 책망은 충직으로 말미암는 것이나 원수의 잦은 입맞춤은 거짓에서 난 것이니라"(잠 27:5-6).

"기름과 향이 사람의 마음을 즐겁게 하나니 친구의 충성된 권고가 이와 같이 아름다우니라"(잠 27:9).

"중한 변리로 자기 재산을 늘리는 것은 가난한 사람을 불쌍히 여기는 자를 위해 그 재산을 저축하는 것이니라"(잠 28:8).

"어리석은 자는 그 노를 다 드러내어도 지혜로운 자는 그 노를 억제하느니라"(잠 29:11).

"네가 말이 조급한 사람을 보느냐 그보다 미련한 자에게 오히려 희망이 있느니라"(잠 29:20).

"하나님의 말씀은 다 순전하며 하나님은 그를 의지하는 자의 방패시니라 너는 그의 말씀에 더하지 말라 그가 너를 책망하시겠고 너는 거짓말 하는 자가 될까 두려우니라 내가 두 가지 일을 주께 구하였사오니 나가 죽기 전에 거절하지 마시옵소서 곧 헛된 것과 거짓말을 내게서 멀리하옵시며 나로 가난하게도 마옵시고 부하게도 마옵시고 오직 필요한 양식으로 내게 먹이시옵소서 혹 내가 배불러서 하나님을 모른다 여호와가 누구냐 할까 하오며 혹 내가 가난하여 도둑질하고 내 하나님의 이름을 욕되게 할까 두려워함이니이다"(잠 30:5-9).

"누가 현숙한 여인을 찾아 얻겠느냐 그 값은 진주보다 더하니라 그런 자의 남편의 마음은 그를 믿나니 산업이 핍절치 아니하겠으며 그런 자는 살아 있는 동안에 그 남편에게 선을 행하고 악을 행치 아니하느니라 그는 양털과 삼을 구하여 부지런히 손으로 일하며 상고의 배와 같아서 먼 데서 양식을 가져오며 밤이 새기 전에 일어나서 자기 집안 사람에게 음식을 나누어 주며 여종에게 일을 정하여 맡기며 밭을 살펴보고 사며 그 손으로 번 것을 가지고 포도원을 일구며 힘 있게 허리를 묶으며 자기의 팔을 강하게 하며 자기의 장사가 잘 되는 것을 깨닫고 밤에 등불을 끄지 아니하고 손으로 솜뭉치를 들고 손가락으로 가락을 잡으며 그는 곤고한 자에게 손을 펴며 궁핍한 자를 위하여 손을 내밀며 자기 집 사람들은 다 홍색 옷을 입었으므로 눈이 와도 그는 집사람을 위하여 염려하지 아니하며 그는 자기를 위하여 아름다운 이불을 지으며 세마포와 자색 옷을 입으며 그의 남편은 그 땅의 장로들과 함께 성문에 앉으며 사람들의 인정을 받으며 그는 베로 옷을 지어 팔며 띠를 만들어 상인들에게 맡기며 능력과 존귀로 옷을 삼고 후일을 웃으며 입을 열어 지혜를 베풀며 그의 혀로 인애의 법을 말하며 자기의 집안일을 보살피고 게을리 얻은 양식을 먹지 아니하나니 그의 자식들은 일어나 감사하며 그 남편은 칭찬하기를 덕행 있는 여자가 많으나 그대는 여러 여자보다 뛰어나다 하느니라 고운 것도 거짓되고 아름다운 것도 헛되나 오직 여호와를 경외하는 여자는 칭찬을 받을 것이라 그 손의 열매가 그에게로 돌아갈 것이요 그 행한 일로 말미암아 성문에서 칭찬을 받으리라"(잠 31:10-31).

2. 전도서에서 기억해야 할 구절들

"나는 내 마음에 이르기를 자, 내가 시험삼아 너를 즐겁게 하리니 너는 낙을 누리라 하였으나 보라 이것도 헛되도다 내가 웃음에 관하여 말하여 이르기를 그것은 미친 것이라 하였고 희락에 대하여 이르기를 이것이 무슨 소용이 있는가 하였노라 내가 내 마음으로 깊이 생각하기를 내가 어떻게 하여야 내 마음을 지혜로 다스리면서 술로 내 육신을 즐겁게 할까 또 내가 어떻게 하여야 천하의 인생들이 그들의 인생을 살아가는 동안 어떤 것이 선한 일인지를 알아볼 때까지 내 어리석음을 꼭 붙잡아 둘까 하여 나의 사업을 크게 하였노라 내가 나를 위하여 집들을 짓고 포도원을 일구며 여러 동산과 과원을 만들고 그 가운데에 각종 과목을 심었으며 나를 위하여 수목을 기르는 삼림에 물을 주기 위하여 못들을 팠으며 남녀 노비들을 사기도 하였고 나를 위하여 집에서 종들을 낳기도 하였으며 나보다 먼저 예루살렘에 있던 모든 자들보다도 내가 소와 양 떼의 소유를 더 많이 가졌으며 은 금과 왕들이 소유한 보배와 여러 지방의 보배를 나를 위하여 쌓고 또 노래하는 남녀들과 인생들이 기뻐하는 처첩들을 많이 두었노라 내가 이같이 창성하여 나보다 먼저 예루살렘에 있던 모든 자들보다 더 창성하니 내 지혜도 내게 여전하도다 무엇이든지 내 눈이 원하는 것을 내가 금하지 아니하며 무엇이든지 내 마음이 즐거워하는 것을 내가 막지 아니하였으니 이는 나의 모든 수고를 내 마음이 기뻐하였음이라 이것이 나의 모든 수고로 말미암아 얻은 몫이로다 그 후에 내가 생각해 본즉 내 손으로 한 모든 일과 내가 수고한 모든 것이 다 헛되어 바람을 잡는 것이며 해 아래에서 무익한 것이로다"(전 2:1-11).

솔로몬 왕은 후비가 칠백 명이었고 빈장이 삼백 명이었다. "왕은 후비가 칠백 인이요 빈장이 삼백 인이라 왕비들이 왕의 마음을 돌이켰더라"(왕상 11:3).

"하나님이 모든 것을 지으시되 때를 따라 아름답게 하셨고 또 사람에게 영원을 사모하는 마음을 주셨느니라. 그러나 하나님의 하시는 일의 시종을 사람으로 측량할 수 없게 하셨도다. 사람이 사는 동안에 기뻐하며 선을 행하는 것보다 더 나은 것이 없는 줄을 내가 알았고 사람마다 먹고 마시는 것과 수고함으로 낙을 누리는 그것이 하나님의 선물인 줄을 또한 알았도다 하나님께서 행하시는 것은 영원히 있을 것이라 그 위에 더할 수도 없고 덜할 수도 없나니 하나님이 이같이 행하심은 사람들이 그의 앞에서 경외하게 하려 하심인 줄을 내가 알았도다"(전 3:11-14).

"인생들의 혼은 위로 올라가고 짐승의 혼은 아래 곧 땅으로 내려가는 줄을 누가 알랴"(전 3:21).

"지혜자의 마음은 초상집에 있으되 우매한 자의 마음은 혼인집에 있느니라"(전 7:4).

"너는 가서 기쁨으로 네 음식물을 먹고 즐거운 마음으로 네 포도주를 마실지어다 이는 하나님이 네가 하는 일들을 벌써 기쁘게 받으셨음이니라 네 의복을 항상 희게 하며 네 머리에 향 기름을 그치지 아니하도록 할지니라 네 헛된 평생의 모든 날 곧 하나님이 해 아래에서 네게 주신 모든 헛된 날에 네가 사랑하는 아내와 함께 즐겁게 살지어다 그것이 네가 평생에 해 아래에서 수고하고 얻은 네 몫이니라"(전 9:7-9).

"너는 청년의 때에 너의 창조주를 기억하라 곧 곤고한 날이 이르기 전에, 나는 아무 낙이 없다고 할 해들이 가깝기 전에 해와 빛과 달과 별들이 어둡기 전에, 비 뒤에 구름이 다시 일어나기 전에 그리하라"(전 12:1-2).

* 구원사적으로 본 잠언·전도서

잠언서와 전도서를 구원론적 관점으로 보면 구원받은 성도가 이 땅에서 지혜의 근본인 하나님의 말씀을 따라 살아야 한다는 성화의 교훈들이다. 성화는 결코 한 번에 이루어지지 않는다. 성도는 매일, 매시간, 매 순간마다, 일생 동안 주님의 교훈을 따라 살아야 한다.

아가서

아가서는 그리스도와 성도의 관계를 사랑하는 신랑과 신부의 관계로, 남녀 간의 아름다운 연애의 사랑으로 표현한다.

아가서는 솔로몬과 술람미의 그리움과 만남, 사랑과 기쁨, 헤어짐과 안타까움, 다시 만나는 감격과 기쁨을 통하여 신랑 되신 그리스도와 신부인 성도 간의 사랑을 예표한다.

하나님의 말씀에서 결혼을 통한 하나님의 사랑의 사건은 창세기에 나오는 인간 창조의 기사로부터 시작된다.

"여호와 하나님이 아담을 깊이 잠들게 하시니 잠들매 그가 그 갈빗대 하나를 취하고 살로 대신 채우시고 여호와 하나님이 아담에게서 취하신 그 갈빗대로 여자를 만드시고 그를 아담에게로 이끌어 오시니 아담이 이르되 이는 내 뼈 중의 뼈요 살 중의 살이라 이것을 남자에게서 취하였은즉 여자라 부르리라 하니라 이러므로 남자가 부모를 떠나 그의 아내와 연합하여 둘이 한 몸을 이룰지로다 아담과 그의 아내 두 사람이 벌거벗었으나 부끄러워하지 아니하니라"(창 2:21-25).

하나님의 말씀 구약에서는 이스라엘 백성과 하나님의 관계를 결혼한 내외의 관계로 말하고 있고, 그래서 이스라엘 백성들이 우상에게 돌아간 것을 간음한 것으로 말한다.

> "그들이 그들의 조상들의 하나님께 범죄하여 하나님이 그들 앞에서 멸하신 그 땅 백성의 신들을 간음하듯 섬긴지라"(대상 5:25).
> "내게 배역한 이스라엘이 간음을 행하였으므로 내가 그를 내쫓고 그에게 이혼서까지 주었으되 그의 반역한 자매 유다가 두려워하지 아니하고 자기도 가서 행음함을 내가 보았노라"(렘 3:8).
> "내가 어찌 너를 용서하겠느냐 네 자녀가 나를 버리고 신이 아닌 것들로 맹세하였으며 내가 그들을 배불리 먹인즉 그들이 간음하며 창기의 집에 허다히 모이며"(렘 5:7).
> "그들은 다 간음하는 자라 과자 만드는 자에 의해 달궈진 화덕과 같도다 그가 반죽을 뭉침으로 발효되기까지만 불 일으키기를 그칠 뿐이니라"(호 7:4).

호세아서에서는 이스라엘 백성을 호세아를 떠나 타락한 아내로 말하고, 호세아에게 이런 아내를 값을 지불하고 다시 아내로 삼게 하는 사건을 통해, 죄 아래 있는 우리를 그리스도가 생명을 바쳐 다시 그리스도의 아내로 삼아주시는 구원을 가르쳐준다.

고린도후서에서는 성도가 구원받는 것을 그리스도와 결혼하는 것으로 말한다.

> "내가 하나님의 열심으로 너희를 위하여 열심을 내노니 내가 너희를 정결한 처녀로 한 남편인 그리스도께 드리려고 중매함이로다"(고후 11:2).

계시록에서는 성도가 부활하신 그리스도를 만나는 것을 신랑과 신부의 만남으로 말한다.

> "또 내가 보매 거룩한 성 새 예루살렘이 하나님께로부터 하늘에서 내

려오니 그 준비한 것이 신부가 남편을 위하여 단장한 것 같더라"(계 21:2).

＊구원사적으로 본 아가서

하나님과 구원받은 성도의 관계는 사랑하는 남녀의 관계로 헤어지면 안 되고, 헤어져도 결국 고난과 아픔 끝에 다시 만나는 사건을 통해 그리스도가 우리를 끝까지 사랑하심으로 성도는 마침내 구원받게 되는 구원의 예표가 된다.

이사야서

영원과 전 세계 우주를 다 품은 선지서

이사야서부터 말라기까지 17선지서가 나온다. 선지서(예언서)를 책별로 강해하기 전 예언서 전반에 대한 몇 가지 알아두어야 할 것들이 있다.

1) 선지자에 대한 이름이 여러 가지다.

(1) 하나님의 사람(삼상 9:6; 왕상 12:22, 17:18; 왕하 4:7, 16:21-27, 40)

(2) 여호와의 종(왕상 14:18; 왕하 9:7, 10:23; 사 44:1, 2. 52:13, 53:11, 54:17; 렘 29:9, 27:6)

(3) 여호와의 사자(사 42:19; 말 3:1)

(4) 선견자(삼상 9:9)

(5) 해석자

(6) 파수자(말 2:1, 2)

(7) 영의 사람(호 9:7; 미 3:8)

(8) 나비(אבינ), 여호와의 대언자(렘 23:16)

2) 예언자들은 어떻게 하나님의 말씀을 듣고 받았는가?

(1) 예언자들이 분명한 자의식 속에서 하나님이 음성으로 들려주셨다. 이런 예언자의 대표적 인물이 모세다. 모세는 언약궤 덮개, 속죄소, 곧 두 그룹 사이에서 현현하신 하나님의 말씀을 직접 들었다. 다른 선지자들도 이렇게 하나님의 음성을 들었다.

"모세가 회막에 들어가서 여호와께 말하려 할 때에 증거궤 위 속죄소 위의 두 그룹 사이에서 자기에게 말씀하시는 목소리를 들었으니 여호와께서 그에게 말씀하심이었더라 여호와께서 또 모세에게 말씀하여 이르시되"(민 7:89-9:1).
"아이 사무엘이 엘리 앞에서 여호와를 섬길 때에는 여호와의 말씀이 희귀하여 이상이 흔히 보이지 않았더라 엘리의 눈이 점점 어두워가서 잘 보지 못하는 그때에 그가 자기 처소에 누웠고 하나님의 등불은 아직 꺼지지 아니하였으며 사무엘은 하나님의 궤 있는 여호와의 전 안에 누웠더니 여호와께서 사무엘을 부르시는지라 그가 대답하되 내가 여기 있나이다 하고 엘리에게로 달려가서 이르되 당신이 나를 부르셨기로 내가 여기 있나이다 하니 그가 이르되 나는 부르지 아니하였으니 다시 누우라 그가 가서 누웠더니 여호와께서 다시 사무엘을 부르시는지라 사무엘이 일어나 엘리에게로 가서 이르되 당신이 나를 부르셨기로 내가 여기 있나이다 하니 그가 대답하되 내 아들아 내가 부르지 아니하였으니 다시 누우라 하니라 사무엘이 아직 여호와를 알지 못하고 여호와의 말씀도 아직 그에게 나타나지 아니한 때라 여호와께서 세 번째 사무엘을 부르시는지라 그가 일어나서 엘리에게로 가서 이르되 당신이 나를 부르셨기로 내가 여기 있나이다 하니 엘리가 여호와께서 이 아이를 부르신 줄을 깨닫고 엘리가 사무엘에게 이르되 가서 누웠다가 그가 너를 부르시거든 네가 말하기를 여호와여 말씀하옵소서 주의 종이 듣겠나이다 하라 하니 이에 사무엘이 가서 자기 처소에 누우니라 여호와께서 임하여 서서 전과 같이 사무엘아 사무엘아 부르시는지라 사무엘이 이르되 말씀하옵소서 주의 종이 듣겠나이다 하니 여호와께서 사무엘에게 이르시되 보라 내가 이스라엘 중에 한 일을 행하리니 그것을 듣는 자마다 두 귀가 울리리라 내가 엘리의 집에 대하여 말한 것을 처음부터 끝까지 그날에 그에게 다 이루리라 내가 그의 집을 영원토록 심판하겠다고 그에게 말한 것은 그가 아는 죄악 때문이니 이는 그가 자기의 아들들이 저주를 자청하되 금하지 아니하였음이니라 그러므로 내가 엘리의 집에 대하여 맹세하기를 엘리 집의 죄악은 제물이나 예물로나 영영히 속죄함을 받지 못하리라 하였노라"(삼상 3:1-14).

이사야, 예레미야, 에스겔 등 모든 선지자들이 하나님으로부터 말씀을 받았다.

(2) 환상을 통해서 하나님의 말씀을 들었고 받았다(사 2:1; 겔 8:1-3, 37, 40-48장; 미 4:1-4).

3) 예언자들은 어떻게 소명을 받았는가?

제사장의 직분은 아론의 자손에게 계승되었지만 선지자들은 하나님이 필요하실 때 하나님이 직접 어떤 사람을 불러 쓰셨다. 선지자의 직분은 계승되지 않았고 나이 성별에 차별이 없었다.

아모스는 뽕나무를 배양하며 양 떼를 치다가 하나님 앞에 선지자로 부름을 받았다.

"아모스가 아마샤에게 대답하여 이르되 나는 선지자가 아니며 선지자의 아들도 아니라 나는 목자요 뽕나무를 재배하는 자로서 양 떼를 따를 때에 여호와께서 나를 데려다가 내게 이르시기를 가서 내 백성 이스라엘에게 예언하라 하셨나니"(암 7:14-15).

이사야는 성전에서 기도하는 중 선지자로 부름을 받았다(사 6:1-).

4) 이사야서의 배경

이사야서는 시간적으로 현재에서 미래, 예수님의 초림과 예수님의 재림으로 이루어질 영원 천국을 다 포함하고 공간적으로 유다와 이스라엘 앗수르, 바벨론, 바사와 전 세계를 다 품는다.

이사야서는 웃시야 왕이 죽던 해(BC 739)로부터, 요담, 아하스, 히스기야, 므낫세 왕이 통치하던 시대를 배경으로 한다. 북왕국 이스라엘은 앗수르 왕국에 의해 주전 722년에 멸망하였고, 유다 왕국은 번성하였지만, 유다 백성은 오히려 하나님을 멀리하고 우상숭배에 빠졌다. 그리하여 하나님의 징계가 유다에 임하게 되고 이런 백성을 향해 이사야 선지자는 하나님께 돌아오기를 교훈한다.

☙ 이사야 1장: 회개하고 하나님께 돌아오라

하나님께 징계를 받아 어려운 중에도 회개하고 하나님께 돌아오지 않는 이스라엘 백성을 하나님이 간절한 음성으로 돌아오라고 부르신다. 그들은 하나님께 제사만 드리면 자신들이 할 모든 일을 했다고 생각하지만 이런 제사를 하나님이 원치 않으시며 하나님은 그들에게 선행을 배우며 공의를 구하며 학대받는 자를 도와주며 고아를 위하여 신원하며 과부를 위하여 변호하라고 말씀하신다.

"슬프다 범죄한 나라요 허물 진 백성이요 행악의 종자요 행위가 부패한 자식이로다 그들이 여호와를 버리며 이스라엘의 거룩하신 이를 만홀히 여겨 멀리하고 물러갔도다 너희가 어찌하여 매를 더 맞으려고 패역을 거듭하느냐 온 머리는 병들었고 온 마음은 피곤하였으며 발바닥에서 머리까지 성한 곳이 없이 상한 것과 터진 것과 새로 맞은 흔적뿐이거늘 그것을 짜며 싸매며 기름으로 부드럽게 함을 받지 못하였도다 너희의 땅은 황폐하였고 너희의 성읍들은 불에 탔고 너희의 토지는 너희 목전에서 이방인에게 삼켜졌으며 이방인에게 파괴됨같이 황폐하였고 딸 시온은 포도원의 망대같이, 참외밭의 원두막같이, 에워싸인 성읍같이 겨우 남았도다 만군의 여호와께서 우리를 위하여 생존자를 조금 남겨 두지 아니하셨더면 우리가 소돔 같고 고모라 같았으리로다 너희 소돔의 관원들아 여호와의 말씀을 들을지어다 너희 고모라의 백성아 우리 하나님의 법에 귀를 기울일지어다 여호와께서 말씀하시되 너희의 무수한 제물이 내게 무엇이 유익하뇨 나는 숫양의 번제와 살진 짐승의 기름에 배불렀고 나는 수송아지나 어린 양이나 숫염소의 피를 기뻐하지 아니하노라 너희가 내 앞에 보이러 오니 이것을 누가 너희에게 요구하였느냐 내 마당만 밟을 뿐이니라 헛된 제물을 다시 가져오지 말라 분향은 내가 가증히 여기는 바요 월삭과 안식일과 대회로 모이는 것도 그러하니 성회와 아울러 악을 행하는 것을 내가 견디지 못하겠노라 내 마음이 너희의 월삭과 정한 절기를 싫어하나니 그것이 내게 무거운 짐이라 내가 지기에 곤비하였느니라 너희가 손을 펼 때에 내가 내 눈을 너희에게서 가리고 너희가 많이 기도할지라도 내가 듣지 아니하리니 이는 너희의 손에 피가 가득함이라 너희는 스스로 씻으며 스스로 깨끗하게 하여 내 목전에서 너희 악한 행실을 버리며 행악을 그치고 선행을 배우며 정의를 구하며 학대 받는 자를 도와 주며 고아를 위하여 신원하며 과부를 위하여 변호하라 하셨느니라"(사 1:4-17).

예배만 잘 드리고 십일조만 잘 바치면 자신의 믿음이 큰 것으로 착각하는 사람들이 있다. 예배가 귀한 만큼 성도가 이 땅에서 성도로 바른 생활을 해야 한다. 성도여, 하나님이 내 제사를 가인의 제사와 같이 받지 아니하실까 두려워해야 한다. 하나님은 아벨과 제물은 받으셨고, 가인과 그 제물은 거절하셨다.

하나님이 가인의 제물을 거절하신 것은 그가 악을 행하였기 때문이다. 가인의 제사에서 제물이 문제 된 것이 아니다. 가인의 제사 문제는 가인 자신이었다. 하나님이 원하시는 제사는 '가인과 제물'이었다. 하나님이 요구하신 제사는 "가인의 의로움과 가인의 제물"이었다. 그러나 가인은 선을 행치 아니하여 죄가 문에 엎드리게 한 사람이었다. 그래서 하나님은 가인의 제사를 물리치셨다.

"가인과 그의 제물은 받지 아니하신지라 가인이 몹시 분하여 안색이 변하니 여호와께서 가인에게 이르시되 네가 분하여 함은 어찌 됨이며 안색이 변함은 어찌 됨이냐 네가 선을 행하면 어찌 낯을 들지 못하겠느냐 선을 행하지 아니하면 죄가 문에 엎드려 있느니라 죄가 너를 원하나 너는 죄를 다스릴지니라"(창 4:5-7).

이사야 2-12장
이사야 2장부터 12장까지 마지막 날에 연관된 예루살렘과 이스라엘의 영광, 이스라엘 백성들을 향한 죄의 심판, 심판 중에 남은 자들의 구원, 이러한 말씀 중 이사야의 소명과 메시아 예언, 임마누엘의 평강이 예언된다.

이사야서 2장부터 12장까지를 한데 묶은 것은 이 모든 기사가 마지막 날과 연관되어 있기 때문이다.

🕊 이사야 2장: 마지막 날에 유다와 예루살렘에 일어날 일들

이사야는 마지막 날에 유다와 예루살렘에 일어날 일들을 예언한다. 여기서 마지막 날은 예수 그리스도의 초림과 재림의 날을 다 포함한다. 예수 그리스도가 탄생하고 그리스도로 인한 구원이 이루어질 때 주님의 교회와 복음은 여호와의 전의 산이 된다. 그리스도의 복음은 산 위에 세워진 교회가 되어 모든 어려움을 이기고 다른 종교와 철학과 지식을 뛰어넘어 모든 작은 산들 위에 높게 서게 되고 많은 이방인이 구원되어 여호와의 전으로 모여들게 될 것을 예언한다.

"말일에 여호와의 전의 산이 모든 산꼭대기에 굳게 설 것이요 모든 작은 산 위에 뛰어나리니 만방이 그리로 모여들 것이라 많은 백성이 가며 이르기를 오라 우리가 여호와의 산에 오르며 야곱의 하나님의 전에 이르자 그가 그의 길을 우리에게 가르치실 것이라 우리가 그 길로 행하리라 하리니 이는 율법이 시온에서부터 나올 것이요 여호와의 말씀이 예루살렘에서부터 나올 것임이니라"(사 2:2-3).

예수 그리스도 안에 있는 영생의 복음은 주님이 예루살렘에서 십자가에 죽으시고 부활하시고 승천하시고, 보혜사 성령님이 강림하심으로 오순절에 예루살렘에서 교회가 탄생하게 되고, 그리고 믿음 안에 있는 구원과 믿음 밖의 심판이 시작될 것을 예언한 것이다.

"그가 열방 사이에 판단하시며 많은 백성을 판결하시리니 무리가 그들의 칼을 쳐서 보습을 만들고 그들의 창을 쳐서 낫을 만들 것이며 이 나라와 저 나라가 다시는 칼을 들고 서로 치지 아니하며 다시는 전쟁을 연습하지 아니하리라"(사 2:4).

마지막 날, 곧 예수 그리스도가 재림하시어 이 땅에 천국을 이루게 될 때 세계는 전쟁이 다시는 없는 평강의 왕국이 이루어질 것을 예언한다. 주님 재림하시어 새 하늘과 새 땅이 이루어질 때 이사야 11장의 광경이 벌어진다.

"그때에 이리가 어린 양과 함께 살며 표범이 어린 염소와 함께 누우며 송아지와 어린 사자와 살진 짐승이 함께 있어 어린아이에게 끌리며 암 소와 곰이 함께 먹으며 그것들의 새끼가 함께 엎드리며 사자가 소처럼 풀을 먹을 것이며 젖 먹는 아이가 독사의 구멍에서 장난하며 젖 뗀 어 린아이가 독사의 굴에 손을 넣을 것이라 내 거룩한 산 모든 곳에서 해 됨도 없고 상함도 없을 것이니 이는 물이 바다를 덮음같이 여호와를 아 는 지식이 세상에 충만할 것임이니라"(사 11:6-9).

'말일'은 '주의 날', '여호와의 날'로 주의 날은 성도에게는 구원의 날이 지만 주님 밖에 있는 사람들에게는 심판의 날이 된다(13:6-13; 암 5:18-20; 계 19:11-15).

❧ 이사야 3장: 유다와 예루살렘의 죄들

하나님이 유다와 예루살렘의 죄를 꾸짖으신다.

"예루살렘이 멸망하였고 유다가 엎드러졌음은 그들의 언어와 행위가 여호와를 거스려서 그 영광의 눈을 촉범하였음이라 그들의 안색이 스 스로 증거하며 그 죄를 발표하고 숨기지 아니함이 소돔과 같으니 그들 의 영혼에 화가 있을진저 그들이 재앙을 자취하였도다"(사 3:8-9).

유다와 예루살렘의 죄는 하나님의 눈을 거슬러 소돔에 비유할 수 있 는 죄다. 그들은 가난한 자들을 핍박하였고 부녀자들은 사치에 사치를 더하였다. 하나님은 이들에게 심판을 내리셔서 그들이 의지하던 양식과 물을 끊으셔서 그들이 황무해진 시온에서 곡하게 된다고 말씀하신다.

❧ 이사야 4장: 장정과 용사들의 죽음

하나님이 범죄한 예루살렘에 내린 형벌로 장정과 용사들을 전쟁에서 다 죽게 하셨다. 그래서 살아남은 한 남자를 여러 명의 여자들이 붙잡고 남편 되기를 구하게 되었다.

하나님은 이렇게 죄를 심판하셨지만 경건한 자들을 남겨두셨고, 이 남은 자들을 통해 하나님의 구원을 이루신다. 그들은 불과 구름으로 보호받고 영광의 장막 안에서 추위와 더위를 피하게 된다.

"시온에 남아 있는 자, 예루살렘에 머물러 있는 자 곧 예루살렘 안에 생존한 자 중 기록된 모든 사람은 거룩하다 칭함을 얻으리니 이는 주께서 심판하는 영과 소멸하는 영으로 시온의 딸들의 더러움을 씻기시며 예루살렘의 피를 그중에서 청결하게 하실 때가 됨이라 여호와께서 거하시는 온 시온산과 모든 집회 위에 낮이면 구름과 연기, 밤이면 화염의 빛을 만드시고 그 모든 영광 위에 덮개를 두시며 또 초막이 있어서 낮에는 더위를 피하는 그늘을 지으며 또 풍우를 피하여 숨는 곳이 되리라"(사 4:3-6).

여기서 장막은 이 땅의 교회를 예표하는 말이고, 남은 자의 소망은 심판 중에도 가져야 하는 메시아 소망을 예표한다. 이 땅의 교회는 남은 자들(성도)이 구름기둥, 불기둥으로 보호받던 광야의 이스라엘 백성같이 성령과 말씀으로 보호받는 장막이다. 성도는 이 장막 밖으로 나가서는 안 된다.

❧ 이사야 5장: 하나님의 심판, 마지막 심판

유다 백성이 범한 죄와 무서운 하나님의 심판이 예고된다. 하나님은 심히 기름진 산에 아름다운 포도원을 만들고 극상품 포도를 원하셨지만, 이스라엘 백성이 맺은 포도는 들포도였다. 그들이 맺은 들포도는 공평이 아닌 포학, 그래서 원망으로 부르짖는 부르짖음, 집에 집을 더하며 땅 가운데 홀로 살려는 끊임없는 욕심, 새벽부터 밤중까지 포도주에 취해 사는 생활, 거짓으로 죄악을 더하는 죄, 악을 선하다 하고 선을 악하다 하는 흑암의 생활이었다.

하나님은 먼 외국에서 군대를 불러와 그들에게 무서운 심판을 하신다. 결국 유다와 예루살렘은 바벨론의 군대에 짓밟혔고 그들에게 포로가 되어 바벨론으로 끌려간다.

그래도 만군의 여호와는 공평하므로 높임을 받게 된다. 죄에 대한 심판이 하나님의 공의로 모든 사람은 다 하나님 앞에 마지막 심판을 받아야 한다.

"이는 우리가 다 반드시 그리스도의 심판대 앞에 나타나게 되어 각각 선악 간에 그 몸으로 행한 것을 따라 받으려 함이라"(고후 5:10).

"어떤 사람들의 죄는 밝히 드러나 먼저 심판에 나아가고 어떤 사람들의 죄는 그 뒤를 따르나니"(딤전 5:24).

"한번 죽는 것은 사람에게 정해진 것이요 그 후에는 심판이 있으리니" (히 9:27).

성도는 지옥 심판은 받지 않지만 공력 심판을 다 받는다. 정신 차리고 성령께 순종하며 살아야 한다.

"내게 주신 하나님의 은혜를 따라 내가 지혜로운 건축자와 같이 터를 닦아 두매 다른 이가 그 위에 세우나 그러나 각각 어떻게 그 위에 세울까를 조심할지니라 이 닦아 둔 것 외에 능히 다른 터를 닦아 둘 자가 없으니 이 터는 곧 예수 그리스도라 만일 누구든지 금이나 은이나 보석이나 나무나 풀이나 짚으로 이 터 위에 세우면 각 사람의 공적이 나타날 터인데 그날이 공적을 밝히리니 이는 불로 나타내고 그 불이 각 사람의 공적이 어떠한 것을 시험할 것임이라 만일 누구든지 그 위에 세운 공적이 그대로 있으면 상을 받고 누구든지 그 공적이 불타면 해를 받으리니 그러나 자신은 구원을 받되 불 가운데서 받은 것 같으리라 너희는 너희가 하나님의 성전인 것과 하나님의 성령이 너희 안에 계시는 것을 알지 못하느냐 누구든지 하나님의 성전을 더럽히면 하나님이 그 사람을 멸하시리라 하나님의 성전은 거룩하니 너희도 그러하니라"(고전 3:10-17).

성도는 정신 차리고 불타버릴 세상의 것들을 하나님처럼 섬기며 살아가면 안 된다.

☙ 이사야 6장: 이사야의 소명

이사야가 성전에서 기도하다가 환상 가운데, 높이 들린 보좌에 스랍들이 모시고 서 있는 하나님의 부름을 받는다. 이사야는 하나님의 영광 앞에 자신의 죄와 부정을 보고 자신이 죽게 되었다고 생각한다. 하나님은 이런 이사야의 입술에 스랍을 통해 제단의 숯불을 대심으로 이사야의 죄악을 사해 주신다.

이사야는 "내가 누구를 보내며 누가 우리를 위하여 갈꼬" 말씀하시는 하나님께 "내가 여기 있나이다. 나를 보내소서" 하고 응답한다. 하나님은 이사야에게 말씀을 주신다.

"이 백성의 마음을 둔하게 하며 그들의 귀가 막히고 그들의 눈이 감기게 하라 염려하건대 그들이 눈으로 보고 귀로 듣고 마음으로 깨닫고 다시 돌아와 고침을 받을까 하노라"(사 6:10).
"그중에 십분의 일이 아직 남아 있을지라도 이것도 황폐하게 될 것이나 밤나무와 상수리나무가 베임을 당하여도 그 그루터기는 남아 있는 것같이 거룩한 씨가 이 땅의 그루터기니라 하시더라"(사 6:13).

환상은 하나님이 자신을 계시하시는 한 방법으로 계시를 받는 자가 의식을 가진 채 하나님이 보여주시는 특별한 광경과 소리를 듣는 상태다.

하나님이 자신을 '우리'라고 복수로 말씀하신 것은 삼위일체 하나님을 가르쳐 준다.

하나님이 이사야에게 "백성의 마음으로 둔하게 하며 그 귀가 막히고 눈이 감기게 하라 염려컨대 그들이 눈으로 보고 귀로 듣고 마음으로 깨닫고 다시 돌아와서 고침을 받을까 하노라" 말씀하신 것은 유다 백성들에게 내릴 심판이 확정되었음을 뜻한다.

성도는 회개해야 할 때 회개해야 한다. 하나님이 심판의 채찍을 드시면 돌이킬 수가 없다.

하나님은 유다 백성에게 무서운 심판을 하시지만 밤나무, 상수리나무가 베임을 받아도 그루터기가 남아 있고 이 그루터기에서 새싹이 돋고 움이 나와 다시 큰 나무가 되는 것같이 이스라엘의 구원은 계속될 것을 말씀하신다. 이 그루터기가 바벨론 포로 중 70년 만에 해방되어 예루살렘으로 돌아올 백성들이고, 이 백성의 후손 중 이새의 줄기에서 한 싹으로 다윗이 나고, 이 다윗의 후손으로 오시는 메시아, 그리스도를 가리킨다(사 11:1).

하나님의 구원 섭리는 어떤 경우에도 끊어지지 않는다. 선한 일을 시작하신 하나님이 선한 일, 구원을 마침내 완성하신다.

"너희 속에 착한 일을 시작하신 이가 그리스도 예수의 날까지 이루실 줄을 우리는 확신하노라"(빌 1:6).

이사야 7-12장

이사야 7장부터 12장까지에는 여러 가지 역사적 사건 속에 메시아 예언이 나온다.

✝ 이사야 7장: 북왕국과 아람 연합군의 침공을 받은 아하스, 임마누엘의 징조

유다 왕 아하스는 아람 왕과 북왕국 이스라엘의 침공을 받았다(대하 28:5-6). 아하스는 아람과 북왕국이 동맹한 소식을 듣고 크게 두려워한다. 하나님은 이런 때 이사야 선지자를 통해 이렇게 말한다.

"그에게 이르기를 너는 삼가며 조용하라 르신과 아람과 르말리야의 아들이 심히 노할지라도 이들은 연기 나는 두 부지깽이 그루터기에 불과하니 두려워하지 말며 낙심하지 말라 아람과 에브라임과 르말리야의 아들이 악한 꾀로 너를 대적하여 이르기를 우리가 올라가 유다를 쳐서 그것을 쓰러뜨리고 우리를 위하여 그것을 무너뜨리고 다브엘의 아들을 그중에 세워 왕으로 삼자 하였으나 주 여호와의 말씀이 그 일은 서지 못하며 이루어지지 못하리라 대저 아람의 머리는 다메섹이요 다메섹의 머리는 르신이며 육십오 년 내에 에브라임이 패망하여 다시는 나라를 이루지 못할 것이며 에브라임의 머리는 사마리아요 사마리아의 머리는 르말리야의 아들이니라 만일 너희가 굳게 믿지 아니하면 너희는 굳게 서지 못하리라 하시니라"(사 7:4-8).

이 말씀에서 에브라임은 북왕국 이스라엘을 가리킨다.

이 말씀에서 '육십오 년 내'는 아모스의 예언(암 3:11)한 때부터 계산한 연수로, 요담 16년(왕하 15:33), 아하스 16년(왕하 16:2), 히스기야 16년, 웃시야 27년을 합한 연수다.

하나님은 두려워하는 아하스를 위로하고자 이사야를 보내, 아람과 북왕국의 침략이 두 부지깽이의 그루터기니 두려워 말라고 말씀하신다. 그리고 하나님이 주신 이 말씀을 굳게 믿어야 한다고 말씀하신다.

"만일 너희가 굳게 믿지 아니하면 너희는 굳게 서지 못하리라."

그리고 이사야는 아하스에게 하나님에게 징조를 구하라고 하지만 아하스는 "나는 구하지 아니하겠나이다. 나는 여호와를 시험치 아니하겠나이다"라고 말한다.

하나님은 이렇게 말씀하신다.

"그러므로 주께서 친히 징조로 너희에게 주실 것이라 보라 처녀가 잉태하여 아들을 낳을 것이요 그의 이름을 임마누엘이라 하리라"(사 7:14).

그리고 앞으로 이루게 될 유다 백성의 멸망을 말한다.

이사야의 예언은 이렇게 메시아 예언과 이스라엘 백성의 멸망의 예언이 함께 나온다.

그리스도의 동정녀 탄생, 그리스도로 말미암은 임마누엘의 예언은 구원의 핵심적인 것이다. 하나님이신 예수님이 그리스도로 이 땅에 오심으로 '임마누엘', 하나님이 우리와 함께 계시게 되고 하나님과 끊어졌던 우리가 하나님과 함께 있게 된다. '임마누엘'이 구원이다.

복음서에는 임마누엘 그리스도의 탄생을 이렇게 말씀한다.

"예수 그리스도의 나심은 이러하니라 그의 어머니 마리아가 요셉과 약혼하고 동거하기 전에 성령으로 잉태된 것이 나타났더니 그의 남편 요셉은 의로운 사람이라 그를 드러내지 아니하고 가만히 끊고자 하여 이 일을 생각할 때에 주의 사자가 현몽하여 이르되 다윗의 자손 요셉아 네 아내 마리아 데려오기를 무서워하지 말라 그에게 잉태된 자는 성령으로 된 것이라 아들을 낳으리니 이름을 예수라 하라 이는 그가 자기 백성을 그들의 죄에서 구원할 자이심이라 하니라 이 모든 일이 된 것은 주께서 선지자로 하신 말씀을 이루려 하심이니 이르시되 보라 처녀가 잉태하여 아들을 낳을 것이요 그의 이름은 임마누엘이라 하리라 하셨으니 이를 번역한즉 하나님이 우리와 함께 계시다 함이라"(마 1:18-23).

요한복음에서 임마누엘 하나님을 이렇게 말한다.

"태초에 말씀이 계시니라 이 말씀이 하나님과 함께 계셨으니 이 말씀은 곧 하나님이시니라 그가 태초에 하나님과 함께 계셨고 만물이 그로 말미암아 지은 바 되었으니 지은 것이 하나도 그가 없이는 된 것이 없느니라"(요 1:1-3).

'말씀'은 예수님이시고 예수님은 하나님과 함께 계신 '진리'(λόγος)인 예수님은 하나님이다. 진리(말씀)로 삼위일체 하나님과 함께 계셨던 그리스도가, 이 땅에 사람으로 오심으로 임마누엘이 되었다. '말씀이 육신이 되신 것'이 임마누엘이다.

"그가 세상에 계셨으며 세상은 그로 말미암아 지은 바 되었으되 세상이 그를 알지 못하였고 자기 땅에 오매 자기 백성이 영접하지 아니하였으나 영접하는 자 곧 그 이름을 믿는 자들에게는 하나님의 자녀가 되는 권세를 주셨으니 이는 혈통으로나 육정으로나 사람의 뜻으로 나지 아니하고 오직 하나님께로부터 난 자들이니라 말씀이 육신이 되어 우리 가운데 거하시매 우리가 그의 영광을 보니 아버지의 독생자의 영광이요 은혜와 진리가 충만하더라"(요 1:10-14).

하나님은 아하스 왕에게 아람과 북왕국의 침략을 두려워하지 말라고 말씀하시며 이 말을 굳게 믿으라고 말씀하지만 아하스는 믿지 않았다.

하나님의 말씀은 믿어야 굳게 서게 된다. 그리스도를 믿음으로 받는 임마누엘(하나님이 우리와 함께 계신다)의 구원의 예언은 그리스도가 오시기 전 주전 720여 년(아하스와 이사야 활동기)에 시작되었다.

믿음은 그 약속의 성취보다 항상 앞선다. 동정녀에게서 그리스도가 오실 예언은 그리스도가 오시기 720여 년 전이다. 이 말씀은 믿어야 굳게 서게 된다. 그리스도의 재림과 심판, 영원, 천국의 말씀도 먼저 믿어야 굳게 서게 된다.

내 지식과 이성으로는 먼 훗날 이루어질 하나님의 약속을 받지 못한다. 그래서 우리는 먼저 하나님의 말씀(약속, 복음)을 '아멘' 하고 믿어야(받아들여야) 굳게 설 수 있다.

아하스는 하나님의 말씀을 믿지 못하고 성전의 금을 다 앗수르 왕에게 뇌물로 바친다.

☙ 이사야 8장: 북왕국 멸망 예언, 남왕국의 경건한 자를 보호하시는 하나님

이사야 선지자는 북왕국 이스라엘(사마리아)과 아람(다메섹)이 앗수르에게 속히 멸망할 것이며 앗수르의 무서운 세력이 유다까지 위협하지만 임마누엘 하나님이 유다의 경건한 백성들, 하나님을 두려워하는 백성들을 보호해 주실 것을 말한다.

유다 백성도, 성도도 이 땅에서 진정으로 두려워해야 할 것은 하나님이다.

하나님은 이사야의 둘째 아들 이름을 '마할살랄하스바스'라고 짓게 한다. 마할살랄하스바스의 뜻은 '노략이 속히 임한다'는 뜻으로 아람과 북왕국 이스라엘이 앗수르에게 속히 멸망할 것을 뜻한다.

선지자는 그 아들의 이름까지 하나님이 계시로 사용하신다. 사역자는 가정까지 온전한 번제물로 하나님께 바쳐져야 한다.

☙ 이사야 9장: 큰 빛, 기묘자, 모사, 전능하신 하나님, 영존하시는 아버지, 평강의 왕으로 오실 메시아

이사야 선지자는 큰 빛으로, 기묘자로, 모사로, 전능하신 하나님으로, 영존하시는 아버지로, 평강의 왕으로 오실 메시아 예언과 완악한 이스라엘이 멸망할 것을 예언한다.

"흑암에 행하던 백성이 큰 빛을 보고 사망의 그늘진 땅에 거하던 자에

게 빛이 비취도다"(사 9:2).

"이는 한 아기가 우리에게 났고 한 아들을 우리에게 주신 바 되었는데 그 어깨에는 정사를 메었고 그 이름은 기묘자라, 모사라, 전능하신 하나님이라, 영존하시는 아버지라, 평강의 왕이라 할 것임이라 그 정사와 평강의 더함이 무궁하며 또 다윗의 왕좌와 그의 나라에 군림하여 그 나라를 굳게 세우고 지금 이후로 영원히 정의와 공의로 그것을 보존하실 것이라 만군의 여호와의 열심이 이를 이루시리라"(사 9:6-7).

메시아, 그리스도를 큰 빛으로, 기묘자라, 모사라, 전능하신 하나님이라, 영존하시는 아버지라, 평강의 왕으로 말한다.

이 말씀에서 메시아 예수님이 빛으로, 전능하신 하나님이요 영존하시는 아버지라고 말하고 있고, 이것은 예수님이 하나님임을 말해주고, 예수님이 가지신 신성을 말해준다.

예수님은 인간과 하나님 사이를 화목하게 하시는 중보자로 오시기 위해, 성령으로 잉태하신 하나님(신성)으로, 사람의 죄를 대신하기 위해 동정녀의 몸을 빌려 사람(인성)으로 오셨다.

기독론에서 예수님의 인성은 문제가 되지 않지만 예수님이 하나님이라는, 예수님의 신성은 많은 현대 신학자들에 의해 반론을 가져왔다. 그러나 예수님 오시기 720여 년 전에 이미 하나님은 이사야를 통해 예수님이 하나님으로 이 땅에 오실 것을 말하고 있다.

요한복음에서 예수님의 성육신(하나님이 사람이 되심)의 사건을 이렇게 말한다.

"그 안에 생명이 있었으니 이 생명은 사람들의 빛이라 빛이 어둠에 비치되 어둠이 깨닫지 못하더라 하나님께로부터 보내심을 받은 사람이 있으니 그의 이름은 요한이라 그가 증언하러 왔으니 곧 빛에 대하여 증언하고 모든 사람이 자기로 말미암아 믿게 하려 함이라 그는 이 빛이 아니요 이 빛에 대하여 증언하러 온 자라 참 빛 곧 세상에 와서 각 사람에게 비추는 빛이 있었나니 그가 세상에 계셨으며 세상은 그로 말미암아 지은 바 되었으되 세상이 그를 알지 못하였고 자기 땅에 오매 자기 백성이 영접하지 아니하였으나 영접하는 자 곧 그 이름을 믿는 자들에게는 하나님의 자녀가 되는 권세를 주셨으니 이는 혈통으로나 육정으로나 사람의 뜻으로 나지 아니하고 오직 하나님께로부터 난 자들이니라 말씀이 육신이 되어 우리 가운데 거하시매 우리가 그의 영광을 보니 아버지의 독생자의 영광이요 은혜와 진리가 충만하더라"(요 1:4-14).

이사야서에서 오실 메시아 예수님을 빛으로, 요한일서에서 하나님을 빛으로 말한다.

"우리가 그에게서 듣고 너희에게 전하는 소식은 이것이니 곧 하나님은 빛이시라 그에게는 어둠이 조금도 없으시다는 것이니라"(요일 1:5).

메시아 예수님의 신성에 대한 바른 이해를 위해 아래의 이론을 잘 알아야 한다.

1) 예수의 신성을 부인하는 주장들: 에비온파(Ebionistes), 단일신론파, 아리우스파(Arian)가 초대교회에서 이 입장을 가졌고 종교개혁 시대에는 소시니안파(Socinian)가, 현대에는 슐라이어마허(Schleiermacher)와 리츨(Ritschl) 등 신신학자들이 이 입장을 취하였다.
2) 성경은 명백하게 성자의 신성을 주장한다(요 1:1, 20:28; 롬 9:5; 빌 2:6; 딛 2:13; 요일 5:20).
3) 성경은 신적 명칭들을 성자에게 돌리고 있다(사 9:6, 40:3; 렘 23:5-6; 딤전 3:16; 욜 2:32).
4) 성경은 신적 속성을 그리스도에게 돌리고 있다.
영원하신 그리스도: 사 9:6; 요 1:1-2; 계 1:8, 22:13
편재하신 그리스도: 마 18:20, 28:20; 요 3:13

전지하신 그리스도: 요 2:24-25, 21:17; 계 2:23

전능하신 그리스도: 사 9:6; 빌 3:21; 계 1:8

불변하신 그리스도: 히 1:10-12, 13:8

성부의 모든 속성을 가진 그리스도: 골 2:9

5) 성경은 그리스도가 신적 사역 행함을 분명히 한다.

창조(요 1:3, 10; 골 1:16; 히 1:2, 10)

섭리(눅 10:22; 요 3:35, 17:2; 엡 1:22; 골 1:17; 히 1:3)

사죄(마 9:2-7; 막 2:7-10; 골 3:13)

부활 심판(마 25:31-32; 요 5:19-29; 행 10:42, 17:31; 빌 3:21; 계 21:5)

6) 성경은 신적 존귀를 그리스도에게 돌리고 있다(요 5:22-23, 14:1; 고전 15:18; 고후 13:13; 히 1:6; 마 28:19).

이사야 9장에 예언된 메시아 왕국은 예수님이 다윗의 후손으로 나실 초림의 예언이지만 메시아가 오심으로 이 땅에 이루어질 사건들은 예수님 재림하실 때 실현될 사건들이다.

이렇게 보면 이사야 9장은 아하스 왕 때의 유다와 이스라엘, 예수님 초림하실 때의 유다 왕국, 그리고 예수님 재림하실 때 이루어질 아주 먼 미래까지를 다 포함한다.

"주께서 이 나라를 창성케 하시며 그 즐거움을 더하게 하셨으므로 추수하는 즐거움과 탈취물을 나누는 때의 즐거움같이 그들이 주의 앞에서 즐거워하오니 이는 그들의 무겁게 멘 멍에와 그 어깨의 채찍과 그 압제자의 막대기를 꺾으시되 미디안의 날과 같이 하셨음이니이다 어지러이 싸우는 군인의 갑옷과 피 묻은 복장이 불에 섶같이 살라지리니"(사 9:3-5).

예수님이 베들레헴에서 태어날 때 이스라엘은 로마의 압제하에 신음하던 때로, 이 말씀은 예수님 재림하실 때 이루어질 사건이다.

이사야 선지자는 아람과 하나님의 진노 속에도 하나님께 돌아오지 않는 이스라엘의 멸망을 말씀하신다.

☞ 이사야 10장: 앗수르를 심판의 도구로 쓰시는 하나님

하나님은 우상에게 돌아간 북왕국 이스라엘과 남왕국 유다의 죄를 심판하시는 도구로 앗수르를 사용하셨다. 그러나 앗수르는 도끼가 도끼를 든 자를 멸시하는 것같이 교만하여서 앗수르도 멸망할 것을 예언한다.

유다 백성 중 멸망 중에도 여호와께 돌아오는 남은 자들을 하나님이 보호해 주실 것이다.

☞ 이사야 11-12장: 이새의 줄기에서 탄생할 메시아

베들레헴 에브랏 사람인 이새(다윗의 아버지, 룻 4:22)의 줄기에서 난 싹이 결실하여 다윗이 탄생하고, 메시아는 다윗을 통해 나온다.

"이새의 줄기에서 한 싹이 나며 그 뿌리에서 한 가지가 나서 결실할 것이요 그의 위에 여호와의 영 곧 지혜와 총명의 영이요 모략과 재능의 영이요 지식과 여호와를 경외하는 영이 강림하시리니 그가 여호와를 경외함으로 즐거움을 삼을 것이며 그의 눈에 보이는 대로 심판하지 아니하며 그의 귀에 들리는 대로 판단하지 아니하며 공의로 가난한 자를 심판하며 정직으로 세상의 겸손한 자를 판단할 것이며 그의 입의 막대기로 세상을 치며 그의 입술의 기운으로 악인을 죽일 것이며 공의로 그의 허리띠를 삼으며 성실로 그의 몸의 띠를 삼으리라 그때에 이리가 어린 양과 함께 살며 표범이 어린 염소와 함께 누우며 송아지와 어린 사자와 살진 짐승이 함께 있어 어린아이에게 끌리며 암소와 곰이 함께 먹으며 그것들의 새끼가 함께 엎드리며 사자가 소처럼 풀을 먹을 것이며 젖 먹는 아이가 독사의 구멍에서 장난하며 젖 뗀 어린아이가 독사의 굴에 손을 넣을 것이라 내 거룩한 산 모든 곳에서 해 됨도 없고 상함도 없을 것이니 이는 물이 바다를 덮음같이 여호와를 아는 지식이 세상에 충만할 것임이니라 그날에 이새의 뿌리에서 한 싹이 나서 만민의 기치로 설 것이요 열방이 그에게로 돌아오리니 그가 거한 곳이 영화로우리라"(사 11:1-10).

이 말씀은 ① 메시아의 초림과 ② 다윗의 출생과 ③ 메시아의 재림 때의 사건이 다 포함된다.

"그때에 이리가 어린 양과 함께 살며 표범이 어린 염소와 함께 누우며 송아지와 어린 사자와 살진 짐승이 함께 있어 어린아이에게 끌리며 암소와 곰이 함께 먹으며 그것들의 새끼가 함께 엎드리며 사자가 소처럼 풀을 먹을 것이며 젖 먹는 아이가 독사의 구멍에서 장난하며 젖 뗀 어린아이가 독사의 굴에 손을 넣을 것이라 내 거룩한 산 모든 곳에서 해됨도 없고 상함도 없을 것이니 이는 물이 바다를 덮음같이 여호와를 아는 지식이 세상에 충만할 것임이니라"(사 11:6-9).

이 말씀은 메시아가 재림하시고 영원 천국이 이루어질 때의 사건이다.

이사야 13-24장
이 여러 장에서 이스라엘 주변 국가들에 대한 하나님의 심판이 예언된다.

❧ 이사야 13-14장: 바벨론의 멸망, 유다 백성의 해방, 여호와의 날, 심판의 날

먼저, 이스라엘 백성은 바벨론에서 해방되어 먼 나라로부터 돌아온다. 그리고 바벨론의 멸망이 예언된다.

이 말씀은 아직 유다가 바벨론에 멸망하기 전, 유다 백성이 바벨론에 포로로 잡혀가기 전에 이사야가 메대 사람, 곧 파사(페르시아)를 통해 바벨론이 멸망하고 유다 백성이 바벨론에서 해방될 것을 예언하다.

바벨론이 멸망되는 날이 여호와의 날로, 이날은 말세에 주님이 재림하서서 심판하실 날을 예표한다.

"여호와의 날 곧 잔혹히 분냄과 맹렬히 노하는 날이 임하여 땅을 황폐하게 하며 그중에서 죄인들을 멸하리니 하늘의 별들과 별 무리가 그 빛을 내지 아니하며 해가 돋아도 어두우며 달이 그 빛을 비추지 아니할 것이로다 내가 세상의 악과 악인의 죄를 벌하며 교만한 자의 오만을 끊으며 강포한 자의 거만을 낮출 것이며 내가 사람을 순금보다 희소하게 하며 오빌의 금보다 희귀하게 하리로다 그러므로 나 만군의 여호와가 분하여 맹렬히 노하는 날에 하늘을 진동시키며 땅을 흔들어 그 자리에서 떠나게 하리니"(사 13:9-13).

하나님의 말씀 마태복음에 심판의 날을 이렇게 말씀한다.

"보라 내가 너희에게 미리 말하였노라 그러면 사람들이 너희에게 말하되 보라 그리스도가 광야에 있다 하여도 나가지 말고 보라 골방에 있다 하여도 믿지 말라 번개가 동편에서 나서 서편까지 번쩍임같이 인자의 임함도 그러하리라 주검이 있는 곳에는 독수리들이 모일지니라 그날 환난 후에 즉시 해가 어두워지며 달이 빛을 내지 아니하며 별들이 하늘에서 떨어지며 하늘의 권능들이 흔들리리라 그때에 인자의 징조가 하늘에서 보이겠고 그때에 땅의 모든 족속들이 통곡하며 그들이 인자가 구름을 타고 능력과 큰 영광으로 오는 것을 보리라 그가 큰 나팔소리와 함께 천사들을 보내리니 그들이 그의 택하신 자들을 하늘 이 끝에서 저 끝까지 사방에서 모으리라"(마 24:25-31).

"너 아침의 아들 계명성이여 어찌 그리 하늘에서 떨어졌으며 너 열국을 엎은 자여 어찌 그리 땅에 찍혔는고 네가 네 마음에 이르기를 내가 하늘에 올라 하나님의 뭇 별 위에 내 자리를 높이리라 내가 북극 집회의 산 위에 앉으리라 가장 높은 구름에 올라가 지극히 높은 이와 같아지리라 하는도다 그러나 이제 네가 스올 곧 구덩이 맨 밑에 떨어짐을 당하리로다 너를 보는 이가 주목하여 너를 자세히 살펴 보며 말하기를 이 사람이 땅을 진동시키며 열국을 놀라게 하며 세계를 황무하게 하며 성읍을 파괴하며 그에게 사로잡힌 자들을 집으로 놓아 보내지 아니하던 자가 아니냐 하리로다"(사 14:12-17).

이 말씀은 바벨론의 교만과 바벨론의 멸망을 예언한 말씀이다. 이 말씀은 천사 중 '계명성'(Lucifer)은 교만으로 타락하여 하나님과 비기리라고 뽐내다가 음부로 떨어진 사탄을 예표한다. 하나님의 말씀 계시록에서 이렇게 말한다.

"천년이 차매 사탄이 그 옥에서 놓여나와서 땅의 사방 백성 곧 곡과 마곡을 미혹하고 모아 싸움을 붙이리니 그 수가 바다의 모래 같으리라 그들이 지면에 널리 퍼져 성도들의 진과 사랑하시는 성을 두르매 하늘에서 불이 내려와 그들을 태워버리고 또 그들을 미혹하는 마귀가 불과 유황 못에 던져지니 거기는 그 짐승과 거짓 선지자도 있어 세세토록 밤낮 괴로움을 받으리라"(계 20:7-10).

이사야서 13, 14장도 시간적으로 현재에서 미래에 있을 바벨론의 멸망과 메시아 재림 시 있을 주님의 심판까지를 다 포함한다.

☙ 이사야 15-16장: 모압이 받을 심판

여기에서 교만한 모압을 하나님이 심판하셔서 멸망될 것을 예언한다.

"이제 여호와께서 말씀하여 이르시되 품꾼의 정한 해와 같이 삼 년 내에 모압의 영화와 그 큰 무리가 능욕을 당할지라 그 남은 수가 심히 적어 보잘것없이 되리라 하시도다"(사 16:14).

☙ 이사야 17-20장: 수리아, 북왕국, 구스, 애굽에 대한 심판

여기에 이사야는 수리아, 에브라임(북왕국), 구스, 애굽에 대해 멸망을 경고하는 예언을 한다.

"아로엘의 성읍들이 버림을 당하리니 양 무리를 치는 곳이 되어 양이 눕되 놀라게 할 자가 없을 것이며 에브라임의 요새와 다메섹 나라와 아람의 남은 백성이 멸절하여 이스라엘 자손의 영광같이 되리라 만군의 여호와의 말씀이니라 그날에 야곱의 영광이 쇠하고 그 살진 몸이 파리하리니 마치 추수하는 자가 곡식을 거두어 가지고 그의 손으로 이삭을 벤 것 같고 르바임 골짜기에서 이삭을 주운 것 같으리라 그러나 그 안에 주울 것이 남으리니 감람나무를 흔들 때에 가장 높은 가지 꼭대기에 과일 두세 개가 남음 같겠고 무성한 나무의 가장 먼 가지에 네다섯 개가 남음 같으리라 이스라엘의 하나님 여호와의 말씀이니라"(사 17:2-6).

여기서 아로엘은 다메섹 북쪽에 있었던 독립 성읍을 가리키고 다메섹은 수리아를, 에브라임은 북왕국 이스라엘을 가리킨다.

이스라엘은 멸망하지만 감람나무 꼭대기에 남은 이삼 개의 실과 같이 멸망 중 그래도 남을 자가 있음을 뜻하고 유다가 바벨론에 포로 되었다가 70년 후 바사 왕 고레스에 의해 해방될 때 유다와 베냐민 지파뿐만이 아닌, 이스라엘 열두 지파가 다 나오는 것은 북왕국 백성 중 남은 자가 있음을 가르쳐준다. 하나님의 자비는 늘 멸망과 심판 중에도 남은 자를 두신다는 것이 이사야 선지자가 말하는 구원의 계속성이다. 여기에는 구스와 애굽에 대한 심판이 예언된다.

"그날에 애굽이 부녀와 같을 것이라 그들이 만군의 여호와께서 흔드시는 손이 그들 위에 흔들림으로 말미암아 떨며 두려워할 것이며 유다의 땅은 애굽의 두려움이 되리니 이는 만군의 여호와께서 애굽에 대하여 정하신 계획으로 말미암음이라 그 소문을 듣는 자마다 떨리라 그날에 애굽 땅에 가나안 방언을 말하며 만군의 여호와를 가리켜 맹세하는 다섯 성읍이 있을 것이며 그 중 하나를 멸망의 성읍이라 칭하리라 그날에 애굽 땅 중앙에는 여호와를 위하여 제단이 있겠고 그 변경에는 여호와를 위하여 기둥이 있을 것이요 이것이 애굽 땅에서 만군의 여호와를 위하여 징조와 증거가 되리니 이는 그들이 그 압박하는 자들로 말미암아 여호와께 부르짖겠고 여호와께서는 그들에게 한 구원자이자 보호자를 보내사 그들을 건지실 것임이라 여호와께서 자기를 애굽에 알게 하시리니 그날에 애굽이 여호와를 알고 제물과 예물을 그에게 드리고 경배할 것이요 여호와께 서원하고 그대로 행하리라 여호와께서 애굽을 치실지라도 치시고는 고치실 것이므로 그들이 여호와께로 돌아올 것이라 여호와께서 그들의 간구함을 들으시고 그들을 고쳐 주시리라"(사 19:16-22).
"그때에 여호와께서 아모스의 아들 이사야에게 말씀하여 이르시되 갈지어다 네 허리에서 베를 끄르고 네 발에서 신을 벗을지니라 하시매 그가 그대로 하여 벗은 몸과 벗은 발로 다니니라 여호와께서 이르시되 나의 종 이사야가 삼 년 동안 벗은 몸과 벗은 발로 다니며 애굽과 구스에 대하여 징조와 예표가 되었느니라 이와 같이 애굽의 포로와 구스의 사로잡힌 자가 앗수르 왕에게 끌려갈 때에 젊은 자나 늙은 자가 다 벗은 몸과 벗은 발로 볼기까지 드러내어 애굽의 수치를 보이리니 그들이 바라던 구스와 자랑하던 애굽으로 말미암아 그들이 놀라고 부끄러워할 것이라"(사 20:2-5).

애굽은 하나님의 심판 후 결국 하나님께로 돌아오게 되고 하나님은 그들을 고쳐주신다.

이 말씀은 먼 훗날 이 땅에 그리스도가 재림하셔서 천국을 이룰 때의 사건으로 이사야 선지자의 예언에는 시간으로 현재에서 수천만 년을 여러 번 뛰어넘는다.

하나님은 이사야 선지자를 애굽과 구스의 멸망을 예표하기 위해 삼 년 동안 벗은 몸과 맨발로 다니게 하신다. 이 얼마나 참담하고 부끄러운 일인가. 선지자는 하나님의 뜻을 전하는 일에 이사야같이 벌거벗고 3년을 행하는 곤욕도 당해야 한다. 주님 때문에, 목사가 교회 때문에, 주님의 남은 고난을 채워야 한다. 영광만 취하려는 목사여, 회개하라!

"나는 이제 너희를 위하여 받는 괴로움을 기뻐하고 그리스도의 남은 고난을 그의 몸 된 교회를 위하여 내 육체에 채우노라"(골 1:24).

"그리스도를 위하여 너희에게 은혜를 주신 것은 다만 그를 믿을 뿐 아니라 또한 그를 위하여 고난도 받게 하려 하심이라"(빌 1:29).

"그리스도의 고난이 우리에게 넘친 것같이 우리가 받는 위로도 그리스도로 말미암아 넘치는도다 우리가 환난 당하는 것도 너희가 위로와 구원을 받게 하려는 것이요 우리가 위로를 받는 것도 너희가 위로를 받게 하려는 것이니 이 위로가 너희 속에 역사하여 우리가 받는 것 같은 고난을 너희도 견디게 하느니라 너희를 위한 우리의 소망이 견고함은 너희가 고난에 참여하는 자가 된 것같이 위로에도 그러할 줄을 앎이라 형제들아 우리가 아시아에서 당한 환난을 너희가 모르기를 원하지 아니하노니 힘에 겹도록 심한 고난을 당하여 살 소망까지 끊어지고 우리는 우리 자신이 사형 선고를 받은 줄 알았으니 이는 우리로 자기를 의지하지 말고 오직 죽은 자를 다시 살리시는 하나님만 의지하게 하심이라"(고후 1:5-9).

☙ 이사야 21-23장: 바벨론, 에돔, 아라비아에 대한 심판

여기에는 바벨론, 에돔, 아라비아에 대한 심판의 경고와 예루살렘과 두로, 시돈, 세상에 대한 하나님의 심판이 경고된다.

"마병대가 쌍쌍이 오나이다 하니 그가 대답하여 이르시되 함락되었도다 함락되었도다 바벨론이여 그들이 조각한 신상들이 다 부서져 땅에 떨어졌도다 하시도다 내가 짓밟은 너여, 내가 타작한 너여, 내가 이스라엘의 하나님 만군의 여호와께 들은 대로 너희에게 전하였노라 두마에 관한 경고라 사람이 세일에서 나를 부르되 파수꾼이여 밤이 어떻게 되었느냐 파수꾼이여 밤이 어떻게 되었느냐 파수꾼이 이르되 아침이 오나니 밤도 오리라 네가 물으려거든 물으라 너희는 돌아올지니라 하더라 아라비아에 관한 경고라 드단 대상들이여 너희가 아라비아 수풀에서 유숙하리라 데마 땅의 주민들아 물을 가져다가 목마른 자에게 주고 떡을 가지고 도피하는 자를 영접하라"(사 21:9-14).

이 여러 장에 나오는 이스라엘 주변국들에 대한 심판의 경고는 하나님이 세계만국의 흥망성쇠를 섭리하시는 만군의 여호와임을 가르쳐준다.

☙ 이사야 24장: 종말의 예언

24장은 말세에 있을 세계에 대한 예언이다. 이사야 선지자는 또 수천만 년을 뛰어넘는다.

"땅이 깨지고 깨지며 땅이 갈라지고 갈라지며 땅이 흔들리고 흔들리며 땅이 취한 자같이 비틀비틀하며 원두막같이 흔들리며 그 위의 죄악이 중하므로 떨어져서 다시는 일어나지 못하리라 그날에 여호와께서 높은 데에서 높은 군대를 벌하시며 땅에서 땅의 왕들을 벌하시리니 그들이 죄수가 깊은 옥에 모임같이 모이게 되고 옥에 갇혔다가 여러 날 후에 형벌을 받을 것이라 그때에 달이 수치를 당하고 해가 부끄러워하리니 이는 만군의 여호와께서 시온산과 예루살렘에서 왕이 되시고 그 장로들 앞에서 영광을 나타내실 것임이라"(사 24:19-23).

신약성경에서는 주님 재림하실 때의 마지막 심판을 이렇게 말씀한다.

"그날 환난 후에 즉시 해가 어두워지며 달이 빛을 내지 아니하며 별들이 하늘에서 떨어지며 하늘의 권능들이 흔들리리라 그때에 인자의 징조가 하늘에서 보이겠고 그때에 땅의 모든 족속들이 통곡하며 그들이 인자가 구름을 타고 능력과 큰 영광으로 오는 것을 보리라"(마 24:29-30).

"또 다섯째가 그 대접을 짐승의 왕좌에 쏟으니 그 나라가 곧 어두워지며 사람들이 아파서 자기 혀를 깨물고"(계 16:10).

온 세계 만국 만민이 마지막 날 반드시 하나님 앞에 심판을 받는다. 마지막 심판을 받지 않는 길은 믿음으로 그리스도 안에 있어야 하고, 오늘 심판을 이기는 길은 하나님의 말씀에 순종하는 생활을 하는 것이다.

"또 내가 크고 흰 보좌와 그 위에 앉으신 자를 보니 땅과 하늘이 그 앞에서 피하여 간 데 없더라 또 내가 보니 죽은 자들이 무론대소하고 그 보좌 앞에 섰는데 책들이 펴 있고 또 다른 책이 펴졌으니 곧 생명책이라 죽은 자들이 자기 행위를 따라 책들에 기록된 대로 심판을 받으니 바다가 그 가운데서 죽은 자들을 내주고 또 사망과 음부도 그 가운데서 죽은 자들을 내주매 각 사람이 자기의 행위대로 심판을 받고"(계 20:11-13).

➸ 이사야 25-27장: 그리스도 재림하실 마지막 날의 영광

이사야 선지자는 다시 시간적으로 수천만 년을 뛰어넘어 그리스도가 이 땅에 재림하실 때의 영광을 찬미한다.

"여호와여 주는 나의 하나님이시라 내가 주를 높이고 주의 이름을 찬송하오리니 주는 기사를 옛적에 정하신 뜻대로 성실함과 진실함으로 행하셨음이라 주께서 성읍을 돌무더기로 만드시며 견고한 성읍을 황폐하게 하시며 외인의 궁성을 성읍이 되지 못하게 하사 영원히 건설되지 못하게 하셨으므로 강한 민족이 주를 영화롭게 하며 포학한 나라들의 성읍이 주를 경외하리이다 주는 포학자의 기세가 성벽을 치는 폭풍과 같을 때에 빈궁한 자의 요새이시며 환난 당한 가난한 자의 요새이시며 폭풍 중의 피난처시며 폭양을 피하는 그늘이 되셨사오니 마른 땅에 폭양을 제함같이 주께서 이방인의 소란을 그치게 하시며 폭양을 구름으로 가림같이 포학한 자의 노래를 낮추시리이다 만군의 여호와께서 이 산에서 만민을 위하여 기름진 것과 오래 저장하였던 포도주로 연회를 베푸시리니 곧 골수가 가득한 기름진 것과 오래 저장하였던 맑은 포도주로 하실 것이며 또 이 산에서 모든 민족의 얼굴을 가린 가리개와 열방 위에 덮인 덮개를 제하시며 사망을 영원히 멸하실 것이라 주 여호와께서 모든 얼굴에서 눈물을 씻기시며 자기 백성의 수치를 온 천하에서 제하시리라 여호와께서 이같이 말씀하셨느니라 그날에 말하기를 이는 우리의 하나님이시라 우리가 그를 기다렸으니 그가 우리를 구원하시리로다 이는 여호와시라 우리가 그를 기다렸으니 우리는 그의 구원을 기뻐하며 즐거워하리라 할 것이며 여호와의 손이 이 산에 나타나시리니 모압이 거름물 속에서 초개가 밟힘같이 자기 처소에서 밟힐 것인즉 그가 헤엄치는 자가 헤엄치려고 손을 폄같이 그 속에서 그의 손을 펼 것이나 여호와께서 그의 교만으로 인하여 그 손이 능숙함에도 불구하고 그를 누르실 것이라 네 성벽의 높은 요새를 헐어 땅에 내리시되 진토에 미치게 하시리라"(사 25:1-12).

"그날에 여호와께서 그의 견고하고 크고 강한 칼로 날랜 뱀 리워야단 곧 꼬불꼬불한 뱀 리워야단을 벌하시며 바다에 있는 용을 죽이시리라 그날에 너희는 아름다운 포도원을 두고 노래를 부를지어다 나 여호와는 포도원지기가 됨이여 때때로 물을 주며 밤낮으로 간수하여 아무든지 이를 해치지 못하게 하리로다 나는 포도원에 대하여 노함이 없나니 찔레와 가시가 나를 대적하여 싸운다 하자 내가 그것을 밟고 모아 불사르리라 그리하지 아니하면 내 힘을 의지하고 나와 화친하며 나와 화친할 것이니라 후일에는 야곱의 뿌리가 박히며 이스라엘의 움이 돋고 꽃이 필 것이라 그들이 그 결실로 지면을 채우리로다"(사 27:1-6).

* 계시록의 마지막 날

하나님의 말씀 계시록은 주님이 재림하시고 성도가 부활 변화를 입고 영생을 얻게 될 때를 이렇게 말씀한다.

"또 내가 보매 천사가 무저갱의 열쇠와 큰 쇠사슬을 그의 손에 가지고 하늘로부터 내려와서 용을 잡으니 곧 옛 뱀이요 마귀요 사탄이라 잡아서 천 년 동안 결박하여 무저갱에 던져 넣어 잠그고 그 위에 인봉하여 천 년이 차도록 다시는 만국을 미혹하지 못하게 하였는데 그 후에는 반드시 잠깐 놓이리라 또 내가 보좌들을 보니 거기에 앉은 자들이 있어 심판하는 권세를 받았더라 또 내가 보니 예수를 증언함과 하나님의 말씀 때문에 목 베임을 당한 자들의 영혼들과 또 짐승과 그의 우상에게 경배하지 아니하고 그들의 이마와 손에 그의 표를 받지 아니한 자들이 살아서 그리스도와 더불어 천년 동안 왕 노릇 하니(그 나머지 죽은 자들은 그 천년이 차기까지 살지 못하더라) 이는 첫째 부활이라 이 첫째 부활에 참여하는 자들은 복이 있고 거룩하도다 둘째 사망이 그들을 다스리는 권세가 없고 도리어 그들이 하나님과 그리스도의 제사장이 되어 천년 동안 그리스도와 더불어 왕 노릇 하리라 천년이 차매 사탄이 그 옥에서 놓여나와서 땅의 사방 백성 곧 곡과 마곡을 미혹하고 모아 싸움을 붙이리니 그 수가 바다의 모래 같으리라 그들이 지면에 널리 펴져 성도들의 진과 사랑하시는 성을 두르매 하늘에서 불이 내려와 그들을 태워버리고 또 그들을 미혹하는 마귀가 불과 유황 못에 던져지니 거기는 그 짐승과 거짓 선지자도 있어 세세토록 밤낮 괴로움을 받으리라"(계 20:1-10).

"또 내가 새 하늘과 새 땅을 보니 처음 하늘과 처음 땅이 없어졌고 바다도 다시 있지 않더라 또 내가 보매 거룩한 성 새 예루살렘이 하나님께로부터 하늘에서 내려오니 그 준비한 것이 신부가 남편을 위하여 단장한 것 같더라 내가 들으니 보좌에서 큰 음성이 나서 이르되 보라 하나님의 장막이 사람들과 함께 있으매 하나님이 그들과 함께 계시리니 그들은 하나님의 백성이 되고 하나님은 친히 그들과 함께 계셔서 모든 눈물을 그 눈에서 닦아 주시니 다시는 사망이 없고 애통하는 것이나 곡하는 것이나 아픈 것이 다시 있지 아니하리니 처음 것들이 다 지나갔음이러라 보좌에 앉으신 이가 이르시되 보라 내가 만물을 새롭게 하노라 하시고 또 이르시되 이 말은 신실하고 참되니 기록하라 하시고 또 내게 말씀하시되 이루었도다 나는 알파와 오메가요 처음과 마지막이라 내가 생명수 샘물을 목마른 자에게 값없이 주리니 이기는 자는 이것들을 상속으로 받으리라 나는 그의 하나님이 되고 그는 내 아들이 되리라"(계 21:1-7).

하나님이 이사야에게 주신 계시는 이렇게 시공을 초월한다. 우리 하나님은 알파요 오메가이신 영원한 하나님이시다. 할렐루야.

🌱 이사야 28-31장: 이스라엘과 유다의 죄에 대한 책망과 경고

이사야 28장
이사야 선지자는 여기에서 북왕국과 남왕국을 경책하신다.

"에브라임의 술취한 자들의 교만한 면류관은 화 있을진저 술에 빠진 자의 성 곧 영화로운 관같이 기름진 골짜기 꼭대기에 세운 성이여 쇠잔해 가는 꽃 같으니 화 있을진저 보라 주께 있는 강하고 힘 있는 자가 쏟아지는 우박같이, 파괴하는 광풍같이, 큰 물이 넘침같이 손으로 그 면류관을 땅에 던지리니 에브라임의 술취한 자들의 교만한 면류관이 발에 밟힐 것이라 그 기름진 골짜기 꼭대기에 있는 그의 영화가 쇠잔해 가는 꽃이 여름 전에 처음 익은 무화과와 같으리니 보는 자가 그것을 보고 얼른 따서 먹으리로다 그날에 만군의 여호와께서 자기 백성의 남은 자에게 영화로운 면류관이 되시며 아름다운 화관이 되실 것이라"(사 28:1-5).

이 말씀은 북왕국이 술에 취하여 타락한 교만을 광풍같이 몰려오는 대적(앗수르)에게 멸망할 것을 경고하는 말씀이다.

"이들은 포도주로 말미암아 옆 걸음 치며 독주로 말미암아 비틀거리며 제사장과 선지자도 독주로 말미암아 옆 걸음 치며 포도주에 빠지며 독주로 말미암아 비틀거리며 환상을 잘못 풀며 재판할 때에 실수하나니 모든 상에는 토한 것, 더러운 것이 가득하고 깨끗한 곳이 없도다 그들이 이르기를 그가 누구에게 지식을 가르치며 누구에게 도를 전하여 깨닫게 하려는가 젖 떨어져 품을 떠난 자들에게 하려는가 대저 경계에 경계를 더하며 경계에 경계를 더하며 교훈에 교훈을 더하며 교훈에 교훈을 더하되 여기서도 조금, 저기서도 조금 하는구나 하는도다 그러므로 더듬는 입술과 다른 방언으로 그가 이 백성에게 말씀하시리라 전에 그들에게 이르시기를 이것이 너희 안식이요 이것이 너희 상쾌함이니 너희는 곤비한 자에게 안식을 주라 하셨으나 그들이 듣지 아니하였으므로 여호와께서 그들에게 말씀하시되 경계에 경계를 더하며 경계에 경계를 더하며 교훈에 교훈을 더하며 교훈에 교훈을 더하고 여기서도 조금, 저기서도 조금 하사 그들이 가다가 뒤로 넘어져 부러지며 걸리며 붙잡히게 하시리라"(사 28:7-13).

이 말씀은 남왕국 유다의 지도자들과 제사장들이 타락하여 몰락할 것을 경고하시는 말씀이다. 그러나 하나님은 곡식을 부수지는 않는 모략의 하나님으로 유다가 바벨론에 멸망하여 포로가 되지만 구원의 씨앗, 다윗의 후손으로 오실 메시아를 위해 유다를 다 멸절하지는 않으신다.

"소회향은 도리깨로 떨지 아니하며 대회향에는 수레바퀴를 굴리지 아니하고 소회향은 작대기로 떨고 대회향은 막대기로 떨며 곡식은 부수는가, 아니라 늘 떨기만 하지 아니하고 그것에 수레바퀴를 굴리고 그것을 말굽으로 밟게 할지라도 부수지는 아니하나니 이도 만군의 여호와께로부터 난 것이라 그의 경영은 기묘하며 지혜는 광대하니라"(사 28:27-29).

이사야 29장
예루살렘의 사람들이 부패하여 하나님의 말씀을 깨닫지 못하고, 하나님께 위선적인 제사를 드리고 선견자와 선지자들까지 눈먼 소경같이 타락하여 하나님께서 꾸짖으신다.

"주께서 이르시되 이 백성이 입으로는 나를 가까이하며 입술로는 나를 공경하나 그들의 마음은 내게서 멀리 떠났나니 그들이 나를 경외함은 사람의 계명으로 가르침을 받았을 뿐이라"(사 29:13).
"슬프다 아리엘이여 아리엘이여 다윗이 진 친 성읍이여 해마다 절기가 돌아오려니와 내가 아리엘을 괴롭게 하리니 그가 슬퍼하고 애곡하며 내게 아리엘과 같이 되리라 내가 너를 사면으로 둘러 진을 치며 너를 에워 대를 쌓아 너를 치리니 네가 낮아져서 땅에서 말하며 네 말소리가 나직이 티끌에서 날 것이라 네 목소리가 신접한 자의 목소리같이 땅에서 나며 네 말소리가 티끌에서 지껄이리라"(사 29:1-4).
"너희는 놀라고 놀라라 너희는 맹인이 되고 맹인이 되라 그들의 취함이 포도주로 말미암음이 아니며 그들의 비틀거림이 독주로 말미암음이 아니니라 대저 여호와께서 깊이 잠들게 하는 영을 너희에게 부어 주사 너희의 눈을 감기셨음이니 그가 선지자들과 너희의 지도자인 선견자들을 덮으셨음이라 그러므로 모든 계시가 너희에게는 봉한 책의 말처럼 되었으니 그것을 글 아는 자에게 주며 이르기를 그대에게 청하노니 이를 읽으라 하면 그가 대답하기를 그것이 봉해졌으니 나는 못 읽겠노라 할 것이요 또 그 책을 글 모르는 자에게 주며 이르기를 그대에게 청하노니 이를 읽으라 하면 그가 대답하기를 나는 글을 모른다 할 것이니라 주께서 이르시되 이 백성이 입으로는 나를 가까이하며 입술로는 나를 공경하나 그들의 마음은 내게서 멀리 떠났나니 그들이 나를 경외함은 사람의 계명으로 가르침을 받았을 뿐이라"(사 29:9-13).

"너희는 놀라고 놀라라 너희는 맹인이 되고 맹인이 되라 그들의 취함이 포도주로 말미암음이 아니며 그들의 비틀거림이 독주로 말미암음이 아니니라"(사 29:9).

'아리엘'은 '하나님의 사자', '강한 자'를 의미하며 예루살렘을 지칭하는 말이다. 예루살렘은 외적으로 큰 괴로움을 당하지만 하나님은 이 외적을 파멸시키실 것이며 예루살렘 거민은 여호와께 돌아오게 된다.

"이는 강포한 자가 소멸되었으며 오만한 자가 그쳤으며 죄악의 기회를 엿보던 자가 다 끊어졌음이라 그들은 송사로 사람에게 죄를 씌우며 성문에서 판단하는 자를 올무로 잡듯 하며 헛된 일로 의인을 억울하게 하느니라 그러므로 아브라함을 구속하신 여호와께서 야곱 족속에 대하여 이같이 말씀하시되 야곱이 이제는 부끄러워하지 아니하겠고 그의 얼굴이 이제는 창백해지지 아니할 것이며 그의 자손은 내 손이 그 가운데에서 행한 것을 볼 때에 내 이름을 거룩하다 하며 야곱의 거룩한 이를 거룩하다 하며 이스라엘의 하나님을 경외할 것이며 마음이 혼미하던 자들도 총명하게 되며 원망하던 자들도 교훈을 받으리라 하셨느니라"(사 29:20-24).

이사야 30-31장
이사야 선지자는 환난 중 하나님께 묻거나 하나님을 의지하지 않고 애굽을 의지한 유다를 책망하시고 애굽의 멸망과 오랫동안 유다를 괴롭게 했던 앗수르를 하나님이 준비하신 몽둥이(바벨론)로 멸망시킬 것을 말씀하신다.

"여호와께서 이르시되 패역한 자식들은 화 있을진저 그들이 계교를 베푸나 나로 말미암지 아니하며 맹약을 맺으나 나의 영으로 말미암지 아니하고 죄에 죄를 더하도다 (1절에 포함되어 있음) 그러므로 바로의 세력이 너희의 수치가 되며 애굽의 그늘에 피함이 너희의 수욕이 될 것이라"(사 30:1-3).

"도움을 구하러 애굽으로 내려가는 자들은 화 있을진저 그들은 말을 의지하며 병거의 많음과 마병의 심히 강함을 의지하고 이스라엘의 거룩하신 이를 앙모하지 아니하며 여호와를 구하지 아니하나니 여호와께서도 지혜로우신즉 재앙을 내리실 것이라 그의 말씀들을 변하게 하지 아니하시고 일어나사 악행하는 자들의 집을 치시며 행악을 돕는 자들을 치시리니 애굽은 사람이요 신이 아니며 그들의 말들은 육체요 영이 아니라 여호와께서 그의 손을 펴시면 돕는 자도 넘어지며 도움을 받는 자도 엎드러져서 다 함께 멸망하리라 여호와께서 이같이 내게 이르시되 큰 사자나 젊은 사자가 자기의 먹이를 움키고 으르렁거릴 때에 그것을 치려고 여러 목자를 불러 왔다 할지라도 그것이 그들의 소리로 말미암아 놀라지 아니할 것이요 그들의 떠듦으로 말미암아 굴복하지 아니할 것이라 이와 같이 나 만군의 여호와가 강림하여 시온 산과 그 언덕에서 싸울 것이라 새가 날개 치며 그 새끼를 보호함같이 나 만군의 여호와가 예루살렘을 보호할 것이라 그것을 호위하며 건지며 뛰어넘어 구원하리라 하셨느니라 이스라엘 자손들아 너희는 심히 거역하던 자에게로 돌아오라"(사 31:1-6).

하나님은 어려운 중에도 하나님을 기다리는 백성에게 구원을 약속하신다. 하나님은 유다 백성을 그들의 죄 때문에 여러 번 징계하시지만, 또 하나님의 긍휼과 자비로 그들을 회복시키신다. 성도는 어려울 때 주님께로 돌아가야 한다.

"그러나 여호와께서 기다리시나니 이는 너희에게 은혜를 베풀려 하심이요 일어나시리니 이는 너희를 긍휼히 여기려 하심이라 대저 여호와는 정의의 하나님이심이라 그를 기다리는 자마다 복이 있도다 시온에 거주하며 예루살렘에 거주하는 백성아 너는 다시 통곡하지 아니할 것이라 그가 네 부르짖는 소리로 말미암아 네게 은혜를 베푸시되 그가 들으실 때에 네게 응답하시리라"(사 30:18-19).

성도가 이 땅에서 높은 담이 불쑥 나온 것같이(사 30:13) 작은 복에 교만해지면 이 교만은 불쑥 나온 담같이 곧 무너진다.

"성도여, 겸손하라! 늘 죄를 자복하고 여호와께 돌아와야 한다."

✢ 이사야 32장: 히스기야, 므낫세에 대한 예언

이사야 32장에는 평안과 심판이 함께 나온다. 장차 한 착한 왕은 히스기야 왕을 가리키고 히스기야 왕 이후 유다에 임할 심판은 므낫세 왕 때의 일이다.

✢ 이사야 33장: 구원을 비는 기도, 영광스러운 내일의 소망
✢ 이사야 34장: 에돔에 대한 심판

하나님이 택한 백성 이스라엘과 유다를 괴롭힌 세력에 대한 하나님의 심판으로 에돔을 대표로 하여 하나님이 경고하신다.

"이것은 여호와께서 보복하시는 날이요 시온의 송사를 위하여 신원하시는 해라 에돔의 시내들은 변하여 역청이 되고 그 티끌은 유황이 되고 그 땅은 불 붙는 역청이 되며 낮에나 밤에나 꺼지지 아니하고 그 연기가 끊임없이 떠오를 것이며 세세에 황무하여 그리로 지날 자가 영영히 없겠고 당아새와 고슴도치가 그 땅을 차지하며 부엉이와 까마귀가 거기에 살 것이라 여호와께서 그 위에 혼란의 줄과 공허의 추를 드리우실 것인즉 그들이 국가를 이으려 하여 귀인들을 부르되 아무도 없겠고 그 모든 방백도 없게 될 것이요 그 궁궐에는 가시나무가 나며 그 견고한 성에는 엉겅퀴와 새품이 자라서 승냥이의 굴과 타조의 처소가 될 것이니 들짐 승이 이리와 만나며 숫염소가 그 동류를 부르며 올빼미가 거기에 살면서 쉬는 처소로 삼으며 부엉이가 거기에 깃들이고 알을 낳아 까서 그 그늘에 모으며 솔개들도 각각 제 짝과 함께 거기에 모이리라"(사 34:8-15).

여호와께서 명하신 하나님의 책에는 다 짝이 있고 빠진 것이 없다.

"너희는 여호와의 책에서 찾아 읽어보라 이것들 가운데서 빠진 것이 하나도 없고 제 짝이 없는 것이 없으리니 이는 여호와의 입이 이를 명령하셨고 그의 영이 이것들을 모으셨음이라 여호와께서 그것들을 위하여 제비를 뽑으시며 그의 손으로 줄을 띠어 그 땅을 그것들에게 나누어 주셨으니 그들이 영원히 차지하며 대대로 거기에 살리라"(사 34:16-17).
"내가 율법이나 선지자를 폐하러 온 줄로 생각하지 말라 폐하러 온 것이 아니요 완전하게 하려 함이라 진실로 너희에게 이르노니 천지가 없어지기 전에는 율법의 일점일획도 결코 없어지지 아니하고 다 이루리라"(마 5:17-18).
"율법과 선지자는 요한의 때까지요 그 후부터는 하나님 나라의 복음이 전파되어 사람마다 그리로 침입하느니라 그러나 율법의 한 획이 떨어짐보다 천지가 없어짐이 쉬우리라"(눅 16:16-17).

성도는 주야로 절대로 완전한 하나님의 말씀을 가까이해야 한다. 주일에 꼭 교회에서 설교 말씀을 듣고 말씀을 부지런히 외우고 밤낮으로 묵상하고 말씀에 순종하는 삶을 살아야 한다.

☙ 이사야 35장: 주님 초림 시, 재림 시 이루어질 메시아 왕국

이사야 선지자는 다시 시공을 뛰어넘어 주님이 초림하실 때와 재림하실 때 이루어질 메시아 왕국을 선포한다.

"광야와 메마른 땅이 기뻐하며 사막이 백합화같이 피어 즐거워하며 무성하게 피어 기쁜 노래로 즐거워하며 레바논의 영광과 갈멜과 사론의 아름다움을 얻을 것이라 그것들이 여호와의 영광 곧 우리 하나님의 아름다움을 보리로다 너희는 약한 손을 강하게 하며 떨리는 무릎을 굳게 하며 겁내는 자들에게 이르기를 굳세어라, 두려워하지 말라, 보라 너희 하나님이 오사 보복하시며 갚아 주실 것이라 하나님이 오사 너희를 구하시리라 하라 그때에 맹인의 눈이 밝을 것이며 못 듣는 사람의 귀가 열릴 것이며 그때에 저는 자는 사슴같이 뛸 것이며 말 못하는 자의 혀는 노래하리니 이는 광야에서 물이 솟겠고 사막에서 시내가 흐를 것임이라 뜨거운 사막이 변하여 못이 될 것이며 메마른 땅이 변하여 원천이 될 것이며 승냥이의 눕던 곳에 풀과 갈대와 부들이 날 것이며 거기에 대로가 있어 그 길을 거룩한 길이라 일컫는 바 되리니 깨끗하지 못한 자는 지나가지 못하겠고 오직 구속함을 입은 자들을 위하여 있게 될 것이라 우매한 행인은 그 길로 다니지 못할 것이며 거기에는 사자가 없고 사나운 짐승이 그리로 올라가지 아니하므로 그것을 만나지 못하겠고 오직 구속함을 받은 자만 그리로 행할 것이며 여호와의 속량함을 받은 자들이 돌아오되 노래하며 시온에 이르러 그들의 머리 위에 영영한 희락을 띠고 기쁨과 즐거움을 얻으리니 슬픔과 탄식이 사라지리로다" (사 35:1-10).

예수님은 요한의 제자들에게 자신이 메시아임을 가르치시는 말로 이사야 35장 5절 이하의 말씀을 인용하셨다.

"요한이 옥에서 그리스도의 하신 일을 듣고 제자들을 보내어 예수께 여짜오되 오실 그이가 당신이오니이까 우리가 다른 이를 기다리오리이까 예수께서 대답하여 이르시되 너희가 가서 듣고 보는 것을 요한에게 알리되 맹인이 보며 앉은뱅이가 걸으며 나병환자가 깨끗함을 받으며 못 듣는 자가 들으며 죽은 자가 살아나며 가난한 자에게 복음이 전파된다

하라 누구든지 나로 말미암아 실족하지 아니하는 자는 복이 있도다 하시니라"(마 11:3-6).

이사야 36-39장
이사야 36장부터 39장까지는 역사적 사건을 기록하고 있다.

❧ 이사야 36-37장: 하나님까지 모욕한 앗수르 왕 산혜립의 죽음

앗수르 왕 산혜립은 군사를 일으켜 유다의 여러 성읍을 점령하고 예루살렘을 포위한다. 산혜립의 신하 랍사게는 예루살렘을 향하여 유다 방언으로 오만방자한 말로 유다 백성을 겁박하고 여호와 하나님까지 다른 나라의 잡신같이 여기고 하나님을 우롱한다.

"혹시 히스기야가 너희에게 이르기를 여호와께서 우리를 건지시리라 할지라도 속지 말라 열국의 신들 중에 자기의 땅을 앗수르 왕의 손에서 건진 자가 있느냐 하맛과 아르밧의 신들이 어디 있느냐 스발와임의 신들이 어디 있느냐 그들이 사마리아를 내 손에서 건졌느냐 이 열방의 신들 중에 어떤 신이 자기의 나라를 내 손에서 건져냈기에 여호와가 능히 예루살렘을 내 손에서 건지겠느냐 하셨느니라 하니라"(사 36:18-20).

히스기야 왕과 신하들은 굵은 베를 입고 하나님의 전으로 들어가 기도하고 이사야에게 이 참담한 일을 고한다. 하나님은 이렇게 말씀하신다.

"이사야가 그들에게 이르되 너희는 너희 주에게 이렇게 말하라 여호와께서 이같이 말씀하시되 너희가 들은 바 앗수르 왕의 종들이 나를 능욕한 말로 말미암아 두려워하지 말라 보라 내가 영을 그의 속에 두리니 그가 소문을 듣고 그의 고국으로 돌아갈 것이며 또 내가 그를 그의 고국에서 칼에 죽게 하리라 하셨느니라 하니라"(사 37:6-7).

앗수르 왕은 히스기야에게 다시 사자를 보내어 유다와 하나님을 모욕한다.

"앗수르 왕들이 모든 나라에 어떤 일을 행하였으며 그것을 어떻게 멸절시켰는지 네가 들었으리니 네가 구원을 받겠느냐 나의 조상들이 멸하신 열방 고산과 하란과 레셉과 및 들라살에 있는 에덴 자손을 그 나라들의 신들이 건졌더냐 하맛 왕과 아르밧 왕과 스발와임 성의 왕과 헤나 왕과 이와 왕이 어디 있느냐 하라 하였더라"(사 37:11-13).

히스기야는 앗수르 사자가 말한 글을 받아보고 여호와의 전에 올라가 하나님께 간절하게 기도한다.

"히스기야가 그 사자들의 손에서 글을 받아보고 여호와의 전에 올라가서 그 글을 여호와 앞에 펴 놓고 여호와께 기도하여 이르되 그룹 사이에 계신 이스라엘 하나님 만군의 여호와여 주는 천하 만국에 유일하신 하나님이시라 주께서 천지를 만드셨나이다 여호와여 귀를 기울여 들으시옵소서 여호와여 눈을 뜨고 보시옵소서 산헤립이 사람을 보내어 살아 계시는 하나님을 훼방한 모든 말을 들으시옵소서 여호와여 앗수르 왕들이 과연 열국과 그들의 땅을 황폐하게 하였고 그들의 신들을 불에 던졌사오나 그들은 신이 아니라 사람의 손으로 만든 것일 뿐이요 나무와 돌이라 그러므로 멸망을 당하였나이다"(사 37:14-19).

하나님은 앗수르의 사자에게 이렇게 대답하신다.

"네가 나를 거스려 분노함과 네 오만함이 내 귀에 들렸으므로 내가 갈고리로 네 코를 꿰며 재갈을 네 입에 물려 너를 오던 길로 돌아가게 하리라"(사 37:30).

하나님은 히스기야에게 이렇게 말씀하신다.

"왕이여 이것이 왕에게 징조가 되리니 올해는 스스로 난 것을 먹을 것
이요 둘째 해에는 또 거기에서 난 것을 먹을 것이요 셋째 해에는 심고
거두며 포도나무를 심고 그 열매를 먹을 것이니이다 유다 족속 중에 피
하여 남은 자는 다시 아래로 뿌리를 박고 위로 열매를 맺으리니 이는
남은 자가 예루살렘에서 나오며 피하는 자가 시온산에서 나올 것임이
라 만군의 여호와의 열심이 이를 이루시리이다 그러므로 여호와께서
앗수르 왕에 대하여 이같이 이르시되 그가 이 성에 이르지 못하며 화
살 하나도 이리로 쏘지 못하며 방패를 가지고 성에 가까이 오지도 못하
며 흉벽을 쌓고 치지도 못할 것이요 그가 오던 길 곧 그 길로 돌아가고
이 성에 이르지 못하리라 나 여호와의 말이니라 대저 내가 나를 위하
며 내 종 다윗을 위하여 이 성을 보호하며 구원하리라 하셨나이다 하
니라"(사 37:30-35).

하나님은 하나님의 사자를 보내어 한밤에 앗수르 군대 18만 5천을 다
죽였고 산헤립은 돌아가서 니느웨에 거할 때 그의 신 니스록에게 경배하
다가 아들의 손에 살해당한다.
어려운 곤경에 성도가 할 일은 하나님의 전을 찾아 기도하는 일이다.
기도만이 성도의 문제를 해결한다.
나라도 왕도 교만하면 반드시 망한다. 높은 자들이여. 겸손하라.

☙ 이사야 38-39장: 중병에서 기도로 15년의 생명을 더 얻은 히스기야, 바벨론 침략의 경고

이 말씀은 히스기야가 중병으로 죽게 되지만 하나님께 간절하게 기도

하여 병에서 놓여 15년의 생명을 더 얻은 사실을 기록하고 히스기야가 병들었다가 살아난 것을 축하하러 찾아온 바벨론 사자에게 히스기야가 성전의 은금 기명들을 다 보여 자랑한 사실, 그리고 하나님이 유다 백성은 바벨론에게 포로 되어 갈 것과 이 은금 기명들이 바벨론으로 옮겨질 것을 말한다.

❦ 이사야 40장: 내 백성을 위로하라, 끝난 복역의 때, 길을 예비하라

이사야 40장부터 66장까지는 39장까지의 말씀과 전혀 다른 문장으로 기록되었고 이스라엘 백성에 대한 책망과 징계에 대한 말씀이 나오지 않고 이스라엘이 바벨론에서 해방되어 예루살렘으로 귀환한 후의 사건들을 많이 말한다. 그래서 이 말씀들을 '제2이사야서'라고 말하며 이사야 40장부터 66장까지의 저자는 이사야가 아닌 다른 저자라고 말하는 학자들이 있다. 우리는 여기에서 몇 가지 확실하게 해야 할 것들이 있다.

성경은 구원을 가르쳐주기 위해 기록된 책으로(요 5:39, 20:31; 롬 1:16; 딤후 3:15) 저자가 누구냐 하는 것이 문제 될 것이 없다. 저자는 성령님이기 때문이다(딤후 3:16-17; 벧후 1:21; 고전 2:13; 갈 1:11-12).

"너희가 성경에서 영생을 얻는 줄 생각하고 성경을 연구하거니와 이 성경이 곧 내게 대하여 증언하는 것이니라"(요 5:39).

"오직 이것을 기록함은 너희로 예수께서 하나님의 아들 그리스도이심을 믿게 하려 함이요 또 너희로 믿고 그 이름을 힘입어 생명을 얻게 하려 함이니라"(요 20:31).

"내가 복음을 부끄러워하지 아니하노니 이 복음은 모든 믿는 자에게 구원을 주시는 하나님의 능력이 됨이라 첫째는 유대인에게요 또한 헬라인에게로다"(롬 1:16).

"또 어려서부터 성경을 알았나니 성경은 능히 너로 하여금 그리스도 예수 안에 있는 믿음으로 말미암아 구원에 이르는 지혜가 있게 하느니라 모든 성경은 하나님의 감동으로 된 것으로 교훈과 책망과 바르게 함과 의로 교육하기에 유익하니"(딤후 3:15-16).

이사야서 1장에서 39장까지에서 이사야 선지자는 아주 여러 번 시공을 넘어서서 현재에서 가까운 미래로, 멀리 주님 초림 때의 일을, 그리고 더 멀리 주님 재림 때의 일을 예언하고 있다. 이사야 40장 이후 이스라엘 백성이 바벨론에서 예루살렘으로 귀환한 때의 일을 이사야 선지자가 말한다고 이상할 것이 없다.

하나님이 "너희는 위로하라 내 백성을 위로하라" 명령하신다. 이 명령은 현재 진행형으로 계속해서 위로하라는 말이다.

하나님은 이스라엘 백성에게 "복역의 때가 끝났고 죄악의 사함을 얻었다"고 "정다이 고하라"(개역한글) 명령하신다.

여기서 '정다이 고한다'는 말은 사랑을 고백할 때 쓰는 말이다. 하나님은 이스라엘 백성에게 사랑을 고백하고 있다.

"외치는 자의 소리여 이르되 너희는 광야에서 여호와의 길을 예비하라 사막에서 우리 하나님의 대로를 평탄하게 하라 골짜기마다 돋우어지며 산마다, 언덕마다 낮아지며 고르지 아니한 곳이 평탄하게 되며 험한 곳이 평지가 될 것이요 여호와의 영광이 나타나고 모든 육체가 그것을 함께 보리라 이는 여호와의 입이 말씀하셨느니라"(사 40:3-5).

여기서 '외치는 자'는 선지자들을 뜻하지만, 예수님이 이 땅에 오실 때 예수님 앞에 태어난 세례 요한을 가리킨다.

"그때에 세례 요한이 이르러 유대 광야에서 전파하여 말하되 회개하라 천국이 가까이 왔느니라 하였으니 그는 선지자 이사야를 통하여 말씀하신 자라 일렀으되 광야에 외치는 자의 소리가 있어 이르되 너희는 주의 길을 준비하라 그가 오실 길을 곧게 하라 하였느니라"(마 3:1-3).

예수님은 독생자의 영광으로 하나님이 사람이 되심으로 모든 육체가 주님을 보게 된다.

"말씀이 육신이 되어 우리 가운데 거하시매 우리가 그의 영광을 보니 아버지의 독생자의 영광이요 은혜와 진리가 충만하더라"(요 1:14).

이사야 40장은 또 다른 말씀과 같이 예수님의 초림과 재림, 그리고 현재를 오고 간다.
전능하신 하나님이 빠짐없이 수효대로 천지와 만물을 창조하시고 다스리시는 섭리를 선포한다.
야곱, 곧 이스라엘 백성은 어떤 때라도 여호와를 앙망해야 한다.

"야곱아 어찌하여 네가 말하며 이스라엘아 네가 이르기를 내 길은 여호와께 숨겨졌으며 내 송사는 내 하나님에게서 벗어난다 하느냐 너는 알지 못하였느냐 듣지 못하였느냐 영원하신 하나님 여호와, 땅끝까지 창조하신 이는 피곤하지 않으시며 곤비하지 않으시며 명철이 한이 없으시며 피곤한 자에게는 능력을 주시며 무능한 자에게는 힘을 더하시나니 소년이라도 피곤하며 곤비하며 장정이라도 넘어지며 쓰러지되 오직 여호와를 앙망하는 자는 새 힘을 얻으리니 독수리가 날개치며 올라감 같을 것이요 달음박질하여도 곤비하지 아니하겠고 걸어가도 피곤하지 아니하리로다"(사 40:27-31).

구원받은 성도는 어떤 일이 있어도, 비록 죽어가면서도 오직 전능하신 여호와, 영원하신 여호와를 앙망해야 한다.

☙ 이사야 41장: 이스라엘 백성의 해방, 바벨론 멸망의 예고

태초부터 영원 끝까지 계신 영원하신 하나님이 열방을 멸하실 계획을 하신다.

"이 일을 누가 행하였느냐 누가 이루었느냐 누가 태초부터 만대를 명정하였느냐 나 여호와라 태초에도 나요 나중 있을 자에게도 내가 곧 그니라"(사 41:4).

41장에서 하나님은 하나님의 백성을 포로로 잡고 핍박한 우상의 나라 (바벨론)가 북방에서 하나님이 불러온 고레스에 의해 멸망할 것을 말씀하신다. 하나님은 이스라엘 백성에게 보호자가 되실 것을 약속하시며 두려워하지 말라고 권고하신다.

"그러나 나의 종 너 이스라엘아 내가 택한 야곱아 나의 벗 아브라함의 자손아 내가 땅 끝에서부터 너를 붙들며 땅 모퉁이에서부터 너를 부르고 네게 이르기를 너는 나의 종이라 내가 너를 택하고 싫어하여 버리지 아니하였다 하였노라 두려워하지 말라 내가 너와 함께 함이라 놀라지 말라 나는 네 하나님이 됨이라 내가 너를 굳세게 하리라 참으로 너를 도와주리라 참으로 나의 의로운 오른손으로 너를 붙들리라 보라 네게 노하던 자들이 수치와 욕을 당할 것이요 너와 다투는 자들이 아무것도 아닌 것같이 될 것이며 멸망할 것이라 네가 찾아도 너와 싸우던 자들을 만나지 못할 것이요 너를 치는 자들은 아무것도 아닌 것 같고 허무한 것같이 되리니 이는 나 여호와 너의 하나님이 네 오른손을 붙들고 네게 이르기를 두려워하지 말라 내가 너를 도우리라 할 것임이니라 버러지 같은 너 야곱아, 너희 이스라엘 사람들아 두려워하지 말라 나 여호와가 말하노니 내가 너를 도울 것이라 네 구속자는 이스라엘의 거룩한 이이니라"(사 41:8-14).

성도는 영원하신 하나님이 오른손으로 붙잡아 주시는 하나님의 백성이다. 어떤 경우에도 두려워하지 말아야 한다.

☘ 이사야 42장: 초림하실 메시아, 꺼져가는 등불

이사야는 다시 메시아, 그리스도를 예언한다.

"내가 붙드는 나의 종, 내 마음에 기뻐하는 자 곧 내가 택한 사람을 보라 내가 나의 영을 그에게 주었은즉 그가 이방에 정의를 베풀리라 그는 외치지 아니하며 목소리를 높이지 아니하며 그 소리를 거리에 들리게 하지 아니하며 상한 갈대를 꺾지 아니하며 꺼져가는 등불을 끄지 아니하고 진실로 정의를 시행할 것이며 그는 쇠하지 아니하며 낙담하지 아니하고 세상에 정의를 세우기에 이르리니 섬들이 그 교훈을 앙망하리라 하늘을 창조하여 펴시고 땅과 그 소산을 내시며 땅 위의 백성에게 호흡을 주시며 땅에 행하는 자에게 영을 주시는 하나님 여호와께서 이같이 말씀하시되 나 여호와가 의로 너를 불렀은즉 내가 네 손을 잡아 너를 보호하며 너를 세워 백성의 언약과 이방의 빛이 되게 하리니 네가 눈먼 자들의 눈을 밝히며 갇힌 자를 감옥에서 이끌어내며 흑암에 앉은 자를 감방에서 나오게 하리라"(사 42:1-7).

주님은 꺼져가는 등불을 끄지 않으시며 상한 갈대를 꺾지 않으시는 인내와 자비의 주님이시다.

믿음으로 구원받고 낙심하여 세상으로 돌아간 성도가 꺼져가는 등불이요 상한 갈대다. 그러나 이들도 주님이 재림하셔서 심판하실 때 제2의 사망, 곧 불못, 지옥에 가지 않고 대환난을 통하여 부끄럽게 구원되어 새 하늘과 새 땅으로 영접된다.

"또 내가 크고 흰 보좌와 그 위에 앉으신 이를 보니 땅과 하늘이 그 앞에서 피하여 간데없더라 또 내가 보니 죽은 자들이 큰 자나 작은 자나 그 보좌 앞에 서 있는데 책들이 펴있고 또 다른 책이 펴졌으니 곧 생명 책이라 죽은 자들이 자기 행위를 따라 책들에 기록된 대로 심판을 받으니 바다가 그 가운데에서 죽은 자들을 내주고 또 사망과 음부도 그 가운데에서 죽은 자들을 내주매 각 사람이 자기의 행위대로 심판을 받고 사망과 음부도 불못에 던져지니 이것은 둘째 사망 곧 불못이라"(계 20:11-14).

생명책에 기록되지 못한 자들이 심판받고 불못에 떨어진다. 성도는 믿음으로 구원받았을 때 이미 그 이름이 생명록에 기록되었고, 칭의를 받았고, 중생했고, 하나님의 자녀가 되었다. 이것이 믿음으로 받은 구원이고 구원받은 자는 신분이 죄인에서 의인으로, 이 땅의 시민이 천국 시민으로 신분이 변화되었다. 이 받은 구원, 곧 신분의 변화는 누구도 빼앗을 수 없다.

"내가 그들에게 영생을 주노니 영원히 멸망하지 아니할 것이요 또 그들을 내 손에서 빼앗을 자가 없느니라 그들을 주신 내 아버지는 만물보다 크시매 아무도 아버지 손에서 빼앗을 수 없느니라"(요 10:28-29).
"이제는 율법 외에 하나님의 한 의가 나타났으니 율법과 선지자들에게 증거를 받은 것이라 곧 예수 그리스도를 믿음으로 말미암아 모든 믿는 자에게 미치는 하나님의 의니 차별이 없느니라 모든 사람이 죄를 범하였으매 하나님의 영광에 이르지 못하더니 그리스도 예수 안에 있는 속량으로 말미암아 하나님의 은혜로 값없이 의롭다 하심을 얻은 자 되었느니라 이 예수를 하나님이 그의 피로써 믿음으로 말미암는 화목제물로 세우셨으니 이는 하나님께서 길이 참으시는 중에 전에 지은 죄를 간과하심으로 자기의 의로우심을 나타내려 하심이니 곧 이때에 자기의 의로우심을 나타내사 자기도 의로우시며 또한 예수 믿는 자를 의롭다 하려 하심이라 그런즉 자랑할 데가 어디냐 있을 수가 없느니라 무슨 법으로냐 행위로냐 아니라 오직 믿음의 법으로니라 그러므로 사람이 의롭다 하심을 얻는 것은 율법의 행위에 있지 않고 믿음으로 되는 줄 우리가 인정하노라"(롬 3:21-28).

"또 미리 정하신 그들을 또한 부르시고 부르신 그들을 또한 의롭다 하시고 의롭다 하신 그들을 또한 영화롭게 하셨느니라 그런즉 이 일에 대하여 우리가 무슨 말 하리요 만일 하나님이 우리를 위하시면 누가 우리를 대적하리요 자기 아들을 아끼지 아니하시고 우리 모든 사람을 위하여 내주신 이가 어찌 그 아들과 함께 모든 것을 우리에게 주시지 아니하겠느냐 누가 능히 하나님께서 택하신 자들을 고발하리요 의롭다 하신 이는 하나님이시니 누가 정죄하리요 죽으실 뿐 아니라 다시 살아나신 이는 그리스도 예수시니 그는 하나님 우편에 계신 자요 우리를 위하여 간구하시는 자시니라 누가 우리를 그리스도의 사랑에서 끊으리요 환난이나 곤고나 박해나 기근이나 적신이나 위험이나 칼이랴 기록된 바 우리가 종일 주를 위하여 죽임을 당하게 되며 도살 당할 양같이 여김을 받았나이다 함과 같으니라 그러나 이 모든 일에 우리를 사랑하시는 이로 말미암아 우리가 넉넉히 이기느니라 내가 확신하노니 사망이나 생명이나 천사들이나 권세자들이나 현재 일이나 장래 일이나 능력이나 높음이나 깊음이나 다른 어떤 피조물이라도 우리를 우리 주 그리스도 예수 안에 있는 하나님의 사랑에서 끊을 수 없으리라"(롬 8:30-39).

상한 갈대 같은 성도, 꺼져가는 등불 같은 성도는 믿음으로 구원 얻고(칭의, 중생, 하나님의 자녀 됨) 믿음으로 살지 않고 세상으로 돌아가 성화에 실패한 성도들로, 이들은 주님 재림시 하늘에 이루어질 천국(βασιλεία τῶν οὐρανῶν 바실레이아 톤 우라논, kingdom of heaven)에 들어가지 못하고 대환난에 들어가지만 주님 지상 재림 시 대환난에서 구원되어 영원 천국에 들어간다.

"내게 주신 하나님의 은혜를 따라 내가 지혜로운 건축자와 같이 터를 닦아 두매 다른 이가 그 위에 세우나 그러나 각각 어떻게 그 위에 세울까를 조심할지니라 이 닦아 둔 것 외에 능히 다른 터를 닦아 둘 자가 없으니 이 터는 곧 예수 그리스도라 만일 누구든지 금이나 은이나 보석이나 나무나 풀이나 짚으로 이 터 위에 세우면 각 사람의 공적이 나타날 터인데 그날이 공적을 밝히리니 이는 불로 나타내고 그 불이 각 사람의 공적이 어떠한 것을 시험할 것임이라 만일 누구든지 그 위에 세운 공적이 그대로 있으면 상을 받고 누구든지 그 공적이 불타면 해를 받으리니 그러나 자신은 구원을 받되 불 가운데서 받은 것 같으리라"(고전 3:10-15).

하나님은 꺼져가는 등불, 상한 갈대, 나무나 풀이나 짚으로 믿음의 생활을 한 성도를 버리지 않고 구원하신다.

☙ 이사야 43장: 이스라엘 백성의 해방, 저희를 인도하실 하나님

이사야 선지자는 이스라엘이 바벨론으로부터 해방될 것을 예언하며 오직 한 분이신 여호와 하나님이 이스라엘 백성을 보호하시고 인도하실 것을 말한다.

"야곱아 너를 창조하신 여호와께서 지금 말씀하시느니라 이스라엘아 너를 지으신 이가 말씀하시느니라 너는 두려워하지 말라 내가 너를 구속하였고 내가 너를 지명하여 불렀나니 너는 내 것이라 네가 물 가운데로 지날 때에 내가 너와 함께 할 것이라 강을 건널 때에 물이 너를 침몰하지 못할 것이며 네가 불 가운데로 지날 때에 타지도 아니할 것이요 불꽃이 너를 사르지도 못하리니 대저 나는 여호와 네 하나님이요 이스라엘의 거룩한 이요 네 구원자임이라 내가 애굽을 너의 속량물로, 구스와 스바를 너를 대신하여 주었노라 네가 내 눈에 보배롭고 존귀하며 내가 너를 사랑하였은즉 내가 네 대신 사람들을 내어 주며 백성들이 네 생명을 대신하리니 두려워하지 말라 내가 너와 함께 하여 네 자손을 동쪽에서부터 오게 하며 서쪽에서부터 너를 모을 것이며 내가 북쪽에게 이르기를 내놓으라 남쪽에게 이르기를 가두어 두지 말라 내 아들들을 먼 곳에서 이끌며 내 딸들을 땅끝에서 오게 하며 내 이름으로 불려지는 모든 자 곧 내가 내 영광을 위하여 창조한 자를 오게 하라 그를 내가 지었고 그를 내가 만들었느니라"(사 43:1-7).

구원받은 성도들은 하나님이 지명하여 불러낸 하나님의 소유된 백성이다. 하나님이 성도를 보호하시고 지켜주심은 하나님이 하나님의 것을 지키시는 것이다. 성도는 주님의 보호하심을 믿고 어떤 일에도, 물을 건널 때도 불을 건널 때도, 죽을 때도 담대해야 한다.

하나님이 행하시는 새 일은 이스라엘 백성이 바벨론에서 해방되어 예루살렘으로 돌아가는 일이고 이 일은 성도가 죽음의 권세를 이기고 부활 영생하게 되는 구원의 완성을 예표한다.

"보라 내가 새 일을 행하리니 이제 나타낼 것이라 너희가 그것을 알지 못하겠느냐 반드시 내가 광야에 길을 사막에 강을 내리니 장차 들짐승 곧 승냥이와 타조도 나를 존경할 것은 내가 광야에 물을, 사막에 강들을 내어 내 백성, 내가 택한 자에게 마시게 할 것임이라 이 백성은 내가 나를 위하여 지었나니 나를 찬송하게 하려 함이니라"(사 43:19-21).

이스라엘 백성은 하나님이 하나님 찬송을 부르게 하시기 위해 창조된 사람들이다. 성도가 항상 찬송하며 주님의 은혜를 찬양해야 하는 것은 하나님이 나를 창조하신 목적을 이루어드리는 것이다. 성도여 찬양하라.

✎ 이사야 44-46장: 우상의 헛됨, 바사 왕 고레스를 통해 해방될 이스라엘

하나님만이 창조주 참신이요 사람의 손으로 만든 우상은 다 헛것이다.

하나님은 바사 왕 고레스를 사용하여 이스라엘 백성을 해방하신다.

이사야 44장 10-19절을 보면 선지자는 우상의 헛됨을 말한다.

"이 나무는 사람이 땔감을 삼는 것이거늘 그가 그것을 가지고 자기 몸을 덥게도 하고 불을 피워 떡을 굽기도 하고 신상을 만들어 경배하며 우상을 만들고 그 앞에 엎드리기도 하는구나 그중의 절반은 불에 사르고 그 절반으로는 고기를 구워 먹고 배불리며 또 몸을 덥게 하여 이르기를 아하 따뜻하다 내가 불을 보았구나 하면서 그 나머지로 신상 곧 자기의 우상을 만들고 그 앞에 엎드려 경배하며 그것에게 기도하여 이르기를 너는 나의 신이니 나를 구원하라 하는도다 그들이 알지도 못하고 깨닫지도 못함은 그들의 눈이 가려서 보지 못하며 그들의 마음이 어두워져서 깨닫지 못함이니라"(사 44:15-18).

이사야 44장 21절 이하에서 이스라엘 백성에 대한 용서와 이스라엘 백성이 바사 왕 고레스에 의해 해방될 것과 예루살렘 성전이 재건될 것을 말한다.

이사야 45장에서 고레스는 바벨론에서 이스라엘 백성을 해방하고 성전을 재건할 하나님의 종으로 온 인류를 구원하실 예수님을 예표한다.

"여호와께서 그의 기름 부음을 받은 고레스에게 이같이 말씀하시되 내가 그의 오른손을 붙들고 그 앞에 열국을 항복하게 하며 내가 왕들의 허리를 풀어 그 앞에 문들을 열고 성문들이 닫히지 못하게 하리라 내가 너보다 앞서가서 험한 곳을 평탄하게 하며 놋문을 쳐서 부수며 쇠빗장을 꺾고 네게 흑암 중의 보화와 은밀한 곳에 숨은 재물을 주어 네 이름을 부르는 자가 나 여호와 이스라엘의 하나님인 줄을 네가 알게 하리라 내가 나의 종 야곱, 내가 택한 자 이스라엘을 위하여 네 이름을 불러 너는 나를 알지 못하였을지라도 네게 칭호를 주었노라 나는 여호와라 나 외에 다른 이가 없나니 나밖에 신이 없느니라 너는 나를 알지 못하였을지라도 나는 네 띠를 동일 것이요 해 뜨는 곳에서든지 지는 곳에서든지 나 밖에 다른 이가 없는 줄을 알게 하리라 나는 여호와라 다른 이가 없느니라 나는 빛도 짓고 어둠도 창조하며 나는 평안도 짓고 환난도 창조하나니 나는 여호와라 이 모든 일들을 행하는 자니라 하였노라 하늘이여 위로부터 공의를 뿌리며 구름이여 의를 부을지어다 땅이여 열려서 구원을 싹트게 하고 공의도 함께 움 돋게 할지어다 나 여호와가 이 일을 창조하였느니라 질그릇 조각 중 한 조각 같은 자가 자기를 지으신 이와 더불어 다툴진대 화 있을진저 진흙이 토기장이에게 너는 무엇을 만드느냐 또는 네가 만든 것이 그는 손이 없다 말할 수 있겠느냐"(사 45:1-9).

이사야 45:7에 "나는 빛도 짓고 어두움도 창조하며 나는 평안도 짓고 환난도 창조하나니" 하신 말씀에서 '어두움'을 '악'(sin) 혹은 'evil'로 번역한 성경도 있다.

1) 이 말씀은 하나님이 모든 인류의 생사화복을 주관하신다는 말씀이다.

2) 하나님은 만유의 주시며, 하나님 없이는 성취된 것이 아무것도 없다는 사실이다.

"여기의 악은 죄의 악이 아니라(하나님은 죄를 지으신 분이 아니시다), 죄에 대한 처벌의 고통을 말한다"(매튜 헨리 이사야 주석. 사 45:7. 디럭스바이블)

3) '빛'과 '흑암'은 광채(光彩)의 지적으로 그 자체가 '명암'과 '환난'보다 훨씬 더 광의적 개념이요 그것은 주님이 빛과 흑암을 다만 구원과 환난(evil)의 의미로만 창조하신 것을 의미할 수 없기 때문이다. 반면에 그가 '선과 악'이라고 하시지 않고, '평안과 악'이라고 하신 사실로부터 도덕상 악의 기원에 대하여 아무것도 긍정된 것을 의미하는 것이 없음을 알게 된다. 주님이 당신을 선과 악의 절대적 창시자로가 아니라 경건한 자에게 구원을, 악한 자에게 멸망을 각각 준비하시는 심판장으로 표현하신다. 결론적으로 선지자가 이 강화의 기본적 사상을 '나 여호와는 이 모든 것을 행하는 자'라는 말로 다시 한번 강조한다(랑게 주석. 사 45:7. 디럭스바이블).

4) 하나님은 해 뜨는 데서부터 해 지는 데까지 모든 나라, 모든 왕, 모

든 민족을 주관하시는 창조주 하나님이시다.

이사야 46장에서 벨, 곧 바벨론의 우상들은 허망한 것들이며 모두 파멸될 것을 말씀한다.

하나님만이 참하나님이시다. 이스라엘 백성을 애굽에서 구원하신 옛적 일을 기억해야 한다.

"너희가 나를 누구에게 비기며 누구와 짝하며 누구와 비교하여 서로 같다 하겠느냐 사람들이 주머니에서 금을 쏟아 내며 은을 저울에 달아 도금장이에게 주고 그것으로 신을 만들게 하고 그것에게 엎드려 경배하며 그것을 들어 어깨에 메어다가 그의 처소에 두면 그것이 서 있고 거기에서 능히 움직이지 못하며 그에게 부르짖어도 능히 응답하지 못하며 고난에서 구하여 내지도 못하느니라 너희 패역한 자들아 이 일을 기억하고 장부가 되라 이 일을 마음에 두라 너희는 옛적 일을 기억하라 나는 하나님이라 나 외에 다른 이가 없느니라 나는 하나님이라 나 같은 이가 없느니라"(사 46:5-9).

☙ 이사야 47-48장: 교만한 바벨론의 멸망, 이스라엘 백성의 구원

하나님이 잠시 이스라엘 백성을 바벨론에 맡겼지만 바벨론은 교만하였고 나 외에 다른 이가 없다고 말하며 높아졌으므로 하나님이 이 바벨론을 멸하신다고 이사야는 말한다.

"딸 갈대아여 잠잠히 앉으라 흑암으로 들어가라 네가 다시는 여러 왕국의 여주인이라 일컬음을 받지 못하리라 전에 내가 내 백성에게 노하여 내 기업을 욕되게 하여 그들을 네 손에 넘겨 주었거늘 네가 그들을 긍휼히 여기지 아니하고 늙은이에게 네 멍에를 심히 무겁게 메우며 말하기를 내가 영영히 여주인이 되리라 하고 이 일을 네 마음에 두지도 아니하며 그들의 종말도 생각하지 아니하였도다 그러므로 사치하고 평안히 지내며 마음에 이르기를 나뿐이라 나 외에 다른 이가 없도다 나는 과부로 지내지도 아니하며 자녀를 잃어버리는 일도 모르리라 하는 자여 너는 이제 들을지어다 한 날에 갑자기 자녀를 잃으며 과부가 되는 이 두 가지 일이 네게 임할 것이라 네가 무수한 주술과 많은 주문을 빌릴지라도 이 일이 온전히 네게 임하리라 네가 네 악을 의지하고 스스로 이르기를 나를 보는 자가 없다 하나니 네 지혜와 네 지식이 너를 유혹하였음이라 네 마음에 이르기를 나뿐이라 나 외에 다른 이가 없다 하였으므로 재앙이 네게 임하리라 그러나 네가 그 근원을 알지 못할 것이며 손해가 네게 이르리라 그러나 이를 물리칠 능력이 없을 것이며 파멸이 홀연히 네게 임하리라 그러나 네가 알지 못할 것이니라"(사 47:5-11).

🙠 이사야 48장: 알파와 오메가 하나님이 마침내 행하시는 새 일, 바벨론 멸망, 이스라엘 해방

처음과 나중(알파와 오메가)이신 하나님, 천지의 기초를 놓으신 하나님이 이스라엘 백성의 죄를 길이 참으시고 마침내 행하실 새 일로 바벨론을 멸하시고 이스라엘 백성은 바벨론에서 해방될 것을 말씀한다.

"네가 들었으니 이 모든 것을 보라 너희가 선전하지 아니하겠느냐 이제부터 내가 새 일 곧 네가 알지 못하던 은비한 일을 네게 듣게 하노니 이 일들은 지금 창조된 것이요 옛것이 아니라 오늘 이전에는 네가 듣지 못하였으니 이는 네가 말하기를 내가 이미 알았노라 하지 못하게 하려 함이라 네가 과연 듣지도 못하였고 알지도 못하였으며 네 귀가 옛적부터 열리지 못하였나니 이는 네가 정녕 배신하여 모태에서부터 네가 배역한 자라 불린 줄을 내가 알았음이라 내 이름을 위하여 내가 노하기를 더디 할 것이며 내 영광을 위하여 내가 참고 너를 멸절하지 아니하리라 보라 내가 너를 연단하였으나 은처럼 하지 아니하고 너를 고난의 풀무 불에서 택하였노라 나는 나를 위하며 나를 위하여 이를 이룰 것이라 어찌 내 이름을 욕되게 하리요 내 영광을 다른 자에게 주지 아니하리라 야곱아 내가 부른 이스라엘아 내게 들으라 나는 그니 나는 처음이요 또 나는 마지막이라 과연 내 손이 땅의 기초를 정하였고 내 오른손이 하늘을 폈나니 내가 그들을 부르면 그것들이 일제히 서느니라 너희는 다 모여 들으라 나 여호와가 사랑하는 자는 나의 기뻐하는 뜻을 바벨론에 행하리니 그의 팔이 갈대아인에게 임할 것이라 그들 중에 누가 이 일들을 알게 하였느냐 나 곧 내가 말하였고 또 내가 그를 부르며 그를 인도하였나니 그 길이 형통하리라"(사 48:6-15).

"너희는 바벨론에서 나와서 갈대아인을 피하고 즐거운 소리로 이를 알게 하여 들려 주며 땅끝까지 반포하여 이르기를 여호와께서 그의 종 야곱을 구속하셨다 하라 여호와께서 그들을 사막으로 통과하게 하시던 때에 그들이 목마르지 아니하게 하시되 그들을 위하여 바위에서 물이 흘러나게 하시며 바위를 쪼개사 물이 솟아나게 하셨느니라"(사 48:20-21).

☙ 이사야 49-52장: 잊어버릴 수 없는 이스라엘, 이스라엘의 구원, 고난의 그리스도 메시아

이 여러 장에서 이사야 선지자는 이스라엘 백성의 구원과 승리를 메시아의 오심에 연계하여 말씀한다.

"섬들아 내게 들으라 먼 곳 백성들아 귀를 기울이라 여호와께서 태에서부터 나를 부르셨고 내 어머니의 복중에서부터 내 이름을 기억하셨으며 내 입을 날카로운 칼 같이 만드시고 나를 그의 손 그늘에 숨기시며 나를 갈고 닦은 화살로 만드사 그의 화살통에 감추시고 내게 이르시되 너는 나의 종이요 내 영광을 네 속에 나타낼 이스라엘이라 하셨느니라 그러나 나는 말하기를 내가 헛되이 수고하였으며 무익하게 공연히 내 힘을 다하였다 하였도다 참으로 나에 대한 판단이 여호와께 있고 나의 보응이 나의 하나님께 있느니라 이제 여호와께서 말씀하시나니 그는 태에서부터 나를 그의 종으로 지으신 이시요 야곱을 그에게로 돌아오게 하시는 이시니 이스라엘이 그에게로 모이는도다 그러므로 내가 여호와 보시기에 영화롭게 되었으며 나의 하나님은 나의 힘이 되셨도다 그가 이르시되 네가 나의 종이 되어 야곱의 지파들을 일으키며 이스라엘 중에 보전된 자를 돌아오게 할 것은 매우 쉬운 일이라 내가 또 너를 이방의 빛으로 삼아 나의 구원을 베풀어서 땅끝까지 이르게 하리라"(사 49:1-6).

이스라엘 백성은 하나님이 결코 잊지 않으시는 하나님의 백성이다. 성도가 이스라엘 백성이다. 잠시 욱여쌈을 당하여도 여호와로 인해 곧 승리하게 된다.

"여인이 어찌 그 젖 먹는 자식을 잊겠으며 자기 태에서 난 아들을 긍휼히 여기지 않겠느냐 그들은 혹시 잊을지라도 나는 너를 잊지 아니할 것이라 내가 너를 내 손바닥에 새겼고 너의 성벽이 항상 내 앞에 있나니 네 자녀들은 빨리 걸으며 너를 헐며 너를 황폐하게 하던 자들은 너를 떠나가리라"(사 49:15-17).

메시아 그리스도를 통해 구원받은 이스라엘 백성들, 그리스도를 주로 받아 구원받은 성도들은 결국 다 하나님께로 돌아오게 된다. 구원은 하나님이 시작하셨기 때문에 하나님이 완성하신다(빌 1:6).

한 달란트 받은 종, 기름을 준비하지 못한 미련한 신부들, 하나님의 잔치 자리에 들어갈 예복을 벗어버린 종 같은 성도들, 신앙으로 산다고 하다가 세상으로 돌아가 종말에 불타버릴 나무나 풀이나 짚으로 신앙의 집을 지은 성도도 결국 모두 하나님이 택한 야곱의 자손으로 바벨론에서 해방되는 이스라엘 백성같이 결국은 다 구원될 것(부끄러운 구원, 불 가운데서의 구원 고전 3:10-15)을 이 말씀이 예표한다.

이사야 선지자는 메시아가 당할 고난을 예언한다.

"이스라엘의 구속자 이스라엘의 거룩한 이이신 여호와께서 사람에게
멸시를 당하는 자, 백성에게 미움을 받는 자, 관원들에게 종이 된 자에
게 이같이 이르시되 왕들이 보고 일어서며 고관들이 경배하리니 이는
이스라엘의 거룩하신 이 신실하신 여호와 그가 너를 택하였음이니라"
(사 49:7).
"나를 때리는 자들에게 내 등을 맡기며 나의 수염을 뽑는 자들에게 나
의 뺨을 맡기며 모욕과 침 뱉음을 당하여도 내 얼굴을 가리지 아니하였
느니라 주 여호와께서 나를 도우시므로 내가 부끄러워하지 아니하고
내 얼굴을 부싯돌같이 굳게 하였으므로 내가 수치를 당하지 아니할 줄
아노라"(사 50:6-7).

하나님은 바벨론에서 포로로 고난당하는 이스라엘 백성은 하나님이
아들을 못 낳을 것 같은 아브라함과 사라에게서 이스라엘 백성이 나온
것을 생각하고 낙심하지 말라고 위로해 주신다. 만군의 여호와 하나님은
속히 하나님이 택하신 이스라엘 백성이 해방되어 기뻐할 것을 말씀한다.

"의를 따르며 여호와를 찾아 구하는 너희는 내게 들을지어다 너희를
떠낸 반석과 너희를 파낸 우묵한 구덩이를 생각하여 보라 너희의 조상
아브라함과 너희를 낳은 사라를 생각하여 보라 아브라함이 혼자 있을
때에 내가 그를 부르고 그에게 복을 주어 창성하게 하였느니라 나 여호
와가 시온의 모든 황폐한 곳들을 위로하여 그 사막을 에덴 같게, 그 광
야를 여호와의 동산 같게 하였나니 그 가운데에 기뻐함과 즐거워함과
감사함과 창화하는 소리가 있으리라"(사 51:1-3).
"하늘을 펴고 땅의 기초를 정하고 너를 지은 자 여호와를 어찌하여 잊
어버렸느냐 너를 멸하려고 준비하는 저 학대자의 분노를 어찌하여 항
상 종일 두려워하느냐 학대자의 분노가 어디 있느냐 결박된 포로가 속

히 놓일 것이니 죽지도 아니할 것이요 구덩이로 내려가지도 아니할 것이며 그의 양식이 부족하지도 아니하리라 나는 네 하나님 여호와라 바다를 휘저어서 그 물결을 뒤흔들게 하는 자이니 그의 이름은 만군의 여호와니라 내가 내 말을 네 입에 두고 내 손 그늘로 너를 덮었나니 이는 내가 하늘을 펴며 땅의 기초를 정하며 시온에게 이르기를 너는 내 백성이라 말하기 위함이니라"(사 51:13-16).

"좋은 소식을 전하며 평화를 공포하며 복된 좋은 소식을 가져오며 구원을 공포하며 시온을 향하여 이르기를 네 하나님이 통치하신다 하는 자의 산을 넘는 발이 어찌 그리 아름다운가 네 파수꾼들의 소리로다 그들이 소리를 높여 일제히 노래하니 이는 여호와께서 시온으로 돌아오실 때에 그들의 눈이 마주 보리로다 너 예루살렘의 황폐한 곳들아 기쁜 소리를 내어 함께 노래할지어다 이는 여호와께서 그의 백성을 위로하셨고 예루살렘을 구속하셨음이라"(사 52:7-9).

✿ 이사야 53장: 고난의 종 그리스도

이사야 53장은 고난받는 예수 그리스도에 대한 예언의 말씀으로 이사야가 선지자로 부름받은 해, 웃시야 왕이 죽던 해(BC 739)를 기점으로 생각하면 예수님이 속죄 제물로 십자가에서 피 흘려 죽으시기 약 760년 전에, 760년 후에 예수님이 고난당하는 모습을 눈으로 보고 기록한 것같이 무섭도록 정확하게 예언하고 있다.

"그는 주 앞에서 자라나기를 연한 순 같고 마른 땅에서 뿌리 같아서 고운 모양도 없고 풍채도 없은즉 우리가 보기에 흠모할 만한 아름다운 것이 없도다 그는 멸시를 받아 사람들에게 버림 받았으며 간고를 많이 겪었으며 질고를 아는 자라 마치 사람들이 그에게서 얼굴을 가리는 것 같이 멸시를 당하였고 우리도 그를 귀히 여기지 아니하였도다 그는 실로 우리의 질고를 지고 우리의 슬픔을 당하였거늘 우리는 생각하기를 그는 징벌을 받아 하나님께 맞으며 고난을 당한다 하였노라 그가 찔림은 우리의 허물 때문이요 그가 상함은 우리의 죄악 때문이라 그가 징계를 받으므로 우리는 평화를 누리고 그가 채찍에 맞으므로 우리는 나음을 받았도다 우리는 다 양 같아서 그릇 행하여 각기 제 길로 갔거늘 여호와께서는 우리 모두의 죄악을 그에게 담당시키셨도다 그가 곤욕을 당하여 괴로울 때에도 그의 입을 열지 아니하였음이여 마치 도수장으로 끌려가는 어린 양과 털 깎는 자 앞에서 잠잠한 양같이 그의 입을 열지 아니하였도다 그는 곤욕과 심문을 당하고 끌려갔으나 그 세대 중에 누가 생각하기를 그가 살아 있는 자들의 땅에서 끊어짐은 마땅히 형벌 받을 내 백성의 허물 때문이라 하였으리요 그는 강포를 행하지 아니하였고 그의 입에 거짓이 없었으나 그의 무덤이 악인들과 함께 있었으며 그가 죽은 후에 부자와 함께 있었도다 여호와께서 그에게 상함을 받게 하시기를 원하사 질고를 당하게 하셨은즉 그의 영혼을 속건제물로 드리기에 이르면 그가 씨를 보게 되며 그의 날은 길 것이요 또 그의 손으로 여호와께서 기뻐하시는 뜻을 성취하리로다 그가 자기 영혼의 수고한 것을 보고 만족하게 여길 것이라 나의 의로운 종이 자기 지식으로 많은 사람을 의롭게 하며 또 그들의 죄악을 친히 담당하리로다 그러므로 내가 그에게 존귀한 자와 함께 몫을 받게 하며 강한 자와 함께 탈취한 것을 나누게 하리니 이는 그가 자기 영혼을 버려 사망에 이르게 하며 범죄자 중 하나로 헤아림을 받았음이니라 그러나 그가 많은 사람의 죄를 담당하며 범죄자를 위하여 기도하였느니라"(사 53:2-12).

"그는 주 앞에서 자라나기를 연한 순 같고 마른 땅에서 나온 줄기 같아서 고운 모양도 없고 풍채도 없은즉 우리의 보기에 흠모할 만한 아름다운 것이 없도다."

예수님은 가난한 목수 요셉의 아들로 베들레헴 말구유에서 탄생하셨고 나사렛 작은 마을에서 목수로 사셨다. 예수님에게는 고운 모양이나 풍채가 없었다. 예수님은 연한 순 같았고 마른 땅에서 돋아난 줄기 같았다.

예수님은 마지막 순간에 로마 병정들과 유대인들에게 심한 멸시와 조롱을 받으셨다.

"그는 멸시를 받아 사람들에게 버림받았으며 간고를 많이 겪었으며 질고를 아는 자라 마치 사람들이 그에게서 얼굴을 가리는 것같이 멸시를 당하였고 우리도 그를 귀히 여기지 아니하였도다"(사 53:3).

"예수께서 침묵하시거늘 대제사장이 이르되 내가 너로 살아 계신 하나님께 맹세하게 하노니 네가 하나님의 아들 그리스도인지 우리에게 말하라 예수께서 이르시되 네가 말하였느니라 그러나 내가 너희에게 이르노니 이후에 인자가 권능의 우편에 앉아 있는 것과 하늘 구름을 타고 오는 것을 너희가 보리라 하시니 이에 대제사장이 자기 옷을 찢으며 이르되 그가 신성모독 하는 말을 하였으니 어찌 더 증인을 요구하리요 보라 너희가 지금 이 신성모독 하는 말을 들었도다 너희 생각은 어떠하냐 대답하여 이르되 그는 사형에 해당하니라 하고 이에 예수의 얼굴에 침 뱉으며 주먹으로 치고 어떤 사람은 손바닥으로 때리며 이르되 그리스도야 우리에게 선지자 노릇을 하라 너를 친 자가 누구냐 하더라"(마 26:63-68).

"이에 바라바는 그들에게 놓아주고 예수는 채찍질하고 십자가에 못 박히게 넘겨 주니라 이에 총독의 군병들이 예수를 데리고 관정 안으로 들어가서 온 군대를 그에게로 모으고 그의 옷을 벗기고 홍포를 입히며 가시관을 엮어 그 머리에 씌우고 갈대를 그 오른손에 들리고 그 앞에서 무릎을 꿇고 희롱하여 이르되 유대인의 왕이여 평안할지어다 하며 그에게 침 뱉고 갈대를 빼앗아 그의 머리를 치더라 희롱을 다 한 후 홍포를 벗기고 도로 그의 옷을 입혀 십자가에 못 박으려고 끌고 나가니라"(마 27:26-31).

"그가 찔림은 우리의 허물 때문이요 그가 상함은 우리의 죄악 때문이라 그가 징계를 받으므로 우리는 평화를 누리고 그가 채찍에 맞으므로 우리는 나음을 받았도다 우리는 다 양 같아서 그릇 행하여 각기 제 길로 갔거늘 여호와께서는 우리 무리의 죄악을 그에게 담당시키셨도다 그가 곤욕을 당하여 괴로울 때에도 그 입을 열지 아니하였음이여 마치 도수장으로 끌려가는 어린 양과 털 깎는 자 앞에 잠잠한 양같이 그 입을 열지 아니하였도다 그가 곤욕과 심문을 당하고 끌려갔으니 그 세대 중에 누가 생각하기를 그가 살아 있는 자들의 땅에서 끊어짐은 마땅히 형벌 받을 내 백성의 허물 때문이라 하였으리요"(사 53:5-8).

예수님이 당하신 고난은 우리의 죄를 대신한 고난이었다.

"예수는 우리가 범죄한 것 때문에 내줌이 되고 또한 우리를 의롭다 하시기 위하여 살아나셨느니라"(롬 4:25).
"우리가 아직 연약할 때에 기약대로 그리스도께서 경건하지 않은 자를 위하여 죽으셨도다 의인을 위하여 죽는 자가 쉽지 않고 선인을 위하여 용감히 죽는 자가 혹 있거니와 우리가 아직 죄인 되었을 때에 그리스도께서 우리를 위하여 죽으심으로 하나님께서 우리에 대한 자기의 사랑을 확증하셨느니라"(롬 5:6-8).
"내가 받은 것을 먼저 너희에게 전하였노니 이는 성경대로 그리스도께서 우리 죄를 위하여 죽으시고"(고전 15:3).
"그리스도의 사랑이 우리를 강권하시는도다 우리가 생각하건대 한 사람이 모든 사람을 대신하여 죽었은즉 모든 사람이 죽은 것이라 그가 모든 사람을 대신하여 죽으심은 살아 있는 자들로 하여금 다시는 그들 자신을 위하여 살지 않고 오직 그들을 대신하여 죽었다가 다시 살아나신 이를 위하여 살게 하려 함이라"(고후 5:14-15).
"하나님이 죄를 알지도 못하신 이를 우리를 대신하여 죄로 삼으신 것은 우리로 하여금 그 안에서 하나님의 의가 되게 하려 하심이니라"(고후 5:21).
"그리스도께서 하나님 곧 우리 아버지의 뜻을 따라 이 악한 세대에서 우리를 건지시려고 우리 죄를 대속하기 위하여 자기 몸을 주셨으니"(갈 1:4).

"그는 죄를 범하지 아니하시고 그 입에 거짓도 없으시며 욕을 당하시되 맞대어 욕하지 아니하시고 고난을 당하시되 위협하지 아니하시고 오직 공의로 심판하시는 이에게 부탁하시며 친히 나무에 달려 그 몸으로 우리 죄를 담당하셨으니 이는 우리로 죄에 대하여 죽고 의에 대하여 살게 하려 하심이라 그가 채찍에 맞음으로 너희는 나음을 얻었나니 너희가 전에는 양과 같이 길을 잃었더니 이제는 너희 영혼의 목자와 감독 되신 이에게 돌아왔느니라"(벧전 2:22-25).

"그리스도께서도 단번에 죄를 위하여 죽으사 의인으로서 불의한 자를 대신하셨으니 이는 우리를 하나님 앞으로 인도하려 하심이라 육체로는 죽임을 당하시고 영으로는 살리심을 받으셨으니"(벧전 3:18).

"그가 곤욕을 당하여 괴로울 때에도 그 입을 열지 아니하였음이여 마치 도수장으로 끌려가는 어린 양과 털 깎는 자 앞에 잠잠한 양같이 그 입을 열지 아니하였도다."

예수님은 억울하게 정죄되어도 한마디도 대답하지 않고 잠잠하셨다.

"대제사장들과 장로들에게 고발을 당하되 아무 대답도 아니하시는지라 이에 빌라도가 이르되 그들이 너를 쳐서 얼마나 많은 것으로 증언하는지 듣지 못하느냐 하되 한 마디도 대답하지 아니하시니 총독이 크게 놀라워하더라"(마 27:12-14).

"그는 강포를 행치 아니하였고 그 입에 궤사가 없었으나 그 무덤이 악인과 함께 되었으며 그 묘실이 부자와 함께 되었도다."

예수님은 강도 둘과 함께 십자가에 달리셨고, 아리마대 부자 요셉의 무덤에 장사지내졌다.

"그중에는 막달라 마리아와 또 야고보와 요셉의 어머니 마리아와 또 세베대의 아들들의 어머니도 있더라 저물었을 때에 아리마대의 부자

요셉이라 하는 사람이 왔으니 그도 예수의 제자라 빌라도에게 가서 예수의 시체를 달라 하니 이에 빌라도가 내주라 명령하거늘 요셉이 시체를 가져다가 깨끗한 세마포로 싸서 바위 속에 판 자기 새 무덤에 넣어 두고 큰 돌을 굴려 무덤 문에 놓고 가니"(마 27:56-60).

"여호와께서 그로 상함을 받게 하시기를 원하사 질고를 당케 하셨은즉 그 영혼을 속건제물로 드리기에 이르면 그가 그 씨를 보게 되며 그날은 길 것이요 또 그의 손으로 여호와의 뜻을 성취하리로다."
예수님이 십자가에서 죽은 것은 예수님이 하나님의 뜻을 따라 우리의 죄를 대신한 속건제물이 되신 것이다.

"그리스도께서는 장래 좋은 일의 대제사장으로 오사 손으로 짓지 아니한 것 곧 이 창조에 속하지 아니한 더 크고 온전한 장막으로 말미암아 염소와 송아지의 피로 하지 아니하고 오직 자기의 피로 영원한 속죄를 이루사 단번에 성소에 들어가셨느니라 염소와 황소의 피와 및 암송아지의 재를 부정한 자에게 뿌려 그 육체를 정결하게 하여 거룩하게 하거든 하물며 영원하신 성령으로 말미암아 흠 없는 자기를 하나님께 드린 그리스도의 피가 어찌 너희 양심을 죽은 행실에서 깨끗하게 하고 살아 계신 하나님을 섬기게 하지 못하겠느냐 이로 말미암아 그는 새 언약의 중보자시니 이는 첫 언약 때에 범한 죄에서 속량하려고 죽으사 부르심을 입은 자로 하여금 영원한 기업의 약속을 얻게 하려 하심이라"(히 9:11-15).
"그러므로 주께서 세상에 임하실 때에 이르시되 하나님이 제사와 예물을 원하지 아니하시고 오직 나를 위하여 한 몸을 예비하셨도다 번제와 속죄제는 기뻐하지 아니하시나니 이에 내가 말하기를 하나님이여 보시옵소서 두루마리 책에 나를 가리켜 기록된 것과 같이 하나님의 뜻을 행하러 왔나이다 하셨느니라 위에 말씀하시기를 주께서는 제사와 예물과 번제와 속죄제는 원하지도 아니하고 기뻐하지도 아니하신다 하셨고 (이는 다 율법을 따라 드리는 것이라) 그 후에 말씀하시기를 보시옵소서 내가 하나님의 뜻을 행하러 왔나이다 하셨으니 그 첫째 것을 폐하심은 둘째 것을 세우려 하심이라 이 뜻을 따라 예수 그리스도의 몸을 단번에 드리심으로 말미암아 우리가 거룩함을 얻었노라"(히 10:5-10).

"나의 의로운 종이 자기 지식으로 많은 사람을 의롭게 하며 또 그들의 죄악을 친히 담당하리로다 그러므로 내가 그에게 존귀한 자와 함께 몫을 받게 하며 강한 자와 함께 탈취한 것을 나누게 하리니 이는 그가 자기 영혼을 버려 사망에 이르게 하며 범죄자 중 하나로 헤아림을 받았음이니라 그러나 그가 많은 사람의 죄를 담당하며 범죄자를 위하여 기도하였느니라"(사 53:11-10).

예수님의 고난은 우리의 죄를 대신한 고난이었고 예수님은 마지막 자신의 손에 못을 박는 로마병정의 죄까지 용서를 기도하셨다.

"또 다른 두 행악자도 사형을 받게 되어 예수와 함께 끌려가니라 해골이라 하는 곳에 이르러 거기서 예수를 십자가에 못 박고 두 행악자도 그렇게 하니 하나는 우편에, 하나는 좌편에 있더라 이에 예수께서 이르시되 아버지 그들을 사하여 주옵소서 자기들이 하는 것을 알지 못함이니이다 하시더라"(눅 23:32-34).

1. 미움을 이기는 지점

성화의 생활에서 미움의 사건은 성도 누구나 만나는 사건이다. 우리가 어떻게 정말로 미운 사람을 용서할 수 있을까? 우리가 미움을 이기고 용서할 수 있는 지점은 "자기의 하는 것을 알지 못함이니이다" 하고 예수님 손에 못을 박는 로마 병정을 용서하신 주님의 기도다.

미운 사람이 내게 미운 행동을 한 것은, 그가 알지 못해서, 그가 나한테 한 일이 얼마나 잘못된 일이고 얼마나 해서는 안 되는 일인지 알지 못해서 한 일이라고 생각하면 용서가 가능하다. 알지 못하고 한 일을 문제 삼으면 그 문제 삼는 사람이 잘못하는 것이다.

"자기의 하는 것을 알지 못함이니이다."

이 지점이 용서의 출발점이다.

미움을 이기는 또 다른 길이 있다.

다윗이 죄 없는 자기를 잡아 죽이려고 3천 명의 군사를 이끌고 추격해 오는 사울 왕을 죽일 수 있는 두 번의 아주 좋은 기회가 있었다.

"사울이 온 이스라엘에서 택한 사람 삼천 명을 거느리고 다윗과 그의 사람들을 찾으러 들염소 바위로 갈새 길 가 양의 우리에 이른즉 굴이 있는지라 사울이 뒤를 보러 들어가니라 다윗과 그의 사람들이 그 굴 깊은 곳에 있더니 다윗의 사람들이 이르되 보소서 여호와께서 당신에게 이르시기를 내가 원수를 네 손에 넘기리니 네 생각에 좋은 대로 그에게 행하라 하시더니 이것이 그날이니이다 하니 다윗이 일어나서 사울의 겉옷 자락을 가만히 베니라 그리 한 후에 사울의 옷자락 벰으로 말미암아 다윗의 마음이 찔려 자기 사람들에게 이르되 내가 손을 들어 여호와의 기름 부음을 받은 내 주를 치는 것은 여호와께서 금하시는 것이니 그는 여호와의 기름 부음을 받은 자가 됨이니라 하고 다윗이 이 말로 자기 사람들을 금하여 사울을 해하지 못하게 하니라 사울이 일어나 굴에서 나가 자기 길을 가니라 그 후에 다윗도 일어나 굴에서 나가 사울의 뒤에서 외쳐 이르되 내 주 왕이여 하매 사울이 돌아보는지라 다윗이 땅에 엎드려 절하고 다윗이 사울에게 이르되 보소서 다윗이 왕을 해하려 한다고 하는 사람들의 말을 왕은 어찌하여 들으시나이까 오늘 여호와께서 굴에서 왕을 내 손에 넘기신 것을 왕이 아셨을 것이니이다 어떤 사람이 나를 권하여 왕을 죽이라 하였으나 내가 왕을 아껴 말하기를 나는 내 손을 들어 내 주를 해하지 아니하리니 그는 여호와의 기름 부음을 받은 자이기 때문이라 하였나이다 내 아버지여 보소서 내 손에 있는 왕의 옷자락을 보소서 내가 왕을 죽이지 아니하고 겉옷 자락만 베었은즉 내 손에 악이나 죄과가 없는 줄을 오늘 아실지니이다 왕은 내 생명을 찾아 해하려 하시나 나는 왕에게 범죄한 일이 없나이다 여호와께서는 나와 왕 사이를 판단하사 여호와께서 나를 위하여 왕에게 보복하시려니와 내 손으로는 왕을 해하지 않겠나이다 옛 속담에 말하기를 악은 악인에게서 난다 하였으니 내 손이 왕을 해하지 아니하리이다 이스라엘 왕이 누구를 따라 나왔으며 누구의 뒤를 쫓나이까 죽은 개나 벼룩을 쫓음이니이다 그런즉 여호와께서 재판장이 되어 나와 왕 사이에 심판하사 나의 사정을 살펴 억울함을 풀어 주시고 나를 왕의 손에서 건지시기를 원하나이다 하니라 다윗이 사울에게 이같이 말하기를 마치매 사울이 이르되 내 아들 다윗아 이것이 네 목소리냐 하고 소리를 높여 울며 다윗에게 이르되 나는 너를 학대하되 너는 나를 선대하니 너는 나보다 의롭도다 네가 나 선대한 것을 오늘 나타냈나니 여호와께서 나를 네 손에 넘기셨으나 네가 나를 죽이지 아니하였도다 사람이 그의 원수를 만나면 그를 평안히 가게 하겠느냐 네가 오늘 내게 행한 일로 말미암아 여호와께서 네게 선으로 갚으시기를 원하노라 보라 나는 네가 반드시 왕이 될 것을 알고 이스라엘 나라가 네 손에 견고히 설 것을 아노니 그런즉 너는 내 후손을 끊지 아니하며 내 아버지의 집에서 내 이름을 멸하지 아니할 것을 이제 여호와의 이름으로 내게 맹세하라 하니라 다윗이 사울에게 맹세하매 사울은 집으로 돌아가고 다윗과 그의 사람들은 요새로 올라가니라"(삼상 24:2-22).

다윗은 죄 없는 자기를 죽이려고 찾아온 사울을 죽일 수 있었는데 죽이지 않고 재판장 되신 여호와께 사울 왕을 맡긴다.

"여호와께서는 나와 왕 사이를 판단하사 여호와께서 나를 위하여 왕에게 보복하시려니와 내 손으로는 왕을 해하지 않겠나이다"(삼상 24:12).
"여호와께서 재판장이 되어 나와 왕 사이에 판결하사 나의 사정을 살펴 억울함을 풀어주시고 나를 왕의 손에서 건지시기를 원하나이다"(삼상 24:15).
"이에 다윗이 헷 사람 아히멜렉과 스루야의 아들 요압의 아우 아비새에게 물어 이르되 누가 나와 더불어 진영에 내려가서 사울에게 이르겠느냐 하니 아비새가 이르되 내가 함께 가겠나이다 다윗과 아비새가 밤에 그 백성에게 나아가 본즉 사울이 진영 가운데 누워 자고 창은 머리 곁 땅에 꽂혀 있고 아브넬과 백성들은 그를 둘러 누웠는지라 아비새가 다윗에게 이르되 하나님이 오늘 당신의 원수를 당신의 손에 넘기셨나이다 그러므로 청하오니 내가 창으로 그를 찔러서 단번에 땅에 꽂게 하소서 내가 그를 두 번 찌를 것이 없으리이다 하니 다윗이 아비새에게 이르되 죽이지 말라 누구든지 손을 들어 여호와의 기름 부음 받은 자를 치면 죄가 없겠느냐 하고 다윗이 또 이르되 여호와께서 살아 계심을 두고 맹세하노니 여호와께서 그를 치시리니 혹은 죽을 날이 이르거나 또는 전장에 나가서 망하리라 내가 손을 들어 여호와의 기름 부음 받은 자를 치는 것을 여호와께서 금하시나니 너는 그의 머리 곁에 있는 창과 물병만 가지고 가자 하고 다윗이 사울의 머리 곁에서 창과 물병을 가지고 떠나가되 아무도 보거나 눈치 채지 못하고 깨어 있는 사람도 없었으니 이는 여호와께서 그들을 깊이 잠들게 하셨으므로 그들이 다 잠들어 있었기 때문이었더라"(삼상 26:6-12).

다윗은 또 한 번 사울 왕을 죽일 수 있는 자리에서 사울 왕을 죽이지 않고 살아 계신 여호와께 사울 왕을 맡긴다.

"여호와께서 살아 계심을 두고 맹세하노니 여호와께서 그를 치시리니 혹은 죽을 날이 이르거나 또는 전장에 나가서 망하리라 내가 손을 들어 여호와의 기름 부음 받은 자를 치는 것을 여호와께서 금하시나니"(삼상 26:10-11).

주님은 이렇게 말씀하신다.

"또 네 이웃을 사랑하고 네 원수를 미워하라 하였다는 것을 너희가 들

었으나 나는 너희에게 이르노니 너희 원수를 사랑하며 너희를 박해하
는 자를 위하여 기도하라 이같이 한즉 하늘에 계신 너희 아버지의 아들
이 되리니 이는 하나님이 그 해를 악인과 선인에게 비추시며 비를 의로
운 자와 불의한 자에게 내려주심이라 너희가 너희를 사랑하는 자를 사
랑하면 무슨 상이 있으리요 세리도 이같이 아니하느냐 또 너희가 너희
형제에게만 문안하면 남보다 더하는 것이 무엇이냐 이방인들도 이같
이 아니하느냐 그러므로 하늘에 계신 너희 아버지의 온전하심과 같이
너희도 온전하라"(마 5:43-48).

주님은 마태복음 18장에서 일만 달란트 빚진 자의 비유로 용서를 교훈
하시고 주님의 기도문에서 "우리가 우리에게 죄 지은 자를 사하여 준 것
같이 우리 죄를 사하여 주옵시고" 하는 말씀으로 용서의 교훈을 하신다.
하나님의 말씀 로마서에서 하나님은 이렇게 말씀하신다.

"내 사랑하는 자들아 너희가 친히 원수를 갚지 말고 하나님의 진노하
심에 맡기라 기록되었으되 원수 갚는 것이 내게 있으니 내가 갚으리라
고 주께서 말씀하시니라 네 원수가 주리거든 먹이고 목마르거든 마시
게 하라 그리함으로 네가 숯불을 그 머리에 쌓아 놓으리라 악에게 지지
말고 선으로 악을 이기라"(롬 12:19-21).

우리가 미움을 이길 수 있는 길은 원수를 내가 갚지 않고 절대 공의로
우신 여호와께 맡기는 것이다.
사울은 미움을 키워 멸망했고, 다윗은 미움을 여호와께 맡겨 승리하
였다.
이사야 선지자가 예수님이 당할 고난을 말한 것은 예수님이 고난당하
시기 760여 년 전의 일이다. 그런데 이사야의 이 예언은 마치 예수님의 고
난을 눈으로 보며 생중계한 것같이 예수님의 고난의 사건과 소름이 끼치
도록 너무도 무섭게 일치한다. 이 얼마나 두려운 하나님의 말씀인가.

이사야 53장에서 주님의 고난이 정확하게 예언된 것은 하나님이 예수 그리스도를 통하여 인류를 구원할 계획이 그 섭리대로 정확하게 이루어질 것을 가르쳐준다.

🐦 이사야 54장: 백성의 귀환, 주님을 신랑으로 맞이할 예표

이사야 선지자는 이제 이스라엘 백성으로 하나님 앞에 회복된 영광을 찬양한다.

이제 이스라엘 백성에게 하나님의 진노의 때는 끝났고 하나님은 다시 저희를 향해 진노하지 않으실 것이며 하나님이 과부 된 이스라엘 백성의 남편으로 저희에게 긍휼을 베푸실 것이다. 잉태하지 못한 여자, 아이를 낳아 기르며 수고하지 못한 이에게도 더 많은 자녀들이 생길 것이다. 이스라엘 백성은 이제 장막과 장막 터를 넓히며 하나님을 찬양해야 한다.

"잉태하지 못하며 출산하지 못한 너는 노래할지어다 산고를 겪지 못한 너는 외쳐 노래할지어다 이는 홀로 된 여인의 자식이 남편 있는 자의 자식보다 많음이라 여호와께서 말씀하셨느니라 네 장막터를 넓히며 네 처소의 휘장을 아끼지 말고 널리 펴되 너의 줄을 길게 하며 너의 말뚝을 견고히 할지어다 이는 네가 좌우로 퍼지며 네 자손은 열방을 얻으며 황폐한 성읍들을 사람 살 곳이 되게 할 것임이라 두려워하지 말라 네가 수치를 당하지 아니하리라 놀라지 말라 네가 부끄러움을 보지 아니하리라 네가 네 젊었을 때의 수치를 잊겠고 과부 때의 치욕을 다시 기억함이 없으리니 이는 너를 지으신 이가 네 남편이시라 그의 이름은 만군의 여호와이시며 네 구속자는 이스라엘의 거룩한 이시라 그는 온 땅의 하나님이라 일컬음을 받으실 것이라 여호와께서 너를 부르시되 마치 버림을 받아 마음에 근심하는 아내 곧 어릴 때에 아내가 되었다가 버림을 받은 자에게 함과 같이 하실 것임이라 네 하나님께서 말씀하셨느니라 내가 잠시 너를 버렸으나 큰 긍휼로 너를 모을 것이요 내가 넘치는 진노로 내 얼굴을 네게서 잠시 가렸으나 영원한 자비로 너를 긍휼히 여기리라 네 구속자 여호와께서 말씀하셨느니라 이는 내게 노아의 홍수와 같도다 내가 다시는 노아의 홍수로 땅 위에 범람하지 못하게 하리라 맹세한 것 같이 내가 네게 노하지 아니하며 너를 책망하지 아니하기로 맹세하였노니 산들이 떠나며 언덕들은 옮겨질지라도 나의 자비는 네게서 떠나지 아니하며 나의 화평의 언약은 흔들리지 아니하리라 너를 긍휼히 여기시는 여호와께서 말씀하셨느니라"(사 54:1-10).

이사야 54장의 말씀은 마지막 날 예수님이 성도들의 신랑으로 재림하실 때 성도들이 천국 잔치에 참여하여 기뻐하게 될 영화의 구원을 예표한다. 천국은 구원받고 성화된 성도(두 달란트, 다섯 달란트를 받은 종, 성화로 성령의 기름을 준비한 신부, 회개의 예복을 입고 임금의 잔치에 들어간 성도, 금이나 은이나 보석으로 믿음의 집을 지은 성도)가 신랑 예수님을 맞이하여 하늘에서 기쁨의 천국 잔치(βασιλεία τῶν οὐρανῶν 바실레이아 톤 우라논, kingdom of heaven)를 차리는 것과 같다.

구원받았어도 성화에 실패한 성도, 한 달란트 받은 종, 미련하여 기름을 준비하지 않은 다섯 처녀, 믿음의 집을 나무나 풀이나 짚으로 지은 성도, 하나님이 구원받을 때 준 성화의 예복을 벗고 임금의 아들 잔치에 참여했다 쫓겨난 사람은 이 잔치에 못 들어가고 바깥 어두운 데, 대환난을 통해 부끄럽게 구원된다.

"또 내가 들으니 허다한 무리의 음성과도 같고 많은 물소리와도 같고 큰 우렛소리와도 같은 소리로 이르되 할렐루야 주 우리 하나님 곧 전능하신 이가 통치하시도다 우리가 즐거워하고 크게 기뻐하며 그에게 영광을 돌리세 어린양의 혼인 기약이 이르렀고 그의 아내가 자신을 준비하였으므로 그에게 빛나고 깨끗한 세마포 옷을 입도록 허락하셨으니 이 세마포 옷은 성도들의 옳은 행실이로다 하더라 천사가 내게 말하기를 기록하라 어린 양의 혼인 잔치에 청함을 받은 자들은 복이 있도다 하고 또 내게 말하되 이것은 하나님의 참되신 말씀이라 하기로"(계 19:6-9).

"보라 내가 너희에게 비밀을 말하노니 우리가 다 잠잘 것이 아니요 마지막 나팔에 순식간에 홀연히 다 변화하리니 나팔 소리가 나매 죽은 자들이 썩지 아니할 것으로 다시 살고 우리도 변화하리라"(고전 15:51-53).

"내가 그 발 앞에 엎드려 경배하려 하니 그가 나에게 말하기를 나는 너와 및 예수의 증언을 받은 네 형제들과 같이 된 종이니 삼가 그리하지 말고 오직 하나님께 경배하라 예수의 증언은 예언의 영이라 하더라"(계 19:10).

"주께서 호령과 천사장의 소리와 하나님의 나팔 소리로 친히 하늘로부터 강림하시리니 그리스도 안에서 죽은 자들이 먼저 일어나고 그 후에 우리 살아남은 자들도 그들과 함께 구름 속으로 끌어 올려 공중에서 주를 영접하게 하시리니 그리하여 우리가 항상 주와 함께 있으리라"(살전 4:16-17).

"그때에 천국은 마치 등을 들고 신랑을 맞으러 나간 열 처녀와 같다 하리니 그 중의 다섯은 미련하고 다섯은 슬기 있는 자라 미련한 자들은 등을 가지되 기름을 가지지 아니하고 슬기 있는 자들은 그릇에 기름을 담아 등과 함께 가져갔더니 신랑이 더디 오므로 다 졸며 잘새 밤중에 소리가 나되 보라 신랑이로다 맞으러 나오라 하매 이에 그 처녀들이 다 일어나 등을 준비할새 미련한 자들이 슬기 있는 자들에게 이르되 우리 등불이 꺼져가니 너희 기름을 좀 나눠 달라 하거늘 슬기 있는 자들이 대답하여 이르되 우리와 너희가 쓰기에 다 부족할까 하노니 차라리 파는 자들에게 가서 너희 쓸 것을 사라 하니 그들이 사러 간 사이에 신랑이 오므로 준비하였던 자들은 함께 혼인 잔치에 들어가고 문은 닫힌지라 그 후에 남은 처녀들이 와서 이르되 주여 주여 우리에게 열어 주소서 대답하여 이르되 진실로 너희에게 이르노니 내가 너희를 알지 못하노라 하였느니라"(마 25:1-12).

"천국은 마치 자기 아들을 위하여 혼인 잔치를 베푼 어떤 임금과 같으니"(마 22:2).

"내게 주신 하나님의 은혜를 따라 내가 지혜로운 건축자와 같이 터를 닦아 두매 다른 이가 그 위에 세우나 그러나 각각 어떻게 그 위에 세울까를 조심할지니라 이 닦아 둔 것 외에 능히 다른 터를 닦아 둘 자가 없으니 이 터는 곧 예수 그리스도라 만일 누구든지 금이나 은이나 보석이나 나무나 풀이나 짚으로 이 터 위에 세우면 각 사람의 공적이 나타날 터인데 그 날이 공적을 밝히리니 이는 불로 나타내고 그 불이 각 사람의 공적이 어떠한 것을 시험할 것임이라 만일 누구든지 그 위에 세운 공적이 그대로 있으면 상을 받고 누구든지 그 공적이 불타면 해를 받으리니 그러나 자신은 구원을 받되 불 가운데서 받은 것 같으리라"(고전 3:10-15).

이사야 54장에 회복된 이스라엘 백성의 성, 예루살렘의 모습은 천국의 모습을 예표한다.

"너 곤고하며 광풍에 요동하여 안위를 받지 못한 자여 보라 내가 화려한 채색으로 네 돌 사이에 더하며 청옥으로 네 기초를 쌓으며 홍보석으로 네 성벽을 지으며 석류석으로 네 성문을 만들고 네 지경을 다 보석으로 꾸밀 것이며 네 모든 자녀는 여호와의 교훈을 받을 것이니 네 자녀에게는 큰 평안이 있을 것이며 너는 공의로 설 것이며 학대가 네게서 멀어질 것인즉 네가 두려워하지 아니할 것이며 공포도 네게 가까이하지 못할 것이라"(사 54:11-14).

계시록에서 천국의 모습을 이렇게 말한다.

"성령으로 나를 데리고 크고 높은 산으로 올라가 하나님께로부터 하늘에서 내려오는 거룩한 성 예루살렘을 보이니 하나님의 영광이 있어 그 성의 빛이 지극히 귀한 보석 같고 벽옥과 수정같이 맑더라 크고 높은 성곽이 있고 열두 문이 있는데 문에 열두 천사가 있고 그 문들 위에 이름을 썼으니 이스라엘 자손 열두 지파의 이름들이라 동쪽에 세 문, 북쪽에 세 문, 남쪽에 세 문, 서쪽에 세 문이니 그 성의 성곽에는 열두 기초석이 있고 그 위에는 어린 양의 열두 사도의 열두 이름이 있더라 내게 말하는 자가 그 성과 그 문들과 성곽을 측량하려고 금 갈대 자를 가졌더라 그 성은 네모가 반듯하여 길이와 너비가 같은지라 그 갈대 자로 그 성을 측량하니 만 이천 스다디온이요 길이와 너비와 높이가 같더라 그 성곽을 측량하매 백사십사 규빗이니 사람의 측량 곧 천사의 측량이라 그 성곽은 벽옥으로 쌓였고 그 성은 정금인데 맑은 유리 같더라 그 성의 성곽의 기초석은 각색 보석으로 꾸몄는데 첫째 기초석은 벽옥이요 둘째는 남보석이요 셋째는 옥수요 넷째는 녹보석이요 다섯째는 홍마노요 여섯째는 홍보석이요 일곱째는 황옥이요 여덟째는 녹옥이요 아홉째는 담황옥이요 열째는 비취옥이요 열한째는 청옥이요 열두째는 자수정이라 그 열두 문은 열두 진주니 각 문마다 한 개의 진주로 되어 있고 성의 길은 맑은 유리 같은 정금이더라 성 안에서 내가 성전을 보지 못하였으니 이는 주 하나님 곧 전능하신 이와 및 어린 양이 그 성전이심이라"(계 21:10-22).

이사야 54장은 이스라엘 백성이 예루살렘에 귀환할 영광의 예언이지만 이 말씀은 성도가 마지막으로 받을 영화의 구원을 예표하는 하나님의 말씀이다.

☙ 이사야 55장: 인류를 구원으로 초청하시는 하나님

이사야를 통해 하나님은 구원의 길로 하나님의 보호와 인도를 받는 길로 인류를 초청하고 계신다. 이 말씀은 가까이는 바벨론에서 포로로 사는 이스라엘 백성을 향한 초청이지만 세상 모든 사람을 향한 구원의 초청이다.

"너희 모든 목마른 자들아 물로 나아오라 돈 없는 자도 오라 너희는 와서 사 먹되 돈 없이, 값 없이 와서 포도주와 젖을 사라 너희가 어찌하여 양식이 아닌 것을 위하여 은을 달아 주며 배부르게 하지 못할 것을 위하여 수고하느냐 내게 듣고 들을지어다 그리하면 너희가 좋은 것을 먹을 것이며 너희 자신들이 기름진 것으로 즐거움을 얻으리라 너희는 귀를 기울이고 내게로 나아와 들으라 그리하면 너희의 영혼이 살리라 내가 너희를 위하여 영원한 언약을 맺으리니 곧 다윗에게 허락한 확실한 은혜이니라 보라 내가 그를 만민에게 증인으로 세웠고 만민의 인도자와 명령자로 삼았나니 보라 네가 알지 못하는 나라를 네가 부를 것이며 너를 알지 못하는 나라가 네게로 달려올 것은 여호와 네 하나님 곧 이스라엘의 거룩하신 이로 말미암음이니라 이는 그가 너를 영화롭게 하였느니라 너희는 여호와를 만날 만한 때에 찾으라 가까이 계실 때에 그를 부르라 악인은 그의 길을, 불의한 자는 그의 생각을 버리고 여호와께로 돌아오라 그리하면 그가 긍휼히 여기시리라 우리 하나님께로 돌아오라 그가 너그럽게 용서하시리라"(사 55:1-7).

"이는 비와 눈이 하늘로부터 내려서 그리로 되돌아가지 아니하고 땅을 적셔서 소출이 나게 하며 싹이 나게 하여 파종하는 자에게는 종자를 주며 먹는 자에게는 양식을 줌과 같이 내 입에서 나가는 말도 이와 같이 헛되이 내게로 되돌아오지 아니하고 나의 기뻐하는 뜻을 이루며 내가 보낸 일에 형통함이니라 너희는 기쁨으로 나아가며 평안히 인도함을 받을 것이요 산들과 언덕들이 너희 앞에서 노래를 발하고 들의 모든 나무가 손뼉을 칠 것이며 잣나무는 가시나무를 대신하여 나며 화석류는 찔레를 대신하여 날 것이라 이것이 여호와의 기념이 되며 영영한 표징이 되어 끊어지지 아니하리라"(사 55:10-13).

하나님이 초청하시는 구원의 언약은 다윗을 통한 메시아 언약으로 만민에게 세운 확실한 언약이다. 구세주 예수는 다윗의 후손으로 이 땅에 오신다.

"이새의 줄기에서 한 싹이 나며 그 뿌리에서 한 가지가 나서 결실할 것이요 그의 위에 여호와의 영 곧 지혜와 총명의 영이요 모략과 재능의 영이요 지식과 여호와를 경외하는 영이 강림하시리니 그가 여호와를 경외함으로 즐거움을 삼을 것이며 그의 눈에 보이는 대로 심판하지 아니하며 그의 귀에 들리는 대로 판단하지 아니하며 공의로 가난한 자를 심판하며 정직으로 세상의 겸손한 자를 판단할 것이며 그의 입의 막대기로 세상을 치며 그의 입술의 기운으로 악인을 죽일 것이며 공의로 그의 허리띠를 삼으며 성실로 그의 몸의 띠를 삼으리라 그때에 이리가 어린 양과 함께 살며 표범이 어린 염소와 함께 누우며 송아지와 어린 사자와 살진 짐승이 함께 있어 어린아이에게 끌리며 암소와 곰이 함께 먹으며 그것들의 새끼가 함께 엎드리며 사자가 소처럼 풀을 먹을 것이며 젖 먹는 아이가 독사의 구멍에서 장난하며 젖 뗀 어린아이가 독사의 굴에 손을 넣을 것이라 내 거룩한 산 모든 곳에서 해 됨도 없고 상함도 없을 것이니 이는 물이 바다를 덮음같이 여호와를 아는 지식이 세상에 충만할 것임이니라 그날에 이새의 뿌리에서 한 싹이 나서 만민의 기치로 설 것이요 열방이 그에게로 돌아오리니 그가 거한 곳이 영화로우리라"(사 11:1-10).

"그날 그때에 내가 다윗에게서 한 공의로운 가지가 나게 하리니 그가 이 땅에 정의와 공의를 실행할 것이라 그날에 유다가 구원을 받겠고 예루살렘이 안전히 살 것이며 이 성은 여호와는 우리의 의라는 이름을 얻으리라 여호와께서 이와 같이 말씀하시니라 이스라엘 집의 왕위에 앉을 사람이 다윗에게 영원히 끊어지지 아니할 것이며 내 앞에서 번제를 드리며 소제를 사르며 다른 제사를 항상 드릴 레위 사람 제사장들도 끊어지지 아니하리라 하시니라"(렘 33:15-18).

"아브라함과 다윗의 자손 예수 그리스도의 계보라 아브라함이 이삭을 낳고 이삭은 야곱을 낳고 야곱은 유다와 그의 형제들을 낳고 유다는 다말에게서 베레스와 세라를 낳고 베레스는 헤스론을 낳고 헤스론은 람을 낳고 람은 아미나답을 낳고 아미나답은 나손을 낳고 나손은 살몬을 낳고 살몬은 라합에게서 보아스를 낳고 보아스는 룻에게서 오벳을 낳고 오벳은 이새를 낳고 이새는 다윗 왕을 낳으니라"(마 1:1-6).

"야곱은 마리아의 남편 요셉을 낳았으니 마리아에게서 그리스도라 칭하는 예수가 나시니라"(마 1:16).

"요셉도 다윗의 집 족속이므로 갈릴리 나사렛 동네에서 유대를 향하여 베들레헴이라 하는 다윗의 동네로 그 약혼한 마리아와 함께 호적하러 올라가니 마리아가 이미 잉태하였더라 거기 있을 그때에 해산할 날이 차서 첫아들을 낳아 강보로 싸서 구유에 뉘었으니 이는 여관에 있을 곳이 없음이러라 그 지역에 목자들이 밤에 밖에서 자기 양 떼를 지키더니 주의 사자가 곁에 서고 주의 영광이 그들을 두루 비추매 크게 무서워하는지라 천사가 이르되 무서워하지 말라 보라 내가 온 백성에게 미칠 큰 기쁨의 좋은 소식을 너희에게 전하노라 오늘 다윗의 동네에 너희를 위하여 구주가 나셨으니 곧 그리스도 주시니라 너희가 가서 강보에 싸여 구유에 뉘어 있는 아기를 보리니 이것이 너희에게 표적이니라 하더니 홀연히 수많은 천군이 그 천사와 함께 하나님을 찬송하여 이르되 지극히 높은 곳에서는 하나님께 영광이요 땅에서는 하나님이 기뻐하신 사람들 중에 평화로다 하니라"(눅 2:4-14).

하나님의 초청에 응답하려면 악인은 그 길을, 불의한 자는 그 생각을 버리고 여호와께로 돌아와야 하고 귀를 기울여 하나님의 말씀을 들어 그 영혼이 살아나야 한다. 이 말은 오늘, 우리는 예수를 그리스도로 영접하여 하나님의 자녀가 되어야 한다는 말이다.

❧ 이사야 56장: 이방인의 구원

하나님은 이방인일지라도 하나님을 사랑하고 안식일을 지키는 자는 구원받는다고 선포하신다. 안식일, 주일 성수는 구원받은 백성의 생명줄이다. 성도는 주일에 반드시 교회에 나가 예배를 드려야 한다.

"또 여호와와 연합하여 그를 섬기며 여호와의 이름을 사랑하며 그의 종이 되며 안식일을 지켜 더럽히지 아니하며 나의 언약을 굳게 지키는 이방인마다 내가 곧 그들을 나의 성산으로 인도하여 기도하는 내 집에서 그들을 기쁘게 할 것이며 그들의 번제와 희생을 나의 제단에서 기꺼이 받게 되리니 이는 내 집은 만민이 기도하는 집이라 일컬음이 될 것임이라"(사 56:6-7).

레위기에서 하나님이 이렇게 말씀하신다.

"안식일마다 이 떡을 여호와 앞에 항상 진설할지니 이는 이스라엘 자손을 위한 것이요 영원한 언약이니라 이 떡은 아론과 그 자손에게 돌리고 그들은 그것을 거룩한 곳에서 먹을지니 이는 여호와의 화제 중 그에게 돌리는 것으로서 지극히 거룩함이니라 이는 영원한 규례니라"(레 24:8-9).

(1) 매 안식일에 새 떡 열두 덩이를 성소의 떡상에 진설하고 7일 전 진설했던 떡은 가지고 나와 제사장과 그 자손들에게 주어야 한다.

(2) 제사장들과 제사장 자손들은 이 떡을 거룩한 곳에서 먹어야 한다. 이것은 영원한 규례다.

(3) 성도는 제사장들이다(벧전 2:9). 성도는 매 주일 교회에(거룩한 곳) 나와 제단에서 나눠 주는 새 떡(말씀)을 먹어야 한다. 이것은 영원한 규례다.

이사야 선지자는 거짓 선지자들과 재물에 눈먼 제사장들에게 경고한다.

"이스라엘의 파수꾼들은 맹인이요 다 무지하며 벙어리 개들이라 짖지 못하며 다 꿈꾸는 자들이요 누워 있는 자들이요 잠자기를 좋아하는 자들이니 이 개들은 탐욕이 심하여 족한 줄을 알지 못하는 자들이요 그들은 몰지각한 목자들이라 다 제 길로 돌아가며 사람마다 자기 이익만 추구하며 오라 내가 포도주를 가져오리라 우리가 독주를 잔뜩 마시자 내

일도 오늘같이 크게 넘치리라 하느니라"(사 56:10-12).

세상적인 성공에 눈먼 목사들이여, 각성할지어다.

☙ 이사야 57장: 우상숭배의 죄, 회개하는 자가 받는 복

의인이 일찍 죽는 것은 하나님이 그에게 닥칠 더 큰 화액(禍厄)을 면하게 하시는 것이다. 성경에는 많은 억울한 죽음의 사건이 나온다. 그러나 하나님 안에서 사람의 죽음은 끝이 아니다. 오히려 그것이 화액을 면하게 하시는 하나님의 사랑일 수 있고, 모든 사람은 죽은 후 심판받아야 한다(히 9:27). 불못에 떨어지는 심판은 믿음으로만 면할 수 있고(요 5:24), 성도가 대환난에 떨어지지 않는 심판은 성화로만 면할 수 있다.

"의인이 죽을지라도 마음에 두는 자가 없고 진실한 이들이 거두어 감을 당할지라도 깨닫는 자가 없도다 의인은 악한 자들 앞에서 불리어가도다"(사 57:1).

이사야 선지자는 우상을 숭배하는 이스라엘 백성의 죄를 꾸짖고, 회개하고 통회하는 백성에게 평강과 보호를 약속한다. 성도는 날마다 회개하며 그 옷을 희게 해야 한다.

"네가 누구를 두려워하며 누구로 말미암아 놀랐기에 거짓을 말하며 나를 생각하지 아니하며 이를 마음에 두지 아니하였느냐 네가 나를 경외하지 아니함은 내가 오랫동안 잠잠했기 때문이 아니냐 네 공의를 내가 보이리라 네가 행한 일이 네게 무익하니라 네가 부르짖을 때에 네가 모은 우상들에게 너를 구원하게 하라 그것들은 다 바람에 날려가겠고 기운에 불려갈 것이로되 나를 의뢰하는 자는 땅을 차지하겠고 나의 거룩한 산을 기업으로 얻으리라 그가 말하기를 돋우고 돋우어 길을 수축하여 내 백성의 길에서 거치는 것을 제하여 버리라 하리라 지극히 존귀하며 영원히 거하시며 거룩하다 이름하는 이가 이와 같이 말씀하시되 내가 높고 거룩한 곳에 있으며 또한 통회하고 마음이 겸손한 자와 함께 있나니 이는 겸손한 자의 영을 소생시키며 통회하는 자의 마음을 소생시키려 함이라 내가 영원히 다투지 아니하며 내가 끊임없이 노하지 아니할 것은 내가 지은 그의 영과 혼이 내 앞에서 피곤할까 함이라"(사 57:11-16).

☙ 이사야 58장: 위선적 금식에 대한 책망, 참금식

안식일에 오락을 행하며 금식하며 악을 행하고 싸우는 위장된 신앙을 꾸짖고 있다. 참금식은 압제당하는 자를 풀어 주고 가난한 자를 불쌍하게 여기는 선행이라고 하나님이 말씀하신다.

"우리가 금식하되 어찌하여 주께서 보지 아니하시오며 우리가 마음을 괴롭게 하되 어찌하여 주께서 알아주지 아니하시나이까 보라 너희가 금식하는 날에 오락을 구하며 온갖 일을 시키는도다 보라 너희가 금식하면서 논쟁하며 다투며 악한 주먹으로 치는도다 너희가 오늘 금식하는 것은 너희의 목소리를 상달하게 하려는 것이 아니니라 이것이 어찌 내가 기뻐하는 금식이 되겠으며 이것이 어찌 사람이 자기의 마음을 괴롭게 하는 날이 되겠느냐 그의 머리를 갈대같이 숙이고 굵은 베와 재를 펴는 것을 어찌 금식이라 하겠으며 여호와께 열납될 날이라 하겠느냐 내가 기뻐하는 금식은 흉악의 결박을 풀어주며 멍에의 줄을 끌러주며 압제당하는 자를 자유하게 하며 모든 멍에를 꺾는 것이 아니겠느냐 또 주린 자에게 네 양식을 나누어 주며 유리하는 빈민을 집에 들이며 헐벗은 자를 보면 입히며 또 네 골육을 피하여 스스로 숨지 아니하는 것이 아니겠느냐"(사 58:3-7).

주일에 예배드리고 제직회에서, 당회에서 고성으로 싸움질하는 교회

지도자들이여, 회개할지어다. 회개할지어다. 아멘.

하나님 앞에 바른 신앙으로(흉악의 결박을 풀어주며 멍에의 줄을 끌러주며 압제당하는 자를 자유케 하는 신앙, 주린 자에게 네 식물을 나눠 주며 유리하는 빈민을 네집에 들이며 벗은 자를 보면 입히며 사는 자선의 신앙생활, 교회에서 성도 간에 손가락질과 허망한 말을 제하여 버리는 신앙생활) 생활하면 이럴 때, 어두움이 낮과 같이 될 것이며 나 여호와가 너를 항상 인도하여 마른 곳에서도 네 영혼을 만족하게 하며 네 뼈를 견고케 하리니 너는 물 댄 동산 같겠고 물이 끊어지지 아니하는 샘 같을 것이라고 하나님이 말씀하신다.

"내가 기뻐하는 금식은 흉악의 결박을 풀어 주며 멍에의 줄을 끌러 주며 압제 당하는 자를 자유하게 하며 모든 멍에를 꺾는 것이 아니겠느냐 또 주린 자에게 네 양식을 나누어 주며 유리하는 빈민을 집에 들이며 헐벗은 자를 보면 입히며 또 네 골육을 피하여 스스로 숨지 아니하는 것이 아니겠느냐 그리하면 네 빛이 새벽같이 비칠 것이며 네 치유가 급속할 것이며 네 공의가 네 앞에 행하고 여호와의 영광이 네 뒤에 호위하리니 네가 부를 때에는 나 여호와가 응답하겠고 네가 부르짖을 때에는 내가 여기 있다 하리라 만일 네가 너희 중에서 멍에와 손가락질과 허망한 말을 제하여 버리고 주린 자에게 네 심정이 동하며 괴로워하는 자의 심정을 만족하게 하면 네 빛이 흑암 중에서 떠올라 네 어둠이 낮과 같이 될 것이며 여호와가 너를 항상 인도하여 메마른 곳에서도 네 영혼을 만족하게 하며 네 뼈를 견고하게 하리니 너는 물 댄 동산 같겠고 물이 끊어지지 아니하는 샘 같을 것이라"(사 58:6-11).
"만일 안식일에 네 발을 금하여 내 성일에 오락을 행하지 아니하고 안식일을 일컬어 즐거운 날이라, 여호와의 성일을 존귀한 날이라 하여 이를 존귀하게 여기고 네 길로 행하지 아니하며 네 오락을 구하지 아니하며 사사로운 말을 하지 아니하면 네가 여호와 안에서 즐거움을 얻을 것이라 내가 너를 땅의 높은 곳에 올리고 네 조상 야곱의 기업으로 기르리라 여호와의 입의 말씀이니라"(사 58:13-14).

"오 주여. 한국교회에 이런 복을 주시옵소서. 아멘."

하나님은 형식적인 외모만 꾸미는 이스라엘 백성의 신앙생활을 꾸짖으신다. 하나님이 꾸짖으시는 형식적인 신앙생활은,

(1) 예배는 잘 참석한다(그들이 날마다 나를 찾아).

(2) 열심히 성경 공부한다(나의 길 알기를 즐거워함).

(3) 하나님 앞에 의를 구하는 신앙생활이다(의로운 판단을 내게 구하며).

"그들이 날마다 나를 찾아 나의 길 알기를 즐거워함이 마치 공의를 행하여 그의 하나님의 규례를 저버리지 아니하는 나라 같아서 의로운 판단을 내게 구하며 하나님과 가까이하기를 즐거워하는도다"(사 58:2).

이런 신앙으로 사는 사람이 교회에서 일등으로 신앙생활 잘하는 사람으로 여겨진다. 그러나 이들이 금식하는 중 오락을 찾으며(내 이익을 찾으며) 교회 안에서 성도 간에 다투며 싸우며 주먹으로 치기까지 한다. 이 일들을 교회에서 중한 직분을 맡은 자들이 행한다. 오호 통재라. 실로 개탄할 일이다. 목사, 장로, 권사, 집사여! 회개할지어다. 회개할지어다.

☛ 이사야 59장: 이스라엘 백성의 여러 가지 죄악들

이사야 59장에서 이사야 선지자는 이스라엘 백성의 여러 죄악들을 꾸짖고 있다.

"여호와의 손이 짧아 구원하지 못하심도 아니요 귀가 둔하여 듣지 못하심도 아니라 오직 너희 죄악이 너희와 너희 하나님 사이를 갈라 놓았고 너희 죄가 그의 얼굴을 가리어서 너희에게서 듣지 않으시게 함이니라 이는 너희 손이 피에, 너희 손가락이 죄악에 더러워졌으며 너희 입술은 거짓을 말하며 너희 혀는 악독을 냄이라 공의대로 소송하는 자도 없고 진실하게 판결하는 자도 없으며 허망한 것을 의뢰하며 거짓을 말하

며 악행을 잉태하여 죄악을 낳으며 독사의 알을 품으며 거미줄을 짜나니 그 알을 먹는 자는 죽을 것이요 그 알이 밟힌즉 터져서 독사가 나올 것이니라 그 짠 것으로는 옷을 이룰 수 없을 것이요 그 행위로는 자기를 가릴 수 없을 것이며 그 행위는 죄악의 행위라 그 손에는 포악한 행동이 있으며 그 발은 행악하기에 빠르고 무죄한 피를 흘리기에 신속하며 그 생각은 악한 생각이라 황폐와 파멸이 그 길에 있으며 그들은 평강의 길을 알지 못하며 그들이 행하는 곳에는 정의가 없으며 굽은 길을 스스로 만드나니 무릇 이 길을 밟는 자는 평강을 알지 못하느니라"(사 59:1-8).

이런 이스라엘 백성의 죄가 하나님과 그들을 갈라놓았지만 이런 백성에게 구속자가 시온에 임하여 영원한 하나님의 말씀이 그들 가운데 살아 있게 될 것을 말한다.

"여호와의 말씀이니라 구속자가 시온에 임하며 야곱의 자손 가운데에서 죄과를 떠나는 자에게 임하리라 여호와께서 이르시되 내가 그들과 세운 나의 언약이 이러하니 곧 네 위에 있는 나의 영과 네 입에 둔 나의 말이 이제부터 영원하도록 네 입에서와 네 후손의 입에서와 네 후손의 후손의 입에서 떠나지 아니하리라 하시니라 여호와의 말씀이니라"(사 59:20-21).

이사야 59장은 죄가 관영한 이 땅에 구속자 예수 그리스도가 오셔서 우리를 하나님과 다시 화목하게 해주실 구원을 예표한다.

☙ 이사야 60-62장: 회복될 이스라엘의 영광, 마지막 날 만날 성도와 그리스도

이사야 60장, 61장, 62장에서는 다시 회복될 이스라엘 백성의 영광과 그리스도의 재림 시에 있을 영광과 기쁨과 승리를 예언한다.

"일어나라 빛을 발하라 이는 네 빛이 이르렀고 여호와의 영광이 네 위에 임하였음이니라 보라 어둠이 땅을 덮을 것이며 캄캄함이 만민을 가리려니와 오직 여호와께서 네 위에 임하실 것이며 그의 영광이 네 위에 나타나리니 나라들은 네 빛으로, 왕들은 비치는 네 광명으로 나아오리라 네 눈을 들어 사방을 보라 무리가 다 모여 네게로 오느니라 네 아들들은 먼 곳에서 오겠고 네 딸들은 안기어 올 것이라 그때에 네가 보고 기쁜 빛을 내며 네 마음이 놀라고 또 화창하리니 이는 바다의 부가 네게로 돌아오며 이방 나라들의 재물이 네게로 옴이라 허다한 낙타, 미디안과 에바의 어린 낙타가 네 가운데에 가득할 것이며 스바 사람들은 다 금과 유향을 가지고 와서 여호와의 찬송을 전파할 것이며 게달의 양 무리는 다 네게로 모일 것이요 느바욧의 숫양은 네게 공급되고 내 제단에 올라 기꺼이 받음이 되리니 내가 내 영광의 집을 영화롭게 하리라 저 구름같이, 비둘기들이 그 보금자리로 날아가는 것같이 날아오는 자들이 누구냐 곧 섬들이 나를 앙망하고 다시스의 배들이 먼저 이르되 먼 곳에서 네 자손과 그들의 은금을 아울러 싣고 와서 네 하나님 여호와의 이름에 드리려 하며 이스라엘의 거룩한 이에게 드리려 하는 자들이라 이는 내가 너를 영화롭게 하였음이라 내가 노하여 너를 쳤으나 이제는 나의 은혜로 너를 불쌍히 여겼은즉 이방인들이 네 성벽을 쌓을 것이요 그들의 왕들이 너를 섬길 것이며 네 성문이 항상 열려 주야로 닫히지 아니하리니 이는 사람들이 네게로 이방 나라들의 재물을 가져오며 그들의 왕들을 포로로 이끌어 옴이라 너를 섬기지 아니하는 백성과 나라는 파멸하리니 그 백성들은 반드시 진멸되리라 레바논의 영광 곧 잣나무와 소나무와 황양목이 함께 네게 이르러 내 거룩한 곳을 아름답게 할 것이며 내가 나의 발 둘 곳을 영화롭게 할 것이라 너를 괴롭히던 자의 자손이 몸을 굽혀 네게 나아오며 너를 멸시하던 모든 자가 네 발 아래에 엎드려 너를 일컬어 여호와의 성읍이라, 이스라엘의 거룩한 이의 시온이라 하리라 전에는 네가 버림을 당하며 미움을 당하였으므로 네게로 가는 자가 없었으나 이제는 내가 너를 영원한 아름다움과 대대의 기쁨이 되게 하리니 네가 이방 나라들의 젖을 빨며 뭇 왕의 젖을 빨고 나 여호와는 네 구원자, 네 구속자, 야곱의 전능자인 줄 알리라"(사 60:1-16).

"무릇 시온에서 슬퍼하는 자에게 화관을 주어 그 재를 대신하며 기쁨의 기름으로 그 슬픔을 대신하며 찬송의 옷으로 그 근심을 대신하시고 그들이 의의 나무 곧 여호와께서 심으신 그 영광을 나타낼 자라 일컬음을 받게 하려 하심이라 그들은 오래 황폐하였던 곳을 다시 쌓을 것이며 옛부터 무너진 곳을 다시 일으킬 것이며 황폐한 성읍 곧 대대로 무너져 있던 것들을 중수할 것이며 외인은 서서 너희 양 떼를 칠 것이요 이방 사람은 너희 농부와 포도원지기가 될 것이나 오직 너희는 여호와의 제사장이라 일컬음을 받을 것이라 사람들이 너희를 우리 하나님의 봉사자라 할 것이며 너희가 이방 나라들의 재물을 먹으며 그들의 영광을 얻어 자랑할 것이니라 너희가 수치 대신에 보상을 배나 얻으며 능욕 대신에 몫으로 말미암아 즐거워할 것이라 그리하여 그들의 땅에서 갑절이나 얻고 영원한 기쁨이 있으리라 무릇 나 여호와는 정의를 사랑하며 불의의 강탈을 미워하여 성실히 그들에게 갚아 주고 그들과 영원한 언약을 맺을 것이라 그들의 자손을 뭇 나라 가운데에, 그들의 후손을 만민 가운데에 알리리니 무릇 이를 보는 자가 그들은 여호와께 복 받은 자손이라 인정하리라 내가 여호와로 말미암아 크게 기뻐하며 내 영혼이 나의 하나님으로 말미암아 즐거워하리니 이는 그가 구원의 옷을 내게 입히시며 공의의 겉옷을 내게 더하심이 신랑이 사모를 쓰며 신부가 자기 보석으로 단장함 같게 하셨음이라 땅이 싹을 내며 동산이 거기 뿌린 것을 움 돋게 함같이 주 여호와께서 공의와 찬송을 모든 나라 앞에 솟아나게 하시리라"(사 61:3-11)

"나는 시온의 의가 빛같이, 예루살렘의 구원이 횃불같이 나타나도록 시온을 위하여 잠잠하지 아니하며 예루살렘을 위하여 쉬지 아니할 것인즉 이방 나라들이 네 공의를, 뭇 왕이 다 네 영광을 볼 것이요 너는 여호와의 입으로 정하실 새 이름으로 일컬음이 될 것이며 너는 또 여호와의 손의 아름다운 관, 네 하나님의 손의 왕관이 될 것이라 다시는 너를 버림 받은 자라 부르지 아니하며 다시는 네 땅을 황무지라 부르지 아니하고 오직 너를 헵시바라 하며 네 땅을 뿔라라 하리니 이는 여호와께서 너를 기뻐하실 것이며 네 땅이 결혼한 것처럼 될 것임이라 마치 청년이 처녀와 결혼함같이 네 아들들이 너를 취하겠고 신랑이 신부를 기뻐함같이 네 하나님이 너를 기뻐하시리라 예루살렘이여 내가 너의 성벽 위에 파수꾼을 세우고 그들로 하여금 주야로 계속 잠잠하지 않게 하였느니라 너희 여호와로 기억하시게 하는 자들아 너희는 쉬지 말며 또 여호와께서 예루살렘을 세워 세상에서 찬송을 받게 하시기까지 그로 쉬지 못하시게 하라 여호와께서 그 오른손, 그 능력의 팔로 맹세하시되 내가 다시는 네 곡식을 네 원수들에게 양식으로 주지 아니하겠고 네가 수고하여 얻은 포도주를 이방인이 마시지 못하게 할 것인즉 오직 추수한 자가 그것을 먹고 나 여호와를 찬송할 것이요 거둔 자가 그것을 나의 성소 뜰에서 마시리라 하셨느니라 성문으로 나아가라 나아가라 백성이 올 길을 닦으라 큰길을 수축하고 수축하라 돌을 제하라 만민을 위하여 기치를 들라 여호와께서 땅 끝까지 선포하시되 너희는 딸 시온에게 이르라 보라 네 구원이 이르렀느니라 보라 상급이 그에게 있고 보응이 그 앞에 있느니라 하셨느니라 사람들이 너를 일컬어 거룩한 백성이라 여호와께서 구속하신 자라 하겠고 또 너를 일컬어 찾은 바 된 자요 버림받지 아니한 성읍이라 하리라"(사 62:1-12).

이 말씀 중 '헵시바'는 히브리 말로 '나의 기쁨이 그 여자에게 있다'는 뜻이고 '뿔라'는 '결혼한 여자'라는 말이다.

예루살렘의 회복을 기쁜 결혼에 비유하는 것은 주님 재림 시, 주님을 신랑으로 맞이하여 기쁜 잔치를 차리게 될 영화의 구원을 예표한다.

"또 내가 들으니 허다한 무리의 음성과도 같고 많은 물소리와도 같고 큰 우렛소리와도 같은 소리로 이르되 할렐루야 주 우리 하나님 곧 전능하신 이가 통치하시도다 우리가 즐거워하고 크게 기뻐하며 그에게 영광을 돌리세 어린 양의 혼인 기약이 이르렀고 그의 아내가 자신을 준비하였으므로 그에게 빛나고 깨끗한 세마포 옷을 입도록 허락하셨으니 이 세마포 옷은 성도들의 옳은 행실이로다 하더라 천사가 내게 말하기를 기록하라 어린 양의 혼인 잔치에 청함을 받은 자들은 복이 있도다 하고 또 내게 말하되 이것은 하나님의 참되신 말씀이라 하기로 내가 그 발 앞에 엎드려 경배하려 하니 그가 나에게 말하기를 나는 너와 및 예수의 증언을 받은 네 형제들과 같이 된 종이니 삼가 그리하지 말고 오직 하나님께 경배하라 예수의 증언은 예언의 영이라 하더라"(계 19:6-10).
"천국은 마치 자기 아들을 위하여 혼인 잔치를 베푼 어떤 임금과 같으니"(마 22:2).

☙ 이사야 63-64장: 에돔과 이스라엘 백성의 죄, 하나님의 구원

"그가 말씀하시되 그들은 실로 나의 백성이요 거짓을 행하지 아니하는 자녀라 하시고 그들의 구원자가 되사 그들의 모든 환난에 동참하사 자기 앞의 사자로 하여금 그들을 구원하시며 그의 사랑과 그의 자비로 그들을 구원하시고 옛적 모든 날에 그들을 드시며 안으셨으나 그들이 반역하여 주의 성령을 근심하게 하였으므로 그가 돌이켜 그들의 대적이 되사 친히 그들을 치셨더니 백성이 옛적 모세의 때를 기억하여 이르되 백성과 양 떼의 목자를 바다에서 올라오게 하신 이가 이제 어디 계시냐 그들 가운데에 성령을 두신 이가 이제 어디 계시냐 그의 영광의 팔이 모세의 오른손을 이끄시며 그의 이름을 영원하게 하려 하사 그들 앞에서 물을 갈라지게 하시고 그들을 깊음으로 인도하시되 광야에 있는 말같이 넘어지지 않게 하신 이가 이제 어디 계시냐 여호와의 영이 그들을 골짜기로 내려가는 가축같이 편히 쉬게 하셨도다 주께서 이와 같이 주의 백성을 인도하사 이름을 영화롭게 하셨나이다 하였느니라"(사 63:8-14).

이사야 선지자는 에돔과 이스라엘 백성에 대한 죄의 심판을 말하며 그러면서도 하나님의 구원의 사랑을 말한다.

우리의 구원자 여호와 하나님은 백성들의 환난에 동참(사 63:9)하사 그 사자로 저희를 구원하신 하나님이시다.

하나님의 말씀 히브리서에서 그리스도를 이렇게 말한다.

"자녀들은 혈과 육에 속하였으매 그도 또한 같은 모양으로 혈과 육을 함께 지니심은 죽음을 통하여 죽음의 세력을 잡은 자 곧 마귀를 멸하시며 또 죽기를 무서워하므로 한평생 매여 종노릇 하는 모든 자들을 놓아 주려 하심이니 이는 확실히 천사들을 붙들어 주려 하심이 아니요 오직 아브라함의 자손을 붙들어 주려 하심이라 그러므로 그가 범사에 형제들과 같이 되심이 마땅하도다 이는 하나님의 일에 자비하고 신실한 대제사장이 되어 백성의 죄를 속량하려 하심이라 그가 시험을 받아 고난을 당하셨은즉 시험 받는 자들을 능히 도우실 수 있느니라"(히 2:14-18). "우리에게 있는 대제사장은 우리의 연약함을 동정하지 못하실 이가 아니요 모든 일에 우리와 똑같이 시험을 받으신 이로되 죄는 없으시니라"(히 4:15).

이 말씀에서 성령을 '성신'(10, 11절)이라 말하고, '여호와의 신'(14절)이라고 말한다. 성령님은 구약에서 '여호와의 신', '나의 신', '하나님의 신'으로 표현한다.

이사야 63장 7절 이하 64장 12절까지는 이스라엘의 대적 에돔에게 임할 진노와 이스라엘 백성들의 죄에 대한 용서의 탄원이다.

에돔은 에서의 후손으로 야곱의 후손, 이스라엘을 끝까지 대적한 족속이다. 그들은 이스라엘 백성이 애굽에서 나올 때 자신들의 국경 근처를 지나지 못하게 하였다(민 20:14-21). 그들은 아주 여러 번 외적과 더불어 이스라엘을 침공하였다(왕하 16:6; 대하 20:10, 22, 28:10; 겔 25:12, 35:5; 암 1:11).

이사야는 이렇게 기도한다.

"주께서 기쁘게 공의를 행하는 자와 주의 길에서 주를 기억하는 자를 선대하시거늘 우리가 범죄하므로 주께서 진노하셨사오며 이 현상이 이미 오래 되었사오니 우리가 어찌 구원을 얻을 수 있으리이까 무릇 우리는 다 부정한 자 같아서 우리의 의는 다 더러운 옷 같으며 우리는 다 잎사귀같이 시들므로 우리의 죄악이 바람같이 우리를 몰아가나이다 주의 이름을 부르는 자가 없으며 스스로 분발하여 주를 붙잡는 자가 없사오니 이는 주께서 우리에게 얼굴을 숨기시며 우리의 죄악으로 말미암아 우리가 소멸되게 하셨음이니이다 그러나 여호와여, 이제 주는 우리 아버지시니이다 우리는 진흙이요 주는 토기장이시니 우리는 다 주의 손으로 지으신 것이니이다 여호와여, 너무 분노하지 마시오며 죄악을 영원히 기억하지 마시옵소서 구하오니 보시옵소서 보시옵소서 우리는 다 주의 백성이니이다 주의 거룩한 성읍들이 광야가 되었으며 시온이 광야가 되었으며 예루살렘이 황폐하였나이다 우리 조상들이 주를 찬송하던 우리의 거룩하고 아름다운 성전이 불에 탔으며 우리가 즐거워하던 곳이 다 황폐하였나이다 여호와여 일이 이러하거늘 주께서 아직도 가만히 계시려 하시나이까 주께서 아직도 잠잠하시고 우리에게 심한 고로움을 받게 하시려나이까"(사 64:5-12).

인간의 의는 더러운 옷(사 64:6)이다.
이 세상 누구도 자신의 의로 구원받을 수 없다.

"모든 사람이 죄를 범하였으매 하나님의 영광에 이르지 못하더니 그리스도 예수 안에 있는 속량으로 말미암아 하나님의 은혜로 값없이 의롭다 하심을 얻은 자 되었느니라 이 예수를 하나님이 그의 피로써 믿음으로 말미암는 화목제물로 세우셨으니 이는 하나님께서 길이 참으시는 중에 전에 지은 죄를 간과하심으로 자기의 의로우심을 나타내려 하심이니 곧 이때에 자기의 의로우심을 나타내사 자기도 의로우시며 또한 예수 믿는 자를 의롭다 하려 하심이라 그런즉 자랑할 데가 어디냐 있을

구원론 강요(救援論 綱要)

수가 없느니라 무슨 법으로냐 행위로냐 아니라 오직 믿음의 법으로니라 그러므로 사람이 의롭다 하심을 얻는 것은 율법의 행위에 있지 않고 믿음으로 되는 줄 우리가 인정하노라"(롬 3:23-28).

"일을 아니할지라도 경건하지 아니한 자를 의롭다 하시는 이를 믿는 자에게는 그의 믿음을 의로 여기시나니"(롬 4:5).

"그러므로 우리가 믿음으로 의롭다 하심을 받았으니 우리 주 예수 그리스도로 말미암아 하나님과 화평을 누리자"(롬 5:1).

"사람이 의롭게 되는 것은 율법의 행위로 말미암음이 아니요 오직 예수 그리스도를 믿음으로 말미암는 줄 알므로 우리도 그리스도 예수를 믿나니 이는 우리가 율법의 행위로써가 아니고 그리스도를 믿음으로써 의롭다 함을 얻으려 함이라 율법의 행위로써는 의롭다 함을 얻을 육체가 없느니라"(갈 2:16).

"너희는 그 은혜에 의하여 믿음으로 말미암아 구원을 받았으니 이것은 너희에게서 난 것이 아니요 하나님의 선물이라 행위에서 난 것이 아니니 이는 누구든지 자랑하지 못하게 함이라"(엡 2:8-9).

"우리를 구원하시되 우리가 행한바 의로운 행위로 말미암지 아니하고 오직 그의 긍휼하심을 따라 중생의 씻음과 성령의 새롭게 하심으로 하셨나니"(딛 3:5).

"무릇 우리는 다 부정한 자 같아서 우리의 의는 다 더러운 옷 같으며 우리는 다 잎사귀같이 시들므로 우리의 죄악이 바람같이 우리를 몰아가나이다"(사 64:6).

☙ 이사야 65-66장: 시공을 초월하는 이사야의 말씀, 과거의 죄와 심판, 주님 재림하실 때의 천국

이사야 65장과 66장에서 이사야 선지자는 또 시공을 초월하는 말씀을 한다. 과거 이스라엘 백성의 죄에 대한 책망과 심판을 말하며, 경건한 자들을 위해 구원과 회복과 축복을 약속한다. 그리고 이 축복은 주님 재림

시 이루어질 새 하늘과 새 땅에서의 축복까지 포함한다.

이사야 65장 1절에서 7절까지는 이스라엘 백성들이 범한 죄에 대한 책망과 보응을 말씀한다.

그들은 동산에서 제사하며 돼지고기를 먹고 다듬고 구운 벽돌로 제단을 만들었다. 제단은 다듬지 않은 돌로 쌓아야 한다(출 20:24-25). 그들은 우상에게 제사하고 자신을 거룩한 자로 생각하고 사람의 접근을 막았다.

이사야 65장 8-9절은 우상숭배자들의 타락 속에도 믿음의 정절을 지킨 소수의 남은 자들에 대한 하나님의 축복이 약속된다.

"내가 야곱에게서 씨를 내며 유다에게서 나의 산들을 기업으로 얻을 자를 내리니 내가 택한 자가 이를 기업으로 얻을 것이요 나의 종들이 거기에 살 것이라 사론은 양 떼의 우리가 되겠고 아골 골짜기는 소 떼가 눕는 곳이 되어 나를 찾은 내 백성의 소유가 되려니와"(사 65:9-10).

이사야 65장 11-16절에는 하나님을 잊어버린 자들에 대한 심판을 말씀한다.

이사야 65장 17-25절에는 회복될 예루살렘의 영광의 말씀이 주님 재림 시 이루어질 이리와 어린양이 함께 먹는 복까지 연결된다.

"보라 내가 새 하늘과 새 땅을 창조하나니 이전 것은 기억되거나 마음에 생각나지 아니할 것이라 너희는 내가 창조하는 것으로 말미암아 영원히 기뻐하며 즐거워할지니라 보라 내가 예루살렘을 즐거운 성으로 창조하며 그 백성을 기쁨으로 삼고 내가 예루살렘을 즐거워하며 나의 백성을 기뻐하리니 우는 소리와 부르짖는 소리가 그 가운데에서 다시는 들리지 아니할 것이며 거기는 날 수가 많지 못하여 죽는 어린이와 수한이 차지 못한 노인이 다시는 없을 것이라 곧 백 세에 죽는 자를 젊은이라 하겠고 백 세가 못 되어 죽는 자는 저주받은 자이리라 그들이 가옥을 건축하고 그 안에 살겠고 포도나무를 심고 열매를 먹을 것이며 그들이 건축한 데에 타인이 살지 아니할 것이며 그들이 심은 것을 타인이 먹지 아니하리니 이는 내 백성의 수한이 나무의 수한과 같겠고 내가 택한 자가 그 손으로 일한 것을 길이 누릴 것이며 그들의 수고가 헛되지 않겠고 그들이 생산한 것이 재난을 당하지 아니하리니 그들은 여호와의 복된 자의 자손이요 그들의 후손도 그들과 같을 것임이라 그들이 부르기 전에 내가 응답하겠고 그들이 말을 마치기 전에 내가 들을 것이며 이리와 어린 양이 함께 먹을 것이며 사자가 소처럼 짚을 먹을 것이며 뱀은 흙을 양식으로 삼을 것이니 나의 성산에서는 해함도 없겠고 상함도 없으리라 여호와께서 말씀하시니라"(사 65:17-25).

이사야 66장에는 위선적인 제사를 드리는 이스라엘 백성들에 대한 강한 책망과 심판의 경고가 나온다. 그러면서도 여호와가 시온으로 임신케 하고 산고를 겪기도 전에 남자를 해산한다고 말씀한다. 이 말씀은 가까이는 유다와 예루살렘이 속하게 회복될 것을 뜻하고 멀리는 예수 그리스도로 인한 구원이 신약 교회를 통해 속하게 전파될 것을 뜻한다.

"나 여호와가 말하노라 내 손이 이 모든 것을 지었으므로 그들이 생겼느니라 무릇 마음이 가난하고 심령에 통회하며 내 말을 듣고 떠는 자 그 사람은 내가 돌보려니와 소를 잡아 드리는 것은 살인함과 다름이 없이 하고 어린 양으로 제사드리는 것은 개의 목을 꺾음과 다름이 없이 하며 드리는 예물은 돼지의 피와 다름이 없이 하고 분향하는 것은 우상을 찬송함과 다름이 없이 행하는 그들은 자기의 길을 택하며 그들의 마음은 가증한 것을 기뻐한즉 나 또한 유혹을 그들에게 택하여 주며 그들이 무서워하는 것을 그들에게 임하게 하리니 이는 내가 불러도 대답하는 자가 없으며 내가 말하여도 그들이 듣지 않고 오직 나의 목전에서 악을 행하며 내가 기뻐하지 아니하는 것을 택하였음이라 하시니라 여호와의 말씀으로 말미암아 떠는 자들아 그의 말씀을 들을지어다 이르시되 너희 형제가 너희를 미워하며 내 이름으로 말미암아 너희를 쫓아내며 이르기를 여호와께서는 영광을 나타내사 너희 기쁨을 우리에게 보이시기를 원하노라 하였으나 그들은 수치를 당하리라 하셨느니라 떠드는 소리가 성읍에서부터 들려 오며 목소리가 성전에서부터 들리니 이는 여호와께서 그의 원수에게 보응하시는 목소리로다 시온은 진통을 하기 전에 해산하며 고통을 당하기 전에 남아를 낳았으니 이러한 일을 들은 자가 누구이며 이러한 일을 본 자가 누구이냐 나라가 어찌 하루에 생기겠으며 민족이 어찌 한순간에 태어나겠느냐 그러나 시온은 진통하는 즉시 그 아들을 순산하였도다 여호와께서 이르시되 내가 아이를 갖도록 하였은즉 해산하게 하지 아니하겠느냐 네 하나님이 이르시되 나는 해산하게 하는 이인즉 어찌 태를 닫겠느냐 하시니라 예루살렘을 사랑하는 자들이여 다 그 성읍과 함께 기뻐하라 다 그 성읍과 함께 즐거워하라 그 성을 위하여 슬퍼하는 자들이여 다 그 성이 기쁨으로 말미암아 그 성과 함께 기뻐하라 너희가 젖을 빠는 것같이 그 위로하는 품에서 만족하겠고 젖을 넉넉히 빤 것같이 그 영광의 풍성함으로 말미암아 즐거워하리라 여호와께서 이와 같이 말씀하시되 보라 내가 그에게 평강을 강같이, 그에게 뭇 나라의 영광을 넘치는 시내같이 주리니 너희가 그 성읍의 젖을 빨 것이며 너희가 옆에 안기며 그 무릎에서 놀 것이라"(사 66:2-12).

이사야 선지자는 다시 시간을 주님이 재림하실 때로 옮겨 주님이 행하시는 심판과 이스라엘 백성, 곧 구원받은 성도가 하나님 앞에 영원히 바쳐질 것을 말한다.

"내가 그들 가운데에서 징조를 세워서 그들 가운데에서 도피한 자를 여러 나라 곧 다시스와 뿔과 활을 당기는 룻과 및 두발과 야완과 또 나의 명성을 듣지도 못하고 나의 영광을 보지도 못한 먼 섬들로 보내리니 그들이 나의 영광을 뭇 나라에 전파하리라 나 여호와가 말하노라 이스라엘 자손이 예물을 깨끗한 그릇에 담아 여호와의 집에 드림같이 그들이 너희 모든 형제를 뭇 나라에서 나의 성산 예루살렘으로 말과 수레와 교자와 노새와 낙타에 태워다가 여호와께 예물로 드릴 것이요 나는 그 가운데에서 택하여 제사장과 레위인을 삼으리라 여호와의 말이니라 내가 지을 새 하늘과 새 땅이 내 앞에 항상 있는 것같이 너희 자손과 너희 이름이 항상 있으리라"(사 66:19-22).

이 말씀은 성화된 성도가 주님이 재림하실 때 이 땅에서 하늘로 휴거되어 천국 잔치에 참여하였다가 땅에 내려와 대환난에서 구원된 성도들과 함께 천년왕국과 영원천국에서 하나님 모시고 살게 될 영화의 구원을 예표하는 말씀이다.

주님 재림과 천국 잔치, 대환난, 새 하늘 새 땅
(pp. 119-124까지 주님의 재림론 참조)

"주께서 호령과 천사장의 소리와 하나님의 나팔 소리로 친히 하늘로부터 강림하시리니 그리스도 안에서 죽은 자들이 먼저 일어나고 그 후에 우리 살아남은 자들도 그들과 함께 구름 속으로 끌어 올려 공중에서 주를 영접하게 하시리니 그리하여 우리가 항상 주와 함께 있으리라"(살전 4:16-17). "보라 내가 너희에게 비밀을 말하노니 우리가 다 잠잘 것이 아니요 마지막 나팔에 순식간에 홀연히 다 변화되리니 나팔 소리가 나매 죽은 자들이 썩지 아니할 것으로 다시 살아나고 우리도 변화되리라 이 썩을 것이 반드시 썩지 아니할 것을 입겠고 이 죽을 것이 죽지 아니함을 입으리로다"(고전 15:51-53). "이 첫째 부활에 참여하는 자들은 복이 있고 거룩하도다 둘째 사망이 그들을 다스리는 권세가 없고 도리어 그들이 하나님과 그리스도의 제사장이 되어 천 년 동안 그리스도와 더불어 왕 노릇 하리라 천년이 차매 사탄이 그 옥에서 놓여 나와서 땅의 사방 백성 곧 곡과 마곡을 미혹하고 모아 싸움을 붙이리니 그 수가 바다의 모래 같으리라 그들이 지면에 널리 퍼져 성도들의 진과 사랑하시는 성을 두르매 하늘에서 불이 내려와 그들을 태워버리고 또 그들을 미혹하는 마귀가 불과 유황 못에 던져지니 거기는 그 짐승과 거짓 선지자도 있어 세세토록 밤낮 괴로움을 받으리라 또 내가 크고 흰 보좌와 그 위에 앉으신 이를 보니 땅과 하늘이 그 앞에서 피하여 간 데 없더라"(계 20:6-11).

하나님이 성도를 영접하실 영원천국은 이런 곳이다.

"또 내가 새 하늘과 새 땅을 보니 처음 하늘과 처음 땅이 없어졌고 바다도 다시 있지 않더라 또 내가 보매 거룩한 성 새 예루살렘이 하나님께로부터 하늘에서 내려오니 그 준비한 것이 신부가 남편을 위하여 단장한 것 같더라 내가 들으니 보좌에서 큰 음성이 나서 이르되 보라 하나님의 장막이 사람들과 함께 있으매 하나님이 그들과 함께 계시리니 그들은 하나님의 백성이 되고 하나님은 친히 그들과 함께 계셔서 모든 눈물을 그 눈에서 닦아 주시니 다시는 사망이 없고 애통하는 것이나 곡하는 것이나 아픈 것이 다시 있지 아니하리니 처음 것들이 다 지나갔음이러라 보좌에 앉으신 이가 이르시되 보라 내가 만물을 새롭게 하노라 하시고 또 이르시되 이 말은 신실하고 참되니 기록하라 하시고 또 내게 말씀하시되 이루었도다 나는 알파와 오메가요 처음과 마지막이라 내가 생명수 샘물을 목마른 자에게 값없이 주리니 이기는 자는 이것들을 상속으로 받으리라 나는 그의 하나님이 되고 그는 내 아들이 되리라"(계 21:1-7). "성령으로 나를 데리고 크고 높은 산으로 올라가 하나님께로부터 하늘에서 내려오는 거룩한 성 예루살렘을 보이니 하나님의 영광이 있어 그 성의 빛이 지극히 귀한 보석 같고 벽옥과 수정같이 맑더라 크고 높은 성곽이 있고 열두 문이 있는데 문에 열두 천사가 있고 그 문들 위에 이름을 썼으니 이스라엘 자손 열두 지파의 이름들이라 동쪽에 세 문, 북쪽에 세 문, 남쪽에 세 문, 서쪽에 세 문이니 그 성의 성곽에는 열두 기초석이 있고 그 위에는 어린 양의 열두 사도의 열두 이름이 있더라 내게 말하는 자가 그 성과 그 문들과 성곽을 측량하려고 금 갈대 자를 가졌더라 그 성은 네모가 반듯하여 길이와 너비가 같은지라 그 갈대 자로 그 성을 측량하니 만 이천 스다디온이요 길이와 너비와 높이가 같더라 그 성곽을 측량하매 백사십사 규빗이니 사람의 측량 곧 천사의 측량이라 그 성곽은 벽옥으로 쌓였고 그 성은 정금인데 맑은 유리 같더라 그 성의 성곽의 기초석은 각색 보석으로 꾸몄는데 첫째 기초석은 벽옥이요 둘째는 남보석이요 셋째는 옥수요 넷째는 녹보석이요 다섯째는 홍마노요 여섯째는 홍보석이요 일곱째는 황옥이요 여덟째는 녹옥이요 아홉째는 담황옥이요 열째는 비취옥이요 열한째는 청옥이요 열두째는 자수정이라 그 열두 문은 열두 진주니 각 문마다 한 개의 진주로 되어 있고 성의 길은 맑은 유리 같은 정금이더라 성 안에서 내가 성전을 보지 못하였으니 이는 주 하나님 곧 전능하신 이와 및 어린 양이 그 성전이심이라 그 성은 해나 달의 비침이 쓸데없으니 이는 하나님의 영광이 비치고 어린 양이 그 등불이 되심이라 만국이 그 빛 가운데로 다니고 땅의 왕들이 자기 영광을 가지고 그리로 들어가리라 낮에 성문들을 도무지 닫지 아니하리니 거기에는 밤이 없음이라 사람들이 만국의 영광과 존귀를 가지고 그리로 들어가겠고 무엇이든지 속된 것이나 가증한 일 또는 거짓말하는 자는 결코 그리로 들어가지 못하되 오직 어린 양의 생명책에 기록된 자들만 들어가리라"(계 21:10-27).

"또 그가 수정같이 맑은 생명수의 강을 내게 보이니 하나님과 및 어린 양의 보좌로부터 나와서 길 가운데로 흐르더라 강 좌우에 생명나무가 있어 열두 가지 열매를 맺되 달마다 그 열매를 맺고 그 나무 잎사귀들은 만국을 치료하기 위하여 있더라 다시 저주가 없으며 하나님과 그 어린 양의 보좌가 그 가운데에 있으리니 그의 종들이 그를 섬기며 그의 얼굴을 볼 터이요 그의 이름도 그들의 이마에 있으리라 다시 밤이 없겠고 등불과 햇빛이 쓸데없으니 이는 주 하나님이 그들에게 비치심이라 그들이 세세토록 왕 노릇 하리로다 또 그가 내게 말하기를 이 말은 신실하고 참된지라 주 곧 선지자들의 영의 하나님이 그의 종들에게 반드시 속히 되어질 일을 보이시려고 그의 천사를 보내셨도다 보라 내가 속히 오리니 이 두루마리의 예언의 말씀을 지키는 자는 복이 있으리라 하더라"(계 22:1-7).

* 구원사적으로 본 이사야서

1) 이사야서는 실로 얼른 이해하기 어려운 난해한 예언서다. 이사야 선지자는 그 예언의 말씀이 현재와 과거, 가까운 미래와 먼 미래의 사건, 예수 그리스도의 초림(메시아 예언)과 재림과 심판과 영원천국의 사건을 여기저기서 순서를 따르지 않고 말씀한다. 이사야서의 시간은 태초부터 마지막 날을 지나 영원까지를 다 품고 있다.

2) 이사야서는 공간적으로 유대와 이스라엘 그리고 이스라엘과 유대의 주변국들, 당시의 전 세계와 새 하늘 새 땅, 영원천국까지를 다 품는다.

3) 이사야서는 유다, 이스라엘 백성에 대한 책망과 심판, 그리고 주변국들에 대한 경책과 징계, 이들에 대한 멸망과 심판과 구원의 회복을 모두 말하고 있고, 그러면서 줄기차게 남은 자를 통한 이스라엘 백성의 구원의 줄거리를 이어간다. 이새의 줄기에서 나온 싹, 다윗과 예수 그리스도를 통한 구원이 이리가 어린 양과 함께 거하며 표범이 어린 염소와 함께 누우며 송아지와 어린 사자와 살찐 짐승이 함께 있어 어린아이에게 끌리며 암소와 곰이 함께 먹으며 그것들의 새끼가 함께 엎드리며 사자가 소처럼 풀을 먹을 것이며 젖 먹는 아이가 독사의 구멍에서 장난하며 젖 뗀 어린아이가 독사의 굴에 손을 넣게 되는 여호와의 거룩한 나라, 거룩한 산을 이루게 되고, 더 이상 해함도 상함도 없는 영원한 천국의 구원에까지 이르게 됨을 예언한다.

4) 이렇게 볼 때 이사야서는 전 우주적인 예언서요 알파와 오메가 되시며 어디나 편재하신 하나님의 손길을 따라가며 구원을 말씀하는 오늘과 영원을 잇는 구원의 예언서다.

5) 이사야서는 성화의 과정에 있는 성도가 따라가야 할 여러 가지 교훈을 준다.

(1) 회개의 생활: 하나님은 여러 번 유다 백성들의 회개를 바라신다.

⑵ 여호와를 경외하는 복을 가르친다.

⑶ 예수 그리스도를 통한 구원을 가르친다.

⑷ 세계 모든 왕국을 섭리하시는 하나님을 가르친다.

⑸ 성도(이스라엘 백성)는 마침내 구원된다.

"너희는 여호와의 책을 자세히 읽어 보라 이것들 가운데서 빠진 것이 하나도 없고 제 짝이 없는 것이 없으리니 이는 여호와의 입이 이를 명령하셨고 그의 영이 이것들을 모으셨음이라"(사 34:16).

할렐루야. 할렐루야.

예레미야서

☙ 예레미야 1장: 열방의 선지자로 소명받는 예레미야

예레미야 1장에는 예레미야가 하나님으로부터 열방의 선지자(이스라엘 백성만의 선지자가 아닌)로 부름 받는 사건이 나온다. 하나님은 선지자 예레미야에게 하나님이 가라는 곳으로 가고 하나님이 명하신 말씀을 다 전하라고 명하신다.

하나님은 살구나무 가지 환상을 통해 유대 땅에서 겨울에도 자라나 꽃을 피우는 살구나무같이 하나님이 끊이지 않고 예레미야에게 말씀해 주실 것을 가르쳐주고 북에서부터 기울어진 끓는 가마를 통해서 유다에 임할 미래의 환난을 보여주신다.

예레미야는 선지자로 부름 받고 바로 우상숭배로 하나님을 버린 유다 백성에게 임할 하나님의 징계를 말해야 하고, 그래서 여러 가지 어려움을 겪을 것이지만 여호와 하나님이 함께해주실 것이며 두려워하지 말라고 말씀하신다.

"여호와께서 내게 이르시되 재앙이 북방에서 일어나 이 땅의 모든 주민들에게 부어지리라 내가 북방 왕국들의 모든 족속들을 부를 것인즉 그들이 와서 예루살렘 성문 어귀에 각기 자리를 정하고 그 사방 모든 성벽과 유다 모든 성읍들을 치리라 여호와의 말이니라 무리가 나를 버리고 다른 신들에게 분향하며 자기 손으로 만든 것들에 절하였은즉 내가 나의 심판을 그들에게 선고하여 그들의 모든 죄악을 징계하리라 그러므로 너는 네 허리를 동이고 일어나 내가 네게 명령한 바를 다 그들에게 말하라 그들 때문에 두려워하지 말라 네가 그들 앞에서 두려움을 당하지 않게 하리라 보라 내가 오늘 너를 그 온 땅과 유다 왕들과 그 지도자들과 그 제사장들과 그 땅 백성 앞에 견고한 성읍, 쇠기둥, 놋성벽이 되게 하였은즉 그들이 너를 치나 너를 이기지 못하리니 이는 내가 너와 함께 하여 너를 구원할 것임이니라 여호와의 말이니라"(렘 1:14-19).

☙ 예레미야 2:3-11장: 우상을 섬긴 죄의 심판, 하나님께 돌아오라

예레미야서 여러 장에서 하나님이 유다 백성이 하나님을 떠나 우상을 섬긴 죄로 하나님 앞에 심판받고 멸망하게 될 것을 계속, 계속, 계속하여 말씀한다. 그러면서 하나님은 유다 백성이 회개하고 돌아오라고 안타깝게 권고한다.

"내가 너희를 기름진 땅에 인도하여 그것의 열매와 그것의 아름다운 것을 먹게 하였거늘 너희가 이리로 들어와서는 내 땅을 더럽히고 내 기업을 역겨운 것으로 만들었으며 제사장들은 여호와께서 어디 계시냐 말하지 아니하였으며 율법을 다루는 자들은 나를 알지 못하며 관리들도 나에게 반역하며 선지자들은 바알의 이름으로 예언하고 무익한 것들을 따랐느니라 그러므로 내가 다시 싸우고 너희 자손들과도 싸우리라 여호와의 말씀이니라 너희는 깃딤 섬들에 건너가 보며 게달에도 사람을 보내이 같은 일이 있었는지를 자세히 살펴보라 어느 나라가 그들의 신들을 신 아닌 것과 바꾼 일이 있느냐 그러나 나의 백성은 그의 영광을 무익한 것과 바꾸었도다 너 하늘아 이 일로 말미암아 놀랄지어다 심히 떨지어다 두려워할지어다 여호와의 말씀이니라 내 백성이 두 가지 악을 행하였나니 곧 그들이 생수의 근원 되는 나를 버린 것과 스스로 웅덩이를 판 것인데 그것은 그 물을 가두지 못할 터진 웅덩이들이니라"(렘 2:7-13).
"네 악이 너를 징계하겠고 네 반역이 너를 책망할 것이라 그런즉 네 하나님 여호와를 버림과 네 속에 나를 경외함이 없는 것이 악이요 고통인 줄 알라 주 만군의 여호와의 말씀이니라 네가 옛적부터 네 멍에를 꺾고 네 결박을 끊으며 말하기를 나는 순종하지 아니하리라 하고 모든 높은 산 위에서와 모든 푸른 나무 아래에서 너는 몸을 굽혀 행음하도다"(렘 2:19-20).

유다 백성의 죄는 하나님을 버리고 우상을 섬긴 것이다. 깃딤(지중해 안의 구브로) 게달(아라비아 사막 동쪽의 유목민)은 우상을 섬겨도 이 우상을 끝까지 섬겼는데 유다 백성은 하나님의 영광을 무익한 우상과 바꿨다고 하나님이 한탄하신다.

제사장들과 선지자들과 관리들도 하나님을 버리고 바알 우상을 따랐다. 하나님은 이런 우상숭배를 행음이라 말씀하셨다. 유다 백성은 도처에서 우상을 섬겨 하나님이 주신 땅을 더럽혔다.

"그들이 말하기를 가령 사람이 그의 아내를 버리므로 그가 그에게서 떠나 타인의 아내가 된다 하자 남편이 그를 다시 받겠느냐 그리하면 그 땅이 크게 더러워지지 아니하겠느냐 하느니라 네가 많은 무리와 행음하고서도 내게로 돌아오려느냐 여호와의 말씀이니라 네 눈을 들어 헐벗은 산을 보라 네가 행음하지 아니한 곳이 어디 있느냐 네가 길가에 앉아 사람들을 기다린 것이 광야에 있는 아라바 사람 같아서 음란과 행악으로 이 땅을 더럽혔도다 그러므로 단비가 그쳤고 늦은 비가 없어졌느니라 그럴지라도 네가 창녀의 낯을 가졌으므로 수치를 알지 못하느니라"(렘 3:1-3).

하나님은 이런 유다 백성이 회개하고 하나님께 돌아오기를 간절하게 바라고 계신다.

"여호와의 말씀이니라 배역한 자식들아 돌아오라 나는 너희 남편임이라 내가 너희를 성읍에서 하나와 족속 중에서 둘을 택하여 너희를 시온으로 데려오겠고 내가 또 내 마음에 합한 목자들을 너희에게 주리니 그들이 지식과 명철로 너희를 양육하리라 여호와의 말씀이니라 너희가 이 땅에서 번성하여 많아질 때에는 사람들이 여호와의 언약궤를 다시는 말하지 아니할 것이요 생각하지 아니할 것이요 기억하지 아니할 것이요 찾지 아니할 것이요 다시는 만들지 아니할 것이며 그때에 예루살렘이 그들에게 여호와의 보좌라 일컬음이 되며 모든 백성이 그리로 모이리니 곧 여호와의 이름으로 말미암아 예루살렘에 모이고 다시는 그들의 악한 마음의 완악한 대로 그들이 행하지 아니할 것이며 그때에 유다 족속이 이스라엘 족속과 동행하여 북에서부터 나와서 내가 너희 조상들에게 기업으로 준 땅에 그들이 함께 이르리라 내가 말하기를 내가 어떻게 하든지 너를 자녀들 중에 두며 허다한 나라들 중에 아름다운 기업인 이 귀한 땅을 네게 주리라 하였고 내가 다시 말하기를 너희가 나를 나의 아버지라 하고 나를 떠나지 말 것이니라 하였노라"(렘 3:14-19).

유다 백성은 하나님이 간절하게 불러도 여호와께로 돌아오지 않기 때문에 불같이 노여워하시는 하나님의 진노로 북방으로부터 독수리보다 더 빠른 군대가 예루살렘을 포위할 것이다.

북방으로부터 오는 군대는 바벨론의 침략을 가리킨다.

"너희는 예루살렘 거리로 빨리 다니며 그 넓은 거리에서 찾아보고 알라 너희가 만일 정의를 행하며 진리를 구하는 자를 한 사람이라도 찾으면 내가 이 성읍을 용서하리라"(렘 5:1).

하나님은 예루살렘에서 한 명의 의인을 찾으시지만 예루살렘에 한 명의 의인조차 없다고 한탄하신다. 왕도 제사장도 선지자도 백성도 다 불의와 부정과 죄악에 빠져 있었다.

"그러나 너희 백성은 배반하며 반역하는 마음이 있어서 이미 배반하고 갔으며 또 너희 마음으로 우리에게 이른 비와 늦은 비를 때를 따라 주시며 우리를 위하여 추수 기한을 정하시는 우리 하나님 여호와를 경외하자 말하지도 아니하니 너희 허물이 이러한 일들을 물리쳤고 너희 죄가 너희로부터 좋은 것을 막았느니라 내 백성 가운데 악인이 있어서 새 사냥꾼이 매복함같이 지키며 덫을 놓아 사람을 잡으며 새장에 새들이 가득함같이 너희 집들에 속임이 가득하도다 그러므로 너희가 번창하고 거부가 되어 살지고 윤택하며 또 행위가 심히 악하여 자기 이익을 얻으려고 송사 곧 고아의 송사를 공정하게 하지 아니하며 빈민의 재판을 공정하게 판결하지 아니하니 내가 이 일들에 대하여 벌하지 아니하겠으며 내 마음이 이같은 나라에 보복하지 아니하겠느냐 여호와의 말씀이니라 이 땅에 무섭고 놀라운 일이 있도다 선지자들은 거짓을 예언하며 제사장들은 자기 권력으로 다스리며 내 백성은 그것을 좋게 여기니 마지막에는 너희가 어찌하려느냐"(렘 5:23-31).

"내가 누구에게 말하며 누구에게 경책하여 듣게 할꼬 보라 그 귀가 할례를 받지 못하였으므로 듣지 못하는도다 보라 여호와의 말씀을 그들이 자신들에게 욕으로 여기고 이를 즐겨 하지 아니하니 그러므로 여호와의 분노가 내게 가득하여 참기 어렵도다 그것을 거리에 있는 아이들과 모인 청년들에게 부으리니 남편과 아내와 나이 든 사람과 늙은이가 다 잡히리로다 내가 그 땅 주민에게 내 손을 펼 것인즉 그들의 집과 밭과 아내가 타인의 소유로 이전되리라 여호와의 말씀이니라 이는 그들이 가장 작은 자로부터 큰 자까지 다 탐욕을 부리며 선지자로부터 제사장까지 다 거짓을 행함이라 그들이 내 백성의 상처를 가볍게 여기면서 말하기를 평강하다 평강하다 하나 평강이 없도다 그들이 가증한 일을 행할 때에 부끄러워하였느냐 아니라 조금도 부끄러워 하지 않을 뿐 아니라 얼굴도 붉어지지 않았느니라 그러므로 그들이 엎드러지는 자와 함께 엎드러질 것이라 내가 그들을 벌하리니 그때에 그들이 거꾸러지리라 여호와의 말씀이니라"(렘 6:10-15).

제사장이나 선지자는 우리에게 이른 비와 늦은 비를 때를 따라 주시며 우리를 위하여 추수 기한을 정하시는 우리 하나님 여호와를 경외하자 말하지도 아니하고 재판관들은 자기 배를 위하여 억울하게 송사하며 선지자들은 거짓 예언하는 악함 때문에 하나님의 심판이 임하게 된다.

유다 백성은 작은 자로부터 큰 자까지 다 탐남하며 선지자로부터 제사장까지 다 거짓을 행하였고 하나님의 백성의 상처를 심상히 고쳐주며 말하기를 평강하다 평강하다 말하며 가증한 일을 행할 때도 부끄러워 아니할 뿐 아니라 얼굴도 붉어지지 않았다고 하나님이 책망하신다.

"너는 여호와의 집 문에 서서 이 말을 선포하여 이르기를 여호와께 예배하러 이 문으로 들어가는 유다 사람들아 여호와의 말씀을 들으라 만군의 여호와 이스라엘의 하나님께서 이와 같이 말씀하시되 너희 길과 행위를 바르게 하라 그리하면 내가 너희로 이곳에 살게 하리라 너희는 이것이 여호와의 성전이라, 여호와의 성전이라, 여호와의 성전이라 하는 거짓말을 믿지 말라 너희가 만일 길과 행위를 참으로 바르게 하여 이웃들 사이에 정의를 행하며 이방인과 고아와 과부를 압제하지 아니하며 무죄한 자의 피를 이곳에서 흘리지 아니하며 다른 신들 뒤를 따라 화를 자초하지 아니하면 내가 너희를 이곳에 살게 하리니 곧 너희 조상에게 영원무궁토록 준 땅에니라 보라 너희가 무익한 거짓말을 의존하는도다 너희가 도둑질하며 살인하며 간음하며 거짓 맹세하며 바알에게 분향하며 너희가 알지 못하는 다른 신들을 따르면서 내 이름으로 일컬음을 받는 이 집에 들어와서 내 앞에 서서 말하기를 우리가 구원을 얻었나이다 하느냐 이는 이 모든 가증한 일을 행하려 함이로다 내 이름으로 일컬음을 받는 이 집이 너희 눈에는 도둑의 소굴로 보이느냐 보라 나 곧 내가 그것을 보았노라 여호와의 말씀이니라 너희는 내가 처음으로 내 이름을 둔 처소 실로에 가서 내 백성 이스라엘의 악에 대하여 내가 어떻게 행하였는지를 보라 여호와의 말씀이니라 이제 너희가 그 모든 일을 행하였으며 내가 너희에게 말하되 새벽부터 부지런히 말하여도 듣지 아니하였고 너희를 불러도 대답하지 아니하였느니라 그러므로 내가 실로에 행함같이 너희가 신뢰하는바 내 이름으로 일컬음을 받는 이 집 곧 너희와 너희 조상들에게 준 이곳에 행하겠고 내가 너희 모든 형제 곧 에브라임 온 자손을 쫓아낸 것같이 내 앞에서 너희를 쫓아내리라 하셨다 할지니라 그런즉 너는 이 백성을 위하여 기도하지 말라 그들을 위하여 부르짖어 구하지 말라 내게 간구하지 말라 내가 네게서 듣지 아니하리라"(렘 7:2-16).

하나님의 말씀대로 순종하지 않고 바알에게 절하다가 하나님 전에 들어와서 하나님 앞에 '우리가 구원을 얻었나이다'라고 말하는 거짓 믿음을 하나님이 무섭게 꾸짖으신다.

은혜로 믿음으로 구원받은 것만 자랑하고 지금 하나님의 말씀을 따르지 않고 탐심의 우상, 물질 만능에 취해 사는 성도여, 회개하라.

"만군의 여호와 이스라엘의 하나님께서 이와 같이 말씀하시되 너희 희생제물과 번제물의 고기를 아울러 먹으라 사실은 내가 너희 조상들을 애굽 땅에서 인도하여 낸 날에 번제나 희생에 대하여 말하지 아니하며 명령하지 아니하고 오직 내가 이것을 그들에게 명령하여 이르기를 너희는 내 목소리를 들으라 그리하면 나는 너희 하나님이 되겠고 너희는 내 백성이 되리라 너희는 내가 명령한 모든 길로 걸어가라 그리하면 복을 받으리라 하였으나 그들이 순종하지 아니하며 귀를 기울이지도 아니하고 자신들의 악한 마음의 꾀와 완악한 대로 행하여 그 등을 내게로 돌리고 그 얼굴을 향하지 아니하였으며 너희 조상들이 애굽 땅에서 나온 날부터 오늘까지 내가 내 종 선지자들을 너희에게 보내되 끊임없이 보내었으나 너희가 나에게 순종하지 아니하며 귀를 기울이지 아니하고 목을 굳게 하여 너희 조상들보다 악을 더 행하였느니라 네가 그들에게 이 모든 말을 할지라도 그들이 너에게 순종하지 아니할 것이요 네가 그들을 불러도 그들이 네게 대답하지 아니하리니 너는 그들에게 말하기를 너희는 너희 하나님 여호와의 목소리를 순종하지 아니하며 교훈을 받지 아니하는 민족이라 진실이 없어져 너희 입에서 끊어졌다 할지니라 너의 머리털을 베어 버리고 벗은 산 위에서 통곡할지어다 여호와께서 그 노하신 바 이 세대를 끊어 버리셨음이라 여호와께서 말씀하시되 유다 자손이 나의 눈 앞에 악을 행하여 내 이름으로 일컬음을 받는 집에 그들의 가증한 것을 두어 집을 더럽혔으며 힌놈의 아들 골짜기에 도벳 사당을 건축하고 그들의 자녀들을 불에 살랐나니 내가 명령하지 아니하였고 내 마음에 생각하지도 아니한 일이니라 그러므로 여호와께서 말씀하시니라 날이 이르면 이곳을 도벳이라 하거나 힌놈의 아들의 골짜기라 말하지 아니하고 죽임의 골짜기라 말하리니 이는 도벳에 자리가 없을 만큼 매장했기 때문이니라 이 백성의 시체가 공중의 새와 땅의 짐승의 밥이 될 것이나 그것을 쫓을 자가 없을 것이라 그때에 내가 유다 성읍들과 예루살렘 거리에 기뻐하는 소리, 즐거워하는 소리, 신랑의 소리, 신부의 소리가 끊어지게 하리니 땅이 황폐하리라"(렘 7:21-34).

하나님은 아주 부지런히 선지자들을 유다 백성에게 보내셨지만 그들은 하나님의 말씀을 청종치 아니하며 귀를 기울이지 아니하고 목을 굳게 하여 저희 열조보다 악을 더 행하였기 때문에 그들을 버리신다고 경고한다.

"공중의 학은 그 정한 시기를 알고 산비둘기와 제비와 두루미는 그들이 올 때를 지키거늘 내 백성은 여호와의 규례를 알지 못하도다 너희가 어찌 우리는 지혜가 있고 우리에게는 여호와의 율법이 있다 말하겠느냐 참으로 서기관의 거짓의 붓이 거짓되게 하였나니 지혜롭다 하는 자들은 부끄러움을 당하며 두려워 떨다가 잡히리라 보라 그들이 여호와의 말을 버렸으니 그들에게 무슨 지혜가 있으랴 그러므로 내가 그들의 아내를 타인에게 주겠고 그들의 밭을 그 차지할 자들에게 주리니 그들은 가장 작은 자로부터 큰 자까지 다 욕심내며 선지자로부터 제사장까지 다 거짓을 행함이라"(렘 8:7-10).
"여호와께서 이와 같이 말씀하시되 보라 내가 내 딸 백성을 어떻게 처치할꼬 그들을 녹이고 연단하리라 그들의 혀는 죽이는 화살이라 거짓을 말하며 입으로는 그 이웃에게 평화를 말하나 마음으로는 해를 꾸미는도다 내가 이 일들로 말미암아 그들에게 벌하지 아니하겠으며 내 마음이 이런 나라에 보복하지 않겠느냐 여호와의 말씀이니라 내가 산들을 위하여 울며 부르짖으며 광야 목장을 위하여 슬퍼하나니 이는 그것들이 불에 탔으므로 지나는 자가 없으며 거기서 가축의 소리가 들리지 아니하며 공중의 새도 짐승도 다 도망하여 없어졌음이라 내가 예루살렘을 무더기로 만들며 승냥이 굴이 되게 하겠고 유다의 성읍들을 황폐하게 하여 주민이 없게 하리라 지혜가 있어서 이 일을 깨달을 만한 자가 누구며 여호와의 입의 말씀을 받아서 선포할 자가 누구인고 이 땅이 어찌하여 멸망하여 광야같이 불타서 지나가는 자가 없게 되었느냐 여호와께서 말씀하시되 이는 그들이 내가 그들의 앞에 세운 나의 율법을 버리고 내 목소리를 순종하지 아니하며 그대로 행하지 아니하고 그 마음의 완악함을 따라 그 조상들이 자기에게 가르친 바알들을 따랐음이라"(렘 9:7-14).

"이스라엘 집이여 여호와께서 너희에게 이르시는 말씀을 들을지어다 여호와께서 이와 같이 말씀하시되 여러 나라의 길을 배우지 말라 이방 사람들은 하늘의 징조를 두려워하거니와 너희는 그것을 두려워하지 말라 여러 나라의 풍습은 헛된 것이니 삼림에서 벤 나무요 기술공의 두 손이 도끼로 만든 것이라 그들이 은과 금으로 그것에 꾸미고 못과 장도리로 그것을 든든히 하여 흔들리지 않게 하나니 그것이 둥근 기둥 같아서 말도 못하며 걸어다니지도 못하므로 사람이 메어야 하느니라 그것이 그들에게 화를 주거나 복을 주지 못하나니 너희는 두려워하지 말라 하셨느니라 여호와여 주와 같은 이 없나이다 주는 크시니 주의 이름이 그 권능으로 말미암아 크시니이다 이방 사람들의 왕이시여 주를 경외하지 아니할 자가 누구리이까 이는 주께 당연한 일이라 여러 나라와 여러 왕국들의 지혜로운 자들 가운데 주와 같은 이가 없음이니이다 그들은 다 무지하고 어리석은 것이니 우상의 가르침은 나무뿐이라 다시스에서 가져온 은박과 우바스에서 가져온 금으로 꾸미되 기술공과 은장색의 손으로 만들었고 청색 자색 옷을 입었나니 이는 정교한 솜씨로 만든 것이거니와 오직 여호와는 참 하나님이시요 살아 계신 하나님이시요 영원한 왕이시라 그 진노하심에 땅이 진동하며 그 분노하심을 이방이 능히 당하지 못하느니라 너희는 이같이 그들에게 이르기를 천지를 짓지 아니한 신들은 땅 위에서, 이 하늘 아래에서 망하리라 하라 여호와께서 그의 권능으로 땅을 지으셨고 그의 지혜로 세계를 세우셨고 그의 명철로 하늘을 펴셨으며 그가 목소리를 내신즉 하늘에 많은 물이 생기나니 그는 땅끝에서 구름이 오르게 하시며 비를 위하여 번개치게 하시며 그 곳간에서 바람을 내시거늘 사람마다 어리석고 무식하도다 은 장이마다 자기의 조각한 신상으로 말미암아 수치를 당하나니 이는 그가 부어 만든 우상은 거짓 것이요 그 속에 생기가 없음이라 그것들은 헛것이요 망령되이 만든 것인즉 징벌하실 때에 멸망할 것이나 야곱의 분깃은 이 같지 아니하시니 그는 만물의 조성자요 이스라엘은 그의 기업의 지파라 그 이름은 만군의 여호와시니라"(렘 10:1-16).

"너희는 이 언약의 말을 듣고 유다인과 예루살렘 주민에게 말하라 그들에게 이르기를 이스라엘의 하나님 여호와께서 이와 같이 말씀하시되 이 언약의 말을 따르지 않는 자는 저주를 받을 것이니라 이 언약은 내가 너희 조상들을 쇠풀무 애굽 땅에서 이끌어내던 날에 그들에게 명령한 것이라 곧 내가 이르기를 너희는 내 목소리를 순종하고 나의 모든 명령을 따라 행하라 그리하면 너희는 내 백성이 되겠고 나는 너희의 하나님이 되리라 내가 또 너희 조상들에게 한 맹세는 그들에게 젖과 꿀이 흐르는 땅을 주리라 한 언약을 이루리라 한 것인데 오늘이 그것을 증언하느니라 하라 하시기로 내가 대답하여 이르되 아멘 여호와여 하였노라 여호와께서 내게 이르시되 너는 이 모든 말로 유다 성읍들과 예루살렘 거리에서 선포하여 이르기를 너희는 이 언약의 말을 듣고 지키라 내가 너희 조상들을 애굽 땅에서 인도하여 낸 날부터 오늘까지 간절히 경계하며 끊임없이 경계하기를 너희는 내 목소리를 순종하라 하였으나 그들이 순종하지 아니하며 귀를 기울이지도 아니하고 각각 그 악한 마음의 완악한 대로 행하였으므로 내가 그들에게 행하라 명령하였어도 그들이 행하지 아니한 이 언약의 모든 규정대로 그들에게 이루게 하였느니라 하라 여호와께서 또 내게 이르시되 유다인과 예루살렘 주민 중에 반역이 있도다 그들이 내 말 듣기를 거절한 자기들의 선조의 죄악으로 돌아가서 다른 신들을 따라 섬겼은즉 이스라엘 집과 유다 집이 내가 그들의 조상들과 맺은 언약을 깨뜨렸도다 그러므로 나 여호와가 이와 같이 말하노라 보라 내가 재앙을 그들에게 내리리니 그들이 피할 수 없을 것이라 그들이 내게 부르짖을지라도 내가 듣지 아니할 것인즉 유다 성읍들과 예루살렘 주민이 그 분향하는 신들에게 가서 부르짖을지라도 그 신들이 그 고난 가운데에서 절대로 그들을 구원하지 못하리라" (렘 11:2-12).

하나님은 거듭해서, 귀가 아프도록 여러 번, 아주 여러 번, 하나님을 버리고 우상에게 돌아간 유다 백성, 날짐승보다도 못한 유다 백성에게 피할 수 없는 재앙, 바벨론에게 멸망당할 것을 말씀하신다

❧ 예레미야 12장: 악한 자(바벨론)가 왜 형통한가, 바벨론의 멸망, 백성의 귀환

예레미야 선지자는 의로우신 하나님 앞에 어찌하여 악한 자가 형통하며 안락한가를 질문한다. 하나님은 여기에 직접 대답하시지는 않지만 하나님의 집(성전)과 하나님의 산업(유다 백성)을 훼멸하는 자를 바벨론에게 버렸고 그들이 온 땅을 황무케 할 것이라고 말씀한다.

그러나 하나님은 다시 바벨론을 뽑아내고 유다 백성이 다시 그 산업으로, 다시 유다 땅으로 돌아오게 하신다고 말한다.

❧ 예레미야 13장: 썩은 베띠 같은 이스라엘 백성, 바벨론에 포로 될 예언

유다 백성은 하나님이 그 허리를 두른 띠같이 하나님과 떨어져서는 안 되는 존재지만 유다 백성이 범한 죄로 유브라데강 강가에 숨겨놓았다가

꺼낸 썩어서 쓸데없는 띠가 되었다고 말씀한다. 유다 백성의 죄는 우상을 하나님을 대신하여 섬긴 음란이다.

유다 백성은 마침내 바벨론의 포로 될 것을 말한다.

☙ 예레미야 14장: 유다에 임한 가뭄, 거짓 선지자들의 거짓 예언

유다에 임한 심한 가뭄으로 사람과 짐승이 다 큰 고난에 빠진다. 예레미야는 유다 백성의 죄를 자복하고 용서를 구하지만 하나님은 예레미야에게 유다 백성을 위해 복을 기도하지 말라고 말씀하시며 유다 백성의 죄로 인한 하나님의 징계를 말씀하신다.

"여호와여 우리의 죄악이 우리에게 대하여 증언할지라도 주는 주의 이름을 위하여 일하소서 우리의 타락함이 많으니이다 우리가 주께 범죄하였나이다 이스라엘의 소망이시요 고난 당한 때의 구원자시여 어찌하여 이 땅에서 거류하는 자같이, 하룻밤을 유숙하는 나그네같이 하시나이까 어찌하여 놀란 자 같으시며 구원하지 못하는 용사 같으시니이까 여호와여 주는 그래도 우리 가운데 계시고 우리는 주의 이름으로 일컬음을 받는 자이오니 우리를 버리지 마옵소서 여호와께서 이 백성에 대하여 이와 같이 말씀하시되 그들이 어그러진 길을 사랑하여 그들의 발을 멈추지 아니하므로 여호와께서 그들을 받지 아니하고 이제 그들의 죄를 기억하시고 그 죄를 벌하시리라 하시고 여호와께서 또 내게 이르시되 너는 이 백성을 위하여 복을 구하지 말라 그들이 금식할지라도 내가 그 부르짖음을 듣지 아니하겠고 번제와 소제를 드릴지라도 내가 그것을 받지 아니할 뿐 아니라 칼과 기근과 전염병으로 내가 그들을 멸하리라"(렘 14:7-12).

유다에는 하나님이 보내지 아니한 거짓 선지자들이 하나님의 이름으로 자기 마음속에 있는 말들을 예언한다. 그때도 지금도 언제나 거짓 선지자들이 있다. 거짓 선지자의 말은 하나님의 말씀(계시)에서 나오지 않고 자기 마음속에서 나온 말을 하나님의 말로 꾸며 설교라고 하는 자들이다. 설교자는 설교하기 전 하나님의 말씀(성경)에서 반드시, 반드시 먼저 하나님이 하시고자 하는 말씀(메시지)을 들어야 한다. 그리고 하나님이 하시고자 하는 메시지를 설교로 말해야 한다. 하나님께 받은 메시지 없이 자기의 말을 설교로 하면, 이것이 거짓 선지자다.

"이에 내가 말하되 슬프도소이다 주 여호와여 보시옵소서 선지자들이 그들에게 이르기를 너희가 칼을 보지 아니하겠고 기근은 너희에게 이르지 아니할 것이라 내가 이 곳에서 너희에게 확실한 평강을 주리라 하나이다 여호와께서 내게 이르시되 선지자들이 내 이름으로 거짓 예언을 하도다 나는 그들을 보내지 아니하였고 그들에게 명령하거나 이르지 아니하였거늘 그들이 거짓 계시와 점술과 헛된 것과 자기 마음의 거짓으로 너희에게 예언하는도다 그러므로 내가 보내지 아니하였어도 내 이름으로 예언하여 이르기를 칼과 기근이 이 땅에 이르지 아니하리라 하는 선지자들에 대하여 여호와께서 이와 같이 말씀하셨노라 그 선지자들은 칼과 기근에 멸망할 것이요 그들의 예언을 받은 백성은 기근과 칼로 말미암아 예루살렘 거리에 던짐을 당할 것인즉 그들을 장사할 자가 없을 것이요 그들의 아내와 아들과 딸이 그렇게 되리니 이는 내가 그들의 악을 그 위에 부음이니라"(렘 14:13-16).

예레미야는 그들이 당하는 고난을 보며 유다의 죄를 대신 자복하며 눈물을 흘린다.

☙ 예레미야 15장: 돌이킬 수 없는 심판과 멸망

유다 왕 므낫세가 범한 죄악(히스기야 왕이 헐어버린 신당을 다시 세우고, 바알의 단을 쌓고, 일월성신을 섬긴 죄, 왕하 21장)으로 유다 백성이 받을 심판과 멸망은 돌이킬 수가 없다.

"여호와께서 내게 이르시되 모세와 사무엘이 내 앞에 섰다 할지라도 내 마음은 이 백성을 향할 수 없나니 그들을 내 앞에서 쫓아 내보내라 그들이 만일 네게 말하기를 우리가 어디로 나아가리요 하거든 너는 그들에게 이르기를 여호와께서 이와 같이 말씀하시니라 죽을 자는 죽음으로 나아가고 칼을 받을 자는 칼로 나아가고 기근을 당할 자는 기근으로 나아가고 포로 될 자는 포로 됨으로 나아갈지니라 하셨다 하라 여호와의 말씀이니라 내가 그들을 네 가지로 벌하리니 곧 죽이는 칼과 찢는 개와 삼켜 멸하는 공중의 새와 땅의 짐승으로 할 것이며 유다 왕 히스기야의 아들 므낫세가 예루살렘에 행한 것으로 말미암아 내가 그들을 세계 여러 민족 가운데에 흩으리라 예루살렘아 너를 불쌍히 여길 자 누구며 너를 위해 울 자 누구며 돌이켜 네 평안을 물을 자 누구냐 여호와께서 이르시되 네가 나를 버렸고 내게서 물러갔으므로 네게로 내 손을 펴서 너를 멸하였노니 이는 내가 뜻을 돌이키기에 지쳤음이로다 내가 그들을 그 땅의 여러 성문에서 키로 까불러 그 자식을 끊어서 내 백성을 멸하였나니 이는 그들이 자기들의 길에서 돌이키지 아니하였음이라 그들의 과부가 내 앞에 바다 모래보다 더 많아졌느니라 내가 대낮에 파멸시킬 자를 그들에게로 데려다가 그들과 청년들의 어미를 쳐서 놀람과 두려움을 그들에게 갑자기 닥치게 하였으며 일곱을 낳은 여인에게는 쇠약하여 기절하게 하며 아직도 대낮에 그의 해가 떨어져서 그에게 수치와 근심을 당하게 하였느니라 그 남은 자는 그들의 대적의 칼에 붙이리라 여호와의 말씀이니라"(렘 15:1-9).

이런 심판을 유다 왕과 백성에게 전해야 하는 예레미야는 자신이 온 세계에 다툼과 침을 당할 자가 되었고 속에서부터 끊이지 않는 고통을 당한다고 탄식한다. 그러나 하나님은 이런 예레미야에게 복을 주실 것을 말씀하며 예레미야를 강하게 해주시겠다고 말씀한다.

그러면 예레미야에게 하나님이 주신 복이 무엇인가? 예레미야는 결국 많은 고통을 받았고 애굽에 끌려가 죽는데 하나님이 예레미야에게 주신 복은 어떤 것인가? 예레미야가 받은 하나님의 복은 세상의 부귀영화 승리가 아니다. 예레미야가 받은 복은 어려워도 하나님의 말씀을 끝까지 선포한 것이고 그것이 예레미야가 하늘에서 받을 복이다. 선지자여, 하나님의 말씀을 전하는 것이 복인 것을 알지어다.

☙ 예레미야 16-17장: 유다가 받을 재앙과 심판, 하나님을 의뢰하는 자의 받을 복

이 말씀에서 유다가 받을 재앙과 심판이 기록된다. 유다 백성의 열조가 하나님을 버리고 우상을 섬긴 죄로 그들은 죽어도 매장할 수 없고 슬퍼할 사람도 없게 될 것이라고 하나님이 말씀하신다.

"이곳에서 낳은 자녀와 이 땅에서 그들을 해산한 어머니와 그들을 낳은 아버지에 대하여 여호와께서 이와 같이 말씀하시오니 그들은 독한 병으로 죽어도 아무도 슬퍼하지 않을 것이며 묻어 주지 않아 지면의 분토와 같을 것이며 칼과 기근에 망하고 그 시체는 공중의 새와 땅의 짐승의 밥이 되리라 여호와께서 이와 같이 말씀하시되 초상집에 들어가지 말라 가서 통곡하지 말며 그들을 위하여 애곡하지 말라 내가 이 백성에게서 나의 평강을 빼앗으며 인자와 사랑을 제함이라 여호와의 말씀이니라 큰 자든지 작은 자든지 이 땅에서 죽으리니 그들이 매장되지 못할 것이며 그들을 위하여 애곡하는 자도 없겠고 자기 몸을 베거나 머리털을 미는 자도 없을 것이며 그 죽은 자로 말미암아 슬퍼하는 자와 떡을 떼며 위로하는 자가 없을 것이며 그들의 아버지나 어머니의 상사를 위하여 위로의 잔을 그들에게 마시게 할 자가 없으리라 너는 잔칫집에 들어가서 그들과 함께 앉아 먹거나 마시지 말라 만군의 여호와 이스라엘의 하나님께서 이와 같이 말씀하시니라 보라 기뻐하는 소리와 즐거워하는 소리와 신랑의 소리와 신부의 소리를 내가 네 목전, 네 시대에 이 곳에서 끊어지게 하리라 네가 이 모든 말로 백성에게 말할 때에 그들이 네게 묻기를 여호와께서 우리에게 이 모든 큰 재앙을 선포하심은 어찌 됨이며 우리의 죄악은 무엇이며 우리가 우리 하나님 여호와께 범한 죄는 무엇이냐 하거든 너는 그들에게 대답하기를 여호와께서 말씀하시되 너희 조상들이 나를 버리고 다른 신들을 따라서 그들을 섬기며 그들에게 절하고 나를 버려 내 율법을 지키지 아니하였음이라 너희가 너희 조상들보다 더욱 악을 행하였도다 보라 너희가 각기 악한 마음의 완악함을 따라 행하고 나에게 순종하지 아니하였으므로 내가 너희를 이 땅에서 쫓아내어 너희와 너희 조상들이 알지 못하던 땅에 이르게 할 것이라 너희가 거기서 주야로 다른 신들을 섬기리니 이는 내가 너희에게 은혜를 베풀지 아니함이라 하셨다 하라"(렘 16:3-13).

"유다의 죄는 금강석 끝 철필로 기록되되 그들의 마음 판과 그들의 제단 뿔에 새겨졌거늘 그들의 자녀가 높은 언덕 위 푸른 나무 곁에 있는 그 제단들과 아세라들을 생각하도다 들에 있는 나의 산아 네 온 영토의 죄로 말미암아 내가 네 재산과 네 모든 보물과 산당들로 노략을 당하게 하리니 내가 네게 준 네 기업에서 네 손을 뗄 것이며 또 내가 너로 하여금 너의 알지 못하는 땅에서 네 원수를 섬기게 하리니 이는 너희가 내 노를 맹렬하게 하여 영원히 타는 불을 일으켰음이라 여호와께서 이와 같이 말씀하시니라 무릇 사람을 믿으며 육신으로 그의 힘을 삼고 마음이 여호와에게서 떠난 그 사람은 저주를 받을 것이라"(렘 17:1-5).

하나님을 의뢰하는 자에게는 하나님이 복을 약속하신다.

"그러나 무릇 여호와를 의지하며 여호와를 의뢰하는 그 사람은 복을 받을 것이라 그는 물가에 심어진 나무가 그 뿌리를 강변에 뻗치고 더위가 올지라도 두려워하지 아니하며 그 잎이 청청하며 가무는 해에도 걱정이 없고 결실이 그치지 아니함 같으리라"(렘 17:7-8).

심판받을 유다 백성의 또 다른 죄는 그들이 안식일을 법도대로 지키지 않은 것이었다.

"그러나 만일 너희가 나를 순종하지 아니하고 안식일을 거룩되게 아니 하여 안식일에 짐을 지고 예루살렘 문으로 들어오면 내가 성문에 불을 놓아 예루살렘 궁전을 삼키게 하리니 그 불이 꺼지지 아니하리라 하셨 다 할지니라 하시니라"(렘 17:27).

주일성수는 성화의 근본이다. 성도는 주일을 거룩한 예배의 날로 생명처럼 지켜야 한다.

예레미야 18-20장: 깨진 토기같이 돌이킬 수 없는 유다 백성의 멸망

이 말씀에서 토기장이가 진흙으로 토기를 마음대로 빚을 수 있는 비유와 토기를 힌놈의 골짜기에서 깨뜨리는 비유를 통해 하나님이 이스라엘 백성에게 말씀하신다. 유다 백성은 하나님 손에 달린 진흙으로 하나님이 유다 백성을 축복으로 돌이킬 수 있지만 유다 백성은 고집스럽게 우상에게서 떠나지 않아 하나님이 그들을 바벨론에 멸망시킬 수밖에 없다. 토기를 깨뜨리면 토기를 다시 쓸 수 있는 토기로 바꿀 수 없는 것같이 하나님이 유다 백성을 멸망시키신다고 말한다.

선지자 예레미야는 계속하여 유다 백성의 멸망을 선포하여 백성들이 예레미야를 잡아 옥에 가두기도 하고 죽이려고도 한다.

예레미야는 하나님께 억울함을 호소하고 하나님의 똑같은 심판의 말을 하지 않으려고 하지만 그러면 예레미야의 속이 답답하여 불붙는 것같아서 하나님의 말씀을 전할 수밖에 없다.

오늘 설교하는 종들은 하나님의 말씀에 붙잡혀 하나님의 말씀을 말씀대로 전하지 않으면 그 속이 불타는 것같이 답답해야 한다. 성도들 귀에 맞게 사랑의 말, 축복의 말만 해서는 안 된다.

"오, 주여 긍휼히 여기소서."

☞ 예레미야 21-22장: 바벨론에 항복해야 한다

유다 왕 시드기야가 예레미야에게 바벨론 왕 느부갓네살의 군대를 물리쳐주기를 하나님께 기도하여 달라고 말하지만 예레미야 선지자는 하나님이 바벨론의 군대를 성 안에 불러들일 것이며 염병으로 유다 백성을 치실 것이라고 말하고 바벨론군에 항복하면 하나님이 살아날 길을 열어 주신다고 말한다.

적군이 예루살렘 성을 포위하고 공격해 오는데 예레미야는 적군에게 항복하는 길이 살아날 길이라고 말해야 한다. 이것은 참으로 같은 유다 사람으로 말하기 어려운 일이지만 예레미야는 하나님의 말을 하나님의 말씀대로 전해야 했다.

지금 예루살렘 성은 바벨론 군사에게 포위되어 있는데 하나님은 예레미야를 왕궁으로 보내어 이렇게 말하게 하신다.

> "이르기를 다윗의 왕위에 앉은 유다 왕이여 너와 네 신하와 이 문들로 들어오는 네 백성은 여호와의 말씀을 들을지니라 여호와께서 이와 같이 말씀하시되 너희가 정의와 공의를 행하여 탈취 당한 자를 압박하는 자의 손에서 건지고 이방인과 고아와 과부를 압제하거나 학대하지 말며 이곳에서 무죄한 피를 흘리지 말라 너희가 참으로 이 말을 준행하면 다윗의 왕위에 앉을 왕들과 신하들과 백성이 병거와 말을 타고 이 집 문으로 들어오게 되리라 그러나 너희가 이 말을 듣지 아니하면 내가 나를 두고 맹세하노니 이 집이 황폐하리라 여호와의 말씀이니라 여호와께서 유다 왕의 집에 대하여 이와 같이 말씀하시니라 네가 내게 길르앗

같고 레바논의 머리이나 내가 반드시 너로 광야와 주민이 없는 성읍을 만들 것이라"(렘 22:2-6).

예레미야는 다시 유다 왕 여호야김에 대하여 이렇게 꾸짖고 여호야김은 포로로 잡혀가 불쌍하게 죽게 될 것을 말한다. 여호야김 왕의 죄는 탐심으로 백향목으로 집 짓기를 경쟁하고 무죄한 백성의 피를 흘리고 압박과 강포를 행한 것이었다.

"불의로 그 집을 세우며 부정하게 그 다락방을 지으며 자기의 이웃을 고용하고 그의 품삯을 주지 아니하는 자에게 화 있을진저 그가 이르기를 내가 나를 위하여 큰 집과 넓은 다락방을 지으리라 하고 자기를 위하여 창문을 만들고 그것에 백향목으로 입히고 붉은빛으로 칠하도다 네가 백향목을 많이 사용하여 왕이 될 수 있겠느냐 네 아버지가 먹거나 마시지 아니하였으며 정의와 공의를 행하지 아니하였느냐 그때에 그가 형통하였었느니라 그는 가난한 자와 궁핍한 자를 변호하고 형통하였나니 이것이 나를 앎이 아니냐 여호와의 말씀이니라 그러나 네 두 눈과 마음은 탐욕과 무죄한 피를 흘림과 압박과 포악을 행하려 할 뿐이니라 그러므로 여호와께서 유다의 왕 요시야의 아들 여호야김에게 대하여 이와 같이 말씀하시니라 무리가 그를 위하여 슬프다 내 형제여, 슬프다 내 자매여 하며 통곡하지 아니할 것이며 그를 위하여 슬프다 주여 슬프다 그 영광이여 하며 통곡하지도 아니할 것이라 그가 끌려 예루살렘 문밖에 던져지고 나귀같이 매장함을 당하리라"(렘 22:13-19).

❧ 예레미야 23장: 거짓 선지자들의 예언

예레미야 선지자는 북왕국(사마리아) 선지자들과 유다의 선지자들이 하나님이 보내지도 않았는데 빨리 다니며 몽사(꿈의 징조)를 얻었다고 하며 거짓 예언하는 자들을 치실 것이며 그들은 영원한 수치를 당하게 된다고 말한다.

하나님은 결국 하나님의 양 무리, 이스라엘 백성을 그 우리, 곧 유다 땅으로 돌아오게 하실 것이며(BC 536년 스룹바벨의 인도를 따라 포로 되었던 이스라엘 백성이 유대 땅으로 귀환한다) 다윗에게서 한 의로운 가지가 나서 공평과 정의를 행하게 될 것을 말한다. 여기서 다윗에게서 나오는 의로운 가지는 예수 그리스도를 뜻한다. 결국 이스라엘의 구원, 성도의 구원은 예수 그리스도를 통해서 이루어진다.

❧ 예레미야 24장: 예레미야가 본 좋은 무화과 광주리와 부패한 무화과 광주리, 바벨론에 포로 됨이 복이다

본 장에서 하나님은 예레미야에게 극히 좋은 무화과 한 광주리와 먹을 수 없이 부패한 무화과 한 광주리를 환상으로 보게 하시고 유다 백성 중 바벨론으로 포로 잡혀가는 백성은 좋은 무화과처럼 하나님의 보호와 복을 받을 것이지만 유다 땅에 남거나 애굽으로 도망간 유다 백성은 부패한 무화과같이 하나님이 진멸하실 것을 말씀한다. 예레미야는 같은 유다 백성으로 유다가 망할 것이며 바벨론에 포로 될 것이고, 그러나 이것이 복이라고 하는 참으로 어려운 말을 왕과 백성에게 계속해야 한다. 선지자는 어려운 말도, 복 대신 저주의 말도 하나님이 하라시는 대로 전해야 한다.

❧ 예레미야 25장: 유다의 멸망과 바벨론에서의 70년간 종살이

하나님은 유다 나라가 마침내 바벨론에 멸망하여 70년간 바벨론에서 종살이하게 되리라고 말씀하신다. 유다가 멸망한 이유는 하나님이 아주 여러 번 유다 백성들에게 우상을 버리고 하나님에게 돌아오라고 권고했어도 그들이 끝까지 우상을 숭배했기 때문이다.

"그러므로 여호와께서 그의 모든 종 선지자를 너희에게 끊임없이 보내셨으나 너희가 순종하지 아니하였으며 귀를 기울여 듣지도 아니하였도다 그가 이르시기를 너희는 각자의 악한 길과 악행을 버리고 돌아오라 그리하면 나 여호와가 너희와 너희 조상들에게 영원부터 영원까지 준 그 땅에 살리라 너희는 다른 신을 따라다니며 섬기거나 경배하지 말며 너희 손으로 만든 것으로써 나의 노여움을 일으키지 말라 그리하면 내가 너희를 해하지 아니하리라 하였으나 너희가 내 말을 순종하지 아니하고 너희 손으로 만든 것으로써 나의 노여움을 일으켜 스스로 해하였느니라 여호와의 말씀이니라 그러므로 만군의 여호와께서 이와 같이 말씀하시니라 너희가 내 말을 듣지 아니하였느니라 보라 내가 북쪽 모든 종족과 내 종 바벨론의 왕 느부갓네살을 불러다가 이 땅과 그 주민과 사방 모든 나라를 쳐서 진멸하여 그들을 놀램과 비웃음거리가 되게 하며 땅으로 영원한 폐허가 되게 할 것이라 여호와의 말씀이니라 내가 그들 중에서 기뻐하는 소리와 즐거워하는 소리와 신랑의 소리와 신부의 소리와 맷돌 소리와 등불 빛이 끊어지게 하리니 이 모든 땅이 폐허가 되어 놀랄 일이 될 것이며 이 민족들은 칠십 년 동안 바벨론의 왕을 섬기리라"(렘 25:4-11).

하나님은 유다 백성이 바벨론에서 70년 후 다시 예루살렘으로 귀환할 것을 말씀하신다. 하나님은 하나님의 진노의 잔을 유다와 유다 주위의 여러 나라, 여러 성읍들, 여러 왕들이 마시고 멸망할 것을 말씀하신다. 26절의 세삭은 바벨론을 가리킨다. 이스라엘의 하나님은 세계 모든 나라의 흥망성쇠를 그 뜻대로 섭리하시는 만군의 하나님이다.

"또 애굽의 왕 바로와 그의 신하들과 그의 고관들과 그의 모든 백성과 모든 섞여 사는 민족들과 우스 땅의 모든 왕과 블레셋 사람의 땅 모든 왕과 아스글론과 가사와 에그론과 아스돗의 나머지 사람들과 에돔과 모압과 암몬 자손과 두로의 모든 왕과 시돈의 모든 왕과 바다 건너쪽 섬의 왕

들과 드단과 데마와 부스와 살쩍을 깎은 모든 자와 아라비아의 모든 왕
과 광야에서 섞여 사는 민족들의 모든 왕과 시므리의 모든 왕과 엘람의
모든 왕과 메대의 모든 왕과 북쪽 원근의 모든 왕과 지면에 있는 세상의
모든 나라로 마시게 하니라 세삭 왕은 그 후에 마시리라"(렘 25:19-26).

❥ 예레미야 26장: 유다의 멸망 예언, 이제라도 회개하라

예레미야는 성전 뜰에서 성전에 경배하려고 모인 무리에게 유다의 멸
망을 예언하고 생명의 위협을 받지만, 생명이 보존된다.

하나님의 명령에 이제라도 순종하고 여호와께 돌아오면 하나님이 심판
의 계획을 돌이킬 수 있다고 말한다. 하나님은 그 백성이 회개하기를 끝
까지 바라신다.

그래도 불순종하면 예루살렘과 성전이 실로같이 되고 황무지가 된다
고 말한다.

실로는 하나님의 언약궤가 있던 곳으로 제사장 엘리의 아들 홉니와 비
느하스가 이곳에서 법궤를 블레셋과의 싸움터에 가지고 갔다가 법궤를
빼앗기고 제사장 엘리가 이 소식을 듣고 의자에서 넘어져 목이 부러져
죽은 곳이다. 여기서 실로같이 된다는 말은 하나님의 언약궤를 빼앗기는
비극을 맞게 될 것이라는 말이다.

❥ 예레미야 27-30장: 바벨론에게 항복하라, 거짓 선지자 들에게 속지 말라, 70년 후 해방된다

27장에서 하나님은 유다 백성과 이방 나라들이 다 바벨론 왕에게 항
복하여 그를 섬기라고 하나님이 말씀하신다. 그리고 거짓 선지자들에게
속지 말고 백성들에게도 바벨론 왕을 섬기라고 말한다. 그리하면 하나님
이 그들과 바벨론으로 옮긴 성전 기구들을 다시 예루살렘으로 옮겨올 것
이라고 말한다. 이런 예언을 하는 예레미야는 적국을 이롭게 하는 매국

노처럼 보이지만 그래도 선지자는 하나님의 말씀을 바로 전해야 한다.

28장에서 거짓 선지자 하나냐는 바벨론으로 옮겨간 성전 기구들이 2년 내에 돌아온다고 거짓을 말하지만, 예레미야는 하나냐가 거짓말을 예언하였기 때문에 죽을 것이라 말하고 하나냐는 그해 7월에 죽는다.

29장에서 예레미야는 바벨론에 포로 된 유다 백성에게 바벨론에서 70년간을 지내고 하나님이 예루살렘으로 귀환하게 하실 것이며 유다 백성은 바벨론에서 바벨론 왕을 위해 기도하며 그곳에서 평강을 누리라고 말한다.

"만군의 여호와 이스라엘의 하나님께서 예루살렘에서 바벨론으로 사로잡혀 가게 한 모든 포로에게 이와 같이 말씀하시니라 너희는 집을 짓고 거기에 살며 텃밭을 만들고 그 열매를 먹으라 아내를 맞이하여 자녀를 낳으며 너희 아들이 아내를 맞이하며 너희 딸이 남편을 맞아 그들로 자녀를 낳게 하여 너희가 거기에서 번성하고 줄어들지 아니하게 하라 너희는 내가 사로잡혀 가게 한 그 성읍의 평안을 구하고 그를 위하여 여호와께 기도하라 이는 그 성읍이 평안함으로 너희도 평안할 것임이라 만군의 여호와 이스라엘의 하나님께서 이와 같이 말씀하시니라 너희 중에 있는 선지자들에게와 점쟁이에게 미혹되지 말며 너희가 꾼 꿈도 곧이 듣고 믿지 말라 내가 그들을 보내지 아니하였어도 그들이 내 이름으로 거짓을 예언함이라 여호와의 말씀이니라 여호와께서 이와 같이 말씀하시니라 바벨론에서 칠십 년이 차면 내가 너희를 돌보고 나의 선한 말을 너희에게 성취하여 너희를 이곳으로 돌아오게 하리라 여호와의 말씀이니라 너희를 향한 나의 생각을 내가 아나니 평안이요 재앙이 아니니라 너희에게 미래와 희망을 주는 것이니라 너희가 내게 부르짖으며 내게 와서 기도하면 내가 너희들의 기도를 들을 것이요 너희가 온 마음으로 나를 구하면 나를 찾을 것이요 나를 만나리라 이것은 여호와의 말씀이니라 나는 너희들을 만날 것이며 너희를 포로된 중에서 다시 돌아오게 하되 내가 쫓아 보내었던 나라들과 모든 곳에서 모아 사로잡혀 떠났던 그곳으로 돌아오게 하리라 이것은 여호와의 말씀이니라"(렘 29:4-14).

그러나 느헬람 사람 스마야는 이런 예레미야의 말을 반대하고 예레미야를 벌하도록 말한다. 그리고 스마야와 그 자손은 하나님 앞에 벌을 받는다.

30장에서 하나님은 예레미야에게 지금까지 예언한 말씀을 기록하라고 하신다.

유다 백성이 하나님의 약속대로 포로에서 해방될 것과 바벨론을 징벌하실 것이며 유다 백성들도 하나님의 공도로 징책하신다고 말한다.

"만군의 여호와의 말씀이라 그 날에 내가 네 목에서 그 멍에를 꺾어 버리며 네 포박을 끊으리니 다시는 이방인을 섬기지 않으리라 그들은 그들의 하나님 여호와를 섬기며 내가 그들을 위하여 세울 그들의 왕 다윗을 섬기리라 여호와의 말씀이니라 그러므로 나의 종 야곱아 너는 두려워하지 말라 이스라엘아 놀라지 말라 내가 너를 먼 곳으로부터 구원하고 네 자손을 잡혀가 있는 땅에서 구원하리니 야곱이 돌아와서 태평과 안락을 누릴 것이며 두렵게 할 자가 없으리라 이는 여호와의 말씀이라 내가 너와 함께 있어 너를 구원할 것이라 너를 흩었던 그 모든 이방을 내가 멸망시키리라 그럴지라도 너만은 멸망시키지 아니하리라 그러나 내가 법에 따라 너를 징계할 것이요 결코 무죄한 자로만 여기지는 아니하리라"(렘 30:8-11).

예레미야 31-36장
여기에는 유다 백성에게 임할 장래 일들이 기록된다.

➤ 예레미야 31장: 하나님의 때에 구원된다, 조상의 죄로 백성을 징계하시지 않는다

하나님은 하나님이 정하신 때가 이를 때, 유다 지파와 이스라엘 모든 지파를 다 구원하시어 약속의 땅으로 돌아와 하나님을 경외하며 살게 될 것을 말씀한다.

이들의 형편은 라헬이 자식이 없으므로 슬퍼하는 것 같지만(렘 31:15) 여자(이스라엘)가 남자(바벨론)를 둘러싸듯이(렘 31:22) 이스라엘에게 승리와 복이 임할 것을 말씀한다.

이제 하나님은 더 이상 조상들의 죄로 이스라엘 백성을 징계하지 않으신다고 하는 말씀을 "아비가 신 포도를 먹었으므로 아들의 이가 시다 하지 아니한다"(렘 31:29-30)라는 말씀으로 비유하신다.

🌱 예레미야 32장: 돌아와 밭을 사게 될 백성들, 함락될 예루살렘, 포로 될 시드기야 왕

하나님은 바벨론 군대가 예루살렘을 포위하고 있는 때에 예레미야에게 그의 고향에 있는 밭을 사게 하신다. 예레미야는 순종하여 밭을 사고 증서를 만들어 보관하며 하나님이 유다 백성들이 장래에 토지를 매매하며 복되게 살 것을 징표로 가르친다.

예레미야는 예루살렘이 바벨론에 함락되고 시드기야 왕이 느부갓네살의 포로가 될 것이며 유다가 패배하리라는 예언을 했기 때문에 감옥에 갇힌다. 유다 백성에 대한 징계는 하나님이 그들의 죄악에 대한 형벌로 이미 작정된 것이다.

그래서 하나님은 예레미야로 유다 백성에게 바벨론에 항복하면 평안해진다고 예언하게 한다. 하나님의 말씀을 바로 증거하는 일이 적군에게 항복하라고 하는 것과 같이 어려운 일이다. 성도의 눈치를 보며 성도들의 귀에 맞추어 환난 중 복을 말하는 선지자는 거짓 선지자다.

🌱 예레미야 33장: 돌아와 찬송하며 살게 될 백성들, 다윗의 의로운 가지로 여호와의 성이 될 예루살렘

유다 백성이 하나님의 말씀을 버린 죄로 바벨론에 패하고 포로 될 것이지만 하나님은 그들이 반드시 다시 예루살렘으로 돌아와 하나님을 찬양하며 살게 될 것을 말씀한다.

"여호와의 말씀이니라 보라 내가 이스라엘 집과 유다 집에 대하여 일러 준 선한 말을 성취할 날이 이르리라 그날 그때에 내가 다윗에게서 한 공의로운 가지가 나게 하리니 그가 이 땅에 정의와 공의를 실행할 것이라 그날에 유다가 구원을 받겠고 예루살렘이 안전히 살 것이며 이 성은 여호와는 우리의 의라는 이름을 얻으리라"(렘 33:14-16).

유다의 회복은 다윗에게서 나온 한 의로운 가지가 공평과 정의를 실행하게 된다. 유다와 성도의 구원은 다윗의 후손인 예수 그리스도를 통해서만 가능한 것이다.

☙ 예레미야 34장: 시드기야의 최후, 해방된 종을 다시 종 삼은 죄에 대한 책망

시드기야 왕의 최후에 대한 하나님 말씀과 이스라엘 백성이 희년에 자유케 한 동족을 다시 종으로 불러 쓴 죄악에 대한 심판이 예언되고 있다.

☙ 예레미야 35장: 레갑 족속의 순종의 복, 백성의 불순종의 화

하나님은 레갑 족속이 하나님의 말씀을 철저하게 순종함으로 그들에게 복을 주시지만 택한 백성이 범한 죄는 택한 백성이라도 징벌하신다. 레갑 족속은 겐 족속이라고도 불린다. 모세의 장인도 레갑 족속이다. 구원받은 성도는 마지막 날에 다 구원되지만 구원받은 후 성화에 실패하면 하나님의 진노의 대접을 쏟는, 대환난을 통해 부끄럽게 구원된다.

유다의 멸망 역사가 기록된다. 그런 가운데 예레미야가 하나님의 말씀을 받아 그들에게 전한다.

☙ 예레미야 36장: 예레미야의 말을 기록한 바룩, 기록한 말씀을 불에 태운 여호야김

바룩이 예레미야 선지자의 말을 기록하고 왕(여호야김)과 백성에게 읽어준다. 여호야김 왕은 바룩이 기록한 하나님의 말씀을 화로 불에 태워버림으로 하나님의 말씀을 정면으로 부정한 악한 왕이 된다.

☙ 예레미야 37장: 유다 멸망의 예언, 시위대 뜰에 갇힌 예레미야

유다 왕 시드기야 때 예레미야는 늘 하던 대로 유다가 바벨론에 멸망될 것을 말한다. 예레미야는 옥에 갇히고 시위대 뜰에 머물게 된다.

☙ 예레미야 38장: 시드기야에게 바벨론에 항복을 권한 예레미야

시드기야 왕은 예레미야를 은밀하게 불러 하나님의 뜻을 물어보지만 예레미야는 왕에게 갈대아인 바벨론에게 항복할 것을 권한다.

☙ 예레미야 39장: 유다의 멸망

시드기야 왕 제11년 4월 9일(BC 586년)에 예루살렘은 바벨론에 의해 점령되고 시드기야는 바벨론 왕에 의해 눈이 뽑히게 되고 그의 아들이 목전에서 죽게 된다. 왕궁과 집들이 불에 탔고 성벽이 무너졌으며 백성들은 바벨론의 포로로 잡혀갔다. 결국 그렇게도 여러 번 예레미야가 경고한 대로 되었다.

유다와 이스라엘 백성의 범죄로 그들이 멸망하는 것은 하나님의 공의로운 섭리였다. 그러나 하나님은 그들을 버리시지 않고 70년 후 그들을 바벨론에서 해방하여 예루살렘에 돌아오게 하신다.

성도가 이 땅에서 환난을 당하고 때로는 억울한 것같이 죽기까지 하지만 하나님은 성도를 영원히 버리시지 않고 영생하는 하나님의 나라로 영접하신다.

☙ 예레미야 40-43장: 유다 총독 그달랴의 죽음, 예레미야의 권고를 받지 않고 애굽으로 내려간 요하난과 백성들

유다 왕국이 바벨론에 의해 멸망하고 바벨론이 유다의 총독으로 세운 그달랴가 유다 땅에 흩어졌던 백성들을 다시 모은 역사 그리고 그달랴가 예레미야를 선대하였지만 그달랴는 느다냐의 아들 이스마엘에게 살해당하고 다시 유다는 혼돈에 빠진 역사를 기록한다.

유다에 남은 군대장관들과 요하난과 백성이 예레미야에게 하나님의 말씀을 구했고 예레미야는 어떤 일이 있어도 애굽으로 내려가지 않고 바벨론을 섬기면 복을 받지만 애굽으로 내려가면 하나님이 칼과 기근과 염병으로 그들을 징벌하실 것과 애굽도 진멸하신다는 말씀을 전한다.

그들은 예레미야에게 하나님의 말씀에 순종하겠다고 약속하고도 교만하여 하나님의 말씀을 배반하고 애굽으로 내려간다.

☙ 예레미야 44장: 애굽에 있는 유다 백성에게 임할 심판

애굽에 끌려간 예레미야는 애굽에 있는 유다인들에게 유다와 예루살렘이 패망하고 황무지가 된 것은 그들이 하나님을 버리고 우상을 섬겼기 때문임을 다시 말하고 애굽에 있는 유다 백성들도 하나님을 버리고 우상을 섬기기 때문에 하나님이 칼과 기근으로 그들을 멸하실 것과 애굽 왕 바로 호브라도 바벨론에게 넘겨준다고 말한다.

⸙ 예레미야 45장: 예레미야의 슬픔, 보호받는 바룩

유다의 멸망을 예언하는 예레미야가 슬퍼하는 사실과 애굽에서 멸망 당하는 유다 백성 중에 있는 바룩은 하나님이 지켜주실 것을 말한다.

예레미야 46-52장: 열국의 멸망 예언

바벨론이 애굽을 정복한 역사(46장)와 블레셋 멸망의 예언, 모압과 이방 열국에 대한 멸망의 예언, 바벨론에 대한 멸망의 예언이 기록되고, 52장에는 유다와 예루살렘의 멸망의 역사가 기록된다.

⸙ 예레미야 46장: 애굽의 패전

애굽이 바벨론 원정에 갈그미스에서 패전할 것이 기록된다.

⸙ 예레미야 47장: 블레셋 멸망의 예언

블레셋이 바벨론에 의해 멸망할 것이 기록된다.

⸙ 예레미야 48장: 모압 멸망의 예언

모압이 멸망할 것이 기록된다.

⸙ 예레미야 49장: 열국의 멸망의 예언

이방 열국이 교만으로 멸망할 것이 기록된다.

☙ 예레미야 50-51장: 바벨론 멸망의 예언, 이스라엘 해방의 예언

바벨론의 멸망과 이스라엘 백성이 해방되어 고국에 돌아올 것이 기록된다. 바벨론의 멸망이 계속해서 예언된다. 하나님은 바벨론을 열방과 이스라엘 백성을 징계하는 도구로 사용하셨지만 그들은 하나님의 생각보다 더욱더 유다를 학대하였다. 하나님은 이제 바벨론에 분노의 채찍을 쏟으신다.

☙ 예레미야 52장: 체포되는 시드기야, 훼파되는 성벽과 성전, 바벨론으로 옮겨지는 성전의 기명들

시드기야가 바벨론을 배반하여 예루살렘이 1년 7개월간 포로 되었다가 시드기야는 도망하던 길에서 체포되고 성벽이 헐리고 성전이 훼파되고 성전의 기명들이 바벨론으로 옮겨진 사실을 기록한다.

예레미야애가

예레미야애가는 1장부터 5장까지로 모두 같은 내용이다. 예레미야는 과부가 되어 쫓겨난 공주같이 피폐해진 예루살렘과 포로로 잡혀간 백성들의 고난을 슬퍼하며 하나님께 소망을 두고 탄식하며 간구하는 비탄의 글이다. 하나님이 회개를 명하실 때 돌이키지 않는 유다 백성들의 교만은 마침내 비통으로 변한다. 성도는 회개해야 할 때 회개해야 한다.

* 구원론적으로 본 예레미야서

예레미야서는 52장의 긴 선지서다. 그러나 예레미야서는 처음부터 끝까지 하나님을 버리고 우상을 섬긴 죄와 예루살렘 거리를 온종일 달리며 찾아도 한 사람의 의인도 찾을 수 없이 온 백성에게 가득 찬 강포와 부정과 하나님이 받으실 수 없는 제사로 의인인 척하는 유다 백성에 대한 죄를 지적하고 또 말하고, 이런 백성들에게 회개하기를 귀가 닳도록 되풀이하여 촉구한다.

구원받은 성도는 회개하기를 권하는 성령의 감동을 소멸하지 말아야 한다.

예레미야서는 계속해서 유다가 바벨론에 항복하여야 한다는 권고의 연속이다.

하나님은 사랑의 하나님이시고 열방의 하나님이시지만 유다 백성의 죄에 대한 형벌을 작정하신 대로 행하시는 하나님이시다. 바벨론에 항복하는 것이 하나님의 뜻이요 유다 백성에게 복이다. 하나님은 유다가 바벨론에게 멸망당하게 하시지만 그들을 70년 후 다시 예루살렘으로 돌아오게 하실 계획을 하고 계셨고, 다윗의 싹에서 태어날 그리스도로 성도가 죽음의 고난까지 이기고 승리할 예표를 주신다.

예레미야서는 성도가 성화의 과정에서 회개의 중요함을 가르쳐주고 하나님이 주시는 징계를 감당해야 함을 통해서 성도는 부끄럽게라도, 대환난을 통해서라도 마침내 구원될 것을 예표로 가르쳐 준다.

예레미야서는 하나님이 열방의 역사를 다 그 뜻대로 주관하시는 만국의 하나님임을 가르쳐준다.

"나라와 권세와 영광이 아버지께 영원히 있사옵나이다. 아멘."

에스겔서

➥ 에스겔 1장: 에스겔의 소명, 에스겔이 본 환상들

에스겔이 하나님으로부터 받은 환상과 하나님이 금강석같이 굳어 교만한 유다 백성에게 에스겔을 보내시는 사건이 기록된다.

에스겔은 바벨론에 포로 된 사람들과 함께 살고 있던 그발강가에 머물다가 하나님의 부르심을 받았다. 그발강은 바벨론 동남쪽 80km 지점에 있는 대운하(나르 가바리)를 가리킨다.

하나님은 유다 땅에는 선지자 예레미야로 하나님의 말씀을 전하게 하시고 바벨론에서는 에스겔을 통해 말씀하신다. 유다 백성이 바벨론에 포로 된 것은 하나님께 버림받은 것이 아니라 하나님께 징계받은 것으로 바벨론에서도 하나님은 선지자를 일으키어 그들을 교훈하셨고 돌봐주셨다.

하나님은 에스겔이 본 환상 가운데 나타나셨다.

1. 네 생물의 환상(겔 1:4-14)

환상의 첫 번째 부분은 하나님의 일꾼인 수많은 천사가 하나님의 명령을 이행하고 그분의 말씀을 청종하면서 하나님 곁에서 하나님을 섬기며 시중들고 있는 모습이었다.

북방에서부터 폭풍이 몰려왔다. 이 폭풍은 여호와의 길을 예비하기 위하여 에스겔에게 다가왔다.

"내가 보니 북쪽에서부터 폭풍과 큰 구름이 오는데 그 속에서 불이 번쩍번쩍하여 빛이 그 사방에 비치며 그 불 가운데 단 쇠 같은 것이 나타나 보이고 그 속에서 네 생물의 형상이 나타나는데 그들의 모양이 이러하니 그들에게 사람의 형상이 있더라 그들에게 각각 네 얼굴과 네 날개가 있고 그들의 다리는 곧은 다리요 그들의 발바닥은 송아지 발바닥 같고 광낸 구리같이 빛나며 그 사방 날개 밑에는 각각 사람의 손이 있더라 그 네 생물의 얼굴과 날개가 이러하니 날개는 다 서로 연하였으며 갈 때에는 돌이키지 아니하고 일제히 앞으로 곧게 행하며 그 얼굴들의 모양은 넷의 앞은 사람의 얼굴이요 넷의 오른쪽은 사자의 얼굴이요 넷의 왼쪽은 소의 얼굴이요 넷의 뒤는 독수리의 얼굴이니 그 얼굴은 그러하며 그 날개는 들어 펴서 각기 둘씩 서로 연하였고 또 둘은 몸을 가렸으며 영이 어떤 쪽으로 가면 그 생물들도 그대로 가되 돌이키지 아니하고 일제히 앞으로 곧게 행하며 또 생물들의 모양은 타는 숯불과 횃불 모양 같은데 그 불이 그 생물 사이에서 오르락내리락하며 그 불은 광채가 있고 그 가운데에서는 번개가 나며 그 생물들은 번개 모양같이 왕래하더라 내가 그 생물들을 보니 그 생물들 곁에 있는 땅 위에는 바퀴가 있는데 그 네 얼굴을 따라 하나씩 있고 그 바퀴의 모양과 그 구조는 황옥같이 보이는데 그 넷은 똑같은 모양을 가지고 있으며 그들의 모양과 구조는 바퀴 안에 바퀴가 있는 것 같으며 그들이 갈 때에는 사방으로 향한 대로 돌이키지 아니하고 가며 그 둘레는 높고 무서우며 그 네 둘레로 돌아가면서 눈이 가득하며 그 생물들이 갈 때에 바퀴들도 그 곁에서 가고 그 생물들이 땅에서 들릴 때에 바퀴들도 들려서 영이 어떤 쪽으로 가면 생물들도 영이 가려 하는 곳으로 가고 바퀴들도 그 곁에서 들리니 이는 생물의 영이 그 바퀴들 가운데에 있음이라 그들이 가면 이들도 가고 그들이 서면 이들도 서고 그들이 땅에서 들릴 때에는 이들도 그 곁에서 들리니 이는 생물의 영이 그 바퀴들 가운데에 있음이더라"(겔 1:4-21).

2. 이 네 생물의 환상은 그룹들(천사들)이었다(겔 10:20)

그 모양은 사람의 형상이었고 그들 네 생물 모두는 사람의 얼굴을 하고 있었다(겔 1:5). 그러나 그 외에도 사자, 소, 독수리의 모양을 하고 있었다. 이들은 각각 종류별로 가장 뛰어난 것으로서 사나운 짐승에서는 사자를, 유순한 짐승 가운데에서는 소를, 날짐승 가운데에서는 독수리의 모양을 하고 있었다(겔 1:10). 사자는 그 힘과 용감함을, 소는 자기가 해야 할 일을 수행하는 근면과 끈기를, 독수리는 멀리 보며 높이 치솟는 새로 하나님의 깊은 신비를 멀리까지 보는 천사를 뜻한다. 이 천사들은 각각 네 얼굴과 네 날개가 있고(겔 1:6) 날개는 서로 연결되어 있었다(겔 1:9-11). 그들의 날개 중 두 개는 그들의 몸, 즉 그들이 입고 있던 영의 몸을 덮는 데사용하였다. 그들의 다리는 곧았다(겔 1:7). 즉 그들은 바르고 확실하며 굳건하게 서 있었다. 그들의 발은 너무나 신속하여 마치 날아다니는 것 같았다. 그들은 움직이기 위한 손도 가지고 있었다(겔 1:8). 그것은 사람의 손이었다. 그들은 봉사해야 할 일이 있으면 일제히 앞으로 곧게 행하였다(겔1:9, 10). 신이 어느 편으로 가려면 그 생물들이 그대로 가되(겔 1:12), 하나님의 신이 가라고 하는 곳으로 그것들은 나아갔다. 선지자는 그 생물들을그것들 자체의 빛으로 말미암아 보게 되었다(겔 1:13).

3. 바퀴의 환상(겔 1:15-21)

병거의 바퀴는 하나님의 섭리가 이루어지는 것을 비유하고 있다. 생물들이 움직이면 바퀴가 그 곁에서 함께 나아갔다. 어디든지 신이 가려 하면(즉 하나님께서 행하시고자 원하시고 뜻하신 것이면 무엇이든지) 생물의 신도 그곳에 가도록 하신다. 바퀴는 각기 네 방향을 바라보고 있는 네 개의 얼굴을가지고 있다(겔 1:15). 이는 하나님의 섭리가 동서남북 어느 쪽에서도 행사되며, 가장 멀리 있는 구석에까지 이른다는 것을 의미한다. 에스겔은 처음에 그것을 하나의 바퀴 곧 하나로 보았다. 그러나 곧 그것이 네 개이면서도 모두 같은 모양을 하고 있음을 알았다(겔 1:16). 그 형상과 구조는 바퀴 안에 바퀴가 있는 것 같으며, 이것은 감히 수적으로 묘사할 수 없는것이다. 바퀴 주변에는 눈이 가득하였다. 이 말은 하나님의 섭리의 한계가 무한하시며 하나님은 모든 장소에 거하시면서 이 땅의 모든 선과 악을다 판단하시는 것을 뜻한다.

4. 생물들의 머리 위에 있는 궁창(겔 1:22-25)

선지자는 그 생물들의 머리 위에 궁창이 있었다. 에스겔은 궁창에서 나오는 소리, 즉 보좌 위에 좌정하신 이로부터 나오는 음성을 들었다(겔 1:25).

5. 하나님의 보좌의 환상(1:26-28)

에스겔은 궁창에서 음성이 들려오자, 궁창을 쳐다보고 거기에서 '인자 같은 이'를 보았다. 에스겔이 본 인자 같은 이는 '그리스도'를 뜻한다.

"그 머리 위에 있는 궁창 위에 보좌의 형상이 있는데 그 모양이 남보석 같고 그 보좌의 형상 위에 한 형상이 있어 사람의 모양 같더라 내가 본 즉 그 허리 위의 모양은 단 쇠 같아서 그 속과 주위가 불같고 내가 보니 그 허리 아래의 모양도 불같아서 사면으로 광채가 나며 그 사방 광채의 모양은 비 오는 날 구름에 있는 무지개 같으니 이는 여호와의 영광의 형상의 모양이라 내가 보고 곧 엎드리어 말씀하시는 이의 음성을 들으니라"(겔 1:26-28).

☙ 에스겔 2-3장: 하나님의 신이 임한 에스겔, 파수꾼으로 세움받는 에스겔

에스겔 2장과 3장은 에스겔에게 하나님의 신이 임하시고 에스겔이 하나님으로부터 패역한 이스라엘 백성에게 하나님의 말씀을 전할 선지자로 부름받고 파송받는 사건을 기록한다.

에스겔은 하나님의 신이 임하셔서 하나님의 계시, 하나님의 말씀을 듣게 된다(겔 2:2, 3:12, 14).

성도가 구원받게 되는 과정도 하나님의 예정과 부르심(소명)을 통해 이루어지는데, 이 부르심에 성령(하나님의 신)이 역사하신다(고전 12:3; 엡 1:13).

하나님은 에스겔에게 이렇게 말씀하신다.

"내게 이르시되 인자야 내가 너를 이스라엘 자손 곧 패역한 백성, 나를 배반하는 자에게 보내노라 그들과 그 조상들이 내게 범죄하여 오늘까지 이르렀나니 이 자손은 얼굴이 뻔뻔하고 마음이 굳은 자니라 내가 너를 그들에게 보내노니 너는 그들에게 이르기를 주 여호와의 말씀이 이러하시다 하라 그들은 패역한 족속이라 그들이 듣든지 아니 듣든지 그들 가운데에 선지자가 있음을 알지니라 인자야 너는 비록 가시와 찔레와 함께 있으며 전갈 가운데에 거주할지라도 그들을 두려워하지 말고 그들의 말을 두려워하지 말지어다 그들은 패역한 족속이라도 그 말을 두려워하지 말며 그 얼굴을 무서워하지 말지어다 그들은 심히 패역한 자라 그들이 듣든지 아니 듣든지 너는 내 말로 고할지어다"(겔 1:3-7).

하나님이 여러 번 반복하여 이스라엘 백성을 '패역한 백성, 패역한 자'라고 부르신다. 하나님은 이스라엘 백성이 패역한 자라도 그래도 그들을 버리지 않으시고 선지자를 보내신다. 성도는 구원받은 후 범죄하여도 하나님이 버리시지 않고 계속하여 회개하기를 요구하신다.

에스겔을 '인자'라 부른 것은 에스겔이 아주 보잘것없는 나약한 존재임을 뜻하는 말이다.

이 땅에서 목회하는 사역자들이 다 나약한 존재요, 목회의 현장은 패역한 무리들 가운데 있는 것이다. 어떤 성도가 천사처럼 보여도 모두 패역한 존재요 나약한 존재요, 그래도 하나님이 버리시지 않는 하나님의 자녀인 것이다. 교만도 낙심도 금물이다. 그들을 향해 하나님의 말씀만 바로 증거해야 한다.

하나님은 이스라엘 백성이 하나님의 말씀을 듣든지 듣지 않든지 하나님의 말씀을 전하라고 말씀하신다. 여기서 이스라엘 백성이 듣는다는 말은 귀로 듣는다는 말이 아니고 순종한다는 말로 하나님의 말씀에 순종하든지 순종하지 않든지 말씀대로 전하라는 말씀이다.

에스겔은 하나님의 말씀으로 앞과 뒤에 가득하게 기록한 두루마리를 하나님께로부터 받아먹어 배 창자에 채웠다. 이 말씀은 이스라엘 백성에 대한 심판과 재앙의 말씀이었다. 에스겔은 이 말씀을 완악한 이스라엘 백성에게 전해야 한다. 하나님은 에스겔의 얼굴과 이마를 굳게 해주시고 이스라엘 백성을 두려워하지 말라고 말씀하신다.

에스겔은 하나님의 신에 이끌리어 이스라엘 백성이 살고 있는 그발강

가로 가서 7일을 민답히 지낸다(겔 3:15, 개역한글). 여기서 '민답히'라는 뜻은 '황량하게'의 뜻으로 정신을 잃은 상태로 지냈다는 말이다.

하나님은 에스겔을 이스라엘 백성 앞에 파수꾼으로 세우신다. 에스겔은 백성들에게 멸망할 죄를 바로 가르쳐주어야 한다. 그들이 듣고도 회개하지 않으면 그들은 그들의 죄로 멸망할 것이지만 에스겔에게 죄를 묻지 않으신다고 말씀하신다. 그러나 만일 에스겔이 멸망할 죄를 지은 사람에게 하나님의 말씀을 전하지 않으면 그 책임을 에스겔에게 물으시겠다고 말씀하신다.

오늘 이 땅의 사역자들은 하나님이 세우신 파수꾼들이다. 백성들이 범하는 죄에 대한 심판의 경고를 바로 해야 한다. 성도의 귀만 즐겁게 해주는 사역자는 하나님 앞에 반드시 책임을 져야 한다.

하나님은 에스겔을 집에 들어가 나오지 못하게 하시고 그 입을 닫아 벙어리로 얼마간 살게 하신다. 아직 하나님의 말씀을 들을 준비가 안 된 완악한 백성들에게서 에스겔을 지키시는 하나님의 섭리였다.

에스겔 4–24장

에스겔서 여러 장에 예루살렘과 이스라엘 백성과 유다 백성의 죄악에 대한 하나님의 심판과 그들의 멸망에 대한 예언이 기록된다.

❧ 에스겔 4장: 바벨론의 공격을 상징하는 세 가지 행동

하나님은 에스겔에게 바벨론이 예루살렘을 공격하는 세 가지 상징적인 퍼포먼스(의미가 담긴 행동)를 행하게 하신다.

박석(흙을 이겨 말린 돌)에 예루살렘을 그리고, 그 성읍을 에워싸되 운제를 세우고 토둔을 쌓고 진을 치고 공성퇴를 둘러 세우고 또 전철을 가져다가 에스겔과 성읍 사이에 두어 철성을 삼고 성을 향하여 에워싸는 것처럼 에워싸라고 명하신다(겔 4:1-3).

하나님은 에스겔에게 유다와 이스라엘이 범죄한 햇수를 날짜로 계산하여, 좌편으로 누워 이스라엘 백성의 죄를 390일 담당하게 하고, 우편으로 누워 유다 백성의 죄를 40일간 담당하게 하신다. 이 기간 하나님이 에스겔을 밧줄로 동여매어 이리저리 돌리지 못하게 하신다(겔 4:4-8).

하나님은 에스겔에게 밀과 보리와 콩과 팥과 조와 귀리를 가져다가 한 그릇에 담고 떡을 만들어 네 모로 눕는 날수 곧 삼백구십 일에 먹되 식물을 달아서 하루 이십 세겔 중씩 때를 따라 먹고 물도 힌 육분 일씩 되어서 때를 따라 마시라고 명하시고, 이것을 보리떡처럼 만들어 먹되 쇠똥으로 인분을 대신하여 그것으로 떡을 구워 먹게 하신다.

에스겔은 하나님이 전하시는 유다와 이스라엘의 멸망을 백성들에게 전하기 위해 밧줄에 꽁꽁 묶여 430일(390+40) 한쪽으로 누워 지내는 고통을 당해야 하고 아주 적은 양의 식물을 쇠똥으로 구워 먹는 고난도 감내해야 한다.

이 길이 선지자의 길이다. 조그만 고난에 불평하는 목자여, 귀를 기울여 이 말을 들을지어다.

❦ 에스겔 5장: 삭도로 자른 수염과 머리털을 통한 백성들이 받을 고난의 징표

하나님은 에스겔에게 이렇게 명하신다.

"너 인자야 너는 날카로운 칼을 가져다가 삭도로 삼아 네 머리털과 수염을 깎아서 저울로 달아 나누어 두라 그 성읍을 에워싸는 날이 차거든 너는 터럭 3분의 1은 성읍 안에서 불사르고 3분의 1은 성읍 사방에서 칼로 치고 또 3분의 1은 바람에 흩으라 내가 그 뒤를 따라 칼을 빼리라 너는 터럭 중에서 조금을 네 옷자락에 싸고 또 그 가운데에서 얼마를 불에 던져 사르라 그 속에서 불이 이스라엘 온 족속에게로 나오리라"(겔 5:1-4).

하나님은 에스겔에게 날카로운 칼로 머리털과 수염을 깎아 3분의 1을 성읍 안에서 불사르고, 3분의 1을 성읍 사방에서 칼로 치고, 3분의 1은 바람에 흩으라고 명하시고 그중에 얼마를 옷자락에 싸고 얼마를 불에 던져 사르라고 명하신다.

여기서 머리털과 수염은 예루살렘과 이스라엘 백성을 상징하고 칼로 머리털과 수염을 자르게 하신 것은 앞으로 바벨론에 의해 이스라엘 백성과 예루살렘 거민이 살해당할 것을 예표한다.

그들은 3분의 1이 성읍 안에서 살해당할 것이며, 3분의 1이 성읍 사방에 흩어져서 살해당할 것이고, 3분의 1이 사방으로 도망가지만 결국 살해당할 것을 예표로 보여준다.

그런 중 얼마는 옷자락에 싸인 털같이 보호를 받을 것을 예표한다.

삭도로 제사장의 머리털을 자르는 것은 율법으로 금해진 것이지만(레 19:27, 21:5) 하나님이 이렇게 에스겔에게 명하신 이유는 이스라엘 백성이 율법을 범한 행위를 예표로 보여주시기 위함이다.

이스라엘 백성들이 범한 죄는 이방인들보다 더 여호와의 규례를 거스려 행치 아니하였고 그래서 하나님은 그들에게 전무후무한 징벌을 하신다고 이렇게 말씀하신다.

"그러므로 나 주 여호와가 말하노라 나 곧 내가 너를 치며 이방인의 목 전에서 너에게 벌을 내리되 네 모든 가증한 일로 말미암아 내가 전무후무하게 네게 내릴지라 그리한즉 네 가운데에서 아버지가 아들을 잡아먹고 아들이 그 아버지를 잡아먹으리라 내가 벌을 네게 내리고 너희 중에 남은 자를 다 사방에 흩으리라 그러므로 나 주 여호와가 말하노라 내가 나의 삶을 두고 맹세하노니 네가 모든 미운 물건과 모든 가증한 일로 내 성소를 더럽혔은즉 나도 너를 아끼지 아니하며 긍휼을 베풀지 아니하고 미약하게 하리니 너희 가운데에서 3분의 1은 전염병으로 죽으며 기근으로 멸망할 것이요 3분의 1은 너의 사방에서 칼에 엎드러질 것이며 3분의 1은 내가 사방에 흩어 버리고 또 그 뒤를 따라가며 칼을 빼리라 이와 같이 내 노가 다한즉 그들을 향한 분이 풀려서 내 마음이 가라앉으리라 내 분이 그들에게 다한즉 나 여호와가 열심으로 말한 줄을 그들이 알리라 내가 이르되 또 너를 황무하게 하고 너를 둘러싸고 있는 이방인들 중에서 모든 지나가는 자의 목전에 모욕거리가 되게 하리니 내 노와 분과 중한 책망으로 네게 벌을 내린즉 너를 둘러싸고 있는 이방인들에게 네가 수치와 조롱거리가 되고 두려움과 경고가 되리라 나 여호와의 말이니라 내가 멸망하게 하는 기근의 독한 화살을 너희에게 보내되 기근을 더하여 너희가 의뢰하는 양식을 끊을 것이라 내가 기근과 사나운 짐승을 너희에게 보내 외롭게 하고 너희 가운데에 전염병과 살육이 일어나게 하고 또 칼이 너희에게 임하게 하리라 나 여호와의 말이니라"(겔 5:8-17).

하나님의 진노는 이렇게 엄위하고 무섭다. 성도는 구원의 과정에서 다 범죄한다. 그러기 때문에 늘 회개해야 한다. 하나님이 진노의 채찍을 드시기 전 모든 죄를 날마다 자복하고 회개하며 살아야 한다.

☙ 에스겔 6-7장: 우상과 함께 멸망받을 심판

이스라엘 백성들이 하나님 앞에 범한 죄는 그들이 하나님을 저버리고 우상을 섬긴 것이다. 하나님은 우상과 함께 이스라엘 백성을 진멸하실 것이며 그들 중 얼마가 포로로 잡혀가 자신들이 우상을 섬긴 죄를 깨닫고 하나님을 기억할 것을 말씀한다.

이스라엘 백성에게 임박한 무서운 심판을 경고한다. 미련한 이스라엘 백성은 심판 중에서 여호와를 기억하게 된다. 심판대에서 후회하지 않게 늘 회개하며 살아야 한다.

☞ 에스겔 8장: 에스겔에게 백성들이 성전에서 우상숭배하는 모습을 보여주시는 하나님

에스겔 8장에서 하나님은 에스겔을 이상 중에 이끌어 하늘에 올리시고 예루살렘 성전으로 인도하여 이스라엘 백성들이 우상을 숭배하는 모습을 보여주심으로 하나님이 이스라엘 백성에게 진노하실 수밖에 없는 이유를 가르쳐주신다.

북향한 문에서 투기하는 우상을 섬기는 광경을 보여주신다.

뜰 문 안에 있는 구멍 뚫린 담을 헐게 하시고 들어가 각양 곤충과 가증한 짐승과 이스라엘 족속의 모든 우상을 그 사면 벽에 그려놓고 이스라엘 족속의 장로 중 70인이 그 앞에 서 있고 사반의 아들 야아사냐도 그 가운데 서서 향로를 들어 구름같이 오르는 향연으로 우상을 섬기는 모습을 보여주신다. 70인 장로는 이스라엘 백성을 대표하는 사람들이고, 사반의 아들 야아사냐도 그들 중에 있었다. 야아사냐는 요시야 왕 때에 유명한 서기관이었다.

여호와의 전으로 들어가는 북문에서 여인들이 앉아 담무스를 위하여 애곡하는 것을 보여주신다. 여기서 담무스는 바벨론과 이방인들이 섬기는 곡신(곡식을 준다는 신)을 가리킨다.

여호와의 전 안뜰에 있는 여호와의 전문 앞 현관과 제단 사이에서 약 25인이 여호와의 전을 등지고 낮을 동으로 향하여 동방 태양에 경배하는 모습을 보여 주신다.

이스라엘 백성들이 범한 이런 우상숭배로, 하나님은 성소를 멀리 떠나게 하였고(겔 8:6), 하나님이 이 땅을 버리셨고(겔 8:12), 하나님이 이스라엘 백성에게 분노로 갚아 아껴 보지 아니하고 긍휼을 베풀지도 아니하게 하였고 이스라엘 백성이 큰 소리로 기도해도 하나님이 듣지 않게 하였다.

에스겔 9-11장

에스겔 9-11장에서 이스라엘 백성에게 행하시는 하나님의 심판이 기록된다.

☙ 에스겔 9장: 살육하는 기계로 성읍을 치는 천사들, 회개하는 자에게 표를 하는 천사들

하나님은 천사들에게(이 성읍을 관할하는 이들) 살육하는 기계로 성읍에 있는 자들을 치게 하신다. 그리고 이때 또 다른 천사에게(먹 그릇을 찬 서기관) 예루살렘 성읍 중에 순행하여 그 가운데서 행하는 모든 가증한 일로 인하여 탄식하며 우는 자들, 곧 우상숭배를 회개하는 자들의 이마에 표를 하게 하신다.

하나님의 말씀 요한계시록 7장에는 하나님의 천사가 땅과 바다를 해할 권세를 받은 네 천사에게 하나님의 종들에게 인을 치기까지는 해하지 못하게 하고 각 지파별로 천사에게 인을 그 이마에 맞은 자들의 수효가 십사만 사천으로 기록된다.

하나님은 심판 중에 끝까지 믿음을 지키는 백성을 구별하여 멸하지 않게 하신다.

☙ 에스겔 10장: 우상숭배로 가득 찬 성전을 떠나시는 하나님

에스겔이 그발강가에서 보았던 이상과 같은 형상(겔 1장)의 그룹들과 그 머리 위에 남보석 같은 하나님의 형상을 본다. 그리고 이 그룹들은 성전 동문으로 이동하였고 이것은 하나님이 우상숭배로 가득한 성전을 떠나심을 의미한다.

성전 건물보다 성전에 부름받은 이스라엘 백성, 곧 성도가 더 중요하다. 이스라엘 백성이 하나님을 버리고 우상을 섬기는 성전을 하나님이 버리신다. 그래서 성전은 훼파된다.

❧ 에스겔 11장: 예루살렘에 남은 자들에 대한 심판, 포로 된 백성을 향한 위로

에스겔 11장에는 에스겔이 본 환상을 통한 마지막 예언이 나온다. 예루살렘에 남아서 악을 행하며 교만한 자들에 대한 심판과 바벨론에 포로 된 이스라엘 백성들에게 하나님이 주시는 위로가 기록되어 있다.

"그러므로 주 여호와께서 이같이 말씀하셨느니라 이 성읍 중에서 너희가 죽인 시체는 그 고기요 이 성읍은 그 가마인데 너희는 그 가운데에서 끌려 나오리라 나 주 여호와가 말하노라 너희가 칼을 두려워하니 내가 칼로 너희에게 이르게 하고 너희를 그 성읍 가운데에서 끌어내어 타국인의 손에 넘겨 너희에게 벌을 내리리니 너희가 칼에 엎드러질 것이라 내가 이스라엘 변경에서 너희를 심판하리니 너희는 내가 여호와인 줄을 알리라"(겔 11:7-10).

무서운 하나님의 심판을 받고서야 여호와를 알게 되는 것은 심판받는 자들의 공통점이다. 성도는 삶 속에서 늘 여호와 하나님을 섬기며 따르며 동행해야 한다.

"그런즉 너는 말하기를 주 여호와의 말씀에 내가 비록 그들을 멀리 이방인 가운데로 쫓아내어 여러 나라에 흩었으나 그들이 도달한 나라들에서 내가 잠깐 그들에게 성소가 되리라 하셨다 하고 너는 또 말하기를 주 여호와의 말씀에 내가 너희를 만민 가운데에서 모으며 너희를 흩은 여러 나라 가운데에서 모아 내고 이스라엘 땅을 너희에게 주리라 하셨다 하라 그들이 그리로 가서 그 가운데의 모든 미운 물건과 모든 가증한 것을 제거하여 버릴지라 내가 그들에게 한마음을 주고 그 속에 새 영을 주며 그 몸에서 돌 같은 마음을 제거하고 살처럼 부드러운 마음을 주어 내 율례를 따르며 내 규례를 지켜 행하게 하리니 그들은 내 백성이 되고 나는 그들의 하나님이 되리라 그러나 미운 것과 가증한 것을 마음으로 따르는 자는 내가 그 행위대로 그 머리에 갚으리라 나 주 여호와의 말이니라"(겔 11:16-21).

에스겔과 같은 시대에 예언했던 예레미야의 줄기찬 예언의 내용도 이스라엘 백성이 바벨론에 항복하고 바벨론으로 포로 되어 가면 그곳에서 하나님이 복을 내릴 것이며 마침내 그들을 예루살렘으로 돌아오게 할 것이라는 내용이다. 이스라엘 백성의 죄악에 대한 심판과 징계는 하나님 안에 정해진 것이고 그들이 바벨론에서 70년 만에 예루살렘으로 귀환하게 될 것도 하나님이 정하신 것이다. 성도의 일생도 하나님 안에 다 정해진 일생이다. 말씀을 따라 언제나 순종하고 살면 하나님은 그 성도를 갈 곳으로 인도하시고 지켜주시고 승리하게 하신다.

"여호와를 의뢰하고 선을 행하라 땅에 머무는 동안 그의 성실을 먹을거리로 삼을지어다 또 여호와를 기뻐하라 그가 네 마음의 소원을 네게 이루어 주시리로다 네 길을 여호와께 맡기라 그를 의지하면 그가 이루시고 네 의를 빛같이 나타내시며 네 공의를 정오의 빛같이 하시리로다 여호와 앞에 잠잠하고 참고 기다리라 자기 길이 형통하며 악한 꾀를 이루는 자 때문에 불평하지 말지어다"(시 37:3-7).
"너의 행사를 여호와께 맡기라 그리하면 네가 경영하는 것이 이루어지리라"(잠 16:3).

에스겔 12-24장
에스겔서 12장으로부터 24장까지 계속하여 이스라엘 백성의 죄와 유다 백성의 죄(22장), 예루살렘의 죄에 대한 하나님의 심판이 예언된다.

❧ 에스겔 12장: 포로 될 백성들

에스겔이 포로의 행장으로 저물 때 밖으로 나간다. 에스겔이 떨며 음식을 먹고 근심하며 물을 마신다. 여호와의 묵시는 속히 응한다.

❧ 에스겔 13장: 평강과 복을 말하는 거짓 선지자가 받을 심판

에스겔 13장에는 예루살렘과 바벨론에서 거짓으로 예언하는 자들에 대한 비난과 저주가 기록되어 있다.

거짓 예언자들은 자기의 심령을 따라(자신의 마음대로) 예언한다(겔 13:2, 17). 허탄한 묵시를 보고 거짓된 점괘로 예언한다(겔 13:6, 7, 9). 그들은 이스라엘에 평강이 없는데도 평강하다고 예언한다(겔 13:10, 16). 그들은 흙으로 쌓은 담에 회칠을 하여 비와 홍수에 무너질 담을 무너지지 않을 담같이 말하여 백성을 속인다(겔 13:11-16).

그들은 두어 움큼 보리와 두어 조각 떡을 위하여 새를 올무에 걸려 죽게 하듯이 백성들의 영혼을 사냥한다(겔 13:19, 20). 하나님이 슬프게 하지 아니한 의인의 마음을 거짓말로 근심하게 하며 저희가 또 악인의 손을 굳게 하여 그 악한 길에서 돌이켜 떠나 삶을 얻지 못하게 하였다(겔 13:22).

하나님은 이런 거짓 예언자들을 하나님 백성의 공회에 들어오지 못하게 하며, 이스라엘 족속의 호적에도 기록되지 못하게 하며, 이스라엘 땅에도 들어가지 못하게 하신다고 말씀한다. 하나님은 그래도 거짓 예언에 속아 넘어가는 백성들을 구원해 내신다. 언제나 거짓 예언자들은 죄에 대한 심판과 회개를 말하지 않고 평강을 팔고 복을 판다.

회개할지어다. 입만 벌리면 복을 파는 이 땅의 거짓 선지자들이여!

❧ 에스겔 14장: 우상숭배하는 장로들을 향한 책망, 회개를 요구하시는 하나님

우상을 섬기는 장로들에 대한 하나님의 책망과 이스라엘 백성에게 회개를 요구하시는 말씀이 기록된다.

하나님이 징계하시기로 작정한 죄악은 노아, 다니엘, 욥이 하나님께 간구해도 그들만 구원될 뿐 하나님의 작정된 진노는 피할 수 없음을 기록한다. 구원 얻은 성도의 죄는 하나님이 회개를 요구하시고 기다려도 주시지만 하나님이 징계의 채찍을 드시면 피할 길이 없게 된다. 그래서 이스라엘 백성은 바벨론에 짓밟혔고 포로가 되었다. 마찬가지로 예수님의 때에 회개하지 않은 이스라엘 백성은 로마에 멸망했고 2천여 년간 나라 없는 백성이 되었다. 성도는 회개를 뒤로 미루지 말아야 한다.

❧ 에스겔 15장: 불탄 포도나무 같은 백성들

포도나무는 나무로서 참으로 쓸모없는 나무다. 이런 포도나무가 불에 타면 더욱 쓸모없는 것이 된다. 하나님은 범법한 예루살렘 거민을 불탄 포도나무와 같이 만드신다고 경고하신다.

❧ 에스겔 16장: 음녀가 된 백성들, 심판 중 구원될 백성

에스겔 16장에서 하나님은 이방 신을 우상으로 섬긴 예루살렘의 가증한 죄를 음녀로 비유하여 지적하신다. 예루살렘은 핏덩어리로 버려진 태아 같은 존재였는데 하나님의 은총으로 잘 커서 이방인에게 돈을 주며 몸을 주는 창기가 되었다고 말씀하신다. 하나님은 그들이 행한 대로 보응하시지만 그들에게 행하신 언약을 기억하고 심판 중 그들을 구원하실 것이라고 말씀하신다.

🌱 에스겔 17장: 백향목(여호야긴)의 가지를 취한 큰 독수리 (느부갓네살), 백성을 해하는 크고 털 많은 독수리(애굽 왕)

에스겔 17장에서 유다 왕 시드기야가 하나님의 명을 어기고 바벨론을 배반하고 애굽 왕을 의지한 죄를 독수리와 포도나무 비유로 설명한다.

17장에서 날개가 크고 깃이 긴 독수리는 바벨론의 느부갓네살 왕을 가리킨다. 큰 독수리가 레바논에 이르러 백향목의 높은 가지를 취했고, 이것은 느부갓네살이 유다 왕 여호야긴을 바벨론으로 잡아간 것을 가리킨다. 그 땅의 종자를 옥토에 심었다는 것은 시드기야 왕이 바벨론을 잘 섬기도록 하신 하나님의 섭리를 말한다. 날개가 크고 털이 많은 다른 독수리가 포도나무 뿌리를 상하게 한다. 이것은 애굽 왕 바로가 이스라엘 백성을 상하게 할 것을 뜻한다. 바벨론을 배반한 시드기야는 느부갓네살 앞에 끌려가 아들이 죽는 것을 보게 되고 두 눈이 뽑힌다(왕하 25:6-7). 하나님이 백향목의 연한 가지를 꺾어 이스라엘 높은 산에 심어 무성하게 될 것은 하나님이 유다 족속 중 메시아가 나시게 될 것을 뜻한다.

🌱 에스겔 18장: 조상의 죄로 징계받지 않는 백성들

에스겔 18장에서 이스라엘 백성들이 바벨론에서 자신들이 고난당하는 것은 조상들의 죄 때문이라고 말한다. 그들은 "아비가 신 포도를 먹었으므로 아들의 이가 시리다"라고 말하지만 이스라엘 백성들의 고난은 자신들이 범한 죄 때문이었고 그래서 그들은 핑계하지 말고 회개해야 한다고 하나님이 말씀하신다.

🌱 에스겔 19장: 멸망을 상징하는 암사자와 포도나무

에스겔 19장에는 유다 왕국의 패망을 17장과 같이 암사자와 포도나무로 비유한다.

1. 여기서 암사자는 유다 왕국을, 젊은 사자들은 이웃 나라들을 가리킨다.

2. 암사자가 키운 새끼 사자(겔 19:3-4)는 유다 왕 여호아하스(BC 609-608)를 가리킨다.

3. 암사자가 키운 또 다른 새끼 사자(19:5-6)는 유다 왕 여호야긴(BC 597)을 가리킨다.

4. 포도나무 가지(19:11)는 유다 왕국의 열 왕을 가리킨다. 이 가지들은 결국 꺾이고 불에 탄다. 유다 왕국이 바벨론에 의하여 멸망된 것을 가리킨다.

☙ 에스겔 20장: 우상숭배와 안식일을 더럽힌 죄로 하나님께 무엇을 물을 수도 없게 된 백성들, 그들이 받을 심판

이스라엘 백성이 바벨론에 포로로 잡혀온 후 7년이 되었을 때 이스라엘 장로 두어 사람이 에스겔에게 나와 여호와께 물으려고 한다. 이때 하나님은 에스겔을 통하여 이렇게 말씀하신다.

이들은 하나님께 묻는 것조차 거절된 사람들이다.

하나님은 이스라엘을 택하고 그 후손들에게 "나는 여호와 너희 하나님이라 내가 그들에게 맹세하기를 애굽 땅에서 인도하여 내어서 그들을 위하여 찾아 두었던 땅 곧 젖과 꿀이 흐르는 땅이요 모든 땅 중의 아름다운 곳에 이르게 하리라" 하고 "너희는 눈을 드는바 가증한 것을 각기 버리고 애굽의 우상들로 스스로 더럽히지 말라"고 명하셨다. 또한 하나님은 그들에게 율례를 주며 하나님의 규례를 알게 하셨고, 그들을 거룩하게 하는 여호와인 줄 알게 하려 하여 하나님의 안식일을 주어 그들과 하나님 사이에 표징을 삼으셨지만, 그들은 하나님 앞에 패역하여 하나님의 말을 즐겨 듣지 아니하고 가증한 것을 각기 버리지 아니하며 애굽의 우상들을 떠나지 아니하고 그들이 마음으로 우상을 좇아 하나님의 규례를 업신여기며 하나님의 율례를 행치 아니하며 하나님의 안식일을 더럽혔다.

하나님은 광야에서 하나님의 분을 그들의 위에 쏟으며 하나님의 노를 그들에게 이루리라 하였으나 하나님이 그들을 인도하여 내는 것을 목도한 열국 앞에서 하나님의 이름을 더럽히지 아니하려 그들을 모두 멸하지는 아니하셨고 그들에게 주기로 맹세한 땅으로 그들을 인도하여 들였더니 그들이 모든 높은 산과 모든 무성한 나무를 보고 거기서 우상에게 제사를 드리고 격노케 하는 제물을 산당에서 올리며 거기서 또 분향하고 전제를 부어 드렸기 때문에 그들이 하나님께 묻는 것을 용납지 아니할 것이며 하나님이 능한 손과 편 팔로 분노를 쏟아 너희를 단정코 다스릴 것이라고 말씀하신다.

'바마'(בָּמָה)라는 말은 '간다', '어디로'의 합성어로 '어디로 가느냐'라는 뜻의 말로, 그들이 우상을 섬긴 산당을 가리킨다.

하나님은 이스라엘 백성에게 하나님이 그들을 거룩하게 하는 여호와인 줄 알게 하려고 하나님의 안식일을 주어 그들과 하나님 사이에 표징을 삼았었지만, 그들은 하나님 앞에 패역하여 하나님의 말을 듣지 아니하였다. 안식일, 곧 오늘 성도에게 주일은 성도를 거룩하게 하시는 여호와 하나님을 알게 하며 하나님과 성도 사이에 하나님의 백성, 하나님의 자녀 된 표징이 된다. 성도가 주일을 범하면 이 표징, 하나님의 자녀 된 거룩한 표징을 잊어버리게 된다. 구원받은 성도는 주일을 성수하여 반드시 주일에 교회에 나와 예배를 드려야 한다.

하나님은 포로 된 이스라엘 백성을 인도하여 열국 중에서 나오게 하고 하나님이 열조에게 주기로 맹세한 땅 곧 이스라엘 땅으로 인도하여 들일 때 이스라엘 백성들은 하나님을 여호와인 줄 알고 스스로 더럽힌 모든 행위를 기억하고 이미 행한 모든 악을 인하여 스스로 미워하리라 말씀하신다.

하나님이 남방을 쳐서 예언하라는 말씀은 북쪽에 위치한 바벨론에서 이스라엘 땅, 남방을 향해 "주 여호와의 말씀에 내가 너의 가운데 불을 일으켜 모든 푸른 나무와 모든 마른 나무를 멸하리니 맹렬한 불꽃이 꺼지지 아니하고 남에서 북까지 모든 얼굴이 그슬릴지라 혈기 있는 모든 자는 나 여호와가 그 불을 일으킨 줄을 알리니 그것이 꺼지지 아니하리라"

라고 예언하게 하신다.

✿ 에스겔 21장: 임박한 심판

20장에 예언된 남방을 향한 맹렬한 불꽃이 에스겔 21장에서는 날카롭게 잘 갈아져 빛이 나는 마광의 칼로 표현하여 이스라엘 백성에게 임박한 진노를 예언한다. 이 진노는 바벨론을 통한 침략으로 예루살렘과 온 백성들, 관료들이 당할 심판을 말한다. 이스라엘의 몰락을 기뻐하는 암몬 족속에 대한 심판, 시드기야 왕에 대한 심판이 나온다.

✿ 에스겔 22장: 백성들이 범한 여러 죄악들

에스겔 22장에는 예루살렘 백성의 범한 죄와 이스라엘 백성들이 범한 죄악들이 지적된다.

① 우상숭배와 예루살렘 안에서 살인과 폭력을 행하였다.

② 통치자들이 부모를 업신여기고 나그네와 과부와 고아를 학대하였고 변리로 동족을 착취하였다.

③ 하나님께 바쳐야 할 성물을 우상에게 드렸고, 안식일을 법대로 지키지 않았다.

④ 그들은 계모와 이웃 여자, 자매, 며느리, 월경하는 여자와 음행을 행하였다.

⑤ 거짓 선지자들이 임박한 하나님의 심판을 말하지 않고 거짓의 평화를 예언하였고 그들의 죄악을 정당화하였다.

그들의 죄는 결국 하나님의 진노로 이방인에게 조롱거리가 되게 된다.

교회여, 지도자들이여, 목사들이여, 무릎 꿇고 회개할지어다.

☙ 에스겔 23장 백성들이 범한 음란죄(우상숭배)와 앗수르, 애굽을 의지한 죄

에스겔 23장에는 이스라엘 백성들의 죄를 16장에서와 같이 음란한 여인으로 비유하여 말하시며 그들에게 임할 형벌을 말씀하신다.

사마리아(이스라엘)와 유다(예루살렘)가 지은 죄는 사마리아(오홀라)가 하나님을 배반하고 앗수르를 더 믿고 그들의 우상을 섬겼다. 사마리아는 애굽의 우상을 섬겼다. 하나님은 이런 사마리아를 그들이 의지하던 앗수르에 붙여 멸망하게 하셨고, 그들의 멸망 소식이 온 세상에 퍼지게 하셨다.

유다는 바벨론과 동맹을 맺었고, 다시 바벨론을 배반하고 애굽과 동맹을 맺었다. 그들은 하나님의 전에서 바벨론의 신 몰록을 섬겼다. 하나님은 이들을 바벨론에게 붙여 멸망하게 하신다. 하나님을 배반한 이스라엘 백성은 반드시 멸망한다. 하나님을 배반하고 떠난 성도는 반드시 하나님의 진노를 받아 이 땅에서 그리고 그리스도 재림하실 때, 대환난에 떨어지는 재앙을 받는다.

☙ 에스겔 24장: 끓는 가마, 가마 속에 있는 고기 같은 유다

에스겔 24장의 배경은 주전 588년 1월경 예루살렘이 바벨론에 포위되었을 때이다.

예루살렘은 끓는 가마에, 예루살렘 백성은 이 솥 안에 있는 고기와 뼈로 비유된다.

예루살렘 백성은 녹슨 가마로 죄악에 물든 사람들이다.

예루살렘 사람들은 불의한 방법으로 사람을 죽이고 회개하지 않았고 두려워하지 않았다. 하나님은 그들이 흘린 피를 말간 반석 위에 두고 덮지 않음같이 그대로 드러내시며 바벨론 군대에게 철저하게 살육당하게 하신다.

하나님은 에스겔의 아내를 죽게 하시고 에스겔로 하여금 슬퍼하지 못하게 하신다(겔 24:16-17). 이것은 앞으로 이스라엘이 바벨론에 멸망하고 많은 사람이 죽게 되지만 그들이 슬퍼할 수조차 없게 될 것을 가르치는 일이었다.

에스겔은 선지자로 충성하면서도 아내를 잃어야 했고 그러면서도 슬퍼할 수조차 없었다. 이것이 선지자의 삶이다.

교회 일에 어려움 당하고 투덜대는 목사들이여, 경청하고 회개하라.

에스겔 25-32장
에스겔 여러 장에 걸쳐 이방 나라들에 대한 하나님의 심판이 예언된다.

❦ 에스겔 25장: 암몬, 모압, 에돔, 블레셋에 대한 심판

암몬 족속과 그 수도 랍바가 받을 심판이 예언된다.
모압과 에돔, 블레셋에 대한 심판이 예언된다.

❦ 에스겔 26-28장: 두로에 대한 심판과 멸망, 두로를 향한 애가

두로에 대한 하나님의 심판과 멸망, 두로를 향한 애가가 기록된다.

❦ 에스겔 29-32장: 애굽, 구스, 붓, 룻, 앗수르에 대한 심판과 멸망

이스라엘 백성이 바벨론에 포로 된 후 10년이 되던 해에 애굽 왕 바로를 향한 멸망과 징계와 회복이 예언된다.

에스겔 30장
애굽과 그 동맹국들, 구스(에티오피아), 붓(리비아), 룻(아프리카의 리디아)에 대한 하나님의 심판이 예언된다.

에스겔 31-32장

이스라엘 백성이 바벨론에 포로 된 지 11년 3개월이 지난 때 하나님이 에스겔을 통해 주신 앗수르의 멸망을 통해 애굽 왕이 교훈 받을 것을 예언한 내용과 애굽을 향한 애가가 나온다.

여러 장에 기록된 이방을 향한 하나님의 심판 내용은 그들이 이스라엘의 멸망을 기뻐한 죄에 대한 심판, 그들이 부하고 강해질 때 가진 교만과 강포에 대한 하나님의 심판이 기록된다.

강해지고 부해지는 것은 복이지만 강해지고 부해지면 사람도 나라도 교만의 길로 빠지기 쉽다. 성도는 모든 것을 하나님께 받은 청지기다. 내 것으로 알고 교만하지 말아야 한다.

에스겔 25장부터 32장까지에 이스라엘 백성에 대한 하나님의 심판이 거듭해서 예언된다. 그들이 하나님 앞에 심판받게 될 죄는 우상숭배와 강포와 회개하지 않는 것이었다.

이 죄악 중에 왕과 방백과 지도자들과 거짓 선지자들의 죄가 여러 번 지적된다.

거짓 선지자들의 공통점은 임박한 심판과 멸망 앞에서 평안과 복을 예언한 것이다.

날마다 주님의 이름으로 축복을 파는 거짓 목사들이여, 회개할지어다.

☙ 에스겔 33장: 이스라엘의 파수꾼 에스겔, 파수꾼의 사명과 책임

에스겔 33장에서 에스겔은 다시 하나님으로부터 이스라엘 백성 앞에 세워진 파수꾼으로 소명을 받는다.

파수꾼은 위험을 백성에게 알려야 한다. 위험을 알리지 않아 백성에게 화가 미치면 이 핏값을 파수꾼이 담당해야 한다.

하나님은 에스겔에게 이스라엘 백성에게 이렇게 말하라고 하신다.

"그런즉 인자야 너는 이스라엘 족속에게 이르기를 너희가 말하여 이르되 우리의 허물과 죄가 이미 우리에게 있어 우리로 그 가운데에서 쇠퇴하게 하니 어찌 능히 살리요 하거니와 너는 그들에게 말하라 주 여호와의 말씀이니라 나의 삶을 두고 맹세하노니 나는 악인이 죽는 것을 기뻐하지 아니하고 악인이 그의 길에서 돌이켜 떠나 사는 것을 기뻐하노라 이스라엘 족속아 돌이키고 돌이키라 너희 악한 길에서 떠나라 어찌 죽고자 하느냐 하셨다 하라"(겔 33:10-11).

하나님은 심판보다 사랑을 원하시는 분이다. 회개하라고 사랑으로 권고하신다.

"가령 내가 의인에게 말하기를 너는 살리라 하였다 하자 그가 그 공의를 스스로 믿고 죄악을 행하면 그 모든 의로운 행위가 하나도 기억되지 아니하리니 그가 그 지은 죄악으로 말미암아 곧 그 안에서 죽으리라 가령 내가 악인에게 말하기를 너는 죽으리라 하였다 하자 그가 돌이켜 자기의 죄에서 떠나서 정의와 공의로 행하여 저당물을 도로 주며 강탈한 물건을 돌려보내고 생명의 율례를 지켜 행하여 죄악을 범하지 아니하면 그가 반드시 살고 죽지 아니할지라 그가 본래 범한 모든 죄가 기억되지 아니하리니 그가 반드시 살리라 이는 정의와 공의를 행하였음이라 하라 그래도 네 민족은 말하기를 주의 길이 바르지 아니하다 하는도다 그러나 실상은 그들의 길이 바르지 아니하니라"(겔 33:13-17).

하나님은 공평하신 하나님이시다. 회개만이 살길이다.

🌱 에스겔 34장: 이스라엘 지도자들에 대한 심판

양 떼를 돌보지 않고 욕심을 채우기 위해 양 떼를 괴롭히는 목자들에 대한 심판을 예고한다. 여기의 목자는 이스라엘의 왕, 선지자, 제사장과 방백들을 다 가리키는 말이다.

하나님은 친히 목자가 되시어 그들을 돌보아 포로 중에서 구원해 내어 이스라엘로 돌아와 하나님이 살진 꼴로 먹이신다고 약속하신다.

하나님은 그들에게 한 목자 다윗, 곧 메시아를 세우셔서 축복하실 것을 약속하신다.

"주 여호와께서 이같이 말씀하셨느니라 나 곧 내가 내 양을 찾고 찾되 목자가 양 가운데에 있는 날에 양이 흩어졌으면 그 때를 찾는 것같이 내가 내 양을 찾아서 흐리고 캄캄한 날에 그 흩어진 모든 곳에서 그것들을 건져낼지라 내가 그것들을 만민 가운데에서 끌어내며 여러 백성 가운데에서 모아 그 본토로 데리고 가서 이스라엘 산 위에와 시냇가에와 그 땅 모든 거주지에서 먹이되 좋은 꼴을 먹이고 그 우리를 이스라엘 높은 산에 두리니 그것들이 그 곳에 있는 좋은 우리에 누워 있으며 이스라엘 산에서 살진 꼴을 먹으리라 내가 친히 내 양의 목자가 되어 그것들을 누워 있게 할지라 주 여호와의 말씀이니라 그 잃어버린 자를 내가 찾으며 쫓기는 자를 내가 돌아오게 하며 상한 자를 내가 싸매 주며 병든 자를 내가 강하게 하려니와 살진 자와 강한 자는 내가 없애고 정의대로 그것들을 먹이리라 주 여호와께서 이같이 말씀하셨느니라 나의 양 떼 너희여 내가 양과 양 사이와 숫양과 숫염소 사이에서 심판하노라 너희가 좋은 꼴을 먹는 것을 작은 일로 여기느냐 어찌하여 남은 꼴을 발로 밟았느냐 너희가 맑은 물을 마시는 것을 작은 일로 여기느냐 어찌하여 남은 물을 발로 더럽혔느냐 나의 양은 너희 발로 밟은 것을 먹으며 너희 발로 더럽힌 것을 마시는도다 하셨느니라 그러므로 주 여호와께서 그들에게 이같이 말씀하시되 나 곧 내가 살진 양과 파리한 양 사이에서 심판하리라 너희가 옆구리와 어깨로 밀어뜨리고 모든 병든 자를 뿔로 받아 무리를 밖으로 흩어지게 하는도다 그러므로 내가 내 양 떼를 구원하여 그들로 다시는 노략거리가 되지 아니하게 하고 양과 양 사이에 심판하리라 내가 한 목자를 그들 위에 세워 먹이게 하리니 그는 내 종 다윗이라 그가 그들을 먹이고 그들의 목자가 될지라 나 여호와는 그들의 하나님이 되고 내 종 다윗은 그들 중에 왕이 되리라 나여호와의 말이니라 내가 또 그들과 화평의 언약을 맺고 악한 짐승을 그땅에서 그치게 하리니 그들이 빈 들에 평안히 거하며 수풀 가운데에서 잘지라 내가 그들에게 복을 내리고 내 산 사방에 복을 내리며 때를 따라 소낙비를 내리되 복된 소낙비를 내리리라 그리한즉 밭에 나무가 열매를 맺으며 땅이 그 소산을 내리니 그들이 그 땅에서 평안할지라 내가 그들의 멍에의 나무를 꺾고 그들을 종으로 삼은 자의 손에서 그들을 건져낸 후에 내가 여호와인 줄을 그들이 알겠고"(겔 34:11-27).

이스라엘 백성, 곧 성도의 참소망은 메시아, 그리스도에게 있는 것이다.

❧ 에스겔 35장: 에돔에 대한 심판

에스겔 35장에는 세일, 곧 에돔에 대한 하나님의 심판이 예고된다.

❧ 에스겔 36장: 회복될 이스라엘 백성

에스겔 36장에는 이스라엘 백성에 대한 회복이 예언된다.
이스라엘 백성들이 멸망하여 이방 나라의 포로가 되기 전, 그들은 우상숭배로 월경하는 여인같이 부정해졌고 그들이 이방인의 포로로 잡혀가 하나님의 이름을 욕되게 하였다.
하나님은 하나님의 이름을 다시 거룩하게 하시기 위해 이스라엘 백성을 열국에 흩어졌던 포로에서 돌이키시고 이스라엘 땅으로 돌아오게 하시어 그들에게 새 영을 부어 주시고 그들을 에덴동산같이 복을 주시고 그들을 번성케 하신다.

"그러므로 너는 이스라엘 족속에게 이르기를 주 여호와께서 이같이 말씀하시기를 이스라엘 족속아 내가 이렇게 행함은 너희를 위함이 아니요 너희가 들어간 그 여러 나라에서 더럽힌 나의 거룩한 이름을 위함이라 여러 나라 가운데에서 더럽혀진 이름 곧 너희가 그들 가운데에서 더럽힌 나의 큰 이름을 내가 거룩하게 할지라 내가 그들의 눈앞에서 너희로 말미암아 나의 거룩함을 나타내리니 내가 여호와인 줄을 여러 나라 사람이 알리라 주 여호와의 말씀이니라 내가 너희를 여러 나라 가운데에서 인도하여 내고 여러 민족 가운데에서 모아 데리고 고국 땅에 들어가서 맑은 물을 너희에게 뿌려서 너희로 정결하게 하되 곧 너희 모든 더러운 것에서와 모든 우상숭배에서 너희를 정결하게 할 것이며 또 새 영을 너희 속에 두고 새 마음을 너희에게 주되 너희 육신에서 굳은 마음을 제거하고 부드러운 마음을 줄 것이며 또 내 영을 너희 속에 두어 너희로 내 율례를 행하게 하리니 너희가 내 규례를 지켜 행할지라 내가 너희 조상들에게 준 땅에서 너희가 거주하면서 내 백성이 되고 나는 너희 하나님이 되리라 내가 너희를 모든 더러운 데에서 구원하고 곡식이 풍성하게 하여 기근이 너희에게 닥치지 아니하게 할 것이며 또 나무의 열매와 밭의 소산을 풍성하게 하여 너희가 다시는 기근의 욕을 여러 나라에게 당하지 아니하게 하리니 그때에 너희가 너희 악한 길과 너희 좋지 못한 행위를 기억하고 너희 모든 죄악과 가증한 일로 말미암아 스스로 밉게 보리라 주 여호와의 말씀이니라 내가 이렇게 행함은 너희를 위함이 아닌 줄을 너희가 알리라 이스라엘 족속아 너희 행위로 말미암아 부끄러워하고 한탄할지어다 주 여호와께서 이같이 말씀하셨느니라 내가 너희를 모든 죄악에서 정결하게 하는 날에 성읍들에 사람이 거주하게 하며 황폐한 것이 건축되게 할 것인즉 전에는 지나가는 자의 눈에 황폐하게 보이던 그 황폐한 땅이 장차 경작이 될지라 사람이 이르기를 이 땅이 황폐하더니 이제는 에덴동산같이 되었고 황량하고 적막하고 무너진 성읍들에 성벽과 주민이 있다 하리니 너희 사방에 남은 이방 사람이 나 여호와가 무너진 곳을 건축하며 황폐한 자리에 심은 줄을 알리라 나 여호와가 말하였으니 이루리라"(겔 36:22-36).

성도는 주님의 말씀대로 살아 주님의 이름을 늘 거룩하게 하여야 한다.

"하늘에 계신 우리 아버지여 이름이 거룩히 여김을 받으시오며"(마 6:9).

✧ 에스겔 37장: 생기를 얻어 군대가 된 뼈들, 다윗 왕국의 회복, 메시아로 인한 영원 구원

에스겔 37장에서 하나님은 에스겔에게 이스라엘의 회복과 남북 왕국의 통일과 다윗 왕국의 회복, 곧 메시아로 인한 영원한 구원을 환상으로 보여 주신다.

에스겔은 성령에 이끌리어 뼈들이 가득한 골짜기로 인도받는다.

하나님은 에스겔로 하나님의 말씀을 대언하여 이 뼈들에 하나님의 생기가 들어가게 하시고 큰 군대를 이루게 하신다.

골짜기의 마른 뼈들은 멸망하고 포로 되어 흩어져 소망이 없는 이스라엘 백성을 가리킨다.

마른 뼈들이 다시 살아나 군대가 된 것은 하나님의 생기가 이 마른 뼈들에게 들어갔기 때문이다.

이 뼈들이 살아나 군대가 된 것은 이스라엘 백성이 포로에서 해방되어 고국 이스라엘 땅으로 돌아가게 될 것을 가리킨다. 그리고 이 사건은 성도가 죽어 무덤에 있어도 주님이 재림하실 때 무덤이 열리고 부활하게 될 것을 가리킨다.

하나님은 에스겔에게 막대기 하나에 '유다와 그 짝 이스라엘'이라 쓰게 하시고, 또 다른 막대기에 '에브라임의 막대기, 곧 요셉과 그 짝 이스라엘 온 족속'이라 쓰게 하시고 두 막대기로 하나가 되게 하라고 명하신다.

이것은 이스라엘의 회복이 남왕국 유다 백성과 북왕국 이스라엘 백성 모두 다 회복될 것을 뜻하고 다윗의 후손으로 왕을 세워 그들에게 축복하신다는 하나님의 말씀은, 메시아 왕국의 도래를 예표하는 말씀이다.

하나님의 성소가 그들 가운데 영원히 있게 될 것은 성도가 부활한 후 영원 천국에서 주님과 함께 영원히 거하게 될, 받을 구원을 예표한다.

☙ 에스겔 38-39장: 예루살렘으로 귀환한 백성을 침략하는 곡, 곡의 멸망

에스겔 38장과 39장은 이스라엘 백성이 포로에서 해방되어 예루살렘과 이스라엘 땅으로 돌아와 평강 중에 거할 때 곡이 이스라엘 백성들을 침략하지만 하나님의 심판을 받아 모두 다 철저하게 멸망할 것을 예언하는 하나님의 말씀이다.

에스겔 38장과 39장의 내용은 계시록 19장과 20장에 나오는 말씀, 곧 마귀들이 천년 동안 갇혔던 무저갱에서 잠깐 나온 사건과 일치하는 것으로 말세에 나타날 사건이다.

에스겔 38-39장에서 마곡은 야벳의 아들 이름이다(창 10장). 마곡의 자손들은 코카서스 북방에 거주하였다. 곡은 메섹과 로스와 두발 왕이다.

곡의 지배를 받는 나라는 바사, 구스, 붓, 고멜, 도갈마 족속으로 이들은 이스라엘 동서남북에 있는 족속들이다. 바사는 이스라엘의 동쪽에 위치했고, 붓은 이스라엘 서쪽에, 구스는 이스라엘 남방에 있는 나라다.

이스라엘이 이들의 침략을 받을 때는 이스라엘 백성이 포로에서 해방되어 고국에서 평안히 거할 때다(겔 38:8).

이때는 종말론으로 볼 때 천년왕국이 끝날 때로 천년왕국 후 마귀가 천년 동안 무저갱에 갇혔다가 잠시 놓일 때다.

계시록 20장에서 이렇게 말씀한다.

"또 내가 보매 천사가 무저갱의 열쇠와 큰 쇠사슬을 그의 손에 가지고 하늘로부터 내려와서 용을 잡으니 곧 옛 뱀이요 마귀요 사탄이라 잡아서 천년 동안 결박하여 무저갱에 던져 넣어 잠그고 그 위에 인봉하여 천년이 차도록 다시는 만국을 미혹하지 못하게 하였는데 그 후에는 반드시 잠깐 놓이리라 또 내가 보좌들을 보니 거기에 앉은 자들이 있어 심판하는 권세를 받았더라 또 내가 보니 예수를 증언함과 하나님의 말씀 때문에 목 베임을 당한 자들의 영혼들과 또 짐승과 그의 우상에게 경배하지 아니하고 그들의 이마와 손에 그의 표를 받지 아니한 자들이 살아서 그리스도와 더불어 천년 동안 왕 노릇 하니 (그 나머지 죽은 자들은 그 천년이 차기까지 살지 못하더라) 이는 첫째 부활이라 첫째 부활에 참여하는 자들은 복이 있고 거룩하도다 둘째 사망이 그들을 다스리는 권세가 없고 도리어 그들이 하나님과 그리스도의 제사장이 되어 천 년 동안 그리스도와 더불어 왕 노릇 하리라 천년이 차매 사탄이 그 옥에서 놓여 나와서 땅의 사방 백성 곧 곡과 마곡을 미혹하고 모아 싸움을 붙이리니 그 수가 바다의 모래 같으리라"(계 20:1-8).

에스겔 38장과 39장은 종말의 사건을 예표하는 말씀으로 곡이 누구이며 그들을 장사지낸 곳이 어디냐 하는 것은 중요하지 않다.

에스겔 38장과 39장은 성도가 이루게 될 마지막 구원, 곧 영원 천국에 들어가는 영화의 단계를 잘 이해하여야 이 말씀을 바로 알게 된다.

* 종말의 교훈

(이 종말의 교훈은 창세기 19장 강해에 기록하였다. 다시 여기 기록하는 것은 너무 많은 신학자들과 목사들이 이 진리를 간과하고 있기 때문이다.)

1. 그리스도의 재림의 양상

그리스도의 재림을 잘 이해하려면 요한계시록에 대한 바른 이해가 있어야 한다.

1) 계시록의 삼대 계시

계시록을 요약하면 아래와 같이 된다.

계시록에는 일곱 인 떼는 계시(5-7장)와 일곱 나팔 부는 계시(8-11장), 그리고 일곱 대접 쏟는 계시(15-16장)가 주된 계시로 나온다. 1장에서 4장까지는 일곱 교회에 보내는 편지가 나오고, 12장부터 14장까지는 중간 계시로 땅에 떨어진 용과 여인의 싸움, 첫째, 둘째 짐승의 사건, 세 천사를 통한 추수 사건이 기록된다. 17장 이하에서는 바벨론의 멸망과 성도들의 승리, 사탄의 결박과 대심판, 새 하늘 새 땅의 사건이 나온다.

계시록의 5장부터 16장까지에서(12-14장까지의 중간 계시를 빼면) 그리스도의 재림에 대한 계시가 일곱 인의 계시, 일곱 나팔의 계시, 일곱 대접의 계시에 기록이 된다.

일곱 인의 계시는 마지막 때 그리스도가 재림하는 비밀을 담고 있는 계시다.

일곱 나팔 계시는 그리스도 재림하시기 전 재림의 징조들과 재림하심에 대한 경고의 계시다. 일곱 대접 계시는 일곱 재앙의 계시다.

일곱 인의 계시에서 ① 제7인의 계시 속에 일곱 나팔의 계시가 들어가고, ② 제7나팔 계시에 일곱 대접 계시가 포함된다. 이 말을 다시 하면 제7인 속에 나팔 계시와 대접 계시가 다 들어가 있다.

제1인
제2,3,4,5,6인.
　(비밀)　　제7인= 1나팔,제2,3,4,5,6,나팔
　　　　(경고)　　　　제7나팔(마지막 나팔)=제1대접
　　　　　　　　　　　제2,3,4,5,6,7대접(진노)
　　　　　　　　　　　(대환난의 기간, 세 때 반)

제7인이 떼어질 때가 동시에 제1나팔 불리는 때이고, 제7나팔, 곧 마지막 나팔이 불릴 때가 동시에 첫 대접, 제1대접이 쏟아지기 시작하는 때다.
제1인은 오순절에 떼어졌다.

"내가 보매 어린 양이 일곱 인 중의 하나를 떼시는데 그때에 내가 들으

니 네 생물 중의 하나가 우렛소리같이 말하되 오라 하기로 내가 이에 내가 보니 흰 말이 있는데 그 탄 자가 활을 가졌고 면류관을 받고 나아가서 이기고 또 이기려고 하더라"(계 6:1-2).

여기서 흰 말을 타고 면류관을 쓰고 활을 당기는 것은 복음의 승리로 오순절 베드로의 설교로 수천 명이 회개하고 이 땅에 교회가 탄생하는 것으로 이루어졌다.

제7나팔(마지막 나팔)이 불릴 때는 제7인이 떨어질 때로 이때 주님은 공중에 재림하셔서 하늘에 잔치, 천국 잔치를 열게 되고 이때 동시에 제1대접으로부터 제7대접의 재앙(대환난)이 이 땅에 시작되고 진행된다. 잔치와 상급으로 말하는 하늘의 천국과 대환난이 동시에 일어나고 진행된다.

"보라 내가 너희에게 비밀을 말하노니 우리가 다 잠잘 것이 아니요 마지막 나팔에 순식간에 홀연히 다 변화하리니 나팔 소리가 나매 죽은 자들이 썩지 아니할 것으로 다시 살고 우리도 변화하리라"(고전 15:51-52).

주님이 공중에 재림하실 때 성도는 변화를 입고 부활하여 천국 잔치에 들어가거나, 혹은 성도 중에 성화되지 못한 일부가 칠 대접 쏟아지는 재앙, 곧 대환난에 떨어진다.

일곱 대접의 재앙(대환난)이 끝나고, 천국 잔치가 끝나고 주님은 천국 잔치에 참여했던 성도들과 함께 지상에 재림하셔서 마귀를 무저갱에 1,000년 동안 가두시고 천년왕국을 건설하신다. 이 천년왕국에는 대환난에 들어갔던 성도들도 구원되어 함께 참여한다.

주님은 천년 후 심판주로 흰 보좌에 앉으시고, 모든 죽은 자들이 부활하여 주님 앞에 그 행위대로 심판받아 마귀와 함께 영원한 불못에 떨어지게 된다. 이것이 지옥이다.

"또 내가 보매 천사가 무저갱의 열쇠와 큰 쇠사슬을 그의 손에 가지고 하늘로부터 내려와서 용을 잡으니 곧 옛 뱀이요 마귀요 사탄이라 잡아서 천년 동안 결박하여 무저갱에 던져 넣어 잠그고 그 위에 인봉하여 천년이 차도록 다시는 만국을 미혹하지 못하게 하였는데 그 후에는 반드시 잠깐 놓이리라 또 내가 보좌들을 보니 거기에 앉은 자들이 있어 심판하는 권세를 받았더라 또 내가 보니 예수를 증언함과 하나님의 말씀 때문에 목 베임을 당한 자들의 영혼들과 또 짐승과 그의 우상에게 경배하지 아니하고 그들의 이마와 손에 그의 표를 받지 아니한 자들이 살아서 그리스도와 더불어 천년 동안 왕 노릇 하니 (그 나머지 죽은 자들은 그 천년이 차기까지 살지 못하더라) 이는 첫째 부활이라 이 첫째 부활에 참여하는 자들은 복이 있고 거룩하도다 둘째 사망이 그들을 다스리는 권세가 없고 도리어 그들이 하나님과 그리스도의 제사장이 되어 천년 동안 그리스도와 더불어 왕 노릇 하리라 천 년이 차매 사탄이 그 옥에서 놓여 나와서 땅의 사방 백성 곧 곡과 마곡을 미혹하고 모아 싸움을 붙이리니 그 수가 바다의 모래 같으리라 그들이 지면에 널리 퍼져 성도들의 진과 사랑하시는 성을 두르매 하늘에서 불이 내려와 그들을 태워버리고 또 그들을 미혹하는 마귀가 불과 유황 못에 던져지니 거기는 그 짐승과 거짓 선지자도 있어 세세토록 밤낮 괴로움을 받으리라 또 내가 크고 흰 보좌와 그 위에 앉으신 이를 보니 땅과 하늘이 그 앞에서 피하여 간데없더라 또 내가 보니 죽은 자들이 큰 자나 작은 자나 그 보좌 앞에 서 있는데 책들이 펴 있고 또 다른 책이 펴졌으니 곧 생명책이라 죽은 자들이 자기 행위를 따라 책들에 기록된 대로 심판을 받으니 바다가 그 가운데에서 죽은 자들을 내주고 또 사망과 음부도 그 가운데에서 죽은 자들을 내주매 각 사람이 자기의 행위대로 심판을 받고 사망과 음부도 불못에 던져지니 이것은 둘째 사망 곧 불못이라 누구든지 생명책에 기록되지 못한 자는 불못에 던져지더라"(계 20:1-15).

이 심판에 구원받은 성도는 그 이름이 생명록에 기록되어 있기 때문에 하나도 심판받지 않고, 그래서 성도는 한 사람도 지옥에 들어가지 않고 새 하늘과 새 땅, 곧 영원 천국에 들어가 영복을 누리게 된다.

2. 먼저 공중 재림하신다

1) 살전 4:16, 17 그리스도가 공중에 재림할 것이며 성도가 공중에서 주님 만나기 위해 휴거된다.

2) 살후 2:1 그리스도의 재림 시 성도가 그리스도 앞에 모인다(공중에서).

3) 요 14:3 그리스도가 우리를 그리스도 있는 곳(하늘)으로 영접하여 그리스도와 함께 있게 한다.

4) 살전 4:14 예수님이 공중에서 성도를 영접하고 함께 계시다가 지상 재림하실 때 함께 재림하신다.

3. 지상 재림하신다

1) 슥 14:4, 5 그리스도가 감람산에 재림하실 것을 예언한다.

2) 행 1:11 그리스도가 승천하심과 같이 재림하실 것을 말한다.

3) 살전 4:14 공중에 휴거된 성도들과 함께 재림하신다.

4) 계 1:7 그리스도가 구름 타고 재림하시는 것을 땅의 모든 사람이 보게 재림하신다.

4. 공중 재림의 목적

1) 주의 백성, 곧 성도를 영접하기 위해서이다(요 14:3).

고후 5:6 몸을 가지고 있을 때는 주와 따로 거하지만,

고후 5:8 몸을 떠날 때(잠잘 때)는 주와 함께 거한다.

살전 4:17 우리가 공중에서 주를 영접한 후 항상 주와 함께 거하게 된다.

주 안에 있는 백성이 이미 죽었으면 부활하여 주님을 영접하게 된다(살전 4:16; 요 11:25, 26; 고전 15:53).

주 안에 살아가는 백성은 변화를 받게 된다(살전 4:16, 17; 고전 15:50-52; 빌 3:20, 21).

성도 중 믿고 성화된 성도–달란트를 남긴 성도(충성한 성도), 예복을 준

비한 성도(선한 회개를 이룬 성도), 기름 준비한 성도(회개로 성령충만을 계속 받은 성도)−는 1차 부활에 참여하여 휴거되지만, 구원을 얻었어도 성화되지 못한 성도는 대환난에 떨어진다.

"예수께서 다시 비유로 대답하여 이르시되 천국은 마치 자기 아들을 위하여 혼인 잔치를 베푼 어떤 임금과 같으니 그 종들을 보내어 그 청한 사람들을 혼인 잔치에 오라 하였더니 오기를 싫어하거늘 다시 다른 종들을 보내며 이르되 청한 사람들에게 이르기를 내가 오찬을 준비하되 나의 소와 살진 짐승을 잡고 모든 것을 갖추었으니 혼인 잔치에 오소서 하라 하였더니 그들이 돌아보지도 않고 한 사람은 자기 밭으로, 한 사람은 자기 사업하러 가고 그 남은 자들은 종들을 잡아 모욕하고 죽이니 임금이 노하여 군대를 보내어 그 살인한 자들을 진멸하고 그 동네를 불사르고 이에 종들에게 이르되 혼인 잔치는 준비되었으나 청한 사람들은 합당하지 아니하니 네거리 길에 가서 사람을 만나는 대로 혼인 잔치에 청하여 오라 한 종들이 길에 나가 악한 자나 선한 자나 만나는 대로 모두 데려오니 혼인 잔치에 손님들이 가득한지라 임금이 손님들을 보러 들어올새 거기서 예복을 입지 않은 한 사람을 보고 이르되 친구여 어찌하여 예복을 입지 않고 여기 들어왔느냐 하니 그가 아무말도 못하거늘 임금이 사환들에게 말하되 그 손발을 묶어 바깥 어두운 데에 내던지라 거기서 슬피 울며 이를 갈게 되리라 하니라"(마 22:1-13).

① 이 비유는 천국잔치의 비유로 주님 공중 재림 시 하늘에 이루어질 천국(天國, kingdom of heaven, βασιλεία τῶν οὐρανῶν 바실레이아 톤 우라논)의 비유다.

② 잔치에 청함을 받았으나 여러 가지 핑계로 잔치 자리에 오지 않고, 종들을 잡아 능욕하고 죽인 자들은 이스라엘 백성을 가리킨다. 이스라엘 백성들은 로마군에 의해 무참하게 진멸되었다.

③ 길거리에 나가 사람을 만나는 대로 불러 잔치 자리에 들어온 사람

들은 구원된 이방인들을 가리킨다.

④ 잔치에 참여할 자격은 선한 자냐 악한 자냐 하는 것이 아니라, 예복을 입고 있느냐 안 입었느냐 하는 것으로 예복을 입지 않은 한 사람은 천국 잔치에 참여하지 못하고 바깥 어두운 데로 떨어진다. 여기서 예복은 구원받은 후 이루어야 할 성화의 예복으로 성도의 옳은 행실이다

"또 내가 들으니 허다한 무리의 음성과도 같고 많은 물소리와도 같고 큰 우렛소리와도 같은 소리로 이르되 할렐루야 주 우리 하나님 곧 전능하신 이가 통치하시도다 우리가 즐거워하고 크게 기뻐하며 그에게 영광을 돌리세 어린양의 혼인 기약이 이르렀고 그의 아내가 자신을 준비하였으므로 그에게 빛나고 깨끗한 세마포 옷을 입도록 허락하셨으니 이 세마포 옷은 성도들의 옳은 행실이로다 하더라"(계 19:6-8).

성도의 옳은 행실은 회개하는 생활이다. 성도가 하나님 앞에 100% 옳은 순간은 "나는 부족합니다. 나는 오늘도 또 이런이런 죄를 범했습니다. 용서하여 주시고 다시 이길 힘을 주시옵소서" 회개하는 순간이다.

"다만 네 고집과 회개치 아니한 마음을 따라 진노의 날 곧 하나님의 의로우신 심판이 나타나는 그날에 임할 진노를 네게 쌓는도다"(롬 2:5).
"또 내가 그에게 회개할 기회를 주었으되 자기의 음행을 회개하고자 하지 아니하는도다 볼지어다 내가 그를 침상에 던질 터이요 또 그와 더불어 간음하는 자들도 만일 그의 행위를 회개하지 아니하면 큰 환난 가운데에 던지고"(계 2:21-22).

⑤ 회개하지 않는 자가 큰 환난에 던져진다.

이 말씀이나 달란트 비유에서나 미련한 처녀 비유에서나 바깥 어두운 데로 버림받는 것은 지옥에 가는 것이 아니라, 대환난에 들어가는 것이다. 성경에서는 주님 재림 시 늘 나팔소리와 해와 달이 빛을 잃는 어두움

이 나온다(어두운 곳, 계 16:10-11; 마 24:29-31; 행 2:20; 습 1:14-16; 욜 2:1).

⑥ "나더러 주여 주여 하는 자마다 다 천국에 들어갈 것이 아니요 다만 하늘에 계신 내 아버지의 뜻대로 행하는 자라야 들어가리라 그날에 많은 사람이 나더러 이르되 주여 주여 우리가 주의 이름으로 선지자 노릇 하며 주의 이름으로 귀신을 쫓아내며 주의 이름으로 많은 권능을 행하지 아니하였나이까 하리니 그때에 내가 그들에게 밝히 말하되 내가 너희를 도무지 알지 못하니 불법을 행하는 자들아 내게서 떠나가라 하리라"(마 7:21-23).

"내가 너희에게 이르노니 너희 의가 서기관과 바리새인보다 더 낫지 못하면 결단코 천국에 들어가지 못하리라"(마 5:20).

성도가 서기관과 바리새인보다 의로울 수 있는 길은 회개하는 길이다. 서기관과 바리새인은 의롭게 살았지만 회개할 줄을 몰랐다. 그래서 주님께 꾸지람을 듣는다.

⑦ "또 내게 지팡이 같은 갈대를 주며 말하기를 일어나서 하나님의 성전과 제단과 그 안에서 경배하는 자들을 측량하되 성전 바깥마당은 측량하지 말고 그냥 두라 이것은 이방인에게 주었은즉 그들이 거룩한 성을 마흔두 달 동안 짓밟으리라"(계 11:1-2).

이 말씀에서 갈대로 성전을 측량하는 것은 구원받은 자들(성전과 제단에서 경배하는 자들)의 공력 심판을 뜻하는 것이고, 성전 밖 마당은 측량하지 말라 한 것은 구원은 받았어도 아직 외소에 있는 성도들, 곧 성화하지 못한 성도들은 마흔두 달 동안(대환난의 기간, 한 때 두 때 반 때, 1,260일, 삼 년 반) 대환난에 던져지는 것을 뜻한다.

"예순두 이레 후에 기름 부음을 받은 자가 끊어져 없어질 것이며 장차 한 왕의 백성이 와서 그 성읍과 성소를 무너뜨리려니와 그의 마지막은 홍수에 휩쓸림 같을 것이며 또 끝까지 전쟁이 있으리니 황폐할 것이 작

정도였느니라 그가 장차 많은 사람들과 더불어 한 이레 동안의 언약을 굳게 맺고 그가 그 이레의 절반에 제사와 예물을 금지할 것이며 또 포악하여 가증한 것이 날개를 의지하여 설 것이며 또 이미 정한 종말까지 진노가 황폐하게 하는 자에게 쏟아지리라 하였느니라 하니라"(단 9:26-27).

이레의 절반(이 이레의 절반은 한 때 두 때 반 때, 삼 년 반, 마흔두 달과 같은 뜻으로 사용된다)은 곧 3년 반(상징적인 수) 동안 적그리스도가 이 땅을 지배하며 하나님께 드리는 제사와 예물이 금지되고, 잔포한 자의 진노가 쏟아진다. 이 기간이 대환난의 기간이다.

⑧ "장로 중 하나가 응답하여 나에게 이르되 이 흰옷 입은 자들이 누구며 또 어디서 왔느냐 내가 말하기를 내 주여 당신이 아시나이다 하니 그가 나에게 이르되 이는 큰 환난에서 나오는 자들인데 어린 양의 피에 그 옷을 씻어 희게 하였느니라"(계 7:13-14).

성도 중 일부가 적그리스도가 다스리는 대환난에 참여했다가 이 큰 환난에서 나온다고 말한다.

⑨ "그러므로 너희가 선지자 다니엘이 말한 바 멸망의 가증한 것이 거룩한 곳에 선 것을 보거든 (읽는 자는 깨달을지저) 그때에 유대에 있는 자들은 산으로 도망할지어다 지붕 위에 있는 자는 집 안에 있는 물건을 가지러 내려가지 말며 밭에 있는 자는 겉옷을 가지러 뒤로 돌이키지 말지어다 그때에는 아이 밴 자들과 젖 먹이는 자들에게 화가 있으리로다 너희가 도망하는 일이 겨울에나 안식일에 되지 않도록 기도하라 이는 그때에 큰 환난이 있겠음이라 창세로부터 지금까지 이런 환난이 없었고 후에도 없으리라 그날들을 감하지 아니하면 모든 육체가 구원을 얻지 못할 것이나 그러나 택하신 자들을 위하여 그날들을 감하시리라"(마 24:15-22).

대환난에 얼마의 성도가 들어가고 하나님은 택한 자들을 불쌍하게 여겨 그날들, 곧 대환난의 날들을 얼마간 감해주신다.

⑩ "하늘에 큰 이적이 보이니 해를 입은 한 여자가 있는데 그 발아래는 달이 있고 그 머리에는 열두 별의 면류관을 썼더라 이 여자가 아이를

배어 해산하게 되매 애써 부르짖더라 하늘에 또 다른 이적이 보이니 보라 한 큰 붉은 용이 있어 머리가 일곱이요 뿔이 열이라 그 여러 머리에 일곱 왕관이 있는데 그 꼬리가 하늘의 별 3분의 1을 끌어다가 땅에 던지더라 용이 해산하려는 여자 앞에서 그가 해산하면 그 아이를 삼키고자 하더니 여자가 아들을 낳으니 이는 장차 철장으로 만국을 다스릴 남자라 그 아이를 하나님 앞과 그 보좌 앞으로 올려가더라 그 여자가 광야로 도망하매 거기서 천이백육십 일 동안 저를 양육하기 위하여 하나님께서 예비하신 곳이 있더라 하늘에 전쟁이 있으니 미가엘과 그의 사자들이 용으로 더불어 싸울새 용과 그의 사자들도 싸우나 이기지 못하여 다시 하늘에서 그들이 있을 곳을 얻지 못한지라 큰 용이 내쫓기니 옛 뱀 곧 마귀라고도 하고 사탄이라고도 하며 온 천하를 꾀는 자라 그가 땅으로 내쫓기니 그의 사자들도 그와 함께 내쫓기니라 내가 또 들으니 하늘에 큰 음성이 있어 이르되 이제 우리 하나님의 구원과 능력과 나라와 또 그의 그리스도의 권세가 나타났으니 우리 형제들을 참소하던 자 곧 우리 하나님 앞에서 밤낮 참소하던 자가 쫓겨났고 또 우리 형제들이 어린 양의 피와 자기들이 증언하는 말씀으로써 그를 이겼으니 그들은 죽기까지 자기들의 생명을 아끼지 아니하였도다 그러므로 하늘과 그 가운데에 거하는 자들은 즐거워하라 그러나 땅과 바다는 화 있을진저 이는 마귀가 자기의 때가 얼마 남지 않은 줄을 알므로 크게 분내어 너희에게 내려갔음이라 하더라 용이 자기가 땅으로 내쫓긴 것을 보고 남자를 낳은 여자를 박해하는지라 그 여자가 큰 독수리의 두 날개를 받아 광야 자기 곳으로 날아가 거기서 그 뱀의 낯을 피하여 한 때와 두 때와 반 때를 양육 받으매 여자의 뒤에서 뱀이 그 입으로 물을 강같이 토하여 여자를 물에 떠내려 가게 하려 하되 땅이 여자를 도와 그 입을 벌려 용의 입에서 토한 강물을 삼키니 용이 여자에게 분노하여 돌아가서 그 여자의 남은 자손 곧 하나님의 계명을 지키며 예수의 증거를 가진 자들과 더불어 싸우려고 바다 모래 위에 서 있더라"(계 12:1-17).

주님이 공중 재림하셔서 하늘에서는 천국 잔치가 시작되고 이 땅에는 일곱 대접이 쏟아지는 대환난이 시작된다. 이때 마귀는 그 꼬리로 하늘의 별 3분의 1을 대환난의 땅으로 끌어내려 핍박하지만 하나님이 한 때 두 때 반 때를 지켜주신다. 이때의 광경을 "하늘과 그 가운데 거하는 자들은 즐거워하고, 땅과 바다는 화 있을진저" 하는 말로 표현한다. 이 말씀에서 하늘의 별은 성도다.

계시록 1장 12절에서 16절에는 일곱 별을 그 오른손에 붙잡고 일곱 금 촛대 사이를 왕래하시는 주님의 모습이 나온다. 여기서 일곱 금 촛대는 일곱 교회로 세상의 모든 교회를 가리키고, 일곱 별은 이 일곱 촛대, 곧 세상의 모든 교회의 성도들이다.

그런데 대환난의 때에 마귀가 하늘의 별, 곧 성도 중 3분의 1을 적그리스도가 지배하는 대환난의 장소로 끌어내린다. 이 말은 구원받은 성도 중 약 3분의 1이 성화의 예복을 벗어버리고, 교회를 떠나 신앙생활을 하지 않고 성도의 옳은 행실인 회개하는 생활을 계속하지 못하여 대환난에 들어갈 것을 가리키는 말이다. 이 말씀에서 하늘에서 떨어진 별과 여인이 낳은 아들은 대환난 때에 이 땅에 남아 있는 교회와 성도를 가리킨다. 구원받은 성도 중 약 3분의 1이 대환난에 들어간다.

⑪ 계 12:12 하늘의 즐거움은 천국 잔치를 뜻하고 화 받는 땅과 바다는 대환난의 장소를 가리킨다.

⑫ "그러면 이제 우리가 그 피를 인하여 의롭다 하심을 얻었은즉 더욱 그로 말미암아 진노하심에서 구원을 얻을 것이니"(롬 5:9).

주님의 피로 구원받은 성도는 다시 성화되지 못한 성도에게 임하게 될 진노(일곱 대접 재앙, 대환난)에서도 구원을 얻어야 한다.

⑬ "그 안에서 발견되려 함이니 내가 가진 의는 율법에서 난 것이 아니요 오직 그리스도를 믿음으로 말미암은 것이니 곧 믿음으로 하나님께로부터 난 의라 내가 그리스도와 그 부활의 권능과 그 고난에 참여함을 알고자 하여 그의 죽으심을 본받아 어떻게 해서든지 죽은 자 가운데서 부활에 이르려 하노니 내가 이미 얻었다 함도 아니요 온전히 이루었다 함도 아니라 오직 내가 그리스도 예수께 잡힌 바 된 그것을 잡으려고 달려가

노라 형제들아 나는 아직 내가 잡은 줄로 여기지 아니하고 오직 한 일 즉 뒤에 있는 것은 잊어버리고 앞에 있는 것을 잡으려고 푯대를 향하여 그리스도 예수 안에서 하나님이 위에서 부르신 부름의 상을 위하여 달려가노라"(빌 3:9-14).

믿음으로 구원 얻은 후 성도는 바울 사도같이 하늘의 천국, 상을 얻기 위해 성화에 힘써야 한다. 성경은 이렇게 여러 구절에서 성도 중 얼마가 대환난에 들어간다고 분명하게 가르친다.

✿ 에스겔 40-43장: 에스겔에게 보여준 성전의 환상

에스겔서 40장부터 43장까지는 에스겔에게 보여주신 성전의 환상으로 성소와 지성소와 외소의 크기와 넓이와 구조와 규격을 측량하여 그 규격을 몇 장으로, 몇 척으로 일일이 척수를 나타낸다. 성전을 측량하는 것은 성전이 하나님의 소유임을 상징하고 이 성전에 여호와의 영광이 임재한다.

성전에 여호와의 영광이 구름같이 가득 임재한 것은 성전의 완성을 나타내고, 성전의 완성은 이스라엘 백성의 완전한 회복을 뜻하며 성도가 받을 구원의 완성을 예표로 보여준다.

예수님은 자신을 가리켜 성전이라 말씀하셨고, 성전인 예수님이 죽은 지 3일 만에 부활하실 것을 말씀하셨다.

"예수께서 대답하여 이르시되 너희가 이 성전을 헐라 내가 사흘 동안에 일으키리라 유대인들이 이르되 이 성전은 사십육 년 동안에 지었거늘 네가 삼 일 동안에 일으키겠느냐 하더라 그러나 예수는 성전 된 자기 육체를 가리켜 말씀하신 것이라"(요 2:19-21).

인류의 구원은 예수님의 대속의 죽음과 부활을 통해 완성되었다. 에스겔서에서 성전의 완성은 구원의 완성을 예표한다.

☙ 에스겔 44장: 제사장의 규례

에스겔 44장에는 성전에서 제사장이 지켜야 할 규례와 제사장의 자격, 제사장에게 돌아갈 기업이 기록된다.

제사장들이 하나님의 명을 어기고 이방인으로 성전에 들어오게 하고 여호와의 성물을 지키게 한 죄를 범했다. 제사와 성물, 제물 관리는 아론의 자손들만이 기름 부음을 받고 감당해야 하는 일이다(출 29:44, 30:30-).

하나님은 이들에게 제사를 드리지 못하게 하시고 사독의 자손들만 이 직분을 감당케 하신다.

"이스라엘 족속이 그릇 행하여 나를 떠날 때에 사독의 자손 레위 사람 제사장들은 내 성소의 직분을 지켰은즉 그들은 내게 가까이 나아와 수종을 들되 내 앞에 서서 기름과 피를 내게 드릴지니라 주 여호와의 말씀이니라"(겔 44:15).

하나님은 그들이 제사를 드릴 때 세마포 옷을 입어야 하며 제사장들이 결혼할 때 지킬 규례, 시체를 접할 때의 규례를 주신다. 이 모든 규례의 중심은 거룩이다.

☙ 에스겔 45장: 새 이스라엘 나라에서 백성이 분배받을 땅, 백성이 지켜야 할 규례들

에스겔 45장에서는 새롭게 세워질 이스라엘 나라에서 땅을 어떻게 분배할 것인가에 대한 하나님의 명령과 백성 모두가 지켜야 할 규례가 나온다.

1) 땅의 분배는 거룩한 지역을 중심으로 왕의 땅과 열두 지파의 땅이 나누어진다.

2) 이스라엘 백성은 통치자와 백성 모두가 공평과 정의의 길로 가야 한다.

3) 이스라엘 백성은 정월 초하룻날에 제사장이 흠 없는 수송아지 하나

를 취하여 성소 전체를 정결케 해야 한다. 그리고 다시 정월 7일에 부지 중 범죄한 백성을 위한 속죄제사를 드려야 한다.

4) 유월절을 지켜야 한다.

❧ 에스겔 46장: 안식일과 월삭 절기의 규례

에스겔 46장에는 이스라엘 백성이 안식일과 월삭 절기에 드릴 규례가 나온다.

이스라엘 백성이 성회로 모이는 절기는 아래와 같다.

① 안식일 ② 유월절(무교절) ③ 맥추절 ④ 속죄일(매년 7월 10일) ⑤ 나팔절(매년 7월 15일) ⑥ 초막절(7월 15일부터 7일)

에스겔 44장, 45장, 46장에는 이스라엘 백성이(해방되어 이스라엘 땅으로 돌아간 후) 지켜야 할 규례들과 제사에 대한 규례가 나온다.

에스겔 43장에서 성전의 완성은 이스라엘 나라의 회복의 완성, 성도의 구원의 완성을 예표하고, 에스겔 44-46장에는 이스라엘 나라가 회복된 후 백성들과 왕과 제사장들이 지켜야 할 규례들과 드려야 할 제사의 규례들이 나온다. 이것은 구원받은 백성이 지켜야 할 새 법, 새 헌장을 예표한다. 성도가 구원받은 후 지켜야 할 새 헌장은 마태복음 5, 6, 7장에 나오는 산상보훈의 말씀이다.

❧ 에스겔 47-48장: 성전 문지방에서 흘러나오는 생명수

에스겔 47-48장에는 하나님이 에스겔에게 성전 문지방에서 흘러나온 생명수가 점점 풍성해져 강을 이루고 이 강이 흘러 아라바로 내려가 바다에 이르게 되는 환상을 보여주신다.

이 강물이 이르는 곳마다 모든 생물이 번성하고 또 물고기가 심히 많아지고 이 물이 흘러 들어가므로 바닷물이 되살아나게 되고, 이 강이 이르는 각처에 모든 것이 생명을 얻게 되고 강 좌우 가에는 각종 먹을 과실

나무가 자라서 그 잎이 시들지 아니하며 열매가 끊이지 아니하고 달마다 새 열매를 맺으며 그 잎사귀는 약으로 쓰는 재료가 된다. 하나님은 에스겔에게 이 환상을 보여주시고 "이 물이 성소를 통하여 나오기 때문"이라고 말씀하신다.

성소에서 흘러나오는 이 생명의 물은 예수 그리스도를 예표한다.

요한복음 7장에 이렇게 말씀한다.

> "명절 끝날 곧 큰 날에 예수께서 서서 외쳐 이르시되 누구든지 목마르거든 내게로 와서 마시라 나를 믿는 자는 성경에 이름과 같이 그 배에서 생수의 강이 흘러나오리라 하시니"(요 7:37-38).

예수님이 생수의 강의 근원으로, 에스겔이 본 환상에서 성전에서 흘러내리는 생명수 강이다. 예수 그리스도를 믿는 믿음 안에 영생의 길이 열리고 예수님은 영생의 양식, 영생의 물이다.

계시록 22장에서 하나님이 이렇게 말씀하신다.

> "또 그가 수정같이 맑은 생명수의 강을 내게 보이니 하나님과 및 어린 양의 보좌로부터 나와서 길 가운데로 흐르더라 강 좌우에 생명나무가 있어 열두 가지 열매를 맺되 달마다 그 열매를 맺고 그 나무 잎사귀들은 만국을 치료하기 위하여 있더라"(계 22:1-2).

에스겔 48장 12절에 나오는 '성소로부터 나오는 물'이 계시록 22장의 '어린양의 보좌로부터 나오는 물'이다. 에스겔서에서 새롭게 완성된 성전(겔 43장)은 재림하시는 주님(어린양)임을 나타낸다. 예수님이 세상 죄를 지고 가신 하나님의 어린 양이다(요 1:29, 36).

에스겔 40-43장에서 에스겔이 본 성전의 모형은 계시록 21장에서 사도 요한이 본 환상과 같다. 하나님은 에스겔 시대나 주님이 승천하신 후에나 꼭 같은 하나님이시다(히 13:8).

에스겔 47, 48장에는 이스라엘 백성의 각 지파별로 차지할 땅의 경계가 나온다. 성도가 천국에 가서 주님과 함께 살게 될 것을 예표하는 것으로 48장 35절에 '여호와 삼마'는 '여호와가 거기 계신다'라는 말이다. 여호와 삼마는 하나님의 말씀 계시록 21장에 나오는 말씀과 같은 것이다.

"또 내가 보매 거룩한 성 새 예루살렘이 하나님께로부터 하늘에서 내려오니 그 예비한 것이 신부가 남편을 위하여 단장한 것 같더라 내가 들으니 보좌에서 큰 음성이 나서 이르되 보라 하나님의 장막이 사람들과 함께 있으매 하나님이 그들과 함께 계시리니 그들은 하나님의 백성이 되고 하나님은 친히 그들과 함께 계셔서"(계 21:2-3).

* 구원사적으로 본 에스겔서

1) 에스겔서도 이사야서나 예레미야서와 같이 이스라엘 백성들의 죄악, 그들이 하나님을 버리고 우상에게 돌아간 죄와 왕과 방백들, 지도자들이 범한 강포와 부정의 죄를 책망하고 이 죄로 인한 하나님의 심판을 여러 번 말한다.

2) 이사야서도 예레미야서도 이스라엘의 회복과 메시아 예언이 반복되는 것같이 에스겔서도 마른 뼈들이 살아나서 큰 군대를 이루는 환상, 성전이 완성되는 환상, 성전에서 흘러내리는 물이 강이 되어 만물을 소성시키는 환상, 이스라엘 백성들이 나누어 가질 땅의 분배, 여호와 삼마를 통해 구원받은 성도들이 환난과 고난을 통해서 마침내 구원될 메시아를 가르쳐준다. 에스겔은 이런 구원의 역사에 성령의 기름 부음을 강조한다. 성도가 받아 가는 구원에 성령의 역사가 함께함을 가르쳐준다.

3) 에스겔서는 백성 개개인의 죄에 대한 책임을 강조한다. 내가 받는 죄에 대한 심판을 다른 사람의 죄로 돌릴 수 없는 것이다.

4) 38장과 39장에서 기록한 곡과 마곡의 전쟁 기사를 통해 성도가 이루게 될 마지막 구원, 계시록 19장, 20장에 나오는 곧 영원 천국에 들어가는 영화의 구원을 잘 가르쳐 준다.

5) 에스겔서는 하나님 앞에 선택받고 구원받은 이스라엘 백성들의 죄와 심판과 회복의 사건을 통해 성도가 성화의 과정 가운데 강포와 거짓을 버리고 하나님만 바로 섬기며 우상을 섬기는 죄를 정신 차리고 멀리해야 할 것을 가르친다. 오늘 성도에게 있는 우상은 물질 만능, 성공 제일, 성장 제일의 사상이다. 물질의 복, 성공의 복, 성장의 복은 분명하게 하나님이 주시는 복이다. 그러나 이것은 하나님을 바로 섬긴 후 하나님이 주시는 것으로 교회와 목사와 성도가 하나님을 팔아 물질 제일, 성공 제일, 성장 제일이 삶과 존재의 목표가 되어서는 안 된다. 돈, 성공, 제일로 커야 하는 성장의 괴물이 우리가 만난 오늘의 바알 우상이다.

다니엘서

☙ 다니엘 1-2장: 느부갓네살 왕을 섬기게 된 다니엘과 세 친구

다니엘서 1장, 2장에는 다니엘과 세 친구가 하나님 앞에 소명받는 사건이 나온다. 이 소명은 다니엘이 소년 시절에 그의 세 친구 하나냐, 미사엘, 하사랴와 함께 바벨론 왕 느부갓네살을 섬기기 위한 종으로 선택받음으로 이루어진다.

소명은 하나님이 그 뜻대로 사람을 부르시는 것으로 이사야는 웃시야 왕이 죽던 해 성전에서 기도하다가 소명을 받았고, 예레미야도 에스겔도 하나님이 필요하신 때 그들에게 하나님의 말씀이 임함으로 소명을 받았다.

다니엘과 세 친구는 왕을 섬길 사람으로 선택되면서 바벨론 사람들이 쓰는 이름으로 그 이름이 바뀐다. 느부갓네살 왕은 이스라엘 백성들을 그 이름과 사상까지 다 바꾸어 바벨론화하려고 하였다.

다니엘은 '벨드사살'로, 하나냐는 '사드락'으로, 미사엘은 '메삭'으로, 아사랴는 '아벳느고'로 이름이 바뀌었다.

다니엘과 그 세 친구는 3년 후에 왕 앞에 나가게 되는데 이 3년 동안 왕이 먹고 마시는 진미와 포도주로 먹게 하였고 갈대아, 곧 바벨론의 모든 학문을 배우게 하였다. 그러나 다니엘과 세 친구는 왕의 진미와 포도주를 먹지 않고 채식을 취하게 된다. 그들에게 공급되는 고기와 포도주는 우상에게 바쳐진 제물일 수 있기 때문에 다니엘과 세 친구는 자신들을 음식으로 더럽히지 않기 위해 채식을 먹게 되기를 환관장에게 요구하였다. 하나님은 다니엘과 세 친구에게 환관장의 은혜와 긍휼을 얻게 하여 그들은 채식을 먹게 된다.

하나님은 다니엘과 세 친구에게 갈대아 학문과 재주, 명철을 얻게 하셨고 다니엘에겐 이상과 꿈의 징조를 깨닫는 지혜를 주셨다.

3년 후 다니엘과 세 친구는 느부갓네살 왕을 측근에서 모시는 신하로 택함을 받았다.

☙ 다니엘 2장: 느부갓네살의 꿈을 알아내고 해석한 다니엘

다니엘 2장에는 느부갓네살이 꾼 꿈의 사건으로 다니엘이 바벨론의 온 도를 다스리는 권세를 얻고 바벨론 박사들의 어른이 된 사건을 기록한다.

느부갓네살 왕이 꿈을 꾸었는데 왕은 자신이 어떤 꿈을 꾸었는지 잊어 버렸고 그래서 왕이 꾼 꿈이 어떤 꿈이며 그 해석이 어떤 것이냐 하는 것 을 바벨론의 술사들에게 해몽하라고 명령한다. 그러나 바벨론 술사들은 왕이 꾼 꿈을 말해주어야 해석할 수 있다고 대답하며 왕이 어떤 꿈을 꾸 었는지는 '육체와 함께 거하지 아니하는 신들 외에는 왕 앞에 그것을 보 일 자가 없다'라고 대답한다(단 2:11).

왕은 노하여 술사들을 다 죽이라고 명령을 내렸고 왕의 시위대 대장 아리옥이 다니엘과 그 친구들도 찾는다. 다니엘은 아리옥에게 왕께 고하 여 기한을 정해 주면 그 꿈을 해석해 주겠다고 말한다.

다니엘은 집에 돌아가 이 일을 하나냐와 미사엘과 아사랴에게 말하고 하늘에 계신 하나님이 이 은밀한 일에 대하여 긍휼히 여기사 자기 다니 엘과 동무들이 바벨론의 다른 박사와 함께 죽임을 당하지 않게 하시기를 함께 기도하게 한다.

다니엘은 문제를 하나님 앞에 가지고 나가 친구들과 합심하여 기도했 다. 하나님은 이 기도에 응답하신다.

그 밤에 하나님이 다니엘에게 나타나 이상을 보여주신다. 다니엘은 기 도에 응답하신 하나님께 찬송한다.

"다니엘이 말하여 이르되 영원부터 영원까지 하나님의 이름을 찬송할 것은 지혜와 능력이 그에게 있음이로다 그는 때와 계절을 바꾸시며 왕 들을 폐하시고 왕들을 세우시며 지혜자에게 지혜를 주시고 총명한 자 에게 지식을 주시는도다 그는 깊고 은밀한 일을 나타내시고 어두운 데 에 있는 것을 아시며 또 빛이 그와 함께 있도다 나의 조상들의 하나님 이여 주께서 이제 내게 지혜와 능력을 주시고 우리가 주께 구한 것을 내게 알게 하셨사오니 내가 주께 감사하고 주를 찬양하나이다 곧 주께서 왕의 그 일을 내게 보이셨나이다 하니라"(단 2:20-23).

다니엘의 하나님, 우리의 하나님은 지혜와 권능을 가지신 하나님, 때와 기한을 변하시며 왕들을 폐하시고 왕들을 세우시는 하나님, 깊고 은밀한 일을 나타내시고 어두운 데 있는 것을 아시며 또 빛이 그와 함께 있는 하나님, 나의 열조의 하나님, 아브라함과 이삭과 이스라엘의 하나님, 곧 대대로 영원히 우리와 같이 계신 하나님이시다.

다니엘은 왕 앞으로 나아가서 왕에게 이렇게 말한다.

"다니엘이 왕 앞에 대답하여 이르되 왕이 물으신 바 은밀한 것은 지혜자나 술객이나 박수나 점쟁이가 능히 왕께 보일 수 없으되 오직 은밀한 것을 나타내실 이는 하늘에 계신 하나님이시라 그가 느부갓네살 왕에게 후일에 될 일을 알게 하셨나이다 왕의 꿈 곧 왕이 침상에서 머리 속으로 받은 환상은 이러하니이다"(단 2:27-28).

다니엘은 왕의 꿈을 해몽할 수 있는 것은 자신이 아니요 은밀한 것을 나타내시는 하늘에 계신 하나님이라고 말한다.

다니엘은 왕의 꿈을 하나님께 받은 이상대로 이렇게 해석해 준다.

"왕이여 왕이 한 큰 신상을 보셨나이다 그 신상이 왕의 앞에 섰는데 크고 광채가 매우 찬란하며 그 모양이 심히 두려우니 그 우상의 머리는 순금이요 가슴과 두 팔은 은이요 배와 넓적다리는 놋이요 그 종아리는 쇠요 그 발은 얼마는 쇠요 얼마는 진흙이었나이다 또 왕이 보신즉 손대지 아니한 돌이 나와서 신상의 쇠와 진흙의 발을 쳐서 부서뜨리매 그때에 쇠와 진흙과 놋과 은과 금이 다 부서져 여름 타작마당의 겨같이 되어 바람에 불려 간 곳이 없었고 우상을 친 돌은 태산을 이루어 온 세계에 가득하였나이다 그 꿈이 이러한즉 내가 이제 그 해석을 왕 앞에 아리라이다 왕이여 왕은 여러 왕들 중의 왕이시라 하늘의 하나님이 나라와 권세와 능력과 영광을 왕에게 주셨고 사람들과 들짐승과 공중의 새들, 어느 곳에 있는 것을 막론하고 그것들을 왕의 손에 넘기사 다 다스리게 하셨으니 왕은 곧 그 금 머리니이다 왕을 뒤이어 왕보다 못한 다른 나라가 일어날 것이요 셋째로 또 놋 같은 나라가 일어나서 온 세계를 다스릴 것이며 넷째 나라는 강하기가 쇠 같으리니 쇠는 모든 물건을 부서뜨리고 이기는 것이라 쇠가 모든 것을 부수는 것같이 그 나라가 뭇 나라를 부서뜨리고 찧을 것이며 왕께서 그 발과 발가락이 얼마는 토기장이의 진흙이요 얼마는 쇠인 것을 보셨은즉 그 나라가 나누일 것이며 왕께서 쇠와 진흙이 섞인 것을 보셨은즉 그 나라가 쇠 같은 든든함이 있을 것이나 그 발가락이 얼마는 쇠요 얼마는 진흙인즉 그 나라가 얼마는 든든하고 얼마는 부서질 만할 것이며 왕께서 쇠와 진흙이 섞인 것을 보셨은즉 그들이 다른 민족과 서로 섞일 것이나 그들이 피차에 합하지 아니함이 쇠와 진흙이 합하지 않음과 같으리이다 이 여러 왕들의 시대에 하늘의 하나님이 한 나라를 세우시리니 이것은 영원히 망하지도 아니할 것이요 그 국권이 다른 백성에게로 돌아가지도 아니할 것이요 도리어 이 모든 나라를 쳐서 멸망시키고 영원히 설 것이라 손대지 아니한 돌이 산에서 나와서 쇠와 놋과 진흙과 은과 금을 부서뜨린 것을 왕께서 보신 것은 크신 하나님이 장래 일을 왕께 알게 하신 것이라 이 꿈은 참되고 이 해석은 확실하니이다 하니"(단 2:31-45).

다니엘의 말을 듣고 왕은 다니엘에게 엎드려 절하고 많은 예물을 주고 다니엘로 바벨론 모든 박사의 어른으로 삼고 바벨론의 온 도를 다스리게 한다. 다니엘은 왕께 구하여 세 친구 사드락, 메삭, 아벳느고에게 바벨론의 각 도를 다스리게 하고 다니엘은 왕궁에 머문다. 왕이 다니엘에게 엎드려 절을 한 것은 참으로 엄청난 일이다. 왕은 다니엘의 하나님을 이렇게 말한다.

"너희 하나님은 참으로 모든 신들의 신이시요 모든 왕의 주재시로다 네가 능히 이 은밀한 것을 나타내었으니 네 하나님은 또 은밀한 것을 나타내시는 이시로다"(단 2:47).

하나님은 바벨론과 세계 역사를 홀로 주관하시는 분이다. 하나님은 때로 하나님의 섭리를 이상으로 사람에게 알리기도 하신다. 바로의 꿈을 통해 애굽에 일어날 미래의 일을 알게 하셨고 이 일을 하나님의 사람 요셉이 그 꿈을 해석했다. 그러나 하나님이 늘 그렇게 하시는 것은 아니며 성도가 꿈에 의지하여 하나님의 뜻을 알려고 해서는 안 된다. 지금 우리에게는 더 보태도 안 되고 빼도 안 되고 일점일획까지 완전한 하나님의 말씀으로, 성경이 있다. 성도는 말씀에 의하여 하나님의 뜻을 깨닫고 순종해야 한다.

"내가 이 두루마리의 예언의 말씀을 듣는 모든 사람에게 증언하노니 만일 누구든지 이것들 외에 더하면 하나님이 이 두루마리에 기록된 재앙들을 그에게 더하실 것이요 만일 누구든지 이 두루마리의 예언의 말씀에서 제하여 버리면 하나님이 이 두루마리에 기록된 생명나무와 및 거룩한 성에 참여함을 제하여 버리시리라"(계 22:18-19).
"내가 율법이나 선지자를 폐하러 온 줄로 생각하지 말라 폐하러 온 것이 아니요 완전하게 하려 함이라 진실로 너희에게 이르노니 천지가 없어지기 전에는 율법의 일점일획도 결코 없어지지 아니하고 다 이루리라 그러므로 누구든지 이 계명 중의 지극히 작은 것 하나라도 버리고 또 그같이 사람을 가르치는 자는 천국에서 지극히 작다 일컬음을 받을 것이요 누구든지 이를 행하며 가르치는 자는 천국에서 크다 일컬음을 받으리라"(마 5:17-19).

❧ 다니엘 3장: 신상에 절하지 않아 뜨거운 풀무 불에 던져진 사드락, 메삭, 아벳느고

다니엘서 3장에는 다니엘의 세 친구 사드락, 메삭, 아벳느고가 느부갓

네살 왕이 세운 장대한 금 신상 앞에 절하지 않았기 때문에 뜨거운 풀무 불에 떨어졌지만 하나님이 천사로 저희를 지켜주셔서 옷깃 하나 상하지 않고 구원된 사건을 기록한다.

느부갓네살은 바벨론 두라 평지에 장이 60규빗(27.4m) 넓이가 6규빗(2.74m) 되는 큰 금 우상을 만들고 이 우상 제막식에 바벨론의 모든 방백들과 수령들, 재판관들과 재무관들, 법률가들을 다 불러 모으고 악기가 연주될 때 이 우상에게 모두 엎드려 절하도록 명령을 내렸다. 그리고 절하지 않는 자는 극렬히 타는 풀무 불(용광로)에 던져 넣으라고 명령을 내렸다.

사드락, 메삭, 아벳느고도 이 제막식에 참석했고 모든 관원이 악기 소리에 맞춰 다 엎드려 절을 할 때 그들은 우상을 만들지 말고 우상에게 절하지 말라고 하신 하나님의 십계명대로 절하지 않았다.

그들은 노한 느부갓네살 왕 앞으로 끌려갔고 느부갓네살 왕은 이제라도 나가 금신상에게 절하도록 권고한다.

"사드락, 메삭, 아벳느고야 너희가 내 신을 섬기지 아니하며 내가 세운 금 신상에게 절하지 아니한다 하니 사실이냐 이제라도 너희가 준비하였다가 나팔과 피리와 수금과 삼현금과 양금과 생황과 및 모든 악기 소리를 들을 때 내가 만든 신상 앞에 엎드려 절하면 좋거니와 너희가 만일 절하지 아니하면 즉시 너희를 맹렬히 타는 풀무불 가운데에 던져 넣을 것이니 능히 너희를 내 손에서 건져낼 신이 누구이겠느냐 하니"(단 3:14-15).

사드락과 메삭과 아벳느고가 왕에게 이렇게 대답한다.

"느부갓네살이여 우리가 이 일에 대하여 왕에게 대답할 필요가 없나이다 왕이여 우리가 섬기는 하나님이 계시다면 우리를 맹렬히 타는 풀무불 가운데에서 능히 건져내시겠고 왕의 손에서도 건져내시리이다 그렇게 하지 아니하실지라도 왕이여 우리가 왕의 신들을 섬기지도 아니하고 왕이 세우신 금 신상에게 절하지도 아니할 줄을 아옵소서"(단 3:16-18).

사드락, 메삭, 아벳느고는 결박을 당하여 평소보다 7배나(최고로) 뜨겁게 불타는 풀무 불(용광로)에 넣어진다. 이때 불이 너무 뜨거워 그들을 용광로에 넣던 관원들이 불에 타서 죽는다.

느부갓네살이 풀무 불을 들여다보는데 세 사람이 아니고 네 사람이 풀무 불 가운데를 다니고 있었고 그들은 상한 데가 없었고 네 번째 사람은 신들의 아들(천사)과 같았다.

느부갓네살 왕이 그들을 풀무 불에서 불러내었고 그들은 그 몸이 상하지 않았고 머리털도 그을리지 아니하였고 겉옷 빛도 변하지 아니하였고 불 탄 냄새도 없었다.

느부갓네살 왕은 사드락, 메삭, 아벳느고를 '지극히 높으신 하나님의 종'이라 불렀다.

느부갓네살은 이렇게 말한다.

"사드락과 메삭과 아벳느고의 하나님을 찬송할지로다 그가 그의 천사를 보내사 자기를 의뢰하고 그들의 몸을 바쳐 왕의 명령을 거역하고 그 하나님 밖에는 다른 신을 섬기지 아니하며 그에게 절하지 아니한 종들을 구원하셨도다 그러므로 내가 이제 조서를 내리노니 각 백성과 각 나라와 각 언어를 말하는 자가 모두 사드락과 메삭과 아벳느고의 하나님께 경솔히 말하거든 그 몸을 쪼개고 그 집을 거름터로 삼을지니 이는 이같이 사람을 구원할 다른 신이 없음이니라"(단 3:28-29).

* 다니엘 3장의 교훈

1. 성도가 믿음으로 살아가는 길에 어려운 시험들이 있지만 전능하신 사랑의 하나님을 굳게 믿고 믿음을 지키면 반드시 이기고 피할 길을 하나님이 열어주신다.

2. 사드락, 메삭, 아벳느고에게 우상에게 절하라는 권고는 '대답할 필요

가 없는' 권고였다. 대답할 필요가 없는, 절대 해서는 안 되는 유혹은 단 번에 물리쳐야 한다. 선지자 발람은 대답할 필요가 없는 청, 곧 이스라엘 백성을 하나님의 이름으로 저주해 달라는 발락의 청을 바로 물리치지 않았다가 저주받은 선지자가 된다(민 21, 22, 23장, 31:8).

3. 사드락, 메삭, 아벳느고의 믿음은 하나님의 권능과 사랑을 믿되 내 믿음대로 하나님이 응답하시지 않아도, '만일 그리하지 아니하실지라도' 믿음의 정조를 지키는 믿음이다.

4. 우리가 믿음으로 살려면 사드락, 메삭, 아벳느고와 같이, '그리하지 아니하실지라도'의 믿음과 십자가를 앞에 놓고 겟세마네 동산에서 기도하시던 주님의 결단, "그러나 나의 원대로 마옵시고 아버지의 원대로 하옵소서"(마 26:39) 하는 '그러나'의 결단, 욥의 아내가 발바닥으로부터 정수리까지 악창이 난 욥에게 "그래도 자기의 순전을 지키겠느뇨 하나님을 욕하고 죽으라"고 말해도, "그대의 말이 한 어리석은 여자의 말 같도다 우리가 하나님께 복을 받았은즉 화도 받지 아니하겠느냐 하고 이 모든 일에 욥이 입술로 범죄하지 아니하니라"(욥 2:9-10)라는 욥의 '그래도'의 믿음을 지켜야 한다. 하나님의 말씀 시편 31편에는 다윗은 자신이 당하는 엄청난 고난과 멸시, 핍박 중에서 "여호와여 그러하여도 나는 주께 의지하고 말하기를 주는 내 하나님이시라 하였나이다"(시 31:14) 하는 고백이 나온다. 참믿음은 아주 큰 어려움 중 하나님이 도와주시지 않는 것 같아도 '그러하여도' 하나님을 믿는 믿음이라야 한다.

5. 사드락, 메삭, 아벳느고는 믿음 정조를 굳게 지켜 이방인들 앞에서 하나님의 이름을 존귀하게 하였다. 우리는 믿음으로 살아가는 우리의 생활로 아버지 하나님의 이름을 거룩하게 해야 한다(마 6:9).

☙ 다니엘 4장: 큰 나무가 잘리고 그루터기가 남는 느부갓네살의 꿈, 다니엘의 해석

다니엘서 4장에는 느부갓네살 왕이 이상 중에(꿈에) 꿈을 꾸었고 그 해석을 다니엘이 하였고 느부갓네살 왕에게 다니엘이 해석한 대로 모든 것이 이루어져 하나님을 높이는 조서를 내린 사건을 기록하고 있다.

느부갓네살 왕이 꾼 꿈은 이런 것이다. 느부갓네살은 자신이 꾼 꿈을 이렇게 말한다.

"내가 침상에서 나의 머리 속으로 받은 환상이 이러하니라 내가 본즉 땅의 중앙에 한 나무가 있는 것을 보았는데 높이가 높더니 그 나무가 자라서 견고하여지고 그 높이는 하늘에 닿았으니 그 모양이 땅끝에서도 보이겠고 그 잎사귀는 아름답고 그 열매는 많아서 만민의 먹을 것이 될 만하고 들짐승이 그 그늘에 있으며 공중에 나는 새는 그 가지에 깃들이고 육체를 가진 모든 것이 거기에서 먹을 것을 얻더라 내가 침상에서 머리 속으로 받은 환상 가운데에 또 본즉 한 순찰자, 한 거룩한 자가 하늘에서 내려왔는데 그가 소리 질러 이처럼 이르기를 그 나무를 베고 그 가지를 자르고 그 잎사귀를 떨고 그 열매를 헤치고 짐승들을 그 아래에서 떠나게 하고 새들을 그 가지에서 쫓아내라 그러나 그 뿌리의 그루터기를 땅에 남겨 두고 쇠와 놋줄로 동이고 그것을 들 풀 가운데에 두어라 그것이 하늘 이슬에 젖고 땅의 풀 가운데에서 짐승과 더불어 제 몫을 얻으리라 또 그 마음은 변하여 사람의 마음 같지 아니하고 짐승의 마음을 받아 일곱 때를 지내리라 이는 순찰자들의 명령대로요 거룩한 자들의 말대로이니 지극히 높으신 이가 사람의 나라를 다스리시며 자기의 뜻대로 그것을 누구에게든지 주시며 또 지극히 천한 자를 그 위에 세우시는 줄을 사람들이 알게 하려 함이라 하였느니라"(단 4:10-17).

느부갓네살의 이 꿈을 바벨론의 박사들은 해석하지 못했고 다니엘이 해석을 한다.

느부갓네살 왕의 꿈에 대한 다니엘의 해석은 이런 것이다.

"왕께서 보신 그 나무가 자라서 견고하여지고 그 높이는 하늘에 닿았으니 땅끝에서도 보이겠고 그 잎사귀는 아름답고 그 열매는 많아서 만민의 먹을 것이 될 만하고 들짐승은 그 아래에 살며 공중에 나는 새는 그 가지에 깃들었나이다 왕이여 이 나무는 곧 왕이시라 이는 왕이 자라서 견고하여지고 창대하사 하늘에 닿으시며 권세는 땅끝까지 미치심이니이다 왕이 보신즉 한 순찰자, 한 거룩한 자가 하늘에서 내려와서 이르기를 그 나무를 베어 없애라 그러나 그 뿌리의 그루터기는 땅에 남겨 두고 쇠와 놋줄로 동이고 그것을 들 풀 가운데에 두라 그것이 하늘 이슬에 젖고 또 들짐승들과 더불어 제 몫을 얻으며 일곱 때를 지내리라 하였나이다 왕이여 그 해석은 이러하니이다 곧 지극히 높으신 이가 명령하신 것이 내 주 왕에게 미칠 것이라 왕이 사람에게서 쫓겨나서 들짐승과 함께 살며 소처럼 풀을 먹으며 하늘 이슬에 젖을 것이요 이와 같이 일곱 때를 지낼 것이라 그때에 지극히 높으신 이가 사람의 나라를 다스리시며 자기의 뜻대로 그것을 누구에게든지 주시는 줄을 아시리이다 또 그들이 그 나무뿌리의 그루터기를 남겨 두라 하였은즉 하나님이 다스리시는 줄을 왕이 깨달은 후에야 왕의 나라가 견고하리이다 그런즉 왕이여 내가 아뢰는 것을 받으시고 공의를 행함으로 죄를 사하고 가난한 자를 긍휼히 여김으로 죄악을 사하소서 그리하시면 왕의 평안함이 혹시 장구하리이다 하니라"(단 4:20-27).

느부갓네살 왕의 꿈은 다니엘이 해석한 대로 다 이루어졌다.

다니엘이 느부갓네살의 꿈을 해석해준 대로 이후 열두 달이 지나서 느부갓네살은 지붕 위를 산책하며 "이 큰 바벨론은 내가 능력과 권세로 건설하여 나의 도성을 삼고 이것으로 내 위엄의 영광을 나타낸 것"이라는 교만한 말을 했고, 바로 그때 느부갓네살은 정신병자가 되어 왕위에 쫓겨났고 들판에 매여 짐승 같은 모습으로 7년을 지내게 된다.

느부갓네살이 자신을 짐승으로 여기는 이 병은 인사니아 조안 트로피카(insania zoan thropica)라는 정신병이다.

다니엘이 느부갓네살의 꿈을 해석해준 대로 7년 후 느부갓네살은 하늘을 우러러보았고 총명이 다시 돌아와 왕권을 회복한다. 느부갓네살은 지극히 높으신 자 하나님에게 감사하며 영생하시는 하나님, 영원한 권세자시요 그 나라가 대대에 이르시는 찬양하고 존경하고 그 권세는 땅의 모든 거민을 없는 것같이 여기시며 하늘의 군사에게든지 땅의 거민에게든지 모든 것을 그 뜻대로 행하시며 누가 그의 손을 금하든지 혹시 이르기를 네가 무엇을 하느냐 할 자가 없는 하나님으로 높인다.

느부갓네살이 교만할 때 하나님은 저를 짐승같이 만드셨고 저가 다시 겸손하여 하늘을 우러러볼 때 그의 권세를 회복시켜 주신다.

나라와 권세와 영광이 다 하나님, 주님께 영원히 있다. 북한도 남한도 미국도 세계도 주님 안에 있다. 하나님은 온 세계, 온 우주, 온 인류의 역사를 그 마음대로 주관하시는 전능하신 분이시다. 할렐루야.

❧ 다니엘 5장: 벨사살 왕의 축제, 벽에 쓰여진 글씨

다니엘서 5장에는 벨사살 왕의 축제와 축제 중 벽에 쓰인 글씨를 다니엘이 해석하는 사건을 기록하고 있다.

벨사살 왕이 귀인 일천 명을 모아 큰 잔치를 벌였다. 벨사살은 느부갓네살이 예루살렘 성전에서 가지고 온 성전의 그릇들, 곧 하나님께 제사드릴 때 사용하던 거룩한 그릇들을 가져오게 하고 이 그릇들로 술을 마시며 금, 은, 동, 석으로 만든 바벨론의 우상들을 찬양하였다.

이때 촛대 맞은편의 벽에 한 손이 나타나 글을 썼다. 벨사살은 두려움에 떨었고 이 글을 해석하도록 바벨론의 박사들에게 명령했지만 그들은 해석하지 못하였다. 다니엘을 불러와서 다니엘이 이 글을 읽고 해석한다.

다니엘은 느부갓네살 왕이 교만해져 짐승처럼 되었던 사실을 벨사살 왕이 잘 알고 있으면서 다시 교만해져서 성전의 기명들로 술을 마시고 왕이 또 보지도 듣지도 알지도 못하는 금, 은, 동, 철과 목, 석으로 만든 신상들을 찬양하고 도리어 왕의 호흡을 주장하시고 왕의 모든 길을 작정하시는 하나님께는 영광을 돌리지 아니하였기 때문에 손가락이 나와서 이 글을 기록하였다고 지적한다.

다니엘은 글을 읽고 이렇게 말한다.

> "기록된 글자는 이것이니 곧 메네 메네 데겔 우바르신이라 그 글을 해석하건대 메네는 하나님이 이미 왕의 나라의 시대를 세어서 그것을 끝나게 하셨다 함이요 데겔은 왕을 저울에 달아 보니 부족함이 보였다 함이요 베레스는 왕의 나라가 나뉘어서 메대와 바사 사람에게 준 바 되었다 함이니이다 하니"(단 5:25-28).

다니엘의 해석대로 그날 밤 벨사살은 죽임을 당하고 메대 사람 다리오가 왕이 된다.

옛날도 지금도 교만은 멸망의 길이 된다. 겸손, 또 겸손해야 한다.

❧ 다니엘 6장: 다니엘의 끊임없는 기도, 사자 굴에서 살아남

다니엘서 6장에는 다니엘이 매일 예루살렘을 향하여 문을 열고 하루에 세 번씩 기도하는 신앙을 지키다가 다른 총독들의 술책으로 사자 굴에 던져지는 고난을 받았지만 사자 굴에서 조금도 상하지 않고 구원받아 하나님을 높이는 사건이 기록된다.

다니엘은 다리오 왕 앞에서 흠 없이 총리직을 잘 감당하였다. 그러나 다니엘을 시기한 다른 방백들이 다니엘을 해하고자 기한을 한 달로 정하고 이 기간 안에 왕 외에 다른 신들에게 기도하면 사자 굴에 던져 넣게 하는 법을 만들어 왕의 이름으로 공포하게 한다.

다니엘은 이 법이 공포된 것을 알지만 하루에 세 번씩 하나님을 향한 기도와 감사를 끊지 않고 계속 기도를 하였다. 그래서 다니엘은 사자 굴에 던져지는 형벌을 받는다. 그러나 하나님이 천사로 사자의 입을 봉하여 다니엘을 상하지 못하게 하셨고 다니엘은 사자 굴에서 구원되고 다니엘을 모함한 다른 장관들이 가족과 함께 사자 굴에 던져져 사자에게 물려 죽는다.

다리오 왕이 온 땅의 나라들과 백성들에게 이렇게 조서를 내린다.

"내가 이제 조서를 내리노라 내 나라 관할 아래에 있는 사람들은 다 다니엘의 하나님 앞에서 떨며 두려워할지니 그는 살아 계시는 하나님이시요 영원히 변하지 않으실 이시며 그의 나라는 멸망하지 아니할 것이요 그의 권세는 무궁할 것이며 그는 구원도 하시며 건져내기도 하시며 하늘에서든지 땅에서든지 이적과 기사를 행하시는 이로서 다니엘을 구원하여 사자의 입에서 벗어나게 하셨음이라 하였더라"(단 6:26-27).

하나님은 생명을 걸고 신앙을 지키는 사람에게 반드시 상급과 영생으로 보상해 주시는 사랑, 공의의 하나님이시다.

다니엘서 7-10장

다니엘 7장부터 10장까지에는 다니엘이 본 마지막 때의 환상들에 대한 말씀이 기록된다.

☙ 다니엘 7장: 다니엘이 이상으로 본 네 짐승

다니엘서 7장에는 다니엘이 이상으로 본 네 짐승이 나온다.

첫째 짐승은 사자로 독수리의 날개가 있었다. 그리고 이 날개가 뽑혀서 사람처럼 땅 위에 섰다. 이 사자는 바벨론을 뜻하며 날개가 뽑힌 사자는 다니엘 4장에서 짐승으로 7년 동안 살았던 느부갓네살 왕이 모든 권세가 하나님께 있음을 깨닫고 하나님께 영광을 돌렸을 때 다시 왕위에 복귀한 것을 뜻한다.

둘째 짐승은 곰으로 그 입에 세 개의 갈빗대를 물고 있었고 이것은 바사제국이 애굽과 앗수르와 바벨론을 멸망시킨 것을 뜻한다.

셋째 짐승은 새의 날개가 달린 표범으로 머리가 넷이었다.

이 짐승은 알렉산더가 이끈 헬라 제국을 뜻하며 네 개의 머리는 알렉산더가 죽은 후 그 부하 네 장군이 나누어 가진 헬라의 분열을 뜻한다.

넷째 짐승은 놀랍고 무서우며 철로 된 이를 가졌는데 이는 로마제국을 뜻한다.

이 짐승은 열 뿔을 가졌고 세 뿔이 빠지고 다른 뿔이 나왔는데 이 뿔에는 눈이 있고 말하는 큰 입도 있다. 이 눈과 입을 가진 다른 뿔을 칼빈은 로마제국에서 시저를 계승한 로마의 황제들(아우구스투스, 티베리우스, 칼리굴라, 클라우디우스, 네로 등)을 상징한다고 해석한다.

그리고 많은 종말론 학자들은 이 뿔들을 말세에 나타날 적그리스도로 해석한다.

이 뿔은 "그가 장차 지극히 높으신 이를 말로 대적하며 또 지극히 높으신 이의 성도를 괴롭게 할 것이며 그가 또 때와 법을 고치고자 할 것이며 성도들은 그의 손에 붙인 바 되어 한 때와 두 때와 반 때를 지내리라"(단 7:25)로 표현된다.

이것이 말세에 나타날 적그리스도로 마태복음 24장 15절에 기록된 다니엘이 말한바 '멸망의 가증한 것'이다. 여기서 우리는 다니엘서 7장뿐 아니라 8장, 9장까지의 종말 사건을 바로 알기 위해 주님 재림하실 때 이 땅과 하늘에 이루어질 성경의 계시를 잘 알아야 한다(p. 912. 그리스도의 재림의 양상을 참조).

☙ 다니엘 8장: 다니엘이 본 이상, 두 뿔 가진 숫양, 현저한 뿔을 가진 숫염소

다니엘서 8장에는 다니엘이 7장의 이상을 본 후 2년 후에 다시 본 마지막 때의 이상으로 두 뿔을 가진 숫양과 눈 사이에 현저한 뿔을 가진 숫염소의 이상을 말하고 있다.

1. 다니엘이 본 환상

"그중 한 뿔에서 또 작은 뿔 하나가 나서 남쪽과 동쪽과 또 영화로운 땅을 향하여 심히 커지더니 그것이 하늘 군대에 미칠 만큼 커져서 그 군대와 별들 중의 몇을 땅에 떨어뜨리고 그것들을 짓밟고 또 스스로 높아져서 군대의 주재를 대적하며 그에게 매일 드리는 제사를 없애 버렸고 그의 성소를 헐었으며 그의 악으로 말미암아 백성이 매일 드리는 제사가 넘긴 바 되었고 그것이 또 진리를 땅에 던지며 자의로 행하여 형통하였더라 내가 들은즉 한 거룩한 이가 말하더니 다른 거룩한 이가 그 말하는 이에게 묻되 환상에 나타난 바 매일 드리는 제사와 망하게 하는 죄악에 대한 일과 성소와 백성이 내준 바 되며 짓밟힐 일이 어느 때까지 이를꼬 하매 그가 내게 이르되 이천삼백 주야까지니 그때에 성소가 정결하게 되리라 하였느니라"(단 8:9-14).

2. 다니엘이 본 이상을 주님의 사자인 가브리엘이 설명해 준다.

"네가 본 바 두 뿔 가진 숫양은 곧 메대와 바사 왕들이요 털이 많은 숫염소는 곧 헬라 왕이요 그의 두 눈 사이에 있는 큰 뿔은 곧 그 첫째 왕이요 이 뿔이 꺾이고 그 대신에 네 뿔이 났은즉 그 나라 가운데에서 네 나라가 일어나되 그의 권세만 못하리라 이 네 나라 마지막 때에 반역자들이 가득할 즈음에 한 왕이 일어나리니 그 얼굴은 뻔뻔하며 속임수에 능하며 그 권세가 강할 것이나 자기의 힘으로 말미암은 것이 아니며 그가 장차 놀랍게 파괴 행위를 하고 자의로 행하여 형통하며 강한 자들과 거룩한 백성을 멸하리라 그가 꾀를 베풀어 제 손으로 속임수를 행하고 마음에 스스로 큰 체하며 또 평화로운 때에 많은 무리를 멸하며 또 스스로 서서 만왕의 왕을 대적할 것이나 그가 사람의 손으로 말미암지 아니하고 깨지리라"(단 8:20-25).

여기서 "네 나라 마지막 때에 반역자들이 가득할 즈음에 한 왕이 일어나리니 그 얼굴은 뻔뻔하며 속임수에 능하며 그 권세가 강할 것이나 자기의 힘으로 말미암은 것이 아니며 그가 장차 놀랍게 파괴 행위를 하고 자의로 행하여 형통하며 강한 자들과 거룩한 백성을 멸하"게 될 이것이 다니엘 7장 24절에 나타난 적그리스도와 같은 놈이다. 그러나 이 적그리스도는 주님이 지상 재림하셔서 백 보좌에 앉으셔서 심판하실 때 마귀와 함께 영원한 불못에 던져질 것이다. 이 말이 바로 "그가 사람의 손으로 말미암지 아니하고 깨지리라"(단 8:26) 한 말씀이다.

적그리스도

여기에 나오는 작은 뿔, 곧 하늘군대에 미칠 만큼 커져서 별 중에 몇을 땅에 떨어뜨리며 매일 드리는 제사를 폐하는 놈이 적그리스도다.

적그리스도는 예루살렘을 점령하고 성전에 주피터 신상을 세운 로마 장군 안티오커스 에피파네스와 이보다 앞서 성전을 돼지 피로 더럽힌 헬라 왕 안티오커스를 가리킨다. 에피파네스와 안티오커스는 종말에 나올 적그리스도를 예표한다.

여기에 작은 뿔이 하늘의 별 몇을 땅에 떨어뜨리는 것을 계시록 12장 3-4절에서 이렇게 말한다.

"하늘에 또 다른 이적이 보이니 보라 한 큰 붉은 용이 있어 머리가 일곱이요 뿔이 열이라 그 여러 머리에 일곱 왕관이 있는데 그 꼬리가 하늘의 별 3분의 1을 끌어다가 땅에 던지더라."

"매일 드리는 제사와 망하게 하는 죄악에 대한 일과 성소와 백성이 내준 바 되며 짓밟힐 일이 어느 때까지 이를꼬 하매 그가 내게 이르되 이천삼백 주야까지니 그때에 성소가 정결하게 되리라"(단 8:13-14).

이 말은, 헬라 왕 안티오커스가 성전을 더럽힌 기간으로, 주전 167년 마카비가 성전을 깨끗하게 한 수전절을 상징하는 기간이다.

성경에서 대환난의 기간은 상징적 숫자이지만 한 때, 두 때, 반 때(계 12:14), 마흔두 달(계 13:5), 1,260일(계 12:6)이다. 세 때 반, 혹은 3년 반이다.

여기서 1,260일은 42개월보다 17.5일이 감해진 날로 마태복음 24장 22절에 택한 자들을 위해 그날(환난의 날)을 감해주신다고 말한다.

마지막 날, 종말에[고전 15:51-53의 마지막 나팔, 계시록 11:15의 제7나팔이 불리면, 주님이 공중에 재림하시어 공중, 하늘에 천국 잔치가 차려지고 구원받고 성화된 성도, 달란트 남긴 성도, 예복(회개의 생활)을 입은 성도, 기름을 준비한 신부(성령충만으로 생활한 성도)가 이 천국 잔치에 들어간다. 그리고 이 마지막 나팔이 불릴 때가 곧 계시록의 일곱 대접(하나님의 진노)이 쏟아지기 시작하는 때로, 믿음으로 구원받았지만 믿음을 버리고 타락한 성도, 성화에 실패한 성도, 달란트를 땅에 묻고 남기지 못한 성도, 예복(회개)을 벗어버린 성도, 잔치 자리에 기름을 준비하지 못한 신부(성령충만을 버린 성도)는 일곱 대접(완전한 진노)이 쏟아지는 이 땅, 곧 대환난의 자리에 들어간다.

이 대환난의 기간은 사탄이 이 땅을 온전히 지배하는 기간으로 이 기간이 한 때, 두 때, 반 때(계 12:14), 마흔두 달(계 13:5), 1,260일(계 12:6)이다. 이 기간의 숫자는 상징적 숫자다.

하나님의 말씀 계시록은 이렇게 말한다.

"하늘에 큰 이적이 보이니 해를 옷 입은 한 여자가 있는데 그 발 아래에는 달이 있고 그 머리에는 열두 별의 관을 썼더라 이 여자가 아이를 배어 해산하게 되매 아파서 애를 쓰며 부르짖더라 하늘에 또 다른 이적이 보이니 보라 한 큰 붉은 용이 있어 머리가 일곱이요 뿔이 열이라 그 여러 머리에 일곱 왕관이 있는데 그 꼬리가 하늘의 별 3분의 1을 끌어다가 땅에 던지더라 용이 해산하려는 여자 앞에서 그가 해산하면 그 아이를 삼키고자 하더니 여자가 아들을 낳으니 이는 장차 철장으로 만국을 다스릴 남자라 그 아이를 하나님 앞과 그 보좌 앞으로 올려가더라 그 여자가 광야로 도망하매 거기서 천이백육십 일 동안 그를 양육하기 위하여 하나님께서 예비하신 곳이 있더라 하늘에 전쟁이 있으니 미가엘과 그의 사자들이 용과 더불어 싸울새 용과 그의 사자들도 싸우나 이기지 못하여 다시 하늘에서 그들이 있을 곳을 얻지 못한지라 큰 용이 내쫓기니 옛 뱀 곧 마귀라고도 하고 사탄이라고도 하며 온 천하를 꾀는 자라 그가 땅으로 내쫓기니 그의 사자들도 그와 함께 내쫓기니라 내가 또 들으니 하늘에 큰 음성이 있어 이르되 이제 우리 하나님의 구원과 능력과 나라와 또 그의 그리스도의 권세가 나타났으니 우리 형제들을 참소하던 자 곧 우리 하나님 앞에서 밤낮 참소하던 자가 쫓겨났고 또 우리 형제들이 어린 양의 피와 자기들이 증언하는 말씀으로써 그를 이 겼으니 그들은 죽기까지 자기들의 생명을 아끼지 아니하였도다 그러므 로 하늘과 그 가운데에 거하는 자들은 즐거워하라 그러나 땅과 바다는 화 있을진저 이는 마귀가 자기의 때가 얼마 남지 않은 줄을 알므로 크 게 분내어 너희에게 내려갔음이라 하더라 용이 자기가 땅으로 내쫓긴 것을 보고 남자를 낳은 여자를 박해하는지라 그 여자가 큰 독수리의 두 날개를 받아 광야 자기 곳으로 날아가 거기서 그 뱀의 낯을 피하여 한 때와 두 때와 반 때를 양육 받으매 여자의 뒤에서 뱀이 그 입으로 물을 강같이 토하여 여자를 물에 떠내려 가게 하려 하되 땅이 여자를 도와 그 입을 벌려 용의 입에서 토한 강물을 삼키니 용이 여자에게 분노하여 돌아가서 그 여자의 남은 자손 곧 하나님의 계명을 지키며 예수의 증거 를 가진 자들과 더불어 싸우려고 바다 모래 위에 서 있더라"(계 12:1-17).

☙ 다니엘 9장: 다니엘의 금식기도, 천사 가브리엘의 해석, 70이레, 주님 재림과 종말의 사건

다니엘서 제9장에는 다니엘이 금식하며 베옷을 입고 재를 무릅쓰고 주 하나님께 이스라엘 백성의 선조들의 죄를 고백하며 대속의 기도를 드 렸고 이스라엘 백성의 죄악들을 용서하여 달라고 간구하였고 하나님이 다니엘의 기도에 응답한 사실을 기록한다.

다니엘의 기도에 하나님은 천사 가브리엘을 보내어 이렇게 말씀하신다.

"다니엘아 내가 이제 네게 지혜와 총명을 주려고 왔느니라 곧 네가 기도를 시작할 즈음에 명령이 내렸으므로 이제 네게 알리러 왔느니라 너는 크게 은총을 입은 자라 그런즉 너는 이 일을 생각하고 그 환상을 깨달을지니라 네 백성과 네 거룩한 성을 위하여 일흔 이레를 기한으로 정하였나니 허물이 그치며 죄가 끝나며 죄악이 용서되며 영원한 의가 드러나며 환상과 예언이 응하며 또 지극히 거룩한 이가 기름 부음을 받으리라 그러므로 너는 깨달아 알지니라 예루살렘을 중건하라는 영이 날 때부터 기름 부음을 받은 자 곧 왕이 일어나기까지 일곱 이레와 예순두 이레가 지날 것이요 그 곤란한 동안에 성이 중건되어 광장과 거리가 세워질 것이며 예순두 이레 후에 기름 부음을 받은 자가 끊어져 없어질 것이며 장차 한 왕의 백성이 와서 그 성읍과 성소를 무너뜨리려니와 그의 마지막은 홍수에 휩쓸림 같을 것이며 또 끝까지 전쟁이 있으리니 황폐할 것이 작정되었느니라 그가 장차 많은 사람들과 더불어 한 이레 동안의 언약을 굳게 맺고 그가 그 이레의 절반에 제사와 예물을 금지할 것이며 또 포악하여 가증한 것이 날개를 의지하여 설 것이며 또 이미 정한 종말까지 진노가 황폐하게 하는 자에게 쏟아지리라 하였느니라 하니라"(단 9:22-27).

이레는 7일, 곧 한 주간을 뜻한다. 70이레는 이스라엘 백성이 바벨론 포로로 70년간 지낸 기간을 상징하지만, 이스라엘 백성이 바벨론 포로에서 해방된 후 주님 재림하실 때까지의 기간을 예표한다.

70이레는 7이레, 62이레, 1이레로 나누어지고 1이레는 이레의 절반, 곧 세 때 반, 전 3년 반으로 후 3년 반으로 나누어진다. 여기서 7이레는 이스라엘 백성이 바벨론 포로에서 일차로 해방되어 예루살렘으로 돌아간 기간을 가리킨다. 62이레는 이스라엘 백성이 예루살렘으로 돌아가 성전을 재건하고 살고 있었지만 점점 퇴락해 간 기간으로 기름부음 받은 자(예수 그리스도가)가 오실 때까지의 기간이다(단 9:24).

이 사건은 다니엘서 12장과 연결되고 이 예언은 주님 재림하시는 종말의 사건을 예표한다.

주님 공중 재림하셔서 하늘에 천국을 건설하셔서 구원받고 성화된 성도가 변화받고 휴거되어 공중 혼인잔치가 시작될 때 이 땅에는 동시에 대접 쏟는 재앙이 시작되어 적그리스도가 왕 노릇 하며 하늘의 하나님을 훼방하는 대환난이 진행된다. 이때 구원은 받았어도 사탄의 시험에 빠져 성화되지 못한 약 3분의 1의 성도는 천국 잔치에 들어가지 못하고 적그리스도 아래서 전무후무한 환난을 겪는다. 그러나 이 기간에도 하나님이 대환난 중에 있는 성도들을 돌보시므로 그들이 완전히 멸망하지 않는다. 하나님의 말씀 계시록 12장은 이때의 사건을 이렇게 말한다.

"하늘에 또 다른 이적이 보이니 보라 한 큰 붉은 용이 있어 머리가 일곱이요 뿔이 열이라 그 여러 머리에 일곱 왕관이 있는데 그 꼬리가 하늘의 별 3분의 1을 끌어다가 땅에 던지더라 용이 해산하려는 여자 앞에서 그가 해산하면 그 아이를 삼키고자 하더니 여자가 아들을 낳으니 이는 장차 철장으로 만국을 다스릴 남자라 그 아이를 하나님 앞과 그 보좌 앞으로 올려가더라 그 여자가 광야로 도망하매 거기서 천이백육십 일 동안 그를 양육하기 위하여 하나님께서 예비하신 곳이 있더라 하늘에 전쟁이 있으니 미가엘과 그의 사자들이 용과 더불어 싸울새 용과 그의 사자들도 싸우나 이기지 못하여 다시 하늘에서 그들이 있을 곳을 얻지 못한지라 큰 용이 내쫓기니 옛 뱀 곧 마귀라고도 하고 사탄이라고도 하며 온 천하를 꾀는 자라 그가 땅으로 내쫓기니 그의 사자들도 그와 함께 내쫓기니라 내가 또 들으니 하늘에 큰 음성이 있어 이르되 이제 우리 하나님의 구원과 능력과 나라와 또 그의 그리스도의 권세가 나타났으니 우리 형제들을 참소하던 자 곧 우리 하나님 앞에서 밤낮 참소하던 자가 쫓겨났고 또 우리 형제들이 어린 양의 피와 자기들이 증언하는 말씀으로써 그를 이겼으니 그들은 죽기까지 자기들의 생명을 아끼지 아니하였도다 그러므로 하늘과 그 가운데에 거하는 자들은 즐거워하라 그러나 땅과 바다는 화 있을진저 이는 마귀가 자기의 때가 얼마 남지 않은 줄을 알므로 크게 분내어 너희에게 내려갔음이라 하더라 용이 자기가 땅으로 내쫓긴 것을 보고 남자를 낳은 여자를 박해하는지라 그 여자가 큰 독수리의 두 날개를 받아 광야 자기 곳으로 날아가 거기서 그 뱀의 낯을 피하여 한 때와 두 때와 반 때를 양육 받으매 여자의 뒤에서 뱀이 그 입으로 물을 강같이 토하여 여자를 물에 떠내려 가게 하려 하되 땅이 여자를 도와 그 입을 벌려 용의 입에서 토한 강물을 삼키니 용이 여자에게 분노하여 돌아가서 그 여자의 남은 자손 곧 하나님의 계명을 지키며 예수의 증거를 가진 자들과 더불어 싸우려고 바다 모래 위에 서 있더라"(계 12:3-17).

① 여기서 내어 쫓긴 용, 붉은 용이 적그리스도다.
② 이 붉은 용의 꼬리가 하늘의 별 3분의 1을 땅에 떨어지게 하는데, 이 땅에 떨어진 별이 사탄의 유혹으로 구원받고도 성화에 실패한 성도들이다.
③ 하늘과 그 가운데 거하며 즐거워하는 자들은 천국 잔치에 들어간 성도들이다.
④ 뱀이 물로 떠내려가게 하려는 여자는 대환난에 떨어진 성도들(교회)로 하나님이 그들이 멸망하지 않도록, 한 때와 두 때 반 때를 보호하신다. 그리고 이 기간이 세 때 반, 42개월, 1,260일, 3년 반이다. 이 기간이 전 3년 반이다.
⑤ 주님이 대환난에 떨어진 택한 자들을 위해 이 기간을 감해주신다(마 24:22).

천국 잔치 끝나고 동시에 대환난이 끝나고, 천국에 휴거되었던 성도들과 함께 주님이 지상 재림하셔서 적그리스도와 마귀를 무저갱에 가두시고 천년왕국을 건설하신다. 이 기간이 이레의 절반, 후 3년 반이다.
천년왕국 후 무저갱에 있던 사탄이 잠시 놓여 곡과 마곡의 전쟁(겔 30:2-6; 계 20:8)을 일으킨다.
주님이 지상에 재림하셔서 백 보좌에 앉으셔서 산 자와 죽은 자를 다 심판하신다. 사탄, 적그리스도가 심판받아 영원한 불못에 들어간다.

이때의 심판의 기준은 생명록에 그 이름이 있는가, 없는가 하는 것이다. 생명록에 이름이 없는 자들은 다른 책에 기록된 그 행위를 따라 심판받아 영원한 불못, 영원한 지옥에 떨어진다(계 20:7-15).

다니엘이 음식을 폐하고 금식하며 기도하여 받은 계시는 70이레의 계시로 이 70이레는 종말의 계시다.

☙ 다니엘 10장: 다니엘의 기도, 받은 계시, 다니엘의 기진과 천사의 보살핌

다니엘서 10장에는 다니엘이 세 이레가 차기까지 좋은 떡을 먹지 아니하며 고기와 포도주를 입에 넣지 아니하며 또 기름을 바르지 아니하며 고국을 위해 깊이 기도하다가 이상 중에 영화로운 한 사람, 그리스도를 만나서 들은 계시를 기록한다.

주님을 이상 중에 만난 다니엘은 온몸에 힘이 빠져 움직일 수 없었지만 천사의 보살핌으로 새 힘을 얻고 서서히 제정신을 찾게 되었다.

☙ 다니엘 11장: 바사제국의 쇠퇴, 헬라제국의 등장, 안티오쿠스 에피파네스의 폭정과 헬라제국의 멸망

다니엘이 받은 계시의 내용은 바사제국의 쇠퇴, 헬라제국의 등장, 안티오쿠스 에피파네스의 폭정과 헬라제국의 멸망에 대한 것이었다. 북방 왕, 남방 왕은 수리아와 애굽의 왕을 뜻한다.

☙ 다니엘 12장: 마지막 대환난과 종말

다니엘서 12장에는 마지막 때에 있을 대환난과 성도의 구원에 관한 예언이 기록된다. 다니엘서 9장에서 이 계시를 설명하였다.

* 구원사적으로 본 다니엘서

다니엘서는 다니엘의 소명과 느부갓네살 왕이 꾼 두 번의 꿈과 다니엘의 해석, 다니엘의 해석대로 느부갓네살 왕에게 실현된 역사적 사건을 통해 세계 모든 왕국의 흥망성쇠가 다 하나님이 주장하시는 섭리임을 가르쳐 준다.

느부갓네살 왕이 다니엘에게 엎드려 절을 하며 하나님을 높이 찬양한 사건을 통해 오늘의 성도와 교회가 하나님의 비밀의 말씀 성경대로 살아 하나님의 이름을 높여야 할 교훈을 받는다.

사드락, 메삭, 아벳느고가 맹렬히 타는 풀무 불에서 구원된 사건을 통해 성도가 믿음으로 살아가는 길에 어려운 시험들이 있지만 전능하신 사랑의 하나님을 굳게 믿고 믿음을 지키면 반드시 이기고 피할 길을 하나님이 열어주시는 것과 믿음으로 성도가 살아갈 때 성도는 '대답할 필요가 없는' 유혹은 단번에 물리쳐야 한다는 교훈, 사드락, 메삭, 아벳느고의 믿음같이 우리가 늘 하나님의 권능과 사랑을 믿되 내 믿음대로 하나님이 응답하시지 않아도, '만일 그리하지 아니하실지라도' 하는 정조를 지키는 믿음을 가져야 할 교훈을 받는다.

다니엘이 사자 굴에 들어갈 위험 앞에서도 정한 대로 기도를 계속하다가 결국 사자 굴에 던져지지만 하나님이 다니엘을 구원하신 사건을 통해 성도가 이 세상에서 믿음을 굳게 지켜야 할 교훈을 받는다.

여러 번 되풀이된 종말론적 예언의 말씀을 통해 구원받은 성도는 적그리스도, 사탄이 나를 대환난의 자리에 끌어내리지 못하게 말씀과 기도와 성령충만으로 사탄과 싸워 이기며 살아야 할 교훈을 받는다.

호세아서

🐦 호세아 1장: 음란한 여인을 취하여 아내로 삼으라

호세아서 1장을 보면 "여호와께서 비로소 호세아로 말씀하시니라"(호 1:2, 개역한글)라고 하였다. 하나님이 호세아를 통해, 즉 호세아의 가정과 생활을 통해 이스라엘 백성을 향한 하나님의 말씀을 시작하신다.

하나님은 호세아에게 음란한 여인을 취하여 아내로 삼게 하시고 음란한 자녀들을 낳게 하셨다. 그리고 하나님은 이렇게 말씀하신다.

"이 나라가 여호와를 떠나 크게 음란함이니라"(호 1:2).

하나님이 호세아에게 음란한 여인을 취하여 아내를 삼으라는 것은 이스라엘 백성이 하나님을 버리고 우상을 섬긴 음란한 여인이 되었기 때문이며 그래도 하나님은 음란한 이스라엘 백성을 버리지 않고 아내처럼 사랑하신다는 호세아서의 내용 전체를 가르쳐준다.

이스라엘 백성이 우상을 섬긴 죄는 여러 선지자들이 여러 번 음란, 행음한 간음죄로 표현한다(사 23:17; 렘 3:2, 13:27-; 겔 6:9, 16:15-).

호세아는 하나님의 말씀대로 음란한(직업적인 창기) 여인 고멜을 아내로 얻는다. 하나님의 선지자는 특권이 아니라 창기를 취하여 아내를 삼으라는 하나님의 명령에 절대 순종해야 하는 사람이다. 우리 시대의 목사는 선지자의 직분을 가진 사람이다.

목사들이여, 호세아를 기억하라. 아내, 자녀들, 가정까지 하나님께 바친 호세아의 희생과 순종을 배워라.

호세아의 아내 고멜은 호세아가 아닌 다른 남자와의 사이에서 아들을 낳았고 하나님은 그 아들의 이름을 이스르엘로 정하신다. 이스르엘은 '하나님께서 흩으신다', '하나님께서 뿌리신다'는 뜻의 말로 하나님이 이스라엘 백성을 적에게(앗수르 왕) 흩으시고 뿌린다는 말이다.

고멜이 둘째로 낳은 딸은 하나님이 로루하마라 지으신다. 로루하마는 '절대 아버지의 사랑이 없다'는 뜻의 말로 하나님이 이스라엘 백성에게 심판하실 것을 뜻하는 말이다. 하나님이 이렇게 말씀하신다.

"여호와께서 호세아에게 이르시되 그의 이름을 로루하마라 하라 내가 다시는 이스라엘 족속을 긍휼히 여겨서 용서하지 않을 것임이니라 그러나 내가 유다 족속을 긍휼히 여겨 그들의 하나님 여호와로 구원하겠고 활과 칼이나 전쟁이나 말과 마병으로 구원하지 아니하리라 하시니라"(호 1:6-7).

하나님은 이스라엘(북왕국)의 멸망을 말씀하시면서 다시 유다 왕국을 하나님의 사랑과 은혜로 구원해 주실 것이라고 말씀하신다.

고멜이 아들을 다시 낳았고 하나님은 그 이름을 로암미로 정하신다. 로암미는 '너희는 결코 나의 백성이 아니다'라는 뜻이다. 하나님이 이스라엘 백성을 버려 심판하실 것을 말씀하시는 것이다. 하나님은 다시 이렇게 말씀하신다.

"그러나 이스라엘 자손의 수가 바닷가의 모래같이 되어서 헤아릴 수도 없고 셀 수도 없을 것이며 전에 그들에게 이르기를 너희는 내 백성이 아니라 한 그곳에서 그들에게 이르기를 너희는 살아 계신 하나님의 아들들이라 할 것이라"(호 1:10).

이 말씀에서 하나님의 엄청난 큰 사랑, 버릴 수밖에 없지만 버리시지 않는 하나님의 사랑, 창녀를 아내로 취하는 하나님의 사랑이 발견된다. 역사적으로 이스라엘은 앗수르에게 멸망하여 없어졌지만 남왕국 유대 나라가 바벨론에 포로 될 때 열두 지파 이스라엘 백성이 다 포로 되었고 이스라엘 백성이 70년 후 바벨론에서 해방될 때 열두 지파 모두가 해방된다.

이 사건은 북왕국 이스라엘은 여로보암이 유다, 베냐민 지파 외의 열 지파를 이끌고 나라를 세워 금송아지 우상을 섬기며 살았고 결국 하나님의 진노로 멸망하지만, 이스라엘이 멸망하기 전 많은 경건한 백성들이 남왕국 유다로 내려와 살았던 것을 보여준다.

이런 배경으로 호세아 1장 10절의 말씀을 해석해야 한다.

❧ 호세아 2장: 이스라엘의 죄, 징계, 그들의 구원과 회복

호세아서 2장에서 하나님은 이스라엘 백성의 죄를 드러내시고 징계하신 후 그들과 언약을 회복하시고 그들을 구원해 주신다고 말씀하신다.

호세아 1장에서 하나님은 호세아의 자녀에게 '로암미'(너희는 결코 나의 백성이 아니다), '로루하마'(절대 아버지의 사랑이 없다)라는 이름을 부르게 하셨는데, 2장에 와서 로암미는 '암미'(내 백성이다)로, 로루하마는 '루하마'(아버지의 절대적 사랑을 받는 자)로 부르게 하신다. 이것은 하나님이 범죄한 이스라엘 백성을 사랑하신다는 선포다.

하나님은 이스라엘 백성에게 금과 은과 곡식과 포도주를 주셨는데 그들은 이것으로 바알을 섬겼고 남편인 하나님을 버리고 우상을 연애하여 따라갔다. 하나님은 그들이 연애하는 자를 따라가지 못하게 그 길을 가시덤불로 막으셨고 그들을 심판하실 것이라 말씀하신다.

하나님은 이스라엘 백성들을 광야로 끌고 가서서 개유하신다. 여기서 개유한다는 설득한다는 뜻으로 이스라엘 백성이 바벨론과 앗수르에게 침략받아 고립무원의 사막 같은 곳에 이르러서야 그들을 설득할 수 있다는 말이다.

그날에야 그들은 하나님을 내 남편이라 일컫고 다시는 내 바알이라 일컫지 아니할 것이다. 하나님은 이스라엘 백성에게 장가들어 영원히 살되 의와 공변됨과 은총과 긍휼히 여김으로 살 것이고 이 땅에서 활과 칼을 꺾어 전쟁을 없이 하고 저희로 평안히 눕게 하리라고 말씀하신다. 땅은 곡식과 포도주와 기름을 낼 것이며 하나님은 그들에게 '너는 내 백성'이라 하리니 저희는 이르기를 주는 내 하나님이시라 하리라고 말씀하신다.

이스라엘 백성은 음녀 고멜 같지만 이런 음녀를 아내로 맞이하여 사랑하는 호세아가 사랑의 하나님을 보여준다.

❤ 호세아 3장: 다른 남자에게 간 아내를 은과 보리를 주고 사 오라

호세아 3장에서는 하나님이 호세아에게 다른 남자에게로 간 아내를 은 열다섯 개와 보리 한 호멜 반을 주고 다시 데리고 와서 아내로 사랑하게 하시는 사건을 통해 음부와 같은 이스라엘 백성을 버리지 않으시고 값을 지불하고 사랑하시는 하나님의 크신 사랑을 가르쳐 준다. 여기에 보리 한 호멜 반은 은 15개에 해당한다. 은 1개는 1세겔이고, 은 1세겔은 노동자의 4일 품삯이다. 호세아가 음부인 아내를 다시 사오는 데 지불한 돈은 노동자 120일의 품삯이다. 이 돈은 노예를 한 사람 사는 돈에 해당한다. 이 일은 음녀요, 죄와 사망의 노예인 나를 그리스도가 핏값을 들여 속량하신 구원을 예표한다.

"값으로 산 것이 되었으니 그런즉 너희 몸으로 하나님께 영광을 돌리라"(고전 6:20).
"그리스도 예수 안에 있는 속량으로 말미암아 하나님의 은혜로 값없이 의롭다 하심을 얻은 자 되었느니라"(롬 3:24).

이스라엘 자손들이 많은 날 동안 왕도 없고 지도자도 없고 제사도 없고 주상도 없고 에봇도 없고 드라빔도 없이 지내다가 그 후에 저희가 돌아와서 그 하나님 여호와와 그 왕 다윗을 구하고 말일에는 경외하므로 여호와께로 와 그 은총으로 나아가리라고 하나님이 말씀하신다.

여기에 "많은 날 동안 왕도 없고 지도자도 없고 제사도 없고 주상도 없고 에봇도 없고 드라빔도 없이 지내"게 될 것은 그들이 바벨론의 포로로 왕 없이 살게 될 것을 가리키고, '말일'에 회복될 것은 그들이 포로에서 해방될 것을 뜻하지만 이것은 모든 성도가 그리스도 재림하시는 마지막 날에 부활하게 될 종말을 예표한다.

❦ 호세아 4-5장: 우상에게 돌아간 백성의 죄와 심판

이 여러 장에서 반복하여 이스라엘 백성들이 하나님을 버리고 우상에게 돌아간 죄악과 제사장들과 선지자들의 잘못에 대한 하나님의 심판이 선언된다.

호세아 4장 15절을 보면 "유다는 죄를 범하지 못하게 할 것이라 너희는 길갈로 가지 말며 벧아웬으로 올라가지 말라"라고 하신다. 하나님의 집인 벧엘이, 벧아웬, 곧 죄악의 집이 되었기 때문이다. 길갈로 가지 말라고 한 것은 길갈이 북왕국 이스라엘에서 우상을 극심하게 섬기는 중심지였기 때문이다. 길갈은 이스라엘 백성이 요단을 건너서 할례를 받고 유월절을 지킨 곳이었고(수 4:19-20, 5:9-10, 9:6, 10:6-9, 43) 엘리사의 선지학교가 있던 곳이다(왕하 2:1, 4:38).

하나님의 크신 은혜를 기념할 만한 성지를 죄악의 땅으로 만든 것이 이스라엘 백성의 죄악이다.

성도는 성화의 과정에서 신앙을 넘어뜨릴 위험한 곳에 가지 말아야 한다.

여러 번 나오는 에브라임은 북왕국 이스라엘을 가리킨다.

이스라엘 백성의 우상숭배는 정조를 버린 간음이라고 하나님이 말씀하신다. 이스라엘이 호세아의 아내 고멜이다.

❦ 호세아 6장: 백성들의 죄, 회개하고 돌아오라

호세아 6장은 호세아 5장 15절에 이어지는 말씀으로 하나님은 이스라엘 백성의 죄와 심판을 말씀하시면서도 다시 저희가 회개하고 하나님께 돌아오기를 기다리시고 저희를 고쳐주시려고 손을 내미신다.

"내가 내 곳으로 돌아가리라 그들이 고난 받을 때에 나를 간절히 구하리라"(호 5:15).

이스라엘 백성은 고난을 받을 때 하나님을 간절히 구하여 이르기를,

"오라 우리가 여호와께로 돌아가자 여호와께서 우리를 찢으셨으나 도로 낫게 하실 것이요 우리를 치셨으나 싸매어 주실 것임이라 여호와께서 이틀 후에 우리를 살리시며 셋째 날에 우리를 일으키시리니 우리가 그의 앞에서 살리라 그러므로 우리가 여호와를 알자 힘써 여호와를 알자 그의 나타나심은 새벽 빛같이 어김없나니 비와 같이, 땅을 적시는 늦은 비와 같이 우리에게 임하시리라 하니라 에브라임아 내가 네게 어떻게 하랴 유다야 내가 네게 어떻게 하랴 너희의 인애가 아침 구름이나 쉬 없어지는 이슬 같도다"(호 6:1-4).

여기서 이틀과 삼 일은 짧은 기간을 뜻하고 주님이 십자가에 죽으시고 삼 일 만에 부활 승리하실 소망을 예표한다.

하나님이 이스라엘 백성에게 원하시는 것은 인애요, 사랑이요, 제사드리며 범죄하는 형식적인 제사보다 죄를 떠나는 것을 기뻐하시는 하나님임을 알기를 원하신다.

❧ 호세아 7-10장: 백성들의 죄와 받을 심판

호세아서 여러 장에서 이스라엘이 범한 죄와 심판이 선포된다. 7장에서는 이스라엘 왕들과 방백들의 음란(우상숭배)과 불법에 대한 지적과 심판의 경고가 나온다. 8장에서는 백성들의 우상숭배와 거짓 제사를 책망한다. 9장에는 백성들의 우상숭배와 거짓 예배에 대한 하나님의 심판이 나온다. 10장에서는 하나님이 백성들의 죄를 심판하시지만 아직까지 용서의 문이 열렸음을 알리신다.

"너희가 자기를 위하여 공의를 심고 인애를 거두라 너희 묵은 땅을 기경하라 지금이 곧 여호와를 찾을 때니 마침내 여호와께서 오사 공의를

비처럼 너희에게 내리시리라"(호 10:12).

하나님이 심판의 채찍을 다시 더 드시기 전 성도는 내 죄를 자복하고 회개하고 여호와를 찾아야 한다.

☙ 호세아 11장: 백성을 향한 하나님의 지극한 사랑

호세아서 11장에는 하나님이 이스라엘 백성을 사랑해 주신 사실을 말하며 그들을 향한 하나님의 극진하신 긍휼을 말씀한다.

"에브라임이여 내가 어찌 너를 놓겠느냐 이스라엘이여 내가 어찌 너를 버리겠느냐 내가 어찌 너를 아드마같이 놓겠느냐 어찌 너를 스보임같이 두겠느냐 내 마음이 내 속에서 돌이키어 나의 긍휼이 온전히 불붙듯 하도다 내가 나의 맹렬한 진노를 나타내지 아니하며 내가 다시는 에브라임을 멸하지 아니하리니 이는 내가 하나님이요 사람이 아님이라 네 가운데 있는 거룩한 이니 진노함으로 네게 임하지 아니하리라"(호 11:8-9).

여기에서 아드마와 스보임은 소돔과 고모라가 멸망할 때 함께 멸망한 지중해 연안의 도시를 가리킨다. 우리 하나님은 할 수 있으면 우리의 죄를 용서해주시고 사랑해 주시기를 간절히 바라시는 긍휼하신 하나님이다.

☙ 호세아 12-13장: 백성들이 범한 죄에 대한 책망, 회개의 촉구

여기에 다시 유다와 이스라엘 백성이 범한 죄에 대한 책망이 나온다. 야곱이 하나님께 특별히 받은 은총을 기억하고 이스라엘로 하나님께 돌아오라고 권고하신다(12장).

하나님은 그래도 돌아오지 않는 이스라엘 백성을 사자, 표범, 새끼 잃은 곰, 암사자, 동풍으로 무섭게 징벌하실 것을 말씀하신다(13장).

☙ 호세아 14장: 회개의 촉구, 회개할 때 받을 축복

호세아서 14장에는 회개에 대한 촉구와 회개할 때 하나님이 그들에게
베푸실 축복을 말씀하신다.

하나님은 이렇게 회개를 권고하신다.

"이스라엘아 네 하나님 여호와께로 돌아오라 네가 불의함으로 말미암
아 엎드러졌느니라 너는 말씀을 가지고 여호와께로 돌아와서 아뢰기를
모든 불의를 제거하시고 선한 바를 받으소서 우리가 수송아지를 대신
하여 입술의 열매를 주께 드리리이다 우리가 앗수르의 구원을 의지하
지 아니하며 말을 타지 아니하며 다시는 우리의 손으로 만든 것을 향하
여 너희는 우리의 신이라 하지 아니하오리니 이는 고아가 주로 말미암
아 긍휼을 얻음이니이다 할지니라"(호 14:1-3).

하나님은 이렇게 축복을 약속하신다.

"내가 그들의 반역을 고치고 기쁘게 그들을 사랑하리니 나의 진노가 그
에게서 떠났음이니라 내가 이스라엘에게 이슬과 같으리니 그가 백합화
같이 피겠고 레바논 백향목같이 뿌리가 박힐 것이라 그의 가지는 퍼지며
그의 아름다움은 감람나무와 같고 그의 향기는 레바논 백향목 같으리니
그 그늘 아래에 거주하는 자가 돌아올지라 그들은 곡식같이 풍성할 것이
며 포도나무같이 꽃이 필 것이며 그 향기는 레바논의 포도주같이 되리
라 에브라임의 말이 내가 다시 우상과 무슨 상관이 있으리요 할지라 내가
그를 돌아보아 대답하기를 나는 푸른 잣나무 같으니 네가 나로 말미암아
열매를 얻으리라 하리라 누가 지혜가 있어 이런 일을 깨달으며 누가 총명
이 있어 이런 일을 알겠느냐 여호와의 도는 정직하니 의인은 그 길로 다

니거니와 그러나 죄인은 그 길에 걸려 넘어지리라"(호 14:4-9).

＊ 구원론적 관점으로 본 호세아서

호세아서는 선지자 호세아가 하나님의 명을 따라 음부인 고멜을 아내로 삼고, 고멜이 다른 남자에게로 갔을 때 호세아가 다시 은 15개와 보리한 호멜 반(은 15의 값), 합하여 은 30개의 값을 주고 음부인 고멜을 집으로 데리고 와서 아내로 사랑하게 하시는 하나님의 섭리에서 하나님을 버리고 우상에게 몸을 판 이스라엘 백성을 끝까지 사랑하시는 하나님의 긍휼하신 사랑과 원죄와 자범죄로 심판받을 우리를 그리스도의 핏값으로 대속하셔서 구원하신 하나님의 구원의 은혜를 가르쳐준다.

호세아서도 다른 선지서들과 같이 이스라엘 백성들의 죄를 여러 번 되풀이해서 책망하신다. 오늘 우리도 하나님 앞에 여러 번 책망받아야 할 죄인들임을 가르쳐 준다.

하나님은 이스라엘 백성을 심판하시기보다 그들이 회개하고 용서받기를 간절하게 바라시는 '긍휼이 불붙듯' 하시는 하나님임을 가르쳐준다.

요엘: 여호와의 날

요엘서는 메뚜기 재앙을 선포하면서 이 재앙을 통하여 마지막 날에 있을 이스라엘 백성에 대한 이방 군대의 침략을 예언하고 이스라엘 백성이 회개하기를 권고한다.

짧은 요엘서에서 네 번이나 거듭해서 언급한 '여호와의 날'은 주님이 재림하시는 종말에 있을 예언의 말씀이다.

1. 요엘서가 증언하는 여호와의 날

"슬프다 그날이여 여호와의 날이 가까웠나니 곧 멸망같이 전능자에게로부터 이르리로다"(욜 1:15).

요엘서 1장에서의 여호와의 날은 전능자에게서 오는 멸망의 날이다.

"시온에서 나팔을 불며 나의 거룩한 산에서 경고의 소리를 질러 이 땅 주민들로 다 떨게 할지니 이는 여호와의 날이 이르게 됨이니라 이제 임박하였으니 곧 어둡고 캄캄한 날이요 짙은 구름이 덮인 날이라 새벽빛이 산꼭대기에 덮인 것과 같으니 이는 많고 강한 백성이 이르렀음이라 이와 같은 것이 옛날에도 없었고 이후에도 대대에 없으리로다 불이 그들의 앞을 사르며 불꽃이 그들의 뒤를 태우니 그들의 예전의 땅은 에덴 동산 같았으나 그들의 나중의 땅은 황폐한 들 같으니 그것을 피한 자가 없도다…그 앞에서 땅이 진동하며 하늘이 떨며 해와 달이 캄캄하며 별들이 빛을 거두도다 여호와께서 그의 군대 앞에서 소리를 지르시고 그의 진영은 심히 크고 그의 명령을 행하는 자는 강하니 여호와의 날이 크고 심히 두렵도다 당할 자가 누구이랴"(욜 2:1-3, 10-11).

요엘서 2장에서의 여호와의 날은 어둡고 캄캄한 날이요 전에도 없고 후에도 없는, 불꽃이 모든 것을 불사르는 무서운 날로 하늘이 떨고 일월이 빛을 잃는 날이다.

"여호와의 크고 두려운 날이 이르기 전에 해가 어두워지고 달이 핏빛 같이 변하려니와"(욜 2:31).

요엘서 2장 31절이 말하는 여호와의 날은 두려운 날이요 해가 어두워지고 달이 핏빛같이 변하는 날이다. 요엘서 2장은 여호와의 크고 두려운 날을 선포하고 있다.

"누구든지 여호와의 이름을 부르는 자는 구원을 얻으리니 이는 나 여호와의 말대로 시온산과 예루살렘에서 피할 자가 있을 것임이요 남은 자 중에 나 여호와의 부름을 받을 자가 있을 것임이니라"(욜 2:32).

2. 신약성경이 증언하는 여호와의 날

"또 내가 위로 하늘에서는 기사를 아래로 땅에서는 징조를 베풀리니 곧 피와 불과 연기로다 주의 크고 영화로운 날이 이르기 전에 해가 변하여 어두워지고 달이 변하여 피가 되리라 누구든지 주의 이름을 부르는 자는 구원을 받으리라 하였느니라"(행 2:19-21).
"이는 그때에 큰 환난이 있겠음이라 창세로부터 지금까지 이런 환난이 없었고 후에도 없으리라…그날 환난 후에 즉시 해가 어두워지며 달이 빛을 내지 아니하며 별들이 하늘에서 떨어지며 하늘의 권능들이 흔들리리라"(마 24:21, 29).
"또 다섯째 천사가 그 대접을 짐승의 왕좌에 쏟으니 그 나라가 곧 어두워지며 사람들이 아파서 자기 혀를 깨물고 아픈 것과 종기로 말미암아 하늘의 하나님을 비방하고 그들의 행위를 회개하지 아니하더라"(계 16:10-11).

요엘서가 말한 어둡고 컴컴한 여호와의 날은 다른 성경이 말하는 종말의 날, 대환난과 일치한다. 성경 여러 곳에서 말하는 마지막 날은 이렇다.

계시록에서 제7나팔(마지막 나팔)이 불릴 때가 계시록의 마지막 인, 제7 인이 떨어지는 때로, 이때 주님은 공중에 재림하셔서 하늘에 잔치, 천국 (kingdom of heaven) 잔치를 열게 되고, 이와 동시에 이 땅에는 제1대접으로 부터 제7대접이 쏟아지는 대환난이 시작되고 진행된다. 하늘에서의 천국 과 이 땅에서의 대환난은 동시에 일어나고 진행된다.

주님이 공중에 재림하실 때, 하늘에는 믿음으로 구원받고 성화를 이룬 성도, 기름을 준비한 신부(마 25:1-12), 달란트 남긴 성도(마 25:14-23), 예복 을 벗지 않고 임금 아들의 잔치 자리에 들어간 성도(마 22:1-14)는 하늘 이 끝에서 저 끝까지 다 부활하고 변화를 받아 하늘의 잔치, 천국(kingdom of heaven)에 들어간다.

믿고 구원을 얻었지만 성화에 실패한 성도, 기름을 준비하지 않아 잔 치 자리에 못 들어간 미련한 신부(마 25:8-13), 달란트를 땅에 묻어두고 남 기지 못해 바깥 어두운 데로 내쫓겨진 한 달란트 받은 성도(마 25:24-30), 잔 치에 들어오기 전 받았던 구원의 예복을 벗어버린 성도(마 22:11-14)는 대환 난(대접이 쏟아지는 이 땅)의 자리로 쫓겨나서, 한 때 두 때 반 때, 42개월 간, 3년 반 동안, 1,260일간, 적그리스도로부터 온갖 핍박을 다 받는다. 그러 나 여기에도 그들이 영원히 멸망치 않게 돌보시는 주님의 보살핌이 있다.

대환난에 들어갔던 성도들은 천국 잔치 끝나고, 동시에 대환난 끝나 고 주님 지상 재림 시 주님이 이루시는 천년왕국에 참여하고 심판 후(대환 난에 들어간 성도도 마지막 심판은 받지 않는다) 새 하늘 새 땅에서 주와 더불어 영생한다.

〈참고 성경〉

계 2:21-22; 롬 2:5; 마 7:21, 5:20-; 롬 5:9; 계 7;14, 12:4; 고전 3:11-15; 요 10:28, 6:39-40; 살전 4:16, 5:10; 빌 1:6; 요 5:24-; 사 42:3-.

(더 자세한 설명은 p. 109. 영화의 원리 참조)

☙ 요엘 1장: 여호와의 날

요엘서 1장에서 여호와의 날을 이렇게 말한다.

"팥중이가 남긴 것을 메뚜기가 먹고 메뚜기가 남긴 것을 느치가 먹고 느치가 남긴 것을 황충이 먹었도다 취하는 자들아 너희는 깨어 울지어 다 포도주를 마시는 자들아 너희는 울지어다 이는 단 포도주가 너희 입에서 끊어졌음이니 다른 한 민족이 내 땅에 올라왔음이로다 그들은 강하고 수가 많으며 그 이빨은 사자의 이빨 같고 그 어금니는 암사자의 어금니 같도다 그들이 내 포도나무를 멸하며 내 무화과나무를 긁어 말갛게 벗겨서 버리니 그 모든 가지가 하얗게 되었도다 너희는 처녀가 어렸을 때에 약혼한 남자로 말미암아 굵은 베로 동이고 애곡함같이 할지어다 소제와 전제가 여호와의 성전에서 끊어졌고 여호와께 수종드는 제사장은 슬퍼하도다 밭이 황무하고 토지가 마르니 곡식이 떨어지며 새 포도주가 말랐고 기름이 다하였도다 농부들아 너희는 부끄러워할지어다 포도원을 가꾸는 자들아 곡할지어다 이는 밀과 보리 때문이라 밭의 소산이 다 없어졌음이로다 포도나무가 시들었고 무화과나무가 말랐으며 석류나무와 대추나무와 사과나무와 밭의 모든 나무가 다 시들었으니 이러므로 사람의 즐거움이 말랐도다 제사장들아 너희는 굵은 베로 동이고 슬피 울지어다 제단에 수종드는 자들아 너희는 울지어다 내 하나님께 수종드는 자들아 너희는 와서 굵은 베 옷을 입고 밤이 새도록 누울지어다 이는 소제와 전제를 너희 하나님의 성전에 드리지 못함이로다 너희는 금식일을 정하고 성회를 소집하여 장로들과 이 땅의 모든 주민들을 너희 하나님 여호와의 성전으로 모으고 여호와께 부르짖을지어다 슬프다 그 날이여 여호와의 날이 가까웠나니 곧 멸망같이 전능자에게로부터 이르리로다"(욜 1:4-15).

☙ 요엘 2장: 만민에게 부어주시는 하나님의 신

"시온에서 나팔을 불며 나의 거룩한 산에서 경고의 소리를 질러 이 땅 주민들로 다 떨게 할지니 이는 여호와의 날이 이르게 됨이니라 이제 임박하였으니 곧 어둡고 캄캄한 날이요 짙은 구름이 덮인 날이라 새벽 빛이 산 꼭대기에 덮인 것과 같으니 이는 많고 강한 백성이 이르렀음이라 이와 같은 것이 옛날에도 없었고 이후에도 대대에 없으리로다"(욜 2:1-2).

계시록 9장에서 다섯 번째 나팔이 불릴 때를 이렇게 말한다.

"다섯째 천사가 나팔을 불매 내가 보니 하늘에서 땅에 떨어진 별 하나가 있는데 그가 무저갱의 열쇠를 받았더라 그가 무저갱을 여니 그 구멍에서 큰 화덕의 연기 같은 연기가 올라오매 해와 공기가 그 구멍의 연기로 말미암아 어두워지며 또 황충이 연기 가운데로부터 땅 위에 나오매 그들이 땅에 있는 전갈의 권세와 같은 권세를 받았더라 그들에게 이르시되 땅의 풀이나 푸른 것이나 각종 수목은 해하지 말고 오직 이마에 하나님의 인침을 받지 아니한 사람들만 해하라 하시더라 그러나 그들을 죽이지는 못하게 하시고 다섯 달 동안 괴롭게만 하게 하시는데 그 괴롭게 함은 전갈이 사람을 쏠 때에 괴롭게 함과 같더라 그날에는 사람들이 죽기를 구하여도 죽지 못하고 죽고 싶으나 죽음이 그들을 피하리로다 황충들의 모양은 전쟁을 위하여 준비한 말들 같고 그 머리에 금 같은 관 비슷한 것을 썼으며 그 얼굴은 사람의 얼굴 같고 또 여자의 머리털 같은 머리털이 있고 그 이빨은 사자의 이빨 같으며 또 철 호심경 같은 호심경이 있고 그 날개들의 소리는 병거와 많은 말들이 전쟁터로 달려 들어가는 소리 같으며 또 전갈과 같은 꼬리와 쏘는 살이 있어 그 꼬리에는 다섯 달 동안 사람들을 해하는 권세가 있더라"(계 9:1-10).

요엘서 1장의 메뚜기 재앙, 2장의 말과 기병은 종말에 있을 아마겟돈 전쟁, 곡과 마곡의 전쟁을 통한 심판과 어둡고 캄캄한 대환난(전무후무한) 을 예표로 가르쳐준다.

요엘서 2장에서 하나님은 뜨거운 마음으로 이스라엘 백성이 회개하고 하나님께 돌아오기를 권하신다. 그리고 그들에게 놀라운 축복을 회복시 켜주실 것을 약속하신다.

하나님은 요엘서 2장에서 이렇게 말씀하신다.

"그 후에 내가 내 영을 만민에게 부어 주리니 너희 자녀들이 장래 일을 말할 것이며 너희 늙은이는 꿈을 꾸며 너희 젊은이는 이상을 볼 것이며 그때에 내가 또 내 영을 남종과 여종에게 부어 줄 것이며 내가 이적을 하늘과 땅에 베풀리니 곧 피와 불과 연기 기둥이라(욜 2:28-30).

이 말씀은 주님이 부활하시고 승천하신 후 오순절에 성령강림으로 이 루어졌다.

"베드로가 열한 사도와 함께 서서 소리를 높여 이르되 유대인들과 예 루살렘에 사는 모든 사람들아 이 일을 너희로 알게 할 것이니 내 말에 귀를 기울이라 때가 제삼 시니 너희 생각과 같이 이 사람들이 취한 것 이 아니라 이는 곧 선지자 요엘을 통하여 말씀하신 것이니 일렀으되 하 나님이 말씀하시기를 말세에 내가 내 영을 모든 육체에 부어 주리니 너 희의 자녀들은 예언할 것이요 너희의 젊은이들은 환상을 보고 너희의 늙은이들은 꿈을 꾸리라 그때에 내가 내 영을 내 남종과 여종들에게 부 어 주리니 그들이 예언할 것이요 또 내가 위로 하늘에서는 기사를 아래 로 땅에서는 징조를 베풀리니 곧 피와 불과 연기로다 주의 크고 영화로 운 날이 이르기 전에 해가 변하여 어두워지고 달이 변하여 피가 되리라 누구든지 주의 이름을 부르는 자는 구원을 받으리라 하였느니라 이스 라엘 사람들아 이 말을 들으라 너희도 아는 바와 같이 하나님께서 나사 렛 예수로 큰 권능과 기사와 표적을 너희 가운데서 베푸사 너희 앞에서 그를 증언하셨느니라"(행 2:14-22).

"내가 이적을 하늘과 땅에 베풀리니 곧 피와 불과 연기 기둥이라."

요엘서 2장과 사도행전 2장에서 말하는 "내가 이적을 하늘과 땅에 베풀리니 곧 피와 불과 연기 기둥이라" 한 말씀은 주님께서 공중 재림하셔서 하늘에 천국 잔치가 벌어질 때 이 땅에는 불같은 대환난이 이루어질 것을 가리킨다.

요엘서 2장에서 선포한 만민에게 임할 성령강림은 구원사적으로 아주 중요한 구절이다.

이 말씀은 모든 믿는 사람들이 다 성령으로 예수를 주님이라 시인하고 예수를 주님으로 받게 될 구원의 근본을 가르쳐준다.

성령을 받지 않고서는 누구도 예수를 주로 받을 수 없다.

"그러므로 내가 너희에게 알게 하노니 하나님의 영으로 말하는 자는 누구든지 예수를 저주할 자라 하지 않고 또 성령으로 아니하고는 누구든지 예수를 주시라 할 수 없느니라"(고전 12:3).
"너희는 그 은혜에 의하여 믿음으로 말미암아 구원을 받았으니 이것은 너희에게서 난 것이 아니요 하나님의 선물이라 행위에서 난 것이 아니니 이는 누구든지 자랑하지 못하게 함이라"(엡 2:8-9).
"예수께서 빌립보 가이사랴 지방에 이르러 제자들에게 물어 이르시되 사람들이 인자를 누구라 하느냐 이르되 더러는 세례 요한, 더러는 엘리야, 어떤 이는 예레미야나 선지자 중의 하나라 하나이다 이르시되 너희는 나를 누구라 하느냐 시몬 베드로가 대답하여 이르되 주는 그리스도시요 살아 계신 하나님의 아들이시니이다 예수께서 대답하여 이르시되 바요나 시몬아 네가 복이 있도다 이를 네게 알게 한 이는 혈육이 아니요 하늘에 계신 내 아버지시니라"(마 16:13-17).
"그가 세상에 계셨으며 세상은 그로 말미암아 지은바 되었으되 세상이 그를 알지 못하였고 자기 땅에 오매 자기 백성이 영접하지 아니하였으나 영접하는 자 곧 그 이름을 믿는 자들에게는 하나님의 자녀가 되는 권세를 주셨으니 이는 혈통으로나 육정으로나 사람의 뜻으로 나지 아니하고 오직 하나님께로부터 난 자들이니라"(요 1:10-13).

요엘서 2장의 말씀을 로마서에서 이렇게 말씀한다.

"누구든지 여호와의 이름을 부르는 자는 구원을 얻으리니 이는 나 여호와의 말대로 시온산과 피할 자가 있을 것임이요 남은 자 중에 나 여호와의 부름을 받을 자가 있을 것임이니라"(욜 2:32).
"사람이 마음으로 믿어 의에 이르고 입으로 시인하여 구원에 이르느니라 성경에 이르되 누구든지 저를 믿는 자는 부끄러움을 당하지 아니하리라 하니 유대인이나 헬라인이나 차별이 없음이라 한 분이신 주께서 모든 사람의 주가 되사 저를 부르는 모든 사람에게 부요하시도다 누구든지 주의 이름을 부르는 자는 구원을 받으리라"(롬 10:10-13).

☙ 요엘 3장: 원수들의 심판, 이스라엘의 구원, 영원히 함께하실 하나님

요엘서 3장에서는 하나님이 원수들을 심판하시고 이스라엘을 구원하신 후 영원히 그들과 함께 거하실 것을 말씀한다.

"민족들은 일어나서 여호사밧 골짜기로 올라올지어다 내가 거기에 앉아서 사면의 민족들을 다 심판하리로다 너희는 낫을 쓰라 곡식이 익었도다 와서 밟을지어다 포도주 틀이 가득히 차고 포도주 독이 넘치니 그들의 악이 큼이로다 사람이 많음이여, 심판의 골짜기에 사람이 많음이여, 심판의 골짜기에 여호와의 날이 가까움이로다 해와 달이 캄캄하며 별들이 그 빛을 거두도다 여호와께서 시온에서 부르짖고 예루살렘에서 목소리를 내시리니 하늘과 땅이 진동하리로다 그러나 여호와께서 그의 백성의 피난처, 이스라엘 자손의 산성이 되시리로다 그런즉 너희가 나는 내 성산 시온에 사는 너희 하나님 여호와인 줄 알 것이라 예루살렘이 거룩하리니 다시는 이방 사람이 그 가운데로 통행하지 못하리로다 그날에 산들이 단 포도주를 떨어뜨릴 것이며 작은 산들이 젖을 흘릴 것이며 유다 모든 시내가 물을 흘릴 것이며 여호와의 성전에서 샘이 흘러 나와서 싯딤 골짜기에 대리라 그러나 애굽은 황무지가 되겠고 에돔은 황무한 들이 되리니 이는 그들이 유다 자손에게 포악을 행하여 무죄한 피를 그 땅에서 흘렸음이니라 유다는 영원히 있겠고 예루살렘은 대대로 있으리라 내가 전에는 그들의 피흘림 당한 것을 갚아 주지 아니하였거니와 이제는 갚아 주리니 이는 여호와께서 시온에 거하심이니라"(욜 3:12-21).

이 말씀에서 '여호사밧 골짜기', '판결 골짜기'는 주님이 흰 보좌에 앉으셔서 산 자와 죽은 자를 심판하실 대심판의 예표가 되며, 모든 대적의 멸망은 심판 때 사탄을 영원한 불못에 던지게 될 것을 예표한다.

* 구원사적으로 본 요엘서

요엘서는 1장부터 3장에 이르는 짧은 예언서이지만 구원사적으로 종말론과 성령을 부어주심으로 이뤄지는 성화의 구원, 마지막 대심판, 대환난을 잘 예표하는 귀중한 구원의 교과서다.

아모스서

☙ 아모스 1장-2:3: 다메섹, 블레셋, 두로, 에돔, 암몬, 모압의 죄

아모스 1장에서 2장 3절까지 다메섹, 블레셋, 두로, 에돔, 암몬, 모압의 죄를 책망하는 아모스의 예언이 나온다.

☙ 아모스 2:4-6장: 이스라엘 백성의 여러 가지 죄

여기에 이스라엘과 유다에 대한 하나님의 책망과 경고가 나온다.

유다 백성은 하나님의 율법을 멸시하여 순종하지 않고 선조들이 섬겼던 우상을 섬겼다. 재판장들은 은을 받고 의인을 팔았고 신 한 켤레 값을 받고 궁핍한 백성을 팔았다. 공의가 완전히 무너져 있었다.

이스라엘의 방백들은 가난한 자의 머리에 있는 티끌을 탐내어 힘없는 백성의 재물을 탈취하였다. 그들은 아비와 아들이 한 여자를 취하는 파렴치한 성적 범죄를 저질렀다. 하나님은 이스라엘 백성에게 선지자를 세우셨고 젊은이 중 나실인을 세우셨지만 이스라엘 백성은 나실인에게 포도주를 마시게 했고 선지자들에게 명하여 하나님의 말씀을(예언을) 전하지 못하게 하였다.

하나님은 이들에게 도망갈 수 없고 피할 수 없는 심판을 경고하신다.

하나님은 하나님이 하시고자 하는 비밀한 일을 선지자들에게 알려주신다. 선지자는 하나님의 말씀을 전해야만 한다.

이스라엘 족속은 사면으로 공격해오는 앗수르에게 철저하게 약탈당할 것이고 많은 사람이 죽게 되어 구원받는 백성이 지극히 적을 것이다. 하나님은 하나님을 섬겨야 할 벧엘의 단을 이스라엘 백성은 우상을 섬기는 단으로 만들었기 때문에 단의 뿔을 꺾어 땅에 던지고 지도자들이 호화를 누리던 모든 상아궁을 헐어버릴 것이라고 말씀한다.

하나님은 이렇게 이스라엘 백성에게 말씀하신다.

"사마리아의 산에 있는 바산의 암소들아 이 말을 들으라 너희는 힘없는 자를 학대하며 가난한 자를 압제하며 가장에게 이르기를 술을 가져다가 우리로 마시게 하라 하는도다"(암 4:1).

하나님은 이런 이스라엘을 사람이 갈고리로 너희를 끌어가게 하겠다고 경고하신다.

하나님은 여러 가지로 이스라엘 백성으로 하나님께 돌아오라고 여러 가지 재앙(양식이 떨어지는 재앙, 가뭄의 재앙, 풍재와 깜부기 재앙, 칼의 재앙, 소돔과 고모라같이 파멸되는 재앙)을 내리셨지만, 그들이 돌아오지 않았다고 말씀하신다. 하나님의 이 말씀은 지금이라도 하나님께 돌아오라는 하나님의 사랑의 손짓이다. 그래서 하나님은 이스라엘 백성에게 하나님을 만나기를 준비하라고 말씀하신다(암 4:12).

하나님은 이스라엘 백성에게 이렇게 권고하신다.

"여호와께서 이스라엘 족속에게 이르시기를 너희는 나를 찾으라 그리하면 살리라. 벧엘을 찾지 말며 길갈로 들어가지 말며 브엘세바로도 나아가지 말라 길갈은 정녕 사로잡히겠고 벧엘은 허무하게 될 것임이라 하셨나니 너희는 여호와를 찾으라 그리하면 살리라"(암 5:4-6).

"공법을 인진으로 변하며 정의를 땅에 던지는 자들아 묘성과 삼성을 만드시며 사망의 그늘로 아침이 되게 하시며 백주로 어두운 밤이 되게 하시며 바닷물을 불러 지면에 쏟으시는 자를 찾으라 그 이름이 여호와시니라"(암 5:7-8).

"너희는 살려면 선을 구하고 악을 구하지 말지어다 만군의 하나님 여호와께서 너희의 말과 같이 너희와 함께 하시리라 너희는 악을 미워하고 선을 사랑하며 성문에서 정의를 세울지어다"(암 5:14-15).

"오직 정의를 물같이, 공의를 마르지 않는 강같이 흐르게 할지어다"(암 5:24).

하나님은 이스라엘 백성에게 이렇게 경고하신다.

"그러므로 주 만군의 하나님 여호와께서 이와 같이 말씀하시기를 사람이 모든 광장에서 울겠고 모든 거리에서 슬프도다 슬프도다 하겠으며 농부를 불러다가 애곡하게 하며 울음꾼을 불러다가 울게 할 것이며 모든 포도원에서도 울리니 이는 내가 너희 가운데로 지나갈 것임이라 여호와의 말씀이니라 화 있을진저 여호와의 날을 사모하는 자여 너희가 어찌하여 여호와의 날을 사모하느냐 그날은 어둠이요 빛이 아니라 마치 사람이 사자를 피하다가 곰을 만나거나 혹 집에 들어가서 손을 벽에 대었다가 뱀에게 물림 같도다 여호와의 날은 빛 없는 어둠이 아니며 빛남 없는 캄캄함이 아니냐 내가 너희 절기들을 미워하여 멸시하며 너희 성회들을 기뻐하지 아니하나니 너희가 내게 번제나 소제를 드릴지라도 내가 받지 아니할 것이요 너희의 살진 희생의 화목제도 내가 돌아보지 아니하리라 네 노랫소리를 내 앞에서 그칠지어다 네 비파 소리도 내가 듣지 아니하리라 오직 정의를 물같이, 공의를 마르지 않는 강같이 흐르게 할지어다 이스라엘 족속아 너희가 사십 년 동안 광야에서 희생과 소제물을 내게 드렸느냐 너희가 너희 왕 식굿과 기윤과 너희 우상들과 너희가 너희를 위하여 만든 신들의 별 형상을 지고 가리라 내가 너희를 다메섹 밖으로 사로잡혀 가게 하리라 그의 이름이 만군의 하나님이라 불리우는 여호와께서 말씀하셨느니라"(암 5:16-27).

여기서 식굿은 숫곳으로 우상을 섬기는 산당을 말하고 기윤은 이스라엘 백성이 별을 숭배하기 위해 세운 신상이다.

하나님께 희생제물만 드리고 악을 행했던 이스라엘 백성에게 하나님은 제사보다 귀한 것이 공법과 정의를 행하는 일이라고 말씀하신다. 이 말씀은 예배만 잘 드리고 헌금만 잘하면 일등 교인이라는 현재 교회를 향하신 하나님의 경고다.

여호와의 날은 요엘서에서 말씀한 것과 마찬가지로 계시록의 경고대로 종말에 있을 대환난의 날을 예표한다. 하나님은 환난이 멀다 하며 지극한 사치와 방탕에 취한 이스라엘 백성이 철저하게 무너질 것을 경고하신다.

"그러므로 그들이 이제는 사로잡히는 자 중에 앞서 사로잡히리니 기지개 켜는 자의 떠드는 소리가 그치리라 만군의 하나님 여호와의 말씀이니라 주 여호와가 당신을 두고 맹세하셨노라 내가 야곱의 영광을 싫어하며 그 궁궐들을 미워하므로 이 성읍과 거기에 가득한 것을 원수에게 넘기리라 하셨느니라"(암 6:7-8).

"만군의 하나님 여호와의 말씀이니라 이스라엘 족속아 내가 한 나라를 일으켜 너희를 치리니 그들이 하맛 어귀에서부터 아라바 시내까지 너희를 학대하리라 하셨느니라"(암 6:14).

☛ 아모스 7-8장: 이스라엘에 임할 재앙, 황충, 삼키는 불꽃, 다림줄, 여름 실과 한 광주리

아모스 7장에는 아모스가 이스라엘에 임할 하나님의 재앙, 곧 황충, 삼키는 불꽃, 다림줄의 환상을 보고 이스라엘에 예언하였을 때 벧엘의 제사장 아마샤가 아모스에게 벧엘에서 예언하지 말고 유다 땅으로 도망하라고 말한다. 이 일로 아마샤는 아모스를 통해 하나님의 저주를 받는다.

아모스 8장에는 여름 실과 한 광주리의 환상을 통해 이스라엘 백성의 죄악이 무르익어 심판할 때가 되었음을 가르쳐준다. 이스라엘 백성의 죄악은 가난한 자를 압제하며, 하나님의 거룩한 절기와 안식일을 싫어하며 부정하게 치부하고 우상을 섬긴 것이었다. 하나님은 이렇게 그들을 심판하실 것이다.

"주 여호와의 말씀이니라 그날에 내가 해를 대낮에 지게 하여 백주에 땅을 캄캄하게 하며 너희 절기를 애통으로, 너희 모든 노래를 애곡으로 변하게 하며 모든 사람에게 굵은 베로 허리를 동이게 하며 모든 머리를 대머리가 되게 하며 독자의 죽음으로 말미암아 애통하듯 하게 하며 결국은 곤고한 날과 같게 하리라 주 여호와의 말씀이니라 보라 날이 이를지라 내가 기근을 땅에 보내리니 양식이 없어 주림이 아니며 물이 없어 갈함이 아니요 여호와의 말씀을 듣지 못한 기갈이라 사람이 이 바다에서 저 바다까지, 북쪽에서 동쪽까지 비틀거리며 여호와의 말씀을 구하려고 돌아다녀도 얻지 못하리니 그날에 아름다운 처녀와 젊은 남자가 다 갈하여 쓰러지리라"(암 8:9-13).

하나님의 말씀이 없는 영적 기갈은 아주 무서운 형벌이다.

🐾 아모스 9장: 이스라엘을 심판하시는 중 얼마를 지켜주시는 하나님

아모스 9장에는 악을 미워하시며 악을 심판하시는 하나님이, 하늘과 땅을 마음대로 주관하시는 하나님이, 범죄한 이스라엘 백성을 진멸하시지만 그 가운데 얼마를 보호해 주시고 장래에 이스라엘 백성이 본토에서 축복으로 회복될 것을 말씀한다.

* 구원사적으로 본 아모스서

아모스서는 하나님이 주신 축복 속에서 하나님을 잊어버리고 우상에게 돌아가며 공의와 정의가 무너진 이스라엘 백성을 향한 하나님의 징계를 통해 축복과 번영 중 하나님을 잊어버릴 위험을 우리에게 가르쳐준다.

아모스서는 형식적인 제사로 하나님을 잘 섬겼다고 착각하는 이스라엘 백성에게 공의를 요구하시는 하나님을 통해서 오늘 성도가 성화의 생활에서 살아 계시고 나를 감찰하시는 하나님을 두려워하며 공의와 진실의 길을 걸어야 할 것을 가르쳐 준다.

아모스서는 하나님의 징계 뒤에 이스라엘 백성을 사랑하시는 긍휼의 하나님을 우리에게 보여준다.

오바댜: 에돔에 대한 심판

오바댜서는 이스라엘 백성이 당하는 하나님의 징계를 옆에서 보며 기뻐한 에돔, 에서의 자손들에 대한 하나님의 응징을 예언한다. 높은 지역에 살면서 우리는 안전하다고 자만하지만 하나님의 심판은 모면할 수 없는 것이다. 오바댜서는 성화에서 축복 중 겸손하게 살아야 할 것을 가르쳐준다. 스스로 섰다 하는 자는 넘어질까 조심해야 한다.

요나서

☙ 요나 1장: 사명을 피하여 다시스로 도망가는 요나, 풍랑 중 바다에 던져지고 물고기 배 속에 들어가는 요나

아밋대의 아들 요나에게 하나님의 말씀이 임하였고, 하나님은 요나에게 큰 성읍 니느웨로 가서 그들에게 심판의 소식을 전하라고 명하신다. 니느웨는 이스라엘 백성을 늘 침략해 온 앗수르의 큰 성이다.

요나는 이런 하나님의 말씀을 전하지 않으려고 하나님의 낯을 피하여 (이 말은 요나 생각에 하나님의 성전이 없는 곳으로 가려고 한 것을 뜻한다) 니느웨와는 정반대 방향에 있는 다시스로 도망하려고 욥바에서 다시스로 가는 배를 탄다. 요나는 배 맨 밑으로 내려가 잠에 빠진다.

하나님은 큰 풍랑을 일으켜 배가 파선할 지경에 이르게 하신다. 선원들은 풍랑에서 배를 구하려고 모든 선원이 자기 신 앞에 기도하게 하지만 하나님은 더 큰 바람으로 배를 위협하신다. 그들은 이 풍랑이 누구의 죄 때문에 일어난 것인가를 알고자 모두에게 제비를 뽑게 하였고 제비는 요나가 뽑게 된다. 요나는 그들에게 이렇게 말한다.

"나는 히브리 사람이요 바다와 육지를 지으신 하늘의 하나님 여호와를 경외하는 자로라 하고… 나를 들어 바다에 던지라 그리하면 바다가 너희를 위하여 잔잔하리라 너희가 이 큰 폭풍을 만난 것이 나 때문인 줄을 내가 아노라 하니라."

선원들은 요나를 살리려 하지만 바람이 더욱 흉용해져서 그들은 요나를 바다에 던진다. 그리고 바다는 곧 잔잔해진다. 하나님은 큰 물고기를 예비하셨고 이 물고기가 요나를 삼켜 요나는 물고기 배 속에서 3일을 지낸다.

요나서 1장에서 요나가 탄 배에 큰 풍랑이 일어난 일, 풍랑이 요나 때문이라는 제비를 뽑은 일, 요나가 바다에 빠졌을 때 큰 고기가 요나를 삼킨 일, 요나가 고기 배 속에서 3일간을 지낸 일은 다 기적으로, 하나님은 하나님이 하시고자 하는 일을 위해 때로 이런 기적을 쓰신다. 이스라엘 백성이 출애굽할 때 홍해를 바람으로 가르신 일도 이러한 기적이다.

요나가 3일간 고기 배 속에 있다가 니느웨로 가게 된 일은 예수님이 죽고 무덤에서 3일 만에 부활하신 것을 예표한다.

복음서에서 예수님은 예수님에게 표적을 구하는 서기관과 바리새인들에게 주님이 보여줄 표적으로 요나가 고기 배 속에 밤낮 사흘 있었던 것을 말씀하셨다. 요나가 고기 배 속에 3일을 있었던 것은 주님이 죽고 무덤에서 3일 만에 부활하실 것을 말씀하신 것이다(마 12:40, 16:4; 눅 11:29-32).

"그때에 서기관과 바리새인 중 몇 사람이 말하되 선생님이여 우리에게 표적 보여주시기를 원하나이다 예수께서 대답하여 이르시되 악하고 음란한 세대가 표적을 구하나 선지자 요나의 표적밖에는 보일 표적이 없느니라 요나가 밤낮 사흘 동안 큰 물고기 배 속에 있었던 것같이 인자도 밤낮 사흘 동안 땅 속에 있으리라"(마 12:38-40).

❧ 요나 2장: 요나를 니느웨에 토해낸 물고기

요나서 2장에는 요나가 고기 배 속에서 회개하고 감사기도를 드린 내용이 나오고 고기가 요나를 니느웨 해변에 토해낸 사실을 기록한다.

❧ 요나 3장: 하나님의 심판을 선포한 요나와 회개하는 니느웨 백성

요나에게 하나님의 말씀이 다시 임한다. 니느웨에 가서 하나님이 선포하라고 하신 말씀을 전하라고 말씀하신다. 요나는 사흘 길 되는 니느웨 길을 하룻길을 행하며 "40일이 지나면 니느웨가 무너지리라" 하고 선포한다.

이 말을 들은 니느웨 백성들은 왕으로부터 모든 사람은 물론 짐승까지 베옷을 입고 재에 앉아 회개한다. 니느웨 백성의 이런 회개하는 모습을 보신 하나님은 니느웨에 내리시려고 했던 재앙을 내리시지 않는다.

☙ 요나 4장: 하나님께 화를 내는 요나, 니느웨 백성을 아끼시는 하나님

요나는 하나님이 재앙을 내리시지 않는 것을 보고 하나님께 크게 노여워한다. 그리고 하나님께 자신의 생명을 취해 가셔서 자신을 죽여 달라고 말한다. 그러면서 그래도 니느웨가 어떻게 되는 것을 보려고 산에 올라가 초막을 짓고 니느웨의 형편을 살펴본다.

하나님은 요나가 피신한 초막에 박넝쿨을 자라게 하셔서 요나를 뜨거운 햇볕으로부터 피하게 하신다. 그리고 다시 하나님이 벌레를 준비하셔서 박넝쿨을 씹어 말라 죽게 하신다. 하나님은 요나를 햇볕과 뜨거운 동풍에 노출시키셨고 요나는 다시 하나님께 사는 것보다 죽는 것이 낫겠다고 화를 낸다.

하나님이 요나에게 이렇게 말씀하신다.

"여호와께서 이르시되 네가 수고도 아니하였고 재배도 아니하였고 하룻밤에 났다가 하룻밤에 말라 버린 이 박넝쿨을 아꼈거든 하물며 이 큰 성읍 니느웨에는 좌우를 분변하지 못하는 자가 십이만여 명이요 가축도 많이 있나니 내가 어찌 아끼지 아니하겠느냐 하시니라"(욘 4:10-11).

하나님은 하나님 앞에 범죄한 사람이라도 자신의 죄를 깨닫고 회개하고 하나님께 돌아와 구원받게 되기를 바라시는 자비하신 하나님임을 이 말씀이 보여준다.

* 구원사적으로 본 요나서
요나서는 하나님은 이스라엘 백성들만의 하나님이 아닌, 니느웨의 하나님이시기도 한 사실을 가르쳐 준다.

"하나님이 세상을 이처럼 사랑하사 독생자를 주셨으니 이는 그를 믿는 자마다 멸망하지 않고 영생을 얻게 하려 하심이라"(요 3:16).

하나님의 사랑과 구원은 믿는 자나 안 믿는 자에게 누구에게나 항상 열려 있다.

요나서는 우리 하나님이 풍랑과 인간이 뽑는 제비와 한 줄기 박넝쿨과 바다의 고기와 벌레 한 마리까지 주장하시는 온 우주 만물의 하나님이심을 가르쳐준다.

회개는 하나님의 진노를 면하는 오직 한 길임을 가르쳐준다. 성도는 항상 회개하며 살아야 한다. 회개가 주님을 신랑으로 맞이하기 위해 신부인 성도가 준비해야 할 세마포다(계 19:8).

성도가 하나님 앞에 준비해야 할 세마포는 회개로, 회개만이 성도가 하나님 앞에 행할 수 있는 가장 옳은 행실이다.

미가서

☙ 미가 1-3장: 이스라엘 백성이 범한 죄악들, 임박한 심판

선지자 미가는 하나님의 부르심을 받고 이스라엘 백성들이 범한 죄악들, 동족을 학대하고 약한 자들의 재산을 탈취하며, 그 마음에 하나님을 두려워하지 않고 진리를 듣기를 싫어한 죄, 지도자들이 공의를 미워하고, 정직한 것을 굽게 하여 예루살렘까지 죄악으로 물들인 죄, 선지자들이 백성들의 죄를 지적하지 않고 거짓을 증거한 죄 등 이러한 죄들 때문에 임박한 하나님의 징벌을 선포한다. 그러나 백성들은 이런 말을 하는 미가에게 욕하는 말을 그치고 예언하지 말라고 말한다.

하나님은 이스라엘의 지배자와 거짓 선지자와 예루살렘을 심판하실 것이며 이스라엘 백성을 하나님의 백성이 아닌 것같이 버릴 것이고, 그들이 부르짖어도 그들 앞에 얼굴을 가리시고 기도에 응답하지 아니하신다고 말씀하신다.

☙ 미가 4-5장: 징벌받은 백성의 회복, 메시아로 인한 영원한 평화

미가서 1, 2, 3장에는 죄에 대한 책망과 심판의 경고가 나오지만 4장과 5장에는 징벌과 심판을 받은 이스라엘 백성을 하나님이 회복시켜주실 약속과 메시아로 인한 영원한 평화와 승리가 선언된다.

"끝날에 이르러는 여호와의 전의 산이 산들의 꼭대기에 굳게 서며 작은 산들 위에 뛰어나고 민족들이 그리로 몰려갈 것이라 곧 많은 이방 사람들이 가며 이르기를 오라 우리가 여호와의 산에 올라가서 야곱의 하나님의 전에 이르자 그가 그의 도를 가지고 우리에게 가르치실 것이니라 우리가 그의 길로 행하리라 하리니 이는 율법이 시온에서부터 나올 것이요 여호와의 말씀이 예루살렘에서부터 나올 것임이라 그가 많은 민족들 사이의 일을 심판하시며 먼 곳 강한 이방 사람을 판결하시리니 무리가 그 칼을 쳐서 보습을 만들고 창을 쳐서 낫을 만들 것이며 이 나라와 저 나라가 다시는 칼을 들고 서로 치지 아니하며 다시는 전쟁을 연습하지 아니하고 각 사람이 자기 포도나무 아래와 자기 무화과나무 아래에 앉을 것이라 그들을 두렵게 할 자가 없으리니 이는 만군의 여호와의 입이 이같이 말씀하셨음이라 만민이 각각 자기의 신의 이름을 의지하여 행하되 오직 우리는 우리 하나님 여호와의 이름을 의지하여 영원히 행하리로다 여호와께서 말씀하시되 그날에는 내가 저는 자를 모으며 쫓겨난 자와 내가 환난 받게 한 자를 모아 발을 저는 자는 남은 백성이 되게 하며 멀리 쫓겨났던 자들이 강한 나라가 되게 하고 나 여호와가 시온 산에서 이제부터 영원까지 그들을 다스리리라 하셨나니 너 양 떼의 망대요 딸 시온의 산이여 이전 권능 곧 딸 예루살렘의 나라가 네게로 돌아오리라 이제 네가 어찌하여 부르짖느냐 너희 중에 왕이 없어졌고 네 모사가 죽었으므로 네가 해산하는 여인처럼 고통함이냐 딸 시온이여 해산하는 여인처럼 힘들여 낳을지어다 이제 네가 성읍에서 나가서 들에 거주하며 또 바벨론까지 이르러 거기서 구원을 얻으리니 여호와께서 거기서 너를 네 원수들의 손에서 속량하여 내시리라 이제 많은 이방 사람들이 모여서 너를 치며 이르기를 시온이 더럽게 되며 그것을 우리 눈으로 바라보기를 원하노라 하거니와 그들이 여호와의 뜻을 알지 못하며 그의 계획을 깨닫지 못한 것이라 여호와께서 곡식 단을 타작마당에 모음같이 그들을 모으셨나니 딸 시온이여 일어나서 칠지어다 내가 네 뿔을 무쇠 같게 하며 네 굽을 놋 같게 하리니 네가 여러 백성을 쳐서 깨뜨릴 것이라 네가 그들의 탈취물을 구별하여 여호와께 드리며 그들의 재물을 온 땅의 주께 돌리리라"(미 4:1-13).

"베들레헴 에브라다야 너는 유다 족속 중에 작을지라도 이스라엘을 다스릴 자가 네게서 내게로 나올 것이라 그의 근본은 상고에, 영원에 있느니라 그러므로 여인이 해산하기까지 그들을 붙여 두시겠고 그 후에는 그의 형제 가운데에 남은 자가 이스라엘 자손에게로 돌아오리니 그가 여호와의 능력과 그의 하나님 여호와의 이름의 위엄을 의지하고 서서 목축하니 그들이 거주할 것이라 이제 그가 창대하여 땅끝까지 미치리라 이 사람은 평강이 될 것이라 앗수르 사람이 우리 땅에 들어와서 우리 궁들을 밟을 때에는 우리가 일곱 목자와 여덟 군왕을 일으켜 그를 치리니 그들이 칼로 앗수르 땅을 황폐하게 하며 니므롯 땅 어귀를 황폐하게 하리라 앗수르 사람이 우리 땅에 들어와서 우리 지경을 밟을 때에는 그가 우리를 그에게서 건져내리라 야곱의 남은 자는 많은 백성 가운데 있으리니 그들은 여호와께로부터 내리는 이슬 같고 풀 위에 내리는 단비 같아서 사람을 기다리지 아니하며 인생을 기다리지 아니할 것이며 야곱의 남은 자는 여러 나라 가운데와 많은 백성 가운데에 있으리니 그들은 수풀의 짐승들 중의 사자 같고 양 떼 중의 젊은 사자 같아서 만일 그가 지나간즉 밟고 찢으리니 능히 구원할 자가 없을 것이라 네 손이 네 대적들 위에 들려서 네 모든 원수를 진멸하기를 바라노라 여호와께서 이르시되 그날에 이르러는 내가 네 군마를 네 가운데에서 멸절하며 네 병거를 부수며 네 땅의 성읍들을 멸하며 네 모든 견고한 성을 무너뜨릴 것이며 내가 또 복술을 네 손에서 끊으리니 네게 다시는 점쟁이가 없게 될 것이며 내가 네가 새긴 우상과 주상을 너희 가운데에서 멸절하리니 네가 네 손으로 만든 것을 다시는 섬기지 아니하리라 내가 또 네 아세라 목상을 너희 가운데에서 빼버리고 네 성읍들을 멸할 것이며 내가 또 진노와 분노로 순종하지 아니한 나라에 갚으리라 하셨느니라"(미 5:2-15).

미가서 2장 2절 이하 메시아 예언은 구원론적으로 예수님의 탄생지와 그리스도의 근본을 잘 가르쳐주는 귀한 말씀이다.

구주 예수 그리스도의 탄생지는 베들레헴 에브라다로 '베들레헴'은 '떡 집'을 뜻하는 말이고 '에브라다'는 '열매가 많다'라는 뜻의 말이다. 에브라다는 베들레헴의 고대 이름이다.

선지자 미가는 그리스도가 베들레헴 에브라다에서 탄생하리라 예언하였고, 예수님은 선지자 미가의 말대로 베들레헴에서 나신다. 마태복음서에 예수님의 탄생을 이렇게 기록한다.

"헤롯 왕 때에 예수께서 유대 베들레헴에서 나시매 동방으로부터 박사들이 예루살렘에 이르러 말하되 유대인의 왕으로 나신 이가 어디 계시냐 우리가 동방에서 그의 별을 보고 그에게 경배하러 왔노라 하니 헤롯 왕과 온 예루살렘이 듣고 소동한지라 왕이 모든 대제사장과 백성의 서기관들을 모아 그리스도가 어디서 나겠느냐 물으니 이르되 유대 베들레헴이오니 이는 선지자로 이렇게 기록된바 또 유대 땅 베들레헴아 너는 유대 고을 중에서 가장 작지 아니하도다 네게서 한 다스리는 자가 나와서 내 백성 이스라엘의 목자가 되리라 하였음이니이다"(마 2:1-6).

그리스도는 근본이 상고, 태초다. 그리스도는 만물보다 선재하신 분으로 하나님의 본체이시다.

"너희 안에 이 마음을 품으라 곧 그리스도 예수의 마음이니 그는 근본 하나님의 본체시나 하나님과 동등 됨을 취할 것으로 여기지 아니하시고 오히려 자기를 비워 종의 형체를 가지사 사람들과 같이 되셨고 사람의 모양으로 나타나사 자기를 낮추시고 죽기까지 복종하셨으니 곧 십자가에 죽으심이라"(빌 2:5-8).

☙ 미가 6-7장: 공의와 인애를 원하시는 하나님

애굽의 종살이에서 이스라엘 백성을 구속하신 하나님이 이스라엘 백성에게 요구하시는 것은 형식적인 번제가 아니라 그들이 공의를 행하며 서로를 불쌍하게 여기며 사는 생활이었다. 그러나 그들은 강포하였고 부정하게 속이며 살았기 때문에 하나님이 심판하실 수밖에 없음을 경고한다.

하나님이 부패한 이스라엘 백성을 바벨론을 통해 징계하시지만 이 징계를 참아내는 자들을 다시 고국으로 돌아오게 하실 것이며 그들의 죄를 사유해 주실 것을 약속하신다.

* 구원사적으로 본 미가서

미가서는 성도가 구원받은 후 성화의 생활에서 정직과 공평과 인자한 생활이 형식적인 제사보다 귀하다는 권고를 통해 성도가 예배만 잘 드리면 신앙으로 살아간다고 생각하는 잘못을 다시 깨우쳐준다.

미가서의 메시아 예언은 구원사에서 베들레헴에 나신 예수님이 구세주이심을 명확하게 해준다.

나훔: 앗수르 니느웨에 내리실 하나님의 심판

나훔서는 1장, 2장, 3장 모두가 앗수르의 수도 니느웨에 내리실 하나님의 심판에 대한 말씀을 기록하고 있다.

하나님은 의로우시고, 노하기를 더디 하시지만 죄인을 멸하시며, 전지전능하시며 거룩하신 하나님이시기 때문에 여호와를 향하여 죄악을 꾀하는 니느웨를 심판하실 수밖에 없음을 밝힌다.

니느웨는 약탈자들에 의해 무참하게 파멸될 것을 말씀한다.

"만군의 여호와의 말씀에 내가 네 대적이 되어 네 병거들을 불살라 연기가 되게 하고 네 젊은 사자들을 칼로 멸할 것이며 내가 또 네 노략한 것을 땅에서 끊으리니 네 파견자의 목소리가 다시는 들리지 아니하리라 하셨느니라"(나 2:13).

니느웨가 당할 무서운 심판의 처참함이 기록된다. 니느웨가 이런 심판을 받아야 하는 것은 니느웨가 모든 족속에게 악을 행했기 때문이다.

"네 상처는 고칠 수 없고 네 부상은 중하도다 네 소식을 듣는 자가 다 너를 보고 손뼉을 치나니 이는 그들이 항상 네게 행패를 당하였음이 아니더냐 하시니라"(나 3:19).

* 구원사적으로 본 나훔서

나훔서는 하나님이 세계역사를 주관하시고 모든 나라의 흥망성쇠를 그 뜻대로 섭리하시는 하나님임을 가르쳐준다.

하나님은 악을 심판하실 수밖에 없는 공의의 하나님임을 가르쳐준다.

하박국: 의인의 고난과 악인의 흥왕에 대한 질문, 의인은 믿음으로 살리라

하박국서에는 하박국이 하나님께 질문하고 하나님이 하박국에게 대답하시는 형식으로 하나님의 뜻을 전하고 있다.

선지자 하박국은 이스라엘 가운데 행해지는 강포와 죄악을 하나님이 다 아시면서 왜 심판하지 않으시는가를 질문한다.

"여호와여 내가 부르짖어도 주께서 듣지 아니하시니 어느 때까지리이까 내가 강포로 말미암아 외쳐도 주께서 구원하지 아니하시나이다 어찌하여 내게 죄악을 보게 하시며 패역을 눈으로 보게 하시나이까 겁탈과 강포가 내 앞에 있고 변론과 분쟁이 일어났나이다 이러므로 율법이 해이하고 정의가 전혀 시행되지 못하오니 이는 악인이 의인을 에워쌌으므로 정의가 굽게 행하여짐이니이다"(합 1:2-4).

하나님은 이스라엘 가운데 행해지는 강포와 죄악과 악을 심판하시기 위해 갈대아(바벨론)의 군대를 불러 모든 악의 세력을 징치하실 것이라고 대답하신다.

하박국은 다시 하나님께 질문한다.

"선지자가 이르되 여호와 나의 하나님, 나의 거룩한 이시여 주께서는 만세 전부터 계시지 아니하시니이까 우리가 사망에 이르지 아니하리이다 여호와여 주께서 심판하기 위하여 그들을 두셨나이다 반석이시여 주께서 경계하기 위하여 그들을 세우셨나이다 주께서는 눈이 정결하시므로 악을 차마 보지 못하시며 패역을 차마 보지 못하시거늘 어찌하여 거짓된 자들을 방관하시며 악인이 자기보다 의로운 사람을 삼키는데도 잠잠하시나이까 주께서 어찌하여 사람을 바다의 고기 같게 하시며 다스리는 자 없는 벌레 같게 하시나이까 그가 낚시로 모두 낚으며 그물로 잡으며 투망으로 모으고 그리고는 기뻐하고 즐거워하여 그물에 제사하며 투망 앞에 분향하오니 이는 그것을 힘입어 소득이 풍부하고 먹을 것이 풍성하게 됨이니이다 그가 그물을 떨고는 계속하여 여러 나라를 무자비하게 멸망시키는 것이 옳으니이까"(합 1:12-17).

하박국은 하나님이 바벨론을 들어 이스라엘을 징계하신다면 바벨론은 이스라엘보다 더 악한데 그들이 이스라엘을 삼키고 열국을 그물로 물고기를 잡듯이 잡아 삼키는 것이 옳은가 질문을 한다.

하나님이 이렇게 대답하신다.

1. 하나님은 하박국에게 하나님의 대답을 기록할 서판을 준비하고 하나님의 답을 큰 글자로 써서 사람들이 달려가면서도 읽을 수 있게 하라고 말씀하신다.

2. 하나님의 대답은 두 가지다.

① 하나님의 묵시를 하나님이 정한 때까지 기다리라.

② 의인은 믿음으로 살 것이다.

"이 묵시는 정한 때가 있나니 그 종말이 속히 이르겠고 결코 거짓되지 아니하리라 비록 더딜지라도 기다리라 지체되지 않고 반드시 응하리라 보라 그의 마음은 교만하며 그 속에서 정직하지 못하나 의인은 그의 믿음으로 말미암아 살리라"(합 2:3-4).

이 말씀에서 "의인은 믿음으로 살리라" 한 말씀은 하나님의 말씀인 신약에 여러 번 기록된다.

"복음에는 하나님의 의가 나타나서 믿음으로 믿음에 이르게 하나니 기록된바 오직 의인은 믿음으로 말미암아 살리라 함과 같으니라"(롬 1:17).

"또 하나님 앞에서 아무도 율법으로 말미암아 의롭게 되지 못할 것이 분명하니 이는 의인이 믿음으로 살리라 하였음이라"(갈 3:11).

"나의 의인은 믿음으로 말미암아 살리라 또한 뒤로 물러가면 내 마음이 저를 기뻐하지 아니하리라 하셨느니라 우리는 뒤로 물러가 멸망할 자가 아니요 오직 영혼을 구원함에 이르는 믿음을 가진 자니라"(히

10:38-39).

믿음으로 사는 것은 어떤 경우, 어떤 사건 앞에서도 하나님의 전능하심과 선하심과 공의로우심과 사랑을 굳게 믿고 기다리는 것이다.

하나님께서 요구하신 믿음은 이스라엘의 강포에 대한 하나님의 심판이 더디더라도, 바벨론을 통한 이스라엘의 심판이 이해가 안 되어도 하나님의 전능하심과 선하심과 공의로우심과 사랑을 굳게 믿고 기다리는 것이다.

그리고 하나님은 바벨론의 교만과 강포에 대한 하나님의 심판을 선포하신다.

"네가 여러 나라를 노략하였으므로 그 모든 민족의 남은 자가 너를 노략하리니 이는 네가 사람의 피를 흘렸음이요 또 땅과 성읍과 그 안의 모든 주민에게 강포를 행하였음이니라…이는 물이 바다를 덮음같이 여호와의 영광을 인정하는 것이 세상에 가득함이니라 이웃에게 술을 마시게 하되 자기의 분노를 더하여 그에게 취하게 하고 그 하체를 드러내려 하는 자에게 화 있을진저 네게 영광이 아니요 수치가 가득한즉 너도 마시고 너의 할례 받지 아니한 것을 드러내라 여호와의 오른손의 잔이 네게로 돌아올 것이라 더러운 욕이 네 영광을 가리리라 이는 네가 레바논에 강포를 행한 것과 짐승을 죽인 것 곧 사람의 피를 흘리며 땅과 성읍과 그 안의 모든 주민에게 강포를 행한 것이 네게로 돌아오리라 새긴 우상은 그 새겨 만든 자에게 무엇이 유익하겠느냐 부어 만든 우상은 거짓 스승이라 만든 자가 이 말하지 못하는 우상을 의지하니 무엇이 유익하겠느냐 나무에게 깨라 하며 말하지 못하는 돌에게 일어나라 하는 자에게 화 있을진저 그것이 교훈을 베풀겠느냐 보라 이는 금과 은으로 입힌 것인즉 그 속에는 생기가 도무지 없느니라 오직 여호와는 그 성전에 계시니 온 땅은 그 앞에서 잠잠할지니라 하시니라"(합 2:8-20).

여기에서 하나님은 바벨론에 대한 심판을 말씀하시며 "이는 물이 바다를 덮음같이 여호와의 영광을 인정하는 것이 세상에 가득함이니라", "오직 여호와는 그 성전에 계시니 온 땅은 그 앞에서 잠잠할지니라" 말씀하신다.

오늘 세상이 악인이 의인을 둘러싸고 강포를 행할지라도, 악인이 의인을 심판하는 것 같은 모순이 있어도 마침내 절대 공의로우시고 전능하시며 온 세계를 그 섭리대로 주관하시는 우리 하나님 여호와의 영광이 온 세상에 가득하게 될 것이다.

하나님이 아무것도 모른 체하시며 악을 그냥 보고 지나시는 것 같지만 우리 하나님은 성전에서(하늘에서) 이 모든 것을 다 보고, 다 알고 계시며 앞으로 이 죄와 악을 어떻게 하실 계획을 다 가지고 계신 분이다. 온 천하는 그 앞에 잠잠해야 한다.

의인은 믿음으로 살리라 하시는 묵시를 받은 하박국은 장차 있을 어떤 환난 중에서도 여호와의 온전하신 사랑을 붙잡고 하나님을 높이 찬양한다.

"비록 무화과나무가 무성하지 못하며 포도나무에 열매가 없으며 감람나무에 소출이 없으며 밭에 먹을 것이 없으며 우리에 양이 없으며 외양간에 소가 없을지라도 나는 여호와로 말미암아 즐거워하며 나의 구원의 하나님으로 말미암아 기뻐하리로다 주 여호와는 나의 힘이시라 나의 발을 사슴과 같게 하사 나를 나의 높은 곳으로 다니게 하시리로다"(합 3:17-19).

* 구원사적으로 본 하박국서

악인이 흥왕하고 의가 악 앞에 패하는 것은 하나님의 공의에 위배되는 일이다. 그러나 세상에는 그런 일이 늘 있었고 또 지금도 있다. 그런데 공의의 하나님은 왜 이런 억울함과 모순을 못 본 척하시는 걸까? 하나님의 공의와 사랑이 어디로 갔단 말인가?

이러한 질문을 하박국 선지자가 우리를 대신하여 하나님께 묻는다. 그리고 하나님은 의인은 믿음으로 살리라고 대답하신다. 여기에서 믿음으로 살리라는 말은 어떤 경우에도 공의와 사랑의 하나님은 살아 계시고 하나님이 반드시 악을 심판하시며 의를 보상하실 것이기 때문에 우리는 공의와 사랑의 하나님이 마침내 심판하시고 마침내 보상하실 때를 잠잠히 기다리며 살아야 한다는 말씀이다. 하박국서는 구원의 기초가 되는 "의인이 믿음으로 살리라"는 이신득의의 큰 진리를 우리에게 생생하게 역사를 통하여 가르쳐 주는 구원의 교과서이다.

스바냐서

☞ 스바냐 1장: 유다와 예루살렘에 임할 심판

스바냐 1장에는 유다와 예루살렘에 임할 심판이 예언된다. 그들은 우상을 숭배했고, 바알 우상을 섬겼고(그마림은 바알을 섬기는 제사장을 가리키는 말이다), 하늘의 일월성신을 섬겼고 말감(암몬 족속의 신)을 섬겼고 하나님께 무관심하였다. 그들은 하나님을 찾지도 않았고 하나님에게 구하지도 않았다. 하나님은 이런 유다와 예루살렘을 여호와의 큰 날에 멸절할 것을 선고하신다.

☞ 스바냐 2장: 여호와의 분노가 임하기 전 회개하고 돌아오라, 주변국에 대한 멸망의 경고

스바냐 2장에는 이런 유다 백성에게 여호와의 분노가 임하기 전, 여호와의 분노의 날이 이르기 전에 회개하고 돌아오라고 권고하신다. 그리고 하나님이 블레셋과 그렛 족속과 해변 땅과 모압과 암몬 족속과 구스와 북쪽의 나라, 앗수르가 교만했기 때문에 하나님이 멸하실 것을 경고한다.

☞ 스바냐 3장: 하나님을 구하는 자들의 구원, 여호와로 인한 기쁨

스바냐 3장에는 하나님이 다시 유다를 향해 열방이 멸망당하는 중 하나님을 구하는 남은 자들을 구원하실 것을 약속하시며 그들은 여호와로 인해 기뻐하며 여호와를 찬송할 것이라고 말씀하신다.

"내가 곤고하고 가난한 백성을 네 가운데에 남겨 두리니 그들이 여호와의 이름을 의탁하여 보호를 받을지라 이스라엘의 남은 자는 악을 행하지 아니하며 거짓을 말하지 아니하며 입에 거짓된 혀가 없으며 먹고 누울지라도 그들을 두렵게 할 자가 없으리라 시온의 딸아 노래할지어

다 이스라엘아 기쁘게 부를지어다 예루살렘 딸아 전심으로 기뻐하며 즐거워할지어다 여호와가 네 형벌을 제거하였고 네 원수를 쫓아냈으며 이스라엘 왕 여호와가 네 가운데 계시니 네가 다시는 화를 당할까 두려워하지 아니할 것이라 그날에 사람이 예루살렘에 이르기를 두려워하지 말라 시온아 네 손을 늘어뜨리지 말라 너의 하나님 여호와가 너의 가운데에 계시니 그는 구원을 베푸실 전능자이시라 그가 너로 말미암아 기쁨을 이기지 못하시며 너를 잠잠히 사랑하시며 너로 말미암아 즐거이 부르며 기뻐하시리라 하리라"(습 3:12-17).

* 구원사적으로 본 스바냐

스바냐서의 여호와의 날은 유다 백성에게 멸망의 날이지만 주님이 재림하실 마지막 날을 예표한다. 주님이 재림하시는 마지막 날, 믿는 자의 구원과 생명록에 이름 없는 자들의 심판이 이루어진다.

"또 내가 보매 천사가 무저갱의 열쇠와 큰 쇠사슬을 그의 손에 가지고 하늘로부터 내려와서 용을 잡으니 곧 옛 뱀이요 마귀요 사탄이라 잡아서 천년 동안 결박하여 무저갱에 던져 넣어 잠그고 그 위에 인봉하여 천년이 차도록 다시는 만국을 미혹하지 못하게 하였는데 그 후에는 반드시 잠깐 놓이리라 또 내가 보좌들을 보니 거기에 앉은 자들이 있어 심판하는 권세를 받았더라 또 내가 보니 예수를 증언함과 하나님의 말씀 때문에 목 베임을 당한 자들의 영혼들과 또 짐승과 그의 우상에게 경배하지 아니하고 그들의 이마와 손에 그의 표를 받지 아니한 자들이 살아서 그리스도와 더불어 천년 동안 왕 노릇 하니 (그 나머지 죽은 자들은 그 천년이 차기까지 살지 못하더라) 이는 첫째 부활이라 이 첫째 부활에 참여하는 자들은 복이 있고 거룩하도다 둘째 사망이 그들을 다스리는 권세가 없고 도리어 그들이 하나님과 그리스도의 제사장이 되어 천년 동안 그리스도와 더불어 왕 노릇 하리라 천년이 차매 사탄이 그 옥에서 놓여 나와서 땅의 사방 백성 곧 곡과 마곡을 미혹하고 모아 싸움을 붙이리니 그 수가 바다의 모래 같으리라 그들이 지면에 널리 퍼져 성도들의 진과 사랑하시는 성을 두르매 하늘에서 불이 내려와 그들을 태워버리고 또 그들을 미혹하는 마귀가 불과 유황 못에 던져지니 거기는 그 짐승과 거짓 선지자도 있어 세세토록 밤낮 괴로움을 받으리라 또 내가 크고 흰 보좌와 그 위에 앉으신 이를 보니 땅과 하늘이 그 앞에서 피하여 간데없더라 또 내가 보니 죽은 자들이 큰 자나 작은 자나 그 보좌 앞에 서 있는데 책들이 펴 있고 또 다른 책이 펴졌으니 곧 생명책이라 죽은 자들이 자기 행위를 따라 책들에 기록된 대로 심판을 받으니 바다가 그 가운데에서 죽은 자들을 내주고 또 사망과 음부도 그 가운데에서 죽은 자들을 내주매 각 사람이 자기의 행위대로 심판을 받고 사망과 음부도 불못에 던져지니 이것은 둘째 사망 곧 불못이라 누구든지 생명책에 기록되지 못한 자는 불못에 던져지더라"(계 20:1-15).

학개서

❧ 학개 1-2장: 중단된 성전 공사를 시작하라

바벨론이 망하고 바사(페르시아) 왕 고레스가 이스라엘 백성으로 이스라엘 땅으로 돌아가 성전을 건축하게 한다(BC 536). 이것이 이스라엘 백성의 일차 귀환이다. 이스라엘 백성은 성전을 건축하기 시작했지만 다리오왕 때 사마리아 총독이 성전 공사를 바사를 모반하는 것이라고 고소하여 성전 공사가 중단되고 14년의 세월이 흘러간다. 이때 학개 선지자가 하나님의 말씀, 곧 성전을 다시 건축하라는 말씀을 선포한다.

학개 선지자는 이스라엘 땅에 임한 한재(가뭄)가, 하나님의 전은 황무한 채 있는데 이스라엘 백성들이 판벽한(벽과 지붕이 있고 조각품으로 장식한 집) 자신들의 집에 거하는 잘못 때문임을 말하고, 산에 올라가서 나무를 가져다가 전을 건축하라고 명하며 그러면 하나님이 기뻐하시고 또 영광을 얻으리라고 선포한다.

새로 건축하는 성전이 예전 성전만 못하다고 말하는 백성에게 하나님 앞에 새 성전이 옛 성전보다 더 큰 하나님의 영광이 될 것이라 말한다.

하나님은 이스라엘 백성의 출애굽 역사를 말씀하시며 "조금 있으면(다시 한번 더) 만국을 진동시킬 것이며 만국의 보배가 이르리니 내가 영광으로 이 전에 충만케 하리라"고 말씀하신다. 만국을 진동시킬 여호와의 영광의 임재는 그리스도가 탄생하심으로 이루어질 영광을 예표한다.

성전 공사에 필요한 은도 금도 하나님의 것이다. 하나님은 이스라엘 백성과 함께하실 것이라고 말씀하신다.

* 구원사적으로 본 학개서

이스라엘 백성에게 성전은 하나님을 만나는 곳이요 하나님 앞에 지은 죄를 용서받고 하나님과 화목하게 하는 이스라엘 백성으로 이스라엘 백성이 되게 하는 거룩한 처소다. 이 성전은 오늘 성도에게 교회를 예표한다.

예수 그리스도가 성전이시다.

"예수께서 대답하여 이르시되 너희가 이 성전을 헐라 내가 사흘 동안에 일으키리라 유대인들이 이르되 이 성전은 사십육 년 동안에 지었거늘 네가 삼 일 동안에 일으키겠느냐 하더라 그러나 예수는 성전된 자기 육체를 가리켜 말씀하신 것이라"(요 2:19-21).

오늘의 교회당은 성전의 모형일 뿐이지만 교회는 그리스도가 피로 세우신 그리스도의 몸이다.

"교회는 그의 몸이니 만물 안에서 만물을 충만하게 하시는 이의 충만함이니라"(엡 1:23).
"사람의 눈으로 볼 수 없는 형태로 존재하신 야웨 하나님이 인류 구원의 섭리를 따라 예수 그리스도를 역사와 시간과 공간 안에 현존하게 하셨다. 이것이 성육신 사건이다. 이 사건은 영원이 시간 안에 들어온 것이며 절대자가 상대자의 자리에까지 내려온 것이다. 그리고 그리스도는 이 땅에서 구속을 다 이루시고 다시 영원의 세계로 승천하셨지만 그의 몸으로서 교회를 남겨두셨다. 그래서 교회는 그리스도가 계시지 않는 지상에서 그리스도의 일을 감당하게 된다"(김상구 저, 교회론).

스가랴서

☛ 스가랴 1장: 백성의 회개를 요구하시는 하나님, 백성에게 내리실 복

스가랴 1장을 보면 하나님이 이스라엘 백성에게 회개를 요구하시며 이스라엘과 예루살렘에 내리실 축복을 말씀한다.

스가랴 선지자는 이스라엘 백성에게 악한 길, 악한 행실을 떠나서 여호와께 돌아오라 하였지만 귀를 기울이지 않았던 열조를 본받지 말고 여호와께 돌아오라고 말한다.

* 스가랴가 본 환상들

스가랴는 골짜기 속에, 두 언덕 사이에 어둡게 그늘진 작은 화석류 나무숲을 보았다. 이것은 당시에 유대 교회가 처한 낮고 어둡고 쓸쓸하고 슬픈 형편을 보여주는 것이었다. 그는 이 그늘진 화석류 나무 사이에 한 사람이 홍마를 타고 있는 것을 보았다. 이 사람은 곧 그리스도 예수로서 그는 전에 칼을 빼어 손에 들고 여호와의 군대 장관으로 여호수아 앞에 나타나시기도 했었다(수 5:13, 14). 교회가 형편없는 처지에 놓인다고 하더라도 그리스도께서는 그 가운데서도 나타나시는 것이다. 그는 급박한 가운데 전쟁에 임하는 사람처럼 말을 타고 계셨다. 즉 자기 백성을 도우시려고 하늘에서 말을 타고 계셨다(신 33:26, 매튜 헨리 주석).

홍마를 타고 있는 사자 뒤에는 홍마와 자마와 백마가 있었고, 이들은 주 예수를 수종 드는 천사들로 그의 명령에 따라 교회를 섬기기 위해 기다리고 있는 자들이다.

천사들이 밖에 나가 있다가 돌아와서 화석류 나무 사이에 선 여호와의 사자에게 우리가 땅에 두루 다녀보니 온 땅이 평안하고 조용하더라고 보고한다. 유대인들이 계속해서 고통 중에 있는 동안 갈대아인들과 바사인들은 편안히 지내고 있는 것을 말한다.

스가랴는 그리스도께서 고통당하는 교회를 위해 하나님 아버지께 중보하고 계신 것을 들었다(12절). 이 중보자에게 은혜로운 답변이 주어지는 것을 들었다(슥 1:13).

> "내게 말하는 천사가 내게 이르되 너는 외쳐 이르기를 만군의 여호와의 말씀에 내가 예루살렘을 위하며 시온을 위하여 크게 질투하며 안일한 여러 나라들 때문에 심히 진노하나니 나는 조금 노하였거늘 그들은 힘을 내어 고난을 더하였음이라 그러므로 여호와가 이처럼 말하노라 내가 불쌍히 여기므로 예루살렘에 돌아왔은즉 내 집이 그 가운데에 건축되리니 예루살렘 위에 먹줄이 쳐지리라 만군의 여호와의 말이니라 그가 다시 외쳐 이르기를 만군의 여호와의 말씀에 나의 성읍들이 넘치도록 다시 풍부할 것이라 여호와가 다시 시온을 위로하며 다시 예루살렘을 택하리라 하라 하니라"(슥 1:14-17).

스가랴는 다시 네 뿔의 환상과 네 명의 공장(대장장이)의 환상을 본다. 네 뿔은 유다와 예루살렘을 헤친 뿔이고, 이 공장들은 유다 땅을 헤친 열국의 뿔을 떨어뜨리려고 온 공장이었다(슥 1:18-21).

☙ 스가랴 2장: 척량줄 잡은 자의 환상, 예루살렘의 확장과 이스라엘의 회복

스가랴 2장에서는 하나님이 스가랴에게 척량줄 잡은 자의 환상을 통해서 예루살렘이 확장될 것과 이스라엘 백성이 바벨론에서 해방되어 다시 축복이 회복될 것을 가르쳐주신다.

> "여호와의 말씀에 시온의 딸아 노래하고 기뻐하라 이는 내가 와서 네 가운데에 머물 것임이라 그날에 많은 나라가 여호와께 속하여 내 백성이 될 것이요 나는 네 가운데에 머물리라 네가 만군의 여호와께서 나를 네게 보내신 줄 알리라 여호와께서 장차 유다를 거룩한 땅에서 자기 소유를 삼으시고 다시 예루살렘을 택하시리니 모든 육체가 여호와 앞에

서 잠잠할 것은 여호와께서 그의 거룩한 처소에서 일어나심이니라 하라 하더라"(슥 2:10-13).

☙ 스가랴 3장: 더러운 옷을 입은 여호수아, 꾸지람을 받는 사탄, 순을 통한 구원

스가랴 3장에는 당시의 대제사장 여호수아가 사탄으로부터 고소를 당하지만 하나님이 여호수아를 변호해주시고 사탄을 꾸짖으시고 여호수아에게 더러운 옷을 벗기시고 새 옷을 입히시며 관을 씌워주시는 사건과 하나님의 종 '순(싹)을 보내실 약속, 여호수아 앞에 일곱 눈이 있는 돌의 사건이 기록된다.

여호수아와 이스라엘 백성이 바벨론의 포로에서 해방된 모습이 불에 그슬린 나무 같았고 더러운 옷을 입은 제사장 여호수아와 같았다. 그러나 하나님은 이 여호수아에게 새 옷을 입혀주심으로 이스라엘 백성에게 내리실 승리와 축복을 보여주신다.

여호수아가 사탄에게 고소를 당하는 것은 앞으로 있을 성전 재건에 사탄의 방해가 있을 것을 가르쳐주고 하나님이 사탄을 꾸짖으신 것은 결국 사탄의 방해는 무효케 될 것을 가리킨다.

하나님이 하나님의 종(내 종), 순(싹)을 나게 하신다는 말씀은 이새의 줄기에서 한 새싹(순, 사 11:1)으로 오실 메시아의 약속이며, 여호수아 앞에 일곱 눈이 있는 돌은 건축자들이 버린 돌이 건물의 기초가 되는 그리스도(마 21:42)를 예표한다. 돌에 새긴 일곱 눈은 그리스도가, 곧 하나님이 항상 이스라엘 백성을 감찰하고 계심을 뜻한다.

☙ 스가랴 4장: 순금 등대, 두 감람나무의 환상

하나님이 스가랴에게 보여주신 순금 등대와 두 감람나무에 대한 환상이 기록된다.

여기서 순금 등대는 성전을 가리키고, 순금 등대 뒤에 있고 등잔에 기름을 계속 공급하는 두 감람나무는 ① 그리스도와 성령 ② 예수 그리스도 ③ 스룹바벨과 여호수아를 뜻한다.

성전 재건에 큰 산 같은 어려움이 있지만 스룹바벨의 손이 성전의 지대를 놓았은즉 그 손이 또한 그것을 마치리라고 하나님이 말씀하신다.

여호와께서 스룹바벨에게 하신 말씀이다.

"이는 힘으로 되지 아니하며 능력으로 되지 아니하고 오직 나의 영으로 되느니라" 하신 말씀은 성전의 완성, 곧 교회의 완성은 하나님의 신, 성령으로 된다는 것을 가르친다.

이 말씀은 구원받은 성도가 곧 교회요 성전이요, 성도에게는 성령이 늘 내주하시고(고전 3:16, 너희는 너희가 하나님의 성전인 것과 하나님의 성령이 너희 안에 계시는 것을 알지 못하느냐) 성도가 받아가는 구원, 성화의 완성에는 성도의 순종과 훈련이 요구되지만 완성은 성령님이 하시는 것을 가르쳐준다.

☙ 스가랴 5장: 날아가는 두루마리, 에바 속에 가두어진 두 여인

스가랴 5장에는 스가랴가 본 날아가는 두루마리 환상과 에바 속에 가두어진 두 여인의 환상이 나온다(여기의 에바는 곡물의 양을 재는 그릇).

여기에서 두루마리에 적힌 글은 범죄자들이 받을 형벌과 저주다. 에바 속에 가두어진 두 여인은 이스라엘 백성들이 지은 죄를 상징한다.

두 여인은 학의 날개로 에바를 천지 사이에 들었고 시날 땅으로 옮겨 자기 집을 완성하게 되는데 이것은 이스라엘 백성들의 죄로 이스라엘 백성들이 바벨론(시날 땅)에 추방되어 오래 살게 될 것을 가리킨다.

☙ 스가랴 6장: 구리(놋) 산에서 나온 네 마리 말과 병거의 환상, 대제사장 여호수아에게 금과 은으로 만든 면류관을 씌워주는 환상

스가랴 6장에는 구리 산(놋 산)에서 나온 네 마리 말과 병거의 환상과 대제사장 여호수아에게 금과 은으로 만든 면류관을 씌워주는 환상이 기록된다.

1. 구리 산에서 나온 네 마리 말과 병거

① 놋 산은 변치 않는 견고한 산으로 하나님을 상징한다.

② 붉은 말—앞으로 있을 대환난을 예표한다.

검은 말—슬픔, 비통, 죽음을 상징한다.

흰 말—승리를 상징한다.

어룽지고 건장한 말(얼룩말)—건강한 말로 다가올 심판의 무서움을 상징한다.

③ 흑마와 백마가 북으로 향했고, 바벨론과 바사가 있는 방향이다. 이들은 메대(바벨론) 바사를 멸함으로 하나님의 마음을 시원케 한다. 흰 말이 나간 남쪽은 애굽이 있는 쪽이다. 얼룩말은 세계를 순찰하며 하나님의 심판을 준비한다.

바벨론에서 나온 자들이 가지고 온 은과 금으로 면류관을 만들어 대제사장 여호수아에게 씌워준 것은 대제사장(히 9:11) 그리스도가 이 땅에 오셔서 죄와 악을 멸하시고 승리할 것을 예표한다.

☙ 스가랴 7장: 형식적인 금식보다 공의와 인애를 원하시는 하나님

스가랴 7장에는 하나님이 이스라엘 백성이 행한 형식적인 금식을 책망하시고 죄악으로 인해 하나님의 진노를 받았던 선조들을 말씀하시며 하나님이 원하시는 것은 형식적인 금식이 아니라 그들이 공의를 행하며 살고 진심으로 하나님을 사랑하며 사는 것이라고 말씀하신다.

오늘 성도들이 예배만 잘 드리면 신앙으로 산다고 생각하는 것은 잘못이다. 성도들은 예배는 물론, 이 땅에서 공의를 행하며 살아야 하고 하나님을 심중으로 진심으로 사랑해야 한다.

☙ 스가랴 8장: 질투하며 사랑하시는 하나님

스가랴 8장에는 질투(질투는 히브리어로 '카나 קַנָּא로 사랑하는 자에 대한 뜨거운 관심을 나타내는 말이다)하면서 이스라엘 백성을 사랑하시는 하나님의 사랑으로 이스라엘 백성이 받을 축복에 대한 하나님의 약속이 나온다.

하나님은 이런 축복의 약속과 더불어 이스라엘 백성에게 공의와 사랑과 하나님을 경외할 것을 요구하신다.

☙ 스가랴 9장: 주변국들에 대한 심판, 나귀를 타고 입성하시는 그리스도

이스라엘을 대적하던 주변국들과 민족들에 대한 심판을 경고하신다.

하나님은 이스라엘을 향해 '내 집'이라고 말씀하시면서 하나님이 친히 내 집(이스라엘 백성)을 외적이 침략하지 못하게 지켜주실 것이라고 약속하신다.

하나님은 이스라엘 백성의 영원한 구세주 메시아가 오실 것을 약속하신다.

"시온의 딸아 크게 기뻐할지어다 예루살렘의 딸아 즐거이 부를지어다 보라 네 왕이 네게 임하시나니 그는 공의로우시며 구원을 베푸시며 겸손하여서 나귀를 타시나니 나귀의 작은 것 곧 나귀 새끼니라"(슥 9:9).

이 언약은 주님이 예루살렘에 입성하실 때 이루어졌다(마 21:1-10; 막 11:1-10; 눅 19:28-40; 요 12:12-16).

"그들이 예루살렘에 가까이 가서 감람산 벳바게에 이르렀을 때에 예수께서 두 제자를 보내시며 이르시되 너희는 맞은편 마을로 가라 그리하면 곧 매인 나귀와 나귀 새끼가 함께 있는 것을 보리니 풀어 내게로 끌고 오라 만일 누가 무슨 말을 하거든 주가 쓰시겠다 하라 그리하면 즉시 보내리라 하시니 이는 선지자를 통하여 하신 말씀을 이루려 하심이라 일렀으되 시온 딸에게 이르기를 네 왕이 네게 임하나니 그는 겸손하여 나귀, 곧 멍에 메는 짐승의 새끼를 탔도다 하라 하였느니라 제자들이 가서 예수께서 명하신 대로 하여 나귀와 나귀 새끼를 끌고 와서 자기들의 겉옷을 그 위에 얹으매 예수께서 그 위에 타시니 무리의 대다수는 그들의 겉옷을 길에 펴고 다른 이들은 나뭇가지를 베어 길에 펴고 앞에서 가고 뒤에서 따르는 무리가 소리 높여 이르되 호산나 다윗의 자손이여 찬송하리로다 주의 이름으로 오시는 이여 가장 높은 곳에서 호산나 하더라"(마 21:1-9).

이스라엘에 오실 메시아는 구원자이시며 공의로우시며 구원을 베풀며 겸손한 왕이시다.
하나님은 다시 재림하실 메시아를 말씀하신다.

"내가 에브라임의 병거와 예루살렘의 말을 끊겠고 전쟁하는 활도 끊으리니 그가 이방 사람에게 화평을 전할 것이요 그의 통치는 바다에서 바다까지 이르고 유브라데강에서 땅끝까지 이르리라 또 너로 말할진대 네 언약의 피로 말미암아 내가 네 갇힌 자들을 물 없는 구덩이에서 놓았나니 갇혀 있으나 소망을 품은 자들아 너희는 요새로 돌아올지니라 내가 오늘도 이르노라 내가 네게 갑절이나 갚을 것이라 내가 유다를 당긴 활로 삼고 에브라임을 끼운 화살로 삼았으니 시온아 내가 네 자식들을 일으켜 헬라 자식들을 치게 하며 너를 용사의 칼과 같게 하리라 여호와께서 그들 위에 나타나서 그들의 화살을 번개같이 쏘아내실 것이며 주 여호와께서 나팔을 불게 하시며 남방 회오리바람을 타고 가실 것이라 만군의 여호와께서 그들을 호위하시리니 그들이 원수를 삼키며 물맷돌을 밟을 것이며 그들이 피를 마시고 즐거이 부르기를 술 취한 것같이 할 것인즉 피가 가득한 동이와도 같고 피 묻은 제단 모퉁이와도 같을 것이라 이날에 그들의 하나님 여호와께서 그들을 자기 백성의 양 떼 같이 구원하시리니 그들이 왕관의 보석같이 여호와의 땅에 빛나리로다 그의 형통함과 그의 아름다움이 어찌 그리 큰지 곡식은 청년을, 새 포도주는 처녀를 강건하게 하리라"(슥 9:10-17).

☙ 스가랴 10장: 흩어진 땅에서 불러들일 백성의 축복

스가랴 10장에서 하나님은 이스라엘 백성을 흩어진 땅에서 모아들여 축복해 주실 것을 약속하시며 우상숭배(드라빔)에 빠졌던 조상들의 죄를 지적하며 우상을 떠날 것을 권고하신다.

☙ 스가랴 11장: 유다의 멸망, 은총의 막대기, 연락의 막대기가 잘린다

유대의 파멸이 예언된다.
레바논의 문이 열리는 것은 유대의 파멸에 대한 예언이다.
① 레바논의 백향목으로 지어진 성전이 로마군에 의해 불타고 파괴될 것을 뜻한다.
② 예루살렘, 혹은 더 나아가 온 가나안 땅이 파괴될 것을 뜻한다.
③ 유다에 곡하는 소리가 들리게 된다.
하나님은 스가랴에게 잡힐 양 떼(로마에 멸망당할 이스라엘 백성)를 먹이라고 명령하신다.
이 당시 백성들은 유대 통치자들(목자)의 폭정에 시달렸고 그들은 양 떼를 잡았으며 또한 팔았다. 게다가 그들은 이 일을 하나님께 감사함으로 그를 모욕하였다. 말하기를 "내가 부요케 되었은즉 여호와께 찬송하리라" 하고 마치 자기들의 악행으로 부하게 된 것이 하나님이 친히 그들의 불의한 행실의 후원자가 됨으로써 되어진 것처럼 말하였다.

스가랴는 참으로 가련한 양 떼를 두 막대기를 취하여 먹인다. 여기에 스가랴는 오실 그리스도의 모형이다. 선한 목자는 막대기와 지팡이로 양 떼를 먹이고 인도한다(시 23편).

① 막대기 하나에는 '은총'이라 썼고 다른 막대기에 '연합'(연락)이라고 썼다.

② 은총은 성전과 하나님의 언약을 예표하고 연합은 이스라엘 백성의 연합을 뜻한다.

③ 스가랴가 한 달 동안에 끊은 세 목자들은 당시의 통치자들과 거짓 선지자들과 고관들이다.

스가랴는 은총이라 하는 막대기를 취하여 잘랐다. 이 지팡이의 부러짐은 곧 하나님이 모든 백성과 맺은 언약을 폐하심을 뜻한다. 이스라엘 백성들은 은 30에 목자를 팔았고 그 고가를 토기장이에게 던졌다. 은 30은 종 하나의 값이었고 가룟 유다가 예수님을 은 30에 팔았으며 이 돈이 토기장이의 밭이 되었다.

"그때에 예수를 판 유다가 그의 정죄됨을 보고 스스로 뉘우쳐 그 은 삼십을 대제사장들과 장로들에게 도로 갖다 주며 이르되 내가 무죄한 피를 팔고 죄를 범하였도다 하니 그들이 이르되 그것이 우리에게 무슨 상관이냐 네가 당하라 하거늘 유다가 은을 성소에 던져 넣고 물러가서 스스로 목매어 죽은지라 대제사장들이 그 은을 거두며 이르되 이것은 핏값이라 성전고에 넣어 둠이 옳지 않다 하고 의논한 후 이것으로 토기장이의 밭을 사서 나그네의 묘지를 삼았으니 그러므로 오늘날까지 그 밭을 피밭이라 일컫느니라 이에 선지자 예레미야를 통하여 하신 말씀이 이루어졌나니 일렀으되 그들이 그 가격 매겨진 자 곧 이스라엘 자손 중에서 가격 매긴 자의 가격 곧 은 삼십을 가지고 토기장이의 밭 값으로 주었으니 이는 주께서 내게 명하신 바와 같으니라 하였더라"(마 27:3-10).

스가랴는 '연합'이라고 쓴 지팡이를 다시 잘랐다.

이 연합의 지팡이가 부러진 것은 유다와 이스라엘 간의 형제애가 깨어지고 그들의 나라가 여러 당파와 파당으로 조각날 것이며, 이로 유다는 멸망의 길을 가게 될 것을 뜻한다.

하나님은 그들이 우매한 목자에 의해 수치스럽게 혹사당하는 가운데 더욱 비참하게 될 것을 보여 주신다. 우매한 목자들은 그가 없어진 자를 마음에 두지 아니하며 흩어진 자를 찾지 아니하며 상한 자를 고치지 아니하며 강건한 자를 먹이지 아니하고 오히려 살찐 자의 고기를 먹으며 또 그 굽을 찢는다. 이 양 떼를 버린 못된 우매한 목자들은 마침내 화를 당하게 되고 그리하여 칼이 그 팔에, 우편 눈에 임하리니 그 팔이 아주 마르고 그 우편 눈이 아주 어둡게 된다.

예수님은 예수님 당시의 바리새인들과 서기관들을 향해 화가 있을 것을 말씀하신다.

"화 있을진저 외식하는 서기관들과 바리새인들이여 너희는 천국 문을 사람들 앞에서 닫고 너희도 들어가지 않고 들어가려 하는 자도 들어가지 못하게 하는도다 (없음) 화 있을진저 외식하는 서기관들과 바리새인들이여 너희는 교인 한 사람을 얻기 위하여 바다와 육지를 두루 다니다가 생기면 너희보다 배나 더 지옥 자식이 되게 하는도다 화 있을진저 눈 먼 인도자여 너희가 말하되 누구든지 성전으로 맹세하면 아무 일 없거니와 성전의 금으로 맹세하면 지킬지라 하는도다"(마 23:13-16).

🐛 스가랴 12장: 유다가 열국을 심판하는 도구가 된다

스가랴 12장에는 여호와, 곧 하늘을 펴시며 땅의 터를 세우시며 사람 안에 심령을 지으신 하나님이 유다를 붙잡아 주시고 강성케 하심으로 열국을 심판하시는 도구로 쓰실 것과 이스라엘 백성이 모두 다 회개하게 될 것을 말씀한다.

☛ 스가랴 13-14장: 거짓 선지자들이 받을 징계, 3분의 1이 남고 3분의 2가 멸절된다, 대환난의 예표

스가랴 13장에는 하나님이 유다의 죄를 씻기 위해 샘을 여시고 우상과 거짓 선지자들을 징벌하실 것을 말씀한다.

하나님이 이렇게 말씀하신다.

"만군의 여호와가 말하노라 칼아 깨어서 내 목자, 내 짝 된 자를 치라 목자를 치면 양이 흩어지려니와 작은 자들 위에는 내가 내 손을 드리우리라 여호와가 말하노라 이 온 땅에서 3분의 2는 멸망하고 3분의 1은 거기 남으리니 내가 그 3분의 1을 불 가운데에 던져 은같이 연단하며 금같이 시험할 것이라 그들이 내 이름을 부르리니 내가 들을 것이며 나는 말하기를 이는 내 백성이라 할 것이요 그들은 말하기를 여호와는 내 하나님이시라 하리라"(슥 13:7-9).

여기서 "칼아 깨어서 내 목자, 내 짝 된 자를 치라"(슥 13:7)는 말씀은 예수님이 유대인들에 의해 버림받고 죽게 될 것을 예언한 것이다. 복음서에서 이렇게 말씀한다.

"그때에 예수께서 제자들에게 이르시되 오늘 밤에 너희가 다 나를 버리리라 기록된바 내가 목자를 치리니 양의 떼가 흩어지리라 하였느니라"(마 26:31).

"내가 날마다 너희와 함께 성전에 있으면서 가르쳤으되 너희가 나를 잡지 아니하였도다 그러나 이는 성경을 이루려 함이니라 하시더라 제자들이 다 예수를 버리고 도망하니라"(막 14:49-50).

여호와가 말하노라 이 온 땅에서 3분의 2는 멸망하고 3분의 1은 거기 남으리니 내가 그 3분의 1을 불 가운데에 던져 은같이 연단하며 금같이 시험할 것이라 그들이 내 이름을 부르리니 내가 들을 것이며 나는 말하기를 이는 내 백성이라 할 것이요 그들은 말하기를 여호와는 내 하나님이시라 하리라(슥 13:7-9) 하신 말씀은 주님 공중 재림 시 이 땅에 구원받은 성도 중, 성화에 실패한 성도(한 달란트 받은 성도, 잔치 자리에 기름을 준비하지 않은 미련한 처녀, 임금의 아들 잔치 자리에 예복을 벗고 들어간 사람)가 대환난에 떨어져 연단 받고 주님 지상 재림 시 불 가운데서 부끄럽게 구원될 것을 말한다(pp. 57-60. 주님의 재림론 참조).

여기서 온 땅의 3분의 2가 멸절된다는 것은 인류 중 믿음으로 구원받지 못하고 심판받아야 할 사람을 말한다. 이 세상에 사는 사람들 중 늘 3분의 2는 복음을 받지 않는다.

주님 재림 시 구원받은 성도 중 3분의 2(믿고 성화를 이룬 성도)는 천국 잔치에 들어가지만 마귀의 꼬리에 붙잡힌(시험에 빠진) 3분의 1은 대환난 통해 부끄럽게 구원될 것을 말한다.

주님 재림하시는 날이 스가랴 14장에 나오는 여호와의 날이다(주님 재림하시는 여호와의 날, 곧 종말에 대한 성경 강해는 다니엘서 7장 강해를 참조하라).

＊ 구원사적으로 본 스가랴서

1) 스가랴서는 이스라엘 백성이 예루살렘으로 귀환하여 하나님의 축복을 받을 것을 그리스도의 초림과 재림의 사건을 예표로 가르친다.

2) 스가랴서는 이스라엘 백성을 끝까지 사랑하시는 하나님을 보여준다.

3) 스가랴서는 문제가 있지만 완성될 성전을 통해 성화와 영화의 구원을 예표로 가르쳐 준다.

4) 스가랴서는 유다 왕국의 멸망과 그리스도를 통한 영원한 구원을 가르친다.

말라기

☙ 말라기 1-2장: 이스라엘 백성의 죄와 제사를 멸시한 제 사장들의 죄를 책망하다

말라기 1장에는 여호와께서 말씀하신 경고가 나온다. 이 경고는 말라 기에 의해 이스라엘에게 보내졌는데 이스라엘 백성은 배은망덕의 죄로 책망받고 있다.

여호와께서 이스라엘 백성에게 여호와가 그들을 사랑하였다고 말씀하 지만 우리는 쇠하고 헐벗었으며, 포로가 되었는데 주께서 우리를 사랑하 신 것이 무엇이냐고 질문한다. 이에 대해 하나님은 이렇게 대답하신다.

"나 여호와가 말하노라 에서는 야곱의 형이 아니냐 그러나 내가 야곱 을 사랑하였고 에서는 미워하였으며 그의 산들을 황폐하게 하였고 그 의 산업을 광야의 이리들에게 넘겼느니라 에돔은 말하기를 우리가 무 너뜨림을 당하였으나 황폐된 곳을 다시 쌓으리라 하거니와 나 만군의 여호와는 이르노라 그들은 쌓을지라도 나는 헐리라 사람들이 그들을 일컬어 악한 지역이라 할 것이요 여호와의 영원한 진노를 받은 백성이 라 할 것이며 너희는 눈으로 보고 이르기를 여호와께서는 이스라엘 지 역 밖에서도 크시다 하리라"(말 1:2-5).

하나님은 여기서 에서와 야곱에 대한 예를 들어서 하나님의 절대적인 주권의 은혜로 야곱은 사랑받고 에서는 버림을 받아 멸망한 것을 보게 될 것이라는 말씀을 하신다. 결국 이 말씀은 이스라엘 백성은 어떤 자리 에서도 하나님의 사랑 안에 있다고 대답하신 것이다.

하나님은 하늘에 계신 아버지와 주인인 하나님을 잊어버리고 하나님이 주신 자신들의 임무도 잊어버린 제사장들을 책망하신다.

제사장들은 말로써 하나님의 이름을 경멸했다. 그들은 "여호와의 식탁 은 경멸히 여길 것이라"(말 1:7)라고 마음에 말했으며, 또한 "여호와의 식탁 은 더러워졌다"(말 1:12)라고 말하여 하나님의 상을 무시했다.

제사장들은 어떠한 것이든, 보잘것없고 열등한 것일지라도 제물로서 합당한 것이라고 여겼다. '더러운 떡'을 가져왔다. 그들은 '눈먼 것, 저는 것, 병든 것들'을 제물로 가져왔다.

"너희가 더러운 떡을 나의 제단에 드리고도 말하기를 우리가 어떻게 주를 더럽게 하였나이까 하는도다 이는 너희가 여호와의 식탁은 경멸히 여길 것이라 말하기 때문이라 만군의 여호와가 이르노라 너희가 눈 먼 희생제물을 바치는 것이 어찌 악하지 아니하며 저는 것, 병든 것을 드리는 것이 어찌 악하지 아니하냐 이제 그것을 너희 총독에게 드려 보라 그가 너를 기뻐하겠으며 너를 받아 주겠느냐"(말 1:7-8).

하나님은 아주 여러 번, 제물로는 흠 없는 것을 드리도록 명령하셨다 (출 12:5, 29:1; 레 1:3, 10, 3:1, 6-).

제사장들 가운데 헛되이 불사르지 못하게 하기 위하여 성전 문을 닫는 자가 단 한 명도 없었다. 그들은 자기들의 일을 아주 고된 것으로 여겼다 (말 1:13). 그들은 그들의 직분을 힘들고 귀찮은 것으로 여겼으며 비합리적인 것이라고 비웃었다.

하나님은 자신의 거룩한 이름을 모욕한 제사장들에게 회개할 것을 요구하신다. 그리고 하나님은 자신의 이름을 영화롭게 하시기 위하여, 해 뜨는 곳에서부터 해지는 곳까지의 이방 민족 중에서 하나님의 이름이 크게 될 것이라고 말씀하신다(말 1:11). 하나님은 유대인들 가운데서만 예배와 섬김을 받아오신 것 대신 세계 모든 곳에서 경배받으실 것이 선포된다.

하나님은 이렇게 말씀하신다. 이 말씀은 유대인이 아닌 이방인들을 두시고 말씀하신 것이다.

"그러므로 이제부터 너희는 외인도 아니요 나그네도 아니요 오직 성도들과 동일한 시민이요 하나님의 권속이라 너희는 사도들과 선지자들의 터 위에 세우심을 입은 자라 그리스도 예수께서 친히 모퉁잇돌이 되셨느니라 그의 안에서 건물마다 서로 연결하여 주 안에서 성전이 되어 가고 너희도 성령 안에서 하나님이 거하실 처소가 되기 위하여 그리스도 예수 안에서 함께 지어져 가느니라"(엡 2:19-22).

말라기 선지자는 절대로 거룩하신 하나님의 이름은 언제나 어디서나 영화로우실 것을 말씀한다.

말라기 2장에서 타락한 제사장들에게 1장에서 책망하신 죄에 대해 심판을 말씀하신다.

"내가 너희에게 저주를 내려 너희의 복을 저주하리라 내가 이미 저주하였나니 이는 너희가 그것을 마음에 두지 아니하였음이라 보라 내가 너희의 자손을 꾸짖을 것이요 똥 곧 너희 절기의 희생의 똥을 너희 얼굴에 바를 것이라 너희가 그것과 함께 제하여 버림을 당하리라"(말 2:2-3).

하나님이 제사장들을 책망하시고 심판하시는 이유는 하나님이 레위 자손들과 맺은 언약을 굳게 세우기 위해서였다.

하나님이 레위 자손과 맺은 언약은 그들이 하나님을 경외하도록 주신 생명과 평강의 언약이었다.

제사장에게는 입에 진리의 법이 있어야 한다. 입술에 불의가 없어야 한다. 그들은 화평과 정직으로 하나님과 동행해야 한다. 그들은 사람들을 죄악에서 떠나게 해야 한다.

제사장들의 직무는 이스라엘 백성들에게 율법을 바로 가르쳐 백성들이 정도에서 떠나지 말게 해야 한다.

백성들은 제사장의 입술에서 율법을 구해야 한다.

그런데 제사장들이 정도에서 떠나 있었고 그들이 편벽되게 행하여 백성들이 궤사를 행하였다. 제사장들의 타락이 제사의 타락을 가져왔고 백성의 타락을 가져왔다.

제사장으로 자신을 말하는 목사들은 이 말을 명심해야 한다.

이스라엘 백성의 자녀들이 우상을 섬기는 이방인의 딸들과 결혼하였다. 이것은 이방인의 딸과 결혼하지 못하게 하나님이 엄히 명하신 법을 어긴 것이다.

"네 하나님 여호와께서 너를 인도하사 네가 가서 차지할 땅으로 들이시고 네 앞에서 여러 민족 헷 족속과 기르가스 족속과 아모리 족속과 가나안 족속과 브리스 족속과 히위 족속과 여부스 족속 곧 너보다 많고 힘이 센 일곱 족속을 쫓아내실 때에 네 하나님 여호와께서 그들을 네게 넘겨 네게 치게 하시리니 그때에 너는 그들을 진멸할 것이라 그들과 어떤 언약도 하지 말 것이요 그들을 불쌍히 여기지도 말 것이며 또 그들과 혼인하지도 말지니 네 딸을 그들의 아들에게 주지 말 것이요 그들의 딸도 네 며느리로 삼지 말 것은 그가 네 아들을 유혹하여 그가 여호와를 떠나고 다른 신들을 섬기게 하므로 여호와께서 너희에게 진노하사 갑자기 너희를 멸하실 것임이니라"(신 7:1-4).
"또 네가 그들의 딸들을 네 아들들의 아내로 삼음으로 그들의 딸들이 그들의 신들을 음란하게 섬기며 네 아들에게 그들의 신들을 음란하게 섬기게 할까 함이니라"(출 34:16).

하나님은 그들을 야곱의 장막 가운데서 끊어 버리신다고, 곧 그들을 멸하신다고 말씀하신다.
하나님은 하나님의 공의를 비웃으며(말 2:17) 아내와 이혼하는 것과 아내를 학대하는 자를 미워하신다고 말씀하신다.

☛ 말라기 3-4장: 그리스도의 초림과 재림의 예언, 주의 길을 준비할 엘리야, 심판의 날, 하나님의 것을 도둑질한 백성, 온전한 십일조를 바치라

말라기 3장과 4장에는 예수 그리스도의 초림의 예언과 재림, 곧 종말의 예언이 나온다.

예수 그리스도가 이 땅에 오실 때 그리스도의 오심의 길을 예비할 사자가 먼저 올 것이라고 말씀한다.

"만군의 여호와가 이르노라 보라 내가 내 사자를 보내리니 그가 내 앞에서 길을 준비할 것이요 또 너희가 구하는 바 주가 갑자기 그의 성전에 임하시리니 곧 너희가 사모하는바 언약의 사자가 임하실 것이라 그가 임하시는 날을 누가 능히 당하며 그가 나타나는 때에 누가 능히 서리요 그는 금을 연단하는 자의 불과 표백하는 자의 잿물과 같을 것이라 그가 은을 연단하여 깨끗하게 하는 자같이 앉아서 레위 자손을 깨끗하게 하되 금, 은같이 그들을 연단하리니 그들이 공의로운 제물을 나 여호와께 바칠 것이라"(말 3:1-3).

"보라 여호와의 크고 두려운 날이 이르기 전에 내가 선지자 엘리야를 너희에게 보내리니 그가 아버지의 마음을 자녀에게로 돌이키게 하고 자녀들의 마음을 그들의 아버지에게로 돌이키게 하리라 돌이키지 아니하면 두렵건대 내가 와서 저주로 그 땅을 칠까 하노라 하시니라"(말 4:5-6).

이 사자는 예수님 탄생하시기 전 이 땅에 난 세례 요한을 가리킨다. 복음서에서 이렇게 말씀한다.

"내가 진실로 너희에게 말하노니 여자가 낳은 자 중에 세례 요한보다 큰 이가 일어남이 없도다 그러나 천국에서는 극히 작은 자라도 그보다 크니라. 세례 요한의 때부터 지금까지 천국은 침노를 당하나니 침노하는 자는 빼앗느니라 모든 선지자와 율법이 예언한 것은 요한까지니 만일 너희가 즐겨 받을진대 오리라 한 엘리야가 곧 이 사람이니라"(마 11:11-14).

"그때에 세례 요한이 이르러 유대 광야에서 전파하여 이르되 회개하라 천국이 가까웠느니라 하였으니 저는 선지자 이사야로 말씀하신 자라 일렀으되 광야에 외치는 자의 소리가 있어 이르되 너희는 주의 길을 예비하라 그가 오실 길을 곧게 하라 하였느니라"(마 3:1-3).

"하나님의 아들 예수 그리스도의 복음의 시작이라 선지자 이사야의 글에 보라 내가 내 사자를 네 앞에 보내노니 그가 네 길을 준비하리라 광야에 외치는 자의 소리가 있어 이르되 너희는 주의 길을 준비하라 그의 오실 길을 곧게 하라 기록된 것과 같이 세례 요한이 광야에 이르러 죄 사함을 받게 하는 회개의 세례를 전파하니 온 유대 지방과 예루살렘 사람이 다 나아가 자기 죄를 자복하고 요단강에서 그에게 세례를 받더라 요한은 낙타털 옷을 입고 허리에 가죽 띠를 띠고 메뚜기와 석청을 먹더라 그가 전파하여 이르되 나보다 능력 많으신 이가 내 뒤에 오시나니 나는 굽혀 그의 신발끈을 풀기도 감당하지 못하겠노라"(막 1:1-7).

"주의 사자가 그에게 나타나 향단 우편에 선지라 사가랴가 보고 놀라며 무서워하니 천사가 그에게 이르되 사가랴여 무서워하지 말라 너의 간구함이 들린지라 네 아내 엘리사벳이 네게 아들을 낳아 주리니 그 이름을 요한이라 하라 너도 기뻐하고 즐거워할 것이요 많은 사람도 그의 태어남을 기뻐하리니 이는 그가 주 앞에 큰 자가 되며 포도주나 독한 술을 마시지 아니하며 모태로부터 성령의 충만함을 받아 이스라엘 자손을 주 곧 그들의 하나님께로 많이 돌아오게 하겠음이라 그가 또 엘리야의 심령과 능력으로 주 앞에 먼저 와서 아버지의 마음을 자식에게, 거스르는 자를 의인의 슬기에 돌아오게 하고 주를 위하여 세운 백성을 준비하리라"(눅 1:11-17).

"요한이 드러내어 말하고 숨기지 아니하니 드러내어 하는 말이 나는 그리스도가 아니라 한대 또 묻되 그러면 누구냐 네가 엘리야냐 이르되 나는 아니라 또 묻되 네가 그 선지자냐 대답하되 아니라 또 말하되 누구냐 우리를 보낸 이들에게 대답하게 하라 너는 네게 대하여 무엇이라 하느냐 이르되 나는 선지자 이사야의 말과 같이 주의 길을 곧게 하라고 광야에서 외치는 자의 소리로라 하니라"(요 1:20-23).

주님이 임하시는 날은 심판의 날로(말 3:5) 하나님을 섬기는 자와 섬기지 않는 자가 분별되는 날이다.

"여호와를 경외하는 자와 그 이름을 존중히 생각하는 자를 위하여 여호와 앞에 있는 기념 책에 기록하셨느니라 만군의 여호와가 이르노라 내가 나의 정한 날에 그들로 나의 특별한 소유를 삼을 것이요 또 사람이 자기를 섬기는 아들을 아낌같이 내가 그들을 아끼리니 그때에 너희가 돌아와서 의인과 악인을 분별하고 하나님을 섬기는 자와 섬기지 아니하는 자를 분별하리라"(말 3:16-18).

하나님의 말씀 계시록 20장에서 하나님의 심판의 날을 이렇게 말씀한다.

"또 내가 크고 흰 보좌와 그 위에 앉으신 이를 보니 땅과 하늘이 그 앞에서 피하여 간데없더라 또 내가 보니 죽은 자들이 큰 자나 작은 자나 그 보좌 앞에 서 있는데 책들이 펴 있고 또 다른 책이 펴졌으니 곧 생명책이라 죽은 자들이 자기 행위를 따라 책들에 기록된 대로 심판을 받으니 바다가 그 가운데에서 죽은 자들을 내주고 또 사망과 음부도 그 가운데에서 죽은 자들을 내주매 각 사람이 자기의 행위대로 심판을 받고 사망과 음부도 불못에 던져지니 이것은 둘째 사망 곧 불못이라 누구든지 생명책에 기록되지 못한 자는 불못에 던져지더라"(계 20:11-15).

하나님은 이스라엘 백성에게 하나님께로 돌아오라고 권고하시며 하나님의 것을 도둑질하고도 말하기를 '우리가 어떻게 주의 것을 도둑질하였나이까' 하는 이스라엘 백성에게 이렇게 말씀하신다.

"사람이 어찌 하나님의 것을 도둑질하겠느냐 그러나 너희는 나의 것을 도둑질하고도 말하기를 우리가 어떻게 주의 것을 도둑질하였나이까 하는도다 이는 곧 십일조와 봉헌물이라 너희 곧 온 나라가 나의 것을 도둑질하였으므로 너희가 저주를 받았느니라 만군의 여호와가 이르노라 너희의 온전한 십일조를 창고에 들여 나의 집에 양식이 있게 하고 그것으로 나를 시험하여 내가 하늘 문을 열고 너희에게 복을 쌓을 곳이 없도록 붓지 아니하나 보라 만군의 여호와가 이르노라 내가 너희를 위하여 메뚜기를 금하여 너희 토지 소산을 먹어 없애지 못하게 하며 너희 밭의 포도나무 열매가 기한 전에 떨어지지 않게 하리니 너희 땅이 아름다워지므로 모든 이방인들이 너희를 복되다 하리라 만군의 여호와의 말이니라"(말 3:8-12).

하나님이 우리에게 주시는 복은 영적인 축복과 물질적인 축복이다. 성경에서 구약은 물질적인 축복을 복으로 그리고 전쟁에서의 승리와 평강을 여러 번 말씀하고 있고(욥 1:10, 42:10; 사 61:7; 신 28:1-14; 시편의 여러 구절들···), 신약은 영적인 축복을 복으로 여러 번 말씀하고 있다(마 5:1-12, 16:17-19; 막 10:17-20; 눅 24:45-53; 고전 1:1-9···).

십일조는 하나님이 이스라엘 백성에게 주신 명령이다(신 14:22; 레 27:22; 민 18:21, 24, 26, 28; 신 12:6, 12, 17; 신 26:12; 삼상 8:15; 마 23:23; 눅 11:42···)

하나님의 말씀 전체는 하나님은 창조자요 섭리자요 모든 인생과 국가와 모든 민족과 역사를 주관하시는 절대자이심을 증언한다. 나라와 권세와 영광이 모두 하나님의 것이다. 이것이 하나님의 절대 주권이다.

성도가 이 세상에서 하나님의 절대주권을 인정하는 두 길이 있다.

성도가 성수주일 하는 것은 ① 시간 안에서 내 인생의 모든 시간이 하나님의 것으로 하나님의 절대 주권을 인정하는 길이고, 성도가 ② 이 공간 안에서 물질의 십일조를 하나님께 드리는 것은 공간과 물질세계의 절대 주권이 하나님의 것임을 인정하는 길이다.

성수주일, 십일조 생활은 그래서 성도의 신앙생활에 근간이 되는 아주 중요한 것이다. 시간으로, 공간으로 하나님의 절대주권은 성도의 성수주일과 성도의 십일조로 인정되어야 한다.

* 구원사적으로 본 말라기

말라기는 제사장의 타락이 백성의 타락으로 이어진 사실을 통해 오늘 성직자들과 교회의 책임을 돌아보게 한다.

말라기는 예수 그리스도의 초림과 재림과 종말과 심판과 구원을 가르쳐준다.

말라기는 성도가 이 세상에서 하나님의 절대주권을 인정하는 두 길 중에서 성도가 이 공간 안에서 물질의 십일조를 하나님께 드리는 것은 공간과 물질세계의 절대주권이 하나님의 것임을 인정하는 길임을 가르쳐 준다.

* 십칠 예언서들의 교훈

이사야서로부터 말라기까지의 예언서가 십칠 예언서다. 이들 십칠 예언서들의 공통점과 교훈을 찾아보면 아래와 같다.

1) 모든 선지자가 이스라엘과 유다 백성의 죄를 경책하고 이런 죄에 따른 하나님의 심판을 말한다. 예언서들 5분의 3 이상이 죄에 대한 경책과 심판을 말한 것들이다.

오늘 예언자로 자처하는 목사들은 죄와 심판에 대해 거의 침묵하고 있다. "화 있을진저. 거짓 선지자들이여."

2) 모든 선지자가 이스라엘과 유다 주변국들에 대한 죄악과 심판을 말한다. 선지자들은 하나님께 지혜를 얻어 세계를 하나님의 눈으로 볼 수 있어야 한다.

3) 선지자들은 이스라엘과 유다의 심판과 멸망을 말하는 중 메시아로 인한 영원한 승리를 늘 선포한다. 인류의 참소망은 오직 예수 그리스도이시다.

4) 선지자들이 경고한 하나님의 심판은 역사 안에서 무섭도록 그대로 성취되었다.

5) 선지자들은 여호와께 받은 말씀을 백성에게 선포하기 위해 아주 많은 고난, 많은 어려움을 몸으로 담당해야 했다. 조그만 고난에 투덜대는 목사들이여, 정신을 차려라.

6) 모든 선지자가 꾸짖은 이스라엘 백성들의 죄는 하나님을 버리고 우상을 섬긴 간음죄였고, 공의와 사랑을 버린 부도덕이었다.

내 교회 제일주의, 물질 만능의 신앙이 하나님 앞에 오늘 교회가 범하는 우상숭배요 간음죄다.

회개하라. 천국이 가까웠느니라.

끝맺는 말

지금까지 구약성경 전체를 구원의 초점에 맞추어 해석하였다. 이 해석에는 신약성경이 가르치는 많은 구원의 말씀과 구약의 말씀이 어떻게 한 가지 구원의 말씀으로 가르쳐지는가 하는 것을 찾아보았다.

구원은 이렇게 요약된다. 구원을 다시 정리(구원론 총정리)한다.

1. 받은 구원

내가 예수를 그리스도로 받아들일 때, 곧 성령의 역사로 내가 믿음을 갖게 되었을 때, 나는 하나님에게서 의롭다 하심을 받았고, 중생했고, 하나님의 자녀가 되었다. 이것은 순수한 하나님의 은혜로 된 것이다. 창세 전에 하나님이 나를 하나님의 자녀로 선택해 주셨고, 때가 이를 때 나에게 성령을 통해 믿음을 주신 분이 하나님이시다. 나의 영은 원죄로 하나님의 영과 분리되어 죽어 있었지만 내가 예수님의 영과 하나가 되는 믿음, 곧 예수를 그리스도로 영접하는 믿음으로, 내 영이 영생하는 새 생명을 얻은 것이고, 나의 영이 하나님의 영과 화목을 회복한 것이 내가 얻은 영적인 구원이다.

내가 믿음으로 얻은 이 영의 구원은 나의 혼과 나의 육의 구원을 다 포함한다. 이것은 아담이 원죄로 하나님의 영과 분리되어 그 영이 죽을 때 아담의 이 죽은 영에 아담의 혼과 육의 죽음을 다 가지게 된 것과 꼭 같은 것이다. 이것은 내 신분이 죄인의 신분에서 의인의 신분을 얻고, 사람 김 아무개의 아들에서 하나님의 자녀의 신분을 얻고, 어느 나라 한 시민의 신분에서 천국의 시민으로 신분이 바뀐 것이다. 이 구원은 하나님이 시작하시고 하나님이 완성하신 구원이기 때문에 어떤 것도, 누구도 빼앗아 갈 수 없는 확실한 구원이다.

받은 구원은 애굽에서 애굽 왕의 노예로 살던 이스라엘 백성이 유월절양의 피 공로로 해방된 것같이 죄와 사망의 노예였던 내가 그리스도의 피 공로로 죄와 사망에서 해방된 구원이다.

이 받은 구원은 믿음으로 구원 얻는 순간 칭의, 중생, 하나님의 자녀가 동시에 일회적으로 이루어진 구원이다. 사람이 태어날 때 성별, 가문, 국가가 자동적으로 결정되는 것과 같은 원리다.

2. 받는 구원

내가 예수를 믿어 영적 구원을 얻은 것은 삶에 비유하면 내가 어머니에게서 이 땅에 새로 태어난 신생아와 같은 것이다. 이 신생아가 한 인격자로 자라나가게 된다. 내가 믿음으로 구원받고 그리스도의 품격을 가진 인격자로 자라나고 변해가는 과정이 받는 구원, 성화다. 이 구원은 혼적 구원으로 신령한 젖인 하나님의 말씀과 성령의 인도와 순종, 훈련을 통해 평생을 이루어 가는 점진적 구원이다.

이스라엘 백성이 광야에서 하나님이 주신 계명과 성막과 불기둥, 구름기둥의 인도로 가나안을 향해 가는 과정이 곧 우리가 받는 구원인 것이다. 이스라엘 백성이 광야에서 성막과 계명과 불기둥, 구름기둥의 인도를 받아 간 것같이 구원받은 성도는 말씀과 제단(교회)과 성령님의 인도를 따르는 것이 성화의 길이 된다.

받은 구원은 신분이 변화된 것이고 받는 구원은 성도의 인격이 그리스도의 인격으로 변화되는 것이다. 받는 구원 성화에 있어서 교회 생활이 아주 중요하다.

3. 받을 구원

성도는 믿음으로 영적인 구원을 받았고 성화로 혼적 구원을 받는 중에 있지만 아직 구원이 다 이루어진 것은 아니다. 성도가 마지막 이르러야 할 구원이 육적으로 구원을 받아야 하는 것으로 이것이 영화다. 영생을 얻은 성도가 이 땅에서 그 육신이 죽어야 하는 것은 영생을 얻은 성도도 아직 그 육신이 구원을 받지 못했기 때문이다.

아담이 원죄로 영적으로 죽었을 때 그 안에 아담의 인격(혼)과 육의 죽음이 다 함께 있어서 아담이 결국 흙으로 돌아가야 했던 것같이 성도가 받은 영생에는 혼적 생명과 육적 생명이 다 함께 있기 때문에 성도는 결국 육적으로도 완전한 구원을 받게 된다. 그래서 성도가 둘째 아담인 그리스도의 핏값으로 받은 믿음의 구원은 성도의 영과 혼과 육의 구원이 다 함께 포함된 완전구원이지만, 이 육체의 구원은 미래에 오실 그리스도의 재림으로 이루어지는 것으로, 그래서 받을 구원인 것이다.

모든 구원받은 성도가 다 주님 공중 재림 시 천국에 휴거되어 천국 잔치에 들어가는가? 아니다. 계시록의 제7나팔, 고린도전서 15장의 마지막 나팔이 불릴 때, 이때가 이 땅에는 하나님의 진노를 담은 일곱 대접이 쏟아지는 대환난이 시작되고, 구원받은 성도 중 3분의 1이 이 대환난의 자리에 들어간다.

구원받은 성도가 천국(天國, kingdom of heaven, βασιλεία τῶν οὐρανῶν 바실레이아 톤 우라논)의 상급을 받느냐, 대환난을 통해 부끄럽게 구원받느냐 하는 분기점이 성도가 이 땅에서 이루어가는 성화에 달려 있다.

믿음으로 구원받은 성도는 교회를 통해 말씀과 성령의 가르침을 통해 평생 성화의 길을 가야 한다. 어머니에게서 태어난 갓난아기가 엄마의 젖과 사랑과 가르침을 받으며 한 인격자로 자라나는 것같이 성도는 믿음으로 구원받고(갓난아이로 태어나고) 평생 성화를 이뤄가야 한다.

어느 성도가 천국의 상급을 얻는 영화를 얻느냐, 그렇지 않으면 대환난의 땅에 떨어져 바깥 어두운 데서 슬피 울다가 부끄럽게 구원되느냐 하는 기준의 중심이 교회 안에서의 신앙생활이다.

1) 받을 구원 영화에서 부끄러운 구원, 대환난을 통한 구원은 너무 많은 성도, 너무 많은 신학자들이 모르고 외면한 것이기 때문에 여기에 다시 정리한다.

"내게 주신 하나님의 은혜를 따라 내가 지혜로운 건축자와 같이 터를 닦아 두매 다른 이가 그 위에 세우나 그러나 각각 어떻게 그 위에 세울까를 조심할지니라 이 닦아 둔 것 외에 능히 다른 터를 닦아 둘 자가 없으니 이 터는 곧 예수 그리스도라 만일 누구든지 금이나 은이나 보석이나 나무나 풀이나 짚으로 이 터 위에 세우면 각 사람의 공적이 나타날 터인데 그날이 공적을 밝히리니 이는 불로 나타내고 그 불이 각 사람의 공적이 어떠한 것을 시험할 것임이라 만일 누구든지 그 위에 세운 공적이 그대로 있으면 상을 받고 누구든지 그 공적이 불타면 해를 받으리니 그러나 자신은 구원을 받되 불 가운데서 받은 것 같으리라"(고전 3:10-15).

① 이 말씀은 신앙생활을 그리스도 터 위에 집을 짓는 것에 비유한다. 구원받은 후 성화의 생활이 신앙의 집을 짓는 것이다.
② 나무나 풀이나 짚으로 집을 짓는 사람들, 그래서 공력이 불탄 사람들도 구원은 얻는다. 그러나 불 가운데서 얻는다. 이 사람들이 성화에 실패하여 대환난을 통해 부끄럽게 구원되는 성도다.
③ 금이나 은이나 보석으로 집을 건축하여 공력이 불타지 않은 사람들은 상(賞), 곧 천국잔치의 상을 받는다.

마지막 나팔이 불릴 때, 주님 공중 재림하셔서 천국잔치가 시작되고, 이때 이 땅에서는 이와 동시에 대환난이 시작되어(계시록에서 제7나팔 불릴 때가 바로 제1대접 재앙이 쏟아지기 시작하는 때다) 상 받는 성도는 천국잔치에 들어가고, 해 받는 성도(고전 3:15)는 대환난에 들어간다.

"그러므로 하늘과 그 가운데에 거하는 자들은 즐거워하라 그러나 땅과 바다는 화 있을진저 이는 마귀가 자기의 때가 얼마 남지 않은 줄을 알므로 크게 분내어 너희에게 내려갔음이라 하더라 용이 자기가 땅으로 내쫓긴 것을 보고 남자를 낳은 여자를 박해하는지라"(계 12:12-13).

한 달란트 받은 성도, 기름을 준비하지 못한 신부, 예복을 벗어버린 성도, 주의 이름을 부르지만 주 뜻대로 살지 못한 성도는 마지막 나팔이 불리고 주님 천국에 재림하셔서 천국잔치가 시작될 때 이 잔치에 들어가지 못하고 대환난에 들어간다. 이것이 부끄러운 구원이다.

"나더러 주여 주여 하는 자마다 다 천국에 들어갈 것이 아니요 다만 하늘에 계신 내 아버지의 뜻대로 행하는 자라야 들어가리라 그날에 많은 사람이 나더러 이르되 주여 주여 우리가 주의 이름으로 선지자 노릇 하며 주의 이름으로 귀신을 쫓아내며 주의 이름으로 많은 권능을 행하지 아니하였나이까 하리니 그때에 내가 그들에게 밝히 말하되 내가 너희를 도무지 알지 못하니 불법을 행하는 자들아 내게서 떠나가라 하리라" (마 7:21-23).

하늘에 천국잔치가 시작되어 주님과 함께 하늘 잔치에 참여한 사람에게는 즐거움이 있고, 이때 땅에 시작된 대환난에 들어간 사람들에게는 화가 있다. 주님은 공중 재림 후, 천국잔치가 끝나고, 지상 재림하신다.

2) 한 달란트 받은 자, 예복을 벗은 자, 기름을 준비하지 못한 미련한 다섯 처녀, 나무나 풀이나 짚과 같은 신앙의 집을 지은 자, 곧 구원은 받았어도 신앙생활, 교회생활, 회개를 계속하지 못한 성도는 주님 재림 시 공중혼인잔치(천국)에 들어가지 못하고 대환난에 들어간다.

3) 구원받은 성도들 중 일부가 대환난에 들어가는 것을 가르치는 성경들.

"내가 너희에게 이르노니 너희 의가 서기관과 바리새인보다 더 낫지 못하면 결코 천국에 들어가지 못하리라"(마 5:20).

(바리새인과 서기관보다 나은 의는 바리새인이나 서기관보다 더 의롭게 사는 것이 아니고 회개하는 의다. 회개하지 아니하는 의는 교만이다.)

"나더러 주여 주여 하는 자마다 다 천국에 들어갈 것이 아니요 다만 하늘에 계신 내 아버지의 뜻대로 행하는 자라야 들어가리라 그날에 많은 사람이 나더러 이르되 주여 주여 우리가 주의 이름으로 선지자 노릇 하며 주의 이름으로 귀신을 쫓아내며 주의 이름으로 많은 권능을 행하지 아니하였나이까 하리니 그때에 내가 그들에게 밝히 말하되 내가 너희를 도무지 알지 못하니 불법을 행하는 자들아 내게서 떠나가라 하리라"
(마 7:21-23).

"다만 네 고집과 회개하지 아니한 마음을 따라 진노의 날 곧 하나님의 의로우신 심판이 나타나는 그날에 임할 진노를 네게 쌓는도다 하나님께서 각 사람에게 그 행한 대로 보응하시되 참고 선을 행하여 영광과 존귀와 썩지 아니함을 구하는 자에게는 영생으로 하시고 오직 당을 지어 진리를 따르지 아니하고 불의를 따르는 자에게는 진노와 분노로 하시리라"(롬 2:5-8).

"또 내가 그에게 회개할 기회를 주었으되 자기의 음행을 회개하고자 하지 아니하는도다 볼지어다 내가 그를 침상에 던질 터이요 또 그와 더불어 간음하는 자들도 만일 그의 행위를 회개하지 아니하면 큰 환난 가운데에 던지고"(계 2:21-22).

"또 내게 지팡이 같은 갈대를 주며 말하기를 일어나서 하나님의 성전과 제단과 그 안에서 경배하는 자들을 측량하되 성전 바깥마당은 측량하지 말고 그냥 두라 이것은 이방인에게 주었은즉 그들이 거룩한 성을 마흔두 달 동안 짓밟으리라"(계 11:1-2).

※ 참조(단 9:26-27)

여기서 지팡이 같은 갈대로 성전을 측량하는 것은 주님의 자로 성도들의 공력을 심판하는 것을 뜻한다. 성전 밖 마당은 외소로, 구원받고도 아직 성소의 생활, 향로 곧 기도, 등대 곧 회개, 떡상 곧 말씀 생활을 하지 못하고 외소, 곧 희생제물이 죽어 제사 지내는 곳, 곧 십자가 보혈 공로만 의지한 성도들은 공력 심판에서 제외되어 사탄이 지배하는 마흔두 달의 대환난에 들어간다.

계 7:14(대환난에서 나오는 성도가 있다)
마 24:15-22(주님이 택한 자들을 위해 대환난의 날을 감하신다)

구원받은 성도 중 천국의 상급을 받지 못하고 대환난을 통해 부끄럽게 구원될 성도는 성도의 약 3분의 1이다.

"하늘에 큰 이적이 보이니 해를 옷 입은 한 여자가 있는데 그 발아래에는 달이 있고 그 머리에는 열두 별의 관을 썼더라 이 여자가 아이를 배어 해산하게 되매 아파서 애를 쓰며 부르짖더라 하늘에 또 다른 이적이 보이니 보라 한 큰 붉은 용이 있어 머리가 일곱이요 뿔이 열이라 그 여러 머리에 일곱 왕관이 있는데 그 꼬리가 하늘 별 3분의 1을 끌어다가 땅에 던지더라 용이 해산하려는 여자 앞에서 그가 해산하면 그 아이를 삼키고자 하더니"(계 12:1-4).
"그러므로 하늘과 그 가운데에 거하는 자들은 즐거워하라 그러나 땅과 바다는 화 있을진저 이는 마귀가 자기의 때가 얼마 남지 않은 줄을 알므로 크게 분내어 너희에게 내려갔음이라 하더라"(계 12:12).

대환난의 기간에 땅에 내려온 마귀가 하늘의 별 3분의 1을 땅에 떨어뜨린다.

계시록에서 별은 성도다(계 1:16에 주님이 그 손에 일곱 별을 잡고 있는데 이 일곱 별은 일곱 교회로, 성도들이다). 그런데 마귀가 이 별들 중 곧 성도들 중, 3분의

1을 땅에(대환난에) 끌어 던진다. 구원받은 성도 중 약 3분의 1이 성화에 실패하고 세상에 돌아가 천국의 상급을 받지 못하고 대환난에 들어간다.

"그러면 이제 우리가 그의 피로 말미암아 의롭다 하심을 받았으니 더욱 그로 말미암아 진노하심에서 구원을 받을 것이니 곧 우리가 원수 되었을 때에 그의 아들의 죽으심으로 말미암아 하나님과 화목하게 되었은즉 화목하게 된 자로서는 더욱 그의 살아나심으로 말미암아 구원을 받을 것이니라"(롬 5:9-10).

이 말씀에서 피를 인하여 구원받은 것은 그리스도의 보혈의 공로를 믿음으로 구원을 받은 것이다. 그러나 이렇게 구원을 받은 사람도 다시 주님의 진노(진노의 일곱 대접 쏟아지는 대환난)에서 구원을 얻어야 한다.

"또한 그가 만물보다 먼저 계시고 만물이 그 안에 함께 섰느니라 그는 몸인 교회의 머리시라 그가 근본이시요 죽은 자들 가운데서 먼저 나신 이시니 이는 친히 만물의 으뜸이 되려 하심이요 아버지께서는 모든 충만으로 예수 안에 거하게 하시고 그의 십자가의 피로 화평을 이루사 만물 곧 땅에 있는 것들이나 하늘에 있는 것들이 그로 말미암아 자기와 화목하게 되기를 기뻐하심이라 전에 악한 행실로 멀리 떠나 마음으로 원수가 되었던 너희를 이제는 그의 육체의 죽음으로 말미암아 화목하게 하사 너희를 거룩하고 흠 없고 책망할 것이 없는 자로 그 앞에 세우고자 하셨으니 만일 너희가 믿음에 거하고 터 위에 굳게 서서 너희 들은 바 복음의 소망에서 흔들리지 아니하면 그리하리라 이 복음은 천하 만민에게 전파된 바요 나 바울은 이 복음의 일꾼이 되었노라"(골 1:17-23).

이 말씀에서 주님 앞에 흠 없고 책망할 것이 없는 자로 세움을 받으려면 십자가로 화평케 된 구원만 가지면 되는 것이 아니다. 구원받은 성도는 여기서 믿음에 거하고, 믿음에 굳게 서서 복음의 소망으로 흔들리지 말아야 한다. 믿음으로 구원받았어도 흔들려 교회와 신앙생활 버리고 세상으로 가면, 영생과 영원한 구원은 없어지지 않지만 천국잔치에 들어갈 흠 없는 자격을 잃어버린다.

이상 여러 성경 말씀이 구원을 얻었어도 성화(회개) 없는 성도는 대환난에 들어간다고 말씀한다.

4) 믿음으로 받은 구원은, 하나님이 창세 전에 계획하시고 때가 이를 때 구원으로 불러주셔서 주를 영접하게 하심으로 불가항력적으로 받은 구원이다. 이 구원은 하나님이 시작하신 구원이기 때문에 이 세상의 그 어떤 것도 빼앗을 수 없는 구원이다. 구원은 대환난도 빼앗지 못한다. 구원받은 성도 중 3분의 1이 대환난을 통과하지만 하나님이 이들을 위해 대환난의 날을 감해주시고, 이들은 주님 앞에 지옥에 떨어지는 심판을 받지 않고 천년왕국을 거쳐 영원천국에서 주님과 함께 영생한다.

"곧 창세 전에 그리스도 안에서 우리를 택하사 우리로 사랑 안에서 그 앞에 거룩하고 흠이 없게 하시려고 그 기쁘신 뜻대로 우리를 예정하사 예수 그리스도로 말미암아 자기의 아들들이 되게 하셨으니 이는 그가 사랑하시는 자 안에서 우리에게 거저 주시는 바 그의 은혜의 영광을 찬송하게 하려는 것이라 우리는 그리스도 안에서 그의 은혜의 풍성함을 따라 그의 피로 말미암아 속량 곧 죄 사함을 받았느니라 이는 그가 모든 지혜와 총명을 우리에게 넘치게 하사 그 뜻의 비밀을 우리에게 알리신 것이요 그의 기뻐하심을 따라 그리스도 안에서 때가 찬 경륜을 위하여 예정하신 것이니 하늘에 있는 것이나 땅에 있는 것이 다 그리스도 안에서 통일되게 하려 하심이라 모든 일을 그의 뜻의 결정대로 일하시는 이의 계획을 따라 우리가 예정을 입어 그 안에서 기업이 되었으니 이는 우리가 그리스도 안에서 전부터 바라던 그의 영광의 찬송이 되게 하려 하심이라"(엡 1:4-12).
"하나님이 미리 아신 자들을 또한 그 아들의 형상을 본받게 하기 위하여 미리 정하셨으니 이는 그로 많은 형제 중에서 맏아들이 되게 하려 하심이니라 또 미리 정하신 그들을 또한 부르시고 부르신 그들을 또한 의롭다 하시고 의롭다 하신 그들을 또한 영화롭게 하셨느니라 그런즉 이 일에 대하여 우리가 무슨 말 하리요 만일 하나님이 우리를 위하시면 누가 우리를 대적하리요 자기 아들을 아끼지 아니하시고 우리 모든 사람을 위하여 내주신 이가 어찌 그 아들과 함께 모든 것을 우리에게 주시지 아니하겠느냐 누가 능히 하나님께서 택하신 자들을 고발하리요 의롭다 하신 이는 하나님이시니 누가 정죄하리요 죽으실 뿐 아니라 다시 살아나신 이는 그리스도 예수시니 그는 하나님 우편에 계신 자요 우리를 위하여 간구하시는 자시니라 누가 우리를 그리스도의 사랑에서 끊으리요 환난이나 곤고나 박해나 기근이나 적신이나 위험이나 칼이랴 기록된바 우리가 종일 주를 위하여 죽임을 당하게 되며 도살당할 양 같이 여김을 받았나이다 함과 같으니라 그러나 이 모든 일에 우리를 사랑하시는 이로 말미암아 우리가 넉넉히 이기느니라 내가 확신하노니 사망이나 생명이나 천사들이나 권세자들이나 현재 일이나 장래 일이나 능력이나 높음이나 깊음이나 다른 어떤 피조물이라도 우리를 우리 주 그리스도 예수 안에 있는 하나님의 사랑에서 끊을 수 없으리라"(롬 8:29-39).

"내가 진실로 진실로 너희에게 이르노니 내 말을 듣고 또 나 보내신 이를 믿는 자는 영생을 얻었고 심판에 이르지 아니하나니 사망에서 생명으로 옮겼느니라"(요 5:24).

"너희는 마음에 근심하지 말라 하나님을 믿으니 또 나를 믿으라 내 아버지 집에 거할 곳이 많도다 그렇지 않으면 너희에게 일렀으리라 내가 너희를 위하여 거처를 예비하러 가노니 가서 너희를 위하여 거처를 예비하면 내가 다시 와서 너희를 내게로 영접하여 나 있는 곳에 너희도 있게 하리라"(요 14:1-3).

"이는 그때에 큰 환난이 있겠음이라 창세로부터 지금까지 이런 환난이 없었고 후에도 없으리라 그날들을 감하지 아니하면 모든 육체가 구원을 얻지 못할 것이나 그러나 택하신 자들을 위하여 그날들을 감하시리라"(마 24:21-22).

"내가 그들에게 영생을 주노니 영원히 멸망하지 아니할 것이요 또 그들을 내 손에서 빼앗을 자가 없느니라 그들을 주신 내 아버지는 만물보다 크시매 아무도 아버지 손에서 빼앗을 수 없느니라 나와 아버지는 하나이니라"(요 10:28-30).

다시 3대 구원을 요약하여 정리한다.

받은 구원: 오직 믿음으로, 은혜로 : 영적 구원 : 신분의 변화 : 일회적 구원
받는 구원: 말씀 성령을 통해 : 혼적 구원 : 인격의 변화 : 점진적 구원
받을 구원: 그리스도의 재림을 통해 : 육적 구원 : 육체의 변화 : 단회적 구원

창세기로부터 말라기까지의 긴 말씀은 결국 이 세 가지의 구원, 영, 혼, 육의 3대 구원을 우리에게 가르쳐주는 하나님의 말씀이다.

예수님 안에 믿음으로 죄 사함을 받는 원리는 아래와 같다.

* 믿음으로 예수님 안에서 죄 사함을 받는 원리

1. 가리움의 원리

아담과 하와가 하나님 앞에 범죄한 후 그들은 생령의 상태에서(창 2:7) 육체가 되어(창 6:3) 자신들의 수치스러운 부분, 곧 하체를 보게 된다. 그리고 그들은 무화과 잎으로 하체를 가린다. 그러나 무화과 잎이 말라 부스러지면 그들은 또다시 무화과 잎으로 하체를 가려야 한다. 이런 아담과 하와에게 하나님이 가죽옷을 지어 입히신다(창 3:21, 여호와 하나님이 아담과 그 아내를 위하여 가죽옷을 지어 입히시니라). 여기서 잊지 말아야 할 비밀의 말은 '가죽옷'이 아니라 '하나님이 지어주신 옷'이라는 말이다. 아담이 만든

옷, 곧 인간이 만든 선으로는 인간의 수치를 영원히 가릴 수 없다. 오직 하나님이 지어주신 옷, 예수님만이 인간의 수치, 인간의 죄를 영원하게 가려주신다. 하나님이 아담과 하와의 수치를 가려주기 위해 가죽옷을 지어 입히신 뜻은 아래와 같다.

아담과 하와의 힘으로는 그 수치를 가릴 수 없다. 인간은 자기의 어떤 행위로도 하나님 앞에 수치(원죄)를 가릴 수 없다. 인간의 선행은 아담이 지어 입은 무화과나무의 잎이다.

아담과 하와의 수치를 가릴 수 있는 옷은 하나님이 지어주신 옷이라야 한다. 인간의 선행, 인간세계의 여러 성자들, 석가모니, 마호메트, 공자, 맹자 등 이들은 다 사람이 만든 옷으로 잠시 인간의 수치를 가려주는 아담의 무화과나무의 잎 옷이다. 하나님이 지어주신 옷으로, 하나님에게서 오신 분은 오직 예수 한 분이시다. 예수님은 하나님이 친히 이 땅에 보내신 유일하신 분이다.

> "예수께서 이르시되 하나님이 너희 아버지였으면 너희가 나를 사랑하였으리니 이는 내가 하나님께로부터 나와서 왔음이라 나는 스스로 온 것이 아니요 아버지께서 나를 보내신 것이니라"(요 8:42).
> "예수께서 이르시되 너희는 아래에서 났고 나는 위에서 났으며 너희는 이 세상에 속하였고 나는 이 세상에 속하지 아니하였느니라"(요 8:23).

예수님은 우리의 모든 죄를 가려주시는 우리의 옷, 하나님이 지어주신 옷이다.

> "너희가 다 믿음으로 말미암아 그리스도 예수 안에서 하나님의 아들이 되었으니 누구든지 그리스도와 합하기 위하여 세례를 받은 자는 그리스도로 옷 입었느니라"(갈 3:26-27).

갈라디아서 3장 26-27절은 우리가 예수를 믿어 하나님의 자녀가 된 것,

곧 구원받은 것을 '그리스도로 옷 입었다'고 말한다. 여기서 그리스도가 우리의 죄를 가려주시는 옷으로 창세기 3장에서 하나님이 아담과 하와를 위해 지어주신 가죽옷이다.

> "밤이 깊고 낮이 가까웠으니 그러므로 우리가 어두움의 일을 벗고 빛의 갑옷을 입자 낮에와 같이 단정히 행하고 방탕과 술 취하지 말며 음란하거나 호색하지 말며 다투거나 시기하지 말고 오직 주 예수 그리스도로 옷 입고 정욕을 위하여 육신의 일을 도모하지 말라"(롬 13:12-14).

로마서 13장 14절에도 예수님을 우리가 구원받은 후 입어야 할 옷으로 표현한다. 이것이 아담에게 하나님이 지어 입히신 가죽옷이요, 예수님이 바로 우리의 죄를 하나님 앞에 가려주는 옷임을 가르쳐준다.

성경은 예수님이 우리의 죄를 가려주시는 옷이라고 말씀하고 약속한다. 우리가 예수를 믿는다는 것은 우리가 예수님이라는 하나님이 지어주신 옷, 내 죄를 가려주시는 그리스도라는 옷을 입는 것이다.

창세기 3장 21절에서 가죽옷은 양의 가죽이며 속죄제물이 되신 예수님을 뜻한다고 해석할 수 있다. 그러나 이 구절에서 중요한 것은 가죽옷이 아니라 '하나님이 지어주신 옷'이라는 말이다. 아담이 지어 입은 옷은 하나님 앞에 그 수치를 가릴 수 없다. 하나님이 지어주신 옷이라야 하나님 앞에 수치를 가릴 수 있다.

예수님만 하나님이 지어주신 옷이다. 세상의 모든 인류 가운데 하나님에게서 오신 분은 오직 예수 한 분이시다. 예수님은 하나님이 친히 이 땅에 보내신 유일하신 분이다(요 8:42, 8:23).

> "예수께서 이르시되 하나님이 너희 아버지였으면 너희가 나를 사랑하였으리니 이는 내가 하나님께로부터 나와서 왔음이라 나는 스스로 온 것이 아니요 아버지께서 나를 보내신 것이니라"(요 8:42).
> "예수께서 이르시되 너희는 아래에서 났고 나는 위에서 났으며 너희는

이 세상에 속하였고 나는 이 세상에 속하지 아니하였느니라"(요 8:23).

2. 보상의 원리

사람이 노예의 자녀로 태어나면 노예가 되고, 빚을 지고 갚지 못하면 노예가 된다. 우리는 다 아담이 죄로 죄와 사망의 노예가 된 후, 죄와 사망의 노예인 아담의 자손으로 출생함으로, 우리는 모두 우리가 태어날 때부터 죄와 사망의 노예가 되었다. 노예의 자식으로 태어나면 그 자식도 노예가 된다. 돼지가 새끼를 낳으면 돼지가 되고, 개가 새끼를 낳으면 개가 된다. 죄의 노예인 아담의 자식은 죄의 노예가 된다.

노예를 노예의 자리에서 해방시켜 주는 돈을 '속전'이라고 한다.

예수님은 우리를 죄와 사망의 노예에서 해방시킨 속전이다. 예수님이 우리의 모든 죗값을 다 지불하셨다. 그리하여 우리는 그리스도의 핏값으로 속죄받았고, 구원받았고, 그리스도의 것이 되었다.

"하나님은 한 분이시요 또 하나님과 사람 사이에 중보자도 한 분이시니 곧 사람이신 그리스도 예수라 그가 모든 사람을 위하여 자기를 속전으로 주셨으니 기약이 이르러 주신 증거니라"(딤전 2:5-6).

"값으로 산 것이 되었으니 그런즉 너희 몸으로 하나님께 영광을 돌리라"(고전 6:20).

"너희는 값으로 사신 것이니 사람들의 종이 되지 말라"(고전 7:23).

"그러나 너희는 택하신 족속이요 왕 같은 제사장들이요 거룩한 나라요 그의 소유가 된 백성이니 이는 너희를 어두운 데서 불러 내어 그의 기이한 빛에 들어가게 하신 이의 아름다운 덕을 선포하게 하려 하심이라"(벧전 2:9).

"그리스도께서 우리를 위하여 저주를 받은 바 되사 율법의 저주에서 우리를 속량하셨으니 기록된바 나무에 달린 자마다 저주 아래에 있는 자라 하였음이라"(갈 3:13).

"율법 아래에 있는 자들을 속량하시고 우리로 아들의 명분을 얻게 하려 하심이라"(갈 4:5).

성경은 예수님이 우리의 모든 죗값을 다 지불하신 속전이 되었다고 말하고, 예수님이 우리의 모든 죗값을 속량하셨다고 말한다. 우리는 그리스도가 당신 자신의 핏값으로 우리를 사신 하나님의 백성, 그리스도의 소유가 되었다고 말씀한다.

그리스도가 우리의 모든 죗값을 다 보상해 주셨다. 그래서 우리는 이제 더 이상 죄의 노예가 아니다. 믿음은 예수를 그리스도로 받는 것이요, 이 말은 예수님이 내 죄를 다 보상해 주신 사실을 받는 것이다.

3. 대신의 원리

"너희가 성경에서 영생을 얻는 줄 생각하고 성경을 연구하거니와 이 성경이 곧 내게 대하여 증언하는 것이니라"(요 5:39).

신구약성경의 모든 사건, 모든 말씀이 다 예수님에 대한 증거로 예수님이 그리스도임을 가르쳐준다.

구약성경에 나오는 많은 제사의 사건이 다 예수님이 우리의 죄를 대신하심을 증거하는 것이다. 제사는 이스라엘 백성들이 범죄하여 하나님을 만날 수 없을 때, 흠 없는 희생제물이 죄를 범한 이스라엘 백성 대신 피를 흘리고 죽는 제사를 통해, 하나님은 죄 있는 이스라엘 백성을 용서하신다. 구약의 모든 제사의 제물이 예수님을 상징하는 것으로 우리 예수님이 죄 있는 우리의 죄를 다 대신 담당하실 것을 가르쳐준다. 아래의 성경은 예수님이 우리의 죄를 담당해주셨고, 다 대신 해결해 주신 것을 분명하게 가르쳐준다.

"예수는 우리가 범죄한 것 때문에 내줌이 되고 또한 우리를 의롭다 하시기 위하여 살아나셨느니라"(롬 4:25).

"우리가 아직 연약할 때에 기약대로 그리스도께서 경건하지 않은 자를 위하여 죽으셨도다 의인을 위하여 죽는 자가 쉽지 않고 선인을 위하여 용감히 죽는 자가 혹 있거니와 우리가 아직 죄인 되었을 때에 그리스도께서 우리를 위하여 죽으심으로 하나님께서 우리에 대한 자기의 사랑을 확증하셨느니라"(롬 5:6-8).

"내가 받은 것을 먼저 너희에게 전하였노니 이는 성경대로 그리스도께서 우리 죄를 위하여 죽으시고"(고전 15:3).

"그리스도의 사랑이 우리를 강권하시는도다 우리가 생각하건대 한 사람이 모든 사람을 대신하여 죽었은즉 모든 사람이 죽은 것이라"(고후 5:14).

"하나님이 죄를 알지도 못하신 이를 우리를 대신하여 죄로 삼으신 것은 우리로 하여금 그 안에서 하나님의 의가 되게 하려 하심이라"(고후 5:21).

"그리스도께서 하나님 곧 우리 아버지의 뜻을 따라 이 악한 세대에서 우리를 건지시려고 우리 죄를 대속하기 위하여 자기 몸을 주셨으니"(갈 1:4).

"친히 나무에 달려 그 몸으로 우리 죄를 담당하셨으니 이는 우리로 죄에 대하여 죽고 의에 대하여 살게 하려 하심이라 그가 채찍에 맞음으로 너희는 나음을 얻었나니"(벧전 2:24).

"그리스도께서도 단번에 죄를 위하여 죽으사 의인으로서 불의한 자를 대신하셨으니 이는 우리를 하나님 앞으로 인도하려 하심이라 육체로는 죽임을 당하시고 영으로는 살리심을 받으셨으니"(벧전 3:18).

그리스도의 죽음은 우리를 대신한 죽음이다. 그리스도는 죄 없는 분으로(히 4:15) 우리의 죄를 대신하여 죽으심으로 우리를 죄와 사망에서 해방시키신 것이다. 이사야 선지자는 앞으로 오실 메시아, 그리스도를 향해 이렇게 말한다.

"우리가 전한 것을 누가 믿었느냐 여호와의 팔이 누구에게 나타났느냐 그는 주 앞에서 자라나기를 연한 순 같고 마른 땅에서 나온 뿌리 같아서 고운 모양도 없고 풍채도 없은즉 우리가 보기에 흠모할 만한 아름다운 것이 없도다 그는 멸시를 받아 사람들에게 버림받았으며 간고를 많이 겪었으며 질고를 아는 자라 마치 사람들이 그에게서 얼굴을 가리는 것같이 멸시를 당하였고 우리도 그를 귀히 여기지 아니하였도다 그는 실로 우리의 질고를 지고 우리의 슬픔을 당하였거늘 우리는 생각하기를 그는 징벌을 받아 하나님께 맞으며 고난을 당한다 하였노라 그가 찔림은 우리의 허물 때문이요 그가 상함은 우리의 죄악 때문이라 그가 징계를 받으므로 우리는 평화를 누리고 그가 채찍에 맞으므로 우리는 나음을 받았도다 우리는 다 양 같아서 그릇 행하여 각기 제 길로 갔거늘 여호와께서는 우리 모두의 죄악을 그에게 담당시키셨도다 그가 곤욕을 당하여 괴로울 때에도 그의 입을 열지 아니하였음이여 마치 도수장으로 끌려 가는 어린 양과 털 깎는 자 앞에서 잠잠한 양같이 그의 입을 열지 아니하였도다 그는 곤욕과 심문을 당하고 끌려 갔으나 그 세대 중에 누가 생각하기를 그가 살아 있는 자들의 땅에서 끊어짐은 마땅히 형벌 받을 내 백성의 허물 때문이라 하였으리요 그는 강포를 행하지 아니하였고 그의 입에 거짓이 없었으나 그의 무덤이 악인들과 함께 있었으며 그가 죽은 후에 부자와 함께 있었도다 여호와께서 그에게 상함을 받게 하시기를 원하사 질고를 당하게 하셨은즉 그의 영혼을 속건제물로 드리기에 이르면 그가 씨를 보게 되며 그의 날은 길 것이요 또 그의 손으로 여호와께서 기뻐하시는 뜻을 성취하리로다 그가 자기 영혼의 수고한 것을 보고 만족하게 여길 것이라 나의 의로운 종이 자기 지식으로 많은 사람을 의롭게 하며 또 그들의 죄악을 친히 담당하리로다"(사 53:1-11).

예수님의 고난과 십자가는 모두 죄인인 우리를 대신할 것을 이사야 선지자를 통해 하나님이 말씀하셨다.

하나님의 말씀 히브리서 9장을 보면 하나님은 이렇게 말씀하신다.

"그리스도께서는 장래 좋은 일의 대제사장으로 오사 손으로 짓지 아니한 것 곧 이 창조에 속하지 아니한 더 크고 온전한 장막으로 말미암아 염소와 송아지의 피로 하지 아니하고 오직 자기의 피로 영원한 속죄를 이루사 단번에 성소에 들어가셨느니라 염소와 황소의 피와 및 암송아지의 재를 부정한 자에게 뿌려 그 육체를 정결하게 하여 거룩하게 하거든 하물며 영원하신 성령으로 말미암아 흠 없는 자기를 하나님께 드린 그리스도의 피가 어찌 너희 양심을 죽은 행실에서 깨끗하게 하고 살아 계신 하나님을 섬기게 하지 못하겠느냐 이로 말미암아 그는 새 언약의 중보자시니 이는 첫 언약 때에 범한 죄에서 속량하려고 죽으사 부르심을 입은 자로 하여금 영원한 기업의 약속을 얻게 하려 하심이라"(히 9:11-15).

예수 그리스도가 죽으심으로 드려진 속죄제는 우리의 죄를 영원히 단번에 깨끗하게 하신 것이요, 예수님의 속죄제로 우리는 영생의 영원한 기업을 얻게 된 것이다.

이스라엘 백성을 애굽의 노예에서 해방시키기 위해 흠 없는 유월절 양이 피를 흘리고 죽었고, 그 피를 이스라엘 백성이 문 인방과 설주에 칠함으로 이스라엘 백성은 해방이 된다. 예수님은 우리를 죄와 사망의 노예에서 해방하기 위해 죄 없는 분으로 십자가에 죽으심으로 우리의 유월절 양이 되신다. 이스라엘 백성이 모세의 말을 하나님의 말씀으로 받아 유월절에 흠 없는 양을 잡아 그 피를 문 인방과 문설주에 칠해 애굽의 종살이에서 해방, 곧 구원된 것같이 성도는 예수님이 우리 죄를 대신한 유월절 양이 되신 것을 마음으로 받고 믿음으로 영원한 죄에서 해방, 곧 구원을 얻은 것이다.

"너희는 누룩 없는 자인데 새 덩어리가 되기 위하여 묵은 누룩을 내버리라 우리의 유월절 양 곧 그리스도께서 희생이 되셨느니라"(고전 5:7).

성경은 예수님이 내 죄를 대신해 주신 것을 아주 여러 사건을 통해 가르쳐준다. 이스라엘 백성이 있는 곳에 꼭 있어야 하는 제사가 다 예수님이 우리의 죄를 대신하여 주신 것을 예표로 가르쳐주는 것이다.

우리가 어떻게 믿음으로 구원받는가. 예수님이 우리의 죄를 대신하여 모든 죄를 다 담당해 주셨기 때문이다. 이 원리가 예수님 안에, 믿음 안에 있는 대신의 원리다. 믿음은 바로 구속의 은총을 내가 성령의 감화로 '아멘' 하고 받아들이는 것이다.

아멘, 아멘. 할렐루야.

대미(大尾)

참고도서

R. T. 켄달, 원광연 역, 조직신학강의, 크리스찬다이제스트.

강병도, QA 시스템 성경연구 시리즈 1-10권, 기독지혜사.

_____, 호크마종합주석 1-30권, 기독지혜사.

김상구, 구원의 핵심적 진리, 쿰란출판사.

라보도, 김달생 공저, 바른신학, 바른신앙.

루이스 벌코프(L. Berkhof), 고영민 역, 뻘콥조직신학, 기독교문사.

미하엘 벨커, 신준호 역, 우리 안에 계신 성령, 생명의말씀사.

와필드, 지상우 역, 구원론 삐삐, 도서출판 엠마오.

이상근, 신약주해 로마서, 갈라디아서, 히브리서, 공동서신, 요한계시록, 고린도전
       서, 사도행전, 대한예수교장로회 총회교육부.

이종성, 구원론, 신론, 인론, 교회론, 성령론, 대한기독교출판사.

존 칼빈, 김문제 역, 기독교강요, 세종문화사.

죤 월부어드, 이동원 역, 성령, 생명의말씀사.

헨리 디이슨, 권혁봉 역, 조직신학강론, 생명의말씀사.

황승룡, 조직신학, 대한예수교장로회 총회출판국.

_____, 하나님의 영, 대한예수교장로회 출판부.

디럭스 바이블

색인

ㅈ

구원론 강요(救援論 綱要)

1판 1쇄 인쇄 _ 2025년 10월 20일
1판 1쇄 발행 _ 2025년 10월 30일

지은이 _ 김상구
펴낸이 _ 이형규
펴낸곳 _ 쿰란출판사

주소 _ 서울특별시 종로구 이화장길 6
편집부 _ 745-1007, 745-1301~2, 743-1300
영업부 _ 747-1004, FAX 745-8490
본사평생전화번호 _ 0502-756-1004
홈페이지 _ http://www.qumran.co.kr
E-mail _ qrbooks@daum.net / qrbooks@gmail.com
한글인터넷주소 _ 쿰란, 쿰란출판사
페이스북 _ www.facebook.com/qumranpeople
인스타그램 _ www.instagram.com/qrbooks
등록 _ 제1-670호(1988.2.27)
책임교열 _ 김준표·김영미

© 김상구 2025 ISBN 979-11-24013-09-0 93230